華人經濟年鑒

YEARBOOK OF THE HUAREN ECONOMY'95

（1995 年版）

华人经济年鉴编辑委员会编

中国社会科学出版社

（京）新登字 030 号

图书在版编目（CIP）数据

华人经济年鉴 1995 年版/华人经济年鉴编辑委员会编．—北京：中国社会科学出版社，1995.11

ISBN 7-5004-1806-X

Ⅰ．华…　Ⅱ．华…　Ⅲ．华人-经济-世界-年鉴　Ⅳ．F112-54

中国版本图书馆 CIP 数据核字（95）第 17553 号

中国社会科学出版社出版发行

（北京鼓楼西大街甲 158 号）

化学工业出版社印刷厂印刷　　新华书店经销

1995 年 11 月第 1 版　　1995 年 11 月第 1 次印刷

开本：787×1092 毫米 1/16　印张：49　插页：4

字数：1300 千字　　印数 1—7000

定价：138.00 元

《华人经济年鉴》编辑委员会

本年鉴已在国家工商行政管理局商标局注册

法律顾问：沈关生

本年鉴1995年版由北京华人经济技术研究所主办，广东太阳神集团有限公司协办，华人经济年鉴编辑委员会编辑。

编 辑 说 明

一、《华人经济年鉴》是一部反映世界各国和地区华人经济历史、现状以及有关的信息、资料、经济文化研究和华人与世界各民族合作的大型实用工具书。

二、本版《年鉴》的内容包括国际经济环境，中国经济，台港澳经济，各地华人经济及区域合作，华人经济文化研究，有关法律法规，华人社团组织，企业及企业家和有关资料索引等七个栏目。

三、本《年鉴》的资料来源力具权威性，全书引用的主要资料注明出处。由于各部分的数据和统计来源不同，在编辑过程中我们都尽可能地加以订正和统一。

四、本《年鉴》编辑过程中，承蒙诸多中外专家、企业家热情赐稿，承蒙很多出版社、刊物和研究机关大力支持，承蒙国务院华侨办公室等国家机关给予关怀指导，谨致以衷心谢意。

《华人经济年鉴》编辑部

Editor's Note

1. **YEARBOOK OF THE HUAREN ECONOMY** is a large practical reference book about the present and past of the economy of overseas Chinese in various countries and regions and relevant information, background material, studies of Chinese economy and culture and overseas Chinese cooperation with the peoples of their residence countries and regions the world over.

2. The current edition of **YEARBOOK OF THE HUAREN ECONOMY** falls into seven parts covering international economic ervironment, Chinese economy , the economy of Taiwan, Hong Kong and Macao regions, the economy of overseas Chinese in various parts of the world and regional economic cooperation, studies of overseas Chinese economy and culture, relevant laws and regulations, overseas Chinese communities and organizations, enterprises and prominent figures and an index of relevant materials.

3. All sources of the material used in this book are authoritative and clearly attributed. And we have done our best to check and unify the data and statistics used in this book since they come from different sources.

4. We would like to express our profound appreciation for the contributions by so many Chinese and foreign experts and businessmen, the warm support from the numerous publishing houses, journals and research institutions and the valuable guidance given us by the Overseas Chinese Affairs Office of the State Council and other governmental institutions.

The editorial board

YEARBOOK OF THE UHUAREN ECONOMY

编 辑 说 明

一、《华人经济年鉴》是一部反映世界各国和地区华人经济历史、现状以及有关的信息、资料、经济文化研究和华人与世界各民族合作的大型实用工具书。

二、本版《年鉴》的内容包括国际经济环境，中国经济，台港澳经济，各地华人经济及区域合作，华人经济文化研究，有关法律法规，华人社团组织，企业及企业家和有关资料索引等七个栏目。

三、本《年鉴》的资料来源力具权威性，全书引用的主要资料注明出处。由于各部分的数据和统计来源不同，在编辑过程中我们都尽可能地加以订正和统一。

四、本《年鉴》编辑过程中，承蒙诸多中外专家、企业家热情赐稿，承蒙很多出版社、刊物和研究机关大力支持，承蒙国务院华侨办公室等国家机关给予关怀指导，谨致以衷心谢意。

《华人经济年鉴》编辑部

Editor's Note

1. **YEARBOOK OF THE HUAREN ECONOMY** is a large practical reference book about the present and past of the economy of overseas Chinese in various countries and regions and relevant information, background material, studies of Chinese economy and culture and overseas Chinese cooperation with the peoples of their residence countries and regions the world over.

2. The current edition of **YEARBOOK OF THE HUAREN ECONOMY** falls into seven parts covering international economic ervironment, Chinese economy , the economy of Taiwan, Hong Kong and Macao regions, the economy of overseas Chinese in various parts of the world and regional economic cooperation, studies of overseas Chinese economy and culture, relevant laws and regulations, overseas Chinese communities and organizations, enterprises and prominent figures and an index of relevant materials.

3. All sources of the material used in this book are authoritative and clearly attributed. And we have done our best to check and unify the data and statistics used in this book since they come from different sources.

4. We would like to express our profound appreciation for the contributions by so many Chinese and foreign experts and businessmen, the warm support from the numerous publishing houses, journals and research institutions and the valuable guidance given us by the Overseas Chinese Affairs Office of the State Council and other governmental institutions.

The editorial board

YEARBOOK OF THE UHUAREN ECONOMY

目　录

第一篇　国际经济环境与海外华人经济的发展

第二篇　中国大陆经济概况

第三篇　台港澳经济与社会发展

第四篇 海外华人分布地及华人经济分布情况

第五篇 华人经济文化研究

第六篇　有关法律法规资料

第七篇 部分世界华人社团组织、企业及企业家

第八篇 有关资料索引

Contents

第一篇

国际经济环境与海外华人经济的发展

一、华人经济的国际经济环境

- 1994年世界经济形势及其特点
- 1994年世界贸易形势及相关的几件大事
- 90年代国际金融发展的五大趋势
- 世界经济增长趋势与南北关系的新发展
- 世界经济增长重心转向东亚
- 中国统一和中美经济关系

二、国际经济合作

- 亚太经济合作组织：探索中前进
- 东盟：迎接“亚太世纪”的挑战
- 欧盟：实施马约的进展及前景
- 南方共同市场：成就与问题并存

三、华人经济的发展

- 世界华人经济发展史
- 海外华人经济活动之变迁
- 亚太时代海外华人的经济发展
- 东南亚华人企业集团发展的特点
- 华人华侨经济发展的趋势

一、华人经济的国际经济环境

1994 年世界经济形势及其特点

中国社会科学院世界经济与政治研究所　谷源洋

1994 年世界经济表现比人们早先的预测要好些，各国纷纷显示经济复苏和强劲增长的态势。国际货币基金组织和世界银行预测，全年的世界经济增长率可达 3.1%。

西方国家经济进入全面复苏和扩张阶段

西方国家经济在 1994 年先后复苏，总体经济增长率约为 2.7%。美国自 1993 年第 4 季度以来，一直保持较为强劲的扩张势头，1994 年经济增长的预测值为 4%。这次经济复苏和扩张涉及的层面广泛，起领先作用的是对低利率敏感的建筑业和汽车业等支柱产业。尤其值得提及的是，美国的国际竞争力再次跃居世界首位：财政赤字连续 3 年减少，1994 年的财政赤字从上年的 2550 亿美元降为 2033 亿美元，1995 年将降至 1700 亿美元以下；失业率从 6.4%降为 6%以下；工厂设备利用率高达 85%。美国联邦储备委员会在尚未出现通货膨胀的形势下，一年之内 6 次提高利率，说明对其经济发展充满信心。1995 年美国经济将略有回降。

对欧洲联盟来说，引颈企盼的经济复苏业已显现出来，可以说已走出了经济衰退的阴影。1994 年 12 国的平均经济增长率从早先预计的 1.3%上调为 1.6%，最近又修正为 2.6%以上。欧洲联盟的经济复苏，主要得益于出口扩增、利率下降、国际经济环境迅速改善。然而，与美国经济形势相悖的是，欧洲的高失业问题并没有随着经济复苏而明显改善，失业率仍高达 10.9%，财政赤字相当严重。作为世界经济三强之一的德国，其经济形势发生了较大的变化。德国五大经济研究所大幅度提高了经济增长的预测值，一致肯定 1994 年可以取得 2.5%的经济增长率，远远高出 4 月间预测的 1.5%。经济增长主要来自三方面的原因：预期景气较佳，企业开始提高存货数量；美、英等国经济好转，扩大了出口需求；税制改革促进产业发展。特别是两德的统一，为德国东部聚集了经济发展所需要的资金和先进设备，使生产力提高 46%，为此，1994 年德国东部的经济增长率达 8%，而德国西部为 2%。然而，德国东部和德国西部的失业率分别高达 13.9%和 8.2%。

日本经济自 1991 年初进入了衰退时期。“泡沫经济”的破灭和市场经济固有的周期循环，使日本经济经历了“石油危机”以来最为严重的经济倒退。进入 1994 年以来，日本经济环境逐渐改善，“泡沫经济”时期充溢各家庭的汽车、家用电器等耐用消费品到了更新的时候；“酷暑特需”使空调机、冷饮销售猛增；所得税减少、收入增加，导致对住宅、个人电脑需求的增加。上述情况的变化，使曾经衰退的工业生产恢复了生机。对此日本政府深感欣慰，并于 9 月 9 日宣布日本经济停止滑坡，开始复苏。尽管如此，日本经济仍相当脆弱，受坏帐拖累的银行不敢轻易放松银根；工厂的设备利用率依然不高；日元仍面对升值的压力。因此，缓慢回升是日本经济的基本特点，很难指望出现“V型”回升。1994年的经济增长率不足1%，日本政府原定的2.4%增长目标未能实现。1995年，日本经济将进一步好转，其经济增长率可望在2%以上。

发展中国家对世界经济的牵引能力开始增强

1993年，发展中国家已崭露“拨云见日”的发展趋势。1994年，发展中国家经济持续发展，在上年增长5%的基础上又增长5.5%左右，这是令人十分兴奋的经济现象。

具体而言，亚洲经济依然一枝独秀，1994年经济增长率达7.8%，仍为全球之冠。高速增长的主要原因是亚洲地区的储蓄率和投资率很高，同时各国政府采取了开放的经济政策，并较为有效地控制了通货膨胀和财政赤字。日元对美元的强势，对各国增加直接投资也起了积极作用。随着亚洲经济持续、高速发展以及居民购买力的提高，亚洲在世界经济中的地位与作用不断提高，在世界总产值中所占比重已从1960年的4%增至1994年的25%。

1994年，拉丁美洲的经济亦普遍表现良好，预计增长3.7%，连续第4年保持3%以上的增长速度，人均收入比1980年增加33%。经济增长率超过4%的国家有12个，其中以秘鲁的8%为最高，经济出现负增长的国家只有3个。从过去4年的发展实际看，阿根廷的经济最为稳健，而秘鲁的经济进步最快。尤为值得关注的是，拉丁美洲的通货膨胀率继续下降，除巴西外，1994年的通货膨胀率仅为12.4%；外汇和黄金储备增至1200亿美元；国际社会注入的资金高达550亿美元，比上年增加50亿美元。存在的问题是进出口贸易失衡，贸易逆差约为210亿美元；国际收支经常项目逆差达530亿美元；外债总额突破5000亿美元；社会分配不公，40%的人口处于贫穷状态，成为必须面对的严重社会问题。1994年12月20日，墨西哥比索大幅贬值，引发了一场金融危机，将对1995年拉美国家经济成长产生一定的负面影响，并给发展中国家提供许多有益的启示。

1994年，非洲少数国家发生了激烈的内战，多数国家政局稳定，扭转了90年代初以来经济滑坡的趋势。西方国家的经济复苏带动了农矿原料价格回升；农业生产条件得以改善（包括调整农业政策，使用和推广农业技术，农业生产有了较大幅度的增长），非洲法郎贬值刺激了出口，财政金融体制改革开始起步，注意调动国内储蓄，放宽外汇管理等，使非洲经济在1994年显露出好的苗头，估计经济增长率可达3%左右，好于前4年。目前，非洲经济面临的问题仍然是近3000亿美元的债务，今年以来，尽管国际金融组织、欧洲联盟，特别是法国为解决非洲债务的资金问题做了一些工作，但远不足以加速非洲经济恢复和增长。

总之，发展中国家虽然还存在许多有待解决和克服的发展瓶颈，但进入90年代以来，逐渐发生新的变化，有所进步。到本世纪末，发展中国家作为一个整体，仍将维持4—5%的速度向前发展。西方经济学家早已看到这一发展变化和前景，惊呼“世界经济发展已经换了阵营”。在当今的世界经济体系中，发展中国家对世界经济的牵引能力正在增强。

经济转轨国家的经济表现荣枯迥异

在经济转轨国家中，越南加速经济发展，基本上摆脱了社会、经济危机。1994年的经济增长率在8%以上，高于前4年的平均值7.2%。东欧国家改革起步早，加强了同国际社会的经济联系，1994 年已停止经济下滑或开始温和回升，其中波匈捷三国的经济状态较佳，特别是波兰的经济增长率可达 4—4.5%，捷克在控制通货膨胀方面有良好的表现，财政预算达到收支平衡。波罗的海三国宣布独立之后，经历了近 3 年的经济萧条，目前经济转轨已初见成效，市场经济机制开始发挥作用，今年三国经济走出了困境，呈现低速增长的态势。从总体看，1995 年东欧国家的国内生产总值增长率的预测值约为 2—3%。然而，这种回升将是脆弱的和不稳定的。

然而，1994 年俄罗斯的经济仍处在深刻的危机之中，经济增长率为负 17%。目前，俄罗斯虽然出现了一些积极的因素，但工农业生产继续大幅度下降，投资环境不佳，国内外投资者仍缺乏长期投资的意愿。1995 年俄罗斯经济仍将为负增长，但下降幅度将趋于缩小。独联体其他国家的改革依然十分艰难，主要经济指标仍在下滑，尚看不到下滑的谷底。

1994 年世界经济形势的基本特点及展望

以 1994 年西方国家经济复苏为起步，世界经济开始步入新一轮经济周期的回升阶段。这一经济回升阶段有可能延续几年的时间，并具有以下特点：

第一，世界各国，特别是西方国家在经济复苏和扩张的同时，都十分注意保持较低水平的通货膨胀率。1994 年西方国家的通货膨胀率已控制在 3%左右。这有利于投资、生产和消费的扩大。

第二，西方国家普遍存在结构性问题，主要表现为财政赤字过大，失业率居高不下，形成所谓“无业增长”。主要原因是固定资本投资有减无增，就业机会减少；政府财政赤字严重，采取了银根紧缩政策；产业结构调整进展缓慢，新兴产业尚未形成吸引就业的主力；过度的社会福利政策影响劳动力就业。结构性问题难以在短期内明显得以改善。

第三，西方国家，特别是美国在经济扩张的情况下，执政党的威信却在下降，呈现“无选票的经济增长”。一些经济表现不凡的发展中国家亦出现社会动荡现象。

第四，摩洛哥《乌拉圭回合最后文件》的签署、亚太经合组织《茂物宣言》的通过，以及参加迈阿密会议的 34 个国家决心于 2005 年建立西半球自由贸易区，表明世界多数国家接受自由贸易的原则，从而有助于全球贸易发展。1994 年，世界贸易增长率从 1993 年的 4%增至 7.2%，超过过去 20 年平均的 5%，其中服务业贸易所占比重越来越大，但各国并没有放松制造业的生产及制成品的出口。世界各国对世界市场的争夺也将日趋激烈，西方国家会不断设置新的贸易障碍。为此，在过去的一年中发展中国家加强了抗拒西方国家“经济霸权”，联合争取共同利益的行动，包括反对美、法提出的所谓“社会条款”；反对美、德将国际货币基金组织新增特别提款权主要配给俄罗斯和东欧国家；反对美国把贸易与人权、民主挂钩。下轮的全球贸易谈判，其矛盾焦点将主要集中在三个问题上，亦即贸易竞争与劳工标准问题；出口生产与环境保护问题；国际多边贸易原则与各国竞争政策问题。上述三个问题如果得不到妥善处理和解决，那么势必导致南北经济关系的尖锐化。

第五，1994 年国际金融领域出现了较大的动荡。美元对日元的比价跌幅约 12%，这不仅跌破了 1 美元兑换 100 日元的“心理防线”，而且还创下了二战后的最低纪录。美元对德国马克的情况大体一样。近来，随着在美国中期选举中主张对日采取强硬贸易政策的共和党的大获全胜，再加上美联储一年内 6 次提高官方利率，美元汇率走势将更加扑朔迷离。1995 年国际金融体系仍将动荡不定。国际汇率体系动荡不定的根本原因在于各发达国家在经贸领域内的争夺加剧，具体表现为：日元及其他西方主要货币升值也是美国等国所希望看到的结果，因为这有利于它们的出口，此其一；日本需要凭借坚挺的日元来实现把制造业转移到亚洲国家的战略，以求确保它在世界市场的占有率，从而防止“泡沫经济”崩溃后的国内经济危机，此其二。再者，全球资本市场自由化和通讯费用的大大降低，加快了资金周转速度，对国际金融体系的动荡亦起了推波助澜的作用。

第六，在经历长期不景气之后，国际大宗商品价格回升，但从总的走势看，大宗商品市场出现的周期性价格上扬幅度不高，持续的时间不会太长。这种局面有利于世界经济的近期发展。

第七，“信息高速公路”的构想得到进一步扩展。自1993年9月美国首先提出建设“信息高速公路”大纲以来，欧洲26家网络公司发起成立欧洲一体化服务数字网，欧共体部长级会议通过建立连接全欧洲“信息高速公路”的决议。日本则在研究了美国“信息高速公路”计划之后，提出“省际研究信息网络”计划，并提出建立连接中国、中亚各国的“丝绸之路”信息高速公路。“信息高速公路”构想的提出和实现，将对人类生活产生变革性的影响，并为世界经济成长增添新的活力，同时构成对发展中国家新的严峻挑战。

第八，地区集团化和全球贸易自由化进程明显加快。1994年全球共召开了三个旨在促进或加深本地区经济一体化的会议：亚太经济合作组织非正式首脑会议；欧洲联盟首脑会议；美洲国家首脑会议。《茂物宣言》确定了亚太地区在2020年实现贸易自由化的时间表。欧洲联盟“关于东扩战略问题”的《白皮书》为最终建成大欧洲迈出了重要的一步。美洲国家首脑会议通过的《原则宣言》将为在2005年实现美洲自由贸易区铺平道路。以中东地区达成的历史性和平协议为契机，中东北非经济首脑会议召开并通过了《卡萨布兰卡宣言》，从而预示着中东区域内的经济合作将得到进一步的加强。

第九，跨国公司在世界范围内生产、销售和投资的作用日趋扩大，从而加速了世界经济国际化的进程。随着全球经济复苏，跨国公司更加活跃起来，1993年跨国公司对外直接投资为1710亿美元，1994年增至2000亿美元。特别是进入90年代以来，流入发展中国家的资金急剧增加，从1993年的650亿美元增至1994年的750亿美元。这新一轮的资金流入带有长期性和多样性的特点，从而有助于发展中国家经济的持续发展。

1994年是世界经济开始转折性发展的一年。在新的一年里，世界经济走势如何呢？这是人们当前所关心的问题。从目前种种迹象分析，1995年，世界经济的发展将更上一层楼，全年经济增长率可望达到3.7%，其中发达国家经济将趋于均衡增长，西方七国集团的经济增长率在2.5—3%之间，其他发达国家为3.3%；发展中国家仍将继续执世界经济增长之牛耳，平均经济增长率从上年的5.5%上升为5.8%；经济转轨国家的经济状况亦会出现不同程度的改善，向好的方向转化。因此，人们以兴奋的心情送别了1994年，又欢欣鼓舞地迎接具有重要意义的1995年。世界经济在今后几年将呈现五大趋势，即周期性的循环逐渐形成；经济自由化的步伐加快；经济增长率、利率、通货膨胀率稳步上扬；对原料、天然资源和投资逐渐增加；产业结构和国际经济关系的调整出现新的进展。

（引自《世界经济》1995年第3期）

1994 年世界贸易形势及相关的几件大事

中国社会科学院世界经济与政治研究所　沈骥如

1994 年的世界贸易

自 90 年代初以来，西方的主要工业大国先后进入了经济衰退。尽管美国、加拿大、英国自 1991—1992 年先后开始复苏，然而经济回升乏力，而且，日本、德国、意大利、法国也先后进入了周期性经济危机，整个西方世界经历了近 4 年之久的经济不景气，经济增长率连续 3 年徘徊在 1%的低水平上。由于西方国家的国内生产总值在全世界国内生产总值中的比重超过了 2/3，因此，整个世界经济也在不景气中度过了将近 4 年的暗淡时光，相应地，1990—1993 年的世界贸易也处于缓慢增长的煎熬之中。

1993 年，世界经济的增长率为 2.3%，而世界贸易的增长率为 4%。根据国际货币基金组织和其他消息来源的预测，1994 年西方国家经济出现了全面的稳步回升，其中美国经济将增长 3.7—4%，欧洲联盟的经济增长率为 2.5—2.6%，日本为 0.9—1%。1994 年发展中国家的经济进一步看好，增长率为 5.6%，其中东亚国家为 8%。1994 年全世界的经济增长率为 3%或更高。在此背景下，1994 年世界贸易额比 1993 年增长 7.2%左右，世界的出口贸易总额达 4.2 万亿美元左右。这表明，随着全球经济的复苏，世界的出口贸易在 1994 年也恢复了活力。

改革开放 16 年来，我国在国际贸易中的地位不断上升，1993 年我国的进出口贸易总额为 1957 亿美元，在国际贸易中所占名次从 1978 年的第 32 位提升到第 11 位。据我国海关统计，1994 年全年我国进出口总值达 2367 亿美元，比上年增长 20.9%。其中，出口为 1210 亿美元，比上年约增长 31.9%，进口为 1157 亿美元，比上年约增长 11.2%。进出口贸易总额在我国国民生产总值中所占的比重，已从 80 年代初的 10%上升到目前的 45%以上。我国在世界贸易中的地位进一步上升。按照关贸总协定总干事萨瑟兰的说法，如果将欧洲联盟国家算作一方，那么中国目前已是世界第六大贸易大国了。我国的主要贸易伙伴依次为日本、香港、美国、台湾省、德国、韩国。

1994 年世界贸易活力的恢复，主要是受到了以下三个方面的推动：其一，西方国家经济全面复苏，其出口贸易的年增长率从 1993 年的 2.4%增加到 1994 年的 6%。其二，发展中国家经济普遍看好，特别是东亚地区，保持了 8%的增长率，因而成为世界贸易中的一支特别活跃的力量。1994 年发展中国家作为一个整体，出口贸易的增长率从上年的 8.9%增加到 9.1%。其三，北美自由贸易区的正式生效、欧洲联盟的扩大、亚太经合组织《茂物宣言》的发表、美洲国家首脑会议达成的建立美洲自由贸易区协议等等，都为 1994 年的世界贸易增加了新的推力。

然而，世界贸易的发展仍然是不平衡的。从 1988 年到 1993 年，按贸易额计算，美国是西方七国中增长最快的国家，5 年间出口增加了 44.4%，平均每年增长 7.6%；加拿大位居第二，5 年间增长了 28.6%；意大利增长了 27.6%，位居第三位；德国出口增长幅度最小，仅为 4%。1994 年基本仍维持这一态势。国际货币基金组织预计，除日本外，其他 6 国的出口仍将保持增长。尽管美国的贸易增长居西方七国之首，但美国也有一本难念的经：经常项目赤字连年高居不下。据经合组织公布的数字，1993年其逆差为1040亿美元，1994年跃增到约1470亿美元，1995年预计为1610亿美元。在美国每年的经常项目逆差中，有大约一半来自与日本的贸易，美国对日本的贸易逆差1993年为593.4亿美元，1994年跃增到656.7亿美元，创6年来的最高纪录，这就导致了接连不断的美日贸易摩擦。美国曾采取听任美元汇率不断下滑的办法，来增加美国的出口，减少日本对美国的出口。然而，美元汇率的下滑和日元升值，已超过了美、日两国的承受能力；美国承受不了由于进口货物价格上涨所引起的通货膨胀压力，日本经受不起出口市场的萎缩和大量企业外迁的严重打击，在这种背景下，拖延了15个月之久的日美贸易谈判终于在10月1日达成协议：日本同意增加对美国电信设备、医疗器材的政府采购并开放其保险市场，还原则上同意开放其玻璃市场；美国则暂不对日本进行贸易制裁。然而，两国仍未就日本向美开放其汽车及汽车零件市场达成协议，美国则将按"301"条款对日本的汽车零件市场进行调查。这项调查有可能导致美国在1年到18个月内对日本进行相关的制裁。可见，日美贸易战尽管暂时得以平息，然而火种犹在。

发展中国家在世界贸易中的地位正在稳步上升。在世界工业品出口市场中，发展中国家的工业制成品所占分额，从1970年只占3%上升到1993年的22%。这一进展表明，发展中国家自力更生的能力得到了加强，因此能够在90年代初的这场世界性衰退中，保持较高的经济增长速度，并通过购买发达国家的产品，减轻了经济危机对西方国家的冲击。在1991—1993年3年间，美国对发展中国家的出口年均增长率为12%，而向其他工业发达国家的出口，平均每年仅增长2%。当前美国42%的出口、西欧47%的出口、日本48%的出口，均依赖于发展中国家和前苏联东欧国家的采购。西欧向发展中国家的出口已两倍于它向北美和日本出口的总和，而美国向发展中国家的出口，也超过它对西欧和日本的出口。

发展中国家在世界贸易中的地位之上升，导致了发达国家对外贸易的地区结构的改变。就美国来说，近来年它的外贸重点正逐步从日本转向亚洲（特别是东亚）和拉美的发展中国家（地区）。据美国商务部公布的资料，1994年头三个季度，美国与中国的双边贸易增长了21.1%，居美国十大贸易伙伴之冠。目前中国已是美国第六大贸易伙伴，在1995年中国将取代德国，成为美国的第五大贸易伙伴。1994年前三个季度，美韩双边贸易增长了14.3%，美国与新加坡的贸易增长了15.9%。这一趋势目前还在加速发展。美国贸易代表坎特预测，到2010年，美国对日本的出口额将比现在增加70%，达到880亿美元，而对其他亚洲国家的出口额将跃增163%，达到2480亿美元，这几乎是对日出口额的3倍。美国对拉美的出口额，届时也将高达2320亿美元。上述数字有力地揭示了美国既看好亚太市场潜力，竭力强加APEC贸易和投资自由化合作，同时又要对发展潜力最大的国家中国实行一种遏制性政策（不断提高中国复关的要价）的原因。

对1994年世界贸易领域几件大事的评价

（一）中国的复关问题

关税与贸易总协定乌拉圭回合谈判于1993年年底达成最后协议，并于1994年4月在摩洛哥正式签约。到1995年1月1日，估计将有100多个国家或地区批准该协议，从而成为世界贸易组织的正式成员。世界贸易组织执行会议于1994年12月8日决定，世界贸易组织将于1995年1月1日如期启动并开始工作，该组织将与关贸总协定并行工作一年，以便顺利实现关贸总协定向世界贸易组织的过渡。世界贸易组织筹委会主席、关贸总协定总干事萨瑟兰在谈到中国复关问题时说，中国与各缔约方的谈判正在紧张进行之中。他还说道，如果将欧洲联盟算作一方，中国目前已是世界第六大贸易国，而且其贸易地位还在日益增强，显然中国应尽早成为世界贸易组织的成员国。

然而，中国的复关努力，遇到了以美国为首的西方国家不断提高要价的障碍。自1994年下半年开始，中国复关谈判进入了“市场准入谈判”阶段，主要与美国、欧盟、日本、澳大利亚等国进行双边谈判。在谈判中，以美国为首的西方国家不断提高要价，不断提出新的要求，以致谈判最终失败。中国多次表明，重返多边贸易体制首先是中国推进改革开放政策的自身需要，同时表明了中国支持多边贸易体制，并愿意履行国际经贸关系中的责任和义务。关贸总协定和世界贸易组织也需要中国，缺少了人口占世界近1/4的中国参加，将有损于这两个组织的普遍性和有效性。中国与关贸总协定和世界贸易组织是相互需要的关系。1994年以来中国在复关谈判中已作了大量实质性承诺：不断降低关税，并承诺对90%以上商品的关税上限约束在35%的水平；“复关”5年后进一步降低到30%（这已与印尼、菲律宾的关税水平相当）；在我国全部6000多个税则号的商品中，仅有700个仍保留非关税措施的限制，同时我国已承诺了取消其中600多个税号的非关税措施的时间表；在服务贸易领域，我国在金融、电讯、海运等36个部门和分部门作了承诺，我国承诺开放的部门，在数量上居发展中国家的前列。

西方国家对我国复关漫天要价的关键一条，是美国提出的中国应被视为“发达国家”，从而拒绝给予中国关贸总协定规定的发展中国家可以享受的优惠。这种作法破坏了权力与义务相平衡的原则，是中国绝对不能接受的。中国政府已多次声明，中国决不会为了复关而牺牲其根本利益。

看来，美国在冷战时期养成的霸道恶习，在冷战结束以后的新时期仍未得到彻底的纠正。这种霸道作风在中国复关问题上表现如下：第一，只要别人承认自己的利益而拒不承认别人的合理利益；第二，在国家关系中蛮横得有失常理。这种霸道作风也表现在美国自己与关贸总协定的关系之中。关贸总协定的报告已经宣称，到2005年，乌拉圭回合协议的实施将使世界每年增收5100亿美元。其中欧盟每年增收1640亿美元，美国每年增收1220亿美元，日本为270亿美元，众多发展中国家和经济转轨国家每年增收1160亿美元。经合组织预测，今后10年，美国将因实施协定而增加200万个就业机会和增加1万亿美元的国民产值。美国政府也预计，今后10年美国将因实施协议而增加2190亿美元的收入。然而美国国会中仍有人反对批准乌拉圭回合协议，理由是今后10年美国将由于降低关税而减少关税收入700亿美元，会因为纺织品进口的增加而造成一些人失业，并因此认为，实施乌拉圭回合协议将损害美国主权。这些议员甚至扬言，必要时美国要退出世界贸易组织。克林顿政府费了好大的劲，才说服国会通过了乌拉圭回合协议。美国批准协议与否决协议哪个得益更大，本来是一目了然的事，然而美国的某些政治家，竟会霸道得失去常识，难怪萨瑟兰在1994年12月10日也感叹道：“很难想象像美国这样能从乌拉圭回合协议中获得这么多好处的国家还会推迟批准协议”。美国对它自己的事情还如此的算计不清，在中国复关问题上的锱铢必较也就不足不奇了。看来，美国的决策者不但应该学会商业算术，还应学会政治算术。中国的外贸进出口额已经提前6年在1994年实现了翻两番的任务，达到了2367亿美元，今后6年只要保持10%的增长率，就可在2000年再翻一番，超过4000亿美元。失去这个市场对美国有利，还是与这个市场开展互利合作对美国有利，美国应该算一算。更有甚者，中国方面已经多次严正申明，如果缔约方拿威胁来阻碍中国复关，则中国不能参加世界多边贸易体制的责任不在中方，同时，在过去8年谈判中中国政府所作的一切承诺也将自动失效。对此，美国也应该有一个得失计算。再者，中国不能复关，就无法承担在APEC自由贸易合作中的义务，而没有中国的APEC自由贸易合作是怎样的一种残缺不全的合作，对美国的亚太经合战略乃至全球经济战略会发生什么样的影响，美国不但应进行商业上的计算，还应进行政治上的计算。

目前，中国政府关于中国复关问题的原则主张，可归纳为以下几点：

第一，我国为恢复在关贸总协定的缔约国地位进行了8年的努力，包括参加了乌拉圭回合的全部谈判过程并签署了最后协议。因此，中国政府要求尽早结束复关议定书的实质性谈判，并成为按照乌拉圭协议成立的世界贸易组织的创始成员是理所当然的。

第二，我国于1994年12月15日派出了以谷永江率领的中国政府代表团赴日内瓦参加关于复关问题的第19次中国工作组会议。谈判破裂后，中方重申，中国政府今后将不再主动要求进行谈判。这个结果是我们不愿看到的，责任只能由阻挠谈判进程的个别缔约方承担。

第三，中国复关的主张既坚定又灵活，这个主张可以用四句话来概括：一是已经做了的，我们可以承诺继续做下去（如外贸管理的透明度、国民待遇、统一实施外贸政策等）。二是本来就准备做的，我们承诺尽快去做（同上）。三是将来可以做但一时还不能完全做到的，我们可以承诺一个时间表（如外汇制度、取消非关税措施、扩大市场准入）。四是我们不能接受的（如强求中国接受发达国家地位），无论外来压力有多大，我们绝对不会去做。

第四，江泽民主席在茂物与克林顿总统会晤时曾明确表示，“在这个相互依存的世界里，经济已成为国与国关系的首要的、关键的因素。中国无意向美国经济挑战，两国是互利合作的伙伴。总之，无论从政治角度还是经济角度考虑，中美两国发展合作的条件优越，领域十分广阔”。中国谈判代表龙永图1994年12月5日在日内瓦指出，中国的复关不仅对其他关贸缔约方有直接和近期的商业利益，更重要的是对促进世界经济贸易的发展有长期的战略利益，应该从长远的利益出发看待中国的复关谈判，而不应仅考虑近期的商业利益。他强调，在谈判的最后阶段，需要政治决定，所谓政治决定是各缔约方政府从战略高度作出的决定。

在龙永图表明上述立场后美国代表宣称，美国早已作出政治决定，即中国应成为世界贸易组织成员……。然而美国政府的言与行却大相径庭。

（二）具有里程碑意义的《茂物宣言》

1994年11月15日，亚太经合组织领导人非正式会议在印尼的茂物发表《亚太经济合作组织经济领导人共同决心宣言》，简称《茂物宣言》。此宣言表示了在亚太地区实现贸易和投资自由化的长远目标并扩大亚太经济合作的决心。宣言认为，该组织成员能够以与关贸总协定原则相一致的方式实现这一目标，并宣布不迟于2020年（其中发达成员不迟于2010年）在亚太地区实现自由、开放的贸易和投资这一目标。宣言指出，实现这一目标，“将使我们更有效地开发亚太地区的人力和自然资源，在减少成员之间的差异，改善我们人民的经济和社会福利的同时，获得经济的持续增长和平等发展”。

江泽民主席代表我国出席了会议，提出了亚太经济合作的五项原则建议：相互尊重、协商一致；循序渐进、稳定发展；相互开放、不搞排他；广泛合作、互利互惠；缩小差距、共同繁荣。江泽民主席在会议期间的出色活动，为会议的成功作出了巨大贡献。

目前，亚太经合组织共拥有 18 个成员，人口约 20 亿，占世界总人口的 34.5%，其 GNP 占世界的一半，贸易额占世界的 40%，显然，实现亚太经合组织关于贸易和投资自由化的目标，将对全球经济的发展和对 21 世纪世界的格局发生深远的影响。

(三)美洲国家首脑会议决定建立美洲自由贸易区

1994 年 12 月 10—11 日，南北美洲 34 国首脑聚会美国的迈阿密，一致同意在 2005 年建立美洲自由贸易区。首脑们发表了《原则宣言》和《行动计划》，后者就执行《原则宣言》共提出了 23 条行动方案和 100 多项行动步骤。这样，北起阿拉斯加，南到火地岛的美洲自由贸易区，将拥有 8.5 亿人口和 13 万亿美元的国民生产总值，在未来 10 年中将成为世界三大市场之一。美国主持召开这次首脑会议的主要目的是力争建立一个以美国为核心的美洲自由贸易区，并以此与欧洲和日本抗衡。

(四) 欧洲联盟的扩大

在经过了长期艰难的谈判和有关国家的公民投票以后，欧洲联盟将于 1995 年 1 月 1 日起吸收三个新成员国：奥地利、芬兰和瑞典，从而使欧盟扩大为 15 国。在 1994 年 12 月 9—10 日的欧盟埃森首脑会议上，它又确定了向六个东、中欧国家扩展的计划。此外，欧盟与北非国家合作构筑地中海自由贸易圈的方案考虑之中。

上述 (二)、(三)、(四) 三项进展表明，地区经济一体化合作作为一种不可抗拒的历史潮流，在 1994 年取得了重大的进展。这一潮流必将对 21 世纪的世界经济与政治多极化格局产生深远的影响。

1995 年世界贸易展望

(一)1995 年全球经济将进一步看好，增长率将上升 3.5—3.7%。由于美国将采取紧缩政策，发达国家的经济增长率将与 1994 年大致持平，即约为 2.7%，发展中国家为 5.5—6%，俄罗斯等经济转型国家的经济将有所好转。世界贸易的增幅将达 8%甚至更高一些，其中发达国家为 4.5—5%，发展中国家为 9—10%。

(二) 1995 年将是亚太经合组织和美洲自由贸易区的法规建设年，两大组织的有关成员将开展大量艰巨的谈判工作。我国应对在日本召开的 APEC 成员首脑非正式会议作好亚太贸易自由化法规建设的充分准备。此外，智利将成为北美自由贸易区的第四个成员国。

(三) 中国在 1995 年中实现复关并成为世界贸易组织创始成员的可能性还是存在的。这主要是因为，如果中国与关贸总协定有关缔约方的双边谈判 1995 年还不能就中国复关问题达成协议，那么世界贸易组织和 APEC 贸易自由化合作将会遇到不小的挫折，中美关系也要大大降温。这种情况对有关各方都将是高昂的代价。

(引自《世界经济》1995 年第 3 期)

90 年代国际金融发展的五大趋势

陕西财经学院金融系　薛　峰

从本世纪 60 年代后期开始，尤其是进入 80 年代以来，在西方国家掀起了一股以金融自由化为特征的金融体制改革浪潮，使国际金融业领域里发生了根本的变化，加速了全球金融一体化的发展。就当前的形势来看，这股世界性的潮流，正方兴未艾，波及面越来越广，而且朝着不断深化的方向继续迈进。可以说，打破金融领域中旧有不合理的规章制度，构建符合市场经济体制下安全、公正和效率原则的新体制，已经成为当今国际金融业改革的宗旨和 90 年代金融发展的主要目标。因此，研究国际金融业今后的变化趋势，对我国目前正在进行的以市场为导向的金融体制改革，具有重要的现实借鉴意义。本文拟就此作些分析的探讨。

以金融自由化为改革目标，金融管制进一步放松

所谓金融自由化，是指一国政府或有关金融当局对限制金融活动的现存法令、规则、条例及行政管制予以放松或取消，以形成一个相对宽松、自由和更加符合市场运行的安全、公正及高效率的新金融制度的行为。具体反映在对金融机构的设置、业务活动范围、融资工具方式和市场体系等方面的政策规定、条文限制及法律约束的放松，以提高金融的服务功能。如果说，自 60 年代后期开始的金融自由化浪潮还只是西方个别国家的事情，那么进入 80 年代特别是到 90 年代以后，则成为世界各国（无论发达国家还是发展中国家）的重要课题。

以金融自由化为特征的国际金融体制改革趋势，在 90 年代主要反映在政府或金融当局将进一步放松金融管制，适当进行金融创新活动上。具体看体现在五个方面：（1）融资自由化。反映在今后金融机构的融资在融资工具的提供、融资市场的拓展和融资的效率上更加灵活自主，依市场需要不断创新，层出不穷。像证券化融资、自动出纳机和全球金融市场将会有长足发展，有力推动经济发展。（2）利率自由化。今后一国对利率的管制会不断放松，根据供求关系、风险大小及机构性质，继续向市场化迈进，发挥资金配置导向和调节杠杆的作用，实现其抑制通货膨胀和宏观经济引导机制。西方国家在 90 年代头几年灵活变动利率，取消某些人为管制痕迹，实现其货币政策目标的做法便证明了这一点。（3）资金划拨自由化。就是说，随着科学技术的发展和推广应用，全球一体化资金交易市场形成，在金融管制放松条件下，资金不仅在一国可以垂直地自由流动，也可以在国际间水平地自由划拨流动，将在空间和时间上大大缩短距离，节约交易成本。像目前在全世界各主要金融市场可以 24 小时不停地交易，就说明了这一趋势已经不是天方夜谭的神话，正在变为现实的画面。（4）金融经营管理间接化。由于融资自由化、利率自由化和资金交易自由化，金融经营管理也日趋间接化。也就是说，传统的直接管理机制已变得不适应需要，行政手段将限制在很小范围，更多地将依靠经济手段来从事经营管理。（5）金融机构的设宽置松化。金融自由化说到底，无非是金融客体的自由化和金融主体的自由化。前者表现为融资机制的放松。后者表现为融资机构的放松。因此，在

金融体制的改革中，进一步放宽对金融机构设置的限制，将是一个不可逆转的趋势。这反映在：放松机构的国内设置，如银行持股公司、连锁银行制等。放宽机构的海外设置，90 年代初跨国银行的发展比以往任何时候都要快，大约是 60 年代的十几倍。

以促进金融发展为目的，金融竞争将更加激烈

在市场经济制度下，随着国际金融业以自由化为特征的金融改革浪潮深入，金融竞争日益成为一种普遍的客观现象。它不仅是降低信贷风险，加速资金周转，提高经济效益的重要机制，也是金融业繁荣和发展的重要标志，有助于资源配置优化和金融的深化。因此，随着各国金融管制的逐步放松，金融竞争在 90 年代日益成为国际金融业的一大发展趋势。

概括起来，围绕金融效率和发展，90 年代国际金融业的金融竞争将在以下八个方面展开：(1) 经营市场宽度的竞争。即金融业在资产负债、活动等规模和范围上的竞争，它涉及到对金融市场的占有份额和金融业对经济调节的覆盖面及渗透力。这不仅决定着一国金融发展的深度和广度，也影响着金融业从市场汲取盈利大小。因此，经营市场的竞争必将引起两方面的变化：一方面是金融市场更加开放，规模空前扩大，一体化金融格局成为重要模式；另一方面金融业面临的风险日益聚增，市场变化趋于复杂动荡，要求金融发展必须稳定安全，减少不确性因素的影响。(2) 业务种类的竞争。即金融业务活动方式和金融商品的竞争。这是开拓经营市场，实现资金利润最大化和降低风险的基本手段，也是金融业保持竞争力的依托。一般来讲，业务种类的竞争主要体现在“你有的我要有，你没有的我也要有”。实现的途径是资产负债多样化，巩固老业务，开拓新业务，扩大客户和市场占有率。在这种情况下，业务种类的竞争将产生两个后果：其一是金融商品供给面大大拓展，派生工具大量出现，表外业务的长足发展成为竞争的新领域；其二是金融业务不再是单一的传统方式，综合化成为追逐的理想模式。这将有利于金融业的不断发展。(3) 资本充足率的竞争。有经营市场，还不能保证金融竞争的健康发展和后劲，也并不代表金融运行必然是有效率的。还需要看资本充足率大小。可以说，它是巴塞尔协议对各国金融业所产生的效应之一。因为资本充足率是衡量风险大小、资产质量好坏、金融企业信誉状况和其自我发展能力大小的重要标志，也是按国际惯例规范各国金融活动的需要。所以，资本充足率的竞争将成为判断一个金融机构是否有竞争力和承受风险大小的主要尺度。(4) 利润最大化竞争。在业务种类不断创新、资本充足率提高和经营市场既定前提下，一国金融业的竞争焦点就转移到如何以最小的劳动耗费取得最大的劳动成果，实现利润最大化上。这是衡量一国金融发展实力强弱的根本标准。通常情况下，利润最大化竞争是通过在金融资产负债的安全性、流动性和收益性之间合理配置、组合和创新，以求达到最佳结合，体现为利润最大及保持竞争优势。(5) 服务质量的竞争。一国金融业拥有的市场大小，业务种类开拓如何，盈利率高低，关键在于其服务质量的高低。实际上，服务质量是一国金融业效率能否提高的重要环节，它包括服务手段、服务方式、服务范围及种类各个方面。服务质量的竞争，将引起金融业效率向优质化方向迈进，构成 90 年代国际金融业变动的一大重要特征。(6) 技术装备的竞争。金融业效率如何，很大程度上取决于交易手段和速度，而这一点又受一国技术装备水平和现代化服务手段状况制约。显而易见，这方面的竞争对于加快资金周转速度，及时交易和清算，以及抓住机遇开拓业务是至关重要的。采用先

进的电脑网络和通信设施，配置高效的办公设备，今后不仅是提高金融工作效率的必要条件，也是吸引客户、扩大信誉和开拓业务的重要方式。就此意义而言，90年代国际金融业的技术装备水平竞争，会显得越来越重要。(7)金融人才的竞争。在市场经济中，人才的竞争是竞争的核心。对于金融业来说，也不例外。金融经营市场的开拓，业务的发展，服务质量的提高，最优效益的实现等，归根到底，都离不开优秀金融人才的选拔和培养。因此，在90年代中，金融业对于人才的竞争是十分激烈的，是各国金融发展必须注意的一个现实问题。(8)公共关系的竞争。利用公关的各种方式、途径和条件，尽量宣传和扩大金融业的影响及重要作用，提高自己的信誉知名度，争取更大的市场和客户，将成为国际金融业竞争的一个重要手段，也是开拓和发展金融业务的先导。这一点我们从日美等西方主要国家近几年来，在开拓金融业务和推进国际化金融活动上可得到启示。

以推动金融功能综合化为方向，金融体系渐趋同质化

在金融自由化浪潮的推动下，当今各国的金融创新和竞争更加活跃。伴随着融资工具、融资方式、利率市场化等革新，金融业务日趋自由化，金融功能朝着综合化方向推进，导致金融百货公司的出现，产生了所谓金融体系同质化现象。一般而言，金融体系同质化就是指金融活动的趋同性和金融机构的无差别性。这种深刻变化主要体现在两个方面：

第一，使得各国普遍推行的“分工型”专业化金融体系被打破。各银行业务相互交叉，提供着同样或类似的金融产品和服务项目，它们的区别已经不能单纯看其机构名称的称谓，即日趋同质化。从各国实际情况看，一方面商业银行除传统的存贷结算业务外，积极向投资银行方向靠拢，跻身证券市场，经营证券业务、保险业务、房地产信贷投资等。如美国商业银行在1983—1993年间，发放的贷款业务仅年均递增1%，而同期发行的公司债券总额却年均递增13%，商业票据业务年均递增12%[①]。现在，美国几乎所有的商业银行都可以从事投资银行等业务。另一方面，投资银行、信托银行和证券公司除自己固有业务外，都可通过成立子公司参与商业银行的业务。如日本已在1993年4月通过金融立法改革，打破战后确立的长短期金融业务、信托业务、证券业务相互分离的原则，允许城市银行（即商业银行）、长期信用银行、信托银行和证券公司相互渗透各自的经营业务[②]。不难看出，世界各国金融业的这种发展趋势，使金融机构的职能综合化，形成新的金融复合企业，一体化的金融体系已成为90年代国际金融业的运行模式。

第二，使得各国金融业务的传统分工界线日益模糊。如可转让支付命令帐户、自动转帐服务帐户等新金融工具的出现，使活期储蓄帐户与长期储蓄帐户区别趋于消失；抵押贷款证券、票据发行便利等证券化贷款、抵押担保债券、抵押转支付证券等，模糊了贷款与证券的区别，同时也使得债券与股票的区别趋于弱化。因此，随着金融业务分工界线的模糊，导致了金融活动中信贷证券化和证券信贷化的重要变化，有助于金融的进一步发展和推动经济的增长。

国际金融业这种功能综合化的发展和金融机构的同质化特征，带来了一个深刻的变化，即金融资本与产业资本的融合到了一个新的阶段。一方面金融产业和工商产业融合成长。金融业不仅经营融资业务，也从事生产流通领域内的实质性产业，经济金融发展趋于一体化；另一方面，也使得金融资本与产业资本的融合方式，由原来单一的相互渗股和人事安排，发展到如今多面的相互拓展和综合经营的高级阶段。显然，这种变化有

利于金融的深化和发挥对经济的调节作用。但不容忽视的是，它也给金融业带来了更多的风险，使其面临的问题也更加复杂化。

以提高金融效率为宗旨，金融发展不断深化

在以金融自由化为特征的金融改革背景下，其主要宗旨是为了提高金融效率，构建适合市场经济的新体制，促进金融不断深化，以此推动经济成长。从 90 年代国际金融业的变化来看，核心是围绕效率问题，进行深刻的变革。总体而言，90 年代国际金融业的发展主要体现在如下几个方面：

第一，货币化程度提高，金融发展日趋深化。90 年代国际金融业在自由化浪潮的推动下，不断走向深化。首先各国的货币化程度普遍提高，一般货币化比率都在 0.9 以上。仅从中国情况来看，从改革前的 0.5 左右上升到目前的 0.8 以上，与主要市场经济国家相差不大。再者反映在各国的金融相关比率系数提高，这是货币化程度上升的必然结果。目前各主要市场经济国家的金融相关比率在 350%左右，我国则为 227.8%。根据美国学者雷蒙德·W·戈德史密斯在其《金融结构和金融发展》一书中的研究，实际上我国目前正处在金融变革时期和金融加快发展阶段。

第二，利率作用增强，成为金融发展的核心机制。在当前的金融改革中，利率自由化已成为各国的努力目标，这不仅有助于金融深化，也使得它在各国的宏观经济管理中，扮演着愈来愈重要的角色。如美国早在 80 年代中期就实现了利率自由化改革，到 90 年代政府则把调控利率机制作为实现其经济政策和央行货币政策的主要手段。日本则从 1994 年 10 月 1 日起开始进入利率自由化实施阶段。我国实行以市场为取向的金融改革，从 1994 年开始也把利率机制的市场化提到议事日程上。因此，随着利率作用的增强，利率机制可以说已成为衡量一国金融活动效率、金融发展程度和反映宏观经济运行的主要手段。所以，利率机制的趋强，成为 90 年代国际金融业发展的一个重要特征。

第三，金融业日益成为各国的支柱产业之一，金融的发展已经是一国经济成长的主要推动力。在市场经济下，经济流程表现为价值流导向实物流，而金融业在其中扮演的首要角色。金融的发展状况和运行效率反映着经济活动的质量高低。为此，在 90 年代各国都大力推行金融改革，使金融产业成为产业结构的优先发展对象，改革旧的不适应经济发展的成份，构建适应市场经济的新金融体制。以美、日为代表的西方国家在这方面先行一步，并已取得明显成效。我国目前正通过金融体系的三大改革，确立新型的符合中国国情的金融体制，以使金融产业成为国民经济发展的先导产业，推动金融深化。

第四，金融发展全球一体化的国际趋势正在形成，成为不可忽视的一股浪潮。90 年代国际金融业这一发展主要反映在：跨国银行不断扩展；国际性金融中心日益形成；金融交易一体化，运行效率提高。各国金融业有了长足的发展，金融活动的国际规范化得到加强，以保障其健康稳定运行。这一趋势表明，金融发展推进到这一阶段，已经不再单纯是一国内的事情，而日益成为各国所关注的对象。如何在尊重各国主权基础上，公平、公正、合理和高效发展金融业，正是 90 年代国际金融业要解决的一大课题。

以金融稳定运行为尺度，金融业的监管日显重要

如前所述，90 年代国际金融业总的发展趋势，是以金融自由化为特征，金融创新层出不穷，竞争趋于激烈，功能走向综合化，金融发展不断深化，使金融体制更加适应市场

经济需要。但是，为了保证金融活动的公正、效率和安全，在宏观上各国又大都加强了对金融业的监管，以保证金融秩序和使经济发展有良好的金融环境支持。80年代后期制定了巴塞尔协议，90年代全面实施，便是一个例证。

金融监管的加强，其主要目的在于：保持金融体系的安全与稳定运行；促进金融业公平而有效的竞争；保障社会公众的利益，即存款人、借款人、投资者、银行业和国家的利益保护；充分保证货币政策的有效实施；提高金融发展的国际生存力。在这种原则前提下，各国主要从5个方面加强了对金融业的监管；（1）对金融机构设立的监督管。根据本国具体情况，对新设立的机构在资本金、业务范围、市场竞争和利益保护等方面提出规范性的管理约束。（2）对金融活动的监管。一般包括金融产品的安全性、流动性和盈利性3个方面，力求做到稳健经营，效率最大和满足社会的需要。（3）信贷风险监管。包括对贷款者的额度管理、国家风险管理和资本充足率管理。合理安排资产负债结构和对外融资放款比例，使金融业风险损失降到最低程度，达到金融的深化发展。（4）存款保险管理。为了保护存款人和社会大众利益，保证金融制度的功能发挥，各国一般都以存款实行保险制度。这既可以满足顾客需要，又能使金融运行稳定，防止因清偿力下降而引起的金融恐慌。（5）对商业银行危机的监管。各国的货币管理当局为了防止商业银行产生大量的不良债权、过度竞争、清偿力困难和大规模倒闭，通常都责成中央银行行使“最后货款者”的职能管理，提供融资援助，尽可能避免商业银行的大批破产。如兼并和合并商业银行、重新进行人事安排、提供特别贷款救济等措施，防止金融危机对社会产生消极影响。

通过对90年代国际金融业的发展趋势透视，我们不难看到，在市场经济下，金融业作为一国经济运行的中枢环节，其状况对国民经济的发展至关重要。因此，加快金融体制改革步伐，构建适应本国国情的新机制，并使之走向国际化，成为不可抗拒的潮流。面对这种现实，我国如何顺应形势，深入研究适合市场经济体制下中国的金融改革具体方案，与国际金融业相衔接，既深化金融发展，又有力促进经济运行，就成为当务之急。

注释：

①《经济参考报》1994年10月27日第3版。

②《金融时报》1994年10月31日第4版。

（引自《金融科学》1994年第4期）

世界经济增长趋势与南北关系的新发展

现代国际关系研究所　侯若石　李亚芬

新年伊始，人们对全球经济发展普遍持乐观态度。联合国在一份颇具权威性的研究报告中说，世界经济正进入十年来最有力的增长时期。周期性复苏已扩展到所有发达国家。发展中国家经济总体说来保持了较快增长，而且进入高速增长的国家越来越多。从中央计划向市场经济转型国家的经济收缩正在趋缓。但是，人们在对世界经济抱有巨大希望进入新的一年的同时，不能不看到国际经济矛盾有加剧的趋势，尤其是南北关系出现了许多值得注意的新情况。

世界经济复苏与经济国际化进程同步发展，趋势看好

世界经济增长已开始全面恢复，这有利于我国经济的高速增长。1994年，全球经济增长率可达到3.1%，比1993年高近2个百分点，是5年以来的最高速度。1995—1996年仍可保持这个势头。其根据是，第一，发达国家已经走出80年代以来最严重的经济衰退，基本实现了低通胀条件下的经济增长。有些西方经济学家甚至预言，发达国家经济很可能进入近代中上时间最长的一次经济复苏。1994年，西方国家的经济增长率达到2.7%，比1993年高1.4个百分点；1995年预计可达到3%左右。通货膨胀率则保持在3%以下。1994年，美国的经济增长率达3.7%，日本已经摆脱经济萧条，1994年的经济增长率可达到1%，1995年将达到2.5%。第二，发展中国家继续保持较高的经济增长速度，今明两年都可达到5.6%以上，比发达国家高出2个百分点。拉美、非洲和中东的经济均在恢复之中，今明两年可分别增长3%左右。在拉美22个国家中，15个国家的经济增长率在3—6%之间，最高的达11%。亚洲发展中国家（和地区）达8%以上，1995年仍可保持较高的增长率。第三，前苏联地区和东欧经济开始分化。前苏联地区仍为负增长，1994年为－8.3%，通货膨胀率高达300%多。东欧一些国家（如波兰和捷克）开始恢复经济增长，进入正常的经济发展时期。

90年代初的经济低速增长已经结束，国际经济体制变化和国际经济活动活跃使经济全球化进程加快，全球进入经济上升阶段。可以预言，本世纪最后五年的世界经济将处于相对繁荣时期。这是因为：第一，越来越多的国家正在深化经济体制改革，以较大幅度调整经济政策。发展中国家经济的市场化程度越来越深。发达国家的政策调整强调宏观经济的稳定性和微观经济的灵活性。第二，许多国家以增强国际竞争力为目标的经济调整初见成效，企业的生产和经营能力增强，出口刺激经济增长的作用增大。第三，发展中国家利用世界经济转型的机遇，工业和基础设施的固定资本投资和私人消费增长加快。更为重要的是，此次世界经济复苏的动力主要不是内需，而是国际贸易和国际资本流动。这个现象说明国际经济活动对各国国内经济发展的作用正在增强。人们所期望的经济全球化已经在实际经济活动中作出贡献。

首先，世界贸易进入快速增长时期。目前，世界贸易总额已接近4万亿美元。1994年和1995年，世界贸易增长速度可分别达到7%左右，实现了7年以来的最高增长率，也大大超过了1970—1993年约5%的平均增长率。与全球经济增长格局相适应，世界贸易增长主要集中于亚洲和北美。1994年，美国和日本的进口增长率可达到7%，亚洲发展中国家（和地区）可达到10%以上。制成品出口增长率仍大大超过初级产品，电子产品出口增长率保持在12%以上，是世界出口增长最快的产品。到本世纪末，世界贸易仍将持续增长。主要原因是：第一，经济增长和结构变化刺激了国际贸易。发达国家经济继续转向以服务业为主，对进口制成品的需求将继续增加。一些发展中国家的经济高速增长，使其进口持续超过出口，提高了对发达国家产品和劳务的吸收能力。第二，国际贸易体制发生重大变化。一是贸易体制自由化成为越来越多国家（和地区）谋求的政策目标，关贸总协定“乌拉圭回合”谈判达成的协议已获得越来越多的国家的批准，范围更广泛的全球贸易自由化将更方便国际商品和劳务交流。二是地区贸易自由化迅速发展。由于地区内贸易的增长，地区内贸易自由化已经成为全球现象，并出现交叉趋势。亚太经济合作组织（APEC）贸易自由化时间表的制定，使该地区有可能成为世界最大的、开

放性的自由贸易区，并与北美自由贸易区(NAFTA)相互交叉。继APEC会议之后，美洲首脑会议拟定了贸易自由化原则，将在2006年实现美洲国家之间的贸易自由化，从而使东亚、拉美和北美的贸易自由化相互融和。此外，欧洲联盟与拉美南锥体共同市场将实行相互贸易自由化。这种融和将促进经济全球化的发展。

其次，国际资金流动空前活跃。截至1994年9月，全球新增贷款额为6440亿美元，比上年同期增长6%。其中，新增股票发行额增长43%。各国（和地区）的外汇储备普遍增加。1994年上半年，全球商业银行的外汇资产比上年同期增加5000亿美元。跨国银行存款增加1000多亿美元。1994年第三季度，日本的外汇储备比上年同期增加了200亿美元，德国增加90亿美元，英国增加30亿美元。10个亚太发展中国家（和地区）增加了约900多亿美元。中国增加了130亿美元。国际资金流动主要表现为3个重要趋势：第一，在资金流动总量增加的同时，资金更倾向于流向实际投资项目。一是贷款者突破了传统的信用评估方法，把贷款与具体投资项目或项目收入来源联系起来。二是直接投资规模大。例如，今年亚太发展中国家（和地区）吸引的直接投资将超过400亿美元。第二，发展中国家吸收海外资金的能力增强。近三年来，发展中国家吸引的资金每年均超过1400亿美元，为80年代的3倍。第三，东亚发展中国家吸引的外资增长更快。1994年上半年，接受贷款增加200亿美元，超过1993年全年的增加额（148亿美元），证券投资也将超过去年的180亿美元。

发展中国家经济显现活力，中国的经济地位上升

80年代，人们谈论南北差距扩大；90年代，人们却惊奇地发现发展中国家的经济发展很有潜力，南北经济力量对比正在发生有利于发展中国家的某些变化。从过去一段时间的情况看，1974—1993年，发达国家的年均经济增长率为2.9%，发展中国家为3.0%。两者相差无几。而从今后的发展看，发展中国家的增长速度将明显超过发达国家。一是占人口大多数的东亚和南亚的经济增长率高，1974—1993年就分别高达7.5%和4.8%。二是发展中国家的物质资本和人力资本投资增长率大大高于发达国家。前者的投资率为25%，而后者只为15%。三是发展中国家有效地发挥了经济发展的“后发效应”。它们能够利用发达国家的发展经验和生产技术，更可以利用经济起步阶段的较高利润率，使发达国家把一部分生产转移过来。因此，今后20年，发展中国家的经济增长速度将进一步加快。据世界银行预测，1994—2003年，发达国家的经济增长率将为2.7%，而发展中国家将为4.8%。到2010年，发展中国家和发达国家占世界总产出的比重将平分秋色（各占50%）。而且，发展中国家正在成为世界经济增长的一个独立来源。过去，每当发达国家发生经济衰退，发展中国家的经济增长也随之放慢。90年代的情况则大为不同。尽管发达国家经济发生衰退，发展中国家经济增长却在加快。一是因为它们的内部需求增加，二是因为对其他发展中国家的出口增加。例如，亚洲发展中国家之间的出口比重占其总出口的比重已从1986年的26%上升到1992年的37%。

发展中国家在世界市场中的地位不断增强。第一，发展中国家已不再是单纯的初级产品生产者和出口者，而是世界制成品市场的重要参与者。它们的不少出口制成品已成为发达国家的竞争对手。它们的制成品出口占其总出口的比重已从1955年的5%增加到1993年的近60%；占全球制成品出口的比重已从1970年的5%上升到1993年的22%，即全世界约1/5强的制成品是由发展

中国家出口的。而且，一些制成品具有明显的竞争优势。纺织品和鞋已占领发达国家市场的三分之一左右。发展中国家与发达国家的比较优势已经变化。它们的优势已从自然资源转向劳动力，其劳动力成本只相当于发达国家的3%（发达国家每小时平均工资为18美元，发展中国家只为0.5美元）。第二，发展中国家的商品市场和金融市场不断扩大，对世界市场的贡献也越来越大。过去的25年中，世界商品进口增长的三分之二来自发展中国家。据经济合作与发展组织估计，如果中国、印度和印尼三个人口大国的年均经济增长率保持在6%的水平上，收入分配平等程度不变，到2010年，将有7亿人口的生活水平达到中等发达国家（如西班牙）的水平。这相当于美、欧、日人口的总和，其市场规模是可想而知的。因此，世界商品市场规模的扩大将主要依靠发展中国家。国际资本流动也越来越倾向于发展中国家。1983—1993年，发展中国家的资金净流入从162亿美元增至540亿美元，而发达国家从净流入200亿美元变为净流出1140亿美元。而且，流入发展中国家股票市场的资本增长更快，从1986年的300亿美元增至1993年的520亿美元。

中国是发展中国家经济发展的佼佼者。中国因素在世界经济中的作用更加重要，世界经济领域刮起“中国旋风”，各方对中国在本世纪最后五年的发展势头极为关注。

第一，由领导人出访带动的经济外交活动取得极大成功，不但扩大了我国与其他国家的经济关系，也进一步改善了周边经济环境。

第二，中国的立场和态度在国际多边机构中起重大作用。在APEC非正式首脑会议和部长级会议上，中国对亚太贸易自由化时间表的赞同，对APEC发展起了推动作用，受到与会各方热烈欢迎。

第三，中国采取渐进方式进行经济体制改革获得成功，受到世界关注。国际多边经济机构一改对休克式改革的吹捧，转而宣传和推荐中国改革模式。许多国家表示要借鉴中国经验。

第四，中国国内经济形势对世界市场有重大影响。1994年，国际市场上的一些金属材料（如铜和铝）和食品（如食糖和小麦）价格上涨，与中国国内需求增加有直接关系。国际舆论对中国经济形势的报道显著增加。

第五，中国市场成为世界主要生产企业和金融机构的首选目标，也成为一些国家出口战略目标的主攻对象。海外企业，特别是发达国家企业在中国市场的竞争更加激烈，竞争的主要领域是基础设施项目和金融、商业、对外贸易等服务业。美国把国家出口战略的市场目标首先放在十大发展中国家，而中国位居这十大市场之首。

第六，中国大陆、香港和台湾经济往来日益密切，引起世界各国和国际机构的广泛注意。国际多边经济机构加强对“中华经济圈”的研究。他们认为，三方经济作为一个整体，将影响下一世界的世界经济。

西方经济存在结构性难题，南北经济关系出现新动向

发达国家的失业率居高不下，贸易保护主义可能加剧。1994年，发达国家失业率高达8.3%，高于去年；1995年，仍将高达8.1%。其中，以欧洲联盟的失业率为最高，1994年高达11.8%，比1993年高0.6个百分点，1995年仍将处于11.5%的高位。今后几年，发达国家多达3500万的失业人口仍难以减少。失业问题的原因主要在于经济结构因素：第一，就业岗位增长缓慢在于固定资本投资有减无增。除了美国之外的发达国家的固定资本投资已连续3年下降，1994年为—0.6%。经合组织预测，1995年可望增长5.2%，但实际上很难实现。第二，政府财政

赤字严重，被迫采取财政紧缩政策，加上国有企业私有化大量裁员，对失业起了推波助澜作用。第三，劳动力市场僵化，过度的社会福利政策不利于劳动力就业。第四，教育和培训滞后，就业人口的素质不适应就业需求的要求。第五，产业结构调整进程缓慢，新的增长产业尚未形成吸引就业的主力。传统产业纷纷向海外转移，促使失业增加。为缓解失业压力，发达国家加强对本国产业的保护，对其他国家的贸易保护压力增强。

发达国家惧怕通货膨胀率升高，利率不断攀升；全球争夺资金日趋激烈。1994 年 11 月中旬，美国银行贷款基础利率已高达 8.5%，英国为 6.75%，德国为 7.5%。大多数发达国家的短期贷款利率也升至 5%以上。据预测，1995 年，国际金融市场的长期贷款利率和长期债券利率将升至 8%左右。发达国家经济复苏和发展中国家的大规模基础设施建设，以及发达国家要弥补财政赤字等因素，将引发全球资金争夺。例如，发达国家的私有化将增加资金需求 1000 亿美元，亚太发展中国家（和地区）的基础设施投资需 1 万亿美元，前苏联和东欧将增加资金需求 5000 亿美元。发达国家的贸易不平衡、利率攀升和国际金融市场的金融投机导致汇率和股市的动荡，国际金融市场和商品市场价格波动过大。1994 年，日元连续升值，对美元汇率终于突破 100 日元大关，从 1993 年 11 月的 107 日元升至 1994 年 11 月的 98 日元。初级产品价格普遍上升，一改近 10 年的价格疲弱趋势。以美元计算，1994 年 11 月 15 日与上年同期比，初级产品价格上升 36.5%，其中，金属价格增长 74.1%，食品价格上涨 26.1%。但原油价格仍处于疲软状态。每桶北海布鲁特原油在 17 美元上下浮动。发展中国家工业化进程加快，对原料需求增加，石油输出国组织再次严格限制石油产量。据估计，1995 年，初级产品（包括原油）的价格仍呈上升趋势。

发达国家把国内经济发展的结构性障碍归罪于发展中国家，南北经济矛盾有可能上升为世界经济的主要矛盾。事实上，90 年代以来发展中国家的经济较快增长是发达国家经济复苏的重要动力，发达国家将近一半的出口是面向发展中国家市场的，其出口增长促进了经济增长。可是，发达国家却提出了所谓“第三世界威胁论”。他们说，发展中国家的劳动生产率大大提高，但劳动力工资依然很低；来自发展中国家制造业的竞争可能威胁发达国家，这使发达国家无法保持国民生活水平。欧洲委员会的一份报告说，西欧失业的最主要原因是来自低成本的国家的竞争。美国政府的智囊——政策研究所公开提出来自低工资国家的进口已经威胁到美国人的生活水平。发达国家以劳工标准和环境保护为由对发展中国家施压。克林顿授权美国贸易谈判官员，要求全球多边贸易谈判把发展中国家的劳动力及环保问题作为贸易问题处理。发达国家指责发展中国家不执行“人道主义”的劳工标准，如劳动条件恶劣，使用童工，劳动工资过低；扬言若发展中国家不改善劳工标准，就要遭到报复。发达国家还以发展中国家不顾环境污染、生产低成本产品为由，限制其产品进入本国市场。更有甚者，美国和德国的一些高级官员和国会议员把“第三世界威胁论”进一步具体化，提出发展中国家不顾劳工工作条件，搞“社会福利倾销”；不顾环境保护，搞“生态倾销”；不顾汇率的正常变化，以人为的汇率贬值，搞“货币倾销”。国际货币基金组织预言，发达国家将把贸易政策与国家经济战略目标更紧密结合起来。因而，世界贸易组织成立之后，新的世界贸易谈判议题将主要包括：（1）贸易竞争与劳工标准问题；（2）出口生产与环境保护问题；（3）国际多边贸易原则与各国竞争政策的一致性问题。关留总协定“乌拉圭回合”谈判之后，全球贸易自由化的争议转移到上述问题，表明发达国家图谋扼杀发展中国家的出口竞争力，这势必引发南北经济关系的尖锐矛盾。

在南北经济竞争中，亚太地区成为南北经济关系新矛盾的焦点。80年代以来，东亚发展中国家（和地区）几乎都保持了与美国的贸易顺差。发展中国家出口竞争力的增强主要体现在亚太地区。因而，发达国家的“第三世界威胁论”攻击的对象和南北新矛盾的焦点集中于亚太。而且，日本为化解美日经济矛盾，主要采取了转移矛盾的方法，即把对美出口产品的生产转移到东亚发展中国家（和地区），致使这些国家（和地区）对美贸易顺差急剧增大。与此同时，发达国家把其扩大出口战略的实现寄希望于东亚发展中国家的国内市场，因而亚太地区的南北矛盾可能趋于尖锐化。据估计，到2000年之前，世界进口增长的三分之一可能是东亚的进口，其总进口额将从1992年的7920亿美元增加到14430亿美元，增加额为6510亿美元，而美国只增加3690亿美元，欧洲只增加4720亿美元。发达国家为摆脱经济困境，必然把出口方向集中于东亚。美国商业部最近提出，到2010年，美国将把出口集中于“十大新兴市场”，对它们的出口可能超过日本和欧洲之和。列在这个名单前3位的国家是中国、韩国和印度尼西亚。为了占领东亚市场，发达国家特别是美国，将更多地动用单边主义手段，压东亚发展中国家（和地区）开放市场。

值得注意的是，因某个发达国家漫天要价，使我国在去年底以前“复关”受阻，这正是南北经济矛盾加剧的集中体现。西方企业一方面看到中国的市场潜力，但又惧怕中国提高国际竞争力。发达国家政府于是在国际多边经济活动中不断刁难中国。

南北经济矛盾更加复杂，发达国家变换斗争手法

首先，南北经济矛盾的主要内容从传统的不等价交换演变为三大矛盾。(1) 不等价交换的矛盾，对一大批发展中国家来说依然存在。(2)初级产品与资本的矛盾，即从1973年石油涨价到1982年发生世界债务危机，发展中国家以初级产品为武器，发达国家以资本为武器，展开的一场近10年的较量。(3) 劳动力与技术的矛盾，即80年代以来，越来越多的发展中国家利用劳动力优势，向发达国家市场出口制成品，而发达国家以技术优势冲击这一优势。在南北三大经济矛盾中，前两个矛盾，发展中国家是输家，在国际多边经济机构呼吁了多年，也没有结果，而在第三个矛盾的较量中，鹿死谁手，尚未成定局。过去，发展中国家认为发达国家妨碍了它们的工业发展；现在，则是发达国家认为发展中国家威胁了自己的某些工业。过去，使发达国家感到不安的是发展中国家的贫困，而现在发达国家担忧发展中国家的经济发展带来了新问题。它们认为挑战来自四个方面：一是发展中国家的制成品出口，使发达国家的制造业就业减少，非熟练劳动力实际工资下降；二是发展中国家的投资热将引起国际金融市场利率上扬；三是发展中国家的工业化导致能源和原材料需求增加，使价格上涨，会引发通货膨胀；四是高速经济增长导致生态环境恶化。

其次，发达国家为增强主动性，加紧动用各种力量反击发展中国家。第一，南北经济较量离不开世界市场，制成品与初级产品的不等价交换是在世界市场上实现的，资本与初级产品的较量以及技术与劳动力的较量，同样也要由供求关系决定：初级产品价格疲软来源于发达国家需求的疲软；资本价格上扬与世界储蓄率下降导致资金供给不足

是分不开的。发达国家依仗其强大的经济实力，操纵着世界市场的主要份额。从需求因素看，它们是初级产品的主要消费者，其需求的微小波动都会对发展中国家的初级产品生产和出口产生巨大影响。从供给因素看，发达国家是制成品及其生产的主要供给者，发展中国家则次要供给者。在制成品需求旺盛时，发展中国家的出口起到对发达国家供给不足的补充作用；当需求疲软时，首当其冲受到危害的是发展中国家的出口制成品。而且，市场力量对南北经济矛盾的主宰作用发生了两个引人注目的变化。(1) 由于物质生产所用的物质材料和人力相对减少，所需的非物质投入（主要是知识和技术）日益增加，决定市场竞争力量对比的传统理论——资源比较优势论已不再那么灵验。换句话说，决定竞争力的资源优势被大大削弱，而决定加工能力的技术因素成为加强竞争力的主要因素。因而，发展中国家的自然资源和廉价劳动力同发达国家的资本和技术进行竞争时处于劣势。(2) 随着技术进步，特别是信息技术的发展，资本、人力、技术和商品的流动速度更快，市场机制也更为灵活。与发达国家相比，发展中国家在市场不够发达，市场机制不够灵活。这种滞后性使发展中国家的市场较量中处于被动地位。

值得注意的是，在发展中国家纷纷实施经济体制改革，使之更面向市场经济时，发达国家却更重视动用政府力量。它们的经济政策出现了五个趋势：(1) 国内经济政策国际化，表现在发达国家的国内宏观经济政策和结构政策对其他国家，特别是发展中国家产生了影响。(2) 对外经济政策超国家化，主要体现于发达国家的经济地区集团化政策。(3) 政策干预交叉化，这是指各种经济政策的交叉运用对发展中国家经济发展的不利影响。(4) 经济政策政治化。最明显的例子是发达国家以人权为理由干预发展中国家的经济发展。(5) 经济政策出现反市场的倾向。发达国家本是市场经济的发源地，但由于二战后实行社会福利政策，政府参与市场活动的比重增加。同时，一些社会经济集团从其固有的经济利益出发，要求政府采取贸易保护主义措施，成了一股反市场的势力。美国把所谓劳工标准作为世界贸易谈判的内容，正是反映了这种倾向。总之，南北经济关系正在出现复杂的新情况需要我们作更加系统深入的研究。

（引自《现代国际关系》1995 年第 2 期）

世界经济增长重心转向东亚

复旦大学世界经济研究所　林进成

所谓世界经济增长重心是指世界经济中经济活力旺盛、市场容量巨大、经济增长幅度最大的地区，即世界经济的火车头。自从世界经济形成以来，由于世界各个国家、各个地区的经济发展的不平衡，世界经济的增长重心已经发生过并将继续出现转移。认识这种转移，适时地采取正确的对策，对于我们国家抓住机遇、深化改革、扩大开放、迎接挑战、加快发展，从而使我国在世界经济中做出较大的贡献有重大意义的。

推动世界经济增长的条件

世界经济是社会发展一定阶段上的产物，是世界范围内的各国经济，通过一定的方式和渠道，在国际分工、世界市场、世界货币和世界资本的基础上，相互结合在一起，形成的有机整体。自从形成了世界经济，世界上任何国家或地区的国民经济活动都是不可能与世隔绝的。世界上的各个国家或地区，不论其面积的大小和人口的多寡，也不论经济发展水平的差异，都在世界经济中占有一定地位，都对世界经济的发展负有一定责任。但是，要成为世界经济的增长重心，要充当世界经济的火车头，要在世界经济的发展中起重大的推动作用，则是有条件的。

条件之一，是经济规模。一个占世界生产总值1/4的国家或地区同一个占世界生产总值1/40的国家或地区在世界经济中所起的作用是明显不同的。凡要充当世界经济的火车头，其经济规模必须相当大。因为，经济规模大的国家或地区，其在世界经济中所占的比重就高。它的经济增长与否，增长幅度的大小，都会对世界经济起举足轻重的作用。

条件之二，是市场容量。在商品生产的社会里，市场对于国家、企业和居民都是极其重要的。没有市场，社会经济生活就无法进行。但是，国家或地区的大小不同，经济发展水平的差异，居民消费水平的高低，势必导致各个国家或地区市场容量的差别。市场容量大的国家或地区，需要进口大量商品，以满足本国或本地区的生产和居民生活的需要。这对于其他国家或地区的生产当然会起促进作用。反之，市场容量小的国家或地区，商品进品的数量当然是有限的，对于其他国家或地区的生产所起的作用也就小。

条件之三，是金融实力。金融是现代经济的“魔术师”，是现代经济得以发展的重要的推进器。没有资金的融通，任何国家或地区的经济都是不可能顺利发展的。有了强大的金融力量，本国或本地区的经济发展才有雄厚的基础，同时也更有可能对外输出资本，这对于其他国家或地区的经济发展也是个推动。

条件之四，是技术实力。科学技术是第一生产力。任何国家或地区的经济发展都是同一定的科学技术相联系的。在科学技术飞速发展并向现实生产力迅速转化的今天，经济实力的竞争、综合国力的竞争实质上是科学技术的竞争，是用新产品占领世界市场的竞争。这是一场没有硝烟的“和平战争”。在这场全球性的科技大战中，任何国家或地区都会受到冲击和影响。而处于领先地位的国家或地区，其经济潜力就大，这对于扩大经济规模，对于影响其他国家或地区的经济发展都是重要的。

条件之五，是政府的政策。历史业已证明，凡是做为世界经济增长重心的国家或地区，无一不是同政府的政策存在着紧密的联系。战后世界经济的发展更可以看出，在现代经济中，政府对经济进行的宏观调节的作用是不能忽视的。

当然，上述的一些条件是紧密联系的，是必须综合考虑的。世界经济的增长重心首先应当是世界经济的生产增长中心。在这里，比较成本低、获得利润高、生产要素的供给来源大、潜在购买力强，因此，比较利益高。生产增长中心的发展必然要求贸易中心、金融中心的兴起。贸易中心、金融中心的兴起，又会推动生产增长中心的进一步发展。科学技术的进步则是生产增长中心、贸易中心、金融中心形成与发展的原动力，而生产增长中心、贸易中心、金融中心的发展又必然促进科学技术的巨大发展。历史的经验告诉我们，一个新的、强有力的世界经济增长重心的形成，必然具有聚集和扩散的功能。这就势必要打破世界经济中原已存在的各个国家或地区的经济力量的平衡，逐步形成新的格局。

60年代以来，东亚经济群星灿烂

近二、三百年来，做为世界经济的增长重心首先是在西欧主要是英国形成的。人类社会从封建时代向资本主义时代过渡是从英国资产阶级革命开始的。18世纪60年代到19世纪中期，英国发生了以蒸汽机的广泛应用为主要标志的技术革命，这是资本主义生产关系出现以来的第一次技术革命。这次技术革命导致了人类历史上的第一次产业革命。产业革命的成功，机器大工业的建立，大大增强了英国的经济实力和综合国力，促进英国成为“世界工厂”，在世界工业生产和世界贸易中取得垄断地位。1820年，英国占世界工业生产的一半、世界贸易的18%。尔后，随着欧美其他国家工业生产和经济的发展，英国的地位有所下降，但在1850年，英国的工业生产仍占世界的39%，其在世界贸易额中的比重却上升至21%。[①]一直到19世纪70年代，英国在世界工业生产和世界贸易中仍居第一位。1870年，英国占世界工业生产的32%、世界贸易额的25%，拥有的商船吨位超过荷兰、法国、美国、德国、俄国商船吨位的总和，居世界第一位。[②]英国靠强大的海运业，控制着其他国家的贸易往来。当时的国际金本位制度，实际上是以英国为中心的，而且，英国还向欧美各国和殖民地直接输出大量资本。可以说，欧美许多国家的资本主义经济是依靠英国的资金、技术、人才和生产管理经验发展起来的。在那个时候，英国的经济发展与否、增长的幅度对世界经济所起的作用是举足轻重的。

从19世纪末期起，世界经济的增长重心开始从西欧向美国转移。这次转移是同以电力的广泛应用为主要标志的技术革命联系在一起的。美国凭其独特的社会历史和经济因素，加速经济发展的步伐。在1861—1865年南北战争结束后，美国经济的发展更为迅速。19世纪80年代，美国的工业生产超过英国，成为世界最大的工业强国。美国的这种地位一直延续到现在。第二次世界大战结束后初期，美国的经济实力走上了顶峰。1947年美国占资本主义世界商品出口额的32.5%，1948年美国占资本主义世界工业生产的56.4%和黄金储备的71.3%。[③]美国成为世界最大的债权国、资本输出国和国际金融中心。战后建立的国际货币体系也是以美元为中心的，这就为美国的对外扩张提供了有利条件。虽然尔后由于西欧和日本经济的恢复和发展，美国的地位有所下降，但在1955年，其国内生产总值仍占世界生产总值的40.3%。[④]直到目前，美国仍然是世界上经济实力、综合国力最强大的国家。从19世纪末期以来，美国在世界经济中所起的火车头作用是其他任何国家无法取代的。

近二三十年来，在亚洲，首先是日本、亚洲“四小”的崛起，其后是中国大陆、东南亚其他国家、越南等印支国家经济的起飞，使东亚正在成为新的世界经济的增长重心。

60年代初期，东亚一些国家或地区的经济还是不那么为世人所重视的。在工业发达国家中，1960年日本的国民生产总值折合440亿美元，略高于意大利，只相当于法国的72.7%、德国的60.5%、英国的60.4%、美国的8.5%。[⑤]在发展中国家或地区中，韩国、香港、新加坡的国内生产总值仅为54.6亿美元，印尼、马来西亚、菲律宾、泰国的国内生产总值仅为204.7亿美元。[⑥]然而，在新技术革命的浪潮中，东亚的一些国家或地区利用了世界产业结构调整和产业传递的有利时机，迅速发展本国或本地区经济，取得了令人属目的成就。

其一，经济实力急剧增长，经济规模迅速扩大。

在工业发达国家中，日本经济的增长是其他国家望尘莫及的。据世界银行的资料，1965—1980年，日本的年平均经济增长率为6.3%，经合组织成员国只为3.6%；1980—1991年日本的年平均经济增长率为4.2%，经合组织成员国只为2.9%。[⑦]在战后的第一个1/4世纪中，日本的国民生产总值先后超过了英国、法国和联邦德国，成为仅次于美国的资本主义世界第二经济强国。在战后的第二个1/4世纪中，日本又成为世界第二经济强国。在整个战后年代，日本逐步缩小同美国的经济差距。1992年日本的国民生产总值折合36709.8亿美元，相当于美国的62.0%。[8]可以说，日本经济的崛起是亚洲经济的一个奇迹。

在发展中国家或地区，东亚的经济增长率不仅比工业发达国家高得多，也比世界经济的增长率高得多。据世界银行的资料，在1965—1980年，东亚的年平均经济增长率为7.2%，而撒哈拉以南非洲为5.1%，南亚3.8%，欧洲、中东和北非6.2%，拉美和加勒比地区6.0%，经合组织成员国为3.6%；在1980—1991年，东亚和太平洋地区的年平均经济增长率为7.7%，撒哈拉以南非洲为2.1%，南亚5.4%，欧洲和中亚1.5%，中东和北非2.1%，拉美和加勒比地区1.7%，经合组织成员国2.9%，整个世界则为3.0%。[9]到1992年，韩国、新加坡、香港和我国台湾省的国民生产总值约合6307.1亿美元，泰国、马来西亚、印尼和菲律宾的国民生产总值约合3467.3亿美元，如果加上日本和中国，这10个国家或地区的国民生产总值约合51544.9亿美元，相当于美国的87.1%，相当于欧洲联盟12国的77.2%。[10]

其二，对外贸易的发展异常迅速，东亚市场明显扩大。

据统计，在1960年，日本、中国、韩国、新加坡、香港、台湾省、泰国、马来西亚、印尼和菲律宾的商品出口额117.11亿美元，占世界商品出口的9.2%，相当于美国的56.8%，相当于欧洲联盟12国的26.9%；同年，上述10个国家或地区的商品进口额127.86亿美元，占世界的9.5%，相当于美国的78.1%，相当于欧洲联盟的27.2%。到1992年，上述国家或地区的商品出口额增加到8727.15亿美元，占世界的23.9%，比1960年增加14.7个百分点，相当于欧洲联盟的60.2%，相当于美国的194.7%；商品进口额增加到7799.05亿美元，占世界的20.6%，比1960年增加11.1个百分点，相当于欧洲联盟的51.3%，相当于美国的140.8%，[11]东亚市场在世界市场中的地位是明显加强的。

其三，金融实力极大加强。

60年代以来，东亚金融力量的加强也是有目共睹的。以世界大银行为例。在1969年底按资产额排列的世界最大的100家银行中，东亚20家，资产额1019.86亿美元，占17.2%，比美国所占的份额少17.7个百分点，比西欧少22.3个百分点。在这20家银行中，富士银行的实力最强，也仅列第15位。到1992年底，在按资产额排列的世界最大的100家银行中，东亚增加到31家，资产额66290.93亿美元，占42.8%，比1969年底增加25.6个百分点，虽比西欧少3.7个百分点，但比美国多36.9个百分点。[12]在此期间，东京迅速发展成为国际金融中心。在1992年按资产额排列的世界最大的100家银行中，日本26家，其中，总部设在东京的16家。1988年底，东京股票市场的成交额占世界的45%，超过了纽约和伦敦。80年代末，日本离岸金融市场的资产额也超过了纽约，东京外汇市场的规模则接近于纽约。在此期间，香港也成为世界上除伦敦、纽约之外的外国银行最集中的地区，成为仅次于伦敦、纽约、苏黎世的世界第四大黄金市场。新加坡的外汇市场日平均交易量仅次于伦敦、纽约、东京、苏黎世，居世界第5位。战后东亚的经济发展再一次证实，金融的发展是经济与贸易发展的迫切要求和必然结果，而金融的发展又必然带动经济与贸易的更大发展。

其四，科学技术长足进步。

战后年代是东亚的科学技术取得巨大成就的年代。在近半个世纪中，日本致力于在高技术领域追赶美国。目前，日本除原子能和空间技术外，在其他领域已经达到世界的先进水平。日本的技术实力已经能够同美国、西欧并驾齐驱，成为称强于世界的三巨头之一。根据日本国会众议员石原慎太郎1991年5月推出的《日本坚决敢说“不”》一书提供材料，在海湾战争中，美国使用的头端武器里有93种外国制造的特种半导体，其中，英国制造的只有1种，其余92种都是日本制造的。没有日本的这些半导体，美国在海湾战争中就会出现许多预想不到的困难。在中国，原子能、氢弹的制造，人造地球卫星的研制、生产、发射和回收，正负电子对撞机的研制，超导材料理论的研究，都是举世瞩目的。昔日以模仿他人并从事低成本组装而著称的亚洲“四小”，也悄悄地以众多领域中的创新产品开始在西方市场上连连得分，从电子玩具、低档音频电器到高性能的个人计算机和存储器芯片，都已经成为一支主力军。

综上所述，60年代以来，东亚经济的增长、贸易的发展、金融实力的增强以及科学技术的进步，都是世界其他地区无法比拟的。完全可以说，东亚是经济群星灿烂的地区。东亚已经是世界经济的一支不可忽视的力量，一支强大的推动力量。人们可以看到，世界经济的增长重心正在向东亚转移。

东亚经济力量仍在继续增长

在未来的年度里，世界经济的增长重心还会继续向东亚转移吗？东亚会像历史上的西欧（主要是英国）、美国一样，成为新的世界经济的增长重心吗？回答是肯定的。在存在着许多不确定因素的情况下，要准确地预测世界经济的长期发展无疑是困难的。特别是在新的世界经济格局正在形成的过程中，在国际贸易体系和国际货币体系正在发生急剧变动的情况下尤为如此。但是，现时代是经济与技术剧烈竞争的年代，是所谓“热经济”年代。在一般情况下，世界上大多数国家已经并将进一步把更多的资源、时间和精力用于发展本国经济。假定世界各国所处的条件是适度有利的，或者是适度不利的，只要这种不利条件不包括出现世界性的金融危机、能源价格的猛涨或者发生严重的贸易战，那么，东亚由于自身的有利条件，未来的经济发展仍然是其他地区无法比拟的。

那么，东亚自身的有利条件有哪些呢？

其一，人口众多，市场潜力巨大。

现今的东亚是世界人口最多的地区。仅上述10个国家或地区就超过世界人口的30%。随着经济的发展，随着居民消费水平的提高，东亚市场的日益扩大是必然的。如果按照60年代中期迄今的商品进出口额的增长速度发展，那么，到下一个世纪的第一个十年，东亚的商品进口额就可能接近于现今欧洲联盟12国的水平，并超过美国的1.5倍，商品出口额则会超过欧洲联盟12国的水平，并超过美国的3倍。东亚市场对于发展本地区的经济、对于世界经济的发展都是有重要意义的。

其二，劳动力价格相对低廉。

随着经济的发展，东亚的一些国家或地区特别是日本的劳动力价格已经大幅度提高，但就东亚总体而言，在今后一段时间，劳动力价格还是相对低廉的。这对于增强商品的国际竞争能力、对于引进外资，从而加速经济的发展都是有利的。

其三，国民储蓄日益增加，资金较为充足。

在90年代乃至于下世纪初，东亚的经济发展激发了对资金的大量需求。在工业发达国家的储蓄率普遍呈现下降趋势的情况下，东亚的国民储蓄却在增长。即使是储蓄率已有很大下降的日本，其私人家庭的净储蓄在可支配收入中的比重在1991年仍为14.6%，在主要资本主义国家中仅次于意大利（15.6%），而高于其他国家。[13]因此，相对地说，这一地区的建设资金较为充足。同时，国际储备额在世界所占的比重也比较高。这就为经济的持续发展提供了必备的条件。

其四，具有较大的技术潜力。

这里特别要提到的是，在建设“信息高速公路”中，日本正在探索自己的发展模式；韩国已决定耗资500亿美元建设“超高速信息通讯网”；新加坡的“国家信息基础设施”计划已经进入研制和试验阶段，这项计划有可能把新加坡变成“智能”岛；我国也在进行信息高速公路研究，着手编制“发展中国高速信息网的对策”。

其五，业已形成的内部发展机制。

东亚地区业已形成的内部发展机制包括动态梯度经济构架以及在此基础上产生的以垂直贸易为主、水平贸易为辅的贸易结构。这种机制是确保东亚经济活力的重要因素。

其六，政府的政策和政局的相对稳定。

从总体上看，东亚许多国家或地区的政局是相对稳定的，这是经济发展的必要前提。而且，当局采取的诸如进一步对外开放、日益密切地区间经济合作等政策，对于促进东亚地区的经济发展也是有利的。

当然，东亚地区经济发展的自身的有利条件还有丰富的自然资源、企业家的洞察能力等等。

根据各方面的预测，在未来的年代里特别是在未来的一、二十年内，东亚地区的经济发展速度仍将远远超过工业发达国家，也将远远超过世界经济的发展速度，东亚地区的经济规模将会迅速扩大，其在世界经济中的地位将会迅速提高。如果考虑到这一地区日益扩大的市场容量、金融实力和巨额的国际储备，东亚完全有可能成为世界经济的强有力的推动力量，成为新的世界经济的增长重心，世界经济的火车头有可能历史地落在东亚地区的身上。

中国经济能对世界经济做贡献

中国是东亚的大国，在东亚经济乃至于世界经济中起着举足轻重的作用。自从党的十一届三中全会以来，中国的改革、开放和发展的成绩是举世瞩目的。随着改革开放的深化，中国已经形成从沿海到内陆的十一类对外开放经济区域，这就为中国90年代经济的全面起飞展示出良好的前景。愈来愈多的海外人士，正在密切注视着中国的变化所带来的深远影响。马来西亚《星洲日报》1993年元旦发表的特稿《亚洲经济飞跃二十一世纪》认为，一百多年来亚洲经济出现了三个奇迹。日本建立了亚洲经济的第一个奇迹，亚洲“四小”的崛起是亚洲经济的第二个奇迹，从70年代末期以来，随着中国经济的腾飞，亚洲经济的第三个奇迹正在形成。日本三井物产公司的经济学家则认为，中国经济可望成为21世纪东亚经济的另一部火车头。

若干年来，人们经常在谈论21世纪是“亚洲太平洋世纪”。现在下这样的定论尚为时过早，还要看事态的发展。正如邓小平同志所说，“中印两国不发展起来就不是亚洲世纪”，“真正的亚太世纪或亚洲世纪，是要等到中国、印度和其他一些邻国发展起来，才算到来。”[14]但是，世界经济的增长重心正在向东亚转移，这也是不可否认的事实。只要这种转移继续下去，东亚世纪、亚洲世纪或亚太世纪终究是会到来的。综观200余年来的世界经济发展，世界经济已经出现过四次长周期波动。这种长周期学说首先是1925年康德拉季耶夫提出来的，尔后熊彼得于1939年提出“创新”理论进行解释。第一次长周期从18世纪80年代到19世纪40年代中期，第二次长周期从19世纪40年代后期到90年代末期，第三次长周期从19世纪90年代末期到20世纪40年代下半期，第四次长周期从20世纪40年代末期开始，目前我们正处于第四次长周期下降期的末期。根据历史的经验，在长周期下降期的末期或者是长周期上升期的初期，会有一些国家或地区充分发挥其后发优势，实现其跳跃式发展。这些国家或地区的发展有可能形成新的世界经济的增长重心，并且带动世界经济的发展。后发国家所以能跳跃式发展，在较短时间内从经济上技术上赶上并超过先进国家，是因为后发国家可以吸收一切先进的技术成果，利用先进国家的资金、人才和管理经验，同时发挥后发国家自身的优势。当然，后发国家的吸收、利用、引进，都必须根据自身的国情，有所创造、有所发展。

70年代中期以来，工业发达国家的经济陷于停滞、缓慢增长的困境。它们和新兴工业化国家或地区在调整经济结构中大量向外转移产业、资本、技术，并寻找新的市场。在这种形势下，中国成为海外投资的热点。十几年来，中国人民紧紧地抓住这个有利时机，加速了经济的发展，使经济实力大大增强，经济结构也上了新的台阶。根据各方面的预测，在90年代末或21世纪初，世界经济将进入第五个长周期的上升期，新的技术革命的产业化有可能形成新的产业革命的高潮，世界经济有可能出现空前未有的发展。东亚经济乃至于亚洲经济，将以较高的速度向前发展，占人类人口大多数的国家或地区将成为世界经济发展的新的生力军，甚至成为强大的主力军，从而将大大促进世界经济的繁荣。这又将会给我国的经济发展提供新的一次机遇。而且，21世纪初期的机遇很可能超过我们已经抓住而目前还在发展的机遇。因此，我们应当认真研究世界经济的发展及其变化的规律，应当了解、分析、研究世界不同类型国家的经济发展和政策的变化并及时提出对策，应当了解、分析、研究国际贸易、国际金融、国际投资、国际经济合作诸方面的发展变化并及时提出对策，应当了解、分析、研究新的技术革命的发展及其对世界经济的影响。这就是说，要从总体上把握世界经济的发展变化。

形势对我们是有利的。只要我们妥善地处理经济增长和经济稳定的辨证关系，保持经济持续、稳定而又以较快的速度增长，我们的国家就能够提高在世界经济中的地位，就能够对东亚经济、对世界经济做出较大的贡献。

注释：

① ②樊亢 宋则行主编：《外国经济史·近代现代》第一册，人民出版社1980年版第80、92页。

③［苏］《第二次世界大战后资本主义国家经济情况（统计汇编）》，世界知识出版社1962年版第58、479、617、618页。

④［世界银行］《1982年世界发展报告》，第22页。

⑤根据［国际货币基金组织］《国际金融统计年鉴》1980年有的关资料计算。

⑥［世界银行］《1982年世界发展报告》，第114、115页。

⑦［世界银行］《1989年世界发展报告》，第167页；《1993世界发展报告》，第241页。

⑧根据［国际货币基金组织］《国际金融统计年鉴》1993年的有关资料计算。

⑨［世界银行］《1989年世界发展报告》，第166、167页；《1993年世界发展报告》，第240、241页。

⑩根据［国际货币基金组织］《国际金融统计月报》1994年第4期，［世界银行］《1994年世界发展报告》，［台湾］《统计月报》1994年第1期的有关资料计算。

⑪根据［国际货币基金组织］《国际金融统计年鉴》1990年、1993年，［联合国］《国际贸易统计年鉴》1963年，［联合国］《统计月报》1994年第4期的有关资料计算。

⑫根据［美］《银行家》1970年第6期，1993年第7期的有关资料计算。

⑬［德］《国际经济数字》1992年第45表。

⑭《邓小平文选》第三卷，人民出版社1993年第282页。

（引自《世界经济》1994年第12期）

中国统一和中美经济关系

新华社世界问题研究中心 李长久

1978年中国实行改革开放政策、1979年中美建交、1984年中英两国正式签署《中英联合声明》，大大推动了台湾、香港同祖国内地的经贸交往和经济发展。1993年4月世界银行在其一项报告中首次使用"中国经济区"(China Economic Area)的概念。报告预测，到2002年，包括台湾、香港和中国大陆在内的"中国经济区"将成为继美国、日本和德国之后的世界经济增长的"第四支柱"。1994年5月初，美国美中关系全国委员会和设在夏威夷的东西方中心邀请中国大陆、台湾、香港及美国的一些政治问题分析家、经济学家、社会学家和对外政策专家在檀香山举行座谈会，讨论中国大陆、香港和台湾政治、经济、文化关系的发展变化及其对三方和美国的影响。会后，美国布鲁金斯学会著名学者哈里·哈丁对与会代表的观点进行了加工整理，并于年底完成了题为《大中华圈的发展及其对美国的影响》一书。哈丁认为，两岸三地正在建立更加密切的文化、经济和政治联系，这种关系网的出现是一个极其重要的现象。哈丁指出，两岸三地经济、文化和政治关系的不断发展，对美国来说既提出了新的挑战，又提供了新的机遇。

"中国效应"

"一国两制"，"一国"是"两制"的前提，一国就是中华人民共和国。台湾、香港同祖国内地的经贸交往日益密切，特别有利于台湾、香港的经济发展。"中国效应"有力地推动着香港的经济繁荣，维系着香港的社会稳定，保障着香港的居民生活。这一"中国效应"，香港同胞称指"来自祖国内地各种因素在香港居民的良性反应"。台湾经济研究院院长吴荣义借用杜甫的"两个黄鹂鸣翠柳，一行白鹭上青天"的诗句描述已"透出春天的气息"的两岸经贸关系的发展。

中华人民共和国诞生以来，香港经济发展和居民生活水平提高同祖国内地息息相关。香港弹丸之地，资源缺乏，居民所需副食品绝大部分依靠祖国内地。60年代，在周恩来总理的亲切关怀下，从祖国内地开出的三趟快运货物列车保证港澳居民所需的鲜活商品供应。迄今"三趟快车"已风雨无阻地运行了33载。每天清晨开始，香港的大小街市便喧闹起来，"生、猛、鲜、活"商品琳琅满目，600多万香港居民所需鲜活商品应有尽有。这一繁旺市场的背后，渗透着祖国各地对香港同胞的亲切关怀和大力支持。据香港最大的鲜活食品供应商华润集团五丰行统计，"三趟快车"累计已对香港输送了活猪700多万头、活牛400多万头，这两类货品占香港市场供应量的98%以上。此外，祖国内地每年还向香港市场供应5万多吨鲜蛋、6万多吨冻肉、数十万只活鸡鸭、几十万吨新鲜蔬菜，以及大量的粮油食品和水产品。

淡水供不应求曾是香港居民生活中的一大难题。1963年一次干旱天气，香港居民每4天才能获得一次供水。就在这时，祖国内地开始引东江之水供应香港施工，供水工程于1965年完工，以后又不断扩建，目前香港年用水量的70%以上都来自东江。

"中国效应"使香港经济大蒙其利。祖国内地不仅成为香港工业原材料等的重要供应基地，而且也是香港出口商品的主要市场和投资首选之地。祖国内地与香港贸易，在50年代年均2亿美元，60年代年均6亿美元。祖国内地改革开放16年来，香港与内地的贸易总额增长了40倍，由23亿美元增至900多亿美元。1994年香港和内地之间的贸易额超过1096亿美元，占香港当年贸易总额的35%。内地已成为香港最大的进出口市场和最大的转口货源供应地。香港从内地与香港贸易和转口内地商品中获得巨大利益。据统计，1991年香港向内地出口、内地经香港转口以及各地经香港转口内地的商品中，香港赚取毛利达800亿港元，相当于香港国民生产总值的1/8。

祖国内地改革开放以来，港商在内地投资一直占60%以上。到1989年9月，内陆批准设立的外商投资企业已达20278家，实际投资141亿美元，其中港商投资企业、实际投资额分别占60%左右。到1990年底为止，在深圳设立的外资企业为3269家，其中港商投资企业为2792家，占外商投资企业的85%，外商在深圳的实际投资额为22.6亿美元，其中港商投资占70.3%。1992年港商在内地实际投资额达75亿美元，占内地引进外资的68.2%。仅珠江三角洲地区，港商投资企业达3万多家，雇用300多万内地职工。珠江三角洲地区已成为香港工业发展的大后方。

据华润集团发表的研究报告估计，内地劳动力工资仅相当于香港制造业工人平均工资的10%，以300万工人计算，一年可节省2000亿港元，相当于1991年香港国民生产总值的32%。由于内地廉价的劳动力和土地使用费就为港商节省成本1/3以上。因此，香港工业界90%的纺织厂、80%的制鞋厂已迁到珠江三角洲地区。在“中国效应”的影响下，香港工业北移，利用内地的劳动力和土地资源，增强了香港制成品在国际市场的竞争力。据不完全统计，目前香港制造业中，90%的电子生产厂商、80%的成衣和钟表厂商、70%的制鞋和玩具厂商，已经把其生产基地转移到内地。截至1994年底，中国共批准设立外商投资企业221777家，实际吸引外资955.67亿美元，其中港澳地区投资企业125959家，实际投入资金600.4739亿美元，均占60%左右。

16年来，港商在内地投资发生四个方面的巨大变化：一是港商投资区域、领域不断扩大。开始港商投资主要集中在广东，如今已伸展到内地每一个开放省市的各个开放行业，特别是以在上海为中心的长江流域，港商投资明显增加。截止1995年3月底，已有48个国家和地区在上海浦东投资项目达2836个，协议投资总额达120.7亿美元，其中香港以1321个项目和84.3亿美元的投资居投资项目和投资额的双冠军，大大高于日本近300个项目和近10亿美元以及美国的353个项目和7.3亿美元的投资项目数和投资额；二是投资项目和主体趋向大型化，长江实业、新世界、九龙仓等一批香港大财团在内地均有上百亿港元的投资；三是投资形态从出口加工型向产业化、多元化方向发展，从投资型向投资、金融结合型扩展；四是投资结构不断优化。

近年来大陆在香港的中资企业迅速崛起，对稳定和发展香港经济作出越来越大的贡献。据1995年6月12日在香港举行的中国企业在香港发展前景讨论会上提供的数字。经中国有关部门批准成立的驻港中资企业中已达1670家，其业务范围遍及进出口贸易、运输仓储、金融保险服务、百货零售等各行各业。中资企业在港直接投资总额已超过200亿美元，超过美国和日本而居首位。中银集团现已成为仅次于汇丰银行的香港第二大银行。1994年5月，中国银行香港分行正式参与港币发钞，这表明中资企业愿意继续巩固香港作为国际重要金融中心的地位。

由于人为原因，台湾海峡两岸同胞基本上断绝了30年的正常往来和经贸交往。中国实行改革开放政策，揭开了两岸经贸交流的序幕。“春风终解千层雪，碧海犹连两岸心”。1991年春节期间内地民间出现的这副对联，后来由台湾报刊介绍给广大台湾同胞。它反映了海峡两岸同胞恢复交往后的喜悦心情。两岸恢复交往对台湾与内地的经贸发展影响越来越大。主要表现在：

——两岸贸易急剧增加。1978年，台湾同大陆的贸易额只有4750万美元，其中台湾从大陆进口不到50万美元，台湾出口4700万美元。1980年，两岸贸易额达3.1亿美元，其中台湾进口8000万美元，台湾出口2.3亿美元。1990年，两岸贸易额达40.45亿美元，其中台湾进口7.65亿美元，台湾出口32.8亿美元。1993年，两岸贸易额达143.9亿美元，互为第四大贸易伙伴，台湾对大陆的出口依存度已从1989年的5%上升到16.47%。1994年，两岸贸易额达到创纪录的160亿美元，台湾获得约120亿美元的贸易顺差。两岸贸易对台湾经济发展的影响越来越大。台湾“经济部长”江丙坤发表的一份报告指出1992年台湾经济10%的增长率中，有1.5%是来自内地市场的贡献。

——台湾在大陆投资方兴未艾。台商赴大陆投资始于1983年，但台湾工商界大批到大陆投资是在1987年台湾当局开始台胞赴大陆探亲之后。到1987年，台商在大陆投资企业仅80家，协议投资额只有1亿美元。1989年，台商在大陆投资企业增加到2000家，协议投资额达10亿美元。1991年7月，中国外经贸部提出了促进两岸经贸交流的五项原则，即直接双向、互利互惠、形式多样、长期稳定、重义守约，大大鼓励了台胞到大陆投资的积极性。1992年，台商在大陆投资达38亿美元，超过过去10年台商在大陆投资34.3亿美元的总和。1993年，台商在大陆投资达60亿美元，仅次于香港，在大陆引进外资中居第二位。到1993年底，台商在大陆投资企业已超过1.5万家，投资总额达157亿美元。

台商在大陆投资的新趋势是：(1)地域扩展。开始台商投资的80%集中在福建省，近几年来逐渐向内地延伸。到1994年底，台商在上海浦东的投资项目已达421个，协议投资额达14.15亿美元。列入台湾前100家大财团中的30多家已先后派人到浦东考察或洽谈投资，其中汤臣、震旦、润泰、春源钢铁、嘉兴水泥等大财团已在浦东投资项目达10多个，投资额超过7亿美元。目前在上海、浙江和江苏等长江三角洲约3万个外商投资项目中，台商投资项目约8000个，协议投资额约140亿元台币，均约占台商在大陆投资项目和投资额的40%；(2)行业拓宽。由纺织、制鞋、玩具、食品等劳动密集型产业扩展到电子、交通、通讯、金融服务等领域；(3)规模扩大。大企业到大陆投资的增多。台湾前100家大企业中，已有70多家涉足大陆；(4)形式多样；(5)期限延长。由最初的“打跑”战略转为就地“生根”，着眼于大陆长期市场，做全面和长期的投资计划和财务安排。

香港、台湾同祖国内地经贸关系的发展，也推动香港和台湾之间的经贸交往不断扩大。

1994年港台贸易总额达227.95亿美元，其中台湾对香港出口212.62亿美元，进口达15.33亿美元，台湾顺差197.29亿美元，香港已成为第二大出口地和最大的顺差来源地。而在台湾对香港的出口中，70%左右转口到大陆。预计1995年台湾对香港出口将达260亿美元。

台湾前“财政部长”、大安银行董事长陆润康指出：“中国大陆、台湾、香港三个地区的经济力量结合是势所必然，因为我们有文化、语言、地理和血缘的便利条件。三个地区的经济结合，绝对对各方都有利，必能促进三个地区的经济更快发展。”他预计，海峡两岸加上香港三个地区的经济力量融合在一起，“一定会在将来创造出另一个经济奇迹”。1993年10月4日，台湾“总统府资政”蒋纬国在美国旧金山接受《侨报》（西部版）记者的专访时强烈呼吁台湾当局放弃“三不政策”，两岸坐下来谈判，推动中国统一大业。他认为，目前两岸已有三项共识：一是两岸都承认自己是中国人，只有一个中国；二是两岸都希望中国人过好日子；三是两岸都追求一个让世界尊重、爱戴的新中国。台湾《联合报》1995年7月8日援引蒋纬国的话说，中国人除了统一没有第二条出路。他强调，海峡两岸只有不分党派、不分地区统合，一致对外，才能获得中国人的自由平等。

潜在的大市场

国际货币基金组织按购买力平价计算，认为中国1992年的国民生产总值已达1.7万亿美元（按汇率计算为4000亿美元），仅次于美国和日本而居世界第三位。英国《经济学家》杂志1994年10月1日一期刊登的一篇文章甚至预测，到2020年，中国将成为世界上第一经济大国。这些算法和预测显然过高估计了中国的经济实力。中国人口多、底子薄，要经过几代人的拼搏才能达到发达国家水平。1994年6月1日，联合国《94人类发展报告》肯定中国仍是发展中国家，而且是排行稍后的发展中国家，这一估计大体是公允的。

随着中国经济持续较快发展，中国投资和贸易市场将继续扩大这是肯定的。1997年香港回归祖国、台湾海峡两岸经贸交往日益密切和统一进程加快，中国将成为世界上最大的投资和贸易市场之一。美新署1995年4月19日援引美国商务部发表的《1995—2000年美国对全球贸易展望》报告中的预测，12个新兴的大市场目前占美国出口商品总额的将近25%，到2000年，美国对12个新兴大市场的出口将等于美国向欧洲联盟和日本出口的总和。在这12个新兴大市场中，中国市场位居榜首，而美国要开发的中国市场包括香港和台湾。

中美建交以来，特别是近几年来，两国经贸关系迅速发展。据中国海关统计，中美双边贸易额，1979年只有24.5亿美元，1990年达到117.7亿美元，1994年达到354.3亿美元，美国已成为中国第三大进出口贸易伙伴。美国企业在华投资始于1980年，截止1994年底，美商在华投资项目16221个，实际投资额达70亿美元，仅次于香港、台湾地区而居各国在华投资之首。美国500家大公司中已有上百家在华投资。截止1993年底，中国在美国投资兴办的贸易性企业225家，协议投资额0.68亿美元，中方投资0.567亿美元；各类独资、合资非贸易型企业211家，协议金额4.35亿美元，中方投资3.25亿美元。

美国是世界上最大的发达国家，中国是最大的发展中国家，两国在经济、贸易和技术领域的互补性很强。中国从美国进口商品总额中，机械电子类商品占71%，其他是谷物、化工和交通设备等。中国继续需要美国的资金、技术、管理经验和市场，如果美国取消或减少对高技术产品出口的限制，美国对华出口将会大幅度增加。据美国商务部统计，1993年中国对美国出口商品总额中，纺织、服装等占16.8%；鞋类产品等占14.6%，美国人均购买2.5双中国鞋类产品；玩具类占14%；电机、音响及电视设备占14.5%。物美价廉的中国产品满足了美国不同层次消费者的需求。《今日美国报》今年2月24日刊登一篇题为《美国人24小时离不开中国货》的文章中写到：早晨6点闹钟响了，美国进口的闹钟有2/3来自中国；中午体育锻炼时穿的运动鞋有近50%是中国生产的；晚间熄灯，床头灯和办公室的台灯一样，有将近50%是中国制造的。

据世界经济论坛和国际管理发展研究院

预测，到2030年，美国仍将是世界最强大的国家，其次是日本和中国。这项一年一度的调查列出了3802项竞争力标准，其中包括国内生产总值、贸易状况、基础设施、科技和教育等项目。世界经济论坛和国际管理发展研究院指出，在选择最具竞争力的国家方面几乎全球意见一致，不存在什么地区偏爱。不管中国将成为世界第三还是第四经济大国，由于中国基础设施薄弱，因此，中国基础设施和主要产业领域投资需求和潜力都很大。据中国外经贸部预计，从1994年到2000年的7年内，中国进口额将超过1万亿美元。只要美国政府放宽对华技术转让限制，美国公司就能够在这个迅速扩大的投资和贸易市场占有更多的份额，越来越多的美国公司也都准备采取行动进入中国市场。

近几年来，海外大公司在中国投资的领域和地区日益扩大，特别是在中国基础设施和主要产业领域的投资都在大幅度增加。

——在中国交通运输业领域的投资迅速增加。

中国面积同美国差不多，中国人口12亿，美国人口2.5亿。但是，美国有8万公里高速公路，中国只有一千多公里。美国有2亿辆汽车，小汽车承担城市客运量的95%以上，是城市交通的主体。据中国有关部门统计，1994年中国拥有汽车950万辆，这些数字表明，中国交通运输，特别是汽车市场潜力很大，海外大汽车公司已经或正在进入中国市场，参与竞争。共同社1994年11月5日播发一篇题为《日美欧在中国汽车市场展开争夺战》的评论指出，这场争夺战已成为集结海内外集团力量的总体战。

德国大众汽车公司在80年代前半期捷足先登在上海设立了合资企业，开始生产桑塔纳轿车。接着又在第二个合资企业——长春第一汽车制造厂组装生产奥迪轿车和城市高尔夫小型汽车。该公司已制定到2000年在中国的汽车年产量扩大到66万辆的计划。德国戴姆勒奔驰公司的特点是首先提出了环境问题，该公司将把旨在降低油耗和防止公害的建议带到中国。德国公司的目标是在中国汽车市场挡住美国、日本企业而处于优势竞争地位。

新一代的福特人选择了66年前老福特人登陆中国的足迹重返上海。但他们所从事的不再是恢复1928年福特在中国的第一个汽车服务销售部，而是与中国的同行一道，在中国建立起该公司第一个汽车零部件生产基础。年销售596万辆汽车的福特公司，对两年来在中国市场销售8200余辆汽车似乎并不介意，用福特公司总裁托曼特的话说：他的使命是：把中国做为未来福特公司的生产基础。他相信，象日本和韩国那样，二、三十年内中国的汽车工业及市场会有很大的发展。他说，亨利·福特开发了家用汽车，并随着制造技术的发展而使轿车为更多的人所接受，而“随着我们与中国合作者的共同努力，我们将会在中国保持福特的这一传统”。

美国另外两家大汽车公司，克莱斯勒公司已经进入中国市场。名列世界500家最大工业企业榜首的美国通用汽车公司1993年销售额高达1336亿美元，分别超过挪威、丹麦、芬兰的国内生产总值。通用汽车公司总裁1994年访华时表示：“我们虽然来迟了，但我们一定能够赶上。”

国务院副总理李岚清1995年1月21日在上海举行的全国贯彻汽车工业产业政策会议闭幕式上说，我国汽车工业以《汽车工业产业政策》颁布为标志，已进入一个新的发展时期。《汽车工业产业政策》是国务院颁布的第一个专项产业政策，提出到2010年中国汽车产量达600万辆，其中轿车400万辆，把汽车工业基本建成中国国民经济的支柱产业。这将为海外汽车企业到中国参与竞争和合作提供广阔的前景。

——在中国电子、通讯领域投资潜力巨大。

据统计，到1993年为止，美国拥有7420万台计算机，韩国拥有170万台，中国仅拥有120万台。美国电话普及率已达93%。美国《商业日报》援引专家们的预测，到2020年，中国每百人中拥有电话从现在的两部增加到40倍，在通讯设备市场的采购将比美国过去一百年的总和还要大。

美国电话电报公司是世界上最大跨国公司之一，该公司早已进入中国市场。1993年2月，美国电话电报公司在华投资10亿美元，与中国企业合资生产电话交换机和无线电话机等设备。1994年7月中旬，美国电话电报公司贝尔实验室总裁梅毅强在上海宣布，贝尔实验室将在中国建立其第16家海外分支机构。他说，美国电话电报公司已做出了与中国开展长期合作的战略决策。

摩托罗拉公司是世界上提供无线电通信、半导体器件、高级电子设备及服务的主要厂商之一。该公司从80年代初开始向中国提供有关设备，并不断扩大在华投资。美国国际商业机器公司、法国、德国和芬兰等欧洲国家的电子、通讯设备大公司都在扩大在华投资和合作。

——中国航运领域吸引着海外大公司。

美利坚公司及美利坚航空公司董事长克兰德说：“中国加速经济改革和开放的努力，向世界清楚的表明了不断前进的决心。这给我们既带来了巨大的挑战，同时也带来了不寻常的机遇。”

美国波音公司是世界上最大飞机制造公司，80年来已生产7500多架飞机，1993年全球新增加民用飞机订货的68%为波音公司获得。自1972年波音公司首次接到中国的订货以来，波音公司已向中国出售200多架飞机。波音公司同中国有关企业在零部件生产、飞机维修和人员培训等领域也进行了卓越有成效的合作。据波音公司估计，到2010年，中国需要800架飞机，价值400亿美元，相当于1993年波音公司营业额的1.62倍，中国将成为仅次于美国和日本的世界第三大航空市场。波音公司总裁伍达德表示：“波音公司珍惜同中国长期密切的合作关系，希望进一步加强与中国的合作。”

——中国能源领域合作前景广阔。

据许多国际著名石油专家预测，仅中国沿海大陆架蕴藏的石油经济资源量达100亿吨。经过十几年的开发，目前仅找到11.88亿吨的地质储量，不少地区尚未勘探。从1995年起，中国海洋石油工业将迎来第二个对外合作勘探开发的高潮。

1995年2月，美国能源部长奥利里率领大企业家在内的80多人组成的代表团在访华期间，中美双方签署了60多亿美元的能源开发合作协议或意向书。埃克森石油公司是美国最大的公司，是世界上规模最大的工业企业之一。也是较早同中国进行合作的美国公司。在过去十多年里，埃克森公司在能源和化工领域同中国有关方面进行了良好合作，并为中美经贸关系的发展作出了很大努力。总部设在瑞士苏黎士的ABB公司正广泛地参与中国的电力发展事业，其中包括为上海宝山钢铁厂、深圳美视发电厂提供部分设备，参与三峡水利枢纽工程建设的投标等。ABB公司总裁柏力威最近表示，该公司将用5至10年全面进入中国市场。

香港与内地的经济合作正从过去的贸易和工业领域转向金融、地产、运输、零售、广告等经济领域。目前，香港工业正处在向高科技转型的关键时期，科技力量薄弱的香港加紧与内地科技合作，以内地雄厚的科技力量作后盾，将内地科技成果商品化，拓展了新的生产领域。正因为如此，在90年代初世界经济不景气的情况下，香港经济仍保持了持续较高增长水平。到1997年香港回归祖国后，香港与内地的经济合作将更加密切，市场将进一步扩大。

台湾与大陆的贸易很不平衡，台商在大陆投资迅速增加，但大陆企业还没有到台投资，直到1995年4月17日，台湾“经济部”才正式公布“大陆人民来台从事经贸相关活动许可办法”。而且提出种种限制规定。台湾与大陆在经济上互补性很强，潜力很大，海峡两岸应拓宽合作的渠道，充分挖掘经济互补的潜力，实现双方的优势互补，推动两岸经贸共同发展和统一进程。

香港、台湾与祖国内地经贸共同发展，中国必将成为世界上最大的投资和贸易市场之一。美国《波士顿环球报》1993年4月1日刊登的一篇文章援引纽约美中关系全国委员会提供的数字，包括中国大陆、台湾、香港在内的“大中华圈”在1989年已是美国的第三大贸易伙伴，仅次于加拿大和日本。文章指出，促进“大中华圈”发展的是中国大陆正在崛起的市场。哈里·哈丁在1994年底完成的《大中华圈的发展及其对美国的影响》一书中说，如果不算“大中华圈”内部贸易，它与世界其它地区的贸易额约4800亿美元，仅次于日本的5610亿美元和美国的1.05万亿美元的对外贸易额。哈丁指出，“大中华圈”的发展“给美国带来了一些新的挑战和机遇，而这些在美国的政策中还没有得到恰如其分的反映。机会之多，引人注目。”

关键在美国

1989年10月28日至11月2日，美国前总统尼克松第6次访华期间，中国党政领导人会见了他。10月31日邓小平会见尼克松时指出：“十几年来，中国没有做过一件伤害美国的事情。是美国卷入中国的事务太深了，中国是真正的受害者，对中国进行指责是不公平的。”

中美关系的历史表明，两国关系从来不是建立在共同的社会制度、价值观念和意识形态之上，而是建立在共同的利益之上。但是，中美关系深受两国政治、经济和政策调整以及国际形势和格局变化的影响，自1989年以来，特别是1991年苏联解体、美苏对抗两极格局终结后，美国少数人认为，中国已失去了原有的战略地位，中国的作用已不像过去那样重要，甚至认为美国可以以所谓人权等问题为借口对中国施加政治和经济的压力。美国前总统布什1994年8月16日在芝加哥美国五金大展上发表主旨演讲时说，他和夫人巴巴拉1974年至1975年住在北京，现在中国人民的自由和人权比那时多得多，比尼克松总结当年打开中国大门时有了很大进步。“中国要养活12亿人口，不会听从我们的吩咐来治理自己的国家”。他告诉两千多位世界五金工业界人士说：“我们应该保持发展与中国的友好关系，而不能去告诉人家如何治理那个伟大的国家”。前总统布什的这段讲话在座无虚席的麦考密克博展中心剧场里引起了热烈的掌声。

早在1971年7月6日，美国总统尼克松在堪萨斯城的讲话中已经承认美国实力地位已今非昔比。尼克松说：“美国不再是从经济角度来说的世界头号国家，超群的世界强国，也不再仅仅有两个超级大国。当我们从经济角度和经济潜力来考虑问题时，今天世界上有（美国、日本、西欧、苏联和中国）五大力量中心。”尼克松说：“现在，让我们看看对美国来说这意味着什么。这意味着，同我们在第二次世界大战结束以后不久所处的地位相比，美国遇到了我们连做梦也没有想到的那种挑战。”克林顿1992年在竞选总统时提出，必须像二战后帮助重建欧洲和日本那样重振美国，“如果我们不这样做，我们就会在一代人的时间里，从一个军事超级大国变成为一个经济落后的国家”。1993年1月20日，克林顿在就职演说中重申，必须进行“变革”，号召他这一代人“振兴美国”。但是，美国仍然不能平等的对待其他国家，包括不能平等的对待中国，有时不仅干涉中国内政，而且对中国进行无理的指责。

1993年11月19日，江泽民主席和克林顿总统在西雅图举行了自1989年2月以来的首次友好、坦诚和建设性的正式会晤，增进了相互了解，有助于中美关系的改善和发展，标志着中美关系有了一个新的良好开端。江泽民主席和克林顿总统一致认为，中美关系十分重要，其意义不限于双边，处理中美关系应放在世界范围内来考虑，着眼于未来，着眼于21世纪。维护中美关系不仅符合两国人民的根本利益，而且有利于世界和平与稳定，特别是有利于亚太地区的和平、稳定和发展。美国和中国都是亚太经济合作组织的成员。亚太经济合作组织17个成员国家和地区（不包括智利）的人口占世界人口总数的近40%、国民生产总值占世界总产值的50%、贸易占世界贸易总额的40%以上。到1992年，美国同太平洋彼岸的贸易额比美国同大西洋波岸的贸易额已多出50%，美国在亚洲的投资正在迅猛增加。美国商务部长布朗1993年11月1日在纽约亚洲协会午餐会上讲话时说：“我想把亚太地区放在我们的地区出口战略的首位。把亚太地区放在首位，绝不是象征性的。它说明总统和政府认识到，同亚太地区发展贸易是除美洲以外我们的国际经济活动的第一优先考虑的对象。”布朗认为：“这些变化是不可避免的。200年来，我们一直目不转睛地注视着欧洲，现在，我们把目光掉转180度移向亚洲是一场革命的剧变。”美国调整对华政策、改善中美关系，这是美国更加重视亚太地区、调整对亚太地区政策的重要组成部分，美国加强同中国等亚洲国家的协调和合作，不仅将推动亚太地区的经济持续高速发展和实现共同繁荣，将对世界和平、稳定和发展作出巨大贡献，而且有利美国经济的振兴，符合美国的利益。

美国在调整、改善同中国关系的同时，继续对中国实行“遏制”政策。在美国政府最近提出的东亚战略构想和官员讲话中都充满互相矛盾的内容。克林顿总统1994年5月31日为《洛杉矶时报》撰写的一篇文章中说：“中国是亚洲乃至全球安全的一个重要因素。我们必须从我们在亚太地区的范围更广的利益的角度来看待我们同中国的关系。”文章说：“我们将增加接触、增加贸易、增加国际合作并增加在人权问题上广泛和经常的对话。”1995年2月9日美国助理国务卿洛德在众议院国际关系委员会有关美国对外政策在亚洲的挑战的听证会上作证时说：“显而易见的是，随着我们瞻望今后几十年——中国将变得越来越强大。因此，我们正在奉行一项政策以及其他方面的一些政策，以便设法遏制这种潜在的威胁。”总的来说，我认为，“长期的目标应该是中国同国际社会融为一体”。洛德说：“从长远看，我们之间的共同利益显然会压倒我们之间的分歧。”这些都表明美国政府的对华政策是：通过与中国的全面接触，加深对中国事务的介入程度，在介入中影响中国发展的进程，制约中国强大的趋势。美国对华政策的这种两面性，不利于中美关系的发展。据美国《时代》周刊1995年7月3日一期报道，美国太平洋部队司令理查德·马克海军上将在接受采访时指出：“从历史上看，中国人从来没有领土野心，他们不是一个殖民国家。”马克指出：中国不是一种威胁，“我们在世界上可能做的最糟糕的事情就是孤立或同中国对抗”。

从今后一个时期来看，美国在以下三个问题上采取什么政策，都将影响中美关系的发展。

（一）台湾问题

台湾问题是中美关系中的一个重大原则问题。中美两国关系的基础是中美三个联合公报，美国政府在三个联合公报中作出庄重承诺并承担明确义务。美国“承认中华人民共和国政府是中国的唯一合法政府，并承认中国的立场，即只有一个中国，台湾是中国的一部分。在此范围内，双方同意，美国人民将同台湾人民继续保持文化、商务和其他非官方关系。”但是，美国政府一再作出违背自己承诺、破坏中美关系基础的事情。美方违反“八·一七”公报向台湾台售F—16战斗机等先进武器的事尚未了解，又要采取一系列提高美台政治关系的行动，事实上制造“两个中国”、“一中一台”。

1994年9月7日，一位美国国务院高级官员在华盛顿举行的新闻发布会上宣称，为确保美在台的经济、商业和文化方面的利益，美国政府官员将与台湾当局进行较高层次的接触，允许美台之间建立次内阁级的对话，准许美台官员在除白宫、国务院以外的机构进行会晤；今后，美国政府经济、商务、技术部门的高级官员还将被批准访台；美国承认台湾在一些跨国问题上所发挥的作用，支持台湾加入关贸总协定；美国还将允许台在美机构由“北美事务协调委员会”改名为“台北驻美经济文化代表处”。这是美国政府在台湾问题上重大的政策倒退，后果将是严重的。台湾问题曾是阻碍中美两国关系正常化的关键问题。两国建交后，台湾问题也一直是笼罩在中美关系上的阴影。

美国国务院1995年5月3日就国会众议院不久前通过允许李登辉访美的决议发表声明说，美国政府不可能同意李登辉访美，因为这种访问会给美国的外交政策带来严重的后果。但是，美国政府在5月22日又宣布允许李登辉到美国进行所谓“私人访问”。这是美国政府完全违反中美三个联合公报根本原则，损害中国主权和破坏中国和平统一大业，明目张胆地制造“两个中国”、“一中一台”的极其严重的行为。在这样一个重大原则问题上，美国政府出尔反尔，自食其言，还有什么国际信誉可言！

台湾问题关系到中国的主权和领土完整，关系到中华民族的和平统一大业，深深牵引着12亿中国人民的感情。在这个原则问题上，中国政府的立场是明确的和坚定不移的。如果台湾当局搞台独，如果外国势力又插手支持，引起台湾局势动荡，中国政府是不会坐视不管的。一旦出现这种情况，对台湾海峡两岸没有好处，对美国没有好处，对亚太地区乃至世界和平与稳定也没有好处。中国政府要求美国政府从中美关系大局出发，严格遵循中美三个联合公报的原则，纠正在台湾问题上的错误行径，以免给中美关系带来严重损害，保持双边经贸关系的继续快速发展。

（二）美国不要干预香港事务

1984年12月19日，中英两国正式签署了《中英联合声明》，确认了1997年7月1日英国将包括九龙、新界在内的整个香港地区交还中国，届时中国将对香港恢复行使主权，并将建立中华人民共和国香港特别行政区，继续实行原有资本主义制度不变。虽然中英两国政府根据互谅互让的精神达成了协议，而且中国方面对于英国在香港的利益也给予了充分的照顾，但英国内部总有一些人不甘心失去他们的“天堂”，仍然做着19世纪殖民主义的迷梦。

近几年来，尤其是1992年以来，英方完全错误地估计了中国的形势发展，在香港问题上采取了同中方不合作甚至对抗的态度，并从联合声明的立场上大步倒退，企图拿到在谈判桌上没有拿到的东西。现在无论是国际还是国内形势，都在继续朝着有利于实现中国统一大业的方面发展。依靠强大祖国的支持，依靠600万香港同胞的共同努力，不管出现什么情况，我们都有充分的信心和能力排除前进道路上可能出现的一切干扰，全面地贯彻落实联合声明，实现香港的平稳过渡和长期稳定繁荣。继续保持香港国际金融、贸易、航运中心的地位，保持香港的政治制度和生活方式，不仅是香港居民的愿望，也是内地人民和中国政府的共同愿望。

很多国家在香港有投资和企业，实现香港的平稳过渡和长期稳定繁荣对这些国家和企业都有好处。据美国国务卿1995年3月31日向美国国会提交的关于香港到1995年

3月31日为止的情况报告中提供的数字，香港是美国的第13大贸易伙伴，1994年双方的商品贸易额超过210亿美元，美国的出口额超过110亿美元，美国进口额为90亿美元。报告说，有1800家外国公司在香港设有地区总部或办事处。美国商会有1200多个美国会员和非美国会员，它是在海外的该类最大的商业组织。美国在香港投资达一百亿美元，1000多家美国公司在香港设有办事处。香港美国商会第五个年度商业信心调查(1994年初进行的调查)显示，大多数美国公司打算保持或扩大投资。香港美国商会的一个代表团于1995年5月5日前往华盛顿进行游说，争取美国各界支持中国早日复关并加入世界贸易组织。这个代表团以事实向华盛顿证明："最近17年的经济和行政改革已经使中国发生了深刻的变化，在诸如向外国公司开放市场、减免关税、保护知识产权以及贸易制度透明度等方面，中国已经取得了巨大的进步。"

继1992年美国国会通过"香港政策法"之后，美国国务院最近又公布了"关于香港政策法的报告"。香港《文汇报》社论指出，美国企图以国内法干涉和插手香港事务，无论九七前后，都是违反国际法原则的。社论指出，香港不是西方国家干涉颠覆中国的桥头堡。美国插手香港事务将会破坏香港良好的投资环境，打乱整个亚太地区经济协作的格局，这不但对美国没有好处，对世界上许多与香港有着广泛经贸联系的国家和地区也没有好处。社论要求美国不要干预香港事务。

(三)妥善解决双边经贸关系中出现的问题和分歧

中美经贸关系是在摩擦和纠纷时发生的情况下不断发展的。中美经贸关系发展的主要经验教训是：

一是弄清情况。关于中美贸易不平衡问题，据美国海关统计，美国对中国的贸易逆差从1985年的4.3亿美元猛增到1993年227.7亿美元，同期美国对台湾和香港的贸易逆差则从193亿美元降到85亿美元。这就是说，如果按美国对包括中国内地、台湾和香港在内的"大中华圈"贸易计算，美国对"大中华圈"的贸易逆差从1987年的265亿美元增加到1992年的284亿美元，增加不多。台湾和香港在内地投资占内地引进外资的80%左右，这些企业生产的鞋、服装、玩具等大部分出口美国，出口创汇的大部分被这些企业获得，内地仅得到少许加工费。又如美国耐克公司在广东、福建投资设厂生产的耐克运动鞋，90%以上返销美国市场。美国政府在评估中美贸易平衡问题时，应该弄清这些情况。

二是平等磋商。中美关于市场准入问题、知识产权问题都是通过谈判达成协议的，其中关于知识产权问题的谈判之所以持续20个月、经过9轮磋商，才在1995年2月26日达成协议，主要原因是自双边磋商伊始，美方缺乏平等协商的务实态度。要推动中美经贸关系持续发展，两国政府都要本着相互尊重、平等磋商的精神，妥善解决双方的分歧和争端。

三是互利互惠。中美就知识产权问题达成协议是双方相互让步和妥协的产物，因此是互利互惠的。克林顿总统发表声明说，"对美国公司和工人来说，这是一项很有份量的协议"，它"意味着为美国关键工业部门成千上万的人提供就业保障"。江泽民主席指出，这对双方进一步发展经济、贸易、技术合作都是有利的。

四是减少干扰。1979年1月1日中美两国正式建立外交关系，同年7月签署并于1980年2月1日生效的中美贸易关系协定，相互给予最惠国待遇，成为两国经贸关系的基石。1989年美国政府以人权等问题为借口，对最惠国待遇提出附加条件。在美国企业界和有识之士的推动下，1994年6月克林顿总统宣布将人权问题与最惠国待遇脱钩，推动了两国经贸关系的发展。今后应该减少这样的干扰。

五是面向未来。中美两国有着共同的利益和合作基础。江泽民主席 1995 年 3 月 13 日在北京会见美国贸易代表坎特时说，中国政府一贯重视中美关系，真心希望中美关系好起来。中美两国之间确实存在一些分岐和矛盾，中美应从寻找两国利益的交汇点出发来处理双边关系，而不能因一时一事或眼前利益影响双方在重大和长远利益问题上的合作。只要两国都面向未来和都着眼重大和长远利益，中美经济、贸易和技术合作将持续发展。

二、国际经济合作

亚太经济合作组织：探索中前进

中国社会科学院　张蕴玲

1994年在印尼召开的亚太经济合作组织（APEC）非正式首脑会议通过的《茂物宣言》开拓了亚太经济合作发展的新阶段。它标志着亚太经合组织向机制化方向发展迈出了一大步，具备了推动亚太经济发展与合作的实际功能。我国要在亚太经合组织中起积极的作用，必须主动地提出自己的提案和政策，充分利用各种机会，为我国的改革开放服务。这就要求对亚太经合组织的发展在认识上有一个准确的和符合实际的把握。

关于亚太经合组织的性质

国内对亚太经合组织的认识存在一些误解或错误。当前，最大的一个误解是在《茂物宣言》通过后，把它当做一个真正的区域经济集团组织，就落实贸易和投资自由化的时间表进行谈判。事实上，亚太经合组织只是一个政府间的协商合作组织，不同于区域经济集团组织。亚太经合组织的活动是建立在“互利、协商、一致”的基础上的，不能搞立法式的或指令性的规定，任何方案或动议都必须经过各成员一致同意。亚太经合组织的合作是以承认“多样性”为前提的。“多样性”包括成员间在发展、利益和参与上的不同。承认多样性包括两层含义：其一，在体制上不能推行一种统一的模式，要多种形式、多种结构并行；其二，在发展上要考虑到各方面的差别和利益，不能以强制的方式“齐步走”，要实行“组织推动、自愿选择”。亚太经合组织可以制定行动目标，但实现目标要靠协商，不能靠谈判。如果要把亚太经合组织变成一个谈判的场所，则它就失去生命力了。可以设想一下，如果亚太经合组织就贸易和投资自由化时间表进行谈判，那么，气氛一下子就变了。各成员都会为自己的利益尽力力争，争吵不休，由于差别太大，很可能什么也干不成。

亚太经合组织向机制化发展，这是大趋势。机制化的含义主要是：(1) 建立起经常性的协商和工作机构，其中包括以具体任务为基础的功能性工作组或委员会，以协商为基础的高官会、部长会以及非正式首脑会等。(2) 有长期的、连续的合作计划和项目。(3) 有明确的发展目标。因此，机制化发展并不必然意味着集团化和使亚太经合组织具备行使立法或管理的功能。亚太经合组织的意义和作用体现在发展的过程之中，即在发展过程中，逐步发展起各种形式的合作机制，推动地区的贸易和投资开放环境。现在，由亚太组合组织设立的专门委员会、工作组以及与它们有关的机构和活动已经很多。它们的主要作用不是提出供成员国执行的指令性文件方案，而是分析形势、研究问题、交流信息、提供思路、开展活动和推动合作。在大多数情况下，它们的活动都是由成员主动倡议承担或与成员合作进行的。这是亚太经合组织与那种完全的地区一体化组织不同的地方。为要保持亚太经合组织的活力，要防止使其机构化。

亚太经合组织发展模式的选择

在亚太经合组织以什么样的方式或模式发展上，是存在分歧的。从大方向来说，一般把它们区分为制度化模式和非制度化模式：

（一）制度化模式

说到底，这是一种把亚太经合组织建成具有实际立法和管理职能区域组织的指导思想，即把亚太经合组织建成一个共同体。具体一些说，就是通过亚太经合组织搞立法性的、约束性的规定，使所有成员都执行，把亚太经合组织建成一种“强机构”。一般认为，这代表美国的想法。比如，美国曾提出要搞“地区投资协议”、“管理行为守则”、“知识产权协议”、“海关合作条约”以及“开放天空协议”等。美国的这种模式不为绝大多数成员所接受。看来，现在美国也认识到在多样性的亚太地区，建立这样的模式是行不通的。美国在指导思想和政策趋向上，已经接受了亚太的多样性事实，不再特别强调搞“共同体”，搞协议谈判，但仍然把重点放在“市场准入”，即为美国打开市场方面。“名人小组”主席伯格斯坦所提出的“类贸易集团”模式应被看作是制度化思想的变种。他认为，亚太经合组织应首先在本区域内实行自由贸易，内部贸易优惠安排只对那些实行对等开放安排的国家或集团提供。这实际上是一种有条件的“最惠国”待遇，是以亚太经合组织内部实行优惠安排为前提的，即先在亚太地区建立起一种内部的自由贸易区。这种思想反映在名人小组提供给首脑会议的报告里。这仍然是一个有争议的问题。

（二）非制度化模式

所谓非制度化，就是使亚太经合组织保持一种不具有管理职能组织的性质。任何协议都是非约束性的，是建立在协商一致、自愿选择和执行的基础上的。照这种思想，是把亚太经合组织建成一种“弱机构”。东盟支持这种模式。东盟认为，亚太经合组织的发展不应损害东盟的自主性，应采取渐进和务实的步骤，应搞“开放的地区主义”，不应搞内向的贸易集团。所谓“开放的地区主义”，是说“在不损害或不歧视第三方的情况下，在内部减少和消除贸易投资障碍”。当然，东盟的这种想法背后，有两个担心：一是担心美国控制亚太经合组织，二是担心东盟在亚洲的“核心”地位被削弱或消除。东盟的强烈兴趣在通过亚太经合组织搞合作项目。日本参加名人小组的一位专家提出，亚太经合组织应建成“开放的经济协会”（association），他说的“开放”是指加强多边职能，减少区内以及世界其他地区的贸易障碍；“经济”是指不包括安全问题；“协会”是指不把亚太经合组织搞成具有权威性质的机构，不搞约束性的条约或协议。至少在现阶段，这种模式可以为大多数成员所接受。

具体一些说，也可以把亚太经合组织的发展思路或者说是模式大体归结为三种选择：

（一）“单边行动为主”模式

亚太经合组织的发展以鼓励和推动成员政府进行“自主的、单边的贸易和投资自由化”为基点。主要的方式是通过“促进”（facilitation）来实现贸易和投资自由化。亚太经合组织可以制定贸易和投资自由化的目标或时间表，也可以制定非约束性的守则，但进行贸易和投资自由化的时间安排以及部门选择应由各成员政府自己确定，这种行动是建立在“自愿的”的基础之上的。但作为一个合作组织，成员当然有义务自己按照亚太经合组织通过的目标和同意的规则提出行动计划，这就是“承诺”的意义。亚太经合组织的部长会议，特别是首脑会议可以就落实的情况进行报告和交换意见，在自愿的基础上，

"主动的"提出新的承诺。亚太经合组织也可以设立报告和监测（非责令性）进展情况的机构，向各成员及时提供信息，从而起到推动发展的作用。各成员也应建立自己的监督和报告机构，及时对减少和消除障碍的得失进行评估和通报。从亚太地区，特别是从亚洲国家的情况看，这种方式可能是最易接受的和有效的，因为这符合上述非制度化的模式。东亚国家的经济繁荣建立在一种开放的，自然进行的和单边的自由化市场结构上，是向所有国家和地区开放的，不是歧视第三者的。这是由其经济发展的特点和阶段决定的。随着经济的发展，各国会不断地进行市场开放，使贸易和投资自由化的范围和程度不断加深。亚太经合组织要创造一个更有利的环境，促行这种进程继续发展，而不是以一种强制的方式改变或中断这种进程，同时，这样也可以比较容易的处理亚太经合组织和次区组织之间的关系，利于次区组织在推动贸易和投资方面发挥作用。东盟以及韩国是支持这种模式的。

（二）"两条腿走路"模式

亚太经合组织在鼓励和推动成员进行"单边的贸易和投资自由化"的同时，支持所有或部分成员的政府在协商和一致同意的基础上就某些产品或领域（易进行和共同收益大的）一起进行消除贸易障碍的行动，并使这种开放自动向其他成员提供。由于这些先行开放的市场只主要在参与者之间具有共享性和互补性，因此，这一方面体现了非歧视的原则，另一方面，又可以减轻对其他国家无偿享受成果的担心。有的专家提议，易选择先进行的产品可以包括：钢铁产品、冶炼矿产品（如铝）、纺织品、以及航空等。这种"两条腿走路"的好处是：其一，符合亚太地区经济合作要走"渐进式道路"的特点；其二，为各成员政府提供了自己选定类别和时间进度的自由权，使贸易和投资自由化可以在符合各成员利益的条件下，以"多种速度"来进行；其三，可以体现利益上的互补和受益上的透明，建立起合作基础上的自我竞争优势。这种思想主要是由澳大利亚的几位有影响学者提出来的。据说，澳大利亚政府现在是支持这种模式的。

（三）贸易集团模式

亚太经合组织根据关贸总协定第 24 款的规定，向内部优惠贸易集团的方向发展，即各成员政府通过谈判，制定消除贸易障碍的进程表，内部市场向外部的开放通过互惠让步来进行。事实上，现在支持这种模式的人已经很少。各成员认识到，要在亚太这样一个多样性的地区展开贸易和投资自由化的谈判，是非常复杂和困难的。把贸易自由化建立在谈判的基础上，这不仅要改变亚太经合组织的协商一致的性质，而且会使已经初步形成的"积极、主动和合作"的有利局面消失。事实上，早在 1989 年亚太经合组织第一次部长级会议的联合声明中，就已经明确宣布不向贸易集团的方向发展。只是西雅图非正式首脑会议关于建立"共同体"的声明和"名人小组"的报告，使一些人产生了疑虑。不过，尽管在总体上把亚太经合组织发展成贸易集团的思想已遭否定，但在具体的做法上仍然会可能有出现"内向的地区主义"，特别是对次区组织的内部优惠规定和管理，如何推行共享原则，还是个有待解决的问题。

上述前两种模式具有一定的共同性。它们都是建立在现实的和实用主义的基础上的，体现了"协商一致、主动自愿和渐进发展"的原则，易为大多数成员所接受。从政策选择的角度来考虑，可以把二者结合起来。其他地区一体化的经验表明，达成约束性的协议是相当困难的，即便达成了，在执行过程中也往往打折扣，或再谈判。从各方面的情况看，在亚太地区进行贸易和投资自由化的谈判还没有基础和条件。

对“贸易自由化”的理解和定义

在亚太经合组织的各种文件中，都提到把实现亚太地区的贸易和投资自由化作为目标。什么叫“贸易和投资自由化”？从字面理解，就是贸易和投资可以自由的流通。但是，“自由化”这个词容易使人产生误解，往往把它理解成一个结果，或者一种体制。事实上，贸易自由化是指的一个过程，即减少和逐步消除障碍的过程。作为一个目标，一种政策取向，包含着一系列措施。其实，比较贴切的表达应该是放松贸易和投资限制。因此，不能把“贸易和投资自由化”认作是完全没有任何限制，或者说是完全开放的市场。现实地说，在亚太地区实现完全的自由贸易是一个长期目标。就以美国而论，也不会承诺提供真正的自由贸易，比如，美国不会允许中国的纺织品、服装等自由进入其市场，也不会允许澳大利亚的牛肉毫无限制的进入其市场。其他国家也是这样。

这里，还涉及到如何理解在亚太地区建立“自由贸易区”的问题，事实上，亚太经合组织的目标并不是建立“自由贸易区”而是实现“区内的自由贸易和投资”，或者说是“贸易和投资的自由流动”。“自由贸易区”必然建立在贸易集团的基础上，必然具有内向和排他性。而“区内贸易自由流动”主要是指一种结构，一种目标和一个进程。它可以建立在开放的架构之上，即不只是局限于组织内部。亚太经合组织内的贸易和投资自由化主要靠三个力量：其一是推动关贸总协定乌拉圭回合达成的协议的落实，以及共同参加的其他国际的协定的落实；其二是各成员政府按照同意的目标自行采取放宽贸易和投资管制的行动；其三是通过亚太经合组织本身开展各种项目和活动促进区内的合作与发展。亚太经合组织的贸易和投资自由化是建立在“开放的地区主义”基础上，要与国际机构的协议接轨，与国际范例和标准接轨，与国际市场的体制接轨，即不搞自己的单独的一套。这三个接轨是非常重要的。

那么，如何看待茂物会议期间领导人对在2020年以前（工业化经济不晚于2010，发展中经济不晚于2020年）实现“亚太地区的自由和开放贸易和投资的目标”所作的承诺？有人认为，由于领导人就时间表已做出了承诺，今年就要在亚太经合组织内就如何落实时间表开始谈判。这是一种误解。如前所述，亚太经合组织不是一个具有权威性职能的谈判机构，不可能就落实时间表进行谈判。首先，时间表是一个目标，是各成员的一种义务承诺，它本身不具有约束性。马来西亚和泰国对《茂物宣言》的保留意见都明确申明了这一点。再则，落实时间表的步骤和措施是靠各成员根据承诺和自身的具体情况“主动的、自愿的”提出来。有人提出，在落实时间表上，可以实行“18—”的办法，即把拖后的成员甩下，一些国家先行。这种办法是行不通的。那么，承诺的时间表是否会因缺乏强制力而成为一纸空文呢？应该说是不会的。它主要靠三种机制，或者说是努力：其一，作为亚太经合组织成员履行义务承诺，即各成员根据各种会议达成的一致意见，提出自己的行动计划，在这方面，也包括把落实世界贸易组织达成的协议结合起来，亚太经合组织也同时通过各级成员会议对各家的行动方案进行交流和评论，同时，亚太经合组织也可以提出供参考的非约束性行动计划建议；对一些界限不清，颇有争议的问题，如工业化经济和发展中经济的分属界定，可以由亚太经合组织工作组提出一个综合指标，参照划定，也可以采取成员分属粗定，部门分属细定的办法。为了体现发展和变化，可以把25年分为几个期，对成员和部门进行变动升级；其二，亚太经合组织提供信息，促进体制和市场透明，提出行为规范，促进管理和标准的协调统一。比如，在投资领域，已经于 1994 年 11 月通过了“亚太经合组织非约束性投资原则”,亚太经合组织正就出版各成员的市场管理法规集和建立海关数据库做准备。这方面可做的事情很多，对促行市场开放作用也很大。其三，由亚太经合组织或由成员牵头，开展项目合作，推动经济发展，提高管理水平。这方面已经取得了明显的进展，开展的项目很多，比如在人力资源开发、教育交流、管理培训和技术转让等方面成效显著。因此，不能把落实时间表仅仅看作是贸易自由化或关税减让。这三个方面在贸易和投资自由化目标是相互联系和缺一不可的。

亚太经合组织在做什么

亚太经合组织是一个“弱机构”。从职能方面来说，它本身只有一个很小的秘书处，除财务管理外，主要是对各方面的活动进行联系和协调。但是，它所设的“贸易投资委员会”、“经济委员会”、常设委员会、名人小组以及工作组不仅在对形势进行研究分析，信息收集整理方面起到重要的作用，而且在提出建议方案、行动计划等方面起到积极的推动作用。亚太经合组织靠发挥两个积极性：一是组织本身的规划、组织和推动作用。现在，由亚太经合组织组织的各类工作性、专业性会议达几十种，比如，1995 年就有 60 多个这样的会议，仅在中国召开的就有 7 个，涉及到贸易、人力资源等许多领域；二是成员的主动发起和倡议。象菲律宾主动建立的管理和技术培训中心，美国提出的教育交流和培训项目等，有些会议，象在中国召开的科技部长会议，在澳大利亚召开的中小企业部长会议等就是由成员国自已主动倡议的。正是这样，才可使得一个“弱机构”在推动贸易和投资自由化、促进经济联系交往，以及开展经济技术合作方面发挥积极的作用。

亚太经合组织成立才几年的时间，真正开始运转应该说是自 1993 年的西雅图会议之后。尽管如此，在许多方面已取得了显著进展。除了在总的方面各成员政府就在 2020 年实现贸易和投资自由化的目标达成共识外，在许多具体领域，围绕减少贸易和投资障碍、开展经济和技术合作，已经和正在进行大量的活动，有些取得了成效：

（一）经济发展

主要活动是由经济委员会组织和进行的。对地区的经济发展形势进行分析，出版经济预测展望，建立成员经济数据库。同时，通过召开经济领域的部长会议，在经济政策和经济发展协调方面进行商讨。目前，这方面活动的主要功能是提供信息，交流情况，为各成员的经济政策和决重提供指导。如何进行亚太经合组织内宏观经济协调，仍是一个待商讨的问题。许多成员担心宏观经济协调会变成不必要的干预，使大国，特别是美国左右经济形势。因此，不赞成召开具有设定职能的定期部长会议。不过，从发展的角度来看，根据需要，在经济发展和发展政策方面进行不定期的和经常性协商，应该是亚太经合组织的一个重要职能。

（二）海关合作

这方面的活动主要是：建立海关数据库，简化通关手续，统一海关程序。海关数据库已接近完成，各成员海关正根据协商意见就数据通报和联网加紧工作。有关非约束性加快海关程序守则的工作也正在商讨之中，根据自愿原则，每个成员海关将提出与原则相符的加快海关程序的意见。

（三）争端调解机构

《茂物宣言》中提出对“建立在一种自愿协商基础上的争端调解服务机构的可能性”进行研究。亚太经合组织内包含东西方文化，如何妥善的调解争端是一个重要的问题。加拿大已经就有关这方面的问题提出原则建议。具体的问题还有待进一步讨论。现在看来，基本的趋势是，贸易和投资争端主要通过世界贸易组织的仲裁机构解决，不在亚太经合组织内搞实体性的、独立的仲裁机构，主要是在成员间建立一种协商和合作机制或安排，以便一旦发生争端，可以在合作的基础上找到解决的途径。

（四）产品技术标准

这方面主要的活动有，选择一些部门，对产品技术标准的现实情况进行调查。比如，日本选择的是空调、电视机、电冰箱，澳大利亚选择的是食品标签，马来西亚选择的是橡胶，韩国选择的是塑料制品。目的在于，使成员了解情况，推动标准的统一和相互承认。基本的原则是，不搞亚太经合组织标准，积极推动各成员在自愿选择的基础上，使用国际标准（规定的和认同的），即使国家标准与国际标准接轨，在没有国际标准的领域，也不搞亚太经合组织的新标准。这方面的工作与“太平洋地区标准大会”（PASC）合作进行。

（五）中小企业

中小企业合作是亚太经合组织活动的一个重要领域。迄今，已完成了成员中小企业情况调查（已出版），对阻碍中小企业进入市场的障碍情况和如何推动中小企业发展及开展贸易的问题提出了研究报告。这方面工作的主要任务是，帮助中小企业发展（包括提供培训、转让技术），改善它们进入和利用亚太经合组织的市场条件。由亚太经合组织开展有关的活动，有“中小企业领导人培训”，“中小企业营销战略”等。中小企业常设政策委员会将提出促进中小企业贸易和投资的建议。

（六）人力资源开发

这方面的活动很活跃，主要是由亚太经合组织牵头和成员主动组织的。已经进行的项目如，“管理培训”，“工业结构变化与地区人力资源开发”“人力资源开发与济贫”，“跨文化技术转让”，“高级管理教育网络”，“可持续发展的人力资源”等。为此，专门设立了人力资源开发工作组，就这方面的活动提出方案，在成员间进行组织和协调。现正在进行的项目还有“经济发展的管理网络”，“商业管理网络”，“妇女人力资源的开发”等。人力资源领域的合作潜力很大。

（七）投资领域

茂物会议已通过了“亚太经合组织非约束性投资原则”。为亚太经合组织成员在这个领域的合作提供了基本的指导框架。各成员将根据这些原则，对自己的管理法规和政策进行对照和调整。亚太经合组织将为原则的落实提供信息、指导、培训等，也会就原则执行的情况进行讨论。据认为，目前提高亚太经合组织内的投资管理透明度是促进投资发展的最有效的措施之一，为此，亚太经合组织正在筹建成员投资管理数据库，出版亚太经合组织投资指南。

显然，尽管亚太经合组织是一个“弱机构”，但在地区经济发展和合作方面发挥着积极的作用。重要的是，其活动范围将会进一步扩大，在发展中不断寻求适宜的形式。今年的重要任务，除继续开展已有的和计划中的项目外，最重要的任务就是提出和通过一个落实实现贸易和投资自由化时间表的指导性中期和长期计划，以便使各成员在制定自己的行动计划时作为依据参考。

看来，亚太经合组织的规模还会扩大，现在已有几个国家提出申请。这意味着其多样性会进一步增强。因此，如何使亚太经合组织“松”而不“散”，保持和增强其活力和效率是一个重要课题。

几点原则性建议

我国作为亚太经合组织中的一个大国，要发挥积极的和建设性的作用，这是确定无疑的。这里，仅就今年会涉及的几个重要问题提出几点原则性的看法。有关具体的政策性建议需要专文陈述。

（一）积极支持日本政府提出的“进步伙伴”方案，并促其提出具有实际内容的辅助措施来。根据我国的兴趣和利益，要着重推动在人力资源、技术转让、基础设施以及管理等方面向发展中国家提供帮助。

（二）使所有成员加入世界贸易组织是亚太经合组织的一个合作内容。鉴于今年我国作为创始国加入世界贸易组织可能性较大，因此，今后几年我国市场开放的重点是落实原关贸总协定乌拉圭回合谈判达成的协议。对于已经开展的有关海关程序、技术标准、中小企业等方面的活动，我们应继续积极参与。在参与的同时，要再主动提出几个我们自己的项目，特别注意把有些发展项目与亚太经合组织联系起来，这样不仅可以争取到资金，而且也可以吸引大量信息、技术和人才。比如，可以考虑成立亚太农业技术培训和转让中心、中小企业发展促进中心等。

（三）从原则上支持一项落实《茂物宣言》的中期和长期计划。但应强调：其一，这样的计划只作为成员制定行动计划的指导，允许一些发展中国家采取“先慢后快”的自主安排：其二，时间表不主要是贸易关税减让，对发展中国家来说，在前5—10年，减税主要是与世界贸易组织的协议要求相一致，此外的减让由成员自己单方主动去做；其三，原则上支持选择几个部门进行加快消除贸易障碍的思路，但要坚持自愿参加和协商一致的原则。

（四）亚太经合组织的活动越来越深入，涉及到国内许多部门，这一方面需要引起各部门重视，相对固定有关人员进行经常性的和连续的工作，调整相关机构；另一方面需要加强各部门之间的协调与合作。建议建立部际协调委员会，设立专门的秘书班子。同时，要加强政策性研究，为决策提供科学依据。中国社会科学院已决定成立以研究政策相关问题为主的研究中心，建立亚太经合组织资料中心，要使工作做得好，需要得到外交部、外经贸部以及其他各政府部门的支持，并对研究工作给予资金上的支持。

东盟：迎接“亚太世纪”的挑战

厦门大学　余　文

20世纪80年代以来，亚太地区的经济增长速度惊人，继日本之后，新加坡、香港、韩国和台湾省经济持续高速增长，继“四小”之后，泰国、马来西亚、菲律宾的经济发速度呈加快趋势；70年代末中国实行改革开放以来，不仅沿海地区的经济增长势头，而且总体经济的快速发展，均为世人所瞩目。所有这些都向世人表明，这一地区是当前世界经济最活跃的地区，经济发展的潜力十分巨大，以至有人断言，下个世纪必将是“亚太世纪”。在世界政治经济形势的剧变中，即将来临的“亚太世纪”既给各国带来机遇，也对各国提出挑战，如何趋利避害，争取主动已是当前许多国家和地区重点研究的战略问题。

东盟国家在经济环境面临日益严峻的挑战的情况下，危机紧迫感因之加强，正加紧调整其战略目标，将区域合作的重心从政治合作为主转向经济领域，而“世纪意识”则是方方面面达成共识的基础。马亚西亚国防部长纳吉布·拉扎克指出，我们正处在历史的转折点，“地缘经济压倒地缘政治，经济竞争取代政治对抗”，只有把握历史机遇，才能实现“赶上发达国家”这一共同梦想。

引致东盟国家危机感加强的，有其内外原因。从内部看，存在与直接投资激增不相适应的种种障碍，工程技术人才不足，工资大幅上扬，劳动力日趋短缺，交通、通讯等基础设施滞后的现象表面化。1992年马来西亚失业率明显下降，几乎达到充分就业。新加坡更不在话下，连印尼城市也出现劳动力供应不足的问题。工资增长随之高企，泰国和马来西亚达到两位数。这些都影响了东盟国家的竞争力。

外部环境的主要问题是贸易环境和资金流向的改变。80年代中后期外国资本涌入的高峰似不可能再现。外国资本在本区域内及向劳动力更便宜、市场更大的地区如前苏联、东欧、中国、越南及中南美洲等地流动，致使作为东盟经济起飞的重要支柱之一的外资流入减少。据日本大藏省统计，1991年日本对东盟（文莱除外）的直接投资已由1989年的47亿美元减到37亿美元。1992年东盟的外资项目比上年锐减30%。而同年，中国外资协议总额剧增为上年的数倍，大大超过整个东盟外资协议总额。越南的外资协议额也增加70%，1994年美国已解除对越贸易禁运，投资无疑将会加快。对此，东盟不会不感到担心。一家马来西亚报刊指出：“今后的东盟，已经不能象以往那样依赖外国市场和技术，同时也不能期望得到大量的外来资金。”此外，对外贸易是东盟经济增长的另一个重要动力，但由于东盟经济规模有限，仅为日本的1/11，各成员国发展水平基本处于同一层次，区域内贸易所占比重很小，长期以来一直在15—20%之间徘徊，对国际市场依赖较大。在日渐加剧的国际经济竞争中显得相对脆弱，地位不稳固。对此，东盟急谋应变举措，对内正视自身弱点，从各方面着手改善内部经济环境，同时顺应外部环境变化，加大经济合作的力度和广度，其主要对策是：

（一）增强国力和综合竞争能力

为了尽快增强经济实力，摆脱上述不利的因素，东盟采取以下措施。

第一，加速工业化和产业升级步伐。1968年，印尼国内生产总值中工业占18%，农业占49%。到1992年，上述两项比例分别为41%和20%。该国著名经济学家苏米特罗认为，印尼经济正进入“半工业化”阶段。马来西亚以日本和韩国为样板，迅速推进工业化，一改以往主要依靠天然橡胶和锡的状况，工业制成品已占出口总值的70%，目前正争取到2000年跻身发达国家行列。新加坡20年前是个低成本的出口产品的制造和组装中心，而目前正大力提高劳动生产率，鼓励企业自动化，减少劳动密集生产，力争成为东南亚的高科技管理和服务中心。

第二，完善基础设施，尤其是在电力、交通、电讯等方面下功夫。各国90年代经济开发计划中，无一例外地都把完善基础设施作为一个重要项目，并注入大笔资金，90年代前半期各国计划用于基础设施的开支都在百亿美元以上（马来西亚和印尼各290亿美元，泰国400亿美元，菲律宾350亿美元）。

第三，提高教育水准，加快科技发展。印尼致力于对工人的技术培训和高级科技人才培养，努力提高经济发展的关键因素——人的素质。新加坡则试图在技术创新上有所突破，以维持长期的高增长，计划到1995年将每万名人拥有的科学家和工程师数量从目前的28人增至40人，到下世纪初，把研究和开发费用增至占国民生产总值的5%，增强本地的研究开发能力，并向在新加坡作研究开发的跨国公司提供资助。

（二）加快东盟内部分工协作进程

东盟强调区域合作有利于扩大市场容量，提高吸引外资的竞争能力，摆脱对发达国家的依赖。

1992年第四次东盟首脑会议上提出的东盟自由贸易区计划原定1993年1月1开始启动，建区目的主要为了进一步加强东盟各成员国之间在工业、农业、贸易和科技等领域全面合作，共同繁荣发展，但由于种种原因计划的执行一直停滞不前。迫于国际政治经济形势，东盟自由贸易区计划的落实再也不能拖延下去了。1993年10月，东盟6个成员国的经济部长年会决定采取实际步骤，加速建立东盟自由贸易区的进程。他们终于达成共识，提前降低区域内关税，并通过自由化和产业升级以加强竞争力。各成员国（除文莱外）一致同意从1994年起对约4万种特定工业品提前实行降低关税。东盟自由贸易区计划的扎实进展将有利于加强对外资的吸引力。经济开始起飞的马亚西亚和新加坡是自由贸易区最大的支持者，认为6国自然资源丰富，劳动力成本相对低于西方。1992年的国民生产总值逾越3300亿美元，如果拆除贸易堡垒，东盟将形成更具吸引力的共同市场。此次经济部长会议最后达成共识。1994年9月下旬召开的东盟经济部长会议又决定将东盟自由贸易区的进程由原来的15年缩短为10年，并进一步扩大关税削减范围。

东盟继续推动另一种正在东盟国家之间蓬勃发展的经济合作形式，即经济增长三角。专家们认为：充满活力的增长三角将成为未来亚洲经济发展的新动力。较小范围的经济增长三角的明显优点有三：政治上和经济上风险小，灵活机动，适应性强；能使一个国家同时加入几个三角区，充分发挥其资源与三角伙伴的互补优势；耗资少，见效快。1994年7月在曼谷举行的东盟外长会议上再次重申了对目前存在的泰—马—印（尼）、新—马—印（尼）及菲—马—印（尼）3个经济增长三角区的支持，认为它是未来东盟内部加强经济合作的有效形式。1994年5月，东盟6国与柬、老、缅、越等10国签署了马尼拉声明，加紧组建东南亚共同体（大东盟），进一步扩大经济合作的范围。

（三）积极推进亚太地区的经济合作

亚太经济的快速发展使亚太各国之间经济依赖关系增强，寻求某种形式的经济合作，通过互补来增强综合国力、促进发展已成为一个必然趋势。东盟国家过去一直对亚太经济合作持怀疑和冷漠态度。近年来，其态度有很大转变。究其原因，第一，东盟国有经济增长中的25%来自对外贸易，而外贸总额的70%是在亚太地区内进行的。东盟内部市场狭小，对外依赖强，要发展本国经济必须消除世界范围内的保护主义等不利影响，以加强与亚太国家的经济联系和合作。第二，东盟内部资金短缺，美国、日本是主要的投资来源国。第三，亚洲“四小”的技术输入对东盟各国的经济结构调整具有较大影响，能促进其产品升级换代。因此，长期实行对外开放政策的东盟国家必然要顺应历史的发展趋势，争取主动，避免被动，积极加入到这一进程中并施加影响，使其朝着有利于东盟国家的方向发展。

亚太经济合作组织（APEC）是当前从事太平洋经济合作的官方组织，拥有代表18个国家和地区的成员。它的目标是建立亚洲太平洋自由贸易区。APEC已成为推动亚太经济合作的主角，其地位、作用日益加强，影响也越来越大。作为APEC成员的东盟国家一改以往对亚太经合组织的冷淡态度，加以积极支持，希望通过这个组织来壮大东盟的力量。1994年11月在印尼茂物召开的亚太经合组织领导人非正式会议上，东盟6国政府首脑与其它成员国领导人一起通过了《茂物宣言》，这个宣言确定了实现本地区贸易和投资自由化的长远目标和时间表，宣言宣布“不迟于2020年在亚太地区实现自由、开放的贸易和投资这一目标”。它标志着亚太地区的经济合作又向前迈出了新的、重要的一步。

与此同时，东盟还广泛宣传自己提出的东亚经济会议（EAEC）设想。根据这一设想，目前阶段参加这一会议的包括东盟6国、中国、台湾、香港、日本、韩国和越南，遵循以下原则：“开放的地区主义”，不对第三国设立壁垒，不与欧共体和北美自由贸易区搞对抗，而是与它们寻求充分有效的经济安排，寻求“开放的”全球贸易体制；不局限于贸易，还关注区内所有经济合作机会；区内不同发展阶段的国家相互合作，力争成为南北关系的典范；不损害东盟和 APEC 的利益。

（四）密切与贸易伙伴国的关系

在加速不同层次、不同范围的经济合作进程的同时，东盟国家还积极扩大与其贸易伙伴国的关系。

美国是东盟商品出口的最大市场，日本则是东盟最大的投资国和官方开发援助提供国，因此，东盟始终高度重视与美、日的关系，最大限度地利用美、日的资金、技术和市场,并逐步减轻对北美市场的依赖程度。近年来，亚洲“四小”与东盟的经济联系日渐密切，1986—1989 年间亚洲“四小”向东盟的直接投资增长了 14 倍，韩国正式被接纳为对话国，标志着东盟与“四小”的经济合作进入新阶段。

对印度支那国家的经贸合作，东盟国家先声夺人，并计划与印支三国及缅甸组成一个近 5 亿人口的“大东盟”，利用这些国家处于较低发展阶段而产生的与东盟经济上的互补性，促进印支半岛次区域市场的逐步完善。在第 27 届东盟外长会议上越南被原则同意接纳成为其第 7 个成员国，把越南迅速发展的经济纳入东盟，好处显而易见。在另一印支国家老挝，泰国是第一大投资国，投资额达 1.98 亿美元，超过美国和澳大利亚。东盟同缅甸的经贸关系开始显现活跃，1993 年底，有两家新加坡投资的高级旅馆在缅甸破土动工。同时，两家新加坡银行和一家泰国银行着手在仰光建立分支机构。至今，新加坡已成为缅甸最大的投资国，投资总额达 2.61 亿美元。

东盟同中国合作关系的发展引人注目，最近 5 个东盟国家的高级领导人分别访问了中国，考察了中国改革开放的现状，为加速经贸合作奠定基础。随同这些领导人来访的各企业家在访华期间同中国企业界人士签订了不少协议和合同。新加坡正准备在中国建设一个耗资 230 亿美元的“苏州工业园”。

东盟国家经过 27 年的建设，特别是 80 年代的高速发展，工业化和现代化水平大为提高。1992 年国民生产总值逾 3300 亿美元，拥有 3.3 亿消费人口的巨大市场，加之自然资源丰富，地理位置优越，潜力极大。东盟为迎接世纪挑战所作的种种努力对其作为一个区域性国际组织的未来在地位有着深远的意义。在同心协力克服重重困难之后，一个在即将来临的“亚太世纪”中扮演重要角色的东盟必将出现。

（引自《南洋问题研究》1995 年第 1 期）

欧盟：实施马约的进展及前景

现代国际关系研究所　陈朝高

马斯特里赫特条约 1993 年末正式生效以来，欧洲联盟已朝着其预定目标迈开了艰难而又沉重的第一步。随着西欧逐步摆脱经济、货币危机的困扰，并开始强劲地复苏，欧盟一体化的客观形势有所改善。然而，欧盟要在本世纪末实现经济货币联盟和政治联盟的目标，仍将遇到许多困难和障碍，需要作出更大的努力才能取得更多的成果。

深化与扩大两个方面都有进展

（一）深化方面主要表现在：（1）欧洲统一大市场正在按计划运转，并逐步朝纵深方向完善和发展。欧盟各国之间已基本拆除了商品、劳务、资本自由流动的边界障碍；实行统一的跨国公司税和增值税制；开放公共采购部门，实行自由竞争；随着内部市场资本流通的需求日益增强，最近已宣布开始实施欧洲证券服务法，并着手筹备在1995年底建成欧洲最大的证券交易所，以掀起新的投资热潮。但在人员自由流动方面，因英国、丹麦和爱尔兰持反对态度，未能如期立法，现仅限于在《申根条约》缔约国之间实施。此外，电信服务业措施也因竞争技术协调等问题未妥善解决而推迟到1998年实施。(2)经济货币联盟已从1994年1月1日开始进入第二阶段。根据马约规定，1994年初欧洲货币机构已正式建立，并成立了由各国中央银行总裁组成的理事会，总部设在德国的法兰克福。目前，该机构正在为将来欧洲中央银行的建立和统一货币的实现作充分的技术筹备工作，并担负协调各国货币政策的任务。此外，根据货币联盟进程的要求，法国、西班牙和意大利的中央银行已完成其独立于政府的程序。尚未完成此程序的国家正在筹划过程中。英国虽被允许放弃选择参加货币联盟，但仍有应保持充分协调和合作的义务，因此，也在采取措施加快其英格兰银行独立于政府的进程。(3)政治联盟虽未取得实质性进展，但欧洲议会的权力已有所扩大。按马约规定，1994年6月经欧盟各国选民普选 产生的新一届欧洲议会已开始履行其部分扩大立法权力的职责，主要表现在，欧洲议会过去只拥有对欧共体财政预算的审批权和否决权，而现在则扩大到对欧洲统一大市场立法的审批与抵制权，如1994年7月19日，欧洲议会首次以多数票“冻结”了欧盟委员会和部长理事会提出的“开放电信市场计划”。欧洲议会对欧盟理事会一致通过的欧盟委员会主席及其下属各分支机构总干事人选拥有批准与否决的权力，如1994年7月，欧盟理事会最后推举卢森堡首相桑特为新的一任欧盟委员会主席接替德洛尔时，就须经欧洲议会最后审批。欧洲议会还拥有对新成员国审批与否决的权力，并争取到有权参加1996年重新审查和修改马约的权利。

（二）扩大方面也取得明显的进展。(1)向欧洲自由贸易联盟国家扩大的目标已部分实现。1995年1月1日，除挪威因遭公民投票否决外，奥地利、芬兰、瑞典已正式成为欧盟成员国。(2)东扩战略正在逐步推行。1991年12月至1993年4月欧盟先后与波兰、匈牙利、捷克、斯洛伐克、罗马尼亚和保加利亚签订了为期10年的经济贸易合作及联系国协议。于1993年5月，欧盟委员会又提出在原有协议基础上进一步把中、东欧国家的政治和经济纳入欧盟的一揽子措施计划的建议。1994年7月中旬，欧盟委员会制定了加快中、东欧与欧盟结合的计划草案，提出了使中、东欧国家的立法同欧盟相适应的150项措施。同年9月下旬，德法两国协调立场，弥合它们在东扩问题上的分歧，共同建议欧盟委员会提出向中、东欧扩大的计划。英国也声称将与德、法、意等国紧密合作推进东扩进程。1994年10月31日，在欧盟外长与中、东欧国家外长首次联席会议上，欧盟确定与中、东欧国家定期举行高级磋商，提供“更多的援助”，并在1996年后就加入欧盟问题开始谈判。1994年12月9日至10日，欧盟首脑埃森会议一致通过了“东扩战略筹备计划”，决定欧盟将与波等六国的领导人举行定期会谈，加强彼此的合作，以促进中、东欧的政治和经济制度改革，最终纳入欧盟一体化的轨道。会议还表示，对波等国进一步放宽贸易限制，在今后五年内，实施一项近70亿欧洲货币单位(合85亿美元)的援助计划。但会议未确定谈判和加入欧盟的“具体时间表”。

(三)外交与安全领域出现了加强合作的趋势。在外交领域，1994年以来，欧盟表现得比较协调一致并能共同采取行动，如同南非和南美洲的南锥体共同市场国家积极发展外交和经济关系，并分别签订了经济贸易合作协定；与东盟国家开展进一步的政治对话；促进和发展经济、贸易、投资的活动，接着又在埃森首脑会议上通过了欧盟的“亚洲新战略报告”，强调欧盟“必须重视”亚洲在经济上和在世界事务中的作用，决心促进和协调亚洲地区经济的持续发展，并在地区性的安全问题上作出“积极贡献”，使亚洲成为欧盟“优先考虑”的地区。在安全防务领域，西欧联盟成员国已参与了调解波黑的冲突；欧盟内部以双边或多边形式的安全防务合作正在迅速形成，如继法德军团和法、意、西三国的欧洲军团组成后，1994 年 7 月，英、法就西欧联盟开展活动问题进行了“非常重要的探讨”，并达成了建立英法联合空军军团的协议。种种迹象表明，这些活动将有助于推动未来的欧盟共同外交与安全和防务政策的形成。据报道，英、法、德认为，欧盟可能在 1996 年重新修订马约时，将为“制定欧洲共同防务政策承担一定的责任”。各国政府亦表示“大力支持”欧盟建立“一个拥有共同军队和共同行动的防务体系的原则”。

（四）欧洲经济区将成为向其他欧洲国家乃至地中海沿岸的北非及中东国家扩展的基础。欧洲经济区已于 1994 年 1 月 1 日开始运转。挪威虽未加入欧盟，但欧洲经济区协议对它继续有效。欧盟并将通过签订自由贸易协议方式对瑞士、冰岛、列支敦士登、中、东欧国家及波罗的海沿岸诸国继续推行欧洲经济区协议。1994 年 12 月欧盟首脑埃森会议决定，将欧洲经济区扩大到地中海沿岸的北非马格里布和马什雷克国家集团以及中东以色列等国，以此作为欧盟建立“南部地区战略”的重大举措。为此，埃森首脑会议还批准了一项 27 亿欧洲货币单位（合 33 亿美元）、为期五年的发展援助计划。但这些南部地区国家不能申请和被接纳为欧盟成员国。此战略的意图，一是重新平衡欧盟东扩战略与南下战略可能出现的失衡状况，并满足法国、西班牙等南欧成员国实施南下战略的强烈要求；二是稳定地中海沿岸地区的政治和经济形势，遏制大量的移民浪潮和恐怖主义等活动的威胁，以确保西欧社会的安全。但会议尚未确定实施计划的时间表。

前进道路上面临重重困难

（一）深化和扩大两个方面均存在许多难题。

1. 共同农业政策和地区发展政策改革步履维艰。奥、芬、瑞典三国加盟后，它们的经济与欧盟经济结合无需作出重大的过渡期调整，但是，在农业问题上，将会遇到许多麻烦。欧盟经济政策研究中心专家认为，按欧盟共同农业政策预算推测，奥等三国加盟后，欧盟对农业补贴和对贫穷地区的援助开支将增加 75%。虽然奥等三国是相对比较富裕的国家，并将成为欧盟的“净贡献国”，但如此重负将使拟议中的削减共同农业政策开支计划陷入困境。如果再考虑到将来中、东欧六国加入欧盟，欧盟的财政负担还会比目前净增加 60%，其中农业补贴和贫穷地区援助开支所占比重将大幅增加，欧盟内部就会因共同农业政策不堪重负而激化矛盾，危害进一步深化的前景。欧盟如何避免产生这种灾难性的后果，至今未有明确的解决途径。除非对耗资巨大的共同农业政策进行彻底的改革，别无他途。

2. 欧盟各国在深化和扩大问题上的原则分歧有待进一步解决。法、荷、比、卢虽承认东扩计划“势所必然”，但担心处理不当势必加剧内部矛盾或冲淡欧盟若干方面“超国家的特点”，导致发生分裂，使欧洲一体化进程受阻，甚至演变为一个“自由贸易区”。因此，它们在某种程度上仍然坚持先深化而后扩大的方针原则。西班牙等几个相对较穷的国家更担心中、东欧国家加入后，削弱了它们在农业方面的既得利益，因而可能会给扩大设置一些障碍，使将来的谈判难以取得较快的进展。

3. 欧盟在安全问题上面临一些新的问题。如奥地利原是中立国，在它是否参加西方的军事一体化结构问题上，奥内部各政党存在着严重分歧。执政的社会民主党（前社会党）主张奥继续保持中立地位，人民党（保守党，它与社会民主党共同执政）希望奥从1995年起成为西欧联盟的成员，至于自由党（民族主义左派党）的领袖耶尔格·海德尔（他的党是主要反对党）则希望奥成为北约成员国。

4. 表决机制之争将会重新爆发。表决机制是欧盟决策立法程序的重要组成部分。按目前规定，在部长理事会上否决一项决定所需法定少数票为23票，即包括2个各拥有10票的大国和1个拥有3—5票的小国。奥等三国加入后，欧盟成员国增加到15国，表决机制就需要重新调整，否决部长理事会的一项决定需2个大国加2个小国的票数才能有效。对此，英国和西班牙始终表示反对，坚持原来法定的少数表决制。随着今后东扩计划的进展，表决机制将变得更加复杂。此问题如不能妥善解决，将直接影响欧盟一体化的决策、行动能力、实施政策和工作的效率，乃至整个一体化的进展。

（二）各国对欧盟未来发展速度是否需要“核心”等问题尚未达成共识。自1994年9月1日德国基民盟议会党团主席朔伊布勒提出以德、法、比、荷、卢五国组成“强硬核心”国家，率先加快推进欧洲一体化步伐的主张以来，欧盟内部爆发了一场有关今后发展方向和速度的争论。英、意、西等国反对“核心欧洲”主张的呼声日益高涨，而同时各种各样的主张如“多速欧洲”、“三园欧洲”、“灵活性欧洲’、“点菜式欧洲”、“可变翼欧洲”等相继出笼。这些主张不仅反映出当前各国对欧盟未来建设方向以及以何种速度实现欧洲一体化问题上存在分歧，而且也暴露出各国之间在政治和经济利益上的冲突日益尖锐。这种局面将给1996年欧盟召开的政府间会议对马约重新审查和修改造成更多的困难和障碍。

（三）欧盟国家政局动荡，政府领导人地位不稳，使一体化进程受到掣肘。1994年6月，欧洲议会举行第4届选举，各成员国选民的投票率比上两届欧洲议会选举的投票率大幅度下降，反对欧盟的中间偏右、极右翼政治势力和民族主义情绪明显上升。10月德国大选后，科尔虽续任德国总理，但在议会所获票数仅比半数多一票。这对科尔试图顺利推行其欧盟政策不无障碍。意大利贝卢斯科尼因经济丑闻而被迫辞去了总理职务，大选也因党派之间的争议至今无法进行。英国首相梅杰上台以来，在欧盟政策问题上缺乏远见，受党内“欧洲怀疑派”左右，而工党则攻击梅杰使英国在欧盟内处于孤立的境地。保守党在四次议会补缺选举和地方补缺选举中皆败北，在多次民意测验中声望日下，迫使梅杰不得不奉行左右摇摆，举棋不定的欧盟政策。据认为，只要保守党继续执政，难望其政府对欧盟一体化有所作为。只有在1997年大选中工党上台，英国对欧盟政策才可能有所改观。1995年1月初，工党领袖托尼·布赖尔出席在布鲁塞尔召开的欧洲企业家会议上声称，他将促使工党致力于建立欧洲货币联盟、共同外交与安全政策、加强欧洲议会的目标。法国总统密特朗即将在1995年大选中下台，欧盟委员会主席德洛尔卸任后，宣布不参加法国总统竞选，使法国政治前景产生许多不确定的因素。如果5月的法国大选中现任总理巴拉迪尔获胜，可能有利于欧洲一体化进程的发展；要是前总统德斯坦获胜，法德轴心的作用将受到削弱，一体化进程将遇到较多的困难。西班牙总理冈萨雷斯虽积极支持一体化进程，但据传，他因牵涉经济丑闻，政治地位日益下降。由此看来，西欧国家政局不稳使欧洲一体化进程受到了很大牵制。

（四）各国朝经济货币联盟“趋同”方向发展仍需作出不懈的努力。近几年来，因经济、金融和货币危机所致，欧盟各国的经济状况与马约确定的“经济趋同标准”的差距扩大，成员国中认为马约的目标“不切实际”的舆论日益增多。德国虽一向积极推动经济货币联盟，但公众和德国中央银行强烈反对，德总理科尔不得不作出一些让步，提出“稳定欧洲货币比实现货币联盟更为重要”，强调欧洲货币“必须像德国马克一样稳定”，否则“就不会有统一货币的前景”，并暗示，一旦德国或大多数成员国未能按时达到标准，德将同意“推迟实现货币联盟的期限”。他还一再坚持马约原定的所有“经济趋同标准不得改变和软化”，明确表示到1997年凡是未达到标准的国家一概不得加入货币联盟，其意图主要有三：一是德目前距马约规定的标准还有一定的距离。到第一目标期1997年也不一定能达标，如少数国家达标，德可借机回避承担义务；二是如果届时能达标，它可按其意志来决定哪些国家可否加入，以独操货币联盟的入场券；三是德国马克是强货币，其他成员国的货币通过欧洲汇率机制与德国马克挂钩，德担心高通货膨胀国家的货币与马克拉平，其通货膨胀的责任须由德来承担，从而导致马克贬值，使德无形中“引入通货膨胀”而吃亏。因此，科尔坚持欧洲货币必须稳定，向德马克靠拢，直至最后固定汇率，并按马约确定的标准作为加入货币联盟的条件。德对货币联盟问题的考虑和举措无疑会引起其他成员国的疑虑，担心将来为德所控制，然而，新年伊始，1月10日意、西、葡和瑞士货币相继出现危机，对德马克比价大幅下跌。其原因除了政治因素外，更重要的因素是经济增长不稳定，财政赤字和国债沉重，导致货币疲软。这表明德国坚持货币稳定是实现货币联盟的基础不无道理。

欧洲一体化的发展前景

当前，以世界经济区域化和集团化为主流的国际经济竞争日益加剧，世界政治多极化不断发展，欧盟国家面临着强大的压力和严峻的挑战。可以预料，欧盟各国必将考虑把这些压力和挑战作为推动一体化向前发展的动力。1996年欧盟各国政府间会议将对此作出重大决策。

（一）继续完善和发展欧洲统一大市场建设是欧盟增强经济实力和推进一体化的坚实基础。统一大市场是欧洲一体化进程的先导，它的日益完善和深化需要有统一货币和金融市场的支持，因而对经济货币联盟亦将起到积极的带动作用。欧盟委员会强调，统一大市场进一步完善和深化的主要目标，仍要靠坚持贯彻和实施《欧洲统一法》有关建立和发展统一大市场的若干政策、措施和规定，加快内部市场各个领域中的自由化和促进竞争机制的发展，取消各国间存在的行政障碍，以全面实现“四大自由流动”，降低生产成本，提高生产效率，从而达到促进经济持续发展，创造更多的就业机会的目的。同时还须加快内部市场与全欧的电信、交通枢纽基础配套设施建设。据欧盟预测机构最近估计，到90年代后半期，随着统一大市场的日益完善，欧盟年均经济增长率可达3.4%左右，创造就业机会可达1500万个。到下个世纪初，挪威、瑞士、冰岛、地中海、中、东欧、波罗的海沿岸国家有可能通过加入欧洲经济区方式，逐步纳入统一大市场体系，并根据情况的发展，开始下一轮欧盟扩大进程；而地中海南岸的北非及中东国家也可能通过签订自由贸易协议，以建立类似欧洲经济区的方式，成为统一大市场的外围自由经济贸易区。

（二）经济货币联盟将以多速向前发展，以适应内部经济、货币差异和未来欧盟扩大的需要。经济货币联盟是欧洲一体化进程中的核心和实质性部分。它的进展将会带动政治联盟的跟进，两者相辅相成，同时又是巩固和发展统一大市场成果的必要条件。随着1994年西欧经济出现强劲复苏，各国对经济货币联盟前景逐步恢复了信心，增强了政策和行动上的协调与合作，有利于向“趋同”目标迈进。1994年10月10日，欧盟财长会议一致通过协调各国财政和货币政策的决议，要求十国（除爱尔兰和卢森堡已达标外）从1995年财政年度起实施减少财政赤字计划。欧洲货币机构主席亚历山大·拉姆法鲁西认为，欧洲货币体系去年以来运行情况基本好转，经济正在低通膨条件下增长，如果这种情况能维持二、三年，它将为经济货币联盟创造一种良好的条件。据此，可以预料，到90年代后半期，在西欧经济、金融、货币状况进一步趋于增强和稳定的情况下，不排除将会有较多的国家达到加入经济货币联盟的条件。然而，鉴于欧盟各国经济发展水平、金融和货币实力存在差异，少数国家如意、西、葡、希等经济、货币地位还比较脆弱，短期内难以跟上，因此，根据马约规定的标准衡量，将会出现一些国家可能先达标，另一些国家推迟达标的情况，这就决定了经济货币联盟势必以多速趋势发展。预计，1996年欧盟政府间会议对经济货币联盟的标准不会作出重大的修改。然而，对有关欧洲汇率机制是否要从扩大后的上下限15%恢复到原来的上下限2.25%，可能还需等待时机才能作出决定。据认为，为了使更多的成员国能同时加入货币联盟，欧盟将会根据“趋同标准”，判断未能全部达标的国家是否真正按规定朝各项“趋同”目标靠拢，以决定其是否可以按时加入货币联盟的行列。如距离标准相差太远则延长其加入期限。据估计，到1997年，能如期达标的国家是德、法、荷、爱、卢、丹、英、奥、芬，再过二、三年可能还有意大利、葡、西、瑞典、希腊，但英、意至今未重返欧洲汇率机制，且英、丹已获得放弃选择参加货币联盟的“例外权”，因此，即使这三国今后重新返回汇率机制和放弃“例外权”，考虑加入货币联盟，也可能会到90年代末期才能见分晓。

（三）政治联盟将继续按计划推进，并可能取得一定程度的突破。1995年法国和西班牙分别担任欧盟主席国，其重要任务之一将是为召开1996年政府间会议重新审查和修改马约作准备，以为政治联盟发展方向和速度作出决定。在发展方向上，将涉及到欧盟各级机构进行必要的调整、改革及权力分配，划清欧盟一级与国家、地区一级的事权职责，以明确政治联盟的目标。预计，经过这次政府间会议重新修订马约后，超国家机构——部长理事会、欧洲议会、欧盟委员会的权力将进一步明确并得到加强。但各国将围绕着建立“紧密的国家联盟”或“欧洲联邦”或“大欧洲自由贸易区”的发展方向展开激烈的争论和斗争。其结果可能选择马约规定的建立“紧密的国家联盟”发展模式。因为这一模式在解决涉及国家权限和联盟权限关键问题上，强调通过“辅助性原则”确定以国家为主，联盟为辅，避免国家主权受到侵犯，既有助于扩大政府间的合作，又有助于加强联盟的部分权力，发挥联盟推动和贯彻一体化决策的作用。但法、英两国仍可能会极力反对德国执政的基民盟提出的加强欧洲议会和欧盟委员会的权力，而强调把超国家机构的权力和作用限制在一定的范围内，甚至只起监督作用；此外，法、英还可能强调加强欧洲安全与防务方面的合作，以图把德国的军事力量完全置于欧盟的控制之下。法总理巴拉迪尔最近说，1996年会议必须把强调“安全与防务”的重要性摆到与马约强调经济货币联盟的重要性“同等位置上”。

（四）东扩战略将审慎地加快实施步骤。欧盟的主要考虑有二：一是通过联系国关系把中、东欧纳入欧盟，不同于西方把中、东欧纳入北约组织，不会直接刺激俄罗斯，既可为俄所接受，又可避免中、东欧重新陷入俄的控制之下。因此，欧盟的宗旨是，即使欧盟自身的“深化进程缓慢”，也要加快中、东欧加入欧盟进程的步伐，以扩大其势力范围。二是中、东欧国家与欧盟紧密相连，自然资源丰富，土地肥沃，农业发达，工业技术发展水平普遍较高，劳动力素质好，社会消费水平高，且有1.3亿人口。为了开拓中、东欧市场和扩大欧洲统一大市场，欧盟需要把中、东欧国家发展成为成员国。然而，据西方经济学家和投资者估计，中、东欧国家向市场经济过渡的困难要比预料的多，且各国经济、政治制度改革进度不一。尽管近年来经济发展普遍趋于稳定，但结构改革仍需较长的时间。因此，大多数中、东欧国家距加入欧盟的条件还相当遥远；但亦不能排除个别或少数国家到21世纪初或稍长一些时间内达到加入的条件。由此看来，欧盟东扩的方针将会打破过去与奥地利和北欧国家集体谈判和扩大的做法，改而采取条件成熟一个，谈判和吸收一个的方式。总之，欧洲一体化有可能出现多速度多层次的格局。

（引自《现代国际关系》1995年第3期）

南方共同市场：成就与问题并存

复旦大学　方幼封

早在140多年前，马克思和恩格斯就在《共产党宣言》中指出，“由于开拓了世界市场，使一切国家的生产和消费都成为世界性的了。”[①]世界联成一体，你中有我，我中有你，这是历史发展的必然趋势。到20世纪下半期，全球范围内相继出现了区域经济一体化潮流，如北美自由贸易区出现，欧洲统一大市场启动，亚太地区经济圈崛起等等。拉丁美洲的南方共同市场（Mercosur）就是在这种形势下产生的。

面对世界经济区域集团化的发展，世界市场竞争激烈，南锥体国家（阿根廷、巴西、巴拉圭、乌拉圭）为了改善经济环境，参与世界竞争，积极加强经济合作，相互开放市场，以此作为促进本国经济发展的重要途径。南方共同市场从1985年构想，到1991年签约，实属起步迟，时间短，但其发展速度快，成效大。南方共同市场发展的经验可给人们以颇多的启示。

迅速取得成就

南方共同市场领土面积为1200万平方公里，占拉美总面积的60%；人口近2亿，占拉美总人口的44%；年国民生产总值高达8000亿美元，占拉美国家国民生产总值的50%[②]，人均国民生产总值为2454美元，是拉美面积最大、人口最多、经济较发达的一个地区经济一体化组织。几年来，南方共同市场取得了令世人瞩目的成就。

第一，以一个又一个的协议，加速一体化进程。南方共同市场是1985年开始酝酿的。1986年7月，阿根廷和巴西两国总统签署了《巴西—阿根廷经济一体化文件》和12项议定书。两国还通过了对本地区其他国家开放的《一体化和经济合作纲要》。12月签订了《关于阿根廷—巴西友好、民主、和平与发展的文件》以及关于在黑色冶金、核能、陆上与海上运输和通讯方面进行合作的5项议定书。1989年8月，阿根廷、巴西两国议会分别通过《合作、发展与一体化条约》，宣布两国将开辟共同的经济区，决定在10年内，分两步逐渐建成共同市场。第一步逐渐取消货物与劳务的关税和非关税壁垒；第二步协调两国金融和贸易政策。1990年7月，两国总统签署文件，至迟于1994年年底建立共同市场，将原定于本世纪末建立共同市场的决定提前了6年。9月，巴拉圭和乌拉圭宣布加入巴西和阿根廷正在筹建的共同市场。

1991年3月，四国总统在巴拉圭首都签署了《亚松森条约》，决定从1995年1月1日起建立南方共同市场。其主要内容包括：(1)通过取消关税和非关税限制，实现商品、资金和劳务的自由流通；(2)建立共同的对外关税，使本地区经济在国际市场上更有竞争力；(3)制定共同的贸易政策，协调在地区和国际经济贸易会议上的立场，更有效地维护本地区的利益；(4)确定四国在贸易、农业、工业、财政、货币、兑换、资本和利率、海关、运输和通讯等方面的政策及有关立法；(5)协调各自宏观经济政策。目的在于："通过一体化扩大成员国国内市场，促进成员国的科技发展和经济现代化，改善各自国民的生活条件"③。条约签署不到半年，四国相继完成法律批准手续。11月27日，条约正式生效。12月17日，四国首脑签署了《解决争端的巴西利亚议定书》，成立仲裁法庭以解决南方共同市场成立前的内部争端。议定书是南方共同市场司法保障的依据。

1994年1月，在乌拉圭举行的第5次首脑会议上，四国总统又签署联合公报，表示要"协调地、均衡地、持续地"朝四国关税联盟的目标前进。针对四国在落实统一关税的关键时刻所遇到的困难，通过了当年的"时间表"，即在南方共同市场正式运转之前完成关税计划。为促进同美国的贸易和投资，四国正积极推动与美国的对话，即"4+1"对话。3月，四国外交部长、财政部长在布宜诺斯艾利斯举行会议，商讨巴西政府提出成立包括整个南美国家在内的南美洲自由贸易区④的建议。其主要内容是：从1995年1月1日起开始在南美洲地区筹建自由贸易区，到2005年正式建成；1994年内南方共同市场与安第斯集团之间进行筹建南美自由贸易区的技术性谈判；这个谈判在拉美一体化协会内讨论，南美自由贸易区将成为南美一个类似关贸总协定的、制定贸易准则的组织。8月，四国在阿根廷举行的第6次首脑会议上，签署了南方共同市场《关于共同对外关税》等11个协议。四国组成的自由贸易区和关税联盟将于1995年1月1日开始运转。四国对85%进口商品的共同对外关税定为0—20%，对15%涉及资本货、信息、电信、石化等敏感的经济部门，因各国情况不同而立场各异，大多未能达成完全一致的对外关税。四国将信息产品的共同对外关税定为16%，到2006年四国完全实行这一共同关税；对资本货的共同对外关税定为14%⑤，6年后阿根廷和巴西自动逐步达到，巴拉圭和乌拉圭则延长到2006年实行。9月22日，巴西政府宣布降低4000种进口产品关税。在自由贸易区问题上，四国决定对来自贸易自由区、工业自由区、出口加工区和特别关税区的商品，一律征收共同对外关税。四国建立政府间接机构——南方共同市场贸易委员会，由成员国外长进行协调，负责监督实施各国为关税联盟而制定的共同贸易政策，对共同市场内与第3国的贸易进行检查。南锥体关税同盟的诞生意味着南美区大市场形成。

当前，南锥体四国正与拉美一体化协会的其他七个成员国（玻利维亚、智利、哥伦比亚、厄瓜多尔、墨西哥、秘鲁和委内瑞拉）谈判建立自由贸易区问题。所有这些发展进程反映了四国迫切需要发展地区内部的经济合作和各国一体化意识的增强。四国建立自由贸易区和初步的关税联盟，为最终建成共同市场奠定了基础，这是四国在一体化进程中迈出的重要步伐。

第二，降低关税，促进贸易额迅速增加。

从1991年11月《亚松森条约》正式生效起，南锥体四国开始降低关税。到1993年1月，开始对第3国产品设立四级共同对外关税，即5%、10%、15%、20%。到1994年1月底成员国之间的关税已降低了82%。四国还决定，从1995年1月1日起，四国对大部分产品实行共同对外关税。四国在减税过程中努力使需要保护的例外产品项目逐步减少。各国都采取措施加强相互之间的贸易关系。1993年，巴西与南锥体其他三国的贸易额达87.3亿美元。比上年增长了37.5%。据巴西外贸局统计，1993年巴西向阿根廷等三国出口54亿美元，比1992年增长31%，进口33亿美元，增长48%；贸易顺差比上年增长11.6%。阿根廷是巴西最大贸易伙伴，1993年两国的双边贸易额由1985年的3亿美元猛增到62.9亿美元。1993年阿根廷向南锥体其他国家的出口额占其出口总额的25%。乌拉圭对南锥体其他三国的贸易额已占其出口的41%和进口的45%。巴拉圭1993年向南锥体其他三国的出口增加了26%，约达3亿美元左右。1993年南锥体四国出口额约达548.9亿美元，进口约442.75亿美元，贸易顺差106.15亿美元。地区内贸易额的增加，既能更合理地进行资源配置，使地区工业取得更大的经济效益，也能相对减轻对欧美国家的依赖。南锥体四国还加强与邻近的智的贸易往来，1993年四国与智利的贸易额达21亿美元⑥。

第三，加紧建设光缆传输网，增强内部经济联系。为加强南方共同市场内部的联系，适应未来“信息高速公路”的需要，四国加强交通运输领域的合作，加紧实施地区光纤电缆传输网络的铺设工程。该工程北起巴西南部佛卢里亚诺普里斯城，沿大西洋海岸南下连通乌拉圭的蒙特维的亚和阿根廷的布宜诺斯艾利斯，然后再向内地连通巴拉圭的亚松森，工程全长1700公里。连接四国的光纤电缆工程计划1994年9月完工。下一步光纤电缆将延伸至智利的圣地亚哥，从而使南美地区连成一片。这个高速光纤电缆系统投入运转后，南锥体国家间的通信容量、速度和效率都将成倍增加，仅巴西和阿根廷之间的电信线路就增加1.5万条之多。

南锥体光纤电缆传输系统，还将同巴西目前正在铺设的从巴西东北部的福塔雷萨市纵贯沿海地区连接佛卢里亚诺普里斯市的大型光纤电缆网络连接。它全长7500多公里，1995年年底前竣工。此外，全长8000公里沟通巴西福塔雷萨与佛罗里达美国电信网的海底电缆工程，于1993年年底动工，到1996年完工。这两大工程全部完工后，南方共同市场国家将可与北京地区电信网相连，并进而通过美国的线路中转实现与欧洲大陆的通信联网。

第四，扼制通货膨胀，有效地推动地区经济合作。扼制通货膨胀，调整和稳定经济，保持社会安定，是建立南方共同市场的重要条件。多年来通货膨胀一直是南锥体国家经济恢复和增长的主要障碍之一。为推动地区经济合作，阿根廷政府从1991年4月1日起实施以阿币奥斯特拉尔与美元自由兑换为核心的新经济政策（也称秋季计划），推动经济走向稳定增长。阿币与美元实行1：1的固定汇率，可自由兑换。中央银行以大量美元和黄金储备保证汇率不变，这有利于平稳物价、扼制通货膨胀，同时，政府采取措施冻结公共部门的税收，调整商业合同指数，使之相当于国际利率指数。由于采取这些措施，长期居高不下的通货膨胀率逐年下降。1989—1993年阿根廷的通货膨胀率从5000%一直降到7.4%。乌拉圭和巴拉圭也采取对策，前者由1992年的58.9%降至1993年的52.8%；巴拉圭从24.1%降至20.4%。三国通货膨胀率的下降有利于保持物价相对稳定，推动小地区的经济恢复、发展和合作。目前的问题是巴西的通货膨胀率多年保持4位数，1994年，由于巴西政府实施了雷亚尔计划，通货膨胀率已下降到3位数，取得了明显成绩，尽管如此，与其他三国相比，仍是很高的。

此外，由四国外交部、经济部和中央银行代表组成的执行机构——共同市场小组，下设11个工作小组，分别负责协调成员国宏观经济政策及贸易事项、海关事务、技术标准、与贸易有关的财政和货币政策、地面交通、海运、工业与技术政策、农业政策、能源政策、劳工就业和社会保险等，以增强在这些领域的合作。自《亚松森条约》签订以来，这些工作小组进行的工作有：海关事务工作小组就共同控制海关关税和运输费用的标准达成了协议。工业和技术政策小组在涉及很多生产部门，如在冶金、石油、纺织、水泥、计算机软件等领域实行的工业政策或技术标准达成协议。成员国的一些企业已开始联合生产或相互提供服务，银行界也开展互相代保险业务等。

3年多来，南锥体四国为建成共同市场召开了6次首脑会议，几十次部长级会议和专家会议，签署了几十个协议和议定书，最终四国如期签署了共同对外关税协议。这是南锥体四国一体化取得的重大成就。它不仅仅推动了各成员国的经济发展，而且还将对整个拉美地区实现经济一体化产生重要影响。

尚存的不利因素

南方共同市场的发展成绩显著，但也存在诸多不利因素，主要是：

第一，四国经济发展不平衡，基础条件差异甚大，彼此获利不均。南锥体四国中，大国与小国，经济发达与欠发达国家之间，宏观经济形势、经济政策调整不尽相同，改革步伐不一，各国经济实力和发展水平差异很大。

从发展程度看，阿根廷、巴西已形成比较完整的工业体系。巴西是资本主义世界第8位经济大国。阿根廷被列为国际范围内新兴工业国。而巴拉圭是四国中工业化程度最低的国家，工业产值低于农业产值，仍属农业国范围。介于两者之间的乌拉圭则属于中等发展水平的国家。从人均国民产值看，阿根廷、巴西、乌拉圭三国高于拉美地区平均水平，在2700—6000美元之间，巴拉圭为1300多美元。四国经济发展不平衡使彼此间的互补和互求受到很大限制。各国所寻求的目标不尽一致，巴拉圭需要摆脱合作中的弱势，希望得到足够的优惠补偿。发展不平衡使四国在统一机制内得利不均衡。从经贸关系看，巴西、阿根廷由于拥有相对先进的生产条件，产品具有较强的竞争力，可获得较大的贸易实惠。而巴拉圭、乌拉圭则处于不利地位，致使地区内部贸易过多地集中在阿根廷和巴西两国之间。巴、阿两国情况也不一样，阿根廷近年来政局相对稳定，通货膨胀得到控制，政府实行固定的低汇率，经济形势较好。而巴西内阁更迭频繁，通货膨胀率居高不下，推行浮动的高汇率，经济起伏多变。由于两国不同的经济政策，经济结构差异较大，生产成本明显拉开，阿根廷工业原料价格平均为国际市场价格的两倍，巴西的原料价格则基本同国际市场价格持平，这就影响到相互间的贸易。阿根廷实行固定汇率，巴西实行浮动汇率，两者比价之差使巴西商品更具竞争力，更易进入阿根廷市场。1992年巴西对阿根廷出口比上年翻一番还多，而阿根廷对巴西出口仅增长7%，逆差达10亿美元。为此，阿根廷采取临时提高关税、对出口产品退税等措施，引起巴西的不满。从出口商品结构看，四国中除巴西外，其他三国商品出口结构存在较大程度的雷同，这不仅限制了它们之间的交流，而且增加了相互间的竞争，导致贸易竞争性大于互补性，影响了地区内国家的经济互补性。

四国经济发展水平差距过于悬殊，内部

贸易合作所产生的利益多偏向于经济较为发达的国家，欠发达国家难以获得同等的报偿，这也是导致内部贸易合作中产生矛盾的主要因素。成员国之间的经济发展不平衡、各国经济基础、运作机制及对外部环境变化的反应能力和适应能力都不尽相同；经济实力和发展水平差异较大的国家构成一个组合体并置于统一的合作机制内，这种利益失衡势必成为一体化组织内部龃龉的重要原因。

第二，四国在对外关税问题上分歧难以协调。确定统一对外关税是推进一体化进程和今后发展的必要条件，是建立关税联盟的重要前提，也是关系到国家主权和保护民族经济的重大问题。它涉及到各国对其工业部门的保护程度、各国的经济利益，因而一时较难协调。在对外关税问题上，各国态度迥然不一。巴拉圭和乌拉圭，经济规模小，需要进口的商品多，关税水平较低，因此反对征税，谋求零点关税，以保持从第三国进口和不被巴西技术所束缚。巴西现行关税为35%，提出共同关税不低于20%，而且要到2000年实施。阿根廷主张实行低关税，以便进口国外的高技术产品装备本国工业，主张将税率定在12—14%之间。虽经四国多次反复谈判、磋商和相互让步，对85%商品的共同对外关税达成协议，税率幅度在0—20%之间，但对其余15%的商品的对外关税，已经多次讨论，未能达成一致。这些商品涉及资本货、信息、电信、石油化工等敏感的经济部门，因各国情况不同而立场各异。巴西同意到2001年将进口关税降至12%，而阿根廷认为应更低一些，巴拉圭因转口贸易在经济中占重要地位，有5000多种商品免征进口税，邻国税收变化使其遭受巨大损失。如1992年10月，阿根廷把进口关税的附加税从3%提高到10%，巴拉圭就损失了4500万美元⑦。因此，四国都在寻求对本国最为有利的对交关税。1994年5月初，乌拉圭因对巴西建议不满一度退出南方共同市场关税谈判⑧。8月，第6次首脑会议上，虽经努力如期签署共同对外关税协议，但关税协议包含着许多例外的规定，依然存在种种分歧。

第三，四国经济恢复不同步，对外资依赖过大，资金短缺。经过3年多的努力，阿根廷、巴拉圭和乌拉圭三国经济调整成效显著，经济已呈稳定增长趋势。然而巴西经济恢复虽已初见成效，1993年国民生产总值增长4.6%，出口增长9.3%，达360亿美元，贸易顺差达130亿美元，但其通货膨胀率高达2615%，远高于南锥体其他三国和拉美平均水平。还有1317亿美元的外债。因此，巴西如果不能有效地遏制通货膨胀，势必成为地区一体化按时运行的障碍。目前大部分外资是以短期形式流入南锥体四国的，而且多数是金融投资，主要以盈利为目的，带有一定的投机性。四国难以用货币和汇率政策对这些短期外资进行管理。随着西方及投资国经济状况的好转，这部分资金就有可能外逃。成员国由于资金短缺，难以集中财力扶持内部经济欠发达成员国的发展和支付一体化的代价，这样就给一体化政策的协调和实施带来一定困难。对外资的依赖性、生产资金的短缺，势必影响四国经济调整和一体化进程。

第四，成员国国内收入分配不均，社会问题多，构成地区经济合作的不利因素。南锥体四国中，尤其是举足轻重的大国巴西、阿根廷两国国内收入分配不均极为突出。据世界银行统计，在巴西，占总人口41%的人生活在贫困线以下（每天收入少于2美元），占人口10%的富有者，其收入是最贫困者的23倍，占全国国民收入的48.1%，而10%的穷人仅得0.8%。农村中有73%的人生活在贫困线以下。阿根廷、乌拉圭富有者的收入比最贫困者的收入高10—12倍⑨，在阿根廷3260万人口中，生活在贫困线以下的竟有400多万。巴拉圭贫困人口也达68—78%。

南方共同市场能否良性运转，还取决于各成员国的经济是否稳定；而妨碍四国经济发展的外债、资金短缺及不利的国际贸易环境等问题，不是单靠南方共同市场四国自身所能解决的。四国在货币兑换、间接税收、共同关税和农产品补贴等方面，也存在着诸多矛盾。四国间贸易比重的提高，受到各种条件的限制，如它们必须努力把更多产品出售给发达国家，以换取硬通货币用于偿债和进口必要的资本货，这势必会减弱地区内部的贸易联系和影响共同市场内部的凝聚力。

此外，四国中，除巴西外，阿根廷、乌拉圭和巴拉圭三国在出口牛羊肉及羊毛方面，竞争性多于互补性，贸易难有较大增长。这也是地区经济合作中的不利条件。巴西社会较动荡，国内政局不很稳定，政策多变。人们担心在共同市场建立、启动过程中，可能会因某一成员国国内政策的变化，给共同市场进程制造新的麻烦。

可贵的优势互补

面对上述诸多的不利条件，南锥体四国之所以能联合起来并能迅速发展，是因为南方共同市场的形成和发展，符合时代的要求。随着国际形势的新变化，尤其是冷战结束东西方关系缓和，世界大国都以振兴经济、增强综合国力作为首要目标，世界经济集团化、区域化的趋势迅速发展。在这种情况下，仅仅依靠单个国家的力量发展经济，已不足以应付日益严峻的挑战。南锥体四国预感到，若不充分利用合作的潜力，积极提高自身的经济竞争力，在21世纪的世界新版图中，就有可能置身边缘被人抛弃，四国对于发达国家的吸引力以及同发达国家的谈判地位就难以加强。这种被忽略和对前途的忧患意识促使四国积极谋求经济合作，加快一体化进程，以适应时代的要求。

布什的建立西半球自由贸易区的设想和美、加、墨三国自由贸易协议的签署，促进了南锥体四国一体化的发展。1990年6月美国总统布什的"美洲倡议"提出后，四国政府深感，要更有效地参与国际市场，需要把本地区一体化与建立美洲自由贸易区联系起来，以期在贸易、投资、债务、石油开发、技术转让和环境保护等方面更多地同美国合作。这种共识大大加快了一体化步伐，使南方共同市场提前到1994年年底建成。

阿根廷、巴西两大国在推进本地区经济一体化进程中，针对各国不同的具体情况，实行不同的具体做法，在可能的范围内主动照顾小国和穷国的方方面面，使小国和穷国都能得到，尽量不受或少受损害。例如，在例外商品清单中，阿根廷、巴西和乌拉圭只有300种，到2001年即停止，而巴拉圭则有399种，到2006年才结束。正是由于大国和富国采取主动积极姿态，南方共同市场才能在短短的3年多内取得实质性的进展。

南方共同市场面对诸多不利因素能迅速联合起来的经验表明：在建立世界地区一体化和国际政治经济新秩序的历史过程中，世界各国以各种方式进行经济合作，互相取长补短，实现各国优势互补，是发展本国经济的重要途径；按平等互利原则，既维护和实现本国利益，又尊重和不损害他国利益，是促进经济合作的必要前提；在合作中，大国或富国采取灵活务实态度，给小国或穷国以适当可能的优惠和照顾，使各国都受益，实现共同发展与繁荣，是发展经济合作的根本保证。在新的世界政治经济格局尚未形成的今天，南方共同市场还面临着众多的问题和挑战，但若继续坚持和发扬上述原则，其前景将会是乐观的。

注释：

① 《马克思恩格斯选集》第1卷，人民出版社1972年版，第254页。

② 《南锥体》，1994年2月，第11卷，第2期，第9页。

③ 〔巴西〕《经济趋势》，1991年4月，第80—82页。

④ 〔乌拉圭〕《经济观察报》，1994年5月5日。

⑤ 〔阿根廷〕《民族报》，1994 年 8 月 2 日。

⑥ 埃菲社布宜诺斯艾利斯 1994 年 8 月 3 日西文电。

⑦ 〔巴西〕《圣保罗州报》，1993 年 3 月 26 日。

⑧ 〔乌拉圭〕《经济观察家报》，1994 年 5 月 5 日。

⑨ 〔墨西哥〕《至上报》，1993 年 3 月 23 日。

（引自《拉丁美注研究》1995 年第 1 期）

三、华人经济的发展

世界华人经济发展史

福建省泉州侨办　郑炳山

有人说："海水所到之处，就有华侨"，这句话说得不错。华侨历史源远流长，人数遍及全世界五大洲的每个角落。如今，他们中的绝大多数人已加入当地国籍，成为各国的华人或少数民族，仍然保持华侨身份的不上10%。

华侨华人溯源

中国人迁居海外，走过了漫长而又艰辛的历程。中国人什么时候开始移居海外，中外专家、学者众说纷云，没有定论。但普遍认为中国人移居海外的历史可以上溯到遥远的古代，至今已有一、两千年历史。公元前1122年，周武王灭殷，箕子不肯臣周。遂率其封国（今山东境内）民众徙居朝鲜，今日朝鲜平壤郊外还有箕子陵、箕子井田的古迹。秦始皇时，送遣"徐市（即徐福）发童男女数千人，入海求仙人"。据说徐福等人入海后，漂流到日本国，在今歌山县、新官町县长住下来。迄今，日本还有徐福的墓和徐福村。这说明早在春秋战国前后，已有中国人到海外定居了。只是当时移居到国外的人数还很少，华侨社会尚未形成。

唐、宋及以后，随着海外交通的发达及与邻国及东南亚各国交往的密切，到国外去经商及在国外定居的人数逐渐增多。清代福建省晋江县人蔡永簾所写的《西山杂志》，已记载唐代有些晋江县人到东南亚各国贸易及在那里定居的情况。菲律宾至今还有唐代华侨安葬在那里的坟墓。宋代进士谢履（福建省泉州府惠安县人）所写的《泉南歌》："泉州人稠山谷瘠，虽欲就耕无地辟；州南有海浩无穷，每岁造舟通异域。"充分说明这一点。

据明代万历四十六年（1618年）出版的《东西洋考》不完全的统计，到东南亚各国定居的华侨已经很多，华侨社会逐步形成。如：

印度尼西亚爪哇方面：新村有1000家，村主是广东人；苏鲁马益也有1000多家，这两处大半是中国人。

加里曼丹方面：吉兰丹（加里曼丹的海口）有2000多人。

苏门答腊方面：旧港有福建、广东流移的侨民几千人。

菲律宾方面：吕宋有数万人，"华人既多・诣吕宋，往往久住不归，名为压冬。聚居涧内为生活，渐至数万。间有削发长子孙者"。明朝万历三十一年（1603年），西班牙殖民者在吕宋戮杀华侨即有万余人。

在马来半岛的马六甲、彭亨、柔佛等地，都有华侨。

从明代到1840年鸦片战争爆发，中国人移居至海外各国的侨民有100万人以上[①]。而中国人大量移居国外是18世纪末和19世纪的事。

鸦片战争使西方资本主义国家打开了中国闭锁的大门，中国进一步沦为半封建、半殖民地社会。在帝国主义、封建主义的残酷压迫和剥削下，城市萧条，农村破产，民不聊生，广大劳动人民过着十分贫困的生活。此时，西方资本主义国家已完成工业革命，不断对外扩张。它们在侵占东南亚、美洲、非洲和澳洲等许多地方以后，为了加紧对殖民地的原料掠夺和商品倾销，为了在这些地方开采金矿、锡矿，建立种植园、橡胶园，为了修建铁路……等等，急需大量廉价劳动力去充当苦力。因此就把魔爪伸向中国东南沿海，在福建、广东等省拐骗、掠夺许多劳动人民去这些殖民地当华工（又称"卖猪仔"或"契约华工"）。据统计，从19世纪初开始，出国华工人数逐渐增多，到19世纪50年代达到高潮，直到20世纪30年代才结束，前后一百多年出国的华工约有1000万人次，足迹几遍世界各地[②]。他们在极其恶劣的条件下，辛勤劳动，艰苦奋斗，为世界各地的开发和建设作出了卓越的贡献。据统计，从1800年至1900年出国至美洲、东南亚及澳洲等地的人数如下：

地区	1801—1850年		1851—1875年		1876—1900年	
	共计人数	每年平均	共计人数	每年平均	共计人数	每年平均
美洲	60000	1200	535000	2100	21000	840
美国	18000	360	160000	6400	12000	480
古巴	17000	340	135000	5400		
秘鲁	10000	200	110000	4400		
中美（西印度群岛及英属圭亚那）	15000	3000	50000	2000		
东南亚	200000	4000	645000	25800	700000	28000
澳洲、新西兰	10000	200	60000	2400	8000	320
总计	320000	6400	1280000	51200	750000	30000

纵观第二次世界大战以前华侨出国的历史[③]，大体经历了三个时期：华侨发生期（商周秦汉至隋唐；华侨和华侨社会形成期（宋代至清朝鸦片战争前）；近代华工出国期（鸦片战争至第二次世界大战结束）。

人口分布及现状

目前，分布在世界各地的华侨、华人有多少？大家说法不一，很难有个很准确的统计。有人说有2000多万人，有人说3000万人，有人说近4000万人，还有人说有5000万人。为什么这些数字的差距会这么大呢？这是因为：1）华侨、华人分布在世界各地，因各种条件限制，没有办法对散布在五大洲的华侨、华人做一次全面的准确的人口普查；2）对华侨、华人的含义存在不同的理解和不同的统计方法；3）华侨、华人的人口数不断在变化，而统计时间有前有后，总数很难相同。现在，大陆、台湾和海外比较一致的估计数是3000万人。较新的世界华侨、华人人口统计表是方雄普、谢成佳主编的《华侨华人概况》（中国华侨出版社1993年10月出版），现将该书发表的《世界华侨、华人人口统计表》摘要列表如下，供参考。

根据上面的统计中我们可以看出，世界近140个国家和地区的华侨、华人共2540余万人（尚不包括在香港、澳门及其他地区的华侨与华人），其中，亚洲33个国家、地区约有2200余万人，占全世界华侨、华人总数的86.6%；美洲32个国家、地区约有230余万人，占9.1%；欧洲24个国家、地区约有67万余人，占2.6%；大洋洲15个国家、地区约有34万余人，占1.3%；非洲32个国家、地区约有10万余人，占0.4%。

世界华侨华人人口统计表④

国家（地区）	华侨华人人口
亚洲	
日本	139847
朝鲜	10000
韩国	30000
蒙古	2250
泰国	4813000
新加坡	2100000
马来西亚	5097000
菲律宾	1100000
印度尼西亚	600000
文莱	43500
越南	961702
老挝	10000
柬埔寨	300000
缅甸	710000
印度	135000
巴基斯坦	1500
斯里兰卡	3500
孟加拉	700
沙特阿拉伯	40000
土耳其	15000
尼泊尔	20348
阿富汗	169
锡金	400
约旦	50
阿曼	78
科威特	29
黎巴嫩	12
伊朗	100
以色列	225
阿拉伯联合酋长国	150
巴林	48
伊拉克	100
东帝汶	8300
美洲	
加拿大	600000
美国	1260000
墨西哥	20000
危地马拉	14000
洪都拉斯	1500
萨尔瓦多	1400
尼加拉瓜	800
哥斯达黎加	7000
巴拿马	100000
古巴	7000
牙买加	25000
海地	155
安的列斯群岛	700
多米尼加	15000
巴巴多斯	50
特立尼达多巴哥	5000
哥伦比亚	3600
厄瓜多尔	16000
委内瑞拉	20000
圭亚那	6000
秘鲁	54000
玻利维亚	1500
巴拉圭	6000
巴西	100000
智利	2000
阿根廷	40000
乌拉圭	250
苏里南	8000
伯利兹	1500
摩腊索（荷属）	400
阿鲁巴（荷属）	300
卡宴（法属）	690
欧洲	
英国	200000
葡萄牙	10000
西班牙	10000
法国	200000
卢森堡	6500
比利时	15000
荷兰	60000
德国	46000
奥地利	3000
匈牙利	3000
瑞士	13286
梵蒂冈	150
意大利	20000
希腊	229
丹麦	3700
挪威	840
瑞典	15000
芬兰	207
前苏联	68000
罗马尼亚	35
保加利亚	25
捷克斯洛伐克	16
马耳他	15
波兰	80
大洋洲	
澳大利亚	250000

续表

国家（地区）	华侨华人人口
新西兰	30000
瑙鲁	300
西萨摩亚	10000
斐济	5500
汤加	20
巴布亚新几内亚	5000
大溪地	15000
所罗门群岛	5000
那卢岛	1400
马贵斯岛	35
马绍尔群岛	12000
关岛	2000
社会群岛	7000
非洲	
毛里求斯	30000
留尼汪	25000
马达加斯加	12000
塞舌尔	2000
南非	23000
莱索扎	250
津巴布韦	254
莫桑比克	650
安哥拉	250
马拉维	33
扎伊尔	200
加蓬	30
赞比亚	40
利比里亚	40
博次瓦纳	40
喀麦隆	20
刚果	20
圣多美和普林西比	100
坦桑尼亚	500
乌干达	80
肯尼亚	190
象牙海岸	180
加纳	320
尼日利亚	1500
尼日尔	15
苏丹	45
阿尔及利亚	2000
利比亚	400
埃及	110
摩洛哥	10
埃塞俄比亚	55
塞拉里昂	14

在众多的华侨、华人中，其祖籍在中国广东省的约占 66.66%；在福建省的约占 23.33%，祖籍在这两个省的华侨、华人占了将近 90%，还有 10%强的祖籍地是广西、海南、山东、上海、浙江……等地。

经济发展状况

第二次世界大战以后，很多国家和地区的华侨、华人特别是华侨、华人经济发生了重大变化，除在不同程度上保持第二次世界大战前的某些特征外，最明显的变化有这么五个方面：

第一，海外华侨、华人的经济实力比第二次世界大战前有了明显的增长。

广大华侨华人大多数是劳动人民，工人、店员、小手工业者、小商小贩，收入不多，“契约华工”的收入更是少得可怜，需要克勤克俭，才能维持起码的生活。第二次世界大战前，虽有一些华侨资本家、企业家，但为数不多，资本亦不雄厚。第二次世界大战后，很多国家和地区的经济都有长足的发展，海外华侨、华人的收入也大幅度增长。据台湾《华侨经济研究》作者何宜武 1969 年统计，华侨、华人人口 18942896 人，总收入 5390638397 美元，平均收入为 284 美元（其中亚洲平均收入 232 美元，美洲平均收入 1600 美元，欧洲平均收入 1496 美元，大洋洲平均收入 1533 美元，非洲平均收入 228 美元）[5]，而据台湾学者陈怀东在《海外华人经济概论》统计，1983 年底全世界华侨、华人人口总数为 2788.7 万人，当年总收入为 948.24 亿美元，平均每人收入 3400 美元，比 1968 年几乎提高了 10 倍。其中美洲华人平均收入最高，达 11666 美元；其次是欧洲华人，平均收入 9795 美元；大洋洲及南太平洋地区华人平均收入 8852 美元；亚洲华人平均收入 2589 美元；非洲华人平均收入 1652 美元。由此可以看出，第二次世界大战后的华侨、华人经济力量比战前有明显的增长。[6]。

第二次世界大战以后华侨、华人经济实力大增的另一个重要标志是很多华人财团的涌现。据香港《Forbes》(《资本家》) 杂志以

1995年3月31日为基准，调查财富超过1亿美元的华人富豪有368人，其资产达3463亿美元。其中泰国正大集团（卜蜂）的谢国民家族、印度尼西亚三林集团的林绍良、金光集团的黄奕聪和马来西亚的“糖王”郭鹤年，各拥有资产60亿美元；马来西亚云顶集团的林梧桐、泰国梭蓬帕尼财团（盘谷银行）的陈有汉家族及泰兴钢管集团的李石成兄弟等各拥有55亿美元资产⑦。涌现这么多的华人财团和富豪，这是华侨、华人历史所没有的。

第二，华侨绝大部份已加入当地国籍，成为各居住国的华人或少数民族；华人经济亦随之融入1945年第二次世界大战结束，二战后的大约10年间，海外华侨社会发生了急剧的变化，从华侨社会向华人社会过渡。1949年中华人民共和国成立后，妥善地解决了华侨双重国籍的问题，促使众多华侨审时度势，从长远的利益出发，选择了所在国的国籍，成为该国公民，成为该国的华人或少数民族，从祖辈的“落叶归根”的传统观念转变为“落叶生根”，认同于所在国，融合于所在国社会之中。目前，已有90%以上的华侨加入了当地国籍，仍然保持华侨身份的不上10%。这是第二次世界后，华侨社会最深刻、最本质的变化。

由于这个根本性的变化，华人经济已融入各居住国的经济之中，成为各居住国民族经济的组成部份，为各居住国民族经济的复兴和发展，发挥了重大的贡献，受到了当地人民的欢迎、信任和尊重。例如，为了帮助印度尼西亚发展钢铁工业，林绍良的三林集团和徐清华的查雅集团配合国家需要，与连年亏损的国营喀拉喀多钢铁厂合作，投资兴建了钢铁厂，结束了印尼大量依靠进口钢板的局面。在印尼关系到国计民生的制造业、金融业和第三产业等经济领域，华人经济都占有重要的比重。他们的资本占印尼面粉、面条等面制品的75%，成衣业的80%，纺织、蜡染业的65%，木材、夹板业的80%。此外，在丁香烟、小型机械、化纤、旅游、汽车、电器等行业，华人经济也占有一定比重。显而易见，华人经济已成为印尼国民经济中的重要组成部份。

第三，产业结构发生了巨大变化，华侨、华人经济已从第二次世界大战前以商业为主的单一结构转变为二战以后的多元化经济结构。

老一辈华侨，文盲、半文盲的人居多，如今，华人中特别是他们子女中的中学、大学文化程度的比比皆是。第二次世界大战前，海外华侨、华人多以经商及在商店从事店员、职员、工人为主，商业和理发、饮食等服务行业 构成了海外华侨、华人的传统职业。如今，他们的就业领域几乎遍及各行各业。虽然从事商业、饮食服务业、手工业的人数仍占海外华侨、华人总数的一半以上，但随着华人文化素质、经济水平的显著提高，在企业管理、金融、科技、教育、医药、法律、建筑设计等领域就业的华人比例不断上升。如新加坡华人李光前先生创办的南益公司，过去只经营橡胶、黄梨二行业，如今已成为南益集团。除经营橡胶与黄梨外，业务已拓展至银行、木材、印刷、饼干、榨油等行业。过去，华侨、华人因文化程度低，科学技术的知识很少。如今，从事电脑、电子、电器等科技型行业的人已不少。

第四，在海外华侨、华人企业的经营方式上，传统的夫妻店已向专业化和现代化的经营方式转变。

华侨早期移居海外谋生，由于中国传统的家庭伦理观念和为适应当地客观环境的需要，大多采取家庭式的传统经营模式。第二次世界大战后，随着华人经济向制造业、金融业等行业投资的增加，华资向跨国公司的结合，以及新一代华人教育水平的提高，其经营方式已逐渐朝着现代化的方向发展。许多新兴的华人大企业家比他们的父辈更善于适应新的经济环境，注重借鉴西方现代的经营管理方式和先进技术，并不惜重金选用人才，管好企业，拓展业务。

第五，华人经济日趋国际化。

随着华人财团的日益崛起和华人资金的日益雄厚，华人资本也需要向外发展，不断拓展其业务。在这种情况下，一些华人财团充分利用各种有利条件，与外资及当地的原住民资结合，向国际市场进军。海外华人经济的国际化，主要表现在四个方面：1）发展目标国际化；2）投资活动国际化；3）产品生产国际化；4）销售市场国际化。如泰国正大集团（卜蜂）的谢国民家族，是其父谢易初和叔父谢少飞于1922年起逐步建立起来的，至80年代，已实现其投资国际化的任务。如今，该集团不仅在泰国，在美国、中国、欧洲、澳洲、东南亚都有公司，拥有90多个公司、雇佣员工15000多人，跻身世界500大企业之中。

注释：

① 《炎黄子孙在海外》第10页。葛仁局著，吉林人民出版社1986年出版。

② 《华工出国史料汇编》第一辑第一册第1页《序言》，陈翰笙主编，中华书局1965年出版。

③ 同上书第四辑第240—241页。

④ 《华侨华人概况》第4—17页。方雄普、谢成佳主编，中国华侨出版社1993年出版。

⑤ 《华侨资本的形成和发展》第7页，日本李国卿著，郭梁、金永勋译，福建人民出版社1984年出版。

⑥ 转引自《华侨华人概况》第23—24页。

⑦ 1995年6月14日《泉州晚报》。

海外华人经济活动之变迁*

暨南大学 陈 列

20世纪初叶，亚洲50%以上的土地沦为西方列强的殖民地，东南亚地区也大都成为殖民地或附属国[①]。自1945年战后，特别是随着亚太地区许多国家先后获得独立，新兴工业国家和地区的社会经济持续而快速发展，加上“80年代冷战对峙”的世界格局已不复存在，从两级走向多极。而西方发达国家目前社会经济处于衰退不振之中，它们国内经济却不景气且压力大[②]。然而，80年代末到90年代初，由于太平洋时代正日益显见，亚太地区经济处于不断增长的势头。据国外资料显示，太平洋地区包括分散在7000平方英里面积以上的34个国家和地区以及23个岛国或地区，约有29亿人口，约占世界人口一半以上。他们创造的财富，几乎占世界财富的一半[③]。而当今世界华人华侨总数，估计近3000万人。其中，他们的绝大多数都分布在亚太地区东南亚地带。因此，有人认为，海外华人的经济库集中在东南亚，他们的人才库集中在北美地区。现在，就半个世纪来海外华人经济活动的变迁（以亚太区为主）问题作个比较研究，这对于和平发展，繁荣市场，富国兴邦，造福社区人群，均颇有益处。

亚太地区华人资金现状

亚太地区是当代世界经济最活跃的地区，70年代以来，大部分亚太地区经济发展的速度，超过许多工业发达国家，并在世界经济发展中令人刮目，仅以1970—1982年为

* 华人概念，这里包含华侨、华人在内。

例，国内生产总值的年平均增长率，东南、东北亚各国及地区分别达6—8.5%。其中，韩国为8.6%，香港为9.9%，台湾为8%。日本虽然只有4.6%，但在工业发达国家中也是最为显著的。加上，中国坚持改革开放，国民经济顺利发展，仅1978—1983年，社会总产值的年平均增长率为10.1%，80年代后期到90年代初，中国经济增长率达到年平均为12—13%。由此，引起全球注目，各国经济界人士纷纷来华投资办厂和洽谈贸易；中国市场成为当代世界最热的投资市场，前景是可观的。实际上，由于亚太地区新兴工业蓬勃发展，先进技术不断更新，市场需求迅速扩大、商业贸易十分活跃，新兴的国际金融中心正在形成，投资势头不断高涨，因而被世界誉为“亚太地区的崛起”[4]。

随着太平洋盆地亚太东南亚经济的快速发展，战后近50年海外华人经济亦获得迅速发展，并发生了深刻的变化。

首先，战后海外华人经济（含资金、资本）除了在不同程度上保持战前的某些特征以外，又出现华人经济实力比较战前有显著增长，即华人资金总额已有较大幅度的增大。本世纪30年代以前，东南亚华侨资本为7.44亿美元[5]，又有人估计为9.43亿美元[6]。30年代世界第一次资本主义经济危机，对当时殖民地国家和东南亚地区(含华资企业)亦打击甚重，失业华工、倒闭华企亦很多。到1945年前后，亚太地区经济明显减慢，当时东南亚华侨资本约为5.94亿美元[7]，又有的人认为是6.44亿美元[8]。战后至今，有的学者认为，亚太东南亚华人资本到60年代又回升为30亿美元左右，有的人认为已达45.42亿美元[9]。70年代有人估计分别为212亿美元或500—600亿美元[10]。1983年估计全球华人华侨可动员的资金可达2000—3000亿美元[11]。按此比例，亚太东南亚华人资本也应有1500亿美元。此外，有的外国学者认为华人华侨资本只有500亿美元以上。具体说，1945—1970年时期亚太华人资金重新聚集，经历了缓慢恢复和发展时期；70年代以来，东南亚诸国社会经济发展瞩目，华人经济亦呈速长之势。即使是保守估计，到80年代后期，亚太东南亚华人资金也可达500亿美元，较战前的近10亿美元约增加几十倍。

其次，华人资金在亚太地区金融界中的地位，尤其东南亚华人银行业有长足发展，举世注目。二次大战后，由于世界各国社会经济走向复苏发展，银行职能日益发挥重要作用。东南亚华人先后创办银行，金融业走向坚硬。东盟五国（不包括文莱）华资银行及金融公司的资本，根据80年代估计，已达500亿美元以上；除金融业外，东南亚华人大、中企业公司的资金，估计已超过188亿美元。80年代后期，据统计，在全世界500家最大银行中，有5家是华资银行（即新加坡的大华银行、马来西亚银行、泰国盘谷银行、泰华农民银行和泰京银行)。其中，泰国的金融业，由华人经营管理的约占80%。在五大金融集团中，前四家均为华人经营：陈弼臣家族的盘谷银行，郑午楼家族的京华银行，伍班超家族的泰华农民银行，亚洲工商银行，李木川家族的大城银行。这四家银行的总资产占泰国16家大银行资产的64%，约占全泰36家银行总资产的39%。此外，随着战后中国和亚太许多国家在华侨国籍等问题上的政策调整，现居世界各国的华侨已有80—90%加入当地国籍，以“落叶归根”到“落地生根”的历史性转变，实现了“客居”到“主居”身份的变化，他们成了所居国当地公民。因而，华人经济已融入居住国经济之中，并成为其民族经济的组成部分。本世纪50年来，他们的经济活动已与当地社会经济形成密不可分的关系，并为所在地国民经济的复兴发展立下了汉马功劳。尤其东南亚各国华人经济，在关系到国计民生的金融业、制造业和第三产业等经济领域，它们都占有不容忽视的重要比重，特别是在引进外资、繁荣市场、增加外汇、活跃社会经济，均起着良性的积极作用，并受到土著居民的欢迎和当地政府的嘉勉。这是有目共睹的。

第三，美国、日本、澳洲等国拥有为数可观的华人经济力量。目前，在美国有金洋银行、东方银行、国泰银行、海丰银行、华资银行和郑续邦银行为最大的华资银行业。如世共知，美国等地华资银行的地位作用和经济实力，远比东南亚地区脆弱。这固然有历史渊源、地缘关系及华人数量等诸多因素所制约，但其中亦有种族歧视、金融管制等起了抑制作用。不过，近年来，中国银行亦在纽约设立分行，营业范围不断扩大，在华人华商中享有一定的信誉。据美国联邦信用会调查显示，1981 年纽约市华埠各银行的华人存款已超过 100 亿美元。三藩市的华人存款亦有 87 亿美元。估计全美各地华人的总存款，至少在 400 亿美元以上[12]。美国华人经营银行业虽具有历史，惟限于资力，规模不大。美国各地近年华商新创行不少，只是新移民及赴美投资厂商大量增加，仍需继续新设银行提供服务[13]。70 年代以来，美国华人的经济活动不再局限于餐馆、洗衣、杂货等传统行业，而在制衣业、金融业、房地产、珠宝业、旅馆业、旅游业、科技、食品加工业、建筑装修业、印刷业等均有不同的成就，并有由服务业转向工业的发展趋势。其次，电子工业及配件制造业，散处于加州硅谷电子工业区及旧金山市郊湾区，皆为华人工业聚集地区。据 1987 年美国商业部公布的资料显示，全美华人企业共 89717 家，比 1982 年增加 8 倍，华人企业是亚太裔人士企业中数目最多的[14]。又如，旅日华人从事传统行业是商业和服务业。据统计，1984 年日本有华侨华人贸易商 500 余家，珠宝百货店 20 多家，杂货食品店 50 多家。目前，华人经营的大小餐馆多达 5000 家，从业人员占华侨华人人口近 1/3。所经营的咖啡店也达 2000 家。贸易商多为中小型或属兼营，较具规模的有永昌贸易公司、大江贸易公司、富国物产株式会社，还有较著名的东京大饭店、“大东洋”及“小西湖”餐馆。1984 年，日本有华商设立的金融机构 12 家，最具规模的是四明商业合作社和日本信用保证服份公司，资产总额达数千万美元[15]。再如，澳大利亚华人不再满足于餐馆、做小生意，他们开始涉足地产业、金融业等行业。1988 年全澳根据个人资产总值 300 名首富，其中有 5 名华裔。近年由于有些新移民，特别是香港投资移民，使之华人经济力量有所增强[16]，华人在澳大利亚主要从事餐馆业、商业、旅游业、种植业、进出口贸易、银行业和教育、卫生、工程技术业。同样，居住在日、澳的华侨华人，他们为日本、澳洲的经济和社会发展做出了很大贡献，此外，可以说，海外华人的人才库在美国。例如波士顿的王氏电脑实验公司，曾是美国华人所拥有的国际性大企业，1984 年，王安被美国《福布斯》杂志列为全美 400 多名最富有人物中的第八位。虽然 1992 年王安公司申请破产保护，他对美国科技工业及社会经济的作用，是不可抹煞的。还有，陈全工业公司的钛合金及镍合金的精密锻造控制技术受到美国各大企业的重视；周崧创办的中兴公司，总公司设在旧金山，公司有 50 间，战后业务发展颇快。此外，在美国华人在科技界正在扮演重要的角色，有不少的成为科学权威人士。此外，随着海外华人资金增强和变化，他们的产业结构和经营方式亦发生了巨大变化。并朝着专业化、现代化发展。

尤其应当指出，环太平洋地区，“在拥有近 12 亿人口的中国，去年 12%的高经济增长率，使之首屈一指。人们预言，亚太地区社会经济发展前景极其乐观[17]”。

亚太地区华人资本的特点

第二次世界大战以后，绝大多数华侨华人为了顺应生存、发展与和平的客观形势，他们经过曲折、复杂的历史演变：由以“落叶归根”为特征的华侨社会转变为以“落地生根”为立足的华人社会；随之华侨经济转变为华人经济的范畴。这些历史演变的情况及其特殊性，反映了海外华人经济的发展成长，亦表明由战前封闭型的保守性的华侨社区，开始进入了逐步面向世界的开放型的现代化的华人社区。当然，就全球而言，华人经济（含资金、资本）的发展从来都不是一帆风顺的，又是不平衡的，不能一概而论。从整体上说，东欧、非洲华人经济所占比重尚微，它们还不具备雄厚的资本实力。但随着全球各国社会经济的发展变化，华人经济亦将随着日益壮大。现在，再就亚太地区华人资本问题作深入探讨，是有其现实意义的。

应当看到，战后以来，特别是70年代至今，由于环太平洋区域诸国及地区社会经济获得不同程度的迅速发展。其中，华人的资本正在成为世界、尤其是亚太地区的一支重要的经济力量。因此，对它们的资本特点进行综合分析，已成为一项极为重要的科研课题，不容忽视。

首先，正确估计海外华人华侨的经济实力问题。近10年来，中外许多学者均在测算全球华人华侨的经济实力（有的提及“资金”或“资本”），由于各自标准不一，定量分析差异颇大。1983年日本《选择》（月刊）十月号载文指出：“分布在世界五大洲95个国家的2100万华侨，其可动员资金力量估计至少可达日本国家预算的规模，即二、三千亿美元。”[18]其中有1/3集中在亚太东南亚。据美、日报刊还把华人华侨（含港澳台）金融实力与犹太金融势力、伊斯兰金融势力并列为世界（金融资本）三强之一。中国研究华侨华人学者认为，这种估计过于夸大了，有言过其实之嫌。但在一定程度上反映了其雄厚的经济实力，可以说海外华人之经济库在东南亚，是不无道理的。

其次，由于战后50年的变迁，亚太华人资本结构中逐步呈现如下若干新的特点：

第一，华人资本业缘化。昔日，华侨经济大多数以家族为基础进行运作的，家族色彩浓厚。今天东南亚地区是海外华人最主要的聚居地，也是世界上华人经济实力最强的地区。如今它们在趋向业缘化的历史变迁中，经历了缓慢发展（1945—1965年）、转折时期（1965—1975年）及新的发展（1975—1989年）、持速增长（1990年至今）等4个阶段。1967年东盟成立后，各国实行大致合乎本国之发展战略，它们调整了对华侨、华人私有资本的政策，并把华人资本纳入民族资本的范畴。正由于有了一个较为稳定的外部环境，加上东南亚各国华侨的国籍问题已得到基本解决，这就更有利于华人经济向业缘化方向稳步发展。如泰国陈弼臣创立的盘谷银行和新加坡郭芳枫的丰隆集团便是其中的代表。这个时期，亦开始出现华人资本更快地向工业、金融业转化。而在战前而言，华侨社会职业大都以“三把刀”（即菜刀、剪刀、理发刀）为主，不少人也从事商业和手工业，中小资产者占相当比例。当时，在南洋先后发迹的当数陈嘉庚、胡文虎、黄仲涵、陆佑等华侨商贾，曾被日本称为南洋华侨之“四大天王”。但战后，尤其近年来，在经济资本国际化的年代，海外华人社会他们也开始适应世界趋势，逐渐打破家族界限，与其他家族甚至与国际资本结合，并组成现代化大企业，成立集团公司（或叫跨国公司），以利于聚集更雄厚的资本，在国际经济舞台上开展竞争。这就是华人经济的业缘化。

第二，华人资本多元化。近50年来，世界产业结构发生多次的变化，华侨经济已从战前以商业为主的单一结构转向战后华人多元化的经济结构。过去，无论东南亚还是欧美等地，海外华侨的从业人员可以说经商、饮食、手工者，仍是居其中的一半以上；随之由于华人文化素质、经济水平有着显著提高，因而他们在企管、金融、科技、教育、医药、法律、建筑等行业就职的比例逐年上升。近10多年来，华人资本发展迅猛，资本结构多元化、多层次，正向经济各个领域的广度和深度发展。在亚太东南亚华人社会中，战后为数众多的华人华侨均在经营工农商、金融服务业，还有民用高科技行业等。除此，经营进出口、批发业、旅游业、房地产、五金业，也不在少数，更有一些经济上有实力的华人经营超级市场。如在新加坡，华人资本主要集中于木材加工业、电子电器业以及造船业等行业。此外，华人资本还大量进入银行金融业，反过来又为华资进入工业部门提供条件。又据马来西亚当局公布的资料，1985年马来西亚100家市场价值超1亿元的最大挂牌公司，其总市场价值为460亿马元。其中，华人直接支配的公司有55家，其市场价值计为260.7亿马元[19]。这些公司大多属各个华人企业集团。据不完全统计，印尼资本1亿元以上的华人企业集团有上百个，资本千万元以上的有数百个。其中，印尼华人企业家林绍良被称为最大的主公，他主理的根扎那财团，经营范围就有银行、保险、金融业、工商业、化学业、电器、纸浆、纺织、农业、林业、食品、运输、海运、建筑、地产、娱乐及服务业，并向新、港、澳、美等国家和地区投资，成为印尼最大的华人财团（或跨国公司）。香港已成为当代世界商业、金融、通讯中心，仅从50—60年代，吸纳来自南洋华侨华人资金大约100—110亿美元，至今更是有增无减。特别是他们的投资领域日趋扩大。这是战后海外华人社会经济发展变化的又一个显著特点。亚太地区华人资本构成已由战前以商业、农业资本为主，转为当前以商业、农业、金融和制造业为主，并辐射其它行业的多元化格局，海外华人经济活动的物质基础，较战前更为广泛了。

第三，华人资本“当地化”。战后以来，亚太东南亚各国民族经济的发展，客观上为华人华侨经济继续快速发展提供了条件。虽然期间有的国家曾采取经济排华政策，其影响显然是有限的；只要有发展的可能和条件，华人华侨经济依然顺应生存并向前发展。例如，战后东南亚各国为了吸引私人资本投资，以发展本国工业，扶植私人企业的发展，作为私人资本的主要代表，大多数华人企业家可以与土著一样分享有关优惠的待遇，从而为华人经济70年代趋向“当地化”的发展奠定了基础；客观上作为民族经济组成部分的华人经济，自然会趋向与当地经济发展同步。战后几十年来，西方工业发达国家的社会经济保持发展走势，对发展中国家初级产品的需求日益扩大，从而给亚太地区各个原料出口国的发展带来良机和活力，80年代原产品下跌，适逢工业发达国家调整工业结构，外国资本、技术、设备源源而来，极大地增强东南亚诸国的经济实力。同时，华人资金（含资本）逐渐与当地社会所溶化，随着民族独立的亚太各国，在政治上经济上采取各种政策促使外侨（主要是华侨、华人）归化于当地社会，加上我国政府奉行睦邻外交政策，鼓励华侨根据自愿原则可以选择居住国公民身份，解决了历史上遗留的“双重国籍”问题。这样，有利于华侨华人的生存发展，又有利于中外周边诸国的经济合作、文化交流和友好往来。就区域而言，根据资料表明，在海外华人资金积累的历史过程中，有利因素大于不利因素，战后华人资金有较大增长，而且是循序渐进式的速度增长。例如，在泰国拥有强大经济力量、支配着泰国经济的五大财团中，除泰王室财团以外，都是在泰的华人财团（即以盘谷银行为核心的梭蓬帕尼财团、以京华银行为核心的德差派汶财团、以大城银行为核心的叻达好勒财团及以农民银行为核心的兰三财团）。这四大财团的总资产额，在80年代估计150亿美元。又如，在新加坡三大华人银行集团中，有大华银行财团、华侨银行财团和华联银行财团，在1985年拥有资产约为172亿美元。还有郭芳枫的丰隆集团拥有资产约为15亿美元。再如，在马来西亚华人企业集团，合计近40家。其中，郭鹤年的家族集团、李莱生的吉隆坡甲洞集团、林梧桐的云顶集团、马华控股集团，它们总资产均在10亿马元以上(约合3.5亿美元)。还有，在澳洲被列为200名全澳最富有的富豪中，有4名李明治等澳洲华人总资产，约计6亿美元。如今，越来越多华侨加入当地国籍，华人华裔业已成为当地公民或少数民族(以新加坡华人例外)，那么华人华侨资本亦自然成为当地民族资本的组成部分，而原来意义上的"华侨资本"，已不复存在了。因此，华人资本的第三个特点，极大地有利于友邦国计民生、当地民族经济、对外经贸科技合作及亚太地区社会经济发展和走向繁荣。

第四，华人资本集团化。近20多年来国际政治、经济趋向一体化；随着西方资本财团的对外扩展，战后初年殖民者的撤退，从而为东南亚华人经济发展提供了机会。有的学者认为，在亚太东南亚（前殖民地）诸国中，华人资本一般仅次于外资而可居第二位。然而，两者是性质不同的。期间有外国资本随着东南亚各国相继独立，也相应跟着撤离迁走，从而主要是由华人华侨起填补的积极作用。此外，战后亚太东南亚华侨社会向华人社会转化，使其政治经济重心移向居住国，显然对中国大陆的汇款相对大为减少，从而增加华人华侨资本的积累和发展。并由于居住国内外的客、主观社会环境的变化，促使海外华人资金走向集团化的组合成为可能，并得以日渐发展。在战前，亚太地区华人企业集团寥寥无几，是屈指可数的。战前颇为有名的华人企业集团，有陈嘉庚家族集团、胡文虎兄弟集团、陈祯禄家庭集团、陈天使家族集团以及稍后的李光前家族集团。而战后以来，亚太东南亚地区（包括经济实力、资产总额、企业公司）华人企业集团却有了较大增加，特别是在东南亚及港澳台实力雄厚，经营多样、拥有实权的企业集团是不胜枚举的。例如，海外华人集团和香港、台湾十大（企业财团）富豪，便是典型代表[20]。

第五，华人资本国际化。如前所述，华人资本当地化，也称华人经济本地化，特指的是华人经济融入战后华人定居国的社会，并成为当地民族经济的重要组成部分。随着战后国际政治经济和海外华人社会经济发展变化，开始出现华人资本不断跨越所在国地域，逐步走向国际社会，步入跨洲的国际资本范畴。而海外华人经济国际化，特指的亚太东南亚华人企业的跨国经营，华人工商界现代企业家超越居住地国界所进行的各种投资活动。它们这种国际化趋向，主要是战后国际经济政治发展所引发的，亦是当地的经济政治发生变化的结果。海外华人经济的这种更大范围的活动发展与国际经济大背景有着极大关系。

以全球而言，战后以来，以美国为首的西方工业发达国家先后突破战前的困境，从而带动了全球经济增长，构成全球经济持续发展与出现繁荣。当然在五大洲发展是极不平衡的。（1）以国民所得增长率来看，仅1950—1974年25年间，德国、日本、美国的年均增长率为5—8%，台湾、韩国等高达9%，均比战前的不到3%要大1倍。战后世界经济的快速发展乃是海外华人经济增长及其资本日趋国际化的客观环境。此外，亚太东南亚地区正在形成世界上十分广阔的市场；（2）以技术开发和转移来说，全世界最尖端和创新的科技，多数由美、日两国占领先地位。它们也已从地中海、大西洋逐步转移到太平洋区域。整个亚太地区对外贸易扩大较多、占世界贸易总额的比重已由1980年的15.3%增至1983年17.7%。据估计，亚太东南亚主要出口产品占世界出口市场的比重，其中电视机为40%、半导体20%、服装20%、船舶的出口已占世界市场约近35%。此外，袖珍计算机、手表、立体声这些高级产品和钢铁、石油等重化工业作为新的出口产品亦正在崭露头角。

海外华人资本的国际化，主要表现为：发展目标国际化；投资活动国际化；产品生产国际化；销售市场国际化。亚太东南亚华人企业家及集团公司，随着各国实行对外开放政策和国际分工的深化。其中不少有胆识的华人工商业家，他们以居住国为依托，争取在参与国际分工和国际交换中谋求发展的新机会。再以泰国谢国民家族为例，50年代在泰京创办谢氏集团，到80年代已完成其投资国际化的任务。当今该华人企业集团在东南亚、中国、美国、欧澳等地拥有90多个公司，跻身世界500家大企业之行列。此外，还有许多华人厂商将投资分散到居住地以外的地方，开拓新的产品生产和销售基地，从而开发研制新产品和建立广泛的国际销售网络。目前海外华人资本国际化进程正在加速发展。在保持亚太地区社会经济稳定和繁荣方面，它们将日益起着举足轻重的作用。

第六，华人资本现代化。所谓海外华人经济（含资本）现代化，主要包括：产业结构现代化和经营观念、方式现代化两个方面。上有所述，在战前，华人经营的农矿业和零售商业，绝大多数为规模较小的中小业主，更多的华人则是小商小贩，而大商行大都被殖民地宗主国的洋人商贾所控制。但是，战后以来，华人经营的产业行业已逐渐扩展到第一、二、三产业的各个部门，华人资本以投向第二、三产业为主。其中以发展加工制造业、金融业、房地产最为突出。绝大多数亚太东南亚各国及港澳台地区，现代著名工商业家均从50—70年代逐步崛起的。例如，泰国金融界的“双子星座”陈弼臣、陈有汉父子，“亚洲糖王”郭鹤年，印尼首富林绍良，美国华人“钢铁大王”谭仲英，香港“地产人王”李嘉诚，“世界船王”包玉刚，“领带大王”曾宪梓，“珠宝大王”郑裕彤，“电影皇帝”邵逸夫，“香港大亨”霍英东，台湾“台塑首脑”王永庆，“水泥大王”李振甫，“海产大王”蔡继有，“餐具大王”庄重文，“保险大王”蔡万霖，“汽车大王”吴舜文，“玉石大王”李昌德，等等就颇具代表性。如今，亚太华人资本日益转向新兴产业部门，表明20世纪80—90年代海外华人经济正在方兴未艾，特别是华人产业结构正在摆脱传统产业的束缚，迈向现代化企业的道路。究其原因，海外华人经济现代化，与亚太各国相继推行对外开放政策，加速经济现代化发展规划密切相关；还同华人社会人口素质的提高、受现代教育人数的增多，特别是第三、四代华人接受欧美现代企管教育的人才脱颖而出，并正在成为第一、二代老华侨、华人所创立企业公司的接班人不无关系。可以说，西方现代企管观念的导入，正是年青华人企业家拼搏开拓的结果。这是华人工商业的家族经营模式处在由量到质的变化时期，亦业已显示东方血缘群体意识和西方现代管理观念交汇嫁接的新趋势。其潜在的优势是颇大的。

由此可见，亚太地区华人经济活动的变迁及其资本六大特点表现，无论在实践上和理论上均有丰富的内涵及现实意义。一大批世界华商儒商自60年代以后，先后跻身国际经贸舞台，在更为广阔的空间拓展事业，并初步出现“以香港为核心，亚太为基地，向全球拓展”的发展趋势[22]。这是半个世纪以来国际关系和亚太地区以及东南亚经济政治势态发展变化的必然性。它亦表明海外华人经济力量和资本结构在本质上已出现重大的变化，应当看到它将随着这一历史性变化而赋予其崭新的内容，标志着亚太儒商华资形态正在迈向一个新的阶段，并在以富有生机与活力的新姿，登上当代亚太区国际经济市场舞台，将扮演一个极为重要的时代角色。

亚太地区华人投资流向

本世纪近50年来，国际形势（含亚太地

区社会经济）发生了很大的变化。80年代是世界商品市场十分活跃的10年，又是战后世界经济和贸易增长缓慢的10年；而进入90年代世界经贸发展，将是处于继续低速增长的时期。众所周知，世界经济只有在太平盛世方能高速增长，要在世界经济环境中保持安全与稳定则意味着在经济上的竞争性。美、日为建立以自我为中心的势力范围[24]，各种新的挑战与机遇接踵而来。然而，在这个全球性经济低潮中，位于太平洋西部的亚太东南亚地区经济却持续高速发展，除了亚洲“四小龙”（新加坡、韩国、香港、台湾）之外，在这个区域中的华人经济体系更是异军突起，华人企业集团不断发展，资本积累日益壮大，并顺应客观需求，不断向外流动。因此，环顾海外华侨华人社会发生了深刻的变化，二次大战以来，绝大多数华侨华人经过曲折、复杂的历史变迁；同时，研究各种重要因素及历史上对不同区域各种类型的华人经济（含资金、资本及其投资走向），以预见全球各地华人社会经济运行的变化及其发展趋势，这是值得注意的崭新课题。

首先，海外华人资本逐步趋于落地生根，开始与当地资本融为一体，以便谋求生存与蓬勃发展，适应客观实际之需要。这是一种发展的总趋向。昔日，华侨社会原是依赖血缘、地缘等“共同因素”以“帮会”为中心而形成的寓居海外的侨民社区。今天，华侨大多数已取得居住地国籍、与当地原住居民进行融合、和睦相处，共同开发、发展当地社区经济。海外华侨华人资本作为定居国“民族资本的先驱者”，协力为定居国社会经济发展做出贡献，乃是功不可抹的。由于华侨华人数代生于斯，长于斯，自50年代中叶起，亚太东南亚各国的80%—90%华侨先后加入当地国籍，成为居住国的合法公民，他们的资本已由外侨资本转化为居住国国内资本的组成部分，并与当地人民建立了水乳交融的关系。而大多数华人、华裔所效忠的是所定居生活的国度，而不再是祖籍国了。观念上，亦已从“客居”转变为“主居”身份。这个历史性的变化，促使海外华人资本逐步与当地民族资本融为一体，随着东南亚经济的发展，工业化进展的加快，以及吸引西方投资政策的实施，海外华人抓住时机以利于彼邦国计民生和社会经济持续发展。

其次，华人资本出现，从所在地向外流动的走向。这也是一个值得反馈的趋势。战后近50年，虽然华侨华人中小资本已扎根于所在国，华人华侨大资本与当地政要官方建立日趋密切的关系。展望本世纪最后10年的发展，东、西方国际关系趋向缓和的形势，许多国家把注意力转向增强本国的综合国力上。新一代高科技日趋实用化、产业化和商品化，将对世界经济发展和市场扩大产生强烈影响，信息产业的发展亦将推动世界经济国际化和一体化；各国产业结构的调整将继续深化，并成为促进90年代世界经济增长的主动力之一。与此同时，有利因素与制约因素并存，80年代遗留下来的世界经济严重失衡，美国财政赤字庞巨，南北差距扩大，贸易保护主义抬头，加剧国际经贸摩擦，世界范围资金短缺、利率居高难下，国际金融市场动荡，致使世界经贸发展带来负面影响。就总体来看，世界经贸发展将快于80年代，其中后半期又将好于前半期，进入90年代世界贸易量的增幅仍将大于世界经济的增长速度。同时，作为“资本的目的不是需要的满足，而是利润的生产”。海外华人资本一旦作为当地民族资本的重要成分，必须力求企业经营的现代化，并向工业资本转化，竭力发展成为能够经得起国际市场竞争的现代大企业。鉴于当今世界经济是各国经济相互依赖和渗透加深，由于相互联系和相互依存而构成世界范围的经济整体。故此，亚太地区华人资本由所居国的向外流向，依然保持一定势头。从目前亚太地区华资外流的情况来看，大致有如下几个流向。

1. 在70—80年代，它们（华资）流向发达国家，如美国、加拿大。这是海外华资及港澳台资的流向走势。到1983年底为止的3年中，大约有18亿美元的资本流到加拿大。因为近年来北美地区政局相对稳定、华人社区繁荣，加上对外来资本采取开放政策，从亚太地区出现向北美地区的华人（即以资本为投资）新移民；又有东南亚前往美、加留学的华人子弟逐年增多。其中许多人学成后便留在西方国家从事工商企业或科技研究。此外，70年代中叶，印支局势动乱，“难民潮”席卷全球（波及美、加、欧、澳等地区）。其中亦有印支华人资金流向美加等地，流向美、欧、加的难民也大批量。由此，亚太华人（含华侨、华裔）通过多种渠道将其华人家庭（连同资金）移往北美地区。可见，今后北美将成为海外华人资金的又一个主要聚集点。

2. 近年来，也出现部分海外华资流往香港和台湾等地区。尤其日本、美国等外资宛如“过江龙”涌入香港这个国际大都会，其竞争是十分剧烈的。香港与中国大陆有其得天独厚的天然关系，又有先进的交通运输、现代的会议展览、便捷的通讯资讯等良好服务设施，香港又是闻名于世的国际金融、信息、商贸之中心，又是世界最大的转口贸易港。可以说，它是亚太地区东南亚集团和西方大财团进军大陆的最佳跳板。同时，恰好适应亚太东盟各国华人企业家发展经济，特别是开拓国际市场的客观需求，这是东南亚华人投资的首选之地。国外资料显示，至1983年南洋资金在港注册公司以新加坡最多，计有103家。东盟各国多者为25家，少者只有5家。它们在港设厂33个、投资5.9亿港元，约为外资工厂总投资的5.3%左右。在香港融资的东南亚银行有154家，被称为“南洋帮”，颇具经济实力。随着东南亚华资大量流入香港，进一步开拓中国市场已形成蓄箭待发之势。这将有利于在“互惠互利，共同发展”下，既有利于侨商、港商、外商，又有利于推动中国深化改革开放和加速现代化建设。还应看到，近年来，在香港的中国人所持资本中，有些资本又流往海外，甚至有些企业家本人亦携着移民海外异邦。然而，其中还有部分资本又作为外资重新回流到香港。而香港大部分资本则仍留在香港与中国大陆共同合作，发展经济、繁荣市场，维护香港、大陆及亚太地区社会经济的发展合作与稳定繁荣。此外，近年来，台湾外汇资金雄厚，还在筹建自由贸易区，企图以此取代香港，吸引侨资、港资、外资对台湾的投资办厂。因此，由香港、东南亚及北美流入的一些华资、港资，先后在台湾各地（包括出口加工区）进行投资，对推动台湾经济发展，确实发挥了一定的重要作用。

3. 还有少量华资流向澳洲等地。70年代中期，“白澳政策”被打入历史档案，海外各地华人（包括香港、东南亚及印支华裔难民）才重新得以移民其地，在彼邦大显身手、开拓经贸。据估计，在1983年，大约有15亿美元的资本（含华资、港资）流到澳大利亚。虽然澳洲移民条例甚为苛刻，可是尤以香港去的华裔移民为多，也有东南亚、香港及印支华裔华人资金流向那里，繁荣当地社会经济。

4. 80年代末到90年代初，开始出现海外华人资金和西方财团资本流向中国大陆的新趋势。特别要看到，目前中国大陆正在成为全球各大洲企业家捷足先登的最热投资市场黄金时期，海外侨资华资及港澳台资流向中国大陆的势头，有增无减，其投资前景是可喜的。在海外华资流向香港、中国大陆的投资热潮中，先是东南亚华人资本向香港流动，即从小额投资到大额投资、以短线投资到长线投资、从埋名隐姓到公开上市这样一个发展过程；在香港投资初期，主要集中在金融业和地产业方面，而近年来它们在经贸活动亦日益加强，呈现三大趋势。80年代末，东南亚华资加速流入香港。据估计，目前香港的东南亚华资银行的资产总额不低于 600 亿港元。随之而来，便是华裔大商家、大财团（例如香港长实集团李嘉诚、菲律宾郑周敏、马来西亚郭鹤年等财团）纷纷涌入，投资规模有迅速扩大之势。中外资料显示，1992 年这些儒商华商大富豪在大陆签订的 19 项意向书、协议书和合同书、投资额在 100 万美元以上的有 17 项，1 亿美元以上的有 11 项。加上，中国奉行对外开放，和平友好与周边睦邻的基本国策，东南亚各国（包括新加坡、泰国、印尼等国家）近年来对来华投资的公司财团，采取鼓励或默许友好态度。例如，在华人居多的新加坡其政府领导人，多次在公开场合表示鼓励其公民来华投资。1993 年 5 月份，新加坡政府以王鼎昌副总理（现任总统）为首，带领各级政府官员一行前来中国大陆考察，并拟投巨资在苏州市兴建工业园。又如，1992 年底，印尼总统苏哈托表示，不反对印尼商人来华投资，印尼商人、华裔均为欣喜，有待择机前来考察，促进印中两国友好关系与经贸合作。由于中国 15 年改革开放取得举世瞩目的成就，社会安定、市场繁荣，特别是中国大陆拥有廉价的资源及庞大的市场，对于需要向外发展的东南亚华人资本（包括全球各国企业家、工商家、金融家），均具有极大吸引力。究其动因：(1) 中国大陆 15 年来改革开放成绩喜人，已初步形成经济特区、沿海开放城市、沿海开放地区和内地（即沿海、沿江、沿边）的全方位开放格局，大力改善硬环境和软环境，并给外商投资者提供更多的有利机会。(2) 东南亚华人资本大量流向中国大陆，有助于使其在本国已饱和、受限制的产业（指劳动密集型产业），通过向外转移而使资金、技术、设备充分利用。同时，促进其本国产业结构的调整以及它们对外经贸活动的开展。(3) 身居神州大地的中国人与海外华人有着同种、同文、同语的天然文化联系，便利他们在“互惠互利、友好合作”原则下，在市场上有着良好的互补性。确实有着诸多方便之利。

可以预计，在亚太地区华人资本向外流动的历史过程中，尤其是东南亚华人企业集团及港澳台财团的友好合作，将会带动侨、港、澳、台及海外资本，几股资本汇合在一起，从而兴起寻找中国市场之投资热潮。这是本世纪末和下个世纪初势在必行的趋向。因此，随着香港保持稳定繁荣，中国社会经济的安定协调和蓬勃发展，亚太地区为重心的海外华人投资将不断升级，中国、东南亚和亚太市场的发展途程，将是广阔而坚挺的。

90 年代经济东移及其对策举措

综上所见，亚太地区华人资本流向，既趋向扎根当地，又存在外流势头，是难以遏止的。这种新的趋势，有利于当地社会经济的发展繁荣，也有利于亚太世界经济的稳定繁荣，还有利于他们自身生存和更好发展。这是毋容置疑的。由于当前国际局势正在经历一个重新改组的过程，世界多极化趋势加速发展，经济发展问题在国际关系中愈来愈重要。亚太地区经济的快速发展，而中国经济的高速增长更为世人所注意[24]。同时，由于亚太地区及东南亚社会经济（包括华人资金、资本、技术、人才）结构发生的变化及发展趋向，可以预见世界经济中心东移。国外专家认为：“二十年来，亚太区的经济成就，致使一般人认为，下一个世纪，将是亚太区的世纪”。环太平洋区域特别是亚太东南亚经济正在蓬勃兴起。有人估计，当今海外华人华侨人口的 95%，他们的资金的 80%，劳动力和技术力量的 90%，均分布在太平洋区域，并主要集中在东南亚地区。因此，东南亚及亚太地区的经济繁荣是与华人、华侨的卓越贡献分不开的。而中国与亚太地区许多国家同属发展中国家，谋求增强自身的国力，共同面临建设国家和振兴经济的历史任务。中国坚持15年的改革开放和推建市场经济新体制并深受全球欢迎，将给世界各国（包括亚太华人华裔在内）地区提供一个广泛的投资场所。当代世界经济信息预示，一个有助于海外华侨华人生存发展的太平洋地区兴旺繁荣的历史时期即将来临。因此，与此相应，可以采取如下一些举措与对策。

首先，应当注视和关心太平洋地区（包括亚太及东南亚华人）经济发展变化，并相应采取友好合作和平等互利的有效举措。因为环太平洋区域有近50个国家和地区，中国也是亚太区一个重要的发展中国家，致力于维护国际环境和平和谋求周边睦邻友好关系。保持与东南亚、东北亚、印支三国以及日、美、加、澳、新等国家的友好平等和经济合作，支持发展中国家的合理要求，加强本区域的南南合作，迎接多极化与集团化的挑战，并努力把亚太经济合作引向有利于发展中国家的民族经济繁荣，有利于我国四化建设、振兴中华、有利于扩大中国与亚太区(包括东南亚在内)周边国家之间的经济文化合作和人民友好往来。

其次，要认真介绍和坚持中国对外开放基本国策，深化改革开放和加速建设步伐，推进建立有中国特色社会主义市场经济新体制；在15年改革开放取得喜人成绩基础上，进一步抓好硬环境和软环境的改善工作。应当看到，全球五大洲国家之间的经济合作和文化交流是繁荣国际市场和促进世界文明的正常现象。90年代中国社会经济的健康快速发展，为海外华裔及其伙伴、产品和服务提供了庞大的发展机会，海外华人商业网络是潜在深厚的中国市场与世界其他地区之间的重要桥梁[25]。尤其，华南广东和华东上海为海外华资、商贾投资办厂，提供扮演出色角色的经济舞台。严格按照国际惯例办事，确实完善投资经济法规和工作生活环境优待，认真做好引进海外华资、华智工作，真正体现“利国、利侨、利民、利友邦”的宗旨。

其三，应当反馈国际市场信息及做好亚太经济预测工作，正确看待新技术革命与亚太地区经济新发展情态，正确评估亚太地区华人资金、人才资源及其投资流向，是一个急待开发的新领域。纵观近代华侨和现代华人在中国大陆及其他地区投资的情况，80年代他们（1）投资地区较前广泛；（2）资金主要来自港澳地区；（3）东南亚华人在大陆投资尚少；(4)投资结构以宾馆服务业为主。到90年代上半期，海外华资、外商投资数额将会继续增长，台资、外资亦会增多，投资企业结构将会发生较大的变化。可以预计，在80年代海外华人对大陆投资，主要以香港、澳门华人资本为主，再次为泰国、新加坡。进入90年代至21世纪，除日本外，香港、澳门、泰国、新加坡、马来西亚、韩国、印尼和台湾的对外投资，将会随着中国政通人和、经济发展、对外开放、市场繁荣和投资环境、投资法规的完善以及侨务等各部门“护侨、便民”工作的深化，中国与世界各国睦邻友好关系的加强，包括中东、海湾及拉美等地之来华投资（包括数量及规模）与日俱增，亚太华人投资将呈上升态势。相信，它将给中国、亚太和世界各地的社区人群带来健康、增加财富和生活快乐。既有利于繁荣亚太友邦，又有利于中外友好合作，有助于振兴中华和世界和平。因此，做好这方面市场动态与经贸信息的预测工作，是十分重要的。

其四，确实做好粤港澳台侨的结构性发展与合作，其潜力是很大的。作为中国开放改革率先的省份之一，中国大陆和广东经济飞速发展，成为推动与四地经贸合作、科技交流及人才交流的重要因素，均起到互补互利的经济合作关系。仅1979—1989年，香港与大陆的贸易额，由170.5亿增加到3434.4亿港元；改革开放以来，广东经济呈现高速发展局面，1978—1992年，全省年均经济增长率为12.3%。伴随着经济持续快速的发展，广东的科技、教育、卫生、体育事业亦有巨大进步，出现一派政通人和、市场兴旺的景象。在此期间，广东共吸收外资约200亿美元，其中外商直接投资为3/5。其中，85%左右来自港澳及东南亚华人工商界人士。从而，广东出口贸易连续7年居全国之首位。同时，作为有广东珠江三角洲龙头之称广州市，争取15年左右实现现代化国际大都市规划；在“一国两制”方针前提下，香港既是当代中、西方文化交汇、世界经贸、金融、信息中心，又是与内地合作关系逐步走向全面性之协作时期，本着寻求“共同利益，优势互补，形成合力，走向世界”之原则，在90年代和下个世纪初，推进粤港澳台侨结构性（即多元化、多层次、多渠道）的经济合作和科技交流，无论对中国与亚太地区经济发展繁荣，其作用和意义是极为重大的。

其五，应当建立并健全引进海外资金、智力的权威机构，即具有权威、效率、精干、礼仪的领导机构。除了整个社会都要来关心外，各主管部门要彼此尊重团结，协力合作，加强领导和统一管理，既要发挥外贸、外贸包括海关、银行的重要作用，又要确实发挥侨务部门的积极作用；真正使外经外贸和侨务部门（包括外事、科委等）“三位一体”，形成一个核心。既要会按照市场经济和国际惯例办事，又要简化办事手续和提高办事效率以及发挥宏观调控作用。90年代是中国实施“由温饱走向小康”战略目标和亚太地区经济走向高速发展、市场繁荣的重要时期。中国实行改革开放以来，遍布世界五大洲的炎黄子孙、海外华侨华人（特别是亚太华人及港澳台三胞），在促进中外经贸合作、文化交流和友好关系方面，均起着不可低估的可贵作用。今后中国广东包括作为华南中心城市和珠江三角洲“龙头”的广州以及三个经济特区和海南省份，侨港澳台资本继续投入的趋势也不会减弱㉖。因为广东的对外开放是全方位而不会逆转的，并有着潜巨大的投资机会。无论是对亚太东南亚，还是世界各地华人商贾，将是大有可为的黄金时机。

综上所述，展望21世纪，一个以改革开放著称的中国及东南亚为潜动力的太平洋新兴时代，乃是指日可望的。而繁荣、文明、开放的富有生机的亚太地区将位居世界前列，并争取对人类和平与经济发展的宏大工程做出卓越的建树。

注释：

①　西安外院八所高校主编：《世界政治经济地理》，1988年，第36页。

②　《联合早报》，新加坡，1993年9月16日。

③　爱德华·希思：《实力向太平洋转移》，英国《观察报》1986年9月21日。

④　《对外调研》1984年第4期。

⑤⑦　《东南亚华侨经济简论》1987年中译本，第141页。

⑥　《华侨经济论》，日本昭和14年版，第101页。

⑧　《东南亚华人经济》，1989年，福建版，第26页。

⑨　《亚洲和远东经济概览》、《侨务工作研究论文集（二）》（1992年4月）。

⑩　《东南亚年鉴》，新加坡，1978年。

⑪　《日本（产业新闻）》，1978年。《选择》月刊，日本，1983年10月。

⑫　《华声报》1985年7月30日。

⑬　《美国华人经济现况与展望》1991年11月台湾版，第434—437页。

⑭　《美国侨情手册》1991年11月，第49页。

⑮⑯　《华侨华人大观》，1993年10月，第242、243、296页。

⑰　《视界》月刊，墨西哥，1993年4月号。

⑱　《选择》月刊，日本，1983年10号。

⑱　《南洋商报》，（马）1986年1月3日。

⑲　《海外华人十大富豪传奇》，1993年6月，安徽版；《香港十大富豪传奇》1993年6月，安徽版。

⑳　《华侨与华人》，1993年第2期。

㉑　《华侨华人历史研究》1992年第4期。

㉒　《暨南学报》1993年第3期。

㉓　《文汇报》，香港，1993年11月23日；《紫荆》，香港，1993年3月号。

㉔　《文汇报》，香港，1993年11月26日。

㉕　《东南亚研究》1994年第1期；《香港经济展望》，香港，1994年1月28日。

（引自《暨南大学学报》（社科版）1995年第1期）

亚太时代海外华人的经济发展

［日］游仲勋

我们不应把当代海外华人问题仅仅看成是海外华人自身的问题，而应把它看成包含中国大陆、台湾、香港、澳门以及东南亚和世界各地华人在内的更广义的中国人问题。这样我们才能了解海外华人发生的巨大变化。

近年来的巨大变化

（一）从华侨社会到华裔社会

二次世界大战后，海外华人问题一个非常重要的转折点是1949年新中国的成立。从此以后，中国与华侨居住国之间的关系切断了，从中国到这些国家的新移民也终止了。

究其原因，中国移民的中断，从根本上讲，是由于中国的社会主义化。另一方面，华侨居住国特别是东南亚国家的政府，害怕中国政府利用华侨充当“第五纵队”“输出革命”，因而禁止来自中国的新移民。

结果，第一代中国移民减少了。第一代中国移民中文称“华侨”，他们生于中国，能讲汉语(包括方言)，拥有或曾拥有中国国籍。另一方面，移民的第二、第三或第……代的中国人增加了，第二、第三……代中国人中文叫“华人”。这些华人出生于居住国，能讲当地语言（有些也能讲汉语和方言），拥有当地国籍（有的有双重国籍，有的无国籍）。

从此，由背井离乡出洋谋生并梦想尽快荣归故里的人构成的华侨社会便逐步转变为日益扎根于居住国的华人（华裔）社会。

换而言之，他们的社会的地方化或本土化加强了。结果，他们的主要经济活动也从原先的商业贸易活动向现在的生产性活动转变。即使他们过去从事农业，这种农业也是面向市场需要的，而不是自给自足的农业或自然经济。如今，他们的经济活动已更多地朝向生产性行业，特别是制造业发展。

因此，“华侨”这一词语已渐渐地少用以至于不用，而经常以“华人”这一词语代之。有时“海外华人”一词可用来指华侨及其后裔。

本文“华侨”一词主要指拥有中国国籍，能讲汉语（包含方言）的第一代移民。“华人”（“华裔”）主要指第二、第三……代移民，他们拥有当地国籍（有些人拥有中国和居住国的双重国籍，有些人无国籍），主要讲当地语言。我使用的定义暂定如下：

Chinese(中国人)：指除外国人以外的生长在中国大陆、台湾、香港及澳门的人。中文称中国人、中国民族或中华民族。

Overseas Chinese or Chinese Abroad(华侨)：主要指出生于中国大陆、台湾、香港和澳门，拥有或曾拥有中国国籍，能讲汉语（包括方言）的第一代中国移民。中文称为华侨。

Overseas Chinese Descendents(华人、华裔)：主要指出生于居住国，拥有当地国籍(有的拥有中国和居住国双重国籍，有的无国籍)的第二、第三……代中国移民，中文称为华人。后一代华人中文有时也称华裔。

Overseas Ethnic Chinese（海外华人）：指华侨和他们的后裔，中文有时称“华族”。

Ethnic Chinese（［广义］中国人)：中国大陆、台湾、香港和澳门的中国人和海外华人的统称。他们有时也被称为华族或华人。在广义上，他们是中国民族或中华民族。

中国人人口见表1。

（二）华人的五种外向流动和两种内向流动

诚如上述，1949年新中国成立之后，中国与海外华人居住国之间的关系被切断，来自中国的新移民也被中止了。当然，即使在那以后，中国也还有其他一些移民活动，例如从香港去英国，从台湾去美国，从印度尼西亚去荷兰，等等，但这在当时并不引人注目。

表1 全世界中国人的人口统计

分类	人口
1. 华侨（有中国国籍者）	约200万
华人（有当地国籍者）	约2400万
合计（海外华人）	约2600万
2. 台湾中国人*	20204880
香港、澳门的中国人	6130000
合计	26334880
累计(1+2)（中国大陆外的中国人总和）	约52334880
3. 在中国的侨眷	26454750
在中国的归桥	906789
合计	27361539
累计(1+2+3)	约79696419
4. 含第3项在内的中国大陆中国人人口	1133682501
总计(1+2+4)	1186017381

注：*包含福建省内的马祖、金门岛人口。

资料来源：全部数据来自中国政府公布的数字，第2项和第4项是中国国家统计局于1990年6月1日零时统计，于1990年10月30日公布的数字。第3项参看杨万秀主编《海外华侨华人概论》（广东人民出版社，1989年出版）。

但是，从70年代末期，特别是80年代初以来，形势完全变了，中国人的国际移民活动开始活跃起来。

这主要是由于中国人之中出现了下述的五种外向流动和两种内向流动。

1. 五种外向流动：

(1)越南和印度支那的华人难民的外流。

(2) 由于1997年香港将回归中国大陆，人员和资金从香港外流。

(3) 由于台湾经济迅速发展，积累巨额外汇并最终成为世界上外汇储备最多的地区，造成人员和资金的流出。

(4) 世界各地特别是东南亚华人及其资金的外流。

(5)自从1979年开始实行经济改革和开放政策以来中国大陆人员的流出。

2. 两种内向流动：

(1) 资金和人员，特别是前者从香港流入中国大陆（主要是广东省）。

(2) 资金和人员，特别是前者由台湾流入中国大陆（主要是福建省）。

（三）从第一次外向流动到第二次外向流动。

上面提到的五种外向流动中除（5），即自中国大陆外流的以外，其余四种所指的外流都是第二次的，即第一次从中国大陆移民，然后再次移民到其它地方。

从中国大陆第一次移民之后，越南（或印度支那）、香港（及澳门）、台湾、以及世界各地特别是东南亚的中国人开始从第一个旅居地作第二次移民。

有些中国人已经历了第三次、第四……次移民。例如，父辈从中国大陆移民到东南亚，儿辈又从东南亚移民到美国。后者即可认为是第二次移民。

目前，最重要的特点是，第二次移民已成为中国人移民的主要趋势。

（四）首次向中国大陆的回流

同时也存在着向中国大陆的回流，尤以第一次从香港、台湾流回中国大陆最为显著。回流的资金和人员，特别是资金，使中国大陆的广东、福建两省的经济得到很大的发展，由此而形成了华南经济圈。

然而，除了上述两种向中国大陆的回流外，其它回流主要是返回诸如越南，香港、台湾以及世界各地（特别是东南亚）他们向外移民前的居住地。

（五）人员流动的变化和资金流动的开始

另一个重要特点是，不仅和从前一样穷人向外移民，所有阶层的人包括富人、专业技术人员、知识分子、学生、歹徒、难民等也都向外流动。因此，不仅人员而且资金或财产也随之流出。

（六）全球化

在过去，中国人移民的目的地主要是邻近的东南亚国家。结果，海外华人都集中在东南亚。或者说，过去除了东南亚的华人以外在美国的华人也是比较多的。

如今，尽管东南亚仍然是海外华人的聚集中心，但它所占的比重在逐渐减少。海外华人正向世界各地扩散。他们扩散到包含美国、加拿大和澳大利亚的整个亚太地区。在北美洲，他们不仅仅扩散到西部地区（亚太地区），而且扩散到如纽约和多伦多等东部地区（大西洋地区）。

此外，他们还扩散到东大西洋地区，如伦敦、巴黎、阿姆斯特丹等，及至拉丁美洲。这是华人流动的全球化。换而言之，这意味着华人社会的国际化。

因此，用于华人的主要词汇已由过去的（1）中国人，（2）移民，和（3）东南亚。转变为现在的（1）华族，（2）本土化和国际化，（3）整个亚太地区乃至全世界。

新中国经济圈和新华人经济网络

（一）新中国经济圈或新华人经济圈（NCEZ）

从历史观点看，中国大陆、台湾、香港和澳门原是一个统一体。他们都是中国的领土。

今日，由于这些地区发生的变化，他们之间的经济联系变得越来越密切。关于与中国大陆在政治上统一的问题，就香港和澳门而言，已确定在21世纪迈开与大陆统一的第一步。（香港和澳门将分别于1997年7月1日和1999年12月20日归还中国。—译注）然而，台湾的情况还不太明朗。

在经济方面，结合成一体化的形势正在逐步加强。我们可以称这种经济关系或网络为“新中国经济圈”或“新华人经济圈”。

就中国大陆、台湾、香港和澳门来说，我们不能否认有朝一日由大陆、台湾、香港和澳门的有关民间人士或政治当局签署正式协议组成这个“圈”的可能性。

然而，在当前，即使这个“圈”是非正式的。事实上的“圈”却在这些地区间形成起来，这就是现在新的中国经济圈。

“新”意味着其过去的旧。在1949年新中国成立之前的旧中国，也存在过这种“圈”，我们可称之为“旧中国经济圈”。（或“旧华人经济圈）

然而，不仅在旧中国时代，即使在新中国时代，除了中国大陆实行闭门政策以外，台湾、香港、澳门之间也存在着经济联系或网络，这当然不是一个正式的经济圈，但却是一个确确实实的经济圈。这是一个在新中国成立之前就延续下来的经济圈。

因为这个经济圈不包含中国大陆，或者说它与中国大陆的联系不怎么密切，所以每个地区（台湾、香港和澳门）的经济发展都不像今天这样成功，整个圈的联系不太密切，规模也不大。

自1979年中国大陆的政策变化之后，今日的中国大陆已成为这个圈的一个组成部分，而且每个地区的经济都在顺利发展。从那时起，它们相互间的联系是很密切的，规模也很大。在旧经济圈和新经济圈之间，香港始终扮演着一个关键的中间媒介的角色。

（二）新华人经济网络（NECEN）

除中国大陆、台湾、香港和澳门之间的经济联系或网络外，还存在中国大陆、台湾、香港、澳门与世界各地，特别是东南亚的海外华人之间的联系。我们可以称之为"新华人经济网络",上述的新中国经济圈是新华人经济网络的一部分。

与存在着"旧中国经济圈"的情况一样,在中国政策变化之前,也存在着"旧华人经济网络"。

然而,如今,中国大陆、台湾、香港、澳门以及世界海外华人各个组成部分的经济发展较之旧经济圈和旧经济网络时代更加引人注目了。他们之间的联系比以前密切得多,这种联系的规模也比以前大得多。因此,我们可以分别称其为新经济圈或新经济网络。

这个网络(包含旧的和新的)是基于中国人之间的关系形成的。这种基于同族(血缘关系)、同乡(通常使用同一方言)和同一行业建立起来的关系,叫做"三关系"。

他们常常在这种关系的基础上,形成非常强大的正式的或非正式的帮,有时还拥有自己的社团或事务所。

就以同乡(或同一方言)结帮而言,广东帮、福建帮、潮洲帮、客家帮和海南帮是最主要的五大帮。除了这五大帮之外,还有其它一些小帮。

即使是中国人,他们却不能听懂其它方言。结果,同一方言的人生活在一起,并从事同一行业,这样就导致了唐人街或亚唐人街的形成。

如今,尽管普通话(中国汉语)或当地语言以至于英语(在以前讲英语的殖民地,如新加坡、马来西亚和菲律宾)显得非常重要,但仍不能小看中国方言的作用。

在台湾,福建人和客家人人数很多,香港则广东人占多数。虽然有一些人在台湾或在香港的环境里加入了福建帮、客家帮或广东帮,但当移民到国外之后,大多数都各自组成新的台湾帮和香港帮。

结果,除了旧的方言帮之外,诸如台湾帮,香港帮和越南帮等新的帮也形成了。

因此,就新网络而论,中国人相互之间的关系已非常复杂。新的网络是由各形各色、各不同阶层的人组成的次网络构成的。

中国人的经济发展

(一)中国人的亚洲新兴工业化经济的巨大发展

亚洲新兴工业化国家(人称"四小龙"或"四小虎")的经济发展是十分引人注目的。四个亚洲新兴工业化国家或地区中,除韩国外,其它三个国家或地区即台湾、香港和新加坡的人口几乎或绝大多数是中国人。因而我们可称之为"中国人的亚洲新兴工业化国家"。

(二)海外华人的经济发展

东南亚的经济发展也是十分引人注目的。马来西亚和泰国的经济发展尤为突出。这六个国家或地区可称之为"亚洲经济动力源"(DAE)。苏哈托统治下的印尼政局稳定,经济也在加速发展。剩下的只有政局尚未稳定的菲律宾。

在这些东盟国家中,支持国家经济快速发展的主要力量也是海外华人。

表 2　亚洲十富

(估算财产,单位:1亿美元)

1. 陈弼臣	(泰国)	22
2. 林绍良	(印度尼西亚)	20
2. 李嘉诚	(香港)	20
4. 恩利克·索贝尔	(菲律宾)	15
4. 郭芳枫	(新加坡)	15
6. 李成伟	(新加坡)	14
7. 包玉刚	(香港)	10
7. 冯秉芬	(香港)	10
7. 郭鹤年	(马来西亚)	10
10. 丘德拔	(新加坡)	7

注:有些财产是属于整个家族的。

资料来源:《亚洲腾飞》,(日本《经济新闻》编,1985年出版)。

如表 2 所示,包括香港在内,东南亚地区最富有的人除恩利克·索贝尔是菲律宾人之外,其余 9 人都是中国人(包括海外华人)。如除去香港，7人中就有6人是海外华人：3人在新加坡，泰国、马来西亚和印度尼西亚各有1人。

这份表格有点过时，现在已有一些变化，例如，排名第一的陈弼臣已去世，他儿子陈有汉继承了他的财产。原来排第二位的林绍良现被认为是东南亚最有进取心的跨国商人，他现在已登上这个巨富王国的首位。除此之外，在排名、统计、成员等方面还可能有一些变化。

然而，有一个事实是不变的，即除某些王族之外，东南亚最富的人几乎全是海外华人。

(三）中国大陆的经济发展

自从1979年实行经济改革和开放政策以来，至少到1988年，中国的经济发展也是十分显著的。当然，由于1988年秋季以后国家经济紧缩以及西方发达国家的经济制裁，中国的经济形势一度不那么光明。

然而，中国经济已开始复苏，西方的经济制裁在渐渐解除；日本的经济援助也在恢复。与印尼的帮交恢复了，与新加坡的外交关系也正常化了。

在政治方面，有关中国未来的许多问题，包括邓小平之后的问题都不太清楚，这也使经济前景不见明朗。但是，如前所述，其发展沿海地区的经济战略持续不变，同香港、台湾、澳门以及海外华人的经济联系仍在加强。因此，沿海地区，特别是广东和福建两省的经济发展前景，看来不会有大问题。

当今世界都在关注着海湾战争之后的经济重建和前苏联的动荡。世界经济形势越来越不明朗。面对这种局势，中国想恢复良好的经济条件是不逢时的。不过，中国在70年代末开始实行经济改革和开放政策之日，也正是世界经济衰退之时，但从那以后，中国经济却取得了很大发展，尽管它从世界经济复苏中得到一臂之助。因此，谁也不能否认中国经济在不远的将来有大发展的可能性。

(四）华人对东南亚的投资

在东南亚，来自美国和日本的外国投资一直扮演着主要角色。然而，近几年，来自中国大陆、台湾、香港、澳门及海外华人的投资已占据或将占据东南亚外国投资的首位。中国人的投资连同各国海外华人的投资合到一起，已超过或正在超过美国和日本在每个东南亚国家的投资。

菲律宾就是一个很好的例子。1987年，美国投资所占的比重为21.6%，而中国人(包含台湾、香港和中国大陆）所占投资比重为27.00%。1988年美国投资所占的比重为33.8%，中国人的投资同样占33.8%。然而，如果我们把其它国家华人的投资计算在内的话，中国人投资所占的比重就较高了。事实上，美国的投资，其中就包含了美国华人的投资。

1989年，美国投资比重减少，日本投资比重增加了。然而，据统计中国人的投资占39.2%，远远高于日本。

马来西亚的情况也一样。日本投资的最高峰期是1989年，占31.3%。然而据统计，中国人投资占39.3%，这里的“中国人”指台湾、新加坡和香港的中国人、华人和华裔。如果我们加上其它国家的海外华人投资，所占的比例就更高了。1990年上半年，台湾的投资已超过日本，而成为该国最大的外国投资者。

因此，我们可以说中国人投资已居东南亚外国投资的首位，或者说正在成为东南亚地区最大的外国投资者。尤其是在投资项目的数量上，而非投资的数额上，中国人投资已排行第一。

目前来自中国大陆的投资可能会减少。但是，来自台湾、香港、新加坡及世界各地华人的投资却增长得很快。将来，来自中国大陆的投资必定会再次增长。

(引自《南洋资料译丛》1993年第1期)

东南亚华人企业集团发展的特点

厦门大学　王　勤

近年来，伴随着海外华人经济的崛起，东南亚华人企业集团迅速兴起。这些颇具规模的华人企业集团，已拥有相当的经济实力，并逐步向海外扩展，在本国乃至区域经济发展中发挥了积极作用。

目前，东南亚国家知名的华人企业集团主要有：印尼的三林集团、金光集团、巴里多太平洋集团、盐仓集团、针集团、力宝集团、大马集团等；马来西亚的郭氏兄弟集团、云顶集团、丰隆（马）集团、东方实业集团、甘文丁机构、刘蝶集团、吉隆坡甲洞集团、马联工业集团、成功集团、马婆集团、金狮集团等；菲律宾的亚洲世界集团、陈永栽企业集团、吴奕辉企业集团、杨应琳企业集团、首都银行集团、SM 集团等；新加坡的远东机构、良木园集团、大华银行集团、丰隆集团、华侨银行集团、达利银行集团、华联银行集团、诗家董集团、林增控股集团等；泰国的盘谷银行集团、卜蜂集团、泰华农民银行集团、大城银行集团、伟成发集团、玲英豪集团、泰兴集团、协成昌集团等。

尽管这些华人企业集团的形成过程和发展模式不尽相同，各自带有不同的国别色彩和产业差异，但就总体而言，它们是各国经济迅速发展的产物，并表现出一些共同的发展特点。

华人企业集团的经济实力迅速扩大

东南亚华人企业集团大多在 70 年代形成，而其经济实力的迅速扩大则是在 80 年代，尤其是 80 年代中期以后。这些华人企业集团经济实力的迅速扩展，主要表现为企业集团的资产额猛增，企业规模扩大，上市公司增多，所占市场份额提高。在各国华人企业集团中，以印尼、马来西亚和泰国的华人企业集团规模较大，而菲律宾和新加坡的华人企业集团规模相对较小。

印尼的华人企业集团发展十分迅速。最大的华人企业集团是三林集团，它也是东南亚最大的华人企业集团之一。该集团在国内外拥有 400 余家附属企业，其中在印尼的上市公司有 3 家，海外的上市公司有 6 家。1991 年，集团总营业额高达 90 亿美元。它们生产的面粉和水泥分别占国内产量的 95%和 44%，同时拥有国内最大的私营银行中亚银行；印尼第二大华人企业集团是金光集团，拥有附属公司 400 多家，其中在印尼和香港的上市公司有 5 家。1991 年，集团总营业额约 30 亿美元。它们生产的食油占国内产量的 50%，也是印尼最大的造纸商，并拥有国内第四大私营银行印尼国际银行；巴里多太平洋集团是近年迅速兴起的华人企业集团，它以经营木材为主，是目前世界最大的胶合板生产和出口商。该集团附属公司为 120 多家，1991 年集团总营业额达 15 亿美元。

在马来西亚，郭氏兄弟集团是当地最大的华人企业集团，其附属公司超过 200 家，分布在全球 18 个国家和地区。目前，在马来西亚国内拥有 4 家上市公司、海外也有数家上市公司。1991 年，该集团资产额为 26.8 亿马元（约 10 亿美元），营业额达 40.5 亿马元（约 15 亿美元）。它们所生产的食糖和面粉占国内产量的 80%和 45%[①]，属下的香格里拉酒店集团是亚太地区最大的酒店集团之一。马来西亚第二大华人企业集团是云顶集团，它以经营休闲娱乐业为主。拥有的附属公司近百家，其中在国内外上市公司有4家。丰隆（马）集团是马来西亚国内第三大华人企业集团，拥有附属公司200多家，其中上市公司在国内有8家，在海外有5家。该集团以经营金融和工业为主，是国内主要的金融集团之一和最大的建材生产及供应商。

泰国的华人企业集团已颇具规模。盘谷银行集团是东南亚最大的商业银行，1991年资产额达256.6亿美元，国内外分支机构有291家。卜蜂集团是泰国国内最大的农工贸综合企业集团，拥有附属公司达200多家，其中在国内上市公司5家，海外上市公司多家。它们在国内养禽、饲料加工业有着相当高的市场占有率，也是亚洲最大的牲畜饲料供应商。泰华农民银行集团是泰国国内第二大银行集团，占本国15%的存贷款市场，拥有附属或关联企业多达200家。大城银行集团是国内第五大银行集团，1991年资产额为70.5亿美元，国内分支机构达246家。该集团还直接或间接拥有6家上市公司。

东南亚华人企业集团经济实力的迅速扩大，是以战后各国经济的飞速发展为背景。随着经济迅速发展和生产社会化程度提高，各国资本积累的规模急剧扩大，资本积聚或企业兼并的过程也明显加快，使之部分华人中小企业发展成为大型企业集团。尤其是80年代中期以后，各国政府普遍放宽经济管制，推行经济自由化政策，为华人企业集团的发展提供了有利的经营环境。

华人企业集团的经营结构日趋多元化

随着东南亚国家工业化进程的加快，各国的产业结构急剧变化，新兴制造业部门迅速发展，第三产业部门不断扩大。许多华人企业由单纯经营农业和商业转向农林牧资源加工、制造业和服务业，进而向多元化经营型企业集团发展。

从企业集团经济的资本形态和经营结构看，东南亚华人企业集团大致可分为产业型企业集团、金融型企业集团、服务型企业集团、混合型企业集团等。由于各国产业结构的差异，在印尼、马来西亚、菲律宾和泰国华人企业集团中，产业型企业集团发展较快，新加坡华人企业集团则以金融型和服务型企业集团居多，而在政府经济政策的制约下，马来西亚的华人金融集团规模较小。但从总体上看，各种类型华人企业集团的经营结构日趋多元化，并出现了混合型企业集团。

（一）产业型企业集团

东南亚华人产业型企业集团大致有两种类型，一是以农林牧资源加工为主、多元化发展的企业集团，如泰国的卜蜂集团、印尼的巴里多太平洋集团、马来西亚的吉隆坡甲洞集团等；二是以制造业为主、多元化发展的企业集团，如马来西亚的东方实业集团、金狮集团、陈唱集团、泰国的伟成发集团、泰兴集团等。

产业型企业集团的经营多元化，一方面是建立某种行业或产品的原料、生产、销售、服务的综合系统，另一方面是向其他产业部门或行业渗透扩展。泰国的卜蜂集团以农牧产品加工为主，其经营涉及农牧产品的生产和流通的各个环节，包括牲畜和水产品的养殖、饲料、加工以及销售，农业的种子、肥料、农药及产品分销等。同时，该集团还将业务扩展至汽车制造、石油化工、房地产和通讯业；印尼的巴里多太平洋集团以木材加工和胶合板生产为主，近几年开始投入巨资从事林业种植，建立造纸及纸浆厂，兴建烯烃石化工厂，合资创办安特展美达银行，进行房地产开发，开设酒店和航运公司等；马来西亚的东方实业集团以日本本田车的装配和经销为主，但同时从事房地产、酒店、种植、交通运输业等；泰国的伟成发集团是泰国最大私营钢铁企业集团，也经营电脑、办公室自动化设备、房地产、金融业等。

（二）金融型企业集团

目前，东南亚较大的华人银行金融集团主要有印尼的中亚银行、力宝银行、泛印银行、峇厘银行，马来西亚的大众银行、丰隆银行，菲律宾的首都银行、黎刹银行、联盟银行，新加坡的大华银行、华侨银行、华联银行，泰国的盘谷银行、泰华农民银行、大城银行、京都银行等。

在各国政府相继放宽金融管制和改革金融体制的条件下，东南亚国家的金融业迅速发展，银行金融业的竞争也愈益激烈，这就促使华人金融集团的经营业务趋向多元化，许多华人金融集团除经营商业银行业务外，还将业务范围扩至证券银行、投资管理、保险业务、证券经纪、黄金交易、租凭借贷、乃至工业、房地产、旅游、交通运输业等。目前，新加坡的大华银行和华侨银行集团的附属公司均多达 70 余家，业务涉及金融、房地产、工业、旅游、航运业等。印尼的力宝集团以经营银行金融为主，同时也经营房地产业、制造业、资讯业等。

（三）服务型企业集团

这类华人企业集团包括以房地产、旅游、百货零售业等经营为主、多元化发展的企业集团。其中，以房地产业为主、多元化发展的企业集团有泰国的曼谷置地集团、菲律宾的亚洲世界集团、新加坡的远东机构等；以休闲娱乐业为主、多元化发展的企业集团有马来西亚的云顶集团；以百货业为主、多元化发展的企业集团有泰国的中央集团、菲律宾的 SM 集团、新加坡的诗家董集团、美罗控股集团等。

（四）混合型企业集团

混合型企业集团是指那些经营的主导部门行业逐渐淡化，各业经营相对侧重和综合发展的大型企业集团。这类企业集团以马来西亚的郭氏兄弟集团较为典型。郭氏兄弟集团拥有规模庞大的经营部门和企业群体，涉及工业、种植业、酒店、贸易、房地产、航运、金融保险、广播电视等部门行业，资本遍及 18 个国家和地区，是东南亚最大的华人企业集团之一。

以家族经营为核心构成各自企业集团系统

尽管东南亚华人企业集团普遍采取现代资本主义股份公司的形式，但实际上仍保留家族经营的方式。在企业集团的组织结构和经营管理上，均带有较浓厚的亲缘和家族经营色彩。各个企业集团的核心领导层，无不由家族的成员或家族姻亲组成和控制。而企业集团主要子公司的决策管理层，也一般由家族成员担负，从而控制家族企业的所有权和经营权。印尼的三林集团以林绍良及其家族为领导核心，金光集团以黄奕聪及其家族为核心，盐仓集团以蔡道行及其家族为核心，大马集团以吴家熊及其家族为核心。马来西亚的郭氏兄弟集团以郭鹤年及其家族为决策核心，云顶集团以林梧桐及其家族为核心。菲律宾的亚洲世界集团由郑周敏及其 14 名子女控制家族业务。新加坡的大华银行集团以黄祖耀家族、华侨银行集团以李成伟家族、华联银行集团以连瀛洲家族为经营主体。泰国的陈弼臣家族企业集团由其子女承接，而黄子明家族企业集团的主要上市公司也由其子掌管。不过，近几年有些华人家族企业集团的所有权和经营权已有逐步分离的趋势。

东南亚的华人企业集团以家族核心企业为主体，这些核心母公司（或控股公司）控制主要的子公司，而这些子公司又控制属下企业，从而形成由母公司、主要子公司和附属及联号公司所组成的企业集团结构。在华人企业集团中，大致有几种组织结构形态，一是以银行为企业集团核心，通过贷款、持股、控股等方式，形成多层次和多角经营的企业系列。如泰国的盘谷银行集团、新加坡的大华银行集团、华侨银行集团等；二是银行与大企业为主导，它们相互融合构成企业集团核心，并将成员企业有机联系起来，如印尼的三林集团、马来西亚的丰隆集团等；三是以大企业为企业集团核心，将与其协作配套或相关联的企业形成企业群体，如泰国的卜蜂集团、马来西亚的东方实业集团等。

虽然东南亚华人企业集团带有较浓厚的家族色彩，但经营管理上仍借鉴和吸收西方先进的企业集团管理经验，并重用接受欧美教育的经营管理人才。目前，华人企业集团大致存在集权型、分权型和集权分权结合型这种企业管理模式。集权型企业集团的经营管理权多集中于企业集团核心企业，如菲律宾的陈永栽企业集团、新加坡的丰隆集团；分权型企业集团的经营管理权限分散在企业集团的中、下层，各附属公司有较大自主权，如泰国的卜蜂集团；集权分权结合型企业集团采取“集团—事业部—工厂”三级管理结构，如印尼的三林集团。[②]

华人企业集团与国家资本具有密切联系

在东南亚国家，许多华人企业集团与当地政府有着较为密切的关系。这些企业集团的形成与发展，大多得益于政府的政策扶持和便利，并与国家资本相互渗透和相互联合。

为促进国内经济发展，东南亚各国政府先后制定了一系列政策和措施，诸如关税保护、减免税收、信贷优惠以及投入国家资本加以扶持等。这些政策和措施具有明显的倾斜性，受惠最大的除外资外则是国内大企业集团，也包括华人企业集团。这些企业集团因其所具备的资本规模和竞争优势，加之与政府的关系，更易于取得政府的信贷优惠、经营许可证、专利垄断、承购包销等各种便利。印尼三林集团的早期经营发展，就得益于政府给予的面粉加工和销售的专营权和优惠贷款[③]。马来西亚的云顶集团从政府取得赌业专营权，并承包大量政府工程。泰国四大华人金融集团的早期发展，归因于50年代后期政府严格控制新银行开业而准许原有银行增设分行的银行管理法令。

华人企业集团与国家资本形成的相互渗透和相互联合的经济关系，主要是通过两者间相互的资本参股和人事参与来实现。在印尼，凡规模较大的华人企业集团大多拥有国家资本的股份。三林集团的主要企业印尼水泥公司中，政府占有30.38%股份。马来西亚在推行新经济政策时期，国家资本对华人企业集团的股权渗透不断扩大[④]。目前，郭氏兄弟集团、云顶集团、丰隆集团等企业都有国民投资公司、联邦土地发展局、武装部队基金局等政府企业的股份。泰国主要的华人金融集团尽管与国家资本在资本结合上政治色彩并不浓厚，但它们同政界却有密切的人事关系。在它们历任的决策管理层中，均有政界的实力人物和财经官员参与。

华人企业集团的跨国经营不断扩展

随着资本规模和经济实力的扩大，东南亚华人企业集团的跨国经营迅速发展。许多华人企业集团制定海外投资战略，调配各自经营资源，积极开拓海外市场。在亚太地区，东南亚华人企业集团已逐渐成为一股新兴的国际投资力量。

东南亚华人企业集团的海外投资活动，主要是以在国外收购当地企业、直接投资设厂以及经营合资项目等方式进行，并由此逐步建立起以香港为海外投资基地的跨国经营网络。印尼的三林集团在70年代末80年代初相继收购了香港、美国和荷兰等公司，组建以第一太平企业集团为核心的跨国企业集团。该企业集团以香港作为海外营业总部，以贸易、电讯、银行和房地产业经营为主，其企业遍布25个国家和地区。马来西亚的郭氏兄弟集团70年代开始将经营基地迁往香港，并逐步建立以香港嘉里集团为核心、遍及10多个国家和地区的跨国经营网。泰国在海外投资规模最大的跨国企业是卜蜂集团，它以香港卜蜂国际公司为海外旗舰，主要生产基地分布在泰国、中国、印尼、土耳其、葡萄牙、马来西亚等地。1992年该集团的国际业务超过10亿美元。新加坡的丰隆集团近年通过属下香港城市酒店国际公司在欧美、亚洲展开大规模的酒店的收购活动，使该公司的酒店增至30余家，遍布在8个国家和地区⑤。

与此同时，东南亚华人金融集团的跨国经营也与日俱增。许多华人金融集团积极设立海外分支机构，收购海外银行金融机构。印尼的力宝集团在1984年收购香港华人银行，并成立多家金融机构，还在美国设立了加州力宝银行。马来西亚的丰隆集团通过属下国浩集团收购香港道亨银行，后又兼并海外信托银行、恒隆银行，现已发展成为香港第五大银行银行集团。新加坡三大华人银行集团的跨国经营迅速增长，大华、华侨、华联银行集团的海外银行分支机构已分别达55家、42家和69家，海外附属企业分别为20家、23家和15家。泰国的盘谷银行集团的分行已遍布马来西亚、新加坡、印尼、香港、台湾、日本、中国、印支三国、欧洲和美洲。

近年来，东南亚华人企业集团的海外投资主要集中在亚太地区。它们凭借着长期形成的区域经营网络，在区域经济发展与合作中扮演积极的角色。

在东南亚区域经济合作中，华人企业集团积极参与东盟“成长三角”和印支“黄金半岛”的合作开发。由印尼廖内省、新加坡、马来西亚柔佛州组成的“成长三角”，是华人企业集团投资的一个热点。该“成长三角”进展最快的是占地500公顷的印尼峇淡工业园，而该园区由印尼三林集团和新加坡企业联合投资。1990年开始动工，现已具规模，吸引众多外资和华商前往投资设厂。印尼的中亚银行和新加坡的大华银行、达利银行也分别在此设立分行和合资银行。同时，华人企业集团对于极具潜力的印支三国和缅甸市场表现出浓厚兴趣。泰国的卜蜂集团在越南创办了农工企业和合资银行，马来西亚的郭氏兄弟集团在缅甸投资1.5亿美元兴建两家香格里拉酒店、新加坡华侨银行集团控股的花莎尼公司和亚太酿酒厂在越南分别设立汽水厂和酿酒厂。华人金融集团也紧随其后，盘谷银行在印支三国均开设了分行，大华、华联银行在缅甸和越南分别设立代表处，力宝银行在越南开设了代表处。

东南亚华人企业集团在中国大陆尤其是华南地区的投资也十分活跃。因大陆具有丰富自然资源、廉价劳工和地价以及广阔市场，加之华人在语言、风俗和宗族相同等优势，大陆成为东南亚华人企业集团热衷投资的场所。近年来，华人企业集团纷纷在香港设立据点展开大陆的投资活动。这些华人企业集团的投资经营活动，促进了华南地区经济的繁荣，同时也推动了东南亚与中国大陆经贸关系的发展。

注释：

① 《马来西亚商业》1993年第4期。

② 佐滕百合《印尼的企业集团从扩大到改组》，载《亚洲动向季刊》1992年第4期，中译文见《南洋资料译丛》1993年第4期。

③ 理查德·罗比森《印尼资本的形成》(1986年澳大利亚)，第303页。

④ 崛井健·荻原宜之编《现代马来西亚社会经济的变化》(1988年3月日本)第四章新经济政策下的马来西亚华人企业，中译文见《南洋资料译丛》1991年第3期。

⑤ 新加坡《联合早报》1994年7月13日。

⑥ 香港《信报·财经新闻》1994年6月10日。

(引自《南洋问题研究》1995年第1期)

华人华侨经济发展的趋势

上海市社科院历史所 张鸿奎

历史的回顾：同步认同的华侨华人经济

对各所在国的认同，是当代华人社会发展的必然趋势。而对经济的认同，无论是华侨、还是华人，相对于政治认同和文化认同，都是首要的同步认同。可以说，华侨华人经济的本身，就是与各居住国经济同步认同的产物。我国数千年来的对外移民史，首先就是一部经济认同史。无论是早期华侨主要侨居地的东南亚各国，还是近代以来逐步延伸移居的美、欧、澳、非各国，在他们的经济发展史中都或多或少地融入了华侨华人的艰苦创业。无数的华侨华人以自己的血肉之躯，历尽万苦，披荆斩棘，为各居住国的经济发展作出了不可磨灭的贡献，并将自己的经济活动融合于当地，成了彼此相融的组成部分。

应该说，尽管在“二战”之前，我国的海外移民绝大多数与中国保持着社会法律上的联系，以华侨身份侨居于国外。但是，即便是这样，他们的经济活动亦已深深地扎根于各侨居国的经济生活之中，并建立了生死与共的有机联系。他们在各方面，特别是经济方面与侨居国的关系都比其与祖国的关系更为直接和密切，尤其是中国近代以来的一百多年间，他们作为劳动力需求的对象像潮水般地大量涌入各侨居国时，不仅将自己的劳动成果溶入了当地，而且，更是以自己特有的生活方式和经营手段填补了各侨居国在经济发展过程中的传统经济与现代经济之间的空白。这种空白，在经济发展相对落后的东南亚各国，着重表现在现代经济的新型领域中大展鸿图；而在较为发达的美、加、澳、新和欧洲各国，则又侧重表面在传统经济的夹缝中发挥自己的优势，从而，在不同的环境中逐步形成了华侨所特有的经济内容，构成了各侨居国经济发展过程中不可欠缺的一个有机环节，并各自起到了不同的作用和应有的地位。例如，在东南亚各国，主要由华侨所从事的商贸活动而构成了各国商品流通领域中的必须环链。他们串巷走乡，将农副原料和工业成品往销于城乡的每个角落，组成了商品流通的大动脉，并从原始的小商小贩逐步发展成为大商大贾，积累起巨大的资金实力，在各国的经济发展中起着举足轻重的作用；同时，作为古老东方经济最为发达的中国移民，通过早期对侨居国的开发，将中国的农业和手工业较为先进的技术和文明引入了东南亚各国，促进了当地的农业、手工业、采矿业以至于后来的橡胶业、工业、金融业等经济领域的发展。例如在印尼，早在上个世纪三十年代以后，华侨对印尼西加里曼丹的邦戛、古罗尔、巴昔利山口洋一带开荒种田、广种稻谷，使之成为印尼著名的粮仓；而对罗甘河下游巴眼亚比的开发，使之从一片荒凉的沼泽泥潭发展成为当今世界最大的渔场之一。其他，无论是印尼早期的采矿业、制糖业；还是后来的造船业、焙茶业等等都溶入了华侨的开拓和创业，这正如荷兰殖民统治者所评价的那样：“如果没有华侨，而要使东印度获得辉煌的成就，提供丰富的物质，创造幸福的生活，那几乎是不可能的。”[①]在其他的东南亚国家，如发展到当今世界锡和橡胶产量位居第一的马来西亚，或成为亚洲四小龙之一的新加坡，以及泰国、菲律宾、缅甸、越南等等，都无不有华侨为其作了开拓性的贡献。以至于可以毫不夸张地说：一部东南亚经济发展史，离开华侨的作用是难以想象的。

而在资本主义经济较早发达的西方国家，尽管早期华侨大多是作为契约劳工而处于被剥削和被奴役的地位，但是无论是美国早期的铁路修筑、还是澳大利亚的金矿开采，他们都是一支不可忽视的生力军，并将自已用血汗和生命换来的劳动成果永远地留在这片广阔的大地上，成为这些国家早期资本积累的一个重要的奠基力量。而后，随着铁路的筑成、金矿的枯竭，他们又以自已艰辛劳动默默地从事着传统的洗衣、餐馆以及地位低下有农场雇工等工作而顽强地生存下来，并为侨居国的繁荣继续作出巨大的贡献。因此，同样可以这样说，一部近百年的西方国家华侨史，就是一部历尽艰辛、受尽折磨和充满血泪的在异国他乡的奋斗史。

总之，不论是具有悠久历史的华侨，或是主要是在“二战”以后大量入籍的华人，自他们一踏上移居国的土地时，为了生存和发展的首要内容就是他们的经济活动。所以，从这个根本意义上来说，华侨、华人对居住国的经济认同是与华侨华人群体的形成同步进行的认同。而这种经济上的认同，并不需要华侨、华人在政治、文化、甚至语言、文字、习俗、宗教以及观念等方面的同步进入，他们可以仅仅凭着自已勤劳的双手和特有的技能在劳动中获取必须的生活资料，而在居住国中生存和发展。长期移居异国他乡的华侨，之所以能够保留中国国籍和中国文化传统，甚至入了他国国籍的华人至今仍然能够维持自己的民族文化、语言、文字、习俗和宗教信仰等等特性而生存繁衍下去，其根本的原因和基础就是华侨华人经济与居住国经济同步认同的缘故。

因而，从全方位的意义上来说，相对于华侨的政治认同和华人的文化认同，在华侨、华人社会的认同过程中，经济认同是首先的同步认同。

同化与溶化：不同政策与后果

尽管从根本意义上来说，作为生存先决条件的华侨、华人对居住国的经济认同，应该是极其自然和极积的。但是，由于长期以来各居住国对华侨、华人经济采取了一系列的排斥、打击和歧视，因而，不仅给华侨、华人的经济带来了巨大的创伤；而且也相应的使其在经济认同的广度和深度上带来了不同程度的影响。因此，这种经济认同能否得到巩固和加强，关键的因素并不主要是在于华侨、华人传统观念的本身，而是在于居住国对华侨、华人经济认同政策的正确与否，也就是说，在于居住国的认同政策是否有利于华侨、华人经济的发展。

一般来说，与政治认同和文化认同相似，各国政府对华侨、华人经济认同的政策也可区分为强迫同化与自然溶化这两个截然相反的内容。所谓同化，就是指一个国家的主体民族对其他少数民族（包括从其他国家或地区迁移而来的移民，如华侨、华人）及其后裔在经济上所采取的向主体民族经济单向性吸收的不平等现象，从而达到最终消灭异体民族经济的目的。其具体表现形式主要是通过排斥、打击和歧视，以限制少数民族经济的存在和发展，并最终迫使其向主体经济转化。正是基于以主体民族经济消灭少数民族经济为宗旨的同化往往会受到少数民族心理、传统和行为上的抗争。因而，在实施过程中必然带有强迫的性质，所以，同化、特别是激烈的包括政治、文化、经济、思想和习俗等方面的全面同化，也就成了强迫性同化。

而与同化相反的溶化，则是少数民族经济在向国家主体经济认同的过程中，政府允许各少数民族在经济上保持自己传统的民族特性，并以平等的地位逐步充实到主体民族及其他少数民族的多元化经济之中。从而，在逐渐淡化自己民族传统经济特性的过程中最终和其他多元化经济融合在一起，组成一个新的国家主体经济。其具体表现是在对华侨、华人经济存在和发展的宽容及其平等权利等方面。正是由于这种经济认同具有自觉和主动的心理、情绪和行为上的承受趋向，故而，从总体上来说是属于自然的溶化现象，因此，溶化也就成了自然性溶化。

同样，与华侨、华人的社会认同过程一样，各国对华侨、华人经济认同政策的变化也主要是以“二战”前后为分界线的。“二战”之前及其初期，西方国家长期以来一直是采取排华的强迫同化政策；而东南亚一带则基本上是采取比较宽容和开放自由的溶化政策。在某些国家，如印尼，在荷兰殖民统治时期，为了巩固其殖民统治和对付土著民族的反抗，在某些经济领域内给华侨、华人实行较土著民族更为优惠和便利的经济政策，从而形成了以西方殖民经济为主，华侨、华人经济为次，土著经济为最低的三个等级的经济结构。然而，到了“二战”后期及“二战”以后，由于意识形态和政治制度形成了以冷战形式相对峙的两大阵营和殖民主义体系的彻底没落，以及长期以来企图同化而又同化不了的情况下，出于冷战体系的需要和在实用主义观念的导向下，西方国家相继废除了长达百年之久的“排华法案”，开始了变同化政策为溶化政策的历史性的转变，并着重以吸收投资移民和科技人才移民为先导，对华人移民敞开了平等接纳的大门，对华侨、华人经济也采取了多元和平等竞争的溶化政策。而与此相反的是，在东南亚的一些国家，由于战后独立的来之不易和国家至上的民族主义趋向，以及在西方国家鼓吹的反共思潮的影响下，使许多国家和大部分土著居民对华侨华人经济地位的日益提高产生了心理和情绪上的对抗，特别是由于前殖民统治者及其经济势力陆续撤出所造成的经营空白和经济财富又大多被富有的华侨、华人所继承和收购。因此，那种极力想摆脱贫困却又一时摆脱不了的民族主义国家的统治者们，在华侨华人经济日益发达与原住民经济贫穷的差距和矛盾之间，错误地认为华侨、华人控制了国民经济并成为造成国民经济发展缓慢的对抗力量，从而对华侨华人经济采取了种种限制政策；与此同时，在错误观念的导向下，各国的排华浪潮也开始陆续兴起。如印尼在五、六十年代所推行的一系列排斥打击、限制、乃至全面清除华侨、华人经济的政策；菲律宾于1949—1965年推行的“菲化运动”，马来西亚于1969—1985全面实施扶马抑华的“新经济政策”等等，都是对本国华侨华人经济实行强迫同化的典型事例，而1965年的印尼“9·30”事件，1967年的缅甸排华事件，1969年的马来西亚“5·13”事件和1975年以后规模空前的越南排华事件，又都是排华运动的集中表现。在具体措施上，除了将华侨华人经济排斥在国民经济行列之外，又极力企图变华侨华人经济为土著经济。如印尼自1950年实行“堡垒输入商制度”后，迫使作为“外资”的1000余家华侨华人输入商停业；1954年7月颁布的《关于限制碾米企业条例》，又迫使90%以上由华侨华人经营的碾米厂作为“外资企业”而停业；而1957年先后颁布的《1957年第一号关于企业管理条例》、《第16号关于征收外侨税的紧急条例》及《工业部长和商业部长联合决定：外资企业管理条例》，更迫使作为“外资”的华侨华人经营的27种企业在一年内移交给土著经营；1959年11月颁布的《总统第10号法令》，则进一步规定县级以下由华侨华人“外资”经营的亚弄店（零售商店）必须在年内停业，结果迫使遍布城乡的8400余家华侨华人亚弄店被封停业，致使50万人失去生计；与此同时，还先后查封和接管了大批华侨华人工业企业和银行。[②]再如在菲律宾，不仅强行征收主要是华侨的外侨特别税，1959年起又颁布了零售商菲化法令，禁止华侨从事零售商业，1960年颁布了米禾菲化法，使广大华侨退出了米禾行业；此后，更进一步地限制华侨华人的经济活动，如禁止华侨华人购买土地，撤消华侨华人的城市市场，禁止或限制华侨华人从事进出口贸易等等。[③]

因而，在既不承认华侨华人经济为国民经济的同时，又企图强迫变华侨华人经济为土著经济的矛盾政策的实施下，不仅极大地破坏和限制了华侨华人经济的发展，而且，更由于华侨华人经济空白的不可替代，使国民经济本身也遭到了极大的混乱，造成了国民经济的大倒退。特别是华侨华人资本的大量外流，更招致了国民经济的严重危机。如在“菲化运动”期间，菲律宾的华资投资额从1949—1955年度的年均4.1亿比索迅速降至1956—1960年度的年均2.6亿比索，下降幅度为36.59%，[④]而马来西亚自七十年代以来以华资为主的私人投资额连年下降，其中仅1980年资金外流就达14亿元。在印尼，由于1965年“9·30”事件之后，大批华侨华人挟资外流，致使大批工厂停业、商店关门、农田荒芜、交通瘫痪，政府财政赤字高达15.656亿盾，外债累积额高达23.85亿美元，外汇储备枯竭，通货膨胀率高达254.8%。[⑤]这正如澳大利亚学者狄克·罗比逊所说的那样：“在印尼，任何企图消灭华人存在的极端行为都会导致经济制度的根本性崩溃”。[⑥]特别是自六十年代起东南亚各国经济转向起飞阶段的极好时机里，印尼的年均增长率仅为1%，[⑦]而与之成鲜明明对照的是，在华侨华人人口占全国人口78%的新加坡，由于长期采取开放和平等扶持华侨华人经济共同发展，而一跃成为亚洲经济四小龙之一。

本世纪七八十年代以后，东南亚一些国家吸取了排华事件所带来的教训，认识到了华侨华人经济的重要性，同时，加上90%以上的华侨加入了所在国国籍，变华侨为华人，成为所在国公民，从而使华人经济纳入了这些国家的国民经济的行列之中。因而，从过去一味排斥和打击逐步改变为既限制又利用的同化政策。由此，在一些国家中形成了从五、六十年代如印尼的“阿里（ALi，指印尼土著）峇峇（BaBa，指土生华人）”型的经营模式，发展到七、八十年代的军政官僚与华人大资本家相结合的“主公”制度的施行，并在印尼和泰国等国极为流行，从而缓和了土著上层与华人财团资本在经济利益上的矛盾。但是，这种政策没有，也不可能实现缩短华人与土著之间经济差距的目的，反而使华人与土著之间及华人与华人之间的两极分化现象日益严重，因而，并不能从根本上消除土著对华人经济的心理、情绪以至于行为上的排斥和对抗，只不过在满足了土著上层利益的前提下被暂时地掩盖下去。另一方面，这种结合并不是建立在华人经济自觉的基础上，也不是在华人经济与土著经济长期融合的过程中向国家主体经济的自然转化，而是在被动的情况下，为了自身的生存和发展，在同化政策的强迫下而不得不依附于上层统治者的权力，因而这种权力一旦失却了它的价值，就会被新的权力所威胁和动摇，加上积蓄已久的土著民族的对抗情绪，就极容易再次成为新当权者借以保护“民族利益”晃子下的牺牲品。所以，就其社会保障而言，这种结合仍带有极大的不稳定性和随意性，这也是战后华资多次出现大游动的根本原因。

同样，正是在当代西方国家的溶化政策与东南亚各国的同化政策之间一吸一斥的相互作用下，也促使华人从东南亚一带向美欧各国再移民的扩大。因为，作为政府同化政策的主要对象，并没有从根本上改变对华侨华人经济的限制和排斥，因而，也势必使一部分人，包括入了籍的华人对前途失去信心，而不断地移居到采取溶化政策的西方发达国家，从而使原来华人人口微不足道的西方国家的华人比重日益提高，现今已达华侨华人总人口的20%以上；而东南亚一带却从战前的90%以上下降到80%以下。以美国为例，1940年时仅有7.8万华人，1950年增至11.8万华人，1960年为23.7万华人，1970年为43.5万华人，1980年为80万华人，近年来更增至165万华人，几乎每隔10年，华人人数就增加了近一倍，成为战后吸收华人最多的国家；在澳大利亚，从1947年的9千余华人，激增至1991年35万华人，其增长速度更为迅猛。而东南亚各国，除印尼外，最为突出就是1975年以来的越南华人大逃亡，几乎有一半逃往西方国家，其中逃往美国的有40万人、法国有10万人、澳大利亚有7万人。这些携带资本和技术的华人移民的到来，对移入国来说无疑是一个不小的收获，而对移出国家却是一种很大的损失。而且，无可置疑的是，只要这种同化政策与溶化政策还在继续执行下去，那么这种一斥一吸的资金、技术及人口的流向也同样会继续下去。因此，东南亚一带如果今后一旦出现新的排华局面，那么，就会加速这种再移民的潮速。

当然，我们也应该看到，不论是东南亚各国的同化政策，还是西方国家的溶化政策，对于入籍于居住国的华人来说，都在不同程度上加速了经济认同进程的广度和深度。因为，作为法律规定所约束的华人经济，不仅必须将所在国的经济利益放在首要的地位，而且也只有在居住国国家整体经济发展的基础上才更有利于自身的发展；但是，正是由于同化政策的强迫性和溶化政策的自然性，因而，对于华侨华人经济的环境和利益，以及发展过程中的自觉和自由，那种相对比较稳定，可以以平等的地位并保持民族特性和自主经营的政策，比之于存在潜在威胁、处于不平等地位而依附于政治权力和处处受到制约的同化政策，不仅更有利于华侨华人经济的发展，而且也更有利于对所在国的经济、以至于政治、文化的全面认同和落地生根的根地的选择和稳定。

落地生根：当代华侨华人经济发展的必然趋势

“二战”以后，大部分华侨加入所在国国籍而成为各所在国公民，从而，大批华侨资本转变为华人资本，成为所在国国民经济的一个重要组成部分；同时，那些尚未加入所在国国籍的华侨也将会在条件成熟的情况下或迟或早地入籍。因而，使当代华侨华人经济向所在国的认同也就成了不可逆转的必然趋势。所谓“殊途同归”，就是这个总趋势的极为形象的反映，而“落地生根”，亦更为集中地表现出这个认同趋势的必然结果，并为华侨华人经济最终融合于当地主体经济奠定了基础。

由于二次大战以后长期处于和平发展阶段，各国的华侨华人经济都有不同程度的发展。特别是在东南亚各国，由于其历史渊源，经济基础深厚，加上经验丰富，勤奋努力，在当地的现代经济领域里起着极其重要的作用，并占有举足轻重的地位。例如在印尼，华人拥有全国私人资产的70%以上，掌握全国货币流通的60%以上，其中贸易批发商和零售商达20余万家，几乎承受了绝大部分的商品流通领域。在金融界，规模较大的华资银行就有5家，其他在木材加工、纺织成衣、农业种植、渔业及服务业等领域，华资也十分踊跃；在菲律宾，占全国人口不到2%的华人，却拥有全国最大的67家企业中的47家，投资额也占全国总投资的35.9%，并在以木材加工为主要产业的国民经济中，华人的木材贸易占全国总额的80%；其他在碾米、烟草、纺织、钢铁、金融等绝大部分产业中都占有全国70—80%左右的比重；在马来西亚，华人拥有全国一半以上的财富，不仅在全国上市股权中占有一半，达135亿美元，而且在吉隆坡股票交易所的380家公司中占有

80％以上的比重，对外贸易也占全国总额的80％以上，同时，锡的36％、橡胶的25％以及国内商业、银行、旅馆和剧场等方面也几乎全由华人所经营；在泰国，占全国人口10％的华人拥有全国工商业资产的90％和银行资产的50％，并且从对外贸易到城乡零售商的全部商业组织，几乎全由华人所掌握。[8]总之，东南亚国家的华侨华人经济不仅成为各居住国经济中的一股主要力量，而且逐步形成了一批拥资数十亿美元的资本集团。据1983年统计，东南亚的10大富豪中，华人竟占到9人，其资产分别达到7—22亿美元[9]。另外据《富比士》(Forbes)杂志的一份调查资料所示，至1991年时，全球274家资产超过10亿美元的财团中，有18家属于华人财团，并大部分分布在印尼，泰国等东南亚一带。[10]。

同时，在发达的西方国家中，华侨华人资本也在逐渐壮大。如在美国，自六十年代以后，来自东南亚、香港、台湾等地的华人逐渐增加，他们不仅携带大量资金。而且具有较高的文化教育水平。同时，在美的第二、第三代华人，他们的经济和教育水平也有了显著提高，从而为运用现代管理和经营方式从事实业创造了条件，特别是在高科技工业生产领域中渐露头角。如已故王安的王安电脑集团、王嘉廉的国际联合电脑公司以及华尔街金融巨头蔡志勇等，更是华人经济中的佼佼者。据美国商务处于1986年公布的1982年调查资料表明：“华人经济已跃居全美少数民族之首，遥遥领先于日裔和韩裔。全美华商企业年总收入超过61亿美元，比日裔的27亿美元和韩裔的26亿美元都高出一倍多。[11]。华人企业从1978年的2.3万家发展到1982年的5.9万家，至1987年更增至近9万家，从而“在美国社会经济结构中已占一席之地”。[12]再如在西方国家中实行排华法案历史较长的加拿大，自1967年颁布了新移民条例，规定不分种族的接纳移民之后，使华人第一次获得了与欧美各国人民平等的移民待遇。此后，政府又不断改进民族溶化政策，至1971年10月正式宣布实行多元文化政策，1988年又通过了多元文化法，使华人有了一个自由选择和发展的宽松环境。故而，自七十年代以来，特别是八十年代后期，大批来自香港、台湾和东南亚地区的投资华人像潮水般地涌入，从1951年时全加华人仅有3.2万人发展到1990年时的70余万人，其中以香港移民华人为最多，几乎占所有移加华人的一半以上，所带入的资金也超过200亿美元，[13]这些移加华人在全国各大城市全面开拓商业、贸易、房地产和金融等现代经济领域；对加拿大经济带来了极大冲击，形成了一股令人刮目相看的经济力量。

当然，我们也应该看到，在华人经济聚集起巨大资本的同时，作为绝大多数的中、下层者，仍然是一些普通的劳动者，在落地生根的认同程度上，比华人财团具有更广更深的基础，他们生活在更为广阔的平民阶层，在广大的土著民族及其他少数民族中具有更为普遍的联系和相互认同，从而，成为经济认同的中坚力量。如在印尼的华商中，至今仍保持以中、小零售商为主的格局，其资本占华人经济比重的58.6％左右。而菲律宾华人经济的传统基石也是零售业，占华人经济比重的43.5％左右；[14]在泰国，除了近3％的华人处于高级职业外，其余全处于中、低级职业阶层，其中中、小企业占40％，低级阶层占51％左右；[15]在马来西亚的华人企业中，中、小企业占华人经济的80％左右，其中也是以小型企业为主；[16]在新加坡的华人雇主中，既为雇主又为工人的自雇主占62.98％。[17]总之，在整个东南亚的华人经济中，农民以外的小资产阶级约占40％左右，[18]而在整个海外华人经济中，约有一半以上的华侨华人为雇佣劳动者。[19]他们有的是以个体劳动者自营自给，有的是以工资为生计来源。

随着七、八十年代以来各国经济逐步走向自由化和国际化的发展道路，华侨华人经济也随之从国内经济逐步向国际经济迈步。特别是拥有巨额资本的东南亚各国华人财团，资本亚太化和国际化的倾向更为显著。如印尼的林绍良集团于1979年将在香港购买的一家金融公司改组为“第一太平洋金融公司”的基础上，不断开拓业务，从金融、证券发展到房地产及服务行业等更为广泛的经济领域，并重新组建成“第一太平洋企业集团”，成为林绍良集团在印尼以外的总部，并逐步向亚太地区辐射；而印尼李文正力宝集团也在香港建立了万力财务有限公司，成为在印尼以外的控股公司；其他还有马来西亚的郭鹤年集团，泰国的正大集团等都在香港等地设有公司，也都成了华人财团在国外的国际化集团。

因而，当有些学者根据目前出现的华资亚太化和国际化的这种倾向，便断言将会出现以血缘为基础的“华人经济圈”，甚至根据世界性的华人同乡、同宗、同族，以至于世界华商会议的召开，而断言这种“华人经济圈”有可能冲破亚太地区而向全世界发展。对此，我们应该首先看到，华人经济的国际化发展是当今华人经济发展的一个重要方面，也是各国顺应世界经济发展潮流的一个自由、开放的必由之路，更是强化本国经济，特别是本国经销网络的一种重要手段。这正如林绍良先生所说的：“向海外扩展的主要目的，是支持我们那些基于国内外的商业运作”。也如印尼经济、金融及工业事务统筹部长拉迪斯·伯拉威罗（Radius prawwiro）所认为的：“以中期前景来说，这些投资会有助于扩大出口贸易，从而增加外汇收入；从长远来说，将扩大印尼商品在国际市场的占有率”。[20]所以，他极力支持包括华人资本在内的民族资本积极收购那些可以控制国际市场和推广销售网络的海外贸易公司，以打破日益内向的欧洲、北美和日本市场的障碍，扩大印尼产品的出口，提高印尼企业的竞争力，从而更好地为印尼经济服务。[21]正是由于如此，我们可以看到，即使对华人资本外流长期抱有戒心的印尼，也鼓励华人资本的国际化发展，其根本的原因是在于如印尼学者艾扎里所说的：“他们的根还是在印尼本土”，[22]而国际化倾向仅仅是这根的外延罢了。

其次，我们更应该看到，各国资本的国际化倾向是早在资本主义上升阶段就已形成和发展的一种国际经济规律，最早在少数一些发达资本主义国家中已经流行，“二战”以后这种倾向更为频繁和加速，而发展到当代，已成了一种正常的国际经济的交流体系。而且，分布在各个不同国家的种族之中，当他们经济能力发展到一定程度时，都有可能以本地经济为基础的向外延伸。因此，这种国际化的倾向并不是当代华人资本仅有的特殊现象，并且，无论是这种倾向的广度和力度上，都远远超过当代华人经济的范围，但是都没有形成以血缘为基础的民族经济圈。如上个世纪中叶以后英格鲁一撒克逊民族经济的英人资本在全球的渗透和推广，以及发展历史和资本实力都超过华人经济的犹太人资本向全世界的扩充和延伸，都没有所谓的“英人经济圈”及“犹太人经济圈”的形成和发展，而都是以各自所在国的经济利益为首位的国与国之间的往来和延伸。因而，即使可能由于血缘、地缘、物缘等同种同文因素而有利于各国的英裔，犹太裔或华裔等同一民族（或种族）之间经济的相互渗透、延伸和扩大，但是，这种倾向和发展，不仅是在各所在国法律所允许的范围内进行，而且也是作为各所在国国民经济的一部分并基于国家利益的基础的相互往来和延伸。因此，说到底，只要有国家的存在，就不可能形成超越于国家利益的地区性或全球性经济以及以血缘为基础的民族经济圈，特别是各国的经济发展程度及利益之间还存在差异和矛盾时，这种不平衡的对冲也使“华人经济圈”的构想难能实现，只不过在区域经济的大框架有着一定程度的交流和合作罢了。所以，从这个现实的意义来说，华侨华人经济的当地化与国际化，仍然是基础与延伸的主从关系，他们的经济必须植根于当地化的总体经济范围之中，因为，无论是经济还是政治、文化、思想、习俗、观念等各个领域，都不可能脱离各所在国的根而游离于无根的他国之中，这就是当代、以至于以后相当一段时间内华侨华人经济发展的总趋势。

注释：

① 《巴城寄荷文牍案卷》，1744 年第 2 卷，1743 年 12 月 31 日原函。引自蔡北华主编：《海外华侨华人发展简史》，上海社会科学院出版社 1992 年版，第 87 页。

② 华侨志编纂委员会《印尼华侨史》，台北，1961 年版，第 93 页。

③ ［日］松本国义：《从菲律宾华侨看同化——菲律宾华侨的现状和将来》，载《南洋资料译丛》，1978 年第四期。

④ ［日］李国卿著，郭梁等译：《华侨资本的形成和发展》，福建人民出版社 1985 年版，第 110 页。

⑤ 开灿：《战后印尼经济发展战略的发展变化》，载厦门大学南洋研究所：《南洋问题》1983 年第 1 期。

⑥ ［澳］狄克·罗比逊：《印度尼西亚的资本主义结构及对它起影响的诸因素》，载《南洋资料译丛》1982 年第二期。

⑦ ［日］李国卿著，郭梁等译：《华侨资本的形成和发展》，福建人民出版社 1985 年版，第 165 页。

⑧ ［日］李国卿著，郭梁等译：《华侨资本的形成和发展》，福建人民出版社 1985 年版，第 11—15 页。

⑨ ［日］游仲勋：《新中国经济圈和环太平洋经济》，载《南洋资料译丛》，1987 年第 2 期。

⑩ 《世界日报》，1991 年 7 月 11 日。

⑪ 《世界日报》，1991 年 8 月 15 日。

⑫ 《联合早报》1987 年 6 月 21 日。

⑬ 杜蒙特、范劳尔合著：《香港亿万富豪进军加拿大》，香港博益出版集团有限公司 1990 年版，第 14 页。

⑭ 汪慕恒主编：《东南亚华人经济》，福建人民出版社 1989 年版，第 112 页。

⑮ ［日］李国卿著，郭梁等译：《华侨资本的形成和发展》，福建人民出版社 1985 年版，第 93 页。

⑯ 董孟雄，陈庆德合著：《战后经济动荡的东南亚华人华侨社会》载《华人华侨历史研究》1989 年第四期。

⑰ 《亚洲周刊》，1988 年 12 月 8 日第 38 页。

⑱ 《亚洲周刊》，1988 年 12 月 8 日第 40 页。

⑲ 《亚洲周刊》，1988 年 12 月 8 日第 41 页。

⑳ 《联合早报》1991 年 7 月 24 日。

㉑ 《联合早报》1991 年 7 月 24 日。

㉒ 《联合早报》1991 年 7 月 24 日。

（引自《史林》1994 年第 2 期）

第二篇

中国大陆经济概况

一、部分经济问题综述

- 1994 年中国经济形势分析与 1995 年经济发展展望
- 1994/1995 年中国的改革形势
- 1994 年中国私营企业主阶层状况
- 1994 年中国工业生产状况及 1995 年预测
- 1994/1995 年中国农村经济形势
- 1994/1995 年中国乡镇企业回顾与前瞻

二、主要对外开放区经济与部分国家重点工程

- 经济特区
- 沿海开放城市
- 侨乡经济——泉州
- 三峡工程
- 浦东经济开发区工程
- 南水北调工程

一、部分经济问题综述

1994 年中国经济形势分析与 1995 年经济发展展望

胡 季 余 斌 张 鸿

1994 年是中国经济体制改革为向社会主义市场经济新体制过渡迈出决定性步伐的一年，也是加强和改善宏观调控进一步取得成效的一年。宏观调控体系的基本框架初步确立，宏观经济环境有了改善，整个经济在回落中保持快速增长，运行状况基本平稳。同时，也暴露出一些不可忽视的矛盾和困难。在宏观改革取得实质性进展中，微观改革相对滞后；在总量矛盾缓解中，结构性矛盾加剧，特别是在经济回落中，通货膨胀加剧。1995 年需要以企业改革为重点，继续推进各项改革，着力提高经济运行质量，达到抑制通货膨胀和保持适度增长双重目标，为经济体制和增长方式双重转轨打下基础。

宏观改革有突破性进展，国民经济保持快速增长

（一）改革的广度、深度和力度是前所未有的

1994 年，相继推出了财税、金融、外汇外贸、投资、价格和流通体制等方面重大改革措施。由于中央科学决策，决心大，步子稳，部门和地方对改革方案精心设计，认真组织实施，并注意配套措施同步推行，及时研究解决出现的矛盾，从而保证了各项改革顺利出台和平稳过渡，运转基本正常。取得突破性进展、效果较为突出的是财税改革、汇率并轨，金融秩序、流通秩序随着改革的推进，也有了改善。总体上看，不但避免了改革过程中可能出现的经济生活大的震动，而且促进了经济发展。

（二）整个经济在回落中保持较快增长，运行状况基本平稳

初步测算，全年国内生产总值为 43800 亿元，比上年增长 11.8%，增幅比前两年有所回落，但高于 8%—9%的宏观调控目标。

1. 农业生产克服严重自然灾害，取得较好收成。农林牧副渔全面增长，农业增加值比上年增长 3.5%，增幅低于上年的 4%。粮食总产达 44450 万吨，虽比上年减产 238 亿斤，但仍为历史上高产年份。棉花呈恢复性增长，总产 425 万吨，增长 13.6%；油料总产 1984 万吨，增长 10.0%；肉、菜、水产品等“菜篮子”产品全面增产。但糖料、黄红麻、烟叶继续减产。乡镇企业仍保持高速发展势头，全年实现销售和营业收入 35000 亿元，比上年增长 35%，从业人员 1.2 亿人，新增就业 722 万人，经济效益好于上年。

2. 工业生产持续快速增长。全年乡及乡以上工业增加值 18359 亿元，比上年增长 18%，增幅呈逐季加快趋势，由一季度的 15.5%逐步加快到四季度的 21%。若包括乡以下工业，全部工业增长 19%。重工业受投资需求增幅回落和一些产品进口过多的影响，增幅明显下降。重工业完成增加值 10691 亿元，比上年增长 16.5%，低于轻工业 3.1 个百分点，改变了以往重工业生产领先增长

的格局。主要工业产品生产中，高新技术产品和新兴工业产品增长较快，能源、原材料及投资类机电产品增长相对缓慢或下降。部分轻纺类产品和家电产品因旺销促进生产大幅增长。工业增长结构中，非国有工业仍明显快于国有工业。全年乡办企业增加值增长27.3%，其他经济类型增加值增长27.9%，国有工业增速仅为5.5%，包括国家控股部分增长6.8%。国有工业在新增增加值中份额仅占15.2%，而非国有工业占84.8%。沿海地区和内陆地区的增长差距进一步扩大。工业产品产销率和产销衔接情况，下半年好于上半年，上半年为92.5%，下半年三、四季度升为96.24%和99.03%，全年平均为95.48%，比上年低0.92个百分点。企业总体经济效益水平略有提高，但企业亏损问题依然严重。全年乡及乡以上工业亏损面高达22.5%，比上年扩大4.5个百分点。截止11月底，预算内3万多户国有企业亏损仍高达41.4%，亏损额比上年同期增长27.6%。其中轻工、机械、化工、纺织、煤炭、军工、有色金属等行业亏损额占全部亏损企业亏损额的80%以上。

3. 固定资产投资增幅明显回落。据初步统计，全年全社会固下资产投资15926亿元，比上年增长27.8%，增幅回落近30.8个百分点，扣除物价因素，实际增长15.8%。国有单位投资结构中，新开工项目减少近二成。重要基础产业、基础设施如电力、有色金属、化工、邮电、通信等投资比重加大到五成以上。投资结构明显改善，但投资率仍然偏高。据有关统计，1—10月投资率达38%，明显高于正常水平。投资在建规模仍然偏大，投资效果低下，大大低于正常年份。

4. 城乡居民收入增长较快。1994年城镇居民人均生活费收入3179元，比上年增长36%，扣除物价因素，实际收入增长8.8%，低于上年的10.2%。农村居民人均纯收入1220元，扣除物价因素，实际增长5%，高于上年的3.2%。农村几年来农民收入增长缓慢状况有所改变。1994年银行对个人的工资性及其他支出比上年增长41.6%，表明职工收入在连续几年过快增长的基础上，进一步向个人倾斜，同时收入分配不公问题更加突出。不同地区、行业、城乡及不同社会群体等收入差距继续扩大，部分收入家庭生活水平下降。全年城乡居民银行储蓄存款比上年末新增6315亿元，超过前两年新增金额的总和。

5. 消费品市场货源充裕，销售由偏淡转旺。全年社会消费品零售总额16053亿元，比上年增长31.2%，扣除物价因素，实际增长7.8%。上半年偏淡，实际增长4.8%；下半年市场销售转旺，实际销售增长10%左右；年平均增幅接近正常年份水平。城乡比较，由于农民收入稳步增长，农村市场销售增长明显加快，初步改善了城乡市场销售不平衡状况。1—11月农村市场消费品零售总额比上年同期增长27.5%，城乡销售增幅差异由上年的11.8个百分点缩减为5个百分点，差距趋于减少。消费品市场经营销售方式发生较大变化。1—11月社会消费品零售总额中，国有经济占33.8%，比上年同期下降5.7个百分点；而非国有经济比重占66.2%，在市场销售中占据优势地位。消费品市场中，轻纺产品及高档家电产品供应充裕，销售量大幅度增长，居民消费档次进一步提高。农副产品市场上，国家加强了对粮、棉、油等重要农副产品的收购工作，其中定购部分完成4042.3万吨，完成定购计划的80.8%。市场供需总量大体保持平衡，基本没有出现脱销、争购现象。

1994年受固定资产回落及若干重要产品进口过多影响，生产资料市场交易清淡，涨库现象比较严重，销售动态下半年好于上半年。全年社会生产资料（包括农业生产资料）销售总额22980亿元，比上年增长21.2%，扣除价格因素，比上年增长12%。农业生产资料销售额1492亿元，比上年增长10%左右，扣除价格上涨因素，实际销售约比上年下降8%。

6. 对外开放继续扩大。1994年外贸、外汇体制改革顺利推进，有力地促进了对外贸易的发展。据海关统计，全年中国对外贸易进出口总额达2367亿美元，比上年增长20.9%。其中，出口总额1210亿美元；比同期增长31.9%；进口总额1157亿美元，比同期增长11.2%；顺差53亿美元，扭转了上年对外贸易收支逆差的局面。全年外商直接投资338亿美元，比上年增长22.8%。投资结构进一步改善。1994年出口增幅强劲，主要表现在：(1) 产品结构方面，工业制成品出口增长34.9%，由上年占总出口比重81.8提高到83.7%。其中机电产品出口增长40.9%；一般贸易商品出口增幅较大，由上年占总出口比重的47.1%上升到50.9%；传统大宗出口商品增幅仍然较高，其中，纺织物及制品出口增长35.8%，旅行用品及箱包出口增长37%，塑料制品增长41.8%。高于总出口的增长速度。(2) 地区分布方面，东部沿海地区出口增幅依然较高，西部地区出口也有较大增长。东部11个沿海省（区）市共出口977.1亿美元，增长33.8%；其他内陆地区共出口232.9亿美元，增长24.3%。进口增幅比上年明显减缓。主要表现在：(1) 上年进口过热的商品如钢材、成品油、小汽车等得到有效控制，但数量仍然较多。(2) 进口商品结构调整，工业制成品进口仅增长10.5%，占总进口的比重由上年同期的86.3%下降到85.8%。进口商品中，国内紧缺的生产资料如电力、通讯设备的进口仍增幅较高。

7. 财政金融形势基本平稳。1994年财税、金融改革取得突破性进展，并在实践中取得明显成效。全年国家财政收入5181.75亿元，比上年增长19.2%。其中，各项税收4797.58亿元，完成预算的107.5%。全年国家财政支出5819.76亿元，比上年增长25.4%，大大高于收入的增幅。全国财政收支相抵，支大于收638.01亿元。其中，中央财政赤字668.14亿元，比上年同期增长1.5倍，高于1992、1993年43%、54%的增幅。中央财政困难局面更加严重。

金融形势总体运行平稳，现金投放得到有效控制，银行存款增加较多，信贷投放控制在计划范围之内，贷款结构有所改善。全年现金净投放1424亿元，比年初计划少发376亿元，年末全社会市场现金流通量比年初增长24.3%，增幅比上年下降11个百分点。城乡居民储蓄存款比上年多增6315亿元，余额已达21519亿元，比上年增长41.5%；企业存款增加2735亿元，比上年多增1554.9亿元，增幅31.3%。增强了银行支付能力。外汇体制改革成效显著，外汇市场人民币对美元汇率全年保持在1美元兑换8.7元至8.4元人民币之间，稳中有升。年末，国家外汇储备比上年增长1.4倍，达516亿美元。外汇支付能力大大加强。全年国家银行各项贷款增加5161亿元，基本控制在计划规模以内。在严格控制信用总量的同时，贷款结构有所改善。农副产品收购贷款增加较多，为697.4亿元，新增农业生产贷款164亿元，增长27.7%，国家重点建设项目、效益好的国有企业、外贸进出口、高新技术产业资金投入较多。保证了主要农副产品、物资、能源、交通及市场急需商品供给状况的改善。但是，期末广义货币供应量（M2），增幅仍达34.4%，M1的增幅高达26.8%，货币供应量的增长大大高于经济增长。

通货膨胀的走势、成因和背景

1994年经济运行中最突出的问题是消费品物价涨幅过高，通货膨胀加剧。历史经验表明，通货膨胀在相当程度上乃是现实经济运行中各种矛盾的综合反映。正确分析和认识这一轮通货膨胀的走势、成因和背景，对于正确判断当前经济形势特别是深层矛盾具有重要意义。

（一）全年市场物价的变动轨迹：三个阶段

1994 年全国消费价格在 1993 年高位上继续攀升，全年居民消费价格总水平上涨 24.1%，社会商品零售物价总水平上涨 21.7%，分别比上年多涨 9.4 和 8.5 个百分点，成为改革以来价格涨幅最高的一年。从全年市场物价的变动轨迹来看，可以明显地划分为三个阶段：第一阶段为 1—5 月。主要由于 1993 年需求特别是投资需求膨胀的滞后影响，1、2 月份居民消费价格起点就高，与上年同月相比，涨幅超过 20%；3 月份国务院针对物价涨幅过高采取了宏观调控措施，同时，上年滞后影响逐渐减弱；3—5 月居民消费价格涨幅月环比逐月回落。第二阶段为 6—10 月。5 月份国家调整了原煤、原油、成品油等基础产品的价格，6 月份又提高了粮食购销价格，加上部分地区主要农副产品受灾减产，推动了市场物价反弹；6 月份居民消费价格上涨 22.6%；7—10 月份同比涨幅持续在 26%—27%左右的高位上运行，月环比涨幅 9 月份一度攀升至 3.9%的高位。第三阶段为 11—12 月。调价因素逐渐减弱，物价涨势有所缓和，涨幅回落到 25%左右。1994 年各月月环比居民消费价格指数变化见下表。

月份	1	2	3	4	5	6	7	8	9	10	11	12
指数	3.5	3.8	0.9	1.4	0.8	1.0	0.7	3.3	3.9	1.7	1.7	1.8

（二）本期通货膨胀的反映：五个特点

与往年相比，1994 年市场物价变动具有以下几方面的特点。第一，起点高，涨势猛。1 月份居民消费价格就比上年同月上涨 21.1%，涨幅比高通胀的 1988 年 1 月份高 11.7 个百分点；2 月份上涨 23.2%，11 月份上涨 27.5%，全年累计比上年同期上涨 24.1%。即使是物价涨幅回落的月份，其涨幅也超过 20%。涨幅之高是历年来所没有的。同时，从涨价周期来看，这是改革开放以来第二次出现连续两年大幅度上涨，至今仍在高位上。第二，食品价格上涨成为推动市场物价攀升的重要因素。1—12 月，全国食品价格比上年同期上涨 31.8%，影响居民消费价格总水平上涨近 16 个百分点，占 66%。从食品构成来看，1—12 月，粮食价格比上年同期上涨 50.7%；以粮食为原料的挂面、酱油、糕点、奶制品等价格全面上涨，其涨幅在 20%以上。粮食价格的上涨进一步牵动了肉禽蛋价格的上涨，尤其是猪肉价格 8 月份呈暴涨局面；至 11 月份，猪肉价格比年初上涨 47%，比上年同月上涨 71.3%；鲜菜价格由于受到洪涝、干旱灾害和比较利益的影响，价格一直居高不下。11 月份鲜菜价格比上年同期上涨 46%。第三，农村市场商品价格逐月攀升，居民消费价格和商品零售价格涨幅均超过城市。1 月份，全国城市和农村居民消费价格分别比上年同月上涨 22.5%和 19.6%。两者相差 2.9 个百分点。此后，农村物价涨幅逐月增高，11 月份为 27.7%，超过当月城市上涨 27.2%的幅度。而在高通胀的 1988 年，全国农村比城镇居民消费价格涨幅要低 5.1 个百分点。分商品来看，1—11 月，农村食品价格涨幅已接近城市，肉禽蛋及其制品、蛋类、鲜菜价格等涨幅高于城市；11 月份，农村家庭设备及用品、医疗保健、交通及通讯工具、娱乐教育文化用品价格的涨幅分别比城市高出 1.7、1.9、5.7 和 1.6 个百分点。第四，中西部地区价格涨幅逐月加快，与沿海地区的价格差异缩小。从各地价格涨幅来看，1 月份，东南沿海 12 个省区市平均比上年同月上涨 22.9%，中部 9 个省区平均上涨 20.8%，西部 8 个省区平均上涨 18.7%。然而，到了 11 月份，东、中、西部地区价格涨幅的排列次序完全倒过来，西部地区以29.3%居于涨幅之首，中部地区次之，为27.4%，东部地区为25.2%。除此之外，1994年，学杂费、洗澡、理发、市内电话、公共汽车票等服务项目的价格涨幅仍然较高，超过25%；幼禽家畜、饲料、粮种以及农业生产资料的价格涨幅达到历年来的最高水平，其中农业生产资料价格上涨21.6%。原材料、燃料、动力价格受到宏观调控和市场销售的影响，涨幅比上年有所回落，其中原材料、燃料、动力购进价格上涨17%，涨幅回落18个百分点。

（三）比价调整、成本推进和农副产品供应偏紧：主要成因

从成因来看，这一轮通货膨胀，开始显露于1993年3月，当月零售物价涨幅突破10%，全年平均达13.2%，主要成因无疑是1992、1993两年来需求特别是投资需求膨胀的持续加速。1994年需求特别是投资需求增幅明显回落，但物价涨幅起点却很高，且全年一直在高位上运行。据初步测算，在全年全国居民消费价格上涨24.1%中，新涨价因素为14.4个百分点，约占60%；滞后影响为9.7个百分点，约占40%。在商品零售价格上涨21.7%中，新涨价因素为13.7个百分点，约占62.7%；滞后影响为8个百分点，约占37.3%。这表明，在1994年的物价大幅度上涨中，虽然上年涨价滞后因素不可忽视，但其影响力是逐渐趋缓的，而当年新的涨价因素，包括成本推进、比价调整和自发涨价等，则逐渐上升为主要成因。需要指出，这些成因的背景各不相同。关于价格调整和放开，近几年，能源、交通、原材料的价格调整力度较大，同时放开了大批商品的价格，1994年又大幅调整了影响面较大的原煤、原油、成品油、统配化肥以及粮食、棉花的价格，加上财税体制、财会制度、汇率并轨等改革，都在一定程度上推动了物价上涨。应当说，这些由于比价结构性调整所推动的价格上涨是改革不可避免的，也是可以逐步消化的。

（四）现实经济运行中的深层矛盾：成因背景

要引起重视的是：第一，食品类价格大幅度上涨，在1994年零售物价涨幅中所占份额达六成左右。这实际上暴露了农业基础脆弱的问题。近年来不少地方出现忽视农业、削弱农业的倾向，对于中央为加强农业基础地位采取的一系列政策措施没有认真落实，遇到1994年水旱灾害频繁，出现粮食（主要是南方的大米）、棉花、食油、食糖、猪肉、鲜菜等供应偏紧，价格猛涨。第二，1992年以来持续的固定资产投资和职工收入的过快增长，导致货币供应量过量增长，从需求拉动和成本推进两个方面推动物价上升。1993年投资增长58.6%，使工业生产资料出厂价全年平均上涨33%，上了一个“新台阶”，不但带动了当年消费品价格上升，而且影响下年的消费品价格。1993、1994年，银行工资性现金支出分别增长30.3%和41%以上。由于体制和发展方面的障碍，公共部门、国有单位的“投资饥渴症”和职工收入增长失控状态同时存在，这是造成通货膨胀的根本原因。第三，当前在绝大多数商品、劳务的价格和经营都已放开的条件下，由于市场法规和价格调控体系的建设很不健全，流通体制和市场监管跟不上去，企业市场价格行为不规范，也是造成市场秩序混乱和物价过快上涨的重要原因。所有这些，暴露了中国现实经济运行中的深层矛盾，也是困扰中国经济健康发展的关键所在，需要高度重视，综合治理。既要搞好短期的宏观调控和综合协调，努力保持总供给和总需求的大体平衡，更要从根本上在经济体制和增长方式的双重转轨上下功夫，实现经济的良性循环。

1995年经济发展展望和宏观调控政策取向

1995年是“八五”计划和“九五”计划

之间承上启下的关键性的一年。安排好1995年改革和发展，并努力达到观调控的预期目标，具有重要意义。

（一）有利条件与不利条件

1995年经济发展具有许多有利条件。一是随着上年出台的诸多改革措施的巩固、完善和深化以及当年作为重点的企业改革和配套措施的推进，将创造有利的体制条件。二是继续加强和改善宏观调控和综合协调将进一步改善宏观环境。三是生产建设的物质技术基础和资源支撑条件有一定积累，"瓶劲"制约有所缓解。加上外汇储备比较充裕，可以利用国际资源补充国内之不足。四是国际环境有利于中国进一步开拓国际市场和利用国外资金与技术。

不利的条件，首先是当前物价涨幅过高，滞后影响较大，治理难度加大。如果对通货膨胀的复杂成因和对抑制通胀的紧迫性认识不足，不能对症治理，措施不得力或者不得当，就可能发生经济再度过热，或者出现"滞胀"。其次是经济循环不良，市场制约因素有所强化。1994年1—9月份，16种主要生产资料国内需求实际增长约4%，全年消费品需求实际增长7%左右，大大低于重、轻工业生产增长幅度。其中既有进口过多的因素（主要是钢材、成品油等），也有生产能力盲目发展、产业产品结构不适应需求的因素，调整起来难度较大。再次，不少国有企业生产经营困难，资金互相拖欠、周转不灵情况严重。而其成因主要是地方和企业片面追求产值速度，盲目生产，造成产成品占压资金过多的结果。在高通胀条件下，难以采取大量投入资金刺激需求之策。再次是农业发展滞后。这是多年来对农业投入不足、重视不够以及近些年来农业比较利益下降的结果。没有重大措施，难以改观。

（二）1995年经济发展的关键

综合上述有利因素和不利因素，可以选择的对策，应当是抓住机遇，利用和挖掘有利因素和增长潜力，消除和缓解不利因素，改善宏观经济环境和微观经营机制，在保持经济适度增长的同时，把过高的物价涨幅抑制下来，为今后持续快速健康发展和深化改革打下基础。努力避免经济再度"过热"和"滞胀"的出现。如果在宏观总量特别是信贷总规模控制上放松过度，造成社会需求回升过快，尤其是投资需求的过快增长，就有可能拉动经济以高于10%的速度增长，市场物价继续在高位上攀升，引发经济的再度过热。如果宏观上对投资需求的调控力度过大，造成社会最终需求不足，推动经济回落过快，而"工资—物价螺旋式"上升，就有可能形成经济的"滞胀"局面。为此，正确处理经济增长速度与物价水平之间的关系，就成为1995年经济发展的关键。

（三）宏观调控政策取向：三大对策建议

第一，整个经济增长的宏观调控目标定为8%—9%是适当的，实绩不宜超过10%，也不宜低于8%。目前中国经济仍处于改革开放以来的第四个经济周期的中后阶段。1995年经济发展总体上已过了高峰期，但还将在一个快速区间运行。保持8%—9%的经济增长速度，有利于抑制过高的通货膨胀，有利于推进结构调整和提高效益，也有利于顺利推进改革和保持发展后劲。要实现适度增长，提高效益，需要抓好几件事：1. 大力抓好农业。要从1995年起，打破惯例，增加对农业的资金、物资和技术的投入，确保主要农副产品稳定增长，促进农业经济有个大的发展。2. 保持全社会固定资产投资总额适度增长。投资率（剔除利用外资）保持在35%左右（近两年都超过37%），投资总额实际增幅与经济增长幅度相适应。要严格控制在建规模，一般不再新开工大中项目；加大投资结构调整的力度，向重点建设和技术改造倾斜；年度投资要集中力量打歼灭战，提高投资效果，缩短建设周期，使固定资产交付使用率由1992年的68.3%和1993年的

62.9%恢复到正常年份的75%—80%。3.抓好工业生产，努力增产适销对路产品，做好限产压库促销工作，搞好产业结构、产品结构和企业组织结构的调整，促进企业扭亏增盈。4.继续扩大对外开放，保持出口较快增长、进口适度增长，更加积极有效地利用外资。5.抓好生产与流通、内贸与外贸的衔接，改善经济循环。现阶段的经济发展，关键在于提高整个经济运行质量，着力把经济增长方式由现在的重视数量和速度转向重视质量和效益，由多投入、低效率的粗放型经营转向少投入、高效率的集约型经营。1993年预算内国有工业企业资金利税率降到9.68%的历史最低点。这种状况难以为继。

第二，坚定而又稳步地抑制通货膨胀，要作为宏观调控的重点和中心环节，进行综合治理。从上年末物价涨幅趋缓的走势看，1995年只要调控适当，一般不再新出台调价措施，抑制物价的过高涨幅是可能的。但要把全年零售物价指数降到15%的计划目标，难度也是不小的。为了实现这一目标，需要对症下药，综合治理。既要从需求方面有效控制固定资产投资和职工个人收入的过快增长，又要抓好"米袋子"、"菜篮子"，努力增加供应偏紧的如棉花、油料、糖料、化肥等商品的有效供给；既要抓好工业生产，特别是国有工业企业生产，增产适销产品，提高质量，降低消耗，加速资金周转，又要进一步整顿和规范流通秩序和企业价格行为。既要采取从紧的财政政策和货币、信贷政策，又要及时"微调"、"综合协调，实现"软着陆"。财政赤字和货币发行不宜比上年的数额再有扩大，新增货款规模可适度增长，使期末贷款余额增幅不要超过20%。同时，提高信贷资产质量，优化信贷结构，固定资产贷款比重不宜超过30%，并增加农业贷款比重。

第三，深化改革，为经济增长方式转轨创造体制条件。1994年宏观领域大步改革收到明显成效，也有不少矛盾有待进一步解决，如金融改革有了框架，但专业银行商业化改革尚无实质性进展，宏观改革本身还有待巩固、完善、深化。突出的是：国有企业改革滞后，严重影响宏观调控体系改革的全力推进和有效作用，必须抓紧推进。企业改革本身难度就大，又需要转变政府职能、培育市场体系及推行社会保障制度改革等与之相配套。因此，企业改革要把制度创新、结构调整、技术改造和加强管理结合起来，把企业改革与政府转变职能、深化宏观改革、培育市场体系、建立社会保障体系结合起来，力求有所突破，取得实效。

（引自马洪、孙尚清主编《经济白皮书1994—1995中国经济形势与展望》，中国发展出版社1995年4月版）

1994—1995年中国的改革形势

国家体改委经济体制与管理研究所　曹远征　何晓明

目前，中国经济体制向市场经济体制过渡的渐进态势获得了前所未有的加速，并第一次清晰地确立了其体制的目标模式。1992年10月，中国共产党第十四届代表大会将这一体制模式的目标定义为社会主义市场经济。1993年11月，中国共产党第十四届三中全会又将这一体制模式进一步具体化，通过了《关于建立社会主义市场经济体制若干问题的决定》。《决定》在广泛借鉴国际经验的基础上，较为详细地规定了中国经济体制的基本制度框架。在这一基本制度框架指导下，自1994年1月1日起，中国政府开始了全面的体制改革和制度创新。改革的重点集中于财政税收制度、金融制度、外汇制度、对外贸易制度以及国有企业制度，并由此出现了新一轮的改革浪潮。

1994年中国经济体制改革整体推进的大背景

（一）改革开放以来体制环境的演变

1978年后开始的中国经济体制改革的过程实际上是微观经济基础与宏观经济管理体制两个渐进变化过程的统一。从微观角度观察，一方面，在传统体制内的国有企业，沿着放权让利的改革路子经过数阶段的演变，其组织形式、与政府的关系都出现了明显的变化，从而其行为方式不再具有典型的传统计划体制下的特点。另一方面，在传统体制外出现了具有典型市场经济行为的非国有企业。随着改革的深入与发展，这类企业数目日益增多，占工业生产总值的比重和就业人数的比重日益提高，从而日益扩大了其示范效应。上述两类企业的变化逐渐引致了微观经济基础的重大变化；从宏观角度观察，随着微观经济基础的变化，一方面，宏观经济的控制目标由实物量控制向价值量控制方向转化，另一方面，宏观经济的控制手段也由财政主导型向金融主导型转化，其后果是无论其宏观经济的控制目标还是手段均日益脱离传统计划经济体制的轨道。

经过整个80年代中国经济体制改革的上述渐进变化，进入90年代，这一变化的累积已导致了中国经济体制的实质性转变：

1. 在国有企业领域内，截止1992年底，国有国营企业仅占全部国有企业总数的6%，承包经营的企业数已达到93%，此外，尚有1%左右的企业开始采用股份制的形式。

2. 在非国有工业企业领域，截止1992年底，其企业总数已达850万个，已占全部工业企业数的99%，其产值已占全部工业产值的51.10%，就业数已占全部就业数的50.15%。

3. 在价格领域，截止1993年底，由中央政府直接定价的商品，在农产品收购中仅剩6种，在轻工业产品中仅有7种，在重工业产品中仅剩33种。其余基本上由市场调节，即使在上述国家定价的产品中，市场调节也占80%以上的比重，亦即是国家计划价仅占10—20%左右。

4. 在生产计划领域，截止1992年，国家指令性生产任务仅占全部工业产值的10%。国有工业企业的生产自主权大大提高。

5. 在投资领域，1992年全社会的总投资中，30%左右是企业自我积累（利润再投资）形成的，60%左右是企业融资（包括向银行的商业性借款及发行股票、债券等各种集资）形成的，国家投资仅占10%左右。

6. 在财政领域，经过80年代财政体制的三次改革，逐步将承包制的思想引入财政，建立了“分灶吃饭”、“分级包干”的体制，扩大了地方的财权与事权，形成了地方利益的激励机制，从而在预算内收入增加的同时，预算外收入有了更大规模的增加。截止1991年，预算外资金总额，已相当于预算内收入的94.5%。

7. 在金融领域，自1984年中国开始出现典型意义的两级银行体系后，商业性银行机构和非银行金融机构发展十分迅速，例如，仅就中国农村农民自发组织的农村合作基金而言，据不完全统计，截止1992年，就达13万个。

双轨经济体制的深化，尽管使中国经济开始摆脱了传统体制下所固有的弊端，经济效率有所提高，但也存在着显而易见的问题。双轨制导致了经济信息的双轨性，并使接受信息的主体——企业产生了双重行为。企业的这种双重行为固然可以使自身获取的利润最大化，但却同时引起了经济秩序的混乱，腐败行为的滋生正是这一双轨体制问题的集中体现。它表明，双轨不能作为一个稳定的体制形态存在下来，它仅仅是传统计划体制与市场体制之间的中间形态，双轨并一轨势在必行，不是并过来就是并过去。从而形成了体制进一步变动的内在动力。

双轨经济体制中市场轨经过十余年的发展，已日益壮大，并开始占据优势地位。非国有企业产值，就业突破50%。商品价格的基本放开，标志着一个分水岭，——双轨向计划轨的并轨已不可行，而只能向市场方向并轨，它决定了改革的一维性。改革从而第一次具有了实质性不可逆转的态势。更为重要的是由于越过了分水岭，这种不可逆转的态势将以全面加速的形式出现，它预示着向市场经济过渡的时间的缩短。

（二）1992年开始的新一轮经济增长环境

90年代初，中国经济体制经过前所述及的累积变化，使改革进入一个全新阶段。尽管各个领域内的改革并不是同时同步的，但它们都无一例外地对传统体制，特别是对传统宏观经济体制提出了前所未有的深刻挑战。这一挑战的实质含义在于：改革已不能再沿着传统体制内行政性的分权，即放权让利式的道路前进，而需要在战略上做出新的调整与安排。这一挑战随着1992年经济再度转入高速发展而显得日益紧迫起来。

在邓小平南巡讲话的推动下，1992年国民经济结束了1988—1991年三年低速增长时期，再度转入高速，当年经济增长率已达13%，其中工业增长达21.7%。1993年经济增长率进一步提高为13.7%，工业增长仍超过20%。与80年代，特别是1984—1988年高速增长时期相比，1992年后的高速增长具有以下几个特点：

1. 在工业增长加速的同时，重工业增长快于轻工业增长，这是自1978年改革以来的第一次，它意味着在此次增长中已出现重化工业化的趋势，结构高度化开始显现，基础设施及基础工业成为新的投资热点。

2. 投资主体发生了多元化的转变，在国内投资方面，政府不再作为主要的投资者，取而代之的是企业投资、个人投资等自主性投资。与此同时，外国资本也开始大量进入中国，1992年外商投资超过前13年的总和，1993年外商投资又超过前14年的总和，达260亿美元，并且出现了由直接投资向间接投资发展的迹象。

3. 在高速增长的带动下，以往未曾进入市场交易的生产要素，诸如土地、闲置厂房设备、劳动力等大幅度地进入市场，成为交易的对象。

1992年后的上述增长态势使中国经济面临一个全新的局面：重化工业化趋势所引致的基础设施与基础工业报资热，意味着对资本的需求大大提高；投资主体的多元化则意味着满足这一需求的投资来源多样化；而生产要素大量进入市场交易则意味着交易对象发生了重大改变。

（三）经济增长与体制环境发生的变化对改革提出了新的要求

1992年以来经济市场化的加速与宏观管理体制的行政性趋向形成了尖锐的矛盾，它集中体现在以下几个方面：

1. 国有企业活力不足，《全民所有制工业企业转换经营机制条例》中规定的14项经营自主权，凡是涉及到当时还未触及的深层次改革的内容，例如政府职能转变、宏观管理的规范化、财税、金融、外贸体制的改革等，其自主权都未能得到有效落实。企业自主权的落实直接关系到企业活力水平的发挥，同时也关系到转换企业经营机制，进而建立现代企业制度的目标能否实现，因而对进一步深化改革提出了迫切要求。

2. 财政调控能力减弱，现行的分级包干的财政体制使中央财力持续下降，1992年，中央财政收入加上地方上缴，减去中央对地方的补贴，只占国内财政总收入的40.3%，而地方财政收入则占59.7%。全国财政支出中，中央财政支出（包括赤字在内）占31.3%，地方占68.7%，这使中央财政的作用下降。

3.税收制度的不规范使国家税收损失日益严重，现行税收制使各级政府都有权减免税，并且偷漏税现象相当普遍。据不完全调查，国有企业偷漏税达半数，集体企业达60%以上，个体和私营企业则达80%。

4. 金融管理改革滞后且金融秩序混乱，现行的货币政策管理侧重于银行信贷规模和现金发行量指标。而到1992年中国直接金融已迅速发展，非银行金融机构大力扩张，银行同业拆借市场既活跃又无规则可循，使得对银行信贷规模的约束不能达到完全控制整个金融活和货币供应量的目的。不规范的社会直接融资又大大提高了资本的市场价格。据不完全统计，社会融资的利息率一般为20—30%。其后果是大量的资金从银行内非正常流出。

上述结果使传统宏观经济体制管理的有效性大大降低。在1992年，全社会资金流量达1万多亿元，其中财政和国家银行直接经营的仅占25%，传统宏观经济体制管理有效性的降低必然导致总需求的失控，从而通货膨胀率日趋爬高，并超过两位数。

这一切使人们意识到，有必要对传统宏观经济体制做一根本性的变革。这一变革的含义在于用市场经济下的宏观经济管理手段来取代传统的行政性手段，并建立新的适应中国经济市场化需求的宏观调控体制。

由此，以全面建立符合中国经济市场化进程的经济体制为目标，以宏观经济体制改革为重点，配套地整体性加速推进改革便自然而然地成为1994年的改革新战略。

1994年中国经济体制改革的基本特点及主要内容

（一）1994年改革的基本特点

1.改革的方向第一次明确并肯定了市场化目标，呈现改革之势不可逆转的特点。前一阶段的双轨对峙状况已结束，开始向市场经济并轨，并第一次构勒出其目标模式的基本框架。

2. 改革的战略由小步推进、单项实施转变为整体推进、综合配套的改革，呈现加速和全面性的特点。由于宏观经济体制涉及到财政、金融等诸方面，因此这种改革不可能是单项的，而应是全面的、配套的；并由于对宏观经济体制的调整实际上是建立起一种机制，因此不可能采取试点的方法，分步实施，而只能一次性调整。

3.改革的重心由破除旧体制转变为建立新体制，带有制度创新的特点。由于我们是在社会主义市场经济体制的框架下进行的宏观管理体制改革，它除了应具有一般市场经济的宏观经济职能外，还应该对市场经济更多地发挥宏观调控作用，这本身就是一种创新，一种无先例的创造。

（二）1994年经济体制改革的主要内容

1994年的整体配套改革是沿着以下几个方面推进的：

1. 宏观管理体制改革全面实施

宏观管理体制改革是1994年改革的重点和关键，它使15年改革上了一个新台阶，进入深层次攻坚阶段。宏观体制改革主要涉及到财税、金融、投资、外贸、外汇等方面。

财税改革的重点：

一是把现行地方财政包干制改为在合理划分中央与地方事权基础上的分税制，建立中央税收和地方税收体系。把维护国家权益和实施宏观调控所必需的税种列为中央税；同经济发展直接相关的主要税列为共享税；充实地方税税种，增加地方税收入。通过发展经济，提高效益，扩大财源，逐步提高财政收入在国民生产总值中的比重，合理确定中央财政收入和地方财政收入的比例。同时实行中央财政对地方的返还和转移支付的制度，以调节分配结构和地区结构，特别是扶持经济不发达地区的发展和老工业基地的改造。

二是按照统一税法、公平税负、简化税制和合理分权的原则,改革和完善税收制度。推行以增值税为主体的流转税制度，对少数商品征收消费税，对大部分非商品经营继续征收营业税。在降低国有企业所得税税率,取消能源交通重点建设基金和预算调节基金的基础上，企业依法纳税，理顺国家和国有企业的利润分配关系。统一企业所得税和个所得税，规范税率，扩大税基。开征和调整某些税种，清理税收减免，严格税收征管，堵塞税收流失。

三是改进和规范复式预算制度。建立政府公共预算和国有资产经营预算，并可以根据需要建立社会保障预算和其他预算，严格控制财政赤字。中央财政赤字不再向银行透支，而靠发行长短期国债解决。统一管理政府的国内外债务。

以上制度安排经过近一年的实践结果，已初步成功。主要表现在各项税收的征收入库已按新税制运转，企业以及行业负税水平有增有减,总体水平略低于新税制实施前;分税制正层层落实,预算执行情况基本正常,全国财政收入比上年同期有大幅度增长，这说明新的税制遏制了曾经相当普遍存在的减免税和偷漏税现象。各项税收法律、法规和调整税收政策、强化管理的措施已基本落实。对新税制执行中的问题也作了相应的补充规定。例如拓宽了增值税的适应性，对部分产品税负过重采取抵扣或减免措施等。

金融体制改革的重点：

建立中央银行。中国人民银行作为中央银行,在国务院领导下独立执行货币政策,从主要依靠信贷规模管理，转变为运用存款准备金率、中央银行贷款利率和公开市场业务等手段,调控货币供应量,保持币值稳定;监管各类金融机构，维护金融秩序，不再对非金融机构办理业务。银行业与证券业实行分业管理。组建货币政策委员会，及时调整货币和信贷政策。

建立政策性银行，实行政策性业务与商业性业务分离。组建国家开发银行、进出口信贷银行和中国农业发展银行，承担严格界定的政策性业务。

发展商业性银行。现有的专业银行要逐步转变为商业银行，并根据需要，有步骤地组建农村合作银行和城市合作银行。商业银行要实行资产负债比例管理和风险管理。规范与发展非银行金融机构。中央银行按照资金供求状况及时调整基准利率，并允许商业银行存贷款利率在规定幅度内自由浮动。

上述改革的初步结果，一是打破了“大一统”的银行体制，开始实现金融机构的多样化。目前三家政策性银行已开始运行，国家专业银行也开始向商业银行转换及金融信托投资公司、农村信用社也都在规范、建设中。二是初步建立和完善了直接调控与间接调控相结合的金融宏观调控体系，人民银行在国务院领导下开始以中央银行的地位独立执行货币政策，并且已利用了一些货币工具对通货膨胀等进行了调控。三是发展了多种信用形式的金融工具,使金融市场初具规模。

外汇外贸体制改革重点：

自 1994 年起对进口总额,进口用汇和出口创汇实行指导性计划，国家一律取消外汇留成，实行统一的结汇制（外商投资企业实行过渡办法),取消外贸企业承担的无偿和有偿上缴外汇的任务；有秩序地放开进出口商品的经营权，加快赋予生产企业、科技单位和某些商业单位、物资企业对外经营权；现口退税制度逐步过渡到由中央财政统一退税,保持对外经贸政策在全国范围的统一性,提高透明度,今后只实施正式公布的法律、法规和政策。实行汇率并轨，建立以市场为基础的有管理的浮动汇率制度和统一规范的外汇市场，逐步使人民币成为可兑换货币。

上述改革首先促进了中国对外贸易的发展，改善了进出口商品的结构”汇率并轨以后，汇率的杠杆作用逐步发挥，鼓励了出口，抑制了进口，平衡了外贸收支，扭转了近年来出口增长乏力、进口增长过猛的局面。其次促进了企业和银行转换经营机制。由于汇率并轨后人民币汇率稳定便利了企业核算，银行结售汇制加速了企业的资金周转，调动了企业出口创汇的积极性。此外，外汇体制改革还促进了市场汇率机制的形成，外汇交易市场运转正常，外汇储备大幅度增加。外贸体制改革扩大了企业的外贸自主权，使全国有外贸经营权的公司达7000多家。出口配额实行招标、拍卖或规则化分配也收到了较好的效果。

除以上三大项宏观管理体制的改革外，1994年还初涉了投资体制和计划体制的宏观改革，同时国有财产监管体系和国有资产运营体系的建立也开始提到议事日程。

2. 现代企业制度建设进入试点准备

企业改革1994年最大的成绩是做好了建立现代企业制度的试点准备工作。目前经过10个月的准备，由国家经贸委、国家体改委等16个部委参加的试点工作部际协调会已通过了现代企业制度试点方案，与此相关的12个配套规章即将分头拟定。建立现代企业制度的改革基本内容为：在国有企业财产构成的组织形式方面，改革将从经营状况好的企业开始，逐步进行公司制改组。对少数盈利状况好、管理效率高、符合产业政策方向的大型企业则直接改组为国家控股或参股的股份有限公司；大部分符合产业政策的竞争性行业的企业，则改组成国家与其他多个法人出资的有限责任公司。具备条件的企业，则与外商合资组建有限责任公司或股份有限公司。进一步扩大企业之间的兼并、联合。对国有小企业，采取租赁经营、承包经营、出售、租售结合等办法进行改革，也可实行股份合作制。对长期经营不善，产品无销路，资不抵债，无法通过其他途径改组、改造的国有企业，则依法宣布破产。

3. 流通体制“治、改”并举见成效

1994年初以来流通领域主要进行了粮食购销体制、棉花流通体制、农村供销社体制改革。理顺了流通渠道，加强了总供给与总需求的平衡。副食品价格调节基金、粮食风险基金和重要消费品储备制度已经在部分省市建立起来。与此同时治理、整顿、规范了期货市场、土地及房地产市场，已出台了一系列制度、法规。

4. 农村改革有新的进展

1994年农村改革主要是从三个方面展开的：第一，进行县级综合改革试点工作，扩大县级自主权，转变职能，提高组织、协调、指导改革开放的能力。第二，完善农村基本经营制度，重点抓了延长耕地承包期和土地使用权有偿转让等政策的贯彻落实。第三，引导农村股份合作制的健康发展，主要是对建立股份合作制的方法和途径进行了一些探索性规范工作。

1995年面临的经济体制环境及改革重点

(一) 经济、体制环境

就经济环境来说，目前困扰经济发展的四大难题愈渐突出：

第一，通货膨胀居高不下。尽管政府对1994年的通货膨胀采取了一系列重大调控措施，但由于其成因更多地来自于体制及长期发展问题的累积，因而成效不明显。

第二，市场制约进一步强化。1994年由于抑制通货膨胀而采取的宏观调控措施使消费品市场和生产资料市场持续平淡，企业间资金相互拖欠、产品积压严重。1994年1—10月份累计社会消费品零售总额扣除物价因素增长6.2%，大大低于国民生产总值增长11.5%的速度。

第三，产业升级面临资金、技术门槛，举步维艰。由于持续的高增长和高通货膨胀，进入高赢利产业的资金门槛和技术门槛进一步提高，具有实力的国有企业资金紧张、设备老化，技术改造难以进行，新兴企业受规模限制更难摆脱资金、技术制约。

第四，农业发展滞后。近年来从事农业生产越来越缺乏明显的利益诱导，农村过剩人口增长和市场竞争的乏力使农业生产的比较优势日渐低下，因而农业生产增长缓慢，农业基础设施严重老化致使农业发展后劲不足，农业规模效益低的问题愈益突出。

就体制环境来说，1994 年向建立社会主义市场经济体制的目标迈出了决定性的一步，形成了初步的框架，进行了大力度的深层改革，成效显著。但也不能不看到加快改革带来的一些负面影响改革本身的不完善所产生的一些问题。

第一，改革开放幅度加大的同时改革成本也迅速提高，由此面临着一个城乡居民心理承受能力及社会稳定的问题。改革成本提高的突出表现一是物价的持续攀升，二是城镇失业人口的增加，三是国有大中型企业困境难脱，四是民族工业及优秀民族文化传统受到外资及外来文化的强烈冲击。

第二，宏观体制改革尚有“瓶颈”制约。金融体制改革是宏观体制改革的关键环节，而目前金融体制改革的关键环节，国有专业银行的商业化转变尚无大的举动，成为整个宏观体制改革的“瓶颈”，其中主要问题是银行资产负债关系无法理顺，这又涉及到目前体制环境中另一个重要问题：

第三，微观改革的滞后影响了宏观体制改革的有效推开，这主要表现在两个方面：一是企业历史上积累下来的巨额债务，一方面成为自身改革的障碍，另一方面成为贷款银行商业化转变的障碍。据悉各银行的呆、坏帐约占银行各项贷款的 11—15%。二是国有企业产权界定遇到了一系列法律上、政策上、意识形态上及技术上的难题，既影响了其自身的制度创新，也制约了分税制的有效实施。这主要表现在国有企业历史上形成的行政隶属关系同现行分税制要打破按行政隶属关系划分收入的分配格局的矛盾。这一矛盾的解决有待于加快现代企业制度的建立。

第四，微观改革尚需配套体制、政策的出台。目前微观改革举步维艰的两个重要方面：一是企业债务处理，二是企业过剩人员的安置，这两项均需配套体制、政策的支持。企业债务问题需要有关政策和法律条文的出台；企业过剩人员安置需要社会保障制度的推出和实施。目前全国仅 50 万户企业进入社会统筹系统，占企业总数的 5%不到。社会保障制度及社会保障法的出台已经成为企业改革能否最终实施的关键步骤。

（二）1995 年的改革重点

1995 年在继续完善和深化宏观改革的同时，要把重点放到搞好国有大中型企业，建立现代企业制度上来，搞好围绕建立现代企业制度的一系列配套改革。主要有以下内容：

1. 深化国有企业改革，搞好现代企业制度试点。改革就企业与外部的关系来说主要解决：第一，产权明晰、权责明确、政企分开的问题，真正实现出资者所有权与法人财产权的分离；第二，现代企业制度的组织载体问题，公司制是国有大中型企业的组织形式，但不一定是所有国有企业的唯一组织形式，其他企业可以探讨更适合的组织载体；第三，搞活国有资产问题，即以一定量的现有国有资产调动和支配更多的社会资源；第四，确立国有投资主体问题，国有投资主体的组织形式及独立性、权利、义务、受益等重大问题要予以解决；第五，企业负担问题，企业之间的相互拖欠、企业与银行的债务关系中的呆、死帐都应在 1995 年改革中得到解决。

改革就企业内部的关系来说主要解决：第一，公司内部权力制衡问题，确立法人治理结构；第二，健全内部管理制度，管理科学化问题；第三，企业内部多余人员的分流及社会负担的剥离问题。

2. 社会保障制度改革。社会保障制度改革，1995 年主要是建立和完善失业保险、养老保险和医疗保险机制，以适应深化企业改革和建立现代企业制度的需要。失业保险基金按照以支定收，留有适当储备的原则，统一标准，实行统筹。同时，把目前在国有企业中实行的失业保险，扩大到城镇国有集体、股份制、私营企业职工和外商投资企业的中方职工。城镇养老和医疗制度实行社会统筹和个人帐户相结合，从现收现支制转变为预筹积累制。养老保险由基本养老保险、企业补充养老保险、社会互助保险、个人储蓄性养老保险等多层次相结合的制度组成。对于停产、重组和破产企业的职工，国家将设立一项专门保险基金。

3. 金融体制改革。1995 年主要是进行三个方面的改革：第一，加强中央银行的宏观调控能力，包括确保中央银行独立于企业、地方政府和中央各部门，保证全国统一的货币政策的实施；逐步减少中央银行的信用放款份额，增加票据再贴现和债务吞吐，其中包括改变国债发行方式，主要发行对象为金融机构。第二，加强金融组织体系建设，完善政策性银行的运行机制，包括严格界定政策性任务，与企业改革同步进行专业银行的商业化转变，扩大金融的对外开放等；第三，进一步培育金融市场，包括进一步规范同业拆借市场，发展国债市场，试办公开市场业务等。

4. 农村体制改革。主要方面：第一，积极培育农村市场主体，主要是以利益导向激发主体发展的内在动力。第二，以建立城乡一体化劳动力市场为目标，创造农村剩余劳动力的转移机制。第三，继续推行农村股份合作制及其他有利于经济发展的组织形式。第四，深化农村金融体制改革，农村合作基金要办成社区性的资金互助组织。第五，强化农村政策，使农村体制改革与城市体制改革同步。第六，在深化农村改革的同时，探索加快小城镇建设的路子。

四、简短的结论

1. 经过十余年渐进式经济体制改革的累积变化，90 年代初中国经济体制向市场经济体制全面过渡的条件已经形成。

2. 1992 年后的经济再度高速增长更加充分地暴露了传统体制，特别是传统宏观体制的不适应性，改革因此具有了紧迫性。

3. 与以往的改革相比，1994 年开始的第一轮改革是以全面建立市场经济新体制为重心的，亦即是改革由过去的破转变为立，特别明显地反映在这一努力上：即力图使宏观经济管理手段覆盖全社会。

4. 改革呈现出整体加速的特点，改革的配套性及协调性大提高。

5. 截至目前，改革尚未出现大的问题，进展令人满意。

（引自江流　陆学艺　单天伦主编《社会蓝皮书 1994—1995 年中国社会形势分析与预测》，中国社会科学出版社 1995 年 1 月版）

1994 年中国私营企业主阶层状况

中国社会科学院社会学所　张厚义

到 1994 年 6 月底，全国已经登记的私营企业主（投资者）为 69.2 万人，他们拥有注册资金1041.4亿元，雇佣工人431.6万人。还有许多戴着“红帽子”(集体企业)、“小帽子”(个体工商户)和“洋帽子”(“三资”企业)的私营企业主没有登记。本报告将对这个新的社会阶层的1994年发展状况及趋势，作一些简要的描述与分析。

私营企业主阶层的发展状况

(一) 人员构成

据原国务院农村发展研究中心于1988年初，会同广东、福建、浙江、江西、湖南、湖北、云南、河北、山西、陕西、辽宁等11个省的有关部门，对所在地区26个村庄的97家私营企业的调查表明，这些企业的创办者大多具有从事非农经营和参加较多社会活动的经历，见多识广，交际广泛，信息灵通，易于受到市场机制的启动，有技术，善经营，会管理。他们在创办企业前的职业构成是：16.5%的人在乡镇集体企业工作，12.4%的人在他人或联户办的企业工作，8.2%的人外出经商、跑运输、干劳务，8.2%的人从事家庭作坊劳动，3.1%的人在国营企事业单位或国家机关工作，37.1%的人在村务农，从事其他职业的人占13.4%。从他们的社会经历看，10.3%的人曾属国营企事业单位职工或国家机关干部，11.3%的人当过军人，7.2%的人当过教师，18.6%的人当过乡镇集体企业供销或管理人员，17.5%的人当过村干部。①

另据1993年11月完成的首次全国私营企业抽样调查资料，在30个省、区、市的1440个样本中，城镇企业主的原职业为：专业技术人员占12.1%，各级干部22.1%，工人25.2%，商业、服务人员7.6%，军人1.2%，农民17.2%，个体户9.2%，其它5.5%；农村企业主比重则依次为：4.1%、17.0%、11.6%、2.7%、0.7%、53.5%、6.1%、4.1%。在他们的社会经历中，城镇企业主有55.7%来自国有、集体企事业单位，11.0%是进城的农民。他们之中有7.9%曾任过科级以上干部职务，21.9%曾任企业中各级管理人员，6.6%曾是企业供销人员，2.5%曾经承包承租过国有、集体企事业单位，4.2%曾任村干部。农村企业主有15.5%来自机关、国有和城镇集体企事业单位，12.2%来自乡镇企业，50.0%是原来的农民。曾在机关、企事业单位中任过科以上干部职务的占2.5%，曾是企业(多数为乡镇企业)中的管理人员与供销人员分别占18.7%和6.4%，承包承租过国有、集体企业的占1.9%，原来是村干部的17.3%。那些原来有工作的人离职开办私营企业的，最主要原因是感到在原单位无法发挥自己的能力(离开国有企业的人中达74.0%)；为了多挣钱是第二位的原因，与原单位领导关系不好处则是第三位的原因。在原无业者或农民中，66.0%的人是为了寻找一个稳定的工作。②

(二) 投资形式和地区分布

根据国家工商行政管理局的统计资料，截止1993年底，全国私营企业达23.8万家，投资者51.4万人，雇佣工人321.3万人，注册资金680.5亿元。其中，独资企业的户数占48.3%，合伙企业占23.8%，有限责任公司占27.9%。(见表1)

表1　1993年私营企业状况（按投资形式分）（万户、万人、亿元）

	企业户数		投资者人数		雇工人数		注册资金数	
	绝对数	比重	绝对数	比重	绝对数	比重	绝对数	比重
独资企业	11.5	48.3	11.5	22.4	145.4	45.3	157.7	23.2
合伙企业	5.7	23.8	21.0	40.8	85.8	26.7	86.8	12.8
有限责任公司	6.6	27.9	18.9	36.8	90.1	28.0	436.0	64.0

但是，在城乡分布上差异很大，独资企业与合伙企业在农村居多，分别占其总数的51.8%和58.5%。有限责任公司则集中在城镇(占其总数的80.3%)，特别是东部地区的城镇较多(占其总数的59.3%)。从事第二产业与第三产业的户数分别占其总数的55.6%和44.4%，注册资金数则分别占其总数的41.5%和58.5%。城镇私营企业主要从事第三产业(占其总数的62.5%)，农村私营企业则主要从事第二产业（占其总数的78.1%）。私营企业的户数、投资者数、雇工人数和注册资金数，分布在城镇的分别占其总数的55.5%、54.8%、49.2%和72.0%，分布在农村的分别占其总数的44.5%、45.2%、50.8%和28.0%。从而改变了私营企业分布以农村为主的布局。不过，地区发展不平衡的态势依然存在。私营企业的户数、从业人数和注册资金数，东部地区分别占其总数的68.5%、65.0%和76.9%，中部地区分别占20.2%、22.0%和14.6%，西部地区分别占11.4%、13.0%和8.5%。私营企业超过万户的省份有广东（45882户）、浙江（19417户）、辽宁（17088户）、山东（18609户）、江苏（12779户）、福建（12005户）和四川（10047户）。7个省私营企业共135847户，占全国总数的一半以上（57.1%）。广东省的私营企业数相当于西部9省区（四川除外）的1.22倍。

表2 1993年私营企业状况（平均每户规模）（人、万元）

	投资者人数	雇工人数	注册资金数
全国平均	2.2	13.5	28.6
独资企业	1.0	12.6	13.7
合伙企业	3.7	15.1	15.2
有限责任公司	2.9	13.7	66.1

（三）经济实力

从总体上看，私营企业经营规模不大。1993年，全国私营企业的平均规模（见上页表2)，每户的从业人员只有15.7人，注册资金为28.6万元，工业企业的产值30.3万元，商业企业的营业额33.6万元。在市场竞争中，一部分私营企业歇业、关闭（每年约占10%左右)，另有一部分则获得成功发展(约占20—30%)。其中，有些企业完成了原始积累，进入规模经营和高速扩张阶段。据首次全国私营企业抽样调查的数据，企业资产平均增殖率为31%。[③]随着资产规模的扩张，出现了一批规模较大的私营企业，有些地区还比较集中。1993年底，注册资金在100万元以上的私营企业，全国为8784家，占其总数的3.7%。1994年6月，广东省私营企业的户均注册资金，由上年底的39.8万元上升到47.6万元。其中，在百万元以上的达5244户，千万元以上的76户。该省的惠州市户均注册资金则达98.0万元，其中，在100万元以上的有1324户，占其总户数的25.2%，千万元以上的有37户。据首次全国私营企业抽样调查，企业财产规模（指生产资料和家庭财产）在百万元以上的，占样本总数的33.2%，千万元以上的占1.44%。[④]福建省石狮市50年年初期，私营企业中资金上万元的只有5家，雇工最多的20人。现在雇工千人、资金千万元的不算首富。据权威人士估计，[⑤]资产在百万元以上的将近300个，其中资产在千万元以上的有26个，5000万元以上的有8个。上海市青浦县1994年4月底，登记私营企业2274户，注册资金8.9亿元，户均资金39.1万元。有些地区还出现了亿元、几亿元，甚至十多亿元的大户。据《人民日报》（海外版）消息，目前海南省已有60多家亿元户。

（四）社会影响

从总体上看，私营经济在整个国民经济中所占份额很小。1993年，私营企业登记的户数、从业人数和注册资金数，只分别相当于公有制企业的3.27%、1.48%和1.61%。

但其社会影响却较大。私营企业主的经营活动，几乎都与所在地区的政府有着千丝万缕的联系。他们或是地方财政收入的重要来源，或是当地社会福利事业的主要资助者。所以，他们的社会影响，首先表现在所在社区经济社会结构中所占的份额。如广东省，1993 年个体私营经济的从业人员 283 万人，注册资金 228.3 亿元，分别占全省劳动力总数的 6.8%和公有企业注册资金的 9%。个体私营经济提供税金 43.9 亿元，占全省财政收入的 12.6%。1994 年上半年缴纳税金又比上年同期增长 32.5%。据农业部资料，全国“百强县”个体私营经济缴纳的税金占地方财政收入的 30—60%。同时，他们还要上交名目繁多的、数倍于税金的费用。其次，表现在他们的参政议政上。规模较大的企业主在政治上都有一个位置。据统计资料，近年来，私营企业主当选为或被推荐为县以上人大代表的有 5401 人，政协委员 8558 人，共青团委员 1357 人，妇联委员 1430 人。其中，全国八届人大代表 8 人，八届政协委员 23 人，全国工商联执行委员 140 人。据首次全国私营企业抽样调查，私营企业主中的中共党员占 13.1%，共青团员占 7.3%，其他民主党派成员占 39.9%，参加同业工会组织的占 9.0%。[⑥] 6.5%。参加私营企业财会的占 39.5%，参加个体劳动者协会的占私营企业主的参政议政，同政府的良好关系，使他们的社会影响在扩大。从总体上看，私营企业主的人数不多，极度分散，很不成熟，既没有形成独立的政治组织，也没有形成独立的阶层意识。一般说，他们的社会影响所及之处，仅是人们眼见、耳听的直接感觉。因此，带有明显的社区性特征。

私营企业主阶层仍将快速发展

1988 年 6 月，国务院颁布了《私营企业暂行条例》。是年底，工商行政管理部门开始私营企业的登记工作。从登记情况看，私营经济的发展可以划分为两个阶段，即徘徊阶段与加速发展阶段。1989—1991 年，私营企业的户数、从业人数，每年的增长都没有超过 10%，注册资金增长也在 30%以下。1992 年开始，私营经济走出徘徊，发展速度加快。同上年比较，私营企业的户数和从业人数分别增长 28.8%和 26.6%，注册资金则增长 79.8%。1993 年，发展速度更快。同 1992 年比较，上述三项指标分别增长 70.4%、60.7%和 207.6%。进入 1994 年，发展速度仍然较快。1994 年 6 月同 1993 年 6 月比较，上述三项指标分别增长 78.3%、81.3%和 129.9%，是私营企业登记以来发展速度最快的一个时期，而且全国各地普遍增长，没有一个省、区、市徘徊或下降。

根据以下因素判断，私营企业主阶层在近几年内，仍将保持快速发展的势头。

（一）巨额的民间资金说明存在着大量潜在的私人投资者

随着国民收入的大幅度增长，个人资金的拥有量越来越多。据国家统计局资料，1993 年底，中国个人金融资产已达 2.5 万亿元以上。其中，居民储蓄存款余额达 1.5 万亿元（比上年底增长 28.0%）。到 1994 年第一季度，居民储蓄存款余额达 1.64 万亿元（比上年同期增长 35.8%）。浙江省温州市调查测算，1993 年度即有民间资金 100 多亿元（其中，居民存款余额 64 亿元，手持现金 30 亿元，债券 6 亿元，民间借款 10 亿元）。如此巨额的民间资金，不是为全国人民平均占有，而是少数高收入者占有其中的较大份额。资金只有在运动中，流通中，才有生命力，才能增殖。而资金总是投向相对安全、收益较高的地方。随着社会主义市场经济体制的建立，良性的投资机制，良好的投资环境正在形成。同时，国家明确宣布：鼓励私人投资，“允许属于个人的资本等生产要素参与收益分配。”据首次全国私营企业抽样调查资料，在私营企业的初始资金来源中，按其重要性，分别为第一位“劳动经营积累”(占68.4%)，第二位“亲友借贷”（占49.3%)，第三位“合伙集资”(占27.7%)[7]。就是说，私营企业的初始资金，主要来源于创办者的自有资金。资金投向生产领域，将会取得较高的比较收益。

随着改革的深入和人们价值观念的转变，政府机关、企事业单位，将有一些人员分流出来。据国家人事部门资料，1992—1993年，全国仅行政人员转入“经商”的即达30万人。同时，农村中还有许多“能人”。这些具备条件的私人投资者，将会筹措民间闲散的资金，雇佣廉价劳动力，兴办企业。现有注册资金1000多亿元，就兴办了30多万家企业。如果再将民间资金的1%投入兴办私营企业，即可增加企业好几万家。

(二)大量的剩余劳动者正在寻求新的就业空间与就业岗位

中国农村现有剩余劳动者1亿多人。他们都承包经营着一小块土地。这块土地，既能提供必需的农产品，又不需要投入更多的劳动力。就是说，从农业中、土地上离析出来的剩余劳动者，是不受土地、家庭束缚的自由人。特别是不当家理事的青年人，他们自由得像鸟一样在城乡广阔的空间里飞翔，寻找新的生存和就业的“着陆点”。近年来，中国出现的、规模日渐庞大的“民工潮”，深层原因正在于此。随着工业化进程加快，劳动生产率和产业资金、技术密集程度的提高，等量劳动所能提供的就业岗位相对减少。所以，近些年来，乡镇企业吸纳、安排劳动力的能力有所降低。如此众多的剩余劳动者大致有这么几条出路：向农业的深度和广度进军，自己务工经商，受雇于他人等等。一般说，他们受雇时，对劳动报酬、劳动条件等要求不是太高。从比较利益而言，以综合成本计算，只要高于在家务农的收入就可以。正是由于待雇的劳动力数量多，价格低，所以，许多成功的企业主，大量地使用活劳动以替代物化劳动。这是近些年私营企业高速发展、高速积累的一条重要原因。

城镇的就业形势同样严峻。每年新增劳动者约300万人。这两年新增加的城市待业青年及国有企业分离出来的富余人员已达6000多万人。他们也在寻找新的就业机会。

(三)私营经济的产业结构与国家的产业政策相适应

发展第三产业，可以增加国民生产总值，提供社会积累和就业岗位。中国第三产业发展缓慢，水平较低。1991年底，第三产业的产值只占国民生产总值的26.8%(发达国家一般占60%左右，发展中国家的平均水平也有40%)，从业人数只占社会劳动者总数的18.8%(发展中国家一般占50%左右)。为了改变这种状况，国家已经决定，明确加快发展第三产业的重点，并且提出主要依靠社会力量，坚持“谁投资，谁所有，谁受益”的原则，充分调动各方面的力量，国家、集体、个人一起上，放开手脚，鼓励多种经济成份积极参与。

第三产业是一个亟待开发的广阔天地，个人私营经济在这个天地里是会大有作为的。第三产业行业多、门类广、劳动密集、技术密集、知识密集行业并存，能够吸纳大量的和不同层次的劳动者就业。近些年来，私营企业中第三产业发展迅速，产业结构日益合理。1993年私营企业中，第二、三产业户数均有较大增长，分别比1992年底增长44.9%和118.4%。由于增长速度的差距拉大，第二产业的优势减弱，在总户数中的比重继续下降，注册资金所占比重下降得更快；而从事第三产业的私营企业户数和注册资金在总数中所占比重，差不多都上升了10个百分点。从发展趋势看，第三产业的比重还将继续增长。

表3　私营企业的产业结构　（%）

年度	企业户数		从业人数		注册资金	
	第二产业	第三产业	第二产业	第三产业	第二产业	第三产业
1991	70.3	29.7	78.1	21.9	59.6	40.4
1992	65.3	34.7	73.9	26.1	51.4	48.6
1993	55.6	44.4	65.8	34.2	41.5	58.5

（四）中西部地区发展地方经济的一条思路

中西部与东部地区经济发展的差距，主要表现在非农产业方面。1993年，在全国乡镇企业的总产值中，东部、中部和西部三个地区各占65.0%、30.2%和4.8%；个体户的户数与从业人数，东部地区分别为49.3%和50.8%，中部地区为31.1%和32.4%，西部地区为19.6%和16.7%；私营企业的户数和注册资金，东部地区分别占68.5%和76.9%，中部地区占20.2%和14.6%，西部地区占11.3%和8.4%。

中部地区人口数量多，剩余劳动力多。他们在解决温饱问题后，企求致富的欲望极其迫切。由于历史的和现实的诸多原因，使这些地区成为"民工潮"、"车匪路霸"等社会问题的"多发区"。西部地区，既是少数民族聚居区，又是贫因人口集中区（全国贫困人口的80%集中在这个地区）。这个地区的开发和发展，直接关系到社会稳定、民族团结、边防巩固。中西部地区基础设施比较落后，集体经济相对薄弱。几十年来，国家采取了许多措施，但是仍然还有一些问题没有解决。近些年，这些地区的领导振奋精神、奋起直追，加大改革、发展的力度，千方百计改变落后面貌，促进了非农产业的迅速发展。1993年同1992年比较，私营企业的户数，中部地区增长80.9%，西部地区增长73.3%，东部地区只增长67.1% 。在私营企业总户数中的比重，东部地区由69.8%下降到68.5%，中部地区由19.0%上升到20.2%，西部地区由11.2%上升到11.3%。1994年1—9月份，中西部地区乡村工业产值为4441亿元，比上年同期增长72.6%，东部地区乡村工业产值12244亿元，增长46.14%，中西部地区增长幅度高出东部地区26.46个百分点。随着中西部资源的开发，非农产业的发展速度还将加快。[⑧]

（五）戴着"红帽子"、"洋帽子"、"小帽子"的私营企业主，将逐步恢复其本来面目

随着社会主义市场经济体制和现代企业制度的建立，各种所有制类型的企业可以一视同仁地参与市场的平等竞争。这就需要产权关系明晰，依法自主经营，自负盈亏，果断决策，才能享受资产受益等权利。而那些戴着"红帽子"、"洋帽子"、"小帽子"的企业主，因为产权关系模糊，最终受害的还是自己。所以，他们将会逐步摘掉那些不实之"帽子"，还原其本来面貌。据了解，戴着各类"帽子"的企业主为数不少。国家工商行政管理局通过模底调查，估测1987年全国有私营企业22.5万户，雇佣工人为360.7万人。如果这个数字接近实际的话，那么又经过7年的发展，私营企业的真实数字应是此数的几倍，而实际登记的私营企业不及估测数的1倍。另外，乡镇企业中约有80%以上为个体户与私营企业。它们将逐步恢复本来面目。

私营企业主阶层的发展趋势

经过十多年的发展，私营企业主阶层的某些趋势已不端倪。表现在下面三个方面。

（一）逐步向城镇集中

私营企业在发展过程中，积累了一定资产后，在地域分布上表现出两种集中化的趋势：一是初具规模后，逐步向中心集镇、城市转移；一是向经济开发区集中。私营企业主最关心的是投资环境、工作效率和经济效益，而不像乡镇集体企业在企业选址问题上，受本社区劳动就业、干部管理等牵制。集镇、城市、开发区，是农村社区经济、政治、文化和各种社会活动的中心。这里基础设施较好，生活方便，交通便利，信息灵通，有利于开展购销业务和各种经济活动。同时，这里的居民文明程度较高，社会经济管理也规范一些，有更多的安全感、稳定感。所以，分散在村庄里的私营企业，待条件成熟后就陆续迁移到集镇、城市和开发区。上海市青浦县于 1992 年 7 月开设“私营经济开发区”，同时建设配套小区，采取“统一规划，成片开发，政策扶持，优质服务”等措施，到 1994 年 4 月，已经吸引私营企业 1426 家来此落户。由于上述原因，私营企业的城乡分布发生了很大的变化（表 4）。

表 4　　全国私营企业城乡分布　　（%）

年度	企业户数		从业人数		注册资金数	
	城镇	农村	城镇	农村	城镇	农村
1989	36.4	63.6	31.2	68.8	46.7	53.3
1990	38.4	61.6	33.4	66.6	46.0	54.0
1991	41.9	58.1	37.0	63.0	51.3	48.7
1992	47.5	53.5	42.2	57.8	61.8	38.2
1993	55.5	44.5	50.0	50.0	72.0	28.0
1994.6	55.6	44.4	50.6	49.4	70.1	29.9

表 5　　有限责任公司在私营企业中的份额　　（户、万人、亿元、%）

年度	有限责任公司户数		从业人数		注册资金	
	绝对数	比重	绝对数	比重	绝对数	比重
1989	3836	4.2	8.78	5.35	12.75	17.45
1990	4347	4.4	9.99	5.9	17.30	18.19
1991	6678	6.2	15.39	8.37	29.73	24.10
1992	17673	12.66	35.52	15.32	96.40	43.59
1993	66253	27.85	108.96	29.24	435.97	64.06
1994.6	102000	31.08	164.1	32.77	673.70	64.69

（二）企业经营规模逐步扩大

私营企业多是些作坊式的小企业。在市场竞争中，为了追求规模效益，或增加资金投入，或增加雇工人数，或转向公司化、集团化经营，以扩大规模。就全国来说，户均注册资金是逐年增加的：1989 年为 9.3 万元，1990 年 9.7 万元，1991 年 11.4 万元，1992 年 15.9 万元，1993 年 28.6 万元，1994 年 6 月 31.7 万元。随着企业资本有机构成的提高，投入的活劳动有所减少，但雇工 100 人以上的大户在逐年增加：雇工 100—499 人与 500 人以上的企业，1990 年分别为 693 户与 23 户，1991 年为 582 户和 20 户，1992 年为 712 户和 54 户，1993 年为 5302 户和 303 户。

从投资形式看，有限责任公司增长的速度很快，所占比重增加。（见表 5）有限责任公司享有法人资格，属于法人企业，规模较大，实力较强。1993 年，全国私营企业的平均规模为每户拥有注册资金 28.6 万元，从业人员 15.66 人，而有限责任公司的平均规模为每户拥有注册资金 66.1 万元，从业人员 16.45 人。后者为前者户均注册资金的 2.3 倍。1993 年底，全国有限责任公司的户数和从业人数，分别比上年底增长 274.88%和 206.76%，而注册资金则增长 352.25%。1994 年 6 月底，上述三项指标又分别比 1993

年底增长 153.96%、150.6%和 154.53%。从而使得有限责任公司在私营企业中所占份额迅速增加，1994 年 6 月同 1992、1993 年比较，户数由 12.66%、27.85%提高到 31.08，从业人数由 15.32%、29.24%提高到 32.77%，注册资金则由 43.59%、64.06%提高到 64.69%。有些省增长幅度更大。如广东省，1994 年 6 月底，全省有限责任公司 22553 户，从业人员 32.5 万人，分别占其总数的 39.4%和 40.5%。有集团公司 47 家。1994 年上半年，净增有限责任公司 6946 户，比上年同期增长 70.2%。

（三）混合经济形式逐步增多

私营企业在发展过程中，财产纯粹私有的形式逐步减少。因为，随着规模的扩大，生产、经营上遇到的困难会随之增加，促使其同其它经济形式，首先是同居于主导地位的经济形式联合。联合、渗透或溶合，都将成为私营企业发展的有利条件。由于私营企业规模越大，面临的困难越多，这种联合的愿望越强烈。所以，同公有制经济的联合，是私营经济解决内在矛盾的必然结果，带有规律性。在实地调查中，我们发现，一些规模较大的私营企业，财产形式多为混合所有。据资料，全国注册资金在 100 万元以上的私营企业中，与国有企业已经建立或准备建立联营关系的占 30%与 23.1%。另据首次全国私营企业抽样调查的资料，私营企业对外合资、合作的现状与意向为：已经合资、合作的占 11.9%，正在联系合资、合作的占 17.2%，准备在三、五年内合资、合作的占 29.3%。[⑨]私营企业通过参资、入股、租赁、兼并等形式，与国有、集体、外资等企业实行跨地区、跨行业、跨所有制的联合、合作，将会扬长补短，发挥“杂交”优势。

一些素质较高的经营者，待企业初具规模后，逐步向城市、开发区集中，逐步由纯粹的私人占有转向混合所有制。在中国现代化的过程中，对于推进工业化、城市化，私营企业主阶层也是一个需要发挥其作用和积极调动的重要因素。

注释：

① 中国私营经济研究课题组编：《中国的私营经济》，中国社会科学出版社 1989 年版，第 18 页。

② 这次调查是由中国社科院社会学研究所与全国工商联研究室负责承担的国家项目《中国私营企业主阶层研究》课题组主持的。参见《中国社会科学》，1994 年第 4 期第 70 页。

③ 参见《中国社会科学》，1994 年第 4 期第 62 页。

④ 《中国社会科学》，1994 年第 4 期第 73 页。

⑤ 刘成业、陆开锦主编：《石狮试验》，福建人民出版社 1994 年 1 月版，第 245 页。

⑥ 《中国社会科学》，1994 年，第 4 期第 75 页。

⑦ 参加《中国私营经济年鉴》(创刊号)，香港经济导报社 1994 年 8 月版，第 124 页。

⑧ 参见 1994 年 11 月 22 日《农民日报》。

⑨ 《中国私营经济年鉴》(创刊号)，第 126 页。

(引自江流　陆学艺　单天伦主编《社会蓝皮书 1994—1995 年中国社会形势分析与预测》，中国社会科学出版社 1995 年 1 月版)

1994 年中国工业生产状况及 1995 年预测

国家经济贸易委员会经济运行局　谢又乔

今年以来，全国各地区、各部门认真贯彻党中央“抓住机遇、深化改革、扩大开放、促进发展、保持稳定”的全局工作方针，妥善处理改革、发展、稳定的关系，促进了经济增长和社会稳定，整个形势朝着好的方向发展。

自 1993 年下半年国家采取加强宏观调控的政策措施以后，过热的经济态势得到有效抑制，整顿经济秩序收到显著效果，经济增长速度开始回落。今年初，国务院按照党的十四届三中全会《关于建立社会主义市场经济体制的决定》，又适时进行了宏观经济体制改革，使前几年积累下来的潜力得以较大发挥，供求矛盾和“瓶颈”制约基本缓解。初步预测，1994 年的国内生产总值和工业总产值将比 1993 年分别增长 11%和 21%左右。

1994 年工业生产运行状况分析

（一）前 3 个季度工业生产实际完成情况

今年随着各项改革措施的顺利推进，以及国家继续加强宏观调控，经济运行环境有较大改观，工业生产仍保持了较高增长速度。全国乡及乡以上独立核算工业企业 1 至 9 月累计完成工业总产值 30268 亿元，比上年同期增长 19.73%，比上半年加快 0.95 个百分点。按所有制性质看，国有及国有控股企业实现工业总产值 16148 亿元，比上年同期增长 6.91%，比上半年加快 0.37 个百分点，其中国有企业为 13467 亿元，增长 5.39%，加快 0.13 个百分点；集体企业实现工业总产值 11692 亿元，比上年同期增长 29.08%，比上半年加快 1.25 个百分点，其中乡办企业为 7960 亿元，增长 43.98%，加快 2.04 个百分点；其他经济类型企业实现工业总产值 5109 亿元，比上年同期增长 45.31%，比上半年加快 1.58 个百分点。按工业类型看，轻工业实现工业总产值 14418 亿元，比上年同期增长 22.2%，比上半年加快 2.12 个百分点；重工业实现工业总产值 15850 亿元，比上年同期增长 17.58%，比上半年下降 0.05 个百分点。

按地区看，东部绝大多数省市增长速度高于全国平均水平，其中安徽、山东、福建、浙江、江苏、广东、江西、北京等增幅超过 20%，最高的安徽达到 28%；中西部除湖北、河南外，其余省区增长速度均低于全国平均水平，其中东北、西北地区的多数省区增幅不到 10%，最低的黑龙江和新疆仅增长 4.5%和 3.5%，一部分省区的国有企业还处在负增长状态。

（二）工业生产运行特征和存在的问题

除上述工业生产增长速度逐步回升和不同所有制、不同工业类型、不同地区增幅有较大差异外，运行中还有 4 个方面的明显特征。

1. 消费品生产稳定增长，基础产业和投资类产品生产相对缓慢。1994 年以来，消费品市场逐月趋于活跃，促进了消费品生产的高速增长。1 至 9 月，手表、照相机、录相机、录音机、组合音响产量增长 1 到 2.2 倍，彩色电视机、电风扇、电冰箱、空调器、吸尘器产量增长 19.9%到 44%，丝织品、呢绒、服务产量增长 7.4%到 29.5%。但由于受控制投资需求和库存较多的影响，能源原材料和部分机电产品生产增长缓慢。1 至 9 月，能源生产总量增长 5.3%（其中，原煤增长 6.1%，发电量增长 10.5%），钢材产量增长 5.5%，铜材、铝材、木材产量下降 1%到 5.9%，纯碱、烧碱、乙烯产量增长 2%到 9.7%，交流电动机、工业锅炉、金属切削机床产量下降 15.8%到 29.8%。

2. 工业产品销售有所好转，累计产销率仍然偏低。随着市场的逐步活跃，从 7 月份开始工业产品销售逐月回升，扭转了年初以来的下降局面，第三季度实现工业销售产值 10047 亿元，比上年同期增长 23.2%，比上半年提高 6.4 个百分点。但 1 至 9 月累计，工业产品销售率为 93.93%，比上年同期低 0.55 个百分点，比年初低 2.4 个百分点，比“七五”期间的年平均水平低 3.55 个百分点。

3. 工业经济效益逐月改善，总体效益仍不理想。据国家统计局统计，全国乡及乡以上独立换算工业企业 1 至 8 月的工业经济效益综合指数为 97.14%，比年初提高 0.53 个百分点，比上半年提高 0.76 个百分点。一些主要经济效益指标也都有相应提高。其中，资金利税率 10.89%，比年初提高 0.25 个百分点；成本费用利润率 4.99%，提高 0.34 个百分点；增加值率 31.09%，提高 3.44 个百分点；全员劳动生产率 14579 元/人，提高 8.2%。但资金利税率、成本费用利润仍比“七五”期间年平均水平低 2.66 个和 3.42 个百分点，流动资金周转次数，也比“七五”年平均水平的 1.83 次慢 0.41 个百分点。

4. 工业品出口增加较多，一些产品进口量过大。随着外汇、外贸管理体制的改革，工业系统针对国内市场供大于求的状况，积极开拓国际市场，努力扩大出口，取得较好成效。据海关统计，1 至 9 月全国机电产品出口 199.9 亿美元，比上年同期增长 36%，其中照相机、手表、自行车、录音机、录相机、组合音响、电动机和发电机出口量增长 12.4% 到 58.7%；水泥出口 265 万吨，比上年同期增长 50.3%；纺织纱线、织物及其制品出口量，比上年同期增长 37.2%；玩具、服装，塑料制品，旅行用品及箱包、家具出口量，比上年同期增长 16%到 40.3%。与此同时，钢材、原油及成品油进口较猛，冲击了国内市场，波及到工业生产。1 至 9 月累计，进口钢材 1662 万吨，原油 733 万吨，成品油 939 万吨，都超过了进口计划指标。

工业生产虽然保持了高速增长，但由于国民经济没有达到良性循环状态，工业再生产过程中一些深层次矛盾仍然没有得到有效解决，存在的问题比较突出。一是受需求的制约，生产相对过剩，产品库存积压较多。1 至 8 月，全国乡及乡以上独立核算工业企业产成品资金点用 3960 亿元，比年初增加 600 亿元，增长 17.8%。二是企业资金紧张，支付困难，相互拖欠货款增加。1 至 8 月，全国乡及乡以上独立核算工业企业应收帐款净额 5309 亿元，比年初增加近 2000 亿元，增长 56%。三是实施新的财会制度和税收制度潜亏转明亏和税负加重，企业亏损上升。1 至 8 月，全国乡及乡以上独立核算工业企业亏损面为 24%，亏损率为 32%，比上年的 18%和 30%分别上升 6 个和 2 个百分点，亏损企业的亏损额为 526 亿元，已接近上年全年的亏损额，其中国有企业亏损面和亏损额分别高达 41.3%和 364 亿元。四是国有企业负担沉重，后劲不足，生产经营十分困难。截止到 9 月末，国有工业企业的资产负债率为 68.4%，其中流动资产负债率高达 92.6%。同时，一大批老企业由于资金匮乏得不到改造，现有企业技术装备达到八十年代国际、国内水平的分别占 20%和 21.8%，多数企业还处在六、七十年代水平，其中国有大中型企业经过比较全面改造的只有 20%左右，严重缺乏发展后劲。

（三）1994 年工业生产发展分析

国家对经济过热采取的加强宏观调控政策措施，规范了市场运行机制，减少了经济活动中的异常现象。同时在经济增幅回落的情况下，有针对性的作出了下半年增加 500 亿元贷款规模的决定，使经济运行中资金紧张的矛盾相对有一定程度的缓解，工业生产开始有所回升，预计第四季度仍将保持较高增长速度。作这样判断的理由：一是经济增长将继续以固定资产投资为基本推动力，企业成为社会扩大再生产的投资主体。前三个季度，全国国有单位固定资产投资完成 5860 亿元，比上年同期增长 43.9%，比上半年加快 6.4 个百分点，全年全社会固定资产投资预计可完成 15000 亿元，比上年增长 27%，这将有力地推动工业生产的高速增长。二是消费市场继续趋向活跃，工业品产销率会进一步提高。前三个季度，全社会商品零售总额实现 11125 亿元，比上年同期增长 28.3%，比上半年增加 2.7 个百分点，全年全社会商品零售总额预计可实现 15500 亿元，比上年增长 27%，这将有力地推动消费品生产的高速增长。三是工业品的出口保持良好发展势头，出口量会继续增加。全国出口总额在前三个季度完成795亿美元，比上年同期增长29.7%的基础上，将会进一步扩大，全年出口总额预计可完成1050亿美元，比上年增长15%，这将有力地推动出口生产企业的快速增长。四是乡办企业和三资企业等非国有企业的持续高速增长，会进一步提高在工业总产值中的比重，这将有力地推进整个工业的高速增长。综上所述，1994年工业生产增长速度比上年23.6%的增幅会有适度回落，但仍将保持较高水平，预计全国乡及乡以上独立核算工业企业全年可实现工业总产值42440亿元，比上年增长21%，实现工业增加值16690亿元，增长18%。

1995年工业生产发展预测

（一）工业生产计划安排的初步设想

据有关部门对1995年经济和社会发展计划提出的初步意见，全年经济增长率定为8%。从经济总量保持相对平衡的角度考虑，工业总产值计划则需完成50080亿元，比1994年增长18%，完成工业增加值19190亿元，增长15%。这是因为考虑到前三年国民经济持续保持了10%以上的快速增长，使各方面的平衡关系比较紧张，经济运行回旋余地不大，调整结构和提高效益进展缓慢，经济活动中的深层次矛盾难以解决，而且还引起需求扩张，刺激物价上涨，加大通货膨胀压力。因此，计划安排不宜绷得太紧，按经济增长8%进行衔接和协调，还可为实施计划留有一定的余地。

（二）工业生产实际运行态势

从总体上看，1995年宏观经济环境将好于1994年。一是1994年出台的财税、金融、计划、投资、外贸等各项重大改革措施逐步完善，将增强国家对经济的宏观调控能力，建立起适应社会主义市场经济体制的宏观调探体系，这对进一步改善宏观经济环境创造较好的体制条件，从而实现国民经济的快速持续增长。二是中共中央、国务院针对国有企业的现状，决定1995年把进一步深化国有企业改革作为经济体制改革的重点，解决企业经营机制不活、生产经营困难的突出问题，确立国有企业在国民经济中的主体地位，充分发挥它在发展经济中的主导作用，这将有利于工业生产的稳定增长。三是近几年国家较大幅度的提高了能源、原材料和铁路运输价格，增强了“瓶颈”产业的自我积累和自我发展能力。同时，一批重点基础建设项目相继建成投产，将进一步改善资源供给条件，增强工业生产发展后劲。四是1994年下半年以后，国家下大力气突出抓控制物价工作，强化物价宏观调控，使通货膨胀加剧的势头得到初步抑制，减轻了1995年物价上涨推动生产成本上升面企业难以承受的滞后影响，有利于工业生产的发展。五是国际环境改善，发达国家经济复苏，加上中国外汇、外贸体制改革成功，有利于不断开拓国际市场，扩大出口贸易，促进国内工业生产发展。上述各项因素综合起来，将推动1995年工业生产继续保持较快增长速度，初步预测全年可实现工业总产值50000亿元，50930亿元，比1994年增长20%，实现工业增加值19530亿元，增长17%左右。

（三）工业生产尚需解决的问题和应取对策建议

尽管经济运行环境对1995年工业生产有很多有利条件，但也面临一些客观困难。一是1994年的自然灾害，使农业生产受到较大影响，特别是粮、棉等主要农作物减产，将直接制约工业生产的发展。二是经济结构不合理，资金投向和资金效益不理想，特别是产品结构难以适应社会主义市场经济发展的需要，供需矛盾较大，给工业品产销衔接带来直接影响。三是国有企业改革涉及利益分配关系，改革成本各方面承受能力有限，事实上难以消化，特别是关系职工切身利益的问题，不仅改革难度大，而且易于引起社会震荡，制约工业生产。四是主要农产品、能源和交通运输价格仍然偏低，上下游产品价格关系尚未理顺，结构性调价压力较大，企业生产成本难以降低，工业生产将受到一定影响。五是国际、国内还有一些很复杂的不确定因素，也会对工业生产发生影响。

对此，1995 年还必须以“抓住机遇、深化改革、扩大开放、促进发展、保持稳定”作为全党全国的工作大局，进一步正确处理好改革、发展、稳定三者的关系，重点做好 7 个方面的工作：

1. 确保国有企业的主体地位。国有企业在国民经济中占主体地位，是坚持社会主义方向、发展社会主义市场经济的基本特征，它控制着国民经济的命脉，对经济发展起着主导作用。必须坚持以公有制为主体、国有企业为主导和多种经济成分同时并存、共同发展的方针，采取有力措施，确保国有企业有一个较快增长速度，改变国有企业在国民经济中比重逐年下降的局面。特别是对国有大中型企业，要按照国家产业政策，确定重点支持的、鼓励发展的、需要调整的以及应破产淘汰的，区别不同情况，制定相应政策措施，进行分类指导，优化产业结构和企业组织结构。

2. 搞好综合配套改革。深化企业改革，增强企业活力，是一项艰巨而复杂的任务，它不仅涉及企业自身的改革，而且关系到与其相关的一系列改革，特别是建立科学合理的国有资产管理体系和社会保障体系，必须同步配套进行，以理顺产权关系，减轻企业负担，使国有企业的面貌得到根本改观。

3. 保持社会需求的适应增长。增加社会需求是推动经济发展和工业生产增长的必要条件，特别是在国力所能承受的范围内保持固定资产投资的相应增长，不仅是经济持续增长的重要环节，也是增强发展后劲，加快结构调整的需要。但必须改变投资结构，适当加大农业、水利、基础产业和基础设施的投资比重，采用先进技术特别是高新技术武装传统产业，促进企业上水平、调结构、增效益、提高产业素质。

4. 确立扩大内涵再生产的战略目标。党中央、国务院多次明确强调，要把扩大再生产的重点放在技术改造上，而不是靠铺新摊子。必须针对我国现有加工业生产能力庞大、许多行业生产过剩的国情，调整经济工作思路，增加技术改造的固定资产投资中的比重，增强技术改造力度，提高技术改造效率，研究制定鼓励企业加快技术改造和技术进步的政策措施，使企业真正成为投资主体，走内涵扩大再生产的路子。

5. 培育和发展国际国内两个市场。市场消费和投资一样，已成为经济发展的基本动力，在建立社会主义市场经济体制过程中，要积极培育和发展统一、开放、竞争、有序的市场体系，大力开拓和充分利用国际国内两个市场，特别是国内的农村市场和国际发展中国内的市场，加强市场法制建设，搞好重要商品流通体制改革，让工业品占领国际国内市场。

6. 把提高经济效益作为经济工作的中心环节。中共十四大提出了“经济工作要以提高经济效益为中心”的重大战略决策，受到社会各界的普遍关注，但中国工业经济效益总体水平还不高，切实提高企业的经济效益仍然是一项十分艰巨而紧迫的任务。1995 年的经济工作中，要把加强企业经营管理、加快企业技术进步作为重点安排落实，抓紧抓好，做到向管理和技术要效益，从而提高企业的投入产出水平，真正把经济工作落实到以提高经济效益为中心的轨道上来。

7. 加快政府机关职能转换。转换企业经营机制，建立现代企业制度，必须转变政府机关管理职能，这是实现正企分开的关键。要在合理划分中央和地方事权的基础上，按照精简、效能、廉洁的原则，深化政府机构改革、建立符合社会主义市场经济体制、有利发展国民经济的宏观调控体系，切实转变政府机关经济管理职能，做好经济运行的协调工作，促进经济总量的基本平衡和经济结构的基本优化，保证经济活动的平衡运行，使国民经济保持稳定、快速、健康发展。

（引自国家信息中心编《1995年中国经济展望》，中国经济出版社1994年11月出版）

附表　　主要工业产品产量及增长百分比

	1994年	比上年增长%		1994年	比上年增长%
化学纤维	269万吨	13.3	发电量	9200亿千瓦时	9.6
纱	470万吨	−6.3	钢	9153.2万吨	2.2
布	200亿米	−1.5	钢　材	8003.6万吨	3.7
机制纸及纸板	2000万吨	4.5	十种有色金属	375.2万吨	7.5
糖	581.9万吨	−24.6	水　泥	4.05亿吨	10.1
原　盐	2974.6万吨	1.1	木　材	6100万立方米	−4.5
卷　烟	3421.3万箱	1.4	硫　酸	1494.7万吨	11.8
合成洗涤剂	196.4万吨	4.3	纯　碱	568.4万吨	6.3
彩色电视机	1689.5万部	17.7	化　肥(折100%)	2276万吨	16.3
家用洗衣机	1096.4万台	22.4	化学农药(折100%)	26.8万吨	4.4
家用电冰箱	764.5万台	28.1	发电设备	1706.9万千瓦	15.9
能源生产总量（折标准燃料）	11.2亿吨	4.7	金属切削机床	19.2万台	−26.8
			汽　车	140.2万辆	8.0
原　煤	12.1万吨	5.3	拖拉机	4.6万台	21.8
原　油	1.46亿吨	1.0			

1994—1995年中国农村经济形势

中国社会科学院农村发展研究所　韩　俊　余　贤

1994年中国农村经济形势比较以往的年份，具有更多的新情况、新特点，面临更多的新问题。为了全面把握农业和农村经济运行情况及今后发展趋势，汇集来自各方面专家的意见很有必要。1994年年末，“农村经济年度分析”课题组、《中国农村经济》编辑部及德国诺曼基金会，联合在京召开了“1994—1995年中国农业与农村经济形势回顾与展望研讨会”。来自中央有关研究机构20余名专家及10余家新闻机构的记者，出席了研讨会。本文是与会专家的有关观点的综述。

1994年农村经济形势的总体判断

1994年农业和农村经济运行的总体情况良好，主要体现在以下两个方面。

（一）农产品供求基本均衡

1994年农产品的供给量和需求量，经过各方面的，基本保持了均衡。

一是粮食产量波动不大。预计1994年粮食总产量为这8900亿斤，比1993年减少200亿斤左右，总产量的波动不大。1994年粮食播种面积缩减了1000多万亩，主要是夏粮播种面积比1993年减少了1200多万亩，下降幅度达2.70%。1994年早稻播种面积达到12027万亩，比上年增长了1.10%，扭转了连续3年早稻面积减少的局面。从粮食消费量来看，与会专家普遍推算，不会超过8900亿斤，粮食总量的供需平衡不会出现问题。

二是棉花生产获得丰收。根据农业部统计，1994年棉花播种面积为8100多万亩，比1993年增加700多万亩，增长幅度达9.60%。全国17个产棉省中，除陕西比1993年减少、四川持平外，其余各省的播种面积都是增加的。棉花总产量达到450万吨，比上年增长50万吨。棉花生产连续两年滑坡后，1994年有了明显好转的局面，再加上进口1000万担和压缩小棉纺厂，棉花的供求矛盾将得到缓解。棉花生产获得丰收，主要得益于棉花价格的提高和中国主要棉区的气候对棉花发育比较有利，1994年三次提价后棉、粮比价已达10：1。

三是油料、糖料等经济作物生产呈现增长势头。1994年夏油产量达742万吨，比上年增加48万吨，增长幅度达7%。全国油菜面积达8538万亩，比上年增加585万亩，增长7.40%。1994年春播糖料面积达2575万亩，比上年增加135万亩，增长4.90%。其中，甜菜面积975万亩，比上年减少14万亩，减少0.90%。由于1993年产糖量减少幅度较大，1994年糖料生产的增长属于恢复性的增长。

四是畜牧、水产业呈现全面增长，生产结构趋于合理，消费需求旺盛。1994年以来，尽管面临着饲料成本直线上涨等困难，畜牧业的发展形势有的方面比往年还好。据国家统计局对28个省（区、市）1994年1—9月份的统计，牛、羊、禽肉产量为2740万吨，比上年同期增长408万吨，增长17.50%。其中猪肉2039万吨，比上年增加213万吨，增长11.60%；出栏猪2.7亿头，比上年同期增长10.10%，存栏猪增加5.30%，均高于往年的增长速度。牛奶比上年有所好转，禽蛋产量略有增加。在结构上，猪肉产量下降到74%，牛、羊、禽肉产量上升为26%。1994年1—9月份禽肉产量达458万吨，比上年同期增长39.20%；牛、羊肉产量为243万吨，同比增长37.30%。猪肉的增长，主要得益于猪肉价格上升，农民养猪效益明显提高。据湖南省9月份对35个县（市）1440头出栏猪的调查，头均纯收入达132.80元。江西省猪、粮比价已由年初的4.5—4.8：1提高到9月份的5.6—6.2：1，各地养猪生产者纷纷扩大规模，规模化养猪迅猛发展。1994年以来，由于消费基金的快速增长，城乡肉食消费需求旺盛。据国家统计局对60个50万人以上的大、中城市统计，1994年上半年猪肉上市量比上年同期增长8.20%。另据国家工商局统计，上半年城乡集贸市场猪肉成交量比上年同期增长8.02%。在典型调查中发现，农民食肉量增长幅度大于城市。据河北省畜牧局估测，上半年农民食肉量比上年增长15—20%。水产业继续保持快速增长势头，1994年水产品总产量预计达2000万吨，人工养殖产量上升为50%，天然捕捞量继续下降。

（二）农民收入增长相对较快

由于农产品大幅度提价和农村剩余劳动力转移速度加快，农民纯收入与上年相比增长较快。据国家统计局根据7万户、870个县（约占全国三分之一的县）的抽样数据分析汇总，预计人均纯收入达1200元，比上年增长30%（现价）。农副产品的提价使人均纯收入的提高部分占50%。农业生产资料价格比上年上涨估计在25%以上；扣除物价后，农民人均纯收入预计比上年增长5%左右。

根据国家计委价格管理司的农产品成本调查资料计算得出，粮食提价对农民增收的直接效应为425亿元，禽畜产品和蔬菜涨价对农民增收的效应为300亿元，棉花提价使农民增加收入约98亿元，蚕茧收购价格提高农民增收27.30亿元，其它农副产品收购提价农民增收约560亿元，1994年农产品收购价格提高后，直接和间接影响农民增加的收入估测为1410亿元。但是，1994年因能源产品价格提高、化肥价格调整及汇率并轨、税制改革等因素的影响，农业生产资料价格上涨幅度较大。其中：农用柴油涨价格96亿元，汇率并轨后进口化肥和调整价格后的国产化肥合计涨价25.70亿元，农用薄膜及农膜料涨价额为9.50亿元，汇率并轨后农药涨价1.60亿元，农业用电涨价农民增支2.60亿元，石油、天然气、煤提价影响地方化肥涨价金额18.60亿元，其它农业生产资料自发涨价影响农业增支118亿元左右。农业生产资料涨价总金额合计约274亿元。农村社会消费品物价指数上涨，影响农民购买消费品增加支出760亿元左右，由于粮食收购价格的提高，农业税征使农民实际增加支出为30亿元，1994年农民合计增加支出为1064亿元。1994年农副产品价格提高后，与1993年相比，直接和间接增加的农民收入，同由于生产资料价格和农村工业消费品价格上涨及其他因素影响农民增加的支出相抵后，农民净增收入346亿元。

当前农村经济运行中的突出问题

虽然1994年农村经济运行总体情况良好，但多年来农村经济运行中的一系列深层次矛盾在1994年表现得仍比较尖锐，而且农村经济运行中又出现了一些新的值得重视的突出问题。

（一）中央政府的农业投入到位情况不理想，不少地方政府对农业投资的比重仍在下降，农业基础条件脆弱

据有关资料，1994年国家财政预算用于农业的投入总额达523亿，占财政支出比重提高到9.63%，比上年增长15%，但直至1994年9月份到位的农业支出尚不到全年计划的50%。1994年中央财政中开支的农业投资比重虽有上升，但不少地方政府对农业投资的比重却仍在下降。地方政府在农业总投入中承担着较大的部分。“分税制”后，不少地方财政收入增长减慢，“赤字县”占一半以上，再加上工资改革需要地方政府加大财政支出，不少地方工资发放都遇到困难，农业的投入就难以排上队。

中国农业基础设施薄弱，投次欠帐太多。这是农业综合生产能力提高缓慢的一个根本原因。1994年是一个重灾之年，虽然各方尽了不少努力，但是由于农业基础设施老化，抗灾能力下降的老问题并无明显改善。据农业部统计，目前全国共有大、中、小型水库85000座，其中大型水库374座，中型水库2560座，小型水库82066座，然而病险水库比重分别为：大型水库中占20%，中型水库中占30%，小型解决。农业科技投入也远远不能满足农业发展的需要。目前中国每6000亩耕地才有1名科技人员，每200万亩草原才有1名牧业技术人员，而且许多技术人员的水平和素质还不能适应需要。农业科研单位的经费和仪器严重不足，实验、试验需要的各种物资也得不到及时的供应和保证，中国农业技术推广网络面临着“钱紧、线断、网破、人散”的危急状况却仍在蔓延。1994年全国有44%的县级、43%的乡级农业技术推广机构的经费被缩减或取消。这对于正在进行品质结构调整，努力转向高产、优质、高效目标的中国农业来说，极为不利。

（二）农业产品购销体制改革出现反复，市场体系仍不健全

1993年10月下旬召开的中央农村工作会议曾确定：1994年的粮食收购实行“保量放价”的政策，即政府向农民收购5000万吨合同定购粮的数量不变，但收购的价格将随行就市。但由于会后不久即出现市场粮价较大幅度上涨的局面，因此“保量放价”的政策实际上未能实行。1994年政府确定的粮食收购方针，是在比1993年提高价格30%（即从每公斤0.80元提高到1.04元）的基础上，向农民收购9000万吨粮食，其中5000万吨按以前的办法以任务形式落实到农户，另外4000万吨由政府粮食部门仍按政府规定的价格在市场上收购。1993年底粮、油涨价风波后，虽然国务院发出了稳定市场的通知，要求国营粮店执行规定的挂牌价格，但是，1994年的粮、油市场价格一直持续上涨，政府粮食部门对粮食收购的难度相当大。一些地方政府为了完成合同收购计划，不得不对合同定购粮加价收购。如江苏省规定，对中央政府定价分别为每公斤1.06和1.08元的杂交籼稻和粳稻分别加“抗旱补贴”0.12元和0.16元，加价幅度分别为11.30%和14.80%。

由于普遍的“收粮难”，国家作出规定，由国有粮食部门按规定价格收购到要掌握的数量后才放开粮食市场，由国家控制粮食的批发环节。中央政府不鼓励也不限制和制止地方政府的加价收购做法，但明确规定：地方政府在粮食收购中的加价部分，不得计入粮食的调运和销售价格，加价部分只能列入地方政府的财政补贴开支。国家规定在产区完成定购任务之前，只允许销区到产区县以上的批发市场购买，而不允许直接到地头收购。但是，由于粮食收购的难度越来越大和地方保护主义的作用，一些地方政府为了压低市场粮食购价，以保证按政府定价完成合同定购粮的任务，不得不采用行政手段来限制粮食的市场收购和市场流通。有的地方甚至采取层层设卡，关闭市场，来封锁粮食的流通。这使得放开的粮食购销体制的改革又出现反复，从粮食产区的利益角度来看，关闭市场也有其部分理由，但涨价的原因还是统一的市场体系未形成，市场仍然无序的结果。由于中国粮食目前的储备主要在产区，产区政府在卖粮难时承担了巨额的仓储、损耗、利息等费用，在收粮难时试图挽回原有的损失。因此，要根本上解决地方保护主义，形成全国的粮食统一市场就不能不考虑到产区的利益补偿问题。

除粮食以外，其它农副产品的情况也较类似。1994年棉花的收购采取严格的统一专营和统一收购，禁止非棉花经营单位和个人经营，全国棉花由供销合作社一家经营。棉花的收购、定价、调拨供应、经营实行国家计划管理，棉花收购已形成全额由国家收购。但是，各地仍有非供销社单位经营棉花，许多个体、集体的棉花加工厂截流棉花收购量。一些地区也曾不惜动用公安、工商等部门的力量，查抄没收非法经营棉花；但屡禁不止，棉花非法市场依然存在。销售渠道统得过死，既不利于调动产棉区地方政府的积极性，也不利于调动棉农的积极性。

（三）乡镇企业税赋陡增，亏损面扩大

财税体制改革和新税制的实行，使乡镇企业的税赋陡增。新税制开征了资源税、消费税、土地增殖税等新税种，并提高了部分税种的税率。更为突出的是新税制对国营企业取消了“两金”，而乡镇企业仍需继续交纳。1994年前5个月全国乡镇企业的税收总额比上年同期增长35%，高于同期全国税收增幅5.8个百分点；1994年1—6月份全国乡镇企业的亏损面由9%上升为16%。1994年乡镇企业面临着经济效益普遍下降的局面。而且，金融体制的改革和宏观调控的偏紧，加剧了乡镇企业的资金紧张状况，带来了乡镇企业资金使用成本居高不下，每百元产值拥有的流动资金数额严重低于全国平均水平，且贷款利息和社会集资的利息皆明显上扬。新税制取消了对乡镇企业的减免税、税前还贷、以税还贷等，这使广大中、西部落后地区乡镇企业的还贷能力下降，不利于获得银行资金。

（四）农业比较效益下降、农村劳动力严重过剩、城乡居民收入差距扩大等深层矛盾并未得到根本上缓解

农村经济运行中的深层问题，主要表现为农业比较效益低下、农村劳动力严重剩余、

居民收入差距不断拉大。这些矛盾，在1994年中均未得到根本上缓解，有的矛盾还有激化的趋势。

1994年农产品价格的大幅度提高，并未使农业比较效益低下的局面得到根本改观。1994年粮食播种面积缩减量较大，减少达到1000多万亩；耕地的季节性抛荒现象仍未能扭转，农民越来越不愿种植早稻，大面积改种单季稻的趋势不断扩大；由于农业比较效益的低下，农民对长期性农业投资缺乏足够的兴趣。

目前农村劳动力的就业压力并没有得到很大缓解。1979—1993年期间，农村劳动力自然增长了1.35亿人，超过了同期农村转入非农产业的人数。据估计，在目前3.33亿农业劳动力中，约三分之一属剩余劳动力，绝对量约为1.2亿人。90年代农村适龄劳动力中每年需要安置的约在750万人左右，农村新增劳动力总量将在7500万人左右。也就是说，到本世纪末，大约有2亿农村剩余劳动力需要寻找出路。1994年农村劳动力转移仍保持了较快的速度，乡镇企业就业人员增长了722万人，流入大城市的民工也呈增长势头，但对劳动力跨地区流动的限制有加大的迹象，劳动力市场发育不全和制度的障碍仍未消除，农村剩余劳动力转移并不顺畅，而且具有“候鸟式”的不稳定性。1994年的“民工潮”，仍然带有明显的季节性涨落的政策性涨落的特征。户籍缺席等的改革，仍有很大的难度。“务工许可证”本来是限于春运期间，有利于“民工潮”的“削峰”，而有的地方有变为不合理收费和常年限制农民外出的苗头。

城乡收入差距不断拉大的矛盾在1994年仍很突出。1994年1—10月份城市居民人均收入增长30%以上，剔除物价因素，仍增长7%左右；而农民人均纯收入，剔除物价因素增长达5%。按有关部门预测，到2000年实现小康，从1993年开始，农民纯收入必须保持年均6.60%的增长速度，而1994年农民收入虽然比往年有较大增长，但仍然未达到这个速度。再加上通货膨胀较高和农业生产资料大幅度提价，城乡差距继续拉大。除少数富裕地区的农村外，中国绝大部分农民的消费结构，主要集中于食物和住房这样相当简单的消费。城乡差距的不断拉大，农村购买力的增长仍不理想，从而引起城市部分产业的不景气，许多城市企业停产半停产，产品滞销，由此产生一批城市失业与半失业人口。农民收入的显著增加，不仅是关系到中国绝大多数人口的富裕问题，而且是关系到从根本上推动工商业的增长问题。

减轻农民负担问题仍不能乐观，农业处于“低税赋，高负担”的状况没有改变。1994年以来，曾一度得到遏制的农民负担问题，又出现反复和抬头。据国家统计局提供的资料，1994年前三季度农民人均货币性负担达23.03元，比上年同期增长52.40%，比同期农民人均现金收入的增长速度快18.8个百分点。分项观察，1994年前三季度集体提留和摊派款回升最快，比上年同期增长75%；缴纳税金次之，为51%；上缴集体承包任务增长较慢，为35%；这些增长率都高于同期农民现金收入增长速度。根据通常情况，农民负担大量发生的季节是第四季度，因此，估计1994年四季度的农民负担有大幅度反弹的趋势。

农产品价格上涨与通货膨胀

（一）农副产品价格上涨的原因

1994年农副产品上涨是在农副产品供给充足的情况下发生的。在农产品供给充足的情况下，发生农产品价格的大幅度上涨是多种因素共同作用的结果。近几年来，农业生产成本的不断提高使得农副产品价格客观上要求相应达到一个合理的水平。据国家计委价格管理司对全国近6万农户的调查，与

1993 年相比。1994 年化肥价格上涨 25%，柴油上涨 28.60%，农药上涨 10%，农用薄膜上涨 6.60%，影响每亩物质费用上涨达 11% 左右，影响三种粮食（稻谷、小麦、玉米）平均亩生产成本增加 13 元。由于物价水平上涨和农村生活消费水平的提高，农业劳动力工资水平也随之提高，影响粮食生产成本的增加。1994 年劳动力成本比 1993 年提高 20%，影响三种粮食平均亩生产成本增加 11.56 元。这几年粮食生产比较效益低，农民生产积极性不高的重要原因，就是粮价太低。“谷贱伤农”，粮食生产的发展面临着极大的困难，不少地方出现粗放经营和耕地撂荒现象。从这个角度上看，提高粮价是必然的选择。

另一个原因就是南方一些省区稻谷减产、品种调整。在按照市场需求发展“两高一优”农业的过程中，各地普遍加大了种植业结构调整的力度，粮食，尤其是早籼稻的种植面积，在南方的粮食生产省和商品粮调入量较大的主销省减少较多，而这些地区由于流动人口多，对粮食的有效需求迅速增加，导致局部地区粮食供给不足，致使销区市场粮食价格上涨，从而漫延到产区粮食市场。

粮食流通环节客观上也存在着混乱，个体粮贩非正常的市场行为——买空卖空，没有得到有效的控制。粮食流通的中间环节，利润太高，1994 年已达到以前利润率的 3—4 倍。国营粮食企业没有认真执行通过吞吐调控粮食市场的任务，也是粮价暴涨的重要原因之一。粮食的进出口，受到汇率调整的影响，在稻谷减产时，却减少粮食的进口，扩大粮食出口，也不利于稳定国内粮食市场。

（二）产品价格上涨与通货膨胀的关系

1994 年较为严重的通货膨胀，并非是农副产品涨价所推动的，把通货膨胀的主要原因归之于逐产品价格的上涨是片面的。1992—1994 年，三年的总投资率均保持在 32%以上。1994 年 1—9 月份，在中央采取措施以后，投资率增长虽受到遏制，但仍上升到 40%以上。由于投资规模过大，一方面拉动了生产资料的价格上涨，另一方面拉动了消费品价格的上涨。固定资产投资中大约有 40%的部分通过各种形式转化成了消费基金。固定资产投资还带动了相当部分的公款消费，既刺激了私人消费的增长，又进一步引发投资冲动的扩张。由于投资规模过大，必然要加大对货币发行和信贷规模的压力。其次，消费需求的膨胀，对通货膨胀也起到了拉动作用。再次，1993—1994 年持续的生产资料上涨、工资总额增长，引起工农业生产成本增加，从而引起物价上涨。最后，转换经济体制和调整经济结构，需要逐步理顺价格关系，特别是调整基础产业的产品价格，客观上又必然会引起物价总水平的上升。

有专家认为，从农产品收购价格名义指数对商品零售价格总指数的影响来看，表现出名义影响很大。但从农产品价格的实际提高对零售物价的影响来看，大大小于名义影响程度。

也有专家认为，农副产品价格上涨和通货膨胀是互相作用的。通货膨胀有拉动农副产品价格上涨的作用。农副产品价格上涨也有拉动通货膨胀的作用。1994 年 1—10 月份全国食品类价格上涨 33.90%，其中，国营粮店的粮价上涨 47.40%、油价上涨 65.10%、菜价上涨 39.10%、肉价上涨 44.20%，而农贸市场的涨价幅度更高。农副产品的实际价格上涨影响全国零售价格指数上涨约 16—17%。

1995 年农村经济发展趋势的初步判断

从 1994 年存在的各种有利因素和不利因素来看，1995 年农村经济趋势有好的苗头，但前景仍不容乐观。

（一）有利因素

农业和农村问题已引起中央的高度重视，已经出台的农业和经济政策措施在 1995

年可望进一步得到落实。如支持粮、棉主产区发展经济的政策，发展高产优质高效农业示范区的政策，增加农业基础设施的投入政策，扶持中、西部地区发展乡镇企业的政策等一系列政策措施，若得到全面的不折不扣的落实，国家安排的专项贷款资金将增加175亿元。如《农业法》得到真正贯彻，对农业这一基础产业的保护，将更有法律保障。根据财部的信息，1995年国库券发行规模将大大高于1994年，其中有用于农业的资金安排。国家有关部门正在寻求开辟农业投入的新渠道，考虑从全社会固定资产投资中拿出0.5—1%，建立农业保护基金。

1994年第四季度通货膨胀将趋于回落。随着国家实施的一些遏制通货膨胀措施的逐步到位，1995年零售物价上涨率预计将回落到10—15%这一区间。前段时间上涨较快的生产资料价格稳中有降，只要国家不较大程度地扩大基本建设规模，就能有效的抑制由此转化的消费基金的膨胀，通货膨胀因后劲不足将大势已去。居民生活消费品，尤其是生活必需品的价格将有所回落，涨价的重要因素正在被消化和控制。农产品市场管理和市场价格监控将会加强。国家将不再出台一些对国民经济影响较大的调价项目，特别是1994年年内原准备出台的交通、能源等方面的调价项目，决定暂不出台。利用外资的绝对额呈下降的趋势，国内配套的资金需求减少。1994年以来，由于外商认为中国国内通货膨胀率较高，并且对国内一些重要领域改革在一段时间内持观望态度，以及实行新的进出口减、免税政策，打击了假“三资企业”，协议引进外资额出现下降，这在东南沿海发达地区较为突出，这在一定程度上缓解了为外资配套的国内资金及相关的资源紧张问题。外贸出口增势也将减弱，使国内一些资源供求状况得到改善。由于国内物价上涨率较高，外贸企业换汇成本攀升较快，出口效益下降，1994年后四个月的外贸出口增长减弱，这有利于缓解通货膨胀的压力。

国内贸易部出台的调控农业生产资料市场的新措施，将有助于保持农业生产资料商品的价格相对稳定。国内贸易部新规定：由中央调控和储备的化肥、农药、农膜，应不低于全社会销量的15%，省、市、区调控和储备的数量应占本地区销量的20%，从而强化了中央和省级调控农业生产资料市场的能力和手段。国家将保留和恢复对化肥、农药、农膜生产和经营的有关政策，以减轻农民负担。国家将把化肥仓储设备列入专项投资计划，新建仓库850万平方米，加强化肥仓储设备建设。

国家已经动用积存较多的外汇储备，组织粮食、食用油等一些国内供求缺口较大的商品进口，缓解供需矛盾。

由于1994年农副产品较大幅度提价，乡镇企业增长势头不减，农村剩余劳动力外出打工数量增加，农民收入相对增长较快，从而农业生产的积极性有所提高，对农业的投入有所增长。根据国家统计局调查的资料，农民户均对农业的投入是增长的。

（二）不利因素

农副产品的价格不可能有大幅度提高的空间，而且1994年农业生产资料的上涨，给1995年生产成本提高埋下了伏笔，使1995年农业投入出现较大因为农业生产资料相当一部分都未影响1994年农业生产的成本，这种影响绝大部分都要在1995年春耕时才能显现出来。

政府对农业的投入，在实际到位上仍存在较大的困难。在农业的投入，地方政府一直扮演主要的角色。而实行“分税制后，地方财政收入明显放慢增长，增加支农支出面临着较大的困难。

农产品市场体系和调控体系仍未形成。农副产品的流通不顺畅，影响着1995年的农副产品供需平衡。1994年粮食的净出口扩大，将对1995年粮食市场增加一定的压力。

农民的市场组织程度仍然很低，对 1995 年的农副产品市场的变化不能把握，有所改善的农业生产结构有可能出现波折。

1995 年信贷规模将趋紧，乡镇企业在资金的获得取上面临着困难。同时乡镇企业的产品市场，也由于国家宏观环境趋紧而受到限制。乡镇企业的亏损有可能继续呈扩大的趋势，这对于刚起步的中、西部地区乡镇企业影响将更大。

农村剩余劳动力的流动将随宏观环境趋紧而受到一定的限制。不论乡镇企业，还是城市中的一些产业，对于农村剩余劳动力的吸纳数量增长将受阻。制度性的障碍将有强化的趋势。城市容纳费、外出务工许可证正在强化有所松动的户籍制度，使这方面的一些改革进程有所减缓。

（三）1995 年农村经济的基本走势

人们普遍认为，1995 年只要不发生大的自然灾害，粮食等主要农产品的生产会保持稳定增长的势头，农产品市场不会发生太大的波动，农产品价格大幅度上涨的势头会得到遏制。主要理由是，由于 1994 年农产品价格上涨的惯性作用，绝大多数地区农民增加生产的积极性仍会比较高；虽然 1994 年国家粮食专项储备有所减少，但仍保持在 3000 万吨左右，高于 2500 万吨的最低限；1995 年粮食出口会减少，进口可能会增加，这会缓解国内市场供给的压力；造成 1994 年农产品价格大幅度上涨的一些因素，如生产资料价格并轨、汇率并轨对农产品成本的影响等，在 1995 年将不再发生作用；1995 年中央和地方各级政府对农农业的支持力度将明显加大；等等。与会专家指出，1995 年农产品供求的总量平衡不会出什么问题。1994 年粮食减产 200 亿斤左右，对 1995 年粮食供给和市场不会造成太大的压力，在舆论宣传上，一定要把握好分寸，不要过分渲染这种影响。否则，不利于城乡居民和企业形成稳定的粮食市场预期。

也有专家认为，1995 年粮、棉等农产品供给不足的矛盾将依然存在，导致农产品价格进一步上涨的因素也依然存在，对农产品供求状况和价格走势不能盲目乐观。主要理由是，1994 年粮食减产，粮食专储下降，粮食出口扩大等因素的综合作用，将使粮食的可供量减少 400 亿斤左右；对国家粮食专储调控市场的能力不要过分乐观。目前 3000 万吨国家粮食专储是否帐实相符，一直是一个悬而未解的问题，而且，政府储备粮的质量难以和私商的相比，投入市场难以起到平抑价格的作用；1994 年粮食收购价格较大幅度上调后，由于农业生产资料价格的大幅度上涨，种粮的比较效益仍很低，特别是在沿海发达地区，粮食提价对农民的刺激不大。即使在粮食主产区，粮食比较效益低的状况也未改观；1994 年底以来，粮食市场的区域封锁，会加剧局部地区农产品供求矛盾。这些专家认为，1995 年粮食供求形势仍不乐观，粮食市场仍不会宽松，尤其是 1995 年上半年，如果不能采取有效措施，弥补粮食供给缺口，粮食价格上涨的可能性仍是很大的。粮价的上涨会带动饲料粮价格的上涨，从而进一步造成畜产品价格的上浮。

1995 年农民收入要在上年基础上继续保持较快的增长速度，难度相当大。首先，1995 年政府不再可能较大幅度提高农产品收购价格，价格因素对逐民收入增长作用肯定会减弱；其次，1995 年国民经济增长速度的回落，及乡镇企业增长环境的趋紧，使得非农就业对农民收入增长的影响也将减弱。

增加农产品有效供给，提高农民收入的政策建议

1995 年农村经济发展的目标是，在保证农产品供给稳定增长和农产品市场稳定的前提下，努力使农民收入有一个较高的增长速度。专家们提出了以下对策建议。

(一)稳定粮食生产和市场,确保粮食供给

粮食是关系国计民生和社会安定的特殊商品。今后耕地面积的减少、人口的增长和人们对粮食间接消费需求的增长,是不可逆转的。从中长期看,粮食生产面临的压力很大。从现在起到本世纪末再增产1000亿斤粮食,使中国粮食总产量登上1万亿斤的台阶,难度很大。从年际来看,粮食生产和市场是否稳定,对国民经济发展全局影响也很大。为了保证粮食生产和市场的稳定,必须采取以下措施:

1. 确保耕地和粮食播种面积。根据测算,为了保证下世纪人口高峰时每人能有不低于1亩的耕地,现在每年的耕地净减数必须控制在300万亩以下。为此,必须切实实行基本农田保护制度。可以考虑开征耕地占用税,用于开垦新耕地。全国粮食播种面积今后每年都应稳定在16.5亿亩的警戒线以上。在确保耕地面积和播种面积稳定的前提下,主要依靠主攻单产,来实现粮食生产的稳步发展。

2. 适当调整粮食进出口政策。1995年为了缓解国内粮食市场的压力,对粮食出口应采取限制措施,并适当扩大粮食进口。

3. 调整粮食品种结构。1990—1994年,稻谷产量累计减产3000万吨,稻谷在粮食产量中的比重已经由1978年的45%下降到1993年的39%。稻谷减产是造成粮价上涨的重要原因。稳定稻谷,对于整个粮食生产和市场的稳定至关重要。由于中国90%的稻谷在南方,因此,保证南方稻谷生产的稳定增长,对全国粮食生产和市场的稳定非常关键。为此,必须采取措施,扭转南方由于季节性撂荒,致使复种指数不断下降、稻谷产量下降的局面。

4. 培育和扶持新的粮食增长中心,理顺粮食产区和销区的利益关系。近年来,中国粮食生产的区域格局已发生了重大变化,历史上长期形成的"南粮北调"的局面,正在让位于"北粮南调",南方一些过去主要商品粮基地已成为粮食净调入地区,而北方一些原来生产条件差的低产地区,已崛起为新的商品粮基地。今后中央政府扶持粮食生产的政策,要向新的粮食增长中心倾斜。由于粮食供求总量和结构的区域不平衡,为了稳定粮食市场,应鼓励区际之间发展合理的粮食贸易,简单地采取关闭区际粮食市场的做法,只能助长粮食市场的不稳定。商品粮产销区之间应建立公平、稳定的购销关系,应健全粮食批发市场,使销区能自由地进入产区批发市场,公平购买,随行就市;可以实行粮食调入地区委托粮食产区代购、代储制度,解决长期以来粮食调拨中产区"吃亏"的问题;也可以提倡产销区合作建立商品粮基地,互惠互利。

5. 在经济发达地区,积极稳妥地推进粮田规模经营。粮田的适度规模经营,对于经济发达地区稳定粮食生产,增加务农者收入,具有重要作用。目前,粮田规模经营组织形式主要有两大类:一是以平度市、常熟市和温州市等地为代表的家庭经营型,包括种田大户、家庭农场、联户农场等;二是以无锡县、顺义县为代表的集体经营型,包括村办农场、站办农场、农业车间等。这些组织形式均有其存在的合理性,目前都处在完善和发展的过程中,应该从实际出发,因地制宜,允许多样化,不能搞"一刀切"。要尽快研究制订扶持土地适度规模经营的政策措施。实行适度规模经营不应动摇家庭联产承包制这个基础,从总体上讲,应提倡在家庭经营的基础上推行粮田的规模经营。为扶持种田大户的发展,建议:对于规模经营农户购置农机具和所需流动资金给予优先支持;通过完善产销合同,帮助种田大户回避市场风险;简化审批手续,优先安排晒场、仓库建设等生产性用地;协调有关方面,开办农业、特别是粮食生产保险试点;鼓励提倡通过兴办

“协会”等形式，提高规模经营者的素质和组织程度，保护其合法权益。为了促进规模经营的发展，应建立和健全土地流转机制建议鼓励在明确土地所有权的前提下，稳定农户拥有的土地承包权，允许土地使用权依法流转。

此外，要创造有利于推进土地适度规模经营的宏观政策环境。一是应加快要素市场的发育，研究制定鼓励欠发达地区农民到发达地区的农村异地承包土地的政策措施，使各种生产要素能够在更大的范围内流动。二是应制订加快农村城镇化进程的政策措施。放宽农民向县城和县以下小城镇迁移的限制。

6. 完善政府的粮食储备调节体系，增强稳定粮食市场的功能。1993 年 11 月以来粮食市场的波动表明，国有粮食企业集政府的粮食储备调节功能与自身的商业性经营功能于一身，不可能有效地发挥稳定粮食市场的作用。改革国有粮食部门政企不分的状况，建立独立行使政府职能的国家粮食储备机构，已迫在眉睫。

（二）改变政府农业投入不足的状况，建立起政府对农业投入的稳定增长机制

政府对农业的投入在农业发展过程中具有不可替代的作用，农业的产业特性，决定了政府必须在财政上对其进行扶持和保护，这是世界上许多国家通行的做法。要改变中国农业部门资本存量严重不足，物质技术基础异常脆弱的状况，实现本世纪末农业增长的目标，必须扭转政府对农业资金投入严重不足的局面。为此，要切实落实 1993 年中央农村工作会议确定的各项支农措施，严格按照《农业法》的规定，稳步提高现有渠道的农业投资，并考虑开辟新的筹资渠道。

更为主要的是要改革政府对农业投资的体制，建立起有利于农业发展的政府对农业投入的稳定增长机制。

首先，要合理界定中央与地方政府在农业投入上的事权和财权关系，规范各级政府投入行为。在分税制条件下，能否保证各级政府稳定地增加对农业的投入，尤其是防止地方政府推脱在发展农业方面的责任，关键是能否在划分中央与地方财政收入的同时，科学地廓清中央与地方政府在发展农业上的事权关系，并在此基础上，合理界定各级政府在发展农业上的财政支出范围，并以法律形式加以规范，从而尽快建立与分级体制相适应的“划分事权、分级管理、专项补助”型的农业财政新管理体制。

划分中央和地方政府在发展农业上各自职责的基础原则是，哪一级政府对某项事务把握的程度高，并掌握着有效的手段来完成，能够做到管理上高效率、低成本，处理该事务的权限就归哪一级政府所有。就各级政府在增加农业投入方面的职责划分而言，中央政府作为全社会利益的集中代表，主要负责具有全局性、长远性和社会性影响的农业发展项目上的投入职责，而地方政府则承担着本区域范围内单个农户和社区无法承担的具有明显外部性的农业发展项目上的投入职责。具体来讲，中央政府农业投入的职责范围主要包括：(1) 全局性的国土整治工程和生态环境保护工程；(2) 全局性的农田水利工程、交通运输、农业科研、教育推广体系建设；(3) 大型骨干农产品商品基地建设；(4) 全国性农产品储备调节体系建设；(5) 欠发达地区的扶持等。地方政府农业投入的职责范围则包括：(1) 区域性农田水利工程建设；(2) 区域性农业开发、农产品商品基地建设；(3) 区域性农业教育、科研和推广体系建设等。此外，还需要进一步界定地方各级政府在农业投入的职责范围。

在划清中央和地方政府支农职责的基础上，应按照事权划分与财政负担上的一致性原则，合理确定中央和地方政府的财政支出范围。在分税制条件下，由于中央政府支配财力规模扩大，应增加中央政府对农业投资的规模，提高农业投资在中央投资总规模中的比例。其次，在中央集中大部分财政收入的基础上，应建立规范的中央对地方的农业转移支付制度，以贯彻中央的农业政策。再次，合理确定财政支农资金的投向。依据财政金的特性，财政支农资金主要应投向以下方面：一是支持农业基础设施建设。中央和地方要集中财力，以直接投资的方式，为大中型防洪工程、灌排工程、水资源工程、水土保持工程、防护林工程等农业支撑体系的建设提供资金保证。在欠发达地区，应继续采取以工代赈的方式，带动农业基础设施建设中的劳动投入。二是支持农业科研和推广体系建设。三是支持建立粮食等关系国计民生农产品的支持价格缺席和专项储备制度，以财政全额出资方式，建立国家农产品储备调节基金，实行吞吐调节，平抑市场价格波动，保护生产者和消费者利益。四是支持建立农业风险保障体系。可以考虑采取财政核拨保阶基金和减免税收的方式，支持农业保险事业的发展。

（三）在保证粮食安全供给的前提下，优化农业结构

随着温饱问题的解决和收入水平的提高，居民对农产品的需求，既要求数量的增加，更要求品种的多样化和品质的高级化。相对于农产品需求结构的变化而言，中国农产品供给结构的调整是严重滞后的，其表现是农产品总体质量偏低。传统的以追求农产品总量增长为主的农业发展模式，已很难保证农民收入的较快增长。只有进一步优化农业的品种和品质结构，才有利于实现农民收入的较快增长。农业生产结构优化的主要内容包括：

1．优化种植业的品种结构，发展优质农业。农业优质化的关键是优质品种资源的开发，以及相应的配套服务体系的建立和完善。政府要支持科技部门繁育高产、优质、抗逆性强的品种组合。对于现有的优质品种，要积极开展试验示范。特别要加快优质农产品基地的建设，以便形成规模。还需要充实和完善农业科技推广体系，推进优质农产品的产供销一体化。

2．逐步把目前粮食作物——经济作物的种植业二元结构，改变为粮食作物——经济作物——饲料作物的三元结构，大力发展畜牧业。中国畜牧业目前主要产品90%以上来自农区，主要通过粮食（约占年总产量的17%）直接转化为畜产品，其中90%以上是以猪为中介。许多地区直接用稻米养猪，却用低于稻米价格近50%的价格出口玉米。这种转化方式是很不经济的。如果把种植这些粮食的耕地直接转化为种植饲料粮，另外进口部分饲料，出口部分畜产品，可以获得更好的效益。据测算，把占粮食产量17%左右的饲料粮所占耕地改为种植饲料作物，全国可增加1000亿斤饲料原粮，可以大大增加饲料粮的供给，促进畜牧业的大发展。

目前中国口粮已经基本满足，今后人均口粮消费量还会进一步减少。中国居民的肉类消费量现在只能满足蛋白质总摄入量的15%。随着人均收入水平的提高，对肉、蛋、奶等畜产品的需求必定会日益增加。

畜牧业的发展在90年代将具有良好的市场前景，种植业结构的调整能否适应畜牧业发展对饲料的要求，将成为影响农民收入增长的一个重要因素。今后，种植业的发展，应在确保满足城乡居民口粮要求和工业原料粮、种子粮和必要的储备粮需求的前提下，根据畜牧业发展对饲料的需求，逐步调减一部分粮田，用于饲料作物的生产并不断开辟新的饲料来源。

3．大力发展农产品加工业。对农副产品进行多层次的加工，实现多层次增值，是增加农民收入的另一重要途径。世界上许多国家的农产品加工产值一般为初级产品的2—3倍左右，而中国农产品加工增值部分仅相当于初级产品的80%，经过工业加工的饲料约占饲料总量的 10%。中国农产品加工工业绝大部分集中在城市，今后，国家应采取措施，有效地促进一部分农产品加工工业向农村地区扩散。据估计，如果中国农产品产后的增值和就业人数达到世界平均水平，农民的收入几乎可以翻番。

(四)全方位开拓农村剩余劳动力的就业门路

1. 把发展乡镇企业与建设小城镇相结合，作为解决农村剩余劳动力出路的根本途径。

乡镇企业今后在安置农村剩余劳动力方面，仍将发挥主渠道的作用。引导乡镇企业发展与小城镇建设相结合，促进第三产业的发展，应是今后解决农村剩余劳动力就业问题的根本出路。为了充分利用农村的资源优势,相当一部分乡镇企业可继续分散在村庄，而技术要求较高的乡镇企业，则应鼓励集中在小城镇上,鼓励乡镇企业向小城镇集中,也不意味着可以选择“遍地开花建小城镇，就近消化劳动力”的非农化和城镇化道路。小城镇遍地开花，分散力量普遍发展，规模过小，形不成相应的城市功能，不利于提高投资效益，也不利于保护土地和环境资源。发展小城镇，应在统一规划下，以现有的县城为骨干，同时选择部分条件好的建制镇重点加以发展。应重点发展现有的 3 万人，特别是 5 万人以上的建制镇(包括县城镇)。根据 1990 年人口普查资料，中国 3—5 万人的镇共有 3003 个，5—10 万人的镇共有 1396 个，10 万人以上的镇共有 87 个。一般来讲，这些镇大都具有一定的基础设施和较好的发展条件，如果集中资金重点加以发展，在吸纳农村剩余劳动力方面是有巨大潜力的。如果到本世纪末现有 3—5 万人的镇，人口规模平均扩大 2 万，5—10 万人口的镇平均扩大 3 万，10 万人以上的镇平均扩大 4 万人，则现有 3 万人以上的镇，可吸纳 1 亿多农村人口。为了确保乡镇企业和小城镇在吸收农村剩余劳动力方面发展主渠道的作用，应采取以下政策措施：

1）乡镇企业必须保持较快的增长速度。在宏观上应该给予乡镇企业更多的支持，为乡镇企业创造一个公平的竞争环境。税制改革后，乡镇企业原有的一些起优惠政策已不存在，应当努力减轻乡镇企业不合理的社会性负担。

2)鼓励引导农村工业走劳动蜜集与技术蜜集相结合的路子。适应国内和国际市场竞争的要求，发达地区乡镇企业，要加快产品上档次，质量上水平，企业上规模，加快技术更新步伐。在这一过程中，应把一部分劳动密集型产品向中、西部地区扩散。广大欠发达地区，应选择劳动密集型行业作为起步行业。

3）加速发展农村第三产业。目前交通运输业和商业饮食业就业人数，仅占乡镇企业就业人数的四分之一左右，农村第三产业发展严重不足。发展农村第三产业，一是抓好市场体系建设,重点建设好农产品批发市场，积极开拓农村资金、劳力等生产要素市场;二是要把交通、通讯、保险、金融、公用事业、咨询信息服务业、技术服务业等行业，作为发展重点；三是要把农业服务产业化，作为农村第三产业发展的重要内容；四是要开发农村房地产、旅游等新兴产业。

4）加快中、西部地区乡镇企业的发展。今后国家要继续加大对中、西部地区乡镇企业发展支持的力度，已经确定的中、西部乡镇企业优惠贷款，要及时到位。同时，应鼓励东部地区的乡镇企业家到中、西部投资办厂，加强中、西部地区之间的经济协作。

5）尽快出台小城镇户籍制度改革的政策，并积极探索按照全新体制，建设新型城镇。有关部门正在制定小城镇户籍制度的改革方案。小城镇户籍制度改革的原则，应是放宽农民迁入小城镇居住的限制，凡在小城镇有稳定的职业和收入，并有固定住所的农民，都可申请常住户口。进行小城镇户籍制度改革的条件已经成熟，应尽快全面实施这一改革。同时，应探索按“产权主体多元化，就业市场化，基本生活品供应商品化，福利保障社会化”，以及“小政府，大社会”的新型体制，建立新型城镇，从一开始就避免传统城镇的体制弊病。

6）采取各种手段，鼓励乡镇企业集中连片发展，建立大批乡镇工业小区，引导乡镇企业向小城镇集聚。

7)允许小城镇开辟多元化的资金筹集渠道。小城镇建设需要大量资金，主要依靠国家是不现实的，应主要通过自筹资金来解决，应广开资金筹渠道，小城镇基础设施建设的资金，应本着共同享用，共同负担的原则来筹集。同时应鼓励农民自带资金进镇办企业，发挥农民自己建城的积极性。此外，应搞活小城镇房地产市场，以地聚财，把出让土地使用权获得的收入和小城镇房地产开发的利润，作为小城镇建设的重要资金来源。

2. 把引导部分农村剩余劳动力向城市合理流动，作为解决农村剩余劳动力出口的重要途径。

近来来农村劳动力大量流入城市，虽然引发了一些问题，但不能因此而普遍严格限制农村劳动力向城市的流动。除了少数城市对农村劳动力的流入可以采取一定的限制措施外，其他大、中城市应向农民打开城门，鼓励农民企业家进城投资办厂，吸引部分农村劳动力进城就业，允许一部分农民进入大、中城市就业，并努力使一部分具备条件的农民，由常年性外出打工，转变成稳定性移民。

为了实现农村劳动力向城市的合理有序流动，要坚持由市场配置劳动力资源的方向，在市场调节供求，农民自主就业的前提下，加强政府宏观调控，逐步形成统一开放，竞争有序的劳动力市场。

目前，中国劳动力市场的发育程度很低，相应的宏观调控体系也很不健全，建立和完善劳动力市场体系及相应的宏观调控体系的政策要点是：（1）大力发展联接劳动力供求双方的职业介绍机构。（2）加快劳动力市场信息网络建设。（3）建立和完善劳动法规和劳动力市场管理制度，规范市场主体行为，使企业和劳动者双方的合法权益都得到保障。（4）在发育劳动力市场的基础上，搞好区域性劳动协作，劳动输出地和输入地之间逐步建立劳动力区域协作关系，逐步形成多层次、多渠道的全国性劳动力区域协作网络。

（引自农村经济年度分析课题组著《经济绿皮书 1994 年中国农村经济发展年度报告兼析 1995 年发展趋势》，中国社会科学出版社，1995 年 3 月版）

1994—1995 年中国乡镇企业回顾与前瞻

国家信息中心经济预测部

改革开放以来，我国经济结构最显著的变化之一，就是乡镇企业的异军突起。乡镇企业不仅成为我国农村经济的支柱，也成为我国经济的重要组成部分，成为中国经济中最活跃的部分和经济增长最强大的动力。1978 年到 1993 年，中国乡镇企业产值由 493.1 亿元上升到 29023 亿元，平均每年增长 31.2%，乡镇企业工业产值在我国工业总产值中占据了三分天下。

1994 年乡镇企业运行良好

进入 90 年代，乡镇企业增长进一步加快。1992 年起乡镇企业发展进入了一个新的高速增长时期，年全国乡镇企业产值达17584亿元，比上一年增长51.3%；1993年乡镇企业产值增加到29023亿元，比1992年增长65.1%；1994年在国家采取一系列的宏观调控政策，经济运行比较困难的情况下，乡镇企业仍然保持较快的增长势头：1—8月份，全国乡镇企业工业产值比上年同期增长43.14%，其中8月份比去年同期增长46.5%；乡镇企业销售产值1—8月份比去年同期增长45.3%，其中8月份增长48%（1990年不变价）。比较来看，乡镇企业的销售产值增长快于生产产值的增长，并且两者都处在很高的增长幅度上，说明1994年乡镇企业的生产和销售情况很好，这同处境艰难的国有大中型企业生产增长乏力、销售不畅的状况形成鲜明的对照。从1994年全年发展趋势来看，全年乡镇企业的生产和销售呈逐月上升的趋势：上半年，全国乡镇企业工业产值比去年同期增长41.94%，其中6月份比去年同期增长28.8%，而1—8月份工业产值比去年同期增长43.14%，比上半年高1.2个百分点，其中8月份当月乡镇企工业产值比去年同期增长46.5%，比6月份月的增幅高18个百分点，说明乡镇企业生产在下半年以来是加速上升的；从销售情况来看，上半年乡镇企业销售产值比上年同期增长44.27%，其中6月份比上年同期增长30.66%，1—8月份乡镇企业销售产值比上年增长45.3%，其中8月份比去年同期增长47.94%，说明乡镇企业的销售情况也是逐月好转，为乡镇企业全年的高速增长奠定了基础。从全国宏观经济形势来看，第三季度以来，全国市场销售逐渐转旺，固定资产投资有所回升，经济环境好于上半年，这也为乡镇企业在第四季度的高速增长提供了条件。根据上述分析，结合有关形势的发展变化，预测1994年全年乡镇企业工业产值可达11900亿元，比上年增长50.4%（90年不变价），乡镇企业产值1994年可达44690亿元，比上年增长54%。乡镇企业产值连续第三年增幅达50%以上。

1994年中国乡镇企业发展的主要原因

可以看到，自1992年以来，乡镇企业的发展明显加快，增长速度快于80年代平均增长速度近20个百分点，其主要原因有如下几点。

一是改革开放的深入，推动了乡镇企业的加速发展。1992年小平同志南巡讲话之后，我国改革开放的步伐明显加快，推动了经济新一轮高速增长，为乡镇企业的发展提供了良好的宏观环境；国家制定的一系列深入改革开放的政策，使乡镇企业能够在平等的条件下与其他所有制企业进行公平竞争，乡镇企业能够发挥其经营机制灵活的特点，各级地方政府对乡镇企业发展的全力支持为乡镇企业能够发展创造了具体的优越条件；而广大农民自强不息、艰苦创业的精神和勤劳智慧的特性是乡镇企业迅速发展的内在因素。到1993年末，全国乡镇企业数已达2321万个，比1991年增长21.6%，平均每年增长10.3%，乡镇企业在内涵方面不断发展的同时，企业数量的扩大，也是全国乡镇企业产值增长的重要原因之一。

二是全方位的改革开放，促进了乡镇企业全方位的发展，这是乡镇企业产值高速增长的另一个原因。在80年代，东南部沿海地区的乡镇企业凭借该地区改革开放的诸多优惠政策而得到迅速发展，如广东、福建、江苏、山东、浙江等省无一不是利用对外开放的良好条件而使乡镇企业在80年代得以快速发展。而92年以后，国家制定的全方位改革开放的政策，把对外开放的范围扩大到全国各地，为内地、偏远、沿边地区的乡镇企业提供了良好的发展条件，从而促进了这些地区乡镇企业的快速发展，广西、安徽、四川、河北、云南、河南等内陆省份和偏远地区的乡镇企业，在1992年和1993年都取得了长足的进步，其发速度居全国的前列。

三是社会和经济的发展、产业结构的变化，是促进我国乡镇企业发展的必然趋势。我国目前正处于工业化的进程中，随着工业化的发展，第一产业在国民经济中的比重不断缩小，第二、三产业比重相应扩大。我国目前农村劳动力占全部劳动力的60%左右，而产值只占全国的25%左右。农业劳动力收入的比较效益远远小于其他产业，过剩的农村劳动力面临新的选择，而乡镇企业这一形式是农村劳动力的最好选择。国家对乡镇企业的鼓励政策、地方政府的全力支持、市场经济机制的建立为农村劳动力提供的创业机会以及农民已经占有的积累资金等均为乡镇企业的发展创造了条件。

四是乡镇企业素质不断提高，生产能力不断增强，为乡镇企业身的高速发展提供了物质基础，乡镇企业在内函方面的发展是乡镇企业产值高速增长的重要原因。经过十几年的发展，乡镇企业形成了比较良好的、有活力的经营机制，积累了丰富的市场经济机制下的企业经营经验，企业在各种不利条件下自我生存、自我发展的能力不断增强。而且经过十几年的积累，乡镇企业的固定资产、资金占有、技术装备、管理水平及人员素质均有了明显的改善，有的形成了具有相当规模的综合性特大企业和企业集团，企业的生产能力迅速增长。

五是乡镇企业目前正处在发展的初级阶段，因而其发展速度很快，这也是目前乡镇企业发展的特点，是目前我国农村经济发展与城市经济发展结构差异的客观现实造成的：①农村改革的进一步深入必将使更多的农民脱离第一产业而从事乡镇企业的生产；②乡镇企业发展的不平衡将刺激落后地区乡镇企业的发展，中、西部乡镇企业将有较大规模的发展；③处于初级阶级的乡镇企业不断向高级阶段发展，乡镇企业将由劳动密集型、初加工型企业向资金、技术密集型、深加工型企业的方向发展；④在城市工业深化改革发展的过程中，由于产业及技术的替代将带动一大批乡镇企业的发展。处在上述四种变革当中，乡镇企业的发展速度客观上应是十分迅速的。另外，1989—1991年三年的经济治理整顿，使得乡镇企业的发展速度受到一定的抑制，因而1992—1993年的增长具有一定的恢复性，所以增长速度较快。

1995年中国乡镇企业发展预测

1995年，中国经济仍将是较高增长年份，经济运行的总体环境预计好于1994年。从目前的形势判断，国内的原材料、能源、电力、外汇、资金的供给条件好于1994年；交通运输、通讯邮电等基础设施的供给条件也有所改善，国内市场需求平稳增长，这将有利于我国经济的正常运行；国际上，西方工业国家经济复苏，将恢复不同程度的增长，国际市场容量将扩大，这有利于中国经济的发展。所有上述环境将有利于1995年乡镇企业的增长。但1995年中国经济面临一个十分现实的问题，就是要把1994年20%左右的物价上涨幅度控制在10%以下，这必将对以后经济的正常运行产生不利影响。因此，国家仍将采取适当的紧缩政策，控制经济的增长速度以抑制物价的大幅度上升，最可能采取的措施是控制贷款规模和固定资产投资规模，从而达到控制物价的目的。预计1995年全社会固定资产投资规模约为18500亿元，比1994年增长19%左右，增长幅度小于1994年约为12个百分点，银行贷款余额约为38000亿元，比1994年增长19.0%左右，增幅比1994年减少约2个百分点。在这样的宏观环境下，乡镇企业的增长将面临严峻的考验：资金的困难将是1995年乡企业的主要问题，市场环境的好坏将是影响乡镇企业增长速度的关键。由于控制固定资产投资规模，靠增加乡镇企业数量等外延扩大乡镇企业产值的方法将受到制约，以后乡镇企业产值的增长靠内涵扩大生产、拓宽市场等方法的比重将加大。从目前来看，中国国内市场正在逐步升温，市场需求逐渐扩大，来年国内市场销售情况可望好于1994年。预计1995年中国社会消费品零售额可达18800亿元，比1994年增长20%左右，按可比价计算比1994年增长约10%，高于1994年约3个百分点，1995年国内市场情况好于今年。另外，乡镇企业灵活的经营机制，善于适应环境的特点有助于乡镇企业克服困难，保持其产值的高速增长，预计1995年乡镇企业工业产值可达17255亿元，比1994年增长45.0%，(1990年价)，乡企业总产值可达67000亿元，比94年增长50%左右，见附表。

附表　　1994—1995年我国乡镇企业工业产值及总产值预测　　单位：亿元

		93年	增长率(%)	94年	增长率(%)	95年	增长率(%)
乡镇工业产值(90价)		7910.7	57.6	11900	50.4	17255	45
乡镇企业总产值		29023	65.1	44690	54	67000	50
设定条件	GDP(90价)	24435	13.4	27246	11.5	29698	9.0
	固定资产投资	11829	50.6	15548	31.4	18500	19
	社会消费品零售额	12237	26.1	15676	28.1	18800	20
	贷款余额	26461	22.4	31982	20.9	38000	18.8

(执笔:徐连仲)

(引自国家信息中心编《1995年中国经济展望》,中国经济出版社1994年11月出版)

二、主要对外开放区经济与部分国家重点工程

经　济　特　区

[深　　圳]

建立经济特区以来，深圳的经济实力有了很大提高。国内生产总值以平均每年36.5%的速度高速增长。目前深圳的经济速度是全国平均速度的两倍还多。人均国内生产总值突破15000元，为全国人均国内生产总值的6倍。去年，出口贸易额首次在全国大中城市中名列榜首，1993年福田保税区通过海关总署验收，正式投入运作。深圳经济特区建立以来最大的合资项目——盐田国际集装箱码头合资合同正式签字。

1993年以来，深圳投资环境有了很大的改善。固定资产投资增势强劲，基础设施建设越来越适应经济和社会发展的要求。建成了一大批基础设施工程，妈湾电厂一期工程第一台30万千瓦发电机组，东深三期供配水工程的大冲水厂扩建，深南大道、惠盐高速公路、广深高速公路深圳段、平南铁路、盐田疏港铁路等全线贯通。电话年放号装机量、市话年增容量、线路年敷设量均创设立特区以来最高记录，全国规模最大的数字数据网即将投入使用。另外，全长百公里，投资103亿元人民币的深圳快速路系统工程，93年初转入全面施工。

1993年各项改革迈出新步伐。以建立社会主义市场经济体制为目标。国有企业转换经营机制的改革措施进一步落实，并在财政、金融、计划、投资、价格、劳务用工等多个领域出现了一系列以放权让利为基本取向和主要内容的改革措施。如扩大区政府固定资产投资及审批项目权，推行全员劳动合同制，取消企业行政级别等。经过几年市场经济的实践为今年改革的整体推进，重点突破，奠定了较好的基础。

在生产高速增长的同时，人民生活水平也有很大提高，1993年居民人均月生活费收入达589元，比上年增长31.3%，扣除物价上涨因素的影响，实际增长9.3%。

所有这些为深圳的进一步发展，为深圳在20年内赶上亚洲“四小龙”打下了扎实的基础。

1994年深圳各方面的建设取得了巨大的成就

1. 投资环境进一步改善。在硬件方面，交通邮电加快发展，将建设下列工程：机场至荷坳和梅林至观澜高速公路，龙岗干线路网系统，东部沿海公路，机场第二候机楼。蛇口港集装箱码头以及二、三突堤工程，市话扩建工程，邮电枢纽中心，特区内移动电话工程等。在软件方面，政府转变职能政企分开，提高办事效率。

2. 第三产业比重有较大提高。1994年将以金融、证券、商贸、运输、仓储、信息、房地产为重点，带动整个第三产业的更大发

展。将建设七个大型批发市场，建设国际展览中心，证券交易中心大厦，液化石油气储存加工等，预计第三产业的增加值超过60亿元，占国民生产总值的比重将达44.8%。

3. 国有企业经营有所改善。建立现代企业制度，特别对国有企业来说，标志着企业最终摆脱传统计划经济体制的束缚，真正成为在市场竞争中求生存、求发展的独立的市场竞争主体。1994年在建立现代企业制度上将取得明显进展，国有资产管理体制将进一步得以完善。

4. 对外贸易将有较快发展。贸发局推出了9项倾斜政策。其中包括：进一步简化退税手续，减轻外贸企业负担，放宽外贸企业经营范围，进一步完善进出口经营权的审批办法等等，必将进一步推动对外贸易的发展。

5. 国民经济将由波动型增长逐渐向稳定型高速增长过渡。经过几年的实践，政府对经济的宏观调控手段逐渐得到改进和加强，逐渐建立起科学的宏观调控体系，使经济稳定、高速、健康增长。

6. 初步建立起配套的社会保障制度。随着现代企业制度的建立，今年将推广养老、医疗、住房"三位一体"的社会保障制度，为顺利建立现代企业制度提供有效的社会保障。

7. 物价仍将面临上涨压力。由于需求拉动、成本上涨等因素，将直接推动物价上涨，同时由于1993年物价上涨的惯性和翘尾影响，使1994年物价上涨压力很大。为此，市政府有关部门将调动一切手段，确保在推进各项改革的同时，坚持以市场需求为导向，把物价上涨幅度控制在宏观调控的目标之内。

8. 在经济较快发展的同时，各项社会事业将得到较快发展，人民生活进一步提高。1994年计完成25所中小学、幼儿园的续建工程和20所中小学、幼儿园的新扩建工程，建设东湖医院、图书城、少儿图书馆、广播转播站、高等职业技术学院，体育场配套工程等文化、教育、卫生、体育设施。

1995年是深圳的改革年、关键年和攻坚年

根据深圳的具体情况，深圳市政府提出1995年经济体制改革的总体要求为：(1)以建立现代企业制度为核心，全面推进企业公司化改造。(2)切实转变政府职能，建立和完善宏观经济调控体系；(3)培育和完善要素市场。(4)健全社会保障制度。(5)建立市场经济法律体系。

根据以上要求，市委和市政府确定了1995年的发展思路：

1. 继续发挥"试验场"、"排头兵"作用，率先建立社会主义市场经济体制，进一步解放生产力，推动经济社会更快发展；

2. 高起点、高标准发展第三产业和高新技术产业，优化结构，提高效益；

3. 加快基础设施建设，完善城市功能，为建成国际化城市作出大动作；

4. 规划科学化、建设优质化、管理规范化，适应现代化大都市的发展；

5. 大力推进社会全面进步，不断提高人民群众生活水平，建设文明城市。

为实现上述目标，深圳1995年主要有下列六大任务：

1. 深化投融资体制改革，强化投资导向。把投资分为三类，第一类公益性投资由政府负责，盈利性项目要吸引企业和社会公共基金组织参与建设；第二类竞争性投资全面放开，第三类是基础性投资更加多元化，广泛吸引内外资参与。同时，完善法人投资风险责任制，建立投资约束机制。

2. 加快基础设施建设，进一步完善投资环境。要建设包括海、陆、空的快速、高效的立体交通网络，建设东西中纵横贯通、互为调节的供配水网络，建设安全畅通、抗灾力强的防洪排涝网络，建设适当超前、供应充足的供配电网络，建设快捷、灵便的现代化通讯网络。

3. 推进财税体制改革，积极筹措建设资金。认真抓好对中央税、地方税和共享税的开征工作，制订出分步实施方案，严格按照税种和收入的级次分别入库。

4. 加快高新技术和第三产业发展，建立现代经济结构。大力发展第三产业，进一步优化产业结构；加速发展高技术产业，优化技术结构；积极发展名优产品，进一步优化产品结构；大力推进现代企业制度，优化企业组织结构。

5. 抓好劳务人事制度改革，充分调动干部职工的积极性。尽快建立适应市场经济发展的人事制度、劳务制度、工资制度和社会保障体系。

6. 积极发展社会事业，切实提高人民生活。

综合今年社会经济各方面的计划，1995年主要发展速度如下：

国内生产总值 515亿元 增长24.5%

工业总产值 600亿元 增长25%

农业总产值 10.5亿元 增长5%

固定资产投资 215亿元 增长10.3%

社会商品零售总额 193亿元 增长20%

预算财政收入 56.4亿元 增长10%

实际利用外资 13.8亿美元 增长20%

出口总额 140亿美元 增长2.2%

年末总人口 280.7万人 增长2.9%

人口出生率控制在14%以内

[珠　　海]

1993年珠海市国民收入（现价）73.5亿元，人均1.23万元，城镇居民人均生活费收入6357元，扣除物价上涨因素，比上年实增26.4%。人民安居乐业，衣食住行以及电讯、医疗、保险、教育、休闲、娱乐诸方面，生活质量普遍改善。珠海人民的生活已初步迈入小康。

珠海经济的持续高速增长和大规模的基础设施建设，已使她跻身于中国城市综合实力五十强暨投资环境四十优之列。这里空气清新、道路整洁、环境优美，是中国旅游胜地四十佳中唯一的旅游城和国家级卫生城市。珠海的经验和英姿向世人昭示：“发展才是硬道理。”

珠海1994年改革要点

1994年是深化改革年。珠海将加大改革力度，加快改革步伐，投入建立新体制的攻坚战。要点如下：

1. 以清晰产权为基础，加速建立现代企业制度——切实把企业改革的方向从改革企业经营方式转到改革企业制度上来。把由放权让利为主要内容的政策调整转到以明晰产权为主要内容的企业制度的变革上来。在前段清资核产的基础上，界定产权归属，理顺产权关系，对企业财产组织形式进行多层次的改组和改造，推进股份制发展及规范化。积极推动国有与集体“嫁接”外资或同内地横向联合。加快企业经营机制转换的步伐，促进企业管理科学化合理化目标的实现。

2. 积极稳妥地进行政府机构改革——为适应改革国有资产管理和经营的形式与方法，改变由各主管部门分割管理的现状，坚决从政府主管部门分离出国有资产管理局。在贯彻国家1994年在财税、金融、计划、投资、外贸体制的改革中争当排头兵，尤其要探索适应特区迅速发展需要、便于吸纳国际资金与技术的金融体系、市场体系和外贸体制，尽快与国际市场接轨。

3. 加快社会保障制度的改革和住房制度改革的步伐——重点落实《珠海经济特区职工社会保险条例》，全面推行住房公积金制度。

4. 深化农村经济体制改革，加快城镇化进程。

珠海1994年的计划安排。

1994年是珠海经济争取上新台阶的关键一年。其主旨是加快改革开放步伐，奠定现代市场经济体制的框架；保持快速增长并牢牢建立在优化结构、提高效益的基础上；重点推进基础设施建设，进一步优化投资环境，增强发展后劲。

1. 速度——1994年将继续保持较快的发展势头。主要经济指标为：工业总产值245亿元，工农业总产值253.4亿元，社会总产值（现价）310亿元，国民收入96亿元，国内生产总值（现价）160亿元，分别比93年增长26%、26%、25%、31%、32%。为了控制固定资产投资速度的过快增长，1994年计划安排90亿元，较93年的增长率调低了36.6个百分点。虽然增长率有所降低，但为了调整、优化结构提供了合理空间，同时有利于企业转换机制和改组改造，而总体上仍然保持了快速发展的势头。

2. 城市基础设施建设标准高，任务重——这些重点项目涉及能源、交通、通讯、原材料工业和城市建设等各领域共计三十多项。要求按高标准进行规划和建设，具有国际性和超前性。年内续建和新建的有：建成后年吞吐量超过亿吨的珠海港，93年已建成2个2万吨泊位，年内续建二期工程10万吨级煤码头、5万吨级危险品码头、5万吨级集装箱码头；按世界先进水平建设的长4000米跑道、停车场可泊车5000辆的珠海机场，1994年完成一期工程，将于今年10月通航，下年11月28日将在这里举行大型国际航空博览会；珠海至广州的广珠准高速铁路今年开工；连接横琴岛（广东九十年代四大重点开发区之一）的横琴大桥争取建成，完成洪湾10万千瓦燃油电厂的扩建；年产10万吨的聚酯切片二期工程，其它已经开始建设或前期准备的还有：372万千瓦的珠海燃煤发电厂一期工程、日产180万吨的城市供水二期工程、60万门程控电话工程、中国南方软件基地、首期年产25万吨PTA的项目、国内第一个国际赛车场及几个大型的科教文卫项目，特区二线工程，广珠东西二线高速公路等以及号称世界级大工程的连接珠海与香港的伶仃洋跨海大桥，其起步工程淇澳大桥已开工在建。

3. 外资外贸要创新水平——利用外资水平将进一步提高，抓紧国际大财团选择投资环境的机遇，把对外开放招商引资往高层次、宽领域、纵深化方面发展。加强外资项目的筛选及各环节的服务工作，引导外资投向技术资金密集型、高新技术产业、交通、能源、农业深度开发、房地产等第三产业，争取1994年实际利用外资达到6.5亿美元，进一步提高外资的履约率、资金到位率和项目开工率及经济效益。

要进一步拓宽外贸出口渠道、落实出口货源，改变靠收购内地商品出口的做法，尽快建立自己的外贸出口基地。1994年计划出口达到11.7亿美元，较93年增长10.7%。

建立和完善外贸新体制，挺进国际市场，办好境外企业，参与国际竞争，加速与国际市场接轨。

纵观珠海经济发展的历程和今后的趋向，表现为如下一些鲜明的特点和趋势：

1. 持续高速增长的好势头——珠海经济多年来以年递增40%左右的速度持续发展，抓住了机遇，经济实力迅速扩充，城市建设日新月异。如果没有适当的高速度，在原有非常落后的基础上是难于启动和发展的。如今基数越来越大，在1994年和今后一个时期能否保持较高发展速度呢？回答仍然是肯定的。因为除了国家坚持改革开放发展经济的良好大环境之外，还由于：珠海特区已具备相当的经济实力；早期的投入已到了收获期，每年都有一批新的企业投产和滚动发展壮大，一些大的企业集团和拳头产品登场；由于1200平方公里的大西区的重点开发，珠海具有广阔的发展空间；产业结构的调整和优化，企业经营机制的转换和管理改善，使效益不断提高，经济步入良性循环。这些因素促使珠海经济持续稳定地快速发展。

2. 发挥特区新优势——珠海特区外向型经济格局初步形成和第三产业发达的优势将会保持和得到发展；在地缘上毗邻港澳接近国际市场，即区域经济的优势依然存在；特区外引内联已形成坚实的基础，推动特区经济的两个轮子外引内联左右逢源的优势继续存在。珠海目前已有三资企业 3500 多家，内联企业仅市管的就达 2700 多家，而且目前依然是外商和内地投资的热点。随着珠海特区二线建成，收紧二线放开一线，将营造更方便外商外资进入的新优势。

3. 超前的、超大规模的基础设施建设是珠海经济发展的关键——基础设施与城市建设是珠海特区开发建设的重头戏。近几年，珠海的决策者以宏大的气魄，超前的意识，确定了三十多项重点项目建设。前述的港口、机场、铁路、高速公路、大桥、电力、供水、电讯、原材料工业、科教文卫项目的建设是 94 年及今后一个时期的攻坚战役。它是珠海增强发展后劲，矢志于在未来的华南经济圈和东南亚区域经济中占有一席之地的必由之路。珠海不向国家要钱，自我积累，自我发展，以地生财、多方集资、吸收外资大搞基础设施建设的做法，一再得到中央领导的肯定和赞赏。

4. 高新技术产业的崛起——珠海以敢为天下先的勇气开重奖科技人员的先河。1993 年又将重奖扩大到社科文教体卫领域。珠海特区领导人锐意发展高科技产业的决心很大。在外资投向中已不再审批低层次劳动密集型的加工项目。目前珠海已拥有国家级和省级火炬项目 45 项，实施星火计划 46 项，经广东省认定的高新技术产业 13 家。1993 年高新技术产品产值已达 20 亿元，占工业总产值 10.36%。在促进经济发展的诸因素中，科技因素已占 38%。一批包括微电子技术、软件开发、生物工程、通讯技术、新型材料的高科技项目已经生根开花，9.3 平方公里的国家级高新技术产业开发区正在加紧建设。以科技兴特区之路越走越宽。

[汕　　头]

汕头，是中国东南沿海的一个重要港口城市，全国五个经济特区之一，也是全国著名的侨乡，现有华侨、华裔和港澳台同胞 300 多万人。它毗邻港澳，靠近台湾，资源丰富，商品经济活跃，历来是粤东地区最大的商贸集散地，在发展经济上，汕头具有五方面的优势：一是沿海优势；二是特区优势；三是对台优势；四是侨乡优势；五是商贸优势。参与国际市场经济运转具有坚实的基础和有利条件。现在，汕头直辖四个县级区带一市两县，全市人口 381.9 万人。

汕头经济特区自 1991 年范围扩大以来，在党的十四大和邓小平同志南巡重要讲话精神鼓舞下，经济建设步伐加快，投资环境日臻完善，经济实力增强，各项社会事业蓬勃发展。根据中国城市评价中心公布的科学评价结果，汕头市已进入全国城市综合经济实力五十强和投资环境四十优的行列。随着社会经济的加速发展，能源、交通、电讯等基础设施和投资环境有很大的改善。城市规划，建设和管理有很大的发展，城乡群众的生活水平有很大的提高。据对汕头市区 100 户居民家庭抽样调查，1993 年，市区居民人均生活费收入 3590 元，剔除价格上涨因素，实际增长 10.8%。城乡居民居住条件随着家庭收入的增加得以改善。1993 年底，汕头市区居民人均居住面积 10.8 平方米，农村居民住宅的各项配套设备也日臻完善，住房的结构布局渐趋合理。

市委、市政府针对汕头的实际，提出了力争二十年内，把汕头建设成为现代化的国际港口城市的奋斗目标。通过实施“海洋活市”、“工贸富市”、“科技兴市”、“法制治市”的发展战略，将过去固有的和十四年改革开放形成的“五大优势”化为现实的发展经济新优势，发挥特区辐射功能，形成以特区为主体，南澳岛为前沿，潮阳市和澄海县为两翼的发展格局，推动汕头整个经济的腾飞。

根据上述战略目标，1994年汕头市经济发展计划安排主要是突出加快改革开放，加快结构调整，加大重点建设，加强宏观调控，提高经济效益，保持经济持续、快速、健康发展。为今后的发展打下基础。

主要经济发展指标。国内生产总值增长17%。其中第三产业增长20%；农业总产值增长5%；工业总产值增长23%，产品销售率力争达到95%，社会商品零售总额增长18%，外贸进出口增长14%，其中出口增长12%，进口增长15%。实际利用外资力争增长40%以上；社会固定资产投资计划完成95.20亿元，增长30%；主要经济效益指标：投资产出率达到40%，工业增加值率26%，全员劳动生产率提高15%，资金利税率达到60%。

基础设施方面，1994年计划投资56亿元，重点抓好十项建设项目。续建深水港一期工程，确保3.5万吨级煤轮进港，并抓好潮阳关埠港、海门港和南澳前江码头的建设；续建华能电厂2×30万千瓦一期工程，确保1995年投产送电，同时建成或基本建成5个中型电厂；续建海湾大桥，确保1995年通车；续建深汕高速公路，迎接1996年全线通车，续建广梅汕铁路，确保1995年货车通到汕头；电信扩容12.6万门；挖掘机场潜力，增加1至2条航线；基本完成国道206汕头路段扩建；完成和基本完成8个110伏输变电站的建设；抓好宕石、莱芜两个渡口的建设和管理。此外，我市新规划的十个新项目的建设工作也在抓紧筹划，赶紧进行。这十大项目是：广澳港起步工程；汕头港二期工程和南澳烟墩港工程；华能电厂二期2×35万千瓦和广澳8×60万千瓦电厂；50万伏为重点的输变电工程；汕潮汾高速公路和汕揭梅高速公路；疏港铁路，汕樟铁路和汕九沿海铁路；第二跨海大桥和宕石大桥；电话扩容话机普及率每百人达到42.3部；配合建设潮汕大型机场；市区三条出入口道路的建设、扩建和建设澄海金鸿公路（包括新津桥）；兴建南澳跨海大桥，贯通陆岛通道。使汕头市的能源、交通、电讯等状况有实质性的改善，也将为改革和开放创造良好的投资环境。

利用外资方面。继续扩大对外开放，有效地利用国外资金、技术、市场和管理经验，在开拓多元化市场、引进高新科技项目、引进国际大财团、引进先进管理方面要有新的突破。进一步加强吸引外商投资的宣传，采取让市场、让股份的办法吸引外资，嫁接改造一批现有的企业，开拓一批新的产业产品，建设一批基础设施。发挥保税区、高新技术开发区、南澳海岛试验区的优势，内外联动，辐射全市，走出新路。突出以调整出口产品结构和出口市场结构为主攻方向，推进以质取胜和多元化的远洋贸易战略，在巩固传统市场中，扩大北美、西欧、日本、东南亚的经贸关系，开拓西区欧、拉美、非洲市场。鼓励有条件的单位到境外办企业。发展跨国公司，让更多的企业广泛参与市场竞争，发展外贸。

体制改革工作。在近两年内采用过渡办法解决分税制和承包制的衔接问题。对承包已到期的企业，除个别微利企业、小型企业继续实行承包外，其余都应按新税制实行分流；对部分经济效益和利润上交水平较低的企业，在两年内按27%、18%两档税率征收所得税。承包未到期的企业，按新税制先照章交纳所得税，再按承包合同由同级财政返还企业，保留至期满，但最长不超过1995年，并选择一些符合条件的企业进行以建立现代化企业制度为中心内容的改革试点。同时在继续巩固、完善现有股份制企业和34家省、市综合改革试点企业的基础上，从中选择10家符合条件的企业进行以建立现代化企业制度为中心内容的改革试点。市场体系建设方面主要是，充分发挥汕头的“五大优势”，加快培育和发展统一、开放、竞争、有序的市场体系，把汕头建成粤东市场经济中心，并与国际市场接轨。着力建设一批高层次、多功能，上规模、现代化的商品批发市场、专业市场、集贸市场和商业城、商业街、货物总汇，把汕头建成埠际性批发中心和区域性购物中心。

[厦　　门]

1993年，厦门全市国内生产总值首次突破百亿元大关，达108亿元，按可比价较1992年增长27.2%，这一增长幅度比办特区以来的历年平均增幅高出9个百分点，全市人均国内生产总值已达到9288元。经济运行中市场经济成份明显加大，经济外向度进一步提高，基础产业和基础设施建设得到加强，全市经济实力登上一个新台阶。

1993年全市经济运行良好

工业生产在提高效益的基础上快速增长，农村经济多业并举，全面发展。1993年全市完成工业总产值179亿元，比上年增长35.6%，其中外商投资工业增长42.5%。质优价高农副产品生产的大发展成为农业增长的主要推动力，全年农业产值增长3.3%。乡镇企业也得到前所未有的发展，全年产值增长98.1%。

基础设施投入力度历年最大，城市面貌有较大改观。1993年，在本市财力十分有限的情况下，厦门市依靠多渠道、多形式投入加强基础设施尤其是重点工程建设。全年全社会固定资产投资完成59亿元，比上年增长77.8%，建成疏港公路、象屿保税区一期、东渡二期码头主体工程、10万门程控电话扩容工程及特区管理线高崎联检大楼主体框架等重要工程；完成厦门路部分路段拓宽，整治了中山路等关键路段，旧城改造进入实质性阶段；海沧工程投资区实现通水、通电、通路、通讯，具备整体开发的基本条件。

对外经贸继续保持强劲增长势头。全年签批外商直接投资合同655项，合同外资金额24亿美元，分别比上年增长51.3%和41.6%，实际利用外商直接投资10.4亿美元，增长84.2%。外商投资领域不断拓宽，投资结构进一步优化。全年外贸进出口总值突破40亿元，达41亿美元，其中出口23.55亿美元，分别比上年增长44.1%和33.4%，出口绝对额居全国城市第四位。

零售商业市场平稳发展，人民生活水平继续有新的提高。全年消费品货源充裕，但由于本地区域较小，受证券、售房、集资及其他因素预期心理影响较大，零售商业营业额增长平缓，全年社会商品零售总额54.6亿元，仅比上年增长19.2%。1993年全市城镇居民人均生活费收入4034元，比上年增长24.8%，扣除物价上涨因素实际增长5.3%；农民人均纯收入1690元，增长20.7%。全年城乡新建住宅122.5万平方米，一部分居民住房难的问题得到缓解。

总的分析，1993年厦门市较好地把贯彻国家产业政策、调控措施与发挥地区优势有机有效地结合起来，经济运行呈现财政收入增长快于经济增长、经济增长又快于居民收入增长的良性循环状况。但是经济生活中仍存在不少困难和问题，除“瓶颈”制约趋紧、资金供需矛盾突出外，还存在：一是国有企业的后劲不足，生产企业经营机制转换不快、外贸企业出口基地脆弱；二是投融资机制尚不健全，投资业主还过分依赖地方政府，缺乏投融资的主动性、积极性和责任性；三是物价上涨幅度较高，零售物价指数达到116.6%。

1994年的经济发展走势与经济运行良好

1994年全市经济发展仍将在快车道上运行，并基本保持去年的增长速度。首先，1994年全国经济增长有可能达到10%，这个速度是较高的，总态势不会大起大落。第二，从厦门市几年来的发展经验看，尤其是全国经济运行实施“软着陆”的大气候下，连续两年的快速增长是可能的。第三，1993年全市GDP总量较1992年增加30亿元，在新经济增长点增加较快，尤其是外商投资企业开业数量和规模迅速增加的情况下，加上1994年是大改革之年，价格改革力度也较大，总的看会刺激第三产业的加快发展，所以全市GDP再继续增加30亿元也是完全可能的。第四，1994年是实施厦门市委和全市十年规划关于经济发展战略“第二跳”目标的开始，即至1996年全市经济总量要达到200亿元，这样，1994、1995、1996三年应新增GDP92亿元，平均每年约新增30亿元，考虑到1994年确实是一个发展机遇年，所以至少也可新增GDP30亿元。

但是，在经济运行中：(1)基础设施的“瓶颈”制约仍无法宽松。由于大部分基础设施建设正处于新一轮投入中，还不能在今年明显产生效益，尤其供电、供水问题会更加突出。(2)资金短缺问题异常突出。由于在建项目规模较大、建设战线较长、资金缺口较大，在全市投资盘子初步安排中，国有单位基建需求规模目前较落实部分仅能满足40%。(3)控制物价的难度相当大，物价对整个经济的压力在明显增强。

综上，今年厦门市经济运行的基本特征将是：快速度、高物价、硬瓶颈、软着陆。

厦门1994年主要经济发展目标安排

国内生产总值138亿元，按可比价比1993年增长27.5%。

工农业总产值243亿元，增长27.0%，其中工业产值增长28.5%、农业产值增长4.0%，工业产品产销率95%，提高0.3个百分点。

预算内财政收入20.8亿元，扣除中央返还9亿元，地方级财政收入11.8亿元，按可比口径增长11.69%。

口岸外贸进出口总值47亿美元，增长14.8%，其中出口增长14.4%。

社会消费品零售总额64亿元，增长22.1%，预计零售物价指数114%左右。

全社会固定资产投资65亿元，增长10.2%，其中国有单位基建30亿元。

全年实际利用外商直接投资11亿美元，较去年略有增长。

城镇居民人均生活费收入和农民人均纯收入（均指货币收入）分别增长23.9%和18.3%。

1994年经济发展的外部环境变化较大，要完成以上的目标安排，关键要善于把握时机，提高经济运行综合协调能力。当然，主要必须通过经济手段、运用市场机制，进一步加强和改善宏观调控来进行，促使经济持续、快速、健康发展。

1. 加快培植新的经济增长点。工业领域一方面要促使大型外引内联生产性项目尽快投产；另一方面要通过企业产品结构、技术结构和组织结构的调整，推动工业上规模、上档次、上水平。农业领域重点抓好开发性农业、菜篮子工程和乡镇企业。

2. 继续加强基础设施建设，尤其是电力建设。年内要建成投产四台1.15万千瓦的柴油机发电机组、新建和改造四座11万千伏的变电站。要围绕实施自由港某些政策，抓好“两港一线一区”建设（即海港、空港、特区管理线和象屿保税区），同时，还要加快供水、道路、污水处理等一些关键工程的建设。

3. 进一步做好招商工作。要做好外资投向的引导工作；采取以项目组织招商小组的招商办法，提高招商效果；进一步拓宽引资国别和投资领域；继续做好协调服务工作。

4. 以贸易为龙头、实业为依托、集团化经营为手段，力促外贸出口再上新台阶。要帮助外贸企业增强自身积累和再投资能力，建立稳固的出口基地并有计划地在海外建立促销机构，形成集团优势。要通过建立外贸风险基金和加快出口商品结构调整开拓新的国际市场。

5. 努力搞好资金平衡和筹措工作。一要挖掘潜力和向上争取相结合，一方面搞活资产存量，一方面争取重点项目和外资（尤其台资）配套资金“进笼子、戴帽子”。二要把基础设施建设进一步推向市场，利用股份制、综合补偿及多种形式鼓励内外资投入。三要加快筹建共同投资基金，形成利益共享、共同发展的投资开发格局。

6. 平抑物价上涨幅度，努力安排好人民生活。一是千方百计组织好农副产品的生产与供应；二要对基本生活必需品和服务价格实行提价备案和申报制度；三要引导社会购买力分流、平衡城乡消费市场来减轻物价上涨压力；四要用好副食品生产与价格调节基金、建立粮食风险基金，并做好重要商品的常年储备和重点商品（指价格几年来居高不下的商品）的节日储备工作；五要加强市场物价监测、预警工作。在出台涉及调价的改革措施时，要特别考虑到低收入家庭的困难，采取措施努力降低影响。

7. 高度重视和全面推进各项社会事业相应发展。一方面，对社会事业特别是教育事业的投资，要在全市财力统筹平衡中尽力安排好；另一方面，社会事业的投入机制也要改革，对有偿还能力的要推行收回再贷制度，此外要从政策入手，扶持和引导各种社会力量兴办社会事业。

[海 南 省]

1994 年以来，海南省围绕建立社会主义市场经济体制和现代化建设目标，加大改革力度，出台了一系列重大改革举措，加快开放步伐，形成了对外开放新格局，国民经济得以持续、快速、健康发展。

目前海南市场繁荣活跃，人民生活继续改善，财政收入大幅增长，金融形势趋于稳定。

目前经济运行中存在的主要问题：物价涨幅偏高，农民收入增长缓慢；进出口贸易发展不平衡，国际游客减少；基础设施和基础产业“瓶颈”制约。

海南 1994 年的发展安排

1994 年海南经济发展基本思路是：以增加农民收入为目标，大力发展农村经济；以提高效益为重点，切实抓好工交生产；以建设市场体系为核心，超常规发展第三产业；以优化投资结构为手段，继续加强重点工程建设。据此，1994 年海南省经济发展宏观调控目标是：国内生产总值 270 亿元，比上年增长 18%，其中：第三产业增长 23%，农业增加值 85 亿，增长 7%，工业增加值 38 亿元，增长 28%；全社会固定资产投资规模 200 亿元，增长 18%，重点建设项目 24 个，其中续建项目 16 个，新开工项目 8 个；实际利用外资 11 亿元，增长 13.2%，其中借用国外贷款 2.7 亿美元，外商直接投资 8.3 亿美元；商品进口总值 18 亿美元，增长 8%，出口 9.6 亿美元，增长 6.1%；地方财政收入 33.5 亿元，按同口径计算增长 18.4%；农民人均纯收入 1100 元，增长 8.3%；社会商品零售总额 98 亿元，增长 27%，社会商品零售物价上涨幅度控制在 15%左右。

1994 年海南经济仍将保持强劲的发展势头，继续高速增长。形成这一基本趋势的原因主要取决于目前经济结构的三个重要特征：

其一，社会主义市场经济体制改革先行。建省办特区以来，海南一直以市场经济体制为目标进行体制改革，奉行“多种经济成份公平竞争”的原则，实行“小政府、大社会”的管理体制，注重经济法规建设，按国际惯例操作，积极与国际市场接轨，使改革开放先行一步，为经济快速发展创造了宽松，良好的制度条件，1993 年加大改革力度，出台了许多重大改革举措：颁发实施《海南企业法人登记管理办法》，把申办企业由审批登记制改为直接登记制；改革传统税收征管办法，建立现代税收征管制度；大力推行股份制，改革基础设施投资体制；取消企业主管部门，公开聘任经理、厂长。这些措施很好的塑造了海南改革开放的体制优势，为 1994 年经济高速增长创造了有利条件。

其二，支持经济高速增长的基础设施体制逐步形成。1994 年，三亚凤凰机场将建成通航，环岛高速公路（东线）将全线贯通，南山电厂一期工程、海南通信系统工程等也将相继竣工，这些都为经济高速增长提供了新的基础。此外，1994 年还将有海口美兰国际机场、海口电厂三期工程等重点基础项目开工建设，也将为经济高速增长增加新动力。

其三，促进经济高速增长的产业结构新格局初步形成。建省办特区以来，海南积极改革传统落后的产业基础，调整产业结构不断向高级化方向发展，逐步建立现代化的产业体系。1993 年，工业总产值首次超过农业总产值，三次产业增加值占国内生产总值的比重已由建省前的 53.5%、19.5%、29.2% 变成 37%、30.3%、32.7%。经济发展的主导力量已由第一产业转为二、三产业，从根本上改变了传统的经济发展格局。农业内部，依托本身资源优势而且具有巨大市场需求的热带作物，反季节瓜菜，海洋渔业及畜牧业等，都有长足发展，但传统的粮、糖生产则出现了徘徊局面；工业内部以传统的粮、糖、盐、铁矿石等初级产品为主的产品结构开始改变，而饮料、罐头、汽车、摩托车、钢材等产品则愈来愈成为带动工业高速发展新的支柱产品；第三产业，在交通邮电业快速发展的同时，旅游、金融、房地产业迅速崛起，正逐步成为带动全省经济超常规发展的龙头产业。另一方面，1994 年，海南冷轧薄板厂、海南聚酯切片厂等重点工业项目将建成投产，海口子午线轮胎厂、和邦炼油厂、南方汽车有限公司等五个重点工业项目也将开工建设，为进一步调整产业结构，加快经济增长注入新的力量。

海南经济发展新特点

1．投资需求继续较快增长。1994 年投资需求仍将保持较为强劲的增长势头。这主要是由于：1993 年新开工项目大量增加，在建规模迅速扩大，结转工作量比上年有较大幅度的增加，再加上今年新开工项目，1994 年在建规模仍将比上年有较大幅度的扩张。另一方面，1993 年海南的改革开放形势很好，外商普遍看好今年的投资前景，因此利用外资规模也将进一步扩大，预计 1994 年全社会固定资产投资规模可能会突破计划目标，而达到 220 亿元左右，比上年增长 30% 左右。

投资规模的较快扩张仍是拉动经济增长的主导因素。受此影响，重工业发展速度仍将快于轻工业。

2．消费需求持续稳定增长。1994 年居民货币收入虽然可以保持较快的增长速度，但用于消费的支出却不会较大幅度增加。1994 年企业职工工资将随经济增长相应增加；机关事业单位从 1993 年四季度起实行新工资制度，将在今年形成三个季度的“翘尾”工资；农民由于农产品价格上涨及非农产品的继续快速增长，收入增长将会加快，但是，鉴于银行利率水平较高，新的消费热点尚未形成，房改售房步伐加快，农民收入增长相对缓慢，居民消费开支将不会较快增长。另一方面，由于社会事业发展和物价上涨，社会公共消费仍会继续增加，但受压缩财政开支和控制集团购买力的制约，社会消费增长趋势也将是平稳的。

3．扩大外贸出口既有有利的因素，也可能会遇到新的困难。1994 年世界经济增长加快，世界范围内产业结构调整，周边东南亚国家经济持续快速增长，为扩大出口提供了新机遇；外贸体制改革，为外贸企业造就了公平竞争环境；国内市场趋于平稳，有利于组织出口货源。但也必须看到，海南与周边东南亚国家都是发展中地区，产业结构、自然环境相似，势必增加出口竞争难度。另一方面，外贸外汇体制改革短期内将消弱特区优惠政策的落差，特别是可保留现汇的优惠政策完全消失，可能会对1994年扩大外贸出口增加一些新的问题。

1994年需要十分关注和谨慎对待的问题是通货膨胀。社会商品零售价格上涨不会较大幅度回落，控制在15%的目标可能难以实现；另一个需要注意的是，资源供给的短线制约可能会在一些方面有所强化。

尽管有某些不可确定的因素存在，我们预计，1994年海南增长速度仍可达到20%左右，完成预期目标。

（《经济特区》根据《瞭望》等刊物所载文章整理）

沿海开放城市

[福　　州]

中共十一届三中全会以来，福州市相继享受并拥有了我国改革开放10项政策倾斜中的沿海开放港口城市（含所辖8县市均为沿海经济开放区）、综合改革试点城市、土地批租试点城市、金融改革试点城市及经济技术开发区、台商投资区、高科学园区和保税区等8项特殊政策。在运用中央赋予的特殊政策过程中，福州市解放思想，大胆实践，充分发挥政策的优势，积累了成功的经验，取得了明显成效。

一是敢为人先，用好用活政策。改革开放以来，福州市灵活把握中央赋予的特殊政策和优惠政策内涵，大胆试验，推出了一系列有影响的率先举措：国有企业在全国最早借鉴“三资”企业经营管理机制，最先推行工效挂钩试点；较早实行土地批租拍卖，创办和完善首家土地交易市场；在福建省率先推行企业退休养老保险和待业保险，加速保险制度改革；率先提出“统一规划、项目带头、分期实施、逐步配套”的原则，稳步扎实地推进土地开发，元洪投资区成为全国最大的开发投资区，福兴投资区成为福建省第一家成片开发的“民办”投资区。

二是积极探索，努力把政策制定和运用与“国际惯例”接轨。参照国际通行法规，创造性地制定了各种相应的配套政策，探索出一条营造仿真的国际投资环境的新路子。如福清市对前来投资的侨台外商实行“五带七自”政策，放手让投资者按国际惯例运作，提高了投资效率。福州保税区借鉴国际上自由贸易区的成功经验和惯例，实行“境内关外”政策，为投资者提供了宽松的经营环境。1992年福州被评为全国“首批投资硬环境40优”。

三是大力引导，政策优惠由区域向产业倾斜。合理调整产业结构，实行一、二、三产业和城市建设、土地成片开发、老企业改造等四个全方位开放，制定了向基础设施、技术密集型和资金密集型、农业综合开发等方面倾斜的政策，加快引进外资的步伐。如1991年以来共提供10片地块让外商成片综合开发兴办现代精细农业和创汇农业企业。

四是因地制宜，创造性地灵活运用政策

优势。敢于从实际出发，大胆创新，不断探索中央“特殊政策”与福州实际的最佳结合点。如在旧城改造中创造了“以房带路、路房并举”、“棚屋区成片开发”、“旧厂异地搬迁改造”，以及“旧换新补偿”、“自行过渡补偿”等有效办法。在土地成片开发中采取“官民结合、上下结合、土洋结合、外引与内联结合”等多种形式，建成了10多片各具特色的开发投资区。

福州市在运用中央赋予的“特殊政策、灵活措施”的过程中，较好地发挥了政策优势，使政策优势产生出巨大的经济和社会效益。一是综合经济效益显著。1990年福州跨入全国国内生产总值超百亿元城市行列；1991年国民经济各项主要指标提前十年实现“翻两番”；1992年福州被评为“中国城市综合实力50强”。1993年全市国内生产总值达201亿元，年增幅创历史最高水平，财政预算内收入达21.33亿元，年增幅居全国前列。二是城市综合功能不断提高。根据中央关于“对外开放城市应具有对外辐射，对内辐射和居中起枢纽作用”的要求，不断推进所属县市经济开放区的建设，带动了整个闽江口金三角经济圈的发展，从而强化了福州作为闽东南地区发达的科技、文化、金融、信息、贸易中心的地位和功能，并逐步向国际化城市迈进。

十多年来，福州在改革开放中迅速崛起，除了具备特殊的区位、地理优势外，很大程度上得益于将中央精神与福州实际结合塑造起来的政策优势。随着改革开放的进一步深化，福州原有的政策优势正在逐渐弱化乃至消失。实际上应该说，福州失去的是破除旧的计划经济体制的政策优势。福州要在新一轮改革开放大潮中保持领先的势头，必须塑造新的政策优势，也就是创立一种新的市场经济体制的政策优势。

重塑政策优势，首先要创立适合社会主义市场经济体制的决策体系。尽快形成决策的科学化、民主化、法制化和规范化。政策的内涵从改革旧的经济体制转向新的经济体制；政策的指向从行政指令转向因势利导；政策的功能从优惠倾斜转向营造社会经济在法制保障下公平竞争、自由发展的政策大环境。

根据这一目标，重塑政策优势，要有新的思路。从现阶段看，福州重塑政策优势，必须不断扩大开放，深化改革。当前，要抓住以下重点：

一是继续构筑闽江口金三角经济圈。这是福州实现跨世纪发展战略的希望所在。要以发挥综合功能，提高整体效益为重点，统筹调控，分工侧重，夯实基础，提高效益，形成实力雄厚的外向型、多功能经济生产区。

二是激活福州保税区的内在功能。要充分发挥保税区的港口、近台和自由贸易政策的优势，扩大开放，提高层次，加快发展自由贸易区的步伐，促进国际、国内市场的接轨，带动福州经济国际化。

三是开发建设“海上福州”，再造福州发展新优势。要实行港湾、岛屿、浅海滩涂、深海、远海、远洋立体开发，港口、海运、船舶、旅游、捕捞、养殖、加工、生化、能源等配套发展，全面振兴海洋经济，培育福州发展后劲。

四是深化企业产权制度改革。以试点带路，分阶段铺开，理顺产权关系，构建能对经营者形成有效的产权约束和利益刺激的现代企业制度和机制。

五是培育市场体系。以生产要素市场为突破口，逐步建立同国内和国际市场对接的统一、开放、竞争、有序的市场体系和机制。

六是推进金融、财税体制改革。积极创造条件，引进外资、合资银行，发展非银行金融机构，建立城市合作银行，组建农村合作银行，设立福州投资基金；深化税利分流改革，建立地方税收体系，发展公共事业。

七是开放投资领域。吸引外资的优势从免税让利型转向开拓市场的合作互利型。着重引导外资投向基础设施建设。探索吸引外资进入金融、保险和教育领域。努力创造条件对外商投资企业实行国民待遇。

八是深化农村改革，促进农村市场经济发展。大力发展高产、优质、高效农业，拓展榕台农业合作。

九是建立合理的多元化的收入分配体系和多层次的社会保障体系。推进工资制度改革，形成正常的工资增长机制。发展各种社会保险事业，努力提高社会保障水平。

十是建立健全宏观经济调控体系。加快政府机构改革，转变政府职能，实行公务员制度。建立科学、民主的决策机制，规范政府的决策行为，强化政府的宏观调控能力。

十一是加强体制和政策规范化，加快法制建设。逐步形成完善的法制体系，监督和规范经济运行秩序，营造和维护公平竞争的市场经济环境。

[北　海]

1993年，北海市经济建设快速发展，大北海格局的构筑已经起步。全市国民生产总值和人均国民生产总值分别达到47.5亿元和3682元，分别比上年增长51%和47.8%，均比1980年翻两番。对外开放取得显著成果，基础设施建设全面铺开。1994年，北海市对外要进一步开放，用足用活党中央给予的优惠政策，营造北海最佳投资环境，更多更快地吸引资金，加快北海经济发展的步伐。

在过去的一年里，北海市对外开放迈出了新的步伐。

一是利用外资实现质的飞跃。1993年我市利用外资的各项指标都比上年成倍增长。主要特点为：一是数量大。全年共审批“三资”项目545个，比上年增长121%；合同投资总额达36.35亿美元，其中合同外资额27.57亿美元，比增387%；实际利用外资5.14亿美元，比增315%，占全区实际利用外资总额的57.1%。二是规模大。在全年审批的项目中，平均每个项目投资667万美元，投资1000万美元以上项目64个。三是著名大企业集团和商贾以及社会名流开始进入北海。香港嘉里公司、香港侨福集团公司等大企业集团均投资北海，李光耀、南德佑、郭鹤年、郑裕彤、黄周旋等世界知名人士和工商巨头先后前来北海访问考察投资。四是来源地域扩大。除港、澳、台地区外，还有美国、韩国、新加坡等18个国家，并呈现不断扩大的趋势。五是投资结构逐步趋向合理。从房地产向工业、基础设施、开发性农业、教科文卫等方面扩展。六是外资比例高。外资占“三资”企业项目合同投资总额的76%。七是市外单位与外商合资、合作办企业增多；乡镇企业、私营企业利用外资崭露头角。

二是对外贸易继续发展，口岸进出口业务不断扩大。我市对外贸易努力克服企业基础薄弱、产品竞争力不强、汇差大、外销利润低和运输困难等不利因素，扭转了出口下降的被动局面，使进出口贸易继续扩大。全年北海口岸进出口总额3.78亿美元，比上年增长55%；市属单位进出口总额2.14亿美元，增长175%，其中出口总额3224万美元，比增33%。

三是横向经济协作保持强劲发展势头。全年共审批内联企业2606家。注册资金88.94亿元，分别比上年增长2.6倍和2.1倍。各地政府、企业在我市设立办事处、联络处189家。内联企业开工项目254项，投资总额41亿元，已完成18亿元。内联企业的迅猛增加，带来了资金、人才和现代化管理经验，有力地促进了我市的引进外资工作，为我市经济建设注入了生机与活力，为建设大北海作出了不可磨灭的贡献。

四是各开发地区进入初步开发建设阶段。去年以来，继北海银滩国家旅游度假区开发建设之后，各开发区均全面破土动工，分别进行区内基础设施建设和项目建设。北海银滩国家旅游度假区东段、西段、中段的综合开发，铁山工业区基础设施、起步码头和保税区基础设施的动工建设，都呈现出大规模开发的势头。

五是第二届北海国际珍珠节获得圆满成功。珍珠节期间，来自23个国家和地区的300多位客商，以及国内20多个省市的5000多位客商云集北海。600多家国内外工商企业参加了珍珠节举办的商品展销会，贸易订货成交额达10亿多元。签订经济技术合作合约197项，总投资23.47亿美元，其中，珍珠节开幕后三天时间里，共签订协议合同46项，总投资7.9亿美元。节日期间举办的技术、人才交流市场也取得良好成果。

六是对外交往进一步扩大，促进了对外经贸的发展。1993年我市先后两次组团赴港招商，共签订意向、协议和合同753项，投资总额80.29亿美元，其中合同162项，投资额31.79亿美元，合同外资额27.68亿美元，以韩国前副总理南德佑为首的一批韩国经济学家、企业家和我国有关经济学家、企业家聚集北海，举行了第三届中韩经济知识国际交流北海研讨会，开辟了我市与韩国经济合作的新领域。新加坡内阁资政李光耀率领新加坡官方、工商代表团访问北海，充分肯定北海的区位优势和发展潜力，在东南亚地区乃至世界范围内再度引起了人们对北海的热切关注。此外，日本八代市市长和议长访问团、奥地利克恩顿州州长等相继访问我市。国内各地交往进一步拓展，1993年共接待中央和各省市副部级以上干部400多位。一系列重大的对外活动，为我市对外开放创造了更加广阔的前景。

1993年以来，以基础设施为重点，初步拉开大北海建设的格局。

1993年大幅度增加了对基础设施的投入，总投资达64亿元，已完成近30亿元，着重加快了城市道路、港口、通讯、供电、供水等基础设施建设。

城市道路和市政建设成绩突出。构筑大北海框架的北海至铁山港高等级公路已完成工作量的80%，新规划区14条宽50米以上的城市主干道相继动工建设，四川南路、兴桂路、政法南路、北海大道中段、港澳一路、新世纪大道、疏港大道、银滩大道等均已实现简易通车。新增城市道路面积71.78万平方米，下水道46.75公里，路灯线路66.24公里。同时拨出专款改造旧城区道路，完成8个住宅小区市政配套建设，为加快开发建设打下基础。

港口建设进一步加快。北海新港码头二期工程已完成总工作量的57%，3号泊位计划今春简易投产，4号泊位上半年简易投产；沙田港两个500多吨级多用途泊位已基本完工，现在正抓紧航道疏浚，1994年春可投入使用；铁山工业区两个2万吨级泊位和全长14公里的起步区1至14号道路已动工，日供水5万立方米的水厂已开始打井和厂房设计。

北海机场扩建为国际机场的初步设计已通过审查，跑道扩建工程已动工，完成投资5560万元，占计划总投资的12.9%。钦北铁路已部分铺轨，并加紧涵洞和桥梁建设，确保10月正式通车。

通讯事业发展迅速。邮电部门为建设大北海做了大量工作，作出了突出的贡献。去年扩容的4万门程控电话已全部开通，全市总容量达6.4万门。南宁至北海光缆工程已竣工投产。合浦县在全区各县（市）中率先开通程控电话和移动电话。全市完成邮电业务总量8196万元，比上年增长154.7%。

城市供电、供水有所改善。建成平阳变电站和高德变电站，并对市区电网进行了改造。日供水30万立方米的北郊水厂（第一期15万立方米）、日供水10万立方米的龙潭水厂和日供水5万立方米的铁山工业区水厂已开始建设。同时在城区增打深水井10口，新增日供水能力4.5万立方米。供电、供水紧张状况已有所缓和。

合浦基础设施建设呈现新的发展格局。按照大北海的规划重新调整了总体规划，完成了绕城路、还珠中路、廉南路等城区道路和城东排水道，并形成了沿廉州至北海轴线发展的趋势，构成了北海市区、廉州镇及铁山港三角发展的框架。

[威　海]

威海市地处山东半岛最东端，位于东经121°11′—122°42′、北纬36°41′—37°35′之间，是全国沿海开放城市之一，辖荣成市、文登市、乳山县和环翠区，总面积5436平方公里，总人口238.6万，其中市区408平方公里，人口26.5万。

威海市素以美丽、卫生和气候宜人闻名国内外。市域三面环海，一面接陆，北与辽东半岛相对，东与韩国和日本列岛相望。四季分明，冬暖夏凉，年平均气温12℃，年平均降水量800毫米。沿海有众多美丽的港湾、千姿百态的岛屿和水清沙软的天然浴场；有多处含有各种微量元素的地下温泉；还有中国近代海军的诞生地刘公岛，秦始皇几次登临的成山头、大东胜境铁槎山和中国道教全真派发祥地仙山之祖昆嵛山等名胜古迹。威海市区位于市域的北部，依山傍海，环境优美，是全国第一个“国家卫生城市”，被国内外来宾誉为“东方的夏威夷”。目前，威海已成为全国著名的避暑、旅游和疗养胜地。

威海是全国沿海发达地区之一，物产资源比较丰富。全市海岸线长达1000公里，占山东省三分之一，是全国最大的渔业生产基地，盛产对虾、海参、鲍鱼、贝藻及各种经济鱼。威海还是国家和山东省重要的商品粮基地和花生、水果、蚕茧和奶山羊重点产区。地下矿藏十分丰富。已探明可供开采的有金、锌、石英砂等30多种。改革开放十四年来，威海经济获得了充分发展，特别是最近五年发展的步子明显加快，国民生产总值平均每年递增16.5%，工农业总产值年均递增27.8%，有10项按人均计算的经济指标分别居全国或全省的前列。威海市经济发展的主要特点是：

工业以加工工业为主体，正在向多门类、大规模、高档次发展。全市拥有乡镇以上企业1230家，已基本形成了轻工、纺织、机械、化工、电子为支柱，建材、塑料、丝绸、钟表、医药、食品、工艺美术等行业全面发展的门类较为齐全的生产体系。有540多种产品获国家和省、部优质产品称号，有450多种产品销往国际市场。地毯、轮胎、布鞋、刺绣、服装、丝绸、钓鱼竿等传统名优产品和电子电话机、高速传真机、感热记录机、程控交换机、小型胶机、高效节能灯和海底光缆等高新技术产品在国内外市场上享有盛誉。经过几年来的发展，现在全市工业已进入了既有较高速度，又有较好效益的新阶段。1993年全市工业总产值达到210亿元，比1993年增长37.5%；乡镇以上工业利税达到12.5亿元，增长35.9%；工业品出口交货值24亿元，增长38%。

农村经济以水产、水果为支柱，农林牧副渔全面发展。1993年全市粮食总产量达1—5万吨，是“七五”以来第三个丰收年；水果总产量达到38万吨，比1993年增长59%；水产品产量达到88.5万吨，增长15.6%，居全国地级市之首；林木覆盖率达31.8%，居全省第一位，比全国平均水平高19.1个百分点；总收入达到104.5亿元，增长20%；在农村中，已有243个村率先达到小康生活水平。

在几年来的经济发展中，我们始终把对外开放作为振兴威海的根本战略，努力拓宽对外经贸合作的领域，使外向型经济的发展步伐不断加快。到目前，全市累计批准利用外资项目639个，建立三资企业484个，合同外资额3.58亿美元。出口生产企业发展到

230多家，出口商品形成15大类、450多个品种，销往100多个国家和地区。社会出口商品交货值1994年可达到28亿元，自营出口创汇可达到2000万美元。

中共十四大的召开，作出了加快改革开放和经济发展的战略部署。威海作为沿海发达地区和对外开放城市，发展的步伐应当更快一些。我们确定，从1995年起到本世纪末，全市国民生产总值按年均递增18—20%，工业总产值年均递增22—24%，农业总产值年均递增8—10%，第三产业增加值年均递增26—28%。实现上述目标，除了加快建立社会主义市场经济体制外，对威海来说，更为重要的是坚定不移地走开放之路，加快发展外向型经济。从各方面看，现在我们对外开放的条件都比较好。

首先，威海有着得天独厚的地理优势。威海是我国距韩国最近的地方，处于中国与韩国、日本及东南亚其他国家联系与合作的前沿地带。我市已在全国率先开通了威海至韩国的海上客货运输航线，开通了威海至香港、日本的海上货运航线。发展同世界各国特别是日本、韩国的经贸往来，有着极为便利的条件，正在成为我国面向韩国及整个东南亚地区的重要窗口，在全国对外开放的总体格局中占据着越来越重要的地位。

二是各方面政策非常优惠。1988年以来，国务院先后批准威海市区享受沿海开放城市的政策待遇，所辖三县市为沿海经济开放区，威海港和石岛港为国家一类对外开放港口，全市所有74个乡镇为国家重点工业卫星镇。1990年以来，国务院又先后批准我市创办高新技术产业开发区和经济技术开发区。省里也将部分省级管理权限下放给我们。目前，我市享受的政策在总体上已接近或类似于特区。此外，我们还根据本地实际，制定了《鼓励外商投资的若干规定》、《发展外向型经济的若干规定》等七个相互配套的具体政策，简化了办事手续，提高了办事效率，使外商投资从项目洽谈、立项、签约、审批直到开工投产得到最便捷、最满意的服务。

三是各类开发园区的配套建设，为大规模吸引投资创造了便利条件。近年来，我们在全市专门划出一定区域兴办了“五区、两带、三园（区）”。即以市区为主体，建设经济技术开发区、高新技术产业开发区、旅游开发区、商贸开发区、农业新技术创汇实验区；以海岸线和铁路公路干线为依托，建设千里海岸线经济开发带和工业密集带；以荣成、文登、乳山三个县市区驻地为基础，建设外商投资园（区）。威海经济技术开发区规划面积34平方公里，投资优越。到1993年11月底，已批准进区投资企业74个，总投资99216万元。其中，批准进区外资项目20个，总投资14577美元，合同利用外资5608万美元。高技术产业开发区规划面积20平方公里，现在1.17平方公里起步区已实现“七通一平”，专家公寓、专家别墅、职工公寓、商业大厦和娱乐场所等配套设施也在同步建设。累计完成工程量5.3亿元，进区项目333项，总投资42.5亿元。各县市区兴办的不同类型的开发园区也初具规模。

四是基础设施日趋完善。几年来，我市总计投资30多亿元，进行能源、交通、通讯等基础工程建设。威海机场已开通了至济南、北京、广州三条航线，目前正在进行扩建，几个月后即可起降大型客机；桃（烟台桃村）威（威海）铁路已全线通车；威海港建成了3万吨级泊位，并正在建设拥有多个万吨级泊位的威海新港；公路四通八达，其中通往文登、乳山全封闭汽车专用路已建成通车，通往青岛、烟台方向的两条高等级公路正在向前延伸；邮电枢纽工程已经建成，市县乡各级全部开通了国际国内直拨电话，并在筹建与韩国边境的直达通讯；设计能力为25万千瓦的大电厂正在建设中，计划1993年和1994年各建成一台机组并网发电；市区煤气化、暖气化、热水化“三化”工程已部分建成投产。

这些项目全部竣工后，威海的城市功能将大大增强。

五是科技教育等支撑条件比较好。现有各类学校1959处，其中高等学校7处，中等专业技术学校50处。每年升入高、中等院校学生的比率是全国最高的地区之一。现有各类科研机构80多个，各类科技人员7万多人，拥有高中以上文化程度的熟练技术工人10万多人。各类医院、诊所385家。

六是威海在国外和港、澳、台地区具有很大的人文优势。威海是我国北方有名的侨乡。目前旅居海外的华侨、港澳台同胞和海外华人约12万人，分布在19个国家和地区，他们当中许多人在企业界、贸易界、科技界很有名望和实力。

中共中央、国务院和山东省委、省政府，对威海的对外开放和经济建设非常关心，寄予了很大希望。江泽民总书记1993年在威海视察时题词："扬威奋进，前程广阔"。我们决心充分发挥威海市独特的地理优势和人文优势，用足用好中央和省给予的一系列优惠政策，扬威奋进，努力把威海建成我国北方对外开放的窗口，使威海与世界市场更紧密地连接起来，在国际交往与竞争中不断发展壮大自己，真正走向世界。

[烟　台]

烟台市1990年确立科技兴市发展战略，1991年被列为全国科技兴市试点城市。在实施这一战略过程中，根据烟台经济发展情况，市委、市政府提出了依靠科技进步，构筑"大高外"经济格局，建设现代化国际性港口城市的发展思路。

"大高外"中的"大"——是促使企业膨胀发展，形成规模优势；"高"——指提高企业产品技术含量，大力发展高新技术产业和产品；"外"——指扩大对外开放，发展外向型经济。具体思路是，先从工业抓起，进而发展到农业、第三产业，最终形成完整的"大高外"经济格局。为便于操作，市府对"大高外"提出阶段性的量化指标。"大"的标准是，每个工业企业1995年以前产值为5个亿，95年以后10个亿；商业零售企业95年前2个亿，95年后5个亿；物资流通的批发企业95年前经销额10个亿，95年后15亿。并且利税占产值的10%以上。"高"的要求是，产品技术水平达到国际国内先进水平。"外"的指标是，95年前企业创汇1000万美元，95年后3000万美元。

近年来，围绕市委、市政府确定的奋斗目标，进一步解放思想，把握机遇，真抓实干，加快构筑"大高外"格局的步伐，取得了扎实成效。

一是集中精力抓了一批"大高外"骨干项目。"八五"期间，全市围绕解决路、港、空、水、电、通讯等"瓶颈"环节和培育主导产业，规划了15个重点基建项目和100个重点技改项目。"九五"期间，努力形成年产值在10亿元至上百亿元，具有较强拉动力的六大战略产品，即汽车及配件、通讯及计算机方面电子产品、家用电器、数控机床及加工中心、白卡纸系列产品、造船。建成六大原材料及深加工基地，即化纤及深加工基地、聚氨酯及深加工制品基地、盐及盐化工基地、以钢材和水泥为龙头的建材基地、黄金及制品加工基地、农副产品及食品加工基地。围绕这些"大高外"项目，我们及时组织开展超前调研、科研攻关、引进专家进行技术指导、信息咨询等服务，加快"大高外"项目的实施。目前，"三纶"、电炉钢、车用空调器、计算机系列电子产品等一批大型骨干项目已竣工投产，白卡纸、90万吨水泥、百万吨盐场、导电玻璃、电子网目板等一批投资超亿元的项目正在兴建之中。这些项目的建成投产，对烟台经济的发展将起到重要而长远的作用。

二是突出发展高新技术产业和产品。我

们把发展高新技术产业、产品确定为构筑“大高外”格局的核心，加快实现向技术密集型的转移。具体从建设高新技术产业开发区、运用高新技术嫁接改造传统产业和培育高新技术生长点三个方面同步进行。1990年开始在经济技术开发区内兴建的“烟台科技园”已初具规模，园内高新技术企业和科研机构已达42家，年产值2.2亿元。1992年又在市区东郊新辟烟台高新技术产业开发区，已被批准为省级高新技术产业开发区并迅速起步建设。到目前已累计实施国家、省火炬计划110项，占全省火炬项目的1/5，开发生产辐照电缆、低温碱性蛋白酶、高频微型石英振子等一批高水平的高新技术项目。目前全市从事高新技术产品开发、生产的企业132家，开发高新技术产品145种，年产值达14亿元，实现利税4亿多元，创节汇1.5亿美元。为了使高新技术产业发展储备技术项目，由市科委牵头，与计委、经委一起开展了“大高外”新产品超前调研，经过广泛的论证评审，已确定首批78项符合国家产业政策、市场前景广阔、规模效益大的新产品开发项目。

三是加快“五区”建设，形成对外开放的龙头。烟台经济技术开发区开发面积已达16平方公里，目前固定资产投资累计达37亿元，签订外引内联项目985个，已投产企业200家，其中三资企业103家，1992年完成工业产值8.2亿元，利税1.5亿元，出口创汇7100万美元。高新技术产业开发区、保税区、旅游度假区和农业开发开放区正在抓紧建设。在此基础上，全市组织实施了万家企业对外开放战略，利用外资、技术大面积嫁接改造老企业，目前嫁接改造面已达36.5%，争取“八五”末有80%的企业完成嫁接改造任务，使企业不断上规模、上档次、提高产品的技术含量。

四是组建企业集团，引导企业搞综合开发。走集团化经营的路子，这是企业迅速膨胀的有效途径。根据全市工业实际，着重瞄准机械、电子、化纤、造纸、聚氨酯等行业，通过培植优势企业、优势产品及实行兼并、联合、股份制等形式，建立产业集团，实行集团化经营，参与国际市场竞争。目前，全市已组建企业集团88个。同时引导和鼓励企业同国内科研院所横向联合，积极寻求同国外大商社、大财团的合作，研究开发高新技术产品，加快国际化、产业化、商品化的进程，实行跨行业、跨地区经营。

五是加强人才队伍的培养和建设。构筑“大高外”格局的焦点是人才问题。为此，我市一方面从启动内因入手，大力培养企业家阶层，采取各种激励措施，促使企业家成长，成为构筑“大高外”的“司令员”。同时，在全市实施了“4118”人才工程，即在“八五”期间争取国家分配大中专生4万人以上，选送1万人到大专院校委培或自费学习，从市外引进人才1万人，市属院校和函授培养8万人。另一方面，充分发挥我市是国家引进国外智力综合试点市的优势，大力引进外国专家和派出人员出国培训学习，不断加强国际科技交流与合作。目前烟台市已与一些国家和地区的专家组织、技术团体保持经常性的联系，建立了1500多名外国专家人才库，已引进外国专家300多人，产生直接经济效益1亿多元。

实践使我们深深体会到，构筑“大高外”经济格局，是扩大开放、加速经济和社会发展的重要动力。

市委、市政府已决定，把构筑“大高外”经济格局，作为科技兴市的一项全局性、长期性的重点任务来抓，力争到2000年基本完成“大高外”框架的构筑。

[营　口]

最近三年来，营口市的两个重要开发项目，在中国东北经济发展中具有战略地位。首先，潘阳—营口—大连高速公路的竣工，使营口比大连（中国目前最大的出口港）距离东北腹地近了具有决定性意义的两百多公里。其次，鲅鱼圈新港的兴建为营口造就了一个全天候的现代化良港，这两项新建的重要基础设施，对东北地区和整个国家经济发展所起的作用与日俱增，已使营口作为经济战略要津的显赫地位今非昔比。

在东北诸省有五个主要港口：大连港、营口（鲅鱼圈）新港、营口老港、丹东港和锦州港，而这五个港口全都在辽宁省，并且其中有两个在营口。在未来的经济发展中，营口新港最具有潜能。位于营口市区的老港与位于鲅鱼圈的新港陆路相距53公里，海路相距35海里。

大连港目前的年吞吐量约为5300万吨（包括煤和石油产品），由于营口新的地理及交通优势，大连的部分吞吐货物将会分流到营口新港（比大连离东北腹地近两百多公里）。这可为国家节省巨额的陆运费用，而陆运费用的降低，可以提高东北地区出口商品的国际市场竞争力。

预计到公元2000年前后，营口两港的年吞吐量将达4300万吨，接近该年大连港的预计年吞吐量，这将使东北口岸的总吞吐能力大大提高。

营口港的辅助，可大大缓解大连港的拥塞情况。再者，尤以营口港距离中国北部诸港都不远，其开发将有助于改善整个东北及华北地区的运输系统，特别有助于减轻目前超量运行的哈大铁路负荷。大连港拥塞状况的缓解和东北腹地运输网的疏通，将对国民经济的运行效率和进出口贸易产生深远影响。

由于营口港的分流和辅助作用，大连港的货物吞吐压力将大大减轻，这将有助于提高大连港的港口运作效率，直接促进大连港和大连市的现代化发展。

营口经济战略地位的增强，使得中国东北地区的开发潜能展露无遗。营口对于国家、东北地区及国际经济贸易发展有其枢轴作用。

1. 营口是中国主要的工农业区之一——东北诸省的门户。

营口是中国主要的工农业区——东北三省以及内蒙古主要的一对门户之一（另一个是大连）。东北三省的人口和土地面积均只有全国的8%，但却占有中国国民生产总值（GNP）的12%，全国出口值的11%，全国重工业产值的16%，以及全国农业总产值的9%左右。令人瞩目的是，中国最大的500家企业（以1988年销售额统计）中，竟有16.4%位于东北三省，且其中大多数在辽宁。有理由可预言，随着营口新港和新区的开发，营口这个东北门户，三省通衢定将日趋繁荣，进而带动东北诸省经济现代化，更进一步，为整个国民经济的发展带来重大影响，其连锁效应将波及全国。

2. 营口是国家资源深加工及相关工程工业的天然基地。

东北诸省拥有中国最集中的多种矿产、石油、天然气等自然资源，由于数亿年的土壤沉积，这里还有世界上最肥沃的大片农田。有这些天赋的资产，难怪辽宁成了中国钢铁、石油化工、机械、机床、造船、飞机制造、汽车制造及工程工业的主要基地以及一个重要的农业基地。中国最具资源优势的海港城市，当首推营口。

在石油和天然气方面，营口位居潦河油田、渤海油田和潘北油田之间，背依北部的中国最大油田——大庆。一条穿过营口新区的输油管将大庆及潦河油田的石油源源输往大连（远在营口以南两百公里）。从原料供应的角度看，营口作为中国建设综合性炼油、石油化工和重化工工业的最佳选址之一，可谓得天独厚。

原油储量达数十亿吨（十亿吨相当于整个大庆油田30年来的原油产量，而大庆油田每年采油量为中国的四分之一）的渤海近海油田的辽东湾油区与营口新区毗邻。因此，适宜将营口开发成为一个海洋石油勘探和生产供应基地，正如阿伯丁成为苏格兰北海油田的生产供应基地一样。这种基地的发展，将会为当地吸引来一系列高增值的工业，比如海洋钻井平台、钻油设备和其它海洋工程的制造业。

3. 营口是东北亚地区的转口贸易中心和科技都会。

东北亚地区广义上包括中国的东北诸省，俄罗斯的远东地区以及日本和朝鲜半岛。这些地区由于位置相近、海路及陆路畅通，各自的经济之间又存在高度的互辅性，因而相互之间的经济发展和贸易合作正在迅速发展，一个潜能巨大的“成长三角区”已渐见形成。西伯利亚大铁路为欧洲和远东之间的联系提供了一座经济上十分划算的大陆桥，大大拓展了这些地区的贸易合作领域，所及之处，远远超过东北亚。营口的铁路经中国的满洲里与西伯利亚的赤塔相连。营口到德国汉堡的铁路距离只有8400公里，仅为海路的38%。因此，营口可望在10至15年内，发展成为中国东北地区、俄罗斯中部及东部地区、蒙古及中国内蒙古的一个主要的国际港口与集散中心，并且似将成为东北亚地区的一个人才荟萃、经济繁荣的科技都会，营口的经济开发潜能实在不容等闲视之。

有理由认为，营口在腹地工业基础、自然资源、技术人才、地理位置和港口条件等方面的优势，均非目前中国任何经济开发区或经济特区可比。

[宁　波]

东方大港规模初具。宁波港已形成集内河港、沙口港、海峡港为一体，大中小泊位相配套的多功能综合性港口，年吞吐能力达5000万吨。

被国家列为四大国际深水中转港之一的北仑港区，主航道水深50米以上，15万吨级货轮可自由航行，20万吨级船舶可候潮出入，已建有2.5万吨至15万吨级码头15座。在1991年底建成国际第三、四代5万吨级集装箱码头、万吨级化工液体专用码头之后，又有一座20万吨级矿石码头正在动工兴建。

如日中天的宁波港已向65个国家和地区的239个港口开拓了海上之路，为宁波架起了走向世界的桥梁。

开发区扩大，保税区起步。1992年11月，国务院批准将宁波经济技术开发区与北仑工业区重点开发区域合并，使开发区面积扩大到29.6平方公里。同年底又批准在开发区与北仑港毗邻处设立面积为2.3平方公里的宁波保税区。开发区水陆交通发达，通讯、供电、供气、供热等基础设施完善，金融、海关、律师等涉外机构齐全，为海内外投资者提供全方位服务。保税区经短短半年建设，首期开发的1.2平方公里的“六通一平”基础设施工程正进入尾声，一批现代化厂房陆续峻工，数十家企业已注册登记，一个国际性的自由贸易区正在孕育之中。

中信公司开发大榭岛。1992年初冬，中信公司董事长荣毅仁率团考察与开发区隔江相望的大榭岛后，一举签订了受让土地大批开发大榭岛的协议书。这座30平方公里的岛屿，环岛有长10公里深30至46米的海岸线，不用栈桥便可建造20万吨级深水码头，架一座桥梁便可与开发区连成一片，发展前景十分诱人。中信公司这一颇具眼光的举动，已引起国内外投资界的广泛关注。

重化工业基地正在崛起。利用北仑深水良港及其后方100多平方公里的陆地优势，国家和浙江省确定把宁波建设成长江三角洲地区重化工业基地。目前，有石化城之称的国家特大型企业镇海石化总厂年加工原油能力达550万吨，年产30万吨合成氨，52万吨尿素，并抓紧建设总投资36亿元的60万吨催化裂解装置；年产3万吨腈纶的浙江腈纶厂，年产2万吨聚醚和5000吨丙二醇的浙江太平洋化学有限公司已动工兴建。150万吨钢材、30万吨乙烯、12万吨PVC、60万吨液化气罐装及100万吨造纸等大型项目已经批准，一座现代重化工业重镇已指日可待。

宁波港城地处沿海开放带中部，正当南北海运与长江水道的T形交汇处，前有舟山群岛为天然屏障，水深浪小，不冻不淤，各类船舶可与世界各大港直接通航，其经济战略地位之重要，正可用黄金带上的明珠来形容，是我国对外开放和走向世界的重要通道。

沿海开放14年来，宁波一直是国家和浙江省的重点投资地区，依托港城优势，宁波市确定了“以港兴市，以市促港”的总体发展思路和“开发港口、繁荣城市、拓展三线、全面发展”的具体步骤，描绘出宁波前进和发展的轨迹。

以“无宁不成市”名扬天下的宁波人，占天时地理之优势，重创经济起飞的奇迹，理当是水到渠成之事。

[广　　州]

广州在前14年的改革开放中经济得到了迅速发展。但与此同时，珠江三角洲的经济发展速度却已超过了广州。广州过去作为珠江三角洲的制造业中心和产品供应中心的地位已开始动摇。要重振广州经济的雄风，再造广州中心城市的新优势，就必须实现广州城市功能的转换，即从传统意义上以制造业为主的中心城市转变为能对珠江三角洲经济发展提供金融、贸易、信息、科技、运输等方面的支持和起辐射作用的中心城市，朝着以第三产业为主的国际化大都市的方向发展。要实现这一转换，就必须进一步搞活流通，而搞活流通的重要出路，就是流通领域必须进一步对外开放，尤其是贸易和金融的开放。而在这方面，保税区具有完善而便利的政策。

根据上述目标模式的选择和再造广州经济发展新优势的需要，广州保税区将充分利用国家给予保税区的优惠政策，充分借鉴、大胆移植国际自由港和自由贸易区的成功经验和管理方式，将致力于拓展四大业务：

1. 拓展以转口贸易为主的国际贸易业务。大力发展为国际转口贸易服务的仓储业、运输业、国际商品展示、信息咨询等配套行业。

2. 建立保税生产资料市场。为广州市、广东省以及全国的“三资”企业提供汽车、建材、装饰材料、化工原料等生产资料和各种原材料零部件、元器件、燃料、包装材料等，并逐步形成有一定规模的专业市场，如汽车贸易市场、金属材料市场等。

3. 建立期货市场。开发商品期货、金融期货等国内、国际期货贸易，开展各种国际金融业务。

同时，广州保税区将按照“前店后厂”的模式，以保税区为“店”区外广大腹地为“厂”尽快上一批技术含量高、档次高、效益高的“三资”工业项目。

广州保税区除享受特区、经济技术开发区现行政策外，还享有以下几项主要优惠政策：

1. 中国境内外（含港澳台地区）的公司、企业、其它经济组织或个人可以在保税区投资兴办或设立贸易、仓储、出口加工、运输企业、金融和展销机构及经批准兴办、设立的其它企业或机构。

2. 凡涉及进出口许可证管理的货物，从境外运入和从保税区运往境外时，免领进出口许可证；运往境内非保税区或从境内非保税区运入保税区时按国家有关规定办理。

3. 保税区内内资企业经营业务所得外汇收入，可保留现汇，周转使用。其经营所得外汇税后余额自企业成立起五年内全部归企业所有，存入现汇帐户。外国投资者经营所得外籍员工薪金及其合法收入，照章办理纳税等手续后可自由汇出境外。

4. 从境外进入保税区内供保税区内使用的机器设备、基建物资、生产用车辆、交通工具、办公用品、管理设备，以及为加工出口产品所需的原材料、零部件、元器件、燃料、包装物料（包括国家限制进口的），供储存的转口货物，免费进口环节的关税和工商统一税或产品税（增值税）。

5. 保税区企业生产的产品，除国家另有规定外，可享受以下税收优惠：产品运往境外时，免征关税和生产环节的工商统一税或产品税（增值税）；产品在区内销售时，免征生产环节的工商统一税或产品税。

6. 与我国有外交关系或正常贸易往来的国家和地区的外商，因从事商务活动需要在保税区短期停留的，可凭其华人护照和从事商务活动的有效证明材料，在出入境管理处办理登记手续后，直接往返于保税区与境外。

[舟　　山]

1992年10月前后，新华通讯社、《人民日报》、《光明日报》、《中国海洋报》等报刊，几乎同时向党中央、国务院呈送了《三十多位全国政协京外常委建议将舟山群岛作为自由港对外开放》的情况反映。文中，介绍了常委们的高见：舟山是国内罕见的深水大港，具有全方位对外开放的有利条件，建议制订政策，将舟山作为自由港对外开放。

1993年元月7日，舟山市人民政府把关于《在舟山建立自由港的基本构想》征求驻舟海、陆军部队意见，得到了两军大力支持。

5月5日，舟山市人民政府以正式文件向上级申报《关于要求辟建自由港区的请示》，文中附上了舟山自由港区初步选址图。

6月8日，浙江省经济建设咨询委员会向省人民政府递交了《关于舟山建立自由港区总体设想的咨询论证意见》……

自由港区按国际惯例通常称为“国境之内、关境之外”的区域，即以国际深水中转港口为依托，实行自由港政策的一种特殊经济形式。舟山自由贸易港区的建设，既按国际惯例，又有中国社会主义的特色，主要享受货物进出、资金进出、境外人员进出自由的政策，自由港区内企业的税收、财政、信贷、外汇及土地有偿使用等均享受特殊政策。

舟山自由贸易区初步确定以舟山本岛南岸的野鸭山和老塘山港区为主，包括邻近的册子岛、富翅岛、里钓山、中钓山和外钓山等岛屿，总面积36平方公里，其中耕地2.4万亩，现有人口2.4万。

目前，舟山港作为国际、国内水运中转基地已经起步。中化公司与香港立丰实业有限公司合资建造的岙山岛原油中转基地，一期工程已于2月11日峻工。明年初动工的二期工程规划再建20万吨级泊位1个，1.5万吨级泊位1个，储油罐85万立方米（其中成品油25万立方米）原油及成品油年中转能力达到1000万吨。上海金山石化总厂与法国挨尔夫石油集团公司合资建立浦东炼油实业有限公司，拟在册子岛建设原油中转基地，包括20万吨级泊位和60万立方米储油罐，年中转原油1200万吨。

煤炭中转储存，已建成2.5万吨级，3000吨级泊位各1个，年吞吐量400万吨。省电力局要求舟山提供一处可建10—20万吨煤船可作业的岸线及相应堆场，年转运能力1000万吨左右。

矿砂中转，目前宝钢正在进行选址论证，拟在舟山兴建25万吨级矿砂中转泊位及配套设施，年吞吐能力3600万吨。此外，澳商拟在野鸭山岸线再建1个矿砂中转泊位。

国际集装箱中转，按照把舟山港开发成为上海港深水外港的设想，规划在舟山本岛野鸭山岸段建造第三、第四代集装箱泊位。

根据舟山港的现状和规划，预测1995年港口货物吞吐量可超过1000万吨，2000年可达1亿吨。若进一步吸引外商投资建设，舟山港将进入世界大港的行列。

要建“自由贸易区”，必须实行严格的隔离管理。中国的实践证明，没有隔离就特不起来，没有隔离就不便给予特殊优惠政策。舟山四面环海，有大海作天然屏障，隔离设施成本相对较低，而且容易启动，便于实行“一线放开，二线管严”的开放政策，即使出现小的波折，也不会对内陆经济、社会造成冲击，调整起来也比较容易。此外，舟山港属地方港口，在这里进行自由试点，在管理体制，政策处理方面都具有较大的自主权。

近年来，国家对舟山所采取的重大决策，改变了海岛封闭式经济的格局，逐步扩大对外贸易，积极引进利用外资，广泛开发国际交往和交流，加快了外向型经济的步伐，促进了市政基础设施建设，改善了投资环境。

一是建立健全涉外机构。海关、商检、卫检、动植物检、边防、港监和中国银行、保险公司、外代、外理、外运、外供等涉外机构和服务机构已全部建立和充实，并在实践中，提高了业务水平，积累了工作经验。舟山港开放5年累计进出口船只达2731艘次，出入境船员5.27万人次，进出口货物总量111.4万吨，成为我国对外开放的又一“窗口”。

二是外向型经济迈开新步伐，海内外联谊活动日趋活跃。建市5年来，外贸出口平均每年以26%的速度递增，全社会出口创汇总值已占当年国民生产总值的17%，其中自营出口呈现迅速发展的好势头，1992年达6400万美元，利用外资有了新的突破，累计批准利用外资项目133个，协议利用外资1亿美元，实际利用外资达5451万美元，现有三资企业100余家。国际旅游发展迅猛，在省内仅次于杭州市。还广泛开展对外经济，技术、文化合作和交流，增加了国际交往。

舟山沈家门渔港常年有台湾渔轮来补给、维修、避风和开展民间小额贸易。

三是加快市政基础设施建设，改善投资环境。按省政府批准的《舟山市城市总体规划》，通过多方集资，对海岛基础设施和市政建设投资7亿余元，完成重大工程项目10余项，使供电、供水、通讯、交通等公用事业相应配套，投资环境得到实质改善。全市货运航线北达丹东，南抵海口，西进长江通武汉诸港，有货轮312艘，装载量8万余吨，年货运量达400多万吨，并开辟了通往日本、朝鲜、东南亚及港澳地区的远洋货航线和国际货运集装箱业务。舟山朱家尖民航机场正在抓紧建设。

舟山建设自由港贸易区将采取“统一规划、分步实施、抓住重点、滚动发展”的方针。近期内从原油、矿砂、木材等大宗货物国际转口贸易和保税仓储业起步，逐步建成具有出口加工、保税仓储、金融贸易、商业旅游、科技信息等多种功能，并有较强聚集力和辐射力的综合性自由港贸易区。

目前，舟山市政府在加快自由港贸易区的基础设施建设的同时，积极吸引外资开发港口，经营保税仓储和运输业务，兴建金融、商贸、宾馆、学校、医院、文化娱乐设施等，以增强综合服务功能。地方人大和政府正在着手准备制订自由贸易区有关法规和条例，将其纳入依法建设和管理的轨道。舟山的未来——自由贸易区，不是梦！

[日　照]

日照开发区以得天独厚的自然条件和良好的投资环境吸引了大批中外客商。日照市抓住机遇，内引外联并举，科工商贸齐抓，从1988年开始兴建日照开发区。五年多来，以港城为依托，以铁路为纽带，本着“规划一片、建设一片、收益一片、滚动发展”的原则和“自立政策、自费开发、自我发展”的方针，已呈现出全方位推进、综合性开发，大规模建设的良好格局。

日照市委、市政府按照“三个有利于”的标准，大胆借鉴试行经济特区和浦东新区的优惠政策，制定和推行了一系列外引内联的优惠政策，开发区党工委、管委会设有精干、高效、完备的管理机构和服务体系，并在项目审批、土地管理、劳动人事、财政金融、规划建设、工商管理等方面享有市级管理权限。

随着改革开放的进一步深入，尤其是邓小平南巡讲话之后，日照开发区更以其特有的自然条件和良好的投资环境吸引了越来越多的中外客商。

通过多种形式，积极开展横向联合和对外经济技术的协作与交流，引进国内外资金、先进技术和管理经验，先后与国内十几个省市及日本、美国、加拿大、澳大利亚、韩国、泰国、新加坡、香港、澳门、台湾等二十多个国家和地区的客商建立了业务往来和经贸关系。

开发区内南有陡峭高耸的奎山山脉，北有连绵起伏的丝山群峰，中部有十余公里的海滩，水清波静、滩平沙细。她还有亚洲最早的城市——两城遗址；有我国南朝时著名文艺理论家、《文心雕龙》的作者——刘勰故居；有被称之为“华夏之魂”的黑陶、蛋壳陶，是旅游观光、度假娱乐的理想场所。山海天旅游区、万平口度假村、太阳城商业区、奎山公园、海上世界等正在陆续兴建。

日照开发区有着明显的区位优势和美好的发展前景。今后一段的发展重点和目标是：大力发展基础工业、原材料工业和金融业；努力形成以商贸、仓储、运输为主的沿海商贸工程、电子技术和新能源、新材料等开展科研攻关和推广应用，形成高新技术产业群，努力把开发区建设成现代化的、外向型、技术先进、环境优美的综合型经济区域，实现“改革试验区、开放示范区和高新技术中心区”的三区目标，使之成为鲁南地区的经济、文化中心和重要出口贸易基地。

伴随着时代的强音，汇映着改革开放的大潮，日照开发区带着零的纪录，从蓝图上走下来，走过了它创业发展的5个年头，五年的业绩已充分体现了改革开放的伟大之所在，昭示着它明显的生命朝气。可以预见充满生机充满活力的日照开发区将阔步走向繁荣，走向世界。

（《沿海开放城市》根据《沿海科技与经济》等刊物所载文章整理）

侨乡经济——泉州

福建省泉州市侨办　郑邴山

泉州市地处中国福建省东南沿海，位于北纬24°15′—25°56′、东经117°34′—119°10′之间。东西宽153公里，南北长157公里，辖晋江、石狮、南安3个市，惠安、永春、安溪、德化和待回归的金门等5个县，还有1个鲤城区。全市土地面积11015公里，人口606万人。是中国首批公布的二十四个历史文化名城之一。

千年古港

泉州的历史悠久，早在新石器时期，古越族人就在这块依山面海的土地上披荆斩棘，繁衍生息。周秦时期，居住在这里的古越人便善于“以舟为车，以楫为马”，“习于水斗，便于用舟”，掌握海上航行的技能。西晋末年，中原战乱，大批士族庶民入闽，其中有许多定居在泉州的晋江流域，带来了中原的文化和先进的生产技术，和本地区原住民共同开发泉州地区，促进了社会经济和文化事业的发展。南朝陈永定二年（公元558年），西天竺优禅尼国高僧拘那罗陀来泉州的现在南安市九日山上校译佛经，天嘉二年（561年）由泉州乘船去广州，然后从广州回国。可见最迟在六世纪中叶，泉州与海外地区已有来往，距今已有一千四百多年历史。

唐、宋以来，泉州的海外交通事业更加兴盛，达到了空前繁荣的鼎盛时代。据南宋朝散大夫提举福建市的赴汝适在其所著的《诸蕃志》记载，南宋前期泉州已与58个海外国家和地区有贸易往来，近者有东南亚的交址、占城（今越南）、真腊（今柬埔寨）、麻逸、三屿（今菲律宾）、渤泥、阇婆、三佛齐（今印度尼西亚）、凌牙斯加（今马来西亚）、细兰（今斯里兰卡）、南毗、故临（今印度）……，远者有波斯（今伊朗）、麻嘉（今沙特阿拉伯）、大食（今阿拉伯）、白达（今伊拉克）、弼琶罗（今东非索马里）、层拔（今桑给巴尔）、昆仑层期（今马特加斯加岛）、勿里斯（今属埃及）……等国家和地区。元代又有所发展，据汪大渊所著的《岛夷志略》记载，元代有近百个国家和地区与泉州有贸易往来，比南宋时期增加了40个。世界著名旅行家、意大利人马可波罗（1254—1324），号仕元17年，游历几遍中国。他在《马可波罗游记》中，记述他在泉州所见的情形说："……行五日毕，则抵壮丽之剌桐城（即现在的泉州市鲤城区，古代因在城之四周盛植刺桐树，因此又名"刺桐城"），此城有一名港在海洋上，乃不少船舶幅辏之所，诸船运载种种货物至此，然后分配于蛮子全境。所卸胡椒甚多，若以亚历山大运赴西方诸国者衡之，则彼实微乎其微，盖不及此港百分之一也。此城为世界最大良港之一。商人商货聚积之多，几难信有其事。"元代另一位著名旅行家、摩洛哥的伊本白图泰（1303—1373年），也称赞"泉州为世界最大港之一，实则可云惟一之最大港。"泉州亦因此被称为是"海上丝绸之路"的起点。

著名侨乡

泉州依山临海，海上交通发达，且与东南亚各国只有一水之隔，自古以来，人民就有前往海外谋生与定居的习惯。宋代进士谢履有一首《泉南歌》写道："泉州人稠山谷瘠，虽欲就耕无地辟；州南有海浩无穷，每岁造舟通异域。"就是这一事实的生动写照。目前，祖籍在泉州市的海外华侨、华人和港澳同胞有670多万人，分布在世界90多个国家和地区，尤以东南亚的印度尼西亚、马来西亚、新加坡、菲律宾、缅甸、泰国、越南最为集中，占全市华侨、华人总数的一半以上。在东南亚，有许多知名人士和富豪的华侨与华人，其祖籍都在泉州市，如被誉为星、马"橡胶"、"黄梨"两大王李光前，祖籍在泉州市的南安市；马来西亚的超级亿万富豪骆文秀（又称"本田大王"），祖籍在泉州市的惠安县；马来西亚"赌王"林梧桐，祖籍在泉州市的安溪县；星马大实业家李延年，祖籍在泉州市的永春县；号称全球总资产达200亿美元的亚洲世界集团创办人郑周敏，祖籍在泉州的石狮市；菲律宾华人巨富、菲华商联总会副理事长陈永栽，祖籍在泉州的晋江市；1993年被评为世界华人富豪、资产达25亿美元的印度尼西亚黄奕聪，祖籍在泉州的鲤城区；……。该市的晋江市，被称为"三个100万人的市"，即：晋江市现在常住人口近100万人，在海外的华侨、华人110多万人（其中70%在菲律宾），在台湾的汉族同胞100万人。

泉州市有归国华侨和侨眷属319万人，占全市人口一半左右。由于海外华侨、华人有群居的习惯，因此在侨乡中也出现了这一明显的特点，如晋江市、石狮市和南安市南部、惠安县南部，这里侨眷属的亲人绝大多数居住在菲律宾，永春县、德化县、南安市北部、惠安县东、西、北部和晋江市的东石镇，侨眷属的亲人绝大多数居住在新加坡和马来西亚，晋江市安海灵水侨眷属的亲人绝大多数居住在印度尼西亚，安溪县和鲤城区则印度尼西亚、菲律宾、新加坡、马来西亚、缅甸、越南等国兼而有之。

泉州市1949年以来社会经济主要指标

	单位	1949年	1952年	1957年	1962年	1965年	1966年	1970年	1975年
年末人口	万人	219.17	242.88	274.42	306.48	326.91	335.50	375.30	428.18
国民生产总值（当年价）	万元	13288	19521	29821	29547	39893	46806	51173	61461
国民生产总值（90年不变价）	万元	50856	65027	92619	66927	100680	113623	120559	137610
国内生产总值（当年价）	万元	13288	19521	29601	29295	39686	46510	50931	59202
国内生产总值（90年不变价）	万元	50856	65027	92322	66611	100402	113227	120048	134664
工农业总产值（90年不变价）	万元	54482	79194	112757	79524	130439	144426	159615	189091
财政收入	万元	707	3327	4426	5090	5108	4694	4996	5560
城乡储蓄存款余额	万元	—	1186	4333	4690	8593	8246	8775	13101
城市人均生活费收入	元								
农民人均纯收入	元								
年末人口	万人	439.79	457.87	470.59	513.63	582.33	598.68	605.99	
国民生产总值（当年价）	方元	58965	83885	137459	276688	659299	1338898	2474820	
国民生产总值（90年不变价）	万元	133061	175168	259503	419466	652300	1238476	2076184	3080000
国内生产总值（当年价）	万元	56026	77949	123964	251624	618812	1271190	2339246	
国内生产总值（90年不变价）	万元	129179	167568	242190	389926	611813	1173739	1950762	2958000
工农业总产值（90年不变价）	万元	178703	230964	278368	486856	923944	1868990	3403164	5158000
财政收入	万元	5951	7902	9504	19876	62441	100188	165858	132588
城乡储蓄存款余额	万元	13355	17623	30590	116426	403061	755667	839231	1107000
城市人均生活费收入	元		324	374	754	1921	2457	3400	4287
农民人均纯收入	元		75	120	408	783	1195	1546	2148

祖籍泉州市的归国华侨，有许多是全国的著名人物，如：原全国政协副主席、全国侨联主席陈嘉庚是同安县人(该县50年代后期划归厦门市管辖)，原全国人大常务委员会副委员长叶飞是南安市人，现任全国人大常务委员会副委员长王汉斌是惠安县人，原全国政协副主席、全国侨联主席庄希泉是安溪县人，原中央华侨事务委员会副主任、全国侨联副主席李铁民是永春县人、庄明理是鲤城区人、黄长水是惠安县人。

祖籍泉州市的海外华侨、华人占福建省的海外华侨、华人总数60%以上，比泉州市现在的常住人口还多；归侨、侨眷也占福建全国归侨、侨眷一半以上，因此被称为全国著名侨乡，福建省华侨、华人最多的一个市。

春风送暖

明、清以后，泉州港的海上交通因各种原因逐渐衰落，变成一个普通的港口与城市。1949年以后，虽有所建设，但百废待兴，且因面对金、台前线等种种原因，建设受到一定影响，进展仍然不大。

1978年以来，中国实行改革、开放等一系列富民政策，象春风化雨，使古城泉州市重新焕发了青春，社会经济进入一个崭新的发展阶段，各项建设事业都有了长足的进步。工农业生产全面丰收，乡镇企业、民营企业和外商投资企业如雨后春笋，蓬勃发展，遍地开花。如今，泉州已搭乘上时代的航船，进入了经济与社会各项事业高速发展时期，沿着建设现代化的、繁荣发达的城市方向全速前进，重振海上丝绸之路的雄风。

1989年的成就，已使泉州人感到非常自豪。是年，全市的国民生产总值已达57.49亿元，比1949年增长42倍多，比1978年增长5倍多；工农业总产值82.01亿元，比1949年增长14倍多，比1978年增长2倍多。

1989年以后的飞速发展，更使泉州人感到兴奋和骄傲！

国民生产总值作为综合反映一个国家或地区国民经济发展水平的重要指标。1978年，泉州市的国民生产总值尚处于福建省的福州、南平、漳州、三明等地市之后，处全省第5位。改革开放给泉州经济注入了巨大的活力，十几年来，每年都以百分之十几至六十几的速度增长，经济实力大幅度增强。至1991年，全市国民生产总值已达80.65亿元，进列为福建全省第2位。1992年，突破100亿元，达到123.84亿元，比1991年增加一半。1993年又突破200亿元大关，达207.184亿元，按可比价计算，比1980年翻了3番，绝对额首次荣登福建全省榜首。1994年全市的国民生产总值超过300亿大关，达308亿元（按1990年不变价），又比1993年增长48.4%，国内生产总值295.8亿元，比1993年增长51.6%，其中第一产业增长8.5%，第二产业增长55%，第三产业增长61.7%。全市工农业产值515.8亿元，比1993年增长51.6%。1994年，泉州市的国民生产总值又视居福建全省之首。福建省政府评定的1994年度经济实力十强县和经济发展十佳县中，泉州市的晋江市、南安市、石狮市和惠安县均位居全省的前列。1994年底，全市涌现36个亿元村，其中大部份是在晋江市、石狮市、南安市的一些著名侨乡。

石狮市原来是晋江县的一个镇（石狮镇），1987年12月连同周围的3个乡镇，提升为县级市。初建市时，工农业生产总值仅3.3亿元，财政收入不到2000万元。建市后几年，经济发展出现了超常规、跳跃式、大发展的好势头，社会总产值、国民生产总值、国民收入、工农业生产总产值、乡镇企业生产总值、社会商品零售总额、财政收入、银行存款余额、内联资金和吸收外资等10大经济指标都实现了“五年增加五倍或五倍以上。”

从下表所列数字即可看出该市几年来的巨大变化：

项　目	1987年	1992年	1993年
国民生产总值	2.7亿元	18亿元	31亿元
国民收入	2.4亿元	14.4亿元	
工农业生产总值	3.3亿元	23亿元	45亿元
引进外资	0.32亿元（17家）	累计:28亿元(518家)	累计:57亿元(842家)
财政收入	1916万元	1.47亿元	2.52亿元

1994年，石狮市的经济又进一步发展，国民生产总值达41亿元，工农业生产总值60亿元，财政收入3.02亿元，城镇居民人均生活费收入4550元，农民人均纯收入3550元，分别比1993年上升30%、33%、19%、29%、28%。

“三胞”情深

泉州市的海外侨胞、港澳同胞和台湾同胞（简称“三胞”）与其它地区的“三胞”一样，素有在故乡举办公益事业的优良传统。早在辛亥革命前，泉州的海外侨胞，就在家乡捐资共建了一些新式小学；20年代开始捐建中学。1919年由泉州华侨创办的“闽南民办汽车路股份有限公司”（因初期只开通泉州市区至晋江安海这一段，所以后来改称“泉（州）安（海）汽车公司”），这是福建全省的第一条公路和汽车公司。

过去，海外侨胞习惯于故乡兴办小学和中学。80年代以后，逐渐拓展到兴建中等专业学校和大学（泉州市现在的仰恩大学、黎明大学和石狮市、安溪县、永春县、惠安县的一些师范、财经的中等专业学校及建筑中等技工学校都是由“三胞”创办的)。随着改革、开放和故乡各项建设事业的进展，“三胞”在故乡举办公益事业的热情空前提高。1978年以来至1994年第3季度，泉州的“三胞”共为教育事业捐资5.88亿元，占全市在此期间筹集到的用于改善办学条件的资金总数的69%；同时，还捐资建立各类奖教、奖学基金会630多个，拥有基金1.23亿元。1994年，全市“三胞”举办教育、卫生、交通、电力……等公益事业的捐款达4.1亿元，比1993年增加41%。

现在，“三胞”关心家乡建设已过去捐资举办公益事业逐步发展为投资性、开发性的合作、合资或独资举办经济实体，在泉州建工厂、办企业，开展经济往来，共同发展侨乡经济，促进侨乡建设。1979年，泉州市开始出现一批对外来料加工装配的工厂企业，从1979至1984年，全市累计共与客商签订对外来料加工装配合同8304份，实际收入工缴费2322万美元。通过对外来料加工装配，引进各种较为先进的机器设备1.4万多台，安排劳动力4.8万人，兴办455个加工装配工厂企业。从1980年开始，有3家外商来泉州合作、合资创办中外合作或合资企业，以后逐年增多。1994年，全市新批准外商投资企业802家，协议外资11.46亿美元，实际到资7.24亿美元。从1980年至1994年，全市累计共批准外商企业4727家，协议利用外资53.8亿美元，实际利用外资18.9亿美元，已投产开业的273家。投资额千万美元以上的项目达136个。从1988年开始，又出现了成片土地开发，至1994年，已有17个成片土地开发项目投入建设，完成投资19.5亿元，占协议投资总额的49.2%，开发面积9.23平方公里，占规划开发面积的75%，完成建筑面积132万平方米，引进项目215个，投产企业97家。这些外商、客商，90%以上是祖籍在泉州的“三胞”。这些对外来料加工装配和外商投资企业，对促进泉州侨乡建设和经济的腾飞起了非常巨大的作用。

重振雄风

古代泉州之所以鼎盛，主要是靠海上交通，明、清以后，已沉睡好几百年了。如今，泉州要重振雄风，不仅要依靠海上交通，而且要公路、铁路、航空一齐上，建立立体的便捷交通网络。改革、开放后，泉州港口建设得到了中央、省、市的高度重视，从1982年打第一根桩开始，现已建成投产的码头19座，泊位27个，码头总长度2135米，年设计吞吐量1195.4万吨。从北到南，主要分布有：肖厝港区10万吨石油专用泊位1座，5000、3000、1000吨级成品油泊位各1座，1万吨级杂货泊位1座；崇武港区1000吨级杂货泊位1座；后渚港区500吨杂货泊位1座，5000吨级客货泊位1座，3500吨级石油专用泊位1座，5000吨级粮食专用泊位1座；内港港区200、500吨级杂货泊位3座；祥芝500吨级杂货泊位1座；东石300吨级杂货泊位2座；石井1000吨级杂货泊位1座。主港共有仓库2.7万平方米，堆场10.3万平方米。投资2000多万元，设有国内、国际候船厅，面积7600平方米的泉州港客运站也于1993年建成使用。1994年，泉州港年货物吞吐量达550万吨，集装箱吞吐量达1.2万余标箱，位居福建全省第3位，跨入全国中型港口行列。

最近这几年，泉州市已投资8亿多元，建设公路314.3公里，完成国道、省道的路基280公里，水泥路面160公里。各县、市、区也改造修建县乡公路404公里，形成四通八达的公路网络。

历史上，泉州从来没有一寸铁路。1992年，计划投资15亿元的漳（平）泉（州）铁路亦在加紧建设。这条铁路西起鹰厦线铁路南部漳平，东至湄洲湾南岸肖厝港，全长245.6公里，预计至1995年7月，火车轨道即可铺至泉州市区。

晋江飞机场的改建、扩建工程也在顺利进行，目前，主跑道和停机坪均已改建、扩建完成，近期即可全部完成投入使用。

至此，泉州侨乡的海上、公路、铁路、航空即可全面形成，使泉州的各种交通事业达到空前发展和繁荣阶段。

在邮电方面，泉州的程控电话扩容已达41万门，总容量达70万门，新建电话局39处，总数达101处，城乡电话用户总数达22.5万户。1995年，计划再扩容程控电话30万门，总容量100万门，城乡电话新装机11万户。

所有这些，都对泉州侨乡经济建设，起到了非常重要的改善基础设施和先行工程的作用。

泉州，将逐步建设成为经济发达、开放程度和文明水准较高的现代化城市和新侨乡，在国际经济舞台上，再现“东方大港”的英姿，重振“海上丝绸之路”的雄风！

三峡工程

长江三峡工程举世瞩目，是跨世纪的宏伟工程，是几代中国人的理想，经过几十年的构想和论证，今天终于得以实施，也只有在当今改革与发展的年代，才有可能兴建这一宏伟工程。

长江三峡工程首要的目的是为了长江中游的防洪。万里长江在出了西陵峡后进入了辽阔的平原地区，河流由急流陡坡转为平缓而宽浅，逐年月的泥沙淤积，致使有1500万人口，2300万亩耕地的江汉平原和洞庭湖区受到严重的洪水威胁，兴建三峡水库可以滞蓄221亿立方米的洪水，将大大削减洪峰，提高防洪能力，使荆江大堤的防洪标准由十年一遇到百年一遇，大大缓解江汉平原的洪水威胁，为华中这块富饶的土地得以更为繁荣发展提供了保障。

三峡工程建成后将形成115米的落差，获得巨大的能源。三峡电站将装有26台单机容量为70万kW的巨型水轮发电机组，发电总量为1820万千瓦，成为当今世界上最大的水电站，每年将提供847亿千瓦小时的电量。为高速发展的四川、华中、华东广大地区提供清洁而廉价的能源，必将有力地促进这些地区的经济发展。

三峡工程提高了600公里长的峡谷水位，将狭窄、多弯、滩浅、流急的航道得以加宽和加深，大大提高黄金水道的航运能力。它的建成必将促进长江流域的经济发展。

建成长江三峡工程将得到取之不尽用之不竭的电力资源和巨大而持久的社会经济效益，虽然它的直接效益是地区性的。但其宏观效益必将辐射到全中国。是为世世代代中华民族造福的宏伟工程。

然而长江三峡工程又是一项引以注目的挑战性工程，它毕竟要改变奔腾千古的长江水流，必将改变万里长江原有的生态平衡，河床演变、环境更替、鱼类及其它生物的变迁，更为重要的是水库将动迁近百万人口，需要迁居新址重建家园。这些影响正是我们在建设三峡工程时要引以特别重视的。我们对待事物是可知论者，在实践中不断深化对事物的认识，兴利除弊。改变了原有的生态平衡必将出现一个新的生态平衡，重新调整人和大自然的关系，从而更好地利用自然，改造自然，保护大自然。我们坚信，当代的科学，当代的中国人有能力解决好这些问题。

长江三峡工程的本身，也是一项挑战性的工程。它要在8万秒立米流量和60米水深的滔滔长江上修建大坝，需要实现史无前例的复杂而艰难的导流工程，并要保证施工期的通航。需要在5—6平方公里范围内完成达一亿立方米的水上和水下土石方工程；要完成三千万立方米的砼浇筑和25万吨金属结构；需要建造能通过3000吨级的船舶，举重量达11000多吨，垂直提升110米的升船机；要建造能通过万吨级船队的五级双线船闸；要安装26台当今世界最大等级的单机容量70万千瓦的水轮发电机组；需要架设15个回路远距离超高压交直流输变电系统等等。工程最之浩大、工程之艰巨也是史无前例的。工程的建设必须既要慎重又要创新，利用当代中国和世界的最新工程技术、最先进的管理科学，我们有足够的信心，抱有必胜的信念，迎接和战胜这一挑战性工程。

长江三峡工程总工期17年，第一批机组将于第11年投产发电，建成后的三峡工程将发展巨大的经济效益和社会效益，但它毕竟建设周期长，资金用量大，建设期财务负担重。建设资金的筹借任务十分艰巨，除了国家资本的投入外，还将充分发挥企业的自筹能力，充分运用社会主义市场经济的机制，多渠道多形式地筹集资金，向社会集资，在条件成熟时实行企业股份制改造。三峡工程还将积极地利用外资，开展技贸结合，引进资金、技术和装备。我们相信在我国改革开放新的历史时期、在经济大发展的年代，中国有足够的实力完成这一宏伟浩大的长江三峡工程。

1992年4月全国人大通过了兴建长江三峡工程的决议。三峡工程是中国目前规划中最大的水利工程，也是世界上最大的水利枢纽工程之一。具有防洪、发电、航运、养殖、供水等巨大的经济效益和社会效益。

国务院三峡工程建设委员会第二次会议审查批准了《长江三峡水利枢纽初步设计报告（枢纽工程）》。根据这一报告，长江三峡工程建设将采用“明渠通航、三期导流”的施工方案；单机容量由68万千瓦增加到70万千瓦，装机总规模则由1768万千瓦增加到1820万千瓦，年平均发电量由840亿千瓦时，增加到847亿千瓦时；施工总工期和发电工期比可行性研究报告提前1年，总工期17年，首批发电工期为11年；枢纽工程概算控制在500.9亿元（按1993年5月价格水平）以内。

在长江三峡工程坝区三斗坪，工程前期施工准备正紧张、有序地展开，进展比较顺利。被选定为三峡工程大坝坝基的中堡岛，已正式由地方移交给三峡工程的业主中国长江三峡开发总公司，受该公司委托，担负前期施工准备工程的长江葛洲坝工程局首批施工队伍已开进三斗坪施工准备现场，现已有27个准备项目开工，其中7个项目已完工，共完成土石方156万立方米，兴修施工用房1900多平方米，架设通讯和电力线18公里。国务院三峡工程建设委员会已确定，1993年投资20.2亿元用于三峡工程的各项前期准备工作，其中工程施工准备工作投资15.5亿元。

举世关注的长江三峡移民工作已经由试点转入正式实施并将加快步伐。

三峡工程的移民工作是一个难度极大的宏大工程。按正常蓄水位175米方案，将淹没陆地面积632平方公里，涉及四川、湖北两省19个县（市），13座县城，140个集镇，4500个村民小组，淹没区人口72万多人。考虑人口的自然增长，最终安置移民的总数达到113.18万人。

1993年国家计划安排移民资金5亿元，国务院三峡工程建设委员会移民开发局已开始运行。

长江三峡移民工作将坚持开发性移民方

针，优先安排90米水位线以下的移民投资，同时积极为135米水位线以下的移民安置迁建作准备。据了解，三峡移民将把大农业开发放在首位，集中搞好水土保持和兴修水利，开发经济林果园，在农业方面给农村移民建立一个可靠的生产基地；在库区城镇迁建方面，将重点投资湖北省秭归县、巴东县和四川省云阳县和万县市的新城区建设，并结合工厂搬迁对企业进行技术改造。

三峡工程吸引了大批的国内外企业，坝区宜昌市成了国内外客商投资的热点。据统计，工程议案通过以来，20多个省市区与宜昌市完成经济联合项目500多个，总投资达4亿多元；近200家“三资”企业落户宜昌，是前13年的5倍。

外资进入宜昌，目前呈现更为迅猛的势头。据统计，宜昌市新批“三资”企业60余家，投资总额近2亿多美元。现在宜昌市“三资”企业已达230余家，投资总额5亿多美元。香港华致发展集团有限公司最近在宜昌投资4亿元人民币，合资举办旅游、房地产和交通等方面的5个有限公司，成为目前在三峡地区投资最多的海外企业。近来，外资投向又出现新态势，与三峡工程相关的建材、旅游和房地产三个产业行情均看好。

三峡工程开工后，数十万建设大军的衣食住行以及工程所需的各类物资对国内投资者产生了巨大的吸引力。国家原材料投资公司、武钢集团等数十家国有大中型企业先后与宜昌有关方面联合成立了集团公司，投资规模均在千万元以上；一些对口支援坝、库区的省市，也迅速拿出自己的强项与宜昌合作，互利互惠。北京、天津、上海等省市多次派代表团前往宜昌考察，已确定了一批农业开发、旅游基础设施建设等切实可行的合作项目。

1994年10月26日，旨在充分发挥和利用国内金融证券机构的整体优势，运用证券市场为国家重点工程进行社会筹资的“三峡建设武汉证券交易中心会员融资团”在北京正式成立。

这个融资团由中国诚信证券评估有限公司、武汉证券交易中心、三峡融资咨询有限公司三家联合倡议、共同发起组织，融资团的成员包括华夏、国泰、南方三大证券公司和上海、浙江、深圳、海南、四川、湖北等省市证券机构以及中国农村发展信托投资公司、中国经济开发信托投资公司、北京京华信托投资公司等单位。

据介绍，融资团近期将开展以下几方面工作。一是举办三峡投资基金研讨会和三峡债券及其衍生工具研讨会，做好“中国三峡投资基金”的文件准备、方案论证和报批工作，并为基金在国内的发行和承销做好各项准备；二是完成葛洲坝电厂的债券、可转换债券及股票的综合配套研究和设计工作，同时做好国内外债券、国际债券和海外基金的研究、设计和代理发行承销等各项工作。

据有关人士介绍，由国内金融证券机构专为一个大型建设项目组成融资团，在我国迄今尚无先例，这是国内金融机构自发组织，通过自律性形式，共同探讨国家特大型工程社会筹资新机制的一种尝试。

另悉，中国三峡投资基金总体方案初步设计已出台，基金发行总规模为面值20亿元人民币，拟分4期发行。第一期拟发行5亿元，其中，发起人认购20%，计人民币1亿元，其余4亿元向社会法人和公众公开发行。

三峡工程的建设将有力地推动三峡地区乃至全国经济的发展，三峡工程完建后将产生巨大的经济效益。首先，三峡工程建成后将从根本上消除长江中下游的水患威胁问题，从而促进沿江区域经济的发展。其分区情况大致如下：

1. 三峡库区。

自宜昌三斗坪三峡坝区至重庆，全长660公里，跨川鄂两省，俗称川江，属典型的“老、少、边、穷、库”区。三峡工程兴建给这一地区注入了新的活力，库区的配套建设大大改善了这一地区的投资环境，使其丰富的自然资源可以得到有效的开发和利用。同时，国家为适应对外开放和加速三峡库区经济开发的需要，相继批准重庆、宜昌、万县、涪陵4市为沿江对外开放城市，享受沿海开放政策，并批设立宜昌、秭归等川鄂两省在内的库区17县市的国家级长江三峡经济开放区，承担三峡工程移民任务，随着沿江4市的开放和三峡经济开放区的建立以及所赋予优惠政策的运用，开发性移民的实施，三峡库区经济的开放开发将跃上一个崭新的发展阶段。特别是这一地区充分利用服务三峡建设的大好机遇，加强配套服务项目建设，极大限度地吸纳三峡工程的建设资金，加速优势资源的有效开发，将使这一地区产业规模迅速壮大，产业布局得到合理调整，库区经济得到迅猛发展。

2. 鄂西南地区。

鄂西南地区位处长江中、上游交汇地带，为“三峡之门户”，“川鄂之咽喉”，其自然资源十分丰富，开发利用潜力极大，但目前这些丰富的资源基本上处于长眠状态之中，开发利用程度极低。这一地区作为三峡工程建设的主战场，三峡工程兴建将对其开放开发产生极大的促进作用。一是这一地区具有“近水楼台”、“天时地利”的优势，参与三峡工程建设和为工程建设服务就近方便，有可能吸纳消化较多的投资，为本区的经济发展提供巨大的增量。二是服务三峡工程建设，使这一区域基础设施建设大大加强，投资环境得到应有的改善，为本区大规模的经济开发创造了良好的环境。与此同时，为三峡工程建设服务的第三产业得到了长足的发展。三是三峡工程投资巨大，所需物资的数量庞大，设备种类繁多，为本区域提供了巨大的市场需求，从而带动一批产业的发展，使产业结构大为改善。经过一定时间的强化建设，本区域完全可以建成一、二、三产业协调发展，特色鲜明的全国最大的水电中心，全国性交通、通讯枢纽，重要的原材料生产基地，以及以三峡风光为主体与名胜古迹相结合的自然与人文景观为一体的世界级旅游胜地。

3. 江汉平原与洞庭平原区。

坦荡辽阔、沃野千里的江汉平原和洞庭湖平原，农业发达，资源丰富，是我国重要的农业商品粮基地，且以农副产品的商品为原料的加工业发展条件十分优越。然而，“万里长江，险在荆江”，长期以来，这里受着有灭顶之灾的水患威胁，国家和地方都不敢在这里进行大规模的工业布点和建设，严重制约着本区域工农业生产的大规模发展。三峡工程完建后，从根本上解决了长江中下游的水患问题，江汉平原及洞庭湖平原就得以争脱水患枷锁的束缚和制约，可以大幅度地增加农副产品量，进行大规模的工业布点建设，使这一区域的优势资源将以大规模的有效开发，经济实力和产业规模迅速壮大，则可使这一区域迅速建成能与长江三角洲、珠江三角相媲美的社会、经济、文化较发达的地区和综合性商品出口创汇基地，成为长江经济带21世纪经济腾飞的重要基地之一。

其次，三峡电站的巨量电能将有效地缓解沿江经济能源瓶颈矛盾，有力地驱动沿江经济发展。

能源不足，历来是制约国民经济迅速发展的瓶颈。沿江经济带是我国经济相对发达地区，但这一地区矿物能源相对贫乏，能源的供求矛盾十分突出。然而长江沿江地区，特别是中上游地区水能资源十分丰富，充分利用水能优势，大力发展水电工业，以弥补这一地区矿物能源贫乏的不足是解决长江流域能源问题的根本出路。长江三峡巨型电站的建设对沿江经济带能源供求矛盾的缓解以及推动这一地区的经济迅速发展有着十分重要的战略意义。其分析如下：

1. 三峡水电枢纽对沿江经济带电力满足程度的分析。

三峡水利电力枢纽总装机容量1820万千瓦，年发电量847亿千瓦时，相当于10个大亚湾核电站（180万千瓦），或6.5个葛洲坝水电站（271.5万千瓦），或7座240万千瓦的大型火电站，或一个年产5000万吨煤的煤区及相应的运输铁路。三峡电站的巨量电能主要输送给华中（湖北、湖南、江西、河南）、华东（上海、江苏、安徽）和川东三个地区。而根据电力发展的长远规划，华中、华东两个地区在1990年装机容量4446万千瓦的基础上，到2000年需达到装机容量8973万千瓦，新增装机容量4527万千瓦；到2015年达到装机容量1.74亿千瓦，即下世纪初的15年需新增装机容量8427万千瓦才能满足2000年翻两番和下世纪中叶达到中等国家水平的电力需求。长江流域三大区各水平年需电量及装机容量见下表：

长江流域三大区各水平年需电量与装机容量表

水平年 / 指标 / 地区	1985年		1990年		2000年		2015年	
	电量（亿KWH）	装机容量（万KW）	电量（KWH）	装机容量（KW）	电量（KWH）	装机容量（万KW）	电量（亿KWH）	装机容量（万KW）
全国	4107	8705	6776	15147	12000	24000	24000	48000
长江流域三大区	1752.4	3500	2738.8	5770	5330	11233	106.60	21631
其中：西南	361.3	788	538.4	1194	1130	2260	2260	4520
华中	648.4	1360	1019.6	2200	2000	4473	4000	8311
华东	742.7	1352	1180.8	2376	2200	4500	4400	8800

而三峡电站在开工后的第8年就可开始发电，发电能力为136万千瓦，以后每年投入4台机组，容量272千瓦。根据有关资料反映，在三峡工程全部建成后每年可向华中送电600—800万千瓦，向华东送电600—800万千瓦，向川东送电200—600万千瓦。与此同时，在此期间再在沿江地带开发其它电源点，配合兴建其它水电站，并尽可能建设核电站，由基本可满足沿江经济带的电力需求，可大大缓解沿江经济带能源供应不足的瓶颈矛盾。

2. 对沿江经济带能耗结构的冲动与转换作用分析。

三峡水利电力枢纽主要供电区的华中、华东两地，煤炭资源很少，其储量分别只占全国总储量的3.2%和3.4%。1990年煤炭产量华中四省为15402万吨，华东四省市为5750万吨，分别只占全国总产量的15%和5%（而到2000年后华中的河南也将由煤炭调出省变为调入省），每年需从北方煤炭基地调出大量的煤炭。1990年华中、华东两地发电用煤为8300多万吨，其中近5000万吨（约占2/3）靠外地调进，由于煤炭生产由运输能力的制约，1989年曾因煤炭供应不上而使大批火电机组被迫停止运行。因此根据我国一直能源供需矛盾突出和煤炭运输困难的特点，充分发挥地区能源资源优势，大力发展水电，扬长避短，以水补火，转换能耗结构是沿江经济带解决能源供需矛盾，发展经济的迫切问题。三峡工程完建后巨额的发电量对于带动沿江地区能耗结构的转换将产生积极的影响。三峡电站的发电量，相当于抵消1990年华中、华东两地区在外调运的全部发电用煤，在长江流域能源能力平衡乃至全国能源电力平衡中占有重要地位，对于解决华中、华东两地区下世纪初一段时期内的用电，减少从北方煤炭基地调入发电用煤，在一定程度上改变北煤南运的格局，缓解运输压力，推动能耗结构转换有着重大作用。

总之，三峡工程的兴建，在一定程度上

给沿江经济带提供了丰富的电力能源，大大缓解了能源不足对经济发展的瓶颈制约。使沿江经济带可以以全新的面貌大规模进行开发建设，迎接长江开放开发热潮的到来。一批大耗电、大耗水的大型项目将在沿江经济带迅速布点，一批新兴的产业群落将迅速崛起，优势资源将得到有效的深度开发和综合利用。同时，随航运条件的根本改善，水运事业的繁荣，以航运为主体，铁路、公路、航空多条线路相结合的主体综合交通运输网络体系的形成。沿江商货走廊，旅游走廊将得到长足的发展，长江经济带将以豪迈的姿态随长江巨龙的腾飞冲出长江走向世界。

1994年12月14日，国务院总理李鹏宣布世界上最大的水利枢纽工程——三峡工程开工。并力争在1997年实现大江截流，2003年首批机组发电，2009年工程全部竣工。

（《三峡工程》根据《瞭望》周刊所载文章整理）

浦东经济开发区工程

1990年春天，李鹏总理宣布中国将开发开放浦东，从此，这片昔日不起眼的520多平方公里的土地焕发出勃勃生机。4年多来，在党中央、国务院及上海市委的正确领导和关心下，浦东新区坚持金融贸易、基础设施、高新科技“三个先行”和“城乡一体、共同发展”的原则，开发进展良好，成绩显著。国民经济快速稳定增长，基础设施日趋完善，社会事业同步协调发展，上海浦东已经成为当今中国投资环境最好、经济发展最快的地区之一。

已有的成就

（一）国民经济保持快速、稳定、协调增长的发展势头。1993年，浦东新区国内生产总值达到164亿元，同比增长30%，比1990年翻了一番多。1994年1—8月，新区完成国内生产总值174.87亿元，比上年同期增长近27.9%，这样，预计1994年浦东新区国内生产总值将达到260亿元，同比增长30%；财政收入比上年同期增长40%，显现出良性的经济增长结构；外贸出口已经突破11亿美元，超过上年全年10亿美元的出口总额，同比增长近50%。

预计1995年，新区国内生产总值可达350亿元，1997年可达550—600亿元，这样，原定浦东新区国内生产总值到2000年比1990年翻三番的目标可提前三年实现。

（二）基础设施加快建设，投资环境不断完善。继南浦大桥、杨浦大桥、杨高路等第一批10大市政重点工程竣工投入使用后，第二批市政重点基础项目，如延安东路隧道复线、地铁2号线等已经开始全面开工建设，浦东国际机场、现代化通信中心等正在积极规划、筹建之中。新区在去年完成与大市政配套的7路建设的基础上，1994年确定的道路、水利、立交桥、通讯等10项重点基础设施项目全部按计划展开，其中，张杨路拓宽工程、延安东路隧道复线配套工程、轴线大道样板段工程、同高路污水排放系统工程、沪南公路拓宽工程、金桥立交桥工程等“五路一桥”工程列入上海市1994年重大市政建设项目，并将在年内竣工，一个集完善的基础设施，便捷的交通网络的投资环境正在形成。

在市政建设的同时，浦东新区加强了城市建设规划管理，并投入大量资金开展了大面积的绿化工作。对城市化地区和杨高路等重要路段集中开展了违章建筑的检查和拆除，使投资环境得到了改善。

（三）重点小区全面推进，功能开发取得成效。根据市委、市府提出“由点及面，滚动开发”的原则，浦东开发先行启动的4个重点小区在大规模的基础建设之后，目前已进入了功能开发的新阶段，累计已完成基础设施投资60多亿元，完成土地开发面积12平方公里。

陆家嘴金融贸易区围绕商贸、金融中心区的功能，重点开发沿江一线和主要道路两侧。目前，已开工建造金融商贸综合大楼近67幢，其中有15幢大楼已进入结构封顶和装饰阶段，有5幢商贸综合大楼将竣工使用，1994年新开工的有30幢。东方明珠电视塔已全面进入外部装饰和地面裙房建设，将在建国45周年的国庆节正式对外开放，成为上海的又一个新景观。

金桥出口加工区已成为新区最早进入初步收获期的开发小区，被称为中外客商投资浦东的“黄金热土”，这块“黄金热土”的“含金量”，可以从以下几个统计数字看出：目前落户区内的项目已达225个，吸引投资总额28.9亿美元，项目平均投资规模达1300万美元。区内累计开工在建项目129个，已投产项目45个，1994年上半年完成工业销售产值23.12亿元，预计1994年可达50亿元，功能效应逐步发挥，成为上海工业经济的新的增长点。

外高桥保税区首期4平方公里开发中，充分发挥其“境内关外”的优势，包括保税仓储、自由贸易中心、出口加工和生活服务四个功能区域已具规模，区内招商保持良好势头，到8月底，区内批准项目1143个，投资总额23.78亿美元，其中贸易性项目达到80%左右，汤臣商贸大厦等10幢大楼相继开工。上海保税生产资料交易市场1—7月进出口货物总值达到3.1亿美元。1994年封关运行区域将达到5.5平方公里。这里将率先塑造一个完全符合国际规范运作的市场体系，成为上海浦东与世界经济接轨，进而带动周边外向型经济发展的窗口与增长极。

张江高科技园区重点突出生物医药、微电子、光机电一体三大功能开发，扩大高科技项目的签约，目前已有28个高科技项目落户区内，1994年1—8月，引进项目10个，项目平均投资规模超过2300万美元。“东上海科技城”项目已开工建设，计算机软件园项目在加快启动，上海泰克森电子技术电脑显示器产品已正式投产。

（四）内外客商投资不减，外贸出口持续增长。1990年以前浦东只有37个外资企业和54个内资企业。浦东开发开放以来，内外客商投资保持了良好势头。1994年1—8月，新区批准外商投资项目671个，比去年同期增长6.5%，投资总额27.9亿美元，协议外资19.7亿美元。到8月底，新区累计外商投资项目为2299个，总投资93.4亿美元，协议吸收外资52.4亿美元。目前，有世界五大洲的43个国家和地区的客商纷纷来新区投资。1994年以来，外商投资向高层次化发展，金融、商贸、房地产、旅游、信息咨询等第三产业已成为外商投资的新热点，1—8月，投资在1000万美元以上的大项目有40项，总投资为23亿美元，占今年投资总数的82%，协议外资15亿美元，占今年引进外资的76%。最近，日本森大厦株式会社和美国兆华斯坦地产公司联合投资7.5亿美元在陆家嘴金融中心区共建局90层以上（370米）的金融大厦已正式签约，这是浦东开发开放以来最大的房地产项目，该大厦的建设，将成为亚洲迄今最高的建筑。目前，新区有45家世界著名跨国公司投资浦东的57个企业，总投资17.75亿美元，占新区外资企业投资总额的20%。他们中有美国的杜邦，英国的皮尔金顿，德国的巴斯夫、西门子，比利时的贝尔，日本的日立、夏普，香港的新鸿基，台湾的汤臣等。

外商投资的增长，带动新区外贸出口的发展，1—8月，浦东新区累计完成出口11亿美元，占上海市外贸出口总额的19.57%，比上年同期增长105.83%以上，自营企业出口、外贸企业出口、三资企业出口分别占上海市的36.58%、17.75%和14.24%。

与此同时，内联企业也得到了较快发展。1994年1—8月，新区批准内联企业573家。到8月底，新区累计批准国内投资项目3710多个，吸收外地投资额230多亿元人民币。

（五）金融贸易迅速发展，各类市场兴盛活跃。浦东开发以来，已有59家外资金融机构在沪设立了分行、财务公司和办事处，有11家中资金融机构在浦东新区开设分行。这些金融机构的存贷款余额比1990年增长了10倍之多；各类保险的承担额达1300多亿元。浦东新区现有各种从事商业、贸易、交通、运输等第三产业的企业达3万多家，比1990年增长了10多倍。

（六）加强规划控制管理，深化财税体制改革。1994年以来，新区和上海市有关部门抓紧了总体规划的优化工作，开展了新区地名管理工作的研究，并制定出实施方案，继续加强土地的规划管理和补地价工作、开展乡集镇的规划改造，落实了有关措施和配套政策，目前新区32个乡的集镇规划绝大多数已获批准，不久，我们将举行新区规划模型展示。同时，新区还正抓紧编制2010年前的国民经济中长期发展规划和外环线以内200平方公里城市化地区的详细规划。

为适应中央的财税体制改革，保持浦东开发的政策优势，新区管委会在财政体制和税收政策等方面开展一系列配套改革，使企业增加了活力，政府增加了财力。

（七）精神文明同步实施，社会事业协调发展。一是新区管委会成立以来，在抓好机构组建的基础上，从明确机构职能入手，进步健全和理顺内部管理体制，努力提高机关公务人员的整体素质。二是强调廉政也是重要的投资环境，制订了公务人员廉洁自律的规定，目前，新区机关队伍中，未发现违纪事件。三是推进法制建设，新区公、检、法、司、安机构进入了实质性运行，公安局在所辖地区以成立警署形式，率先探索体制改革新路子，取得了成效。新区还聘请法学专家、著名律师，组成法律顾问团，为新区管委会依法行政当好参谋。

针对新区社会事业较为薄弱的状况，管委会积极创造条件开工建设一批教育、文化、体育、卫生等社会事业项目。管委会努力克服财政紧张等困难，增加对教育事业费的投入。1993年用于教育事业的支出达2.24亿元，占财政支出总额的近30%。1994年，财政拨款3.4亿元，比上年增长51%，并且一再重申每年对教育投入要保持30%以上的增幅，努力创造条件解决教师的工资待遇和住房问题等。目前，中美儿童医院、上海进才中学等项目已开工建设，上海第二医科大学、市级综合医院等重大项目已落户浦东。同时，积极推进社会事业综合改革，在教育改革方面，组建以重点中学为龙头的教育集团，推行公办、民办、企业办、外资联办等多元化办学模式，并公开向全国招聘录用教育工作者；在卫生、民政、文体等改革方面组建新区社会事业国有资产投资经营公司，走社会事业投资经营的新路子。

（八）加强农业基础发展，推进城乡一体步伐。在实施浦东开发开放战略中，新区坚决贯彻执行中央和市委关于加强农村工作和农业生产的一系列方针、政策，使新区农村随浦东开发的迅速推进而得到蓬勃发展。针对新区农村可耕面积减少、种养殖业比较效益下降的情况，新区及时推出发展新区农村经济的若干政策措施。1993年新区农业生产、乡村工业、第三产业、人民生活水平等均列全市前茅，单季晚稻达到545.26公斤，列全市第一，全年完成乡村工业产值144亿元，同比增长45%，第三产业销售额达到105

亿元，同比增长80%。

新区坚定不移地实施“城乡一体，共同发展”的方针，坚持在财税政策、乡镇管理、行政和组织建设等方面与此相匹配，探索小区开发公司与周边乡镇的共同开发，目前，上海孙桥现代农业开发区，已经正式成立，并开始前期开发建设。该区是新区第一个绿色农业开发区，将形成特种水产、名特优蔬菜、瓜果、高科技生物工程和旅游观光等5个开发小区。王桥工业区、华夏旅游开发区的开发建设进展顺利，新区农村和农业经济逐步形成了多层次、梯度发展的态势。

开发前景

1995年浦东新区面临三大课题：一是酝酿争取新一轮浦东开发开放的政策；二是大力推进新区的功能开发和城区开发；三是探讨浦东的龙头作用如何有效发挥。我们认为，在当前中央加强和改善宏观调控的条件下，针对房地产业的冷处理，我们要努力寻求新的发展热点，针对税制改革所致的优惠政策的调整，我们要积极争取新的功能性政策的支撑，针对外商投资管理工作的深化，我们要探索招商引资的新路。总之，我们要充分利用政策环境变化的正面效应，在宏观经济运行趋紧的环境中保持浦东开发开放的良好发展势头。

（一）从外延开发转向侧重内涵开发

经过四年多的以大规模房地产为主体的外延发展，浦东开发已初具规模，现在到了应该而且必须握紧拳头，集中力量，重点出击的时候了。当前的宏观调控正好提供了一个外延发展休整的平台。因此，重点进行内涵开发、深度开发，便成为浦东最好的战略选择。

1. 土地开发要由粗放型大面积出让转向深度开发。

1994年，新区批租土地10.27平方公里，相对1993年的46平方公里已呈锐减态势。但圈地多、开发少的问题仍十分突出。据初步统计，各大开发公司现有土地67.74平方公里，基本完成开发只占37%，转让出去仅为16.8%。因此，在管理好土地一级市场供给总量的同时，一定要积极动员和利用已批土地资源，采取有效措施，杜绝土地闲置现象。

2. 房地产硬件开发转向功能开发。

至1994年6月底，新区范围内房屋在建规模为1260万平方米。根据项目投资保重点、保竣工、保效益的原则，要特别注重抓好在建工程，争取早日竣工投入使用，发挥功能效益。陆家嘴地区金融贸易大楼的功能开发要早作筹谋，目前对高档房地产项目的严格控制，在某种意义上通过平抑供给总量，将使已建大楼面临较好市场前景。从1995年始，我们要抓住上海证交所和金交所两大金融产业相关度极高的龙头机构，着手把陆家嘴“炒”热，精心包装其功能开发。

3. 小区开发要整体联动、突出重点。

陆家嘴金融贸易区有多种开发模式可供选择。一为T型开发，重点开发轴线（陆家嘴、竹园商贸区和市政文化中心）和滨江地带；二为十字开发，重点开发轴线和张杨路；三为“土”型开发，重点开发轴线、滨江和张杨路。具体方案要进一步研究，原则是突出重点和联动效应。张杨路和轴线都只能开发重点路段，切忌全线出击。金桥出口加工区要借机发展具有一定技术含量的进口替代工业和出口导向产业，带动王桥和星火开发区的发展，让“金王星”闪亮起来。外高桥保税区要实行港区合一，依托港口，加速物流和服务功能的开发，并进一步拓展其自由贸易区的综合功能和政策运作空间。孙桥现代农业开发区要大胆探索，开创农业吸引外资的先河。张江高科技园区要通过股票上市，逐步形成现代生物医药谷的发展声势。

（二）从硬件开发转向侧重软件开发

经过四年多的硬件建设，浦东新区软件资源的开发和管理水平的提高显得更为迫切，当前的宏观调控正好为新区软件资源的开发创造了更好的氛围。

1. 争取功能政策。

1995 年，新区面临“九五”期间乃至更长时期的新一轮浦东开发政策的界定。在税收优惠日渐淡化之时，新区需要努力争取功能性政策和配套资金。功能性政策主要为一系列有助于拓展新区的国际金融和国际贸易功能的配套措施，如允许浦东尽早扩大商业银行的试点，与国际金融惯例接轨，允许外资银行经营人民币业务等。配套政策资金主要用于支持浦东的重大基础设施建设。

2. 重塑招商形象。

对外招商宣传要走出优惠政策的窠臼，着力强调浦东开发开放的龙头地位和三个中心的功能定位，强调中央赋予浦东的功能政策，强调浦东土地的增值潜力和发展气势。要建立招商中心，集展示厅、资料库、咨询部和项目洽谈、投资管理等部门于一体，实行一站式服务，树立浦东高效优质的国际招商形象。要加强投资后续服务，使之对跟进者产生巨大示范效应。

3. 优化管理体制。

为解决重点小区开发公司企政不分，缺乏带动周边地区组团发展的机制，乡、村、队建制和财产关系变更，以及在新区管委会和乡镇之间缺乏中间管理层等问题，新区应积极酝酿建立综合分区管理机构，并努力完善规划、土地、国有资产投资控股的中观调控体系，提高经济社会调控能力和城市管理水平。

4. 搞好企业改革。

一要以改制促进企业组织结构的优化。以资产为纽带，以大项目为支撑，逐步培育一批新区的龙头公司、大型企业集团和综合商社，既带动新区中小企业发展，增强竞争力，又向外辐射，带动周边和长江流域的经济发展。二要以改制促融资，通过股份制集资、集团参股、投资控股等方式扩大新区融资能力。三要以改制促进乡镇企业的改造和发展。大力推进股份合作制，使乡镇企业成规模、上档次、增活力。新区还要积极扶持私营和个体经济的发展。

5. 完善信息网络。

信息化程度是衡量新区发展水平的重要标准。在抓好信息基础设施同时，要特别重视陆家嘴区内大楼的智能化，力求能为客户提供一流的全球信息服务，使陆家嘴群楼成为不可替代的现代金融贸易之家，从而避免“空楼”现象。在信息网络上，重点建设新区管理信息系统，融汇各种计划、规划、房地产等基础数据和经济社会运行等动态信息，为各级政府部门的决策提供信息支持。

（三）从“区”的开发转向侧重“场”的开发

浦东新区不能简单地视为一个新城区，而应成为一个能量场、辐射场。作为“区”的建设，新区端倪已经显露，而作为“场”的开发，浦东的龙头作用和辐射功能还远未充分发挥。

1. 突出服务性。

浦东的生命在于服务长江乃至全国。外商看好上海浦东，主要是透过沪上看好中国大市场。如果外商在上海浦东不能做全国的生意，不能办外地的事情，那么，他们就没有必要抢滩沪上。因此，浦东开发一定要突出服务全国，联动发展的主旨，一定要增强辐射功能。

2. 建立大市场。

过去几年的市场建设还未能使浦东完全摆脱“大工地”印象，而今在突出功能开发、深度开发之际，大市场的拓展就更要摆在重要位置。浦东的商贸业要以外贸和批发为两大主攻方向，建立通江达海，联接内外的大市场。零售商业要有特色，能够吸引浦西乃至全国的购买力。金融保险业一定要辐射长江乃至全国，形成统一的大市场网络。

3. 推行联动战略。

要加强浦东浦西CBD联动、建设联动、产业联动和政策联动的效应，形成功能互补，一体发展的格局。给予适当补贴，吸引浦西扩建改进项目如博物馆、大学东移，要比新建更为经济合算。重大东西联动项目和水、电、气、煤四大管线均需搞好协调。要坚持“城乡一体、共同发展”，形成浦东开发的合力。

4. 增强场效应。

吸纳可以集聚势能，辐射更可增强场效应。一方面，浦东要进一步促进外引内联，特别是在货币和财政政策适度从紧的宏观经济运行条件下，大力发展内联企业。另一方面，浦东要通过能量辐射，进一步增强场效应，特别是要鼓励重点开发小区与周边乡镇的联合开发。重点小区开发公司完全不必划地为牢，它们可以广泛地参与浦东新区范围内的开发建设，可以在周边地价较低的地带施展其长，变新区与周边地区的竞争关系为相辅相成的伙伴关系，使新区的场效应大为增强。

在新的一年里，浦东新区要重点抓好十个方面的工作：

1. 招商引资要寻求新的增长点，力求保持健康势头。招商引资要探索新路，以保证发展势头不减。招商领域要多在工业、农业和基础设施方面做文章。招商对象要区别对待，多在注重长期发展和市场前景的跨国公司身上下工夫。中小客户注重优惠，现在可能来得少，要研究动之以利的可能招商方法。引资对象和方式均要因势变通。在注重外商直接投资的同时，要多研究间接利用外资的途径，在注重利用外资的同时，要多探讨利用内资的方式。

2. 乘势发展进口替代工业。目前进口替代产业面临极好的发展时机。新区已将现代家电、电子信息设备等列为工业支柱产业，空调器、电冰箱、传真机等均在新区生产。电梯、玻璃幕墙等建筑材料和设备的生产能力也在形成和扩大。新区要积极支持和鼓励这些进口替代产业大力发展，使之一枝先秀，迅速形成新的产业支撑。

3. 加速旧城改造，改变新区面貌。旧城改造要与新区建设相映生辉。去年集镇改造拉开序幕，今年旧城改造也要启动，特别是54万平方米的危房、棚户、简屋住宅及二级以下旧里弄亟待改造。此外低电压、低水压改造等为民办实事项目也要同步实施。

4. 搞好配套建设，盘活存量投资。水、电、气、煤等市政配套，住宅区的公建配套和公共交通配套，投资不多，但对活化基础设施体系，发挥已建项目的整体效能至关重要。

5. 搞好安居工程，保持社会稳定。安居才能乐业。要保证新区有序开发和社会稳定，必须提高动迁安置速率和质量，实现“居者有其屋”。要采取有效措施，促使更多的开发商参与安居工程和动迁房的建设。

6. 规划乡镇工业小区，促进乡镇企业发展。乡镇工业小区的规划建设既关系到未来的城区建设，也与当前乡镇工业的发展紧密相关。应及时对乡镇工业小区的发展作出统一规划，以与集镇规划相协调。要通过乡镇工业小区的规划建设，促进乡镇企业的发展，使之真正成为浦东腾飞的一翼，既带动农村经济发展，又有助于吸纳征地劳动力。

7. 建立龙头公司，形成辐射网络。工业发展要抓大项目，特别是上游龙头项目，据以形成按部件、零件分层次扩展的松散而又有机的大型集团，创造国际企业形象，并逐步发展为工业支柱。要探索建立大型综合商社，建造新区的航空母舰。

8. 加强市场建设，发挥辐射功能。加强市场基础设施建设，培育和发展各级各类市场，逐步形成灵活高效、规范有序的开放型市场体系，发挥市场机制在新区资源配置中的基础性作用。

9. 搞好港区合一，拓展综合贸易功能。外高桥保税区要实行港区合一，在扩散保税业务的基础上，配合开发国际航运、出口加工和自由贸易功能。

10. 采用BOT方式，开拓筹资新路。开放竞争性基础产业，采用BOT方式扩大利用外资，力争年内能谈成一至两项。

（《浦东开发》根据赵启政《面向世界的浦东开发》（《浦东开发》1995年第4期）和综合《浦东新区1994年经济社会发展的回顾》（《浦东开发》1995年第1期）整理）

南水北调工程

赵衍庚

华北水资源短缺，水荒日益加剧，南水北调势在必行。对比研究了东线、中线两线方案的引水水源、工程规划、运营管理与风险以及对调出水区的影响等问题之后认为，应把中线的黄河以南部分和东线的黄河以北部分结合起来，形成从汉江引水至东平湖，在位山过黄河至天津，全线自流输水的南水北调新线路。在输水总干渠及相应工程的开发建设方面，北调工程以长江为水源，供水量能基本满足黄淮海平原现代化建设的需要，并具有水利基础设施促进现代化经济布局的战略意义。

东线规划方案的利与弊

东线是从江苏省扬州市江都站取长江水，基本沿京杭运河北输，在位山过黄河至天津。供水区总的地形是以黄河为脊背，分别向南北倾斜。全线长1150公里，黄河以南651公里，穿黄段9公里，黄河以北490公里。

工程的优势之一是前期工作比较充分。

输水干渠总长的88%是利用现有京杭运河及其平行河道，沿线有洪泽湖、骆马湖、南四湖、东平湖可供水量调节。从长江到南四湖调水所需的各梯级均已形成。位山穿黄勘探试验洞（洞底－34.9米高程）已经开挖试验成功。

工程的优势之二是京杭运河全线复航。

京杭运河这条历史上著名的大运河，自1855年黄河决口改道而断航至今。目前从长江至济宁的通航渠化梯级已经形成，济宁以北因缺水未能通航。东线调水利用了京杭运河，京杭运河将因调水而得到新生，实现全线复航。

工程的缺陷之一是水质问题。

黄河以南京杭运河地势低洼，是流域内排洪排水河道。流域经济迅速发展，废水、污水排放量增加，愈是工业经济发达地区，河段污染愈严重。从流域废水弃水排放的发展趋势和污染治理速度、规模、成效来看，水质问题将是东线工程的棘手问题。

工程的缺陷之二是调水合理性欠缺。

长江水丰是指汛期，春季水量不算丰。随着长江水运开发及沿江经济发展和上海浦东开发，对水的需求增加。东线规划考虑到枯水月调水可能导致的海盐水上侵为害，采取了每秒9000立方米以下流量不引水，每秒10000立方米以下流量引水每秒400立方米的“避让”措施。长江水北调与下游用水的矛盾在枯水年是存在的。

在有葛洲坝和三峡工程的情况下，北调长江水的水源地应是长江中上游。从水源地算起，北调水历经的轨迹是由高自流到低，再用电力提水实现由低到高的运用方式不尽合理，并由此带来争水、水污染等问题。

中线规划方案的利与弊

中线是从汉江上游丹江口水库内引水，在郑州西部过黄河至北京玉渊潭。全线长1241公里，黄河以南466.1公里，不通航过黄渡槽10.2公里，黄河以北764.7公里。

工程的优势之一是全线自流输水。

工程的优势之二，远期工程从三峡引水，水源可靠、水质好、供水范围广，并可覆盖东线供水区。工程的缺陷之一是引汉可调水量不足，供水保证率低。

中线规划供水区面积11.3万平方公里，2000年缺水154.1亿立方米（保证率50%），239.35亿立方米（75%）；2020年缺水288.38亿立方米（50%），387.37亿立方米（75%）。丹江口多年平均径流总量398.2亿立方米，规划汉江中下游用水207.2亿立方米，北调144.6亿立方米，弃水46.4亿立方米。因此，丹江口总水量难以平衡供水区与汉江中下游地区的水资源需求。

工程的缺陷之二是总干渠运营风险大。

总干渠位于伏牛山、太行山东麓与平原交界处，是我国著名暴雨区之一，要与700多条河沟交叉，较大河流218条，局部暴雨洪水和山区水库垮坝都会对总干渠安全形成威胁。中国科学院院士、水利科学家严恺教授撰文（《中国科学报》1994年6月13日）说，中线总干渠无法分期建设，需待全部工程完成后才能发挥效益，在工程投资和安全方面均具很大风险性。并提出应注意总干渠西侧板桥水库和石漫滩水库突遭"75.8"暴雨而漫坝溃决，冲毁京广铁路一类自然灾害及防御措施的研究。

工程的缺陷之三是过黄工程复杂，施工技术难度大。

中线过黄处是典型的游荡型河段，河面宽，主流摆动，泥沙堆积性河床厚度达60—80米。建设过黄渡槽，还要建设护滩控导工程，工程复杂、技术难度大。在泥沙河床上建设大型渡槽尚未有先例，须研究解决许多技术难题。

中线与东线结合方案

从汉江引水在淮河流域北部平原上输水，至东线至高点东平湖，在位山过黄河至天津，可形成全线自流水总干渠。由于位山过黄水位（40米高程）低于郑州过黄渡槽（进口119.5米高程），汉江引水口可从丹江口坝上（147.2米）移到坝下（100米左右）。丹江口北调水量可先发电后北调。在葛洲坝（蓄水位66米）与汉江中游中段之间修建江汉运河，引长江水供给汉江中下游地区用水，可使丹江口水量基本上全部北调，达350亿立方米，约为东线、中线规划前期工程调水量之和。在江汉运河以上汉江梯级开发建设提水工程，提长江水入北调总干渠，南水北调工程实现了以长江为水源。

汉江至东平湖平原输水渠可开发水运，连通了京杭运河与汉江水运，直达长江中游，并可与淮河一起开发形成淮北平原水运网。江水在黄河以南地区供水，可减少黄河水的南供量，增加北引水量，符合南水北调原则。

据工程规划估算，东线工程静态总投资中，黄河以南占78.2%，穿黄占4.2%，黄河以北占17.6%；在中线总干渠工程静态总投资中，黄河以南占36.0%，过黄占10.5%，黄河以北占53.3%。可见，中东线结合方案总干渠的工程投资将明显减少。

三峡工程（蓄水位175米）建成后，北调长江水量在三峡发电运用后进入江汉运河，再经汉江提水进入北调总干渠成为北调自流水量。北调水量在三峡发电和汉江提水的运用调度方式，要比从三峡库内直接引水北调，水能利用和电力调节效果好、经济效益大。

按中线工程规划，丹江口大坝将加高，使

库容增加到290亿立方米。如从江汉运河提长江水经汉江梯级入丹江口水库，丹江口水库就成为南水北调总干渠的渠首调蓄水库，又与三峡、葛洲坝、江汉运河、汉江梯级构成了南水北调水源工程系统。

总干渠中部蓄水调节开发

北调汉江水注入东平湖，要求东平湖在目前黄河滞洪运用基础上增加兴利运用，既要为华北平原供水调蓄，又要为京杭运河、东平湖—济南—小清河航运供水，还要发挥水运枢纽的功能。

(一)东平湖兴利运用及时向黄河滞洪运用转换工程

东平湖东北向为寒武纪灰岩山区，洪范镇山谷内泉群众多，有建设蓄水位140米、坝高90米、库容10亿立方米的库址条件。山谷南端有建设蓄水位280米、蓄水面积6平方公里的库址条件，可与东平湖构成上下库，建设抽水蓄能电站。其蓄水库容和提水能力，可在黄河中上游暴雨洪水预报期内，提取东平湖内兴利水量入库，及时由兴利运用转换为黄河滞洪运用。

(二) 大型蓄水调节开发工程

江水远距离北调向华北平原有效供水，需要在中部有50亿立方米调蓄库容。建设大型平原水库不可行，泰山谷地建蓄水库可以满足调蓄需要。

泰山主峰东侧有黄前、雪野水库，都有加高到300米高程的坝址条件，为大汶河上游水库，汇水东平湖。泰山主峰北侧仲宫山谷可建蓄水库。黄河在泰山北部，黄河与泰山之间有小清河，通过济平干渠可与东平湖相通。从济平干渠取东平湖来水，经两级提水达300—350米高程，可入仲宫等泰山水库群，总调蓄库容150亿立方米。

利用剩余电力提水上山，是工业化国家应用多年的节能措施。70年代以来，世界上迅速发展的抽水蓄能电站，成为电网调荷的重大有效措施。泰山三个蓄水库都可建设抽水蓄能电站，扬程超过150米。抽水蓄能开发将使泰山高位蓄水成本大大降低，还将带动电力能源的发展。从东平湖引水调入泰山蓄水库，经大汶河又流进东平湖，保持东平湖的兴利运用和供水，扩大了东平湖的调蓄能力。

促进黄河下游河道治理

黄河下游这条地上悬河，河床不断淤积抬升，灾害能量不断积累。提出和实施控制或改善河道淤积的措施方法，是治黄研究的重大课题。中线与东线结合方案南水北调工程在促进黄河下游河道治理方面，可有三项措施。

(一)输水总干渠汛期调水冲刷艾山以下窄河道

艾山以下窄河道具有大水冲、小水淤的特点，大水与小水的流量界限是每秒1800立方米，即超过每秒2000立方米河槽由淤变冲。目前窄河道是汛期冲非汛期淤，枯水年汛期也淤。主要原因是造成河道淤积的小水历时长。利用总干渠在汛期调江水，经东平湖注入黄河，使河道水流达每秒2000立方米以上，可减轻窄河道的小水淤积，加强冲刷。

(二) 引走小浪底出库清水

黄河下游河槽具有汛期冲、非汛期淤的特点，因此，非汛期小水是坏河之水。三门峡水库蓄清排浑运用以来，非汛期水库发电下排清水，并没有改变下游河道非汛期的槽淤状况，而且清水在近库河段造成塌滩冲刷，淤积河槽，使河道变得宽浅；清水沿河补沙成为含沙水流，在下游段又造成淤积。小浪底水库建成运用后，非汛期清水排放量增加，上冲下淤后果加重。南水北调工程在黄河南岸和京杭运河以东供水，那么小浪底出库清水可以全部引出黄河北大堤之外兴利运用，也防止了清水在下游河道内塌滩淤槽、上冲下淤的问题，是利用小浪底工程的兴利除害之举。

小浪底水库排清是发电泄水，流量均匀，保证率高。一部分可北调京冀供水兴利，与中线工程引江水过黄供水效果相同。剩余部分水量可经徒骇河排入渤海。由此，徒骇河成为黄河北岸平原运河，与京杭运河、引黄北调京冀工程一起，可促进华北平原水运网的形成。

（三）引江刷黄

黄河下游河道淤积，水少沙多是症结所在。而中上游干旱少雨，引黄用水量愈来愈多，来水减少迅速，拦沙治理减沙成效缓慢，远期治理目标是年输沙量 8 亿吨，仍是条多沙河。输沙入海治理是治黄的长期艰巨的战略任务。

从下游河道洪水输沙及河槽冲淤情况看，每秒 4000—5000 立方米以上水流可使全下游河道形成河槽冲刷。三门峡库内形成的窄深河槽，可以在较弱水流条件下顺利输送高含沙洪水。如 1977 年 8 月一场洪水的最大含沙量每立方米 911 公斤（历史实测最大值），在库内 40 多公里窄深河槽内顺利输送，排沙比 99%。在黄河下游夹河滩以上宽浅游荡型河段，1973 年两场高含沙洪水的实测数据为：首场洪水每秒 3840 立方米，最高含沙量每立方米 477 公斤，河段排沙比 66%，形成了比较窄深顺直的河槽；第二场洪水每秒 4470 立方米，最大含沙量每立方米 331 公斤，河段排沙比达 124%。窄深河槽能输送黄河高含沙洪水，展现了黄河治理的光明前景。

建设三峡至黄河输水干渠（基本沿中线黄河以南线路），在汛期引长江水每秒 3000 立方米注入黄河，使黄河汛期小水流量增加到每秒 4000 立方米以上，河槽可冲刷加深，或保持窄深河槽的河道特征。

鉴于中东线结合方案南水北调工程系统的总体构想和小浪底水库 2000 年建成的情况，南水北调建设项目既包括引江也包括引黄是适宜的。2000 年实施引汉至天津输水工程，可大大缓解黄淮海平原的缺水问题；同时实施引小浪底出库清水北调工程，不仅能达到东线、中线共同兴建的功能效果，还增加了供水总量，黄河水资源也得到了有效开发利用。

从黄淮海平原水运开发形势看，东平湖注入江水，京杭运河南北全线复航；济平干渠和小清河水运开发，使京杭运河连通渤海。这就形成了西起汉江、长江中游，东至渤海的黄河南岸平原大运河。北引小浪底出库清水，部分水量经徒骇河入海，就形成了西起黄河中游东至渤海的黄河北岸平原大运河。黄河南岸平原运河有丹江口水库为调蓄水库，黄河北岸平原运河有小浪底水库为调蓄水库，泰山蓄水库从中部经京杭运河给予调蓄，形成了以水运为基本框架的现代化经济布局形势。2010 年前小浪底水库拦沙，下游河道冲刷。2010 年前后三峡工程建成，引江刷黄得以实施，黄河下游河道维持冲刷，或窄深河槽得以保持。就此，黄河下游将一改害河形象，成为一条沿河经济大开发的经济带。南水北调中东线结合方案的实施，不仅解决了黄淮海平原缺水问题，而且将重振黄河下游的历史辉煌。

（引自《中国软科学》1995 年第 5 期）

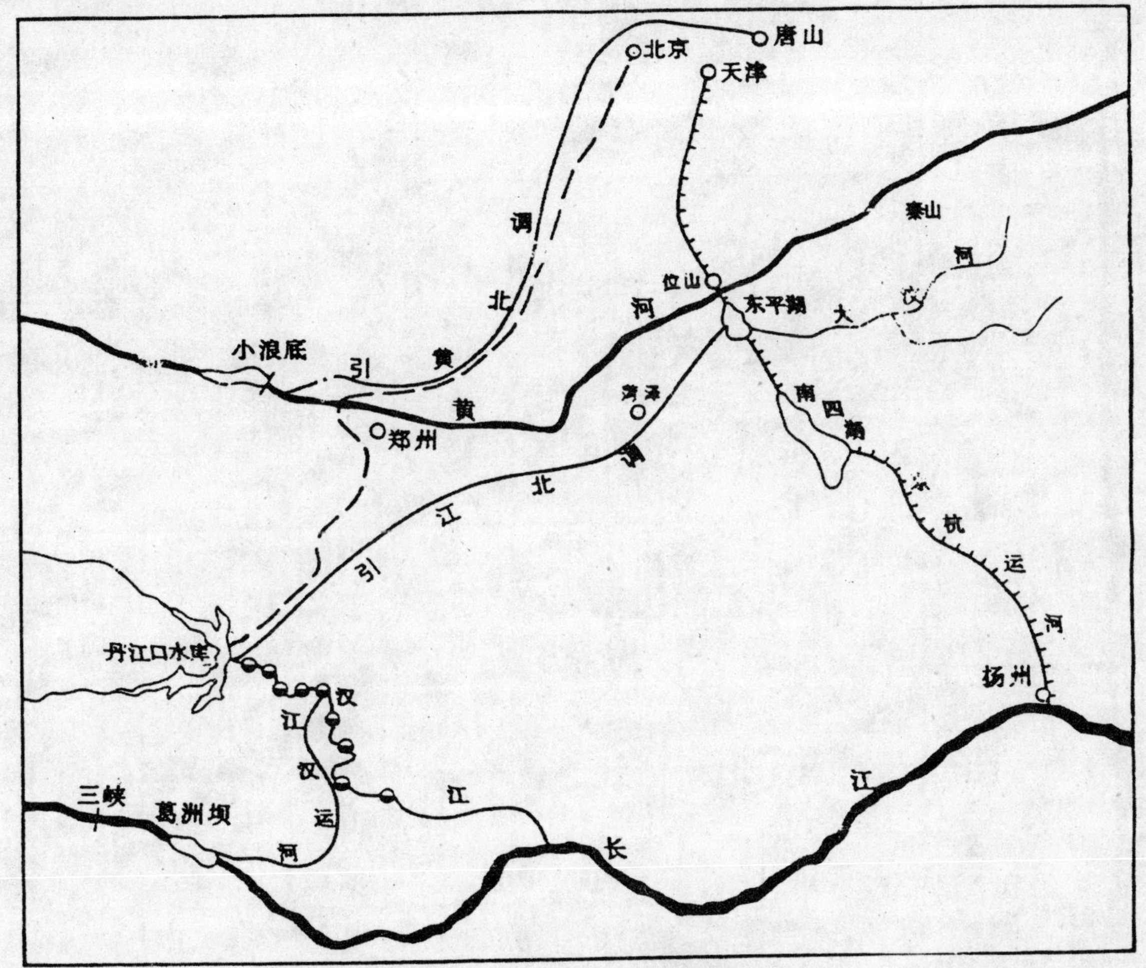

南水北调中线与东线结合方案示意图

第三篇

台港澳经济与社会发展

一、台湾省

- 台湾省经济发展概况
- 台湾对外投资新趋势及其影响
- 蓬勃发展的台湾新竹科学园
- 台湾“亚太营运中心”计划

二、香港地区

- 香港地区经济发展概况
- 香港国际金融中心的形成及其影响

三、澳门地区

- 澳门经济概况

四、台港澳与大陆的经济关系

- 海峡两岸经济关系
- 内地与香港经济关系
- 澳门与大西南的对外开放
- 台、港、澳间贸易现状

一、台湾省

台湾省经济发展概况

中国社会科学院台湾研究所 殷存毅

土地面积：35990平方公里

人　口：2112万人（1994年）

GDP总值：63802亿元新台币（折合约2411亿美元，1994年）

人均“国民所得”：279252元新台币（折合10556美元，1994年）

货币名称：新台币

汇率：1美元＝26.46元新台币（1994年）

经济概况

1994年，由于世界经济尤其是发达国家经济的复苏，以及台湾经济自由化进程的加快及各项政策的调整，台湾经济总体发展状况出现了近几年来少有的增长局面，突出表现在经济增长率高于预定目标。

（一）经济仍保持中等增长速度，但高于预定目标。1994年，台湾“国内生产毛额”（GDP）名目增长率为8.7%，扣除物价上涨因素后，实质增长率为6.4%，高于台湾“经建会”年初制定的6.1%目标两个百分点。这一增长率高于世界经济增长率及发展中国家经济平均增长率，但在“四小龙”中仅高于香港，排名第三。人均“国民生产总值”为11604美元，较上年增长9.8%。物价基本稳定，全年批发物价指数增长2.14%，消费者物价增长4.40%，为1986年以来最大涨幅。全年失业率为1.56%，较上年略有增长。

（二）工业增长走出低谷，产业持续升级。由于国际经济景气上扬，出口畅顺。1994年台湾工业生产达到6.8%的增长率，为近三年来的最大涨幅，且高于经济增长率。其中制造业增长6%，资本及技术密集型产业已成为制造业增长的主力，尤其是资讯电子等技术密集型产业已成为制造业中最具竞争力的产业，使得1994年制造业中资本技术密集型产业所占比重提高到63.4%。

经济政策调整措施

1994年是台湾经济政策调整力度最大的一年，围绕着加入GATT、建立亚太营运中心及加速产业升级等重大问题，台湾当局推出了一系列重大政策措施：

（一）为加入GATT全面制定经济自由化政策。为了争取尽早加入GATT，台湾加快了“入关”谈判进程，并为此在政策层面作出了一系列的承诺：工业产品方面，承诺“入关”后名义税率将由目前的6.5%降至2000年的5%。农产品关税名义税率将由目前的21.6%降至2000年的12.8%，并在“入关”后经过一段调适期，除（稻米、玉米、高粱）少数民生主粮外，不再对其余农产品实行价格补贴。在金融方面，将放宽外国银行增设银行的限制，放宽外国银行在台开设办事处及分行的标准，开放美国以外保险公司进入台湾市场，决定自1995年把外国专业投资机构购买台湾证券的额度提高至股市总市值的10%，并在2000年前逐步扩大额度直至完全开放外资投资台湾证券市场，同时推出了旨在实现利率自由化的多项政策改革。在电信服务业方面，将开放外国人经营加值网络业务。在运输业方面，将开放进出口海运集装箱业务，及航空电脑定位系统。这些政策的制定使台湾在“入关”谈判中取得了很大进展，在第六次工作小组会议上，台湾和美国等20多个缔约国进行了双边磋商，其中与美国的磋商进展较为明显，双方已就90%以上的问题达成共识，大大推动了台湾“入关”进程。

（二）为使台湾经济进入更高发展层次，提出“亚太营运中心”计划具体方案和时间表。自1993年台湾当局提出建立“亚太营运中心”的设想以来，已有摩托罗拉、IBM、AT&T等18家国际大型跨国公司与台湾“经济部”签署了策略联盟意向书，另有住友、第一劝业等十家日本著名银行也表示将来台设立据点。在这样一种情势下，经过多方征求意见和长时间的反复研讨，台湾“经建会”于1994年底提出了具体方案，界定“营运中心”的内容为：（1）以高雄港为海运中心，并于1995年3月成立“管理委员会”，具体负责推动有关工程或事宜的实施，计划将在1997年完成海运中心的建设。（2）以中正机场为空运中心，短期内优先发展快递货物转运中心，中长期发展航空旅客转运中心，并将中正机场建成航空城。（3）研发制造中心，以台南、新竹、云林三个科学园区为研发中心；以外伞顶州、鰲鼓及云林离岛工业区为制造业中心。（4）金融中心，短期内将扩大境外金融中心及外币拆款市场规模，并利用台湾资金充沛优势，将台湾建成亚太区域的筹款中心，中长期则以健全证券及债券资本市场为发展重点。（5）电信中心，开放电信服务市场，推动资讯网络建设（NII），使台湾成为21世纪亚太资讯网络中枢之一。同时设定在1997年以前完成“亚太营运中心”的有关法规修定和软体建设，2000年前完成各项硬体设施建设。

（三）为产业改造、升级和均衡部局制定一系列新政策措施。为因应加入GATT可能给农业造成的冲击，台湾当局于7月召开了40年来第三次农业会议，根据此次会议精神，台湾“行政院农委会”于10月制定了台湾首部“农业政策白皮书”，就未来农业发展目标、农业资源管理、农业科技发展、农村建设等问题进行了规划，提出建立科技农业、经济农业和环境农业的发展方针，并制定了相应政策。为加速产业升级，提高国际竞争力，台湾“经济部”于12月制定了“产业白皮书”，提出今后产业的八大发展重点：（1）产业结构的调整，注重品质与技术的竞争。（2）生产趋向国际与两岸分工。（3）弹性化、自动化和精致化的生产方式。（4）同业与异业的策略联盟及制造业与服务业的结合。（5）由个别经济效益转为社会经济效益。（6）知识密集型产业为发展主流。（7）拓展岛内外新兴市场。（8）加强区域经济合作。为解决东西部经济发展失衡，缓解西部资源紧张压力，台湾“行政院经建会”于10月制定了“推动产业东移工作促进方案”，对开发东部的厂商在土地获得、税收减免等方面给予一系列优惠，并运用台湾当局的各类基金对开发东部厂商提供融资优惠或便利。为跟上世界科技发展潮流，台湾也提出了建立信息高速公路（NII）的发展策略，并成立了跨部会的领导机构，通过了“多媒体产业发展规划”，拟定以新竹科学园区作为第一个网络应用实验系统，构建活动资料库、电传会议与远距教学、研发资料库、财务与通关、电子购物、远距医疗等八个应用网络。

（四）为因应世界经济区域化发展趋势，加强了与亚太地区的经贸合作。台湾把东南亚作为其在亚太地区发展经贸关系的一个重点，自1993年提出所谓“南向经贸政策”后，1994年初李登辉又假“度假”之名，率高级代表团出访印尼、菲律宾和泰国，亲自推动台湾与东南亚国家的经贸合作。此后，台湾一些高级经济官员又相继率大型工商考察团前往东南亚国家恰谈经贸事宜，并从政策层面作出了一系列有利于厂商赴东南亚投资的调整。在台湾当局的积极推动下，其“南向经贸政策”取得了一定成效，目前台湾对东南亚的出口占其出口总额约11%，投资累积约150亿美元，东南亚已成为台湾一个不可或缺的重要经贸伙伴。年底台湾“经建会”又提出“南向政策应扩展至南亚”，把印度、巴基斯坦、孟加拉、缅甸、柬埔寨和老挝等国列入下一波重点推动国家，并拟与新加坡联合开发缅甸和印度市场。“南向经贸政策”作为台湾当局集政治经济目的为一体的发展战略措施，对提高其在亚太地区政治经济地位有着不可忽视的深远意义。

（五）为缩减近年来日益扩大的台日贸易逆差，在李登辉的亲自推动下，成立了以民间大企业为主的“亚太投资公司”。该公司以王永庆为董事长，“经济部”顾问吴惠然为总经理，其董事包括王永在、高清愿、何寿川、陈由豪等工商大佬。亚太投资公司计划筹资170亿元台币，分四期筹集，目前首期42.5亿元资金已筹集到位，其中外资所占比重为17.41%。该公司提出硬式磁碟机、映像管、火力发电、亚太科技工业开发区和亚太工业港等五项大型技术引进转投资计划，参与这些投资计划的有美、日等国大公司。这对加强关键技术的引进及提高关键零组件的自制率，改善对外贸易结构，遏制对日贸易逆差恶性膨胀将会起到一定积极作用。

工　业

1994年，台湾工业中的四大产业均呈增长状况，其中制造业增长6.0%；水电燃气业增长7.8%；建筑业完工面积增长23.5%；矿产业略增0.7%。在四大产业中，制造业产业升级的发展变化状况较为突出。

从制造业的行业别来看：

劳动密集型产业中，除纺织业、食品业及塑胶制品业分别增长6.1%、4.7%及1.1%外，其余均呈衰退，其中减幅较大者是：(1)木竹制品业因原劳动力及原材料短缺，大幅减产20.1%；(2)成衣服饰业因企业大部分已转移至大陆或东南亚，持续减产16.1%；(3)杂项工业制品业继续减产10.0%。

资本及技术密集型产业中，除石油制品业因受台风及韩国石化原料倾销等影响，减产2.9%以外，其余皆呈增长势头，其中增长幅度较大者是：(1)化学材料业因中油公司五轻正式营运及国际石化业景气等因素，大幅增长20.2%；(2)电力及电子机械业因半导体业大幅增产，使得该业增产达12.5%；(3)化学制品业因涂料、介面活性剂等特用化学品需求大幅增长，致使该业增产亦达11.0%。此外，由于水泥及钢材需求增长缓慢，金属基本业及非金属矿物制品业已由过去的高速增长，转为中度增长，分别增产6.6%及6.4%；机械业由上年的2.8%扩增至4.2%；运输工具也由上年减产1.1转为增产2.8%。

另据台湾“资策会”公布数据，台湾全年资讯业产值高达116亿美元，跃居世界第四大资讯产品生产地区，其中笔记本型电脑、监视器、主机板、键盘、滑鼠、影像扫描器等产品的市场占有率位居世界首位。据台湾“经建会”透露，目前台湾正在推动的50亿元新台币以上重大投资案有32件，总投资金额约8500亿元新台币，其中仅有汽车、白纸板、水泥等6件合计635亿元新台币投资案属于传统产业，其余26件都是高科技和资本密集型产业，其中以台塑六轻为最大项目，投资总金额将高达2281亿元新台币。1994年台湾工业的发展状况表明，近几年来产业结构调整对工业发展所形成的冲击已逐渐减缓，随着政策的调整和新发展措施的出台，内需扩张势头强劲，工业技术层次有所提升，总体上基本形成了以资本技术密集型产业为骨干的工业新架构，工业生产也将逐渐进入新的一轮平稳发展态势。

农 业

由于近几年来台湾当局维持农业零增长的政策目标（即农业在GDP中比重的零增长），1994年台湾农业基本上维持现状，全年产值为2279.77亿元新台币，较上年增长6.15%，但农业产值GDP的比重较上年下降了0.9个百分点，仅占3.57%。

台湾当局在1994年的经济远景规划中，仍继续倡导农业零增长政策，并拟继续降低农业在GDP中的比重。同时，为因应加入GATT，承诺在“入关”后将农产品的名义税率由目前的21.6%降至6.5%，并在“入关”后经过一段调适期，除（稻米、玉米、高粮）少数民生主粮外，不再对其余农产品实行价格补贴。

对外贸易

1994年台湾对外贸易喜优互见，全年对外贸易出口增长率为近年来最高，但在“四小龙”中排位最末，表明台湾产品的国际市场竞争力在下降；对美贸易顺差进一步缩减，但对日贸易逆差进一步扩大，反映出台湾经济对日本的依赖性有增无减。

1994年台湾对外贸易总额为1784亿美元，较上年增长10.0%，其中出口额为930.6亿美元，较上年增长9.4%，进口额为853.4亿美元，较上年增长10.7%。全年贸易出超77.2亿美元，较上年减少4.1%。

从进出口商品结构来看，出口方面，仅农产品出口较上年减少2.5%，农产加工品及工业品出口分别增长11.9%和9.4%，工业产品占出口总额的比重仍维持上年的95.9%。在工业产品中，非重化工业产品出口增加4.3%，而重化工业产品外销大幅增加13.6%。重化工业出口值占工业品出口重值的比重已达54%，较上年提高两个百分点，显示台湾制造业加工层次持续提升。在主要出口商品中，电子产品、纱布、动物及动物产品类显著增长20%以上，钢铁及其制品、金属制品增长10%以上，电机产品与资讯通信产品亦分别增加7.1%与5.9%，至于鞋类、成衣及玩具等传统出口产品均见减少。

进口方面，三大类产品进口均见增长。其中，消费品增长15.4%，增幅最大，农工原料增长11.4%，次之，资本设备增长4.7%，居最末。消费品进口增长迅速的主要原因是，随着岛内市场的进一步开放，岛内对小汽车、化妆品、保龄球及香烟的进口需求旺盛。在主要制造业产品进口中，除运输工具、原油、钢铁及其制品减少外，其余各项产品进口均见增加，其中以光学医疗产品、金属制品与有机化学品进口增长20%以上最为显著，此外，电子产品、电机产品、纺织品与植物产品进口增长也超过10%。

从外贸地区结构来看，美国仍是台湾最大的出口市场，对美出口占其出口总额的26.2%，自美进口增加7.9%，对美出超63亿美元，较上年缩减8.2%，为连续第五年缩减。受日元升值影响，1994年台湾对日出口首次突破100亿美元大关，达102.2亿美元，增幅达13.9%，是近六年来对日出口最高增长率。同时，自日本进口247.9亿美元，增长6.9%。对日贸易逆差145.7亿美元，较上年增长2.5%。对欧洲出口在连续两年衰退后，仅微增0.2%，而自欧洲进口则大幅增长达17.6%，对欧贸易逆差由上年的6.6亿美元扩增至30.2亿美元。对东盟五国出口

106.8 亿美元，大幅增长 20.1%，占台湾出口总额的比重首次超过日本（11.0%）达 11.4%。自东盟五国的进口大幅增长 24.4%，进口额达 84.2 亿美元，占台湾进口总额的比重接近 10%。显示由于近年来台商赴东南亚投资的大幅增加，已带动台湾与东盟国家外贸的迅速成长。对香港出口继续大幅增长达 15.2%，出口额为 212.6 亿美元。自香港进口仅为 15.3 亿美元，较上年减少 11.3%，全年对香港贸易出超高达 197.3 亿美元。香港继续维持着台湾最大的外贸出超来源及第二大出口市场的地位，对平衡台湾整个对外贸易有着举足轻重的影响。

财　政

1994 年台湾财政状况依然严峻，重大公共建设项目继续缩减。台湾财政收支已连续三个年度出现巨额赤字。1994 年度财政赤字继续扩大，估计达 5700 亿元新台币，1994 年度发行公债 3276 亿元，预估到 1998 年度台湾债务累计将高达 3 万亿元新台币。为遏制财政赤字恶性膨胀，台湾当局除紧缩开支，精简机构外，又将其年初提出的“十二大建设计划”再度“缩水”，于 1994 年 7 月将“十二项建设计划”总投资经费由原订的 3.15 万亿元新台币缩减为 2.9 万亿元新台币。造成台湾财政亦字不断增大的原因主要来自三个方面：一是税收增加不易，偷税漏税严重。在所谓政党政治的情势下，在野党把反对加税作为争取选票的一个重要手段，使任何一项增税提案都难以获得“立法院”通过。另外，仅 94 年度上半期，台湾偷漏税金额就高达 67.3 亿元新台币。二是税基不断萎缩。随着经济自由化的改革，原在税收中占据第二位的“政府”独占与专卖收入日趋减少。此外，关税税率不断降低，使关税收入在财政收入中的地位大大降低。三是公共建设预算经费漏洞很大。近几年来，为了带动经济增长，台湾当局相继提出了一系列大型公共建设计划，但这些计划的编列缺乏严谨性，自下而上的任意加码，造成预算经费过于庞大。在实施中又监督、管理不严，加上工程招标承包过程中的营私舞弊行为，形成一些不断追加预算的“胡子工程”，加重了财政支出的负担。迫于财政赤字压力，台湾当局近年来不断缩减公共建设规模，正在进行的建设项目也因经费短缺而进度落后，如“经建会”列管的 59 项“六年国建计划”就有 17 项进度落后，一些项目甚至还未动工，如美浓水库和高雄捷运。财政赤字问题将是困扰今后台湾经济发展的一个毒瘤。

金　融

1994 年，台湾货币供给呈先松后紧情势。鉴于刺击经济增长的考虑，以及上年物价变动温和的状况，台湾“中央银行”采取了维持货币宽松的政策。在 2 月及 4—8 月的 6 个月内，货币供给额 M2 的年增长率都超过了当局规定的 15%的货币供给额目标区上限，形成可能引发通货膨胀的压力。为防范通货膨胀预期心理，台湾“中央银行”开始采取冲销政策，由“中央银行”发行大额可转让定期存单，让主要银行购买，将银行体系过剩的资金暂时吸收进“中央银行”。在实行冲销政策之后，货币供给额 M2 的增长率于 9 月份回落到 15%以下，并逐步降至 12 月的 13.3%，全年平均增长率约 14.8%。1994 年底 M2 供给额为 116448 亿元新台币，较上年增长 13.1%。

1994 年上半年受当局宽松货币政策及民间资金需求不振的影响，金融业拆款利率在约 5.5%，商业本票利率在 6.2%上下浮动，均较上年同期低 1.5 个百分点。从 4 月份起，台湾各行库开始调降存放款利率。至第三季度，由于台湾“中央银行”加紧冲销过多资金，利率开始上扬，8 月份金融业拆款利率一度突破10%的水准，为近四年来最高点。第四季度，由于“中央银行”暂缓冲销以免利率过高，及准备金计算方式和股市不振等因素的影响，货币市场利率全面下降，十天期商业本票利率一度降至4%以下。就全年平均而言，金融业拆款利率为6.1%，商业本票利率为7.2%，与上年度利率水准大致相同。

1994年台湾资本市场十分活络。在股票市场方面，年初一度持续上年涨势，一月加权股价指数平均超过六千点，交易量高达20000亿元新台币。后因受美元利率调高，全球股市下挫影响，股市价量均告下跌。自第三季度起股市再现繁荣，8月成交金额创下近四年来最高，股价指数突破七千点。尔后又受美国再度调高利率及岛内选举影响，股市再度下跌。待12月份股市复趋活络，年终收盘指数达7125点，较上年底上涨1054点。全年交易金额达188121亿元新台币，较上年增加约一倍，为1990年来最高记录。此外，新上市公司家数为31家，使上市公司总数增达313家，股市规模更为扩大。在债券市场方面，上半年由于利率水准不高，市场交易活络，6月份成交金额高达15000亿元新台币，为历年单月最高记录。下半年受利率走高影响，债券市场交易量呈下降趋势。全年总成交额为159806亿元新台币，较上年增长21.4%。就债券交易结构来看，几乎全属公债交易，交易方式则多属附条件买卖交易。

1994年新台币兑美元全年平均汇率为26.46：1，较上年贬值0.3%。12月新台币对美元、马克、日元三种主要外币汇率与上年同期比较，平均贬值2.8%，若以主要通货贸易加权经物价调整之实质有效汇率计算，新台币汇率较上年年底贬值1.2%。

侨外投资与对外投资

侨外投资大幅增长。据台湾“经济部”投审会公布，全年侨外商在台投资件数389件，较上年增长20.43%；投资金额达16.30亿美元，较上年增长34.38%，是自1991年侨外投资持续三年负增长后的首次正增长。在侨外投资中，以日本投资金额最大为3.95亿美元，较上年增长42.38%，其次是美国为3.26亿美元，增长39.02%，再次为香港达2.5亿美元，增长48.05%。另据台湾“投审会”公布的统计数据，1—11月份，侨外投资增长较快的产业分别是，批发零售业，增长182%；金融保险业，增长67%；电子及电器产品制造业，增长34%；化学品制造业，增长21%。侨外投资金额最多的产业是电子电器制造业，侨外投资项目金额最大的是证券交易，即购买台湾统一超商股权1.35亿美元。侨外资在台湾投资趋向表明，服务业和资本技术密集型产业已成为台湾经济的主要产业。侨外投资在94年台湾经济增长中起到了重要推动作用。

对外投资略见减少。台湾对外投资（不包括对大陆）件数为324件，较上年减少0.61%，投资金额达16.16亿美元，较上年减少2.66%。从投资金额来看，对中南美洲的投资额位居榜首达8.43亿美元，其次是东南亚为5.25亿美元，再次是美国达1.43亿美元。从投资件数来看，对东南亚投资件数最多达150件，其次是美国达70件，再次是中南美州为55件。从投资额增长率来看，除对中南美洲投资增长较高达299%外，对东南亚、美国及欧洲的投资额增长率均见下降，分别下降11.85%、72.80%和91.32%。在台湾对外投资产业结构中，无论从投资件数或投资金额来看，都以电子及电器产品制造业为最，分别占其比重达38.16%和51.97%。从投资产业结构的地区分布来看，仍以美国、加拿大层次较高，主要是资讯业和服务业，而对其它地区投资大多是劳动密集型加工业。

重要经济数据

附表：

附表1 台湾省主要经济指标

项目	单位	1993年	1994年	增长率%
一、总人口	千人	20944	21126	9.93
二、"国内生产毛额"	新台币亿元	54605	58111	6.42
每人平均	新台币元	278821	306936	10.08
每人平均	美元	10852	11604	6.92
三、产业结构占GDP				
农业	比例%	3.7	3.6	－2.70
工业	比例%	39.0	37.3	－4.35
服务业	比例%	57.3	59.1	3.14
四、固定资本形成总值	新台币百万元	1390902	1484015	6.69
"政府"	新台币百万元	432086	473248	9.52
公营事业	新台币百万元	249897	229238	－8.26
民间	新台币百万元	708919	781529	10.24
五、农业生产指数	1991年＝100	103.7	—	—
六、工业生产指数	1991年＝100	108.34	115.61	6.71
制造业	1991年＝100	106.38	112.60	5.84
七、批发物价指数	1991年＝100	98.75	100.89	2.16
八、消费者物价指数	1991年＝100	107.54	111.94	4.09
九、股价指数	1966年＝100	4214.78	6252.99	48.35
十、货币供给额M2	新台币百万元	10205578	11638516	14.04
十一、总存数	新台币百万元	10480568	11967056	14.18
十二、总放款与投资	新台币百万元	9382780	10906358	16.23
十三、国外资产净额	新台币百万元	2301306	2491262	8.25
十四、重贴现率#	年息百分比	5.500	5.500	
十五、汇率#	1美元＝新台币	26.63	26.24	－1.46
十六、总就业人数	千人	8745	8939	2.21
农业	%	11.49	10.92	－4.96
工业	%	39.08	39.22	0.35
服务业	%	49.43	49.86	0.86
十七、失业人口	千人	128	142	10.93
失业率	百分比	1.45	1.56	7.58
十八、核准侨外投资	亿美元	12.13	16.30	34.38
十九、对外投资	亿美元	16.61	16.16	－2.70

注：(1) 表内金额均按当年价格计算；

(2) 增长率按1986年价格计算。

表2 台湾省进出口贸易情况 单位：亿美元

品名	1993年		1994年		增长	
	金额	百分比	金额	百分比	金额	百分比
出口合计	850.91	100.00	930.57	100.00	79.66	9.36
农产品	4.71	0.60	4.60	0.50	－2.33	－16.70
农产加工品	30.13	3.55	33.48	3.60	3.35	11.10
工业产品	816.06	95.90	892.40	95.91	76.34	9.35
进口合计	770.61	100.00	853.49	100.00	82.88	10.75
资本设备	130.05	16.90	136.11	16.0	6.05	4.65
农工原料	541.43	70.26	603.01	70.64	61.58	11.37
消费品	99.12	12.86	114.37	13.4	15.25	15.38

表 3　　1994 年台湾省与主要国家和地区贸易情况　　单位：百万美元

国/地区别	出　口	进　口	贸易总额	出入超
美　国	24345.0	18042.8	40196.5	6302.2
香　港	21263.0	1533.0	20277.3	19730.0
日　本	10224.4	24791.0	32187.4	−14566.6
欧洲国家	12929.3	15952.9	28882.2	−3023.6
东盟五国	10680.9	8420.7	19101.6	2260.2
中　东	1914.0	3170.3	5084.3	−1256.3
非　洲	1361.9	1405.8	2767.7	−43.9
拉　美	2615.6	1885.3	4500.9	730.3
其　它	7722.2	10157.4	17879.6	−2435.2

表 4　　台湾主要工业产品产量

产　品	单　位	1993 年	1994 年	增长率（%）
一、矿　业				
煤	千　吨	328.1	285.1	−13.11
天然气	千立方米	826109	866627	4.90
二、制造业				
棉　布	千平方米	957406	970344	1.35
人纤纺纱	吨	474189	504922	6.48
聚脂丝织物	千平方米	1209045	1407204	16.38
梭织成衣	千　打	17306	14105	−18.49
皮　鞋	千　双	48128	41197	−14.40
素面合板	千平方米	113249	83278	−26.46
文化用纸	吨	695147	771551	10.99
乙　烯	吨	742143	888891	19.77
聚脂丝	吨	1033172	1178925	14.10
平板玻璃	标准箱	9161145	10489817	14.50
水　泥	千　吨	23970.8	22721.6	−5.21
钢　锭	千　吨	12779	12102.2	−5.29
钢　筋	千　吨	8459.3	8432.1	−0.32
NC 车床	台	2214	2648	19.60
家用缝纫机	千　台	3208	3472	8.22
发动机	千　台	5396	6691	23.99
电冰箱	台	459807	471108	2.45
窗式空调	台	1115513	1487543	33.35
电风扇	千　台	19039.6	17547.5	−7.83
洗衣机	台	313640	369470	17.80
电力电线及电缆	吨	246856	280582	13.66
桌上型电脑	台	3226046	3583913	11.09
监视器	千　台	12744.5	14069.5	10.39
电脑终端机	台	1205753	1116774	−7.37
彩色电视机	台	1423534	1482376	4.13
电子计算器	千　台	1288.32	1063.06	−17.48
收录音机	台	6193258	6432513	3.58
显像管	千　只	16633	13184	−20.73
集成电路	千　只	7187080	7293600	1.48

续表

产品	单位	1993年	1994年	增长率（%）
电话交换机	门	3645284	3928841	7.77
小汽车	辆	387530	406029	4.77
摩托车	辆	1501973	1633336	8.74
自行车	辆	7867081	7537391	—4.19
照相机	台	6934778	7855397	13.27
三、水电燃气业				
电力	百万度	109911	118917	8.19
液化石油气	吨	498431	551953	10.73
自来水	千立方米	2868986	2989581	4.20
四、房屋建筑业	千立方米	47533	58197	22.43
住宅用房屋	千立方米	21768	28583	31.30
商业用房屋	千立方米	12814	15457	20.62
工业用房屋	千立方米	5004	5717	12.20
其他	千立方米	3397	3875	10.07

资料来源：①台湾“国民经济动向统计季报”1995.2
②台湾“国内外经济统计指标建设”1995.2
③台湾当局“统计月报”1995.3

台湾对外投资新趋势及其影响

暨南大学　陈　恩

80年代以来，台湾由于受岛内外经济环境的影响，出现了大规模向海外拓展投资的趋向。本文拟就台湾对外投资的特点及其影响加以分析和探讨。

台湾对外投资的主要特点

（一）**对外投资受岛内外经济环境影响，呈阶段性发展态势**。台湾虽然早在50年代末即开始对外投资，但因岛内资金匮乏，当局外汇管制严格，使台湾对外投资相当长时期发展缓慢，至1977年台湾对外投资总额仅约1000万美元，投资行业以食品、纺织、橡胶和矿物制品、塑胶制品等资源开发型产品为主，投资地区主要集中在东南亚国家。80年代，由于美国取消台输美产品优惠待遇，并对台输美实行配额管理，使许多台商纷纷赴美国投资设厂，美国也取代东南亚国家成为这一时期台湾海外投资的主要地区。1987年取消外汇管制后，台湾对外投资大幅增加，东南亚地区的泰国、马来西亚和印尼成为台湾获取廉价农工原料、寻求低成本生产据点的重点投资地区。据统计，从1986年到1990年，台湾对泰国投资28.8亿美元，对马来西亚投资36.06亿美元，在印尼和菲律宾投资分别为17.16亿、4.06亿美元，台湾在东南亚四国投资共达86.11亿美元，占同期台湾对外投资总额的65%①。进入90年代以后，台湾才逐步把投资重点转到中国大陆。

（二）**投资增长迅速，地区相对集中**。进入90年代以后，台湾对外投资持续高涨，越南和中国大陆成为台湾对外投资最集中的地区。台湾1989年始开放对越投资，虽起步迟，但发展快，至1994年春达17.17亿美元②，居外资在越投资首位。台湾在大陆投资更是出现从1990—1994年持续多年的投资高峰期。至1994年8月，台湾在大陆协议投资累计达2.5万项，258亿美元，居台湾对外投资首位。台湾在大陆投资主要集中在广东、江苏、上海和福建等东南沿海省市。截止1994年春，台湾在东南亚五国投资总额180亿美元，共3454项[③]；投资美国累计总额约65亿美元，150项。

（三）投资动机各异，发展不平衡。台湾对外投资主要集中在中国大陆、东南亚国家和美国，台湾对上述三地投资508亿美元，约占台湾对外投资总额580亿美元的90%。出于本身经济利益的考虑，台湾对不同国家和地区又有不同的投资动机。台湾在中国大陆投资，其主要动因是占领和开拓拥有12亿人口和巨大消费容量的潜在市场，利用中国大陆的廉价劳力和土地，生产劳动密集型产品出口外销；台湾投资东南亚国家的目的，主要是开发、获取东南亚国家的丰富农工原料，利用东南亚国家的低廉生产成本和产品输美享有的优惠关税待遇，生产加工装配型劳力密集产品输往欧美国家；台商在美国投资，其主要意图是采用就地设厂生产就地销售产品的办法，来有效突破美国的贸易壁垒，保持和拓展美国这一台湾出口贸易的传统市场，学习和引进美国的先进生产技术和现代管理方法，以推动和促进岛内的传统产业改造与高新技术发展。

（四）投资主体以中小企业为主，不同地区的单项投资规模差别较大。从投资主体看，目前台湾的民营大企业主要集中在美国投资；台湾公营企业的海外投资以东南亚国家为主；而在中国大陆投资的则绝大多数是中小企业。但从台湾对外投资的整体状况看，其海外投资还是以中小企业为主。出现这种情况的重要原因，是作为台湾经济结构主体成份的中小企业在岛内投资环境恶化、劳工和土地成本剧升的过程中受到的冲击最大，只好率先大规模向外转移投资。而且台湾当局在90年代以前，对企业规模大、技术层次较高的民营大企业和公营企业的海外投资特别是对大陆投资进行严格控制和管理，抑制了大企业对外投资特别是对大陆投资的发展速度，只是近两年台湾当局才较大幅度地放宽民营大企业和公营企业的海外投资限制。由于受投资主体的制约，台湾对外投资的单项投资规模较小，不同地区的差别也较大。据台湾有关学者的研究，目前台商海外投资的单项平均投资额，大陆为72万美元，东南亚国家是275万美元，而在美国却高达380万美元[④]。

（五）工业制造业投资占主要成份，产品出口外销比例大。在台湾的对外投资中，工业制造业投资约占总额的73%，其中在大陆占80%左右。在东南亚国家的制造业投资占其投资总额的72%，在美国约占65%。由于受当地政府外资政策的明显影响，台湾对外投资企业产品的出口外销比例较高。其中，台湾在大陆投资企业的产品外销率约80%，台湾在东南亚国家投资企业产品的外销比例达85%左右。因美国对外资企业产品的内销比例没有明确限制，台商在美国投资的主要动机，则是利用美国自由、开放的外资政策，占领当地市场，所以，台湾在美国投资企业的产品约80%销往当地市场[⑤]，其外销比例相对较低。

（六）独资企业比例高，投资产业层次较低，机器设备大多由岛内提供。台湾在美国投资的独资企业占80%以上，台湾在大陆投资的独资比例也较大，如在大陆引进台资最多的广东省，截止1993年底共引进台资5566家，其中合资1269家，合作849家，独资企业1447家，“三来一补”企业2001家[⑥]。台湾在东南亚国家的投资，因受东道国政府严格限制外资企业股权政策的影响，独资比例相对较低，目前台湾在泰国投资合资合作企业占67%，独资占33%，在马来西亚投资合资占 61.7%，独资占 38.3%。根据台湾学者林彩梅的研究，台商对外投资的机器设备和原、辅材料大多由岛内母公司提供，其中台商的机器设备52%由岛内提供，28%购自日本企业，其余购自东道国或其他地区。技术来源母公司占 53%[⑦]，购自日本企业的占21%，生产管理约70%利用当地人。其来自岛内的机器设备中，有相当一部分是在岛内使用多年的二手设备。台湾在中国大陆和东南亚国家投资的主要是劳力密集的轻型加工业，如台商在泰国投资主要有机械、五金、塑胶制品、纺织和化学工业等；台商在马来西亚主要投资在电子电器、纺织、木材制品、金属制品和塑胶制品等；台湾在印尼投资的主要行业有造纸、化学制品和基本金属等；台湾在大陆投资最多的行业为纺织、食品、化工和塑胶制品等。相比而言，台湾在美国投资的产业和技术层次较高，主要有电脑周边设备、电机工业和塑胶工业等[⑧]。

台湾对外投资的发展趋势

进入 90 年代，由于岛内投资环境的持续恶化和中国大陆、东南亚国家经济的迅速崛起，台湾形成了新一轮大规模向外主要是向中国大陆和东南亚国家的投资热潮，并出现了如下一些新的投资态势。

(一)投资步伐明显加快。随着岛内投资环境的持续恶化和国际贸易保护主义盛行，台湾从 90 年代初开始倚仗其较为雄厚的经济实力和长期累积的巨额外汇储备，掀起了新一轮对外投资高潮。如台湾仅 1993 年便在大陆投资项目约 1 万个，协议金额 100 亿美元，相当于过去 10 年投资总和。在当局“南向政策”推动下，台商对东南亚国家投资日趋踊跃，投资增长幅度惊人，仅 1994 年上半年台湾在东南亚各国投资便达 30.32 亿美元，比上年同期增 6.8 倍[⑨]，台湾同期在北美、欧共体和独联体国家的投资均有较大幅度增长。预计从现在起将出现长达 10 年左右的台湾对外投资高峰期，并以每年 100 至 150 亿美元的巨大投资额而成为亚太地区继日本之后的第二大外资提供地。

(二)投资规模扩大，层次提高。进入 90 年代后，东南亚地区的泰国、马来西亚随着经济发展迅速，产业结构不合理矛盾日益突出，已明确限制引进劳动集约型投资，并制定相应政策重点引进基础工业和高新技术投资，东南亚国家外资政策的变化，使台湾对该地区投资出现由劳力密集型产业转向技术、知识密集型产业的趋势。台湾对大陆投资也出现规模扩大、层次提高的明显趋势，其对大陆投资的动因由原来着眼于降低生产成本转变为抢占大陆市场，加强双方产业技术合作和共同开拓国际市场。仅在 1993 年上半年，台湾 100 家最大型企业中便有 50 家向当局提交赴大陆投资的申请，中油、中钢和中船等官营企业已制订向大陆投资的具体方案。台商投资也从早期的轻纺、制鞋、食品和五金行业向机械制造、电子电器、电脑设备、汽车配件、化工和第三产业发展，并由单一产品向全行业转移，投资结构转向整体配套，居于中游的原材料零配件项目投资增多。

(三)投资地区结构发生变化，“中介”、“组合”方式投资趋向进一步发展。目前劳动密集型产业在东南亚国家已渐失比较优势，在这些国家吸引台湾资本和知识密集型产业的优势又不具备的情况下，台湾在该地区投资出现以原来投资比较集中的泰国、马来西亚为贸易和营销据点或区域性投资总部，向经济还比较落后的周边国家和地区辐射投资的趋势。如台商以马来西亚为据点，组合马来西亚的营销能力和资源条件、新加坡的市场信息和经营管理才能，利用与之毗邻的印尼巴丹岛优越的地理位置、廉价的土地和劳力成本，在巴丹岛进行大规模开发性投资。由于泰国位于中南半岛中央，与其毗邻的越南近年经济发展迅速，缅甸和老挝也正在进行全面经济改革，台湾利用泰国与周边国家经贸关系密切，特别是泰国与缅甸等国签订有边境贸易和伐木、捕鱼协定的有利条件，以泰国为据点拓展对越南、缅甸和老挝投资，并准备以泰国为跳板，进一步拓展对南亚次大陆的印度、巴基斯坦等国投资，泰国因而成为台湾向越、缅、老、柬以至印度和巴基斯坦投资的重要中介。

（四）台湾在发达国家“购并”投资发展迅速。如近年来台商在美国采取购并投资方式进入当地市场的主要有：台湾太平洋电缆公司用 3750 万美元收购美国得克萨斯州 8 家储蓄贷款银行；台湾大陆工程公司以 2 亿美元收购美国最大钢结构公司——美国桥梁公司；台湾和信企业联合岛内多家企业以 2.68 亿美元买下美国慧智科技公司 100%股权，台湾统一企业公司以 3.35 亿美元买下美国第二大饼干厂家温德汉食品公司等。台商在美国采用购并方式投资，能有效节省建厂时间，获取现成的技术、管理、销售网络及先进设备，有利于台资企业及时捕捉市场机会，减少资金和设备空转时间，提高经济效益。有些台湾企业则以购并方式跨入其他行业，寻找新的成长空间，大同、台塑和宏基等台湾集团企业，都通过购并方式直接收购兼并多家美国企业而进入其他行业，成为进行多角化经营的跨国企业[10]。

（五）金融、信息和房地产等第三产业对外投资发展势头强劲。台湾当局为加快建设台北金融中心，近年来积极推行金融自由化、国际化策略，鼓励和扶持金融业赴海外设分行。除了较早在美国设立多家分行外，台湾金融业配合当局“南向政策”的实施，近期又先后在东南亚国家开设 10 多家分行或分支机构，如中国商业银行在泰国、菲律宾和越南，中国信托银行在印尼，国泰信托在越南，第一商业银行交通银行在新加坡均已设立分行或分支机构[11]。台湾金融业在大陆投资也已由投石问路转向实际操作阶段，在深圳和厦门已有台湾背景的银行寻求介入，上海、福建和广东都已向中央有关部门提出设立一家或数家台资银行的申请，并已有台湾华南商业银行、彰化商业银行、第一商业银行、台湾银行和信托商业银行在香港设立分行或分支机构，为台商赴大陆投资提供融资服务。台商在东南亚国家和中国大陆进行土地成片开发，投资建立台资工业区的活动也相当活跃，台湾现仅在越南开发和建立的台资工业区便有福泰工业区、台资河内工业区、新顺出口加工区和宝成工业区等。台资还分别在中国大陆的福州、北京和上海等市投入巨资进行旧城区改造，还在厦门、深圳的宝安等地投资建立台湾山庄或台资工业区，预计在今后一段时间，台商投资大陆房地产仍会有较大发展。

（六）日益明显地把实行公营企业的国际化经营，作为推行当局政治和“外交”政策的工具。在台湾，长期控制岛内经济命脉的公营企业因既与民营企业争利，又本身经营不善，效益低下，面临岛内要求放开经营，实行民营化的强大压力。近年来，台湾当局为拓展“国际生存空间”和实现参与联合国的目标，把实行公营企业的国际化经营作为实现政治目标、进行外交护盘的工具，甚至不惜以牺牲公营企业经济利益为筹码，来换取一些国家对台湾的承认和支持。如在台湾和沙特阿拉伯断交前，为给处于危机状态的台阿邦交进行护盘，完全不顾成本核算，策动公营台肥公司在沙特投资 3.5 亿美元建一年产 50 万吨尿素的大型肥料厂，因根本不具投资价值，造成该厂产品成本比国际市场平均价格高 50%。中钢、中油等公营企业也先后赴沙特投资，同样因投资项目不具经济效益而使企业蒙受巨大损失，为巩固与中南美洲邦交，策动这些国家为台湾参与联合国充当提案国，台湾当局也策动多家公营企业到中南美洲投资，因这些国家政局动荡不安，经济发展滞缓，且台湾与其地理距离遥远，语言沟通不便，使投资项目大多中途夭折。在1993年台湾当局提出“南向政策”后，因东南亚国家与中国大陆的投资环境相比并不具优势，民营企业对官方的主张反应相当冷淡，结果公营企业再一次成为贯彻台湾当局政策理念的工具。目前，台湾的主要公营企业因官方策动均在东南亚国家斥巨资建厂。随着台湾当局拓展国际生存空间特别是参与联合国活动的日趋频繁，台湾在今后相当一段时间内在加强其公营企业国际化经营的同时，将会更多地把公营企业的对外投资与其政治和外交活动相结合。公营企业投资活动的政治化及随之而来的投资效益低下则使其陷入由台湾当局设下的日益沉重和难以自拔的投资陷井。

台湾对外投资对岛内经济的影响

（一）稳定原料来源。东南亚国家矿产资源丰富，在历史上素来是世界天然橡胶、锡、石油和天然气的重要生产与出口国。由于地理和历史的原因，矿产资源极为匮乏的台湾长期对东南亚国家原、辅材料和半成品的依赖性很大。台湾到东南亚国家进行资源开发型投资，产品返销岛内，能有效保证岛内的原料供应和降低生产、运输成本。

（二）转移落后产业。台湾利用中国大陆和东南亚国家低廉的土地和劳工成本，将岛内已失去比较利益的大量劳力密集产业转移到这些“后开发国家和地区”投资，不但为岛内已面临淘汰命运的陈旧设备和低层次生产技术提供了新的生长空间和利润来源，而且实际上成为台湾经济发展的新的生长点。

（三）带动商品输出。由于台湾厂商在海外投资所需原、辅材料和零组件大部分购自岛内，海外投资制造的产品也有相当一部分返销岛内市场，台湾对外投资直接催生了贸易增长，带动相关产业需求。如从1989年至1993年台湾对东南亚国家投资增长了2倍多，同期台湾对东南亚国家进出口也一改过去长期发展滞缓的状况，实现持续高速增长。1989年台湾对东南亚国家进出口贸易总额86.1亿美元，1993年达156.5亿美元，年均增长16.1%[12]。自80年代末以来台湾对大陆投资的迅速发展，也有力地推动和促进了两岸转口贸易的增长，两岸转口贸易由1979年仅0.77亿美元，增至1989年达34.8亿美元，1992年高达73亿美元[13]，目前台湾对大陆出口的工业制成品中，约有65%左右是在大陆投资的台商从岛内进口的工业原料或机器设备。

（四）促进产业升级。台湾大力拓展对外投资，把在岛内已失去比较优势的劳动密集型产业转移到中国大陆或东南亚国家这些“后开发国家”，而又通过对美、日和欧共体等工业发达国家增加投资，获得先进科技和管理方法，从而有效地推动和促进岛内的产业结构调整和技术水平升级，加快传统产业的转换和高新技术产业发展。

（五）拓展市场空间，疏解通胀压力。台湾自80年代以来，货币持续升值，累积巨额外汇储备，既形成持续潜在的通胀压力，也为欧美国家设置贸易壁垒，进行进口设限提供口实。大力拓展对外投资，使台湾能利用中国大陆和东南亚国家产品输美所享有的关税优惠待遇，规避贸易壁垒，在继续保持欧美传统出口市场的同时，拓展新的市场空间。通过拓展对外投资，台湾还能提高资本边际生产力，诱发贸易顺差转移，疏解岛内潜在通胀压力。

台湾对外投资对两岸经贸关系的影响

迅速扩展的台湾对外投资对正处于持续热络阶段的两岸经贸关系也将产生一定程度的影响。

（一）在某种程度上导致台湾资金分流，

分薄了台商投向大陆的资金。台湾出于复杂的政治、外交和经济因素考虑，制定和实施“南向政策”，大力拓展对周边的东南亚国家投资，特别是组织和策动公营企业把投资重点集中在东南亚国家，从而导致台湾对东南亚国家投资增长迅速，但投资大陆的增长势头却明显减弱。如1994年上半年台湾投资东南亚国家金额比上年同期增长6.8倍，而投资大陆却比上年同期下降好几个百分点。

（二）对两岸间接贸易的发展有一定影响。台湾积极拓展对东南亚地区的投资，不但以投资为契机占领当地市场，拓展贸易空间，而且通过为岛内提供资源性产品供应，减少了台湾从大陆进口农工原料和半成品。

（三）在一定程度上减轻了台湾对大陆经济的依存程度。台湾当局对近年来两岸经贸关系的迅速发展极为忧虑，担心会因此使台湾在经济上严重依赖大陆，政治上受制于人，并最终被大陆以经促政，用经济一体化实现政治上的统一。为此，台湾当局一方面严格锁定两岸经贸发展的底线，把两岸经贸关系明确界定在间接、渐进和“不危害台湾利益”的狭小范围内；另方面试图通过大力拓展对外投资特别是对东南亚国家投资，来谋求把台湾经济融入东盟区域合作体系，逐步以东南亚国家取代中国大陆为台湾经济发展的腹地，从而在经济上减轻台湾对大陆的依赖程度，延缓两岸经济一体化进程。

（四）加剧了大陆经济内部的深层矛盾和两岸产品在国际市场上的相互竞争。由于台湾在大陆投资大多是耗能耗电大、技术层次和附加价值低的如装配性电子、成衣、塑胶、玩具和食品等劳动密集型出口加工业，它与大陆现有产业结构基本重合，使中国大陆特别是东南沿海地区加工工业超长发展，基础工业、原材料工业短缺，产业结构不合理的深层经济矛盾进一步激化。台湾在东南亚国家和中国大陆投资生产的轻型出口加工产品，不但产业和产品类别与中国大陆目前的出口主导产品基本相同，而且双方出口市场都高度集中在欧、美、日等少数几个发达国家。大陆企业和台资企业的产业、产品结构重合，出口市场集中，造成在国际市场上彼此恶性竞争、互相残杀的状况，如折伞的出口，1988年的大陆离岸价为每打20美元，由于彼此竞相压价，1992年已至每打12美元。双方在国际市场上的过度竞争，造成大陆企业和台资企业两败俱伤，削弱和影响了双方的出口创汇能力。

注释：

① 杨宏明：“南向与西进投资活动关系与趋势”，《台湾经济研究月刊》，1994年第8期。

② 台湾《经济杂志周刊》1994年11月14日报道。

③④ 黄秋燕：“我国制造业对外投资的结构分析”，《台湾经济研究月刊》1994年第8期。

⑤⑥⑦ 许碧书：“我国企业在菲、印、马、泰投资产业比较分析”，《台湾经济研究月利》，1994年第11期。

⑧ 陈志英：“广东对台经济交流与合作的现状、动向和对策”，《94’广东台湾研究论集》。

⑨ 台湾《中央日报》1994年7月29日报道。

⑩ 卢涵：“台湾民营跨国公司的经营策略”，《台湾研究集刊》1991年第3期。

⑪ 台湾《经济日报》1994年9月11日报道。

⑫ 杨秀玲：“从东南亚投资环境看纺织工业南向之发展”，《台湾经济研究月刊1994年第8期。

⑬ 刘邦典：“两岸经贸交流的回顾与分析”，《台湾经济研究月刊》1993年第3期。

（引自《国际贸易问题》1995年第6期）

蓬勃发展的台湾新竹科学园

济南陆军学院　　杨运忠

80年代以后，在新技术革命浪潮的冲击下，世界众多国家和地区纷纷瞄准当代高尖端科技发展的前沿，竞相建立起各自的科学园。在亚洲“四小”中具有一定实力的台湾也不甘寂寞，率先于1980年建起新竹科学园。14年来，这个被誉为台湾“硅谷”的科学园迅速崛起，以其显赫的成就跻身于世界科学园先进之列，成为支撑台湾高科技乃至经济发展的最为重要的基地。因此，备受世人瞩目。

科学规划，建立高起点的科学园

将高尖端科技集于一体，建立科研、生产、营销一条龙的科学园，是美国的先创。对于其他国家和地区来说，如何建立既符合本地区情况又不失国际水准的科学园，是首先必须解决的重要问题。还在70年代中期，台湾“国科会”就提出了迎接新技术革命挑战、仿照美国硅谷建造高科技中心的建议。1976年8月，台“行政院”正式将建设科学园的工作纳入台湾六年经济发展建设计划(1976—1981年)。经过科学分析、周密准备和反复酝酿，最终选定在台湾西北部的新竹市建造第一座科学园。

新竹市位于台北市和台中市之间，面向台湾海峡，海岸线长12.5公里，面积104平方公里，人口近40万。新竹地理位置优良，矽砂和天然气资源十分丰富，是营建科学园的理想之地。

1980年12月15日，新竹科学园正式成立。新竹科学园自成立之日起，就以高科技化、学院化、社区化、国际化为建设方针，使其在激烈的国际竞争中占有一席之地。

高科技化。精选高科技和科学配置高科技产业，是建造科学园的中心工作。台湾当局紧紧跟踪世界高科技发展的大潮，选定了极具战略意义和发展前景的六大高科技，即集成电路（IC)、电脑及外围设备、通讯、光电、精密机械、生物技术，形成了以集成电路和电脑为支柱的产业配置格局。近几年来，集成电路和电脑的营业额共占科学园整个营业额的90%。就主体产业而言，为适应市场需求，产品的开发朝轻、薄、短、小和技术升级的方向发展。电脑业由过去的桌上型电脑发展为笔记型电脑、笔式电脑、通讯视讯多媒体电脑。在输入设备方面，包括桌上型鼠标扫描器、掌上型影像扫瞄器、光学文字阅读机、电脑鼠标器、轨迹球等产品均有较快增长。根据全球信息高速公路建设的新形势和台湾信息基础建设的新要求，新竹科学园正着力调整产业结构，加大通讯科技产业的比重。计划未来10年内将引进7家用户终端设备厂商、4家传输系统厂商、4家无线通讯厂商、3家关键组件业者，力争使产值达到1320亿新台币。

学院化。如何利用科学园雄厚的技术和智力优势，发展高层次教育，培养一批又一批科技人才，形成教学与科研生产的良性循环，是增强科学园发展后劲的重要课题。到80年代末期，新竹科学园区已设立了从幼儿园到中高等教育的各级学校，形成了一条龙的教育体系。目前，科学园正积极筹建综合性的名牌大学，以不断满足园区对高层次科技人才的需求。在园区从业的32864人中，博士322人，占1%，硕士3195人，占9.7%，大学毕业生13010人，占39.6%。按计划，未来10年园区内培养的多层次科研人才总数将达到2万余人。科学园还定下了最高奋斗目标，这就是培养获得诺贝尔奖的科学家。

社区化。新竹科学园区的建设始终体现了幽雅、洁净、美观、实用的原则。美观实用的标准厂房和自建厂房井然有序地排列着，没有一丝恼人的噪音和污染。典雅清新的西班牙式独栋庭院别墅住宅，花木扶疏，自成天地，配合公寓和单身宿舍，解除了从业人员的奔波之苦。放眼望去，处处清翠，环境宜人。置身其间，丝毫感觉不出工业区沉闷的气氛。在行政区内规划建设有多功能的现代化综合服务中心，它包括中西餐厅、购物中心、美容院、洗衣部、电影院、乒乓球场、台球场、健身房。园区内人工潮的兴建，绿化工程的开发，更给园内增添了几分生机。园区内还设置了保安警察队、医疗诊所和消防队。

国际化。新竹科学园的规划和建设，充分吸收了美欧国家科学园的优点，始终遵循国际标准和国际惯例。在科学园的运作过程中，十分注重国际合作。目前，包括美国的休斯航空、日本三洋电机等10余家海外大企业已在科学园安家落户，与台方共同创办合资、合营企业。科学园的国际合作已从过去强调技术合作模式，逐渐转向建立市场分工关系方向运作，以提高自身产品的国际竞争力。同时，台方还积极吸引海外科技人才参与科学园的建设。90年代以来共引进各类科技人才1000余人，本世纪内还将引进5000余人。目前，科学园内正在加强诸如大型国际会议厅和国际展示中心等基础设施的建设，还计划在新竹市设置新的海关，以此大大提高科学园国际化的水平。

注重效益，六大产业花开并蒂

新竹科学园自建立之日起，就把高科技、高品质、高效益放在首位，在产品质量和附加值上狠下功夫。15年来，科学园不仅扩大了规模，而且科学技术水平的增值效应明显提高。

1993年，是科学园取得丰硕成果的一年。据新竹科学园区管理局提供的统计数字，1993年科学园区总产值高达1300亿新台币，比1992年增长了48.13%，创造历史最高纪录。其中集成电路产值为558.4亿元，比1992年增长73.33%，年产值及增长幅度均首次跃居科学园六大产业之首；居第二位的是电脑及辅助设备，总营业额为35.6亿元，比上年增长47.29%；精密机械业居第五位，总营业额为16.2亿元，增长29.19%；位居科学园六大产业之尾的是生物技术业，总营业额为2.88亿元，虽较1992年负增长37.3%，但在某些领域取得了突破性进展。1993年六大产业整体获利率高达13%，居台湾各项产业获利率之首。1994年，园区总产值又以1700亿新台币而创新的纪录。

新竹科学园取得了良好的经济效益。科学园区六大产业与全岛制造业相比，1992年每人全年的生产力约为14.5万美元，大大超出了全岛制造业8.1万美元，接近于台湾当局规定的2002年14.9万美元的目标。其中电脑、集成电路、通讯产业的劳动生产率分别为21.7万美元、16.5万美元和15.4万美元。1993年，园区内平均劳动生产率已达15.5万美元。园区产业所投入的研究发展经费占营业额之比，1992年为6%，1993年为6.2%，远远超过全岛制造业的1%和2002年的3%的目标。1994年，园区的投资与收益之比为1∶20。目前，新竹科学园生产的鼠标器和影像扫瞄器的产量居世界第一位，分别占全球产量的80%和55%；网路卡和终端机的产品居世界第二位，分别占全球产量的27%和24%；个人电脑居世界第三位，占全球产量的10%；集成电路在全球排行第五，占世界总产量的15%。

高额的利润，良好的效益，吸引了越来越多的企业扎根于新竹科学园。企业总数已由创业初期的7家增至1993年底的148家。仅1993年就引进22家企业，其中集成电路业5家，电脑业3家，通讯业3家，光电业4家，精密机械业3家，生物技术业4家，总计核准的投资金额为44.1亿新台币，比1992年增长19%。一些实力雄厚的厂商投巨资于科学园设厂。台湾集成电路公司投资250亿元在园区内兴建的晶园三厂已于1993年底破土动工，计划1994年完工，1996年投产，届时将每日生产8英寸晶园片2.5万片。1994年以来，投资势头有增无减，仅3月7日就有3家公司在园区投资设厂。其中义隆电子和台湾记忆体科技两家公司将投资13亿元建立生产先进的动态随机存取记忆体。据园区管理局估测，1994年投资于园区的厂家总数将超过上年。

面向未来，争创亚太科技中心

在全球经济竞争日益朝高科技发展、科学技术的较量日益转向最具战略决定意义的高尖端科技背景下，世界各地科学园的建设都面临越来越严峻的挑战。台湾当局已经认知了这一大趋势，制定了发展繁荣新竹科学园的战略。

加速科学园的扩建工程。新竹科学园自1980年创建以来，曾两次扩建，使园区面积已由最初的不足100公顷发展到现在的300多公顷，员工人数也由初期的3500人增至现在3万余人，积累资本额达400亿新台币，总产值增长了整整10倍。为了改变在国际竞争中的一些不利局面，台湾“行政院经建会”于1993年8月25日通过了“国科会”呈报的“新竹科学城发展计划”案。该案计划将新竹县市所辖的12个乡镇、约776平方公里全部建成国际高科技重镇。推动时间为25年，以1996年为短程目标年，2115年为长程目标年，共计建设经费为1054亿新台币，计划发展人口120万人。新竹科学园管理局根据当局的决策，拟定了到2003年的10年扩建计划，届时，科学园区厂商总数将达300家，从业人员将由目前的2.8万人扩充到10万人，增加3.5倍，专科以上从业人员数由1.34万人增加到5万人。

努力提高高科技术的产业率。加快高技成果的产业化、商品化、市场化，是提高科学园实力水平的重要一环。根据新竹科学园管理局的10年发展规划，科学园区六大产业生产总产值将由1993年的1300亿新台币，扩展到2003年的10000亿元新台币，成长率为770%，园区六大产业每年将保持25%的年复合成长率，使园区的总产值占全岛制造业产值85000亿元的11.7%；园区研究与发展经费总额将由65亿提高到500亿元，使其占全岛制造业所投入2400亿元研究与发展经费的7.1%。六大产业的具体发展目标是：目前产值排行第一的集成电路产业，将由1993年的558.4亿元增至2003年的5175亿元，产值年复合成长率为28%，所占园区产值比例将由43%提高到50%；产值排名第二的电脑及外围设备产业，将由541.8亿元增至3415亿元，年复合成长为16%，所占园区总产值比例将由42%降至33%；通讯业产值将由134.7亿元增至1320亿元，年复合成长率为25%，所占园区总产值比例由10%提高到12%；其余包括光电、精密机械、生物技术三项产业总产值将增至550亿元，年复合成长率为24%。

加大科学园的辐射力。一方面加强新竹科学园对岛内的科学辐射力，使其成为台湾高科技发展的最为重要的基地。目前，台湾当局正以新竹科学园的模式，在中南部兴建第二个科学园，并计划在花莲、桃园建立第三、四个科学园。还决定在云林、台南、台中、峨眉建四个科技工业区和建立北、中、南三个软体科技工业区，以此大大提高台湾的整体科技水平。按照台方计算，台湾的科研水准在本世纪内将由目前的世界第 29 位提升到第 15 名以内，工程基础研究水准从目前的第 14 名提升到世界的第 10 名以内；研究发展经费占 GNP 的比例将由 1988 年的 1.2%提高到 1996 年的 2.1%，1999 年将达到 2.5%，以赶上世界先进水平。另一方面，加强对亚太地区的科技辐射力。90 年代初，新竹科学园曾有过辉煌的一页：园区内台拍公司生产的手提卫星通讯机在海湾战争中“大显神通”，受到国际军界的好评和国际市场的青睐。从此，新竹科学园更是以国际市场为目标发展高尖端科技，使其许多高科技产品与欧洲诸国相比毫不逊色，在亚太市场更是看好。目前，台湾正全力扩大在亚太地区的科技影响力。台湾正以东南亚为重点对象，加强科技产品的渗入；加强同大陆的经济科技合作，力图弥补自身力量的不足；重视发展同美国、日本的科技合作关系，建立同发达国家的科技分工与合作体系。通过上述全方位、强力度的措施，以新竹科学园为牵引和营地，将台湾建成亚太地区科技营运中心。

台湾“亚太营运中心”计划

济南陆军学院　　杨运忠

近几年来，在世界经济集团化、区域化大潮的波及下，台湾当局为了提高岛内经济的竞争力，维系台湾的生存与发展，拓展新的生存空间，在经过仔细研究和筹划后，推出了“亚太营运中心”计划。台湾高层一致认为，筹设亚太营运中心很重要，“它是台湾未来生存与发展的最重要舆图。”[①]亚太营运中心计划已超出了纯粹的经济范围，“蕴涵着政治意义和战略布局”。它的推进，不仅将对台湾的经济产生决定性作用，而且将对台湾政治和两岸关系产生深刻影响。因此，不能不引起我们的极大关注。

“亚太营运中心”计划产生的背景及过程

台湾当局提出亚太营运中心计划，具有深刻的经济和政治背景。

第一，岛内经济发展迟缓，竞争力不断下降，是台湾当局筹设亚太营运中心的直接动因。近几年来，台湾经济发展面临一系列困难与矛盾。首先，劳动力成本上扬，土地价格上涨，投资环境不断恶化，造成大量资本外移。1993 年，台湾岛内投资占国民生产总值的 21.8%，远远低于日本的 32.67%，韩国的 33.6%，泰国的 37.14%。近几年，大批台资涌向海外，据台方统计，约有 200 多亿美元的台资投向大陆和东南亚。其次，出口增长缓慢，岛内企业外移，已严重危及台湾经济的发展。近年来，台湾制造业生产下滑，劳动生产力增长大幅度下降，1994 年生产力仅提高 3%，创 8 年来最低水平[②]。自 1993 年以来，台湾出口增长率列“四小龙”之末。许多中小企业经营状况不佳，不少大企业也出现了负增长，致使大批骨干企业外移。再次，台湾的“六年计划”严重受阻，前景暗淡。台湾“六年计划”自 1991 年执行以来，陷入了严重的危机之中。究其原因，主要是由于该计划“表现出来有膨风和令人惊讶的不切实际”，以及资金短缺所致。据台方披露，“六年计划”使政府债务占 GNP 的比例从 1990 年的 2.7%猛升为 1995 年的 20.2%，总债务达1.33万亿台币，已超过出台湾一年度的财政支出[3]。故此，台湾舆论认为，“六年计划”几乎是一个“全面失败”的计划。由于上述因素的作用，台湾经济的竞争力明显下降。据世界经济论坛与瑞士企管学院1994年联合发布的“全球竞争力1994年度调查报告”，台湾在所列的42个国家和地区中排名第18位，居“四小龙”之末，被马来西亚超过（马名列第17位）。严峻的经济形势，使过去常以“台湾经验”引以为荣的台湾当局深感焦虑与不安。制定新的经济发展战略，重振台湾经济，已成为台湾当局的紧迫课题。

第二，面对两岸关系出现的新情况，如何调整战略，争得主动，是台湾当局筹设亚太营运中心的深层考虑。进入90年代以来，海峡两岸关系的发展进入了一个新阶段。一方面，两岸经贸关系迅速发展。据台湾方面统计，1994年台湾对大陆的转口贸易高达140多亿美元。估计到本世纪末，两岸经贸总额将在500—800亿美元之间。另一方面，两岸高层开始接触，尤其是两会（即大陆的海协会和台湾的海基会）在协调两岸事务方面发挥了重要的作用。今年1月30日，江泽民总书记发表了《为促进祖国统一大业的完成而继续奋斗》的重要讲话，引起了台湾当局的强烈反响和高度重视。加之随着1997年香港主权回归大陆的临近，使得台湾当局不得不思考今后的生存与发展问题。台湾当局认为，筹设亚太营运中心，对台湾不仅具有经济价值，而且具有重要的政治意义。台湾“经济部长”江丙坤指出，建造亚太营运中心，可以“减轻台湾经济过分依赖大陆所可能带来的经济及政治风险”[4]。台湾政策研究中心研究员李文志认为，亚太营运中心的主旨是“生存第一，逐利其次”，它的实施，即可“扩大台湾国际生存与发展的空间”，又可“创出更多牵制及主导两岸关系的机会与筹码”[5]。

第三，亚太地区经济区域化、集团化、国际化的快速发展，是促使台湾筹设亚太营运中心的重要外部条件。亚太地区经济在经过了80年代的高速发展之后，90年代进入了经济区域化、集团化和国际化的新阶段。一方面，互利互补的区域经济实体和地缘经济圈蓬勃兴起，生机盎然。从以图们江为纽带的东北亚经济圈的诞生，到以日本海为中心的环形经济区的兴起；从东盟内部经济一体化步伐的加快，到有关成员国经济“三角”的相继问世，都展示了亚太地区经济发展的鲜明特征与美好前景。另一方面，经济国际化的浪潮此起彼伏，竞争标准越来越高。日本的大阪和澳大利亚的悉尼均提出要把各自城市建成亚太地区重要经济中心，中国大陆的上海提出要将其建成亚洲的金融与贸易中心，新加坡则提出了要建成亚太地区的高科技中心，使新加坡成为亚洲的“智慧岛”。在日益激烈的经济科技竞争面前，怎样抓住时机，充分发挥台湾的地理算经济优势，确立台湾经济在亚太地区的应有位置，是台湾当局多年来思考的一个重要问题。正是在上述因素的综合作用下，台湾当局提出了亚太营运中心计划。

亚太营运中心计划的提出与制定，大体上经历了三个阶段。

1993年，是亚太营运中心计划的提出阶段。1992年底，台湾“行政院经建会”在筹划1993年经济建设计划时，就提出了建设“区域金融中心及西太洋交通中心”的设想。1993年春季，经建会开始着手酝酿与研究《振兴经济方案》。6月7日，“经建会”主席萧万长正式向“行政院长”连战报告了《振兴经济方案》的初步设想，该方案提出要“加速产业升级”，把台湾发展成为“亚太营运中心”。6月30日，台湾国民党中常会讨论并通过了《振兴经济方案》。李登辉在会上发表以“立即行动，贯彻执行”为主训的讲话，同意把台湾建成“亚太营运中心”。7月1日，台“行政院院会”最后通过了经过3个月的密集会商与三度修改的《振兴经济方案》。《振兴经济方案》的通过，既是亚太营运中心的正式提出，又为后来亚太营运中心的完善提供了雏形。

1994年，是对亚太营运中心计划进行具体规划并进一步完善与充实的阶段。1993年10月，台湾成立了以连战为“召集人”的“亚太营运中心工作小组”，其委员几乎囊括了各重要部会主管。工作小组的主要任务是研拟亚太营运中心的具体构想。1994年，工作小组主要完成了三项任务。一是确定了亚太营运中心的基本模式。台湾高层机构认为，亚太营运中心未来的发展将采取“专业特区”的模式，而不是朝综合性区域性营运中心或是划出一大面积区域包含各种功能的模式。关于特区的形态，则依不同功能需要，区分成专业特区以及纯功能性特区两种。如海运中心，可在国际商港附近设置特区；金融中心则可以指定银行或指定业务的方式，形成功能性特区。然后，可根据需要评估是否设立“综合各种功能的大型特区”，或者可将台湾全岛发展为营运中心，这将被列为中长期规划⑥。二是确定了亚太营运中心计划的基本内容。概括托起来就是三大类、六种中心，即制造中心、转运中心、专业服务中心三大类；支援、海运、空运、金融、电信、媒体等六种中心。三是确定了立法的基本方向。台湾当局认为，发展亚太营运中心，必须突破现有的法令限制，要尽快从基础建设（包括航空、海陆运输、电信等）、生产要素、财税金融、环境保护及知识产权、重大经济政策（如南向、两岸关系及加入GATT的政策方向等）、华侨及外人投资等六大类制定“特别法”。

1995年，是亚太营运中心正式通过并开始启动的阶段。1994年底，规划多时的亚太营运中心计划已完成了初步报告。1995年1月5日，台湾“行政院院会”正式通过了亚太营运中心计划。连战在“计划”通过后指出：“此计划是跨世纪的大行动，从此时到1997年的关键时刻，各单位应全力以赴，排除障碍，务必把亚太营运中心的气势营造出来。”⑦台“行政院”成立了以连战为首的“亚太营运中心推动小组”，重点负责重大政策的研拟、审议以及与立委的沟通协调。据披露，台“行政院”已决定，有关40项法律及110余项行政命令，将由“经建会”统筹负责，于1995年3月完成修改草案的研拟及审议工作，送“立法院”审查，并以1995年年中完成立法为目标。

“亚太营运中心”计划的基本内容

该计划的基本内容主要包括“六大中心”。

（一）制造中心

发展制造中心的目的是进一步提升工业的研发能力，强化台湾制造业的基础，加速高科技产业的形成与发展，将台湾建成“科技岛”，使台湾成为东亚地区高附加值的分工生产及行销的中心。建立高附加值产品制造与研发中心，是台湾亚太营运中心计划最核心的内容。

在发展制造中心方面，台湾拟采取以下措施。

1. 进一步宽松经济政策，优化投资环境。落实贸易及投资自由化政策，进一步放宽侨外投资限制，简化对外投资审核程序。预计至1999年台湾的平均名目关税率将由目前的6.52%降至约5%，实际税率为4%。

2. 规划设置高起点的“智慧型工业园区”，努力建成“科技岛”。计划在今后10年内设置20—30个“智慧型工业园区”。原则上将由“政府”与民间共同出资，合组公司共同开发、经营与管理，并以现代化的电信网络联结智慧工业区与传统工业区，发挥高科技的辐射功能。台已于1994年规划了新的科技发展蓝图，主要有三方面：一是科学工业园区。包括扩建新竹科学工业园区，在台南再建一个300公顷的以生物技术、精密仪器、航太及自动化零组件为主体的工业园区。二是软体工业区。北、中、南各一个。北部在台北市南港，现已进入建设阶段；中部在台中，南部在高雄，均已进入具体规划阶段。三是科技工业区，也是北、中、南各一个。科学工业园区和软体工业区较偏重于开发，而科技工业区则专作生产。北部的科技工业区为新竹的峨眉科技工业区；中部在云林县；南部在台南市。目前已进入开发阶段。

3. 建立“单一窗口”的投资服务组织。该组织要将特定公司及产业吸引到制造中心，并为在制造中心“落户”的企业提供高质量的系列服务。

（二）海运转运中心

建设海运转运中心的目的是畅通台湾与东亚地区货物运输，增强台湾作为亚太地区商业中心的功能，发挥支援制造中心的作用，将台湾发展成为东亚地区货柜转口及相关附加价值的集中地区。台湾为建成海运转运中心，主要将采取以下措施。

1. 以高雄港为主要设置地，台中港和基隆港辅之。高雄港目前是世界第三大货柜港，现有13条国际航线，具有较优越的地理条件和实力基础。台湾计划到2030年将使高雄港成为可以容纳2300个标准货柜量的超大型国际港。台中港发展为小型航运中心以及区域内运输的副转运中心；基隆港则发展为以北亚高附加值产品和新鲜产品的小型区域转运中心。

2. 将在高雄港设置与大陆通航的“境外转运中心”。麦肯锡国际顾问公司提出的报告指出：“台湾要想成为重要的区域转运中心，就必须开放对大陆的直航。”[⑧]计划中的“境外转运中心”，将使航运业者可以经营两岸间的货运，以及第三国对大陆间的转运任务。“境外转运中心”将分阶段运行。初期先选择大陆地区介于香港和上海之间的港口，作为转运的对口港，包括广州、湄州湾、厦门、福州马尾港等，并逐步在基隆港与台中港设置小型“境外运输中心”，通过环岛航线的规划，强化三大港口彼此间的接驳、转运功能。据台湾报刊披露，台有关当局已决定大修《台湾地区与大陆地区贸易许可办法》及《两岸关系条例》。修改的基本趋向是：大陆地区物品可以利用台湾的通商口岸转运到其他国家和地区；根据“原则准许、例外禁止”的方针进口大陆物品；保税工厂可以进口未开放的大陆物品，加工后外销；大陆地区物品比照一般地区物品，免签输入许可证即可进口[⑨]。

（三）航空转运中心

建设航空转运中心的目的是建立并扩充与东亚及北美地区间人员与货物快速接驳运输的网络，将台湾建成东亚地区航空旅客接驳及货运转运的重要地区。台湾将采取以下措施。

1. 将中正机场扩建成最重要的“航空城”。中正机场货运量目前居世界第12位。为了提高其竞争力，台湾正全力投入中正机场的二期航站的扩建工程，计划于1998年全部完成。届时中正机场的客运区将形成148个停机位，其中60个可供B747—400型大型航机停靠。1996年和2000年将分别完成现有2条飞机跑道的迁建，2007年启动第三条跑道，2015年启用第三座客运航站大厦。

2. 推动航空货运站公司化、民营化，建立现代化通关作业系统。

3. 规划新建国际机场。目前，对新的国际机场仍在酝酿与研讨过程之中。

（四）金融中心

建设金融中心的目的是掌握亚太地区金融的情形，建设高效率、具有国际规模的金融部门，为台商和跨国公司提供高质理的服务，使台湾成为本岛和海外金融机构在东亚地区从事跨国金融业务的重要据点之一。

台湾为建设金融中心，将采取以下措施。

1. 放宽资金进出的限制。根据“原则自由、例外许可”精神，尽快完《管理外汇条例》的修正工作；建立高效的申投制度，赋予主管机关紧急处分权，以利推动外汇的自由化；循序放宽台湾企业海外筹资汇回资金的限制；放宽居民个人及公司资金汇出入的限制。

2. 放宽海外银行来台设置据点及营运的限制。海外具有独立法人资格的银行经有关机构批准可在台设立分行，在其运营过程中，资金和资讯实行自由流动。

3. 推动建立区域性筹款中心，推动岛内银行建立国际性经营网络，并向海外金融市场扩展。

（五）电信中心

建立电信中心的目的是提供价格合理、高品质的电信服务，通过岛内电信及企业与海外的联网，重点建设通信交换中心、客户服务中心、网络管理中心，建立“世界级的电信事业”，使台湾成为“21世纪亚太智慧资讯网路中枢之一”。

台湾在建设电信中心方面将采取以下措施。

1. 分三个阶段推进电信自由化。第一阶段开放电信加班服务；第二阶段开放无线电信服务，包括移动电话、传呼服务及小型卫星通信；第三阶段开放国际电话、长途电话以及市内电话服务。

2. 优先铺设直通大陆的电缆。计划在一年后开始铺设与大陆间的海底或光纤电缆，同时扩充转接容量，以转接进出大陆的通信。在完成直通大陆的通讯电缆之后，台湾将降低两岸间的通讯费率，同时扩大与亚太地区的电缆网路连接，拓展电信业务。

3. 配合电信自由化、整体规划，推动“资讯通信基本建设计划”（即信息高速公路计划）。

（六）媒体中心

建设媒体中心的目的是，顺应国际媒体事业发展的趋势，发展结合卫星电视及有线电视的区域性传播事业，使台湾成为制作及供应亚太地区华语电视节目及电影的重要据点。同时发展多元活泼且具自主性的世界村文化，营造亚太营运中心的文化环境，控制21世纪东亚地区的媒体市场。其措施如下：

1. 改善媒体事业发展的环境。制定卫星电视法，开放卫星电视的播放；落实有限电视开放作业，健全管理制度；拟定演员及从业技术人员训练计划，筹设训练中心，加强培育媒体专业人才；推动与大陆及港、澳地区媒体事业的互利合作，放宽赴大陆地区采访、拍片、制作节目的限制；取消对大陆演员、场景的使用限制；由产、官、学共同成立媒体促进会，为业者提供必要的协助，发挥对政府政策咨询的功能。

2. 建立高科技媒体园区。计划在台北近郊辟建一个20公顷左右的高科技媒体园区。以发展华语电视节目、电影制作及后制作产业为重点，由民间与政府共同出资成立开发公司，负责园区的开放经营，吸引海外业者进入园区。计划到2000年，台湾、香港、大陆三地的华语媒体市场总值将高达每年140亿美元。

“亚太营运中心”计划的深刻影响

亚太营运中心计划是一个相互储依存、相互促进的整体。它是40多年来台湾当局推出的又一个规模宏大、范围颇广、影响深刻的综合性经济发展战略。它的问世及推进，标志着台湾经济和社会的发展已进入了一个新的阶段。

第一，台湾经济的国际化与自由化将达到一个新的水平。台湾当局规划亚太营运中心的初旨及重点就是要增进货物、劳务、人员、资金及资讯的自由流通，提高台湾经济的国际化水平及整体竞争能力。可以看出，亚太营运中心计划的国际化与自由化涉及经济与社会许多重大领域。目前，该计划尚处于启动阶段，本世纪末和下世纪初，将是检验计划实现的关键性时期。如果到那时该计划的基本目标得到实现，台湾经济乃至社会某些领域的面貌将发生新的变化，台湾的经济竞争力也将因此而得到某些提高。

第二，在加快两岸经贸关系发展的同时，台湾试图获得抗衡中国大陆的新砝码。如前所述，台湾当局制定亚太营运中心计划的重要政治动因，就是拓展生存与发展空间，扩大与大陆周旋的余地，增加同大陆抗衡的砝码。但台湾当局要顺利推进并实现计划，就不可避免地要涉及与大陆的经贸关系问题，且与大陆经贸关系的发展状况直接影响乃至决定亚太营运中心计划的实现与否。近来，台湾政坛围绕着上述问题展开了激烈的争论，争论的焦点是孰本孰末，孰先孰后。台湾当局认为，大陆是台湾推进亚太营运中心计划的“腹地”，为了实现这一计划，就必须冒一定的政治风险，并且增加同大陆抗衡的砝码与加快两岸经贸关系发展存在某种因果关系，即前者是结果，后者是原因和前提条件，没有后者就很难产生前者。正是如此，连战在其“施政报告”中提出了“面对现实，增加交流，相互尊重，追求统一”的四项原则。去年底，台湾“行政院”作了人事改组，“行政院副院长”徐立德兼任“经建会”主委，原“经建会”主任萧万长改任“陆委会”主委。这表明台湾当局将以务实前瞻的态度对待两岸经贸关系。近来，台湾当局为了启动亚太营运中心计划和善意回应江泽民总书记春节对台讲话，已陆续作出了一些发展两岸经贸关系的决定。这对于进一步改善两岸关系，推动两岸经贸关系顺利发展将起到积极作用。可以预料，随着亚太营运中心计划的全面实施，两岸经贸关系将进入一新的阶段。

第三，力图整合“南向”和“西进”，拓展新的生存空间。近几年来，台湾当局大力推进“南向”政策，并取得了一些进展。台湾当局将通过亚太营运中心计划的多功能性和全方位性，力图整合“南向”和“西进”，使亚太营运中心在“南向”和“西进”的战略推进中发挥中介作用。近来，台湾当局在作出加快发展同大陆经贸关系决定的同时，进一步大举南下，不仅增加了对东南亚国家的投资，而且计划将在香港注册的部分台资迁至新加坡。

综上所述，亚太营运中心计划，是台湾面向21世纪根本战略利益之所系。它的实施与推进将对台湾今后的生存与发展产生某种决定性影响。我们要充分利用一切可以利用的积极因素，力争早日结束两岸敌对状态，并最终实现祖国统一的宏伟大业。

注释

① 〔台〕《中国时报周刊》1995年1月21日。

② 〔台〕《经济时报》1994年10月21日。

③ 〔台〕《财讯》月刊1994年12月号。

④ 〔台〕《经济日报》1994年6月1日。

⑤ 〔台〕《中国时报周刊》1995年1月21日。

⑥ 〔台〕《民众日报》1994年3月27日，《统领》月刊1994年4月号。

⑦ 〔台〕《中国时报》1995年1月6日。

⑧ 〔台〕《中国时报》1994年12月19日。

⑨ 〔台〕《联合报》1995年2月25日。

二、香港地区

香港地区经济发展概况

中国社会科学院台湾所 王京琼

名称：香港地区

土地面积：1074 平方公里

人口：614.91 万人（1994 年）

本地生产总值：10192.28 亿港元（1994 年，按当时市价计算）

按人口平均计算的本地生产总值：168151 港元（1994 年，按当时市价计算）

货币名称：港元

汇率：1 美元＝7.728 港币（1994 年）

概 况

香港位于广东省东南沿海，珠江口之东，与深圳、珠海相毗邻。土地总面积 1074（含填海面积）平方公里，由香港岛、九龙、新界及周围 230 多个大小岛屿组成。香港属亚热带海洋性气候，温暖湿润，全年平均气温为 22 摄氏度，年平均降雨量为 2160 毫米。截止 1994 年底，香港有 614.91 万人口，比上年底增加 12.92 万人，增幅为 2.14%，是世界人中密度最高的地区之一。基督教、天主教、佛教、伊斯兰教、道教和孔教被称为香港 6 大宗教。此外香港还有印度教、锡克教、犹太教、东正教、摩门教等 10 余种宗教。信教人数共约 120 万。

1840 年英国发动鸦片战争，强迫清政府于 1842 年签订《南京条约》，割让香港岛。1856 年英发动第二次鸦片战争，迫清政府于 1860 年缔结《北京条约》，割让九龙半岛南端今界限街以南的地区。1895 年中日甲午战争后，英又乘列强瓜分中国之际，逼迫清政府于 1898 年签订《拓展香港界址专条》，强租今界街以北、深圳河以南的九龙半岛北部大片土地以及附近 200 多个岛屿（后统称“新界”），租期 1997 年 6 月 30 日期满。

中华人民共和国成立后，中国政府曾多次阐明对香港问题的立场：香港是中国领土，中国不承认帝国主义强加给中国的 3 个不平等条约。对这一历史遗留问题，中国政府一贯主张，在适当时机通过谈判和平解决，在解决之前暂时维持现状。从 1982 年起，中英两国政府就香港问题开始进行谈判，1984 年 12 月 19 日，中英正式签署关于香港问题的联合声明。声明宣布，中国政府决定在 1997 年 7 月 1 日对香港恢复行使主权，香港将成为中华人民共和国的特别行政区。1985 年 5 月 27 日，香港进入主权回归祖国的过渡期。1990 年 4 月 4 日，第七届全国人民代表大会第三次会议正式通过《中华人民共和国香港特别行政区基本法》及其 3 个附件，使之成为国家对香港行使主权的全国性基本法律。

香港是著名的国际金融、贸易、航运、旅游和信息中心。它与 170 多个国家和地区有贸易往来，是全球最开放的自由贸易港，也是仅于伦敦和纽约的世界第三大国际金融中心。1994 年，香港总体经济发展比较平稳，对外贸易维持两位数增长，通货膨胀略有下降；房地产价格回落，股票市场发展则“先喜后忧”，走势“每况愈下”，损失惨重。本地生产总值增长率比上年增长 5.5%；通货膨胀率略低于上年，为8%；人均本地生产总值168151港元，比上年增长10.9%。1994年香港的旅游、酒店业相对比较平淡，间接影响消费增长和服务业的发展。

进出口贸易

香港由于位于经济增长迅速的亚太地区中心，又是通往广大中国市场的大门，经过多年的努力，现已发展成为亚洲区的商贸枢纽。目前，香港的对外贸易约占亚太区贸易总值的五分之一，是世界各大贸易地区中，紧随欧盟、美国、日本和加拿大，而排名第五位。在中国内地经济持续活络、欧美经济复苏及市场需求增强的推动与刺激下，1994年香港对外贸易表现不俗。据港府统计，香港全年的外贸总额为24207.22亿港元，较上年增长14.25%。其中出口总额11700.13亿港元，增长12.0%（本地产品出口2220.92亿港元，较上年减少0.7%；转口贸易9479.21亿港元，增长15.5%）；商品进口12507.09亿港元，增长15.8%；贸易逆差806.95亿港元。此年，香港外贸的显著特点是：

1. 进口增幅高于出口，贸易赤字扩大。这种进口需求增长主要是由工商业生产及投资所用的物资和原材料进口推动，而非由消费性的物资进口所带动，因此内部消费压力不算强烈。

2. 转口贸易持续强劲增长。这种增长的主因是欧美等主要出口市场的经济复苏，因而对进口货品的需求增加，使内地透过香港转口货值增幅可观。此外，外资在内地的投资持续增长，许多外商包括港商在内地投资的产品经由香港转口输往国际市场。

3. 美国、中国内地为香港产品的两个最大出口市场，对其出口值分别为614.19亿港元和610.09亿港元，分别占港产品出口总值的27.65%和27.4%。其余依次为德国、新加坡、英国、日本、台湾、加拿大、荷兰、法国等。

4. 港台贸易维持巨额逆差。1994年台湾对港出口1793.07亿港元，香港对台出口284.92亿港元，港台贸易逆差908.78亿港元。其主因是大陆许多台资企业生产所需的零组件及原材料等仍需通过香港由台湾供应。

旅 游 业

香港是亚洲最受欢迎的旅游目的地之一，旅游业是香港经济的重要支柱产业及第二大创汇行业。1994年，内地的访港游客达190万人次，在港消费106亿港元，平均每人在港花费达5469港元。内地游客无论在人数或消费额方面的增长幅度，都大大超过了其他国家和地区。但以绝对值衡量，居人数第二位的是台湾游客，以总消费139亿港元居榜首；而在人均消费方面，日本游客以平均每人消费8444港元名列前茅。它为每位香港市民创造的财富超过一万港元。香港优良的购物环境和低廉的商品价格是吸引游客的重要因素之一。因此，在游客的消费结构中，购物支出占了最大比例，1994年约为325亿港元，占旅游业总收益的51.9%；其余依次为酒店、用膳和观光等，用于娱乐休闲的消费仅10亿港元，只占旅游收益总额的1.6%。

航 运 业

1994年，香港航运业在对外贸易平稳发展的带动下，保持较高的增长势头。1994，到达香港港口的船舶及货运量、远洋货物吞吐量及货柜处理量都有较理想的增长，使香港再次超过新加坡，继续保持货柜吞吐量全球第一的位置。

1994年香港的空运业亦蓬勃发展。目前约有70家航空公司利用香港启德机场提供往来于香港至世界各地的空运服务，每周约有2500班定期客机直接往返于香港至世界90多个大城市。此外，还有多间航空公司提供不定期包机服务。1994年头10个月，通过启德机场的旅客数量已达2600万人次，较上年全年的2400万人次还多200万人次，是世界第三大最繁忙客运机场。在货运方面，头10个月的处货量已突破101万吨，较上年同期增长15.1%。估计全年的处货量将逾加万吨。以价值计算。空运货价值约占香港对外贸易总值的20%。其中空运出口货物占出口货物总值的30%；空运转口货物约占转口货物总值的14%。

物　价

1994年上半年，香港以甲类消费物价指数衡量的通货膨胀率稳定于7.5%左右。7、8月份，香港新鲜食品（主要是蔬菜）价格因受华南水灾影响而短暂上涨，使香港第二季度的甲类消费物价指数比上年同期上升8.9%。但以1994年1—10月整体计算，甲类消费物价指数的平均升幅为8%。本年最后两个月的物价比较平稳，使全年的通货膨胀率维持在8%左右。这是香港自1988年以来的最低数字。通胀稳中有降的主因，一是1994年劳动力增长较快速，而劳动力的增长主要来自移民回流和外国来港工作的人数增加；二是计算甲类消费物价指数所涉及的最大单一项目，即占全数20%以上的食品（新鲜食品主要由内地供应）价格，由于人民币贬值而仅轻微调高。

银　行　业

1994年，香港银行业在经历了数年的高速增长后，1994年的发展开始趋缓。在上半年度六间上市银行中，综合盈利增长15%，远逊于上年同期66.9%。香港银行业盈利增长放缓的主要原因有三：一是利率调升，银行借贷利率与存款利率差距收窄，银行的经营成本上升，利息收入减少。二是港府打击楼宇投机买卖活动的措施，使银行的重要盈利来源——按揭贷款业务减少。三是企业集资渠道增多。香港一些财团在年内纷纷发行票券集资，长实集团更发行按揭证券。仅1994年上半年，透过债券及证券市场的集资额已较上年同期增加12.3倍，表明工商企业对向银行贷款筹集资金的依赖性降低，从而影响银行贷款业务的增长。此外，股市疲弱、金融管理局对银行活动的一些新规范措施，降低了银行以往处事的自由度和弹性，也间接影响其盈利增长。

房地产市场

1994年上半年，香港地产市场表现一枝独秀。尽管利率上调及楼价飚升，物业交易依然大幅增加。1—5月，楼宇买卖合约总值上升了一倍之多，宗数则增加27%。年中，港府鉴于楼价炽热，大部分市民无力负担，开始打击楼价，采取一系列遏抑楼价措施，包括规定新楼内部认购成数和限制楼花买卖、增加公屋及土地供应等。同时，进一步调升利率。这些措施使下半年的物价交易缩减，楼价回落，投机活动收敛，对过热的地产市场起了明显的冷却作用。与楼市紧密相关的土地拍卖也出现大滑坡，港府十年来首次被迫收回没有人承价的土地。房地产市场不景气，香港整体经济活动也受影响，并连带影响市民的消费。

股票市场

1994年，香港股市波动较大，走势“一浪低于一浪”。到12月16日止，恒生指数已由上年底11888.39点跌至8166.39点（1月4日曾冲上12599点的历史性高位），大幅下降31.3%，迥异于上年115%的增幅，股市总值亦由上年底的3万亿港元减至2万余亿港元。由于股市疲弱，股市的招股活动亦不及上年频密，全年仅有49只新股上市，较上年63只为少；新股上市集资约133.7亿多港元，较上年245亿港元少45%。同时，往年新股上市的超额认购动辄数百倍，然而1994年则屡见不足额认购及首日跌破底价。至11月底止，只有10只1994年上市的股份股价仍能高于招股价，其他都表现疲弱，更有部分大幅折让。在新上市公司中，有18只首日上市即跌破底价。

1994年港股走势"每况愈下"的原因是多方面的。1993年10月底及94年初外资大举涌入香港股市，令恒生指数在短期内超乎常轨急升5000点，预伏了"升得高跌得重"的危机。年中港府开始打击楼宇炒卖及控制按揭政策，使楼市低沉，地产商利润减少。股市与楼市同出一源，互为影响，楼价下跌，地产股先跌，亦影响了大部分股份跟跌。上半年中英关系及机场谈判迟迟无法改善，美国多次加息带动香港利率调升，香港外围（亚太区）股市普遍疲弱，以及内地继续实行宏观调控等，亦是令股市无法大幅造好的原因。

人口与劳工

1994年底，香港拥有606.14万人。其中劳动人口287.3万人，劳动参与率62.5%；失业人数5.72万人，失业率（经季节性调整）1.9%；就业不足人数4.20万人，就业不足率1.4%。

附表：

表1　人口估计

年份	男	女	总计
1991年底	2968300	2854200	5822500
1992年底	3003900	2898200	5902100
1993年底	3058300	2961600	6019900
1994年底	3123700	3025400	6149100

资料来源：香港政府统计处编《香港统计月报》。

表2 劳动人口、失业及就业不足统计

	1992	1993	1994
总劳动人口(千人)	2793.0	2873.0	2972.6
男	1766.5	1813.3	1861.1
女	1026.5	1059.7	1111.5
劳动人口参与率(%)	62.3	62.5	62.5
男	78.0	78.1	77.6
女	46.2	46.5	62.5
失业人数(千人)	54.6	56.9	57.2
失业率%(经季节性调整)	2.0	2.0	1.9
就业不足人数(人数)	58.3	46.1	42.0
就业不足率(%)	2.1	1.6	1.4

注："经季节性调整"是指按首次求职人士占劳动人口比例的季节性差异作出的调整。

资料来源：香港政府统计处编《香港统计月报》。

表3　对外贸易统计

单位：百万港元

	1992	1993	1994
进口	955295	1072597	1250709
港产口出口	234123	223027	222092
转口	690829	823224	947921
整体出口	924953	1046250	1170013
商品贸易差额	－30342	－26347	－80695

资料来源：香港政府统计处编《香港统计月报》。

表4 按主要供应地划分的进口货值

单位：百万港元

	1992	1993	1994
中国内地	354348	402161	470876
日本	166191	178034	195036
台湾	87019	93968	107310
美国	70594	79419	89343
韩国	44155	48220	57551
新加坡	39087	47835	61968
德国	21911	24918	28660
英国	19221	21438	25405
意大利	14825	17880	22778
马来西亚	12825	15855	20147

资料来源：香港政府统计处编《香港统计月报》。

表 5　按主要目的地划分的港产品出口值

单位:百万港元

	1992	1993	1994
中国内地	61959	63367	61009
美国	64600	60292	61419
德国	15959	13969	12811
新加坡	10360	11344	12225
英国	12541	10771	10292
日本	10997	9677	10455
台湾	6500	6261	6076
加拿大	5015	4734	4173
荷兰	4878	4520	4775
法国	3164	2707	2813

资料来源:香港政府统计处编《香港统计月报》。

表 6　按主要来源地划分的转口货值

单位:百万港元

	1992	1993	1994
中国内地	403782	474007	545831
日本	84966	109949	121936
台湾	54442	64649	72060
美国	32113	37424	43678
韩国	19391	21685	27444
德国	9134	14256	14588
新加坡	8269	11836	15069
英国	7404	8426	8983
法国	6448	7419	8732
马来西亚	5096	6660	9461

资料来源:香港政府统计处编《香港统计月报》。

表 7　按主要目的地划分的转口货值

单位:百万港元

	1992	1993	1994
中国内地	212105	274561	322835
美国	148500	180349	210077
日本	37465	44156	54745
德国	33103	40798	41617
英国	20591	24536	27318
台湾	26156	21910	22416
新加坡	13866	17143	20346
韩国	13588	15538	16483
法国	11039	12864	13671
加拿大	11101	12656	14199

资料来源:香港政府统计处编《香港统计月报》。

表 8　按用途划分的进口及转口货值

单位:百万港元

	1992	1993	1994
	进	口	
食品	45351	45042	53389
消费品	394543	454793	514173
原料及半制成品	329950	355100	431768
燃料	17653	18254	22528
资本货品	167798	199408	228851
	转	口	
食品	14357	13823	17102
消费品	376844	447449	498437
原料及半制成品	187303	214871	264288
燃料	4274	6136	6513
资本货品	108051	140945	161582

资料来源:香港政府统计处编《香港统计月报》。

表 9　香港主要的港产品出口货值

单位:百万港元

	1992	1993	1994
衣物及衣物配件	77156	71857	73086
电动机械、仪器用具及零件	20138	22668	24815
纺纱、布料、其制成品及有关产品	17226	16180	15038
适用于办公室仪器或资料处理仪器的零件及附件	15239	13810	13483
钟表	15476	13161	13196
通讯设备	10991	12095	10990
珠宝、金饰及银器	5047	5303	5229
印刷品	4414	4447	4520
塑胶制成品	4064	3480	3201
婴儿车、玩具、游戏及动动货品	4159	3338	2715

资料来源:香港政府统计处编《香港统计月报》。

表 10　抵离港旅客人数

	1992	1993	1994
抵港旅客人数	38525028	41181163	43443960
离港旅客人数	38500311	41052415	43351981
香港居民离港人数	28945174	30660010	32586892

资料来源:香港政府统计处编《香港统计月报》。

表 11 按居住国家/地区划分的访港旅客人数

	1992	1993	1994
中国内地(注)	1149002	1732978	1943678
台湾	1640032	1777310	1665330
日本	1324399	1280905	1440632
东南亚	1235994	1239458	1196835
西欧	936827	1046080	1126079
美国	694290	755666	776039
澳洲及新西兰	304055	312552	316338
加拿大	180231	189432	185290
其他	545694	603119	680935
总计	8010524	8937500	9331156

注:包括过境旅客及海员。

资料来源:香港政府统计处编《香港统计月报》。

表 12 流通货币及货币供应

单位:百万港元

(期末数字)	1992	1993	1994
法定纸币及硬币的流通量	61157	71874	78143
由商业银行发行	58226	68896	74396
由政府发行	2931	2978	3747
由认可机构持有的法定纸币及硬币	8985	8520	10359
由公众持有的法定纸缺点及硬币	52172	63354	67783
货币供应定义一	155557	187608	185337
港币	139479	168440	167922
外币	16078	19168	17415
货币供应定义二	1518777	1761870	1993828
港币(1)	668302	850618	990949
外币(1)	850475	911252	1002878
货币供应定义三	1574265	1820562	2073475
港币(1)	691586	867692	1007974
外币(1)	882679	952871	1065502

注:(1)所列数字未就外币掉期存款作出调整。

资料来源:香港政府统计处编《香港统计月报》。

表 13 外币兑换率(一单位外币兑换的港元)

	1992	1993	1994
美　元	7.741	7.736	7.728
英　镑	13.66	11.62	11.85
人民币	1.4041	1.3440	0.8969

资料来源:香港政府统计处编《香港统计月报》。

表 14 股票价格指数及证券交易成交额

	1992	1993	1994
恒生指数及分类指数:			
(31.7.64= 100)			
恒生指数	5545.97	7695.99	9453.52
金融	4643.61	6282.81	7998.80
公用	6689.14	8993.74	10708.04
地产	9215.66	12362.49	16556.57
工商	4379.31	5733.18	7331.10
所有普通股指数(1)	3107.40+	4551.33*	4788.49
(2.4.1986=1000)			
恒生中国企业指数		1389.42#	1297.00
(8.7.1994=1000)			
总成交额(2)(百万港元)	700577.50	1217213.47	1137414.00

注:(1) 1992年4月前称为香港指数。

(2) 1993年1月以业的成交总额,已计及收市后呈报及不接纳的买卖而作出调整。

\+ 该年数字由1992年4月至12月的平均指数编制而成。

\# 该年数字由1993年7月至12月的平均指数编制而成。

资料来源:香港政府统计处编《香港统计月报》。

表 15 金银贸易场买卖报价

	1992	1993	1994
金(以每两港元计)			
开市	3296	3078	3595
收市	3078	3592	3533
最高	3322	3769	3662
最低	3050	3018	3410
银(以每十安士港元计)			
开市	301	285	392
收市	285	392	377
最高	336	428	447
最低	283	273	359

资料来源:香港政府统计处编《香港统计月报》。

表16 香港政府一般收入帐目收入和开支

年度(1)	1991—92	1992—93	1993—94
总入收入	101456	120781	143900
其中:直接税	45553	56086	66625
间接税	33369	40727	47165
其他收入	22534	23968	30110
帐目总开支	93401	102025	121040
其中:期内实际开支	72851	86487	98540
拨入基本工程储备基金	15000	12198	13650
拨入其他基金(2)	5550	3340	8850

注:(1) 财政年度由4月1日至3月31日。

(2) 包括对资本投资基金,贷款基金及赈灾基金“于1993年12月1日成立”的转拨款项。

资料来源:香港政府统计处编《香港统计月报》。

表17 物价指数

(1989年10月至1990年9月=100)

	1992	1993	1994
甲类消费物价指数	125.5	135.9	146.9
乙类消费物价指数	125.9	136.0	147.7
恒生消费物价指数	125.1	137.0	150.7
综合消费物价指数	125.2	136.2	148.2

资料来源:香港政府统计处编《香港统计月报》。

表18 本地及海外公司登记及解散数

	1992	1993	1994
本港公司注册成立总数(1)	58110	61831	42723
其中:公从公司	226	254	245
私人公司	57884	61577	42478
本港公司解散总数	4521	4052	5848
在登记册上的本港公司数目(2)	358129	415911	452789
其中:公从公司	5920	6137	6340
私人公司	352209	409774	446449
海外公司注册总数(1)	550	498	573
海外公司停业数(1)	185	147	161
登记册上的海外公司数目(2)	3193	3544	3956

注:(1) 在期内的数目。

(2) 在期末的数目。

资料来源:香港政府统计处编《香港统计月报》。

表19 本地生产总值统计

	1992	1993	1994
(按当时市价计算)			
本地生产总值开支估计(百万港元)	779335	897595	1019228
按人口平均计算的本地生产总值(港元)	134102	151646	168151
(按固定(1990年)市价计算)			
本地生产总值开支估计(百万港元)	650347	688344	726177
按人口平均计算的本地生产总值(港元)	111907	116294	119804

资料来源:香政府统计处编《香港统计月报》。

香港国际金融中心的形成及其影响

复旦大学世界经济研究所 张瑞德

战前，香港只是一个从事转口贸易的商埠，经过战后30多年，特别是70年代以来20多年的发展，现在已成为重要的国际金融中心。香港为什么在短短的时间内能发展为亚太地区重要的国际金融中心，其主要原因是什么？它的形成对世界经济、特别是亚太经济有何影响？研究这一问题，对将上海建设成为一个国际金融中心有重要的现实意义。

香港国际金融中心的形成

香港的国际金融中心的地位是进入70年代以后才逐步形成的。

50年代中期以后，香港的银行金融机构随着工业化的转变而得到迅速发展，到1961年底，香港大小规模的注册银行已发展到85家，共开设分支机构101个。由于香港政府采取保守的金融政策，认为当时金融业的发展已超过实际需要，因此，特地从英国请来金融专家对香港的银行金融业进行专门的调查研究，探讨对现有银行金融业经营加强管理的有效措施。1965年发生挤兑危机后，香港政府曾对银行金融机构进行整顿，比较长的时间内停止发放新的银行注册牌照。

但是，随着战后经济的复兴，亚洲地区首先是日本的个人和公司的大量资金受到这个独立于各国中央银行控制之外的货币市场所吸引，而当时的日本政府并无意将东京发展成为地区性金融中心，在这种情况下，一个独立于欧洲美元机构之外的亚洲某个国家和地区，专门为处理本地区之间的外汇存款和贷款的国际金融市场，已成为可能。但香港政府的金融政策极为保守，不仅黄金、外汇的进出口都实行管制，甚至在60年代中间，当美洲银行提出在香港开办亚洲美元市场时，竟遭到香港政府的拒绝。而与此截然不同的是，新加坡政府对此事却表现出异乎寻常的热情，使新加坡很快成为一个新兴的亚洲美元市场。据有关资料统计，从1969年开始到1973年，以新加坡为基地的亚洲美元市场的规模每年都成倍地扩大，到1974年底，总额已超过100亿美元。到1977年3月，已达到173亿美元的创纪录水平。而新加坡所持的亚洲美元，大约75%为当地银行同业贷款，供应对象主要来自香港的集团贷款，实际上使香港失去了外汇市场中一个可观的外汇交易额。面对这一现实，香港政府不得不认真考虑充分利用香港的有利条件，加快香港作为一个亚洲主要国际金融中心的发展步伐。1973年解除了外汇管制；1974年开放了黄金市场；1976年成立了期货市场；1978年又放宽了外国银行在香港开设分行的限制，在短短的几个月内便有来自12个国家的41家外国银行获准领取新银行牌照，使银行总数由原来的74家增加到115家；1980年，香港设立了黄金期货市场；1982年，香港政府又取消对境外金融活动利息收入征税。在这一系列措施的促进下，香港的银行金融业得到迅速发展，并逐渐成为亚洲三大金融中心之一。1992年底，香港共有持牌银行168家，有限制持牌银行46家，接受存款公司191家，在168家持牌银行中，外国银行达157家，占90%以上。世界最大的100家银行中，84家在香港设立了分行，是世界上除伦敦、纽约之外，外国银行最多的第三大银行中心。

现在，香港的银行的总行和分支机构达2033个，平均每2800个香港人就有1个银行分支机构。

目前，香港银行业跟海外同业的业务活动频繁，海外资金的流入大大高于资金的流出，同时，外币在银行业的资产总额和负债总额中所占比例不断增加。据统计，从1981年至1991年，海外银行业存放香港同业的余额由2579.53亿港元增至33190.7亿港元。而香港银行业存放于海外同业的余额则由1576.30亿港元增至23359.13亿港元。两项相抵，海外存于香港的净额达9831.57亿港元。而外币部分在资产总额中的比例则从1980年的56.2%增至1991年的79.1%，在负债总额中的比例从1980年的52.1%增至1991年的79.64%。客户存款的外币部分也由同期的13.8%增至59%。这充分反映了香港金融业务国际化的程度。

香港不仅有高度国际化的银行业体系，而且有功能齐全的国际金融市场体系。如资金市场、证券市场、外汇市场、黄金市场、保险市场、期货市场及租赁市场等。这些市场的形成尽管有早有迟，但到80年代中期以后都已具一定规模，有些在世界上还占有很重要的地位。如外汇市场，在1973年撤消外汇管制以前，还是半开放状态的，当时对英镑交易有正式管制，只有美元及其它外币可以自由买卖，1973年以后，则成为完全开放的自由外汇市场。1974年11月香港宣布脱离英镑区而同美元挂钩，实行港元汇价自由浮动以后，香港外汇市场得到全面发展。现在，该市场买卖活跃，是世界外汇市场重要组成部分。1989年初，香港外汇市场日平均交易量达490亿美元，仅次于伦敦、纽约、东京、苏黎世、新加坡，居世界第6位，1992年，外汇日交易量又跃至610亿美元；黄金市场，早在二次大战以前，香港就是东南亚地区的黄金集散地，二次大战爆发后，黄金买卖曾受香港政府的管制，1969年开始放松管制。1974年香港政府宣布取消对黄金进出口实行管制后，黄金买卖大为活跃，使香港迅速进入黄金市场的行列。80年代以来，香港黄金市场一直同伦敦、纽约、苏黎世并列为世界四大金市。据估计，1992年香港黄金市场的黄金成交总量达2400多万两；股票市场，在香港的金融市场体系中，股票商场是最重要和影响最大的市场之一。香港的股票市场在19世纪末和20世纪初已逐渐形成，到20世纪60年代以后随着经济的发展而发展起来。1969年以前只有“香港证券交易所”，1969年12月成立了第二家，即“远东证券交易所”。1971年和1972年又先后成立了“金银证券交易所”和“九龙证券交易所”。1981年，4家交易所总成交额达1059亿港元，成为世界10大股票市场之一。以后曾大幅度下降。直到1985年，由于外资大量涌入，才日趋活跃，特别是1986年4家证券交易所合并后发展更快，国际影响也日益扩大。1989年，“香港联合交易所”的总成交额居世界第4位。1992年底，在香港联交所挂牌上市的公司近400家，股票集资额达1156.49亿港元，市场资本总值14112.77亿港元。此外，保险、基金、资金等市场在世界上也都有一定的地位。

香港国际金融中心形成的原因

香港为什么能在短短的20多年时间内从工业城市发展成为国际金融中心呢？原因是多方面的：

（一）**世界金融业的迅速发展**。20世纪60年代以后，在欧洲出现了大量的美国境外美元，接着又出现了大量的欧洲各国和日本境外货币。这种境外货币正好适应了世界上广大发展中国家发展经济追赶发达国家的需求。在这种形势下，国际金融业出现空前的繁荣，由美国、西欧向全球发展，许多大银行、大金融机构纷纷寻找有利地点，设立分支机构，开展金融业务，赚取最大利润。香港正是他们在亚洲可能找到的最理想地点之一。因为以香港为中心，可以把业务扩展到急需国际资金的亚洲广大地区。这对香港发展成为国际金融中心非常有利。

（二）**优越的地理和良好的时差条件**。香港地处亚太地区海空交通运输的要冲，是各国对远东开展经贸联系的重要通道。位于香港岛和九龙半岛之间的维多利亚港，是世界上最优秀的三大天然良港之一，港口设备完善，现代化的集装箱码头吞吐量居世界第2位。香港的空运也十分发达，是世界十大空运中心之一。更主要的是，香港在地理上位于北美和西欧的国际中介时区位置，可以使纽约和伦敦之间24小时金融交易通过香港地区衔接成全球交易网络。香港这种优越的地理位置和良好的时差条件，对它发展成为一个国际金融中心是很重要的。

（三）**香港背靠中国大陆，对大银行、大金融机构具有无限的吸引力**。香港是中国的南大门。中国是公认的世界最大的、最有潜力的市场。国际上有远见的投资者都非常重视这一市场，而要使资金和商品打进中国市场，香港是可以利用的最好的跳板和重要基地。特别是中国实行改革开放后，进一步利用香港作为筹集资金的场所。中国现代化建设所需庞大资金，对银行金融业构成了巨大的、长时期的需求。这对香港国际金融中心的形成和巩固，具有很大的现实意义。

此外，中国驻港金融财务机构，始终为配合祖国现代化建设需要和当地经济繁荣，不断加强同香港财界合作，为保持香港繁荣作出不懈努力，也有利于香港金融中心的巩固和发展。

但更主要的原因是香港本身的努力，特别是通过调整一系列政策，采取有效措施后而促成的。主要有以下几点：

（一）**良好的金融业基础**。香港金融业经过近百年的发展，到第二次世界大战前夕已有几十家银行、几十家保险公司，并且有证券交易所、金融贸易场等一批金融机构。战后有了进一步发展，到60年代中期，共有86家银行、108家保险公司。加之这些金融机构绝大多数都是外国资本，带有国际化的色彩，这是香港向国际金融中心迈进的基础。

（二）**现代化的基础设施**。国际金融业的发展需要高度现代化的工作条件、交易场所、通讯手段和交通运输设施，以便能顺利地进行当地业务和同其他国际金融中心时刻保持紧密和联系，进行国际业务。香港完全能适应这些要求，香港现代化的高层商业大厦和交易所林立，为金融业的发展提供了理想的交易设施；香港拥有称得上国际一流的通讯设施，信息灵通、国际交通四通八达，加之一系列电子、通讯业务，使国际主要金融市场之间24小时之内信息得以沟通。

（三）**较低的税率和较低的成本**。香港的银行交易成本较低，主要由于香港的税率低。根据“来源原则”，香港征税范围只限于源自香港的收入或盈利，不向源自境外的任何所得征税。例如，1989年香港个人所得税的标准税率仅为15%；有限公司利得税率16.5%，比日本的43.3%、新加坡的33%、台湾的25%都低得多。香港于1982年和1983年先后撤消了外币存款利息税和港币存款利息税，香港这种低税率和简单税制，对国际金融机构很有吸引力。

（四）**自由开放的金融政策**。香港一直是一个贸易自由港，但在70年代以前金融业方面并不很自由；对外汇和黄金进出口都实行管制。直到70年代初期，香港政府才对金融政策作了调整，实行较为自由、开放的金融政策，如解除外汇管制，实行资金进出自由；解除黄金管制，实行黄金进出口自由；不断改善金融业的经营环境，等。这就给金融业的发展增添了强大的推动力，使金融机构在调动资金方面，享有很大的灵活性，在经营业务的规模和期限方面享有更多的自由。外资银行除在1978年以后到香港开业的只限开设一个分行外，其他各方面的待遇，与香港的银行一律平等。让外资有自由平等竞争的机会，是香港比其他地区更具吸引力的原因之一。

（五）有健全的法律制度，为资金安全提供了法律保证。香港的金融管理体系有比较完善的一套法规，保障金融业的正常运作和投资者的正当利益。这对吸引外国金融机构到香港投资和形成国际金融中心有很大作用。

（六）香港拥有一个与其经济、金融体系相适应的货币制度。港币是一种拥有足够外汇储备的独立通货，币值稳定能自由兑换为世界任何主要货币，这是香港成为国际金融中心的重要因素。

（七）香港政府的“积极不干预”政策。香港一直坚持自由的企业制度，但又不是完全自由放任。政府不仅致力于创设基本条件，保证市场机制的正常运作，而且积极补救“无形之手”失灵带来的冲击或灾害。如1964年银行挤兑风潮、1973年股市暴跌之后的几年间，先后设立银行监理制度、证券业监督组织、重组金融体系、建立金融三级制等。从1980—1985年，先后动用外汇储备基金，接管多家有问题的银行。1987年10月发生大股灾，除调动外汇储备基金用以“救灾”外，还全面改组了联合交易所的结构和领导层，加强对股市的监督，使股市重新走上健康的轨道。

此外，香港拥有大批熟练的金融企业家、专业人才及辅助服务设施。除了高密度的商业银行以外，还有包括商人银行、保险公司、股票市场、商品交易所、黄金市场、外国银行代表处等一大批银行金融中介机构，相应拥有包括一大批训练有素的银行经理及职员、股票交易经纪、投资顾问、个人和公司、证券商人等金融企业家和专业人员，这些人才资源，是形成国际金融中心的必要条件之一。

香港国际金融中心的影响

香港金融业的迅速发展，为各行各业筹集资金，支持和促进各业各行的发展。香港金融中心不仅对香港的发展作出了贡献，而且对国际经济，特别是亚太地区的经济也产生了重大影响。

（一）吸引了大量的国际资金，为香港经济的高速发展，提供了巨额资金。仅从1981年至1991年的10年间，净流入香港的国际资金就达9831.57亿港元，而流入的资金，不是存放银行生息，就是从事股票、债券和黄金的买卖活动，或者是经营工商业和房地产业。据统计，1990年仅香港制造业的外资就达39.65亿美元。更主要的是，外资带来了新技术、新兴行业、管理经验、销售渠道、经济信息、专业人才，等等。如果没有各国的资金，也就没有香港现在的繁荣。

（二）吸纳了大量资金，有力地支持了香港的工业生产和各项经济活动，使香港经济持续不断地高速发展。香港的持牌银行、有限制持牌银行和接受存款公司的客户存放款逐年增加，1982年底，存款为2340.725亿港元，向客户放款及垫款为3312.33亿港元，到1991年底，存款为13746亿港元，向客户放款及垫款共达22437.72亿港元，10年时间分别增加了4.9倍和5.7倍。这些资金大多贷给制造业，交通运输、建筑业、公用事业、商业及其它行业。如从1975年到1989年9月，对制造业的贷款从29.82亿港元增至476.18亿港元，增长了近15倍；对交通运输贷款从22.56亿港元增至334.35亿港元，增长了13.8倍；对建筑业的贷款从18.09亿港元增至967.72亿港元，增长了52.5倍；对电力、煤气、电话等公用事业的贷款从2.57亿港元增至46.26亿港元，增长了17倍；对商业的贷款从93.05亿港元增至627.29亿港元，增长了5.7倍；对其它行业的贷款从83.67亿港元增至3349.05亿港元，增长了39倍。香港的一切经济活动都要靠金融业的支持才能正常运转，金融业在一切经济活动中起着集资、促进的作用。

(三)香港金融业以各种方式向社会各个领域提供最广泛的服务。以银行业为例，现在香港的银行的总行和分支机构达2033个，平均每2800个香港人就享用着1家银行机构提供的金融服务。此外，还有为数众多的自动取款机昼夜不停地为客户提供服务。银行业采用现代化的电脑设备以后，为社会提供了各种各样的业务新品种。这就使得各种机构、企业、家庭和个人，在办理收支结算交易方面变得非常容易、简单、快捷。银行业还利用它联系面广、信息灵通、熟悉各种经济及金融情况的优势，为各大公司企业提供各种咨询，帮助企业改善经营管理。所有这些，都对经济的发展发挥了积极作用。

(四)金融业的发展，直接壮大了香港的经济体系。香港金融业在60年代以前的规模并不大。1961年，香港广义的商业服务行业(包括金融、保险、地产与商业服务)的产值仅6.534亿港元，占香港生产总值的10.8%。经过20多年的发展，发展为重要的国际金融中心，规模空前扩大。从1970年到1990年，香港金融服务业的产值已从28.56亿港元增至1595亿港元，在香港生产总值中的比重从14%增至28.7%。

(五)香港作为国际金融中心，以自由化、现代化和国际化的金融体系参与世界金融市场活动，在世界各地区经济相互依存和全球金融一体化的活动中，发挥着越来越重要的作用。香港作为功能性的金融中心，在存款、贷款、提供投资和管理咨询等方面，进行真正的国际金融服务。它的银团贷款，黄金买卖、外汇交易在国际上处于前列的地位。

香港国际金融中心特别对亚太地区的经济发展起了很重要的作用。现在，它已经成为亚太地区的资金集散地。仅以1989年为例，当年香港银行业对海外的贷款总额达5053.96亿港元。香港金融机构对外债权总额达27780亿港元，遍及欧、美、非各大洲，其中亚太地区占80%以上。

(六)香港国际金融中心对内地的现代化建设也起了很重要的作用。中国内地的支持促进了香港金融中心的形成和巩固，而香港金融业的发展也支持了中国内地的建设。多年来，香港是中国内地的三分之一外汇的来源地。特别是中国改革开放后，香港不仅是内地最大的外商投资者，而且为内地的四化建设筹集了巨额资金。仅从1979年3月至1987年6月，香港金融机构对内地银行的债权就增加了7倍，达393亿港元；对非银行机构债权从200万港元增至165亿港元，共558亿港元。1987年以后，香港银行对内地债权急剧增加，1988年达1000亿港元，1989年虽然有所减少，仍达910港元。

由于香港拥有众多的国际金融机构，资金广泛，在为内地现代化建设筹集资金方面显示了越来越大的作用。1984年和1985年，香港为内地安排的银团贷款分别为19.5亿港元和39亿港元，1986年剧增至120亿港元，1987年1—7月已达83.6亿港元。1985—1987年，内地企业已分别在香港发行了7亿港元的债券，100亿日元的亚洲日元债券，5000万美元的欧洲美元债券和2.5亿港元的商业票据。

(引自《世界经济文汇》1994年第3期)

三、澳门地区

澳门经济概况

中国社会科学院台湾所　罗祥喜

名称：澳门
土地面积：19.36 平方公里
耕地面积：100 亩
人口：40 万人
本地生产总值：18,234.6 亿澳门元
人均国内生产总值：14185 美元（1994）
货币名称：澳门元
汇率：1 美元＝7.99 澳门元（1995）

概　况

澳门由澳门半岛、离岛的凼仔、路环岛组成，面积 19.36 平方公里，人口逾 40 万，自然资源十分贫乏，生产所需的原材料、燃料几乎均靠进口，而产品则九成以上仰赖出口，属典型的海岛型经济，整体经济具有很大的依赖性、脆弱性与不稳定性。1994 年，受中国内地宏观调控、主要贸易伙伴美国及欧洲共同体经济复苏缓慢等诸多因素影响，经济虽呈温和增长之势，但不甚理想，年实际增长率仅有 4%，低于上年的 5%，这是自 1984 年以来增长最低的第二个年头，略高于 1985 年的 2.4%，显示处于调整、转型期的澳门经济缺乏活力；通胀率虽低于 1993 年的 6.7%，但仍达 6.3%；失业率接近 3%。四大经济支柱出口制造业、旅游博彩业、金融业、地产建筑业，除出口贸易值比上年稍有增长外，其它各业均不尽人意，而地产建筑业更是一片淡静，为多年来所仅见。尽管澳门整体经济发展不理想，但人均国民生产总值依然趋上升态势，达 14185 美元，在亚洲仅次于日本、文莱、香港、新加坡，高于台湾 11236 美元、韩国 7250 美元，居于第 5 位。

澳门地区总体财政预算 110.48 亿元（澳门元，下同），比 1993 年第一个总体财政预算（不含追预算）的 93.43 亿元增加 17.05 亿元，增幅达 18%。其中澳府财政预算（OGT）为 92.61 亿元，各自治实体预算为 17.87 亿元。而博彩税收和卖地收益依然是财政收入的主要来源，分别是 47 亿元与 23 亿元。全年财政盈余 16 亿元。

加工出口制造业

为澳门四大经济支柱之一。70 年代和 80 年代，澳门利用本地劳动力充裕、工资低廉、土地费用不高、低税率政策以及美欧发达国家给予澳门的普及特惠税和加工产品的出口配额保障等有利因素，出口业曾飞速发展，1987 年工业出口总值达 11234 亿元，比上年增长 30.16%。进入 90 年代以来，由于工资攀升、地价飞涨、大量工厂外移，尤其是周边地区和国家竞争的日趋激烈，澳门出口工业发展速度明显放缓，增幅趋小。1990 年工业出口总值为 136.38 亿元，较 1989 年仅增加 4.45 亿元。增长率为 3.37%。1991 年全

年出口总值133亿元，比上年下跌2.29%。近年，由于美、德、英、法等国经济已见起色，市场消费能力明显转强，加上欧盟对中国玩具等一些出口商品实行限制，使澳门出口情况得以改善。据统计暨普查司公布，1994年出口、进口货值分别达149亿元、169亿元。

制衣与毛针织业：制衣工业为澳门最大的工业行业，从50年代始起步。60年代是其发展时期，制衣厂从1957年的十多家，增至1965年的近百家，工人约千人增至近万人。70年代制衣业虽受到葡国1974年“4.25”革命、丧失东西非市场和1974年石油危机、导致欧美市场衰退等冲击，经调整仍保持发展势头，1976年制衣厂183家，成衣出口值达到8.64亿元，比上年增83.05%，创历史新高。80年代是制衣业蓬勃发展时期，1986年出口值突破50亿元，达51.41亿元，比1985年增27.02%。1989年更创史纪录，出口值为83.52亿元，较上年增8.15%。进入90年代，随着澳门整体经济发展不理想，特别是大批工厂外移及竞争的加剧，出口值增幅趋低，1991年更出现负增长，为2.11%。工厂数、人员均由上年的745家、35971人减至687家、34734人。1993年制衣依然不景，出口值为89.89亿元，比上年下降3.6%，减幅之大为历年之最，其中居成衣出口前四位的美、德、法、英国均出现负增长。毛针织工业仅次于制衣工业，是第二大工业行业，亦是澳门纺织业主体，1964年，澳门首家具有一定规模的针织厂正式投产。1971年，澳门毛针织品首次打开法国市场。至80年代毛针织工业的规模比60和70年代扩大很多。并在80年代仍然持续发展。跟澳门制衣工业遇到的问题一样，受世界经济变动，邻近地区竞争压力和澳门地区条件限制的种种影响，澳门毛针织工业从1988年开始呈现滞缓现象，该年纺织品出口值为11.325亿元，比1987年的12.043亿元，下降6.0%。1991年澳门毛针织工业见好，出口值回升至14.2亿元，比1990年11.6720亿元增长21.68%。澳门制衣与毛针织业均以欧洲共市和美国两大市场为主，产品运销世界七十多个国家和地区。在纺织品配额和政府采取的一系列扶持政策下，制衣业和针织业得以稳定发展。94年首10个月成衣与纺织品出口值为87.73亿元，占全澳工业出口总值的72.5%。

玩具制造业：澳门玩具制造业始于1960年。早期只有几家小型玩具工厂，不仅生产规模小，而且技术也十分落后，产品单调，款式陈旧，产值低，外销市场窄小。70年代初期有所发展，但受到塑胶原料大幅上扬与受1974年葡国革命、失去葡属非洲市场等影响，困难重重；到后期随着西方主要资本主义国家经济复苏等影响，玩具制造业出现突破性发展。

80年代初期和中期是玩具制造业“黄金时期”，1981年出口值首次突破亿元大关，达1.24亿元，较1980年增长4.3倍。1983年至1985年的三年内，新开设玩具厂有21家，至1985年玩具厂总数超过50家，工人近万人。1986年出口值更突破10亿元，达10.08亿元，占澳门工业出口总值11.67%，继制衣业、毛针织业后成为第三大行业。1988年玩具出口值继续攀升，达11.25亿元，首次超逾毛针织业成为澳门第二大行业。1989年出口值更创历史新高，达13.40亿元，占当年出口总值10.16%。

90年代进入调整期，玩具制造业面临西方经济不景、劳工短缺、原材料价格上升、工厂大量外移，特别是澳门最大的机铸玩具厂迁至泰国和澳门实业有限公司结业等不利因素，致使出口备受影响，1991年跌至7.67亿元，较1989年下降达74.63%，比1990年又下降42.64%，跌幅之巨为近十多年来所罕见，出口总值降至毛针织业后，屈居第三位。1992年更下滑至6.89亿元；1993年又比上年下降13.3%。1994年受美国经济复苏、西欧经济从谷底回升、市场消费开始好转、对玩具需求续有增加，玩具出口全年逾7亿元，比上年增长21.8%，占出口总额4.9%。其中美国依然是澳门玩具出口的最大市场，约4.3亿元；其次是欧共体，约1.8亿元。现在澳门实际有玩具出口的工厂约12家，其中7家占了出口美国总额的70%以上。

旅游博彩业

为澳门四大经济支柱之一。澳门虽是弹丸之地，又没有名山大川，但是一座有四百多年历史、中西文化交汇的古城，有不少名闻遐迩的名胜古迹，特别是蓬勃发展的博彩业，使她成为色彩斑斓、游人如鲫的旅游胜地。据澳门政府统计，经水路来澳游客1960年为70万人次；1965年首破百万大关；1979年更破300万人次，为3735164人次，其中香港游客3247442人次，占86.94%。进入80年代，随着香港经济的飞跃发展，更带动了香港人来澳观光、博彩的热潮，1987年来澳游客突破500万人次；1991年更首破600万人次，其中香港人占81%。1994年澳门旅游博彩业受整体经济不景气影响，业绩平平。澳门现有60多家旅行社，星级酒店和旅店100多家；客房约8000间，其中三、四、五星级酒店23家，客房6400间，占客房总数的八成；各式酒店、餐厅近300家。1994年全年经海路、陆路及空路入境旅客达7833754人次，较1993年上升0.06%。旅客中，以香港人居首，共6088364人次，占来澳旅客总数77%，比上年增0.3%，三年来首次出现回升之势；日本旅客居次，379283人次，比1993年升4.84%；三是中国内地旅客，245320人次，较上年则下降9%；四是台湾旅客，244344人次，比1993年下降10.27%；而韩国、美加旅客比上年均有所增加。在澳各酒店、别墅及公寓留宿的旅客为2242382人次，比1993年增加7%；平均入住率为55.6%，比1993年下跌1.5%；平均留澳为1.34天。

博彩业：澳门素有“东方蒙地卡罗”之称，博彩业已有140多年的历史，在澳门经济中，占有重要的地位。目前博彩业产值在澳门地区生产总值中的比重，达44%，博彩税占政府税收的四成。为22%劳动人口提供了就业机会。现有赌场九间，1962年由澳门旅游娱乐有限公司专营。1994年博彩税收益不甚理想，澳府原预算有52亿收益，但实际收入约47亿元，增幅仅为7%。

娱乐服务业：是澳门的重要经济行业之一。1994年来，受股市、金市、外币以及地产等方面的投资者蒙受损失较大，直接令该行业的市场消费能力下降。经营业绩已大不如前。盈利已由1991、92年的70%至80%降至1994年的50%以下，营业额亦普遍大幅下降，1994年比上年下降约20%；比1992年更下降40%。据澳门娱乐服务业联合商会的统计，澳门现约有100家娱乐场所，包括浴室、夜总会、卡拉OK等，大部分均为本地资本，小部分是港资和外资。1994年结业或转手的夜总会、浴室共有6家。

建筑及房地产业

为澳门的四大经济支柱之一。澳门的建筑及房地产业已有很长的历史，但过去的发展比较缓慢，近20年才取得较大的发展。

进入90年代以来，澳门房地产从1989年下半年起澳门房地产步入低潮，经过1990年的调整、消化、充实，1991年上半年起已有好转的势头，到了8月份，房地产市道急剧向高峰奔驰，兴旺情形，大大超出了过去任何一年。1992年至1993年初，整体楼市呈现了一个相对稳步发展的时期，但成交比较淡静。1993年上半年，受庞大的外来资金的影响，澳门地价、楼价屡创新高，炒风炽热，地产业已超过社会实际需要的规模发展，而楼价则高于一般居民承受能力水平之上。

1993年下半年，中国实行宏观调控及外资来澳剧减，因而形成了供大于求的局面。在供求失衡的情况下，部分楼宇空置情况严重，目前空置单位约三万个。且在新口岸、黑沙环、凼仔，新的商住大厦还在不断落成。据澳门府统计，以每个单位住三个人计现有的空置单位，可容纳将近四分之一的澳门人口。供给超出了澳门本身对房地产的需求。从需求结构看，1993年和94年价格介乎15至30万的单位成交量最大，约占总楼宇成交数量的六成，显示澳门的房地产买家的购买力并不强劲。

据统计，1994年首九个月新动工楼宇总面积为187万平方米，较93年同期增长137.1%。而单位交易数为9705个，则比93年同期减少10.8%。楼价普遍比前年高峰期下跌了近两成，但仍难以吸引投资置业人士积极入市。

银行保险业

为澳门四大经济支柱之一。澳门最早的银行是1902年开业的葡国大西洋银行。直至70年代，该行仍是澳门唯一的银行。从80年代起，澳门经济高速发展，使各种主要货币的累积数量大幅增加：1987年至1991年间，银行总资产成倍增加，年平均存款量增加30%，比同时期本地信贷22%的增长率还高出8%。1993年金融业呈现旺盛之势。截至1993年底，澳门商业银行总存款余额高达752亿澳门元，比1992年634亿澳门元增加118亿澳门元，增幅为18.6%。放款余额为412亿澳门元，较上年同期313亿澳门元增加99亿澳门元，增幅为31.6%。澳门银行全年盈利7.8亿澳门元为历年之最。澳门现有18间商业银行、1间离岸银行、2间金融公司、1个储金局、5间兑换店、19间保险公司。1994年，澳门银行业受资金趋紧、吸存困难、竞争加剧、经营成本增高、贷存息差收窄等不利因素影响，业务发展开始放缓，利润下降。截至1994年底，19间银行（包括一家离岸银行）存款总额为681亿元，比1993年减少127亿元，减幅为15%。其中离岸银行存款减少近一倍，商业银行减少9%。总放款额459亿，比1993年增长5%。其中商业银行增长7%，离岸银行下跌二成。银行员工3617人，较上年增长4.3%。

保险业有100多年历史。本世纪20年代已有几十家保险商，主要是代理外地在澳门的保险业务。80年代以来，澳门经济以较快的速度向前发展，金融市场有了某种程度的改善，保险业的地位和作用亦日见明显，成为整体经济中不可缺少的行业。目前澳门除了经营人寿保险之外，还经营火险、水险和汽车保险等业务。以物产保险来说，包括各种楼宇和住宅、厂房、写字楼、酒店、货仓，以及各种货物等。保险业业绩较理想，1994年保险费收入近5.8亿元，比1993年4.49亿元上升18%，其中人寿险、非寿险分别增长16%、19%；赔损方面，则分别为28%、23%。保险业员工253人，比上年增2%；保险中介人526位。

农　业

澳门总的耕地面积不足100亩，从事农业的家庭不足100户。主要集中在离岛区。

澳门农业最昌盛的时期是40年代中期和60年代初期的20年间。1946年广东潮汕一带旱灾极其严重，许多农民纷纷逃荒来澳落户，并积极从事农业生产，加上当时澳门荒地较多，农业开始进入昌盛时期。50年代初，关闸事件之后，内地蔬菜停止供澳，澳门只有实行鼓励种菜的政策，澳门农业因而进入大开发阶段。60年代中，澳门的菜地多达千余亩，日产蔬菜大约可占澳门蔬菜市场供应量的一半，这是澳门农业的鼎盛时期。以后，随着工商业的迅速发展和建筑业的兴旺，澳门农业便走下坡。70年代初，澳门使用的耕地还有600—700亩，包括500亩菜地和大的80亩禾田。近20年，澳门的社会经济得到了较大的发展，居民日常所需的农副产品已靠进口解决，农耕土地也大都被高楼大厦取代，因此，澳门农业的发展日渐萎缩。

进出口贸易

澳门40万居民的日常消费和年近800万旅客的消费，以及澳门近2000家工厂生产所需的原料、半成品、生产设备几乎全部仰赖进口，而当地生产的产品，九成以上靠出口，其中输往美国、欧洲共同体约占70%。据澳门政府统计，1949至1993年澳门对外贸易总值年均增长10.08%。60年代年增10.5%，70年代年增21.3%，80年代年增19%。进入90年代，由于澳门整体经济不景气，因此发展速度放缓，头四年年均增长仅5.4%，绝对值由1949年的4.52亿元增至1993年的303亿元。1994年澳门进出口贸易续有增长，均创历史新高。其中出口为149亿元，较上年增加6.18亿元，升幅4.3%；进口达169亿元，比上年增加7.87亿元升幅4.9%；全年贸易逆差为历年之冠，高达20亿元，比上年增加1.69亿元，升幅8.9%。出入口比率由1993年的88.2%降至87.8%。纺织品及成衣、非纺织品、玩具为澳门三大宗出口商品，1994年出口值分别比上年增加5.2%、1.9%和21.8%。

美国依然为澳门主要的出口市场，占总出口37.2%，比上年增加3.8%；销售额比1993年增加16.1%。其次是欧洲共同体，占出口货值31.4%，较上年减少6千万元，跌幅为1.3%。澳门进口主要集中在亚太区，依次为香港、中国、日本、台湾等国家与地区，占总进口的74.9%，比上年同期减少4.6%；美国占6.8%，比1993年增加23.8%；欧共体占14.5%，比上年骤增35.8%。

交通运输业

澳门的对外交通运输是以水路和陆路为主。1990年增加了来往港澳的直升机客运服务。

四百多年前，澳门被当时的政府指定为外国商船停泊的口岸，葡萄牙的远洋帆船打开澳门通向中国大陆之门，并以澳门作为联系欧亚的门户。当时，澳门的对外交通在中国是名列首位的。但鸦片战争之后，香港凭借优越的地理位置和优良的港口，在对外交通方面取代了澳门的优势。使澳门的对外交通长期处于停滞状态。

从60年代起，澳门当局采取较为进取的经济政策，设法吸引外商投资，加强澳门对外交通，由澳门旅游娱乐公司承担港澳之间的客运而出现新的局面。七十年代后期，澳门市区交通亦相应地发展起来。

80年代以来，运输系统、通讯联系与金融系统联系在一起，成为澳门日益完善的有利于经济发展的运作系统，促使澳门改善外向型经济，从而改变了昔日衰落景象。

现来往港澳之间的分别有远东船务有限公司、港澳飞翼船有限公司及香港油麻地小轮船公司承揽定期航班服务。三公司拥有“星”字号喷射船17艘，另有新型珍宝双体客轮、飞翔船约30艘，日、夜航班约100个班次，每天除凌晨二时半至四时停航外，其余时间均有航班。航程约需一小时。1994年全年经香港水路进入澳门旅客为6057998人次，比1993年上升1.17%。新港澳客运码头已于1993年11月正式启用。

直升机服务由亚太航空公司承办。该公司拥用3架直升机，每日由澳门开出12班，每次可载客8名。航程仅需20分钟。1994年全年载客18360人，较1993年上升7.07%。

陆路客运主要有澳门岐关车路有限公司和澳门中国旅行社经办。澳门歧关车路有限公司主要经营澳门至广东及全国各地客、货运输业。拱北新关闸边检大楼已于1993年2月正式启用。1994年经拱北海关入境的为1757369人次，比1993年增加3.6%。

四、台港澳与大陆的经济关系

海峡两岸经济关系

1994年两岸经济关系分析

（一）两岸经济发展各有特点

以1994年上半年为例：大陆继续快速增长，国民生产毛额按可比价格约较上年同期增长11.6%，对外贸易总额约增长25.4%，而商品零售物价指数却仍高达19.8%。台湾与过去比较，则大体维持中低速增长，国民生产毛额较上年同期增长亦仅维持4.8%的增幅，但物价比较稳定，批发物价指数约较上年同期增长1.59%，消费物价指数约较上年同期增加2.14%。1994年下半年，两岸经济发展情况与上半年大致相同，大陆全年经济增长率仍将高达11%以上；台湾因下半年情况有好转，全年将升至6.2%左右。两岸贸易都会有不同程度的扩展。港报预测，1994年全年大陆出口贸易总额将达2200亿美元，台湾约在1800亿美元，大陆将超过台湾400亿美元①。大陆对外贸易将由逆差转为少量顺差，台湾顺差将较去年进一步降低。

1994年上半年两岸经济发展比较

项　　目	大　陆	台　湾
国民生产毛额（亿美元）	1910.1	562.5.7%
经济增长率（%）	11.6%	427.7%
工业总产值（亿美元）	2277.3	6.4%
增长率（%）	18.8%	
贸易总额（亿美元）	976	844.5
增长率（%）	25.4%	4.8%
出口额（亿美元）	483.9	434.2
增长率（%）	30.2%	3.5%
进口额（亿美元）	492.1	410.3
增长率（%）	21.1%	6.3%
出（入）超（亿美元）	－8.2	＋23.9
商品零售物价指数	19.8%	—
居民消费品零售总额	22.0%	—
批发物价指数	—	1.59%
消费者物价指数	—	2.14%

资料来源：台湾“行政院陆委会”：《两岸经济统计日报》1944年8月

（二）两岸经贸关系亦有发展

由于台湾市场饱和，资金过剩，又面临西方某些贸易对象国前一段时期经济复苏无力，而大陆经济则呈持续不衰的发展势头，“风景这边独好”，故对台湾方面产生相当的吸引力。尽管两岸间因千岛湖事件等影响，政治风波对经济往来冲击甚大，但经济关系则仍在曲折中不断前进，据台湾方面“海关”统计，1994年1—9月内，两岸经贸总额为116.84亿美元，较上年同期增长15.7%。其中台自大陆进口12.2亿美元，较上年同期增长76.8%；向大陆出口104.64%亿美元，较上年同期增长11.2%；台湾对大陆的顺差为92.44亿美元，较上年同期增长6.1%②。台湾输往大陆的货品大部是工业用原料和零配件，其中又以人造纤维及布为最大宗，约占台转口输出总值的30%强，塑胶原料、机械设备、电机、电子零部件约占10%以上。大陆输往台湾的产品则以中草药、鞋靴半成品为主，单项货品以蓄电池、生鲜活鱼、鳗鱼苗增长最速。上年蓄电池输出金额较上年同期增长 51.14%，生鲜活鱼及鳗鱼苗较上年同期增长 190.93%。台湾自大陆进口的产品项目较过去稍有放宽，新增列开放进口的大陆半成品为 622 项，累计达 2000 余项[③]。

与此同时，台商在大陆的投资进展加快。1—9 月内，台商赴大陆投资达 761 家，总金额为 7.6 亿美元[④]。台报称台商近年对大陆投资已发生“五大变化”：一是投资地区，已从华南拓展到长江流域和华北等内陆地区；二是投资项目，已从劳动密集型扩大到资本密集型；三是投资形式，已从合资向独资方向发展；四是投资期限；已由短线发展至较长远的考虑；五是投资规模，已从中小企业扩展到大企业[⑤]。台商投资大陆的项目亦在不断增加。据报道，台“经济部”1993 年 8 月份公布的新项目有 285 个，10 月份公布的 220 个，11 月计划公布的有 128 个，三次合计共批准赴大陆投资的新项目达 633 个。其中，纺织业 196 个，机械业 188 个，“一向被视为台湾产业命脉”的汽车业和资讯业也分别达 18 个和 16 个。至 1994 年底止，台商赴大陆投资的项目累计将达 4440 个，约占台湾现有全部产品项目的一半[⑥]。1994 年，两岸贸易总额将突破 150 亿美元，台商在大陆投资将超过 10 亿美元。

1995 年两岸经济关系预测

综观目前发展趋势，预计 1995 年内，在台湾岛内外政治、经济等各种因素的交互作用下，两岸经济关系虽不会有重大的实质性突破，但仍会有所前进或发展。即使按台湾“海关”方面的统计，1995 年两岸贸易总额，亦可能超过 170 亿以至 180 亿美元。台湾方面的贸易顺差会继续有所增加，而大陆方面随着输往台湾产品的增加，其贸易逆差的增幅会有所下降或趋缓。台商在大陆的投资额将一方面是量的有限扩张，一方面是质的缓慢提升。其投资额会较 1994 年有所增长，大企业的投资额会超过往年，并会更多地投向沿海地区的资本密集型和技术密集型工业，中小企业的资金将会更多地由华南地区转向长江流域和华北等内陆地区。两岸经济领域如科技、金融、贸易、农业、建筑、以及各种制造业方面的对口交流，也将会有所前进，海峡两岸在政治上将继续处于对峙状态，难有大的突破，因而经济上虽会不断有所发展，但仍会受到政治关系的制约。

（一）不利条件

目前两岸关系发展的最大障碍是台当局的现行大陆政策，而其对大陆的经贸政策则基本上是从属于它整体的大陆政策的。它的现阶段大陆政策的基本点，是要求大陆承认其为“对等政治实体”、“放弃使用武力”、允许台拓展“国际生存空间”，实即要求实行“两个中国”或“一中一台”政策。这是事关国家领土主权完整的大事，大陆自然不可能答应。台当局的大陆经贸政策虽有其自身的经济利益考虑，与其大陆政策有相对独立的一面，但总的绝不可能超越其大陆政策所界定的范围。迄至目前为止，台当局仍以发展两岸经贸为筹码，企图压大陆在政策上作出让步。展望 1995 年，由于台当局的现行大陆政策不可能改变，因而其现行大陆经贸政策亦不可能作根本变动，其对两岸经贸关系的影响仍不可忽视。

在台当局所谓“政治优先”、“安全至上”考虑下所制定的现行对大陆经贸政策有这样几个特点：一是“寓禁于导”。表面上是“以导代禁”，“导多于禁”，而实际上更多的是寓“禁”于“导”之中，亦即台报所称的“管制性两岸经贸政策”。不得不放宽的被迫放宽一些。其他则采取“政策性疏导”，多方加以限制。二是“避近就远。两岸不过一水之隔，又都是中国人，本可直接来往，省时、省事、省钱，却偏要绕道香港或其他地区。

1994年以来更力图以“南向”代替“西进”，旨在防止更多台商来大陆投资。三是“热外冷内”。与外国人的关系打得火热，而对大陆的中国人则倍加歧视；鼓励台商到海外投资，而限制他们到大陆投资；欢迎外国人和企业到岛内投资，而不许大陆的中国人和企业到岛内投资。四是“以经压政”就是把暂时还有的台湾经济上的某种优势作为“政治筹码”，压大陆在国家主权等重要问题上作出让步。此即台报所称，他们在“有关两岸经济交流议题的政策考虑中，始终抱着一种筹码心态[⑦]。

（二）有利条件

可就以下三个方面来谈：

就大陆方面来说，它具有土地、资源、市场、劳动力、高科技等多方面的优势，近几年来一直保持健康而快速的发展势头，1994年头9个月的国内生产总值按可比价格约比上年同期增长11.4%[⑧]。外国一些权威研究机构估计，大陆1995年的经济增长率仍将保持在10%—12%之间，这对台湾会是很有吸引力的。根据台湾“经建会”1994年8月4日公布的委托“中华经济研究院”完成的《两岸产业竞争趋势分析》报告，认为大陆推动的“全方位”产业发展政策已“初具成效”，“两岸产业竞争，大陆后劲十足”。该报告建议台方在“未来六大关键产业的发展，加速与大陆建立分工合作模式”。所称六大产业是“钢铁工业、机械工业、汽车工业、电子通讯工业、化学工业、纺织工业”。该报告还对每个产业与大陆的分工合作提出了具体设想和要求[⑨]。

就台湾方面说，投资环境在继续恶化，社会不安，行政失序，移民成风，内资外流，外资不稳。1994年6个月的经济增长率为5.7%，较1993年全年增长率的5.9%不升反降。由于1993年下半年以来西方国家景气好转，估计台湾1994年全年经济增长率将达6.2%左右，但较之韩国、新加坡8%—10%的年增长率相差甚多。根据前不久发表的世界经济论坛与瑞士企管学院所联合制作的全球竞争力年度调查报告，台湾经济在列名的42个国家与地区中已由传统的前5名退至18名，不仅远落后于位列第2的新加坡和位列第4的香港，而且落后于后来居上、位列第17的马来西亚。台报惊呼称此为“一个极其严重的警讯”。一个时期来，台湾舆论强烈要求改善两岸经贸关系，认为“拓展两岸经贸关系是保持台湾经济优势的最佳选择”[⑩]。最近台湾“海基会”秘书长焦仁和亦表示：“两岸合作为大方向、大目标，不会改变”[⑪]。特别值得注意的是，台湾“省市长”选举后就两岸经贸在人事和政策方面所进行的某种调整，对发展两岸经济关系是有利的。

就国际方面说，西方各国正处于经济复苏中，他们普遍重视和看好中国大陆市场。正象台湾“行政院经建会”前不久所指称的那样，“由于中国大陆经济发展局势逐步趋于明朗化，因此外商投资政治风险相对减少，以美国、日本、德国、法国等工业先进国家的跨国企业为首，正重新带动外商对大陆的投资活动”，而在亚洲新兴工业体中“自去年以来新加坡、南韩也积极对大陆投资，其中尤以新加坡最为积极，投资规模也朝向大型化发展”[⑫]。还有，西方许多跨国企业过去之所以重视对台湾的投资，也是因为看上大陆市场，希望通过台湾发展与大陆的经济关系，而如果两岸经贸关系长期停滞不前，则这些国家不但不会对台湾增资且有可能随时撤资。台湾欲图在若干年内把自己建成亚太地区的营运中心，然正如舆论所普遍指出的那样，“假使不能以中国大陆为腹地或后盾，那将是不能设想的”。

总之，两岸经贸关系发展的总势头是不可逆转的。但由于有利和不利因素的交互作用，1995年将会是既有发展但又不可能太快，但会略好于1994年，大体同于前面预测的几个指标。台湾“海基会”的一些负责人曾一再就两岸关系表示说："不怕慢，就怕断"。这里首先考虑的会是经济利益。两岸政治关系绷得太紧了，必然会损害经济来往和经济利益，这对台湾带来的危害会更大。大陆和香港已成为台湾最重要的出口市场，台湾每年从这里所取得的贸易顺差远于大美国，足以弥补它在全球各地的逆差总和还要富余。台湾目前在大陆的投资中只占大陆全部境外投资的7%左右。更不足以形成为对大陆进行要挟的"政治筹码"。就台商来说，尽管台当局一再设限阻挠，而据台报报道他们在投资上却仍"偏爱大陆"。台湾官方于1994年6月发布的一项官方调查表明，台制造业者对境外投资的"偏好度"仍以中国大陆居榜首，41.78%，其次为香港和美国，分别点11.79%和11.38%。

（三）对几项具体经贸关系趋向的估计

1. 关于两岸"直航"问题。1995年内两岸有无可能实现直航？1994年7月台湾召开的"大陆工作会议"曾首次将此正式列为议题，并责成"交通部"在一年内提出"未来两岸通航准备工作方案"。看来，这主要是为了应付岛内舆论压力，虽不排除在1995年内取得局部或某种程度的进展，但从岛内政治气候看，仍不大可能在这方面取得全面或重大突破。

2. 关于两岸贸易"平衡"问题。具体说，就是近几年来台湾对大陆不断增加的贸易顺差，1995年能否有所改进？台湾的这种顺差1990年为25.1亿美元，占台湾全部贸易顺差的20.1%；1991年为35.4亿美元，占26.6%；1992年为51.7亿美元，占54.5%；1993年为64.8%亿美元，占82.3%；1994年1—5月顺差为27.1亿美元，占138.1%⑬。可见，无论顺差的绝对量或占整个台湾境外贸易的比重都在不断增加。估计1994年全年和1995年，都将继续保持这种发展态势，这主要是由于台湾在国际上的出口扩张力在不断缩小和对大陆出口的增加。不过，随着大陆对台出口的逐渐增多，台湾对大陆贸易顺差的绝对量虽仍会上升，但在两岸贸易差额中所占比重会渐有下降。

3. 关于两岸贸易"依存度"。近几年，由于台对大陆出口贸易发展迅速，顺差不断增大，官方及有关媒体一再惊呼台对大陆贸易"依存度"过高，要"踩刹车"，特别是不久前台"陆委会"公布其委托中华经济研究院研究结果，称对大陆出口"依存度"（占台湾总出口比重）已接近16%（原订警戒度为10%）时，这种呼声和对经贸部门的压力就更大。在这种情况下，1995年内两岸贸易会否因台方调整政策而有所变化？估计不会有大的调整和变化。这是老问题了，岛内已争吵多年。因利之所在，一方面尽管"警讯"不断，另一方面两岸贸易却续呈不断上升之势。最近连台"经贸部"官员亦挺身为此出面解释说："这未必是坏事，设若有一天我们无法对大陆出口时，问题才严重"⑭。

4. 关于两岸"双向投资"。最近台湾几家媒体共同议论这个问题。一是台"中华经济研究院"在一份报告中建议台当局"全面开放自大陆进口，同时开放大陆资本入台"⑮。二是台"经建会"亦公开放言称"未来将采取'两岸分工，双向投资'政策"⑯。舆论认为，这样既可产生"平衡效果"，使：两岸的投资及失衡情况获得一定程度的改善"，亦可产生"制衡效果"，使"双方互有产业置于对方手中"，"若干不理性的作为就可以避免"⑰。这种建议和主张，限于岛内的政治气候，估计1995年内不太可能实现，但这方面的酝酿和影响还会扩大。事实上，台当局为应付舆论压力和自身利益考虑，已在这方面的政策上出现某种有限的调整意向，例如台"陆委会"与"经济部"最近达成"共识"，准备"从宽处理内含中共资本的外国公司来台投资申请案件，凡外国企业资本中中共持股总和低于20%者，按外国人投资条例的标准处理，超过20%以上时，则采专案审查方式处理，并扩大其来台从事商业活动的种类”。

注释：

① 见1994年11月7日香港《快报》。
② 见1994年11月30日台湾《工商时报》。
③ 见1994年9月6日《台湾新生报》。
④ 见1994年10月14日台湾《联合报》。
⑤ 见1994年9月10日台湾《经济日报》。
⑥ 见香港《快报》1994年10月21日。
⑦ 见1994年7月3日台湾《工商时报》。
⑧ 见1994年10月9日《光明日报》。
⑨ 见1994年8月5日台湾《工商时报》。
⑩ 见1994年3月2日台湾《中国时报》。
⑪ 见1994年11月14日《台湾新生报》。
⑫ 见1994年8月9日台湾《工商时报》。
⑬ 台湾“陆委会”：《两岸经济统计日报》1994年8月。
⑭ 见1994年10月13日台湾《工商时报》。
⑮ 见1994年11月2日台湾《联合报》。
⑯ 见1994年11月6日台湾《工商时报》。
⑰ 见1994年11月6日台湾《工商时报》。

（引自肖灼基主编《1994—1995经济分析与预测》中华工商联合出版社1995年1月出版）

内地与香港经济关系

1994年内地与香港经济关系分析

1994年，内地与香港的经济关系，有以下几个显著特点：

（一）中资企业群在香港的经济活动日趋活跃

1. 驻港中资企业日趋壮大、活跃。香港是中国在境外的最大投资地区。据香港中国企业协会总干事曹慧聪表示，目前香港的中资企业数已达1658家，投资遍及各个经济领域，包括金融、贸易、工业、通讯、旅游、建筑、房地产、劳务、出版、零售等。老牌中资企业如华润、中银、中招商局等企业集团的总资产都已达百亿、上千亿港元；新的中资企业如中信、光大、粤海等近年的业务发展出相当中资企业在香港总值约4万亿港元的房地产之中占近5%。中资企业在香港的投资总额累计约250元亿美元，超越日资和美资，成为仅次于英资的第二大外来投资者。

2. 内地国有企业在港上市热潮不减。大陆证券市场主要是通过香港而走向世界。自上海和深圳股市推出B股以来，香港许多商业银行和证券公司获允成为特许承包商和证券商。目前，香港市场上有二十多种“中国基金”，专用于投资大陆B股和企业。香港成熟的股票市场吸引了大批H股在港上市。

1993年7月，内地国有企业青岛啤酒股份有限公司在香港联合交易所挂牌，成为香港首种公开买卖的内地国有企业H股。到同年底，先后有6家国有企业在港上市。1944年以来，内地国有企业在港上市的热潮不减，到12月中旬，已累计有16家国有企业在香港成功上市。它们分别是青岛啤酒、上海石化、广州广船、北人印刷、马鞍山钢铁、昆明机床（此6家为1993年上市国企）、仪征化纤、渤海化工、东方电机、洛阳玻璃、庆铃汽车、上海海兴轮船、镇海炼化、东方鑫源、成都电缆、哈尔滨动力设备（此10家为1994年上市国企）。估计到1994年底，内地国企在香港股市的集资金额将达250—300亿港元。

可以说，中资企业在香港已日益成为一股举足轻重的经济力量，对稳定和繁荣香港经济起了积极作用。包括红筹股、国企H股在内的中资企业群，已成为活跃香港股市的劲旅。目前，中资控股的50多家上市公司(除中国海外等少数几家直接上市外，其他大部分以收购壳公司股权形式取得上市地位)，市值占香港股市总值的8%左右。恒生指数服务公司1994年8月8日推出了香港股市恒生中国企业指数，确定了中资公司的地位。

(二)香港大中型企业和中资公司掀起大陆投资热潮

进入90年代，特别是近一二年来，港商对内地的投资有明显变化，其中最为突出的是，香港多数大财团开始摆脱“九七”影响，不再视其为大限，而是视为一个良机，开始全面进军内地市场，使港商对内地投资出现一些新的特点与发展趋势：1）投资领域由过去以制造业为主快速转向第三产业，重点是房地产、基础设施和百货商场。2）投资规模庞大，许多项目都在数亿以至数十亿上百亿港元以上。3）投资地域从以前主要集中于华南地区迅速向华东、华中、华北、东北及内陆西部地区延伸。4）投资形式除传统的与内地企业合营或独资经营外，香港、内地、外商的“中港外”三方合作逐步成为港商在内地投资的一种新形式。香港许多上市公司通过在港集资，把资金投放在内地的投资项目上。目前，香港各类型企业都或多或少有国内业务，而上市公司十之其九有内地投资。有中国概念的公司就受到股民追捧，无中国概念的公司就被封为无远景的公司。据统计，1979年到1994年6月底，香港在内地的投资项目已达11.4万个，协议投资金额1059亿美元，实际投入391亿美元①。另一种估计是，累计实际利用港资475.6亿美元，协议港资超过1693.44亿美元②。

同时，日趋发展壮大的香港中资企业开始积极拓展内地市场，对内地进行大规模投资，成为近年香港与内地经济关系的一个显著特点。其在内地投资的范围很广，包括基础设施、能源、交通、工业、房地产、金融、旅游设施等。香港中资企业投资内地，如其他外资进入内地一样，将会带动内地经济的发展包括可以协助解决内地投资短缺和不足问题；为内地企业带去海外先进的管理经验；有助于改善内地的投资环境（因其有很大一部分资金投在基础设施项目上）；带动内地经济朝外向型经济方向发展等。但也有人担心，与内地各级官员有密切联系、施熟悉内地投资环境的中资企业大规模对内地投资，对内地经济发展有负面影响，包括与内地企业竞争好的投资项目，利用关系进行不公平竞争、兼并，影响内地产业结构调整等。同时也担心中资企业大规模投资内地，形成香港资金外流，影响其对香港原有规模的投资，甚至减少香港的就业机会等。不过目前这些不利影响尚未出现。

(三)两地贸易明显增长，其中多数为加工出口相关产品

据港府统计处发表的统计数字，1994年头9个月，香港的转口货值为6877.83亿港元，比1993年同期上升14.6%，其中经香港转口往最主要目的地—内地的货值，增长17.6%，占香港转口贸易总值的34.3%；但同期港产品出口大陆的货值448.46亿港元，下跌了5.2%，占香港产品出口总值的28%。在香港输往或源自内地的产品中，绝大多数为加工出口相关产品。

(四)内地对港劳务输出增加

中国外经贸部国外经济合作司主管官员估计，1994年中国将签订总值80亿美元输出劳工服务合同，较1993年的68亿美元，增加近两成。在内地目前已经输出的20万名合约劳工中，60%集中在亚洲，而其中又以香港的市场最大。其原因主要是香港兴建新机场和其他大型工程需要输入不少内地劳工。1994年头8个月，香港吸纳的大陆劳工达3万名，占了整个内地输出劳工的一成半。

(五)内地赴港招商再掀热潮

自从1993年中内地实行宏观经济调控以后，内地省市赴港招商活动大幅度减少。但经过半年的沉静，从1994年第二季度开始再掀热潮，而且形式多样，特别是内地省市赴港较多。其中以5月份由外经贸部率领4个中央部委直属企业和24个省市经贸代表团赴港招商的规模最大。其后，国家旅游总局亦牵头组织数百人的展团赴港参加国际旅游交易会。地方许多省市也纷纷将所辖地区、县、镇的投资环境、政策及招商项目在港推介，并以洽谈会、签约式及信息发布会等形式。吸引香港厂商到当地投资，广东有些县还利用赴港庆祝撤县设市的机会，进行招商引资。据不完全统计，仅1994年5月份，内地在港举办的大小招商洽谈会即有20多个，除了西藏、安徽等少数省区外，全国各省市在5月份都有经贸代表团赴港招商。

1995年内地与香港经济关系前景展望

影响1995年内地与香港经济关系的因素很多，其中主要者有以下数项。

（一）内地的通货膨胀

根据目前内地的经济形势，1995年的通货膨胀仍将维持在两位数的高水平。这无疑会增加赴内地投资的港商的成本，对其投资意愿可能会有一定的影响。此外，内地旅游费用也会因通胀影响而增加。但由于在内地的生产成本一向偏低，即使高通胀使成本增加，香港厂商的产品仍然有竞争力。加上中国政府已一再表示会控制通胀进一步攀升，因此港商赴内地投资的前景仍将比较乐观。

（二）内地的改革开放形势

中国经济近年的快速增长、改革开放的不断深入扩大，使“中国因素”日益成为香港稳定繁荣的关系因素。香港与内地的经济联系已密不可分，融为一体。内地不但成为香港工业的加工、生产基地，而且在金融、通讯以及其他服务业方面，也为港商提供越来越广阔的市场。这就是近年西方经济不景气而香港经济继续取得增长的根本原因。1994年出台的财政税收、金融、外汇外贸、投资、价格和流通体制改革，以及在国有企业中进行建立现代企业制度的试点等，这些改革措施目前运转正常，实际效果令人满意。改革的成功将对今后长远发展起积极作用，中国经济进入持续、快速、健康的发展阶段。第二步战略目标——在本世纪末达到小康水平完全可能提前实现。中国经济这一可喜前景对香港经济肯定会产生长远的积极影响。

（三）香港经济前景

由于香港的经济基础比较健全，中国的改革开放形势比较好、世界的总体经济形势趋好，加上中英两国政府致力于确保香港经济的繁荣稳定等。可以肯定，1995年香港政府仍将保持近年的中速增长势头。香港仍将是中国对外开放的窗口，是世界各国和地区进军中国市场的重要桥梁与跳板，两地贸易，特别是转口贸易仍会有较大幅度的增长，港商对内地的投资将继续向纵深发展，两地的经贸关系将更趋密切，融为一体。香港中资企业的主管部门多在国内，当中国经济体制改革的重点于1995年转向企业改革方面时，香港的中资企业也必须适应并配合国内企业改革的形势，加强与规范中资企业的管理，使中资企业能为香港的经济繁荣和平稳过渡作出更大贡献。

（四）香港贸易发展局仍将积极协助港商拓展内地市场

近年来，香港贸易发展局在协助港商拓展内地投资贸易市场方面做了大量工作。目前贸发局在大陆已开设7个办事处，并准备两年内增加到15个，在内地沿海地区及内陆为香港公司建立广泛的贸易网络。香港贸易发展局总裁罗永灿表示，由于现在很多港商对沿海城市已非常熟悉，其今后将把工作重点放在拓展内陆市场上。除直接推广香港产品、帮助港商改善及开拓分销渠道，增加其贸易网络外，贸发局拟协助港商与内地企业加强合作，帮助香港公司参与大陆老企业改造及其他合资项目。

综观1995年的内外经济环境，内地与香港的经济关系仍有比较乐观的发展前景。基本可以预见：1）两地的贸易特别是转口贸易仍会继续增长，并成为推动香港整体对外贸易和经济增长的重要动力。2）港商特别是大中型企业以及中资企业仍将积极进军内地投资市场。3）到香港上市的内地国有企业数目将继续增加，中资企业群在香港的经济活动将更趋活跃，其对香港经济的影响也将更为明显。香港联合交易所主席李业广表示，预期在1995年年底第二批共22只国企H股（第一批9只）可全部在香港挂牌买卖。这批以重工业为主的股票全部上市后，香港股市的总市值会逼近3万亿港元，工业股的市场比重也由7%提高到17%，而一向雄霸香港股市的地产股比重，则将下降9个百分点。4）赴港招商引资的内地经贸团将有增无减。总之，两地的贸易、投资、金融、交通、旅游、工业、科技等经济领域的交流与合作都会有不同程度的发展。

注释：

① 见香港特别行政区筹委会预委会委员、中国国家经济贸易委员会副主任俞晓松在特区预委会经济小组于1994年11月23日举力的“1997年后两地经贸关系研讨会”上的讲话：“内地与香港的投资关系和发展前景”，《华南经济新闻》，1994年11月24日，B7版。

② 此为香港《明报》引述中国外经贸部数字，见1994年9月28日《明服》。

（引自肖灼基主编《1994—1995经济分析与预测》中华工商联合出版社1995年1月出版）

澳门与大西南的对外开放

南京市政府经济问题研究中心 汪海

开发大西南的新思路：设置开放门户

西南四川、云南、贵州、广西诸省区，面积137.8万平方公里，人口2.2亿人，土地、气候、生物、水能、矿产、旅游等自然资源极为丰富。其中，可开发的水电资源占全国一半以上，比居世界第2位的国家还多；煤炭资源占全国1/10，相当于除中国外亚洲各国之和，按西南和华南目前消费量计算，可供开采200年以上；已探明的矿物有100多种，钒、钛、锡等居世界首位，铁、锰、铝、铅、锌、铜、汞、磷、硫等居全国前列。大西南紧邻能源、资源贫乏的华东、华南，“两源皆富”的区位优势极为突出。

为解决中国经济产业结构和地区结构的现实矛盾，打破瓶颈部门的制约，90年代要加强建设能源、原材料等基础产业。加快开发大西南，已提上中国经济发展的重要日程。

本世纪以来，大西南经历了两次工业化开发浪潮，一次在30年代末、40年代初的抗战时期，大批沿海工厂内迁，成为西南工业化的发端；另一次是60年代和70年代的三线建设，打下了西南工业化的物质技术基础。但大西南的这两次开发，均由军事和政治因素引起，限于当时的历史条件和国际环境，采取了封闭型、内向型的工业化模式，有悖于商品经济开放性、外向性的客观要求。因此，无论在自然资源的纵深开发和利用，经济资源的内外交流和有效配置，现代工业文明的传播，市场体系的构造，区域经济的合理布局，城乡经济的一体化发展，大项目建设引发的产业关联效应和经济带动能力等方面，都未能收到理想效果。目前，大西南虽已具有现代经济的一定基础，但工农业总产值仅为全国10.6%，国民生产总值仅为全国12.1%，人均水平仅为全国50%至60%，不发达的经济特征十分明显，与东部沿海的差距不断扩大，在全国的经济地位相对下降。

大西南在90年代即将开始的第三次开发浪潮中，再也不能闭关自守，走内向发展的老路，而要积极借鉴沿海地带的成功经验，抓住有利机遇，采取“以开放促开发”的发展模式，通过扩大开放，参与国际经济分工与合作，利用国内和国外两种资源，开拓国内和国际两个市场，把自然资源优势转化为商品优势，争取赶上发达的东部沿海，走出一条工业化和现代化发展的新路。

西南四川、云南、贵州、广西诸省区拥有800多公里海岸线和5000多公里国境线，扩大开放有良好的条件。目前下制定包括西南和华南部分省区的区域发展规划，利用广西、广东的北海、防城、湛江等港口作为出海口，并开放了凭祥、河口等边境城市，已取得一定成效。但这些出海口和出境口，城市规模有限，城市功能欠缺，对外开放度低，只能在运输意义上，为大西南提供与外部世界的中转服务，而不是在经济意义上，真正能够全面沟通西南与国际市场的开放门户和对外交流枢纽，不能高强度、大纵深地启动大西南的外向型经济。

过去10多年，在中国对外开放中，香港一直起着举足轻重的作用。据统计，中国内地吸收外商投资的2/3，对外贸易的1/3，接待海外游客的9/10，对外承包工程和劳务合作的1/4，均来自香港。香港是中国对外开放最重要的门户，是沟通中国和外部世界最重要的桥梁。

香港之所以能在中国对外开放中，发挥如此之大的作用，因为：(1)香港不仅是一个港口，而且是地处国际航线交汇处的国际航运中心，对外联系十分方便；(2)香港是一个自由港，各国人员、商品、资金可以自由进出，有着极高的经济开放度；(3)香港是世界著名的金融、贸易、交通、旅游、服务中心，是国际市场体系的重要枢纽，对外经济联系十分广泛；(4)香港有着便利中外交流的多元化语言文化环境，97%的居民为华人，又通用最重要的国际语言英语，能够促进具有不同文化背景的国家扩大经济交流；(5)香港有深圳经济特区作为沟通内地的经济接轨点。

大西南现有的各出海口与出境口，上述条件多不具备，远不能与香港相比。事实上，在黎湛、南防等出海铁路未开通前，西南大量外贸商品，是按照商品经济的自然流向，经西江水道运往港澳的。如今，湛江、北海诸港的大部分进出口贸易，也以港澳为主要对象，它们仅起一定中转运输作用。至于西南边境口岸，在具有大陆桥性质并通达国际经济枢纽的大运量通道开通前，其宏观开放效用相当有限。因此，这些出海口和出境口，尽管本身的开放具有一定意义，但难以带动整个大西南外向型经济的发展。

大西南需要一个象香港那样的对外开放门户。

当然，也可以直接利用香港。但香港侧重于为东南沿海的对外开放服务。过去10多年来，为适应中国沿海开放的需要，香港已把大部分占地大、用工多的制造业转移到珠江三角洲和东南沿海，集中力量发展为之服务的第三产业，随着沿海开放的扩大，其压力也相应增加。香港已有600万居民，是世界人口密度最高的大城市，大有大的难处，空间发展余地又极其有限，城市规模和功能的进一步扩张，必然导致比较成本增高，制约因素加大。如新机场工程，是完善香港服务功能的关键设施，依赖填海建设，投资预算已高达1200亿港元，超过了三峡工程的造价，港人平均负担达到2万港元之多。

香港已是东南沿海4亿人的开放枢纽，再为大西南2亿多人服务，城市土地、人口、交通、水电等各方面的压力将急剧增大，代价高昂。

世界发达国家的城市化，皆经历了由小到大、由单个到群体的历程，出现了以一个或几个大城市为中心的城市群和城市化地带，各城市间互相分工，各有侧重。

以香港为核心的珠江三角洲城市群，已开始了这样的进程。早在70年代，香港就把部分制造业转向邻近的澳门；80年代，大部制造业转到珠江三角洲；90年代，部分中心城市功能又开始向深圳转移，深圳已提出要成为“内地香港”。

大西南要扩大开放，需要设置一个象香港那样的开放门户，这个大西南的“香港”，应是珠江三角洲的另一个国际性城市澳门，它与大西南一水相连，并和香港一样，有完善的自由港制度与广泛的对外联系。

澳门：大西南的开放之门

澳门地处珠江口西侧，是一个有400年历史的著名国际商埠。相对于大西南的交通闭塞、经济封闭，澳门最大的特点是它的开放性，有着多种优越条件，能够成为大西南的开放门户。

（一）澳门是大西南的传统对外交流枢纽。澳门和大西南有西江一水相连，西江是珠江水系主干，全长2129公里，发源于云南昆明附近，自云贵高原奔腾而下，流经滇、黔、桂、粤诸省区，在澳门以西磨刀门入海。西江航运价值很高，通航里程近1万公里，占珠江水系80%，是一条黄金水道。在以水路运输为主的时代，西江是云南、贵州、四川、广西、湖南和广东西部入海的传统通道。地处西江口的国际商埠澳门，则是西江流域对外贸易的传统门户，大西南茶叶、丝绸、蔗糖、铜、锡、铅、水银、朱砂、麝香、茯苓、香料等众多物产，多由西江水道经澳门运往日本、菲律宾、印度、美洲、葡萄牙、欧洲。19世纪末，西江被辟为对外通商水道，内外贸易繁盛一时，进出西江的中外和港澳轮船达数千艘，运输货值达数千万两白银，仅广西一地，80%的出口商品是通过西江运往港澳市场的。云、贵物资由西江出海运往港澳，比通过长江出海运距缩短一半。在铁路开通后，西南货物经广西贵县港转水运到港澳，仍比在湛江、广州中转节省时间，运价低10%到20%，运距缩短200多公里。西江是仅次于长江的又一条横贯东西、伸入内地的黄金水道，也是大西南通向港澳和国际市场的天然捷径。目前，沿江已形成与长江、黄河并列的第三大横向经济带。在西江入海口的澳门，发挥传统国际贸易优势，设置对外开放门户，必能带动西江流域以至整个大西南的对外开放。

（二）澳门有着完善的便利国际交流的自由港制度。澳门长期实行自由港和自由经济政策，以及免税和低税政策，商品、货物、资金、外汇、黄金自由进出、自由交易，仅对烟酒等少数商品征收关税。企业自由经营，不受干预，资金、利润可随时调出，所得税率比香港还低。人员自由往来，手续简便，同内地、香港和20多个国家、地区豁免签证。十分有利于促进国际经济和文化交流。

（三）澳门有传统和广泛的对外经济文化联系。澳门在16世纪就已成为著名国际商埠，是澳门——果阿——里斯本，澳门——长崎，澳门——马尼拉——墨西哥环球航线的东西方贸易中心，并曾是沟通中国与西方文明的唯一枢纽。目前仍同100多个国家保持贸易联系，居住着来自50多个国家的外籍居民。在澳门，中文和葡文同为正式语文，这直接有利于中国同葡萄牙、巴西、安哥拉、莫桑比克等10多个葡语国家开展交流。葡萄牙近年发展速度一直居欧洲之首，被称为“欧洲的加利福尼亚”。巴西国土面积居世界第5

位，人口居第6位，是世界10大经济强国之一。葡语和法语、西语、意语等均由古拉丁语演变而成，易于相互沟通。澳门与拉丁语系国家语言文化相通，十分有利于同这些国家发展经济文化交流。事实上，澳门无论传统还是现实的对外经济文化联系，均以拉丁语系国家居多。澳门同东南亚和海外华人的关系也极为密切，至今仍居住着数万归侨。澳门能够成为中国、东亚联系拉丁语系国家的“香港”全方位扩大中国的对外开放。

（四）澳门邻近国际航运、贸易、金融中心香港，同香港联系方便，交流密切。澳门与香港唇齿相依，相距61公里，仅珠江口一水之隔。澳港之间全天开行高速喷射船，往返只需1个多小时。每年澳港之间人员来往达1000多万人次，电讯联系数百万次。香港是澳门最大的贸易对象，也是澳门最大的资金、技术、游客来源地，相互交流频繁、密切。澳门可以很方便的利用香港这个国际交流枢纽的港口、机场、通讯等基础设施，和各种国际性金融、贸易、航运、旅游、信息服务。所以，利用澳门也就是利用香港。

（五）澳门有珠海特区和高栏深水港沟通内地。珠海经济特区实行特殊开放政策，是沟通澳门和内地的桥梁，有利内地在经济体制及运行机制上同澳门和国际市场全面接轨。目前，珠海正在西江入海口建设高栏深水大港。高栏港仅距澳门13海里，邻近繁忙国际航线大西水道，是个天然深水港，港池80平方公里，沿岸泊位长达20公里，比香港维多利亚港还大1倍，能停泊10万吨级远洋轮船，与西江实行江海联运，吞吐量可达1亿吨。澳门的自由港优势加上高栏深水港的规模优势，完全能成为西江流域的门户港和大西南的“香港”。

澳门是大西南的传统对外交流枢纽，它即将回归祖国，在今后中国和大西南的开放与开发中，在未来大陆与港澳台的中华民族经济合作中，它有可能担当重要的角色，成为大西南的开放门户，成为中国、东亚同拉丁语系国家交流的桥梁，成为“第二个香港”。

构造第二香港：
催育澳门—珠海国际大都市成长

澳门确有可能成为第二香港，但这仅是一种可能性。从目前澳门的实际状况来看，与香港的各方面差距都很大，尤其是地域狭小、人才缺乏、基础设施薄弱，严重束缚澳门的发展，限制澳门成为国际交流枢纽。必须采取多种有力的甚至是特殊的措施，解除这些“瓶颈”约束，才能实现澳门的发展目标。

（一）尽快开发邻近澳门的珠海横琴岛，实现与澳门一体化发展。澳门人口已有50万，土地面积仅17平方公里，空间狭小。要发展成国际大都市，开发邻近的珠海横琴岛是唯一出路。横琴岛位于珠海市南端，与澳门仅一水之隔，最近处相距只有几百米，面积47平方公里，3倍于澳门，现有人口则不足3千，按照澳门的人口密度，开发后足以容纳数十万人。横琴岛四面环水，便于隔离管理，应考虑成立横琴特区，实行比深圳、珠海更为特殊的政策，即在主权、治权不变的前提下，对澳门完全开放边境和关境，实行与澳门相同的经济体制和运行机制，创造与澳门相同的投资环境，吸引澳商及港商、外商前来投资经营，同澳门实现人员、商品、资金的自由进出和一体化发展。横琴岛与内地则相对隔离，内地人员、货物进岛视为出境和出口，岛内人员、货物进入内地则视为入境和进口。在澳门主权收回后，可考虑并入澳门特别行政区。开发横琴岛的最大意义，不仅是用作出口加工区或保税区，而是要催育澳门成长为国际大都市，利用大城市的集聚优势和规模优势，开掘和用足澳门自由港及国际经济联系的宝贵资源，承担“大西南的香港”、“中国联系拉丁语国家的香港”之重任。

（二）**加强基础设建设。澳门交通、水电等基础设施薄弱，制约城市发展，要尽快建成国际机场、深水港等大型设施。**为开发横琴岛，应修建澳门离岛凼仔、路环至横琴岛的海堤，使之联成一体。为解决横琴岛开发用水，在离岛海堤筑成后，可把诸岛间由海堤围出的十字门水域适应浚深，由西江引入淡水，成为约5平方公里的淡水湖，缓解用水不足的矛盾。积极建设澳门、珠海至广州的高速公路和铁路，这对沟通与珠江三角洲、西江流域和大西南的陆上交通至关重要。及早考虑建造跨越珠江口的港澳大桥，以加强与香港的联系。

（三）构造澳门国际大都会。未来的澳门，将由6平方公里的澳门半岛和约60平方公里的横琴——路环——凼仔大离岛构成。其空间格局类似由九龙半岛和香港岛组成的香港，如果加上十字门湖，总面积有70多平方公里，和香港岛相近，按港岛人口规模推算，可容纳100万以上人口，成为具有一定规模的大城市。澳门的规模优势，首先应表现为人才的集聚优势，为突出澳门国际城市特色，要培训并引入大批中拉双语人才，除葡语外，还应考虑引入与葡语相近的第二、第三大国际通用语言法语和西语，形成有利中拉交流的多元化语言文化环境。澳门未来的人口重心，将逐步南移到空间广阔的横路凼大离岛。离岛四周的青葱山岭环抱十字门湖，形成“兰心绿环”的城市风貌，为把澳门建成象新加坡、日内瓦那样的花园城市，提供了优美的背景空间。在十字门湖中，可建高大雕塑，作为澳门国际大都市的标志。在环湖绿地，则建造国际贸易、金融、展览、科技、文化、艺术、旅游、会议中心等建筑，发展为国际交流服务的第三产业。为增添澳门的国际吸引力，重点建设一批代表中国、东亚和拉丁文明精华的旅游景点，如中拉文化交流瑰宝、号称“万园之园”的圆明三园之一“长春园”等。澳门向国际化城市发展，可从已有较好基础的国际旅游业起步，以人员交流渐次带动商品、资金、信息、智力交流，逐步发展成国际旅游贸易、金融、科技、文化中心。

（四）加快开发高栏大港，扩大开放珠海特区。珠海正在建设的高栏深水港，对澳门——珠海国际交流枢纽的形成与发展有重大意义，应积极吸引澳商参与高栏港开发，可考虑将高栏港部分岸线、水域和陆地租让给澳商开发、使用。对高栏港和珠海西区，应争取实施更优惠的开放政策。澳门向国际化城市发展，珠海特区也要相应扩大开放，可将管理进口的海关从一线撤到二线，但管理出口的海关仍设在一线，海外商品可免税进入特区，内地商品亦可自由进入特区。这样，特区将成为海内外市场的交汇点，更好地与澳门相衔接、相合作。

构筑开放走廊：建设联通澳门和大西南的西江经济带

大西南之所以经济封闭，失落古代“扬一益二”的领先地位，交通闭塞是重要原因，必须从畅通交通入手，强化建设大西南通向开放门户澳门的传统通道西江，把西江建成发达的综合运输走廊，建成高度开放的经济密集带，建成带动大西南开放的经济发展轴。

（一）开发西江航运，畅通黄金水道。西江上游资源富集，下游工业发达，仅南北盘江、红水河流域探明可就近水运的煤炭储量已达100亿吨，数量大、品种多、质量优。云南磷矿储量11亿吨，还有大量铝、锡、硫、铁等金属矿和建材、木材资源，皆可利用水运。据统计，广东2000年仅煤炭一项，就需7000万吨。西江与西南资源外运流向基本一致，黔煤经西江至广东运距为1200公里，而晋煤经秦皇岛到广东长达3200公里，云南磷矿从西江至广州比通过长江运至上海，运费低50%以上。西江作为沟通西南和华南的黄金水道，是开发资源和开拓外向型经济的主通道，对西江航运，应重点投资，倾斜发展。西江水道开发的重点：一是西江入海口，开辟磨刀门、崖门、横门三大深水航道，肇庆以下通航5000吨级江海轮船，二是整治西江干流，梧州以下通航3000吨级宽浅型江海直达轮；三是建成右江百色以下，红水河来宾以下、柳江柳州以下，通向云贵的三大千吨级航道。

（二）**建设西江沿江铁路，形成沟通港澳和大西南的陆路运输捷径**。现代客货运输十分复杂，对各种运输方式都有特定需要。如煤炭、矿石等大宗低值货物，可尽量利用廉价水运，但水运的时效性、通达性、稳定性、连续性均不如铁路，首先就不适宜旅客送输，从西江要港梧州到香港，水路436公里，乘船要一天一夜，而火车走同等距离只需几小时。人是经济活动主体，人员交流受阻，必然影响经济发展。广西距港澳仅几百公里，正因交通不便，对外开放落后于广东。在货运方面，水运也不宜运输机器设备、轻纺和精加工产品、外贸产品、鲜活农产品等。今后相当长时期，铁路仍是我国最主要的运输方式。发展水运，尤需沿江铁路的配合。水运发达的梧州市因不通铁路，经济退居柳州、南宁之后，正在争取建设梧州到肇庆的沿江铁路。西江作为大西南入海的主通道和客货运输密集带，必须建设包括沿江水路、铁路、公路、航空等在内多方式、多通道的综合运输走廊。这样，大西南到华南、港澳的运输主通道就可基本打通。

（三）**建立深入大西南腹地的西江资源开发带**。西江流域的能源、资源富集，上通大西南，下连港澳和珠江三角洲，沿江实行大纵深开发条件优越。在沿江综合交通走廊形成后，投资环境将得到极大改善。应及早规划，把西江流域确立为南部中国生产力布局由东向西推进、深入开发大西南的主轴线。根据西江流域和大西南资源分布特点及开发条件，可确定如红水河水电基地、乌江水电基地、六盘水煤炭基地、桂西北有色金属基地、黔中铝磷基地、攀西铁钒钛基地等一批国家重点资源开发区。在西江沿江地带，利用丰富的淡水、水运、能源、矿产 、农产品资源，重点发展煤化工、磷化工、冶金、建材、造船、有色金属加工、木材加工、食品加工等产业，形成沿江工业走廊和经济密集带，作为深入开发大西南的基地和经济发展轴。

（四）开辟沟通大西南腹地的西江经济开放带。历史上，西江多次成为贸易兴盛的对外通商水道，在当今有利的国际环境下，进一步开放西江水道以推动大西南开发，条件已经成熟。西江开放，一是水道、港口的开放，允许外籍和港澳船舶上溯至西江各港口；二是城市的开放，肇庆、梧州、柳州、南宁等沿江城市实施沿海开放城市的优惠政策，此外，沿西南干线铁路的大中城市，也可实行同等政策；三是产业的开放，根据大西南资源开发特点，实行产业倾斜型的开放政策，对西江航运，西南铁路与公路，红水河、乌江、澜沧江水电基地，西南各大矿产基地，重庆、贵阳等“军转民”的工业基地，肇庆、桂林、张家界、黄果树、滇池、石林等旅游区的开发，采取优惠的特殊开放政策，辟为促进能源、交通、原材料等产业开发的经济开放区。

西江综合交通走廊、沿江经济密集带和对外开放通道的建设，把澳门和大西南紧密地联接起来，在扩大开放和深化开发中，互相促进，迎接更加繁荣的未来。

开放与开发的有机结合：未来的澳门和大西南

世界幅员辽阔的各大国，在其边远地区开发中，无一不是基础设施先行，超前建设港口、铁路等交通设施。而开辟内地通向沿海的出海通道，设置国内联系国际市场的门户海港，则具有极为突出的重要意义。

美国开发西部地区，首先建设了横贯北美大陆的太平洋铁路，开辟了旧金山、洛杉矶等门户港口，沟通了内地和沿海、国内和国外的经济交流。

俄国开发西伯利亚，则修筑了西伯利亚大铁路，开辟了通向太平洋的海参崴门户港。

中国开发大西南，应重点建设通向国际市场的捷径和主通道——西江综合运输走廊，它是由水路、铁路、公路、航空线等组成的多方式、立体化大动脉，约拥有1亿吨的货物通过能力和2千万人次的旅客运输能力，为大西南的对外交流，提供了高密度、高频率的大运量主通道，它同黎湛、南防、桂越诸铁路等构成西南发达的对外交通网，完全能够满足未来大西南对外开放的需要。

大西南的最佳开放门户，是澳门—珠海国际大都市，它拥有上百万人口，拥有发达的国际联系、完善的自由港制度和优良的对外交通设施，它的深水海港可达到1亿吨的货物吞吐量，国际航空港亦能达到2千万人次的旅客通过能力。澳门—珠海开放主门户和湛江、防城、北海诸港口一起，完全能够担当起大西南对外交流枢纽的重任。

澳门与大西南以西江通道为纽带的结合，是沿海开放与内地开发，沿海人才、科技、信息资源和西部自然资源，沿海加工业和内地能源、原材料工业的最优组合。未来的大西南和澳门，必将出现象东南沿海和香港，长江流域和上海那样相辅相成的经济格局，在扩大开放和加速开发中，互相促进，共同发展。

(引自《社会科学研究》1994年第5期)

台、港、澳间贸易现状

对外经济贸易大学国际贸易问题研究所课题组

台港澳经济有许多相似之处，其中之一就是对外贸易在经济中的地位特别重要，对外依存程度相当高。在各自以国际市场为依托的经济发展过程中，台港澳相互间的经济贸易关系也日趋密切。

贸易状况

(一) 贸易历史与现状

台湾与香港早在19世纪70年代就辟有定期海运航线。但在日本占领期间，台湾经贸完全依附于日本，台与港澳间的贸易微乎其微。战后初期，台港贸易仍处于相当低的水平。60年代中期开始，尤其自70年代起，两地间贸易随着两地经济的起飞而迅速发展。1967—1976年，台港进出口总额从6320万美元增至7.10亿美元，增长了11倍。其间，台对港出口从5100万美元增至6.088亿美元，进口从1220万美元增至1.014亿美元(见表1)。台港贸易在80年代初曾一度停滞不前，但1984年以来保持高速增长，1984年为26.5%，1988年曾达55.6%的最高增长记录，1991年达43.1%。贸易额由1983年的19.42亿美元增至1991年的143.1亿美元，台对港出口与进口分别从1983年的16.43亿美元和2.98亿美元增至1991年的124亿美元和19.1亿美元。

1992年，台对港出口总值增至154.16亿美元，在台湾出口中所占比重也增至18.9%。这一年，香港已超过欧洲和日本，成为仅次于美国的台湾第二大出口市场。

与此同时，香港产品在台湾市场也日益

受欢迎，但进出口不平衡状况仍相当严重。据香港台北贸易中心统计，1993年头11个月，台对港出口额达169.73亿美元，占台湾出口总额的20%；而自港进口额仅为16.73亿美元，估计全年数字最多与上年持平（见表1)。

台湾与澳门间的贸易规模远逊于台港间贸易。1990年，台对澳出口超过1亿美元，从澳进口378万美元。

港澳间的贸易规模远大于台澳贸易。1990年澳门从港进口达52.10亿澳门元，对港出口17.70亿澳门元（见表2）

（二）贸易依存度

人口集中、资源短缺、内部市场狭小等，是台港澳三地的共同特点。各自的主要贸易对象均为发达国家和资源丰富的发展中国家，相互间的贸易需求不多。但三地在当今世界经济贸易格局中的地位却大不一样。由于香港在国际市场上的特殊地位及其在国际贸易中的特殊作用，台将港作为其进出口及转口贸易的重要市场。70年代以来，台对港出口和经港转口远远超过台对其他同类型发展中国家与地区的出口。1991年台对港贸易依存度已达10.3%（含转口)，港对台贸易依存度为6.8%（含转口)。

表1　台港贸易额　（单位：百万美元）

年份	台对港出口		台自港进口		差额
	金额	%	金额	%	
1952	10.9	9.5	22.1	11.8	-11.1
1957	13.8	96.0	3.2	2.0	10.3
1962	27.2	11.5	2.9	1.0	24.3
1962	51.0	8.0	12.2	1.5	38.8
1972	228.5	7.6	59.7	2.4	168.8
1979	603.0	7.5	101.4	1.3	507.4
1981	1897.0		308.9		1558.1
1982	1565.3		307.5		1257.9
1983	1643.6	6.5	298.8	1.47	1344.8
1984	2087.1	6.8	370.4	1.68	1716.7
1985	2539.2	8.2	319.7	1.59	2219.5
1986	2915.1	7.3	379.3	1.57	2535.8
1987	4112.9	7.6	706.7	2.02	3406.2
1988	5578.5	9.1	1922.0	3.86	3659.5
1989	7029.1	10.6	2197.2	4.20	4831.9
1990	8557.0	12.73	1446.0	2.64	7111.0
1991	12400.0	16.28	1910.0	2.90	10490.0
1992	15416.0	18.9	1816.0		13600.0
1993（头11个月）	16973.0	20.0	1673.0		

资料来源：香港政府历年统计；1992、1993年资料，据《经济参考报》1994年1月23日报道。

表2　澳门对台港贸易统计　（单位：百万澳门元）

年份	总进口	总出口	自台进口	对台出口	自港进口	对港出口
1988	1048	12118	547	6	4503	1683
1989	12163	13428	791	17	5006	1935
1990	12671	13858	878	31	5210	1770

资料来源：《澳门统计年鉴》1991版第234页

表 2 港澳间贸易统计 (单位：万港元)

		1991	1992
香港自澳门进口		208609	185282
香港对澳门出口		741811	999320
其中：	港产品出口	111666	127195
	转出口	630145	872125

资料来源：香港《统计年鉴》1993 年版。

台对港贸易在台进、出口总额中的比重，1976—1986 年间保持相对稳定，分别在 7.5%和 1.6%左右。80 年代后半期起，台对港贸易在其进、出口总额中的比重呈迅速上升趋势，分别由 1986 年的 7.3%和 1.5%上升至 1989 年的 10.6%和 4.2%。此后，出口份额继续攀升，但进口份额却呈下降之势。1991 年，台对港出口达 124 亿美元，占台出口总额的 16.3%，超过对日出口，使香港成为继美国之后的台湾第二大出口市场。但台湾从香港的进口仅为 19.1 亿美元，台对港贸易出超 104.9 亿美元，香港取代美国而成为台最大的贸易出超地区。香港市场对台之重要不言而喻。

台湾是香港主要进口商品来源地之一。1985 年香港自台湾的进口额占其进口总额的 9%，台湾在香港进口贸易排名榜上居大陆（占 25.5%）、日本（占 23.1%）和美国（占 9.5%）之后，列第四位。目前，台已超过美国，居第三位。1989、1990、1991 年，香港自台进口分别占其进口总额的 9.16%、9.03 和 9.58%。而同期，香港对台出口分别只占香港出口总额的 1.93%、4.2%和 4.03%。

澳门自台进口在其进口总额中所占的比重，1988 年、1989 年、1990 年分别为 5.2%、6.5%和 6.9%；对台出口数额有限，1990 年只占其出口总额的 0.2%。

与澳台贸易相比，澳港贸易相当重要。同是 1988 年、1989 年、1990 年，澳自港进口在其进口总额中所占的比重分别为 42.94%、41.15%和 41.10%。澳对港出口分别占其出口总额的 13.88%、14.41%和 12.77%。

近两年港澳间贸易增长见表 2—2。

台湾、澳门对香港市场的依存度远甚于香港对台、澳市场的依存度，台港间的贸易依存度也远甚于台澳相互间的贸易依存度。足见香港作为贸易自由港的地位与作用。

（三）贸易结构

战后初期，台对港贸易主要是出口农副产品和进口机械设备与消费品。自 60 年代中期起，这种低级的贸易结构开始改变。随着台湾经济起飞，工业化水平不断提高，台对港出口的工业品超过农产品。纺织品及其制品、电动机械、仪器、电讯、录音、影视设备成为对港出口的主要商品。80 年代，台对港出口商品中，除纺织品持续增长外，电子产品增长较快，平均增幅在 20%左右。到 1990 年，台对港出口商品按大类分，以纺织品及其制品为最大宗，占 33.25%，其次是机械及交通工具，其中又以电动机械及零件（占 12.5%）和电讯、录音录影设备为主（占 5.15%），再次是化学品（占 11.39%），其中又以塑料、纤维素及人造树脂为主（占 8.7%）。

在台自港进口中，机械设备仍占相当地位。此外，为出口加工所需的纺织、电子、化工类的初级产品及资源性产品比重也日益提高，消费品比重日益下降。1990 年，台自港进口商品中，机械设备及交通工具占 38.39%，其次是饮料及烟草（19.14%）、化学品（8.07%）纺织品及制品（3.63%）。

港澳、台澳间进出口商品结构变化不人。

澳门对港出口以无线电广播收音机为最大宗，其次是纺织品和皮类，3 项合计所占比重达 65.83%。澳门自港进口以纺织品为最大宗，其次是钢铁制品和机械设备，3项合计所占比重达68.53%。

澳门自台进口也以纺织品为最大宗，其次是机械设备和塑料及其制品，3项合计所占比重达87.63%。台湾自澳门进口微不足道。

现状分析

（一）台港澳相互贸易近年来增长迅速。自1984年起，特别是1987年以来，台港澳相互间贸易增长速度超过以往任何时期，也超过与大陆之外的任何贸易伙伴的贸易。主要原因是：(1)通过港澳转口的两岸贸易高速增长，带动台港澳间贸易增长；(2)自1987年起，新台币对美元升值，在台对美贸易顺差与台商品对美出口竞争力减退的双重压力下，台将一部分出口贸易从美国转向港澳；(3)1997年、1999年临近，大陆改革开放的前景明朗，大陆、台、港、澳四方互补互利的经济合作客观上已成事实，促使台港澳相互间贸易进一步活跃。

（二）台港澳间贸易结构发生明显变化。首先是60年代中完成了从农产品贸易为主的第一个转变，其次是从70年代开始、目前仍在深化的从劳动密集型的商品结构向技术密集型的商品结构的第二个转变，这种变化在很大程度上反映了三地产业升级与产业结构调整的现状。台、港的两大外销产品均是纺织品与电子产品。且都以销往美国为主。在与美、日、欧等国的贸易以及台港澳相互间的贸易中，较高附加值商品均占相当比例，台港的外贸结构大致相同。

（三）台港贸易不平衡状况加剧。在台港澳三地的双向贸易中，台对港澳都是大量出超，港对台入超，但对澳出超，而澳则对台港均入超。

自60年代中期起，台港贸易一直处于不平衡状态，而且差额越来越悬殊。台对港顺差从1967年的3880万美元扩大到1990年的71.11亿美元，1991年则突破100亿美元，达104.9亿美元。香港在台湾的出口市场排名中日益靠前，而香港在台湾进口来源地的排名中一退再退，由1981年的第8位退至1983年的第12位，目前则已从台主要进口来源地排名中消失。

台对港出口的高速增长不是偶然的。首先是由香港的自由港、转口港地位及台湾自身经济发展水平与对外贸易增长需求所决定的。其次，台湾商界自70年代以来不断以产品的品质、价格、交货迅速等营销手段拓展香港市场，取得显著成效。现平均每天都有一艘以上的台湾货轮抵达香港。此外，台湾在其工业品成为对港出口的主要商品后，并不放弃改进农产品，使农产品的出口逐步上升。自然，台迫于对美贸易不平衡的压力，实施多元化战略，也是其对港出口迅速增长的因素之一。

台自香港进口增长缓慢的主要原因是：(1)台湾曾一度沦为日本的殖民地，对日商品的依赖历来较大；(2)香港的重工业薄弱，不可能代替日本、美国为台湾提供机械设备；(3)台为缓解对美贸易顺差，从美进口大量农产品，而香港则无力向台提供农产品；(4)由于经济结构相类似，台港间在产品、产业结构方面的互补性较差。

（四）台港澳相互贸易中转口贸易十分重要。由于历史、地理等因素，澳门对香港转口的依赖自不待言。在台港贸易中，转口贸易也占据了主要地位。1990年，港对台出口的78%为转口贸易，台输港货物的52.13%也是经港转口到其他目的地去的。

（五）台港澳间贸易发展过程中，大陆因素起着极为重要的作用。正如台港间转口贸易一大部分实际上反映的是两岸贸易，台港间贸易差额的一大部分实际上反映的也是两岸贸易的差额（见表3—4）。1988—1990年，台对港转出口的贸易中，转往大陆的分别占

82.46%、83.80%和84.43%。在1991年台对港104.9亿美元的出超中，有33.7%(35.4亿美元）属于台经港转往大陆的间接贸易。

1992年，经香港转口台湾的大陆产品与上年持平，而经港输往大陆的台湾产品则保持高速增长，达34.7%。

大陆经港转进口和转出口的增长促进了香港转口贸易的增长，弥补了相对下降的港产品出口贸易，使香港的对外贸易总体上保持一定的增长速度。这既加强了香港在国际上及地区的经济地位，也加强了香港在大陆台湾之间的中介地位。

表3　香港主要转口市场　(单位：亿港元)

输往/其中：来自	1988年	1989年	1990年	1991年	1992年
大　陆	918.95	1034.08	1109.08	1533.18	2121.05
台　湾	174.89	225.93	255.70	364.04	490.45
台　湾	141.30	164.78	212.48	247.65	261.55
大　陆	37.34	45.78	59.70	87.82	87.28

表4　香港主要转口来源　(单位：亿港元)

来源/其中：输往	1988年	1989年	1990年	1991年	1992年
大　陆	1315.25	1882.71	2404.71	3156.89	403.82
台　湾	37.34	45.78	29.70	87.82	87.28
台　湾	212.08	269.60	302.83	416.93	544.42
大　陆	171.89	225.93	255.70	364.04	490.46

(引自《国际商务》1994年第6期)

第四篇

海外华人分布地及华人经济分布情况

一、主要海外华人分布地经济发展概况

- 印度尼西亚
- 马来西亚
- 新加坡
- 菲律宾
- 泰国
- 缅甸
- 日本
- 老挝
- 越南
- 文莱
- 澳大利亚
- 加拿大
- 美国

二、部分海外华人经济分布状况

- 印度尼西亚华人经济概况
- 马来西亚华人经济概况

- 华人经济在泰国经济中的地位
- 缅甸华人经济概况
- 菲律宾华人经济概况
- 美国华人经济概况
- 加拿大华人经济概况
- 巴西华人经济概况
- 革新开放中的越南华人
- 柬埔寨华人经济概况
- 文莱华人经济概况
- 老挝华人经济概况

三、区域经济合作

- “成长三角”区在东南亚经济发展中的作用
- “黄金四角”计划及其发展前景
- 亚太会议与区域经济合作

一、主要海外华人分布地经济发展概况

印度尼西亚
(Indonesia)

现代国际关系研究所 袁喜清

名称：印度尼西亚共和国

国土面积：191.9443万平方公里

人口：1.93亿（1994年）

国内生产总值：380万亿印尼盾（合1706亿美元，1994年）

人均国民收入：197万印尼盾（合884美元，1994年）

货币名称：印尼盾

汇率：1美元＝2230印尼盾（1994年）

概　况

印度尼西亚（简称印尼）地处东南亚南部，由太平洋和印度洋之间的1.3万多个岛屿组成，其中6000多个岛屿有人居住，是世界上最大的群岛国家，人称“千岛之国”。主要岛屿有爪哇岛、苏门答腊岛、加里曼丹岛南部、苏拉威西岛、伊里安岛西部等。

印尼自然资源丰富，其国土约有75%被浓密的森林所覆盖，盛产各种珍贵木材、大米、橡胶、咖啡和水果；还蕴藏大量的石油和天然气，发展经济有得天独厚的条件。

印尼1945年独立时经济发展水平极低，且有非常浓厚的殖民地经济色彩。当时印尼全国人口约有70%以上是农业人口，农业在国民生产中所占比例也超过了75%；当时印尼的工业基础十分薄弱，除了西方人所控制的石油、橡胶加工等工业外，印尼人所有的只是一些微不足道的轻纺工业。这些企业不仅数量少，而且规模也很小。印尼经济就是在这种不利条件下起步的。

印尼经济发展大致经历了三个阶段。第一阶段是从独立到1967年。当时由于战争及经济政策失误等原因，经济发展速度很慢，资金短缺，技术落后，国民经济处于崩溃的边缘。第二阶段从1967年到80年代初期。这段时期印尼开始实施第一个25年规划，其经济发展取得了长足的进步，综合国力也有明显增强。但由于经济结构单一，且过份依赖石油工业，因此在80年代初期遭受了较为严重的挫折。第三个阶段从80年代初期到目前为止，印尼政府大力发展外向型经济取得了明显的成功。

80年代中期以来，印尼政府通过调整经济结构，包括调整产业结构，扩大非石油天然气产品的出口；改革金融体制，减少国家对金融业的过分干预；调整外商投资政策，改善投资环境，大力吸引外资；完善市场竞争机制，将部分国营企业推向市场等改革措施。这些经济改革措施改变了其经济结构过分依赖石油天然气的局面，并有力地推动了经济发展。

首先，对外贸易持续增长，外贸结构趋于合理。外贸体制改革大大提高了其产品的竞争力，非石油、天然气产品出口增长迅速。1987—1993年间，非石油、天然气产品出口额由86亿美元增加到270亿美元，占该年度总出口额的73%。外贸政策的改变也带来了出口产品的多元化。最近几年，玩具生产、木材加工及成衣业已取代石油天然气成为出口创汇的重要支柱。

其次，外商投资踊跃，出口创汇型企业增多。80年代中期以来，印尼多次调整其外资政策，外商投资大幅度增加。截至1993年底，印尼吸引外资654亿美元。其中，1986—1993年共吸引外资465亿美元，占71%。1994年6月2日，印尼再次调整外资政策后，外商投资更为踊跃。印尼投资统筹局公布的资料表明，1994年外商对印尼投资达237亿美元，比1993年增加了192%，1995年1—3月，外商投资达129亿美元，这反映了新政策对外商的吸引力。与此同时，国内企业投资也呈上升之势，1994年国内资本投资也达240亿美元，比1993年增加34%；这些新的投资将有力推动其经济发展。

第三，私营企业发展迅速，国内企业投资踊跃。经济改革的最大受益者是私人财团。近年来，私人经济发展十分迅速，它们不仅参与发展机械、电子、纺织等行业，而且还承包兴建高速公路和水电设施，有的公司甚至在通讯、炼油等行业也有巨额投资。印尼国内资本投资近年来也十分活跃。1990年投资高峰时曾达到325亿美元，此后几年，印尼国内资本投资开始下降，但到1994年国内资本投资又有所回升，达240亿美元。

印尼1991年至1994年主要经济指标

	1991	1992	1993	1994
国内生产总值(万亿盾)	227.5	259.9	302.0	322.2
国内生产总值年增长率(%)	6.9	6.3	6.5	7.34
通货膨胀率(%)	9.4	7.6	9.2	9.24
人口(百万)	182.8	186.3	189.7	193.1
出口总值(亿美元)	291	340	366	391
进口总值(亿美元)	259	273	284	316
往来帐户(亿美元)	−40.8	−36.8	−20.1	−37.0
外汇储备(亿美元)	92.6	104.5	113.0	125.0
公共债务(亿美元)	760.9	837.6	895.4	946.2
债务清偿率(%)	32.0	30.6	32.6	30.8
货币汇率(盾/美元)	1950	2030	2087	2229

资料来源："EIU Country Report：Indonesia"1th quarter of 1995.香港《亚洲周刊》1995年4月30日。

1994年是印尼经济克服一些困难继续向前发展的一年。该年度国内生产总值年增长率为7.34%，人均国民收入达884美元。在各个部门经济中，制造业增长11.6%；电力、能源工业增长12.7%，建筑业增长14.7%。

农　业

印尼是一个农业为主的国家，农业在国民经济发展中一直占有十分重要的地位，而工业生产则起步较晚，但近年来工业发展速度加快，农业在国民经济中的地位有所下降。1993年，农业在国民生产总值中只占17.9%，而制造业占22.3%。

粮食是印尼最主要的农产品，在全国约半数以上家庭的1/3以上收入是用来购买粮食。从1984年起实现了粮食自给。1993年印尼粮食产量约为3250万吨，基本上能满足国内市场的需求。但进入1994年后，由于自然灾害及管理不善等原因，印尼粮食产量只有3015万吨，比1993年有所减少，这也导致粮食价格的大幅度上扬。据统计，从1994年7月到1995年1月这短短的半年时间内，印尼粮食价格上涨了30—40%，这又进一步刺激了全国消费品价格上涨。

据粗略估计，印尼主要农产品胡椒占世界产量的85%，木棉和木薯各占75%，棕榈油占35%，椰子占30%，但粮食长期不能自给。80年代初期，政府积极开展"绿色革命"，粮食生产大获丰收。从1984年起基本上实现了粮食自给，为此，联合国粮农组织授予苏哈托特别荣誉勋章。

橡胶为主要农业出口产品之一，50年代

印尼是世界上最大的橡胶出口国，此后橡胶产量虽然少于马来西亚，但仍是第二大橡胶产地，1993年出口橡胶近200万吨，创汇27亿美元。

除此之外，棕榈油、蔗糖以及咖啡等也都是印尼重要的出口创汇产品。90年代农业政策的重点是进一步增加农业移民，加速开发边远地区，鼓励采用高新技术，大力发展创汇农业，并逐步实现农业现代化。

林业

印尼林业资源丰富，其国土的森林覆盖率达75%，其热带雨林占世界的10%以上。现在印尼森林面积达11300万公顷，木材蓄积量为24亿立方米，林业部门就业人数为2000多万。根据印尼宪法，全国的所有森林资源均为国家所有，但国家并不直接参加森林资源的管理与开发工作，而是通过向私营企业发放特许经营权的方式委托私营企业进行经营。1967年制定的《森林法》规定，政府鼓励外国资本和本国资本开发国家的森林资源。从此之后，外国资本便源源不断地流向森林工业。截止1992年底，印尼共有312家私营企业经营木材产业，全年的产值达47000亿印尼盾（约合24亿美元）。另外，木材及木材制品也是印尼重要的出口创汇产品，1993年木材及木材产品出口55.3亿美元，约占印尼出口总额的15%。

工业

印尼工业起步较晚。1967年以后，通过引进外国资金和技术，大力发展采矿和制造业，近年来已经能够装配或制造家电、汽车、飞机、轮船等。截至1991年底，共有大型工业企业2000多家，中型企业28000家，小型企业175万家。1991年，工业产品出口额182亿美元，1992年超过了200亿美元。到1993年为止，印尼已建立了400多种工业企业，它们生产的4000多种产品销往世界各地市场。另外近年来通过一系列改革，国营企业的经营管理也有所起色。1990年，工业部所属的55家公司中已有54家扭亏为盈，整个国营企业的效益也比1989年增加了58%。印尼国内资本投资近年来也十分活跃。1985年为29.04亿美元，1990年达到324.89亿美元。

钢铁　印尼的钢铁工业主要由国营的拉卡图钢铁有限公司控制。该公司从1983年直接经营钢铁工业以来，已经逐步控制了全国的钢铁市场。目前该公司能为全国经济建设提供钢板、钢丝、冷热轧钢，并能为一些大型建设提供特殊用途的钢梁及钢模型。为了适应经济发展的需要，该公司目前正准备大力扩充其生产能力，从1991年起，该公司已经在建设第二钢铁工业基地。由于技术不足等方面的原因，拉卡图公司生产的钢材仍不能满足国内市场的需求。

建材业　由于印尼经济持续快速发展，国内水泥需求一直很大，尽管政府实行了一系列发展水泥工业的政策措施，但仍不能满足国内经济建设的需要。从70年代以来，印尼对水泥的需求以平均每年17%的速度递增，水泥需求总量也由1979年的14.8万吨增加到1993年1780万吨。由于国内对水泥需求量急增，1993年印尼被迫从国外大量进口。与此同时，印尼政府还决定在南加里曼丹建立一座大型水泥厂，预计每年生产水泥230万吨，同时还对西爪哇岛的西里旁水泥厂进行改造，以使其生产能力增加150万吨。从目前情况看，印尼国内对水泥需求仍很旺盛，1994年上半年，印尼实际使用水泥量为1180万吨，比1993年同期增加了15%。

进入80年代中后期，印尼政府大力调整其经济发展战略，经济结构也出现了巨大变化：工业总产值首次超过了农业总产值，并成为国民经济的支柱产业；非石油天然气产品成为出口创汇的排头兵；基础产业发展迅速，高科技企业异军突起。

运输业

印尼政府对交通运输向来比较重视，第2～4个五年计划时期，印尼政府用于道路设施建设的资金分别为32亿美元、67亿美元和54亿美元。但由于经济发展大大超过了道路建设的速度，因此目前交通滞后的“瓶颈效应”也很突出。为了迅速扭转这种局面，最近几年，政府决定通过发行债券、吸引外资等方式进一步拓宽融资渠道，以加快道路的建设，到本世纪末，这种局面估计能有所缓和。

印尼现有铁路总里程达8600公里(1990年)，主要分布在爪哇，其余在苏门答腊和棉兰。每天有快车由雅加达驶往万隆、泗水和日惹。

公路总里程为20多万公里，主要分布在爪哇和苏门答腊两岛，其中1/4为沥青公路。1987—1988年度货运量为3073.9万吨。印尼政府计划在第5个五年计划时期（1989—1993年）修建国家及省级公路43400公里，而各地兴建的沥青公路也将达到93900公里。

水路运输是连接印尼各大岛屿之间的主要交通方式。1990年有船只5128艘，总载重吨位127.8万吨。总装载能力3863.5万吨。各岛屿之间有定期轮船往返。印尼共有16个远洋港口，其中包括雅加达丹绒贝禄港（集装箱码头，正在进行现代化改造)，该港吞吐量占全国海运量的40%；泗水丹绒贝腊港以及棉兰勿拉湾港（将进行改造）等。

印尼的空运以雅加达为中心。目前最大的航空公司为“鹰记”航空公司，1988年有飞机73架，其次为“鸽记”航空公司，同年有飞机51架。1989—1990年度空运旅客950万人次，年运输能力达15.4万吨。国营航空公司在国内开辟了通往33个城市的航线，在国际上也开通了直达欧美部分国家的航线。从1991年6月起，印尼与中国也开通了直达航线。印尼全国共有14个重要的航空港。

能源

印尼是东南亚地区石油储存量最多的国家，全国大约有60多处储藏石油，其中36处已开始开采，目前日产原油150万桶。在80年代以前，石油也曾是政府财政收入及出口创汇的主要收入来源。到1981年，政府财政收入的70%，以及出口总额的81%均来自石油、天然气出口。但80年代中期，世界石油价格下跌使印尼石油、天然气方面的收入锐减。在油价下跌最猛的1986年，每桶原油价格从25美元下降到10美元以下，印尼政府从石油业所获得的外汇收入由上一年的124亿美元下降到66亿美元。印尼政府被迫对其经济结构进行调整，石油、天然气工业在整个国民经济中所处位置已经发生了很大变化。但这类产业仍很重要。据估计，现在国际市场上每桶石油价格下跌1美元，印尼政府将减少2.84亿美元的财政收入，1993年，印尼石油、天然气商品出口额达98亿美元，占该年度总出口额的27%。

印尼虽然主要生产和出口原油，但是经过数十年的奋斗，其炼油业也已初具规模。到90年代初期，国营的彼曼达拉石油公司日均炼油能力达近100万桶，但仍不能满足国内市场对燃油的需求，而市场上所需的煤油及中级以上汽油则需要从国外进口。为了改变这种状况，印尼政府从1985年开始即大规模购置炼油设备，并先后兴建了两座日均加工能力分别为20万桶和80万桶的炼油厂。到本世纪末，除了少量高品质汽油仍需进口外，其国内市场上所需燃料油均可由国内厂家生产。

印尼天然气资源也十分丰富，截止到1991年，印尼全国探明天然气储量达104亿立方英尺。从1984年起，其天然气产量开始大幅度增加。到1989年，其天然气产量达到300多万吨，除了少量投放到国内市场外，绝大部分天然气都出口到国外市场，其中主要是日本和韩国市场。1989年，其天然气出口量曾高达276万吨，创历史最高记录。

由于经济发展迅速，近年来电力短缺问题已日趋明显，现在全国电力年供应能力为9262兆瓦，每年短缺大约20%。据估计，到2000年仅爪哇岛就需要18000兆瓦电，现有电力供应水平根本无法满足用电需要。为了尽快改变这种状况，印尼政府决定广泛吸引国内外资金进行电力设施建设。根据印尼政府的计划，整个供电工程费用约为26亿美元，政府仅能提供10%，其余90%将依靠私营企业或海外资金。印尼水电资源十分丰富，现在水力发电约占总供电量的22%，今后仍将把发展水电事业作为解决能源紧张状况的重要途径。另外，印尼政府还在积极探讨发展核电站的可行性，现在已经在万隆、日惹及色邦等地兴建了三个核研究中心，准备在2003—2015年间建立7—12个核电站，每个电站的发电能力为600—1000兆瓦。

财　政

1986年，印尼政府制定了第一个五年发展计划，并开始实施平衡预算方案。在此后的26年时间内，印尼财政收支基本保持平衡。

印尼财政收入主要包括石油天然气收入、非石油天然气收入和国外经济援助等三大部分。

石油、天然气收入一直是印尼财政的主要来源。80年代以前，印尼财政收入的60%以上来自石油、天然气产业。但随着经济结构调整，近年来，石油天然气收入所占比重略有下降。1995年—1996年度财政预算中，石油天然气收入为60.4亿美元，约占整个财政收入的17%。近年来，随着经济结构的调整，非石油、天然气产业收入一直呈稳步上升之势。1995年—1996年财政预算方案中，非石油、天然气收入为241亿美元，约占整个财政收入的68.9%。另外，该年度外国援助额为53.5亿美元，占财政收入的15%。

财政预算一直是印尼政府进行宏观调控的主要手段之一。从80年代中期以来，由于政府鼓励发展私营企业，同时积极吸引外资，政府对经济生活的直接干预有所减少，但通过财政预算来发挥其宏观调控作用仍是政府管理经济的重要手段。

首先，政府通过平衡预算，减少财政赤字，控制全国整体投资水平，并努力使通货膨胀率降至10%以下。

进入90年代后，印尼通货膨胀率一直固定在9—10%之间，尽管印尼政府采取了诸多遏制通货膨胀的措施，但1994年通货膨胀率仍然高达9.24%，远远高于政府“六·五”计划规定的5%的增长目标。通货膨胀率居高不下不仅影响了社会大众的消费心理，而且增加了社会的不稳定因素，同时也破坏了整个宏观经济环境，使国内外投资者望而怯步。有鉴于此，印尼政府一直将对付通货膨胀作为其经济工作的首要任务，除了采用高利率政策之外，实行严格的财政收支平衡，控制全国整体投资水平，是印尼政府控制通货膨胀的重要法宝。根据1995—1996年财政预算案规定，本年度政府投资将达140亿美元，比1994—1995财政年度增加12.4%，但在整个政府财政支出中所占比例却由39.6%下降到39.5%。另外，印尼政府还将外国援助作为政府收入的重要组成部分，从而使政府的实际收支真正保持平衡。

其次，通过财政预算实现全国经济发展的整体平衡，并优先鼓励基础产业、高科技产业以及出口创汇型产业的发展。

根据1995—1996年度财政预算方案规定，政府投资在10亿美元以上的产业有：扶持边远地区经济发展，其中包括开发性移民所需经费；交通运输业；能源、采矿业；文化教育事业等。该年度政府在农业和林业方面投资达5亿美元，主要扶持农副产品加工及出口创汇农业的发展；在制造业方面投资为2.6亿美元，重点扶持汽车及机械工业发展；政府还在科研方面投资3亿多美元，以鼓励高科技产业的发展。

金　融

从80年代中期开始，印尼政府对金融体制进行全面改革，主要措施包括：放宽对资本市场的限制，逐步减少政府对证券交易活动的干预；将银行及其它金融机构的储备金需求由15%减少到2%；将外汇兑换期由6个月扩展为3年；政府补贴国内和国外储蓄率之间的差额以防资金外流。另外，政府还成立一个专门出售中央银行证券的拍卖行，以促进证券交易活动的开展；允许开办私人证券市场，并逐步完善对内部交易及其它活动的管理；建立新的怃恤基金，并使其投入市场经营；改革国营银行管理办法，允许外商进入金融领域；进一步完善证券交易制度，将雅加达股票市场交由私人管理等。1992年年初，印尼政府还颁布了新的银行法，决定将国有银行进一步推向市场，最终实现私有化。现在作为第一步，政府将允许外国投资者购买印尼银行上市股票的49%；允许国营银行自由浮动股价；为外商在印尼建立合资银行提供更多的机会；等等。由于第一次允许外商进入金融领域，这将有利于印尼金融界进行跨国界的融资活动，成为印尼吸引外资的又一个重要渠道。这些改革措施有力地促进了金融市场的发展，特别是私营银行、外资银行及一些非银行金融机构更是在印尼经济生活起着十分重要的作用。

但是，印尼金融改革也存在一些问题，主要包括以下两个方面：

首先，由于金融体制改革，各种金融机构增长过快，导致了宏观管理失控，加之各种不正常的融资及信贷手段纷纷出笼，致使市场货币投放过多，因此引发通货膨胀。1993年马上又回升到9.8%，1994年通货膨胀率达9.24%。

其次，印尼各类银行普遍存在坏帐现象，特别是国有银行坏帐严重，影响了银行业的正常发展。由于金融市场发展过快，各大银行为了适应新的竞争环境，在发放贷款时都存在一定的盲目性，造成银行坏帐越来越多。

印尼金融体系由银行、非银行金融机构、保险公司以及信贷公司组成。

根据资产所有权划分，印尼银行共有国营、私营及合资三种类型。截至1993年底，共有银行236家，其分支机构达13330家。全国最大的银行印度尼西亚银行创建于1954年，担负着发行货币、掌管官方的国际储备、检查和监督除保险公司之外所有金融机构的活动。私营银行近年来发展十分迅速，到1993年底，共有126家私营银行正式营业，其分支机构达2639家。另外，随着印尼政府对外资银行政策的放宽，外资银行纷纷在印尼建立独资或合资银行。到1993年，共建立外资银行39家，其分支机构达53家。截至1994年5月，印尼全国银行总资产已达254兆印尼盾，1994年吸纳资金164兆印尼盾。

非银行金融机构大多形成于70年代初期，绝大部分都是由国有银行与外资银行合资而成，另外也有几个非银行金融机构则是由印度尼西亚银行控制。这些非银行金融机构主要负责为国内银行融资进行中介及担保。

印尼资本市场有着较为悠久的历史。早在1912年荷兰殖民主义者统治时期，印尼就成立了第一个证券交易所——雅加达证券交易所，在20年代，荷兰殖民者又相继在泗水和棉兰等地开设了证券交易机构。但到50年代后期，随着印尼政府将大部分殖民者财产收归国有，这些证券交易机构也相继关闭。一直到 1976 年，印尼政府建立了资本市场管理局，并建立了一个由政府控制的信托投资公司——达那里卡萨有限公司，雅加达证券交易所才正式恢复。

1989 年 6 月，另一家私营证券交易机构又在泗水正式开业。与此同时，印尼政府还制定了一系相应法律法规，努力培育和促进资本市场发展。印尼政府先后在 1987 年 12 月和 1988 年 10 月两次修订了证券市场管理办法，简化上市公司的审批程序，撤消管理部门对股票浮动价格的限制，同时允许外资企业持有印尼上市公司 49%以下的股权。1993 年年初，印尼政府决定将雅加达股票交易所交由私人公司进行管理，并对股票上市公司作出如下规定：必须提供连续两年的利润情况；固定资产总值最低不得少于 200 亿印尼盾（相当于 990 万美元），资产净值不得少于 75 亿印尼盾，实际投放资本不得少于 20 亿印尼盾；持股者不得少于 200 个；等等。1994 年年初以来，雅加达证券交易所的行情开始反弹。截止 1994 年 8 月，雅加达证券交易所上市公司已由 1990 年的 57 家增加到 190 家，上市公司资金总额也由 100 亿美元增加到 400 亿美元。分析家指出，印尼股市经过一段时期的动荡之后，目前已逐步趋于正规化。随着各项管理措施的落实，今后股票市场有望发挥更为重要的作用。

对外经济关系

印尼独立以来，在发展对外经济关系方面曾走过十分艰难曲折的道路。在苏加诺总统执政时期由于过分强调国家的自力更生，同时在处理与欧美国家关系时有些行为过于激烈，从而导致其经济发展与国际市场的脱节。苏哈托总统执政后，印尼与欧美国家重新建立了新的联系，但其经济发展战略仍以依靠本国力量为主，即以高关税及一些非关税壁垒建立起强大的保护体系，由本国企业生产一些替代进口的产品。因此在一段时期内与国际市场的联系也十分有限。进入 80 年代中期以后，印尼政府调整了经济发展战略，并把发展外向型经济作为政府经济工作的重点加以扶持，其国内经济发展与国际市场的联系才日益强化。

印尼政府加强与国际市场接轨的政策主要分三个方面：

对外贸易方面。1986 年 5 月，印尼政府宣布免除出口型企业进口原材料的关税，同时在财政部专门设立了一个为外向型企业服务的机构，这大大降低了出口型企业的非生产性支出；1986 年 9 月，政府宣布将印尼盾贬值 45%，同时对外汇兑换率采取更为灵活的政策以刺激出口；同年 10 月，又宣布取消 150 个项目的进口税，免除 165 种进口许可证及放松对 110 个项目的进口许可证限制。1987 年 1 月和 12 月，政府又两次宣布放宽进口许可证限制。1990 年 5 月，宣布取消绝大部分非关税壁垒，降低各种关税税率，同时进一步简化出口贸易手续，保证货畅其流。此外，政府还通过举办定货会、展览会，进一步拓宽经贸渠道。

印尼政府通过外贸体制改革，大大提高了本国产品在国际市场上的竞争力，特别是非石油、天然气产品出口已取得了长足的进步。1987 年，非石油、天然气产品出口额便达到 86 亿美元，比上一年度增加了 80%，以后又连年跃进，到 1993 年更达到了 270 亿美元，占该年度总出口额的 73%。1994 年 1—11 月，非石油、天然气出口达 276 亿美元，占同期出口总额的 76%。最近几年，玩具生产、木材加工及成衣业已取代石油、天然气成为出口创汇的重要支柱。非石油、天然气产品出口的迅速增加大大改变了印尼经济长期依赖石油天然气的被动局面。

吸引外资方面。印尼自 1967 年颁布第一部外国资本投资法以来，不断完善有关政策法规。特别是80年代中期以来，多次对引进外资政策进行了全面修改，制定了一系列鼓励和吸引外商投资的政策措施：

第一，简化投资程序，放宽投资领域。1987年6月，印尼政府宣布放宽申请投资和扩大投资领域的审批制度，同时将限制外国资本投资的项目由273个减少到75个，在这75个项目中，只有9项严格禁止外国资本涉足，其余66项则只需外销产品达到印尼政府规定的要求就可以投资。对于外商资本注册资金的最低限额也由100万美元减少到25万美元。

第二，鼓励出口创汇型和资本密集型企业的发展，同时也鼓励外商在边远地区投资，政府对这种投资项目提供各种政策优惠。

第三，政府在爪哇等地建立一些专供投资者使用的工业区，并在水电、交通等方面提供保证。为了吸引来自香港和台湾地区的投资，政府还破例允许在这些工业区开设华语学校。另外，政府还和新加坡方面合作，在巴淡地区开办一个试验性经济开发区，在那里实行优惠关税制，并对部分商品实行免税。

第四，税收优惠。印尼政府对于外向型投资项目大多给予税率优惠，包括减免资产税及原材料进口税。对于这些企业在印尼购买的原材料则减免增值税及各种附加税。

这些政策措施大大改善了外商投资环境，使外商在印尼的投资迅速增加。据印尼投资统筹局统计，截至1967年—1994年，印尼共吸引外资891美元。其中，1986年—1994年共吸引外资702亿美元，占吸引外资总额的79%。

开办巴淡岛特区方面。巴淡岛有着十分优越的地理位置。该岛位于印尼西北部，与新加坡隔海相望，两地相距仅20公里，相互联系十分便利，那里也是印尼与东南亚大陆联系最为便捷的地方；巴淡岛地处马六甲海峡、南中国海以及爪哇海的交汇处，其地理位置非常重要；该岛地处赤道附近，气候炎热多雨，水力资源十分丰富；巴淡岛面积415平方公里，岛上丛林密布，风光旖旎，是旅游度假的理想场所；该岛人口14万，其中劳动人口近4万人，预计到2006年，那里人口将达到70万左右，其中相当一部分是从印尼其他地方移居到那里的科技及管理人材，因此其劳动力资源也较为充裕。这些都为那里的开放与开发提供了极为有利的条件。

为了加快巴淡岛的开放与开发步伐，印尼政府近年来大力加强了那里的基础设施建设。现在，印尼政府已先后在巴淡岛建成了三个国际港口。这些港口的码头、仓储设备一应俱全，而且颇为先进。目前巴淡岛的这些港口吞吐量已达8万载重吨位，今后扩建后可达20万载重吨位。

在交通、通讯及能源供应方面，现在巴淡岛已建成国家级公路70公里，区域级公路161公里，其他道路82公里。该岛现有电话8000余门，电报线路500多条，交通通讯十分便利。巴淡岛现在4个发电厂，发电量为55千瓦/时，印尼政府为了满足投资者对电力使用方面的需求，现已计划近期内将发电量扩大到100千瓦，今后发展目标为600千瓦。除此之外，巴淡岛的金融、保险及其他服务设施也一应俱全。该岛现有8家国营银行，11家私人银行，2家外资银行及13家保险公司，金融服务十分便利。巴淡岛还有13家海关报关行，3家空运报关行，而且邮电、购物设施也非常齐备。这些都为投资者提供了良好的后勤保障。

巴淡岛现有8大工业园区，总面积为1709.5公顷。其中印尼企业家与新加坡共同开发的巴淡工业园区占地约500公顷，这是巴淡岛最大的一个工业园区。除此之外，由台商出资兴建的光华工业园区（占地约300公顷）也已初具规模。据印尼投资统筹委员会公布的材料，截至1993年6月，已先后有来自新加坡、台湾及欧美等国家和地区的137家企业进驻巴淡岛，外商在巴淡岛的投资共计15.9亿美元。外商在巴淡岛的投资主要集中在机械、基本金属及电子工业，外商在这些领域的投资约占总投资的50%以上。

巴淡岛既是印尼吸引外资的重要场所，也是其出口产品的重要加工基地。从80年代中期以来，巴淡岛的出口贸易额已连续多年保持高速增长势头。1986年，巴淡岛出口额仅为2100万美元，而1992年出口额达5.65亿美元，比1986年增加27倍。1993年1—6月，出口额达4.49亿美元，比1992年同期增加近两倍。

马来西亚
(Malaysia)

现代国际关系研究所　尚前宏

名称：马来西亚联邦

国土面积：32.9758万平方公里

耕地面积：100万公顷

人口：1950万人（1994年）

国内生产总值：1800亿马元（合700亿美元，1994年）

人均国内生产总值：8856马元（合3406美元，1994年）

货币名称：林吉特（马元）

汇率：1美元＝2.60马元（1994年）

概　　况

马来西亚的国民经济在国家独立前后主要依赖于农业和矿业。进入80年代尤其是80年代中后期以后，制造业、建筑业和服务业的比例大幅度增长，从而摆脱了自然资源出口型的经济模式。90年代以来，马来西亚被世界经济论坛和国际管理发展研究所两个机构鉴定为“新兴工业化国家”，在其中的竞争力排名已超过韩国而跃居第四，而它在国际企业界信心排行榜上则已超过台湾而跃居第三。

最近几年，马来西亚经济持续取得巨大成就：1988—1994年国内生产总值年均增长率达9%左右（其中1994年为8.5%），居东盟之首，在整个亚洲仅次于中国；人均产值从1986年的1830美元增至1994年的3406美元，在东盟国家中仅次于文莱和新加坡，是泰国的1.5倍和印尼的5倍；外汇储备从1986年的60亿美元增至1993年的272亿美元，同期外债则从219亿美元减至191亿美元。

马来西亚的就业人数从1987年到1993年平均每年增长3.9%，而同期的劳动力总数年均增长率只有2.9%，这就使其失业率从8.2%降至3.0%，已经达到“充分就业状态”。根据1993年的统计，全国劳动人数为739.8万，就业人数为762.0万。制造业的劳动力紧缺状况比较严重，许多企业的开工率达不到80%，技术工人短缺状况尤为紧迫。

在80年代后半期，马来西亚在保持经济高速增长的情况下，通货膨胀率仍一直保持在4%之内。但进入90年代以来，随着薪水的提高、人民购买力的增强和商业贸易的迅速发展，通胀率略有上升，1991和1992年分别达到4.4%和4.7%，1993和1994年经努力控制在3.6%和3.8%。

不过，马来西亚经济仍然存在一些问题，其中下列三项尤为紧迫：（1）基础设施不能满足国内经济蓬勃发展的需要，瓶颈效应日趋严重。（2）劳动力缺乏，1993年国内全部劳动力为760万左右，而失业率只有3%，工资上涨10%左右，使其劳动力不再廉价，从而丧失一项重要的竞争优势。(3) 科技力量不足，妨碍其经济规模扩大与产业升级。

基于国内强劲的经济增长势头，而且考虑到世界经济格局变化为其提供的宝贵机会，马来西亚总理马哈蒂尔于1991年2月提出了雄心勃勃的《2020年构想》，欲使马来西亚成为“全面发达的工业化国家”。其具体目标是：国内生产总值每10年翻一番；年均经济增长率达到7%；30年后人均国民收入增长4倍，达到1.2万美元左右。作为配合上述构想的中期和短期目标，政府随后制定了《第二个远景规划纲要》(1991—2000年)和《第六个五年计划》(1991—1995年)，并于1991年6月获国会批准。据此，制造业占国内生产总值的比例，将于1995和2000年分别达到32.4%和37.2%；制造业和原产业(即初级产业，包括农业和矿业)吸收全部劳动力的比例，将由1990年的19.5%和28.4%分别增减至2000年的23.9%和20.5%，从而使就业结构发生变化。

为实现上述目标，马来西亚主要采取了以下政策措施：

(一) 谨慎处理发展与分配的关系，以“国家发展政策”取代1990年底结束的“新经济政策”。鉴于马来族的经济地位已经大幅度提高，政府虽仍继续扶持马来族企业家，但不再执着于股权结构问题，而是强调经济增长与利益分配的“均衡发展”。

(二) 扩大制造业基础，促进产业升级。政府除继续扶持马日合资的帕瓦惹钢铁公司和“英雄”牌汽车制造厂以外，还分别与台湾和日本讨论筹建新的合资钢铁公司和汽车制造厂，以期改变制造业过于依赖纺织和电子产品的局面。政府宣布将逐步缩减原木、藤条、棕油和橡胶等原材料的出口量，鼓励进行深加工，发展家俱、食品和化工等制造业，增大产品附加值。此外，政府鼓励中小企业采用高精尖技术，逐步带动国家主要产业从劳动密集型转向技术密集型。

(三) 为对付西方国家的贸易保护主义，致力于出口市场多元化。(1) 全力推进“东盟自由贸易区”的形成。已率先对1万多种商品的区内贸易降低关税；决定缩短本国产品的关税保护期(重要工业10年，其余仅3年)。建议成立“东亚经济核心论坛”。(3) 加强南南经济合作。除积极参与创立“十五国集团”外，还与十多个发展中国家签署了“双边付款协定”，并在吉隆坡建立了“南方投资贸易与技术信息交流中心”。(4) 鼓励国内企业到海外投资。政府于1992年3月规定，凡经国际贸易与工业部批准的对外投资，在5年之内可以免除50%的投资所得税和100%的股息所得税，而且市场调查与研究的成本可以从所得税中扣除。

(四) 加速更新和扩展基础设施。“六五”期间，全国基建投资将达416亿美元。连接新加坡、马来西亚和泰国的“南北大道”已于1994年通车。首都吉隆坡郊外将新建一大型机场。柔佛、槟城和葛廊等工业发达地区的主要海港都将重新改造。政府促成的《马来半岛跨州供水协定》即将付诸实施。国家电讯公司将铺设新的电话线路，扩容400万门。国家电力公司的发电能力将由8亿瓦提高到58.5亿瓦。

(五) 开辟新的劳动力来源，促进科技教育。(1) 鼓励本国公民生育。(2) 加强对外籍劳工的管理。1991年10月，政府决定允许持永久签证的外国移民不经申请而就职于任何行业；要求非法外籍劳工于1992年6月前办理签证以便合法工作，而且规定其5年之内可就职于制造和服务等行业之部分领域。(3) 提倡企业自行培训员工以外，并要求政府所属大学和技校加快培养科技人才。预计1995年以后每年毕业的工科学生将达4000人(制造业每年新增的技术职位为2000个)。

重要经济数据

	1988	1989	1990	1991	1992	1993
国内生产总值(亿马元)	909	1015	1146	1296	1478	1659
国内生产总值增长率(%)	8.9	9.2	9.8	8.7	7.8	8.5
通货膨胀率(%)	2.5	2.8	3.1	4.4	4.7	3.6
人口(千万)	1.69	1.74	1.78	1.82	1.86	1.90
失业率(%)	8.1	7.1	6.0	5.6	3.9	3.0
出口总值(亿美元)	201	247	289	339	397	460
进口总值(亿美元)	148	208	270	340	369	426
经常项目收支(亿美元)	18	−2	−16	−45	−17	−21
外汇储备(亿美元,不含黄金)	65	78	98	109	172	272
公共债务(亿美元)	154	138	135	135	209	191
货币汇率(马元/美元)	2.62	2.71	2.70	2.75	2.55	2.57

资料来源:"EIU Country Report:Malaysia,Bruinei"4th quarter of 1994.
EIU Country Profile:Malaysia,Bruinei"1994-95.

按1978年不变价格计算　　各部门产值及其比例　　产值:亿马元　比例:%

	1986		1991		1992		1993	
农业	123	21	148	17	154	17	160	16
矿业	63	11	79	9	81	9	80	8
制造业	121	21	243	28	269	29	304	30
建筑业	24	4	33	4	36	4	40	4
供电、供气与供水	10	2	17	2	19	2	22	2
交通、仓储与通讯	39	7	60	7	66	7	72	7
批发、零售与旅馆	62	11	101	12	112	12	123	12
金融、保险与房地产	50	9	87	10	96	10	108	11
政府服务	73	12	90	10	95	10	99	10
其它服务	12	2	5	1	3	0	2	0
国内生产总值	577	100	863	100	931	100	1010	100

资料来源:"EIU Country Profile:Malaysia,Bruinei"1994-95.

产业、财金情况

(一) 制造业

马来西亚的制造业共有17个部门,其中较重要的有电子、纺织、服装以及橡胶、热带硬木和原油的加工。政府近年致力于扩大制造业基础,鼓励发展汽车、钢铁和水泥等重化工业,并对本国丰富的自然资源进行深加工,以期改变其制造业过于依赖纺织和电子产品的局面。80年代中期以来,制造业占国内生产总值的比例不断上升,1987年开始超过农业,1994年达到31.5%。制成品占出口总额的比例也在不断上升,1989年首次超过初级产品,1994年达到77.5%。

对于马日合营的"英雄牌"汽车制造厂和帕瓦惹钢铁公司,马来西亚政府都曾给予多方面援助,使其免遭破产厄运。前者于1988年首次盈利3200万马元,1990—91年度更达2.62亿马元。政府在1989年底收购帕瓦惹钢铁公司81%的股权之后，对其进行了重组。目前这两家企业都已成为举足轻重的国营大型制造业公司。

（二）建筑业

马来西亚的建筑业是反映国家经济状况的晴雨表。70年代后期和80年代初期，由于经济发展较快，对住宅和公共设施的需求大幅度增长，建筑业一片兴旺，在国内生产总值中占据较大比重。80年代中期，在经济不景气的氛围笼罩下，建筑业急剧滑坡。80年代末期以来，随着经济的复苏和加速发展，建筑业重新高涨。1991年和1992年，建筑业产值增长率分别达到15%和14%，在当年各部门产值增长率中居于领先地位。在全国各地尤其是西马主要城市大兴土木的热浪中，水泥供应屡次极度紧缺。

（三）矿业

马来西亚的矿业生产以锡、石油和天然气的开采和提炼为主。马来西亚是世界最大产锡国，但因1980年以来国际市场锡价下跌，加之国内生产成本提高和储量减少，锡矿大量倒闭，产量也持续下降。1993年的锡产量只有1.04万吨，不到1990年的一半。原油也是马来西亚的重要矿产之一，近年来产量增长缓慢。天然气在全部矿业中所占比例较小。总体来看，矿业产值增长放缓趋势日益明显，已在1993年开始出现0.5%的负增长。矿业产值占国内生产总值的比例，已从1986年的11%降至1993年的8%。

（四）农业

马来西亚的热带雨林气候对于棕榈、橡胶和水稻等多种农作物的种植和生长非常有利。农业生产结构以种植业为主，林业次之。由于大量劳动力流向城市，劳动密度较大的水稻和橡胶的发展放缓甚至出现倒退。农业产值占国内生产总值的比例从1986年的21%降至1993年的16%，同期农产品出口额占出口总额的比例则从20降至13%。

马来西亚政府为促进农业的发展，曾于1983年和1991年两度制定“国家农业政策”。1983年政策的重点是，督促农民放弃传统的耕作方法和自给自足的经营方式。1991年政策的重点是，增加政府对农业的服务费用，制定一系列鼓励农业发展的措施。此外，政府拨出巨款兴建和改善农村的道路、水利和电力等基础设施（“六五”计划的重点之一是改善农村交通状况），并大力促进农村教育事业的发展，试图以此缩小城乡差别，延缓农民流向城市的速度。政府还与许多国家进行谈判，说服它们降低棕油和原木的进口关税并取消非关税壁垒。

棕油　马来西亚是全球最重要的棕油生产国，1993年的棕油产量占全球总产量的53%。作为出口旺盛的经济作物，棕榈的种植面积从1987年的164.03万公顷增至1993年的228.10万公顷，同期的棕油产量则从453.31万吨增至740.35万吨，出口量从407.7万吨增至557.7万吨。

水稻　水稻种植面积从1987年的64.48万公顷增至1993年的67.30万公顷，但同期产量只从109.25万吨增至129.83万吨（马来西亚多年以来粮食不能自给，进口量从1987年的19.65万吨增至1993年的38.92万吨）。

橡胶　橡胶种植面积从1987年的188.13万公顷减至1993年的176.35万公顷，同期产量则从157.87万吨降至107.43万吨。

木材　马来西亚盛产热带硬木，木材加工业近年发展较快。原木产量由1991年的3986.0万立方米减至1993年的3694.2万立方米，出口量由1931.8万立方米减至929.8万立方米；同期的锯木产量由889.3万立方米增至917.4万立方米，出口量由502.1万立方米增至547.7万立方米。

（五）服务业

马来西亚的服务业包括水、电、天然气、交通、通讯、仓储、批发、零售、旅馆、餐厅、房地产、金融、保险、商业服务和政府服务等，在经济领域和人民生活中始终扮演着重要角色。自1982年减少政府服务开销以来，服务业产值增长率持续下跌。在1987年经济全面复苏的同时，服务业才迅速回升(政府服务除外)，1993年的产值占国内生产总值的比例达到42%，并且吸收了全部劳动力的47.2%，远远高于制造业（23.6%）和农业（21.3%）。

（六）旅游业

旅游收入是马来西亚重要的外汇来源之一。80年代中期，为减少国际收支赤字，政府决定推进旅游业的发展，成立了专门机构，制定了新的策略。“1990马来西亚观光年”取得很大成绩，外国游客人数比1989年增加50%，超出官方原定的430万人的目标，达到750万，使马来西亚取代泰国而成为外国游客最多的东南亚国家；外汇收入约2.7亿美元（不包括游客住宿和购物等方面的消费），占国内外汇收入的5%。因受“海湾危机”的影响，1991年来马外国游客人数大幅度下降22%。1992年，外国游客人数增加2.8%。1993年，旅游收入占国内生产总值的12%。马来西亚的旅馆供应非常充足，而且还在迅速增长。尽管如此，其客房使用率在1990和1992年仍然达到70%，而旅游热点槟榔屿等地则高达80%以上。

（七）能源

马来西亚拥有多种能源，包括石油、天然气、水电和煤等，但其国内能源消耗的90%以上为石油和天然气。1986年探明的石油和天然气储量分别为30亿桶和1.5万亿立方米，主要分布在东马两州（沙巴、沙捞越）和西马丁加奴州近海，其勘探和开采主要由“国家石油公司”与“英荷壳牌石油公司”、“埃索石油公司”签定生产分成合同，并由后二者直接经营。为改变能耗单一结构，政府于1980年宣布要减少石油和天然气的开采量。1992年的原油产量为3260万吨，液化气产量为2010万吨。

（八）交通与通讯

马来西亚的基础设施从英国殖民统治时期就开始发展，其完善和充足和程度在东盟国家中仅次于新加坡。但是，随着近年经济的蓬勃发展，基础设施已远远不能满足需要，瓶颈效应日趋严重。政府已在加速更新和扩展基础设施方面投注了较多财力，“六五”期间还将为此拨款76亿美元。

马来西亚的交通运输以公路和海运为主，铁路和空运次之。马来半岛的交通设施远比沙巴和沙捞越两地发达。

公路　全国公路总长已从1980年的2.887万公里迅速增至1990年的6.4445万公里。1993年完工的“南北大道”全长823公里，纵贯马来半岛，南接新加坡，北连泰国。公路运输承担着全国近50%的客货流量。全国汽车拥有量从1980年的260万辆增至1985年的400万辆。1990年，平均每1000人拥有96辆私人汽车，居东盟之首。

铁路　全国铁路总长2681公里（1985年），其中2092公里为单线，正在实施加铺复线工程。马来半岛各主要城市均有铁路相通。与新加坡和泰国有铁路联系。

海运　商品进出口大多通过海运进行。全国主要港口共有32个，其中吞吐量最大的前3名依次为巴生（吉隆坡以西40公里）槟城和柔佛。两家国营的船务公司“马来西亚国际船务公司”和“国家船务有限公司”的经营总量仅占全国货物进出口的10%左右，其余90%都由外国船务公司经营。

航空　全国机场共有126个（1987年），国内航线主要由“马来西亚航空公司”垄断经营，国际航线则由“马来西亚航空公司”与外国的航空公司联合经营。各中心城市及沙巴和沙捞越两州的主要城镇之间均有航空联系。吉隆坡与中国的北京和广州之间已有航空联系，中国国际航空公司和马来西亚航空公司均有班机往来。1993年6月，中、马两国商定增开槟城与厦门之间的国际航线，来往两国之间的航机班次也将也将由每星期6次增至12次。

通讯　马来西亚的邮电通讯事业比较发达。1992年平均8.8人拥有1部电话。

（九）财政金融

财政　财政是马来西亚政府干预国家经济活动、实现政府意图的重要方法之一。马来西亚实行赤字财政政策。政府为减少日益增长的财政赤字，从1982年开始采取紧缩财政开支的政策。因近年经济复苏和加速发展，用于基础设施建设和劳动力培训等方面的发展开支逐年大幅度上升，联邦政府财政开支总额保持着较快的增长势头，财政赤字已从1988年的39亿马元增至1993年的59亿马元。

银行　马来西亚共有38家商业银行（1987年），其中22家为内资银行（大部分控制在马来族上层人士手中），16家为外资银行。自1978年政府放松利率管制以来，各商业银行可以自行决定其存贷利率（特殊情况除外）。1989年9月以来，银行可以直接投资于制造业公司。在过去20年中，银行资本大幅度增长，由1970年的60亿马元增至1993年的2220亿马元，分别达到国民生产总值的51%和135%。近年虽然贷款规模较大，但银行通过掌握短期资金和市场调节储备金（1990年占银行全部资金的28%），依然保持着较高的融资能力。

马来西亚中央银行除拥有各国中央银行所共有的职能以外，还负有确保实现政府财政计划的责任。中央银行目前正大力推进证券市场、信托基金、期货市场和风险投资的发展。1989年通过的《银行与金融机构法》赋予中央银行以监督各商业银行的更大权力；同时规定在马来西亚开设的外国银行截止1994年必须将其50%以上的股权售与马来西亚人，但以允许其拓展分支机构和吸收政府资金作为回报。

股市　吉隆坡股票交易所是全球重要股市之一，于1973年开业，当时与新加坡股市联结，1989年与其脱离关系。吉隆坡股票交易所的发展不是一帆风顺的，1985年12月曾一度关闭。1987年随着外资大量涌入和经济前景看好，重新兴旺起来，但不久又深受当年10月全球股市暴跌的影响而日显萧条。1988年之后，因经济增长势头明显加快，重又转趋活跃。1989年，综合指数最高达到562点。1990年10月底因受“海湾危机”的影响，综合指数回落至492点。1991年，上市公司由31家增至39家。1993年，吉隆坡股市空前活跃，市场资金比上年增加152%，达到6200亿马元；成交单位增加5.5倍，达到1078亿股；成交款项增加7.51倍，达到3870亿马元；而综合指数则增加98%，达到1275点。

对外经济关系

对外贸易　马来西亚经济对外贸依赖很大，受西方市场影响较深。其商品出口已从1987年的138亿美元增至1993年的484亿美元，数量居全球第19位，竞争能力居第17位。1985年，出口结构发生重大变化，制成品首次超过农产品。1987年以来，以电子和纺织产品为主的制成品在国际市场的竞争能力不断加强。1989年，制成品出口量首次超过初级产品，占全部出口的54%。在70～80年代，马来西亚保持着贸易顺差的地位。1991年，出现多年以来的首次贸易逆差，共计1亿美元，但这主要是由大量购入半成品和生产设备而引起的。1992年，外贸局面重新扭亏为盈，顺差额为28亿美元。1993年顺差额增至34亿美元。马来西亚的主要贸易对象是新加坡、日本、美国、英国和德国。

对外投资　随着经济实力的增强和国内劳动力成本的提高，马来西亚企业界近年开始加大对外投资的步伐，投资额由1992年的

13亿马元猛增至1993年的34亿马元，1994年1—9月也已高达25亿马元。1980—1993年对外投资总额为130.631亿马元（根据1993年汇率计算，折合约50.83亿美元），其中直接投资65.188亿马元，产业收购14.579亿马元，扩充贷款50.864亿马元。马来西亚的对外投资主要集中在西方发达国家和新兴工业化国家与地区，包括美国、英国、澳大利亚、新加坡和香港等。近年开始在邻近的发展中国家进行投资，包括中国、印尼、越南、柬埔寨和巴布亚新几内亚等。

外国直接投资　马来西亚鼓励外国直接投资。1986年以来，政府通过股权结构、税收和融资等方面的种种优惠条件，吸引了大量外资，促成其经济的复苏与起飞。1988—1992年获批准外资共计238亿美元，其中1992年为69亿美元。近几年来，日本和台湾一直是马来西亚最大的外资来源。目前，在马来西亚的全部外国直接投资中，日本、美国和欧共体等发达国家所占比例仍高达70%左右，其余则以亚洲新兴工业化国家和地区为主。

外债　马来西亚重视使用外国借贷资本，这是弥补其经济发展资金不足的重要手段。主要采取政府直接举债和政府担保国营企业举债的方式。至1993年，外债总额共计191.4亿美元。

主要贸易对象　%

出口	1990	1991	1992	1993	进口	1990	1991	1992	1993
新加坡	22	23	23	22	日　本	24	26	26	15
美　国	18	17	19	20	美　国	17	15	16	17
欧共体	15	15	15	15	新加坡	14	16	16	12
日　本	15	16	13	13	欧共体	15	14	13	27
其　它	30	29	30	30	其　它	30	29	29	29

资料来源：“EIU Country Profile：Malaysia，Bruinei” 1994-95.

与中国的经济关系

马来西亚与中国的经济关系近年发展较快，两国已经签署了贸易、投资、海运、航空、避免双重征税和成立经贸联合委员会等一系列协定。两国贸易额已由1991年的14.4亿美元增至1992年17.4亿美元，但发展余地仍很大。中国一直保持着较大的顺差优势。中国对马出口产品主要是食品、玻璃制品、纺织品和化工品等，马对中国出口产品主要是棕油、橡胶、原木和原油等。中国是马来西亚棕油的最大进口国，1990年进口78.91万吨。应马政府的要求，中国已于1992年8月将马亚西亚棕油的进口税率从30%降至20%。截至1992年7月，两国之间已有15项投资协议。其中11项为中国对马投资，计1.8亿美元，项目主要是机械与化工；4项为马对中国投资，计4.9亿美元，项目主要是房地产和橡胶等自然资源的加工。1992年，马来西亚对华投资达8亿多美元（是中国第十大投资国），远远超出过去13年间0.6亿美元的累计投资额。1993年6月，马哈蒂尔总理率大型代表团访华期间，与中国签署了30多项经济、技术合同。为方便两国人员往来，双方同意增加航班，在广州和古晋互设领事馆，马来西亚还承诺简化中国人员赴马签证手续。

新 加 坡
(Singapore)

现代国际关系研究所　王汉森

名称：新加坡共和国

国土面积：641 平方公里

人口：292 万（1994 年）

国内生产总值：890.1 亿新加坡元（合 582.7 亿美元）

人均国内生产总值：2.672 万新加坡元（合 1.67 万美元，1994 年）

货币名称：新加坡元

汇率：1 美元＝1.5275 新加坡元（1994 年）

概　况

新加坡自然资源贫乏，历史上经济主要依靠转口贸易和为英国驻军提供服务的收入来支持，如今已成为亚洲地区经济发展最快的“四小龙”之一，发展速度高于世界平均水平。究其原因，主要是自 60 年代中期以来，根据国情实行了经济多元化政策，积极推行工业化，鼓励逐步发展在国际市场上竞争力强的工业，并扩大出口；完善基础设施以便于创造良好的投资环境，引进外国资本和技术；发展旅游业，以增加外汇收入，并带动其他行业发展；严格劳动纪律，约束劳工等。1959 年人民行动党上台以后，着手推行工业化政策，吸引外资，逐渐改变单纯依赖转口贸易的畸型经济结构，发展多元化的国民经济。同时，为解决由英军撤离所带来的失业问题，新加坡政府于 1968—1971 年，拟定了一项抗经济衰退计划，同时制定并通过了《雇佣法令》和《劳资关系（修正）法令》以稳定劳资关系。通过此计划的实施，新加坡的人力资源问题已从 70 年代的失业率较高转为劳工严重匮乏。为此，新加坡允许输入一定数量的外籍劳工。目前，在新合法外籍劳工约 15—20 万人，占新劳工总数的 9%，这些外籍劳工主要来自马来西亚、菲律宾、泰国、斯里兰卡和印度，外籍劳工的输入基本缓解了新人力缺乏问题。经过多年的努力，新加坡经济取得了持续高速增长，60、70 年代年均增长率达到 9%，人均国民收入也在亚太国家居第 3 位，成为亚洲地区经济发展最快的“四小龙”之一。1991—1993 年增长率分别为 6.7%、5.8%和 9.9%。近些年新加坡经济结构已发生重大变化，目前新加坡的贸易和服务业的产值相当其国内生产总值的 36.5%，形成了以制造业、贸易、交通、通讯、金融、建筑为支柱的多元化结构。

从经济发展上来看，新加坡经济大体上可分为 5 个阶段：(1) 1961—1965 年第一个五年经济发展计划时期。重点放在积极鼓励发展代替进口、劳动密集型的轻工业上。在此期间，新政府还竭力发展基础设施，为投资者创造良好条件。(2) 1966—1970 年第二个五年经济发展计划时期。重点是鼓励以出口为目标的炼油、修造船、电子、电器等行业，同时扶持交通运输、贸易、旅游等行业的发展。(3) 1971—1980 年，政府实行第一个十年经济发展计划，重点是鼓励高技术、高增值、在国际市场上竞争力较强的工业。同时，建立了亚洲美元市场。吸收亚洲太平洋地区的游资。(4) 1981—1990 年第二个十年经济发展计划时期。继续放在知识密集型的工业方面，如电脑、机器人等。这项计划的目的是逐步把新加坡建成中高级的工艺制造、贸易、交通、通讯、电脑服务中心和超级金融市场。(5) 1991年至今，新加坡将扩大海外投资作为未来经济发展的生命线，推行国际化、高科技化和以服务业为中心的“三位一中心”的经济发展战略。

现在新加坡已进入稳定成长阶段，1993年经济增长率为9.9%。新经济策划委员会又及时制订了《经济策略计划书》，提出中期经济发展目标，以加强国际经济联系，继续调整产业结构和企业升级及尽量利用市场等战略措施来促进经济的增长，争取到1997年达到瑞士80年代中期的发展水平，人均国民收入提高到1.7万美元，使新加坡成为东南亚科技、资讯、金融、运输、设计和服务中心，并于2030年使人均国民收入达到2.5万美元，赶上美国。与此同时，新鉴于周围国家经济上都在你追我赶，提出新正在失去四大优势（工资成本、个人技术、工业用地、基础设施），又一次对新科技、投资、市场趋势作出迅速反应，以维持竞争力，在争取繁荣的竞争中同发达国家竞争。

新加坡政府对经济采取全面的干预政策，手段是通过宏观政策和占有企业来对经济进行干预。但同时政府也保持经济政策的稳定，创造了一个稳定的国内投资环境，增强企业对它干预战略的信心。1985—86年的衰退，人们曾预测新加坡的高成本生产前景暗淡，但是新加坡的经济不但从1987年起国内生产总值的增长率都很高，而且安然度过了1990—1991年的海湾危机。最近几年新加坡的经济增长远比香港、韩国和台湾快。高的增长使得投资和出口迅猛扩张，于此相反，高储蓄率及私人投资买房、买股等国内的个人消费增长并不显著。政府为了减少进口费用和国内的通货膨胀，这几年不断让新加坡元增值。从1993年起，新加坡政府频频鼓励当地厂商到中国、印度、东盟和越南等国去投资。吴作栋总理在新年献词中强调，新加坡人必须到海外投资，以创造海外经济的基础。新加坡政府把建立外层经济力量作为今后长期推行的经济战略。为配合海外投资战略的推行新加坡政府及主要法定机构制订了以下新的措施：

1. 建立相应的组织机构。主要有：海外企业促进委员会、区域商业理事会、生意协调委员会以及资料交换所等。这些机构的综合职能是，政府将作为协调员的角色，在促进本地企业向海外发展时提供各种方便，并通过健全法规和条例，为个人和家庭提供保障等。

2. 实行税务优待。《1993年度财政预算案》对千万海外发展的企业和个人在所得税上实行优待政策。在鼓励专业人员贡献方面，实行股息收入普遍税额减免；在协助企业寻求海外投资方面，实行促进出口时的批准开支，享有双重课税扣减；在对海外企业奖励方面，实行经批准的海外企业、经批准的海外投资种类，享有长达10年的税务豁免优待。

3. 配合形势制定政策措施。为推行该项新战略，政府各法定机构，积极改进现有的服务与措施，为商家提供新的服务项目。贸易发展局将现有的“市场发展协助计划”改为“市场与投资发展协助计划”，在此项计划下，本地公司可以向该局申请赞助高达50%的在海外发展市场或调查投资的费用或津贴；经济局，把本地企业现有的一本生产活动提升至策略管理层次，并协助本地企业建立企业网络，与更多的本地企业取得联系，为本地传统行业注入新生命力；生产力局，通过咨询方式协助已在海外投资的本地企业，提高他们海外子公司的生产力。上述措施与“95美景”三年计划向配套，以协助其经济重新发展。

重要经济数据

	1989	1990	1991	1992	1993
国内生产总值(亿新元)	574.6	661.7	730.3	790.8	890.1
国内生产总值增长率(%)	9.2	8.8	6.7	6.0	9.9
通货膨胀率(%)	2.4	3.4	3.4	3.4	3.4
人口(百万)	2.65	2.71	2.76	2.82	2.87
失业率(%)	—	—	1.9	1.7	1.3
出口总值(亿新元)	871	952	1019	1034	1195
进口总值(亿新元)	969	1098	1142	1175	1376
外汇储备(亿美元)	171	203	341	400	484
货币汇率(新元/美元)	1.95	1.81	1.73	1.63	1.62

资料来源:"EIU Country Report:Singapore"4th quarter of 1994.
"EIU Country Profile:Singapore"1994—95.

农　业

新加坡的农业在国民经济中占的比重很小,不到1%,其主要构成是园艺种植、近海养殖和家禽饲养。园艺种植主要生产蔬菜、蘑菇和观赏植物胡姬花(新加坡国花)。粮食和蔬菜均不能自给。粮食全部靠进口,80%的蔬菜从马来西亚、中国、印尼和澳大利亚进口。

1986年9月新加坡提出农业科技园发展计划,运用科学发展"非污化农业",以在有限的土地和人力资源条件下,提高农业生产率,增强农副食品的自给能力。同时,积极从事农业的研究与发展活动,力求使新加坡成为区域性农业科技中心。政府已划出农业科技园地2000公顷,并为高科技农业提供税收优待和投资津贴。80年代末,政府在罗央、淡滨尼、惹兰加田、义顺、万礼、双溪、加登、丰加、慕莱、阿妈宫和林厝港等地设立农业科技园。90年代,高科技农业和食品加工是新加坡进一步扩展的主要目标。

工　业

新加坡的制造业的支柱是电子电器、石油加工、运输装备3大项。

电子、电器业:新加坡的电子电器制造业发展十分迅速。政府从80年代开始,将注意力逐渐由原来的炼油业和船舶制造业转向该行业。1985—1987年该行业产值分别为104.75亿、128.27亿和175.93亿新元,分别占制造业总产值的29.5%、34.2%和39.1%。成为当时制造业由严重衰退走向全面复苏的主导因素。1993年,该行业的产值已占制造业总产值的46.4%;增加产值为283.18亿新元,占制造业总增加产值的32.4%;已成为制造业部门产值最大、人数最多的行业。而且,随着跨国公司积极参与技术密集和高增值产品的开发和生产,新加坡电子业已从简单加工装配发展到自行设计、生产。目前,新加坡已成为世界上电脑磁盘机和集成电路的主要生产国之一。

炼油业　新加坡几乎没有自然资源,但它却是世界上第三大炼油中心,仅次于美国的休斯顿和荷兰的鹿特丹。1985年以来,炼油业持续衰退,在1987年制造业全面复苏的情况下仍未见好转。这导致该行业在制造业的地位下降。炼油业持续衰退的原因主要是国际燃料油市场供过于求;邻国炼油能力提高,减少油品进口量。近年来,政府为了加强新加坡的石油加工转运中心的地位,注重调整炼油业投资结构,促进新产品开发和生产。外国石油跨国公司如英荷壳牌、美国埃克森、莫比尔也在80年代末期扩大在新加坡的投资，改善炼油设施，提高油品竞争力。1992年，炼油业产值为105亿新元，占制造业总值的13.8%，增加产值为17.9亿新元，占制造业总增加产值的7.4%，职工人数为3766人，占制造业就业人员总数的1.1%。1993年炼油业产值为119.5亿新元。

运输装备业　进入80年代后，受世界海运业不景气影响，该行业出现严重衰退。1985年营业额和出口额均降至1980年以来最低水平。1986年该行业出现转机。1992年产值为43.2亿新元，占制造业总产值的5.7%，增加产值为19.4亿新元，占制造业总增加产值的8.0%，职工人数为27024人，占制造业就业人员总数的9.0%。1993年运输装备业的产值为44.8亿新元。

建筑业　建筑业在80年代初期出现过繁荣的景象。1984年建筑业市场已明显出现供过于求的现象，之后政府把大力发展建筑业作为反萧条的手段，以带动其他经济部门的发展，使建筑业衰退幅度有所下降。1991年建筑业增长率高达21%，全年所签订的建筑合同总值达77亿新元，成为新加坡此年度增长最快的行业。建筑业所面临的严重问题是劳工短缺，尤其是建筑工人，其来源基本是依靠外籍劳工，这些外籍劳工主要是来自马来西亚、斯里兰卡和泰国的移民。1993年建筑业的产值是104.7亿新元。

交通、通讯业

新加坡的交通运输业发展较快，1980—1984年年均增长率为10.9%。1985年在国内发生严重衰退的情况下仍保持3%。1991年达8%，仅次于建筑业。

铁路　只有一条称作大众捷运系统的地铁，全长67公里，有东西、南北两条，共42站，连接商业、工业和住宅区。新加坡40%商业和工业区离捷运系统不远。

公路　有长堤与马来西亚相连。1993年公路总长为2837公里，其中高速公路约102公里，注册车辆65万辆，其中一半是小汽车。为缓解车辆增加而带来的交通拥挤现象，政府通过征收较高的停车费、养路费等对车辆的使用进行严格限制，并采取周末“拥车证”措施。这使新加坡的汽车增长速度低于经济增长速度。

水路　新加坡地处太平洋和印度洋的转运要道，是亚太地区重要的海运中心，也是世界第二大港。目前，有5个现代化港口码头，即裕廊工业港、丹绒巴葛码头、岌巴码头、巴西班让码头和三巴旺码头；有8个主要集装箱船停泊处和1个支线集装箱停泊处，这些港口码头具有先进仓储设施和电脑管理系统，使货物进出报关十分省时。新同世界上500个港口，80多个国家的500家船务公司有海运联系。1991年新加坡海运业营业额增加19%，达到11.92亿新元。同时，以进港船只的吨位计算，6度蝉联“世界最繁忙港口”的地位，抵港船只7万余艘。吞吐量达2.06亿吨；以集装箱量计算，保持“世界最大箱运港”的美誉，集装箱总装卸量在635万个标准箱，比1990年增加22%。

航空　新加坡主要商用机场有樟宜机场和斯乐达机场。樟宜（SIN）机场是新加坡国际机场，位于新加坡城东北20公里处，自1981年启用以来多次获“最佳国际机场”的桂冠，1991年名列世界第9大客运机场和第10大货运机场。扩建完成后每年可运输9500万名旅客。斯乐达机场供出租飞机和一般飞行活动使用。1991年货运量达64.37万吨，商用飞机升降5.68万架次。目前，新加坡已与52个国家和地区的100座城市通航。航班直达的主要国家和地区有独联体国家、北美、西欧、北欧及亚洲主要国家，并有包租的直升飞机到马来西亚和印尼。1992年7月2日，新加坡航空公司又开辟了直飞美国纽约的航线（每星期6个班次），成为世界第一家能使亚洲乘客分别飞跃两大洋前往美国东、西两岸的国际航空公司。

新加坡是国际通讯中心，它通过海底电缆、卫星系统提供服务，同世界上绝大多数国家有电信联系。它设有6条海底电缆，同东南亚、大洋洲、中东和欧洲的洲际电缆相连。在圣淘沙岛和武吉知马建立了2个地面卫星通讯站，与太平洋印度洋上空的卫星保持联系。公用电话在购物中心及旅馆广为使用。1991年全国拥有电话125万台，平均每2.2人1台，是亚洲仅次于日本拥有电话比率最高的国家。

服务业、旅游业

新加坡具有世界一流的旅游配套设施及服务水平。1993年服务业投入4.7亿新元，同时服务业创造了106亿新元的附加值。现在，在新加坡旅游促进局注册的旅店有66，客房24300间，非注册旅店80家，客房1480间；旅游业收入87亿新元，接待旅客541.4万人。其中来自东盟国家占31%、日本占16.1%、澳大利亚和新西兰占7.9%、欧洲占16.4%、美国和加拿大占5.8%。来新加坡的游客以每年递增10%的速度迅速增长，但是，旅游业由于其国内的零售业的相对滞后而受一定影响。根据新加坡旅游促进局1993年的调查表明，只有6%的游客认为新加坡的购物有吸引力。1993年日本游客人数因为日本国内的经济原因大幅下降，到1994年有所回升。到新加坡的游客平均逗留时间仍持续减少。

财政金融

新加坡经济建设高速而稳步地增长，与政府有效地管理财政和金融密切相关。稳健的财政金融政策，使新加坡成为高储蓄、低外债的国家。1991年国民储蓄总额达到331亿新元，占国内生产总值的46.9%。同时新加坡也是居东京和香港之后的亚洲第3大金融中心，1991年金融与商业服务业产值为166.92亿新元（按1985年市场价格计算），占国内生产总值的27.6，职工占劳动力总数的10.7%。

财政　1992年新加坡财政年度预算经常性收入为152.5亿新元，其中税收收入为63.4亿新元。经常性开支为91.4亿新元，其中人力（支付工资）开支为23.6亿新元。加上其他收支因素，此年度盈余总额为33.6亿新元。

银行　新加坡共有商业银行134家，其中全国性银行36家，限制性银行14家，境外银行84家。另外还有金融公司31家，证券银行60家，贴现银行4家，国际货币经纪行9家，外国银行办事处46家。全部商业银行中，本地银行仅占13家，主要有：亚洲商业银行、新加坡银行、远东银行、工商银行、新加坡国际银行、华侨银行、华联银行和发展银行。新加坡于1968年创办亚洲美元市场，随着其国际金融中心地位的确立，经营亚洲美元货币单位的银行由1980年的115家增加到1990年的约200家，资达数千亿美元。

股市　新加坡的股票市场较小，在世界上十分引人注目。新加坡股票交易所是1973年从新、马两国联合股票交易机构分离出的，经过近20年的发展，成为新加坡长期资金主要筹措市场。1980年10月，新加坡股票交易所正式加入国际交易所联合会。1991年新全年股票交易总额为305亿新元，比90年下降17%。

对外经济关系

对外贸易　新加坡是少数几个贸易总额大于国内生产总额的国家之一，奉行自由贸易政策，不象台湾、韩国那样容易受到贸易保护主义的冲击。1991年，新加坡贸易总额为2972.7亿新元，其中出口额为1380.4亿新元，占46.3%，进口额为1592.1亿新元，占53.7%，贸易总额为国内生产总值的3.3倍。

在进出口商品结构方面，进口商品主要有：石油、石油产品、办公室自动化设备、电力设备、纺织品、科学与光学仪器、乐器、塑料、工业机械、动力设备、原胶、钢材、船舶、钻油台、汽车等；出口商品主要有：石油产品、办公室自动化设备、原胶、成衣、通讯设备、科学与光学仪器。

主要贸易对象　百万新元

出口	1989	1990	1991	1992	1993
美国	20291	20246	20103	21779	24292
马来西亚	11915	12449	15236	12925	16942
香港 1 5	5505	6186	7347	8081	10364
日本	7448	8302	8836	7857	8921
泰国	4806	6310	6401	6442	6805
德国	3119	3825	4263	4389	4747
台湾	2622	3422	3621	4188	4641
英国	2927	3031	3082	3003	3575
中国	2334	1443	1485	1811	3068
澳大利亚	2550	2337	2517	2457	2702

进口	1989	1990	1991	1992	1993
日本	20669	22146	20103	24753	30111
马来西亚	12784	14964	17383	17287	22670
美国	16605	17581	18030	19341	22360
泰国	2243	2974	3629	4365	5676
台湾	4373	4678	4681	4721	5458
沙特阿拉伯	4658	5863	5864	6018	5359
香港	2739	3365	3434	3587	4339
德国	3505	3899	3650	3839	4203
英国	2716	3376	3286	3281	3593
法国	2167	2646	2933	2927	3131

资料来源：“EIU Country Profile：Singapore，Bruinei” 1994-95.

对外投资　新加坡政府因为国内土地和劳动力的限制大力提倡新加坡的制造业公司投资海外。估计新加坡到1993年7月在海外约有160亿新元的投资额。但是其中的一些投资是不动产，而不是制造业。根据美国的数据显示，新加坡在美国的投资1993年有所下降，对中国的直接投资明显增加。根据中国的官方数据，到1994年，新加坡已是中国的第五大投资国。

外国直接投资　新加坡自独立以来，一直十分重视利用外资来促进本国经济的发展，并积极推行外资来源“多边化”政策，以扩大外资来源。70年代末起，外国在新加坡的直接投资迅速增长，投资由原来侧重石油、船舶等制造业，转向电子计算机和电子产品。外资承诺额1986年为12亿新元，1990年增至22亿新元，1991年又达到25亿新元。截至1991年底，外国在新加坡制造业的直接投资累计已达达222.49亿新元。从投资行业分布上看，多集中于电子产品及机械产品，二者分别占外国投资总额的42%和13%，其他领域如石油、化工业等共占45%。从来源上看，美国居首位。1991年投资额为9.8亿新元，占外资总额的39.3%，主要集中于电子配件、电讯设备、电器产品和精密医疗设备等行业；日本投资7.3亿新元，占29%，居第2位，主要集中于电子和化学工业，欧共体为3.2亿新元，占20.9%。

外债　新加坡的官方外债额很少，1993年底是1160万新元。新加坡所有外债1992年底是47亿新元。

与中国的经济关系

1993年中新关系继续深入发展。中新贸易总额达48.9亿美元，比1992年增加67%。1992年一年新加坡在华投资等于过去3年的总和，到1992年年底投资总额达19亿美元，投资项目1300多个，1993年新加坡在华投资达29.5亿美元，相当于过去14年在华投资协议金额的150%，是东盟在中国投资最多的国家。目前，厦门市正吸引更多的新加坡客商前往投资。一些早已在厦门开业的新加坡商人,也准备大幅度增加投资额,扩大投资范围。新加坡江成有限公司过去8年,已经注入资金2亿多新元,今后准备再注入3.5亿新元。据有关资料显示,新加坡在厦门的投资已达54项,投资成功率高达80%。此外,新加坡糖王郭鹤年旗下、丰隆集团、黄延方大华集团也在厦门投下巨资。

华人经济

新加华人人口数236万。在东盟六国中,新加坡的华人地位最好。在经济表现上,华人一向较马来人与印度人突出,新加坡本地的主要大财团,几乎是清一色的华裔人士。目前,新加坡工业总产值中,54.4%来自外国资本,完全本地资本(主要为华资)占20%,本地与外地合资的工业资本占25.5%,其余指标如工业就业人数与附加值亦以全外资为主。在全外资合资的工业中,有部分是港、台及其他东盟国家的华人资本,因此,华人在新加坡工业产值等方面所占比例要比统计的数字还要高。新加坡华人则以李成伟、郭芳枫与黄祖耀为巨富。李氏家族的财富起自其父李光前,李光前是战前东南亚首富陈嘉庚的女婿。李光前不负陈的大力栽培,在金融及种植业奠定了稳固的基础,到了李成伟兄弟三人,事业更上一层楼,开始多元化经营,扩及酿酒、船厂与欧美大企业合作,其家族财产达49亿美元。郭芳枫则在金融、地产以及酒店为主,整个郭氏集团旗下约有200家公司,资产近13亿美元。黄祖耀则以银行、地产业为主,他属下的大华银行、大华置业、虎豹兄弟三大公司,资产达28亿美元。

菲律宾
(Philippines)

现代国际关系研究所　丁传红

名称:菲律宾共和国

国土面积:29.97万平方公里

耕地面积:1310万公顷

人口:6703万(1994年)

国内生产总值:1.693万亿比索(合641.3亿美元,1994年)

人均国内生产总值:2.525万比索(合956.4美元,1994年)

货币名称:菲律宾比索

汇率:1美元=26.4比索(1994年)

概　况

菲律宾土地肥沃,气候宜于农作物生长。渔业发展潜力较大,矿产资源较丰富,主要矿藏有铜、金、银、铁、铬、镍等20多种。地热资源也较丰富,估计热能相当于20.9亿桶原油藏量。森林面积1250万公顷,出产红木、樟木等名贵木材。

自1946年7月独立以来,经济以农业为主,工业基础薄弱。在经历过50—60年代进口替代和70年代出口加工业之后,制造业和农业成为国民经济的两大支柱。进入80年代,在世界经济危机的影响下,国民经济明显恶化,1980—1983年年均经济增长率由70年代的5—7%降至2.7%,1984、1985年更连续出现-7.1%和-4.2%的负增长,衰退达到谷底。1986年2月,阿基诺夫人上台后,采取了一系列改革措施:打破马科斯家族对重要经济部门的垄断和特权;实行国营企业私有化；发展市场经济；取消进口限制和外汇管制，大力吸引外资；实行土地改革等，并制定了1987—1992年中期发展计划，经济恢复取得了一定成绩，1986—1989年，国民生产总值实际年均增长率达5%左右。但自1989年下半年起，由于天灾人祸不断，经济出现严重衰退，1991年国民生产总值增长率降至0.5%，远远落后于东盟其他国家的发展水平。1992年6月，菲德尔·拉莫斯当选为新总统以来，积极制定和实行一系列经济改革措施，利用一切优势，全力以赴振兴经济，使经济逐渐摆脱困境，尤其是1994年，经济呈现了全面复苏的景象，取得了引人注目的成就：1）经济增长率呈显著上升趋势。据菲国家经济发展署公布，1994年国民生产总值实际增长率达5.1%，不仅超过1993年2.5%的增长率，而且超过政府原定的4.5%的增长目标。其中公共事业部门的生产增长率最高，达13.8%；其次为工业部门，增长率达6.1%，其中建筑业和制造业发展最快，增长率分别为10.9%和5.1%；农业获得丰收，粮食产量达970万吨左右，增长率达2.4%，略高于1993年2.1%的增长率；服务业收入增加了3.8%，高于1993年2.5%的增长率。2）对外出口和国内外投资额大幅度增长，成为菲经济增长的两大支柱。据不完全统计，1994年头10个月，对外出口总额达110亿美元，比1993年同期的92.1亿美元增长19.4%，全年的出口总额估计达134亿美元。国内外投资总额全年高达166.8亿美元，相当于1993年(39.6亿美元)的4倍多，其中国内外直接投资额增至56.5亿美元。尤其值得指出的是，外国直接投资有大幅度的增长，据部分统计数字显示，1994年上半年的外国投资净额达7.2亿美元，超过1993年全年的外国直接投资额6.1亿美元。出口和投资的迅速增长提供了134万个就业机会。3）财政金融状况好转。长期以来，政府面临债台高筑、财政赤字巨大、外汇储备不足等困境，但自1994年以来，财政拮据状况有所改善。据报道，1994年收支盈余高达7.1亿美元，这是10年来政府第一次获得财政收支盈余，1993年财政赤字高达5.01亿美元。由于外国投资大幅增加及几十万名菲海外劳工每年给本国创汇约25亿美元，因此外汇较为充足，至1994年11月底，菲的外汇储备高达70.07亿美元，较1993年同期的53.53亿美元猛增31%。国内银行业的贷款、存款额不断增加，据估计，1994年银行业的净收入较1993年猛增10—15%。随着财政金融状况的好转，政府偿还外债的能力也在增强。此外，失业率有所下降，各行业在职人员的薪金也不断有所增加，因此人民的生活水平也有所改善。

菲律宾所取得的经济成就是与拉莫斯政府所推行的一系列重大政治和经济措施分不开的。(1)政局稳定是经济增长的根本原因。拉莫斯认为，政局稳定是发展经济的根本保证，为此，拉莫斯采取了一系列稳定政局的措施并取得了良好的效果：目前国内消除了政变的威胁；以拉莫斯为首的执政党人民力量党在国会中与最大的反对党—民主战斗党继续保持合作，使政府一系列改革措施能在国会通过。双方已签署协议，决定在1994年5月的国会中期选举和地方选举中推选共同的候选人，这将可能使执政党在国会中由少数党地位上升到“多数党”地位；国内治安进一步好转，拉莫斯积极争取民族和解政策取得一定成效，政府改组了国家警察部队，恢复死刑，打击犯罪团伙。(2)经济改革措施和优惠政策取得明显成效。1994年菲政府制订了开放金融市场、鼓励私人和外国资金投入基础设施建设及改革税制等三项重大改革措施，这些改革措施有效地吸引了私人和外国投资。迄今，已有10多家外国银行申请在菲设立分行。此外，政府制定了一系列优惠政策，如鼓励外商到出口加工区和工业园地投资，苏比克经济特区共吸引107家公司，投资总额为6.57亿美元，克拉克经济特区共吸引50家公司，投资总额为2.5亿美元。政府还与马来西亚、印尼和文莱达成协议，筹建东盟经济成长三角区。1994年11月，菲与其它三国签订了约10亿美元的投资和贸易协议。(3) 电力、电信及交通业的改善促进了经济发展。自1993年9月以来，长期困扰菲经济发展的电力严重短缺问题已得到解决。1994年，政府继续大力发展电力，并制订了2010年能源发展计划，为经济持续发展提供能源保证。为加速发展电信业，拉莫斯打破了长途电话公司对电信业的垄断，鼓励竞争，鼓励外商参与发展电信业，使电信业出现了前所未有的繁荣局面，1994年吸引外资32.8亿美元。迄今新增电话线路约38万条，使电话密度由两年前的每百人平均1.4台上升到2.3台。此外，全国海、陆、空等交通设施也在不断改善。(4) 拉莫斯推行的经济外交政策效果显著。拉莫斯上台以来，出访和接待来访的国家将近20个，主要是亚洲、东南亚及欧洲国家，包括美国及日本。这些外交活动使菲与各有关国家共签署了124亿美元的投资和贸易协议，其中27亿美元的协议已着手执行，其余协议也在进展之中。

目前，仍存在一些不利经济发展的问题和困难：一是贸易逆差居高不下；二是基础设施仍未摆脱陈旧落后状况，政府需在未来10年投资约400亿至500亿美元才能改造好它；三是外债仍高达300多亿美元。此外自然灾害对经济发展的威胁不可低估，尤其对农业影响大、变数也大。这些问题对经济的快速发展势必造成障碍，但多数外国经济分析家和菲工商界人士对菲的经济前景抱着乐观态度。美国著名的投资公司所罗门兄弟公司最近在报告中指出，目前菲的经济与政治态势处于10多年来的最佳状态，其政治与经济因素的结合将推动菲经济在1995年和未来持续增长。菲政府预计，1995年菲经济将会达到6—6.5%的增长，并预计菲将会实现中期经济增长目标，即至1998年，菲经济增长率将达10%左右，人均国民收入也将由目前的800多美元上升至1000多美元。拉莫斯政府还争取在2000年跃入亚洲新兴工业化国家行列。

重要经济数据

	1990年	1991年	1992年	1993年	1994
国内生产总值（10亿比索）	1073.1	1244.4	1346.0	1457.6	1693.0
国内生产总值实际增长率（%）	2.7	−0.5	0.1	2.0	4.5
消费品价格通货膨胀率（%）	14.2	18.7	8.9	7.6	9.1
人口（百万）	61.48	62.87	64.26	65.67	67.03
出口值（百万美无）	8186	8840	9824	11375	13397
进口值（百万美元）					
经常项目收支（百万美元）	−2695	−1034	−1000	−3289	−4159
国际储备（百万美元）	924	3246	4403	4676	6600
外债（10亿美元）	30.4	32.2	32.6	34.3	39.0
外债偿还额（10亿美元）	3.59	3.40	4.89	3.83	4.19
财政赤字占国民生产总值比率（%）	3.4	2.1	1.2	1.4	0.4
汇率（美元：比索）	24.31	27.48	25.51	27.12	26.40

资料来源："EIU Country Report：Philippines" l th quarter of 1995.

农 业

菲律宾是农业国，农村人口约占全国总人口的71%。农村劳动力人数约占全国总劳动力的52.7%。可耕地达1400万公顷，占全国土地总面积的46.9%。近年来，由于经济发展及产业结构的变化，农业在国民经济中所占比重有所下降，1978年至1992年，农业在国内生产总值中所占比重由30%降为25.2%。农业可划分为两大类：一类为粮食作物，主要是稻谷、玉米，约占耕地面积的2/3，供本国消费为主；另一类为经济作物，主要是椰子、甘蔗、蕉麻、烟草、香蕉、菠萝、橡胶、咖啡、芒果等，占耕地面积的1/3，以供应国际市场为主。

70年代以前，由于政府忽视农业的发展，粮食问题一直没有得到解决。1973年至1974年，政府分别制定了“稻米99丰收”方案（即每公顷水稻产量为99袋，4356公斤）和“玉米丰收”方案，采取了一系列措施以提高水稻和玉米的产量。经过多年的努力，初步改变了经济作物出口、粮食进口的单种植制的经济结构，1976年已基本实现大米自给。自1988年以来需进口少量稻米，1994年稻米产量达1050万吨，较1993年增加了11.3%。1993年，内阁批准了一个旨在提高粮食产量和粮食自给的五年农业发展计划。据农业部长罗伯托·塞巴斯蒂安说，该计划将耗资1200亿比索，力争到1998年使农业实力上一个新台阶。该计划的资金将来自当地的财政拨款和外国的发展援助。该计划的实现能使水稻产量到1998年翻一番，达到每公顷水稻田产稻5.4吨的高产水平。玉米从70年代末就可自给，但牲畜的玉米饲料每年都需进口。目前政府正把增产稻谷的经验用于其他作物，实行以推广黄玉米高产品种为目标的“麦桑99计划”，以及提高黄、白玉米及饲料作物产量为目标的“麦桑77计划”，以图改变净进玉米饲料的被动状况。1994年玉米产量较1993年下降了5.8%，即由480万吨降至450万吨。

椰子、甘蔗、蕉麻、烟草是菲的四大传统经济作物。政府在发展粮食生产的同时也继续积极发展传统经济作物，使四大经济作物的种植面积和单位产量都有增长，保持在世界市场上的领先地位。菲律宾素有“椰王之称”，它提供世界市场全部椰产品的60%左右，椰树种植面积占农耕地的20%以上，全国约1/3的人口依靠椰业的收入为生。近年来，由于椰树老化，椰子产量有所下降，菲政府正在实行再种植和重新修复老树的计划，并得到世界银行支持。菲律宾栽培糖蔗的历史悠久，种植面积45万公顷左右，全国约有250万人直接或间接依靠糖业谋生。菲律宾的蕉麻具有纤维长、结实、特别耐海水及易干等特点，是制造船艇绳缆的重要原料，在国际市场上享有声誉。过去，蕉麻产量一直居世界首位（占有世界产量的96%）。战后，美国利用中美洲产品，压低蕉麻的价格及减少收购量，使蕉麻产量大为减少，到1987年产量仅7.3万吨。烟草在国民经济中也占有重要地位，吕宋的雪茄烟曾闻名世界，战后由于美国剩余烟草向菲倾销，菲的烟草市场缩小，种植面积及产量均不断下降。

菲律宾的林业资源丰富，但由于长期无计划砍伐，面积逐年减少，据统计，1976年至1987年，森林面积由1330万公顷减至1100万公顷，从70年代初开始，林产品一直呈下降趋势，近年来政府加强对森林的管理，取得了效果。

菲律宾的渔业资源也很丰富，产鱼区面积达35.8万平方公里，无论远洋渔业、近海养殖渔业都很有发展前途。80年代末渔业已成为菲的重要创汇部门，其产值已占国内生产总值的5%。政府为促进渔业发展，除鼓励私人企业购买吨位较大、装备较好的渔轮和拨款给渔民购置动力渔船及新式捕捞设备外，还向国外银行借款，增建近海及远洋大型渔船，兴建现代化渔船、渔业专用码头及冷藏设备。

制造业

自70年代以来，政府一直在鼓励发展非传统工业制品出口业，目前制造业已是菲工业中最重要的部门，在国民生产总值中所占比重超过农业。1992年制造业产值占国内生产总值的25.2%。1994年制造业产值较1993年增长了5.1%。制造业主要是制糖、椰油、卷烟、食品、锯木、造纸等初级产品加工工业，此外有纺织、水泥、制革、橡胶、医药、汽车装配和石油加工等工业。化学、金属加工、机器制造等重工业很少。目前半导体电子业是菲制造业重点发展的行业之一，且具有一定的规模。在出口方面，电子产品多年来一直是菲的首要出口产品，其出口额占本国出口总额20%以上。1994年半导体和电子器件创汇达49亿美元，在本国出口总额中占36.5%。据菲半导体电子业基金会说，菲现在被认为是世界上最大的半导体装配国之一。目前该业雇用工人已达9万多人，约占整个制造业劳动力的5%。1994年该业吸引的投资达256亿比索，比1993年的56亿比索剧增了357%。此外，自70年代以来，菲政府在巴丹、碧瑶、甲美地、马克坦等地设立了4个大型出口加工区，并以各种优惠待遇吸引了国内外大量投资，生产效益良好。

矿业

菲的矿产资源虽丰富，但绝大部分矿产品都供出口，没有本国的冶炼工业。金属矿采掘公司有27家（其中铜矿11家、锰矿和水银矿5家、金矿5家、铁矿4家、铬铁矿2家），非金属矿采掘公司有67家。矿业部门的出口收入为5.1亿美元，其中铜矿占46%。矿产的平均采掘率只占已探明的矿藏量的1.4%弱，已进行过地理勘探的面积还不到全国土地面积的10%。菲律宾虽然蕴藏有丰富的石油，但尚未进行全面的勘探。近年来，政府正积极进行煤矿和石油的勘探和开发工作，并已取得一定成效。

能源

主要包括石油、煤炭和电力工业，此外地热、水力资源也有开发。但由于勘探、开发能力有限，能源消耗以石油为主，且主要依赖进口，每年需付出大笔外汇。为解决能源问题，政府1977年制定10年能源开发计划，积极开发国内的各种能源，以减轻对进口石油的依赖，收到了一些效果。1973年菲有95%的能源依赖进口，1983年减少到65%，1985年又降到51%。与以前相比，菲能源结构已有所变化，1982年石油消费在能源消费结构中的比重由战后最高时的100%降为82.4%，水电、煤炭、地热和非传统能源的比重为17.6%。能源自给率有了较大幅度的提高。近年来，继续开发沿海油田，已在靠近南中国海的巴拉望岛附近发现了菲最大的油气田。储量为3.5亿桶。1991年菲原油日产仅有3000桶，预计新发现的三个油气田到本世纪末可日产27万桶原油，届时能满足菲原油需求的80%。

菲政府计划大力开发地热和煤炭发电能力，其中煤炭发电在1987至1992年间以年均12%的速度上升。地热发电作为商业性的大量开发始于1979年，其生产规模现在仅次于美国而居世界第二位，而且还有大规模的地热发展项目在建设中，菲律宾国有石油公司的一个附属公司计划在1988年至1996年间打出327座地热井，并至少改造14座地热井。煤炭总储量估计为17亿吨。1979年产量为30万吨，80年代末产量稳定在130万吨左右。大约2/3的煤炭需求要靠进口。

近年来菲经济不景气的重要原因之一是电力危机。电力危机始于1989年，1993年初首都马尼拉地区每天停电6—8小时。据估计，1993年因电力危机造成的经济损失达14.3亿美元，缺电严重地制约了经济的发展。拉莫斯总统自1992年6月就任以来，一直将解决电力危机作为其振兴经济的头等大事，并采取一系列措施：一是设立能源部；二是国会于1993年批准拉莫斯总统拥有处理电力问题的特别权力；三是制定发展电力的计划和增加发展电力的资金投入。1993年4月，政府已批准了一项耗资8500亿比索用于发展电力的12年计划。此外政府还积极吸引外资发展电力工业。目前菲电力危机已基本解决，从1993年11月起，马尼拉地区基本上没有停电现象。

交通、通讯业

菲律宾以公路运输为主，货运总量的60%和客运总数的80%依靠公路运输。铁路主要集中在吕宋岛。航空运输主要由国家航空公司经营，全国各主要岛屿间都有航班。

菲的主要公路线集中在吕宋岛，其干线公路南北走向，途经各省省府，所经之地都是菲律宾物产比较丰富的地区。公路总长16.23万公里。

主要铁路运输线有3条。一条在吕宋岛，全长1000多公里，由国营的马尼拉铁路公司经营；另外两条在班乃岛和宿务岛，由私营公司经营，铁路总长1200公里。

水路的远洋航运业主要由外国公司经营，进出口商品主要由外轮运载。1980年以后，水上运输有较大发展。目前，有货轮3952艘，总吨位1531万吨，全国共有607个港口，主要港口为马尼拉港、宿务港。第一大港口马尼拉港的年吞吐量为1874万吨。1994年装卸的货物达1.23亿吨，较1993年增加了6%，运载的乘客总人数达4100万人，较1993年增加了13.9%。

航空全部归国营菲律宾航空公司经营，航空运输主要集中在马尼拉国际航空港。共有87个国营机场和143个私人机场，其中6个为国际机场；主要有马尼拉、宿务、达沃、达格罗班、三宝颜。有国际航线29条。

通讯邮电业较为落后，全国平均60多人一台电话。在大马尼拉地区以外，通讯设施也较落后，尤其是传真通讯。电信业主要由私人公司承办，经政府和交通通讯部下属的“国家电信委员会”特许后开业。电话服务业主要由私营长途电话公司经营，为全国90%以上的电话用户提供服务，其余电话用户由另外的55家小型地方企业提供服务。

旅游、服务业

近年来政府十分重视把发展旅游业作为菲经济恢复和发展的重要途径之一。目前旅游业已是菲外汇收入的主要来源之一。1990年旅游收入达4.63亿美元，占国民生产总值的1%。近年来随着游客的迅速增加，旅游收入也大幅增长，据菲资料报道，1993年旅游客达137万人次，较1992年的115万人次增长20%，旅游收入达21.2亿美元，较1992年增加50万美元的收入。1994年游客达157.3821万人次，较1993年增长14.6%，创近年来旅游人数最高记录。主要旅游点有：巴纳韦高山梯田、碧瑶、马尼拉、巴克山寒飞瀑、塔尔和马荣火山、宿务、三宝颜、百胜滩、兰色港湾等。主要游客来自美国、日本、香港、台湾、韩国、澳大利亚及欧洲国家。

服务业近几年来产值也有较快发展，由1986年的607亿比索增至1991年的850亿比索，占国民生产总值的比例由9.7%增至12%。1994年的服务业产值较1993年增长了3.8%。

劳务输出

据政府统计，菲海外劳工人数超过其总人口的6%，约4—5百万人以上，分布在全世界一百多个国家，其中以中东的阿拉伯国家最多，主要是建筑和技术工人，在香港、台湾及新加坡，女佣已成为菲海外劳工的主力军，目前菲是海外最大的劳务市场之一。1994年，菲海外劳工汇回国的外汇高达80亿美元，成为外汇主要来源之一。为了保护菲劳工在海外的权益，菲参议院特别会议于1995年5月26日通过了一项菲海外劳工法案，根据这项法案，将成立海外劳工法律福利委员会，以确保菲海外劳工获得及时而适当的法律帮助。同时设立400万美元的菲海外劳工贷款基金，帮助回国的海外劳工参与本国的经济活动。此外还将设立资源中心，会同菲外交部、劳工部及其他有关部门帮助海外劳工。

财政金融

菲政府财政收入主要来源于税收。财政开支分为经常行政费用开支、资本支出、政府贷款和偿还债务支出等。为促进经济发展，政府长期推行赤字预算政策。1952年至1982年，财政赤字由1.53亿比索增至120.24亿比索，增长78倍。近年来政府主要采取增税、举债、增发货币及缩减政府行政开支等办法减少连年出现的巨额财政赤字。据统计，1990年至1992年，财政赤字由336亿比索降至115亿比索，货币发行量由1987年的538亿比索增至1992年的1175.4亿比索。1994年财政盈余达181.7亿比索，这是10年来第一次出现盈余。外汇储备由1993年的46.76亿美元增至1994年的66亿美元，同期，通货膨胀率由7.6%增到9.1%左右，外债由343亿美元增至390亿美元。

菲银行机构按其职能可分为菲律宾中央银行、商业银行、储蓄银行（含储蓄与抵押银行、股份银行与借款银行及私人开发银行）、农村银行、政府的专业银行、外国和地区银行的离岸业务单位和代办处等。至1992年，共有25家私人国内银行，2家政府银行，4家外国银行的分支机构。目前菲国内较大的银行有：菲律宾中央银行：1949年成立，控制全国的金融系统。1993年7月，政府改组菲律宾中央银行。至1993年12月底，改组后的菲律宾中央银行的资产由原先的2908亿比索增至5180亿比索。菲律宾国家银行：1916年成立，属国家所有，是本国最大的银行，总资产由1993年的1317亿比索增至1994年的1368亿比索。菲律宾开发银行：1946年作为一家恢复后的金融有限公司而成立，隶属于菲律宾政府，为本国工农业发展提供长期贷款，固定资本25亿比索，储蓄额28.08亿比索（1989年），有59家分支机构。菲律宾土地开发银行：1963年成立，为政府土地改革项目提供财政支持。固定资本18亿比索，有28家分支机构。对农民和渔民提供的金融援助由1992年的74亿比索增至1993年的91亿比索。1993年的净收入达9亿比索，较1992年增长5%。此外，菲政府于1995年初正式批准美国、日本、泰国、新加坡、澳大利亚、韩国及台湾等10家银行在菲营业。

菲有两家大的股票交易所。股票市场较为活跃，股市行情随着内外局势及经济政策的变化而发生波动。1984年股票交易额1.26亿美元，1986年起上升，1987年增至13.8亿美元，1989年更达117亿美元的最高纪录。1990年由于海湾战争和国内经济发展放慢，降至11亿美元。1991年有所上升，达74亿美元，至1992年，升至200亿美元。

对外经济关系

菲律宾同美国、日本、德国、荷兰、英国、中国、东盟六国、韩国、沙特阿拉伯、科威特等国家以及港、台都有经济关系，其中同美国、日本和港、台地区及东盟六国的经济关系最为密切。美国一直是菲的最大出口国，1988年之前及近年来，美在菲的投资额占第一位。日本是仅次于美国的第二大出口国，在菲投资不断增加，是菲的第二大投资国。美日两国都是“援菲方案”的主要捐助国。菲同东盟其它国家的经贸合作关系日益密切。此外，台湾也不断发展同菲的经济关系，近年来对菲投资增加较快，成为菲的主要投资者之一。

对外贸易方面，菲政府自70年代以来推行出口商品多样化以及外贸市场多边化的政策，进出口商品结构发生了显著变化，非传统出口商品如成衣、电子产品、工艺品、化肥等出口额已超过传统初级产品的出口额。根据1991年8月实行的关税改革，进口品按价征收3%—50%的税收。为了达到“国际货币基金”规定的预算收入指标，政府于1991年1月实行进口附加税。临时定为9%，至同年8月减少为5%，1992年5月完全取消。和东盟国家签订的互惠贸易协定从1978年开始生效，互惠贸易包括一些指定的商品，如大米、糖、原油、水泥和化工产品等。近年来，政府大力鼓励发展对外贸易，并取得较大成绩。1993年，菲对外出口总额达112.59亿美元，较1992年增长14.7%，1994年对外出口总额达134.3亿美元，较1993年增长18.1%。但对外贸易逆差仍然较大，1993年对外贸易逆差由1992年的46.95亿美元增至63.6亿美元。此外，同东盟其它国家的贸易也有较大增长，据报道，1994年，菲向东盟其它国家出口额达13.67亿美元；较1993年增长79.88%，占菲出口总额的10.2%；菲从东盟其它国家的进口额达24.6亿美元，较1993年增长29.68%，占菲进口总额的11.6%。

外国直接投资方面，自菲政府不断放宽投资政策鼓励外商在本国投资以来，外国投资在菲投资总额中的比重不断增加，超过了菲国内私人投资。自1980年至1991年6月，菲的直接、间接外国投资总额共达223亿美元，其中日本投资63.2亿美元，占第一位，美国为41.7亿美元，居第二位，欧洲国家为26.7亿美元，香港为24.4亿美元，韩国为8.348亿美元，澳大利亚为4.494亿美元，新加坡为4.367亿美元，中国为0.252亿美元，台湾为11.5亿美元，其它亚太国家共2.67亿美元。1994年的外国直接投资有较大幅度增长，据不完全统计，1994年1—5月的外国直接投资额达6.026亿美元，较1993年同期增长约2倍。

外国援助方面，菲主要靠美国、日本、西欧国家和国际金融组织。1985—1990年，菲获得外国官方发展援助共达104.197亿美元，其中“经济合作与发展援助组织”的援助51.944亿美元，占第一位，日本的援助22.969亿美元，占第二位，美国的援助13.55亿美元，占第三位，其他援助来自德国、加拿大及多边援助等。1991年外国援助总额为6.33亿美元。

与中国的经济关系

自1975年菲中建交以来，两国政府签订了贸易、文化、民用航空、科学技术和旅游合作等各种协定。两国的经贸关系呈现日益发展的趋势。据统计，1981年至1991年，两国的双边贸易总额由2.73亿美元增至3.83亿美元。自1987年以来，中国为了帮助菲解决能源和交通运输困难，向菲出口了近250辆汽车，并于1992年在菲设立驻外客车技术中心。1990年12月，李鹏总理访菲时，无偿捐赠30万吨石油和100辆公共汽车。1992年初，中国在菲投资2亿美元建立火力发电厂，中国首钢获准在菲投资7.5亿美元与马尼拉夏申道集团合资设立首家综合钢铁厂，年产钢100万吨。拉莫斯于1992年上台不久即与中国签订了投资保证协定，并表示迫切希望两国有更多的经济合作。1993年4月25日至30日，拉莫斯在访华期间，中菲双方签署了3项官方经贸协定，即1993年的中菲消费品进出口协议；1993—1994年中菲旅游合作协定；中菲经济技术合作协定。根据协议，1993年两国贸易额将由1992年的3亿多美元增至4—6亿美元，今后几年内将争取达到10亿美元。中国还同意向菲提供2500万美元的贷款，用于购买中国的水电设备，并向马荣火山灾民提供250万元人民币的物资援助。中菲两国企业界人士在北京和上海两地共签署了14项合资项目。拉莫斯的访华进一步加强了两国的经济合作关系，据报道，1993年双边贸易额由1992年的3.647亿美元增至4.947亿美元，据中国经贸部初步统计，1994年双边贸易额达7.48亿美元，为中菲建交以来最高纪录。此外，菲中两国在科技、承包工程及劳务方面也加强了交流与合作。

泰　国
(Thailand)

现代国际关系研究所　马燕冰

名称：泰王国

国土面积：51.4万平方公里。

耕地面积：19.532万平方公里

人口：6040万（1994年）

国民生产总值：3.48万亿铢（合1375.5亿美元）

人均国民生产总值：5.2751万铢（合2085美元）

货币名称：铢

汇率：1美元=25.30铢（1994年）

概　况

泰国历史上是一个农业国家，二次世界大战前后经济主要依赖于农业。从60代起，有计划地发展经济，先以发展进口替代工业为目标。70年代以后，转向发展出口商品生产，向外向型经济转变。80年代中期以来，经济发展速度加快，年平均增长率均在7%以上。同时，长期保持了低通货膨胀的记录，出口结构改善，外国投资踊跃，经济实力加强，据世界经济机构统计，经济增长率排世界第八位，是世界第三位最具投资吸引力的国家，仅次于中国和越南。随着经济的稳定发展，到下世纪初，泰国有可能成为亚洲的又一条“小龙”，跻身于新兴工业化国家之列。

最近几年，泰国的经济取得了巨大的成就：1987—1990年间国内生产总值年均增长率为11.1%，1991—1992年虽然受到海湾战争和国内政局动荡的影响，但经济增长率仍达7.5%，1994年均经济增长率为8.2%，排世界第八位，在东盟国家以及整个亚洲名列前茅。人均国民生产总值从1960年的100美元上升到1994年的2085美元；1994年对外出口总值428.1亿美元，比1993年增加18.5%，外汇储备从1986年的38亿美元上升到1994年302亿美元。

但是随着经济高速的发展，泰国经济中存在的一些问题逐渐暴露出来，主要问题有：1）基础设施严重不足，近几年的电力、电话、码头、自来水和公路等设施已形成“瓶颈”状态。据曼谷银行统计，估计泰国每年仅由于交通阻塞而造成的经济损失就达130亿铢，这一问题已直接影响到外国投资的进入；2）技术人才严重短缺。泰国普遍缺乏熟练劳动力，尤其是工程师和企业管理人员。工业化国家中每百万人口中应有工程师500人，泰国仅有68人。而韩国、台湾和新加坡则分别是700、1200、1400名，这一问题将严重制约未来泰国经济的发展，3）地区经济发展不平衡，收入差距加大。目前泰国工业生产总值的78%来自曼谷地区，北部、东部和南部分别只占3%、5%和2%，大部分投资也集中在曼谷和中部地区。1989年人均国民收入1200美元，曼谷和中部地区的为2300美元，东部地区仅400美元，这种状况拉大了泰国经济发展中的地区差距；4）自然资源和环境日益恶化。森林覆盖面积由1951年的60%减少到1994年的20%，矿区受到非法开采，矿藏资源受到很大破坏，河流和沿海地区的水流污染问题十分严重，土地碱化程度大副度上升。

为了进一步克服国内经济发展中存在的问题，适应世界经济形势的变化，泰国政府在完成前六个经济与社会发展计划之后，自1992年开始实行第七个经济与社会发展五年计划。提出了五年经济和社会发展总目标：即保持适当经济发展速度，使经济持续稳定发展；改善农村和内地的收入分配，加速人文资源和自然资源的开发，提高生活和环境的质量。其具体目标是：经济年均增长8.2%，（农业3.4%，工业9.5%，出口14.7%），人均收入从1991年的41000铢（1607美元）提高到1996年的71000铢（2784美元），贫困人口在总人口中占的比重从目前的23.7%，降至20%，义务教育由6年延长至9年，治理污染，改善环境，从而把泰国发展成为东南亚金融、贸易、工业和旅游中心。到2000年，泰国将达到人均收入96500铢（3860美元），工业产值在国内生产总值中占35%，农业占9%，服务业占56%，出口结构将发生重大变化，工业品在出口总值中将占83%，1999年泰对外贸易争取达到首次平衡，并获得50亿美元的贸易顺差，2000年增取突破出口额20000亿铢。

为了解决上述问题，实现地区战略发展目标，近几年来，泰国政府主要采取以下措施：

1. 扭转经济发展不平衡现象。为了发展农村和边远城市经济，减少地区差别，泰国政府采取了繁荣内地、分散收入的经济发展战略。1993年政府用于此项预算540亿铢，教育预算增加到1200亿铢，分别占政府预算的10%和19.6%，都是近几年最高的。

2. 加快产业结构调整的步代。近年来泰国政府大力调整产业结构，重视增加对工业的投入，推动工业生产快速发展，不断提高工业化水平。目前，工业产值在国民生产总值中所占的比重已超过50%，出口结构也得到改善，逐步改变出口以农产品为主的状况，1994年工业品出口已超过出口总额的70%，农产品的出口额则下降到20%，工业产品中技术级产品出口达37.09%，劳动密集型产品仅占11.5%。

3. 大力推动出口业的发展。为了推动出口业的发展，泰国除继续保持与日本、美国等大国的经济关系外，还进一步加强与东盟国家和周边国家的经济合作，积极提倡和推动次区域经济合作的发展，如中、泰、缅、老四国的“黄金四角”合作计划，泰、马、印三国的“成长三角”等。近几年来，泰国的出口总值连续增长，已成为全球第22出口大国，1994年出口额首次突破1万亿铢，预计1995年泰国出口总额可达1.3亿铢。

4. 重新振兴旅游业。旅游业是泰国经济的重要支柱，创汇较多的部门。90年代初，由于“五月事件”的影响，旅游业曾一度陷入低潮。政府为了促使旅游业的回升，采取了一系列的措施，政府增加了改善旅游设施和解决环境污染的投资，制定方便游客签证手续和延长居留时间的政策，这些措施使1994年外国游客增加了15%，人数达613万人，旅游收入1600亿铢。

主要经济指标

	1990	1991	1992	1993	1994
人口（百万）	56.3	57.0	57.8	58.3	59.3
劳动力（百万）	31.2	31.8	32.4	33.0	34.0
失业率（%）	3.9	3.1	3.1	3.7	3.3
国内生产总值（亿铢）	21910	25060	28000	31000	34800
经济增长率（%）	11.6	8.1	7.6	7.7	8.3
通货膨胀率（%）	6.0	5.7	4.1	3.3	4.0
人均收入（铢）	39068	44027	48563	53223	58910
出口总值（亿铢）	58320	72050	81520	9220	115000
进口总值（亿铢）	83830	96810	102060	11430	131000
经常项目收支（亿铢）	−18620	−19360	16130	−1700	−21000
外汇储备（亿美元）	143	184	212	254	286
公共债务（亿美元）	251	334	374	405	
货币汇率（铢/美元）	25.59	25.52	25.39	25.2	25.30

资料来源：泰国银行；海关总署；商业经济厅。

制造业

泰国的制造业在东盟国家中起步较晚。50年代以前主要是一些简单的初级产品加工，工业门类单一，基础相当薄弱。60年代主要发展消费品的代替进口和农业产品加工工业。70年代向出口导向型工业转变，制造业开始进入一个新的发展阶段。从60年代至80年代中期，泰国制造工业的年平均增长率接近10%。80年代以后，通过适当的调整和改造，制造工业发展很快，年平均增长率达15%，工业门类增多，结构日趋合理和多样化，出现了一些资本密集和技术密集型产业。1961年制造业占国内生产总值的12.3%，1987年制造业占国内生产总值的24%，首次超过农业。1994年制造业占国内生产总值的28%。1960年泰国不足500家工厂，而且多为农副产品加工或修配厂，1990年，泰国已有51500家企业，主要部门有：纺织服装、汽车摩托车装配、电子电器、食品加工、珠宝首饰等。

建筑业

60年代泰国的经济高速发展以来，建筑领域的需要急剧增长，现在有4500多家建筑公司，其中大多数是小规模的国有企业。70年代以来，房地产事业开始繁荣，1983年达到鼎盛时期。1988年，工业面临着政府削减开支的困难，同时，大量的国外工程承包商的竞争增加，尤其是韩国和台湾。大量的新工业项目、基础设施发展和公共建筑导致建筑材料缺乏，基础材料如水泥、钢材等急需进口。

矿业

泰国矿产资源丰富，投入开采的主要有锡、钨、萤石、重晶石、锑、铅、锰、铁、褐煤等矿物。全国有矿场1003个，主要是私营和与外资合营，规模小，生产方式落后。大多数矿产品用于出口。60年代以来，矿业生产发展比较快，矿产品产值从1951年的5.37亿铢增加到1989年的620.35亿铢。增长率为10%，占国内生产总值的3.5%。但乱采滥掘现象严重，目前，政府正在采取措施保护矿源。

锡在泰国矿产品中占据首位，是泰国传统的出口商品，已具有近千年的历史。主要生产于泰国南部半岛。泰国是世界第三大产锡国，出口和产量仅次于马来西亚和印尼。1990年泰国锡产量达19979吨，出口量为11249吨，主要输往荷兰、美国、日本、韩国、香港和菲律宾。

泰国宝石的种类很多，最著名的是红宝石和蓝宝石。宝石产地几乎遍及全国，主要产地是占他武里和干乍那武里等府，产量占全国产量的80—90%。泰国的宝石的80%用于出口，1990年出口值达220.49亿铢，居泰国商品出口的第五位，1994年出口值上升到481亿铢，居泰国商品出口第三位。已成为泰国工矿业的重要部门。美国是泰国珠宝的主要进口国，进口珠宝占泰国出口总数的40%，其它市场则为欧洲、日本、台湾等。

农业

农业是泰国的传统经济部门，也是当前泰国经济的重要组成部分。战后为实现国家工业化目标，起到了积累资本、提供食品、原材料及输送廉价劳动力的重要作用。1994年全国劳动力人口3300万人，其中从事农业劳动的1890万人。农业的年均增长率为4—5%，超过年人口平均2—3%的增长率，但目前随着泰国工业化程度的提高，农业发展速度相对减慢，农产品在泰国经济中的比例越来越小，耕地面积逐渐缩小，1994年耕地面积由1990年占全国土地面积的47.4%下降到38%，在国内生产总值的占有率由1961年40.4%下降到1994年的11.5%，但农产品出口仍呈上升趋势，出口值从1993年的941亿铢上升到1994年的961亿铢，增长率为2.05%。目前泰国已成为重要的农产品出口国，其大米和木薯、菠萝罐头出口量居世界第一位，橡胶居世界第二位，玉米居世界第四位，蔗糖居世界第五位，冻鸡居世界第十位。

旅游业

旅游业是泰国外汇收入的重要来源。从60年代开始发展，如今已成为创汇最多的经济部门。1962年泰国旅游业的外汇收入为3.1亿铢，1994年到泰国的游客为622万人，外汇收入则达到1600亿铢，比1993年增加了6.4%。据有关单位预计，1995年来泰的外国游客将有670万人，到2000年，到泰国的游客将增至约900万人，在亚太旅游市场的占有率达6.1%，居东盟国家之首。但泰国的旅游业仍存在一些问题，如：环境污染、酒店竞争、泰国人出国旅游和花费增多的问题，另外，泰国还面临着来自东盟其它国家、中国和印支等国家旅游业的激烈竞争。为了适应形势发展的需要，稳定泰国旅游市场，保持创汇增长率，泰国政府制定了发展旅游工业的计划，并采取一系列措施扶持旅游工业：修改有关规定，为外国游客入境提供方便；鼓励本国人民在国内旅游，以减少经常账赤字；改善娱乐设施、购物环境、交通条件以加强国内旅游市场的竞争力；向印支、俄罗斯、中东等国家和地区开辟新的旅游市场。

能源

50年代初，泰国的生活和工业用能源主要是木柴、稻糠等，60年代大力发展电力建设，70年代在泰国湾发现大量天然气，很大程度上改变了泰国的能源动力工业现状。20年来泰国的能源业有了很大发展。

泰国有火力发电和水力发电及燃料发电等多种形式的发电站。截止1994年，泰国的总装机容量达628万千瓦，总发电量为220.29亿度，总发电能力为550.74亿度，其中72.7%是火力发电，27.3%是水力发电。泰国的电力的生产、分配和管理有政府电力总署负责，下辖油原料电站13座、天然气电站8座、水力电站10座、褐煤电站7座。由于泰国经济的高速发展，工厂大量增加，目前泰国的电力严重不足，今后的电力需求量将会每年以两位数增长率递增，已经影响到了人民的生活和经济的发展。为了解决这个问题，泰国政府拟建设蒲美蓬和诗利吉大水坝的发电厂和六个核发电厂。

泰国能源不足，不能自给，主要依赖进口。70年代再次石油危机，对泰国经济影响很大。此后，泰国加紧开发利用本国的天然气、煤和水电资源，以减少对石油进口的依赖。目前泰国石油最大储量为1.64亿吨，天然气最大储量约为5600亿立方米以上，在已发现的15个油气田中，石油总储量为2559万吨，天然气3659.5亿立方米，主要集中在泰国湾。为了有效地利用天然气，泰国通过引进外资，建成许多家大型天然气加工厂，以天然气代替石油作为能源。目前泰国有3家大型炼油厂，联合生产能力为每天524480桶，每天仍有180000桶需要进口。1994年全国石油总产原油8500万桶，占国家需求的32%，天然气产量每天11亿立方英尺，浓缩气每天25000桶，全部石油产品价值280亿铢。自80年代以来，泰国的原油生产一直在稳步增长，但增长幅度不大。1995年财政年度投资达360亿铢，用于石油业的几个大型工程，争取石油业在近几年内有较大的发展。泰国的油质在东盟国家中属上乘，其燃烧度可大达97%。

交通、通讯业

铁路、公路、内河航运、海运、和航空五大部门构成了泰国以曼谷为中心的交通运输网。泰国比较重视基础设施的建设，80年代中期以前，基础设施基本能满足经济发展需要。80年代后期的经济繁荣大大加重了对基础设施的压力，在曼谷及其临近地区尤其如此，公路、港口、电讯、水电都处于高负荷状态。政府虽增加了对基础设施的投资，但一时尚难满足需要。为了适应经济的高速发展，公路厅拨出庞大的预算改善全国交通系统，特别是曼谷及周围地区的交通。共有188项计划，明年预算847亿余铢。重点项目有全国四条干线公路的四线行车计划，大概于1996年底完成。

铁路全长4678.5公里（1991年），主要由以曼谷为中心的长约3825公里的4条主干线组成。南至马来西亚，西北至缅甸、东到柬埔寨、东北通老挝。另外还有10条约长807公里的支线。

公路全长98951公里，分为三各级别：国家级公路2000公里，府级公路28951公里，乡村级公路50000公里。全国75个府都有公路相连，货运量占全国运输量的85%。

泰国最大的港口曼谷港，是泰国进出口商品最大的集散地，也是东南亚重要的水路枢纽。几乎承受全部的进口货物和95%的出口物资。

泰国共有8条国内航线，65条国际航线可达亚、美、欧及大洋洲的30多个重要城市，自曼谷可经广州直航北京，最近还开辟了曼谷至成都的航线。

泰国的现代化邮电通讯业建立的比较早，基本上能满足经济发展和人民生活的需要，与新加坡和马来西亚还有海底电缆相联。但最近几年人民生活提高较快，通讯事业已不能适应需要，亟待解决，现泰国平均每

28.5 人有一部电话，最近，政府通过招标形式准备在曼谷安装 200 万门电话，在内地安装 100 万门电话。这项工程完成后将大大改善泰国的通讯状况。

财政金融

泰国的财经状况近几年在东南亚国家中属于比较稳定的。60 年代以后，为了维护经济发展速度，政府长期实行财政赤字预算。1970—90 年 20 年间，政府年度总收入从 188.07 亿铢上升到 4117.46 亿铢，总支出从 242.89 亿铢上升到 3046.99 亿铢。1988 年泰国政府首次摆脱长期赤字的状况，当年财政收入盈余 360.98 亿铢。金融业相当发达，币值相当稳定，泰币铢自 1984 年对美元贬值 14.9%以后，至今无大变动。目前，泰铢在印支三国已成为重要的辅助流通货币。鉴于泰国在 80 年代起飞，泰国金融体制的改革已进入到国际水平，泰国政府提出了旨在提高金融系统效率，把泰国变成为地区性的金融中心的 5 年计划。

1991 年政府财政年度总收入为 4652 亿铢，总支出为 3610 亿铢，盈余 1042 亿铢。外汇储备截至 1992 年 11 月为 197.65 亿美元。外债清偿率为 10.5%。1944 年政府财政年度收入 6574.69 亿铢，支出 5824.15 亿铢，盈余 750.54 亿铢，比上一个财政年增加 18.2%。1988 年以来，泰国内外债务明显下降，1990 年 12 月，内外债务累计额下降到 5551.55 亿铢，仅占当年国内生产总值的 1/4。1993 年外债额为 376 亿美元，1994 年外债下降 332.79 亿美元。1994 年通货膨胀率为 5.7%。货币供应量 1993 年 3 月为 21664 亿铢，比上年增长 13.3%。

泰国金融业的主体是银行，泰国商业银行的兴起在 40 年代，在战后积极为泰国的进出口业务提供融资服务，对泰国对外贸易的发展发挥了巨大作用。除中央银行“泰国银行”等四家非商业银行外，共有商业银行 15 家，外国银行 14 家，这些绝大多数是私人银行。

泰国各商业银行 1994 年盈利 19.96 亿铢，比 1993 年的盈利 10.59 亿铢增长了 88.6%，1994 年 15 家商业银行的总利润是 599 亿铢，比 1993 年增加了 36.8%。资产收益率从 1993 年的 1.41%提高到 1994 年的 1.60%。各商业银行从存款利率差额获得的收入约为总收入的 29%左右，从各种收费获得的收入约占 25%。

泰国政府于 1974 年 5 月颁布了《泰国证券交易法》，次年泰国证券交易所成立。此后股票市场日趋活跃，成为筹集资金的重要手段。1979 年泰国政府提出资金证券化、证券大众化，股票市场发展很快，在证券市场挂牌的公司已从 1980 年的 77 家，增加到 1991 年的 265 家。每一个工作日交易额 1986 年为 1.21 亿铢，1992 年上半年达到 61.86 亿铢。

目前泰国设保险公司共 79 家，人寿保险 12 家，意外保险公司 67 家。上述全部的保险公司已注册成为大众公司，进入股票市场的有 20 家，1994 年获得保险费 878.54 亿铢。

对外经济关系

对外贸易是泰国经济的重要支柱，在国民经济中起重大作用，进出口总额相当于国民生产总值的一半左右。近年来泰国政府不断改进和健全促进出口的各种法规和管理制度，大力开拓国际市场，1987 年出口额突破 100 亿美元大关，1989 年突破 200 亿美元大关，1991 年达到 7257.77 亿铢。1986 年实现工业品占出口总值的 50%以上，达到 55.4%，1991 年增至 76.2%，1994 年全年出口值 11500 亿铢，增长为 18.5%。长期占居出口第一位的大米，先后被纺织和电子产品所取代。1991 年进口总额达到 9671.94 亿铢，比 1990 年增加 14.5%，外贸赤字达

2414.17亿铢，其中泰对日贸易赤字尤为突出，1991年占外贸总赤字的36%。1994年进口货值13400亿铢，增加率为14.4%，逆差数为2.455亿铢，略少于1993年。1995年预计泰国出口总值将达13000亿铢。进口指标为15410亿铢，贸易赤字2410亿铢。

1994年共获得外国申请投资项目1538项，投资额5915.7亿铢，获得投资委员会批准的1173项，资金2212.2亿铢。在外国投资中，日本最多，其余依次为香港、台湾和美国。但近年来由于经济过热，基础设施缺乏，加上劳动力成本不断提高，以及印支等地区的激烈竞争，外国投资已有所减少。

最初泰国政府因怕资金外流而不鼓励对外投资。1988年差猜政府提出“变印支战场为商场”的政策后，对外投资逐渐增多。1989年对外投资总额为12.85亿铢，1990年增至35.76亿铢，1991年增至44.73亿铢。1992年泰又制定多项促进投资的方针。泰对外投资最多的是美国，依次是东盟国家、欧共体，1991年分别占33.3%、25.4%和26%。对印支各国投资也已受到重视，但1991年仅占1.9%。

泰国始终没有颁布过单独的外资条例或外资法，根据1954年颁布以后又经过多次修订的鼓励投资条例，对投资者的优惠主要有：(1)税收优惠。可视情况在3—5年内申请减免公司所得税，并可延长到8年。(2)保证不把外资企业或合资企业收归国有。(3)政府不建立新的国营企业与外资、合资和私营企业竞争。(4)政府不垄断得到辅助的企业产品或同类产品的交易。(5)政府不管制扶助企业产品的价格。(6)不允许国营企业利用豁免进口税、营业税的便利，进口扶助企业的产口或同类产品。(7)允许外资把资本和利润汇往国外。

与中国的经济关系

1994年中国对泰贸易比上一年有了较大幅度增加，进出口总额增长49.6%，创历史最高记录。贸易结构也从最初的农副产品和初级产品发展到机械、化工、钢材、电器和珠宝首饰等高价值产品。1994年，泰国成为中国的第八位贸易伙伴，中国是泰国的第十三位贸易伙伴。

泰国是东盟国家中对华投资较早的国家，从1981年向中国投资，协议投资额从1981年的26万美元已发展到1994年的26.3亿美元，实际投资额6亿美元左右。泰在中国的投资公司达1843家。中国对泰投资起步较晚，到1992年，中国对泰国的投资额是2.3亿美元，在泰国开设的公司达200家。中国的建筑业在泰国开展承包工程和劳务合作业务比较成功，到1994年底，中国与泰国共签定合同769个，金额6.8亿美元。双方投资领域也从最初的农业、饲养业、建筑业等扩大到水电、水泥、石油化工、金融、交通、远洋运输、电讯、航空航天等领域。投资范围也正从沿海地区逐步向中、西部和南部地区扩展。科技合作项目到1994年已有500多项，涉及十个科目。但由于中泰两国同是以农业经济为基础的发展中国家，出口产品大多数为资源性初级产品和劳动密集型产品，中泰贸易在中国外贸总额中的比重还不到1%，在泰国的外贸总额中也仅占2%。由于中国农业丰收，减少对泰国的农产品的进口，泰国在工业转型的过程中对中国的原料、半制成品和机械设备的需求增加，中泰贸易长期存在贸易不平衡问题，从1989—1993年，泰国对中国的贸易每年入超5亿美元。

1995年以来，中泰经贸合作更加活跃，2月15日，中泰两国在北京《中泰双边合作协定备忘录》；4月在泰国举行了“中泰第二次经济合作会议”，7月将派出大型商界访华团，参加“中泰金融投资高级会议”。双方在昆明、宋卡增设了领事馆，方便两国人民的旅游、经商等活动。中泰经济关系将长期保持并得到进一步的发展。

缅 甸

现代国际关系研究所 崔翔 赵燕

名称：缅甸联邦

国土面积：67.658 万平方公里

耕地面积：2500 万英亩

人口：4570 万（1994 年）

国内生产总值：300 亿缅元（合 61.147 亿美元，1994 年）

人均国内生产总值：4042 缅元（合 676 美元，1994 年）

货币名称：缅元

汇率：1 美元＝5.98 缅元（1994 年）

概 况

缅甸自 1948 年 1 月独立以来，经济有了一定的发展，但总的看来，其发展速度是十分缓慢的，现仍属于世界上最不发达国家之一。缅甸是一个完全以农业为基础的国家，全国约有 2000 多万人从事农业生产，占全国人口总数的 70%以上。1988 年 9 月，以苏貌为首的“国家治安建设委员会”接管政权，开始进行经济领域的各项改革，使缅甸经济进入了一个新的发展阶段。新政府执政 6 年来，把加强经济建设、继续推进改革和开放作为工作的重点。从 1992/93 年度起，开始执行“经济发展年”计划，重点发展农业，使粮食生产获得重大突破；工业上则强调重点发展基础产业，改善国内投资环境，并与中、美、英、法、德、泰等国的公司签订了涉及交通运输、能源矿产、邮电通讯、冶金机械及汽车修理等领域的合作协议；在金融领域，政府准许私人和合作社开办银行，并建立了以国家银行为主、合作社与个人为辅的新金融体制；在旅游业方面，新成立了国家旅游部，强调促进旅游服务业发展，计划在 1995 年吸引外国游客 80 万人；在吸引外资上也取得了可喜的成就。但另一方面，尽管缅甸政府通过实行巩固国营企业，鼓励和发展私人经济，积极吸引外资，全方位对外开放等一系列政策，使经济有所好转，近几年国内生产总值达到较高的增长率，但目前缅甸经济仍存在着许多严重的障碍和问题：主要是国营企业经济效益不佳，农业上的经济改革方案还没有全部出台，财政入不敷出，外债沉重，等等。

制 造 业

近年来，缅甸的工业已开始扭转滑坡趋势，民族工业取得一定增长，基础设施渐趋完善。工业生产自 1992 年后，不再保持低速增长，其中矿业和电力的增幅最大。1993/94 年度全缅工业大小企业发展到 42607 个，比上年度增加了 3615 个，其中国营为 1772 个，占总数的 4.2%，合作社营企业为 690 个，占 1.6%，私营企业是 40145 个，占 94.2%。1993/94 年度国内总投资为 356.7 亿缅元，比上年度增加 46.42 亿缅元，其中，国营为 151.93 亿缅元，私营为 203.85 亿缅元。

矿 业

缅甸的矿藏很丰富，矿产资源种类繁多，

重要经济数据（单位：百万美元）

	1992/93	1993/94	1994/95
国内生产总值	40793	55575	61147
国内生产总值增长率	9.3%	6.0%	8.2%
人均国内生产总值（美元）	197.8	211.3	223.5
通货膨胀率	22.3%	31.8%	35.0%
全国人口（百万）	42.4	43.3	44.2
国际收支（经常性收支平衡）	－204	－219	－200
年均官方汇率（美元/缅元）	6.0774	6.1014	6.0000
外汇储备（不含黄金）	280.1	302.9	390.3
黄金储备	—	—	40
外债	5326	5326	5326
还债率（%）	18.3	N. A.	N. A.
出口总值	609.2	678.5	700.0
进口总值	894.2	1203.0	1209.3

资料来源：1. 1994年缅甸政府公布的《1993/1994年度财政、经济和社会情况的报告》；

2. “EIU Country Report：Myanmar” 4th quarter of 1994；

3. “EIU Country profile：Myanmar” 1994—95；

4. 《亚洲周刊》，1995年4月。

储量丰富，主要有石油、天然气、钨、锡、锑、铅、锌、铀、锰、金、银、各类宝石和玉石以及煤等。缅甸矿产中要数钨和锡的储量最为丰富。缅甸东部自上而下正好处在世界上最大的钨锡矿带，从印度尼西亚的勿里洞岛、邦加岛经马来半岛直到缅甸的掸邦高原一带，储存有大量的钨锡矿。缅甸的钨和锡主要分布在德林达依省、孟邦、克伦邦、克耶邦南部，自南而北绵延1200公里，其中以德林达依省的储量最多。著名的矿区有德林达依省的哈敏枝矿、亨达矿、甘报矿、罗德那榜矿以及克耶邦的摩奇矿等。

缅甸还以盛产宝石和珍珠而蜚声全球。宝石储量之丰富，不仅品种多，而且质地好。主要有钻石、黄玉、翡翠、玉石、琥珀、红宝石、蓝宝石、猫眼石以及水晶石等。在这些五光十色的各种宝石之中，尤以红宝石、蓝宝石和猫眼石最为名贵。宝石的产地主要集中在曼德勒省的抹谷、达贝舍以及掸邦的孟密等，其中尤以抹谷最为重要，素有缅甸“宝地”之美称。玉石储量巨大，质地优良，在世界上已久负盛名，主要分布在克钦邦西部雾露河上游一带。1973年曾在此地发现一块重达33吨的粗玉，成为当时世界上最大的玉石。南部的德林达依省的丹老群岛一带则盛产珍珠，这里曾发现过一颗世界上最大的珍珠。此外，还出产大理石、石灰石以及石膏等建筑材料。

农　业

缅甸有优越的自然条件，发展经济特别是发展农业的潜力很大。全国可耕地面积约为4600万英亩（约合27800万市亩），但实际耕地面积只是2000—2500万英亩（约合15300万市亩）。大部分地区属热带气候，雨量充沛，适宜种植水稻、玉米、豆类、棉花、黄麻、烟叶、橡胶、甘蔗、芝麻、花生等20多种农作物和经济作物，尤其以水稻为宜。过去，缅甸有“世界谷仓”之称，曾是世界主要大米出口国。

在各行业中，近年来农业生产一直高速发展，粮食产量全面提高，出口增加。以种植水稻为主，农业产值约占国内生产总值的

40%左右。几年来，政府增加了农业投入，改革了农村政策和供销政策，因而调动了农民积极性，加上采取了其它有力的助农措施，农业生产连年增长，彻底摆脱了军政府上台前严重缺粮的被动局面。1992/93年度全国粮食喜获丰收，稻米产量突破了1986年以来一直在1400万吨左右徘徊的局面，达到1491万吨。1993/94年度稻谷总产量更上升到1746.6万吨，创缅甸历史最高水平。农产值增长率为5.4%。豆类生产1988年以来一直在增长，豆类出口1992/93年达37.3万吨，已成为缅最大的出口农产品。1993年大米出口20多万吨。粮食有余对稳定市场、安定人心起了很大作用。此外，其它的经济作物、畜牧业、捕捞业、水产加工业等部门均有不同程度的发展。制造业矿业和电力的增长幅度也较快。

林　业

缅甸素有“森林王国”的美称，长期以来，森林覆盖面积占全国土地总面积的51%，约为38万平方公里，但据近年来的最新卫星测绘统计认为，由于连年滥砍滥伐，森林覆盖率已下降到只有47—48%左右，不过即使如此，林业资源还是非常丰富的。盛产的木材有热带雨林、季风林、龙脑香林以及红树林等多种类型，全国树木品种达2300种之多，以柚木最为著名。缅甸是世界上著名的柚木出产国之一，柚木林分布很广，约占全国森林总面积的30%，以勃固山区、亲敦江流域以及瑞波地区为最多，国际市场上的柚木有85%都是产自缅甸。除柚木外，还盛产铁力木、檀木等多种优质硬木以及竹、藤和各种树脂等。

渔业、畜牧业

缅甸的渔业资源极为丰富，由于其海岸线长达3200公里，近海及海域盛产鱼虾，每年的产鱼量多达240万吨，虾13000吨，但由于船只和设备有限，每年的捕获量仅为60—100万吨左右，仅占海鱼年总产量的38—40%。此外，国内所有的江、河、湖沼中都盛产淡水鱼。

缅甸发展畜牧业的条件较好，天然牧场总面积达40万公顷，但因畜牧业多系个体农民经营，国家对畜牧业投资也少，因此发展水平较低。

旅　游　业

缅甸旅游资源丰富，但发展较慢。现已开始重视发展旅游业，已将1996年定为旅游午，提出今后每年要吸引50万外国游客来缅旅游的宏伟目标。并且在已开放的仰光、曼德勒、蒲甘、良吁、景栋、黑河、土瓦、高东等城市的基础上，又新增开了腊戍、密铁拉、实兑、妙吴、勃生、羌达、毛淡棉、吉谛瑜等新的旅游城市。目前还通过与外国公司建立联营企业修建符合国际标准的旅馆，改善交通运输条件，提高国营和私营旅行社的素质，以吸引更多游客，1993/1994年度，有约15000外国游客抵缅（不包括边境游客）。

缅甸是一个非常值得观光的佛教国家。有众多的古迹，宝塔、佛寺不计其数，还有许多雕像和艺术品。名胜古迹中尤以仰光大金塔最为著名，已成为缅甸的象征。90年代以来，旅馆业发展较快。

能　源

缅甸的石油储量丰富，产油区主要集中在伊洛瓦底江中游地区、亲敦江下游的因多、班达地区，若开邦沿海的巴荣嗄岛、延别岛以及莫达马湾的大陆架一带。目前已有美、英、荷、意、加、日、韩等七个国家的石油公司在各地勘探或开采，与缅甸政府先后签订了10余项在缅甸勘探石油的协议，勘探范围达8万多平方公里，包括亲敦江流域、伊洛瓦底江三角洲、锡唐河流域和安达曼海湾大陆架等地区。缅甸现有的主要油田有仁安羌油田、稍埠油田、兰濑油田、仁安佳油田、曼油田、仁安马油田以及苗旺油田等。产油区还储有丰富的天然气。1994年9月，美国加利福尼亚联合石油公司与缅签定了一份价值5亿美元的大型工程项目合约，将承建缅、泰之间的天然气输送管道。据《亚洲华尔街日报》1995年2月2日报道透露，缅甸和法国的一家石油公司正签定一个迄今缅甸最大的投资合同用于开发缅近海石油，投资总额达到10亿美元。

交通、通讯业

缅甸的交通运输和通讯业较为落后，1993/1994年度，这两个部门在国内生产总值中所占比例仅为1.7%。

在缅甸的国内交通中，公路占有重要的地位。缅公路干线总长为23569公里，其中国家级公路仅为4000公里。以纵贯缅甸南北的毛淡棉—仰光—曼德勒—南坎为主干道，向东西南北辐射，形成公路网络。

缅甸全国铁路总长仅为4800公里，铁路设施大多为二次大战前后生产和建造的，十分陈旧。轨宽0.915米，一般称“米轨”。牵引机车以内燃机车为主，大部分机车已老旧，现有的铁路系统远远不能满足经济发展的需要。1990/1991年度，铁路客运量和货运量分别为5515万人次和211万吨。

缅甸航空业的特点是机场多、飞机小、运量小。缅甸共有大小37个机场。航空业务都由国营的“缅甸航空公司”经营。该公司拥有福卡F27S飞机5架，福卡F28S飞机3架和直升飞机两架。

缅甸的国际航空运输业务主要由在缅甸开展国际航运业务和设有机构的航空公司来承担。美国的“泛美”和“东方航空公司”以及荷兰、法国、泰国、中国、孟加拉、俄国和新西兰等国的航空公司在仰光都设有机构。

缅甸的交通以水运最为发达，国内河流众多，可通航的内河航线长达8000多公里。伊洛瓦底江、钦敦江的主流以及伊洛瓦底江三角洲的各支流和河网均可通航，是缅甸重要的通航区。伊洛瓦底江是纵贯缅甸南北的水上大动脉。

缅甸的沿海港口虽然较多，但海运并不发达，国际贸易港口有仰光港、勃生港、毛淡棉港和若开港，其中最主要的是仰光港。仰光港共有13个码头泊位，设计年吞吐能力为500万吨，但由于港口设施较差，装卸效率低下。缅甸的远洋海运业务由国营的“缅甸五星轮船公司”经营。该公司共有11艘万吨以上的远洋船只，并在许多国家设有办事机构。

缅甸的通讯设施一直十分落后，直到1992年初政府才组织成立了“邮电通讯部”。自1989年以来，国家采取投资和吸引外资相结合的办法努力发展国内通讯事业，耗资1.301亿缅元，建立了国内卫星通讯地面站，结束了长期边远城镇无法与内地通讯联络的历史。近年来，“缅甸通讯公司”还分别与德国西门子公司和韩国大宇公司合作发展电讯，有两项电讯工程正在进行之中。待峻工之后，预计缅甸与国际上的电讯联络将有较大改观。

财政金融

新政府执政后，大胆实行开放的金融政策，改革财政金融体制，使国内金融形势趋于好转。政府在金融领域也已开始对外资银行开放，并计划发展多元化的金融体系。除国有银行外，现已允许外国银行在缅开业，设立办事处，开办外国银行的分行或合资银行，截至1994年8月，已有泰国军人银行、新加坡发展银行、华联银行、泰国农民银行等8家外国银行在缅甸开业。

由于近年来工农业生产发展趋于好转，加之政府对金融领域尝试的改革初见成效，缅财政金融状况得到了较大改善。外汇储备已达18.04亿缅元（为3亿美元），比前几年有较大增加。1993/94年度财政收入比上一年有较大幅度增长。缅甸人均国内生产总值为1341元，增长4.1%，人均国民收入为1263缅元，增长3.9%。

自1988年9月以来，缅甸对金融制度进行了较大的改革。目前全国共有6个国家级的银行，他们分别是：缅甸中央银行、缅甸经济银行、缅甸投资与商业银行、缅甸外贸银行、缅甸农业和农村发展银行。

缅甸中央银行前身为1948年成立的“缅甸联邦银行”，它负责管理国家财政，指导、监督和调控银行体制；向经济部门提供财政和货币情况的资讯；稽查帐目；实施对黄金和外汇的管制；发行证券、制订票据贴现率、利率；发行货币等。缅甸政府授权中央银行允许外国银行在缅甸开业。唯有中央银行可以印刷钞票。

缅甸经济银行成立于1967年，主要服务对象是国内工商企业。

缅甸投资和商业银行是在1989年新建立的，编制上隶属缅甸经济银行，并接受其监督管理。

缅甸外贸银行成立于1967年4月，当时接管了“缅甸联邦银行外汇处”的业务。

缅甸农业和农村发展银行的前身是1953年成立的国家农业银行，1975年正式改名为“缅甸农业和农村发展银行”。

缅甸政府现已允许国民成立私人银行。从1993年11月缅甸出现第一家私人银行至1994年9月，缅甸共建立了10家私人银行。其业务为一般商业银行。

外汇管理方面，按照缅甸计划和财政部的命令，外汇管理工作主要通过“缅甸外贸银行”由外汇管理员和外汇管理部负责。以计划财政部长为首的“外汇管理委员会”负责分配外汇。《缅甸外汇法》规定，任何人未经外汇管理局负责人的许可，在国内不得买卖、借贷、兑换外汇；居住在国外的任何在籍人员不得买卖、借贷、暂时支付、转让和兑换外币。国家规定缅币不得出入国境。但在中缅边境地区，根据贸易部（91）第7号令，边贸可以使用人民币和缅币。

对外经济关系

缅甸对外贸易的主要贸易伙伴是东南亚国家、中国、日本和欧洲共同体国家。自1991/92年度起，缅甸的外贸总额已超过110多亿缅元。贸易对象中，东南亚国家尤其是泰国和新加坡占有重要地位，例如1991/92年度，缅甸对东南亚的出口在总出口中所占的份额已达35.8%（其中新加坡占19.4%，泰国占12.7%），从东南亚国家的进口占总进口额的35%（其中，新加坡占12.4%，泰国占14.8%）。日本在进口方面的地位最为重要，在整个80年代缅甸每年的进口约50%来自日本，但从1991/92年度之后，日本在其进口总额中所占的比例已下降到21.1%。印度和非洲也是缅甸的重要出口市场。

缅甸外贸长期不平衡，新政府执政后的6年时间里，对外贸易发展迅速，各个方面都有不同程度和幅度的增长，在减少进出口不平衡的方面有所进步，逆差有所减少。近年来，政府改革了外贸政策，鼓励国营和私营的外贸出口，巩固和扩大了和邻国的贸易（包括边贸），并开始与更多的东盟国家建立经贸合作关系，努力开辟一些新的出口市场。目前，外贸形势大为改观，进出口贸易有一定的改善，外贸收支也向平衡发展，贸易逆差已减少到30亿缅元。1993/94年度，贸易占国内生产总值的22.1%，按当年价格计算，纯国内贸易为3086.242亿缅元，进口金额为72.18亿缅元，出口金额为40.71亿缅元。主要商品的出口量，大米26万吨，玉米1.7万吨，豆类8.5万吨，柚木原木24.6万立方米，硬木36.5万立方米，出口量均比上年度增加。在出口值中，私营出口份额占54%，国营占44%，合作社占有2%。政府计划在继续扩大海路贸易的同时，继续大力发展同中国、泰国等国的陆地边境贸易，把促进进出口市场的多样化作为是缅甸对外贸易的重点。1995年缅已正式提出加入东盟，这将进一步推动缅甸与东盟国家的经济合作关系。

缅甸鼓励外国直接投资。为了鼓励外商投资，1988年底颁布公布《外国在缅投资法》，计划和发展部长埃博尔称之为“世界上最好的投资法”，此后又陆续颁布了多项涉外法规和法令，明确规定了投资的优惠条件、待遇和保护措施，保证不收归国有。新法令允许外商成立独资企业，允许缅甸私人经营单位同外商合作经营。近几年，对外经济活动空前活跃，外国公司前来投资的势头加强，许多国家包括西方国家已把缅甸当作潜在市场，尤其是新加坡、泰国、韩国和美国的公司纷纷前来占领市场。据缅甸外国投资委员会统计资料表明和据缅甸政府的一份最新经济发展报告，自1989年至1994年3月16日，已有来自16个国家和地区的84家公司获准在缅投资，投资总金额达10.56亿美元，其中石油和天然气的项目20个，3.81亿美元（约占总投资金额的1/3）；饭店和旅游业为20个，3.32亿美元（也约占总投资金额的1/3）；矿业10个，1.55亿美元；农业方面1个，269万美元；制造业30个，为9596万美元；渔业9个，为8759万美元；运输业1个，为100万美元。在对缅投资中，泰国和美国处于领先地位，分别为2.11亿美元和2.03亿美元；新加坡和日本是第三位和第四位，分别为1.07亿美元和1.01亿美元；荷兰和奥地利是第五位和第六位，分别为8000万美元和7150万美元，第七位是香港，为5836万美元；中国为第八位，是110万美元。此外，日本、韩国、台湾、新加坡等国家和地区对缅投资也开始日趋活跃，外商纷纷涌入缅甸，已有多家外国公司正申请获准在缅开设办事机构。许多国家包括西方国家已把缅甸当作潜在市场。据缅甸政府宣布，在1994/95年度里争取到了20亿美元的外国投资，从而使外国投资总额增加到30亿美元。预计在未来的几年内，引进并利用外资将提高缅国内生产力和工艺水平，并成为经济发展的重要动因。此外，还借鉴邻国改革开放的成功经验，开始在国内大城市建立出口加工区，准备借此更多地吸收外国投资和先进技术。到1993年底时，辟建了一批工业开发区，外资合资工厂已达24个。缅甸与东盟的经济合作关系正在迅速起步。1994年3月，新加坡总理吴作栋对缅甸进行了正式友好访问后，东盟各国家的政府领导（除汶莱外）均先后出访了缅甸，并都与缅甸政府签定了贸易、投资和经济合作的协定，极大地促进了东盟国家与缅甸的经济合作。

与中国的经济关系

目前中缅边境贸易起着更为广泛、更为显著的作用。近两年里，两国边贸年均总值超过5亿美元并继续向上攀升，而且边境贸易的规模逐年扩大，范围越来越广，层次越来越高，已从单纯的贸易发展到多方面、多层次的经济技术合作，包括商品贸易、旅游、合作开矿、建电站、修公路等等。双方市场联系，也已由商品市场扩展到技术、劳务等方面。缅政府还特别允许缅甸的商人在边境地区使用人民币作为流通货币。通过边境贸易进入缅甸的中国商品多达500余种，可大致分为三大类：一是消费品，包括纺织品、食品、药品、文化用品、炊具、餐具和儿童玩具等；二是诸如机器设备、机器零配件和建筑材料等资本货物；三是各类工业原料。中国对缅具体出口的商品有：香烟、布料、柴油机、水泥、啤酒、棉纱、电池、药品、燃料油、石蜡、奶粉、陶瓷餐具、针织品、日用百货、白糖；从缅甸进口的主要商品有：木材、玉石、鱼、锰矿石、干豆、芝麻、生皮：芒果、藤条、蚊米、龙眼干、木棉。

缅甸政府法令上禁止缅商与台湾从事直接贸易，但仍有一些台商与缅商开展贸易，目前与缅往来的台商不超过20家，且均为中小企业。缅向台出口项目以石油、黄金、钢铁等天然资源为主，缅从台主要进口商品为电子零件、合成纤维及脚踏车等。

日　本
(Janpan)

现代国际关系研究所　姜晓燕

名称：日本国

国土面积：37.75万平方公里

耕地面积：516.5万公顷

人口：1.25亿（1994年）

实际国内生产总值：422.1万亿日元（合4.13万亿美元，1994年）

人均国内生产总值：337.7万日元（合3.3万美元，1994年）

货币名称：日元

汇率：1美元＝102.23日元（1994年）

概　况

1868年明治维新之后，日本开始走上资本主义近代化道路。在进行一系列改革的基础上，明治政府推行了“殖产兴业”政策，采取各种措施推进资本主义工业化。以1904—1905年的日俄战争为起点，开始从自由竞争资本主义向垄断本主义过渡，到1913年各部门的垄断已控制了工商业资业的75%左右。此后，开始不断向外扩张，成为军事封建帝国主义。在侵华战争与第二次世界大战期间，国民经济军事化进一步加强，成为亚洲最大的军事强国，与军事工业相关的产业得到急剧膨胀。二战给日本经济带来巨大损失。二战结束后，经过民主改革和恢复调整，六、七十年代实现了经济地高速增长和现代化，1966年、1967年、1968年，国民生产总值先后超过法国、英国和联邦德国，成为世界第三经济大国。1973年“石油危机”之后，经济开始从高速增长转为稳定增长。通过产业结构调整，压缩资源密集部门，并加强技术和知识密集型部门的发展，减少了资源的消耗，同时大力开发利用新能源，使经济应付“石油危机”的能力明显增强。从80年代中后期起，由于日本对外贸易连年出现巨额顺差，同其贸易伙伴的贸易摩擦日益扩大，日元升值又对其以出口为主导的经济结构造成不利影响，为此日本政府采取积极措施，不断调整和提高产业结构，扩大对外投资，加快了经济的国际化步伐。同时，利用最新科学技术，加大对高科技产品和信息产业的投入，以适应国内外市场对产品新颖化、小批量化、高质化、高功能化的需求，建成信息化、国际化的生产经营机制，掀起新一轮设备投资热。但在经济持续增长的过程中，出现了土地、股票等资产价格过度膨胀，产生了“泡沫经济”。泡沫经济破灭后，经济陷入了长达30个月的经济萧条中。1993年10月，经济开始摆脱衰退，但日元急剧升值又使日本经济遭受冲击，至今经济增长缓慢，回升乏力。1994年，经济增长率为0.6%，是经济回升中增长速度最低的。自1985年以来的历次日元升值中，基本上是依靠企业通过内部合理化不断降低换汇率，渡过难关的。但此次日元升值来势猛、幅度大，仅靠企业自身难以摆脱困境，以往的扩大公共投资、降低利率等政府的财政、金融政策也见效不大。经济不仅需要对症治疗，还需要根本治疗，整个经济正处于结构调整的历史转折期。

目前，日本已成为世界第二经济大国，1994年，实际国内生产总值（GDP）4.1万亿美元，相当于美国实际国内生产总值（5.3万亿美元）的77%。钢铁、汽车、石油制品、数控机床、家用电器、电子元件等主要工业产品产量均居世界第一、二位。1994年，进出口总额6224亿美元，居世界第三位。80年代中期以来，加快了对外投资步伐，目前已成为世界第二大对外直接投资国和世界最大债权国，1993年底，日本的海外资产总额2.2万亿美元，对外净资产6108亿美元。

产　业

产业结构。无论是从国内生产总值还是从就业人员看，日本产业的发展趋势是第一产业趋于缩小，第二产业和第三产业趋于扩大。1955年，第一产业（农林水产业）在日本国内生产总值中占19.8%，第二产业（矿业、建筑业、制造业）占32.8%，第三产业（商业、金融保险及服务业等）占47.4%。1965年第一产业的比重降至9.7%，而第二、第三产业则分别扩大到38.1%、52.2%。70年代中期以后，第一产业所占比重继续缩小，第二产业、第三产业保持稳定扩大。1992年，第一产业在国民生产总值中所占比重下降为2.3%，第二产业在国民生产总值中所占比重为43.3%，其中，矿业占0.3%、制造业占31.1%、建筑业占8.8%、电力、煤气、管道业占3.3%；第三产业占国民总生产54.4%，其中批发、零售业占14.0%、金融、保险业占5.8%、不动产业占9.9%、运输通信业占6.2%、服务业占14.1%，其他占4.4%。

从就业人员的产业构成情况看，第一产业所占比重一直呈下降趋势，1955年为41%，1975年下降至13.8%，1988年又降至7.9%，1992年降为7.0%；第二产业所占比重从1955年的23.5%上升到19965年的32%，以后大体保持稳定，1992年为34%；第三产业所占比重在1955年为35.3%，70年代中期突破50%，1992年为59%。

农业。日本是个岛国，水利资源丰富，湖泊众多，雨量充沛，具有全面发展农业的有利条件。经过战后40多年的建设，农业生产技术，包括生产机械化、栽培科学化、农田水利化、品种改良化等几个方面实现了高度现代化。农业现代化的发展，使日本农产品单产水平显著提高，发展成为世界上少数几个农业高产、稳产的国家之一。农业现代化的发展，使农业劳动生产率迅速提高，60年代以来，农业劳动生产率以年均5%左右的速度增长，虽不及制造业的增长速度，但与欧美国家相比毫不逊色。农业的特点是以小规模农业经营为主，农、林、牧、渔全面发展。但专业农户正逐渐减少，兼业农户不断增加，而且农业劳动力老龄化现象显著，给农业发展蒙上阴影。

日本现有耕地面积516.5万公顷，1992年，农林水产业产值9.8万亿日元，占国内总产值的2.3%。农业就业人口380万，占全国总人口的7.0%。

稻米是日本主要的农产品之一，稻米生产遍及全国，但主要集中在东北、北陆、北九州的沿海地区，尤其是东北和北陆是日本稻米专业生产区，为商品粮基地。1994年，稻

重要经济数据

	1990	1991	1992	1993	1994
实际国内生产总值（万亿日元）	399.0	416.0	420.6	419.8	422.1
实际国内生产总值增长率（%）	4.8	4.3	1.1	-0.2	0.6
物价指数（%，1985年=100）	106.4	108.5	110.1	111.0	111.2
人口（亿人）	1.236	1.240	1.245	1.248	1.250
失业率（%）	2.1	2.1	2.2	2.5	2.9
出口总值（亿美元）	2804	3066	3309	3513	3842
进口总值（亿美元）	2168	2035	1985	2098	2382
贸易收支（亿美元）	635	1030	1323	1415	1459
经常项目收支（亿美元）	358	729	1176	1314	1291
对外直接投资（亿美元）	155	123	101	111	145
外汇储备（亿美元）	770.5	689.8	686.9	955.9	1228.5
货币汇率（日元/美元）	144.79	134.71	126.66	111.19	102.23

资料来源：日本总务厅统计局《日本统计月报》1995年4月号；
日本《经济学人周刊》1995年4月25日。

米产量1198万吨。

制造业。1992年日本制造业产值131万亿日元，占国内生产总值中31.1%。50年代中期以来，重化学工业得到迅猛发展，成为工业的主体。70年代石油危机后，大力压缩资源消耗型工业部门，钢铁、造船、炼油、化肥等工业部门大批向发展中国家转移，国内重点发展技术和知识密集型部门。80年代初政府提出了“技术立国”的政策，大力发展微电子、新能源、宇航、生物工程、新材料、人工智能等高技术工业。近年来的日元升值进一步加速了产业结构的高技术化，在制造业内部，机械工业增长速度最快，尤其是电气机械和精密机械，而传统的钢铁、食品、纺织业正成为“夕阳工业”。

交通运输业。由于日本是个多山的岛国，其交通运输业形成的是以海运为中心，公路为骨干，铁路、航空相配合的现代化运输网络。海上运输是日本对外联系的主要运输方式，现拥有4000万吨8000多艘的船队，约占世界商船总吨位的10%，仅次于利比亚、巴拿马，居世界第三位。横滨、神户是日本东西两大商港，名古屋、千叶、东京、大阪、川崎等都是重要贸易港。日本公路总长约

1992年日本各行业的实际产值
（按1985年价格计算）

	产值(10亿日元)	比例(%)
实际GDP	420809.1	100
产业	403491.0	95.9
农林水产业	9826.3	2.3
矿业	1080.7	0.3
制造业	130991.5	31.1
食品	11243.4	2.7
纤维	2293.0	0.5
纸·纸浆	3100.6	0.7
化学	12779.5	3.0
石油煤炭制品	1252.5	0.3
窑业·土石产品	4045.3	1.0
一次金属	8398.1	2.0
金属制品	7006.2	1.7
一般机械	16014.8	3.8
电气机械	30440.1	7.2
运输机械	14454.2	3.4
精密仪器	1926.4	0.5
其他制造业	18037.5	4.3
建筑业	36972.0	8.8
电力·煤气·管道业	13959.7	3.3
批发·零售业	58985.8	14.0
金融·保险业	24358.5	5.8
不动产业	41496.4	9.9
运输通信业	26299.4	6.2
服务业	59520.4	14.1

资料来源：1994年日本东洋经济《经济统计年鉴》

112.5 万公里，高速汽车公路 5000 多公里。现有汽车总数 6050 多万辆，约占世界汽车拥有量的 9%，仅次于美国。铁路运输发达，铁路总长 3.9 万多公里，一半以上实现了电气化。60 年代修建的高速铁路称为“新干线”，使铁路交通从根本上得以改观。航空运输在日本国内长距离客运中占有相当地位，在国际客运中尤为重要。成田机场是目前世界上最大的机场之一，关西国际机场是世界上最大的海上人工岛，为太平洋、大西洋和印度洋国际航空的中转站。

对外经济关系

对外贸易。对外贸易在日本经济中占重要地位，1994 年对外贸易总额 6224 亿美元，其中出口 3842 亿美元，进口 2382 亿美元。

进口：80 年代末以来，日本的进口商品结构出现较大变化，原、燃料主导型的传统进口结构开始不复存在，制成品进口的比重迅速上升。80 年代中期开始，由于日元升值，政府重新调整经济政策，在振兴国内需求的同时，采取一系列促进进口的政策措施，以缓解来自欧美的巨大压力。同时，加强了海外投资。对外投资的发展，一方面使一些耗能型的重化工业和其它资源密集型产业向外转移，从而减少了原燃料的进口；另一方面也扩大了受资国对日本的出口，从外部推动了进口结构的变化。近年来，包括中间产品、资本货物和最终消费品在内的返销产品迅速增加。据日本调查，在外投资的制造业厂家中，进行制成品返销的企业，1989 年已达 40%。日元升值后，制成品和农产品的进口大量增加。1991 年，进口制成品已达进口总额的 51%，其中重化工业品的进口比重由 1985 年的 20.5%，增加到 1993 年的 32.2%；轻工产品也由 7.7%，提高到 17.7%；食品由 12.0%，提高到 16.3%。但原燃料进口则由 57%，减少到 31.7%，其中减少幅度最大的是矿物性燃料和纺织原料。1985 年秋日元升值后，制成品进口迅速增加，尤其从四小、东盟、西欧的制成品进口增幅最大，从美国的进口，特别是制成品进口虽然也有相当的增加，但增幅相对较小。

1994 年，对日出口超过 100 亿美元的国家和地区有美国（627 亿）、中国（276）、澳大利（136 亿）、韩国（135 亿）、印度尼西亚（129 亿）、德国（111 亿）、台湾（108 亿），七个国家和地区共占日本进口总值的 55.5%。

出口：70 年代能源危机以后，大量消耗进口资源的钢铁和化学工业产品在出口中的双重下降，而知识和技术密集型的机械产品的比重大幅度提高。第一次能源危机之后，一般机械、电气机械和运输机械的出口有较大幅度增加。尤其是办公机械与汽车的出口增幅更大。第二次能源危机后，“信息机械”包括办公机械、通讯机械、录音机半导体等电子电器件的出口迅速增加。

1994 年，化学工业品在其出口总额中占 87.5%，其中机械与运输设备占出口总额的 75.2%，钢铁占出口总额的 4.3%。在机械与运输设备中主要有汽车、办公室机械、电子产品、科学光学仪器、动力机械和船舶。

最近几年来，日本出口商品的地区结构发生了一些新变化。1985 年日本商品出口最多的是发达国家，占日本总出口的 58.4%，1994 年发达国家虽然仍是日本的主要出口市场，但所占比重却下降到 50.9%。而对发展中国家，特别是对东南亚国家和地区的出口增长幅度很大，对东南亚出口从 1985 年的 18.9%，上升到 1994 年的 34.9%，超过对美国的 29.7%。说明日本与东南亚国家和地区的经济贸易关系越来越密切。

1994 年出口额超过 100 亿美元的主要出口对象有美国（1176 亿）、香港（257 亿）、韩国（244 亿）、台湾（238 亿）、新加坡（196 亿）、中国（187 亿）、德国（178 亿）、泰国（147亿）、英国（127亿）、马来西亚（124

附表：日本出口商品结构的变化　（单位：亿日元，%）

年份	总额	食品	原燃料	轻工产品	重化工业品	其他
1987	333152	2246	2403	33281	291787	3435
	100.0	0.7	0.7	10.0	87.6	1.0
1988	339392	2174	2201	32325	298098	4594
	100.0	0.6	0.6	9.5	87.8	1.4
1989	378225	2323	2920	35203	332342	5436
	100.0	0.6	0.8	9.3	87.9	1.4
1990	414569	2372	3500	40180	36905	6613
	100.0	0.6	0.8	9.7	87.3	1.6
1991	423599	2450	3327	40418	370666	6737
	100.0	0.6	0.8	9.5	87.5	1.6
1992	430123	2440	3763	40671	376461	6788
	100.0	0.6	0.9	9.5	87.5	1.6
1993	402024	2230	3789	35477	353718	6810
	100.0	0.6	0.9	8.8	88.0	1.7
1994	404976	2087	4052	34081	356942	8100
	100.0	0.5	1.0	8.4	88.1	2.0

资料来源：日本总务厅统计局《日本统计月报》1995年4月号
日本《外国贸易概况》1995年1月号

附表：近年来日本出口地区结构的变化　（单位：%）

年份	出口总额	发达国家	美国	西欧	发展中国家	东南亚	其他
1987	100.0	62.4	36.5	19.9	32.4	23.1	5.2
1988	100.0	61.1	33.8	21.1	33.7	25.3	5.2
1989	100.0	60.8	33.9	20.5	34.6	26.8	4.6
1990	100.0	59.3	31.5	22.1	37.3	28.8	3.4
1991	100.0	56.2	29.1	21.9	40.0	30.6	3.8
1992	100.0	54.4	28.2	21.2	41.3	30.7	4.3
1993	100.0	52.1	29.2	18.1	42.3	32.5	5.6
1994	100.0	50.9	29.7	16.6	43.7	34.9	5.4

资料来源：日本总务厅统计局《日本统计月报》1995年4月号
日本《外国贸易概况》1995年1月号

附表：1988—1994年日本的国际收支状况　（单位：100万美元）

年　月	经常收支	贸易收支	进口	出口	贸易外收支
1988	79631	95012	164753	259765	－11263
1989	57157	76917	192653	269570	－15526
1990	35761	63528	216846	280374	－22292
1991	72901	103044	203513	306557	－17660
1992	117551	132348	198502	330850	－10112
1993	131448	141514	209778	351292	－3949
1994	129333	145816	238198	384014	－8988

资料来源：根据《东洋经济统计月报》1995年5月号

亿），10 国家和地区共占日本出口总额的 72.7%。

贸易摩擦。日本的对外贸易摩擦始于 50 年代后期的对美纺织品摩擦。进入 70 年代后，摩擦的重点由纺织品转向钢铁、彩色电视机及数控机床。80 年代又扩展到汽车和以半导体为中心的高技术产品，90 年代进一步扩展到通讯、金融、服务业等第三产业。近年来。为缓和对外贸易摩擦，日本政府也采取了一些对策，主要包括：1）“自主限制”出口，同时积极促进出口商品的高附加价值化、多样化，推进出口市场分散化和多元化；2）取消或缓和一些妨碍进口的措施和制度，进一步开放日本国内市场；3）推进产业结构调整，扩大内需，增加制成品进口；4）扩大对外直接投资，同发达国家发展“产业协作”，增加对发展中国家的经济合作等。

与美国的贸易关系。美国是日本的最大贸易对象国。1994 年，日本与美国的贸易额为 1802.2 亿美元，比 1993 年增长 12.2%，占日本对外贸易总额（6703.4 亿美元）的 26.9%。其中，日本对美国出口 1175.6 亿美元，比 1993 年增长 11.5%，占日本出口总额（3956.0 亿美元）的 29.7%；从美国进口 626.6 亿美元，比 1993 年增长 13.4%，占日本进口总额（2747.4 亿美元）的 22.8%。

日本对美国的出口产品主要是汽车、电子产品、机械设备、光学仪器、钢铁等，从美国进口的产品主要是粮食、木材、矿产能源、纸浆、化工产品等。

日美贸易关系中，最突出的问题是日本对美国的贸易顺差不断扩大。1990 年日本对美国的贸易顺差 380 亿美元，1991 年 382 亿美元，1992 年 436.7 亿美元，1993 年 502 亿美元。1994 年又创下 549 亿美元新纪录，比 1993 年增长 9.4%。

为解决日美贸易不平衡问题，日美双方已经进行过多次双边谈判。1989 年 9 月至 1990 年 6 月间，双方曾就两国结构问题进行协商，先后进行过 5 次政府代表谈判，日本作出不多让步，答 应改善国内流通体制，扩大政府公共投资等。1994 年，双方在综合性经济协商中立场对立，美国要动用“超级 301 条款”报复日本，经过多次交涉，终于在 10 月达成部分贸易协议，除就政府采购、保险两个领域达成协议外，还就玻璃板达成了原则协议，但关于汽车及其零部件方面的对立仍然没有消除。近期，日本与美国正在进行汽车贸易的谈判，前景不容乐观。美国政府已开始对日本汽车零部件市场进行调查，如果谈判失败，美国可能对日本实行有限的贸易制裁。

与西欧的经贸关系。西欧也是日本的主要贸易伙伴，日本对西欧国家的贸易顺差也很大，但总趋势是在不断减少。1992 年，日本对西欧的贸易顺差为 311.9 亿美元，1993 年下降为 262.6 亿美元，1994 年进一步下降到 220 亿美元。

自 1993 年欧洲联盟开始启动后，日本与西欧国家的贸易关系变得不透明了。西欧的社会舆论认为：日本是一个不公平的贸易伙伴，日本国内市场太封闭。德国总理科尔指出，日本对西欧的不平等贸易是双边经济摩擦的主要症结所在，解决问题的出路是日本开放国内市场。欧洲联盟负责人指出，日本对西欧国家的出口多是高附加价值产品，进口的则主要是饮料、服装、纺织品、医药品、艺术品等，几乎都是中低档消费品。西欧国家向其他国家出口的主要是高附加价值的产品，就连对美国也是如此，日本则利用非关税壁垒，严格限制了西欧高附加价值产品的进入，是一个应彻底改进立场的贸易对象。今后西欧各国政府可能会以务实的态度，采取行之有效的措施，限制日本对西欧的出口。

1994 年日本与欧共体的贸易额为 929.6 亿美元，比 1993 年增长 7.4%，占日本对外贸易总额的 13.9%。其中日本对欧共体出口 574.8 亿美元，比 1993 年增长 1.9%，占日本出口总额的14.6%；从欧共体进口354.8亿美元，比1993年增长17.7%，占日本进口总额的12.9%。

与东南亚国家和地区经贸关系。日本与东南亚国家和地区的贸易活动开始于60年代，以后，随着日本经济实力的增强和产业结构的升级，加之东南亚国家特别是“四小龙”积极引进外资发展国内出口产业，推进工业化，日本与东南亚国家的贸易也随之发展。

近几年来，由于日元大幅度升值和东南亚国家的经济稳定高速增长，日本与东南亚国家的贸易也迅速增长，1991年日本与东南亚国家的贸易额开始超过与美国的贸易额。1994年，日本与东南亚国家的贸易总额为2062.6亿美元，比1993年增长15.9%，占日本对外贸易总额的30.8%。其中，对东南亚出口1384.0亿美元，比1993年增长17.9%，占日本出口总额的35.0%；从东南亚进口678.6亿美元，比1993年增长12.0%，占日本进口总额的24.7%。贸易额的增加，主要是因日元急剧升后日本扩大对东南亚地区的直接投资引起，直接投资导致日本机械设备和零部件的出口增加，投资企业的生产成品返销日本，也引起这些国家对日出口的增加。

随着贸易的持续增长，日本与东南亚国家的贸易不平衡也进一步扩大。1992年，日本对东南亚国家和地区的贸易顺差为468.5亿美元，占日本贸易顺差总额的43.9%，超过美国的436.7亿美元（占40.9），1993年对东南亚贸易顺差增加到535.5亿美元（美国502亿美元），1994年又创下705.4亿美元新纪录（美国549亿美元），比1993年增长31.7%。

与中国的经贸关系

1988年8月两国签订了“中日投资保护协定”后，双边的经济合作进一步加强。1991年中日贸易额超过200亿美元，1994年的贸易额达462.5亿美元（日本海关统计），其中日本从中国进口275.7亿美元，比上年增长34%，对中国出口186.8亿美元，比上年增长8.2%。两国的经济合作也取得可喜成果。1984—1993年日本对我国的直接投资签约项目7236件，合同金额49亿美元，投资范围从商业、服务业到制造业、金融业，从中小企业到大企业，从中小项目到大型项目，从沿海到内地，从北到南正全面展开。

自1979年中国实行对外开放以来截止到1993年，日本对华直接投资合同金额累积达92.6亿美元，占中国吸收外国直接投资总额的4.2%，位于香港（27.1%）、台湾（8.4%）、美国（6.8%）之后，居第四位。日商在华投资的“三资企业”数仅次于香港，居第二位。从行业分布看，日商在华投资以非制造业主，占70%以上，主要投资领域是石油开发和补偿贸易；制造业的对华投资，主要集中于机电行业，其次为食品、化纤等。

日本是中国最大的资金合作者，主要形式是日本政府的“日元贷款”，此外还有日本进出口银行的资源开发贷款、银团贷款、日本民间银行对中国金融机构的双边贷款以及中国有关机构在日发行债券等。

老挝
(Laos)

现代国际关系研究所 崔 翔 赵 燕

名称：老挝人民民主共和国

国土面积：23.68万平方公里

耕地面积：76.7万公顷

人口：470万（1994年）

国内生产总值：1.0834万亿基普（合15.068亿美元，1994年）

人均国内生产总值：24.183万基普（合336美元，1994年）

货币名称：基普

汇率：1美元=719基普（1994年）

概　况

老挝至今还是一个十分贫穷落后的农业国，农业产值一直占国民经济总值的95%以上，工业基础非常薄弱，长期依靠进口外国工业品来满足人民生活的基本需要，依靠援助和贷款维持国家财政，依靠外国资金和技术从事基本建设。从80年代开始，老挝逐步对原有的经济体制和经济政策进行了改革。改革的主要政策包括：对内，政府首先调整了农业政策，推广家庭承包制，鼓励农民发展多种经营或专业化生产；其次，政府调整了工业管理体制，扩大企业自主权，实行企业责任制，国家机关与企业分开管理；第三，政府调整了商品价格，废除价格双轨制，建立和扩大商品网络和流通渠道；第四，对工资制度进行了改革；第五，政府允许多种经济成份并存，鼓励私营和公私合营企业积极参与国家经济建设。对外，老挝实行开放政策，1988年7月，政府颁布了《外国在老挝投资法》，接着又于1989年3月颁布了《外国在老挝投资法实施细则》，并制定了与投资相关的《土地租赁法》、《劳动法》、《贸易法》、《契约法》、《破产法》等法令，积极改善投资环境，扩大对外经济关系，争取引进

重要经济数据

	1990	1991	1992	1993	1994
国内生产总值（10亿基普）	612.8	725.0	838.4	937.5	1083.4
国内生产总值实际增长率%	6.6	4.0	3.5	6.1	8.4
通货膨胀率%	35.9	13.3	9.8	6.4	6.8
人口（百万）	4.16	4.24	4.32	4.40	4.48
当年出口总值（百万美元）	79	97	133	203	200
当年进口总值（百万美元）	185	210	244	392	无
收支平衡（百万美元）	−84	−44	−41	−82	−60
外汇储备（百万美元）	61	54	81	151	无
外债总额（百万美元）	1073	1121	1130	1100	1100
汇率（基普/美元）	708	702	716	717	719

资料来源：1. "EIU Country Report：Laos" lst quarter of 1995.

2. "EIU Country Profile：Laos" 1994—95.

3. "ASIAWEEK" April，1995.

更多的资金及各种先进技术。

目前老挝已形成了自然或半自然经济、小商品经济、私人资本主义经济、国家资本主义经济（公私合营）和社会主义经济（国营）五种经济成份并存的经济结构，以及国家资本、私人资本和外国资本并存的金融结构。以农业和林业为基础，优先发展农、林业，使农林业、工业和服务业相结合的产业结构正在发生改变，农业在国民经济中的比重正逐步缩小，工业和服务业产值的比重正逐步扩大。政府致力于充分利用和发挥建立在多种所有制形式基础上的各种经济成份，努力争取尽快把自然或半自然的经济转化为商品经济。

产业情况

制造业。近几年来，老挝的工业和手工业发展较快，尤其是电力、采矿、建材、木材加工、服装加工和日用品加工工业发展比较迅速。随着外商在老挝投资的日益增多，目前已有28个国家和地区到老挝投资，其中泰国、中国、马来西亚、美国、法国的投资额名列榜首。中国投资1400万美元在万象兴建的大型水泥厂已于1994年4月试生产，年产量可达7000万吨。服装加工业现有50多家，产品远销美国、荷兰、加拿大等国，其服装出口1992年总产值达1570万美元，1993年约增加3%。1993年，工业及手工业比1992年增长9.2%，其中电力增长17%，加工工业增长10%，约占国民生产总值的16%。

矿业。老挝的矿藏资源迄今尚未进行全面勘察和测算，储量和种类也还都是未知数。据老挝政府和法、日、美、越等国的初步调查，目前已经探明的金属矿有金、铜、铁、钨、锡、铅和锌等，非金属矿有煤、石油、岩盐、石膏和玉石等。只有锡矿和石膏有一定规模的开采，锡矿曾与原苏联合作开采，出口原苏联，石膏是与越南合作开采的，主要出口到越南；金矿、煤、盐等也仅限于小规模手工开采，大部分尚未进行开发利用。目前，正和美国、泰国联合勘察开采金矿和煤矿。

农业。老挝农业人口约占总人口的80%以上，发展农业，解决国计民生问题，对老挝政府来说至关重要。1992年老挝农田灌溉面积达137818公顷，比1991年扩大了6%，1993年的种植面积已增加到18000公顷。粮食产量从1975年的60万吨增长到1991年的120万吨，1993年更高达149万吨。

林业。老挝是世界上森林面积所占比重最大、珍贵木材最多的国家。全国约有森林面积1500万公顷，其中经济林木约有700万公顷。60—70年代约占全国总面积的60%，80年代约占50%。木材总蓄积量为16亿立方米，储量较大的有柚木、乌木、檀香木、沉香木、红檀木、紫檀木、黄檀木、双叶黄松、铁力木、纯叶娑罗双木、油楠木、红木、楸木、花犁木等。老挝人均占有林地面积约为4公顷，人均木材蓄积量约400立方米。林业资源最多的省份是沙湾拿吉省、甘蒙省、沙拉湾省和占巴塞省，分别为160万公顷、156万公顷、150万公顷和100万公顷。

由于工业基础薄弱，资金、技术、劳力缺乏和交通不便，林业资源还未很好地开发利用。目前老挝木材的年均年量约为30万立方米。政府为保护森林资源和出口创汇，于1992年改变了过去以圆木出口为主的政策，转以板材和木器加工为主、圆木出口为辅的政策，1993年老挝政府禁令圆木出口，并采取了一些加强对森林管理的措施，实行地方及家庭承包责任制，初步遏制了乱砍滥伐现象。1993年老挝农林业比1992年实际增长了3.5%，约占国民生产总值的50%。

能　源

电力工业是老挝最主要和发展最快的产业，也是发展潜力和前景最为广阔的产业。电力生产以水电为主，湄公河在老挝国内地段海拔高差为600余米，其主要支流有10余条均从东北的“印支屋脊”流入湄公河谷地，海拔高差300—1000米，全国水能储量达30亿千瓦。1991年总发电量为9亿度，1992年比1991年增加12%，1993年比1992年增加17%。该年度装机总容量为19.4万千瓦，年总发电量为21.5万千瓦，电力产值占工业产值的55%，占国民经济总产值的8.5%。电力出口创汇额占当年贸易出口总创汇额的50%左右。1990年向泰国出口电力5.49亿度，创汇1800万美元，1991年向泰国出口6.3亿度，1992年电力出口有所减少，但创汇仍达1500万美元，1993年创外汇2200万美元。1994年至2000年，老挝计划每年向泰国出口泰国电力需求量的10%。政府为发展电力工业，近几年先后向世界银行、亚洲开发银行贷款5000万美元兴建了多座水电站，有的已投入发电，有的即将竣工，有的将在1996—2000年投入生产，届时将比现在增加发电量7倍。

交通、通讯

老挝深处内陆，没有出海口，国内也尚未铺设铁路，交通运输主要依靠公路和内河航运，其次是航空。乡村主要是靠人力和畜力运输。

万象交通运输方便，全市公路总长1254公里。1990年，在日本等国的帮助下，由政府投资2.3亿元兴建了交通设施，目前万象市内公共汽车线路已增至40条，各种机动车达7300余辆。万象市水路运输相对发达，通过湄公河往北可达琅勃拉邦、北本、会晒和中国云南边城景洪等地；横渡湄公河可达泰国廊开和湄公河沿岸城镇，再经廊开等城市的铁路和公路可通往曼谷和泰国其它城市；通过湄公河往南可到沙湾拿吉、巴色等中、下寮城市，再往南可达柬埔寨和越南并可经越南出海。万象市亦是老挝的航空运输中枢。国内航线有万象—沙湾拿吉、万象—沙拉湾、万象—巴色、万象—他曲、万象—琅勃拉邦、万象—沙耶武里、万象—会晒、万象—南塔等航线；国际航线有万象—曼谷、万象—胡志明市、万象—河内、万象—金边、万象—莫斯科等航线，万象至中国昆明的航线已于1991年11月正式通航，还计划在近期将开通至仰光、孔敬等航线。

公路是老挝的交通大动脉，其运输量约占全国运输总量的60%。1993年，全国公路总长为14176公里，其中沥青路面2452公里，碎石路面2452公里，泥土路面7104公里。该年度公路货运量143.7万吨，占全国货运总量的82.9%，客运量为1596.1万人万次，占全国客运总量的94.9%。货运周转量为8010万吨公里，占全国货运周转量的85%；客运周转量为7166万人公里，占全国客运周转量的80.4%。全国已注册车辆14万辆。

内河航运是老挝居第二位的交通运输方式，航运线路总长约为4600公里，全年可通航江轮的里程为2200公里，可通航发动机驱动或人力驱动的木船、铁皮舟和橡皮舟的里程为1500余公里。湄公河及其主要支流南塔河、南乌江、南康河、南娥河、色邦发河、色邦亨河、色顿和孔江等，均为民间运输的主要航运交通线。但由于尚未进行有效的开发利用，目前仍处于大河行小船，季节性通航和部分断航的状态，其运力十分有限。湄公河主要支流除色邦发河雨季能通航50吨级船只外，其它均只能通航发动机驱动的舟船、木船和木竹筏。1993年的货运量为28.97万吨，仅占全国货运总量的16.7%，客运量为70.33万人次，仅占全国客运总量的4.2%，货运周转量为1870万吨公里，占全国货运周转量的14%，客运周转量为11020万人公里，占全国客运周转量的12.4%。目前已注册的各种船只共有2365艘，其中营运船只

475艘。

老挝的主要内河港口是万象港，该港口枯水期的最浅水深为1.5米，可停泊50吨级的江轮，洪水期可停泊200吨级的江轮。距市区29公里的塔杜阿渡口是老挝最主要的渡口，对岸是泰国重要商埠廊开。从廊开有铁路和公路通往泰南各地。

由于陆路运输发展受到老挝自然条件的限制，老挝历届政府都很重视发展航空事业。“老挝航空公司”开辟有万象至琅勃拉邦、会晒、孟赛、川圹、桑怒、丰沙里、沙湾拿吉、沙耶武里、巴色、他曲、万赛和南塔等16条国内航线，基本可以保障国内空中客运量的运输。重要机场有万象瓦岱、丰沙湾、沙湾拿吉、琅勃拉邦、巴色、色诺和杳尔平原。现有各种民航飞机20余架，机型为安—24、安—26、运—7、运—12、T—28、雅克—40、C—47、C—123和图—104，另有一架波音737，是与外国公司合营的。1993年老挝航空货运量仅为0.2万吨，客运量仅15.91万人次，货运周转量为80万吨公里，客运周转量为6450万人公里，仅分别占全国运输总量的0.1%、0.1%、1.0%和7.2%。老挝近年里已先后从中国购进了运—7和运—12飞机6架。

老挝现有万象至北京、昆明、河内、胡志明市、莫斯科、金边和曼谷的定期国际航班。

老挝的邮电通讯很落后，1993年全国仅有邮电所129家，其中邮政所70家，电信所59家。老挝的电汇、电报、传真等业务，一般要到邮电局直接办理。除某些国家机关和国营企业可以用记帐方式进行结帐外，其它部门（包括外国企业、合资企业等）和个人，一律在使用电讯工具时到邮电局一次性用老币付清费用。

目前，老挝的通讯设备还很落后，除了万象、琅勃拉邦等城市有自动电话交换系统外，其它城市大部分还是手摇电话和人工交换机。1993年全国仅有电话交换总机46部，总容量为9143门。

财政金融

财政　老挝的财政收入，1991年为770.4亿基普，1992年为914.9亿基普，比191年增长15.8%。1993年的财政收入为1216.91亿基普，其中直接税收入为177.22亿基普，间接税收入完成199.82亿基普，进出口税收入为281.87亿基普，木材收入198.5亿基普，服务业收入139.5亿基普，投资收入72亿基普，国家资产收入148亿基普（仅万象市澜沧宾馆的租金，年收入近15000美元）。此外，外援（包括货款）收入642.74亿基普，以上共收入1925.65亿基普，约占总收入的80.4%。1993年的财政计划支出为2240.54亿基普，实际支出为1910亿基普，占总支出的85.67%。其中正常开支计划为1141.85亿基普，实际支出为1088.55亿基普，占计划支出的95.33%；偿还上年债务157.37亿基普，占计划支出的104.85%；基础建设投资支出941.32亿基普，占计划支出的69.84%。以上实际收支相抵，其财政赤字为15.65亿基普。

银行　1988—1989年老挝进行了金融体制改革，改变了以往由政府单一经营银行的体制，一些商业银行从中央银行中分离出来，国家商业银行形成了自己的体系。老挝中央银行现在全国有115个分行，设有外贸银行，专门办理各种外汇业务。此外老挝还有合作发展银行、万象商业银行等5家商业银行。1993年8月还建立了农业发展银行，以促进农业生产。目前政府已允许与外国金融机构合资经营银行或外国银行在老挝开设银行，如建十1989年的合作发展银行就是老挝与泰国一家公司合资开办的，其中老方占30%股份，泰方占70%股份。截至1994年，老挝已有八家外国银行或分行，除一家是越南的外，其它的都是泰国的，有曼谷银行、泰国军人银行、暹罗商业银行、泰国农民银行等。

对外经济关系

对外贸易。老挝的进出口贸易发展很快。1992年进口商品总值为2.84亿美元，1993年进口额达3.85亿美元，进口商品主要是机械、通讯设备、车辆、自行车、燃油、水泥、钢材、纸张、棉纱、布料、药品、白糖、缝纫机和大米，还从中国进口了少量小型运输机和轮船。进口商品约占老挝市场商品总额的80%左右。老挝的主要出口产品是电力、木材、锡矿砂、石膏、咖啡、砂仁、金鸡纳、安息香、紫胶、皮革、植物药材、手工艺品和部分农副产品等。1992年老挝外贸出口比1991年增长51%，创汇1.183亿美元，(不含边贸成交额1190万美元)，1993年的出口额为2.2亿美元，其中国内产品出口额占45%，转口贸易占55%。出口商品主要是农产品、木材、矿石、纺织品和电力。现在老挝从事进出口贸易的部门约有400多家，经销特殊商品的单位有200多家，登记注册的零售商店约18200多家，未经注册的零售商店约有3000多家。

老挝的主要贸易伙伴是泰国、越南、法国、日本和中国。目前，泰国商品在老挝市场上的比重最大，日用百货和食品类约占老挝市场商品总量的70%，湄公河沿岸市场基本上让泰国商品所占领。泰国也是老挝最大的市场，仅电力出口泰国的年创汇额就高达1000—3000万美元。泰国还是老挝的主要转口贸易国，老挝的进出口商品由泰国转口的约占50%。曼谷已成为老挝在泰国的主要进出口商品集散地。经泰国进入老挝的主要商品有新加坡的石油及其产品、汽车和农机，日本的电器，瑞典的化工产品等。从老挝经泰国出口的商品主要为木材和成衣。自1988年老挝外长西巴色访日之后，日本对老的经济援助逐年增多，1991年日本政府取消了老挝所欠日本债务4.42亿日元，并为援建老挝国家电视台提供了3.4亿日元无偿援助。

1991—1993年老挝主要出口商品额

品　名	1991	1992	1993
电力(亿度)	6.62	4.619	5.96
原木(千米)	12.0	47.0	20.1
木材(千米)	53.0	50.0	261.2
层板(千张)	650	580	972
咖啡(吨)	6111	8500	5849.1
石膏(千吨)	84	60.8	100
锡矿砂(吨)	354	325	160

资料来源：同上。

外国直接投资。老挝欢迎并鼓励外国组织和个人及老挝侨民向老挝投资、引进技术和工艺。老挝承认在“投资许可证”上规定的来老挝投资者的资本、所有权和各种利益，对其资本和财产，国家将不采取行政手段征用、占有或收归国有，并愿为来挝投资者创造各种便利条件。“老挝外资管理委员会”逐项给予投资项目以优惠条件。对产品出口率达70%以上者，采用国内原料达70%以上者，采用先进技术并达到老挝的特殊技术要求，在自然、社会和经济条件差的地区投资者，利润低而对国民经济的发展有重要作用者提供的优惠条件之中包括减征2—5年的利润税，此外，联营或独资企业在开始赢利的前2—4年内可免交利润税，在某些情况下，赢利后的两年可减让50%的利润税。“某些情况”是指“老挝外资管理委员会”从投资部门、资本投资规模、出口数量、投资期限以及投资地点等各方面加以综合考虑。来老挝投资者如把属于自己的利润用于在老挝扩大投资3年以上的，国家不征收或退还(若已纳税)扩大投资部分的利润税。即使在规定的税金豁免期限内未能赢利的企业，其赤字可移到下一征税年并从该企业利润中扣除，也可以在一定期间内（不超过5年）分期偿付。如果利润的一部分又重新用于在老挝的投资，则这部分利润将免除利润税。根据与地区或国外客户签订的合同，独资企业必须制定出自己的生产计划，国家对这些计划不加以约束和控制。"三资企业"有权进口生产所需的机器、材料、运输车辆、零部件、动力和原材料。"三资企业"拥有直接出口权，这些企业也可以委托老挝贸易公司或外国代理商进行出口贸易。

万象市是外国在老挝投资的主要地区，截止1994年，外国在万象市的投资项目已达30余项，注册金额达810万美元。投资比重为：商业、服务业占47.8%，服装、针织业占29.8%，木加工业占26.1%，农业占6.3%。

自1988年至1994年6月，老挝实行改革开放的六年间，政府以各种形式批准的内外商在老挝的投资共计479项，投资总额达10亿多美元，其中外国投资额为8亿多美元，国内投资额为2亿多美元。其中1994年头6个月吸引的外资就达3.96亿美元。目前已有泰国、中国、美国、澳大利亚、香港、芬兰、意大利、日本、新加坡、台湾、法国、越南、韩国等28个国家和地区来老挝投资，其中泰国占第一位。到1993年底，泰国累计投资为1.98亿美元，美国占第二位，投资额为8255美元，澳大利亚居第三位，投资额为2940万美元，中国居第四位，投资额为2420万美元。投资主要集中在服务业、旅游业、手工业、矿农牧业、服装、商业和采矿业等，投资者中独资者占大多数。

与中国的经济关系

1961年4月老挝与中国正式建立了外交关系，同年中老两国签订了关于修建老挝上寮公路的协定和航空运输协定。在老挝人民争取独立和解放的斗争中，中国政府和人民在政治上和经济上都给予了老挝人民极大的支持。1962年7月，中国政府代表团在关于老挝问题的日内瓦会议上，坚决反对美国政府对老挝的侵略，迫使美国政府代表团在《关于老挝中立的宣言》和《关于老挝中立的议定书》上签了字。1963年3月，老挝国王西萨旺·瓦达纳和临时民族团结政府首相梭发那·富马应邀访华，就维护老挝的独立和中立，加强老中友好关系等问题同中国发表了联合公报。1964年，老挝内战中，中国对老挝提供了经济和军事等多方面的大量援助，累计金额达11.89亿人民币。1974年，中老双方签订了《经济和技术协定》、《民航协定》、《邮电合作协定》和《援建南坝—琅勃拉邦公路协定)。1975年3月，万象至广州正式通航。

1975年12月老挝人民民主共和国成立后，中国继续援建老挝兴建公路、印刷厂、纺织厂、汽车修理站和无线电设施等。1978年随着中越关系的恶化，中老关系也出现了一度的波折，直到持续到1986年两国关系才恢复正常化。1989年10月，凯山·丰威汉主席率团访华，签订了《中老领事条约》、《中老文化协定》、《关于处理边界事务的临时协定》和《关于互免签证的协议》，中老关系进入了全面恢复和改善的时期。1990年12月，李鹏总理访老，与凯山·丰威汉等老挝领导人就发展两国关系问题举行了会谈，并给老挝提供了卫星地面站和部分经济援助。这是中国政府最高领导人首次访问老挝，标志着中老关系已进入了一个全面发展的新时期。

1991年9月中老签署了中老边界条约，同年12月，两国政府换文确认老方在昆明、中方在沙湾拿吉互设总领事馆。近年来，老中经贸关系发展很快，中国已开始向老挝出口运—12飞机、汽车、农机、水泥、药品、纺织品、自行车和日用百货等，老挝向中国出口的主要商品是原木、层板、橡胶、玉米和药材等。1993年老中贸易总额为3000余万美元，边贸和国贸均突破了亿元人民币大关。1993年老中边贸总额为5124万元人民币，中国向老挝的主要出口商品是日用百货、小五金、布匹和及少量的机电产品，日用品中以电池、电筒、蜡烛和胶鞋居多。截至1993年底，中国在老挝的投资总额已达2420万美元，居来老挝投资国投资总额最多的前第四位，投资项目共39个，其中主要是公路建设、水泥厂、饭店和餐厅等。

越　南
(Vietnam)

现代国际关系研究所　倪霞韵

名称：越南社会主义共和国

国土面积：33.0363万平方公里

人口：7700万（1994年）

人均国内生产总值：248.6万越盾（合220美元，1994年）

货币名称：越盾

汇率：1美元=1.13越盾（1994年）

概　况

越南自然资源丰富，雨量充沛，土地肥沃，四季常青。盛产稻米、橡胶和各种热带作物。矿藏资源种类繁多，主要有煤炭、石油、天然气、铝矾土、锡、铬铁和磷矿。

近40年来，由于连年战争和政策失错，越南经济发展几起几落。1961年至1965年，实行第一个五年计划，重点发展重工业。五年中，工业增长达70.6%，农业增长12.7%，但整个国民经济仍处于困难境地。1965—1975年，全民进行抗美战争，经济基础设施遭到严重破坏，工农业生产大幅度下降。

全国统一后，越南经济建设进入一个新阶段。从1976年以来，先后执行三个五年计划。1976—1980年的“二五”计划，要求工农业生产翻一番。强调优先发展重工业，农业走向社会主义大生产。结果经济比例严重失调，农业和轻工业生产停滞不前，并走下坡路。五年中，国民生产总值年增长0.3%，国民收入下降为0.8%。国内粮食紧张，市场供应紧张，人民生活下降。1981—1985年“三五”计划期间，越发动侵柬战争，把大量财力物力人力投入战争，加上受到国际制裁，经济相当困难。在此期间，越广泛推行“新经济政策”，农业实行集体承包制，工业扩大企业自主权，放宽商品流通控制，以刺激经济发展。农业生产有所起色，粮食产量由1440.6万吨增至1820万吨，但工业生产急剧下降。许多工业产品达不到1976年的水平。

1986年越共“六大”提出把工作重心转向经济建设，实行改革开放的总方针，并制定了“四五”计划，把发展粮食食品、日用消费品和出口商品生产作为三大任务，从而使越南经济发展走向正轨。五年中，越南经济体制改革取得了突破性进展。农业实行联产承包制，分田到户；工业废除集中官僚包给制，转换经营机制，核算经营，自负盈亏，取消补贴；发展多种经济成份，完成市场体制，实行商品经济；大力吸收外资，引进技术，从而有力地促进国内经济发展，出现了工农业生产并进的势头。人均国民收入由1985年的140美元，增至1992年的220美元。

1991年7月，越共“七大”提出以经济

建设为中心，坚持党的领导，深化改革，全面开放，建设符合越南国情的社会主义总路线，通过了《越南到2000年经济社会稳定发展战略》。要求实现经济稳定发展，改善人民生活，摘掉“世界最穷和最不发达国家”的帽子，为21世纪经济起飞打下基础。今后10年经济增长速度平均6—8%，人均收入从200美元增至400美元。

越经济已走出低谷，步入正常的运行轨道。整个90年代，越工农业生产将保持目前的增长势头，继续向前发展。随着美国对越贸易禁运的解除，国际金融机构向越南提供巨额贷款以及西方发达国家对越投资的不断增加，加之越南经济有一定潜力，政治上相对稳定，越南经济发展前景光明，如不出大的意外，可望实现2000年国民收入翻一番的目标。但是，由于越南经济本身问题较多，要在下一个世纪初实现“腾飞”，成为亚洲的又一条“龙”，还是相当艰难的：经济基础薄弱，经济体制未完全理顺，法制不健全，缺乏经营管理和技术人才，以及资金匮乏等。

农　业

越南是一个落后的农业国家。主要农林渔产品有稻米、橡胶、木材和水产品。大米出口居世界第三位。农业产值占工农业总产值的51.7%，农产品出口值占总出口值的48.4%（1991年）。耕地709.11万公顷，占国土面积27.7%。农业人口占总人口80%，农业劳动力2100多万，占全国总劳力的70%。

越南农业主要是种植业，产值占农业产值的75.5%。种植业又以粮食种植为主，主要产区是湄公河三角洲和红河三角洲，其产量占全国粮食产量的60%以上。过去越南是粮食进口国，年进口30—100万吨，但随着农业体制改革的深化，粮食生产连年增产。1980年粮食产量为1440.6万吨，1991年增至2170万吨，自给有余，并部分出口。1988年以来，年出口100—150万吨。农业生产连年增长，基本摆脱了“靠天吃饭”的被动局面。1993年全国粮食产量达2400多万吨，1994年达2600万吨，创历史最高水平。大米出口220万吨，仍居世界第三位。粮食有余对稳定市场、平抑物价、安定人心起了很大作用。此外，经济作物、养殖、捕捞、水产加工等均有不同程度的发展。橡胶、咖啡、茶叶、甘蔗、烟草等也有明显发展。橡胶由1986年的5万吨增至1990年5.9万吨，咖啡由1.88万吨增至5.79万吨。

畜牧业发展也较快。1990年越肉类生产比1980年增加2倍。达95.6万吨。渔业有长足发展。越南海岸线长3200多公里，沿海滩涂面积30万公顷，淡水养殖面积100万公顷。全国渔船6万多艘。水产品产量逐年上升。1985年水产品产量80.8万吨，1991年达106万吨，出口创汇2.63亿美元。越已同外国签订86个渔业协定，总资金额2.3亿美元。

林业占有优势。全国森林面积931.5万公顷，木材储量5.86亿立方米，可开采量3.41亿立方米。盛产柚木、楠木和杉木等名贵木材。近几年来，年开采量325—338万立方米。

工 矿 业

近10年来，越南加快工业发展步伐，产值年均增长7.6%。工业布局是南轻北重，南方主要是轻工业，北方集中钢铁、化工、水泥、化肥和煤炭等。骨干企业多为中国和苏联援建项目。从业人员300多万，其中1/3是国营企业职工。1986年以来，越鼓励发展多种经济成份，私营企业有明显发展。目前，国营企业亏损严重，亏损企业占全国工业企业的38%。近年来，工业生产有所好转，主要工业产品石油、电力、水泥等增长较快。1992

年上半年，工业增长16.4.%。工业开始高速增长，完整的工业体系基础渐趋形成。工业生产自1992年扭转滑坡趋势后，继续保持高速增长。1993年工业总产值为19.7万亿盾，比1992年增加10—11%。

石油工业。石油开采工业是越南的支柱产业。80年代中期以前，石油业几乎完全是空白。1986年，白虎油田产原油4万吨，1993年猛增至650万吨。1994年产量达710万吨，占全国出口收入总额的27%。除白虎油田外，越还同英国、荷兰、日本等10多个国家的石油公司签订合同，进行油气勘探，并加紧开发大熊、大龙和椰子等三个油田。计划至2000年，原油产量达2000万吨，天然气产量12—15亿立方米，成为亚洲第三产油国。同时，修建年处理300万吨能力的炼油厂，争取2000年原油处理能力达1000万吨。

电力工业。现有发电厂50多座，小水电站200多个。1981年全国发电量为38.45亿千瓦小时，1991年增至91.92亿千瓦小时，其中商品电66.2亿千瓦小时。电力供应满足不了经济发展需要，缺口30%。目前，在俄罗斯的援助下，正兴建和平水力发电站（装机容量192万千瓦），治安水电站（装机容量42万千瓦）等。这些电站全部投入运转后，全国发电量可达180亿千瓦小时，可缓解电力供应紧张状况。计划至2000年，全国电力装机容量达670万千瓦，发电250—300亿千瓦小时，届时能基本满足经济发展需要。

煤炭业。全国探明煤炭储量为407亿吨，正在开采的为28.4万吨，占储量的6.98%。煤矿主要集中在北部广宁、太原一带。全国采掘能力为880万吨。但因缺乏资金、设备陈旧，产量时高时低。1988年煤炭产量为690万吨，创历史最高纪录。近几年来，一直徘徊在500—600万吨之间。年出口净煤50—70万吨，1991年增至100万吨。主要出口日本、韩国和东南亚国家。

纺织业。全国有131家国营企业和部分私营企业，共86万枚纺绽，1.9万吨织机，年纺能力8.7万吨，织布4.5亿米。实际生产能力只有50—60%。

交通、通讯、能源

越南的基础设施十分薄弱。由于长期处于战争状态，基础设施多遭严重破坏。全国统一后，大部分设施已经修复，但因资金匮乏，多数设施已陈旧不堪。近来年，随着改革开放的发展，基础设施不足的矛盾日益突出。交通运输不畅，电力供应紧张，通讯设备落后，严重地影响了越南经济进一步发展。越南政府虽加强对基础设施的建设，但短期内难以扭转困难局面。

交通。大体分为南北两个枢纽：北部以河内为中心，南部以胡志明市为中心，向四面辐射。北部交通设施尚未完全恢复，南部设施年久失修，运输效益低下。铁路仍是越南陆路交通运输的主要干线。河内至胡志明市的“统一铁路”是贯穿南北交通的大动脉，全长1730公里。越南公路比较发达，北、南分别以河内和胡志明市为中心。1990年，民用汽车7万多辆，其中客车2.5万辆。另外，有各类摩托车35万辆。公路货运量占全国货运量的54.6%。由于缺乏维修保养，公路路面严重损坏。内河航运较发达，全国河流总长4.1万公里，通航里程8000公里。有25个内河港口，年吞吐量700万吨。内河航运货运量占全国总货运量的30.4%。海运有7个商港，年接待外轮能力270艘次，年吞吐能力1000万吨。远洋船队总吨位40万吨，年货运量150万吨。1991年，全国海路货运量为779.8万吨。主要港口有胡志明市、海防、岘港、归仁、头顿、鸿基等。越南全国有机场90多处，其中民用机场15个。河内内排和胡志明市新山一为南北两个国际机场。越南民航公司拥有32架苏制各类型客货机和2架美国客机，已开辟了11条国内航线和4

条国际航线（曼谷、万象和金边）。民航局已同世界上20多个国家和地区签署了民航协定，并准备增辟与东南亚、亚太和欧洲一些国家的航线。有16个国家和地区的航空公司同越南有定期班机。1992年，北京至河内、广州至胡志明市的国际航班已先后通航。

通讯。邮电通讯设施落后，由邮政远程通讯总公司统一经营，职工24万多人。全国现设邮电局所1740个，但仍有6%的县、78%的乡未通邮。越与世界上50多个国家建立业务联系，同30多个国家和地区通邮。邮件递送速度缓慢，电报送达需2—3天。全国有3200部电话总机，12万部电话分机，40%为人工接转，平均537人占有一部电话（1990年）。电话线路总长9.2万公里，其中微波通讯线路只有2400公里。全国只有13个邮局开设电传和传真业务。近年来，原苏联援建的河内卫星地面通讯站已开通，有26条电话线路和26条电报线路，可与原苏联和东欧国家电讯联系。同澳大利亚合资修建的胡志明市地面卫星通讯站，现已开通同东京、曼谷和澳大利亚等地直拨电话，还将扩大到加拿大、美国和法国。该通讯站拥有28条电话线路和8条电报线路。

能源。越南能源尚不能完全自给。原油缺乏加工能力，全部依靠进口石油。电力供应紧张，缺口30%，煤炭自给有余。现正加快步伐，同独联体合作修建装机容量192万千瓦的和平水电站（北部），同日本等西方国家在南部小河修建年炼油能力300万吨的炼油厂。预计到本世纪末，能源供应紧张状况才能有所缓解。

财政、金融

近40年来，由于连年战争和政策失误，给越南经济发展带来深重灾难。国家财政一向由国内收入和大量外国援助解决。越南政府一般不公布财政预算，即使公布，也是年年财政收支平衡，没有细目。实际上越南财政开支一直处于恶化状态，年年巨额赤字，一般情况下占支出的50—70%，主要依靠外援借贷和超量发行货币填空。1981—1985年，财政赤字的65.7%依靠外援借债解决。其余缺口印发钞票填补。1986—1990年，情况发生了变化，外援大量减少，财政赤字的61.3%依靠超量发行货币解决。结果通货膨胀直线上升。1988年，通胀率达700—1000%，1989—1990年保持在100%，1991年为70%。由于经济状况好转并采取积极坚决措施，通胀率才逐步下降。1993年越经济中突出的一点是有效地控制了通货膨胀。物价上涨幅度降到4%，月平均物价上涨指数仅为0.35%，年通货膨胀率由1992年的17%降至5.2%，为多年来最低点，远低于预计的15%。

近年来，由于工农业生产发展较快，加之采取了一系列有效措施，越财政金融状况得到了较大改善。外汇储备已达2亿多美元，比前几年增加近10倍。1993年财政收入比1992年有较大幅度增长。值得一提的是，往年国家财政增收主要靠增发货币，而今则是在物价稳定、越盾升值的前提下取得的。从争取外援的情况来看，1993年10月越从国际货币基金组织、亚洲开发银行和世界银行三大国际金融组织共获得近10亿美元的贷款。同年11月间，在巴黎举行援越国际会议把国际社会援助越南的活动推向了一个新起点，越南共获得了18.6亿美元的援助。此外，1993年越南还获得各国政府发展援助3.6亿美元，其中1.39亿美元为无偿援助，这是近年来越南获得外援最多的一年。

金融。越南的金融体系是50年代初以来逐步建立起来的。由国家银行、投资发展银行、外贸银行、工商银行和农业信贷银行组成。最初，越南只有一家中央银行，即国家银行，它直接经营具体的金融业务。80年代以来，越南银行突出其聚集、调节资金和控制货币等方面作用。1994年底，越将在胡志明市成立第一家股票证券交易所，允许外资购买越国营企业股份。目前越南是世界银行、国际货币基金组织和亚洲开发银行的成员国。

越南国家银行成立于1951年。原名为越南全国银行。它是货币、信贷和结算中心，并向政府提出关于金融政策建议。总行设在河内，在胡志明市设有办事处，并在全国各省市设分行，各县设支行。

投资发展银行成立于1957年。初名为建设银行，1981年改名为投资建设银行。基金由财政部提供，直属财政部，是办理基本建设拨款、对各项基本建设实行财政监督的专业银行。80年代后期，又改名为投资发展银行，隶属国家银行，任务基本未变。

外贸银行成立于1963年4月。在海防、岘港、胡志明市、芽庄和头顿设有分行。是经营外汇业务的专业银行，负责办理对外贸易、非贸易信用，提供出口贷款的国际结算和汇兑；经营有关外汇、金银、贵重金属和国际银行等方面业务。同世界300多家银行有联系。

工商银行成立于1981年。它除了办理一般的存款业务外，还向企业和个人贷款，筹集资金、发行股票。目的是通过高速提供信贷等，制约通货膨胀。

另外，有金融珠宝公司10家，股份银行和财务公司17家，外汇调剂中心2家，外国银行7家，与外国合资银行3家。

现代越南货币制度是越南宣布独立后于1964年创立的，后因越南南北分权一直存在南北两种货币。1976年越南宣布南北统一后，发行全国统一货币。

货币名称为越元或越盾(Dong)。越盾有6种面额。越盾同美元等外币比值是浮动价格。

近年来，越南已批准法国、英国、泰国、印尼和马来西亚等国和香港地区在越南设立联营银行。新加坡、菲律宾、日本等国正在筹划设立驻越机构。

其他产业

劳务输出。越南劳务输出始于70年代后期。主要对象是原苏联、东欧国家和中东地区一些国家。至1989年，劳务输出人员达22万人。其中原苏联12万人，东欧国家6—7万人。劳务输出的目的是(1)培训技术人员；(2)偿还债务。1990年后，原苏联、东欧局势变化，大部分劳务人员陆续返国。

旅游。越南的旅游资源十分丰富，可吸收大量游客。越是亚太地区旅游协会成员，已同泰国、新加坡、老挝、日本、法国、美国、独联体和香港等国和地区的旅行社建立了联系和合作。

越南旅游业刚刚起步，设施十分薄弱。全国1.88万个床位中五星级饭店只有1565个，占总床位的8.3%(1991年)，远远满足不了形势发展的需要。1986年国际游客1万人次，1990年18.7万人次，1991年达30万人次，创汇3500万美元。过去越旅游业面向苏联和东欧国家，现更重视接待西欧、北美、港台和越侨游客。国际游客有60%是赴越考察的商人。国内旅游业也有新发展，1991年国内游客达46.5万人次，出国旅游者有1.09万人次。

越南把旅游业视为改革开放的重要组成部分。计划开辟4个旅游群，即北部以下龙湾为中心，包括河内、奠边府组成的名胜古迹群；中部以古都顺化为中心的古迹群；东南部以中叻为中心的海滨别墅群；南部以胡志明市为中心的乡村旅游群。近年来，加快对旅游业的投入，完善旅游设备建设。同时，积极引进外资，促进旅游业发展。至1991年底，外国向越南旅游、饭店等投资92个项目，资金超过7亿美元。1992年8月，越南已向国际旅游局呈送有1600页的报告，请求国际旅游组织给予支持和援助。

对外经济关系

对外贸易。越南是社会主义国家，长期依靠中国、原苏联和东欧国家的经济援助维持其国内经济。70年代中期以前，主要同中国、原苏联建立密切的经济关系。随后因中越关系恶化，加强同原苏联、东欧国家的全面合作关系。1977年，加入经互会的国际投资银行和国际合作银行，1978年7月加入经互会，成为“社会主义大家庭”国际分工的积极支持者。1978年底，越发动侵柬战争，西方国家对越实行经济制裁，越完全倒向苏联。双边贸易额占越南外贸总额的70—80%左右，苏援占越南外援总额的90%左右。80年代中期以后，苏联和东欧局势发生变化，越南搞改革开放，对外经济关系实行多元化和多样化，大力发展同亚太地区和西方国家的经济合作和贸易往来，扭转了以往向苏联一边倒的局面。1991年，越南同亚洲国家贸易占越外贸总额的76%。通过调整外贸政策与出口商品结构，现已实现了出口市场多元化，不仅巩固和扩大了其在亚太和西北欧的市场，开始恢复与独联体国家的经贸合作关系，而且努力开辟中东和南美市场。为此，越进出口贸易仍能保持较高的增长，外贸收支也渐趋平衡。1993年全年进出口总额达63亿美元，其中出口金额约30亿美元，比1992年增加20%。进口金额约33亿美元。目前，越已初步形成了以原油、大米和水产品为主的拳头出口产品，外贸形势大为改观。

外国直接投资。自1987年底颁布《外资法》至1994年8月，已有50多个国家和地区的近600家公司、企业在越南投资近1100个项目，总投资额超过110亿美元，实际投资额为30亿美元。目前外商对越投资已发生了结构性变化：单项投资规模越来越大，有些达到数千万、乃至上亿美元，投资区域已由胡志明市和南部沿海向中部和北部扩展。在对越投资中，台湾、香港、澳大利亚、法国处于领先地位。台湾在对越投资中继续居于首位，1993年台商对越投资比1992年剧增4倍多，达10亿美元之巨。截至1994年，越政府批准的台商投资项目为179个，投资额近20亿美元。日本、韩国、新加坡对越投资也异常活跃。此外，美商地美国政府宣布解除对越禁运的情况下也纷纷涌入越南，已有30多家美国公司获准在越开设办事机构。据估计，美在越的投资潜力可达70亿美元。引进并利用外资提高了越国内生产力和工艺水平，不断增加的外资已成为越经济发展的重要动因。越准备在1992—2000年争取到210—220亿美元的外国投资，涵盖25个关键行业，增加100万个就业机会。至今，外企已直接选用25000名越南雇员，并上缴利税数百亿盾(约合数百万美元)，为越南赚取了一笔可观的外汇。

外国援助。向越南提供援助的主要国家是中国、原苏联和东欧国家。从1954—1978年7月，中国向越南提供200多亿美元的援助，援建399个项目。从1955—1986年，苏联向越南提供192.49亿卢布，援助项目300多个。东欧国家也向越提供数亿美元援助。1986年，苏曾许诺5年内向越提供130亿美元援助，实际每年只提供10多亿美元。1989年以后逐年减少。1991年，苏只提供1亿美元长期贷款，2000万美元赠款，其他东欧国家已完全停援。越南大、中型国营企业都是苏联和东欧国家的援助项目。随着柬埔寨和平进程的发展，西方国家放宽对越限制，其他国家对越援助也逐步增加。1991年，法国宣布向越提供9500万法郎经济援助，美国也开始向越提供少量人道主义援助。日本对越援助有突破性进展。1976—1978年日向越提供7500万美元的援助。1992年，日宣布向越提供455亿日元援助(折3.6亿多美元)，帮助越南振兴经济。中国也向越提供8000万元人民币贷款。

与中国的经济关系

越南同中国有公路、铁路和海路相通。两国有长期贸易传统。1978年后经贸关系曾一度中断。1991年11月，中越两国实现关系正常化以来，双方同意设置五对国家级口岸，10个省级口岸，44个边境互市点，并签订了投资保护、经济合作、贸易、技术合作等12个协定，为加强两国人民经济合作和贸易往来创造了有利条件。据越南官方统计，1988年双边贸易额(含边贸)仅1000多万美元，1991年中越双边贸易额为1.42亿美元，边界贸易额8000万美元。1993年猛增至近3亿美元(含边贸)。五年内增加近30倍。1994年上半年，仅两国官方贸易就达2.3亿多美元，比1993年同期增长80%。目前，中国已在越南建立13个公司代表处，为进一步促进两国经贸关系积极工作。双方经济合作也已起步。两国已达成协议，中国将在越南参与18个项目的经济合作。中国上海、北京、辽宁、江西、湖南、山东等省市，先后派团访越，就经贸合作达成共识，并取得具体成果。越南从中国进口设备、农机、水泥、五金交电、日用消费品等；向中国出口海产品、农副产品、木材和煤炭等。两国贸易潜力很大，有广阔的发展前景。

华人经济

居住在越南的汉族居民包括华裔越南居民和华侨两部分。这里将越南的华裔越南居民（华人）和旅居越南的华侨统称为居住在越南的汉族居民—华侨华人。华侨华人移居越南，历史悠久，人数众多，对越南社会主义经济文化的发展作出了重要的贡献。根据越南1989年4月1日人口普查结果，华裔越南居民有900200人。本世纪50年代前后，越南华侨大约有150万人。截至1991年，估计留在越南的华侨华人仍在百万人以上，其中近50万人住在胡志明市的堤岸。

在古代，居住在越南的汉族居民主要从事农业业和矿业，还有不少汉族居民从事制陶、印刷、纺织、冶金、木器、食品加工等手工业以及渔、盐业。从事商业的华人虽然不多，但对越南的经济发展作用很大。近代以来，越南华侨华人的职业构成有两大变化：一是从事的职业范围更为广泛，农业、渔业、畜牧业、林业、交通运输业、采矿业、金融业、工业、商业、服务行业等，几乎越南所有的部门都有华侨华人。二是经营工商业的人数最多。除了开垦荒野，建筑城市外，华侨对越南的经济开发作出了多方面的贡献。

农业方面：主要是胡椒与蔬菜的种植。越南河仙省和富国岛的胡椒园，堤岸和西贡等城市周围的蔬菜地，都由华侨精心培育，效果良好。华侨还在越南种植橡胶、茶叶、稻谷以及开发森林等。

手工业方面，华侨一方面用自己的手工业品供给越南社会的需求，另一方面把先进的生产技术传授给当地人民，有力地推动了越南手工业的发展。越南的蚕丝业也是由于华侨把育蚕织丝的整套技术传入越南后，才不断发展起来。其他如印刷、冶金、制钱、制漆、制革、编织、木器、雕刻等手工业的发展，也无一不与华侨辛勤劳动有关。

在工商业方面，华侨商人的足迹遍及越南各地，华侨的商业活动在越南的经济生活中有着举足轻重的地位。据统计，1951年越南北部有华侨商号3821家，大都集中于河内和海防；中部有华侨商号千余家，主要集中于岘港、归化、顺化、藩切等地；南部的华侨商号1955年有11790家，其中华侨聚居的西贡、堤岸联区就多达8225家。根据1953年的统计，当时越南的工商业户数为100789家(未包括中部)，其中华侨工商业户为25564家，占23.36%。在华侨最集中的西堤(西贡、堤岸的简称),华侨工商业的户数则占该市工商业户数的62.4%。到1974年底,西堤的纺织、化工、钢铁等行业中,华人资本都占80%左右,造纸业占60%。在18家年营业额超过50亿越盾的企业中,华人占了10家。但总的看来,华侨中的工商业者,大多为中小资本,小商贩、小业主尤多。

此外,华侨在越南的采矿业以及交通运输方面也发挥了重要的作用。总之,长期以来越南华侨与当地人民一起辛勤开发,流血流汗,为越南经济的发展作出了不可磨灭的巨大贡献。

文 莱
(Brunei)

现代国际关系研究所 尚前宏

名称:文莱达鲁萨兰王国

国土面积:5765平方公里

人口:30万(1994年)

国内生产总值:69.96亿文莱元(合44亿美元,1994年)

人均国内生产总值:2.83万文莱元(合1.85万美元,1994年)

货币名称:文莱元

汇率:1美元=1.53文莱元(1994年)

概 况

石油和天然气是文莱经济的主要内容,1990年的产值在国内生产总值中的比例高达62.9%。其他领域的产值占国内生产总值的比例为37.1%,其中国有企业占20.6%,私人企业占16.5%。1990年,除石油和天然气以外的其他产业占国内生产总值的比例分别为:政府、社会及私人服务(主要是政府在卫生、教育和国防等方面的开销)20%,商品零售3.3%,建筑2.8%,金融2.5%,交通与通讯2.3%,采矿与制造1.7%,商品批发1.5%。

根据经合组织的估计,文莱1994年的国内生产总值增长率为2.5%。1989年和1990年的国内生产总值增长率分别为2.7%和6%。1990年的国内生产总值达到75.3亿文莱元。从人均国内生产总值来看,1975、1980、1989和1990年分别为17736、56979、25873和29404文莱元。人均国内生产总值在80年代的减少,主要是因为世界市场上石油供过于求导致价格下降。

虽然文莱政府努力促进工业的多样化发展,但除石油和天然气以外的其他工业仍然处于起步阶段。最近的两个国家发展计划(1986—1990年、1991—1995年)都强调国家经济的发展不能过于依赖石油和天然气。政府已开始兴建供石油和天然气以外的其他工业企业使用的基础设施,但工业多样化的目标仍面临许多困难:国内市场狭小;技术工人短缺;政府部门的繁文褥节,各部门之间缺乏配合,使国内外私人投资踌躇不前。

随着商店和购物中心的数量增加、档次提高(尤其是在首都班达斯里巴加湾市区),居民可支配收入的增长,以及贷款的便利,文莱的消费水平提高很快,消费支出总数已从1980年的8200万文莱元增至1990年的1.174亿文莱元。近年来,信用卡的使用也在一定程度上刺激着消费的增长,但也带来一些新的社会问题。1992年,治安法庭的记录表明,涉及债务纠纷的民事案件几乎比1991年增长了2倍,其中增长最快的就是信用卡债务纠纷和汽车抵押纠纷。

由于主要消费品多依靠进口，文莱的消费价格指数深受世界市场波动的影响。政府已采取了一些控制物价的措施，并对基本的食品消费和燃料消费进行补贴。1975—1984年，文莱国内的年均通货膨胀率为5.8%。1985年之后，通货膨胀率降低，1991年为1.6%，1993年也不足2%。

文莱人民的生活状况可以用“富足、安逸”来形容，一些外国记者甚至认为其生活水平已超过日本。政府不但不征收个人所得税，还对基本食品消费进行补贴，为本国公民提供免费的医疗、保健和教育，并资助学生出国留学。最新的统计资料表明，文莱平均每2.5人拥有1辆私人轿车，每3.8人拥有1部电话，每2.6人拥有1台电视，每1323人拥有1名医生。

主要经济指标

	1989	1990	1991	1992	1993
国内生产总值实际增长率（%）	0.8	5.0	1.0	－1.1	－4.1
通货膨胀率（%）	1.3	2.1	1.6	2.0	2.0
人口（万）	24.9	25.6	26.3	26.5	27.1
石油产量（万桶/日）	13.2	15.2	16.2	18.0	16.4
天然气产量（亿立方米）	86.61	91.60	96.30	96.30	
出口总值（亿文莱元）	36.94	41.08	44.93	24.96	23.73
进口总值（亿文莱元）	17.23	31.19	30.81	24.27	26.01
货币汇率（文莱元/美元）	1.95	1.81	1.73	1.63	1.63

资料来源：“EIU Country Report：Malaysia，Brunei” 4 th quarter of 1994.

石油与天然气工业

文莱的主要资源是石油和天然气，也是国家的主要能源。1993年探明的石油储量为14亿桶，预计可开采25年；天然气储量为3200亿立方米，预计可开采40年。不过，自1984年独立以来，政府开始采取保护国家石油资源的政策，石油和天然气的开采量受到限制，而且政府还在继续勘探新的油田，因此其实际开采年限可能会有所延长。

文莱于1993年成立了石油与天然气工程管理局，就有关石油和天然气的所有事务，向苏丹提供建议并负责记录。局长由财政部长杰弗里·博尔基亚王子兼任。勘探、开采、加工、储存石油和天然气的所有工程项目都由他负责制定计划并监督实施，采矿许可证和协议书也由他负责签发。

文莱的原油产量在1979年达到顶峰，日产25万桶。实施保护措施以来，在80年代减至每日15万桶。在海湾危机期间，政府允许提高产量，于是1990年增至每日15.2万桶，1991年增至每日16.2万桶，1992年增至每日18万桶，成为其独立以来的最高记录。1993年的产量有所回落，日产16.4万桶。1994年的产量与1993年基本持平。

文莱壳牌石油公司的股权由文莱政府和荷兰皇家壳牌集团各持一半。它拥有7块海上油田和2块陆上油田。

1983年以来，文莱壳牌石油公司在诗里亚提炼的每日1万桶石油产品已能满足国内市场的需要。1992年，文莱壳牌石油公司开始提炼供发动机使用的无铅燃料。

文莱每年销售液化天然气600万吨，它在国库收入中的重要性与石油出口几乎不相上下。液化天然气在文莱国内市场的销售量只有10%，其余大部分销往日本，买主是日本的三家公用事业公司：东京电力公司、东京天然气公司和大坂天然气公司。销往日本的天然气由文莱壳牌石油公司所有的7艘油轮（每艘油轮的油舱容积均为7.5万立方米）负责运输。

经过旷日持久的谈判，文莱液化天然气公司属下专门负责市场销售的文莱考尔德天然气公司，于1993年4月与上述三家日本公司签署了为期20年的合同。据此，每年出售给这三家公司的液化天然气将增加8.5%，达到165船（比过去增加了5船）。1991年，日本从文莱进口折液化天然气总值为10.7亿美元。新合同还将液化天然气的价格提高了10%；同时规定，文莱天然气公司的卢穆特气田（是世界最大的气田之一）将改进设施，并于1993年开始兴建价值1亿文莱元的新的装舱设施。1994年6月，文莱考尔德天然气公司与韩国天然气公司签署合同，拟于1995和1996两年之内，每年向其出口液化天然气70万吨。

文莱于1993年和1994年又发现一些新的气田，预计未来还将发现更多的气田。因此，文莱履行其上述合同将不会有什么困难。此外，亚洲国家对液化天然气的需求正在不断增长，必将大大促进文莱天然气产业的进一步发展。有关专家认为，泰国和中国的台湾、广东两省都是文莱液化天然气的潜在客户。

其他工业

文莱于1992年建立了工业贸易发展委员会，用以推动国有企业与私人企业之间的对话，促进国家经济的多元化发展。政府迫切希望国内工业向多元化发展，1986 1990年和1991—1995年的国家发展计划就是在这种思想的指导下制定出来的。第六个国家发展计划（1991—1995年）专门拨款2.725亿文莱元用来发展工业经济。

以首都效外的博瑞比工业区为开端，文莱建立了不少工业区。不过，目前在工业区内经营的工业企业多为小型企业，例如汽车维修厂等等。少数大企业主要是食品、饮料、服装和混凝土预制板的制造厂家。文莱迫切希望成为东盟东部增长区的交通枢纽，已开始着手改进其机场和海港的设施。专家认为，交通将成为文莱经济增长最快的领域之一。

食品加工和家具制造是文莱国内最成功的工业项目，未来还会进一步发展。根据政府的计划，陶器、磁砖、水泥、药品、胶合板和玻璃等产品也有很大的发展潜力。但要真正发挥这些潜力还有相当大的困难，主要是因为存在着一系列阻碍外国资本和技术投向文莱工业项目的因素，它们包括：政府机构的繁文褥节；熟练劳动力缺乏；国内市场狭小；政府不愿意修改风险企业的定义，禁止外国人拥有土地。

文莱制造业的发展极其缓慢，在国内生产总值中的比例仅由1980年的0.8%增至1990年的1.7%。

建筑业

文莱的建筑业产值仅占国内生产总值的2.8%（1990年），但也是国内经济的重要部分之一。文莱政府建筑项目的多少，直接关系到建筑业的景气与否。目前，建筑业进一步发展的制约因素主要包括：管理不善，缺乏劳动力和原材料，政府机构不能及时付款。

1984年国家独立之初，文莱的建筑业出现过一次热潮，建设了许多公共建筑物，包括苏丹的王宫。此后曾一度消沉，但在80年代后期又重新好转，因为政府大量拨款改进道路和通讯设施，实施国家住房计划，并修筑价值4500万文莱元的博努坦水库。房屋发展部负责监督建造8个新的居民点，将安排7万多人前来居住，其中首都郊区的兰巴卡南居民点是最大的建设项目，耗资4亿文莱元，占地630公顷，建造房屋2000所，将为1.4万人提供住宅，不久就将竣工。

1990年，文莱的建筑业遇到严重的危机，因为政府削减预算，推迟付款，而且建筑材料也很紧缺。此时，文莱马来人开办的建筑公司遭到严重打击，许多公司甚至因此而破产。1990年完工的唯一大型建筑项目是首都郊区的国际会议中心。1991年和1992年，为配合1992年10月举行的苏丹银婚庆典，政府拨款的建筑项目大大增多，其中包括1座清真寺、1座博物馆和专为外国贵宾配备的特别设施，遂使文莱的建筑业恢复了景气。此外，在首都还新建了2家私人旅馆。

文莱首都的多数建筑物原来都是一些小店铺，但过去几年中发生的几场大火已烧毁了不少店铺。此后，建筑商清理这些地方的残垣断壁，兴建了一些银行大厦和综合性办公大楼。其中最为引人注目的建筑项目是1993年开工的文莱伊斯兰银行总部。

距离首都约4公里之处的博拉克斯有一个老的机场，为扩展功能正在兴建一些附属建筑。为缓解首都邮政总局的压力，1992年开始新建一个信件与包裹处理中心，并为它附设一个邮局。1992年5月，耗资800万文莱元的反贪局办公大楼开始动工。耗资270万文莱元的信息部办公大楼于1993年完工。耗资6000万文莱元的文莱国际机场控制塔已于1994年9月开工，预计将于1996年初完工。

为顺利实施国家住房计划，1991—1995年的政府发展预算又追加了一笔资金。此外，政府还计划兴建更多的学校和清真寺，其中多数是在乡村地区。位于首都郊区唐库的文莱达鲁萨兰大学，耗资1.8亿文莱元，已于1994年12月完工。

农　业

文莱的农业（包括种植业、饲养业、渔业和林业）产值仅占国内生产总值的2%，食品消费的80%依靠进口。政府原计划到1990年将进口大米的比例压缩到70%，但是未能如愿。至于热带作物橡胶，更是无人重视。造成这种状况的原因，主要是文莱人对于土地劳作没有兴趣，而公共服务行业和石油工业已为他们提供了大量的就业机会。

文莱政府试图刺激国内居民对于农业的兴趣，采取的手段包括改进乡村地区的基础设施，建立示范农场和农业培训中心，由农业部为农业生产提供咨询和资助。但因年轻人对于土地劳作没有兴趣，政府的努力效果甚微。

文莱国内种植的蔬菜基本上能够满足国内消费的需要，国内出产的蛋类能够完全满足国内消费的需要，禽类基本上能够满足国内消费的需要。政府鼓励农民种植热带水果，饲养家畜（包括肉牛、奶牛、水牛和山羊）和家禽。根据粮农组织的资料，文莱在1992年拥有食用牛1000头、水牛1万头、鸡200万只、猪1.4万只。

鱼类是文莱日常食品的重要组成部分。1990年，文莱国内市场出售的鱼、虾有65%是从国外进口的，其中大部分来自马来西亚的沙捞越州。在文莱港口注册的拖网渔船共有10只。目前，文莱正在大力发展水产养殖业，包括淡水养殖和近海养殖。现有淡水鱼塘10公顷，根据目前条件还可以再增加40公顷。

采伐林木在文莱受到严格限制，因为文莱的人口多数居住在城市，石油已为其提供了巨大的财富，不需要采伐林木来增加收入。政府禁止出口木材，因此文莱没有大规模的林业生产活动。为满足国内建筑和家具制造的需要，有选择地采伐一些林木是可以的，但必须在林业部的严格监督下进行操作。目前，林业部对于边境地区不断增加的非法伐木活动非常关切。

文莱没有所谓木材工业，也没有大规模的毁林开荒活动，因此其国土面积的80%以上为森林所覆盖，其中近60%为原始森林。1989年公布的国家森林政策规定了保护森林资源的原则，强调不能仅仅把森林看作砍伐的对象，而应当重视森林在环境、生态、经济和社会等方面的功能。

文莱林业部已在边境地区选择了一些区域重新培育森林。其中包括一片藤林，主要用来提供家具制造业所需要的藤条。第六个国家发展计划已批准的森林再造计划，将覆盖土地约2800公顷，主要分布在都东河与白拉奕河之间的沿海地区。

交　通

文莱国内的交通往来主要依靠公路与河流，全国只有一条长1.3公里的轻便铁路。对外联系则主要依靠航空与海运。

公路。根据文莱1992年进行的最新统计，全国公路总长2417公里。此后，由于许多公路都加铺了附路，全国公路总长有所增加。1992年，全国已注册的汽车总数为144159辆，其中121914辆为私人轿车。政府为国家公务员提供无息汽车贷款，对汽车用油进行补贴，再加上国内的公共交通系统很不完善（国内没有铁路），使私人轿车的拥有量增长很快。

水路。文莱的河流依然发挥着重要的交通功能。文莱河、白拉奕河和都东河都可通航。

穆阿拉港是全国最大的港口，距离首都约27公里。它的码头长度为611米，吃水深度为8米。它拥有货物仓库、集装箱仓库、冷库和地下仓库。1994年建立的穆阿拉出口区是一个自由贸易区，主要为运往东盟东部增长区的货物提供便利。有固定的货运航线通往新加坡、马来西亚、香港、泰国、台湾、菲律宾和印尼。

航空。文莱皇家航空公司有固定航线通往香港、台北、大阪、马尼拉、曼谷、新加坡、雅加达、巴厘、吉隆坡、吉打、哥打巴鲁（沙巴）、古晋（沙捞越）、布里斯班、珀斯、达尔文、伦敦、法兰克福、苏黎士、开罗、巴林和迪拜。

文莱为了把本国发展成为东盟东部增长区的航空交通枢纽，近年也设置了一些短途航线，通往文莱的米日、马来西亚的拉布安和菲律宾南部的一些城市。

通　讯

文莱全国共有6个邮政局，分别设在班达斯里巴加湾、都东、邦古尔、瓜拉白拉奕、诗里亚和穆阿拉，在拉比则有1个邮政代理处。

文莱的电讯事业比较发达。电讯部在电讯设施方面投注过很多资金。国内电话通讯已采用SPC数字交换系统，但因存在技术障碍，以及系统负担过重，要接通电话仍需较长时间。1990年底，文莱共有53314部电话机，国内居民平均每5人拥有1部。通过国际直拨电话IDD的服务，可与160多个国家进行电话联系。目前，传真机的数量增长很快，移动电话也开始出现。

1992年2月，文莱、马来西亚和菲律宾之间的海底光缆系统铺设完毕。1992年4月，苏丹主持了文莱与新加坡之间长达1500公里的海底光缆系统的开工仪式。文莱通过这些光缆系统与东盟其他伙伴国建立起电讯联系。

文莱在唐库新建的有线通讯联系中心耗资1000万文莱元，于1990年11月完工。它不仅是文莱与新加坡、马来西亚和菲律宾之间光缆系统的终端控制中心，而且是文莱国内电讯的控制中心，也是国际电讯联系的交换中心之一。

财政与金融

财政。根据最新的统计材料，文莱1990年的政府收入为27亿文莱元(包括其海外投资的收入)。政府收入的主要来源是公司税(税率为30%)，1990年为15亿文莱元。文莱没有设置个人所得税。政府收入的其它来源为进口税、营业税、印花税和执照费，1990年共计9150万文莱元。此外，政府投资的利润和政府商品的销售也提供了11亿文莱元的收入。

文莱政府1990年的开支共计28亿文莱元。其中日常开支为19亿文莱元，包括：国防4.194亿文莱元、教育2.566亿文莱元、公共活动1.709万文莱元、卫生1.043亿文莱元、电力7470万文莱元、(伊斯兰)宗教事务7022万文莱元、警察4840万文莱元、广播与信息2370万文莱元。其中约4.62亿文莱元是指定用途的固定资金，被转入“发展基金”之中，用于资助发展计划项目。

银行与保险公司。文莱现有7家商业银行及其33个分支机构，有26家保险公司。在这7家商业银行中，只有1家属文莱所有，它就是文莱伊斯兰银行；其余全为外国银行，其中最大的两家分别是花旗银行和渣打银行，它们在文莱各地都有分支机构。在26家保险公司中，只有少数几家是文莱人开办的，其余全为国际保险公司的分支机构。

文莱伊斯兰银行建立于1993年1月，其前身是文莱国际银行。在此之前，文莱国际银行的利润从1990年的309万文莱元增加到1991年的806万文莱元。文莱王室拥有文莱伊斯兰银行80%的股份，对银行业务拥有决定性的发言权。日本一家私人银行拥有其余20%的股份。

文莱伊斯兰银行根据伊斯兰教的原则提供存款服务和贷款服务。1993年6月，它发行了1400万新股（占其扩股以后总资金的28%），每股价格为2文莱元，成交单位为100股。这一举动的目的是鼓励文莱国内的穆斯林居民按照伊斯兰教的原则参与股票交易活动。为处理股票事宜，文莱伊斯兰银行还专门建立了一个保险机构。

目前，根据伊斯兰原则进行活动的另外一个金融机构，是文莱伊斯兰信托基金组织。它始建于1992年10月，其宗旨是促进投资与贸易，参与国家的经济发展。它现已吸收约1万人的1亿文莱元信托储蓄。

外汇收支。根据文莱商会的估计，文莱每年的隐性支出约10亿美元，支付外籍工人的工资约2亿美元，二者之和与文莱的海外投资所得大致抵销。但因文莱的贸易盈余较大，它的经常项目收支状况极其良好。

据估计，文莱的外汇储备为400亿美元，每年通过海外投资获得的利润已超过销售石油和天然气的收入。这些外汇有1/3由文莱投资局进行操作，2/3由8家外国机构进行操作。文莱全部外汇的80%用来购买外国政府发行的公债，其余则以现金、股票、黄金和房地产的方式保存。

对外贸易

在1993年之前，文莱一直保持着较大的贸易盈余。不过，1985年以来，由于石油价格的下降以及工业器材和高标准生活用品进口的增加，其贸易盈余有所减少。1974—1980年，文莱的贸易盈余增长很快，从19亿文莱元增至86亿文莱元。此后10年中，贸易盈余不断下降，从1981年的73亿文莱元减少到1985年的52亿文莱元、1986年的25亿文莱元和1990年的10亿文莱元。1991年，石油和天然气出口的增加以及文莱元的坚挺，使其贸易盈余又有回升，达到14亿文莱元。1993年，石油出口的减少及其价格的下降，使文莱出现了2亿文莱元的贸易赤字。1994年，随着石油价格的上升，对外贸易重新扭亏为盈。

主要贸易伙伴（1993年）

出口方向	%	进口来源	%
日本	54.0	新加坡	26.8
英国	17.0	美国	20.2
泰国	8.6	英国	19.0
新加坡	8.2	马来西亚	7.9
台湾	2.5	日本	5.3
菲律宾	2.2	法国	3.2
美国	1.2	德国	2.4
其他	6.3	其他	15.2

主要贸易商品（1989年）

出口商品	%	进口商品	%
原油及其制品	52	机器与交通设备	30
液化天然气	46	制成品	24
其他	2	食品	18
		药品	7
		其他	21

资料来源："EIU Country Report：Malaysia，Brunei" 4th quarter of 1994.

石油和天然气是文莱的主要出口商品。1989年，原油和天然气在出口总额中的比例分别高达47%和46%，制成品则不足5%。原油和天然气的出口总值1983年为71亿文莱元，1984年为67亿文莱元，1986年和1987年均为39亿文莱元。由于海湾危机导致世界石油价格的上升，文莱的石油和天然气出口收入从1988年的16亿美元增加到1990年的30亿美元。石油和天然气出口收入最多的年度为1980年，达到97亿文莱元。全部天然气和一半石油的出口对象都是日本。

与中国的经贸关系

文来与中国的友好往来可追溯到公元6世纪左右，当时两国已开始贸易往来。公元15世纪左右，两国人民有过相当密切的友好交往。1991年9月30日，文莱与中国建立了正式外交关系，两国的经贸交流从此进入新的发展阶段。

中国在与文莱的贸易中一直保持着较大顺差的地位。1991年，中国与文莱的贸易额为1310万美元，比1990年的1184万美元增加了126万美元，增长幅度为11%。其中中国对文莱出口1076万美元，增长32.4%，中国从文莱进口234万美元，下降36.9%。1992年1—10月，中国与文莱的贸易额为769万美元，其中中国对文莱出口757万美元，比上年同期下降16.1%，中国从文莱进口12万美元，比上年同期下降95.8%。1993年，中国与文莱的贸易额为1064万美元，全部为中国对文莱出口。

文莱的公司已开始对中国进行投资。鉴于文莱拥有大量的外汇资金，如何做好工作，本着互惠互利的原则吸引文莱资金，也是大有文章可做的。

澳大利亚

(Australia)

现代国际关系研究所　刘晖明

名称：澳大利亚联邦

国土面积：7682300公里

人口：1766万（1994年）

国内生产总值：4148亿澳元（合2945亿

美元，1994 年）

人均国内生产总值：2.14 万澳元（合 1.5194 万美元，1994 年）

货币名称：澳大利亚元

汇率：1 澳元＝0.71 美（1994 年）

概　况

澳大利亚是一个相对年青的资本主义国家。其经济主要依靠矿产品、能源和农产品出口，与西方其他国家的经济截然不同。

农业在澳大利亚整个生产总值中只占很小部份，但农产品出口却占出口总值的 1/3 左右。采矿在澳大利亚整个生产总值中也仅占一小部份，但能源和矿产品出口却占整个出口总值的 1/3 以上。在国民生产总值中，服务性行业几乎占 3/4。

澳大利亚实行的是混合经济，即市场力量与政府干预并存。政府的宏观调控政策对市场经济发展具有重要影响。澳大利亚经济政策的总目标为：充分就业；物价稳定；国际收支平衡；经济较快增长。澳大利亚的大部份企业为私人所有，邮政、通信、铁路及部份能源生产和基础设施属国家所有。

澳大利亚主要通过以下手段对市场经济进行宏观调控。

1. 财政手段。财政政策是澳政府调控市场经济十分重要的杠杆。政府用宏观财政政策来调节总需求，从而达到调控经济的目的。财政政策对市场经济的影响非常大，上至联邦政府，下至州和地方政府，都重视通过财政收支来体现某种特定的政策。澳大利亚在 80 年代以前基本上是以凯恩斯主义作为干预和调节经济的理论基础。

2. 货币政策手段。澳大利亚的货币政策是通过中央银行即澳大利亚储备银行来推行的。货币政策是澳政府对经济进行宏观调控的主要工具之一。货币政策的直接目标是控制和调节货币供应量和利率水平。澳大利亚储备银行的首要任务是控制货币供应量。

80 年代以来，随着澳金融改革的深入，货币供应的渠道已不再主要是银行系统了，为此澳储备银行在实施货币政策过程中开始逐步从对银行系统的直接控制转变到间接调控上来。公开市场业务是间接调控的最重要的方法，现在它已成为储备银行实施货币政策调节货币供应的主要工具。

3. 工资制度。进入 80 年代，澳政府为扭转严重的滞胀局面，开始采用直接控制收入和价格政策补充传统的工资政策。从 1983—1986 年的澳工资和薪金按消费价格指数的变化而变化。这种国家管理的固定工资制度对缓解 70 年代和 80 年代初工资-利润的不平衡状况起到了关键作用，同时它还在控制通货膨胀的基础上保证了可支配收入的稳步增长，从而促进了投资和就业的回升。1987—1988 年度霍克政府为了加强自由市场的调节作用，活跃劳动力市场，正式取消了工资指数化的作法，但是国家集中管理的固定工资制度仍规定工资增长的幅度要同通货膨胀率持平。

基廷执政后，所采取的工资政策是开放劳动力市场，实现集中管理固定工资制向分散管理固定工资制度过渡。

4. 产业政策　1980 年以前，澳大利亚的产业政策是通过高关税来保护国内制造业的发展，但 80 年代以后，产业政策的重点发生转移。澳政府一方面普遍降低关税水平，另一方面逐渐消除对各工业部门扶植的差别，以便鼓励那些比较而言的更富效率的工业的发展。其具体作法是发展具有国际竞争力的工业部门，发展某些尖端技术（如生物工程技术、新型材料和信息技术）；发展澳的科学研究以促进工业技术的革新；鼓励通过与海外企业的工业和技术合作进一步加强澳企业与世界经济的联系，促进澳工业的国际化等。澳大利亚在出口方面的主要政策是为确保进入海外市场提供最有利条件，开拓海外市场，提高出口市场调研和营销技能。出口管理方面的政策目标包括，生产者收入稳定；保护资源和有限地开发；强化质量标准等。在进口方面，澳对多种产品进口实行关税减让，这些产品是国内不便生产或没有能力生产的，以照顾国内消费者利益。

经济复苏

同其他发达工业国家相同，澳大利亚经济也是呈现出周期性波动。如70年代中期、80年代末期、90年代初期澳经济都遇到过衰退。战后到80年代以前，历届澳大利亚政府都是遵循凯恩斯理论来执行财政政策。一般作法是在通货膨胀时期采取紧缩财政政策，即控制财政支出，增加税收。在经济衰退时期，采取扩张政策，即扩大财政支出，减少税收，发行公债来弥补财政赤字。

1990年下半年受世界经济衰退的影响，澳再次陷入经济衰退，这次衰退被认为是30年代大危机后，最严重的一次经济危机。

当时的霍克政府对澳经济进行了以下调整：（1）改革工资制度；（2）削减关税；（3）调整联邦政府同各州和地区的权力和责任关系。

1991年12月，澳大利亚前财政部长保罗·基廷取代霍克被工党推选为新总理。基廷一上台面临着严峻的经济形势，为使经济复苏，且其政策又能广泛被社会所接受，于1992年2月，基廷公布了“一个国家”的宣言，这一发展计划的主要内容是：（1）经济在1992—1996年期间增长15%，1992—1995年3个年度里，国内生产总值平均年增长4.25%。（2）通过财政刺激手段创造80万个就业机会，使失业率在1992—1996年期间降到了8%以下，其中1992—1995年里，将失业率降到8%，1995—1996年降到7.75%。（3）1992—1996年将通过膨胀控制在的3.5%低水平。（4）1992—1996年里提高出口额，尤其是提高对亚洲地区的出口。

为达到上述目标，基廷政府采取了以下一系列政策手段：（1）从1990年1月到1993年7月连续15次下调利率，利率从18%降到4.75%。持续的减息直接刺激了一些利率敏感部门，如房屋信贷，房屋销售等的增长。（2）调整税收，压缩开支。一是将中等收入阶层的个人所得税的税率从46%降到30%，以扩大可支配收入。二是免征年营业额在5万澳元以下的小企业的销售税，以扶植其发展。从1993年7月1日起，将公司税率由39%降低到31%。此外还实行了两次投资补贴，加速折旧，免除红利的双重征税。三是提高汽油、烟、酒的消费税，增加不包括服务、食品在内的绝大多数商品的批发税。四是削减国防和援外开支。五是压缩医疗、教育、退休津贴等福利性开支。（3）扩大对公路、铁路、电力和机场等基础设施的投资，以带动其他经济领域的发展，减轻就业压力。政府投资10亿澳元用于公路、铁路、港口、机场和其他基础设施项目的建设和完善。（4）对一些大型的国有企业，如航空公司等实行私有化，以筹集资金。（5）保持低通货膨胀率。1993—1994年度通货膨胀率为2.3%。最低时为0.9%，以增加私人企业的活力。（6）开放市场，放宽各种规定，逐步取消关税保护，对发展中国家实行一系列关税优惠政策，吸收外资。

在对外贸易方面，澳政府也进行了重大调整。80年代以来，西方国家由于经济衰退，对初级产品的需求量大大减少，这使得主要依赖农矿产品出口的澳大利亚经济十分困难。面对蓬勃发展的亚太经济，以及变化中的国际经济格局，考虑自身的民族利益，80年代末及90年代初，澳大利亚开始将其战略重心由传统的欧美转向亚洲，1992年更明确提出“融入亚洲”的战略。

1985—1991年亚洲市场占澳出口总额的比重从53.2%增至61.7%，而同期对欧美发达国家的出口比重则仅维持在30.5%以下。1991年澳全球出口增长率为7.9%，对欧美发达国家出口为负增长1.8%，对亚洲出口增长率则高达18.5%。目前，澳大利亚的10大出口市场有7个在亚洲。另一方面，亚洲也是澳大利亚进口的重要来源之一。1985—1991年，澳从亚洲的进口占其总进口的比重从38.1%上升至39.5%。1991年澳从全球的进口下降了1.2%，从欧美发达国家的进口下降了4.9%，但从亚洲的进口却增长了5.7%。

澳大利亚的对外贸易1989年以前的几年一直处于逆差状态，但在发展了与亚洲的贸易关系后开始改变。1990年出现了34.2亿美元的顺差。1991年对欧美的贸易虽有逆差85.9亿美元，但对亚洲的贸易有顺差106.7亿美元。近年，澳大利亚对亚洲的贸易一直处于顺差的状态。

目前，日本已成为澳大利亚重要的出口市场和头号贸易伙伴。1992—1993年财政年度，澳对日本的出口达152.02亿澳元，占其全部出口的25%，居第一位，超过了对美国的出口；澳从日本进口111.39亿澳元，占澳全部进口的18.7%，仅次于美国，居第二位。澳与东盟国家之间的贸易发展速度也很快。1980年澳向东盟国家出口总值为15亿澳元，1993—1994年度上升至88.94亿澳元。1987—1991年澳与东盟国家贸易增长率分别为，新加坡43%，达28.7亿澳元。印尼31%，达4亿澳元。马来西亚22%，达10.55亿澳元。菲律宾18%，达4.79亿澳元。泰国2.5%，达6.94亿澳元。东盟已取代美国、欧盟，成为继日本以后澳第二大出口市场。

由于澳政府适时调整了其内外经济政策，1993年下半年澳经济开始出现复苏迹象。1994年澳经济增长速度明显加快。1993年经济增长为4%，1994年9月增长达到6.4%，是澳近10年来经济增长的最高点，也明显高于西方各工业国家。

1993年以来的经济复苏主要表现为：

1. 赤字开始减少。由于政府采取了紧缩政策，1994—1995年度澳的预算赤字为117亿澳元，占国民生产总值的2.5%，低于1993—1994年度160亿澳元的预算赤字。澳政府还制定了1996—1997年的预算赤字，仅占国民生产总值的1%左右。

2. 经济发展带动了对资金需求的扩张。近年来澳用于扩大生产的投资显著增加。1994年第三季度投资额比1993年同期增加了23.4%。并预测1994—1995年度的投资额将达到15—24%之间，高于政府制定的14.5%的指标。

3. 投资的增加，生产的扩大，为澳提供了更多的就业机会，为缓解失业压力创造了条件，进一步改善了国内劳务市场形势。一年来，澳政府为10多万人解决了就业问题。失业率由1993年11月的11.1%降至1994年10月的9.1%，下降两个百分点。也是近三年来澳失业率最低的一个月份。

4. 外债相应减少，略呈下降趋势。澳大利亚的净外债由1993年9月的1.729亿澳元，占国民生产总值的42.3%减少至1994年9月的1.602亿澳元，占国民生产总值的36.9%。

农林牧业

澳大利亚是世界上农产品主要出口国之一，澳大利亚农业在国民生产总值中不到5%，但占整个出口外汇收入的1/3。50年代以后，由于澳农业科学技术的进步，农业机械化水平的提高，使农业生产有了很大的增长。目前有农牧业用地4.85亿公顷，占全部国土的60%。有农牧场18万余家。

澳大利亚是世界小麦出口量最大的国家之一，小麦出口量居世界第4位，小麦年产量为1500万吨，大部份出口。主要的销售市场是伊朗、伊拉克、埃及、中国和日本。澳的主要粗粮有大麦、燕麦、高粱、玉米等。这些粗粮主要用于牲畜饲料。水稻主要种植于新南威尔士州的南部和昆士兰州的北部。大部份水稻供出口，主要市场是巴布亚新几内亚、香港、南太岛国和中东。

澳大利亚每年约产300万吨糖，其中4/5供出口，日本是主要的出口市场。

澳大利亚的主要水果有葡萄、柑桔、苹果、香蕉、梨、桃和菠萝。苹果是主要的水果之一，年出口量为2.5—3万吨。柑桔年产量约为60万吨，其中1/10供出口，柑桔大部分产于新南威尔士州、维多利亚州和南澳州。

澳大利亚的羊毛产量居世界第一，羊毛年产量达10亿公斤，占世界羊毛产量的1/3。主要是美利奴优质羊毛。羊毛工业在澳农产品出口中居领先地位，出口羊的外汇收入超过其他农产品，每年收入约60亿澳元。主要销售对象是日本、西欧、前苏联和中国。

澳大利亚的活羊出口居世界领先地位，并负责将羊运往国外目的地供屠宰用。澳的牛肉产量每年为130—200万吨，将近2/3供出口。美国是澳大利亚最大的海外买主，其次是日本。

奶制品工业主要分布在东南沿海地区和塔斯马尼亚州北部。牛奶年产量约为60亿立升，价值达16亿澳元，1/4的牛奶销于国内，其余部份则制成黄油、奶酪、炼乳产品、奶粉等。奶制品中的一半用于出口。

澳大利亚的天然森林面积约4100万公顷，其中3/4是桉树。人造林约100万公顷。森林用于生产木材、水土保持、保护动植物、供公众休息。林产品工业的年产值约为70亿澳元。

第二、三产业

澳大利亚的工业以工矿业、制造业为主。工矿业占国民生产总值的14%，制造业占19%。拥有雄厚的工业基础，能够生产各种工业产品，从时装到食品，从复杂的电子设备到家用电器，从一般金属制品到精密仪器，直到提炼石油和塑料制品。

澳大利亚国内所需的大部份家用电器和工业机电产品都是由澳电机部门提供。生产一系列各种规格的电动机、供电控制台、电开关台和电线电缆。电子工业能够供应国内市场对通讯设施的大部需要，并有相当大的技术力量发展软件、微型电子计算机和终端设备。

澳大利亚的机械工业能生产大量的轻便工具和工作母机，金属加工机器和原料处理设备。还能生产许多种类和不同规格的复杂重型自动化机械，其中包括铁路车辆、柴油电气机车、各种类型的泵、推土机、挖土机、农业设备等。

澳大利亚的化学工业部门能生产一系列不同品种的化学半成品和成品。化学和塑料工业的主要部门有石油化工、化肥、塑料、药品、农用化工、肥皂和洗涤剂。

澳有五家大的汽车制造公司，每年约生产30多万辆汽车，并出口汽车及部件，年出口值为6亿澳元。

第三产业是澳经济中最大的组成部份，近十年来，与澳经济其他部份相比，该行业越来越重要。其中最主要的是零售和批发行业，其次是公共社团服务和建筑行业。就业人数占劳动力总人数的3/4，生产价值占国内总值的2/3左右。

澳大利亚是西方国家中（除煤以外）仅次于美、加的第三大矿产国。是世界上能源主要生产和出口国。也是“经济合作与发展组织”中仅有的5个净能源出口国之一。

澳的矿物源有以下这样几个特点，种类多，储量大，品位高。许多矿物在世界总产量中所占比重很大，有些矿物可以大量出口。这种天赋的自然资源使得采矿业成为澳经济的重要支柱。

60年代澳发现了大量的石油和天然气，其储藏量相当丰富。目前经过勘探可确定的原油超过16亿桶。

澳大利亚是世界上最大的黑煤出口国。储藏量约在5000亿吨以上。其中可开采的约2/3，黑煤产地大部份在新南威尔士州和昆士兰州。煤的出口量半数以上销往日本。

澳铀储量约占西方世界总信储量的1/3，主要分布在北部地区。

澳铁矿石出口位于世界第二，品位极高。储藏量约150亿吨以上，年产量约1亿吨。

澳是世界上最大的铝钒土和氧化铝生产国，也是铝的第三大生产国，出口占产量的3/4。氧化铝出口约占世界氧化铝贸易额的一半。

澳大利亚的铅和锌储藏量相当丰富，是世界上主要的铅、锌生产国和出口国之一。铅、锌的主要产地在新南威尔士州、昆士兰州、塔斯马尼亚州、西澳大利亚州。

80年代，在澳大利亚的许多地方都发现了蕴藏丰富的铜矿，其经济价值很高。除维多利亚州的铜矿之外，其他各州的铜矿均已开采，并建有铜精炼厂。全国铜产量约为25万吨，其中一半以上出口。

澳的镍产量占世界第三位，其产量几乎全部供出口。

澳大利亚的黄金产量在西方世界中名列第三位，黄金出口占澳大利亚外汇收入的第三位。已探明的黄金资源相当可观。目前主要在西澳大利亚州和昆士兰州开采。

澳大利亚的交通运输系统包括公路约84万公里，空运线路24万公里，政府经营的公路4万公里。陆、海、空运输业发达。悉尼是南太平洋地区主要的交通枢纽。

铁路。澳大利亚的铁路主要归政府所有和经营。铁路的主要任务是负责长途运输，装运大宗矿产品、谷物和石油产品，并负责郊区和城市之间的客运。1988/1989年度铁路客运量4.16亿人次，货运量1.78亿吨。

公路。澳境内约有公路98.45万公里，其中35.91万公里为沥青路，车辆990万辆。澳汽车运输占国内总货运量的4/5。

水运。澳境内有贸易港口75个，商船队共拥有115艘船，载重吨位398万吨。澳最大的海运企业是澳大利亚国家海运公司和布罗肯希尔控股有限公司。

空运。澳大利亚国内共有36家航空公司，有民用飞机6600多架。经营飞往世界各地的定期航班。澳国内最大的航空公司，快达航空公司每年载送出入澳的旅客超过300万人次，占澳所有航班客运量的40%以上。国内定期航班每年约载运1350万名旅客，共132.5亿次/公里。澳全国共有430个注册的民用机场，联邦政府拥有并管理44个机场。

澳大利亚邮政公司雇佣4.5万工作人员，每天处理邮件约1000万件。澳大利亚电信公司雇佣9万多名工作人员，为700多万个电话用户服务。澳大利亚电信公司拥有高容量、宽频带的远程中继网系统，它采用微波无线电、同轴电缆和光导纤维进行传输。

旅游业是澳大利亚最大的行业，其收入约占国内生产总值的6.5%。而且直接或间接地为40多万人提供了就业机会。世界各地每年到澳大利亚的游客在300万以上。1992/1993年度旅游业收入达293亿澳元。澳大利亚气候温和，旅游资源丰富。除著名的海滨城市悉尼、墨尔本、布里斯班等还有壮观的大保礁、阿叶尔斯石柱公园和卡克杜国家公园。

财政金融

澳大利亚近几年财政预算情况如下：1992/93年度国民收入990亿澳元，支出1150亿澳元。黄金储备36.39亿美元，外汇储备177.56亿美元。至1993年11月，外债总额1780亿澳元。国际收支赤字1992/93年度为154.7亿澳元。

1979年底，为适应国际竞争环境，澳大利亚政府开始对金融体制进行改革。这一改革标志着政府对金融市场管理职能由直接控制转变为运用间接手段，即采用更灵活的货币政策。

1979年，澳政府成立了“澳大利亚金融体制咨询委员会”，并于1981年11月提出了，取消对银行的直接控制；取消对利率、存款期限和借贷数量的限制；扩展对银行存款、准备金的监督；逐步取消外汇管理，实现澳元自由兑换等的报告。

根据委员会的报告，澳政府逐步放宽了对金融体制的管制，取消了对银行贷款数量的控制。1983年12月12日，澳元开始自由兑换。大多数外汇管制被取消。同时联邦银行也宣布不再对外汇市场进行干预，采用浮动汇率制，使得澳州金融市场日益国际化，澳元成为世界上交易活跃的货币之一。

1985年1月，澳进一步放松对外汇管制，允许除中央银行以外的外国银行、海外政府机构、国营企业等对澳进行债券投资。金融自由化进程越来越消除了银行与其他金融机构之间的界限。澳的金融改革以走在其他发达国家的前面。

但澳的金融自由化也带来了一些消极影响，导致信用扩张，股市过度繁荣，债务增加。

澳大利亚银行系统包括澳储备银行（中央银行）和它所监督管理的35家银行或银行集团。澳大利亚的主要银行有澳大利亚联邦银行，澳大利亚和新西兰银行集团，西太平洋银行和澳州国民银行。澳目前的银行体制是在仿效英国银行制度的基础上逐步发展起来的。

二战后，澳大利亚证券发展很快。1979年澳政府合并了澳国内两个最大的交易所，标志着澳统一的证券市场开始形成。1984年为了增强在国际证券交易所的竞争力，澳证交所放弃了实行100年之久的固定比率佣金制，代之以可以协商的佣金制。1985年澳政府允许外国投资者拥有澳证券经纪公司低于50%的股份。1987年澳证券市场进一步开放，允许外国投资者直接进入证券交易所进行交易，并可购买交易所会员——证券商100%的股份。同年，澳证交所自动交易系统开始运转。并将原有的6家证交所合并成澳大利亚证券交易有限公司，6个州级证交所成为其子公司。

澳大利亚除了证券交易所外，其他的金融市场还有短期资金市场、期货市场、外汇市场等。

对外贸易

澳大利亚是世界上具有中等贸易水平的国家，按世界进出口值计，约占第20位。澳对国际贸易依赖很大，外贸收入占国内生产总值的35%，与60多个国家和地区有贸易关系。澳外贸收入的70%来自农牧业和矿产品。制成品的进口占80%以上。1992/93年度，澳进口额768.01亿澳元，出口748.80亿澳元。

澳的主要出口产品有铁矿砂、羊毛、铝、小麦、牛羊肉、食糖、煤；主要进口服装、汽车、电器等。主要贸易伙伴，日本、美国、东盟、欧盟、韩国、新西兰等。

与中国的经贸关系

澳大利亚同中国的经贸关系近年来发展很快。1972年两国建交初期双边贸易额仅为8500万澳元。1993年已达40亿澳元。中澳两国经贸关系互补性很强，澳的传统初级产品在中国有很大的市场，中国商品物美价廉，也深受澳消费者青睐。澳向中国出口小麦、羊毛、糖、铁矿石、铝、有色金属等。中国向澳大利亚出口纺织品、针织品、服装、鞋类、原油、化学制品、茶叶等。目前，中国已成为澳大利亚第6大贸易伙伴，澳大利亚则是中国第9大贸易伙伴。

80年代以来随着商品贸易的发展，以及中国的对外开放，中澳两国之间的相互投资活动也日趋活跃。据统计，截止1993年年底，澳在中国投资共1310个项目，澳方协议投资总额为12.45亿美元，实际投入金额3.38亿美元。投资项目主要是农业、建材、纺织、电子、海上石油开采、电缆制造、家具加工、制鞋业、食品饮料。目前在华投资额最高的是澳邓禄普公司，投资额约1亿澳元。

中国在澳大利亚的投资共有134个项目，实际投入资金约3—4亿澳元。是中国在海外投资最多的国家之一。投资领域主要是矿业开采、贸易、农牧、餐馆、银行业、服务加工、食品加工等。中国目前在澳投资额较大而又办得成功的企业有中冶进出口总公司投资恰那铁矿和中信总公司投资的波特兰铝厂。

中澳两国在双边贸易、投资迅速发展的同时，两国间的经济技术合作领域规模也在不断扩大。从1981年以来，澳向中国提供援款，进行技术合作已建立了78个合作项目，累计金额达1.7亿美元，其中已完成45个项目。这些合作项目涉及农业、林业、牧业、能源、矿产、交通、纺织、建材、教育、卫生等方面。

华人经济

至1993年底，澳大利亚华人总数共计32万左右。其中60%以上居住在悉尼、墨尔本、阿德雷德等大城市，经营饮食业者最多，全国开设的中餐馆达6500多家。

随着华人地位的提高和经济实力的日趋雄厚，一部分华人又转而从事旅馆、旅行社、运输、外贸。华商的货源包括香港、台湾、菲律宾、泰国、马来西亚，近年也从中国大陆进货。进货的品种包罗万象，上至家用电器，下至小食品，颇受华人和白人欢迎。

1982年4月19日澳大利亚颁布新移民法以后入境定居的华人，大多受过高等教育，掌握较高的技能，比较容易在高等院校、医疗卫生机构、建筑工程公司、科技研究所等高收入单位找到就业机会。

加　拿　大

(Canada)

现代国际关系研究所　谷文艳

名称：加拿大

国土面积：995.6万平方公里

耕地面积：46.1万平方公里

人口：2886万（1994年）

国内生产总值：8145亿加元（合5963亿美元，1994年）

人均国内生产总值：3.3810万加元（合2.4751美元，1994年）

货币名称：加元

汇率：1加元＝1.366美元（1994年）

概　况

加拿大是世界上经济最发达的国家之一，国民生产总值占西方国家的第七位，是西方七大工业国之一。

加拿大也是一个疆土辽阔、资源丰富的国家。国土面积居世界第二位，人口却只有

重要经济数据（国内生产总值按1986年不变价计算） （单位：亿美元）

	1991	1992	1993	1994
国内生产总值	5547	5582	5705	5963
国内生产总值增长率（%）	−1.8	0.6	2.2	4.5
通胀率（%）	−1.5	1.3	1.6	3.1
失业率（%）	11.1	10.3	11.0	10.5
出口总值	1402.2	1557.9	1813.4	2193.8
进口总值	1366.2	1491.0	1718.3	2022.8
贸易平衡	36.0	66.9	95.2	171.1
收支平衡	−275.6	−264.8	−307.0	−247.6
年平均汇率（$）	1.146	1.209	1.290	1.366

资料来源：Canadian Economic Observer，April 1995.

2800多万，分布很不平衡，绝大部分集中在与美国毗邻的南部狭长地带，约占加拿大总人口的85%，仅安大略和魁北克两省的南部就集中了全国人口的60%，这里人口密度每平方公里近80人，广大的西北地区和育空地区，每平方公里还不到两个人。加拿大资源总量按人口平均后居于世界前列。

进入90年代，加拿大经济象其他西方经济发达国家一样，也陷入了较长时间的衰退之中。1993年经济已开始恢复。

1994年，联邦政府继续推行积极的经济政策，对经济实行宏观调控，进行必要的干预。一方面，政府在“发展经济，增加就业”的新经济政策之下，拨出20亿加元用于基础设施建设，以增加就业，启动经济；另一方面，政府又支持和扶植中小企业的发展，在大公司纷纷裁员的情况下，许多中小企业却增加雇员，1994年新增就业人数中，约90%的人为中小企业所雇用。加拿大经济已实现真正的复苏，其经济增长率达4.5%，居西方七国之首。并且，经济的强劲复苏也未引发通货膨胀率急剧上升，1994年通胀率仅为0.2%的水平，是西方七国中通货膨胀率最低的国家。

伴随经济增长而来的是：(1) 就业人数的增加，失业人数的下降。1994年1—11月，全国就业人数增加37.5万，11月份的失业率降至9.6%，比一年前的11%下降了1.4%，是四年来最低的。(2) 消费者信心的增强。1994年商品零售额比上年增加8%。由于加拿大的零售业占整个经济活动的60%以上，消费者愿意花钱成为促使经济增长的一个重要原因。(3) 公司利润回升，订单增加。仅1994年第三季度，公司营业利润就增长11.6%，达202亿加元。

所有这些使1994年加拿大经济状况成为近年来最好的年份。

但是，加拿大经济中也存在着诸如失业率居高不下、利率受美国利率的影响而上升、沉重的赤字和债务负担等问题。

预计未来几年加拿大经济仍将保持目前的适度增长的状况，国际货币基金组织1995年4月23日在其年度世界经济展望中预测1995、1996两年加拿大的经济发展将放慢，经济增长率预计分别为4.3%和2.6%，通货膨胀率将有所上升，将分别为2.0%和1.9%。

制造业

加拿大极为丰富的自然资源为制造业的发展提供了充足的原材料，制造业已成为全国商品生产部门最重要的行业。制造业产值约占到工农业总产值的1/2以上。

加拿大制造业主要包括汽车制造、飞机制造、铁路车辆等交通工具的制造部门，造纸、食品加工、木制品生产等。另外石油开采、化工、钢铁、橡胶、电子工业也是非常重要的工业部门。

加拿大制造业主要是第二次世界大战期间和战后由外国资本，特别是美国资本建立的，主要受美国跨国公司的控制。由于发展很快，对生产资料的需求很大，其产品多用于出口，它在加拿大国民经济中占有十分重要的位置。

加拿大制造业多分布在与美国毗邻的南部边界地区，尤以安大略和魁北克最为集中。比如靠大量进出口美国的汽车配件在加拿大进行装配的运输机械制造业，主要集中在靠近美国的安大略省。

钢铁工业主要集中在大湖沿岸，哈密尔顿为最大中心，其次是苏圣马丽；两地约占加拿大钢铁生产能力的80%。大西洋沿岸的新斯科舍煤区附近，也有规模不大的钢铁厂。1990年，加拿大钢产量达2200万吨。

加拿大石油化工也比较发达，其中以合成橡胶的生产较为重要。

但是，一些重要部门，特别是机床制造业发展较差，很多机器设备要依赖进口。加拿大轻工业也不够发达，是世界上主要的轻工业品进口国。

80年代的经济危机沉重地打击了加拿大制造业，各行业的发展都不同程度地受到一定的影响。近年来，加拿大许多制造业公司在经济衰退中调整产品结构，裁减人员，使产品结构更趋合理，减少开支，降低成本，提高了生产率，同时吸引更多外商前来投资，仅1994年第三季度就增加了19.1%，制造业才得到较快的发展。

矿　业

加拿大的矿产资源不但种类多，且蕴藏量大，其中煤、石油、天然气、铁、镍、锌、铜、银、铂、钼、钾盐以及铀等都很丰富。

丰富的矿产资源为加拿大采矿业的发展提供了条件，加拿大是仅次于美国和俄罗斯的世界第三大矿产国。

加拿大已开采的矿产达60多种，其中镍、铜、铝、锌、黄金、铂、石棉、钾盐、铁、铀等的产量均居世界前列，矿业产值约占加拿大国内生产总值的4.1%。人均产量居世界前列，有大量矿产品出口，一般占商品出口总额的1/5。

最大的铜矿位于不列颠哥伦比亚和安大略，最大的铜冶炼厂位于蒙特利尔。镍主要产于安大略、曼尼托巴等地。非金属也以安大略最为集中。1990年该地区产值占32.2%，其次为不列颠哥伦比亚和魁北克，分别占16.2%和15.1%。

此外，阿尔伯达以北的钻石正在成为新的开采热点。自从1991年该矿点首次被发现以来，已有200多个公司声称对加拿大西北地区7.5万平方英里的这片土地上的潜在钻石矿藏拥有所有权。世界上最大的一些采矿公司携带数千万美元的资金，从美国、澳大利亚和南非涌向这里。预计到1997年，会有一到两个钻石矿投入开采，每个估计价值达30亿美元，与位于俄罗斯和南非的全世界最大的钻石母脉不相上下。

农　业

农业是加拿大的经济支柱。整个农业生产系统以它强大的生产能力，向社会提供了极其丰富的农产品和加工食品。加拿大人用于购买食物的费用仅占其工资总额的16%，在世界最低的国家中居第二位。

加拿大有发展农业的得天独厚的条件。国土面积中约有13%可用于农业生产，但实际用于耕作的只有5%。而且大部分地区降水较多，还拥有全世界15%的淡水湖，其江湖水面约占全国总面积的7.6%，淡水资源占世界之首。加拿大农业机械化水平也很高，且专业化分工越来越细，充分利用这些有利条件而成为世界上最重要的农产品生产国之一。1990年谷物产量曾达5800多万吨，近几年略有减少，总产也在5000万吨以上。而且由于加拿大人口较少，人均产量居世界首位。

加拿大也是世界最重要的农产品出口国之一，农产品出口带来巨额顺差，对贸易收支的平衡起着非常重要的作用。加拿大谷物出口仅次于美国，居世界第二。正常年份加拿大谷物出口占农作物出口额的一半以上。1990年加谷物出口达2000万吨。

小麦是加拿大最重要的农作物，主要分布在北纬49度以北的内陆平原，是美国春小麦带向北的延续。1990年产量最高时曾达到3271万吨，出口达1700万吨。

此外，加拿大还盛产大麦、燕麦、玉米、蔬菜和水果等。

加拿大牧草的种植也很普遍。战后以来，肉用和乳用畜牧业已有较大的发展，畜产品产值已超过种植业。现在加拿大已成为世界乳肉市场上一个主要的竞争者。

林　业

加拿大拥有居世界第三位的森林资源，其领土面积的38%均为森林所覆盖。林地总面积440万平方公里，占陆地面积的49%，仅次于俄罗斯和巴西，相当于世界森林面积的10%、亚洲森林面积的总和。加拿大是工业发达国家中按人口平均森林拥有量最多的国家之一。

丰富的森林资源为加拿大发展森林工业提供了得天独厚的条件。加拿大是世界林产品的主要生产国和出口国之一。加拿大林地的65%具有生产能力，森林工业年产值可达数百亿美元，仅次于美国、俄罗斯，居世界第三位。1988年林产品销售额为490亿美元，占当年国民经济总产值的3.5%，林产品出口额为228亿美元，占加拿大出口总额的17%。若按职工人数和工资总额来看，林业是加拿大最大的产业部门。从事林业的职工，加上间接就业人员，人数近百万，约占全国就业人数的7.8%。由此可见，林业经济的发展在加拿大整个国民经济的发展中有着举足轻重的地位。

加拿大是世界上最大的新闻纸生产国，产量占世界产量的2/5，出口量也居世界第一位。纸浆、锯材、胶合板等也大量生产和出口。纸浆产量仅次于美国，居世界第二位，出口量居首位。

加拿大森林资源的分布并不平衡，导致加拿大各省区在采伐、运输、加工、产品结构及产值上都有很大的差别。加拿大最大的林产区为魁北克省、不列颠哥伦比亚和安大略三省。前两者各占加拿大林业产值的30%，后者约占20%。

渔　业

加拿大渔业资源丰富，加拿大东西沿海都有大渔场。尽管渔业在加拿大国内生产总值中仅占很小的比重，但加拿大渔业产品的75%是供出口的，因此成为世界上最大的渔业产品的出口国。加拿大渔业产品主要出口到美国。

加拿大渔业产品的生产主要集中在大西洋沿岸，渔业产值约占60%。

近年来，出于资源保护的考虑对生产加以限制，已使该部门减少了约4万个工作机会，政府为此不得不多拿出10亿加元的津贴。

能　源

加拿大能源资源丰富。有大量的煤、石油、天然气和沥青砂，1993年初，加拿大石油探明储量为53亿桶，天然气为27000亿立方米。

加拿大是世界上重要的油气生产国之一。过去的10年里加拿大能源产品的生产和出口都稳步上升。年产原油多在7000—8000万吨，超过国内需求。天然气多在1000亿立方米。石油和天然气几乎占了加拿大能源供给的一半。油气产区主要集中在阿尔伯达和萨斯喀彻温两省。其油气收入分别约占两省生产总值的25%和10%。北极地区尚有大量油气资源没有开发。

加拿大煤多产在西部，阿尔伯达、不列颠哥伦比亚和萨斯喀彻温的煤产量约占全国总产量的90%。到80年代末，有29个煤矿进行开采，年产煤约6000万吨。由于产区与东部工业区相距遥远，加拿大将大约4000万吨用于火力发电，然后向东部输送电力。近年来加拿大煤的出口增加显著，已约占煤产量的1/2。1992年煤产量为6600万吨，出口2840万吨。

加拿大核电生产主要由国家控制，以防止核扩散。现在投入的核电站有19座，还有3座正在建设之中。预计到本世纪末，核电的生产将占到加拿大电力生产的1/4。

加拿大水力资源也很十分丰富，按人口平均的发电量居世界前列，大部分为廉价的水电，全国发电总量中水电占60%。

加拿大与美国进行大量的能源贸易，主要是加拿大对美国的出口，这些贸易是免税的。加拿大石油、天然气大量出口到美国。由于考虑到距离因素，加拿大东部地区也从美国进口部分煤。

交通与通讯

加拿大领土辽阔，约为地球陆地面积的1/15。人口平均密度最低，除几个大城市外，居住又很分散。经济发达，又生产有大量笨重的初级产品，因而交通运输业就显得十分重要。世界上没有一个国家对运输工具的依赖有加拿大那么大。

加拿大最早修建铁路只比英格兰的世界第一条铁路晚10年。目前，加拿大铁路网的长度已达9万多公里，仅次于美国、俄罗斯。其重要的交通干线均位于人口和经济活动密集的国土南缘，主要线路为东西方向。

加拿大公路随着本世纪汽车发明而发展。从1943年为军事目的建成阿拉斯加公路至今，加拿大公路网已遍布全国。加拿大3/4的家庭有小汽车，是公路得以继续发展的基础。

水运在加拿大有着重要意义。圣劳伦斯湾航道和五大湖是世界有名的内河航线。海运业规模很大，且技术现代化。

航空业比较发达，有班机联系国内国际各大城市。

加拿大的通讯业也十分发达。它拥有一个庞大的电话、电报、无线电和电视服务网。陆上线路、高频无线电波、微波通讯卫星等，把信息传向四面八方。

加拿大有120多家电话公司，经营电话机约1600余万台。最大的贝尔电话公司经营全加拿大的2/3的电话机，服务范围包括安大略省、魁北克省的一部分和西北地区。小的象农村的电话系统则只有十来个客户。除曼尼托巴、萨斯喀彻温和阿尔伯达三省由官办的电话系统提供服务外，各省都有大型的联合服务系统，保证了人人都有条件得到基本的电话服务。

加拿大的现代邮政服务开始于19世纪末。1886年加拿大太平洋铁路峻工后，开始了横贯大陆的每日邮件服务，到80年代初，邮政部门正式和临时雇员已达6万多人，服务区域6000多个，现已实现全部通邮。

近年来，信息技术的发展为加拿大通讯业的发展注入了新的活力。

财政金融

加拿大的财政系统类似于西方各国的财

政系统。财政同样是加拿大政府赖以生存的经济支柱，是国家直接干预经济的手段。财政制度也有联邦、州和地方之分。有着类似的收支情况。

加拿大的金融系统同样是经济运行的润滑济，促进资金的使用，并使之产生最大的价值。由金融机构和金融市场等组成。其主要作用就是将储蓄转换成投资。在这种转换过程中产生金融资产，即货币、借贷和股票。

所不同的，一是加拿大赤字和债务问题突出。由于政府财政连年出现巨额赤字，政府不得不靠借债来使经济运转，结果是债台高筑。1993/94财政年度，政府赤字相当于国内生产总值的5.9%，债务相当于国内生产总值的71.4%。目前，加拿大联邦债务为5080亿加元，地方债务为1865亿加元，总数接近7000亿加元。债台高筑已成为加拿大经济发展的一大障碍，仅偿还债务利息这一项，联邦政府1993年共支出380亿加元，1994年增加到443亿加元，占整个联邦预算支出的1/3。政府在财政上捉襟见肘，拿不出较多的钱来进行一些重点建设。

第二个不同之处在于加拿大的利率受美国利率的影响严重。美国为了对付国内经济过热引发通货膨胀，1994年2月份以来先后七次提高利率。加拿大为了吸引外国投资者，避免他们因为美国的投资回报率高于加拿大而把资本转至美国，所以也跟着调高利率。到1994年12月13日，加拿大主要商业银行的最低贷款利率上升至8%。上调利率固然可以支撑加元，但也会带来不利的后果。首先，利率提高可能使其强劲的经济增长放慢。这是因为利率提高将抑制借贷和需求，从而影响房地产等一些行业的发展。其次，利率提高将使加拿大为债务所支付的利息增加，进一步加重加拿大的债务负担，干扰加拿大削减赤字的计划。加拿大政府已发誓到1996/97财政年度把赤字削减到国内生产总值的3%，但是利率每上升一个百分点，1995年政府赤字占国内生产总值的比率就会增加0.3%，到1996年，加拿大的债务总额可能会增至国内生产总值的95%以上，而同年经合组织的平均负债率为75%。

旅游业

加拿大的旅游业市场主要被美国所占据。1992年到加拿大的过夜游客共1481.6万人，来自美国的占80.1%。1993年为1511万人，来自美国的占79.4%。

1992年加拿大旅游业收入80.72亿加元，比1991年增长3.5%。由来自美国的游客所提供的收入占57.9%。1993年收入87.03亿加元，比1992年增长8%。

尽管如此，这些数字却大大低于加拿大到美国过夜旅游的人数和提供的收入。1992年加拿大到国外过夜旅游的人数为2168.1万，其中85.7%是去美国。加拿大在国外旅游的花费是163.6亿加元，68.7%是在美国花费的。1993年加拿大外出旅游的人数为2057.5万人，84.1%去美国。

随着美元汇价下跌，使得过境购物已不再具有吸引力，1992年开车到美国不作过夜停留的加拿大居民的人数下降了3.5%，降到5700万人次。1993年再下降15.2%，为4830万人。

对外经济联系

加拿大丰富的资源，稀少的人口和高度发达的经济使加拿大经济对外依赖程度较高。

对外贸易。加拿大是个贸易国家。加拿大前总理特鲁多曾说："对外贸易是加拿大经济的生命线"。加拿大大约300万人的就业与贸易有关。出口占它国内生产总值的比重约为30%。

加拿大全部出口中约1/3为原料和半成

品。传统出口产品有小麦、木材、纸浆、新闻纸和许多资源为基础的产品。随着科学技术的进步和工业的发展，各类制成品，如汽车及汽车零部件、通讯设备、电子产品、化工制品等，也日益增加，正在成为加拿大主要的出口产品。

进口对加拿大同样重要。加拿大国内所需物质的65%需要进口。进口的主要是机器设备和轻工产品，以满足国内制成品生产和国内消费品生产对设备、原材料和零部件的需求。

美国是加拿大最大的贸易伙伴，其次为西欧和日本。对美国的出口约占加拿大全部出口的80%，一向对加拿大经济有着极为巨大的影响。美国出口到加拿大的产品也占其出口的1/5。美加间的贸易额，比世界上任何两国之间的贸易额都要大得多。

1994年由于美国经济形势的好转，需求增加，导致美国从加拿大进口增长了20%。加上加元贬值使加拿大产品在国际市场上的价格竞争力增强，给加拿大出口增添了动力，加拿大的出口大幅度增加。据加拿大统计局公布的材料，仅1994年头10个月的出口总额就达1770亿加元，比上年同期增长18%。全年出口达2198.3亿美元。

汇率变化。1970年加拿大政府宣布放弃加元平价，加元对美元开始升值，由60—70年代的1加元对92美分，升至95.72美分。此后，加元汇率受国内、国际尤其是美国货币政策的调整等各种因素的综合作用，对美元的比价一直处于变化之中。

最低时在1986年，曾达到1加元对71.97美分，此后，有所上升，1994年全年平均达到1.366美元，6月份最高时曾达到1.384美元，此后的有所下降，年底开始又有所上升，到1995年的3月份已升至1.407美元。汇率的变化直接影响加拿大的进出口。

外国直接投资。加拿大传统上就是一个高度依赖外国直接投资净流入的国家。70年代，外国在加拿大直接投资的巨大规模以及由此产生的外国所有权和控制权等问题，曾引起人们的普遍关注。加拿大政府甚至为此而修改了外资投资法，制定了所谓的“外资审查法”，对这种局面加以限制。

但是，到80年代，世界经济稳定增长，国际经济结构的调整也已开始，外国直接投资往往成为这种增长和调整的有力工具或纽带，为此国际间开始了一场积极吸引外资，尤其是外国直接投资的竞争。在这种经济环境下，加拿大重新制定了一部新的“加拿大投资法”，投资政策再次转向积极吸引外资上来。

加上加拿大良好的投资环境，外国直接投资再次大幅度增加。年均投资额多在数十亿美元以上。1994年加拿大吸引的外国直接投资为89.43亿美元。

对外直接投资。加拿大对外直接投资一向被人们忽略，实际上，加拿大自1975年对外直接投资已超过外国对加拿大的直接投资。此后，加拿大对外投资一般都比外国在加拿大投资多出40亿美元左右。1993年加拿大对外直接投资92.58亿美元，同年外国对加拿大直接投资为76.49亿美元，仍高出近20亿美元。只是1994年，加拿大对外投资70.36亿美元，少于所引进的外国直接投资。

与中国的经济关系

中加之间的经贸关系有着悠久的历史。本世纪初，中国就已成为加拿大工业产品在远东的重要市场。1908年，加拿大在上海设立了第一个贸易代表处。1931年又在大连、天津设立了类似的机构。到1936年，双边贸易已达828万加元。

此后，由于政治原因，两国贸易一时处于停顿状态。60年代以后，中加贸易恢复增长。1961年，中国较大规模地购买加拿大小麦，使双边贸易额由1960年的1400万加元猛增至1.26亿加元，增长8倍之多。1966年，突破2亿加元。

1970年，中加建交，为两国经贸的发展奠定了可靠的基础。从此，双边贸易进入一个新的时期。1973年，加拿大前总理特鲁多访华，中加正式签署了贸易协定，为期3年。根据协定，双方互相给予最惠国待遇，并成立了联合贸易委员会。1978年，总部设在多伦多市的中加贸易理事会成立，会员包括100多家加拿大最大的公司。1980年该理事会又在北京设立了代表处，使中国与加拿大的公司之间建立起了一座桥梁。

经过中加双方共同的努力，两国贸易稳步发展。1980年，双边贸易额突破10亿加元，1988年增至27.3亿加元。中国已成为加拿大主要的贸易伙伴之一。1988年，加拿大出口额中，对中国的出口已由1979年的第11位上升至第4位，仅次于美国、日本和英国。中国也已成为加拿大的第6大进口国。但中加贸易从发展速度和规模上看，仍有很大的潜力没有得到充分发挥。1992年加拿大对中国的出口仅占加全部出口的1.4%，从中国的进口也只占加拿大进口总的1.6%。

可喜的是，从80年代中期起，中加在投资领域的关系也得到发展。1985年，中信公司投资5000万加元，与加拿大公司合资经营不列颠哥伦比亚纸浆厂，中信拥有50%的股权，成为中国在加拿大的第一宗合资事业。

1993年10月，加拿大自由党政府执政以来，采取了一系列务实的，与前保守党政府大相径庭的对外政策和措施，将其外贸重点转向亚太和拉美地区。在开拓亚太市场上，加拿大政府尤其重视中国市场。为有效地开拓中国的巨大市场，从1994年初开始，包括加拿大总理克雷蒂安在内的高级领导人纷纷到中国访问和考察。加拿大工商企业界对华经商的热情也不断高涨。1994年两国贸易额一再创历史最高纪录，达32.28亿美元，比上年增长25.4%，为两国建交时的20.8倍。加拿大对华出口也已由传统的原材料产品转向技术设备产品。

在双边投资方面也有所进展。截至到1994年底，中国在加拿大举办的贸易和非贸易性企业已达111家，加拿大已成为中国在境外投资最多的国家之一。年底加拿大总理访华时，两国达成的86亿加元的经贸合同和意向性协议中，有一部分则是加方在中国的投资项目，涉及环保、能源、原材料、交通、食品加工、房地产等各个领域。

美　国
(U. S. A.)

现代国际关系研究所　谷文艳

名称：美利坚合众国

国土面积：937.3万平方公里

耕地面积：28亿亩

人口：2.61亿（1994年）

国内生产总值：6.738万亿美元（1994年）

人均国内生产总值：2.5812万美元

货币名称：美元

概　况

美国是世界上经济最发达的国家，领土面积、人口均居世界第四位，但其国内生产总值、进出口总额等却均居世界首位。

1992年11月，克林顿打着振兴美国经济的旗帜参加大选并赢得胜利。新政府上台后，以优先发展经济为目标，提出用促进公私投资、改善基础设施、提高劳动者素质等手段促进经济发展。经过两年多的实践这些措施已取得明显成效，并且经过调整，美国经济自身也已具备了扩张的条件，制造业则通过关厂裁员，效益大为提高，企业利润大为改善，加上通胀率保持低水平，短期实际利率基本为零等因素的综合影响，使美国经济在普遍处于衰退的西方经济中成为一枝独秀。

1994年美国经济已进入持续稳步进入稳步增长时期，四个季度经济增长率分别为3.1%、4.1%、4.0%和5.1%，全年达4.1%，成为此次经济复苏以来经济状况最好的年份，也是自1984年增长6.2%以来10年中增长率最高的一年。

但是，1994年美国经济高速增长的同时，也出现了一些问题，尤其是通货膨胀有再次出现的苗头。为确保不再因经济繁荣而再次出现通货膨胀，自1994年2月以来，联邦储备委员会随经济增长先后七次上调利率，并把1960—1970年间美国消费物价指数年均上涨2.8%当作它的奋斗目标。因此可以说在过去的一年里反通胀已成为联邦储备委员会制定经济政策的原则。

受联邦储备委员会多次提高利率的影响，1995年元旦过后消费开支下降，导致经济增长开始降温。在美国，消费者开支占所有经济活动的大约2/3。1995年第一季度消费开支增长124亿美元，增幅为1.4%，大大低于1994年第四季度449亿美元的增长量和5.1%的增幅。其中，耐用消费品的需求1995年第一季度减少66亿美元，降幅为4.7%，而1994年第四季度增长252亿美元，增幅为20.4%。据4月18日美国商务部的报告显示，受高抵押贷款利率的影响，3月份美国住房开工率下跌8%，降到120万单元的年率，下跌幅度大大高于分析家的预测，单元开工率下跌6%，两年来第一次下跌到100万单元的年率以下。此外，日用消费品的需求也明显下降，1995年第一季度仅增长41亿美元，增幅为1.5%，1994年第四季度增长85亿美元，增幅为3.1%。

1995年美经济增长速度已大大放慢。第一季度，增长率仅为2.8%，与1994年第四季度5.1%的迅猛增长形成了鲜明的对照，也是1993年第三季度出现2.7%的增长以来增幅最小的一次。

预计美国经济的增长速度还将继续放慢一个时期。但美国经济增长的内在动力尚存，1995年美国经济仍将保持适度增长，只是速度将慢于1994年。据1995年4月23日国际

重要经济数据（按1987年不变价计算：百万美元）

	1990	1991	1992	1993	1994
国内生产总值	4897.3	4867.6	4979.3	5134.5	5344.0
国内生产总值增长率（%）	1.2	−0.6	2.3	3.1	4.1
通胀率（%）*	6.1	3.1	2.9	2.7	2.7
失业率（%）	5.5	6.7	7.4	6.8	6.1
出口总值	389.3	416.9	440.4	456.9	502.6
进口总值	498.3	491.0	536.5	589.4	669.2
贸易逆差	−101.7	−66.7	−84.5	−115.6	−151.3
对外投资	70363	51512	61510	147898	125687
资金流入	122191	98134	146504	230698	314614
外汇储备**	83316	77721	71323	73442	74335

资料来源：Economic Indicators，March 1995.

货币基金组织在其年度世界经济展望中对美经济增长所做的预测，1995年美经济增长为3.0%，1996年将继续有所放慢，经济增长率为1.9%。

制造业

制造业是美国最主要的工业部门，占全国生产总额的3/4，以汽车、机床、精密仪器、飞机和造船业最为发达。

汽车制造业一直是美国三大经济支柱之一。汽车年产量多在1000万辆左右，以小汽车为主，约占60—70%。汽车制造业主要集中在以著名的汽车城——底特律为中心的中西部地区。

飞机制造业在世界也居领先地位。主要分布在太平洋沿岸的洛杉矶和西雅图、南部的德克萨斯及堪萨斯州等。造船业能够生产最先进的核航空母舰和核潜艇等。电气和电子工业，除生产一般的电机和电器外，还生产世界上最先进和规模最大的电子计算机等。

1994年，尽管美国联邦储备委员会2月以来先后七次提高利率，但从半导体、钢铁至汽车等制造业都呈健康增长之势。像卡特彼勒公司这样的大制造业公司的工厂一直开足马力生产。生产能力达到饱和状态的克莱斯勒汽车公司甚至退掉了订单。卡明斯发动机公司处在10年中需求最大的时候。

美国汽车工业1994年生产出约1520万辆小汽车和轻型货车，比原先预计的多500万辆，超过日本，并重新成为世界第一汽车生产国。但是1995年，汽车业的好景似将结束。第一季度汽车销售量已下降10%，而1994年第四季度上升了9.9%。销售量的下降已迫使福特的三个工厂暂停工，通用的部分工厂已取消加班，克莱斯勒公司则开始降价促销。由于这种价格战可望扩大，业者盈利必将减少。

此外，还值得一提的是美国在决定下个世纪经济增长和竞争力的电脑、信息和通迅业已奠定了霸主地位。美国信息和通信产品在美国的普及程度比其它任何地方都高。美国1/3的家庭有个人电脑，工作人员的人均个人电脑拥有量为日本的4倍，五台电脑中有两台并入了网络，可在分秒之间交换数据。美国公司凭借网络化和数据的高速流动，经营管理费、交易费大幅度下降。1994年企业界在信息技术方面的投资约2750亿美元，45%用于工厂和装备，芯片制造业比上年增长了整整6个百分点，达20%。

制造业的健康增长带来公司获利的增加。各公司通过采取各种措施降低成本获取了巨额利润。例如通用汽车公司1994年第三季度的收入为311亿美元，高于上年的268亿美元，利润5.52亿美元，而上年同期则亏损了1.13亿美元。1994年头9个月通用汽车公司的利润累计已达33亿美元，明显高于上年同期的3亿美元。

同时，就业状况有所改善。自从克林顿政府1993年1月就任以来，已创造了近400万个就业机会——其中大多是薪金比较优厚的工作职位，几乎全部在私营部门。1994年12月份，失业率已降至5.4%，成为4年来的最低水平。

1994年制造业的迅猛发展，以及1995年元旦过后，企业销售情况欠佳，使得存货大增，迫使企业不得不限制生产，减少存货。1月份商业库存增加0.9%，2月份工业生产又增长0.5%，开工率达到15年来的最高水平（85.7%），零售额却出人意料地下跌了0.5%，工厂订货也出现了四个月来的第一次下降，降幅为0.2%，1月也仅增长0.7%。销售额的下降将迫使企业限产压库，有可能再次使美失业人数增加。

农　业

农业是美国最早的经济部门之一。目前，农业在美国国民生产总值中仅占3%左右，但它仍是美经济发展的一个重要物质基础。它在世界农业中占据着重要地位，是最大有农产品出口国，对国际市场有着举足轻重的影响。

美国农业是世界上规模最大、用现代最新科学技术装备起来的高效率的大农业。农业生产总值、许多重要农产品的产量以及农产品出口总量都占到世界首位。美国生产着全球饲料粮的27%，牛肉的22%。美国农产品的60%供出口，所取得的外汇收入约占外汇总收入的20%，在改善美国的国际收支和外贸平衡中起了很大的作用。

美国主要农作物依次是玉米、小麦、大豆、烟草、棉花、甜菜、花生、甘蔗、橘子、大麦、苹果、葡萄等。

玉米和小麦是美最为重要的粮食作物。玉米产量占美粮食总产量的60%多，年产约2亿吨，主要作为饲料粮。1992年美玉米产量占世界总产量的45.6%，出口量占世界各国总出口量的69.7%。

小麦是美粮食生产中另一重要产品，美国是当之无愧的世界头号小麦王国。1992年美小麦生产量约占世界生产量的12.1%，出口却占世界各国出口总量的36.0%。从产量上看，美小麦生产约占农业生产的10%。1993年美小麦的产值约77亿美元，占农业总产值的9%。

近年来，美国小麦的单产和总产都在上升。每英亩的平均单产已由70年代中期的30蒲式耳增加到90年代的38蒲式耳，总产量则由1970年的约14亿蒲式耳上升到1994年的近24亿蒲式耳。而且由于小麦种子的改良，近年来小麦单产增加更加显著，甚至一些非小麦种植区干旱土地每英亩小麦的平均产量也已达到了60蒲式耳。所以美国农业部预测，在未来6年里，小麦的气候正常和闲置耕地变化不大的情况下，可望以每年约0.7%的幅度增加。

美小麦多半用于出口。1973年美小麦出口曾占世界小麦出口总额的50%，以后虽有所减少，但1982年再次达到48%。从1985—1993年的统计来看，美国生产的小麦平均57%用于出口。目前，美小麦出口约占世界小麦贸易量的1/3左右。

经济作物中以大豆、棉花和烟草为主。大豆是在本世纪初才从中国引进的，但发展迅速，近年年产量达5000万吨左右，已占世界年产量的约1/2，出口量的60%多。棉花和烟草则由于近年来烟草消费量减少和化纤工业的发展，加上国外的竞争，产量踏步不前，约在300—400万吨。

美国农业生产在分布上呈现出明显的区域专业化，是美国农业的又一大特色。

能源工业

美国有充足的能源资源，包括煤炭、石油、天然气和水能资源的蕴藏量都很丰富，为能源工业的发展提供了坚实的基础。

美国年产煤8—9亿吨，原油4亿吨，天然气5—6千亿立方米，还生产近3万亿度的电力。能源总产量占世界首位。美国能源自给率也高于其他多数发达国家。尽管如此，美国的能源生产仍不能满足国内的需求，尤其是石油。

美国的能源结构与世界能源结构一样，经历了一个由煤炭为主向以石油为主的转换过程。1992年煤炭生产与消费的比率是1.5∶1，天然气的自给率也达到90%，与此同时，石油消费的43%需要以进口来维持，美能源部预测，美国对外国石油的依赖下个世纪还将继续增加，到2010年净进口将达到国内消费的60%。

美国煤炭资源则主要集中于东部的的阿巴拉契亚山脉、密西西比河中游和西部的山地高原区，被分别称之为东部、中央和西部煤田。东部煤田是目前美国煤炭开采的集中地，产量占全国的1/2，并且是主要的焦煤产区。中央煤田产量也很大，但煤质较差，目前开采仅限于北部靠近五大湖的地区。西部煤田长期以来没有得到很好开发，产量一直不大，但这里储量丰富，约占全国的1/2以上，煤质好，煤层厚，便于露天开采，今后将成为美国重点开发的地区。

石油和天然气的生产主要集中在墨西哥湾沿岸的西部油田，即得克萨斯州、路易斯安那州及其浅海地区以及内陆的俄克拉何马州。这里的石油产量占全国的近1/2，天然气产量约占全国的80%。其次是加利福尼亚油田，主要分布在洛杉矶附近，占全国石油产量的12%。此外，阿拉斯加也是美国主要的油气产区。此处大陆架油田的储量约12亿吨，占全国可开采储量的1/3，并已大规模开采，产量已约占全国的1/4。

能源结构的转变使得美国能源工业也呈现出由煤炭产地向石油产地转移的趋势。以煤炭资源较为集中的东北部原来是美国最大的能源产地，现已逐步移向以石油资源集中的南部。

交通运输业

美国是世界上交通运输最为发达的国家。它在铁路、公路、海运、管道和航空运输等各方面的技术、运量和设备数量都占世界首位，并已形成一个现代化的交通运输体系。

早在本世纪20年代，美国全国铁路网就已初步形成。目前美国铁路运营里程约30万公里，超过西欧各国铁路长度的总和。铁路以北部最为密集，南部和西部相对较稀。芝加哥是美国最大的铁路枢纽，其次是圣路易斯、纽约、匹兹堡等。

美国公路网长达630多万公里，高速公路约6.8万公里，占世界高速公路的2/3。美各大城市之间都有高速公路相通。美国也是拥有汽车最多的国家之一。汽车拥有量约1.7亿辆，其中80%以上是小汽车。汽车在客运上已占有统治地位，并且垄断了短途货运，也从事长途和快速货运。美国70%的公路网集中在北部。

美国内陆水运航道约5万公里，以五大湖和密西西比河最为繁忙，占全国内陆水运周转量的80%。

美国海运主要是由墨西哥湾沿岸向东北沿海，运送石油及化工产品、原料等。

美国航空运输也有很大发展，定期航线28万多公里，遍布全国各地，600多个大中小城市都有飞机航班相通。目前，美客货运输量都占世界的1/2左右。

财政金融

美国的财政制度分为联邦、州和地方三级，三级财政体制相对独立。联邦财政受国会的控制，总统在执行他的财政政策时，往往受到国会的牵制。各州和地方政府的预算、财政收入来源和财政支出的决定权各自掌握在州议会和地方相应机构手中。

在财政开支方面，联邦政府主要承担国防、全国性社会福利项目和国债利息支出等责任。州政府的开支项目包括教育、福利、公路和运输设施等。地方政府则主要负责初级教育和一部分公共服务开支，如治安和消防等。

就财政收入的来源来看，联邦政府主要依靠课征所得税、社会保险税等。个人所得税和公司所得税两者约占到全部税收的60%，社会保险税占30%左右，其他种类税收只占很小比例。州政府的主要收入来源是课征销售税，这项税收占全部税收的40%以上，所得税在州一级不足30%。地方政府的财源主要是财产税，其余则为各类消费税。

美国的金融制度在经济发展中同样起了非常重要的作用。在货币和信用高度发达的美国，经济活动越来越仰赖金融体系在资金和资本上进行融通和调节，它起了利用和分配生产资源的杠杆作用。美国经济活动的三个层次——政府、企业和个人无不与金融业有着紧密联系。而且，在经济国际化的今天，金融活动已跨越国界，美国的金融组织是国际金融市场上最具影响的金融势力。

美国金融体系包括金融中介机构、金融市场、以及联邦储备系统和联邦信贷机构。金融中介机构按其职能和经营范围分为商业银行、非银行金融组织。联邦储备系统行使美国中央银行的职能，制定金融规章制度。联邦信贷机构为政府推广各种信贷计划，扩大政府的担保作用，加强金融组织对企业的放款能力。

尽管美国的财政和金融政策具有一定的连贯性，但针对不同的情况，每届政府也都有各自不同的财政和金融政策。

1992年，克林顿就任总统以来，对美国的财政、金融政策进行了一系列的改革。首先，克林顿把削减联邦赤字放在优先地位。他决心在1990年布什与国会达成的削减赤字5000亿美元的基础上再削减赤字4930亿美元，即在5年内共压缩支出2470亿美元，增加税收2460亿美元。其次，克林顿还提出了面向未来的投资政策，即把联邦开支重点从消费转向投资。正如克林顿所说的“我们不仅致力于控制政府开支，而且把它导向更有生产性的用途上”。克林顿尤其强调的是人力资源的投资，以提高美国劳动者的素质，应付国际市场上日益激烈的竞争。投资计划的第二个方面是基础设施。克林顿政府制定了四年投资480亿美元的重建美国计划。投资计划的第三个方面是科学技术，在全球引起广泛关注的美国信息高速公路计划是克林顿政府技术政策的光环。此外，克林顿还提出对美国社会福利制度进行彻底改革。

尽管这些政策的推行遇到了一定的阻力，但到1994年仍取得了初步成效。美国经济得到较快发展，同时一直困绕美国政府的预算赤字的削减甚至超过了预期。在9月31日结束的1994财政年度中，美国的预算赤字已由1992财年的2900多亿美元缩减至2030亿美元，少于原先估计的2201亿美元。美国的金融业继续得到较快发展，以银行业为核心的就业人员现已达近千万人。

旅游业

旅游业是美国最大的产业之一。1990年美国旅游业总产值达到3400亿美元（包括交通、住宿、饮食及娱乐等行业），占国民生产总值的6.4%，为美国提供了1000多万个就业机会、230亿美元的联邦税和200亿美元的地方税。

近几年来，美国接待的外国旅客每年都在4000万人次以上。1989年，美国从他们身上得到的收入为438亿美元，1990年上升到500亿美元，1992年激增到600亿美元，1994年高达770亿美元。

旅游业已成为美国最大的服务“出口项目”。1989年美国国际旅游收支开始扭亏为盈，当年盈利26亿美元，此后盈利持续增加。1991年盈利102亿美元，1992年为162亿美元，1993年208亿美元，1994年达240亿美元。旅游顺差额已超过西班牙、法国，而跃居世界第一。

佛罗里达、加利福尼亚和纽约是美国名列前三位的旅游圣地。

1995年，美国旅游业的势头依然强劲。预计其国际收入将猛增至805亿美元，顺差将达到260亿美元。

在外国游客中，来自邻国加拿大和墨西哥的占了一半多。日本游客虽只占一成，但花费却最阔绰。1993年，日本来美国游客共达 430 万人次，只占外国观光客的 9.6%，消费额却 137 亿美元，占总数的 20%。

对外经济联系

美国是世界上居首位的贸易大国。长期以来，美国经济与世界经济之间就存在着最广泛的联系。

1994 年美国对外经济联系中的最大的收获莫过于它又重新恢复了世界竞争力第一位的地位。除了已重新成为世界最大的汽车生产国和最大的半导体销售国以外，由于效益和效率的提高、质量明显改善、成本下降，加上美元贬值等因素，使美国公司在国际市场上的竞争力大为加强，尤其是夺回了高技术的领先地位。

对外贸易　自 1986 年以来，美国实际出口增长了 100%，比日本出口增长速度快 1 倍，出口已占美国 GNP 的 13%，超过日本的 9%。1994 年出口继续保持强劲势头。据美商务部统计，1994 年美出口 5035 亿美元，比上年增长 8%，成为自 1988 年以来出口最多的年份。北美自由贸易协定的实施，使美国向墨西哥的出口明显增加，1994 年头 6 个月已增加 17%，是向世界其他国家和地区出口增长的两倍多，全年美国向墨西哥出口了价值约 500 亿美元的货物。

1994 年美国进口势头更强，导致美经常项目逆差不但没有因出口增加而减少，反而继续扩大。1994 年头 8 个月，美国经常项目逆差达 721.2 亿美元，大大高于上年同期的 477.6 亿美元。按年率计算，1994 年仅头 7 个月美国的贸易逆差已达 1485 亿美元，达到其历史上的第二个最高点，仅次于 1987 年创下的 1521 亿美元的最高纪录。全年逆差达 1660.27 亿美元。1994 年美进出口总额为 11730.63 亿美元，其中美进口 6695.45 亿美元，出口 5035.18 亿美元。美国在打开日本市场、削减对欧贸易赤字上所作的努力收获甚微。

值得注意的是美国已将贸易重点放在像中国这样的一些新的大市场上。1994 年美国公布的贸易新战略中，提出美国应改变长期以来一直强调日本的贸易政策，应更加重视发展与亚洲其他发展中国家和地区的贸易关系。报告还把中国、印度尼西亚、印度、韩国、墨西哥、阿根廷、巴西、南非、波兰和土耳其作为其瞄准的十大新兴市场。

汇率变动　二战以后，美元一直作为世界基础货币。70 年代以后，美元的国际地位开始发生动摇。

90 年代美元地位进一步削弱。1994 年可谓是美元疲软，金融市场混乱的一年。

从 1994 年年初开始，美元汇率一跌再跌，6 月 21 日美元对日元汇价跌破 1 美元兑换 100 日元的心理关口后，更一次次跌至创战后以来的低点，到 10 月 25 日，1 美元仅兑换 96.35 日元，美元兑马克比价也跌至 1 美元兑 1.4757 马克，成为两年来的最低点。

尽管美国多次调高利率，及 11 月共和党在美国中期选举中获胜曾一度使美元汇率明显回升，但一些影响美元的不利因素并未改变，贸易不平衡问题仍未解决，美元兑日元汇率回升仍缺乏强有力的支持力量，所以仍无法改变美国长期以来的颓势。美元地位不可能有大的加强。

1994 年美元的跌宕起伏，也导致国际货币体系和西方主要市出现动荡不安的局面。

进入 1995 年这种状况不但没有改变，反而有所加强。年初以来，美元对日元的比价又下跌了近 20%，并且预计美元地位不会明显改善，中期走势依旧疲软。

外国直接投资　美国比较宽松的经济环境，历来对海外投资者都有着较强的吸引力。1994 年受美国经济状况的改善、北美自由贸易协定的通过、政府放宽各种规定、公司调整以美元疲软等因素的影响，美国更成为外国直接投资最多的国家，达 410 亿美元，几乎是 1993 年 210 亿美元的两倍。

对外直接投资　80 年代末，美国头号投资国地位曾一度被日本夺去。随着美国对新兴市场投资的增加，1992 年美重新夺回头号投资国的地位。1993 年美对外投资 580 亿美元。1994 年 560 亿美元，虽然比上年有所减少，仍连续第三年成为世界最大的对外投资国。

与中国的经济关系

中美两国经济互补，成为发展两国经贸关系的基础。美国是世界上最大的发达国家，市场大，购买力强，消费结构和消费者层次比较多样化，廉价物美的中国产品如纺织品、服装、鞋类、玩具、电器等深受美中等收入消费者的欢迎，因而在美市场占有了一定的份额。中国是最大的发展中国家，对先进技术、设备和各种建设物质需求量很大，美国飞机、机械、电子、化工、石油工业的设备和技术、小麦和木材、化肥等大宗产品，已在中国市场占大宗比重。并且，随着富裕的人越来越多，中国已不只是廉价商品的市场，一些服务行业，如保险业，也有了一定的市场，而美在这些领域均有优势，中美经贸进一步发展潜力很大。但从总体上看，目前中国对美出口以劳动密集型产品为主，美对中国出口则以资金、技术密集型产品为主。

按照中国海关的统计，1990—1994 年，中国对美出口额从 51.8 亿美元增至 214.6 亿美元，年增长率 27%，超过中国出口总额年均 15.6%的增长率。自 1979 年以来，美一直是中国第三大贸易伙伴，对美直接出口占中国出口总额的 17—18%。美国海关的统计数字更大，1979 年两国贸易额为 23 亿美元，1994 年已增至 480.7 亿美元。中国对美出口增长幅度较大。1984 年中国对美出口 31 亿美元，1994 年增至 387.8 亿美元，占中国外贸总额的 20.3%，占中国出口额的 32.05%，美已成为中国出口商品最大的海外实销市场。1984—1994 年，中国对美出口年均增长 31.3%，同期美对华出口由 30 亿美元增至 88 亿美元，年增长约 10%。

中美贸易在两国经济中所占的地位不同。对美国而言，虽然从 1993 年起中国已成为美国的第 4 大进口伙伴，中国的伙伴国的地位也由 1990 年的第 10 位上升至 1994 年的第 6 位，但从中国的进口只占美进口总额的 5%，对中国的出口占美出口总额的比重更低，不足 2%。

中美除在商品贸易上有较长足的发展外，美国也是中国主要的海外投资国。改革开放之后的中国百业待兴，需要大量的投资，仅靠其自己的力量是远远不够的。中国采取了一系列优惠措施，吸引外资，到 1994 年底，中国已累计吸引外国直接投资近 600 亿美元。其中，美在华投资项目达 16221 个，协议金额为 203 亿美元，实际投入金额 70 亿美元，投资规模仅次于香港、台湾地区，居第三位。美国五百家大企业中有上百家在华有投资项目，其投资规模和技术水平都比较高，投资效益也比较好。到本世纪末，中国还将在航空、电讯、电力及其它基础设施上花费近万亿美元。从美国的总体实力及我对外资的巨大需求来看，双方现有的合作还远远不够，扩大双方在投资领域的合作还有很大的潜力。美政府和企业界不会坐失良机。

当然，由于中美两国在政治、经济体制、文化等方面差异的存在，中美两国的经贸关系中也存在不少问题。例如美指责中国进行纺织品转口、劳改产品出口、不能很好保护知识产权以及对与中国贸易中存在逆差感到不满等，使美在与中国进行贸易时，人为设置障碍。1989 年以后美国在给予中国最惠国待遇的问题上屡屡增设所谓的人权条件，直到 1994 年克林顿总统才宣布将人权问题与之脱钩。另外，台湾问题也是影响中美经贸关系的一个重要因素。

二、部分海外华人经济分布状况

印度尼西亚华人经济概况

现代国际关系研究所 袁喜清

印尼是东南亚地区华人人口最多的国家。据统计，1994 年印尼全国人口约为 1.93 亿，其中华人人口约为 600 万，约占总人口的 3%。许多华人选择了工商业作为其事业发展的重点目标。经过长期而艰苦的努力，现在印尼的华人经济已发展到一定规模，在印尼的现代化建设中，华人正发挥出十分重要的作用。1994 年是印尼华人经济发展加快的一年，包括三林集团在内的许多华人企业先后在印尼国内追加巨额投资，并取得了骄人的成就。

华人经济发展的历史沿革

考古资料证明，中国人移居到印尼的历史可以上溯到两千多年的西汉时期，而史料记载的中国人下南洋则开始于五代十国时期。在此后的 1000 多年内，移居印尼的中国人主要从事劳务工作，偶尔也有一些人经营一些商品的批发和零售业务。但由于受当时条件限制，他们的经济活动规模小，实力也极为有限。

印尼华人经济发展到一定规模主要还是从 19 世纪末 20 世纪初。特别是在 1929 年世界经济人危机前，华人经济发展到了第一个鼎盛时期。根据荷兰殖民政府 1930 年进行的人口调查表明，当地在 123 万华人人口中，从事生产劳动及其他社会事务的人数约为 47 万，占华人总人口的 38%，其中从事工商业的华人又占 87.4%，而从事自由职业或其他职业者只占 13.6%。另据 1938 年统计，印尼华人当年向政府上缴的税赋总额为 1.3 亿印尼盾，约占全国税赋总额的 15.3%，可见当时华人已成为印尼国内的一支重要的经济力量。

第二次世界大战期间，印尼华人经济陷入了低谷。由于大量的日本商品及众多的日本商人进入印尼，华人的经济事业也因此受到强烈冲击，加之部分从事工商业的印尼华人或者在当地参加印尼的民族解放运动，或者到中国参加抗日战争，这就不可避免影响其事业的发展。当然，在这段时期，又有新的一代华人开始崭露头角，他们以经营日杂用品及百货业起家，并逐步在经济领域站稳了脚跟。例如当今印尼华人中的超级富豪林绍良，其事业的起点便是在日本占领时期，他当时曾以推销咖啡粉等小本生意而起家，并逐步发展到今天的大型商业企业集团。

1945 年印尼独立后，在 50 年代及 60 年代初，印尼华人经济发展较为缓慢。1965 年苏哈托开始执掌印尼政权，并把经济发展作为其施政的主要目标。在对待华人的经济政策方面实行“限制利用”政策。加之当时印尼举国上下人心思定，国家经济百废待兴，这正是经济发展的最理想时期。一向善长于工商事业的华人也开始在各个领域大展拳脚，华人经济发展出现了第二个高潮，一些大型的华人工商业集团，如林绍良领导的三林集团，谢建隆领导的阿斯特拉集团以及黄奕聪领导的金光集团等都是在60年代迅速崛起，而其他一些中小型企业也显示出勃勃生机。

进入80年代以来，印尼通过调整经济发展战略，积极改革经济体制、努力吸引外资，并通过外向型经济发展战略而使其经济发展迎来了第二春。在这段时期，印尼华人经济也得到了进一步发展，一些老的企业更上一层楼，而新的大型企业集团也从80年代开始崛起，而这些大型企业集团也开始将目光瞄准国际市场，并开始走跨国经营的发展道路，华人经济发展出现了前所未有的良好势头。

在印尼华人经济获得飞速发展的同时，华人企业与土著企业的合作与联系也在进一步增强。现在印尼许多大型企业集团都是由华人与土著人联合经营，而且随着华人股份制企业的发展，这种合作与联系还会进一步密切。

华人经济的基本概况

印尼华人经济起步于19世纪，经过100多年的艰苦努力，现在已具有一定规模，其业务范围也遍及工业、商业、金融、旅游及农林牧副渔等众多行业。

商业　商业是印尼华人经济发展的基础。从19世纪开始，由于当时的荷兰殖民政府规定华人不得拥有土地，于是华人除了充当苦力之外，也有人经营小额商品的零售和批发业务。经过长期的努力，现在印尼华人所经营的商业网点已遍及全国，经营的业务范围也涉及到进出口贸易，国内的批发和零售等多方面业务，其中一些大型的商业企业集团，如林绍良领导下的三林集团下属的文杜·肯卡那公司就拥有数十家商业经营网点；印尼第二大华人企业集团——阿斯特拉集团也是因为经销日本汽车而起家，现在汽车销售仍然是该公司的主要业务之一。另外，由于印尼华人大多聚居于经济较为发达的大中城市，因此经营小型商品的批发和零售业务的华人则更多。

工业　印尼华人工业企业主要崛起于本世纪六、七十年代苏哈托执政以来的20多年时间。华人工业企业的特点是各企业集团分工十分明显，许多大型企业集团在某些领域形成了垄断性经营。如彭云鹏领导的阿斯特拉集团主要从事汽车生产和销售业务，目前该公司生产和销售的汽车约占印尼汽车业的60％以上；由三林集团下属的宝佳沙里面粉厂几乎垄断了国内的面粉加工业；该集团下属的另一家大型企业——印度士敏水泥公司，1993年营业额达10.36亿美元，纯利1.6亿美元，该集团生产的水泥约占全国产量的一半以上；另外，由华人占主要股份的库当·卡拉姆公司生产的卷烟约占全国产量的35％；由彭云鹏、黄双安和郑鉴信等人所控制的木材加工业也在印尼占举足轻重的地位。

金融业　在第二次世界大战前，印尼华人即开始涉足于金融领域，当时兴建的银行包括和丰银行和巴达维亚银行等七家银行，后来在日本占领印尼期间，这些银行先后被迫停业。二战结束后虽有两家银行恢复营业，但也被政府接管。

印尼华人的金融业真正起步还是在60年代以后的20多年时间内。特别是80年代中期以来，印尼政府进一步放宽了对金融业的管制，华人的金融业更是发展迅速。目前，由华人经营的银行已达近百家，主要华人银行包括由林绍良领导的中央亚细亚银行，这也是当今印尼最大的私人商业银行；由林绍良、李文正等人控制的力宝银行，以及90年代因为发展太快而倒闭的萨玛银行等。

其他行业　除了以上领域外，华人还在第三产业、农林牧副渔等诸多行业有巨额投资。

对于印尼华人的资产规模及在国民经济中所占比重，印尼政界、商界及学术界都有不同估计。但到目前为止唯一的一份比较权威的材料只是1981年由印尼经营管理情报基金会进行的一次调查，这次调查结果表明，华人资本在印尼投资企业中所占比例约为27%，国家资本占60%，土著的私人资本占13%。也就是说，在印尼全国的投资总额中，华人资本所占比例仍不足1/3。近年来华人经济虽有长足发展，但与此同时，印尼的土著企业及国营企业也有大幅度增长，因此华人资本的总量仍然十分有限。

90年代经济政策对华人经济的影响

在80年代中期，印尼政府通过金融财税等方面的改革有力地促进了经济的发展，加之外资的大量涌入，使印尼经济一直呈蓬勃发展之势。但由于经济发展过快，特别是金融业发展一时失去控制，导致金融秩序混乱，通货膨胀居高不下，这又影响到社会政治的不稳定。为了改变这种状况，印尼政府决定从1990年开始实行银根紧缩政策，并大幅度提高银行存贷款利率，银行存款利率最高时达30%。除此之外，印尼政府还采取措施严格限制私营企业向国外银行拆借资金。这些政策措施的陆续出台使华人企业受到不同程度的影响，许多投资项目因资金紧张而相继下马，其中搁浅的主要投资项目有：

彭云鹏领导的巴里多集团曾计划投资22.5亿美元建立印尼第一家超大型乙烯工程及一座废油处理厂。在1991年他们已经投资近10亿美元，征地费用及机械设备的预交款均已付，但由于政府实行银根紧缩政策，他们无法筹措其余所需资金，工程不得不中途下马，巴里多集团因此损失近4亿美元。

林绵昆领导的杰玛拉集团也曾计划投资4亿美元修建石油化工、酒店及其他生产工程。这些项目也在1991年相继下马，造成的直接损失达1亿美元。

除了以上项目之外，其他被迫下马的大型项目还有徐清华领导的查雅集团耗资1亿多美元的填海计划；三林集团参予的一项炼油工程等，这些都是一些大型投资项目，这些企业因为实力雄厚而损失相对较小，另外因为资金而下马的中小型企业则更多。

由于这些客观因素存在，90年代初期印尼国内企业的投资热情有所下降，特别是一些大型企业更是将其发展目标瞄准国外，包括三林集团、阿斯特拉财团在内的一些特大型华资企业纷纷通过香港及东南亚国家的子公司向海外发展，而他们在国内的投资则一直呈下降趋势。据统计，1990年印尼国内企业投资额曾达到315亿美元的最高峰，此后几年却在逐步减少，1991年投资额为206亿美元，而1992年则下降到141亿美元，这也是近年来印尼企业在国内投资的最低点。1993年国内资本投资约为190亿美元，投资额虽然比1992年略有增加，比投资高潮时期的1990年仍然减少约120亿美元。

由于国内外资本投资减少，近年来其经济发展速度趋于缓慢，而就业压力及由此引发的社会问题却日趋严峻。据透露，从今年开始的第6个五年计划期间，印尼每年新增劳动人口250万，要解决这些人的就业问题，印尼需要吸引3140亿美元的国内外资金。印尼政府估计能提供其中的27%，而其余73%的资金则依靠外国援助、外商投资和国内私人企业的投资，其中对外商投资的需求每年也在100亿美元以上。如果不改变现行投资政策，则很难满足这一要求。

为了改变这种局面，印尼政府在1994年6月2日，宣布了进一步放宽外商投资限制的决定。其主要内容是：首先，进一步放宽对外资企业的股权限制，即外商可以在印尼经营独资或合资企业；如果经营独资企业，外商便可以拥有企业100%的股权；如果经营合资企业，外商也可以拥有95%的股权；外资企业在投资15年后可以通过证券市场转让企业产权，也可以直接向社会出售；至于出售数额，政府不作明确限制。其次，拓展投资领域。新政策规定，外资可以合资经营部分公共事业，如交通、能源及大众传播媒介等领域都开始向外商开放；另外，新政策还规定，外商可以在印尼的任何地方合资经营业务，而外商独资企业一般需设在各工业区或保税区内。

这些政策措施是针对外资企业制定的，但它对印尼内资企业仍有深刻影响。一方面，外资企业进入印尼仍有一定的股权限制，因而必须选择当地企业建立合资合作关系，而且许多外资企业对印尼国内市场和环境不太了解，也需要与当地企业进行联营。另一方面，外资企业的大量涌入也带动印尼经济的发展，从而为国内企业发展创造新的条件。由于受外资大量涌入的影响，1994年印尼经济再次出现了迅速增长态势。该年度吸引外资总额达237亿美元，比1993年增加了3倍。与此同时，国内企业投资也大幅度增长，达270多亿美元，比1993年增加了42%。许多华人企业也利用这个有利时机加快投资步伐，并取得了骄人的成就。

1994年主要华人企业动态

1994年是印尼经济克服一些困难继续向前发展的一年。该年度国内生产总值增长率为7.43%，人均国民收入达884美元。在整个国民经济继续保持高速增长的态势下，印尼华人经济也获得了飞速发展。一些著名华人企业利用印尼经济高速增长的有利时机纷纷改扩建原有优势产业，同时也新兴建了一些别的产业，整个华人企业界出现了欣欣向荣的大好局面。

1993年对于著名华人企业阿斯特拉国际财团来说是极不平凡的一年。由于90年代初期发生了萨玛银行倒闭事件，阿斯特拉国际财团原主席谢建隆不得不将集团的大部分股票转让他人，财团内部关系发生了巨大变化。著名华人企业家彭云鹏出任阿斯特拉财团新任主席，财团董事会也进行了重大改组，包括林绍良在内的一些著名企业家相继进入阿斯特拉财团。经过这一番伤筋动骨的大改革之后，阿斯特拉财团的经营管理状况得到了较大改观。1994年，该公司获利1.27亿美元，比1993年增加了110%，该公司上市股票票值也由1993年的137盾（合0.06美元）增加到1994年的247盾（合0.12美元）。阿斯特拉公司董事会还计划在今后5年内对原有汽车制造厂进行全面技术改造，以适应新的竞争环境。与此同时，该公司还斥资3500万美元与日本及越南同行建立合资企业，以占领越南汽车市场。阿斯特拉财团的经济效益目前继续看好，1995年第一季度该公司实现利税4.67亿美元，比1994年同期增加95%。

由于受萨玛银行倒闭及阿斯特拉财团易主等重大变故的影响，华人巨富谢建隆及其家族损失惨重，但谢建隆毕竟是久经沙场的老将，他身处逆境而不甘失败，并继续在商场进行艰苦拼搏。1994年初，谢建隆和美国通用汽车公司签订合同，由他出任通用汽车公司在印尼的特约经销商。

谢建隆的长子爱德华是萨玛银行倒闭的主要责任人，他在萨玛银行倒闭后移师新加坡发展。1994年，爱德华通过其控制的加拿大公司新概念技术有限公司收购了香港伟东集团34.9%的股权。

1994年印尼经济发展加速也给华人金融业发展带来了新的机遇，一些华人银行利用这个有利时机大力扩充业务并取得了巨大成功。例如排名华人银行第二位的力宝银行去年的净资产达到30亿美元，比1993年增加了41%。1994年共发放贷款1.8亿美元，比1993年增加54%，获纯利2.8亿美元，比1993年增加了56%。与此同时，力宝集团还和新加坡威威集团合作在新加坡兴建了一座消闲娱乐中心；与新加坡百汇控股公司合作在雅加达兴建一座私人医院；与马来西亚兴隆集团合作在雅加达郊区兴建了一座海底世界。另外，力宝集团还独资兴建了一座力宝城，现在前期投资已达3亿美元，力宝城建成后准备吸引香港及台湾的投资者。

1994年也是林绍良领导的三林集团发展最快的一年。这一年该公司投资2.2亿美元的大型项目油脂酒精厂正式投产，他们与日本等投资者合资兴建的巴淡度假中心也正式建成，他们与新加坡KMP公司合资兴建的另一个度假中心（投资3亿美元）正在紧张兴建之中。另外，1994年三林公司兴建的大型投资项目还包括：与马来西亚糖王郭鹤年合资兴建的油棕与椰子加工厂，该厂拥有棕榈油园10万公顷；三林集团兴建的印尼西雅电视台在1994年下半年正式开播；与印尼总统苏哈托的次子庞庞合合收购了马来西亚的上市公司南东木材公司等。印尼经济的加速发展也使一些原材料价格迅速上扬，而经营这类产品的公司也因此获益匪浅。据透露，1995年4—5月印尼市场上每40公斤水泥平均价格由6555盾（合2.94美元）增加到9600盾（合4.30美元），增幅达40%。这也将给印尼最大的水泥制造企业——三林集团下属的印尼士敏水泥公司增加近亿美元的收入。

1994年，由黄奕聪领导的金光财团也取得了巨大成功，特别是世界纸张价格大幅度上涨给金光财团及其所属的造纸厂增加了巨额财富。1994年，金光财团的营业额达30多亿美元，利润近5亿美元。该集团目前计划将其控制的亚洲造纸厂加入纽约股票市场，以此获取近5亿美元的资金。另外，该集团还计划在印度孟买以及香港、中国等建立一系列造纸厂。

但是，近年来印尼的国内形势发展也出现了一些可能对华人企业发展产生不利影响的趋向。特别是1995年5月23日印尼政府大幅度降低进口关税，可能会影响到一些以垄断性经营为特色的华人大企业的发展。

1995年5月23日，印尼政府宣布从即日起对现行税率不足20%的商品，进口关税降为5%，到2003年再降到5%以下；对现行税率为25—35%的商品，关税税率分别下降5个百分点，到1998年则降至20%以下，到2003年则降至10%以下；对现行税率为40%以上的商品则降至30%，到1998年降为20%，到2003年降至10%以下。与此同时，印尼还宣布向外商全部开放包括食品加工业在内的10个投资领域。这是继1994年6月2日大幅度调整外资政策以来，印尼政府进行的又一次重大经济政策调整，这对印尼经济发展，特别是印尼华人经济的发展都将产生重大影响。

在90年代初期，印尼华人企业曾掀起过海外投资热潮，但由于国内强大压力及去年印尼政府对内资政策的调整，部分华人企业又相继回到印尼，但这次政策调整可能给少数华人特大型企业带来数亿美元的经济损失，留在印尼发展将出现越来越多的不利因素，少数企业可能选择向海外发展。

马来西亚华人经济概况

现代国际关系研究所 方 华

在马来西亚未独立以前，马来亚半岛就是一个多民族的国家。马来人、华人和印度人，都是移住民而非原住民。据1947人口统计，它们分别占马来亚联合邦总人口的49.2%、38.4%和10.8%，成为马来亚的三大民族。由于历史上的各种原因，马来西亚人口种族成分具有一个特点，即没有一个种族集团在人口上占据绝对优势。

80年代以前华人社会及经济的曲折发展

华人移居马来亚已有悠久的历史。19世纪起，英国殖民者为加速开发马来亚的自然资源，曾积极从中国和印度输入大批劳工，使马来亚华人人数急剧增长。在锡矿集中的霹雳和雪兰莪等地，华人居民甚至一度多于马来人。广大华人对马来亚经济和社会的发展作出了重大贡献，这是连某些英国殖民地官员也无法否认的事实。但是，英国殖民当局一向只把华人当作开发马来亚的廉价劳动力，始终把华人居民称为外来移民，而同作为土著居民的马来人区别对待。英国当局根据其殖民地经济的需要来制定鼓励或限制华人入境的条例。如1913年，英国当局颁布马来人保留地法案，规定英国在马来联邦各地的驻扎官有权宣布本邦任何土地为马来人保留地，不准华人获得土地。30年代世界经济危机期间，马来亚许多大锡矿场和种植园纷纷倒闭或停产，劳动力相对过剩，英国当局曾将大批华工遣送回国，同时限制华人入境。当时一部分失业华工不愿回国而流入马来亚内地农村，披荆斩棘，开垦荒地。英国当局虽然被迫向这些所谓非法占地者发放了一些临时占地证，暂允许他们耕种所开垦的土地，但是这种证件可以随时收回，也就是不承认华人有土地所有权。这样，即使在马来亚世代居住的华人，也还是要受到种种歧视。

第二次世界大战结束后到马来亚独立之前(1945—1957年)，是马来西亚华人政治意识增强和民族主义高涨的时期。这一阶段正值东南亚各国反对殖民统治，要求民族独立的运动风起云涌。

另一方面，绝大多数马来亚华人来自中国破产的农村，他们被迫背井离乡，远涉重洋，往往只是把马来亚当作自己暂栖身的地方，总是盼望有朝一日发家致富，荣归故里。尽管对绝大多数人来说，这只是一种梦想，但是直到第二次世界大战结束后，马来亚许多华人的这一传统观念还没有发生根本的改变。他们既然自认为是客居他乡的中国人，虽然关心马来亚的前途，但更关心的是中国国内政治形势的发展。由于中国抗日战争的胜利，中国的国际地位相对提高，进一步增强了海外华人的民族自豪感。尽管马来亚联邦宪法允许华侨拥有双重国籍，然而大多数华侨并不热衷于成为马来亚公民。如直到1955年马来亚举行第一次大选时，华人合法选民只有14万，占全国选民总数的11%。当时，只有一部分在马来亚出生和受英文教育的华人关心并参与马来亚争取独立的运动。他们认为马来亚华人应该作为马来亚社会的一员，维护自己在新的马来亚国家中的合法权益。1949年马来亚华人公会在吉隆坡成立，成为马来亚建立的第一个华人政党。它的主要活动是通过发行福利彩票，将收入用于援助在实施《紧急条例》后被迁入“新村”的华人居民，同时为华人争取公民权。它的成立反映了马来亚华人开始对自身的利益和前途表现出的关心。

马来亚独立到1969年“五·一三”事件发生前(1957—1969年)，是华人大量归化为马来亚公民，在经济上获得迅速发展的时期。这一时期，华人社会发生了深刻的变化，这就是土生华人人数的猛增和华人在马来亚居住期限的延长，使马来亚华人社会已经由以侨民意识为主的短暂居住，转向以马来亚作为家乡而长期或永久定居了。

1955年，中国政府和印尼政府签订了关于双重国籍的条约，解决了长期存在的印尼华人双重国籍问题，也为马来亚华人解决这一问题指出了途径。同时，巫统（马来民族统一机构）为了取得华裔选民的支持，同意在马来亚独立宪法中对非马来人入籍放宽条件。宪法第19条规定，非马来人在申请入籍前12年内，在马来西亚联邦居住时间不少于10年，并具有足够马来语知识者，均可申请成为马来西亚公司（北京大学法律系宪法教研室编译《东南亚国家联盟各国宪法》，商务印书馆1979年版）。国内外形势的重大变化，使马来亚华人重新考虑自己的前途，从而加快了他们加入马来亚国籍的进程。到1959年马来亚举行第二次大选时，华人合法选民已有75万人，占全国选民总数的35.6%，接近于华人在全国中所占的比例。与此同时，大量受华文教育的华人加入马华公会，扩大了它的社会基础和在政治上的作用。

马来亚独立后，采取了促进国民经济发展的一系列措施，如鼓励私人投资，积极发展经济作物的栽培与加工业，从发展“取代进口”工业进而逐步建立“面向出口”工业等等。这些政策在客观上有利于华人经济的成长，并推动华人资本从传统的商业领域逐渐转向现代工业、金融业等领域。这个时期，马来西亚华人的经济地位一般来说比英国殖民统治时期有所提高，并开始形成若干华人财团，少数华人企业家甚至成为马来西亚工商界的巨富。根据一项调查的结果，在马来西亚1971—1974年间的100家大公司的579名董事中，外国人有390名（占67%），马来西亚公民有189名(占33%)，而在马来西亚公民中，华人有110名，占58.7%，马来人有68名，占36%。但是这些马来人董事大多数不是股东董事，而是职能董事。在他们当中，约有一半是前政府官员。他们担任董事是作为公司与政府之间的联络人，以便公司在政府招标和颁发执照时获得有利的照顾。他们实际占有的股份额是很小的。这100家大公司分别隶属于七个企业集团。其中华侨银行——塞姆·达比集团、郭鹤年集团、李莱生集团和宋氏集团都是以华人资本为核心。华侨银行是当时马来西亚最大和最重要的企业集团，拥有上述100家大公司中的38家，最大股东是李光前家族。华人集团所以能够迅速发展壮大，除了它们本身具备的条件和所作的努力以外，主要是通过同政府高级官员建立了合作关系。一些华人大企业家也因此成为工商界的领袖而进入了政界。如郭鹤年集团同前总理侯赛因·奥恩以及前内政部长伊斯迈尔的关系十分密切。

总之，这个时期是马来西亚华人民族意识的转变时期，即从海外中国侨民逐渐转变为马来西亚华人公民的时期。华人的政治认同问题已基本解决，华人在经济上获得了较多的利益，又增强了认同于马来西亚国家的意识。由于历史上华人已积累的资本、技术、管理知识和经济联系，使得华人在较宽松的国内环境中经济上有了更大的发展，引起了马来人中的种族主义者的不满，成为马来西亚的种族冲突的社会与经济根源。他们不断煽动马来人的种族情绪，对巫统领导人施加压力。1969年的大选中，马来西亚伊斯兰教党、民政党和民主行动党获得的进展使联盟党在联邦议会中丧失了23个席位。这次大选暴露出种族主义的抬头。5月13日，民政党和民主行动党在庆祝胜利的游行中，遭到巫统内的极端派青年的武装袭击，终于酿成流血事件。

“五·一三”事件以后到80年代初期，马来西亚华人民族主义思想重新高涨，但并不是战后初期民族主义运动的延伸。“五·一三”事件发生后，马来西亚政府宣布全国处于紧急状态。议会停止活动长达一年半之久。1971年恢复活动时，首先通过了巫统提出的修改宪法案。修改后的宪法进一步扩大了马来族特权，公布了作为国家意识形态的五项原则，并开始实施以扶植马来人为主的为期20年的新经济政策，对华人经济的发展有一定程度的限制。这使马来西亚华人社会又进入了新的动荡时期，华人民族主义思潮重新高涨，开始为维护本民族的合法权益作斗争，他们对有关民族利益的问题，产生比以往更加敏锐和激烈的反应。特别是对待华人的传统文化、语言、宗教、习俗等问题，经常成为华人政党和社团争论的中心议题。

这一时期主要加速了华人认同于当地社会，为当地社会的发展作出了更大的贡献。由于第二次世界大战的爆发，来自中国的大规模移民入境已停止，使土生华人在马来西亚华人总人口中所占的比例逐渐上升。据统计，1931年的马来亚和新加坡的土生华人只占华人总人口的30%，到1957年上升为75%。这些出生在马来西亚的华人对中国国内政治发展的关心和热情日益减退，他们更多的是关心马来西亚的发展前途和繁荣昌盛。因此更多地是维护华人的经济、政治、文化、教育等权利。许多华人社团从单纯的福利组织发展到创办企业，为自己的成员创造更多的就业机会。另外，他们从中国带来的家乡观念已逐渐淡化，同时作为他们共同的政治、经济利益的反映，共同的文化意识和心理状态日益增强。由于马来西亚华人的聚居程度比较高，一方面在政治上归化为马来西亚公民，效忠于这个国家，另一方面仍然要求保留中华文化的某些传统。随着70年代中期马中建交，以及国际形势发生的巨大变化，马来西亚华人在国内的经济地位又有所提升。

马中经贸关系发展对华人经济的促进

随着马中建立外交关系，双边贸易关系也就进入了相对稳定的发展阶段，在1974—84年期间，双边贸易逐年均有增长，没有出现大起大落的情形。

刚一开始的马中贸易，多数都是间接贸易，在间接贸易下，从事马中贸易活动的基本上是华人。这一点显然与70年代马来西亚开始实行的新经济政策的目标不谐调。马来西亚政府一直要求直接的双边贸易，决定国家贸易公司被授权签发准证并收取费用，直接干预马中贸易活动。

造就双边政治关系缓和的主要因素是国际政治气候的变化，特别是东南亚局势的转变，以及马中两国对外政策的相应转变。中苏对立以及中美关系的改善，改变了亚洲的政治气候。在东南亚，区域中立化概念随着1967年东盟的成立而确立。从马来西来方面看，东南亚中立化的战略考虑，有必要转变对华政策：从中国方面看，为了抗衡原苏联势力的扩张，也有必要与东南亚诸国修好。但双边关系中政治主导的倾向，并没有完全消失。政治上，马共问题依旧是个影响双边关系的重要因素，马来西亚仍视中国为长远的最大的威胁。直接贸易与贸易平衡问题，一直是马来西亚政府不满意的方面。双方都不能就这些问题达成一致的谅解。于是，建交后的双边经济关系，就处于一种“温和冷淡”阶段。这一期间的马中贸易增长，也是相对缓慢的，年均贸易额增长，仅仅是10%。而1985—90年期间，双边贸易增长了两倍多，年均增长高达43%。

80年代后期，冷战已接近尾声，1989年马哈蒂应邀在新加坡的东南亚研究院发表演讲时就宣布“意识形态信仰的年代已经结束了”。更为重要的是马中两国内部的变化。中国的对外开放与市场化改革，到1984年已十分明朗。中国的改变对东南亚有双重意义：一是改革开放为东南亚邻国带来经济合作的机会，这一点愈来愈明显；二是中国忙于国内经济发展，客观上需要一个和平、安定的周边环境，因此所谓“中国威胁”论至少在几十年内变得不现实。马来西亚在80年代后期也面对经济发展调整。1986年马哈蒂尔政府基本上中止了新经济政策的实施，并且把经济增长的策略从公共部门转向私人部门，强调出口导向工业化。马来西亚经济内部经历了结构调整，转向侧重于制造业，对外则追求出口与海外市场。在这种情形下，寻求加强对华经济关系，是与马来西亚国内经济发展需要相吻合的。

马中贸易关系全面发展，1985年是个重要的转折点。自这一年起，马中关系开始全面改善，走向全面发展。这年11月，马哈蒂尔总理率领一支庞大的代表团访问中国。在访问期间，中马签署了几个协定，其中最重要的是保障投资与避免双重课税的双边贸易协定。接下来便在中马关系史上发生一连串重要的事件：马中直接通航（1986年）、马中双边贸易协定（1988年）、马共问题的正式解决（1989年12月）、访华限制的放松（1990年9月）、中国总理李鹏访马（1991年）以及马哈蒂尔总理二度访华（1993年6月），这些大事记显示，马中关系在迅速改善。

与此同时，马中经济关系走向全面发展。一方面，马中贸易出现加速增长之势。1985—1990年，双边贸易额年均增长高达43%，其中马来西亚对华出口与进口的年均增长分别为64%与29%。这种增长之势，不仅比1974—84年期间的双边贸易增长快3倍以上，而且也比同一时期的马来西亚总体贸易增长明显快了很多。另一方面，更为重要的是双边经济关系的领域大大地拓宽了。双边经济关系不再仅仅是贸易关系，还出现了劳务贸易、投资、区域经济合作的意向。马来西亚准许私人商家到中国投资，这在从前是不可思议的事，现在马哈蒂尔政府不仅允许，还加以鼓励。劳务贸易在1985年前也有，只是数量微不足道，出入境限制大大制约了旅游。

1985年马哈蒂尔总理访华之后对中国的看法产生了根本的转变。1989年马哈蒂尔在公开演讲中，表明中国的发展对东南亚也意味着合作机会的增加，不讲中国的改革开放对东南亚将构成威胁。这促使马来西亚积极地改善对华关系，更主动地推动马中贸易的发展。马哈蒂尔在1993年二度访华后，马中经贸关系掀起另一个高潮，马来西亚企业界的“中国热”更是沸腾。马哈蒂尔公开称中国为区域经济发展的“引擎”，他还说美国的威胁要比中国大得多。马来西亚对中国的投资超过20亿马元，在中国外资排名榜中居第10位，而中国在马来西亚的合资企业总共投资约10亿马元。马哈蒂尔此行促成马中商界签署11.54亿马元的联合投资合约，同时也取得2.798亿马元的出口。这仅是马中经贸关系热络起来的一个开始。从1985—1993年，前后相隔8年时间，马哈蒂尔对中国的看法似乎已有重大的转变，而这一期间正是马中关系走向全面发展阶段。

1990年马来西亚政府制定了国家发展政策，取代实行近20年的新经济政策。这一政策旨在提升马来人的素质，而不只是扶植马来人，实现各族均衡发展，鼓励竞争，受到马来西亚华人的大力支持。由于马中经贸关系的迅速发展，华文在马来西亚非常受重视，华人人才、技术和管理经验更受到社会的关注和重用。

华人企业的规模及发展

在亚太经济的强大推动下，华人企业更上一层楼，华人企业的资金、技术与人才多向交流,华人经济也重视与当地经济融合、互补互惠。

马来西亚华商企业大部分属于中小型企业，从事不超过250万马元（约100万美元）的投资生意，但也有不少著名的华裔大企业家，他们身家亿万，在吉隆坡股市交易所控制着不少上市公司。据一项调查指出,目前在吉隆坡上市的逾400家上市公司，有60%是由华裔企业家控制。

部分吉隆坡上市的大企业中，华裔持股权虽然不及一半,但握有对企业的主控权。马来西亚准备在吉隆坡附近的雪兰莪兴建耗资20亿马元的新机场，林梧桐控制的亚地种植有限公司、道路建筑（马）控股有限公司、郭令灿控制的谦工业有限公司均能分享这项庞大工程计划。1995年香港《亚洲周刊》杂志列出全球500家华人上市公司的市值、营业额和盈利情况，展示华人经济的最新实力和变化，居香港和台湾之后，马来西亚位居第三,共有83家马来西亚华商公司上榜，有10家跻身于前100名内，其中林梧桐的名胜世界排名第5，市值达111.94亿美元，云顶有限公司排名第12，市值达49.21亿美元。

马来西亚总理马哈蒂尔还呼吁国内的马来人多向华人学习,“因为华人在商业领域有成就，全是因为强调素质管理”，也鼓励华人与马来人合作，联营到海外去开拓事业。

在向国际领域发展方面，马来西亚华商较当地其他族占优势，因为华人的群体意识强，经营手法也比较开放，且正在尝试以商业合作方式开发国际市场。不少马来西亚华人企业家已向国外投资，如有“亚洲糖王”之称的郭氏兄弟有限公司的郭鹤年、云顶集团的林梧桐等。随着亚太地区很多国家的不断开放，马来西亚很多有远见的华商已“纷纷走向海外，寻求更大的天空”。郭鹤年早已把越来越多的资金移到香港，然后把业务扩展到世界各地；马来西亚“钢王”钟廷森、从事休闲及博彩业的陈志远、银行家邱继炳都开始把部分资金调整到香港，以便利到中国大陆投资。

马来西亚华商到东南亚国家印尼、菲律宾、越南、柬埔寨，南太平洋岛国的巴布亚新几内亚、斐济，印度洋的毛里求斯群岛都有投资。目前东盟自由贸易区逐渐形成，马来西亚政府希望通过与华商加强联合，引导土著商人，适应更激烈的竞争环境。

华人经济在泰国经济中的地位

中国现代国际关系研究所　马燕冰

泰国是东南亚国家中华人较多的国家，长期以来，由于泰国政府对华人采取的鼓励同化的政策，使泰国华人较好地与本国人民相处并溶为一体，关系密切融洽到了不可区分的程度，华人经济受益于此而得到极大的发展，也对泰国社会和经济的发展作出了不可磨灭的贡献，在泰国经济中占有重要的地位。同时，泰国华人经济也是其本国参与东南亚区域合作的主要力量、海外向中国投资的重要来源，因而，进一步分析和了解目前泰国华人在泰国社会发展中的政治和经济的地位及其发展前景，对促进中泰关系的发展，吸引泰国投资，促进区域经济合作与繁荣具有一定意义。

泰国华人的由来

中泰两国友好往来，最早可追溯到汉潮，距今已有2000多年的历史。在整个封建社会中，中国与泰国地区的历代王朝都有着亲密的外交关系，友好使节频繁往来，经济、文化联系日趋密切。

华人到泰国定居大约始于700年前的素可泰王朝时期。当时，有一批中国商人因气候或经商需要而留居泰国。17世纪末，阿瑜陀耶王朝的首府阿瑜陀耶城内已有一个华人区，聚居着几千华人。他们大部分是商人和工匠，商人们把王室垄断的贸易出口的大部分货物运往中国和其他国家进行交换，工匠们把中国先进的手工技艺用来生产供王室享用的奢侈品，后来发展到具有一定规模的移民。早期华人主要是来自广东、福建等沿海省份的农民和手工业者，由于当时（鸦片战争前）中国东南沿海地区人多地少，战乱频仍，自然灾害和土地兼并盛行，不少农民和手工业者难以活口，不得不背井离乡，远度重洋到东南亚国家谋生。鸦片战争后，中国封建制度的昏暗和帝国主义列强的入侵、掠夺，人民更加难以为生，出现了大规模的移民浪潮，他们成群结队前往荒无人烟的地方采矿、垦荒，定居下来，形成一些城市的雏形。

泰国位于中南半岛，物产丰富，地旷人稀，是16世纪以来唯一没有沦为西方殖民地的国家，对华侨友好相待，吸引了大批华人的到来。中国人移民泰国分三个阶段。第一个阶段是1767—1782年的吞武里郑王朝时期。1767年爆发了一场泰缅战争，华裔青年郑信率领人民奋勇反抗，击败了缅军，建立了吞武里王朝。战争过后，人口锐减，为平复战争创伤，发展经济，从中国召入大批劳动力，当时华人约23万人，占泰国人口的4.8%。第二个阶段是1882—1910年间曼谷王朝拉玛五世时期。当时，泰国和英国签定了《英暹条约》后，西方殖民主义者相继来到泰国，打开了泰国的门户，对外贸易开始活跃，促进了商品经济的发展。新兴城市的出现需要进行城乡物资交流的中间商人和手工艺人，经济的发展也需要大批的劳动力。每年进入的华人从1万多人增加到6万多人。第三个阶段是1918—1931年第一次世界大战后和1946—1949第二次世界大战后初期。当时泰国由于没有受到战争摧残，经济繁荣，中国内战和自然灾害迫使老百姓逃入泰国寻求生路。这两个时期共有五、六十万华人移民泰国。新中国成立后，由于中泰基本处于隔绝状态和中国人民的生活稳定，除台湾外几乎没有移民进入泰国。

泰国政府对华人的政策

泰国政府对华人的政策是随着泰国社会和经济发展的需要而发生变化的。泰国社会是一个多元民族的国家，除了泰族以外，还有佬人、马来亚人、缅甸人、高棉人、印度人、华人和西方人。在历史的各个时期，华人作为商人、工匠、劳动力进入泰国，顺应了泰国社会经济发展的需要，受到当地人民和政府的欢迎，虽然泰国政府制定过限制华人的一些政策，历史上发生过几次大的排华事件，但总的来说对华人是优待和鼓励其定居并溶合于泰国社会的，在这一点上区别于同时期在泰国居住的马来人和西方人。

（一）对华人采取的优待政策。主要表现在以下几个方面：(1) 给华侨以入境、居住、经商和婚姻的充分自由。这个时期主要是1882—1910年之间。当时，华侨入境不受限制，并被特许免去各种劳役、赋税及人身依附，可以在全国各地自由经商和居住，还可以和泰族妇女结婚。当时大城王朝的法律规定，禁止泰国妇女与不同宗教的英、法、马来人通婚，而不包括中国人。一些上层华人的女儿也往往嫁给泰国的王室和贵族。如泰国前总理克立·巴莫的祖母就是华人。在过去的几个世纪中,华泰人通婚受到公开鼓励,人们对自己的中国血统从不加以隐瞒。(2)对泰国社会和经济做出贡献的华人予以加官进爵。许多掌管对中国贸易和华侨事务的首领都由华侨担任。如福建人谢文彬,曾在泰国"官至坤岳"(学士),1477年被封为暹罗使节派往中国。厦门人吴阳,因开发宋卡有功,被封为宋卡太守。

但政府要求每一个华裔成年后,都必须选择愿作泰人还是华人。如作中国人,则蓄一长辫,隶属政府委派的中国官员之下,三年交一次捐税;如作泰人,则剃去头发,寻找一个封建保护人,承担国家各种杂役。不许二者都不是。

泰国政府的优待政策加速了华人与泰人的溶合,将华人纳入泰国统治阶层,加强了华人对泰皇的效忠精神,既鼓励、促进了华侨的归化,也防止了出现一个游离于当地社会的华人社会。

(二)强制华人同化的政策。中国辛亥革命以后,随着民族主义思想增强,华侨同化率下降,泰国政府采取了一些强制同化的措施:(1)颁布新公民法。1913年泰国政府规定,凡是在泰国境内出生的人,不论父母属何国籍,均视为泰国人;(2)限制华文教育。泰国政府1918年颁布《民校条例》规定华文教师必须在一年内暹文考试及格才能任教。学生每周必须学习泰文三小时。1921年颁布《强迫教育条例》规定凡在泰国出生的儿童,7—14岁必须受暹文初级教育四年,考试不及格须延长其学习时间。1933又规定华语只能作为一门外语来学习,每周不得超出7小时。1935年又以不符合规定为借口,查封了100多所华校;(3)限制中国移民。1927年颁布第一个移民法,把外侨的居留费不断提高,1937年已从原来的4铢提高到200铢,并实行识字测验,限制华人妇女的入境;(4)对华人的经济活动加以限制。规定碾米厂至少雇佣50%的泰人,对华人的商业活动也加强了控制,通过新税法加重华人的负担,号召泰人与泰人结婚。因此,这个时期泰国的华文教育受到较大损失,移民人数也维持在很低水平上。但这些措施引起了华侨的对抗,同化率也没有很大提高。

(三)削弱华人政策。抗日战争期间,由于泰国政府的亲日外交政策,推行"大泰族"中心主义,从而使华人的地位有所下降。第一次对华人的削弱措施:(1)政治上镇压华侨的一切抗日组织和活动,以抗日的名义逮捕华人,并驱逐出境;(2)经济上限制和排斥华侨的经济活动。推行泰化政策,建立国营经济,颁布为泰人保留的职业条例,打击华侨工商业;(3)文化上封闭华校,取缔华文报纸。抗战期间,封闭华校200多所,全国华校仅剩2家,报纸仅剩一家;(4)阻碍中国人申请加入泰籍,1935—1942年间,申请归化的华侨每年平均在170名以下,1943年申请的有6000多人,获得批准的仅2000多人。对华人第二次削弱是在1948—1953年波·披文颂堪第二次执政期间。为配合美国对社会主义国家实行的禁运政策,拘捕华侨领袖数万人,华校减少了2/3,华侨中学全部停办。1949年规定每年只允许100中国人进入泰国,重申泰人职业保留条例。1951年规定,华人只有接受泰国教育高中三年级或在政府部门工作5年以上者才有选举权。1952年的外侨登记费从1949年的20铢提高到400铢。申请归化的期限从5年提高到10年。1953年的公民法规定,泰国境内出生,但母亲是华人者,不能取得公民资格等等。

(四)宽容限制政策。国际形势的变化和1955年万隆会议中国产生的巨大影响,使泰国对华人的政策作出了调整。恢复华裔泰人的公民权、服役义务、土地权等,登记费从400铢降为200铢,归化政策重新得到鼓励。但华人的居住、就业、入学等问题仍受到一定的限制。1957年亲美的沙立元帅发动政变之后，中泰关系进入隔绝期。

（五）友好相处政策。1975年中泰建交以后，两国的政治、经济、关系进一步加强，各方面的合作不断扩大。泰国政府对华人采取“一视同仁”的友好政策，华人在政治、经济、文化各方面得到与原居民同样的权利，华侨改籍的也逐年增多，自1982年以来，每年归化的华人有1000人左右，同化率大大加快，华人已充分地溶合到泰国社会中去了。最近，泰国政府决定对国民党遗留部队93师的32000名华人实行归化政策，使他们及其后代可以在泰国自由迁徙、工作。

泰国华人的社会现状

华人是泰国的少数民族中人数最多的，但经过几百年的溶合，尤其是泰国政府在政治、经济和社会生活中对华人没有实行明显的歧视政策，大多数华人加入泰国国籍，加上老华侨的自然死亡和泰国的出生地政策，使其子女自然成为泰人，华侨的人数一年比一年减少。由于泰国华侨同化率很高，难以有确切的统计，各方面的说法很不一致。1983年1月的正式统计，仍持中国国籍的有28万多人，最多不超过华人总数的14%，而且其中大多数是出生于中国的老年人或华泰第一代人。1992年亚洲华人联谊会第九届年会泰国《侨情报告》指出，泰国华侨华裔人数，一般估计在1000万以上，1994年的有关资料称，泰国有华人450万人，已入籍的423万人，未入籍的18万人。最近，有关人士估计，在泰的华人约有580万。

在泰国的华侨华人有三种类型：(1) 华侨，有中国国籍的华侨居民；(2) 在泰国出生的华侨子女，持泰国国籍，称“华裔泰籍人”；(3) 华裔泰籍人的子孙，即有华裔血统的泰国人。

为了维护华侨华人的自身利益，泰国的华侨华人按地缘、血缘、职业等关系结合成各种“侨团”，主要组织有：泰国中华总商会、泰国中华会馆、泰国九属会馆、旅泰侨业市同乡会、泰华各姓宗亲总会、泰华慈善团体。在泰的华人中潮州人占比例最大。1975年4月，泰国有关泰国华侨华人问题的报告书中指出：在华侨华人中潮州人占56%，客家人占16%，琼州人占12%，广东人占7%，福建人占7%。目前，泰国省一级的会馆有九个：潮州会馆、广肇会馆、福建会馆、台湾会馆、客属会馆、海南会馆、江浙会馆、云南会馆、广西会馆。其它还有县、乡一级的组织。领导泰国各级侨团的最高组织是“泰国中华总商会”，建于1911年，是泰国最大的华侨华人团体，在泰国华侨华人界和政治、经济事务中发挥重要作用。

按血缘关系组成的、以同姓宗亲为基础的亲善会，是会馆的下属组织。按职业组成的侨团比地缘和血缘组织更加看重于保护和增进成员的经济利益，如历来拥有强大经济实力和组织实力的米谷商和碾米行这两个行业组织都掌握在潮州人手中。而且主要行业会是中华总商会的永久会员，如：米商公会、银庄业公会、土产商行公会、钟表业公会、联华药业公会等五个团体。

泰华教育方面，共有137所学校，其中小学居多，中学与专科学校较少，华侨崇圣大学为泰华最高学府。

中文报纸有：《世界日报》、《星暹日报》、《中华日报》、《京华联合日报》、《亚洲日报》、《新中原报》、《工商日报》、《经济日报》。中文杂志有：《现代泰国：华人经济报导》等。

目前，华人在社会政治、经济中的地位已有较大提高，并占有重要地位。二战前后，许多华商不敢承认自己的祖先是中国人，直到1969年，凡父亲是华人的泰国公民，都仍没有投票权，现在，华人都可以竞选为议员，进入内阁。而且，事实上，泰国政府内阁大部分成员都有华人血统。川·立派（吕基文）总理的父亲是福建人，副总理班雅达探（林书清）是海南人。过去历届总理和其他高级军政人员中华裔或有中国血统的人多不胜数，如克立·巴莫、差猜·春哈旺等。教育界中，大学的教职员中 50—80%由华裔担任，包括目前泰国最高学府朱拉隆功大学的校长及 5 名副校长都是华裔或具有部分华人血统。学生的大部分也是华人，这些学生考入朱大，就被视为大学生中的贵族，毕业后多进入政府、商界等国家重要部门，朱大毕业生在全国势力庞大，对国家政治、经济影响巨大。华裔子弟在学术、教育、医药、和社会发展各方面的贡献巨大，已为泰国社会各界有口皆碑。

其主要原因是早先到泰国来的华人中，大部分以经商为生，其中许多获得成功，为了使事业后继有人，加上华人比较注重教育，他们纷纷送子女接受高等教育和出国留学，与泰国贵族联姻的华人子弟成为王室宗亲，也接受了高等教育和出国留学。泰国的政坛与商界是紧密相连的，政界需要资本家的资助，资本家要依靠政府的权力和外资扩充自己的经济实力，所以，他们的女子必然受到影响。而后，他们除了继承父业经商外，逐渐转向政界、学术界、教育界等领域。

华人经济在泰国经济中的作用

华人对泰国经济的发展做出了巨大贡献。封建社会时期，华人对泰国的早期对外贸易手和工艺技术的发展起到促进和推动作用，为泰国社会补充了大批的劳动力。资本主义初期，为泰国社会适应资本主义的进入起到了中间人的作用。二战后，泰国经济取得了迅速发展，作为泰国经济的重要组成部分，泰国华人企业集团随之迅速发展，并已颇具规模，促进了泰国资本主义经济的发展。这些产业资本与金融资本相结合的企业集团，掌握了国内相当部分的财富，并逐步向海外扩展，在泰国经济乃至区域经济发展中占有日益重要的地位。

最初，到泰国的移民大多数是从事体力劳动的，经商的较少。泰国华人经济的发展始于 19 世纪。当时中国沿海地区的一些农民经常往返于东南亚各地，对中国的市场和泰国的市场都比较熟悉，他们大多数以经营泰国大米和杂货起家，逐步发展到烟草、典当及林牧鱼业。20 世纪初，泰国华人经济已有一定规模，特别在一些大中城市有举足轻重的地位。

华人大多数经商的原因，是由于 1857 年之前，当时泰国实行“封田制”，所有暹罗人（达官显贵例外）都要受到约束，必须依附于封建主，为王室和封建主服务，不能产生资本主义所需要的“自由人”，华侨与其它外侨一样，没有土地所有权，所以也没有泰人必须尽的“义务”，而且必须在国王指定的地域谋生，如吞武里王朝时期，华人指定只能在曼谷地区谋生，并需交“人口税”作为对王室允许居住的报答。所以，比起泰人来，华侨相对自由，华人主要从事贸易为生，但这种贸易是在国王的垄断之下，由国家统一经营。其他还有种菜、当搬运工、人力车工，自制衣服、鞋、小食品出售等等。而泰国人的职业多为公务员和种田。

1855 年泰英签定条约，资本主义势力加快了向泰国的经济渗透，泰人未能很快适应接受，华人由于长期的经商经验，很快接受并适应了这种变化。他们负担起把外国的工业品和半工业品售给农民，并向农民购买土产、森林产物和大米。他们作为中间商人把物产从一个地区销售到另一个地区，从中获利。他们主要是两种华人，一种是出卖劳动力的小资产阶级华人，第二种是经营小生意和大资本家的华人。前者成为了后来的小资本家，出卖劳动力的工作由泰人代替，后者由于长期与洋人接触，得到洋人的信任，成为代理商或参加商业股份，成为买办资产阶级。然后他们逐步敛集资金成为专职资本家，开办工厂企业。

华人为西方资本主义初期进入泰国做出了贡献，但泰国社会这时的资本主义工业化经济还没有较大进展，直到二战以后，特别是60年代，国家工业经济才逐步发展。华人是从1877—1927年间开始作小规模敛集资金，大约在1927—1947年间发展成为中等资本家的，1947年至今发展成为大资本家，大多数著名的资本家发展经历都是如此。如陈弼臣、李木川等都是由米商发展成为银行家的。

华人一方面为1857年之后大规模而来的资本主义制度的进入作了接受和发展的贡献，同时，资本主义进入泰国，也给华人发展经济提供了机会，泰国的华人随着资本主义在泰国的发展而发展成为资本家。

所以，泰国没有民族资本家，外侨资本家代替了民族资本家。除资本主义社会的发展给华人经济提供了发展的机会外，精明的经商战术也是华人成功的重要条件，主要有6个因素：(1)适应力强，能根据市场行情的变化制定自已的发展方向；(2)有良好的人际关系，以顾客为上，不斤斤计较，与当地权贵保持良好的关系；(3)谦虚、勤俭，有强烈的成就欲望；(4)注意培养接班人，送子孙到高校或国外学习，到其它公司实习等，保证家族的事业能稳步进展并有较大的发展；(5)讲究信誉，一诺千金，在同行华人之间忠厚老实；(6)传统观念牢固，重视伦理，互相帮助，互利互惠。

可以说，商业(零售业、批发和输出)基本都是华人经营的，工业和劳务业，华人经营的也不少，从60年代的统计数字发现，华人主要有7种职业，其中经商和金融业最多，占50.84%，其次为工业和手工业，最明显的是，华人任政府公务员和农业的最少，仅占0.2%和1.19%。1972年华人经营的公司多达12960家，注册资本1604.5万美元，但没有注册的商店还有很多，加上许多加入泰籍的华人已用泰人名义登记，所以从登记数字上得不到确切的统计。现在华人子弟担任公务员、教师、医生职业的人数逐渐多了起来，经济事业也得到了更大的发展，泰国国内最大的企业集团、十大公司、六家大商业银行多为华人家族集团。

华人经济的主要部门

(一)金融业。金融业是泰国经济的支柱，以陈弼臣(已故)家族、伍班超家族、李木川家族、郑午楼家族为首的四大华人金融财团对泰国经济有相当的影响力。在战后积极为泰国的进出口业务提供金融服务，对泰国对外贸易的发展发挥了巨大作用。

陈氏家族是泰国最大的私人企业集团之一，拥有200多家企业。盘谷银行是该集团的核心企业，是泰国及东南亚最大的商业银行，也是亚洲及世界的大银行之一，创办于1944年，当时资本总额仅400万铢，1994年12月，其资产已达9035万株，银行市值73.4亿美元。现有员工2万多人，分行356家，在亚洲及欧美等国或地区设有海外分行15多家。此外，陈氏家族的事业遍布各行各业，在泰国所控制或参股的公司超过150多家，在香港控制着亚洲金融集团，在台湾持有世华银行8%的股权，约值61.75亿台币。仅陈氏家族的私人投资及两家保险公司和两家房地产公司的总资产就约达50亿美元。至于整个家族的财富，其总值愈70亿美元。

伍氏家族拥有企业超过200家，主要企业是泰华农业银行，该行是泰国第三大银行，创建于1945年，目前在泰国及海外共有300多家分行，国内员工近2万人，1991年3月，该行总资产达2800.88亿铢，存款1586.06亿铢，纯利润21.63亿铢。此外，伍氏家族还参与暹罗水泥厂、玛叻沙隆酿酒厂、湄南堆栈及酒店等投资，仅家族控制的4家上市公司的总市值约79亿美元，估计伍氏家族的财富超过35亿美元。

李氏家族的主要企业是大城银行，它是泰国第五大银行，创建于1945年，1991年3月，总资产1317.33亿铢，存款总额达1127.03亿铢，年纯利润17.62亿铢。国内分行达246家。此外，李氏家族还直接或间接控制6家上市公司，包括暹罗面粉厂、大城堆栈、泰国广播电视有限公司及京都水泥厂等。估计家族财富约为25亿美元。

郑氏家族的主要企业是京华银行，创建于1950年，1991年资产总额达695.02亿铢，存款总额485.82亿铢，年纯利润1.43亿，有分行114家。郑氏家族的产业遍及各行各业，参与的各项事业公司180多家，尤其在酿酒、房地产等方面。估计其家族财富有20亿美元。

（二）农业及农副产品加工。以谢国民为首的卜蜂集团是泰国最大的跨国企业集团，该集团是一个农工贸结合的企业集团，以农牧工业为主，主要分为9大系统：农业工业、水产养殖、种籽及化工产品、外贸、房地产开发、服务业、石油化工、工业及机动车制造、电话及卫星通讯等。该企业创建于1921年，目前拥有200多家公司，遍布在中国大陆、香港、台湾、土耳其、印尼及泰国等13个国家和地区，该集团年营业额超过50亿美元，聘用员工8万多人。目前卜蜂集团的事业主要放在泰国和香港，通过香港的卜蜂集团控制在大陆、香港、印尼、土耳其等地的业务，目前该集团在大陆所设立的合资及独资企业超过90家，投入资金超过40亿美元。在泰国的公司主要有4家饲料公司、亚洲电讯和暹罗麦可等上市公司，总市值约110亿美元，谢氏家族至少占35亿美元。1093总资产已超过1000亿铢（约40亿美元），固定资产5亿美元，营业额20多亿美元。整个谢氏家族的财富超过60亿美元。

顺和成集团主席张锦程是泰国最大的大米出口商之一，也是泰国最大的木薯粉加工商和出口商。属下有多家碾米厂、糠油厂、薯粒厂、发电厂和碾米机械厂等、20多万莱桉树林、万吨级泊位码头及庞大的汽车运输队。集团年营业额超过300亿铢。除了农副产品加工及林业造纸外，他还投资于金融及房地产产业。他是盘谷银行的董事，估计其财富约15亿美元。

其他还有泰国最大的菠萝生产商和出口商陈德树，拥有10亿美元的财富。泰国玉米、大米、橡胶主要出口商胡玉麟，拥有10亿美元的财富。

（三）工业。泰国华人经营的工业范围遍及各个领域，并占其中较高的比例。例如在纺织和食品加工业中，华人企业约占全国总产值的60%，在金属及化工类产业中约占40%，而在电子和电器行业中也占30%。

李石成家族的泰兴集团是泰国较大的企业集团，经营范围较广，主要有钢铁、建筑、房地产、医院、酒店、国际贸易、运输业、工业制造、金融等，资产净值（不包括房地产）25亿美元。钢铁业是集团的核心业务，投资180亿铢的新钢管厂正在兴建中，所参股的伟成发钢铁工业公司已经投产。该集团还计划与日商合作，在泰国建立热轧钢厂等大工程。估计李石成家族的总财富55亿美元。

泰国酿酒大王苏旭明，控制了泰国威士忌的生产及销售，所持股权超过50%，并是多家银行的主要股东，是泰国首10名以内的富豪，估计财富超过30亿美元。

廖汉渲家族企业泰国石油化工集团，是泰国最大的石油化工产品生产商。其所属的泰国石油化工公司是泰国第七大公司，加上国泰金融证券公司及曼谷联合保险公司等，家族所控制的上市公司总市值达38亿美元。目前，泰石化集团正在泰国东南部兴建炼油厂，以发展石化上游工序和下游工业，新计划完成后，集团资产约增至800亿铢，而营业额估计可达400亿铢。此外，该集团还经营运输业、房地产、水泥业和发电事业。估计该家族财富约为25亿美元。

吴玉音、吴光伟姐弟经营的伟成发集团，是泰国最大的私营钢铁集团，共有43家公司，分属钢铁、金融、房地产、资讯及国际贸易5个部门，总资产约数千亿铢。目前，伟成发在泰国、香港共有3家上市公司，总市值15亿美元。家族还拥有大量的地皮，吴玉音被誉为泰国最大的地主之一，家族财富估计越40亿美元。

读信·秦那越（姓丘），是泰国最大的电脑及通讯商，拥有多项专营，是第一个把泰国带入卫星通讯时代的企业，集团在22家公司持股，其中光是5家上市公司的市值便达80亿美元，其个人财富估计超过25亿美元。

陈龙坚创办的暹罗集团，是泰国最大的汽车装配集团。其下属的暹罗吉普汽车有限公司创建于1975年，该公司组装和销售的日本汽车在全国占有相当大的比例。估计其财富约20亿美元。李景河控制的明泰集团也是泰国制造业中的皎皎者，1967年创办了泰国第一家电石厂，目前已是东南亚地区最大的电石厂。

纺织业中较著名的有林来荣控制的亚洲纤维公司，郑国平的曼谷工业服务公司等。

（四）商业。郑有英控制的中央集团，是泰国最大的百货业集团。集团控制的公司超过400家，主要的有50多家。经营范围有：除百货外，还有酒店、制造业、房地产、木业等。1994年该集团营业额为7.2亿美元，百货零售业占65%，该集团的百货业务，在泰国市场占有率为1/4，有百货店20多家，估计家族财富约为25亿美元。

李文祥控制的协成昌集团，共有200多家工厂。除零售业外，还经营批发业和制造业，成为产、销结合的商业王国。估计其家族财产23亿美元。陈如竹控制的协联集团也是泰国消费品工业的一个重要组成部分。

华人经济的特点及发展趋势

华人企业集团的迅速兴起，标志着战后泰国华人经济日趋走向成熟的阶段。其主要特点，有以下几个方面：

（一）以家族经营为核心，拥有各自的企业集团系统。尽管大多数企业集团普遍采取现代化资本主义股份公司的经营形式，但实际上均保留家族经营的方式，企业集团的领导核心及各层组织结构，均由家族成员和姻亲组成，企业集团的子公司的决策管理层，也由财团的家族成员担任，形成金字塔式的企业集团，从而牢牢控制家族企业的所有权和经营权。如卜蜂集团基本是由谢易初及谢少飞的后人共同持有。陈氏家族的事业也是由其子女和遗孀分别掌管，他们既是同一企业集团，每人又都有自己的事业。郑氏家族的中央集团，由郑氏兄弟26人掌管，而且家族规定分家不分产，每个家族成员都要求在家族生意内任职，按能力支薪。

（二）保持经营主体外，进一步扩大投资领域，广泛加强国内横向发展势头，产业资本与金融资本相结合。随着泰国工业化进程的加快，泰国的产业结构发生了很大的变化，新兴的制造业部门迅速发展，第三产业不断扩大，许多华人企业由最初的集中在某一领域的单一的经营转向多元化经营型企业集团方向发展。如卜蜂集团是经营农副产品发展起来的，但近年来，除农产品加工外，已向外贸、房地产开发、服务业、石油化工、电话及通讯卫星等其它领域扩展。盘谷银行除金融业外，触角也伸向纺织及塑胶等领域。而其它的一些大型的华人企业，如泰兴集团、泰石化集团、伟成发集团都成为跨行业、跨地区的特大型企业集团。

（三）私人企业集团的迅速兴起，得益于政府的经济政策，形成与国家资本相互渗透的经济关系。从60年代起，泰国政府制定经济发展计划，开始了工业化进程，其中有的政策对华人经济起到了保护和扶持的作用。如泰国四大金融集团的发展，即受到政府的特殊保护和扶持。战后初期，泰国的银行业发展很快，50年代后期，政府颁布了新的银行管理法令，严格控制新的银行开业，限定外国银行在境内设立分支机构，只准许业已成立的本国银行设立分支机构，这就促进了当时已初具规模的盘谷银行、泰华农业银行、大城银行和京华银行这四大华人银行的发展，使其能在国内金融市场迅速占据支配地位。他们同政界有密切的关系，在他们历任决策层中，均有政界的实力人物和财经官员参与。1952年泰国政府经济部门放弃筹建国家银行的计划，参股盘谷银行，最多时曾占总股份的60%，一度成为官商合一的银行，国家资金存于盘谷银行内，不仅增加了大量的运营资金，而且提高了银行的信誉和地位。

（四）进一步向国外扩展，积极开拓海外市场。从70年代，泰国调整了经济发展战略，即由进口替代型发展战略改变为出口导向型的发展方向。泰国政府通过税收、信贷等措施大力促进其国内企业向外发展，政府给予海外投资企业许多优惠政策，以促进本国跨国企业的发展。华人企业由于资金雄厚，海外商业网络较全，而较快地实行向国外投资的战略。特别是近些年来，中国对外改革开放、香港、台湾经济的起飞都给泰国的一些企业向海外发展提供了良好的机会，中国庞大的市场，对他们具有极大的吸引力。泰国华人是东南亚地区最早向中国投资的国家。卜蜂集团是目前泰国在国外投资规模最大跨国企业集团，也是在中国投资最大的外国企业集团。1989年该集团的全球营业额达50亿美元，跻身于世界500家大企业之列。泰国的银行还争相在中国设立金融分支机构。另外，他们还积极向东南亚其它国家及欧、美、印支等国家和地区发展。

总之，华人经济在泰国经济中占居重要的地位，并成为东南亚地区的一股重要的经济力量，必将对泰国的社会、经济发展及区域经济发展发挥越来越重要的作用。

缅甸华人经济概况

现代国际关系研究所　赵兴燕

缅甸现有华人华侨约150万人，占缅甸总人口的3%多。其中云南籍最多，约占华人华侨总数的80%；福建籍次之；其他还有来自广东、海南、四川、浙江、江苏、广西、湖南、贵州等省的。由于缅甸政府采取的华侨归化政策以及客观环境、生存、求职等的要求，在缅甸的华人基本上都已加入了缅籍。没有加入缅籍的不到10%，主要是些年长的老人。在缅甸的华侨华人主要从事商业和小型工业。随着缅甸改革开放的扩大和国内经济的发展，缅甸华侨华人在缅甸的社会经济发展中，将发挥越来越大的作用。

历史沿革

中缅友好渊源流长，从汉代起，就有中国人通过“南方陆上丝绸之路”和海上丝绸之路到过缅甸，但华人社会的形成始于明朝。据《西南夷风土记》记载，明朝时，已有大量来自中国广东、福建、四川的商人和手工业者，聚居在缅甸北部的八莫等地。清初在缅甸的华侨除从事商业和手工业外，还有大量华侨华人进入波隆银矿，18世纪初，波隆银矿进入全盛时期时，仅当地的华侨矿工就达二、三万人之多。19 世纪初，达到古代中缅贸易的高峰。中国东南沿海的广东、福建等省经常有船只到仰光进行贸易。在缅华侨华人为缅甸经济的开发和中缅友好关系的发展做出了巨大贡献。正是在这一时期，缅甸人开始称中国人为“胞波”，意为“同胞兄弟”。

1824 年第一次英缅战争爆发，缅甸沦为英国殖民地。为发展当地经济，英国采取了吸引外来劳动力的政策，大批华人涌入缅甸。到 1931 年全缅华侨人数已达到 19 万余人，其中约有 13 万位于经济发达的下缅甸。在这 19 万人之中，福建人最多，达 5 万人，其它依次为云南人、广东人和其它一些省份的人。到 1948 年缅甸独立时，华侨总人数已达 30 万。

大量进入缅甸的华侨，以从事商业为主。因为 19 世纪下半叶和 20 世纪初，是缅甸社会经济发生急剧变化的时代。商品农业发展，大量廉价工业品输入，但缅甸人从事工业和商业的人仍很少。而来自经济发达地区的福建、广东的华侨初到缅甸，为了谋生，不得不靠出卖劳动力或从事小商小贩为生，大多数则从事手工业和小商业，开设饭店、茶馆、杂货店等。滇侨虽以贫苦的劳动者为主，但在滇缅商道上从事贸易的也不少，特别是滇西的一些大商号都以云南为基地，在缅甸设有贸易货栈，从事滇缅贸易。这一时期，在缅甸也出现了一些有较大商业资本的华侨商人。1881 年，缅甸已有三家华人开设的碾米厂。到了 1936 年缅甸共有 663 家有碾米厂，其中有 101 家是华侨开办的，占碾米厂总数的 15.1%。但华侨开设的碾米厂规模都较小，平均每家工厂雇佣的工人仅 29 人。还有一些华侨投资锯木、榨油、酿酒、制药、五金等工业。到 1941 年，在缅甸 1028 家雇佣工人 20 人以上并且拥有动力设备的工厂中，有 197 家是华侨开设的，约占 19%。但由于受到英国垄断资本的压迫，华侨经营的工厂规模都很少，大部分自产自销。尽管如此，在经济落后的缅甸，华侨工商业在社会经济中所占的地位仅次于英国资本和印度资本。1927 年仰光出版的《缅甸名人录》中，有 27 个华人工商企业家被列为缅甸名人。他们中最为著名的是胡文虎先生，他所研制生产的“虎牌万金油”等中药，在 30 年代曾畅销世界各地。

政府政策对华侨经济的影响

1948 年缅甸独立后，缅甸政府对外侨采取了一些限制性的措施。1948 年缅甸政府先后颁布了《缅甸国籍法》、《外侨登记条例》和《不动产转让限制法》等法令，规定华侨没有选举权和被选举权，不能当政府公务员，不能把不动产赠予非缅籍子孙或售予非缅籍人，外汇未经事先申请核准不得汇出等。但总的来说，华侨在缅甸的处境还是比较好的，仍享有宗教信仰、结社、居留、经营工商业、从事贸易的自由。华侨经济在缅甸刚刚取得独立后百废待兴的经济中还得到了较大发展。根据 1962 年的资料，华侨所经营的工业占缅甸私营工业的 75%。华侨所经营的碾米厂、锯木业、针织业、制油业、制胶业、塑料业、肥皂业、饼干糖果业、香烟业、罐头业，在缅甸轻工业生产中占有举足轻重的地位。仅碾米厂就有 300 多家。在商业方面，华侨经营的大米、五金、百货、土产品等，仅仰光的昂山大街，就有数百家华人开设的百货商店。

1962 年到 1988 年，由于缅甸政府推行了闭关自守和极端民族主义政策，缅甸华人华侨经济受到很大打击，尤其是 1964 年至 1969 年间。1964 年缅甸开始大规模实行国有化运动，到 1965 年，华人和华侨经营的碾米、木材、塑料、针织、食品等行业的 700 多家工厂被收归国有，数千家商店和营业摊位被政府接收。许多华人华侨失业，一部分转向从事实际上是合法化的黑市活动，还有许多人远走香港、澳门、台湾、泰国、北美和西欧。

60年代末到70年代初，缅甸经济陷于极度困难时期，进入70年代后，政府放宽了对私营经济的限制，1973年，宣布允许私人投资制造业，年底又发出通知，宣布对收归国有的建筑物和企业给予赔偿。1977年又颁布了《私营企业权利法》。随着缅甸经济政策的放宽，华人华侨经济又有所恢复和发展。

80年代初，少数华人工商业者，已拥有数百万缅元的资本，按当时比价，相当于40多万美元。但一般的工商业者，只有数万或一二十万缅元的资本。至于大量的小摊贩，其资本多者三四万缅元，少者仅数千缅元。1988年以后，缅甸政府进一步放宽政策，允许私人在较大范围内经营加工制造业和商业，并允许私人经营对外贸易，缅甸的华人华侨经济活动比过去稍趋活跃，但和东南亚其它国家相比，缅甸华人华侨经济仍落后于东盟国家的华人经济。

华人华侨的分布

华人华侨散布于缅甸各地，但绝大多数都聚居在大城市和小城镇中。首都仰光、缅甸南部的勃固、毛淡棉、土瓦、勃生，缅甸北部的曼德勒、密支那、腊戍、景栋、八莫等城市中华人华侨尤为集中。

仰光　约有10多万华人华侨，是缅甸华人华侨最多的一个城市，大部分华侨来自广东、福建，也有来自海南、广西、江浙、云南等地的。多数从事商业，近年来还有一些从事对外贸易。也有一部分人经营小型工业，如塑料、橡胶制品、纺织、造纸、食品加工等行业。有的华侨已积累有百万缅币的资金。

毛淡棉　约有华人华侨8千人，来自福建、广东、广西、四川、云南等省，以福建籍居多。多数人从事商业，经营金银手饰、土特产、泰国货、开设饭店、茶点铺等，少数从事碾米等加工制造业，也有从事渔业和种植业等。

土瓦　约有华人华侨6千人，来自广东、福建、浙江、江苏、四川、云南等地，以广东和福建籍居多。从事的职业大部分为商业，包括经营百货和流动买卖，也有从事造船、航运、渔业和橡胶种植业的。

渺名　有华人华侨约4千至6千人，来自福建、广东、云南、湖南、四川、广西等地，以福建籍居多，大部分从事土产百货买卖的商业活动，也有开设碾米厂和榨油作坊的，这一带是缅甸的鱼米之乡，华人华侨一般也较富裕。

彬文那　有华人华侨3千至4千人，来自福建、广东、云南、江苏、浙江等省，以福建籍和广东籍居多。主要从事商业，经营土产、百货、布匹、食品，开设有饮食店、洗衣店、木材店和当铺等，也有从事碾米和制糖业的。

眉苗　现有华人华侨近6千人，以云南籍为主，其他省籍仅占少数。经营土产、百货、饮食业、运输业、畜牧业和农业。由于地理位置好，生活颇佳。

勃生　有华人华侨3万余人，来自福建、广东、云南、湖南等省，以福建籍居多。该地也是缅甸的鱼米之乡，华人华侨生活还不错。主要从事商业，经营大米、油、盐、鱼、木材、日用百货等，也有少数从事矿业、榨油和运输业。

卑谬　有华人华侨5千多人，来自福建、广东、云南、湖南、四川、广西等省，以福建籍居多。主要从事商业，经营土产、日用百货等，也有经营运输业的。

密铁拉　有华人华侨6千多人，来自福建、广东、云南、江苏、浙江等省。主要经营土产、百货、运输。

丹老　有华人华侨4千多人，来自福建、广东、江西、浙江和贵州。主要从事渔业、橡胶和运输业，还有经营百货、泰国货等，由于泰国货多由此进入缅甸，所以生活尚佳。

当阳　有华人华侨2万多人，来自云南、福建、广东、江苏、浙江、四川、湖北、湖南、广西等省，以云南籍居多。多数做小买卖，经营茶叶、土产、日用百货、食品等，也有在当地从事农业或马帮运输的。地处边境，受战乱影响，生活欠佳。

景栋　与云南和泰国、老挝等地接近，因此商业较为发达。现在华人华侨近8千人，多数来自云南，从事商业贸易，经营洋货、土产。

东枝　地处缅、滇、泰、老接壤处，商业发达，约有华人华侨1万多人，来自云南、广东、福建、江苏、浙江、四川、广西等省，以云南籍居多。主要从事商业贸易，经营土特产品和日用百货，也有从事饮食业和运输业的。

八莫　有华人华侨3千至5千人，大部分是云南籍，主要从事商业。经营土产、百货、中国货、饮食业和运输业。

曼德勒　为缅甸第二大城市，也是第二个华人华侨最多的城市，有华人华侨7万多人。来自云南、广东、福建、四川、江西、台湾、江苏、浙江等省，以云南籍居多，占40%左右。从事商业和服务业为主，开设有饮食店、糕饼店、百货店、酒楼等，经营土产和进口商品。80年代以来，经营中国商品的华人华侨店铺越来越多，规模越来越大。也有少数从事小型加工制造业和运输业的，华侨职业性的组织、商会较多。

密支那　有华人华侨1万多人，来自云南、广东、福建、四川、贵州、广西、江苏、浙江等省，以云南籍居多。但由于此地处于克钦邦，多年来受克钦独立军与缅甸政府军斗争不断，经济发展大受影响，华人华侨处境不佳。主要从事商业贸易，经营土产、洋货、杂货，也有从事玉石、宝石业和马帮运输业的。

腊戍　有华人华侨3万多人，来自云南、广东、福建、湖南、四川、江苏、浙江、贵州等省，以云南籍居多。腊戍华人华侨的经济生活，多年来受缅北不稳定的局势和战乱的影响，不太景气。随着地方武装与缅甸政府的和解，经济有所发展。现在大多数华人华侨从事商业贸易，经营土产、杂货、洋货，中国货是侨商经营的重要商品。也有从事饮食业、旅馆业和运输业的。

垒固　有华人华侨约1千人，来自广东、福建、云南、广西等省，以广东籍居多。大多从事商业和服务业，经营土产、洋货、杂货、布匹、糖果等，也有开设洗衣店的。虽地处山区，但靠近泰国，生活比较富裕。

九谷　有华人华侨7千多人，以云南籍为主。主要经营土产、百货、运输、农业和家庭手工业。生活尚佳。

大其力　现有华人华侨2千多人，云南籍为主，其次为广东和福建籍。经营泰国货、百货、土产出口和运输业。生活尚可维持。

华人华侨的行业分布

在缅华人华侨主要从事的是商业、工业、农业和渔业，华人资本主要停留在商业领域，加工制造业中仅限于一些小型企业，连中型的都很少，技术水平也较低，具体情况如下：

商业和服务业　这是缅甸华人华侨从事的最主要的也是最多的行业，但大部分都属小本经营，近年规模有所扩大。

餐馆饭店业　缅甸允许私人营业后，福州籍人、潮州籍人和云南籍人经营餐饮业的较多，中国菜主要是广东菜和云南菜在缅甸较受欢迎，目前在缅甸至少有500家饭馆，仅仰光就有近100家，资本最多为七、八百万缅元，最少也有八九十万缅元，一般营业情况都较好。近年也有人尝试开设一些高档餐馆，如华裔文锡茂开设的Svencuphot，设备完善，服务周到，为当地高级人士常去的应酬场所。它引导着侨营餐馆向改善设施、增加服务方面发展。

小食店　遍布缅甸大小城市，自从缅甸政府禁止在路边摆小摊以来，原华人华侨经营的路边小吃摊改为在巷内经营，现仅仰光就有小食店六、七百家。也有一些小食店是由在华人店内学得手艺的缅甸人经营。主要供应米线、面条、包子、油条、春卷、肉粥、粽子等中式食品，价廉味美，颇受欢迎。

旅馆业　自从缅甸政府允许私人经营小型工商业后，仰光及各地城市商旅往来日见增多，带动了旅馆业的发展。但由于高档的和大规模的旅馆都是国营，因此，华人只能开设一些小型旅店，有的兼设小商店。估计现有500多家，资本多者有七、八百万缅元，少者有八、九万缅元。

杂货业　这是华人华侨经营的传统行业，经营日用百货和食品杂货，在缅甸各城市都有华人华侨开设的杂货铺，全缅甸约有7千多家。随着经济逐步搞活，杂货店生意日渐兴隆，有的店主的资本已达1千多万缅元，少者也有五、六十万缅元。

布匹及成衣　早期以销售布匹为主，近年来增加了成衣销售份量，有的已专营成衣，现有约6千多家，最多资本为八、九百万缅元，最少为七、八十万缅元。

药店　包括中西药店，现在已有数百家，其中在仰光和曼德勒的药店，中西药品种类较多，规模也大。中药一般由云南、泰国和香港进入，西药则大多由外国输入。有的药店资本已达数十万、上百万缅元。

金店及宝石店　缅甸经营金银业及宝石业者，以往多由印度人和巴基斯坦侨民经营，现华侨华人经营金业的也有300多家。但由于近年金价暴涨，影响金融，缅甸政府对金店控制较严。

贸易业　近几年发展较快，主要经营滇缅边境贸易，或与其他国家的海路贸易，仰光有华人经营的“瑞缅玛国际贸易有限公司”等较大规模的对外贸易公司。

游乐场　缅甸人喜欢娱乐，近年经济搞活后，人民生活水平有所提高，娱乐业也得到较大发展。目前较大规模的游乐场都由政府经营，但华人华侨经营的小型游乐场也已有数十家。

航运业　缅甸沿海和内陆江河都利于水运，虽大规模航运都由政府控制，但华人经营航运业的不少，大约有500多家。有的航运公司已颇具规模，资本已达数上千余万缅元，少的也有数十万缅元。

运输业　在仰光、曼德勒等大中城市，都有华人经营的汽车运输业，包括仰光市内和来往于内地各城市的大型、小型运输汽车以及出租车，车主多自行驾驶或雇缅甸人驾驶，获利颇多。在边远城镇，还有搞马帮运输的，但由于有可能遇到牲口死亡、匪徒抢劫等意外事件，所以风险较大。现在也出现了一些用人力背货代替骡马运输的人。

工业　缅甸华人华侨经营的工业，70年代以来逐步有所发展。80年代初，华人经营的碾米厂、榨油厂、食品工厂、织布厂、塑料厂、电器修理厂等各类小型加工厂，已达1000多家，但规模都较小。

食品加工业　这是缅甸华人华侨经营最多的加工业，现大小已增至4000多家，但大多数规模较少，资本多者可达七、八百万缅元，一般为四、五十万缅元。主要生产面包、糕点、中式食品等。

家用电器业　随着缅甸城市中使用家用电器的日渐增多，电器业也有所发展。现在华人经营的小型电器加工厂或兼营修理业的已有数十家。

机械业　缅甸政府允许私营小工业以来，各类机器需求迫切，但由于靠外汇输入困难，因此，多在当地制造，或从外国购买价廉的旧机器，维修后使用。因此，华人华侨经营的机械业生意很好，但大多仍属小型工厂，以加工、制造零配件和手工工具以及修理为主，设备较落后。

橡胶制品业　主要集中在仰光等缅甸南部城市，在仰光二、三十家，著名的有“奈宇树胶厂”和“温树胶和塑料拖鞋胶厂”等。产品范围包括日用品、建筑材料等，销路颇广，很有发展前途。

纺织业　60年代以来缅甸国营纺织工业发展较快，设备也较先进。现在华人华侨经营的只是一些小型纺织厂，产品仅供当地消费。资本多者有八、九百万缅元，少者有七、八十万缅元。

制鞋业　缅甸制鞋业多由福建籍侨胞经营。缅甸属热带，因此拖鞋销路很好，又因缅甸塑料成本低，营业情况颇佳。

裁缝业　随着生活水平的提高，人们衣着的讲究，华人华侨在缅甸经营裁缝业的不少，其中大多为梅县籍人和福州籍人，仅仰光华人华侨经营的裁缝店，以及成衣在市场中出售的就有七、八百处，有的还开有裁缝班。华人经营的裁缝店不仅对剪裁男女西装独有专长，也精于缝制缅甸男女服装。据说，许多缅甸政府高级官员也喜欢到华人裁缝店定做服装。

造纸业　多属家庭经营，因其设备简单，又属手工操作，所以经营此行业的华侨华人较多，现仰光市有50多家。

乐器及玩具业　现华人华侨经营乐器及玩具者，约一百多家，具有规模者，每家至少有资本四百多万缅元，少者为八、九万缅元。由于此业为密集型工业，而缅甸劳动力充足，工资低廉，所以在国际市场上富有竞争力，不难发展成为外销型产业。

其他工业　如制革、造纸、玻璃制造等业也有所发展，仰光有晨光造纸厂、庆志玻璃厂和仰光漂染厂等华人开办的小型工厂，产品仅供当地市场。

农业和渔业　缅甸为农业国家，农业和渔业资源丰富，最初，有不少华人华侨在缅从事渔业和农业。现仍有少数华人华侨从事农业和渔业，约有四百多家，如橡胶种植和捕鱼等，但技术落后，操作方法陈旧。由于人口增加，市场需求增多，经营此业的还是很有发展前途。

菲律宾华人经济概况

现代国际关系研究所　吴秀慧

菲律宾华人经济自60年代中期，尤其在70至80年代随着当地经济迅速增长，有了很大发展。华人经济是菲律宾经济的重要组成部分。菲律宾华人资本占菲律宾资本总额约10％至20％。菲律宾华人的经济活动有以下几个特点。

(一)菲律宾华人企业集团同东盟其它国家（文莱除外）华人企业集团及其核心人物相比，菲律宾华人经济实力相对较为弱小。据1995年6月《资本家》发表的资料，大多数菲律宾华人企业集团核心人物的个人财产最多的估计45亿美元，最少的1亿美元。在菲律宾华人富豪排名第一的郑周敏个人资产估计45亿美元；第二的陈永栽个人资产估计40亿美元；第三的吴奕辉个人资产估计25亿美元；第四和第五的郑少坚和施至成估计各有22亿美元；第六和第七的杨应琳和吴天恩估计各有12亿美元；姚祖烈和吴宇宙估计各有3亿美元；施嘉骅估计2.5亿美元；叶应禄和郭马利亚诺估计各有2亿美元；曾文雄估计1.5亿美元；吕希宗和钟福华估计各有1亿美元。从1992年印尼《经济新闻周刊》发表的东盟国家最大企业家财富名列次序来看，菲律宾华人企业集团的经济实力比不上东盟其它国家华人企业集团的势力。菲律宾华人企业集团的财富均在第25位至50位之间。

(二)菲律宾华人经济的传统基石是零售商业，战后受菲律宾化法律的影响，政府实施的以工业化为中心的经济发展战略，政策引导，菲律宾华人资本向产业资本或工业资本转移。特别是通过和外国企业的合作，掌握了现代技术和经济管理知识，更加快了华人资本向现代产业资本演化，使一批华人企业集团在不少工业部门占有一席之地。如吴奕辉，1950年从宿务到马尼拉创业，起初经营碎布料、成衣和面粉的进出口买卖生意。1954年创办环球玉米制品公司，后易名为环球罗宾娜公司。接着又创建综合食品公司，从商业领域转到制造业领域。他现控制的J. G. 高峰控股公司是菲律宾最大的企业之一，又是菲律宾10大上市公司之一，1994年12月公司市值15.49亿美元，吴持股70%。1994年2月他收购菲律宾最大石油公司之一的东方石油矿物公司并持股73%，还出任该公司主席。

(三)在菲律宾华人企业集团经营的多元化企业中，金融、保险和房地产等第三产业投资的增多是较突出的。

在金融方面，菲律宾华人在20年代就创办了中兴银行，但20年后只有与国民党官僚资本合资创办的第二家银行—交通银行。而1945年以来菲律宾华人通过自己创办或收购、参股等形式到70年代末就有11家银行。1994年菲律宾华人商业银行在整个菲律宾商业银行占的份额无论在总资产、流动资产、总贷款、总存款和资本方面均有所增长。比1993年增幅达3%至5%。新的华人商业银行施至成的金融银行和吴天恩的东西银行加入了商业银行体系。东西银行1994年8月开业，金融银行1994年9月从储蓄银行改为商业银行。菲律宾的商业银行增至34家，其中国内私人商业银行占28家，外国商业银行4家，政府商业银行2家，华人资本占一半以上的商业银行增至12家。

统计资料表明，华人商业银行的总资产在商业银行体系所占分额虽继续略有增长，但流动资产和存款方面却略有下降。大量华人资金涌往房地产。另一方面由于贷款利率相应下降，华人商业银行的总贷款在整个商业银行体系中所占分额继续增长，而幅度超过1%(相当于40多亿比索)，华人银行和资产额略有增长主要是贷款额的增加所致。这也可能是有众多的华商银行借款购置或投资房地产的反映。

菲律宾现有华资商业银行12家：郑少坚的首都银行，杨应琳的中华（原名黎刹）银行，陈永栽的联盟银行，李大军的中兴银行，吴宇宙的建南银行、信安银行，高祖儒的交通银行，叶应禄的菲律宾信托银行，施至成的金融银行，施嘉骅家族的菲律宾银行，李永年的第一（原名大东）银行和吴天恩的东西银行。上述12家银行总资产为3594亿比索，占菲律宾银行总资产31.8%；流动资产总额1023.3亿比索，占菲律宾银行流动资产的29.9%；贷款总额2141.8亿比索，占菲律宾银行贷款总额33.5%；存款总额2483.4亿比索，占菲律宾银行存款总额32.8%；资本总额451.7亿比索，占菲律宾银行资本总额33.08%。其中首都银行是菲律宾10大上市公司之一，在上市公司中排第七，1995年6月总资产1261.6亿比索，流动资产400.3亿比索，总贷款712.3亿比索，总存款816.2亿比索，资本148.1亿比索，上交税款8.23亿比索。该行在洛杉矶、旧金山、台北、高雄、北京、上海、深圳均有分行。

此外，除上述菲律宾华人控制或拥有多数股权的华人银行外，有华人企业家或企业集团参股的其他银行或金融公司也不少。吴奕辉在菲律宾第五大商业银行持股28%，在远东银行和菲律宾工商银行各持股 18.9%和 19.16%；施至成除拥有金融储蓄银行 57%股权外，在远东银行、中兴银行各有 6.6%和 20%股权，并是中兴银行和国家银行最大股东。叶应禄在菲律宾信托银行持股 60%，并从 1978 年起出任该行董事长。吴天恩的东西银行属商业银行，1995 年 6 月总资产 13.1 亿比索，流动资产 10.4 亿比索，总贷款额为 1.8 亿比索，总存款额为 4.3 亿比索，资本 8.1 亿比索。1994 年底在上市银行中菲律宾华人银行有首都银行、菲律宾银行、远东银行、菲律宾信托银行和中兴银行 5 家银行。

在保险业方面，至 1991 年底，菲律宾华人保险公司已有 23 家，占菲律宾保险公司总数的 16%，保险市场的 40%。其中最大的保险集团属杨应琳的中华保险集团，通过该集团，他持有投资屋公司 42.5%股权，1995 年 3 月底公司市值为 19.51 亿比索。

房地产是菲律宾华人企业集团多元化经营中比较新兴的产业部门。该部门 70 年代兴起，中期以后大多数菲律宾华人加入菲律宾国籍。他们有购置土地的资格。菲华人购置地产创业越来越多，随着 70 年代后菲律宾政府执行出口工业化政策，增强了菲对外经济活动，扩大了城市建设和各项基础设施，华人企业家竞相介入房地产业。据统计，华人创办的房地产公司约 500 家。菲华人企业集团的发迹与土地、房地产开发有关。郑周敏就是以土地开发致富的，目前在菲律宾和台湾拥有大量土地，在马尼拉湾畔的黄金海岸占地 173 公顷，投资 180 亿美元。郑少坚拥有 5 家房地产公司，兴建的豪华大厦超过 10 座，并发展高档住宅区。吴天恩的菲人投资公司 1993 年与其地产业务合并，成立菲律宾土地投资有限公司，上市总资产 54 亿比索，1995 年 6 月公司市值为 132.87 亿比索，他持股 70%，现有土地储备 1000 公顷。吴奕辉 1980 年成立的罗宾逊置地公司，现为菲律宾四大上市地产公司之一，该公司在宿务开设大型商场。现又进军住宅建设。

（四）菲律宾华人在原有零售商业基础上发展了一批现代化商业群体，出现了商业的超级市场化、综合化和连锁化。战后菲华人经济活动从商业领域转到工业领域的同时，也通过采取现代化的经营方式在商业中保持相当重要的地位，商业仍然是华人经济活动的重要组成部分。一批华人企业集团经营的百货零售商业先后走上了超级市场化、综合化和连锁化的道路。马利亚诺经营的水银药房公司，1993 年是菲律宾第 14 大公司，为菲最大的药品零售连锁店，其控股公司是水银公司集团，1993 年该集团资产为 15.9 亿比索，有 14 家附属公司。他收购经营杂货店的热带茅屋食品公司，扩充为超级市场，增设快餐店与便利店，把经营药房方法移到经营超级市场。姚祖烈以绿野投资公司拆资开发大马尼拉的 34 万平方米的土地为商业区和购买中心，吴奕辉的罗宾逊公司的马尼拉城中酒店旁盖了百货公司，现有 5 家分店，1991 年又兴建规模庞大的、豪华的罗宾逊商业中心。施至成的鞋市百货商场更是菲律宾华商百货零售商业走向超级市场化、综合化、连锁化的典型。1945 他年先在马尼拉开“鞋庄”，70 年代在马兴蒂金融中心建造第一家鞋市大商场，由此开始向百货业发展，不断扩建分店，建立购物商场，业务不断向多样化发展。他经营的商品从原来的鞋类扩展到一切零售商品，并设有电器、五金、家庭用品、服装、精品、汽车零件、戏院、娱乐园、室内运动、快餐、餐馆、美容专业化商店，成为货物齐全的零售服务网。其鞋市集团现有购物商场 6 个。在各商场内共有 42 家电影院，是菲律宾最大的电影院集团。其中大马尼拉区奎松市的超巨型购物商场平时每天有顾客约 30 万人，周末，假日有 50 万人光顾。目前鞋市集团年营业额约 3 亿美元，占菲律宾百货市场营业额的 45%。1994 年 12 月其鞋氏控股公司上市值为20.7亿美元。

（五）战后菲华人商业资本在转化为产业资本的同时，也向多元化发展。如陈永栽集团是多元化企业，除经营其支柱企业福川烟厂外，还经营酒厂、农场、银行、旅馆、房地产、炼钢厂、航空运输等。其福川烟厂占菲律宾香烟市场的64%，年收入估计200亿比索；其亚洲酿酒厂是菲律宾第二啤酒厂；其联盟银行在12家华人银行中排名第二。再如杨应琳集团以保险业为其支柱产业，其中华保险公司是集团旗帜，该公司市值为19.51亿比索，属下有制造、能源、食品、建筑、地产、金融、保险、服务、贸易等公司。他还在棉纺厂、中华商业银行、苏比克电厂、4个香蕉园各持股10%、30%、20%、50%；在2个蟹场、4家建筑地产公司各持100%股权。他现任亚洲腾龙公司董事长，负责扩建马尼拉国际机场。

（六）战后经过半世纪苦心经营，菲华人企业集团经济实力有了很大发展，一些华人企业集团跨国投资经营逐步增强。陈永栽企业集团在亚洲、美洲、大洋洲建立多个地区性发展中心。他从80年代起先后在香港投资建福川贸易公司、新联财务公司和裕景房地产公司。他的联盟银行增设国外分行，1981年收购美国的海洋银行；在巴布亚新几内亚开办烟叶和薄荷种植园、畜牧场，后又投资工业，开办炼铁厂和轧钢厂；在关岛建大型商场和休闲中心；并拥有垄断市场的面包厂；在加拿大也开设地毯厂、炼钢厂、面包店和药房。

菲华人企业集团跨国投资原因是多方面的。一些较有实力的企业集团是为了扩大经济规模，寻求新的投资领域，新的生产据点。但更多的是由于菲国内投资环境较差，政治社会动荡。70年代中期前菲华人经济活动受到菲化政策的制约。80年代初菲发生政治、经济危机。1986年2月马科斯政府倒台，科拉松执政后又发生7次未遂政变，社会治安恶化。同时菲律宾基础设施建设滞后，缺电严重，投资硬环境欠佳，80年代以来菲律宾经济发展落后于东盟其它国家，经济增长率低，市场购买力低下。这些因素迫使一部分华人企业集团不得不到国外寻求发展。

（七）菲华人企业集团在经营管理上有所改进，但仍是封闭性的。战后特别是70年代以来，他们为适应世界经济发展的新形势，逐渐改进企业的经营方式，组织股份公司，公开发行股票，罗致专业人才，所有权与经营权分离等，均有一定发展。郑少坚的首都银行，自1962年以来，行长一直由菲律宾专业人才担任，现任行长普拉西多·马帕就是菲律宾人，长期在银行工作，还担任过国际货币基金组织执行董事。其他24位高级行政人员中菲律宾人占17位。在分行经理一级中，除华人外，有的也由菲律宾人担任。但从总的来看，华人企业集团不同程度仍是家族式封闭型企业的经营方式，如郑周敏、吴奕辉、施嘉骅、吕希宗等，其所有权和经营权统一集中在集团家族手中。1994年12月菲律宾10大上市公司中，华人企业集团总市值47.67亿美元，占10大上市公司总市值的14.19%。

美国华人经济概况

现代国际关系研究所 谷文艳

美国华人情况简介

美国是一个移民国家。目前居住在美国的华侨和华人总数居西半球各国之首。

从1785年华人第一次踏上美国国土起，已有200多年的历史。

19世纪40年代，大量"契约华工"移美，主要从事淘金、筑路等工作，为开发美国西部做出过积极的贡献。但他们的业绩却被1882年美国国会通过的"排华法案"一笔勾销，并严格限制中国人移民美国。一直到1943年底，罗斯福总统才取消了这个法案，但对中国人移民美国仍实行"配额限制"，每年只允许105名中国人移民美国，大大低于其他国家。60年代的美国民权运动，逐渐放宽对移民的限制，1965年美国国会通过了约翰逊总统颁布的"补充移民国际法案"。该法案给予中国人每年移美2万名的名额，使华人有了增加向美国移民数额的可能。1972年尼克松总统访华和随后的中美建交，使中国大陆移民美国人数明显增加。

在美华人除主要来自中国大陆外，台、港、澳地区以及东南亚也是美国华人的主要来源。1981年底美国给台湾每年向美移民2万名的名额，1990年美国的新移民法，把从香港移民美国的配额从每年的5000名增至1万名，并另外为美国企业的香港职工留出1.2万个签证名额。

到90年代初，预计每年至少有大约5万名中国人移居美国。据1990年美联邦政府人口统计局所公布的全美人口普查统计数字显示，1990年美人口总数249632692，其中华人1645472，占美人口总数的0.65%。在美104个少数民族中居第19位，在770万亚裔居民中居首位。比1950年美华人人数117629人，1960年237292人，1970年435062人和1980年806027人有明显增加。而且美国人口普查统计中所指的华人，是包括美国境内已加入美国国籍、已取得永久居留权以及未取得居留身份的所有华人，但由于在调查过程中难以避免的疏漏和差错、语言沟通困难造成的问题以及部分华人对人口普查心存疑虑而有意规避，普查所得华人人数还有一些出入。专家估计，漏列华人人数将近5%。

在美华人的分布，从地区上看，以西部地区较为集中，约86.2万人，占全美华人的52.4%，仅加州就集中了70万人之多；其次是美东北部地区，约44.5万人，占全美华人总数的27%，其中28.4万人在纽约；南部和中西部则分别集中了美华人的12.4%即20.4万人和8.1%即13.5万人。从各州的情况看，在美华人以加利福尼亚州最为集中，截止到1990年为744850人，集中着全美华人的45%。接下来三个较大的聚集地是旧金山、洛杉矶和纽约。

在美华人已有77%获得美国国籍，其余23%，则作为侨民居留美国。从年龄结构上看，15岁以下者占30%，15—60岁者占60%，60岁以上者为10%。

随着在美华人人数的增加，华人地位也有了不少提高。当然，美国华人还面临着不少困难，但他们正以前所未有的活力迈入一个争取实现多目标的新时代。华人社区已打破固步自封，不断向外扩展。他们开始与美国社会各界特别是亚裔进行广泛交流。在一些地方，华人同亚裔等民族开始混居同一社区，打破了原来单一的华裔聚居区的界限。他们团结自强，反对种族歧视，争取华人权益，以及鼓励华人积极参政等。

美国华人经济的发展变化

美国华人经济的发展变化主要表现在两个方面：一是华人社会经济的发展变化；二是在华人参与美国经济方面的进展。

长期以来，餐馆业和成衣业是美国华人社会的两大经济支柱。1989年，全美共有华人餐馆16000多家，投入资本约20亿美元；华人成衣工厂2000多家，从业人员达10万人以上。随着文化素质和经济水平的提高，华人在企业管理、金融、科技、教育、医药、法律、建筑设计等行业也不断崛起，华人经济的产业结构已发生巨大变化，从以商业为主的结构转变为以中小企业为主的多元化经济结构。

美国大约有7000多家杂货贸易商行是由华商经营的，总资本约50亿美元。华人房地产业由于港台及东南亚华裔不断购置住宅与工商用房而欣欣向荣，投入资金已达100多亿美元。华人金融业也颇具实力。80年代以后，香港华资银行相继在美国设立分行，自港台和东南亚移居美国的华人则带来了大量资本，甚至超过美国原有华人社区经营的资本，加上美国华人实业界也大量投资于金融业，使得华人在美金融实力大为增强。华人在全美各地开设的银行已近70家，控制金额达70亿美元左右。在纽约名列前100家的银行中，华资银行占有4家。这些华资银行已成为推动华人社区经济前进的有力杠杆。华人在美国金融界的地位也不断得到提高。例如，1993年10月华裔孙心莹女士被任命为“美国证券交易所亚太事务执行董事”，成为美国所有证券交易所历史上迄今唯一的华裔执行董事，而且还缔造了所有证券交易所历史上第一个专门的亚太事务部门，纽约市最有权威的商报CARINE把她评为1993年度40名40岁以下的“上升中的企业家新星”之一，也是其中唯一的亚裔。

尤为值得注意的是异军突起的高科技产业已成为华人经济的支柱之一。经过多年的努力，华人已在美创立了数百家高科技公司，在美高科技产业已占有一席之地。在硅谷就集结着2万多名华人工程师和400多家华人创办的高技术公司。如制造个人电脑的Everex Systems、制造数据存储磁盘的Komag、制造终端机和电脑的Wysechology、制造打印机的Qume以及为其他公司装配产品并获政府颁发的马尔科姆·鲍德里奇质量奖的Solectron等。这些企业发挥自己在科技领域的特长，透过投资渠道把技术转化为资本，并已取得较好的成绩。其中成绩最为卓著的是AST公司（即虹志电脑公司）和“国际伙伴电脑公司”。AST公司是全球著名的高性能全系列微机系统和外部设备的设计及制造商黄虹，同三位美籍华人一起，以1.2万美元创办的跨国计算机企业。该公司经过10年的努力，不断发展壮大，1993年7月，在美个人电脑排行榜上已居第8位，在美国工业排行榜上已被列为第367位，在500家大型工业企业的盈利排行榜上也进入前20家发展最快的企业之列。当年美权威的《福布斯》杂志将该公司评为业绩最佳的公司。由王嘉廉任总经理的“国际电脑伙伴公司”目前拥有4500名职工，在全球22个国家设有分公司。该公司在个人电脑的销售量上已居世界领先地位，每年的营业额超过10亿美元，年总收入达9亿美元。该公司有1000名电脑程序设计师，自行设计的产品超过任何一家公司。

华人经济的发展壮大已使美华人经济地位明显提高。自1986年起美国华人的经济地位已跃居除犹太人外的全美其他少数民族之上，遥遥领先于日裔、朝鲜裔等。据当年美国商业部的一份调查报告显示，全美华裔企业年总收入超过61亿美元，比日裔企业的27亿美元、朝鲜裔的企业26亿美元均高出一倍以上。一批华人企业家在美国经济界享有一定的声望，如曾名列“美国十大富豪”之一的“电脑大王”王安，华人银行家蔡志勇、应行久、黄仲元、梁淑仪以及华人企业家王嘉廉、刘立、杨雪兰、张雯、谭仲英、曾超群等。

华人在参与美国经济上的进展则主要体现在就业结构的变化。早期移居美国的华人，不是为谋生就是为避难，大多来自农村和小城镇，在美靠“三把刀”即菜刀、剪刀、剃头刀打天下，或充当仆役。二次大战后，移居美国的华人大多来自城市，主要是到美国留学深造的知识分子及与美国人通婚后的“亲属移民”。50年代以后，到美国的中国留学生或知识分子，每年至少有3万人。新移民中的知识分子增多，使得华人在美国白领阶层职业中人数大为增加。他们纷纷进入各专业性工作领域，从事在其父辈看来是高不可攀的职业。据统计，在美华人有46%的男性和25%的女性担任教授、律师、医生、工程师、公司经理和政府官员；20%的男性和26%的女性担任工交技术员、护士、中小学教员。美国机械工程学会中12个分会主席中，华人占了半数；美国电脑科研中心有上千名华人，他们在19个部级主任中占了12席；参加阿波罗登月工程的华人工程师和专家有1400多人，占参加这项工程技术人员总数的1/3。

就业结构的变化，使华人生活水平有了很大的提高，过中等生活的华人已占很大比例，他们的平均收入高于同类白人家庭的12%，失业率也比一般美国人低得多，生活在贫困线以下的人中，华人占的比例也是极少的。

美国华人的受教育水平和科技成就

早期移居美国的华侨文化程度都比较低，甚至是文盲，他们深受知识水平低下之苦，所以对下一代的教育都倍加重视。出生在美国的第二、第三代华裔一般都受过较好的教育。据统计，51%的土生华裔持有大学文凭。战后移居美国的华裔新移民又多为技术性移民，他们当中持有较高学历、具备专业技能和工商行政管理经验、英文较好的人士所占比例大为增加。目前按人口计算，华人在美国受教育的比例是最高的。最近的一则统计表明，20—24岁的青年当中，进入大学或研究所就读的白人占该年龄组白人总人数的25%，黑人占20%，华人却高达65%。华人中受过四年大学教育的占34%，比其余美国人多一倍多，一般美国人中受过四年大学教育的仅占16%。华裔受教育的平均年限为12.4年，较美国人平均年限12.2年稍多，高居美国各民族之首。华人血统的学生在美国给予外国人的所有科学和工程博士学位中占1/3。在每年一度颁发给全美中学生的最高奖——美“西屋科学奖”中，华裔学生年年均有相当大的比例。如1986年第45届的40名获奖人中，华裔占9个，1991年第50届的前10名获奖者中有4人是华裔学生。

随着美国华人受教育程度的提高和职业领域的不断扩大，他们在美国教育界、科技界开始占有较为突出的地位。目前，在全美80多所大学和各类科研机构里，有华人学者10多万；在美国现有3000多所大专院校里，几乎每所都有华人任教，其中知名学者有2000多人；美国著名大学有1/3的系主任由华人担任。

美国华人在科技领域的突出成就，也已引起美国和国际科技界的注意和重视。在美国现有12万世界一流的科学家和工程师中，有3万多是华人。成立于1863年的美国国家科学院是美国科学技术发展的总参谋部，成为其院士是美国科学家的最高荣誉之一。美国国家科学院自建院迄今已有院士1800多人，其中华人院士有25人。在这25位华人院士中，既有老一辈的著名科学家，也有中青年后起之秀。他们是四位诺贝尔奖得主杨振宁、李政道、丁肇中、李远哲；美国物理学会首任女会长、因设计验证宇称不守恒定律而享誉世界的吴健雄博士；发明避孕丸和被誉为“人工受精”之父的张民觉博士；圣地亚哥大学生物医学工程教授、著名心肺血管研究专家冯之桢博士；曾任美国数学协会副主席的陈省身教授；国际最高数学奖——费尔兹奖获得者丘成桐，他是该奖设立40多年来第一位华裔获得者；在集成光纤方面开拓新领域的贝尔实验室研究员田炳耕博士；在拓扑转化酶中有重要发现的哈佛大学分子生物系教授王倬；建筑大师贝聿铭，桥梁结构大师林同炎以及旧金山加州大学教授简悦华、柏克莱加州大学工学院院长葛守仁等。此外，林家翘、梅强中、林颖珠、朱经武、朱棣文、毛河光、卓以和、李雅达、杨发祥、钱泽南、徐遐生、沈式平、吴家玮、高锟等也都是蜚声国际的一流科学家和工程师。

美国华人在科技上的杰出成就也得到了美国政府的承认。1986年3月12日，杨振宁、林同炎和李远哲在白宫接受了里根总统颁发的美国政府奖励卓越科学家的最高奖——“国家科学技术奖”。1986年7月3日，在庆祝“自由女神像”落成100周年纪念活动的开幕式上，贝聿铭和王安同另外10名美国公民一起接受了里根总统颁发的最高荣誉奖之一“自由奖章”。1993年9月贝尔实验室半导体研究室主任卓以和因发明“分子束外延”技术获得美国总统克林顿颁授的“国家科学技术奖”。1994年11月，美国富兰克林研究所将1994—1995年度全美奖金最高的“鲍威尔奖”奖给了杨振宁。此外，以华裔科学家赖世耀博士为主的陶氏化工公司5人小组，由于发明新一代高效能塑料，对社会生活和环境保护作出了突出贡献，获得1994年度的“国家年度发明人奖”。

目前在美国一些著名的企业、大公司、研究中心和太空中心的专家学者中，华人约占30—50%。其中特别值得一提的是华人在美国太空领域的突出贡献。例如仅在位于休斯顿郊区的美国最具知名度的太空中心之一——詹森太空中心及其周围的私营机构工作的华人科学家就有300多人。他们之中除了已飞向太空轨道的张福林、王赣骏、陈翔、焦中立之外，其他华人太空科学家在征服太空的壮举中也扮演了十分重要的角色。众口皆碑的是唐鑫源博士，他已在太空城渡过了33个春秋，获得过1500种专利。不久前太空中心所在的德克萨斯州还授予他海军荣誉上将军衔。他发明了质地轻软、不变形、不腐烂、不燃烧的“贝它太空衣”。在美国1989年庆祝登月20周年的纪念活动中，他被选入“太空科技名人堂”，1991年获得美国太空署颁发的“太空实践奖”。此外，还有一大批中年华裔太空科学家，在太空城中都有突出表现。如任职于喷射推进实验室的周天来，荣获1993年美国太空总署颁发的特殊工程成就奖，得到这一殊荣的当年只有两人。1994年，李杰信博士被美国太空总署任命为该署发明贡献委员会委员，成为该委员会成立36年来的首位华裔委员。

美国华人不仅在科学研究、工程技术等领域表现出了杰出的才能，而且也在以更加积极的方式培养科技人才。目前在美国各大学和科研机构中华人任职人数都比较多。1990年在全美各大学任教的外国教授共46479人，其中华人最多，为9110人，占总人数的19.6%。在美国高等学府和科研机构担任重要职务的华人有：原美国白宫科技政策办公室副主任王佑曾、现加州大学伯克利分校校长田长霖。1994年，在硅谷的腹地，由华人创办的第一座培养高科技人才的高等学府——国际科技大学——于8月29日开学。该校是经加州政府注册的一所不营利的高科技研究院，培养电机工程、电脑与软件工程及应用数学三个领域的硕士和博士人才，向学术界及工业界、尤其是面向硅谷地区的高科技工业界输送优秀人才，以适应21世纪社会对高科技人才的需要。

特别值得一提的还有，1978年中国实行改革开放政策之后，从大陆到美国留学人员大部分已经渡过了艰难的谋生阶段，已逐步进入各种各样的工作岗位，其中的佼佼者已崛起在不同的行业中。例如，1993年，在洛杉矶加州大学做助理教授仅2年的姜弘文由于“在美国固体物理研究领域有突出贡献的青年物理学家”获得了美国物理学界极负盛名的“威·麦克米兰奖”，成为自1986年以来获奖的唯一的亚裔人，1994年便被提升为终身教授。1985年由中科院上海技术物理研究所赴美深造的严晓海博士，由于在“包括研究、教学和管理在内的各项学术努力方面具备了领导的潜能”而获得1994年度的“总统奖”。

华人在美国的科技水平和地位仅次于犹太人，居其他少数民族之上。

美国华人的社会观念

美国华人有第一代移民和第二、第三代华裔之分。

第一代移民大多来自大陆、香港、台湾以及东南亚各地，他们大多以华语为第一语言。早期，他们到美后大多是辛苦地熬上数年，积蓄点钱财，便想着告老还乡，不愿骨埋异国。而如今，尤其是近10多年来，这些早期移居美国的老华人，大部分已加入美国国籍。他们在中国的家眷纷纷移美，很多家庭在美国已是儿孙满堂，在中国却只有“空头户口”，他们虽仍有思乡之情，但“树高万丈，叶落归根”的传统观念已经大为淡化。

新去美国的华人移民随着实际生活的需要以及家庭结构的变化，归根故土的观念更为淡薄。由香港、台湾移居美国的华人更是一踏上美国国土，便千方百计设法适应当地环境，要落地生根。从台湾去的留学生，绝大多数是留而不归，近30年来，去美国留学的5万多人，90%以上留在了美国。

出生在美国的第二、第三代华裔生来就有美国国籍，英语是他们的第一语言，教育、生活习惯、行为方式几乎完全西化，祖籍观念更加淡漠。

总之，如果说第一、第二代华人具有强烈的“叶落归根”观念，那么到本世纪30、40年代，即美国华人的第三、第四代的观念已开始变为在美“落地生根”。近年来，越来越多的美国华人，特别是有学识的美国华人认为：“中国人应有胆略和勇气作为世界公民”。这反映了美国华人决心在美长期定居、传宗接代的演变趋势。

美国华人的参政情况

从总体上讲，美国华人参政意识不强。这也是为什么尽管华人在美国经济上的作用重要，其政治影响不大的原因。在联邦的参众两院中有日裔、韩裔和菲律宾裔议员却没有华裔议员。这意味着华裔缺乏自己的代言人，至今尚得不到主流社会的承认。所以华人要融入主流社会，不仅要在经济方面和科技方面谋求发展，还必须尽量扩大影响，提高参政意识和参政能力。

当然华人参政意识不强有一定的历史和文化等原因。早期的华人移民，长期备受欺凌，在美国生活异常艰苦，只希望赚钱得以温饱，对政治漠不关心。而苛刻的美国移民法规和种族歧视政策，又使华人根本没有资格参与美国政治。

二次大战结束初期，美国华人更多的是固守传统，谋求自家的生存发展，或者等待有朝一日衣锦还乡，参政意识仍非常淡薄。

60年代美国民权运动兴起，美国少数民族的族裔意识和参政意识受到鼓励，华人的参政意识同样得到增强。他们逐渐认识到身居美国社会，要消除人家的歧视，保障自身的平等社会地位和权益，单靠经济支持而没有政治后盾，是难以达到此目的的，而且没有政治作支持的经济也是不牢固的；参政是美国制度下取得权利的合法途径，也是华人在美“落地生根”的根本保证，华人应该在美国政坛上有自己的代言人。

但到70年代中期，华裔在美国参政中取得的成绩远远不如日裔。主要原因是：(1)传统观念赋予华人的“乐于从命”、“安分守己”的思想根深蒂固，一时间还不善于以适应美国社会的各种方式来争取应得的权益；(2)华人群体内部长期以来不讲团结，各派政见上的分歧和宗派利益的冲突，妨碍了协作配合。

随着美国华人人口的不断增加，经济实力的增强和文化程度的提高，80年代以后，华人参政意识逐渐得到加强，参政的能力也有所提高，在政治上正逐步显示出自己的力量。表现在：(1)华人社区组织从传统的宗教和地域团体，逐渐发展为政治性的组织。例如，1983年10月15日，在洛杉矶成立了华人第一个政治行动委员会；同年11月12日，在华盛顿成立“全美华人选民联盟”；1990年6月29日，美国最大的华人组织“美华协会”同加州“美华参政协会”等5个华人团体结盟；1991年6月20日，贝聿铭、马友友、李政道、田长霖等华裔名流组成“百人委员会”，旨在为华人发言。另外，全美的中华公所和传统乡亲会、宗亲会等地方团组也纷纷成立办公室，在选举中专门负责动员华人参加登记和投票工作。有组织的竞选使华人在美国政治上成为一个有竞争潜力的团体。(2)华人的团结精神大大增强。例如，1982年6月，华裔陈果仁惨遭白人杀害后，全美华人社区的华人几乎都动员起来，最终迫使美地方法院对凶手定罪；1982年华人吴仙标竞选特拉华州副州长，不仅得到本州华人的支持，也得到其他州华人的募款支持而获得成功，从而进一步唤起了华人争取平等权利的自觉性，也使华人看到了团结的重要性。(3)华人参政人数明显增加。80年代，美国华人虽仍没有一人进入国会，但在地方政坛上崭露头角的已经增加。除了吴仙标竞选副州长成功之外，在州、市、县等地方选举中，出现了州务卿、州级法官、市长、市议员和县议员等；同时有越来越多的华人“才俊之士”出任政府公职，为华人参政打下了良好的基础。

进入90年代，美国华人参政意识大大增强，参政信心十足，参政行动颇为人称道，且参政前景看好。1990年是美国华人参政的“丰收年”，在参政人数多、层面广、官阶高、妇女突出等方面都是往年不能比拟的。这一年布什总统又委任了20多位华人出任联邦要职，使得布什上任两年内被任命的华人总数达36人之多，远远超过里根总统任职8年间不到10名华人被任命的数目，占整个亚裔被任命人数的一半以上。被布什总统委任的华人包括美国交通部副部长赵小兰（1991年被任命为美国和平队队长）、驻尼伯尔大使张之香、国务部助理部长朱大为、联邦航运委员会委员徐敏、国家科学委员会委员沈式平、总统人事助理邝朝贾、移民总局助理局长丁景安、联邦贸易委员会委员姚青云等，还有4名直接向总统提供报告和咨询的总统委员会委员以及联邦一些部、署的高级主管等。在1990年美国中期选举中，全美各地共有25位华人参加各级公职竞选，其中有16人当选，当选比率达69%，当选的有加州州务卿余江月桂、内华达州州务卿刘美莲、以及华盛顿州众议员王敬励、骆家辉等，至此“华人已不再是一盘散沙，而是一个不容轻视的团结整体”，表明“华人不单能在工商、科技和教育领域出人头地，更是堪当国家重任的领袖人选”（吴仙标语）。吴仙标等华人还表示，有意向国会进军，角逐众议员席位。

目前，华人参政的途径有二：一是个人直接参加竞选；二是通过民主、共和两党的委任达到参政的目的。但无论采取哪 条途径，竞选者个人都要从基层做起，利用一切机会参与社区活动，为社会服务，提高自己的知名度并拿出一份优秀的成绩单，达到“认识别人，推销自己”的目标。尽管如此，有待解决的问题仍不少，如美国的种族歧视依然存在，华人与其他少数民族仍受到不平等的对待；华人依然欠缺精诚团结的精神和强有力的统一的全国性参政组织；华人投票率仍然很低，只占华人适龄选民的 35.2%；华人缺乏同其他少数民族、特别是与亚裔团体和组织的合作等，因此，华人要达到真正的平等，取得应有的权益，还有相当一段路程要走。

1994 年美国华人的发展变化

专家估计，截止到 1994 年末，美国华人人数已超过 200 万。因为 1990 年美人口普查时美华人人数已达 164.5 万，此后 4 年美华人增加更为迅速，仅美国每年分配给中国大陆、香港以及台湾的移民配额就达 10 万，仅此一项将新增加约 40 万，两者相加已达到甚至超过 200 万人。华人经济正成为一股不可忽视的力量。

（一）美国华人经济喜忧参半

1994 年美国经济已进入持续稳定增长时期，经济增长率达 4.1%，成为进入 90 年代后经济状况最好的年份。表现在：预算赤字削减超过预期、从半导体、钢铁至汽车各行各业都呈健康增长之势、公司获利增加、就业状况有所改善、出口继续保持强劲势头、恢复了世界竞争力第一的地位等。同时，美国经济中仍存在着一些短期和长期的问题。如经济增长与收入脱钩、收入差距扩大、“无业复苏”没有从根本上得到缓解、经常项目逆差继续扩大、美元疲软、金融市场混乱等。1994 年美国经济依然是喜忧参半的一年。

受美国经济的影响，1994 年，美国华人经济同样也是喜忧参半。喜的一面是：

1. 美华人购屋置业增加。进入 90 年代美国经济的衰退使美国地产业不景气，华人投资地产者亦被祸及。1994 年上半年，由于美国经济出现复苏景象，人们投资房地产的信心或购屋自住的能力增强，同时贷款利率尚低，房屋市场价格仍未劲扬，加上香港华裔大手笔投资美国房地产和大陆驻美中资机构购下几宗大房产的刺激，美国华人乘机购屋置业。据报道，加州 1994 年第一季度华人购屋比 1993 年同期增加 23%，亚特兰大华人购屋率也比 1993 年同期增加 20—30%。

2. 美华资银行经营状况良好。1994 年美国华资银行存款未见减少，倒闭更少。原因是，美国华人各行各业相对稳定，失业人数有所减少，且华人勤劳节俭好储蓄，比较相信华资银行、或因英语问题或身份问题不愿到一般美国银行开设帐户。据一名华资银行负责人说，近年来大陆成了世界上最热门、最具吸引力的投资场所，港台资金流向美国的数量减少，美国华人也有部分资金流向大陆。

3. 美华人社区生意兴隆。美国各地的华埠是第一代美国华人移民的聚居区，是华人的主要消费市场，其价格低廉吸引了不少其他族裔的顾客。美国各地华埠商店一家连着一家，商场摊位很少空置，进入华埠可见顾客盈门，生意兴隆。纽约华埠是海外华人最主要的聚居地之一，近年来随着港、台、大陆和其他地区华人移民美国人数的增加，抵达纽约的华人也相应增加，纽约华埠开始膨胀。因纽约华埠西边有隧道，南边有市政府大楼，它的发展方向只能向北，日渐扩大的华埠逐渐逼近东边的犹太区。

纽约华埠随着港、台、大陆新移民和新资金的涌入，华埠经济显得更活跃、更多元化。华埠以往盛行的传统的蓝领行业如餐馆、衣厂、菜果店、杂货店、洗衣店，而近年来白领行业逐渐增多，包括银行、旅馆、公寓楼、旅行社、药房、贸易公司、出版社、印刷厂、证券投资公司、诊所、律师楼、会计师楼、电脑公司等。

华人经济发展趋势虽然喜人，但由于竞争日烈，价格战和削价风四起，商业房租日涨，致使许多企业、商号利润微薄，有的甚至无利可图，难以维持。在这方面，餐馆和衣厂尤甚。在美国各地，特别是华埠，华人餐馆比比皆是，尽管华人餐馆越办越多，其风光却已是昨日黄花。据报道，仅纽约就有1200家华人餐馆，休斯顿有800家，亚特兰大有450家，其中仅1/3赢利，1/3持平，还有1/3亏本。美国华人衣厂则普遍开工不足，厂方屡屡压低工资，衣厂工人更是有苦难言。

（二）美国华人政治影响不断扩大

1994年美国华人的政治影响扩大突出表现在美国中期选举中。

由于美国的选举制度有其自身的特点，即竞选人能否获得成功取决于选民的支持。此次中期选举中，其他族裔的美国人在竞选议员、州长等职时，都比较重视华人的力量。他们有的到华埠召开记者招待会、举办竞选筹款活动或作礼节性拜访；有的利用华人媒体宣传自己的政治主张，扩大在华人中的政治影响，争取华人的支持。例如中期选举中问鼎马里兰州州长的七位候选人中，主动寻求华人支持的就有该州现任副州长史坦伯、现任国会议员班特利等四人。这些州长候选人均十分重视倾听华人选民的意见，并通过华人侨界领袖，向华人选民公布他们的政见。纽约州州长在初选过程中，就两度来到华埠，又是发表施政纲领，又是许诺，又是筹款，甚至一些国会议员也频繁莅临华埠。在1994年的中期选举中，选票机和选票上还首次出现中文，不少投票站前有华语服务，甚至连选举材料上也印上中英文两种语言。这说明华人的政治力量在逐步壮大，它已大到让主流社会不能视而不见的地步了。

同时，华人在此次中期选举中出面角逐政府公职的人数增加。曾于四年前通过竞选获得内华达州州务卿职位的刘美莲，出面竞选该州州长职位，尽管在初选中失利，但她是华人有史以来唯一的竞选州长的人。出面角逐1994年中期选举的华人政治家还有：旧金山湾区前总统布什遴选委员会共同主席张家瑜问鼎国会议员；角逐旧金山参议员的邓式美；竞选加州众议员的张嘉珍；竞选加州财务长的邝杰灵；竞选加州阿罕布拉市议员的关林和竞选该市学区委员会的黄赵企晨；竞选马里兰州参议员的杨黄丽英和竞选该州蒙郡教委委员的张孟琦以及竞选华盛顿联邦路市法官的李丽燕等，共有几十人。

经过三个月的角逐，美国中期选举在11月8日降下帷幕。从选举结果看，华人竞选成果虽未尽人意，但这次各级公职竞选参加的人数之多、层面之广，是值得华人引以为荣的；参选者与助选者所付出的努力和代价也是值得骄傲的。据不完全统计，最后获胜者计有：加州财务长邝杰灵；阿罕布拉市教委黄赵企晨；旧金山市参议员邓式美；金山湾区圣克拉拉郡教委贺宗宁；马里兰州蒙郡教委张孟琦；华盛顿州法官周英熊、刘玲玲等。此外，方以伟、黄松铮、郑国明等也在竞选公职中获胜。这些华人的杰出代表已经迈出了华人走向政治舞台的第一步，而华人在主流社会地位的提高则需要全体华人的共同不懈努力。

可喜的是在此次竞选中，从华人投票和义务参加助选的积极性来看，已比以往大为提高，仅纽约市就出动了300多位华人译员，这表明华人的参政意识已大为增强。

（三）美国华人社会对大陆态度转变

由于历史原因，美国华人社会中亲中国

大陆的力量一直很弱，1994年竟出现了重大变化。突出表现为：

1. 纽约一些华人社团和工商界人士与中国领馆的关系改善，交际增多。例如具有120年历史的旧金山湾区著名社团萃胜工商总会在中国建国45周年前夕，首次挂出五星红旗；旧金山中华总会馆及其属下的7大社团，首次设宴欢迎中国历任驻旧金山五位总领事；纽约各界华人和中国留学生9月25日首次举行庆祝中国国庆的大规模游行。

2. 不少华人对到大陆投资经商兴趣日浓，每逢大陆招商团举行座谈会，华人皆踊跃参加，详细了解大陆的招商项目以及有关的政策规定。一些民运分子或是参加过民运活动的停止了对中共的攻击，开始返回大陆寻找发财的机会；不少来自台湾和香港的华人也放弃对大陆的偏见，动身前往大陆，有的已独资或与人合资经商，有的则正在考察准备投资项目。

当然，造成这些变化的原因是多方面的。首先是近年来中国社会内部相对稳定，经济发展迅速，成长速度令世人瞩目；继续对外开放，以优惠政策吸引海外投资；且中国地广人多，市场需求大，劳动力便宜，是个极具发展潜力的场所。其次是西方国家，特别是美国开始转变对中国的态度，美不仅停止自“六·四”以来对中国的封锁，而且在宣布将人权问题与贸易问题脱钩的同时，让中国继续享有贸易最惠国待遇；美国商务部长布朗还亲率一些大企业领袖到中国寻找商业合作机会，签订贸易协定。此外，海峡两岸关系也正趋于缓和、改善和发展。所有这些因素都是造成1994年美华人对中国大陆的态度发生转变的原因。

由此可见，1994年美华人社会在经济及对大陆态度所经历的一些发展变化，不仅与美国社会的发展变化有关，而且与中国的稳定发展、中美关系的变化及大陆与台湾两岸关系的改善和发展紧密相关。

加拿大华人经济概况

现代国际关系研究所　谷文艳

加拿大华人移民简史

（一）金矿热成为华人移民的起点

若从1788年华人到达加拿大算起，至今已有200多年的历史，当时密勒斯船长从澳门、广州雇用华人木匠、舵工、水手66人前往加拿大西部的诺达港工作，但是这批华工的下落却无案可查，所以一般人谈起加拿大华侨历史，皆以1858年加拿大卑诗省（不列颠哥伦比亚省）的弗雷塞河发现金矿为起点。

金矿热潮引来大批华人，开启了华人在加拿大生根落叶的时代。第一批华侨是于1858年6月28日由美国的三藩市乘船抵达加拿大的维多利亚港，然后前往矿区从事淘金事业。此后不断有华工前来，最多时曾达5000-6000人，占土著之外卑斯省总人口的1/5。

然而，弗雷塞河的金矿热潮非常短暂，1866年已开始消退，但因开发金矿形成的第一个华人社区却继续发展。当时的华人矿工虽然远离家乡，但他们的生活习惯却是百分之百的中国化，衣食日用，完全是一派汉家风范。这种独特的生活习惯，自然促成华人杂货业的应运而生，对华侨社会的诞生及早期华人经济的确立都具有一定的催化作用。

据载，到1862年金矿业的全盛时期，在卑斯省金矿首府百加委路，已有华人商店16家。

在弗雷塞金矿热潮衰退后，温哥华的煤矿业则逐渐兴起，一部分华工开始从事煤矿业，华人杂货店开始为这些人供应生活用品，华人经济继续得到发展。但是，由于从事煤矿业的华工愿意接受较低廉的工资，引起白人劳工的不满，从此排华气氛就慢慢形成，歧视华人的制度开始成型。

（二）太平洋铁路的修建是一里程碑

在加拿大华侨史上，1880—1884年加拿大太平洋铁路的兴建是一个里程碑，对加拿大华人社会而言，有划时代的意义。这条绵延3800多公里的铁路，东起哈里发克斯，西至温哥华，仍是目前北美最长的铁路。其中，洛基山脉以西的一段，地势险峻，促涧急流，华人铁路工人为修建此段铁路付出了惨重的代价。华工多被派从事爆破山口、修筑桥梁的危险工作，但收入非常微薄。一个普通工人，整日辛劳，月收入也不过40几元，同时还有大量华工惨死，约占华工总人数的1/10。但是，这条铁路的兴建带来的大量华工，刺激了早期华侨社会的经济发展，使铁路沿线陆续产生许多新的华人社区。修筑铁路的4年间，共有17000多华工抵达加拿大，其中，直接参与铁路建设的华工就有6500人，其余则从事商业、洗衣、煮食、理发或其他与铁路工人有关的服务业，加华人经济初具雏型。同时也为加拿大今后的经济繁荣作出了伟大的贡献。加拿大政府为此在那里立碑纪念。

（三）限制性法规导致的停滞

就在铁路建成后的1884年7月，加拿大联邦政府设立了一个皇家委员会，对中国移民问题进行系统调查。1885年委员会发表了有关华人的《第一次皇家委员会调查报告书》。接着国会通过中国移民法案，对入境华人每人征收50加元的“人头税”，成为加联邦政府歧视华人的开始，从此结束了华人自由入境的时期。

为限制华人入境，1900年加联邦政府又设立了东亚移民调查委员会，接着发表了《第二次皇家调查报告》，联邦政府将对华人征收的人头税由50加元提高到100加元，到1904年，进一步增为500加元。

人头税尽管节节提高，但对华人的限制作用仍不大。1923年加拿大国会再次通过全面禁止华人的法案。法案的细则共43条，被华人称为“43苛例”。在该法案实施期间，能够进入加拿大的华人仅限于领事及其随员、正式商人(开设餐馆及洗衣店的商人除外)和攻读大学的留学生。已经住在加拿大的华人，如要离境，最多以两年为限，逾期则不得重返加拿大。该法案使来加华人人数明显减少，整个华人社会停滞不前。据加拿大人口统计资料显示，1931年全加尚有华人46，519人，但到1941年，全加华人总数却减至34，627人。同时，该法案的实施使得绝大多数华人只好孤苦零仃，不上不下的“卡”在加拿大，只有少数收入较丰的华人可以返乡娶妻生子，从而导致加拿大华人社会不正常的阳盛阴衰。

二战以后，情况终于有所改变。1947年5月加拿大废除了“43苛例”，有关华人移民的政策也逐步放宽，但华人在移民上仍没有真正享受平等地位。

60年代则成为加拿大华人历史上的一个重要分水岭。1962年1月19日，加拿大国会通过了新移民法案，增设了独立移民的类别，即只要有一技之长、受过教育、通晓英语或法语，具有适应加拿大生活的能力，并能获得移民官核准，就可以移民加拿大;1967年加移民法中又正式加入“点数制度”——即采用计分方法，对所有移民一视同仁进行审核的制度。从此一批批年富力强、学有专长的华人，自世界各地移居加拿大，从根本上改变了华人社会的原有结构，香港资金的大量流入，更为华人带来了一种新的经营观念，华人经济和社会都为之大变，加拿大华人社会从此进入一个崭新的时代。

近期加拿大华人的特点

（一）全加人口增长最快的族裔

加拿大国土辽阔居世界第二，人口却相对比较稀少，出生率也偏低，平均每年人口自然增长率不到0.3%，加拿大人口增长主要靠移民的增加，加拿大每年所接纳的移民人数，保持在全国总人口的1%左右。从较长时期看，除个别时期外，（如19世纪50年代大举招雇华工筑路开矿），历来主要依靠来自英法和其他欧洲国家的白种人移民，但近年来华裔移民不断增加，成为全加人口增长最快的族裔。

据联邦公民及移民部的统计资料显示，1985年加拿大接纳了移民8.4万人，1988年增加1倍到16万人，1990年以来则保持在每年20万到25万人的水平。其中来源亚太裔所占的比重节节攀升，已超过每年移民的半数，而亚太裔中又以华人为最多。据该部不久前公布的统计数字显示，1994年的前10个月，加拿大共接纳移民19万多人，其中华裔（包括中国大陆和港台三地区，而未含东南亚各地的印支难民中的华裔）有5.5万人，占总数的29%。

据专家估算，到1994年底，加拿大全国人口约2800万人，其中华裔将达到71万，占总人口的2.5%，在所有各族裔中，仅次于英、法两大主流族裔以及意裔、德裔而居第五位。

加拿大每5年举行一次人口普查，其余各年份则以上次人口普查的结果为基准，加上人口自然增长（出生人数减去死亡人数）和移民累计人数得出的。据联邦当局所公布的最近一次普查（1991年）结果，全加人口为2729.6万人，其中华裔58.6万人，占总数的2.2%，比前一次普查（1986年）增多了18万人。在两次普查期间，华裔人口（包括原有的华裔及新近在加出生的华裔和新移民）平均每年递增3.6万人。但近3年来，由于移民人数激增，华裔人口实际年增额已逾4万人。加拿大历年所公布的人口普查资料显示，从1981年到1991年的10年间，加拿大总人口增加了10%，同期华裔人口却增加了整整一倍，其增幅领先各族裔。

加拿大华人在分布上相对比较集中，多住在多伦多、温哥华、蒙特利尔等大城市。这些城市里都有华人聚居的“华埠”，也称“唐人街”或“中国城”，成为当地的一个旅游点。据统计，在经济最发达的东部安大略省，在全加最大的城市大多伦多的400万居民中，华裔有28万人，占当地总人口的7%。西部太平洋沿岸最重要的省份不列颠哥伦比亚省340万人口中有华裔31.5万人，占总数约9.2%，大多数聚集在温哥华一带。在全国排名第三的温哥华市170万居民中，据估计有华裔19万人，占总数的11%。

其他城市也都有不少华裔聚居。如在魁北克省的全加第二大城市蒙特利尔，华裔居民估计不下5万人。在卡吉利和爱明顿两城市，分别有华裔3万多人。温尼辟、沙士通和维多利亚三城市的华裔居民都在1万人以上。

华语已成为英法两种官方语言以外，使用人数最多的第三大语种。

（二）港人移入名列前茅

加拿大近10年来所接纳的华人移民中，若按其来源地区分，香港来的人数一直名列前茅。据联邦公民及移民部的统计资料，1986年加拿大接纳了5900名香港移民，在全球各地区中名列第四；1987年来自香港的移民突增至1.6万人，一跃而居第一，而且从此稳居榜首；到1994年10月底已达3.89万人，估计全年约有4万人。综合上述统计数字，加拿大10年来共接纳了18万香港移民。香港新移民和祖籍广东的老华侨和来自大陆的土生华裔，合计已占全加华裔总人口的 80%以上。

台湾移民过去一向以美国为首选目标，从 70 年代起才有较多的转向加拿大。80 年代逐渐扩大到每年千人以上的规模；近几年则增长的更为迅速，已进入加拿大移民排行榜的前 10 名。据加拿大驻台贸易办事处透露，1992 年台湾有 7000 人移民加拿大，1993 年增加到 9600 人，首次超过了当年台湾移民美国的人数。1994 年 10 月底，据加拿大联邦公民及移民部的统计，已接纳台湾移民 6600 人，全年可能突破 1 万人。渥太华移民问题专家估计，加拿大历年所接纳的台湾移民累计已达 8 万人左右。

新一波中国大陆移民加拿大在“文革”后才起步，可是增势直追海峡对岸，成为后起之秀。据加拿大联邦公民及移民部的资料，1986 年中国大陆的移民有 2000 人，1990 年竟达 1.1 万人，1991 年更创 1.3 万人的新高峰，接着两年也都过万，1994 年 10 月底，已有 9700 人，估计全年当在 1.1 万人左右。综合上述统计数字，加拿大近 10 年共接纳 6.9 万中国大陆移民，已接近不同时期所接纳的台湾移民总人数。

（三）政策改变影响华人移民潮

1993 年加拿大政府开始调整移民政策，以应付新移民所引起的种种问题，1994 年 11 月，联邦公民及移民部部长马尔基公布了加拿大未来 5 年的新移民政策，将 1995 年度的移民配额由过去的平均每年 25 万人降为 19—20.5 万人（10 年来首次调低），并调整了各类别移民配额的比例，其中经济类移民将增加到 7—8 万人（估计约占配额的 35—40%），家庭团聚（依亲）类移民则缩减到 8.6—9 万人（从原来占总配额的 51%降为 45%以下）。1995 年初，联邦财政部长麦田还宣布，加拿大将大幅度增收申请移民、永久居留身份和公民权的申请费，并说此举将为政府增加 1.7 亿加元的收益。

加拿大政府一连串移民政策的新变动，诚然适用于所有各地区来的移民，然而首当其冲的势必是人数最多的华裔移民。

加拿大华人的经济、教育等情况

（一）经济情况

长期以来，加拿大华人经济主要集中在餐饮、服务性行业。在加拿大的中国城里，不仅商店的招牌上有中文，而且路标、邮局、银行、医院和警察局等的牌子上也有中文。所以一到了中国城就宛如到了香港或广州的街道上。中国城的一大特点就是中国餐厅多。“正宗粤菜”、“地道川菜”、“湖南风味”、“上海小吃”，琳琅满目，鳞次栉比。

80 年代中期以来，尤其是 1988 年加拿大修订移民政策，放宽依亲类移民和专业移民的申请条件，招徕投资移民和企业移民，导致加拿大华人商业移民和专业移民增加。统计数字表明，近 10 年来，移入加拿大的华裔新移民为 30 多万，其中近 10 万人是年富力强的商人、专业人员、技术人员和勤奋的劳动者。他们的到来为加拿大注入了上百亿加元的资金，加上近年来海外华人在加拿大投资的增长，为衰退中的加拿大经济和老化的人口结构注入了新的活力，同时，也使加拿大华人经济和社区面貌为之大变。加拿大华人经济结构已由过去较为单一的服务性行业向多元化转换。

加拿大的华人资金主要有两种形式，一是大公司投资，以香港大公司投资为主。80 年代中期，香港大公司每年注入加拿大的资金约 1.7 亿美元，1986 年已增至 4.26 亿美元，1988 年为 9.67 亿美元，1990 年进一步增至 12.61 亿美元，已占加拿大来自亚太资金的 15%。从 1983—1990 年，加拿大来亚太的资金增长了 3 倍，而来自香港的资金却增长了 8 倍。同期，来自台湾资金累计也已达 100 亿元新台币，折合为 5.5 亿加元。此外，大陆大公司在加拿大也有一部分投资。二是移民带来的直接投资。1985年被批准的华人商业移民是6481人，占华人移民的7.7%，1987年这一比例上升为11.07%，1989年为17.56%，1990年为18.45%，1991年略有减少，占16.95%，但也远高于80年代中期所占的比例。商业移民的增加，使加拿大华人资金进一步增加。

华人资金的注入使得华人在加拿大购屋置业成为可能。到1993年，在温哥华地区，包括香港在内的亚洲投资者控制了该地区约25%的商业不动产。尤其值得一提的是，到1991年，大陆有17家进出口公司、5家不动产公司、5家运输和旅游公司(包括中国航空公司)及其他产业在内的31家大公司在加拿大的哥伦比亚特区开展了业务。

1980—1990年间，加拿大华人资金的增加使得加拿大小型的家庭零售业逐渐为华人公司投资所取代，特别在食品零售业。

加拿大华人资金的增加也使华人经济中资本、技术密集型产业开始有一定程度的发展。

（二）华人受教育的情况

加拿大华人具有保持中国传统文化的美德。在华人聚居的地区内一般都有中文报纸和学校，有的大城市里还有中文电台和电视台。华人都愿意送自己的子女上中文学校。这在加拿大可不是一件容易的事，因为中文学校一般都是在中、小学上课以外的时间里上课，有的中文学校离家很远，需要家长开车接送孩子。在冬天风雪的加拿大，这可是个苦差使。然而，华人家长为了让下一代保留和发扬中华文化，乐于任劳任怨。

华人的平均受教育程度已名列加拿大全国之首，且华人在加拿大的学术和专业领域内表现突出，成绩显著，如多伦多大学的麦道华教授，被加拿大学术界认为是最有希望获得诺贝尔奖的“学术之星”。近20年，华人文化在加拿大社会中也受到普遍重视，华人社会地位明显提高。1980年加拿大议会甚至专门通过决议，表彰华人对加拿大社会所作的贡献。

（三）华人参政的情况

60年代以后，大批才俊华人新移民的移入及在较合理环境下土生华裔的成长，使得华裔在各行各业中都开始有出类拔萃的表现。例如，1984年世运会的体操金牌得主冯丽明，他曾被加拿大选为体坛的风云人物。还有其他杰出华人，在社会上都颇受人瞩目。他们不仅赢得了个人荣誉，同时也提升了加拿大华人的地位。

华人地位的提高使得华人参政议政明显增加，并出现了郑天华、李侨栋两位国会议员，在省议员中出现过阿尔伯他省的胡建华、安大略省的黄景培，市议员方面，多伦多先后有刘光英、张金仪，温哥华则有余宏荣、黄月娥，此外，卑诗省锦禄市还出过一名华裔市长吴彼得。除此之外，小城镇的议员、市长，次级的民选职位，如教育委员、公园管理委员会等，更是多不胜数。

1988年9月9日，林思齐宣誓就任卑诗省省督，成为加拿大有史以来第一位华人省督。这是代表英女皇的省内最高荣誉职务。

近期加拿大华人参政的最大突破是，知道加入加拿大当地的政党以及掌握地方党部的重要性，并且懂得如何以群体的力量去进行政治活动。多伦多的保守党华人党部以及自由党华人党部的先后组成，开了加拿大政党少数族裔党部的先河。

目前，无论市选、省选或联邦国会议员选举，都有华裔候选人出马逐鹿，这在加拿大少数族裔中，也是一种少见的现象。

巴西华人经济概况

现代国际关系研究所　尚德良

巴西全称为巴西联邦共和国（Republica Federativa do Brasil），位于南美洲东南部，面积851万平方公里，人口达1.56亿。巴西是拉丁美洲最大国家，也是发展中国家中经济实力较强、发展水平较高的大国。它已建起了比较完整的工业体系，农业也较发达，且具有较大规模和实力。

华人早在1810年就到巴西传播种茶技术，后来，到达巴西的华人逐渐增多，有些华人还参加了巴西内地的马德伊拉—马莫雷铁路的建设，有的甚至为巴西的发展献出了生命。19世纪70年代末到达巴西的中国人达万人以上。20世纪中叶，从中国大陆迁往香港的一批工商界人士和国民党军政官员，携带资产转往巴西创业，而后又有港澳和台湾的一些企业家和知识分子移居巴西。70年代又有大批台湾人移居巴西。目前，巴西有华人12万多人，其中80%住在工商业发达的巴西第一大城市圣保罗。

巴西华人经过多年的辛勤耕耘，在经济上已有长足进展。华人中涌现出许多出类拔萃的工商企业家，有的在巴西的经济、技术方面有一定地位，例如巴西大豆的培植和豆油精炼都是华侨一手搞成并取得了很大的发展。其中有些人还曾被聘为巴西联邦政府经济事务顾问。此外，巴西侨营跨国公司奥维拉公司（Olvebra，S. A）和巴瑞公司（BRASWEY，S. A）还已在国际上具有高知名度。据巴西地理统计局1990年的报告“全国家庭抽样调查”，对包括中国、日本、朝鲜移民后裔的来自东方的巴西人情况统计表明，他们占据了收入、教育和福利金字塔的顶端。平均来看，他们的月收入比白种人高8%。他们的孩子上学更早，拥有较高级学校的文凭，因此生活更舒适。在100名黄种巴西人中，27人住在高收入住宅区。而在每百名白种人中，只有10人住在那里。

巴西华人经营的工业以食品工业、化学工业和纺织工业为主，主要有水泥厂、纺织厂、面粉厂、粉丝厂、榨油厂、味精厂、食品加工厂、糖果厂、成衣厂、制鞋厂、塑胶制品厂、化妆品厂等。一般的厂规模不大，多属资本薄弱、管理松散的中小企业，但内部设备比较先进。也有少数较大的厂，如有“黄豆大王”之称的林训明所创建的愉港植物油公司，生产植物油和面粉等，外销豆油占巴西豆油出口量的80%。另一位著名华人企业家魏书琦向台湾出口的薄荷油占巴西出口量一半以上。值得一提的是，侨营ASTUT糖果公司生产的低热量糖果，至今连续三年荣获巴西最佳品质奖，被誉为“华商之光”，其产品目前已外销全南美及墨西哥、日本、美国、加拿大及欧洲共同市场。此外，由已故华侨李国钦于1916年在纽约创设的标准钨矿跨国公司—华昌公司，在巴西也有分支机构。

巴西华人经营的大农场，其土地少则几百公顷，多则几千公顷，种植小麦、大豆、棉花等，也养牛、鸡、鱼、蚕等。如玛瑙斯市华人毕务国先生投资经营的东方农场以及在亚马逊河两岸所开的大批土地，投资规模都很大。

在巴西的多数华人主要从事商业活动，其中以家庭式的小本经营者为多，也有较大的公司。所经营的项目有油漆店、餐馆、酒吧、咖啡馆以及杂货店、百货店、电话线路买卖公司和汽车交易公司、旅游业、进出口业、服务业等。中国餐馆在传统的南美风味、葡萄牙、法国、意大利大菜以及美式快餐中独树一帜，并以菜式繁多，物美价廉，服务周到而受到当地居民的欢迎。仅圣保罗华人就开有几百家中餐馆，如豪华酒家、中巴饭店、金龙酒家等。由中国台湾老板林四洲开设的“皇星”中餐馆是该市6家三星级顶尖餐馆之一。具有半个世纪历史的巴西华人角仔（饺子）业曾有很大发展。因为油炸饺子“物美价廉、现做现卖”，是深受巴西广大“挤公车”阶层欢迎的食品。始在40年代前，巴西的华人只以洗衣馆、西餐馆为主要经济命脉，但到了40年代初时，“角仔架”由餐馆、面包铺脱颖而出。步入60、70年代，随着圣保罗工商业的迅猛发展，华人角仔业也获得辉煌发展。一度在圣保罗发展起三、四百家角仔店，遍布街头、影院、车站，为30%的华人提供了就业机会。有位名叫李群的华侨，是角仔店的代表人物，开设30多家商店，人称“角仔大王”和“角仔状元”。然而，由于受80年代和90年代初期巴西通货膨胀和经济衰退的影响，以及受到资本雄厚的当地和国际性财团（如麦当劳）的冲击，华人角仔业已呈现走下坡的趋势。华人开办的旅行社很多，还建立了名为“亚洲”的南美洲侨界唯一的旅游公司，该公司拥有整齐的豪华游览车队及导游，一流的酒店、船舶、餐厅等。目前，商业中的家庭式经营，开始向着企业式经营发展，出现了连锁店营业方式，以便利居民。一些杂货店也因市场扩大而渐次采用超级市场方式营运。但是有特色的流动摊式的商业，也没有“销声匿迹”，如巴西侨营百货业的特色为提包业，现仍有5000家之多。此种经营方式类似于货郎担，以手提包携带成衣、百货、珠宝、化妆品、手工艺品走街串巷，沿路出售，因不需租店，又无水电税金开销，所以售价每较店铺低廉，而且送货上门，颇受消费者欢迎。一些长期经营者，与顾客建立了友谊，赢得了顾客的信任，使提包业历久不衰。

圣保罗唐人街俗称日本街，位于该市市中心的东方区，那里是中国、日本、朝鲜等东亚国家侨民的集中之地。在这条东方街上，既有为数甚多的日本人所开设的银行、旅行社、食品店、百货店、珠宝手饰店和会所等，也有不少华人开设的商店。近年来随着华人人数的激增，华人在东方街的地盘有了很大发展。和东方街紧密相连的黑比尔达德大街两旁，华人商店越来越多，有华人经营的酒家、餐馆、小吃店、食品店、百货店、首饰店，还有几十家旅行社。

由于当今世界总体产业结构不断改变，已使巴西华人经济事业备受广泛挑战及影响，“一根扁担打天下”的观念早已过时，华人中具有远见卓识者已提出加强华人资本合作问题。如何将当地华人闲散游资集中运用，转投到经营观念现代化、规划管理完善、效益显著的大型企业中，已成为华人中的热门课题。有华侨建议两岸官方机构支持鼓励国内银行赴巴西筹设分支机构并协导当地华人成立华资银行，兼设每户储蓄定额保险，保障侨胞资金安全，提供侨营企业营运资金融通等等，以促进华人经济发展。

（注：文中一部分摘自沈立新所著《世界各国唐人街纪实》中“圣保罗”一文。）

革新开放中的越南华人

广西壮族自治区社会科学院　赵和曼

越南的革新开放始于1986年底召开的越共“六大”，至今已8年多。其间，该国的经济体制开始了全面革新，对外开放迈出了较大步伐，国际环境已明显改善。革新开放给该国带来的巨大变化，是包括华人在内的全体越南人民努力奋斗的结果。

支持革新开放

1994年元月30日上午在胡志明市连潭旅游区隆重举行的华人迎春聚会，与会者有该市华人代表500多人，越共中央顾问阮文灵、越共中央政治局委员、胡志明市市委书记武陈志等出席了会议。阮文灵在聚会上说：有悠久历史的中越友谊犹如唇齿相依，必定长久存在。中越关系曾一度被间断，现已重新建立，这是由越南和中共领导人谈判而得到的，其中华人也尽了力作出了贡献；面对越南革新事业和国家经济的发展，华人积极参与且有贡献；他向国内外的华人祝贺新年快乐，呼吁以前离开越南到外国的华人重返越南，安心经营和生活；他宣布华人和越南人一样都可拥有财产所有权，都可占有由本身劳动创造出来的美好成果。他比喻说：每个华人可以在一餐中吃十只鸡，拥有十部汽车也可以，需要的话也可转给别人。华人企业家罗锦源上台发言表示，相信，越南未来经济必将繁荣，其中有华人共同体的积极贡献，并汇入越南民族的共同发展事业之中。这次华人迎春聚会，是近年来越南华社巨变的一个缩影。罗锦源在越南统一前拥有三家工厂，统一后工厂被没收，靠制锁匙为生。该国革新开放并改变对华人的政策以后，他卖掉家私筹集资金，起初生产饲料、养鸡、制面，后又生产塑料及塑料布，制造出口工艺品和家具。1989年初他与友人创建了越华建筑公司。为了支持革新开放，该公司的股东投资500万美元于1991年底建成了越南最现代化的商场—安东市场，又参与建立了越南第一家私人银行—越华商业股份银行。现在，罗锦源是越华建筑公司的总经理、凯撒酒店董事会董事长、越华银行董事会董事、胡志明市第五郡工商协会主席，成为华人经济界冉冉升起的一颗明星。

华人支持革新开放，越南政府重新认识到华人经济的重要性，因而近年来大幅度调整华人政策。一是把华人看作是越南54个少数民族中的一员，实行民族平等，保障华裔越南公民的权利和义务。二是肯定华人对越南革命与建设所作出的巨大贡献，包括过去对抗法、抗美战争以及现在对革新开放事业的支持，对发展国家经济文化作出的积极贡献。近年来凡是重大的节日，越南传媒都注意播发宣传华人贡献的稿件，如去年越南国庆节，胡志明市市委机关报《解放日报》华文版重登1945年9月2日《胡志明致华侨兄弟书》（文中称华侨兄弟与越南人民情如手足、中越原是一家人等），并刊登华人发展生产的报道；同年12月22日越南人民军建军50周年，《解放日报》华文版又刊登反映华人抗法抗美功绩的长篇资料及有关报道，要求对华人有功人员落实两大法令（给有三个孩子以上为国捐躯的母亲授予“英雄母亲”国家荣誉称号；对七个属政策照顾的对象的具体政策），建议编写华人革命传统史等等。三是采取了一系列改善华人政治经济地位的措施。如允许华人参军、入党、参政、上大学、去国外探亲或定居，来去自由；鼓励华人发挥特长从事经济活动；允许恢复华人社团，支持华人主办公益事业；任用了一批华人干部，恢复了一些华人在70年代后期丧失的党籍，补发了被扣除的工资，退回了一部分被没收的财产，恢复了一部分华文中小学，等等。上述政策的调整，受到华人的欢迎。在北方，华人积极参与商业零售、产品加工、工程建设、科技开发等经济活动，在中越边境贸易中表现活跃。在南方，特别在胡志明市，出现了中文招牌比比皆是、商店商品琳琅满目、各行各业都有华人经营的兴旺景象。

了解市场需求

70年代末期的那场浩劫，使华人经济滑到低谷。自实施革新开放后，华人经济在几年间又迅速崛起，一般是从小本经营起步，事业有成、发展壮大。

位于胡志明市第六郡文申街115号的诚利塑制品实业公司，由华人企业家黄永雄创办。该公司原先是生产农业机械，竞争力弱，效益低下。黄永雄敏锐地看到越来越多的木制、铁制日用品与配件，被轻便、耐用的塑制品取而代之；看到外国生产的塑制品虽然精制，但价格贵，不符合越南人民的消费水平；越南国家轻工业部曾鼓励厂家生产塑制品以取代木质品。因此，他明确市场对塑制品的需求会不断增加，而且发展潜力大，前景美好。他放弃了出国的念头，留下来专心研究与发展塑胶工艺，并迅速地把塑胶行业变为他的公司的主业。他大胆投资购入先进设备，由起初的两部机器增加到十部，与技术人员一道切磋工艺，狠抓产品质量，推出的产品有靠背椅（整套，包括一张圆桌）、各类高矮凳子、方桌、日字型桌、冰箱架、各类盆、水桶、手提篮等十多种，尤以生产靠背椅为主，采用电脑控制的大型机器操作，整套模具从外国引进。该公司生产的塑制品款式新颖、坚实耐用、价格低廉、销路甚佳，除供应越南市场外，还出口到新加坡、柬埔寨、老挝及非洲的一些国家。黄永雄认为：虽然现时生产塑制品的厂家很多，竞争相当激烈，但这正是步入市场经济的一个表现。他努力使产品达到良好的质量，奉行薄利多销，以取得消费者的信任与支持。他对发展塑胶行业雄心勃勃，认为目前生产的十多种产品仍不够，计划增产高级儿童玩具、高级电子产品配件以及为国内外有关公司加工订货，进一步拓展市场。

位于胡志明市第十郡陶维慈街80号的京都建筑与食品有限公司，为华人企业家陈金城、陈荣源经营。把建筑与食品合而为一，在众多的公司中较为罕见。把住和吃连在一起经营，占了衣食住行的一半，正是“京都”引人注目之处。该公司以“京城食品迎来大地皆春”、“都市建筑绣出山河似锦”这副对联中的第一个字，让“京都”在顾客中加深印象、留下思考。建筑经营包括建设住宅、厂房，室内设计、装璜，修建房屋，买卖建筑材料；食品经营包括生产各种甜饼干、牛油曲奇，奶油、椰子饼干，西式面包、生日蛋糕，美美、小乘、虾味鲜等休闲食品。小乘（乘乘）是一种玉米爆粒，过去由台湾进口，深受越南人特别是少年儿童的欢迎；虾味鲜（炸虾条）过去由马来西亚和泰国进口，也受到越南人的喜爱。该公司26岁的经理陈荣源心想：上述休闲食品既然销路不愁，能否自己生产？用国货代替进口货？他于是开始进行研究，并亲自去台湾等地参观食品加工业，投资引进先进的机器设备，与技术人员一道选择原料、调整配方、改进加工技术，使食品更加符合越南人的口味。由于越南玉米产量以及鲜虾产量均多，价格也都低廉，故生产成本下降，又节省了过去进口货所需的运费及进口税。经过陈荣源等人的努力，在玻璃纸袋上印有“京都生产”的美美、乘乘、虾味鲜等休闲食品进入了国货行列（还打入了国际市场），不但为国家节约了外汇，而且价格比进口货便宜，质量也不差，投入市场后立即受到顾客的欢迎，成为少年儿童名副其实的乘乘、美美。陈荣源说，现在的进口食品充斥越南市场，京都食品凭着品种丰富多采，满足不同顾客的口味，但又要符合其消费能力，特别要保证食品卫生标准与质量。最重要的是我们不把利润看得过重，努力保持商品的合理价格。

越南华人在经营活动中，不论是小本经营还是大宗买卖，都看重信用、恪守信用，因而出现了“与华人做生意就不用提心吊胆”的说法。在走向市场经济的今天，商业活动中的欺骗与掠夺现象屡见不鲜，但一些很有经营头脑的越南华人企业家认为：信用是商业活动中最宝贵的资本，只有恪守信用，才是一名真正的商人，才能使双方长期而又真诚地合作，才能互惠互利，共同发展。

筹措建设资金

越南打了几十年的仗，医治战争创伤不易，国家的工作重心转移到和平建设的轨道上来时间不长，财政积累有限，需要建设的项目很多，资金相当紧缺。越南领导人清醒地认识到：要特别重视挖掘国内资金的潜力，在投资政策中贯彻“国内资金是决定性的，国外资金是重要的”这一精神。越南华人响应了号召，为筹借建设资金作出了贡献。

著名华人企业家陈俊才，在越南统一之前拥有生产三夹板、缝纫机、成衣、家具、电线、罐头等六家工厂，统一之后上述工厂通通被没收，他只能依靠逃到美国的妻儿寄来外汇维持生活。政府公布鼓励私人经济发展的政策之后，他立即发起与友人集资创办了越华商业股份银行。当时，他们了解到掌握在人民手中的资金及财产额相当大，国家向人民筹集的资金不多，他们这家私人银行为越南首家，可在筹措资金方面为国分忧，在银行业务中具有灵活多变的优势。该银行的活动范围为以储备、结帐和期票形式筹集私人和各种经济成份组织的存款；贷款给各经济成份以作生产经营之用；劳务事项服务；资助各种建设工程方案；兑汇经营各种外币；经营金银珠宝饰物。该银行以带头人的身份发动股东承投多项工程，银行负责筹集资金，管理财政，服务社会，服务民生。承投的工程有安东二高级商业中心、大叻市高级商业中心、胡志明市十一郡领兵升住宅区、边和宝龙山游览区等，其中承投领兵升住宅区是响应国家消饥减贫的号召，以实际行动协助政府解决干部职工住房难的问题。这个住宅区建设工程由该银行与市公安厅合作，计划兴建 11 栋楼房，共 528 间房，以分期付款的方式优先发售给市公安厅的干部职工，同时优惠尚没有安定住所的其他困难户。该银行还给 20 多名业主发放低息、免抵押贷款，以帮助小本经营者发展生产、解决劳动就业问题，以促进社会经济和稳定。目前，越华银行的业务蒸蒸日上，信誉日益提高，从四间分行扩充到八间分行，属下的金银公司也扩充到五个分店，并准备在北部、中部和西部开设分行。在胡志明市第五届（1994—1999）人民议会代表选举中，越华银行董事长陈俊才当选为该市人民议会代表。

以罗锦源为总经理的越华建筑公司投资兴建美荻劳务商业中心（位于美荻市中心），去年 12 月动工，计划 96 年 6 月竣工。该商业中心为高层大厦，建筑面积 16，553 平方米，投资 55.84 亿越币，由美荻市人民委员会与越华建筑公司之间以 BOT 方式（建造一运营一转让）进行合作，越华建筑公司出资金建造，在 22 年期间内经营，然后交回美荻市人委会。该商业中心建成后，将成为西部、胡志明市、中部、北部各省之间货物交流的枢纽。

越南华人还发挥在国外的亲友众多的优

势，引进国外资金。拿侨汇来说，近几年每年都有5至7亿美元，1994年达10亿美元，还不包括允许带3000美元以内入境不用申报的款项(92年越侨入境申报的美元达1.38亿，黄金1780公斤)。因此，侨汇成为越南筹措资金的重要来源之一。越侨（多为华人）随着国内投资法的放宽以及美国对越禁运的解除和美越关系的发展，越侨（经济实力主要在美国，其次是法国、澳大利亚、加拿大等）回越南投资会逐渐增多。

热心公益事业

善最乐，德流芳。热心公益事业，是越南华人的优良传统。“努力奋斗，摆脱贫困、不发达国家的状态，改善人民生活”，是越共“七大”制定的2000年前战略总目标。越南华人积极响应号召，以捐献、义卖、义演、低息或免息贷款、投资优惠、商品优惠等多种方式支持各种公益事业的发展。其中，华人社团、华人企业、华人艺术家在这方面发挥了重要作用。例如，胡志明市的华人庙宇本着“取自社会、用于社会”的宗旨，把香油钱全用在维修庙宇、赞助教育及社会福利事业。每月初一和十五或其他祭日，这些庙宇便呈现一片香火鼎盛的热闹景象，尤以春节为甚。平日也有许多国内外游客前往参观、膜拜和拍照，并赞助数额不等的香油钱及其他款项。其中，该市的穗城天后庙是香火最盛的一间华人庙宇，该庙宇参与各项消饥减贫活动，每年赞助开支共达两亿多元。此外，义安会馆、海南会馆、二府会馆、崇正会馆、温陵、霞漳、三山、平安等会馆在社会福利方面都有建树。胡志明市的华人企业家还赞助了一家免费医院—安平医院的建立。该市华人工作处主任蚁团去年春节前在接受《解放日报》华文版记者访问时说：单是资助消饥减贫运动，设立助学基金，协助清贫学生，资助中区水灾同胞，本市华人的捐献达数百亿元之巨。此外，该市华人工商业者还计划在几个华人聚居的区域建设多座平民大厦，以优惠的价格，出售给越华同胞，协助大家改善居住条件。

越南华人经济的发展，必然带动文化教育事业的发展。在胡志明市，华人经常举行华语比赛、歌唱比赛、舞蹈比赛、摄影展览、绘画展览、剧目汇演、舞龙舞狮等活动，使社会文化生活健康向上、丰富多彩。其中，华人画家不但继承了中国传统水墨画的技巧，绘画出美丽、富有诗意的越南山水、草木与人物作品。华人画家将绘画义展所得的收入，捐献给消饥减贫运动。他们说：以艺术为社会服务是我们画家应做的事，我们希望通过画笔带动其他人参加社会慈善工作，达到济贫目的。

(引自《华人月刊》1995年第4期)

柬埔寨华人经济概况

现代国际关系研究所　赵兴燕

60年代末期，柬埔寨华侨华人估计42.5万人，当时是柬埔寨人数最多的少数民族。70年代中期以后，由于柬埔寨内战，柬埔寨华侨大多已前往美国、加拿大、法国、澳大利亚、澳门等地，有的则死于战火或尚在泰国难民营中，造成华侨人口流失，估计柬埔寨现约有华侨华人总数为30万人，约占柬埔寨人口总数的3%。

华人移居柬埔寨的历史

华侨华人移居柬埔寨历史悠久，人数众多。据史料记载，华侨移居柬埔寨可上溯至宋代。柬埔寨地处湄公河三角洲，又有洞里萨湖，土地肥沃，物产丰富，我国东南沿海省份的农民许多因徭役赋税沉重、失地破产而移居柬埔寨。也有少数出于政治原因逃避到柬埔寨。在古代，柬埔寨华侨主要从事与农业和商业有关的行业，他们传播了中国先进的文化，对下柬埔寨的开发起到了功不可没的作用。他们一部分人开垦荒地、种植蔬菜、水果；兴修水利，发展农业。另有一部分人开了许多店铺，经营瓷器、锦缎、珠宝、茶铺、面店等等，无所不包。此外，还有些人从事林业、渔业、畜牧业、晒盐业、采矿业等。

1863年柬埔寨沦为法国“保护国”。为解决开辟橡胶园和胡椒种植园过程中的劳动力不足问题，法国殖民当局对华人移居柬埔寨持欢迎态度。在这种背景下，不少华人或经海路直接移居柬埔寨，或从越南南部经陆路进入。到了1890年，柬埔寨已有华侨华人13万人。20世纪初，由于担心华侨支持孙中山领导的革命运动，法国殖民当局开始限制中国人入境。此后，华侨华人移居柬埔寨的越来越少。到60年代中期，柬埔寨的华侨华人有一半以上是土生华人，新迁入的很少。按1963年的统计，华侨华人共43万人，占柬埔寨总人口的7.4%。其中大部分都集中在首都金边及其附近，共有13.5万人。

由于文化背景、宗教信仰、生活习俗比较接近，柬埔寨的华侨华人与当地人通婚者不少。1953年柬埔寨独立后，根据柬埔寨1954年颁布的国籍法，只要父母中有一方是柬埔寨人或父母中有一方是在柬埔寨出生的华人，子女就可以自动取得柬埔寨国籍。1956年，柬埔寨政府宣布外侨禁止从事盐业、碾米业、理发业、金饰业、修理业、码头工人、司机等18种职业。同时，1957年政府又规定企业70%的雇员必须是柬埔寨籍人，为了生存，许多华人不得不加入了柬埔寨籍。

柬埔寨的华侨华人曾两次遭受大规模的排华运动打击。60年代末期，由于受到中国“文化大革命”的影响，一些华人在柬埔寨“闹革命”，引起柬埔寨当局的强烈不满，并最终掀起了第一次大规模的排华浪潮。所有华文报刊被查封，华人经济也受到严重限制，迫使一部分华人离开他们已生存多年的柬埔寨，或回到中国，或移居他国。

柬埔寨掀起的第二次大规模排华运动是在70年代中期，特别是民主柬埔寨政府建立后，华侨华人受到了持续时间更长、更加残酷的打击。尤其是从事工商业的许多华侨华人被视为“资产阶级”而被剥夺财产，赶出城市，有些人甚至被秘密处死。自1979年越军占领金边后，柬埔寨长期陷于战火之中，华侨华人受到了进一步的迫害。一批进步的文化人士被投入监狱，有些被杀害。自1975年以来，先后有约十多万华侨华人逃离柬埔寨，前往泰国、加拿大、法国等地。还有成千上万的人死于屠杀、迫害、疾病和饥荒，一度在柬华侨华人人数仅剩25万人。当时，华人社团、学校、报纸都被取缔，甚至华语和华文也不能使用。

80年代末期，随着柬埔寨和平进程的加快，特别是金边等城市社会政治和经济秩序的稳定，华侨华人人数又逐渐增多。由于1984年，金边政权对华侨华人进行国籍身份登记，90%以上的华侨都在“国籍”一栏里填上了“柬埔寨”，因此，现在在柬埔寨的华侨仅占很小的比例。据1991年的统计，金边市华人华侨总数也由1984年的6万人上升到10万人。金边市内的所有大旅店、饭店、商店、公司等基本操纵在华人手中。能够左右金边金融市场的“加华信托有限公司”也是过去逃到加拿大，又从加拿大回到柬埔寨的华人开办的。

1990年，在当时任国会主席兼全国民族统一战线主席谢辛的倡议和支持下，柬埔寨华人理事会于12月26日成立，此理事会为柬埔寨华人的最高代表机构。到1994年5月至，柬华理事会已建立了8个省级分会。除柬华理事会外，以地区为特点的潮洲理事会、海南同乡会、客属同乡会、福建会馆和广华会馆五大宗乡会馆也相继恢复。在柬埔寨30万华人中，潮洲人占华人总数的60%，主要从事贸易，经济条件较好，财力雄厚；海南人大约占华人总数的10%多，经济实力仅次于潮洲人；广东人占华人总数的10%多，但主要是工人和手工业者，经济实力较差；客家人和福建人占华人总数的比例都不足10%。

1994年春节，政府批准华人可以在此期间内舞狮，但不得燃放鞭炮；1994年的清明节也是柬埔寨20多年来的第一个和平的清明节，华人社团和家庭纷纷前往扫墓。这些都标志着中断20多年的柬埔寨华人的民族文化传统风俗习惯开始正式恢复。此外，政府还允许恢复华文学校、重新开办《华商日报》、《金边时报》等华文报纸。柬埔寨第二首相洪森在接见柬华理事会代表时也表示，“柬华理事会的成立，华文教育的复办和发展，对柬埔寨的社会经济起了一定作用。柬埔寨实行开放，要吸引外资。中文是世界通行的语言，中文的发展有利于柬埔寨同外界的联系。”

华人经济对柬埔寨社会发展的影响

尽管柬埔寨近代历史上出现过排华事件，但纵观几千年的历史长河，华侨和华人与柬埔寨各族人民之间的关系还是友好的，他们与当地人民一起并肩劳动，辛勤开发，为柬埔寨经济的发展起到了良好的促进作用。

首先，他们为柬埔寨拓荒造田、建筑城镇立下了汗马功劳。

古代，大批华侨来到下柬埔寨“筑巢辟荒”，开垦了大量荒芜的土地。在柬埔寨内地的开发上，华侨华人同样作出了重要贡献。他们或平整土地、伐木建屋，或筑堤蓄水，促进了当地经济的繁荣，在柬埔寨的马德望市、暹粒市、茶胶市都留有华侨华人奋斗的足迹。

到了现代，华侨华人也积极参加柬埔寨的地方建设。60年代，金边市的华侨积极响应政府号召，组成劳动大队，先后参加了修河堤和修筑金边至磅逊铁路建设的义务劳动。马德望市的华侨利用义务劳动建成了儿童公园、青年运动场、游泳池、排水渠等。

其次，他们带去了先进的技术，促进了柬埔寨现代工农业的形成和发展。

农业方面，柬埔寨种植胡椒有着得天独厚的条件。近代，法国殖民者在贡布省开辟了许多胡椒种植园，胡椒种植成为柬埔寨国民经济的支柱产业之一，而胡椒种植是华侨华人于19世纪从中国海南岛传入的。据1942年的统计，贡布省胡椒种植园中的熟练工人都是海南籍华人。他们运用中国带来的先进方法种植和管理胡椒园。

手工业方面，华侨华人向柬埔寨人传授了制造矮床、草席、矮桌、瓦盘、铜盘等的技术，使柬埔寨人改变了睡地板、吃饭席地而坐等传统的生活方式。

工业方面，在法属时期，许多华侨技术工人和熟练工人在柬埔寨的木器制造、屠宰、酿洒、制造等工业领域发挥了重要作用。那时柬埔寨还没有自己的碾米厂，稻谷只能运到越南堤岸去碾。独立后，柬埔寨才有了自己的碾米工业，而且发展很快。而碾米业中最主要的米厂都是华侨华人创办和发展起来的。例如，1951年只有米厂47家，1961年增加到1260家，其中华人办的就有1092家，大米成为柬埔寨的主要出口商品。

渔业方面，洞里萨湖是有名的渔湖，每年可产鲜鱼10万吨。而从结网捕鱼到晒成鱼干出口，大多都操纵在华侨手中。

交通运输业方面，无论是船运还是陆路的长途汽车运输以及市内的出租小汽车运输，华人都占有相当大的比例。如法属殖民地时期，柬埔寨有轮船公司10家，其中9家是华侨经营。

第三，他们促进了柬埔寨的商品流通，加速了国内外市场的形成。

柬埔寨的华侨华人许多以经商为主。他们的足迹遍及柬埔寨各地。他们的商业活动在柬埔寨的经济生活中占有重要的地位。华侨商贩把中国以及其他一些国家的产品运到柬埔寨，尤其是中国的丝绸、漆盘、麻布、雨伞、铁锅、木梳、针、草席等特别受欢迎。20世纪60年代初期，柬埔寨商业的92%掌握在华人手中，全国共有约2万家商店，70%以上为华人经营，大部分是零售商。如，金边市的商号约有3000家，其中由华人经营的就有2000家，约占65%。此外，还有8800家华人商号分布在柬埔寨各省。

在贡布省和戈公省的部分地区，华人主要从事黑胡椒和水果种植。而居住在沿海的华人中，有些则以捕鱼为生。在农村地区，有不少华人开钱庄，他们在一定程度上控制着柬埔寨农村高棉人的经济命脉。分布于乡下的众多的华人小商贩走街串巷，集收购、推销、信贷于一身，在沟通城乡经济，方便人民生活和促进柬埔寨商品经济的发展方面发挥了重要作用。身居城镇的华侨，有些则专门从事对外贸易，他们促进了柬埔寨国内市场与国际市场的联系，加速了现代对外贸易的形成和发展。

大多数华侨华人还将自己多年辛勤劳动积攒下来的资金用来扩大再生产投资，支援当地经济建设。据有关材料统计，1956—1961年间，柬埔寨的华侨华人在柬国内投资的资本总额约达3—4亿美元。1963年，柬全国有9个华人被列为最富有的，其中7个是潮洲人，2个是福建人，其中有7个人加入了柬埔寨国籍。从职业来说，潮洲人多为船夫、工人、农民和商人；广肇人主要从事运输业和建筑业，其中绝大多数人为工匠、工人、船夫，少数为商人；海南人多种胡椒或当仆役；客家人多从事垦植业、卖茶叶或当工匠，有些也从事牙医和开中药店；福建人多从事进出口贸易和银行业。1961年，华侨华人工人约有1.6万人，约占柬埔寨华侨华人总数的15%，职员约有2000人，占总数的1%。

华人华侨对当地的公益事业也做出了巨大贡献。如，1994年3月，金边一居民区发生20年罕见的大火，烧毁房屋上千间，上万人无家可归。柬华理事会呼吁全柬华人募捐救济灾民。刚成立的潮洲会馆立即召开紧急会议，成立救灾委员会，买米12吨和其他食物，急送灾区。旅美的柬埔寨华人的4个组织也成立了美国华人救济金边铁桥头火灾委员会，在美国募捐，并派代表团带着4万多美元的捐款来柬埔寨救灾。1994年6月，在金边的柬华理事会和五大宗乡会馆，还为马德望省的难民收容所捐款。

华人经济发展前瞻

历经20多年的战乱，柬埔寨百废待兴，也打开了华侨重振事业的生机。目前，90%的华侨华人仍从事商业，柬埔寨一些大的企业、饭店都控制在华人手中。金边华人经营的餐饮业几乎处处可见，中国菜深得柬埔寨人和观光客的喜爱。一些当年出逃海外的柬埔寨华侨已纷纷回柬埔寨投资。此外，来自泰国、香港、台湾、中国的华人也纷纷看好柬埔寨，如泰国翁玉辉，1992年经过两次考察后，终于在金边大市场旁边开起了辉华银行和辉华建筑地产进出口公司，光是银行就投资了五百万美元。在积极展开银行业务信贷业务的同时，他还开始进军房地产业。泰国、台湾、香港、新加坡、美国、加拿大等地华人华侨都有人投资柬埔寨的房地产业。

香港、台湾许多企业投资贸易大厦、大酒店、购物中心、高尔夫球场等项目，如香港一家企业投资4500万美元重建昔日柬埔寨最豪华的金边酒店。中国温州的一些企业也来到柬埔寨推销各种轻工产品，投资经营酒店。在被私有化的40个国营企业中，投资也多为海外的柬埔寨华人、香港、泰国等地的华人。柬埔寨政府还正设法吸引在外发展的华人，包括当初出逃到法国的柬埔寨华人投资柬埔寨，发展经济和旅游业。由于政府开始注重华人经济在柬埔寨经济发展中的作用，因此，柬埔寨华侨华人的地位已日渐提高。

文莱华人经济概况

现代国际关系研究所　方华

华人很早就到文莱谋生。20世纪初期文莱只有700多名华人，到了1931年增至2700人，占文莱人口的9%，1947年华人人口增至8300人，占人口的20%。据文莱1991年人口普查资料统计，目前这个因盛产石油而富有的小国，居住着4万多华侨华人，占该国人口的15.6%。其中9393人为公民，11893人为永久居民，另外临时居民19335人。

这些华侨华人多半来自中国南方，约80%祖籍福建，其余来自广东，在当地落地生根近百年。闽籍绝大部分是金门县人，粤籍的则有客家人、潮州人等，其中又以揭阳县人最多。闽籍人多聚居于首都斯里巴加湾市，粤籍人则多集中在石油生产中心诗里亚。

来到文莱的早期居民，如从马来半岛移民来的华人大多从事植物园种植，如热带作物商品生产、种植橡胶、胡椒、西谷米、菠萝等。初来乍到的中国移民也都在华人种植园劳作。后来逐渐转以工商业为主。目前还有若干华人经营的种植园，产品大部分都用于出口。当今的华人种植园兴起种植蔬菜、花卉，为城市居民供应，产值已超过热带经济作物。

文莱石油天然气资源丰富，石油产量在东南亚仅居印度尼西亚和马来西亚之后，同时也是世界第四大天然气生产国，每年出口510万吨的天然气。在文莱，除了石油工业由马来人垄断，华人无法涉足外，其它中小工业都由华人参与，工艺品制作更是华人的专长。其项目有木材加工、家具制造、碾米、橡胶品制作、果菜加工、海产品加工、饮料制作、饲料加工、机械修理、电器修理、汽车维修、银铜器制作、砖瓦、草编、藤编等等。到80年代末、90年代初，华人建筑公司达20家，当地较大的工程都由他们承包或分包完成。华商有两艘3000吨级轮船穿行于各国，陆路汽车运输也多由华商承揽。华商还有8家金融保险机构。另外，据80年代统计，由华人经营的大小商店约有2000余家，业务遍及百货、土产、医药、食品、饮食、旅馆、电器、车辆、水果蔬菜、茶室、理发等行业，其中较具规模的有400多家。有的集批发与零售于一身，直接从国外进货。为便于采购和进出口，许多华人企业在香港、台湾、新加坡设立分支机构和联号公司。

目前文莱华商可分为三类，一是赤手空拳来自中国大陆或台湾的移民，白手兴家创业，代表人物如林德甫、刘鸿池；二是继承上一代的事业，继续发扬光大，如王金纪；三是应用华人惯有的管理知识与土著合作，再创一番事业，如洪瑞泉。

由于过度依赖石油，文莱的第六个五年计划开始投入55亿多文莱元发展社会服务、交通、通讯、公用设施等，促使经济多元化，以免经济发展单调。这将有利于各族经济的均衡发展。

老挝华人经济概况

现代国际关系研究所 赵兴燕

华人华侨移居老挝始于明代。大部分来自广东，少部分来自云南，来自云南的多居住在老挝北部的丰沙里、华潘和川圹等省。明代以后，又陆续有一些华人来到老挝。但人数都不多。

1893年老挝沦为法国的保护国。据1921年法国对老挝进行人口普查的数据，当时在老挝的华人华侨共有6710人。之后，由于法国限制华人进入印度支那地区，到了本世纪30年代时，在老挝的华人华侨已减至3000人左右。1954年法国人撤出老挝后，在老挝的华人华侨人数急剧增加，60年代达5万多人，70年代则接近10万人。他们大多居住在首都万象，一度占万象人口总数的三分之一。在其他一些城市如琅勃拉邦、巴色、沙湾拿吉、他曲等也有不少华侨居住，如在巴色，华侨人口一度占当地人口的一半。在老挝的华侨，约有15%的人加入了老挝国籍。70年代中期以后，中越关系恶化，由于老挝与越南的“特殊关系”，老挝也和越南站在了一起，在老挝进行了一次排华运动，使在老挝的华侨人数锐减，70年代末只有万余人，到80年代中后期，则仅剩数千人了。90年代后，随着中老两国关系的恢复，在老挝的华人华侨人数有所增加，但华人华侨在老挝经济中所起的作用不如在其它东南亚国家中那么大。

纵观历史，由于在老挝的华人华侨90%经商，曾一度掌握了老挝90%以上的商业和工业，所以他们大大促进了老挝商品经济的发展和当地各方面状况的改善，为老挝经济和社会的发展做出了巨大贡献。

当时华侨在老挝经营的主要行业有土产、杂货、服装、钟表、眼镜、车辆、食品、酿造、旅店、木材等。开办的工厂有碾米、染布、肥皂、蜡烛、木炭、皮革、烟草、水果、汽水、化妆品、糖果以及机械、砖瓦等。在老挝北部的云南华侨除开设各种商店外，还用马帮运送货物到村寨进行交易，为他们提供所需用品。

三、区域经济合作

"成长三角"区在东南亚经济发展中的作用

现代国际关系研究所 马志刚

近年来，随着世界经济全球化、集团化趋势的发展，东南亚许多国家先后提出一些经济合作的构想，其中"成长三角"、"成长多角"计划颇具影响。它的出现和发展，使东南亚各伙伴国之间互补互惠，在经济共生形态中，进行经济合作，共同发展经济，进而带动了整个东南亚地区经济发展的势头。

"成长三角"区的形式及背景

(一) 新、马、印尼经济"成长三角"区的构想

新、马、印尼"成长三角"区，亦称"南三角"，是在东南亚诸"成长三角"区中最具规模的。该构想是由新加坡原第一副总理吴作栋（现任总理），在1989年10月根据新加坡的政治经济形势首次提出。他倡导由新加坡、马来西亚的柔佛州和印尼的廖内群岛（包括巴淡岛）组成"成长三角"经济合作开发区，以利用各自的自然资源、资金、技术、劳动力的优势，推行区域经济合作的发展。1990年10月召开的东盟经济部长第22届年会，已把这"成长三角"计划列为东盟区域经济合作的内容。

"成长三角"区构想，首先旨在把新、柔、巴三角地带发展成为工业区，在新加坡建立高科技工业，在柔佛州建立中科技工业，在巴淡岛建立劳动密集型工业。其次，要把三角地带发展成为一个颇具吸引力的同一投资区，使它既有利于跨国公司在这一三角地带展开大规模投资，又有利于发挥三地的比较优势，带动三角地带经济的迅速增长。第三，发展成为一个"加勒比海式的旅游胜地"。新加坡提出该构想主客观背景是：

首先，从新加坡经济发展来看，"成长三角"区构想有利于新加坡经济更上一层楼，而且在东南亚经济结构发生变化的形势下，确保其在东南亚的领先地位。新加坡作为一个严重依赖外国贸易的东南亚商业中心，动荡的世界经济形势使其经济前景面临很多变化的因素，加之它的经济业已起飞，狭小的国土使其经济能力难以展开，在这种国内人力与资源有限和外部环境动荡不定的条件下，新加坡把眼光投向毗邻的两个地区——马来西亚的柔佛州和印尼的包括巴淡岛在内的廖内省，通过推行新、马、印尼"成长三角"区构想，促进这个地区的经济发展，就会使新加坡经济插上"双翅"而飞得更高更远。

其次，从国际经济背景来看，"成长三角"区构想的提出更赋有必要性。自80年代中期以来，世界经济和贸易领域中的区域化、集团趋势日益加强，而西方各种形式的经济合作组织纷纷涌现出来，与此同时东方的日本也正在东亚筹组以自己为中心的经济集团。这些经济集团的形成对东盟各国提出了严峻的挑战，东盟国家也必须在这种紧迫的形势下作出自己的选择。东盟国家，一方面长期以来对大国的亚太区域经济合作持有警惕和怀疑的态度；另一方面，就东盟本身而言，其区域经济合作进展又十分缓慢。因此，近年来东盟国家已开始谋求小范围内的经济合作。

最后，从三者之间的关系来看，已具备实施该计划的可能性。新加坡和马来西亚、印尼在地理位置上十分接近。在“成长三角”区中，新加坡累积外汇储备额已超过370亿美元；马来西亚的柔佛州经济增长率已达7%，而且势头不减；印尼廖内省的开发也正处风头，该省的“巴淡工业园区”建设业已加快步伐，将成为印尼新的制造业中心。这两地的地价要比新加坡低25%左右，劳动力成本则要低70%左右。加之由于地缘接近，它们之间的经济合作已具有一定的基础。“成长三角”区构想提出之前，新加坡商人已在巴淡岛投资1.6亿美元，占该岛外资的半数。1988—1990年底，新加坡在柔佛州的投资也已超过1亿美元。同时，该地区在发展经济上的互补性也很强。长期以来，新加坡某些基本资源都依赖于马来西亚和印尼。新加坡的生活用水和工业用水主要由柔佛州供给。随着新加坡经济能力和人民生活水平大幅度提高，新加坡用水量急剧增加，最近已考虑从印尼的苏门答腊岛增辟水源。就柔佛、巴淡两地而言，这两个地区虽然自然资源丰富，人力充足，租金便宜，但目前缺乏的正是新加坡所拥有的资金、先进基础设施、管理经验和技术。因此，新加坡将利用其在资金、通讯及管理上的优势，结合印尼、马来西亚的资源、土地和劳动力，在这个“成长三角”区中，既有廉价的熟练劳动力，又有先进的管理和技术人员，以及高效率的设施，进而形成一种特殊的投资环境，以其独特的魅力吸引更多的跨国公司，从而使合作三方在经济上共同发展。

（二）印度支那经济圈的“黄金半岛”计划

“黄金半岛”计划，亦称“中南半岛共同经济体系”。该设想是由泰国前代理武装部队最高司令兼陆军司令差瓦立上将在1989年1月25日建军节讲话中首次提出。其主要内容是：以泰国为中心，联合越南、老挝、柬埔寨和缅甸，建立类似欧共体的地区经济联盟。

这一构想的提出可以追溯到1988年。当时柬埔寨冲突出现转机，为满足泰国经济发展的需要，当时泰总理春哈旺于1988年8月率先提出“变印支战场为商场”的政策，旨在利用其地理环境的优势，积极拓展百废待举、潜力较大的缅甸及印支半岛市场，以对外贸易的持续增长来带动泰国经济的进一步发展。“黄金半岛”计划的形成与开展有其有利的因素：其一，泰国经济的迅速发展对该地区各国产生震动，使之成为经济区形成的刺激剂。近年来，泰国经济持续高速增长，1993年经济增长率为7.4%，人均国民生产总值已达1795美元。很多西方经济学家认为泰国将继新加坡、香港、韩国和台湾之后，成为亚洲第五条“小龙”，很可能在“次区域”经济圈内成为小型的经济大国。其二，该地区总人口约7亿，国土面积约190.8万平方公里。该地区受惠于湄公河。湄公河流域有丰富的水资源、土壤和可开发的矿物资源。目前，该地区各国都在积极推进经济改革和对外开放，越南、老挝、缅甸先后颁布了“外资法”，除缅甸外，印支三国近年经济发展势头迅猛，1993年越南、老挝和柬埔寨经济增长率分别为8.3%、7.3%和7.0%，这些都为该地区加速区域性经济发展奠立了必要的条件。其三，圈内各国在地理上接近，又有相同的宗教信仰（都是佛教国家）和经济结构（以农业为主），人均收入除泰国外都在250美元以下，经济发展水平相对平衡，因此，较容易实现经济的一体化目标。

（三）“北三角”及其它“成长三角”区的构想

“北三角”是东盟区域内另一个正在形成

的“成长三角”区，它是由泰国南部的普吉岛、马来西亚的北马四州，（即槟城、吉打、玻璃市和霹雳）以及印尼的苏门答腊的亚齐组成。这里地处马六甲海峡的北端，故名“北三角”。“北三角”拥有2500万人口的市场，交通便利，农矿资源相当丰富，加之该三角的泰南部分，处于东南亚中心点，这一带是东南亚人口最密集之处，它和越南、柬埔寨及缅甸等地的经济有充分发展的潜能。目前，马、泰、印尼的官方和民间均在积极筹划和参与这一计划，试图将这一三角区开发成为石化工业基地和旅游区。

继上述“成长三角”区之后，正在形成中的“成长三角”区还有由马来西亚的槟城、泰国南部的万伦以及尼苏门答腊的棉兰组成的“大马成长二角”区；由印尼的苏拉威西、东加里曼丹和西加里曼丹，马来西亚的沙捞越，菲律宾的棉兰栳岛以及文莱组成的“东成长三角”区；由马来西亚东海岸的丁加奴和彭亨两州与印支三国组成的“成长三角”区。此外，还有人提出了由菲律宾大马尼拉市邻近的甲米地、内湖、八打雁和黎刹四省同新加坡和马来西亚组成“成长三角”区。可见，“成长三角”区这种合作方式已开始为东南亚各国较普遍地接受。它的出现和实施直接推动了参与国的经济蓬勃发展，也为东南亚国家紧密合作开拓新道路。

“成长三角”区的现状及存在的问题

在诸多经济“成长三角”区中，“黄金半岛”计划和新、马、印尼“成长三角”区发展最具规模。

在“黄金半岛”计划方面，据泰国海关厅统计，1989泰国与印支三国和缅甸的贸易总额达80亿泰铢（约合3.1亿美元），比1988年增加一倍左右。其中与老挝的贸易从20亿铢增到30亿铢；与柬埔寨的贸易从无到有，达9000万铢，1993年上半年泰柬双边贸易总额达1.8亿美元；与越南的贸易增加到17亿铢，与缅甸的贸易额，则从17亿铢增至25亿铢。1990年，泰国仅与印支三国的贸易额就达52.4亿铢。与此同时，泰国加快了和上述国家的投资合作步伐，涉足领域包括伐木、开矿、捕鱼和旅游。据不完全统计，目前泰国在缅甸的伐木公司有近百家；1993年在老挝做生意的泰国公司已逾千家，包括在万象开业的首家“泰老联合发展银行”；在越南，自公布投资法以来，到1990年所批准的总金额为8.5亿美元的100份投资许可证中，泰国约占1/10；在柬埔寨，目前已有数十家著名的泰国公司协助柬全面开发旅游业。此外，泰国还利用越、老、柬、缅80年代以来先后提出“对内搞活经济，对外开放”的时机，积极与之探讨联合推行亚太经社委员会50年代就已制订的“湄公河开发”和“亚洲公路联网建设”两大计划，以加强相互间的经济合作关系。

新、马、印尼“成长三角”区目前亦取得一定的进展。新加坡与柔佛州的经济合作得到加强，柔佛州州务大臣慕尤汀提出了一系列扩大双边合作的设想，其中包括耗资7.55亿新元建造连接新柔的第二座堤桥，马政府已在原则上批准马新第二通道计划。该计划主要内容有：1）在新加坡大士村与柔佛州西部海峡之间兴建一座长2300米的大桥或长堤；2）建造一条26公里的高速环形公路将大桥与南北相通；3）将柔佛州西部一片2600公顷的土地开发为工业、商业、住宅及旅游地区，即“发展比亚新市镇计划建设”，这是对新、马工商界和外国投资者最有吸引力的计划。上述计划于1992年动工，预计在1995年完成。此外，柔佛政府还准备在巴西占当附近的丹戎兰刹井辟全马最大的重工业区，占地2400公顷。并在士姑乃建立高科技工业园。新加坡已答应协助开发。1992年11月24日，新柔双方签订新的供水协订。柔佛州政府还允许新加坡在柔佛河上游修建耗资1.4亿新元的新水坝及蓄水池。在新加坡方面，对柔佛州的投资也在继续增加。仅1992年首8个月，柔佛州批准的127个投资项目中，有40%来自新加坡，所占投资股份约为6600万美元。

新加坡与印尼的合作也有了很大的进展。首先，1992年8月24日，新加坡与印尼就对廖内省有关岛屿的投资、保护、贸易、开发合作达成协议，这对于解决目前新加坡供水不足及分散水源供应都是有利的。其次，在新加坡政府的影响下，印尼对巴淡岛采取了更为优惠的吸引外资政策，规定凡是投资于巴淡岛制造业的外商，可在开始营运的前5年内享有100%的所有权，而且5年后也只需转让5%的股权给印尼方面。这一新政策较印尼其它地区的投资政策优惠更大，立即引起投资者的积极反应。第三，新加坡政府所属的新加坡科技工业公司和裕廊环境工程公司，目前已和印尼两个最大的工业巨头，林绍良和苏哈托次子联合在巴淡岛开发500公顷的“巴淡工业园区”。联营双方已于1992年1月11日在巴淡岛签署了谅解备忘录和联营协议，计划将“巴淡工业园区”分5期开发，首期开发费用为1亿新元，主要发展轻工业，计划用5年的时间来完成。在此计划中新加坡科技工业公司专司设计和建设，裕廊环境工程公司协助规划、经营和管理。巴淡工业园区是新、马、印尼“成长三角”区构想推行中的第一个庞大的联营计划，可谓新印（尼）两国经济合作的重要里程碑。第三，新加坡一发展公司还计划在巴淡岛投资20亿新元，在该岛西南兴建一个滨海城市。第四，各国对巴淡岛的投资迅速增加。截至1993年4月底止，各国官方及私人企业在巴淡岛的投资总额已达31亿美元，其中80.8%是来自私人企业。新加坡是最大的投资者，其次是美国，之后为香港和日本。在私人投资中，将近一半是投资在制造业，产业发展投资另占18%，旅游设施投资占18%，服务业占10%，食品业占3.5%。

“成长三角”区同时还存在如下问题：

1.“成长三角”区，目前仍是一种双边合作形式，还未出现多边合作或一体化的模型。三角三方（或多方）尚未正式成立一个组织机构来负责这一构想的实施。从目前进展最佳的新、马、印尼“成长三角”来看，新印（尼）之间的合作成果颇为引人注目，新马之间合作亦在不断推进之中。但是，印尼廖内省和马来西亚柔佛州之间的来往却很少，而且目前双方似乎也没有提出合作关系的意向，因此有评论家认为：这是一条缺边的“三角”。

2.形式重叠，造成“一涉多足”的混乱现象。上述诸“成长三角”区已复盖东南亚各国，而且有些国这家在多个三角中担任角色。问题并不在于合作的形式及合作的范围，而是有些国家是在条件未成熟的情况下进行合作的，这样不仅使主要合作方向难以得到保障，也会导致某一局部地区地价上涨、管理人员短缺、劳动力成本增高、物价飞涨等不必要的竞争压力，使之事倍功半，以致影响整个区域的合作。对这股“成长三角”区之风，新加坡贸工部长丹那巴南就曾表明：该国不赞同任何刻意制造另一个三角的计划，并强调任何三角都应该是自然形成的。

3.来自法律、宗教与文化差异的障碍。例如，新印（尼）合作在购置土地方面，根据印尼法规，外国人必须与当地人合伙才能拥有土地，由于投资者对那个部门负责有关事宜并不清楚，加之印尼政府部门的官僚主义和办事效率低下，使投资者感到诸多不便。此外，东南亚有些国家的劳动力主要是靠外地流入，这些新移民带来各种不同的民族文化、宗教及习俗，也易使当地出现新的社会问题。对此印尼和马来西亚就有人提出，要警惕大量劳工、游客和外资涌入所带来的文化和价值的入侵。

“成长三角”区的作用及展望

“成长三角”区对推动东南亚经济发展有着不可低估的作用。

1. 它确立了一种崭新的经济合作模式，开辟了邻国（地区）间在新形势下开展经济合作的新途径。进入90年代后，世界经济区域化，集团化趋势更趋明显。就东南亚而言，在经济上面临欧共体和北美自由贸易区两大区的形成中的贸易集团的挑战，在政治上面临印支问题解决后如何加强内部团结的问题。所以，“成长三角”区的作用及意义并不只局限于合作的三方（或多方）是否能够达到什么样的目的，而在于这种形式的确立已成为促进未来东南亚经济发展的一种新的合作模式。

2. “成长三角”区具有其它经济合作形式无法比拟的自然优势。1）三角区内，经济上具有互补因素，合作对三方（或多方）都有利。2）促使参与国之间改善关系，并带动其他方面的合作。目前新加坡和马来西亚已成立联合委员会，解决两国纷争问题；印尼和新加坡也因经济合作而加强政治联系，两国政府首脑会晤频繁。新加坡东南亚研究所研究员史立·廉马尔表示：三国民众生活因经济合作而改善，对彼此外交有莫大裨益。3）不象大的区域经济集团或“经济圈”那样，含有明显的排它性，也就不会遭其他国家的不满和反对。4）为外资投入提供比单一国家或地区更为有利的条件和发展前景。目前，亚太地区各国正在开始进入多层次的产业升级、企业结构调整的新阶段，“成长三角”区有利于吸引如美国、日本这样发达的国家将部分相对高级的产业转移过来，从而推动区内的产业升级。

3. 促进东南亚地区经济的全面分工，使该地区无序的资金、资源和人力得到有序的发挥。随着各“成长三角”区的进展，印支半岛和东盟国家的联系也日益加强。可以确信，东南亚这两大地区即将在劳动力资源和物质资源等方面展开全面的分工与合作。这是因为，东盟国家60—80年代在工业化进程中，已经遇到劳动力不足、地价上涨、生产资料供应困难等问题，这已妨碍了该地区经济的持续增长。而对于正在追赶亚洲“四小龙”的东盟国家（除新加坡外）来说，则必须具备劳动密集型的生产转移基地，以及低成本的生产资料供应市场，这两点恰是印支半岛独特的优势。因此，东盟国家很可能会以直接参与“印度支那经济圈”的方式，来维持和强化它们自身以往所显示出来的经济增长活力。这样就有可能出现东南亚有乃至整个亚太地区经济发展的新局面。

总之，“成长三角”区的形式灵活实用，是一种行之有效、颇有前途的合作方式。这种基于地缘和地域经济资源的多边经济合作方式向共同市场迈进的姿态表明，90年代，“成长三角”区将成为东南亚经济合作的主要形式，把东南亚经济推上一个新的台阶。当然，就目前而言，要使各合作国之间就“成长三角”区构想达成共识还需要一定的时间。同时，究竟以何种方式来推动这构想的实现，至今也没有明确。但是，“成长三角”区系各国利益所在，因此不啻是未来宏图的抛砖引玉之举，前途还是颇为乐观的。

“黄金四角”计划及其发展前景

现代国际关系研究所 刀书林

1993年初，泰国政府经过充分酝酿，正式提出了“黄金四角成长计划”，倡议在澜沧江下游、湄公河上游的泰国、老挝、缅甸、中国四国邻接地带建立“黄金四角”经济合作区，以平等互利、共同发展的原则，进行小区域范围的国际经济合作。目前，泰、中、缅、老四国已就建立“黄金四角”经济区达成了共识，并就一些具体的合作事宜进行了协调，建设“黄金四角”经济区已进入起步阶段。

“黄金四角”计划的基本构想

“黄金四角”经济区的具体范围并未明确划定。但计划从云南的思茅、景洪港至老、泰两国交界处的会晒港和清孔港这一长487公里的澜沧江－湄公河地段的河流东西两侧，建设两条国际公路（一条由泰国清莱府的清孔经过老挝会晒、南塔至中国云南省景洪，全长240公里；另一条自景洪经打洛出云南，穿过缅甸景栋和大其力到达泰国清莱府夜柿，然后折向东北，延至清孔，全长460公里），将四国相连，构成“黄金四角”的“核心区域”。核心区的经济活动将直接辐射到包括云南南部、缅甸东北部的掸邦、泰国北部和东北部地区，以及老挝境内的湄公河流域的广大区域。这一区域总面积66万平方公里，人口为2140万。

“黄金四角”计划意在结合澜沧江－湄公河流域的开发，建设联结泰国北部、中国西南部（云南省）、缅甸东部和老挝西部的陆水空交通网，充分利用该地区丰富的资源和充足的劳动力以及广阔而未开发的土地优势，促进区域间的交通运输、能源开发、环境保护、人力资源开发、贸易投资和旅游等领域的全面合作，促使这一经济文化滞后的四国多民族边远地区迅速发展，将昔日以生产和贩卖毒品闻名的“金三角”发展为以经济合作为主的“金四角”。根据目前情况，近期内“黄金四角”经济区合作的领域包括：发展交通通讯，开展国际旅游，扩大区内贸易和促进转口贸易发展，联合开发水电及自然资源，逐步扩大科技合作，加强环境保护工作，以及联合禁毒等几个方面。

黄金四角”计划提出的背景

（一）进行区域经济合作是当今东南亚地区经济发展的重要趋势

在世界经济区域化、集团化日益发展，欧洲统一市场和北美自由贸易区相继建立的大背景下，亚太地区出现了各种泛地区经济合作和次区域经济合作组织或构想。为适应这一国际经济发展的趋势，东南亚各国（主要是东盟）不断加强了区域内的经济合作。1992年1月东盟就成立“自由贸易区”达成了协议。与此同时，东盟各国又积极推进小区域范围的跨国合作，在几个国家毗邻地区建立多个“成长三角”（Growth Triangle），如：新加坡－马来西亚柔佛州－印尼廖内群岛“成长三角”（又称东盟的“南三角”）、泰国南部普吉岛－马来西亚北部四州（槟城、吉打、玻璃市和霹雳）－印尼苏门答腊亚齐“成长三角”（也称“北三角”）、马来西亚槟城－泰国南部素叻－印尼苏门答腊棉兰“成长三角”（大马成长三角）以及由印尼苏拉威西、东加里曼丹、西加里曼丹、马来西亚沙捞越、菲律宾棉兰佬岛和文莱计划筹建的“成长三角”(东三角)等。此外，马来西亚还计划建立包括其东海岸的丁加奴和彭亨两州与印支三国的经济合作区等。“成长三角”已成为资源丰富、经济尚不发达地区进行有效合作的主要形式。“黄金四角”小区域经济合作正是在这一发展形势下提出来的。

(二)建立“黄金四角”经济区是联合开发澜沧江－湄公河和促进中南半岛地区合作的需要

澜沧江－湄公河是亚洲一条重要的国际河流，发源于中国青藏高原，全长 4 880 公里，流经中、缅、老、泰、柬、越 6 个国家，被誉为“东方多瑙河”。它在中国境内称为澜沧江，长 2 161 公里，出境后称湄公河，纵贯中南半岛，在越南胡志明市南端奔泻入海。全河流域面积 79.5 万平方公里，其中中国约为 18 万平方公里，老、泰、柬、越为 60.9 万平方公里，包括老挝、柬埔寨的几乎全部，泰国的 1/3 和越南的 1/5 国土面积。澜沧江－湄公河流域蕴藏有丰富的水能、矿产、生物及旅游资源，开发潜力巨大。早在 1957 年，联合国便协助泰国、越南、老挝和柬埔寨联合成立了“湄公河下游盆地勘查合作委员会”，负责制定湄公河水利资源开发计划并促进、监督和控制该计划的执行。但由于长期以来中南半岛地区局势动荡不安等原因，综合开发利用湄公河的计划进展缓慢。近年来，随着中南半岛形势的发展变化，开展地区间的经济合作日益为人们所重视，联合开发澜沧江－湄公河问题也重新提上议事日程。然而，由于目前尚未建立包括全流域国家在内的综合开发和协调管理的组织机构，没有可依照的开发澜沧江－湄公河国际法框架等原因，短期内开展涉及全流域的合作仍存在许多问题和困难。在这种情况下，泰国主张先在位于澜沧江下游和湄公河上游的中、老、缅、泰毗邻地区进行小区域合作计划便应运而生，并较快地得到了有关国家的响应和支持。

(三)加强区域经济合作是泰、缅、老、中四国经济发展的迫切要求

泰国。推动国内经济持续稳定发展和缩小地区经济差别，是泰国提出“黄金四角”计划的重要意图。近年来，泰国国民经济增长连续保持在 7%以上的速度。但也存在和出现了许多问题，如地区经济发展不平衡，基础设施不足，能源紧张，资源短缺等。经济繁荣主要集中于曼谷及其周围地区，边远地区和内地，特别是东北部地区十分落后，城乡差别、贫富差距日益扩大，造成人口大量流动，带来许多社会问题，成为泰国经济进一步发展的隐忧。为谋求经济的稳定和平衡发展，泰先后提出“变印支战场为商场”、“分散繁荣”、“将工业化引向边远地区”等政策主张，并调整经济结构，加速基础建设，合理分配财富，加强对东北部地区的经济开发。与此同时，泰又加紧同周边国家进行经济合作，提出向印支发展计划和开发泰马印尼三角经济区计划，以利用邻国丰富的资源和市场，带动泰国经济的发展。“黄金四角”计划就是要依据这一新的经济发展战略，在与周边国家的经济合作中，促进泰北地区的经济发展，建立南北并重的新格局，并凭借泰地理位置及经济发展的某些优势，实现以泰国为“龙头”、四角并进的经济起飞的局面，进而在中南半岛推进以泰国为核心的“铢经济圈”的形成，为泰国将来发展成为东南亚地区的金融、贸易、旅游、空运和通讯中心打下基础。

缅甸。发展与周边国家合作是当前缅甸国内政治、经济形势的需要。近年来，缅甸开始对外开放，采取各种措施缓解政治、经济困难，如缓和国内民族矛盾，颁布“外资法”，改善与西方国家关系，寻求与周边国家进行合作等，以摆脱孤立和促进经济发展。所以缅甸对“黄金四角”经济合作计划态度积极。

老挝。促进澜沧江－湄公河的联合开发和区域合作是老挝当前发展经济的强烈愿望。老挝是个内陆国，没有出海口，经济发展受到较大的制约。但它位于澜沧江－湄公河枢纽地带，沿河可上溯至中国，下达到越南出海口，利用这一地理优势，可通过扩大转口贸易，带动经济迅速发展。近年来，老挝政府采取了一系列改革措施，实行对外开放、自由贸易和优惠外资政策，以促进国内经济发展。最近，老挝计划和合作委员会副主任颂蓬大表示希望各国企业家到老挝投资，联合开发资源，并发展交通、通讯及农业等方面的合作。

中国。与中南半岛国家开展经济合作是中国西南地区进一步深化改革和扩大开放的重要内容。改革开放以来，中国西南地区取得了显著成绩，打开东南亚市场和寻找新的出海口，已成为当前西南地区经济进一步发展的迫切需要。"黄金四角"计划北连中国西南诸省及东南沿海地区，东牵印支三国，西接缅泰两国，进而可使中国西南的广大市场与正在实施的东盟自由贸易区相对接，成为中国与东南亚进行交往的重要枢纽和中心走廊。

此外，近年来，中、老、缅、泰之间边境贸易日益发展，合作领域不断扩大，四国的联系日益密切，发展进一步的经济合作已成为四国的共同愿望和要求。

"黄金四角"计划的推进情况

自泰国正式提出建立"黄金四角"计划以来，各方积极推动和参与，做了大量的前期准备工作。经过一年多的不断磋商和协议，一些合作项目已着手进行。

四国已多次举行了磋商和研讨会议。1993年5月下旬，四国高级官员在曼谷举行会议，具体讨论了四国联合发展交通运输的计划。同年8月中旬，四国代表又在泰国清莱举行了"黄金四角"旅游合作会议，表示将进一步加强合作，促进区内旅游业的共同发展。11月，由泰国《民族报》集团出面筹办，在云南省举办了"四角经济区研讨会"。500多名来自中、泰、老、缅的政府官员、学者、企业家以及国际机构的代表参加了会议。与会者对"四角经济区"计划进行了广泛和深入细致的研讨，提出了许多合作方案和有益的建议。

四国的交通合作已经起步。在陆路方面，四国协商决定先修筑景洪－南塔－会晒－清孔－清莱和景洪－景栋－大其力－夜柿－清莱两条公路。据估计，修筑公路的预算为8000万至1亿美元。此外，四国还商议准备共同修建一条从中国景洪经缅甸、老挝到泰国清莱的铁路。在水运方面，准备打通澜沧江－湄公河航道。早在1990年中老两国曾合作进行过多次湄公河航道的勘测。1993年2月，由中国出面组织了中、泰、老、缅四国官员、专家和技术人员组成的近80人的联合考察团，从中国思茅港出发，经过缅甸、老挝边界到泰国清盛、老挝万象，行程1 262公里，历时一周，全面勘探了澜沧江－湄公河河床、河水流速和礁石分布等情况。此后，联合考察团在当年4月和5月又进行了两次勘测，提出用爆破方法排除河中礁石、打通航道的方案。整个工程估计需3000万美元。航道打通后，载重500吨船只可全年通航。航空方面，泰国已开辟了从曼谷经清迈到中国昆明的航线，还准备开辟清莱到昆明、清莱到缅甸和老挝的航线。中国开辟了从昆明经清迈到曼谷的航线，还准备开辟昆明到清莱的航线。

四国都在积极制定推动合作的计划。泰国政府成立了以川·立派总理为主席的推动"黄金四角"经济合作委员会，以制定有关"黄金四角"经济区开发计划，协调与各国对湄公河流域的开发和合作。泰计划以清莱地区为南边发展的重心，把云南省作为向北开拓的目标，积极开展在旅游、能源及第三产业方面的合作，力争形成"金四角"内清莱、云南南北两个旅游、商贸中心。泰金融界也为支持企业界在云南的投资，积极筹建"云南基金"。各商业银行还纷纷前往有关国家设立分行，政府也为此大开绿灯。同时，加紧进行基础设施的规划和建设，如推动湄公河大桥的建设和泰－老－越铁路的修筑。对东北部地区的开发建设也在紧锣密鼓地进行。1993年7月泰政府讨论通过了"全力开发地方经济"计划，对东北部的经济开发给予更多优惠的政策，诸如减免税收、增设约4亿美元的投资扶助资金，拨款64亿美元改造北部地区的公共设施和修建与邻国接壤各府的公路和铁路等。泰国政府还拟为缅甸建筑大其力－景栋的公路工程提供3亿铢（1美元约25铢）的长期低息贷款。除泰国外，中国、缅甸和老挝也分别制定了相应的开发计划和采取了具体的实施步骤。如中国云南省已制定了澜沧江流域综合开发战略，提出了"电力先行、矿电结合、对外开放、综合开发"的方针，制定了澜沧江中下游梯级电站开发规划。装机1 370万千瓦的漫湾、大朝山、小湾、糯扎渡等一批骨干工程已兴建或完成了勘探设计。缅甸和老挝也加强了与中国和泰国在交通、旅游及贸易方面的合作。目前缅泰联合开发"金三角"旅游资源各项工程已开始施工。

"黄金四角"计划的发展前景

从建立"黄金四角"经济合作区的有利条件来看，该计划的发展前景是乐观的。首先，从自然条件看，这一地区山水相连，是四国交往的结合部。连结中、老、缅、泰四国重要纽带的澜沧江－湄公河水道被认为是目前投资最省、见效最快的交通线。该地区自然资源丰富，开发程度较低，土地、生物、矿产、水能及人力资源等都具有巨大的开发潜力。其次，从四国关系和周边环境看，中、老、缅、泰四国历史上就有传统交往，目前也不存在根本的利害冲突和不可调和的主权和安全方面的问题，并都希望通过合作，推动国内落后地区的较快发展。而且各国的经济发展各有特色，在资源、市场和科技等方面均有较大的互补性和合作的潜力。目前，恢复和发展国家经济已成为东南亚各国和中国的中心任务。印支国家经济的复兴、东盟自由贸易区的加快建设以及中国改革开放的深入进行和经济的持续发展，必将推动区内的合作。再次，从国际条件看，国际组织和亚太等其他国家对湄公河流域国家经济合作的支持，也为"黄金四角"经济区的发展创造了良好的条件。今年3月，亚洲开发银行（ADB）提出题为《次区域经济合作－关于柬埔寨、老挝、缅甸、泰国、越南和中国云南省进行合作的可能性》的报告，表示将为推动湄公河流域地区的经济合作作出努力。亚行已同意提供修建老挝至中国约254公里公路费用的80%，贷款在40年内分期偿还。同时，联合国开发计划署（UNDP）以及亚太经社理事会（ESCAP）也表示支持湄公河流域次区域合作的计划，并对一些重大项目进行了规划，如中国南部铁路、公路和东南亚的联网计划，湄公河开发计划，联合禁毒计划，艾滋病防治等。日本、澳大利亚等国表示支持在该区建设公路、打通水路的计划。日本已基本同意协助修建由泰国清莱府昌孔县通往老挝的湄公河大桥，并表示愿援助泰开发东北部和参与湄公河开发计划。日本、法国、澳大利亚、新加坡以及美国和加拿大最近也派人到泰国和有关国家，对四角经济计划进行研究，实地评估投资环境，为将来投资做准备。这些都将会积极推动"黄金四角"经济区的发展。

建设"黄金四角"经济区也存在着许多困难。首先，由于这一地区经济落后，民族众多，社区封闭，在开发过程中势必遇到一些问题，如一些国家的少数民族武装对合作的阻碍、资金难以筹集、非法移民增多、走私贩毒猖獗、艾滋病蔓延及生态环境遭受破坏等等问题。此外，还有出入境管理、投资保障等问题也不易在短期内解决。但是，只要四方加强合作、协调行动、互助互利，并采取有效的防范措施及管理办法，就能够顺利实现“黄金四角”经济区计划，进而不仅为湄公河流域的经济合作打下良好的基础，也会推进整个东南亚地区与中国进行全面合作。

（引自《现代国际关系》1994年第5期）

亚太会议与区域经济合作

现代国际关系研究所 王汉森

1994年11月中旬，在印度尼西亚雅加达同时召开的APEC（亚太经济合作组织）、PECC（太平洋经济合作理事会）、PBEC（太平洋盆地经济理事会）三个有关亚太经济的会议引起了世界极大的关注。冷战后，国际关系的重心从军事对抗转向对经济利益的追求，在新的世界经济格局中，亚太地区的经济增长格外引人注目，甚至出现了世界经济中心东移之说，因此，人们对APEC的第二届首脑非正式会议的关注尤为显得突出。

APEC成立的背景

APEC的成立与世界关税及贸易总协定(GATT)乌拉圭回合谈判未果以及欧洲共同市场成立密切相关。二战后，GATT刚成立，全世界各国的平均关税税率大概是40%，经过7次谈判，已降至5%左右。1986年，缔约国间继续谈判，特别是美、日、欧全球3大经济集团双边贸易摩擦无法缓解，GATT的效果不明显，但区域性经济组织则在全球范围内兴盛起来。欧共体内部日益统一，在GATT的谈判中不再以各个国家出面谈判，而是以整个欧共体为单位；北美自由贸易区业已签署。相对而言，泛亚洲地区的经济集团则尚未形成。经济共同体的概念已早在60年代提出，80年代成立太平洋经济合作理事会（PECC），开始酝酿如何促进区域内的经济。1989年，澳大利亚总理霍克赴韩国访问时，在汉城提出亚太经济合作组织的构想，这个想法得到了亚太许多国家的支持。

APEC是亚洲和环太平洋国家和地区建立的经济论坛，其设想是促进亚太地区的经济合作与交流。APEC第一届部长级会议于1989年1月6日—7日在澳大利亚的堪培拉举行，有12个成员国和地区参加了此次会议，会议决定继续推进亚太经济合作，但不谋求建立一个贸易集团。1990年7月29日—30日在新加坡举行第二届部长级会议，参加者仍为12年成员国和地区。会议就亚太经济合作达成共识。第三届部长级会议于1991年1月2日—14日在韩国汉城举行，中国以及台湾和香港地区第一次作为APEC成员参加会议，会议通过了《亚太经济合作组织汉城宣言》。第四届部长级会议于1992年9月10日—12日在泰国曼谷举行，参加者为15个成员国和地区，会议选举新加坡为其常设秘书处所在地。由此，APEC从区域性论坛向机构常设化迈出了实质性的一步。第五届部长级会议于1993年11月17日—19日在美国西雅图举行，参加者为17个成员国和地区。会议通过《贸易和透支框架宣言》。11月20日又举行了首次领导人非正式会议。从此，APEC开始了真正意义上的经济合作。

区域经济合作中的竞争因素

自1993年底APEC西雅图会议以来，亚太国家和地区进一步认识到发展经济合作的必要性，并在协商和对话机制、放松经贸限制、促进经济合作等实质问题上取得一定进展。1994年日本对亚洲国家的外交活动十分活跃，商界积极加强同亚洲国家的经贸联系，学术界把“脱亚入欧”论改为“脱欧入亚”论。美国更加重视亚洲在世界经济中的作用，美国比以往更加强调它是一个太平洋国家。今年美国把对中国的最惠国待遇与“人权”问题脱钩，并且还改变了对中国三峡工程的立场，表示支持美商参与此项工程。“四小龙”也采取了一些具体行动促进亚太经济合作。东盟已决定自1994年1月起，逐步对特定类产品实施“共同有效优惠关税”，并准备与越、老、柬、缅四国一起组成“东南亚共同体”。去年APEC部长级会议及领导人非正式会议的各项倡议相继得到落实，召开了多次高层会议，如PAEC财长会议、环境部长会议、工商论坛及教育计划会议、“领导人特别会议”及贸易部长会议。这些步骤表明经济合作进入具体实施阶段，已成为亚太地区的主要动向。

仍未除去的阴云

美国去年秋天在西雅图主持了第一次APEC非正式首脑会议，为之提出了谋求亚太开放的地区合作的方向。对于美国提出的“亚太经济共同体”，亚洲各国曾加以抵制，而且围绕这种基本认识出现的对立，1994年也继续存在。美国日益重视APEC，但对马来西亚建议的“东亚经济核心论坛”表示警惕，而亚洲国家担心美国主导亚洲市场，欧盟则反对美国与亚洲联合。这些矛盾使得亚洲经济联合的形式难以确定。对于亚太地区贸易自由化进程，美国、澳大利亚、加拿大等发达国家持积极推进的态度。美国迫切主张APEC实现制度化，主张各种委员会尽早发展成常设机构，使有关规则具有约束性，建立地区贸易体系等。APEC各人小组在1993年提出的第一个报告要求明确支持自由贸易和确定达到自由贸易这个目标的预订日期。另一个主张是让亚太国家相互给予的贸易优惠要超过关贸总协定所有成员国享受的优待。这种做法的目的是利用APEC对其他国家和地区的谈判优势在全世界实现最大的自由化。与此形成鲜明对照的亚洲观点是“逐步发展”经济合作。这种观点要求逐步发展地区联系并坚决拒绝类似贸易集团一类使集团成员享受优惠的组织。这种态度最明显地体现在东盟组织中，特别是马来西亚竭力反对APEC机制化或形成一个所谓的亚太自由贸易区或共同体。虽然多数亚洲成员认为APEC保持松散的论坛性质更符合亚太地区目前的实际，但发达成员并不满足于此。去年西雅图会议结束后，美国即宣称要在1994年“使论坛变成能消除贸易投资壁垒的组织”。美国与澳大利亚结成联合阵线，争取日本支持，大力推动松散的亚太地区的经济合作走向机制化。印尼原来也不赞成贸易自由化，但它近年来石油收入减少、外债不断增多，急需要通过开放和自由化吸引外资，增强和提高经济实力。因此，作为APEC主席国，它改变了对自由贸易的看法，并对亚太贸易自由化计划提出了具体建设。

两次会议同一个焦点

1993年在西雅图争论的焦点是，美国和澳大利亚发起组成的APEC作为一个地区贸易组织，其未来发展道路是否应受美国摆布。1994年的争论焦点仍是，APEC是否应当成为受美国支配的一个贸易集团。

亚太地区最近的经济增长引人注目，

APEC 区域内 17 个国家和地区在世界经济中占有重要地位，根据联合国贸发会议 1994 年度报告预计，95 年 APEC 区域内贸易额大大超过欧洲联盟。这种增长是亚太地区各国贸易和投资活动增多促成的。美国的决策者及其盟友要求集中力量就迅速消除贸易壁垒达成具有法律效力的协议和制定出时间表。亚洲一些决策者担心这种态度会导致建立他们所反对的自由贸易区。他们赞成逐渐向前发展的态度。APEC 可以帮助把这两种态度结合在一起，即设法促使各国就削减贸易和投资壁垒的一些政策达成协议。不管这种范围很广的辩论取得什么结果，奠定这种自由贸易的基础能促使本地区各国逐渐加强经济合作。

从此次会议看未来世经走向

这次在雅加达郊外茂物的会议最为令人关注的是贸易和投资自由化问题。第二届首脑非正式会议将讨论由名人小组（EPG）所做出的建议：（1）各会员国承诺在公元 2000 年前开始执行区域内所有商品、服务、资本、投资自由流通的目标。（2）同意 APEC 投资原则协约，促进达成国际投资的多边协约。EPG 建议今年 1 月在印尼举办的 APEC 首脑会议上应定明确的时效，形成区域内贸易自由化的目标，其中经济发达国家如美、日、加等国应在 2010 年完成。新兴工业化国家和地区如新加坡、韩国、台湾可望于 2015 年内完成目标；其他剩余的国家最晚则在 2020 年完成。

亚洲目前的经济繁荣是在没有形成贸易集团、也没有出现让成员国享有特殊经济优惠并歧视非成员国的情况下实现的。目前的经济繁荣只不过是以市场力量为基础的。这个地区的关税和非关税限制都同样适用于关贸总协定所有成员国。亚洲国家相互贸易和相互投资都随着生产和国民收入的增加和贸易壁垒的削减而增多。

短期看来，贸易自由化必将冲击弱国的弱势产业，但从长远看来，一旦区域内降低关税，促使贸易量增加，国民所得亦会增加，生产产品质量优越的国家自然会得到较多的好处，而且贸易的移转效果更能促使各国趁机调整产业结构，进行产业升级。世界银行认为，如果东亚国家把目前对世界其他国家商品设置的贸易壁垒降低 50%，那么到 2000 年，全球的收入可能会比现在预计的多 1000 亿美元。这笔额外收入相当于预计因实施乌拉圭回合达成的各项贸易协定而增贸易收入的一半左右。任何一种额外的贸易自由化措施的主要受益者，都会是中国和东盟六国。东亚新兴工业国家以及欧洲、加拿大、美国也可能获得重大的好处。尽管东亚的发展中国家最初可能出现较高的贸易逆差，但是由于投资体制的改革使投资得到增加，这些逆差一般来说可能会得到弥补。总的影响可能是东亚国家的贸易顺差下降，而欧洲联盟和美国将出现贸易逆差，从而有助于东亚地区保持政治和经济的稳定。

APOLLO
太阳神

太阳神公司简介

广东太阳神集团有限公司成立于1988年，是经国家工商行政管理局批准注册登记的中外合资企业集团。主要从事保健口服液、药业、饮料食品、酒店等业务，年营业额10亿元以上。太阳神集团在全国各大中心城市均设立分支机构及专业较强的市场推广队伍。

公司总部办公地址：广州市天河区南二路六运六街27～29号。

电话：020—5512188。

GUANGDONG APOLLO (GROUP) COMPANY LTD BRIEF INTRODUCTION

Guangdong APOLLO (Group) Company LTD was founded in 1988. It is a sino-foreign joint venture group enterprise, approved and registered by the State Administration for Industry and Commerce. The Company is primarily engaged in the business of producing concentrated oral liquid health-care products, pharmaceuticals and food and beverage products. Guangdong APOLLO (Group) Company LTD also invests in restaurants and other business. Gross annual sales exceed one billion yuan. Guangdong APOLLO (Group) Company LTD has set up branch companies in many large cities throughout China and at the same time has also assigned highly professional sales teams to these locations.

Guangdong APOLLO (Group) Company LTD Headquarter Office Address:
No. 27—29 Liu Yun Sixth Street
South 2nd Road Tian He district
Guang Zhou
Tel: (020) 551 2188

真诚·理解
合作·进取

①

③

②

①生物健口服液　［粤卫药健字(1989)Z－18 号］
金菇儿童口服液　［(1992)粤食卫准字第 371 号］
②生物健口服液　［(1987)粤食卫准字第 22 号］
　　（浓缩型）
③猴头菇口服液　［粤卫药健字(1991)Z－015 号］

董事长兼总经理　张建华

大路公司

THE BIG-ROAD COMPANY

珲春大路公司包括珲春市大路房地产开发公司及珲春大路经贸有限公司两个子公司，董事长张建华先生先后在香港、哈萨克斯坦、北京、深圳、石家庄、哈尔滨、珲春等地投资，业务范围遍及房地产、工业、商贸、旅游、文化娱乐。建华产业商誉卓著。

大路公司在"首届珲春十佳外来投资企业"评比中以1846票荣登榜首。

1994年大路公司被评为延边朝鲜族自治州先进私营企业。

1994年大路公司被评为吉林省尊师重教和捐资助学先进集体。

建华产业奉行儒家经营思想，愿与海内外各界朋友共创商业坦途。

The Hunchun BIG-ROAD Company is the parent company of Hunchun BIG-ROAD Real Estate Development Company and Hunchun BIG-ROAD Economic and Trade Co Ltd. Mr. Zhang Jianhua, Chairman of the Hunchun BIG-ROAD Company, has made successive investments in Hong Kong, Kazakhstan, Beijing, Shenzhen, Shijiazhuang, Harbin and Hunchun in a number of business sectors including real estate and property development, industry, commerce and trade, tourism and cultural entertainment. All of Chairman Zhang Jianhua's business ventures have an outstanding reputation.

The BIG-ROAD Company received 1846 votes and was ranked number one among the top ten External-investment Enterprises in Hunchun.

In 1994, the BIG-ROAD Company was recognized as an advanced private business enterprise in Yen Bien Korea National Autonomous prefecture.

In 1994, the BIG-ROAD Company was also ranked as an advanced collective in Ji Lin Province for its respect for teachers, attaching great importance to education as well as for its donations to and support of schools.

Pursuing Confusianism as its business philosophy, the Zhang Jianhua's business ventures wishes to work for a prosperous future together with friends from all walks of life, from home and abroad.

Address of the BIG-ROAD Company:

Jing Yuan Small Area City Hunchun　　Tel: 0440 252 5607, 252 5678

Jilin Province　　FAX: 0440 252 5678

大路公司联系地址：吉林省珲春市靖园小区

电话：0440—2525607、2525678

传真：0440—2525678

江阴天江制药有限公司

天江公司系中外合资企业，占地面积 108.6 亩，投资总额 500 万美元，拥有国内外先进的中药加工设备和检测仪器，采用净化空调系统，药品生产区洁净度 10 万级，专业技术人员占 25%，严格执行 GMP 标准。1993 年 3 月 31 日被国家中医药管理局列为“全国中药饮片改革试点单位”。1993 年 3 月“单味中药剂型改革”项目列入国家科委星火计划。1994 年 3 月“中药饮片浓缩颗粒剂”项目列入国家科委火炬计划。主要生产经营单味中药饮片精制颗粒、复方中药精制颗粒及营养保键品等。董事长李志宏，总经理周嘉林。

Tianjiang Pharmaceutical Company Ltd. is a sino-foreign joint venture enterprise with a total investment of USD 5 million. The Company's facilities cover an area of 7.24 hectares with advanced domestic and foreign traditional Chinese medicine processing and inspection equipment. In addition, the facilities have equipped with an air purification and conditioning system. The workshops, where GMP standard is strictly implemented and maintained, meet the high sanitary standard of 100,000 clean degree. 25 percent employees in the company are professional technicians. On March 31, 1993, the Company was chosen by the State Administration of Traditional Chinese Medicine as one of the "All-China work Units to conduct Experiments in Reform of Traditional Chinese Medicinal Herbs Tablets". The Company's project of "The Drug-form Reform of single Chinese Medicinal Herbs" was listed in the "Spark Plan" of the State Science and Technology Commission in March 1993. The Company's project of "The Concentrated granules of Traditional Chinese Medicinal Herbs in Tablet Form" was listed in the "Torch Plan" of the State Science and Technology Commission in March 1994. The Company is mainly engaged in manufacturing highly-finished separated traditional Chinese medicinal herb granules, highly-finished compounds of traditional Chinese medicinal and health-care nutriments, etc.

President of The Company: Li Zhi Hong

General Manager of The Compangy: Zhou Jia Lin

Add: The Intersection of Cheng Zhang Road and Zhen Cheng Road in the Western Suburb
Jiangyin City
Jiangsu Province 214433

Tel: (05217) 809380, 891529   Fax: (05217) 804980

Beijing Office:

Add: Rm 509, Zhong Cheng Building Zhongguancun, Haidian District Beijing

Tel: 010) 2613662   Director: Mrs. Liu Jing Tien

JIANG YIN TIANJIANG PHARMACEUTICAL CO. LTD
JIANGSU PROVINCE

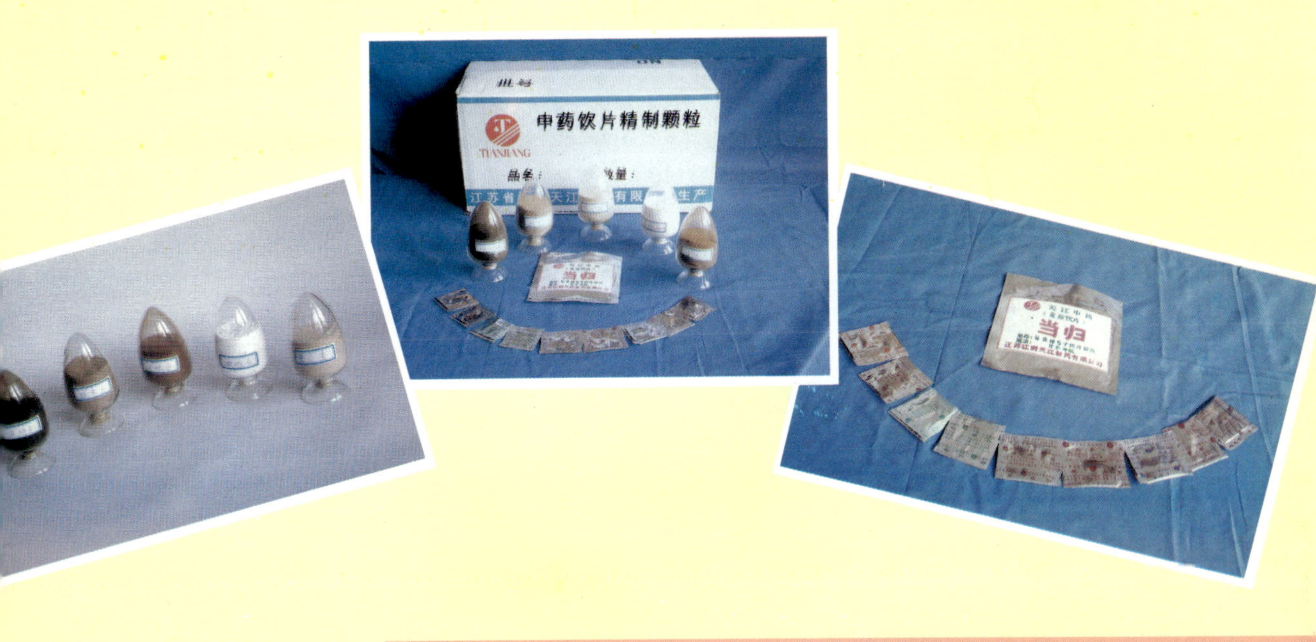

- 替代汤剂，免煎易服
- 浓缩颗粒，中药成份完善
- 剂量精确，增强药效
- 携带方便，清洁卫生，病员使用放心
- 配方简便，储存方便，利于中药管理
- 发挥中医辨证论治特色，可随症处方调配

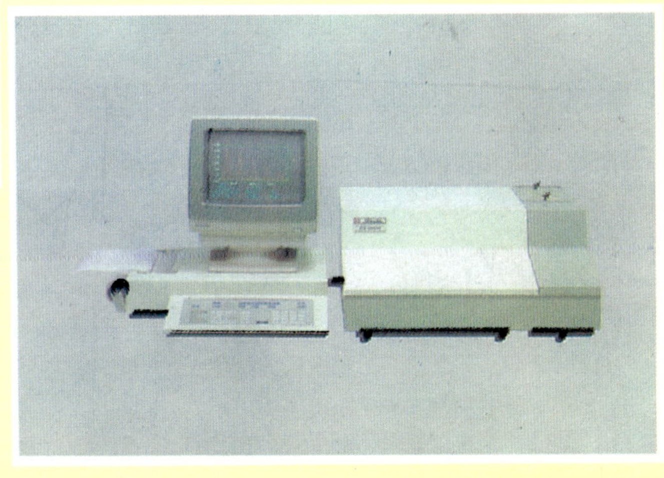

天江公司联系地址：江苏省江阴市西郊澄张路镇澄路口
电话：(05217) 809380，891529
传真：05217—804980 **邮编**：214433
驻北京办事处：海淀区中关村中成大厦 509 室
电话：2613662 **联系人**：刘京田

北京华人经济技术研究所

BEIJING INSTITUTE OF ECONOMICS & TECHNOLOGY FOR CHINESE (BETIC)

北京华人经济技术研究所于 1993 年 1 月注册成立，是专门从事当代海内外华人经济研究的机构。在实践中已逐步形成具有权威性的信息、资料网络，拥有众多的在经济、金融、信息、新闻、侨务、法律、科技、外交、商贸等领域经验丰富的专家、学者和知名人士为顾问。

研究所下设综合办公室、信息咨询部、对外联络部、学术部和《华人经济年鉴》编辑部等业务部门。研究所的主要工作有：

1. 逐年编辑出版《华人经济年鉴》。这是一部大型实用工具书，是目前国内唯一一部正确、系统、客观反映世界各国和地区华人经济历史、现状以及有关的信息、资料和华人与世界各民族合作的刊物。《年鉴》1994 年创刊号的出版，已博得了各界的广泛好评，起到了预期的促进海内外华人界联系的效果。 2. 发挥海内外华人经济技术人才优势，开展各种形式的调查研究，不定期举办小型专题研讨会或联谊会，使研究所成为华人经济技术和学术交流的纽带。 3. 开展咨询服务活动。通过各种形式提供海内外有关华人经济的信息、资料和投资环境的介绍。 4. 促进和组织研究华人经济的理论工作者和实际工作者之间的交流、沟通、协调、合作，进行考察活动和专项人才培训。 5. 编译出版有关书刊和信息资料。

Beijing Institut of Economics & Technology for Chinese was established and registered in January 1993. BETIC is a special organization which uses a unique and authoritative information network in order to conduct economic research for Chinese at home and abroad. BETIC has a large number of experts and scholars as its consultants specializing in the following fields: Economics, Finance, Information Services, News, Overseas Chinese Affairs, Science-Technology, Diplomacy, Commerce and Trade-Business.

BETIC has five departments including Administrative Office, Information Consultancy Department, Public Relations Department, Analysis Department and The Editorial Staff of the *Chinese Economic Yearbook*.

BETIC's main tasks are as follows:

1. To edit and publish annually the *Chinese Economic Yearbook* which is the only systematic and objective Chinese reference guide reflecting accurately the current and historical economic situation of overseas Chinese throughout the world as well as information regarding cooperation between Chinese and other nations. The publication of the first issue of the *Chinese Economic Yearbook* in 1994 received wide praise in all circles and fulfilled expectations by playing a positive role in promoting contact between Chinese at home and abroad. 2. By taking advantage of Chinese economists and experts at home and abroad, BETIC will conduct various research projects. BETIC will also on occasion organize specific seminars or social receptions which will provide opportunities for BETIC to establish a network of economic and technology analysis for Chinese people. 3. To provide development and consulting services as well as providing the global Chinese community with economic information, materials and introduction to the investment environment. 4. To promote and organize exchanges, cooperation and coordination between theorists who study the economics of Chinese throughout the world and persons with concrete economic experience. BETIC will also conduct economic studies and implement personnel training programmes. 5. To edit, translate and publish relevant books and other reference materials.

第五篇

华人经济文化研究

一、专论

- 中国的现代化与香港“九七”
- 现代海外华族与华人社区
- 当前世界华人经济发展的国际化趋势及影响
- 走向 21 世纪的东南亚华人经济
- 东南亚华人企业集团的兴起及其海外投资
- 道教文化与海外华人民族心理
- 亚洲“四小龙”的人力资源开发

二、探索与争鸣

（一）文明冲突说

- 国际政治的又一种透视
- 文明冲突能否主导全球政治
- 未来的文明与文明的未来

（二）华人经济圈说

- 悄然兴起的“华人经济圈”
- “华人经济圈”易生歧义
- 大陆、港、澳、台的经济协作与中国经济之发展
- 面向 90 年代的“中华经济协作系统”

三、论点摘编

- 关于华侨华人
- 关于华人经济
- 关于中华文化
- 关于华文教育
- 关于大陆与台港澳的经济合作
- 关于广东与港澳、海外华人的经济合作
- 关于中国大西南与东南亚的经济合作关系

一、专 论

中国的现代化与香港“九七”

在欧洲华人学会第八届国际学术研讨会上的演讲

霍英东

1995 年 7 月 31 日

尊敬的大会主席、各位女士、各位先生：

我非常高兴又有机会在这个两年一度的、令人愉快的年会上与贵会的各位朋友和来宾见面。我是以一个香港工商业者的身份参加这次盛会的。本届年会以《海外华人与中国文化》为主题。中华文化在世界的文明史中占有重要的地位，能够延续数千年而不衰，自有它存在的客观道理。它是属于世界各族人民的宝贵财富，贵会举行这样一个重要会议，影响深远，造福将来。请让我向贵会表示衷心的祝贺！

我记得 1991 年 7 月间，我曾在贵会的年会上作过一次讲话。现在四年过去了，世界又发生了许多事情，香港和中国同样发生很多事情。譬如，世界经济的重心一步步更加清楚地向东亚地区转移，珠江三角洲已经被人称为“世界最大的工地”；中国改革开放一步步地向深度和广度发展，国家的经济力得到相当的加强；香港由于更加接近“九七”而出现的问题多多，等等。本来，世界经济重心的转移，中国推进自己的改革开放路线并取得一定的成果，香港“九七”的回归都是必然的、正常的、无可避免的，是对世界进步、文明、繁荣的一件好事，只是近年又出现一些奇怪的事端。譬如，“睡狮”、“黄祸”[①]之说忽然又流传起来。狮子是食人的，醒了怎么办？“黄祸”是指蒙古帝国横扫半个地球的历史，那时候中国是受害者，传播这些吓人的“譬如”的目的是什么？同时香港也出现种种反常的事端；台湾再次变成某些西方国家的政治筹码，岛内甚至还有人叫出“告别中国”的口号，在中国大陆周边掀起一个一个波浪。我以为中国人是不会愿意见到自己的国家四分五裂，如果我们还有一点自尊，我们不愿被人指手划脚，我们到底做了什么错事？我们只是想和世界各民族平等相处，我们只是想走向现代化，我们只是想国泰民安！我不明白引起这些事情有什么背景，说明了什么，会变出什么结果？我只是作为一个长期在香港生活的商人，一个亲身感受现代中国种种大灾难和大变革的普通中国人，觉得有一些问题，想借今天的大会跟各位交换一下我的想法。

中国强大时，给了世界什么？

众所周知，在大约二三百年前的一千多年间，中国曾经是世界上最繁荣、最富裕、最文明的国家之一。那时，中国贡献给世界的是《易经》、《论语》、《孙子兵法》、《永乐大典》[②]，世界最早的《甘石星表》[③]、地动仪、浑天仪，特别是被人认为“挑翻整个旧世界”的四大发明。以及从都江堰、万里长城、丝绸之路、大运河、赵州桥等工程所表现出来的中国的智慧和品格。十三世纪末的马可·波罗从中国返回威尼斯时，把中国当作天堂来介绍，使十四、十五世纪的欧洲人大开眼界。十五世纪后期的哥伦布，正是从马可·波罗的游记中对中国着了迷，才有他后来对世界作出巨大贡献的地理大发现。

虽然中国也有过几次拓边的历史，但作为一个大陆国家，自十五世纪世界几个主要国家开始进入“海洋时代”之后，中国至少在国家形态上显得太过稳健和保守，缺乏新的开拓精神，实际上已隐藏着早晚要落后、挨打的危险，更谈不上对海外造成什么威胁。

最典型的一个例子就是三宝太监郑和。郑和在1405—1433年间，带着当时世界最庞大、技术最先进的舰队七次下西洋，比哥伦布的探险早60年，比达·伽马早70年。其船只260余艘，装27000多人；而哥伦布的航行只有3—17艘船，装90—1500人[4]。可惜郑和是官方代表，其出航是与海禁政策一起推行的，主要目的是宣扬国威。这与哥伦布为寻找新资源、新机会、新市场而作的私人探险活动完全不同。中国人正是在此历史大转折的关头，失掉了通过两半球碰撞而引发商业大革命的大好机会。大明帝国为了加强皇朝的专政统治，其政治本位、官本位、权力本位、保守性愈来愈强；而西方为了发展市场经济，开拓新的道路，使经济本位、商业本位、财富本位和创造力得到充分的发挥。此后，中西方的距离亦因而拉开了。

到十六世纪后期，中国虽然一度开放海禁，广州、泉州等地，通过菲律宾与美国迅速开发海上丝绸之路，但在西方殖民主义的冲击下，中国很快便退回闭关锁国，自给自足，自我陶醉的大陆环境中。表面上，直到十八世纪后期，清帝国的人口等于包括俄国在内的欧洲的两倍，国内市场和贸易也远远超过欧洲，国家还处于鼎盛时期。那时，动辄以“经济制裁”对待外国的不是美国，而是大清帝国。取消口岸、闭市、封舱、禁运、停止与西方商人贸易等命令，清廷一个接一个下达。连林则徐等最有眼光的改革派，也自以为凭茶叶、大黄便能扼制外人生命，常把贸易从甲国转让给乙国，以示“制裁”，即所谓“以商制夷”[5]。那时，正是乾隆炫耀“十全武功”[6]的时候。中国人竟不知道一个历史性的生死搏斗即将来临，当局竟还是那样闭塞，那样不顾时势，那样自欺欺人，却不知盛世的骄奢早起，吏治的腐败已严重，八旗子弟开始变质，加上人口的压力大增，边乱频繁，天灾人祸叠起，长期重农抑商政策与忽视海外发展的消极后果已显现。就这样，一个曾经以文明、繁荣著称世界过千年的东亚大帝国，一个蕴藏着巨大发展潜力的国家，匆匆四五十年间，竟至一落千丈，中国人百年挨打的屈辱便开始。人类的历史，没有比这更大的悲剧了。

我们可以看到，在中国强大时，向世界提供的主要东西，一是最宝贵的精神与物质财富，二是为什么忽然会盛极而衰，竟至突然败落的深刻历史教训。

中国衰落时，外国列强给了我们什么？

大清帝国的突然滑落，一个最直接的原因就是跟鸦片毒品有关。十九世纪卅年代，英国人的鸦片潮水般从广州倒入，不仅严重地破坏了中国的经济，掠走了大批财富，而且腐蚀了整个官僚系统，败坏了社会风气，伤害了中国人民的体质。其流毒之深广，真是史无前例。大清帝国每年因鸦片而流失国外的白银一项，达一千多万两，接近每年全国总收入的四分之一[7]。广州作为当时中国工商业最发达的城市，亦因市场的被破坏而衰落。

今日的禁毒，已成为世界性的行动。美国为了“禁毒”，甚至可以派军队把人家的总统捉回来。但当年林则徐在虎门销毁毒品的壮举，只换来英国人野蛮的入侵，被迫签订南京条约，要缴付1944万两白银的赔款，各种被迫送出的特权和香港的被迫割让，以及更大规模倒入的鸦片。一个当时还是最庞大、最完备的大陆帝国，从此一蹶不振。

大清帝国的衰败，在中日甲午战争中彻底暴露无遗。此后，列强便把中国当做“病夫的遗产”，疯狂瓜分。从1842至1919的七十七年间，外国列强强迫中国签订的不平等条约，多达709个，其中属中英之间的就有163个。到了1949年，这种不平等条件约竟达一千多个，割地一百多万平方公里，总计赔款达19亿5千3百万银元，相当于清政府1901年收入的16倍、1901年全国工矿总资产的82倍。被疯狂掠夺的财物还未计算在内，战争造成的损失亦未计在内。仅仅八年抗战，中国便伤亡3500万人，损失600亿美元。还有总计62亿多银元的外债，其中约88%为军事、政治性恶债。鸦片战争的巨额赔款，70%由广东负债，还有大批苦力被掠夺出国，广东的落后亦与此有关。⑧

1842年8月29日（时道光任皇帝）在中国近代史上签订第一个耻辱的“南京条约”。砵甸乍（英侵略军指挥之一、后出任（港督）对耆英（将军）、伊里布（中堂）发表一番专横、伪善的讲话：“要禁止在英国种植鸦片或禁止这害人的贸易，是不合乎英国的宪法的，这是做不到的。即使英国用专利的权力禁止鸦片的种植，对中国也毫无益处。中国人不将吸烟的习惯彻底扫除，这只能使鸦片贸易从英国手中转到别国手中。假如你们的人民是具有道德的，他们绝不会染此恶习；假如你们的官员是廉洁守法的，鸦片便不会到你们中国来。几乎全印度所产的鸦片全销于中国，假使中国人不能革除吸食鸦片的恶习，假使中国政府的力量不能禁止鸦片，那中国人民总要设法得到鸦片，而不管英国的法律如何……”。堂堂大清帝国，为什么会给英国侵略者指着鼻子数落得无地自容！？“人先自侮，然后人侮之”，知耻近乎勇，鸦片战争的历史和教训，我们和子孙后代都应当铭记心头。

一部中国近代史，就是中国人在这一千多个不平等条约下受侵略、欺侮、凌辱、践踏、宰割、歧视、挨打和蒙受奇耻大辱的历史。这就是中国衰弱时，列强给我们的东西。百年来，以中国之大，历史之悠久，文化之深厚，竟被挤到世界舞台的边缘，受尽大小各国的欺侮，简直焦头烂额。人类古今之耻，实以此为最。想到这一点，也许会明白今天某些人的“睡狮”、“黄祸”之说究竟是什么意思了。

我不想在各位学者面前讲解中国近代史，只是看到眼下的一些中国人似乎喝了忘川之水，雨过忘雷，忘记了这段历史而有感而发。在老一辈人心中还有无法平抑的巨大伤痛时，新一代人对这段残酷历史却已几近无人认识，这不能不使我不无感慨了！

我自已是不会忘记这段历史的。我出生的那一年正是孙中山在广州就任大元帅，全国要求废除“廿一条不平等条约”及收回旅顺、大连；北洋政府的军阀正在混战，英美法日各国正在天津、长沙、北京、上海、广州接连恐吓、示威、挑衅闹事的一年。我12岁时，中国便进入全面抗战时期，到香港沦陷时，我才18岁，高中还未读完便被迫停学了。我亲身感受中国近代的屈辱史，所以，我对近百年来那些为中国寻求解脱之路，前赴后继地探索和牺牲的先行者，一直怀有崇敬的心情，对他们的事业非常向往。这一解脱之路，这一事业，就是开拓中国现代化之路。

中国早期现代化之路的艰难

近代中国的落伍，应从清顺治的海禁、迁海、实行闭关自守政策开始。这一政策名为防郑成功、张煌言的反清活动，实际上是大清帝国一向推行重农抑商、专制封闭政策和妄自尊大的表现。其结果是扼杀了资本主义的萌芽，阻碍了科学技术的发展，窒息思想文化的交流。当时的嘉庆皇帝甚至愚蠢到有“天朝下宝远物”[9]之说，连西方人传来的地图、历法、地球仪、火枪、船模、望远镜、钟表、玻璃全当做好玩的贡品。只有鸦片例外。就连极力主张闭关的代表人物琦善家里还藏有番银1000万元[10]，其洋化程度远超过大贪污犯和坤。

腐败，一向是中国的致命弱点。据史家的调查，在上世纪六十年代推行洋务运动时，中国所有军工、民用和私营企业的资本总额只有2000多万元，而在大官僚手中的资本却在若干亿两白银以上。容闳就说李鸿章一家的私产高达4000万两[11]。这些资金不肯用于工商投资，而只是购置田产，挥霍享受，或窖藏起来。比较起来，李鸿章年代的腐败还远不如民国的军阀。

内乱不断，一再加深中国的危机。民国以来，情况更为严重。像广东的陈铭枢、陈济棠之战那样，山东、陕西、贵州等地也大战不休。四川在二十二年中的战乱，竟有四百多次。[12]全国十九年大内战惨不堪言，经济、政治、社会混乱到极点，人力、物力耗尽，国家的基础已近一无所有。

腐败与动乱会毁灭一个国家，我们必须以此为鉴。正是专制主义、蒙昧主义、腐败、内乱与外国势力贪得无厌的欲望、疯狂的暴力、政治讹诈、凶悍的入侵结合一起，把中国推到落后、挨打的道路上。

这一切使中国在寻求走向现代化的道路时，一开始便被迫走到抵御外侮、救亡图存的路上，因而要付出特别惨重的代价。而且，现代化的进程也一再被打断。中国早期现代化之路，确实十分艰难。

事情虽然如此，但中国文化根基深厚，国家衰而未绝，贫而未竭，中国人德性未失，智慧和力量犹在，奋斗精神尚存。列强的介入，使中国面临“三千年未有之大变局”，各界精英奋起抗争，一百多年来，未见有停顿之时。从“师夷”、“应变”、“自强”、“求富”、“商战”、“学战”、“变法”、“维新”、“新政”、“宪政”等策划，到悲壮的“救亡”、“图存”的行动，到雄心勃勃的《实业计划》和关于“西化”、“欧化”、“世界化”的热烈争论，还有义和团、洋务运动、辛亥革命、五四运动、北伐战争、解放战争等，一个接一个的民族运动、爱国运动和战争，实际上都指向一个目标：寻找中国的现代化道路。中国近现代最有作为的精英，均无例外地投入这一事业之中。

中国走向现代化是历史的必然选择

回想本世纪上半叶的历史，外国列强似乎总站在中国政治舞台的守旧派一边，反对新兴的力量，更乐于见到中国的分裂，支持各自的代理人，制造混乱，而最理想的，还是把中国瓜分了。

列强对中国的政策之错误，其设计之不合时宜，连本世纪初率兵入侵中国的八国联军司令瓦德西都清楚地知道。瓦德西曾明白无误地说过：“无论欧、美、日各国，皆无此脑力与兵力可以统治此天下生灵四分之一……故瓜分一事，实为下策。”[13]

一个千年相继的、庞大的国家，自有她历史、地理、民族和文化方面的内在力量，外来的一时势力，怎可存有无理的奢望?!今天，不论是思想家、企业家、政治家都一致认为，中国已无路可退，唯有排除一切险阻，义无反顾地走向现代化，才会回到世界发展的主流。这样，只要中国自己不出问题，世界上是再也没有力量可以阻挡她的前进。

其实，西方人的“睡狮”、“黄祸”之说，与西方现代政治学的成果是矛盾的。现代政治学的成果说明：一个国家现代化程度愈高，政治会愈开明，社会愈稳定，文化愈开放，经济愈繁荣。赤贫国家的暴力事件，是富裕国家的四倍[14]。虽然现代化过程可能会出现混乱，甚至可能是经济、政治、文化、社会动荡幅度最大的历史时期。但现代化与稳定性是不可分的。为何中国要走向现代化，反而会有“祸”起呢？

对中国能否走向现代化之路，如果还有一点忧虑的话，那就是中国人自己了。中国近世之现代精英追求现代化的努力，已经不知道有多少次。究竟有几次碰到过历史性的机遇？三次，四次，五次，六次，都有人说过。在一本叫《九死一生》的书中甚至说是九次。不过，事情是否果真如此就不知道了。譬如“洋务运动”是否真把洋务搬来，中国就可实现现代化？又譬如“新文化运动”，谁为“体”，谁为“用”，争论非常热闹。好象“体用”之说一旦争得明白，中国的现代化就有望了。是否如此，我自然不懂。我只是想，现代化问题如果只是在文化上进行讨论，是会很被动的。还有什么“立国”之争，情况也是如此。

我以为，中国人的失误之一，就是不仅迟迟未真正认识到现代化是无可避免的历史选择，而且未能认识到现代化是包括城市化、工业化、世俗化、制度化、民主化，以及民众积极参与社会、经济、政治活动的一个有机整体。我们很难想象，任何单一方面的进展，可以导致现代化的实现。

譬如要求民主，我是支持的。但我同时赞成，在目前的中国，民主要与权威有个统一。思想是一回事，现实是另一回事。中国古代就有“民为贵，君为轻”的思想了，为何千百年过去，还未有民主？这说明，民主是个很复杂、很独特的过程。民主要以科学为基础，因而要以现代化为基础。为了得到今天的“民主”，英国人花了六百年时间，美国人花了一百多年时间。其实际所得，还不是真正的民主。英国人得到“民主”，却又野蛮地挟武力东侵，德国人也得到“民主”，结果是发动了两次世界大战。

章太炎是清末激烈的改革派，后来却被批为保皇党，其原因值得专家去分析。中国当然不要有皇帝，但需要有领袖、有权威，要上令下行。人民有权监督政府，腐败当然要反，做官要有法度，要多听各种不同意见，人人要心系国家安危，全心全力把经济搞上去。民主的风气，民主的制度，就会在这个过程中一步步发展起来。要想一夜抹去二千年的传统是不现实的。物质文明与精神文明是相辅而行的，没有现代化的物质文明，现代化的精神文明是建立不起来的；没有现代化的精神文明，物质文明就会停滞，倒退，甚至于崩溃。古埃及、罗马、波斯及我国汉、唐盛世，其灰飞烟灭的历史可以作为后人殷鉴！

官商经济若不改变，中国的现代化未必能实现

历史的必然是一回事，历史的事实又是一回事。一个历史必然的东西，往往会因另一个历史事实而被延误几百年。作为历史必然的中国现代化，未必能保证在我们这一两代人之间实现。

以我的观察，直到目前为止，推动中国经济发展的主要力量，还不是真正的市场经济。中国的经济在本质上还不是企业经济，不是资源经济。其根子就是政企不分，众多的有权人士不肯转换角色，不肯放弃可以猎取经济利益的机会。市场经济的基础在于公平竞争，一有权力插手，公平就没有了，竞争也没有了，市场更无从说起。至于权力如何导致腐败，已经是学生的常识了。

中国人非常聪明，有文化、有科学、有技术，同样有商业头脑，更有非常辉煌的历史。但为什么后来变成一个经济落后、政治地位低、军事上挨打、文化失范、社会混乱，似乎万事不如人的国家？学者们从各个角度进行了很多研究，其中从经济上看，有一个现象是很突出的：历来都重农抑商，历史上，科举是名成利就的捷径，一般希望子女读书

考取功名，一朝为官，可以出将入相，为万民的父母，以后又当官，又当地主。地主与官僚之间好象形成了一个“生态圈”。这一现象很重要，因为当完官要回家当地主，当官时就一定要用各种特权掠夺财富，掠得愈多，表示这个官当得愈好，愈有才能；两袖清风回家的官，必定是“窝囊种”。所以贪污腐化成了旧官僚的一种本能。更严重的是，因为回家当地主，首要的事情自然不是拿钱财重新投资去扩大生产，而是购田置物，千方百计显富比贵。从颐和园到苏州、扬州园林，莫不穷奢极侈，国家也始终无法完成资本积累，无法进入世界市场。西方近代的资本家，把赚钱、节约、积累看作在行上帝的路。这是旧中国的官商无法学到的。

直到现在，我们在珠江三角洲一些不久前还是苦不堪言的地方，看到一些刚刚小富起来的人，把辛辛苦苦赚回来的钱，大多数放到非生产性的消费上，在生活上摆富比阔，超乎广大人民的生活水平，建大楼房，追求美轮美奂，亭台楼阁，湖光山色，极尽豪华气派。其实，这就是历史上在一种闭塞农业社会中形成的地主心态的表现。这种风气于发展生产、搞活经济非常不利。

资本主义社会是严禁官员经商的，而且以保护私人商业、促进民间企业发展为基本国策。西方就出了很多有才能的企业家，而且他们是非常敬业的。美国《幸福》杂志的封面登过硅谷一位风云人物乔布斯的照片，38 岁仍然穿着工作服，自己骑摩托车上班，其私人住宅内还是空空如也。但那时他已经是世界 500 首富之一了。

中国商品经济，春秋战国前已经存在，商代就有王亥“服牛乘马”经商，秦始皇的义父吕不韦是大商人，手工业、武器、交通工具都有相当水平，但商品生产却为王室所垄断，楚国工尹（工商部长），其地位仅次于令尹（宰相），历代重要商品俱为王室服务，例如瓷器，就有所谓御窑，官窑，最好的工匠都由官府管理，商贾是四民之末。中国确曾有过官商分离、商业繁荣的时候。北宋的《清明上河图》就显示了一片生气盎然的商业气势。明末更有禁止官员经商的命令，甚至出现了一些曾被认为是资本主义萌芽的东西。可惜明末经济发展的进程最终又被政治军事行为打断了。

从革命转向搞经济，从自然的农业经济转向市场经济，多种经济并存，既放手发展个体经济，坚决扶持国营企业，这条路是不好走的，过去没有过，很困难，但必须要探索，要走出一条中国式社会主义市场经济的道路，不然，何谓改革开放？这种变化是比任何改朝换代的转变更深刻，更困难，而又更有深远意义的转变。为此，政府必须明确转变职能，健全法制，政企分家，确立有效的税收制度，切实关注公共事务，其中以建立健全的税务制度最为重要。政府不应插手经济活动，而应保持有利于促进市场化、与国际市场接轨的稳定政策，要严禁官商。古有“食禄之家不与民争利”之说。但现在是中国产权变革的重要时刻，有些人只要一有机会，便千方百计去吃国家，吃外商，吃群众。而真正的企业家却往往被弄得寸步难行。如果中国在发展市场经济的土壤上不能让私人企业自主经营，这就不可能有正常的公平竞争和市场发育，因而不可能与世界经济接轨。

香港的回归是中国走向现代化进程的一部分

众所周知，香港的历史是与中国近代的屈辱史一起开始的。英国人强占香港的原意，不需要我们再去说明。问题是入侵者的意愿是一回事，历史发展的结果又是另一回事。

今天的香港已经与好几个“世界第一”、好几个“世界中心”的荣誉连在一起。有些国家很少人知道，但香港却很少人不知道。世界在近百年兴起的城市中，没有一个能与香港相比。我们已经不必要一一列举她的成就，香港的确已经名动天下。

平心地说，香港今日的成就，过去的港英政府是有贡献的。其中主要的贡献是发展了市场经济，政府对工商业、贸易采取“积极的不干预”的、无为而治的政策。港府只管法律、税收和公共事务，放手私人经济，保护私有财产，严禁官员介入经济事务，推行经济自由主义。其中最大的本事是放手鼓励大家去发财，政府掌握好税收的关口。去年香港的税务收入几达2000亿港元。阎罗王也惧怕税务官的，普通人是税网难逃，企业家发财何惧之有？

但说到底，香港的成就主要是靠中国，尤其是广东人的勤劳和智慧，靠整个中国大陆的支持。所以，今天的香港与珠江三角洲及整个广东的经济，已有一荣俱荣、一损俱损的关系。而这一点跟中国实现现代化的努力关系极大。历史上，香港一直是中国民主革命的基地。辛亥革命有八次战争是在香港策动的；解放前中共在香港也异常活跃。香港世俗化的、重实用的文化，培养了很多人才。从康、梁到孙中山，包括王韬、郑观应，都是在香港受训练后回国起作用的。民初总理唐绍仪、财长陈锦涛、外长伍庭芳等，都是我母校皇仁中学的前辈校友。在中国新一轮追求现代化的努力中，香港不仅为内地提供资金、技术、设备、人才和国际信息，而且成为大陆与国际接轨的枢纽，特别是成为三千多万华人与大陆交往的主要关口。而这数千万海外华人，据说掌握着两万亿美元的资产，这比目前中国大陆的国家总资产大约高四、五倍。

回想中国近百年追求现代化的艰难而惨痛的历史，可以知道，一个如此庞大、如此僵化的国家，没有外来能量的输入，是难以有什么变化的。所以，今天的中国必须坚持改革开放的政策。而香港在执行这一政策的过程中，扮演着至关重要的角色。

我时常想，俄罗斯与东欧的改革，困难重重，成果不大，重要之点是因为缺少一个他们的“香港”。因此，我更加觉得中国一再宣布“九七”之后，保持香港繁荣稳定的政策五十年不变，是非常重要的，我完全赞成。这表示中国不仅认识到港人的利益，更重要的是，认识到香港在中国追求现代化的努力中有独特的、无可代替的重要作用。

香港目前的问题确实出自港英政府。中国政策的要点是，除了主权回归之外，其余的事情不要大变。港英政府却好象是在努力制造大变乱的局面。

香港什么时候有过民主？近年忽然借民主的口号，生出种种奇怪的事端：政制大变，立法局要揽权，新界传统的村庄又忽然发起女权运动。而其中政府的高地价政策，使房地产十年间升值十倍最成大害。现在，较好的商业铺每英尺上百元的租金，即使普通的商铺，也要几十元一英尺的租金，所得的利润几乎尽付于租项，生意还如何做？结果是通胀高企，成本标升，失业猛增，七家酒店改营别业，几家大百货公司关闭，永安、瑞兴要亏本，南联搬入鹤山，不少大集团在册迁或变相册迁。香港的竞争力迅速减弱，香港市民的信心大受打击，百业呆滞，购物天堂渐失去其优异地位。借款供楼的小业主，更是苦不堪言。

政治、社会如此，环境问题亦如此。机场问题、公路问题、码头问题、港口问题，维多利亚港已经变成维多利亚渠，非理性的，甚至是非道德的污水排放计划。总之，破坏性的“发展”到处可见。而这一切，观察家说，还不过是冰山的一角。处于这种情景下，我真不明白港英政府在此管治最后的日子里究竟想做什么。

不过，相信大家都会明白，今天的中国确实不再是第一位港督时代的中国。中国走向现代化是没有回头路的，香港的回归是中国走向现代化的不可缺的一部分。在回归前夕，由于各种各样的原因，香港社会出现不安、忧虑、波动是难以避免的。但我相信国家的改革开放政策，我相信中国要走现代化的道路，人民要改善生活，是人心所向，大势所趋，这是十二亿人民的希望，任何横逆都改变不了这历史的巨流。走向现代化的中国，改革开放的政策，日渐兴旺的珠江三角洲，是香港安定繁荣最大的保证。我相信香港将来仍旧会为中国的现代化继续发挥作用。香港仍旧是中西文化交流的桥梁，香港仍旧是中国大陆与世界经济往来的重要港口。为着香港稳定、持续、协调和公正的发展，为着香港长期的繁荣稳定，香港一切有关人士都应当明白自已所处的时势和历史责任。这就是我想说的话。

谢谢各位！

注释：

① “黄祸”说，出自德国画家纳克菲斯。他有一画，以日本人为对象，极力渲染黄色人种对“西方文明”的威胁。鼓吹西方国家要防止“黄祸”。1895年德皇威廉二世将此画送给沙皇尼古拉二世，有意无意之中，成了1904年二月爆发的日俄战争前的小插曲。“黄祝”之说由此而起。见《勿忘九·一八》中国华侨出版社1992年，p9）此后，有史家引伸到蒙古、匈奴的西征。

② 《永乐大典》，明成祖时大学士解缙（江西人）主持，组织儒臣，文士3000多人参加，1407年（永乐五年）完成。收古书8000多种，共22937卷，3亿7000万字，装成11095册，为世界最早最大的一部百科全书式巨著，比英、法的百科全书约早300年，原书正本失于明末战火，副本在八国联军入北京时大部分被烧、被抢。目前存世者，仅剩副本的4%左右。

③ 《甘石星表》又称《甘石星经》，为战国时齐国占星家甘德（甘公）及魏国占星家石申（石申夫）的著作，被西汉学者整理而成。内记约120颗恒星的精密测量数据，五大行星的运行规律和记载了800多个恒星的名字。这是世界最古的恒星表，比古希腊天文学家伊巴谷在公元前二世纪测编的欧洲第一个恒星表约早200年。见《中国大百科全书·天文卷》

④ 关于郑和船队与哥伦布的比较，见黄邦和等编《通向现代世界的500年》，北京大学出版社，1994年版，p338—351。

⑤ 十八世纪后期清帝国入口、贸易与欧洲的比较及“以商制夷”情况，见罗荣渠《现代化新论》，北京大学出版社，1993年版，p249—151。

⑥ 乾隆（1711—1799）25岁即位，在位60年。自称“文治武功”古今第一人。曾发动十次平定边疆少数民族的战役，均大获全胜，为清代“武功”的极盛时期。对此，乾隆生前，一直志骄意满，自号“十全老人”，大肆炫耀“十全武功”。而乾隆于1799年辞世后，不过41年，鸦片战争便爆发了。

⑦ 关于鸦片流入对中国的破坏，参看故宫博物院《史料旬刊》第五期《内务府奏审拟张进幅鸦片烟案折》；《林则徐集·奏稿》《林文忠公政书》乙集卷3《湖广奏稿》；《国耻的开端》，中国华侨出版社，1992年版，p43—45。

⑧ 关于一千多个不平等条约及主要条约与赔款情况的介绍，见朱育和等编《中国近现代国情问题剖析》，清华大学出版社，1991p312—322；曹均伟《近代中国利用外资》，上海社会科学院出版社，1991年，p348—372；马宇平等编《中国的昨天与今天》，北京解放军出版社，1989年，p22—24；其中关于抗日战争期间中国的军民伤亡人数，此书p533说2100万以上，杨克林等编《中国抗日战争国志》引语说3500万人。

⑨ 嘉庆皇帝（1796—1820），见吕涛编《国耻的开端》，中国华侨出版社，1992年版，p21。

⑩ 琦善家藏番银一千万元，见吕涛编《国耻的开端》，中国华侨出版社，1992年，p22，近日见有不同见解。例如北京三联书店1995年出版的《天朝的崩溃》（茅海建著）在第一章中，否定琦善有卖国罪，并认为他不可能有那么多资产。

⑪ 洋务运动时期，中国企业资本与李鸿章私产比较数据，见《比较中的审视：中国早期现代化研究》，p777；另外，关于历年银元与铜钱的比值，参见《中国昨天与今天》，p25。

⑫ 中国的内乱情况，见《比较中的审视，中国早期现代化研究》，p800。

⑬ 见《义和团》资料丛刊，第3册，p244。

⑭ 关于现代化与稳定性及贫富与暴力事件之间的关系，见p.亨廷顿《变化社会中的政治秩序》，三联书店，1989年版，p37。

（本文此处发表有个别文句删减）

现代海外华族与华人社区

北京华侨学会 谭天星

近三四十年来，散居世界的华人迅速成长，引人注目。政治认同的转变、经济势力的崛起、社会地位的提高，赋予了海外华人以全新的形象。本文将主要考察现代海外华族的形象、发展及其与都市华人社区变迁的关系。

移民与华侨华人社会

许多人认为，一部海外华人发展的历史既是中国史的一部分，也是当地历史的一部分，还是世界历史的一部分。这种观点是有道理的。在不同的历史时期，由于政治因素的影响，观察角度的不一，我们所强调的层面是不一样的。在过去，强调华侨史是中国史的一种延伸；今天更多强调的是华侨华人的当地化及其在世界政治经济舞台上的地位与作用。近些年来，由于华人社会已取代了华侨社会，华人的归属已发生了根本性的变化，以中国为中心的华侨华人史观显然已经落伍了。

在考察海外华族的发展史时，首先我们得弄清楚它的来源，即中国人的海外移民，然后是从华侨到华人的发展。以中国社会发展为依据，中国海外移民大体可以分为如下3个时期。

1. 古代移民时期（1840年以前）。唐朝以前，严格意义上的中国海外移民处于萌芽阶段。箕子义不臣周（朝），举其封国民人迁居朝鲜；秦朝徐福东渡日本，成为人们乐道的中国海外移民的最早史实。汉唐之世，由于战争、文化、宗教、政治等方面的原因，中国人迁移邻国的现象源源不断。宋至明中叶（约10世纪至16世纪中叶），海外移民渐广。南宋中国经济重心的南移、航海技术的提高，使得南部中国人的出海贸易或移民成为一种时尚。明初郑和下西洋时（1405—1433年），爪哇（今属印度尼西亚）、真腊（今柬埔寨）等地有一定规模的华侨聚居点。16世纪中叶，明政府驰禁海域，私人海外贸易蓬勃发展，成为明人移居海外的强大动力；而西方殖民者的势力也在此时扩展到南洋地区，中国人作为中介商和开发当地的劳动力受到欢迎，促使中国人移民海外的外力由于资本主义殖民掠夺式的原始积累而有了新的意义。鸦片战争前，海外华侨约在100万人以上。①

2. 近代移民时期（1840—1949年）。这是中国历史上出国规模最大、散布范围最广、产生影响最深的海外移民时期。劳工成为移民的主体，商业移民和政治性移民次之。总计近代华工约在600万人以上。到20世纪30、40年代，海外华侨约在1000万人左右。依照“推”“拉”理论的解释，这种规模空前的海外移民的形成主要是由于近代中国社会半殖民地半封建化过程的加深，农村自然经济的日渐解体，下层民众的日益贫困化以及西方殖民者开发东南亚、美洲、非洲和澳洲的大量劳工需求等内外因素剧烈作用的结果。根据华工出国的历史，近代中国海外移民可以分为如下几个阶段，即19世纪40至70年代为移民高涨阶段，这时华工出国合法化，“猪仔”贸易盛行。19世纪70年代至20世纪20年代为移民发展阶段。美国、加拿大、澳大利亚和新西兰等国的限制、排斥华工政策，使中国劳工移民更集中于东南亚。第一次世界大战期间，23万华工赴欧，又掀起了一个出国高潮。20世纪30、40年代，为移民的低落阶段，动乱的中国社会也曾导致了一定数量的海外移民。

3. 现代移民时期（1949 年以来）。其中 1949—1966 年间，有零星的移民。1966—1978 年间基本上处于禁止移民阶段。1979 年以后，许多人通过探亲、留学、劳务、联姻乃至非法移民的方式移民。据统计，1979—1992 年，中国大陆合法移居它国者有 80 万人。这种热潮在中国经济迅速发展、民众生活水平大幅度提高的形势下会有所降温，但仍会持续一段时间。

从古至今，千余年间中国海外移民史究竟说明了什么呢？这种移民是一种什么性质的移民呢？

关于华侨问题的实质，历来争论不一。主要有 5 种说法："殖民说"、"移民说"、"国籍问题说"、"亲戚关系说"、"民族说"。然而，实际上是"移民说"与"殖民说"之间的争论。

无论是古代以商人为主体的移民，还是近代以劳工为主体的移民，以及现代知识分子参与下的移民，无论这种移民是主动的还是被动的，集团的还是分散的，都是一种和平的移民。汉唐盛世，郑和七下西洋壮举，都没有导致中国大规模的海外殖民现象，而只是在政治混乱，或是西方文明的冲击下才有大规模的海外移民，这正反映了中国儒家文化和平、保守、务实的特点。因此，尽管不同的历史时期中国海外移民各具不同的特点，但它又有贯穿这种移民的主旋律，形成了在世界史上独特的中国式的海外移民，它根本不同于西方炮舰政策保护下的殖民（或移民），与西方殖民主义在海外的扩张根本不能同日而语。

与此同时，这种移民也不能简单地等同于中华民族的海外迁移。这是因为，首先，固然华侨出国之始即带有种族上的和文化上的中华民族之根，但作为一种民族迁移它应当具有一定规模的集团性移民，华侨出国则显然带有散居的特点。其次，中华民族本身就是一个历史的产物，是国内几十个民族长期融合而成。再次，如果称"华侨是移居海外的中华民族"，那就意味着有华侨之处就有中华民族，这是说不通的。今天的海外华人是否就是海外的中华民族，仍是一个疑问。

中国海外移民的特殊性使得早期的华侨社会给人一种神秘感。由于移民的文化上的和种族上的渊源，以及商业或劳工移民的方式，中国人在海外易于形成种族聚居区，即唐人街。而在种族排斥严重的国家，唐人街的封闭性更强，它成了中国海外移民的一个保护区，血缘、地缘是早期唐人街凝聚的基本内因。华侨的集聚与贸易成为中世纪或近代东南亚一些城镇兴起和发展的重要力量。在乡村甚至还形成了华侨村落。

所谓华侨社会或华人社会是指海外华侨华人由于种族或文化的因素而结成的一个社会文化群体。作为一个群体（Group）它既不同于社会（Society），也不同于社区（Community）。不同时期的中国海外移民深深地影响到华侨华人社会的发展。古代移民下的初期华侨社会与中国本土社会相脱节，被排斥，甚至视为反动。近代移民则使华侨社会与中国社会的联系空前加强。这从近代以来华侨积极参加中国国内各次大的社会运动（如辛亥革命、抗日战争）、回国兴办各种实业和公益事业等看得十分清楚。华侨社会的组织、华文报刊与学校直接受到中国社会大气候的影响。近代华侨民族主义的高涨是与中国民族危机的催发、国内各种政治力量运动的产物。近代华侨出国是华侨民族意识增强，华侨社会作为一种侨民社会充分发展的重要因素。近代中国海外移民还直接导致了华侨分布世界的格局。

二次大战以后，华侨社会逐渐为华人社会所取代，影响这种转变的重要因素即是中国及华侨居住国有关华侨出入国政策的变化。东南亚国家不再接受来自中国的移民，推行同化政策，华侨纷纷入籍当地。但美国、加拿大、澳洲等允许中国移民归化。50年代，中华人民共和国发表声明：不承认双重国籍，赞成并鼓励华侨以自愿原则选择居住国国籍，这有力地促进了华侨向当地社会的认同。近一、二十年来出现的华人新移民或再移民，虽然阻断不了华人融入主流社会的潮流，却对华人社会的继续稳定发展起了推动作用。

华人社会的发展是一种摆脱以中国为中心、实现全面当地化的过程。移民因素（尤其是中国与当地政府有关移民的政策）影响至大。随着新生代华人、华裔的壮大，华人社会已完全不同于先前的那种华侨社会。在许多国家，华人已日渐发展成为当地的一个少数民族（新加坡除外），即华族。

关于现代华族形成的几种观点

（一）世界华族说

这种观点认为："炎黄子孙星星点点，布满五大洲，连点成线，连线成片，形成一个没有封口的世界华族文化圈和既流动而又有中心的世界上人最多、最为庞大的中华民族共同体。""全世界华人不论生活在哪个区域，哪个国度，也不论其国籍认同和政治信仰，都是炎黄子孙，都是中华民族的一个部分。同祖同根，共同的文化认同和'五缘'网络是根深蒂固的。"[②]或认为海外华人已成为世界上最大的跨境民族。[③]

这种说法固然看到了海外华人的某些共同之处，如所谓的"五缘"（地缘、亲缘、业缘、神缘、物缘），但是它忽略了作为一个民族所具有的其他一些更重要的特点：（1）民族不只是一个种族上的概念，它还必须有将它们联系在一起的文化的、语言的因素。华人在种族上渊源于中华民族，文化上也有其共同之处，但是，二者尤其是后者已发生了很大的变化，现代华族的文化已不再是中华文化的翻版。当代华人文化的发展方向将是融中华文化、当地文化、东南亚还有西方文化于一身的新发展。华人固然会努力保持自己的传统文化，但他们实际选择的将是最有利于自己在当地生存和发展的文化。这样，不同国家的华人在文化价值体系上也必然不一样，而在此基础之上的各国华人怎么可能结成一个世界性的"中华民族共同体"呢？这是令人怀疑的。（2）海外华人渊源于中华民族，但影响华人作为一个民族发展更重要的因素还在于各所在国政治、经济和文化环境。（3）民族问题是不能脱离其所处的具体社会环境而抽象存在的，华族是具有一定的国籍意义的。"世界华族说"恰恰否定了这一点，是一种典型的华族不变论，这种观点早已受到人们的批评。

目前，由于华人经济发展令人瞩目，有人称21世纪是华人的世纪或"中国人的世纪"，各种华人经济圈的说法甚为热闹。凡此种种华人经济网络的观点容易成为"世界华族说"的重要背景。实际上，任何夸大华人经济文化的国际化，而忽略其当地化的所谓"圈"或"共同体"的观点，都是一厢情愿的主观臆想。

（二）华人少数民族说

将华族看成各所在国的少数民族（新加坡例外）的观点，已为越来越多的人所接受。中国学者阮西湖教授认为，现代海外华人由于具有共同的民族意识，共同的语言、共同的文化和共同的历史渊源，因此在不同的国家结成了独特的华族。他强调：海外华族不是一个整体，而是以国别为单位的民族集团。"从民族学来讲，海外华族不能说是中华民族的一部分，而只能说是中华民族的分支。"[④]这种判断是有道理的。

"华人少数民族说"与"世界华族说"是显然不同的。我们看到，虽然二者都认为华人已形成（或本来就是）一个民族，但是前者无疑已避免了后者的种种不足。首先，前者强调不同国家的社会政治文化环境对华人的巨大影响，正是由于这种影响使华人不可能结成一个“世界华人共同体”。其次，前者强调海外华人的文化变异。如作为华族的共同语言——华语（包括中国方言）来讲，在中国是官方语言，而在海外（除了新加坡）则为家庭用语或族内社交用语。在有的国家甚至禁止华人讲华语，办华文报纸与学校；在有的国家，华人则更喜欢用当地语言进行交流。在风俗习惯、宗教意识、价值取向等方面也与祖籍国存在着明显的差异。再次，前者强调海外华人是中华民族的分支，而不是一个有机的组成部分。这点不仅纠正了海外华族认识中的一些偏差，而且对于正确处理中华民族和海外华族的相互关系具有理论指导意义。作为一个分支，海外华族已具有自己的认同方向，而不必成为中华民族在海外的翻版，它具有新的演化、新的内容。

华人少数民族既是一个实际存在的问题，还有一个政府确认的问题。在多元民族国家（如美国、加拿大、澳大利亚、新西兰等），华人作为一个少数民族存在受到鼓励。在有的国家，华人人数众多（如东盟国家），正在为争取少数民族地位而努力。在有的国家（如印支国家），华人作为少数民族受到否定。在有的国家，华人则不愿作为一个少数民族而存在。⑤

（三）现代华族形成论

现代华族是作为海外少数民族而形成的。既然它不是中华民族在海外的一个翻版，而是经历了长时间的继承、融汇、锤炼、凝结之后的产物，那么，它至少不是伴随着华侨出国就有的一个概念，而第二次世界大战之后才逐渐形成的。

一般认为，民族是指具有共同语言、共同地域、共同经济生活以及表现于共同文化上的共同心理素质的人的共同体。然而，以此来解释海外华族的现象显然是说不通的。于是，一种意见认为，来自于共同血统、共同的历史、共同的崇拜的“共同的心理状态”才是一个民族最主要的特征，相应地，华侨华人是否具有共同的心理状态就看他是否自认为中华民族。因此，华族“就是移居海外并自认为中华民族的人，而不问其有无中国国籍。。”⑥另一种意见认为，华人所具有的华族意识、华语、中华民族文化和共同的历史渊源是华族的主要标志。

这两种意见都没有把“共同地域”、“共同经济生活”作为民族形成的基本条件。事实上，我们在判断海外华族是否形成之时，是不能忽略这两点的。华人聚居较多的乡村，或者都市的华人社区，往往是华侨华人经济、文化联系的中心，而这种联系又大大有助于海外华人的凝聚，并形成族群意识。另外华人的经济活动虽然不能脱离主体社会，但华人之间具有较多的经济联系却是一种事实，这不仅表现在华人社区的经济的联系之上，而且社区之外的华人之间也乐于建立较多的经济联系，华人之间经济事业的互相支持、互相信任是华人经济得以较快发展的重要基础。可以想象，如果缺乏这二者，现代华族能否形成仍是一个问题。

或许有人会问，作为社区内的华人具有较明显的民族特征，而作为此外的华人（也称“边际华人”）则不一定。确实，要观察一个国家的华族是否形成，必须要分析“边际华人”的价值态度。也就是说，“边际华人”是否也有华族的意识呢？对此需要作具体的分析，如“边际华人”较之“社区华人”的同化或融入到主体社会的程度。但是，大量的事实表明，“边际华人”仍有强烈的华人认同感。美国学者Cindy H. Wong曾对佛罗里达的萨拉索塔(Sarasota)、布雷登顿(Bradenton)的华人进行实地调查发现，由于这里的华人享有一个共同的历史遗产，拥有一个与其家乡文化相同的价值观，他们有主体社会之外完整的信息网络，且与较大范围内的华人保持着密切的联系，因而，华人社会的存在是肯定无疑的。⑦这是对华人族群性的生动描述。

可见，华族是海外源于中华民族、分属于不同国家、基于共同的种族的与文化认同的共同体。

为什么现代华族的形成是二战之后的事呢？这主要在于：战前的华族属于一个侨居的群体，“叶落归根”的思想强烈，未能实现政治认同的转化；同时，战前华侨的文化素质较低，如果说他们有一种族群意识的话，那主要是一种移植的中华民族之感。战后海外华人发生了根本性的变化。首先，华侨大多入籍当地，实现了政治认同的转变，华人谋求在当地的全面发展，努力实现与主体社会的和谐结合(Cohesion)。这种生根的过程，要么是被同化的过程，要么是作为一个少数民族而生存与发展的过程。

其次，华人经济实力的增强，在科技文化事业上贡献突出，并开始在当地政坛寻求自己的位置。一种有利于华人自身发展的族群内经济、政治与文化环境正在形成。

在这种背景下，加之大社会的矛盾力量的作用，华人的族群意识有了一个不同于以往的作为中华民族一分子的质的飞跃。华人不仅有共同的文化上的与种族上的认同的意识，而且认为作为一个华族存在有利于自己发展。于是，华族的形成便是自然而然的事了。

华族与都市华人社区的变迁

从历史来看，华族的形成离不开华人社区，而华人社区的变迁又是与华族的发展紧密相联的。现代海外华族形成后，对于都市华人社区的发展产生了很大的影响。

关于华族的发展方向，“同化论”与“认同论”有着不同的看法。

华人同化论是本世纪五、六十年代以美国人类学家斯金纳（G. W. Skinner）教授为代表的西方学者所提出的一种试图用以解决华人问题的理论。它认为，东南亚华人同化于当地社会与民族，是解决华人问题的理想办法，也是华人的唯一出路。所谓同化，在民族学领域是指民族同化，“一个民族或文化群（或某一部分）因受另一民族或文化群的影响而失去原有的民族或社会文化特征（风俗习惯、生活方式、态度、价值观等）变成另一民族或文化群的一部分。”⑧从历史与现实来看，华人同化的现象始终存在。在东南亚，泰国的华人同化程度最高，菲律宾的华菲混血儿(Chinese Mestizo)、马来西亚的峇峇社会，即是华人与当地民族通婚、自然融合的表征。菲律宾学者陈守国博士的一项研究表明：50年代以后在菲律宾出生的第三代华人则在其外表、态度、生活方式和价值观上较之第二代华人（20世纪二、三十年代土生华人）更加菲律宾化，他们同中国、中华文化和第一代华人的关系更加疏远，他们倾向于完全同化于菲律宾社会。⑨印尼政府采取强迫同化的政策虽不可取，但也收到了某些华人同化的效果。

然而，海外华人形成的历史表明，华人的发展并没有以同化为唯一模式而求得。华人认同的理论对此作了解释。王赓武教授提出了多重认同的理论（Theory of Multiple－Idenitites)，认为华人认同有所谓历史认同、中国民族主义认同、社区认同、国家（或地区）认同、文化认同、种族认同和阶级认同等。他还分三大集团考察了东南亚华人的认同特点。⑩

“认同论”与“同化论”对于华人的发展前景显然有着不同的解释。“认同论”否认了同化是华人唯一出路的说法。它强调华人在政治认同转向当地之后，可以保持自己的种族与文化认同。换言之，华人可以作为各所在国的一个少数民族而发展下去。至少在华人数量较多的国家、较集中的地区、在实现多元文化的国家是如此。其实，认同论和同化论之间并非存在不可逾越的鸿沟，两者之间仍然存有某些联系。现代华族的形成，其中虽有融入当地的内容，但它表明，作为一个共同体，华族是不会轻易消亡的，而将长期存在下去。至于各个国家华族发展的具体情形则将取决于所在大社会环境(包括政治、经济、文化、种族、宗教等）的影响。

众所周知，都市的华人社区是华族发展的重要环节。华人区俗称唐人街(Chinatown)，或中华街、中国街、华埠，是海外华人最集中的居住区。从形成至今，我们可以以第二次世界大战为界，分为前后两个时期。前期为唐人街的形成与初步发展时期。明代，在东南亚、日本等华商来往频繁的地区出现了早期的唐人街。在西方殖民统治下的东南亚，唐人街在一定程度上是为了满足殖民者的经济需要，如菲律宾马尼拉唐人街（Parian）最为典型。唐人街几乎是中国南方城镇的翻版。近代，随着华工的出国，唐人街变成了一个遍布全球的现象。在美洲、澳洲、欧洲等地也出现了唐人街。这种唐人街不仅是华侨经济活动的要地，而且是华侨的一个保护区，它为华侨提供了一个安全地带，保持自己文化和种族特色的中心。尽管它也在静静地适应主体社会，但总体来说，由于它所具有的强烈中国化特色，唐人街是一个封闭的、排它的、孤立的社会，以至有人认为它是“种族隔离聚居区”。[11]

后期为唐人街的变化与发展时期。这种变化是战后海外华人变化的一个缩影。诸如：(1）社区人口的土生化（或入籍），在美洲和澳洲还有大量的新移民，致使唐人街人口激增。1940 年美国华人人口数为 77504 人，1980 年即有 806027 人。1970 年代以后加拿大平均每年有近 1 万华人新移民。（2）与中国政治、文化的日渐疏远，他们更多关心的是自己如何在当地的生存与发展。（3）华人知识层的出现，一方面新移民中有不少知识科技人材；另一方面，华人社会对教育的重视，子女受教育率大幅度提高。1950 年美国男性受高等教育者占华人总数和 7%，1970 年即达到 24%，(4）在职业选择上，已突破了的传统“三把刀”行业，而开始转向商业金融、文化教育、科技工程以及公共关系等部门。（5）华人经济地位的提高，基本上处于中等生活水平，在东南亚还出现了许多华人企业集团。(6）思想观念上的变化，“落地生根”观念十分普遍，与异族通婚率迅速提高。1979 年美国华人男性异族通婚率为 44%，女性为 56%。

这些变化必然反映到华人社区里来。唐人街在努力脱离传统的模式，由封闭走向开放，由排他走向合群，由孤立走向适应，以致真正成为都市的一个有机组成部分。但是要完成彻底地实现传统的唐人街向现代的唐人街的转化并不是件容易的事。我们看到，在这一转型的过程中，有的唐人街缺乏足够的适应能力，已经或正在消亡。早期的唐人街毕竟存在着许多局限，特别是随着城市建设的发展，唐人街的建筑和规划被视为落后的东西，使得唐人街的调整组合是不可避免的。传统社会的某些落后的、消极的因素（如宗教偏见、黑社会）为政府制定不利于华人的政策提供了借口。许多战后演进而来的唐人街成了都市改造中的一大难题。如：1940 年美国 28 个城市有类似唐人街的区域存在，1955 年只有 16 个，1980 年不到 10 个。[12]作为华侨华人来说，他们已不满足于一辈子在唐人街度过，许多中产阶级化的华人纷纷迁出华埠，居于较豪华、僻静的地带。有人把美国都市的华人分为“住宅区的华人”和“商业区的华人”(即唐人街华人）两种。[13]或称为“社区华人”和“边际华人”。确实，唐人街的发展不仅需要华人（族）的共同努力，而且需要华人所在国主体社会的宽容与支持。

从地区来看，凡是有华人的地方几乎都有华人的聚居区，欧、美、澳、亚、非等洲莫不如此。都市的华人社区并没有消亡，而是仍然在发展。一方面新移民的大量涌入，一些唐人街的规模在扩大，甚至这些新移民形成了新的唐人街；另一方面，经过改造的唐人街具有新的生命力，有些唐人街正在朝着“旅游化”方向发展。诸如：巴黎、伦敦、悉尼、墨尔本、马尼拉、旧金山、纽约、华盛顿、温哥华、哈瓦那等城市政府正在制定和实施改造或建立新唐人街的计划。唐人街的发展无疑具有较大的潜力。

华人社区之所以会获得发展主要来自两种力量，一是华人文化的力量；一是华族的力量。华族与华人社区发展的关系问题已成为摆在学者面前的一个很有意义的课题。

从华族之于华人社区的发展来看，作为社区的主体，华人的实力、处境、素质等因素直接影响到社区的发展；华人的组织（各类社团）、文化建设、风情习俗、精神面貌等所反映的综合形象往往较之社区区划、建筑更为有影响的华人表征。一般说来，华族的发展会有利于华人社区的发展，在历史上的排华时期，华侨华人遭到种种不公正的待遇，华人社区即很难有所作为。如1958年印度尼西亚强迫华侨撤离至县以下乡区，1978年越南的大规模排华，都市的华人社区首当其冲。可以设想，如果华族的政治、经济地位较高，那么，华人的境遇也会相应改善。[⑭]而华族的发展问题又是华族主动适应当地社会，不断调谐华族与其他民族之间的关系问题。种族矛盾深深地影响到华族与华人社区的发展。在东南亚，这种矛盾主要根源在经济；在西方国家，这种矛盾根源又在文化。可以断言，只要华族和华人文化在当地还能得到发展，还有其价值，华人社区就将存在下去。

从华人社区之于华族的发展来看，社区的存在对华族是有利的。一种观点认为，华人社区不利于华族的发展，由于目前华人所面临的主要问题是如何适应主体社会的问题，而华人社区又是传统力量的堡垒，因此华人要谋得全面、更高层次的发展，就应当走出传统社区的圈子，融入到更大的社会中去。但是，我们应当看到的是，华人社区正在发生着变化。从历史来看，华人社区是华人族群认同的重要支撑点。同时，华人社区发生的种种积极变化是有利于华族健康发展的。社区不只是一个区划（地理）的概念，更重要的它还是种族文化的中心，对于族群具有内聚作用。作为散居的“边际华人”虽然相互之间存在着文化的、种族的联系，但较之社区的华人则易于为主体社会所同化。

总之，现代海外华族的形成，这已经成为一个事实。都市华人社区的发展是为了华族的发展，而华族的进步与发展又必将促进社区的良性循环。不过，二者的真正相互为益，华族与主体社会的更紧密地融合，仍有相当长的路要走。华族作为中华民族的海外分支，也应当为中国的学者所重视。

注释：

① 陈碧笙：《世界华侨华人简史》，厦门大学出版社1991年版，第170页。一说为150万人。

② 林其锬：《“五缘”文化与未来的挑战》，《侨务工作研究论文集》(1)；《论文化认同与华人社会》，《华侨华人历史研究》，1992年第2期。

③ 姜永兴：《从民族学研究世界最大的跨境民族——华人》，《东南亚研究》，1990年第4期。

④ （泰国）江白潮：《二十世纪泰国华侨人口初探》（盘谷银行经济参考资料，1992年）。他认为，泰国华族虽然身上有100%的华人传统，但“已不再具有华族的名称，而是泰族的一份子。”

⑤ 陈碧笙：《世界华侨华人简史》，第5页。

⑥ 《唐人街外的华人：南佛罗里达的一个华人社区》(Chinese Outside of Chinatown：A Chinese Community in Sountheast Florida，Chinese America：History and Perspectives，1991)。

⑦ 周南京：《世界华侨华人词典》，北京大学出版社1992年版，第253页。

⑧ 参见《华菲混血儿与菲律宾民族的形成》，菲华青年联合会，1989年。

⑨ 王赓武：《东南亚与华人》，中国友谊出版公司1992年版，第193—225页。

⑩ 宋李瑞芳：《美国华人的历史与现状》，商务印书馆1984年，第109页。

⑪ 吴景超：《唐人等：共生与同化》，天津人民出版社

1991年版，第8章。

⑫ 陈依范：《美国华人》，工人出版社1984年版，第311页。

⑬ 参见邝治中的《新唐人街》，香港中华书局1989年版。

⑭ 美国的唐人街被称为一个“模范的少数民族社区”。不过，有的学者对此提出异议。参见邝治中《新唐人街》，第54—81页。

（引自《世界历史》1994年第3期）

当前世界华人经济发展的国际化趋势及影响

中国华侨历史学会 谢成佳

世界华人经济发展的背景

（一）世界经济发展的区域化不可逆转

随着二次大战后形成的两个平行市场的瓦解，中央集权的计划经济向市场经济过渡。在世界经济一体化的过程中，区域性经济合作的速度在加快。西方经济发达国家带头组成“欧共体”和“北美自由贸易区”，广大发展中国家的经济和贸易（含各地华人经济），面临西方贸易保护主义的威胁，群起组成各自的区域性经济组织，或行业经济合作组织。这种相邻的多国（含地区）经济合作组织，不管有无条约或协议约束，范围越大，国家越多，则牵涉问题越多，矛盾也多，因而进程缓慢，成效也小；反之，两三个国家（含地区）相邻地区组成的次区域经济合作区，由于经济上互补性强，牵涉面少，问题和矛盾少，合作的进程相对较快，各方所取得的经济效益也大。近10年来，取得较大进展和经济效益的有：新、马（柔佛州）、印尼（峇淡岛）的南成长三角；包括港、澳、台和中国东南沿海的“华南经济区”。目前正在世界各地、各国间协商、策划的各种区域、次区域合作计划，数不胜数，形成一股不可逆转的发展潮流。

（二）21世纪将是亚太世纪，而世界华人经济主要在亚太地区

二次大战后至今，亚太经济已经经历了两个浪潮。50年代末至70年代，日本经济在恢复和发展后得到腾飞，成为经济大国；60年代末至80年代，亚洲“四小龙”（即新兴工业区）的经济随着日本之后，也获得迅速发展，这是亚太地区经济在更大范围内迅速发展的第二个浪潮；70年代末至90年代，东盟各国（除新加坡外）和中国大陆的经济，又紧随“四小龙”之后迅速崛起，这是亚太地区经济在更广阔的范围和人口众多的地区，具有世界影响的第三个浪潮，目前仍然在行进中。人们如果用图解把亚太地区经济起飞的这三个浪潮所代表的地区表示出来，很明显可看出，这是一条弧线，宛如一群大雁从日本南飞，经韩国、台湾、香港到新加坡；然后至印尼折返至马来西亚、泰国，往北至中国大陆，现正从中国东南沿海向北发展，这就是亚太地区经济发展的“雁行模式”。

亚太地区西侧经济的迅速发展，是在西方和日本等发达国家的经济处于低迷、徘徊之际，特别是中国人经济与东南亚各国华人经济互相促进，使中国大陆的经济增长率连续三年（1992年、1993年和1994年）处于两位数的迅速发展。其广阔的市场、丰富的资源和劳动力等，在吸引资金、发展高科技以及市场竞争力等方面所产生的巨大影响，更引起世人的瞩目。一些具有战略意义的统计数字，更能说明亚太地区经济的巨大变化。

1. 美国与亚太地区间相互投资地位的变化

1990年美国民间在亚太地区的投资610亿美元，而亚太地区在美国的投资达950亿

美元。[①]

2. 美国的贸易伙伴已从以大西洋为重点转向以太平洋为重点。"美国的泛亚太平洋地区商业往来，每年的双方贸易金额已超过3千亿美元，较大西洋地区之总额高出1/3"。[②]

3. 亚洲各经济体之间的经贸与投资活动非常活跃。1990年它们之间的贸易额，已首次超过了该地区对美国的贸易额，说明美国经济对亚洲各国经济的影响在下降，正如新加坡陈光炎博士所说："在80年代中期以前，东亚经济大体是一个附属在美国经济火车头之后的车厢。……不过，在1983—1993年的10年间，东亚经济的增长已经明显的不再和美国的经济增长同步进退了。特别是在中国经济加入东亚经济舞台后，美国经济的影响更是明显下降"。[③]

4. 中国在香港的投资已超过西方发达国家而居首位。香港作为亚太地区金融中心之一的地位日益突显，跨入90年代，中国资本在各项投资中，更是遥遥领行。

其它的变化，还有台湾对大陆的投资，也已超过其对东南亚各国的投资，即台湾的投资北移。据台湾最新的统计，1993年对大陆的投资已占其对外投资的65.61%，达到31.68亿美元。[④]而中国在吸引港、澳、台资本，各国华人资本和外国人资本的同时，也逐渐增加对亚太地区和其它国家的投资。目前，中国投资企业遍布全球120多个国家和地区。"截至1993年底，经外经贸部批准或在该部备案的中国海外投资企业达4497家，中方总投资额为51.6亿美元。"[⑤]

(三)中国是未来亚太经济发展的火车头

判断中国在未来亚太经济发展中的地位和作用，除了从近十几年来中国国民经济的增长率，它的总产值、人均值、以及这些数字在世界各国中排名变化外，也要从它所拥有的国民经济发展诸要素——资源、资本、市场、劳动力和科技水平等方面来衡量和预测；还要从每个国家稳定经济发展的四要素——"稳定的投资增长、少欠债、低劳动成本和积极的工作态度达至的高生产力"[⑥]来评估和预测。综合上述三个方面，许多有远见的政治家和学者，已对中国经济发展的现状和未来，有不少论述。新加坡李光耀资政说得更有根据："在今后的10到20年，或者更长的时间里，东亚的经济会比世界其它任何地方增长得更快，而中国将是它的动力源泉。尽管中国国内政治不稳定，行政和法律上都有缺点，中国仍旧是最具有吸引力，因为那里的劳工成本低，城市工人受过良好的教育，国内市场庞大，政府官员亲和投资等等。"[⑦]《日本经济新闻》1994年元月的特辑开场白说得有些夸张，但也不是没有根据："华人资本已开始撼动亚洲。以中国为中心的网络，从去年开始便激烈跃动起来，华人企业集团在推动中国改革开放的同时，也把活动舞台扩展到环太平洋整个区域。"[⑧]

从理论到实际，从现在看未来，在可预见的10至20年内，我们说，21世纪将是亚太世纪，中国经济将是亚太经济发展的火车头，这种估计是科学的。

世界华人经济发展的国际化趋势

(一)华人经济发展的国际化趋势是二战后华人经济发展的里程碑

首先是华人经济发展与国际化的关系。只有发展，才能走向世界。发展促进国际化，国际化又促进华人经济的发展。

其次是东南亚各国华人经济的本地化与国际化的关系。东南亚各国华人经济只有实现了本地化，成为所在国民族经济的组成部分，对所在国的经济发展作出应有的贡献，得到所在国政府的认可和支持，才有可能走向世界，实现国际化，在更广阔的世界舞台上得到发展；反过来，华人经济的国际化，由于筹集更多的资金，事业得到发展、壮大，又促进所在国国民经济的发展和经济发展水平的提升，有利于华人经济的本地化和发展。

华人经济发展的国际化趋势与华人社团发展的国际化，也形成互相影响、互相促进的关系；华人经济发展的国际化趋势还与新的华人移民潮相伴随。世界华人经济发展的轨迹，可以表述为：起步、发展——本地化——发展——国际化——再发展——形成更广泛的世界华人经济网络。李光耀资政对此有更准确的表述："照目前从香港、台湾和中国大陆流入美国、加拿大、澳大利亚和欧洲的移民情况看来，估计在10年内将有大批的华族企业家和专业人士散布在各大城市，包括太平洋的洛杉矶、旧金山、西雅图、温哥华、悉尼、墨尔本、奥克兰，以及纽约、多伦多、伦敦、巴黎和阿姆斯特丹。经济网络的联系有着相当大的潜能。"[9]

（二）华人经济发展国际化的主要形式

台北政治大学企业管理研究所所长司徒达贤教授在第18届世界华商经贸会议上说："高科技与国际化，已经是全球企业经营的两大主流趋势"。世界华人经济的发展，正沿着国际化趋势发展，其具体的表现形式为：

1. 资本和投资国际化；
2. 企业和生产国际化；
3. 经营和仓储国际化；
4. 管理阶层和员工国际化。

上述四种形式，既有所区别，各具不同内容，但又紧密相连。在不同国家上市的华人企业，其筹资、融资本身就具国际化的形式，形成跨国企业或跨国集团；加上生产、经营的多元化、网络化，或者不同企业间合作、联营，使其生产、贸易不限于某国某地，而在国际间进行；为节约开支，就近利用当地专业人士和廉价劳动力资源，从而使管理阶层和员工国际化。其中，尤以资本与投资的国际化是关键部位，具有决定性作用。华人资本的国际化，可以是两个以上多国籍企业集团或跨国公司的结合，只要其中一方为华人资本，此种华人资本与投资的国际化形式，就更多样化和复杂化。近两年，郭鹤年财团与马来西亚邱继炳的马联工业集团先后购进属于澳洲报业大王的香港《南华早报》34.9%和15.1%的股份，成为掌握《南华早报》的第一、第二大股东；"马来西亚糖王郭鹤年和印尼首富林绍良近日宣布成立一间控股公司，将他们在印尼的糖业生意合并，组成世界数一数二的糖业王国，这个消息登时令各界为之侧目"。[10]这是两个财团生产与经营互补的典型，林氏集团在南苏门答腊提供二倍于新加坡面积的土地来发展蔗园；郭氏集团则提供蔗糖生产技术和经营行销网络。

香港已成为亚太地区金融中心之一。其资本与投资的国际化，就是这种多样化、复杂化的典型。"香港如今成了华人资本的'聚宝盆'。……华人集团调集资金的手法已开始多样化、环球化。……香港企业去年一年在欧美发行可换股证券就高达40亿美元，而28家公司大部分是华人公司。……华人企业投资中国，其实有八成是从外部调集资金，换言之，只有二成是本身的资金。"[11]这些都显示出香港这个国际金融中心的奇特性、网络性和交叉性。各种资本的结合，有其多种因素，包括历史的、经济的、政治的、宗乡的，但经济因素是决定性的。香港成为各国华人资本（主要是东南亚各国华人资本）融资、联手投资中国大陆的跳板，具有可进可退的隐蔽性和安全性；也是大陆中国资本跨出国门，走向世界的桥头堡，具有与世界经济接轨，利用外资和向外发展的作用；也是海峡两岸三边中国人资本合作、较量、争夺的阵地，具有经济、政治的意义；更是世界各国大财团、各国资本汇合、融资、合作、争夺、较量的场所，具有促进世界经济发展的作用和意义。所以，香港的股市行情往往成为反映各国、各地区政治、经济复杂关系的睛雨表，尤其是中英关系。

（三）华人经济发展国际化的原因

1. 华人经济只有联合，才有出路

二次大战前，东南亚各国华商虽然建立了自己的经济，但充其量仅仅是殖民宗主国与当地居民的中介商，而且多数是商业经济，门类比较单一；即使有点工业，也主要是与民生密切相关的轻工业、食品工业或农产品的初加工。基础脆弱，依赖性较大。二战后，东南亚各国泰国除外纷纷独立，随着殖民宗主国经济逐渐撤离，当地民族经济有所发展，华人经济也有所发展，出现了一些进行多种经营的家族企业。仅仅在近二三十年来，随着"四小龙"经济的腾飞，在新兴工业地区经济发展中，在亚太地区西侧出现了一些华人财团，出现了一批以中小企业为主的轻纺工业、食品工业和电子工业等劳动密集型企业；出现了一些由家族式经营向现代化经营管理发展的华人企业集团。近10年来，更由于与中国迅速发展的经济互补，互相促进港、澳、台中国人经济和华人经济又有所发展。但较之欧、美、日等发达国家的大企业、大财团，华人经济仍然处于经济基础弱、实力有限、行业门类比较单一、科技与工艺水平、经营与管理水平等都比较低的阶段，而且以中小企业为主。面对欧美经济的区域化和一体化，面对世界与地区变幻莫测的政治和经济斗争，华人企业集团往往成为政治斗争的替罪羊，在一夜之间消失。面对西方和日本大企业、大财阀的竞争与兼并，在弱肉强食、适者生存的激烈斗争中，由于继承人青黄不接，或不能胜任，或因决策人决策错误，不能突破家族内部不和的藩篱，走上现代化的经营管理，华人企业也极易长期亏损而倒闭；或者为他人所兼并。印尼谢建隆集团和美国王安电脑公司先后倒闭，都是这方面的实例和教训。这些，都促使亚太乃至世界各地的华人企业必须走向联合，走向集团化和国际化，以求生存和发展。不少著名华人企业家对此深有感触。泰国盘谷银行总裁陈有汉说："华商大结合，是必然的趋势"。印尼华人大企业家林文镜说："现在是海内外华商团结成一条心的时候"。[12]

2. 东南亚华商的中介作用，促进华人经济发展的国际化

移居东南亚各国的华人，在当地生根、繁殖已有几百年的历史。他们或者融合于当地民族，或者成为当地的少数民族——华族（新加坡除外），成为所在国的主人；而华人经济也早已是所在国民族经济的组成部分。由于长期的殖民统治等历史、政治、经济和文化的原因，东南亚各国华人经济自然成为西方国家和日本经济进入当地市场的中介商、推销商或合作伙伴等，发挥第一个中介作用。尤其在引进西方国家、日本和港、台中国人资本和技术，发展当地经济过程中，华人经济既得到较大发展，也与世界经济接轨，促进国际化。而凡是政治上排华，经济上限制华人经济发展的国家，莫不在国民经济遭到破坏后，重新善待华人，鼓励华人在生产和经济领域发挥作用。

东南亚华人的祖籍国是中国，是中国嫁出去的女儿，在历史、文化、经济、宗乡情谊、宗教信仰等等方面，与祖籍国有着千丝万缕的联系。当中国大陆忙于政治运动、投资环境不佳时，东南亚华人和港、澳、台同胞不会到中国投资；而当1978年中国改革开放以来，以经济建设为中心，逐渐改善投资环境时，他们又是投资中国的先锋，也是西方国家和日本投资中国的合作伙伴，发挥第二个中介作用。尤其在中国政治、经济发生某些波折时，这种作用就更为明显和突出。李光耀资政对此有段精采的叙述："1989年六·四天安门事件发生后，日本和西方国家都阻止投资家、旅客进入中国。在这个紧急关头，香港、澳门和台湾的华裔商人却抓紧时机，增加他们在中国的贸易和投资，从中国日益开放的自由市场经济中获益。在他们取得成功之后，东南亚的华裔商人也趁机加入。事过三年，也就是1992年，这方面的成绩令

世人惊叹不已。中国的经济增长达到每年12%，结果使美国人、欧洲人和日本人恢复了对中国的兴趣。”[13]

东南亚华人和港、澳、台同胞在引进西方资金、技术，发展亚太地区经济，发展中国经济与东南亚各国经济的过程中；在东西方经济、文化交流中所起的两个中介作用，实际上也就是世界华人经济合作发展，并与世界经济接轨，走向国际化的过程。也是促使世界华人经济发展国际化的原因之一。

3. 利润率和分散投资风险，决定了华人资本的流向和国际化

任何一个商人，谁也不会做赔本的生意，这是最简单不过的道理。资本无国界，资本的利润率决定了资本的流向。东方人的资本是这样，西方人的资本也是这样。当然，其中还有一个投资环境与投资风险问题，这要靠投资者的调查和正确的决策，否则也会血本难保。而计算产品成本的几个要素——原料价格，劳动力的工资和素质，土地价格和环保费用等等，这些又决定产品的竞争力，此外，还要看市场的大小及当地的消费能力等。而当前最具发展前途，经济增长率高，市场大，消费水平提高快的地方，恰恰就在亚太地区，在中国和南美洲等发展中国家。这就决定了港、澳、台中国人资本要联合东南亚各国华人资本投资中国；要在欧美日筹集资本投资中国。这样既可获得较丰厚的利润，又可以分散投资风险，从而也促进华人经济发展的国际化。

世界华人经济国际化的影响

（一）促进世界性华人社团的发展

随华人移民潮而移植海外的华侨华人社团，经历了发生与发展，高潮与低潮，顺利与曲折，徘徊与转变诸多历程。随着海外华人社会新移民的骤增，人口分布由极不平衡向比较平衡发展；随着世界性各民族寻根热的兴起，海外华人社团的发展有着诸多新动向，新变化。社团的经济化与国际化，就是新变化的重要内容，二者之间相辅相成，互相影响，互相促进。社团依其章程、宗旨和发展的需要，必须有雄厚的经济基础，或一定的经费来源，否则就会停止活动，自行消亡。因而普遍出现了社团出租部分馆所场地，成立股份公司或控股公司，利用所辖基金会的资金参与经济活动等现象。社团的领导人多数为当地著名的商家或企业家，在举行社团年会、地区会议或国际会议时，往往也有研讨经济，交流经验，交换信息，商品展销等议程和内容。这些活动，大大促进了社团的经济化，增强了社团的活动能力、作用、影响和生命力。近一二十年来，国际潮团联谊年会、世界福州十邑大会、世界海南乡团大会、世界广西同乡联谊会、世界华商大会等等世界性社团的活动，就是这方面的实例。这种国际性的华商会议或社团恳亲大会，普遍受到各国（含地区）政府的欢迎，这是他们吸引各国华商投资，洽谈贸易，旅游观光，促进经济发展的好机会。也是华人社团增强凝聚力，提高知名度，促进华人经济发展国际化的有利步骤；反过来，华人经济的国际化又大大的促进了世界性华人社团的发展。资料显示：现已有世界性血缘、地缘、业缘等华人社团70个左右。而隔年举行一次恳亲大会或联谊大会，频繁地在各国各地区轮流举行；与会人数一届比一届多，盛况空前。可以预见，这一趋势，将随着世界华人经济发展的国际化而大大加强。

（二）促进各地华人文化与教育的发展

经济是基础，文化和教育等为上层建筑。经济的发展，必然促进文化与教育的发展。随着中国经济的起飞和发展及与世界经济的接轨和一体化，随着新的华人移民潮流向欧美澳各国，使华人人口分布向世界各地较平衡发展，以及各地华人经济的发展和国际化，这些都大大促进世界各地华人文化与教育的发

展，使华文与华语的经济价值在不断提高。目前全世界有60多个国家的上千所高等院校设立了中文系或中文专业，在一些国家的中小学校也开设了中文课程；非华裔人口中，正在学习中文的学生已超过几百万人；由中国教委倡导的一种类似“托福”的中文资格考试，正在吸引越来越多的外籍学生参加；欧、美、日、韩等国的大企业在招聘员工时，会中文、懂华语成了优先录用的条件；东南亚各国的华文教育，正在走出低谷，受到各国政府的重视。马来西亚的华文教育，由于华人社会的艰苦努力，素有独领风骚的美誉，它是除中国大陆和港、澳、台之外，唯一有较完整的华文教育体系的国家。全国有1200多所华文小学，60所华文独立中学和几所华文大专学院。除华族子女越来越多的接受母语教育外，友族子女念华小的也越来越多。“华文教育已越来越受到友族同胞的认同和信心，目前有2万1千名友族同胞（其中1万5千名是巫族）在全国各地华小就读。”[14]

此外，中医药和针灸、太极拳、武术和气功等具有中国特色的传统文化，在继承和发展中，日益受到世界各族人民的欢迎和重视，使之走向世界，服务和贡献给各族人民，增进东西方文化的交流，丰富人类的文化宝库。

仅从以上有代表性的华文教育和文化在世界的传播和发展，就足以说明世界华人经济发展的国际化，对教育和文化等的作用和影响。

（三）促进两岸关系的互动，有利于中国的统一大业

海峡两岸的经济发展阶段不同，经济发展的诸多因素互有长短，通过港澳同胞和各国华人的牵线搭桥，从间接到直接，两岸的经贸往来，台湾企业在大陆的投资，或者与各地华人企业的联合投资，已日渐形成潮流，不可逆转。仅从近几年两岸的贸易额、台湾在大陆的投资额、两岸的货币交流，以及台湾同胞到大陆旅游探亲的人数等方面，就可窥见一斑。

1. 两岸的贸易额：1991年为58亿美元，1992年为73亿美元，1993年达110亿美元，比上年增长50%；大陆已成为台湾的第五大贸易伙伴，台湾也连续两年成为大陆进口货的第四大来源。[15]

2. 台湾在大陆的投资额：1992年台湾对大陆的投资占其海外投资的21.6%，1993更高达65.61%；“台商赴大陆投资资金额估计约达120亿美元，约七成由台湾金融机构融资”。[16]

3. 两岸的金融货币交流：1994年5月1日香港中国银行发行港币，台湾已决定允许中资银行发行的货币在台湾兑换；人民币登堂入室到台湾，也在意料中；而目前流入大陆的新台币已达50亿元。[17]

4. 台湾同胞到大陆旅游探亲的人数：“据统计，从1981年至1994年初，约有600万人次赴大陆旅行，支付金额达120亿美元。”[18]

台湾当局近年提出“南向”的投资政策，试图对大陆的投资热降温。这种人为的违背经济规律的做法，不会有多大作用，台湾投资西向北移，从大陆的东南沿海向海南岛、向内地、向能赢利的地方投入，这已是普遍现象。这股投资潮流与各地华人资本投资中国的潮流，互相合作，互相竞争，在广阔的神州大地，“跑马圈地”，各有其投资的范围，势不可挡。它既促进了中国经济的迅速发展，也由于获得较丰厚的利润而大大增强了台港澳同胞和各国华人的经济实力。这种生产、贸易上的互补，投资上的互利，科技与经营管理上的交流合作，以及文化与语言的相通等等，形成华人经济发展国际化的主流。它已经和正在促进两岸关系的互动，从经济到文化、体育、艺术的交流，从民间到官方的往来，从单向交流逐渐向双向交流发展。增进了解，消除误解，这些都将促进中国的统一大业。

(四)有利于中国与东南亚各国的经济建设和友好往来

全世界三千多万华侨华人，主要聚居在东南亚各国，而且绝大多数认同于当地。从历史发展的长河看，华侨华人与各国各族人民友好相处，共同为发展当地民族经济，争取民族独立，贡献了自己的力量。但殖民统治遗留的民族间的蒂结，历史和社会发展所造成的各民族在政治、经济、教育、文化等方面的差异和矛盾，西方和日本的某些传媒有意无意带挑拨性的报导，诸如“黄祸论”、“东南亚各国经济为华人所控制”、过份夸大各国华人经济实力等以及中国在“文革”期间的“极左”路线和华人社会在婚丧和各种节日中的铺张与显耀等，都造成华人与当地社会的误解和不协调。近年来，当东南亚各国华人资本随港澳台资本涌进中国大陆时，少数国家的某些政治家，借华人的中国情结提出效忠问题。然而有远见的各国领导人，以未来世界和亚太经济、政治发展的战略眼光，从寻求发展本国经济所需的和平环境以及资金、技术和市场等方面出发，鼓励本国企业家（含华人企业家）到中国投资和发展，有的在出访中国时，率领大批各族企业家，发展与中国的经贸、科技、文教等各方面的合作，签订国家间的协定；更鼓励当地华人企业家引进中国的资金和技术到各国投资和合作办厂。实际上，这种双向投资的势头正在加强。这些，无疑有利于华人经济发展的国际化，更有利于中国与东南亚各国政治、经济、军事、文教等全方位合作和友好关系的发展。

综上所述，世界华人经济发展的国际化趋势，已经和正在促进世界性华人社团的进一步发展和活跃；促进中华文化在世界各地的传播和东西方文化的交流，尤其是中国与东南亚各国文化的交流和发展；促进海峡两岸的经济发展，使两岸经济的关系更紧密，彼此的依存度更高，从而有利于中国的统一大业；促进中国与亚太地区各国、与东南亚各国的友好关系的发展，为使21世纪真正成为亚太世纪做出贡献。

注释：

①② 美国前国务卿贝克1991年发表在《亚洲季刊》上的长文。

③ 〔新〕《联合早报》1994年1月20日。

④ 〔台湾〕《联合报》1994年4月25日。

⑤ 〔泰〕《中华日报》引自中国经贸部的统计，1993年2月25日。

⑥ 〔香港〕《华侨日报》1993年11月23日。

⑦⑨ ⑬〔新〕《联合早报》1993年11月23日。

⑧⑪ 《日本经济新闻》1994年元月号，转引自〔新〕《联合早报》1994年1月7日。

⑩ 这两则消息，均见于〔马〕《星洲日报》1994年4月25日。

⑫ 〔台湾〕《中央日报》(国际版)1994年1月27日。

⑭ 〔马〕《星洲日报》1994年3月29日。

⑮⑰ 〔香港〕《华侨日报》1994年4月4日、4月20日。

⑯⑱ 〔美〕《世界日报》1994年4月16日。

（引自《华侨华人历史研究》1995年第1期）

走向21世纪的东南亚华人经济

中国现代国际关系研究所 马志刚

近年来，伴随着国际经济一体化的浪潮和世界各国经济转型期的调整，东南亚经济得到迅猛的发展，出现了一个较大的发展势头。而作为东南亚华人经济，在整个经济过程中起着重要作用，特别是东南亚华人经济的活力、特点及新的发展动向，日益成为国际关注的焦点。

经济地位及发展现状

华人在东南亚已有悠久的历史，早在16世纪葡、西、英、荷等欧洲国家在东南亚建立殖民地之前许多地方已有华人的足迹。20世纪初叶，华人开始大量移入东南亚以谋求生计。早期东南亚华人绝大部分来自广东、福建两省，另有一小部分来自广西、江苏、浙江等省分。从40年代开始，东南亚各国已限制华人移居，50年代更为严格，因此，现今东南亚的华人多为20—30年代后移居者及其后代子孙。

目前，聚居在世界各地的华人人口总数约2600万（不包括台湾和港澳地区），其中有90%的华人居住在东南亚，人口总数约为2412万。在2412万东南亚华人人口中，东盟地区有2097万，华人人口占该地区人口总数的6.3%，分别为印尼505万、马来西亚616万、菲律宾76万、新加坡236万、泰国658万、文莱6万；印支三国及缅甸的华人人口为315万，占该地区人口总数的2.8%，其中缅甸70万、越南192万、柬埔寨48万、老挝5万。这些华人大部分已归化，并取得当地的公民权，但仍有一少部分未取得公民权资格，只具有永久居民身份。他们凭着勤劳和智慧，在继承祖业的基础上，创造了辉煌的、令人瞩目的华人经济，被誉为是东南亚的“经济精灵”。

东南亚向来有“华人钱库”之称。华人经济在该地区占有相当重要的地位，它不仅对当地经济控制力高达50%以上，同时，在近年世界经济普遍不景气声中，又纷纷呈现出欣欣向荣的局面。1992年7月，英国《经济学人》杂志首次公布其对华人资产的评估，指出：中国大陆以外华人所持有的流动资产(不含证券)总额已达1.5—2万亿美元之间，而散居在东南亚地区华裔人士的财富，估计达4000亿美元。由于印支三国及缅甸的华人经济在60年代受到致命的打击，因此，今日东南亚华人经济的势力主要集中在东盟六国。

在印尼方面，据印尼民族协调中央机构的估计：“除石油和国营企业外，华人控制印尼经济的50%”，这50%的经济力量，有相当一部分是由活跃的华人财团如林绍良的三林集团、彭云鹏的巴里多太平洋公司、黄奕聪的金光集团、李文正的力宝集团、谢建隆的阿斯特立集团和江景德的金源集团等所控制。林氏的企业很广，有金融、水泥生产、化工与土地开发，更拥有大型的工业村。其公司现约500家，除在印尼最具实力外，也跨国到新加坡、香港、菲律宾、泰国，甚至远到荷兰。彭氏的企业以木材工业为主，他的公司巴里多太平洋木材集团，现为世界最具规模的夹板生产公司，单是其拥有林区及木材生产设施的总值已超过50亿美元，此外，他也在种植业、纺织业、纸浆业、金融、船舶运输、石油化工、旅游、房地产、制糖业发展，旗下有220多家公司，雇有超过6000名雇员。黄氏经营的企业范围也很广，有金融、土地开发、造纸、种植、旅游、食油工业，其公司也不单在印尼，还跨国到香港和新加坡。他在食油工业方面很有造就，被称为印尼的“食油大王”。

近十年来，印尼华资企业除了依靠其自身的经济力量外，还同台湾、香港、新加坡、菲律宾等国和地区华商合作，从而使印尼华资在各个经济领域中得到迅速发展。发展较快的行业主要有：1）金融业。印尼华资银行发展很快，仅雅加达就有华资银行46家，保险公司10多家，规模最大者为林绍良创办的中央亚细亚银行，1977年获准为外汇银行。印尼外汇银行共10家，其中华资银行5家，仅此可见华资银行在印尼金融界地位之轻重。2）商业。目前印尼有华商机构12万家以上，其中雅加达零售商约5000家，超级市场10家，旅行社14家。华商不仅规模大，更重要的是与国内外的联系广，印尼的工农业产品大多都通过华商网络推销到国内及世界各地，外资的引入也大多通过华商“搭桥”。3）农业。目前华人拥有13万多英亩种植园，仅次于荷兰和英国人。4）渔业及饲养业。华人在苏门答腊从事渔业最久，目前从业人员有5万多人，同时，饲养业近年发展迅速，已成为印尼华人的新兴企业。

在泰国方面，泰国是亚洲“五小虎”之一，在泰国工业中，华人经济占半壁江山，据统计，目前纺织工业、服装工业及食品工业均占60%；冶金工业、机械工业、车辆装配工业和化学工业占40%；电工器材及家用电器工业、碾米、锯木、榨油、饲料、陶瓷等工业亦占60%左右。华人在泰国金融业方面也业绩显赫，全球500家大银行中，华资银行5家在榜，其中泰国华资银行就占3家。泰国华人陈有汉的盘谷银行为全球最大华资银行，其资产达73.3亿美元，从业人员1.8万多人，拥有国内外分行280多家，在东盟的50家大企业中，名列榜首，堪称国际金融巨头。

除陈有汉外，泰国其他华商如黄子明、谢国民、吴玉音与吴伟光、马陈茂等，都具有相当大的实力和发展潜力。黄氏的经营以土地开发为主，在曼谷独资发展一个卫星城市“通城新都”，耗资达100亿美元，他所拥有的曼谷置地公司是泰国最大的土地开发公司。谢国民是世界最大的“鸡王”，其经营成功的特点是“农工贸”三位一体、互相配合。近年来，他也着手地产开发业，他拥有的卜蜂集团也向中国大陆发展（以浦东地区投资为主）。吴玉音姊弟的经营则以钢铁为主，近年开始向电脑及办公室自动化业务、土地开发及金融业进军，尤其是在办公室电脑自动化方面独辟蹊径取得成功。而在土地开发方面，由于拥有最大地主的地位，使其发展潜能很大。马陈茂的经营也以土地开发为主，其地位仅次于曼谷置地公司，过去几年每年售出的房地产产值达1亿美元以上。

在马来西亚方面，华人经济实力也很强大。该国从1970年开始实行“新经济政策”，计划在20年期间，改变全国资本所有权的比例，即马来西亚原住民要从2.4%提高至30%，华印等非原住民的资本比例则从34.3%提高到40%，而外资的比例则由63.3%下降至30%。到1990年止，马来西亚各民族的股权分配如下：华裔44.9%，马来族20.3%，印度裔1.0%，外国人25.1%，托管公司8.4%，其他0.3%。即使政府提高土著在全国企业股份的所有权，华资的比例并未因此而降低，反有所增加。在马来西亚很有成绩的企业中，几乎每一行业都有华人巨富，郭鹤年、林梧桐与邱德拔就是其中的代表人物。郭鹤年是糖王，但他也是在土地开发及酒店业方面获得了发展。地产业方面，他已和香港的首富李嘉诚合作在中国大陆及其他地方实施土地开发计划；酒店业方面，他的香格里拉集团也已跨出东南亚，走向了香港、中国大陆、汉城等地，该集团共有19家首级大酒店，成为亚太地区最大的酒店集团之一。林梧桐以“赌王”见称，但也在种植业及建筑业方面很有实力，他所拥有的云顶集团，其资产达36.7亿美元。邱德拔是金融业方面顶尖人物之一，他是马来亚银行的创始人，现该行虽已为马土著拥有，但邱氏另在英国标准渣打银行占有约14.8%的股权。

在菲律宾方面，华人在经济上亦极有成就。过去由于种族和国内政治原因，菲律宾华裔一向受排斥，当地华人一直不能与菲律宾原住民同等看待。1975年，菲律宾政府准许华人集体归化为菲籍，华人的经济地位才得以改善。据1983年的一项调查，在1000家最大的菲律宾企业中，其中最大的259家中有60%是由菲律宾华人持有。由此可见，华人在菲律宾仍拥有相当大的经济势力。近年，当地华资外流的数目不少，资金主要流到香港、美国、澳大利亚和加拿大等地。菲律宾的华人巨富有郑周敏、陈永栽与吴奕辉等。郑氏是以土地开发为主，也经营金融银行业。近年他虽到台湾发展，但在菲律宾的旅店、纺织以及房地产公司也有 20 家；在台湾的企业包括百货公司、木材及传播业的资产近百亿美元。陈氏则以烟草企业为主，该公司出产的香烟牌子“福州烟厂”，占菲国出产香烟总数的 60%的市场，年值约 14 亿美元，此外，他在银行业方面也颇有建树，他参股的联盟银行，是全菲最大的民营银行。吴奕辉则以农场、饲料、食品方面的经营为主，他旗下的环球罗滨娜有限公司和环球食品有限公司，为经营的多元化积累了许多成功的经验。

在新加坡方面，在经济上，华人一向较马来人与印度人突出，新加坡本地的主要大财团，几乎是清一色的华裔人士。目前，新加坡工业总产值中，54.4%来自外国资本，完全本地资本（主要为华资）占 20%，本地与外地合资的工业资本占 25.5%，其余指标如工业就业人数与附加值亦以全外资为主。这里必须指出，在全外资合资的工业中，有部分是港、台及其他东盟国家的华人资本，因此，华人在新加坡工业产值等方面所占比例要比统计的数字还要高。新加坡华人则以李成伟、郭芳枫与黄祖耀为巨富。李氏家族的财富起自其父李光前，李光前是战前东南亚首富陈嘉庚的女婿。李光前不负陈的大力栽培，在金融及种值业奠定了稳固的基础，到了李成伟兄弟三人，事业更上一层楼，开始多元化经营，扩及酿酒、船厂与欧美大企业的合作，其家族财产达 49 亿美元。郭芳枫则在金融、地产以及酒店为主，整个郭氏集团旗下约有 200 家公司，资产近 13 亿美元。黄祖耀则以银行业、地产业为主，他属下的大华银行、大华置业、虎豹兄弟三大公司，资产达 28 亿美元。

从上述东南亚几个国家华人资本的现状来看，东南亚华人经济，无论是在资本的集合上，企业管理上及企业规模上，都已远远超过了过去的殖民地时代，并在当今东南亚，甚至整个亚洲的经济发展中扮演重要的角色。

经营的形式与特点

内部组织与外部关系是东南亚华人经济经营的主要表现形式。在内部组织方面，主要是：1）以中小型企业为主，华人经济中虽然有大型的企业，而且不乏有成功的例子，但一般华人经营的企业，其规模结构都是以中小型企业为主的；2）家族式的企业最为普遍，即整个企业为一个家族所拥有和控制，这与香港、台湾的情况极为相似；3）合伙经营的企业，经营伙伴一般都是亲戚或相当可靠的朋友，包括彼此了解旧友在内。这类企业通常都冠以“公司”字号，它与有限公司不同，属于无限责任。独资与合伙企业有其优点，如较少受到有限公司法规的约束，伸缩性大，同时华人企业一向重视信用道义，因此长期以来这种企业的经营形式很受欢迎。目前，东南亚地区的各国政府，尤其是新加坡与马来西亚政府大力鼓励旧的独资或合伙企业转注册为家族式或合伙式的有限公司，但所有权不受影响。东南亚各地的华人股份有限公司近年来已逐渐普遍，但大部分的股份仍受少数人或若干家族所控制。

在外部关系形式方面，仅商业而言，当地华人主要扮演进出口中间商的角色。如外商从欧、美等国直接进口外国货品，再通过华人企业的零售渠道销售出去。由于华人遍及各地，比较熟悉当地的市场，而外商一般不屑担任琐碎的零售事务，因此通过这种协作，双方均可得益。外商除进口外国商品外，也从华商手中采购由他们在当地收购的原产品，因而华商也可以利用外商的市场信息，将自已的产品推销到外国市场去。近年来，较大规模的东南亚华人企业已有不少不再依赖中间贸易商的角色，而是直接与欧美外商交易，其中以制造业最为普遍。

东南亚华人经济具有以下特点：

1. 早已归化居住国，并以追求财富为其生存发展的原动力。东南亚华人经过几个世纪不懈奋斗，以劳工为主的群体才在当时生存下来，并且加入了当地的国籍。认同当地社会和主流民族是他们本身长期生存以求发展的内因。这样，他们实际上无可避免地被赋予了双重的历史重负：一方面，他们必须为处身的所在国开创生存发展的新天地而力求从各方面投入社会的主流；另一方面，他们又得为认同自己的母国而付出巨大的代价。因此，在看待东南亚华人的问题上，应与看待港、澳、台及其他地区的华人相区别，以避免造成误解。

2. 战后东南亚华人资本大幅度增加，并开始向资本多元化方向转化，据统计，战前东南亚华人资本总额，最多时只达 10 亿美元，战后经过数十年的发展，其资本总额已达到 4000 亿美元之巨，而且资本日趋集中，出现了众多实力雄厚、对当地经济起着举足轻重作用的企业集团，如前所述的东南亚数十位华人巨富，都已成为世界一级富豪，他们的资产少则 10—20 亿美元。多则在 70 亿美元以上。近年来，东南亚华人财团已向经营多元化转化，业务和投资活动范围已不局限于本国，而是计划推行国际化，投资地点遍及亚洲各国及北美、澳新和部分欧洲等国，投资行业也遍及金融、工业、旅游、地产、劳务及农牧等各个领域。因此，东南亚华人财团的资金与合作领域更具有发展的潜能。

3. 东南亚华人所经营的企业，往往按籍贯的不同而从事于某一类型的行业。例如广东、海南人多经营咖啡业与裁缝业；福建兴化人多经营自行车与机车行业；客家人多经营百货与布匹行业；福州人多经营建筑、木材与杂货业；潮州人多经营杂货、金银首饰、家俱、锯木业；江、浙人则多经营钟表、眼镜、古玩及礼品店。

4. 具有一些中国人传统的特质和儒家的伦理。主要表现为：1）善于理财，遵守信用；2）具有适应力、洞察力及坚强的毅力；3）勤奋、节俭、储蓄率高；4）对子女的教育极为重视；5）对家族的忠诚和责任感。这些因素对其发展往往产生巨大的效果。

新动向及发展趋势

如何抓住机遇，迎接挑战，是目前摆在东南亚华人企业家面前的当务之急。东南亚华人企业界现已进行自身的经济整合，以适应客观形势的变化。有关新动向主要表现为：

（一）发挥资本集合、同业合伙，以加强市场竞争能力。近年来，东南亚华人已有意识主动加强地区间的经济联合，新、马、印尼经济“成长三角”区就是其中的范例。继这一“成长三角”区后，有由泰国南部的普吉岛、马来西亚的北马四州（槟城、吉打、玻璃市和霹雳）以及印尼的苏门答腊的亚齐组成的“北成长三角”区；由马来西亚的槟城、泰国南部的万伦以及印尼苏门答腊的棉兰组成的“大马成长三角”区；由印尼的苏拉威西、东加里曼丹和西加里曼丹，马来西亚的沙劳越，菲律宾的棉兰栳岛以及文莱组成的“东成长三角”区；由马来西业东海岸的丁加奴和彭亨两州与印支三国组成的“成长三角”区；此外，还有人提出了由菲律宾大马尼拉市邻近的甲米地、内湖、八打雁和黎刹四省同新加坡、马来西亚组成的经济“成长三角”区。上述以“成长三角”区为形式的联合性经济集团，多数是由东南亚华人推动的。目前，这些经济联合体，有的刚进入实质性运营，有的正在酝酿之中，有的已获得可观的经济效益。诸如此类的经济联合，无疑有助于壮大东南亚华人在相关领域中的竞争力，它已成为今后东南亚华人在次区域内经济合作和发展的新方向。

（二）加强与香港和台湾华人的经济联

系，台商从1986年便兴起对马来西亚的投资热，据统计，至1992年止，台商在马投下累计金额约达14亿美元，共计1066项投资。台商与印尼的经济联系也日趋密切，尤其是台商和印尼合作的工业更是遍及轻重工业各个部门。例如，印尼有5家炼钢厂，都是台商和当地华人合作开办的。台湾中华纸浆公司与当地华人合资建立了印尼的永吉造纸公司，台湾水泥公司与当地华人合作建立了200万吨的水泥厂。同时，香港近年对印尼的投资也逐渐升温，以1992年计，香港在印尼投资额已超过10亿美元，仅次于日本，居第二位，香港与印尼的投资联系，都是通过华商牵引的，林绍良在香港有巨大的投资，香港也有超过400家公司的印尼华人出入口商会。除马印两国外，港台华商近来也对越南发生极大兴趣，香港已成为越南最大的投资来源。同时，马来西亚、新加坡与泰国的华商也都对越南掀起投资热潮，马来西亚成为越南最大的投资国。总之，由港台对东南亚作出投资行动的趋势来看，华人在东南亚的经济角色，明显由过去的有限空间转为无限空间，而且直接参予了跨国的、区外的华人经济实力圈。

（三）利用有限的资本，避实就虚，寻找能获取最大效益的投资方向。东南亚华人资本多为中小资本，面对欧美本土大资本的有力竞争，难免力不从心，不易有大的发展。加之，近年来东南亚华人进军欧美失利，对资本走向的考虑更加慎重。目前，东南亚许多华商已决定改变过去投资欧美的方向，将投资重点转向本地区内资金薄弱而且资源丰富的国家，如中国和印度等国。中国随着改革开放，大陆广大的市场日益显示出诱人的魅力。因此，新、马、泰等国政府不断强调要加快经济国际化的步伐，并且在政策上鼓励包括华人在内的商家，到中国大陆及其他国家投资贸易。进入90年代后，到中国投资的东南亚各国华人激增，截至1992年底，在中国大陆由东南亚华人资本创办的三资企业就达到4224家。东南亚华人除了直接到中国投资外，也注意促成彼此之间的直接贸易合作，利用各种有利优势，协助居住国的资金、产品及技术打入中国市场，进而带动居住国企业到中国投资。

展望未来，东南亚华人经济正处在天时、地利、人和之机，必将为自身的发展、为入籍国家的繁荣发挥巨大的力量，作出显赫的成绩。当然，东南亚华人经济的整体系属零散分布的经济，目前尚缺乏整体的结合及运用，很难充分发挥互补的多边效益。加之，华人因受家族观念的影响，仍多以传统的经营方式为主，除极少数国家的华人企业外，多属资本薄弱、管理松散的中小型企业，这就从本质上难以具有雄厚资本、严格组织与科学化经营管理的现代大型企业进行竞争。再则，新贸易保护主义的兴起，区域与区域间经贸壁垒突出，使竞争趋势日益激烈，这将大大限制东南亚华人经济的活动空间。此外，华人经济的成就，易招人嫉妒。随着华人经济的发展，种族主义者便会借机生事，那些怀有敌意、对华人经济视为可怕竞争对手的国际垄断资本，会挑拨、夸大华人对有关国家经济的作用，制造当地人对华人不满的暗流。这些都是东南亚华人经济在今后发展中必须引起重视和解决的问题。

注释：

① 饶美蛟：《东南亚与台湾华商之经济势力经营及其对经济发展的影响》，《华商经贸》（台湾），第323期。

② 《亚洲周刊》（香港），1991.12.23；1992.3.21，6.32，8.25；1993.3.14。

③ 萧永坚：《战后东南亚国家的华侨归化政策及其影响》（中国），华侨出版社，1990年。

④ 李明欢：《欧洲一体化进程与华人经济》，《华人月刊》（香港），1993年第10期

⑤ 林瑞隆：《整合华人经济力、开创华人新世纪》，《华商经贸》（台湾），第328期。

⑥ 郑赤琰：《海外华人与东南亚经济发展之关系》，《华商经贸》（台湾），第323期。

⑦ 周明伟:《台湾对东南亚投资之特点及发展趋向》,《工商世界》(马来西亚),1990年第6期。

⑧ 《海峡时报》(新加坡),1992.8.4;1992.8.26。

⑨ 蔡仁龙:《印尼华侨、华人"认同"的转向》,《华人月刊》(香港),1993年第2期。

⑩ 《联合早报》(新加坡),1994.1.2;1994.2.7;1994.3.2。

东南亚华人企业集团的兴起及其海外投资

厦门大学 王 勤

战后,东南亚经济取得了迅速的发展。作为东南亚民族经济的重要组成部分。东南亚华人企业集团随之迅速兴起,并已颇具规模。这些产业资本与金融资本相结合的企业集团,掌握了国内的相当部份财富,并逐步向海外扩展,在本国经济乃至区域经济发展中占有日益重要的地位。

华人企业集团的迅速兴起

东南亚华人企业集团远在殖民地时期开始形成,但其经济实力的迅速发展则是在东南亚各国独立以后,尤其70—80年代。这些华人企业集团早期的资本积累,主要是通过两条途径来实现。一是通过作为外国公司的代理商或经纪商而发展起来,二是由契约劳工变为小商人,进而成为中介商,积累资本后再投资工商业和种植园。独立以后,由于外国垄断资本的独占地位逐渐削弱,国内民族资本(包括华人资本)的生存和发展条件发生了重大变化。东南亚华人企业集团的规模随之迅速扩大,同时涌现出新兴的企业集团。

印尼的华人企业集团发展十分迅速。70年代,华人企业集团不到20家。80年代初以来,华人企业集团迅猛发展。据统计,1991年印尼最大的200家私人企业集团中,华人企业集团有167家。其中,前11家最大的企业集团均为华人企业集团。最大的20家华人企业集团的营业额为65万亿盾(约325亿美元),占200家企业集团营业总额的55.3%。印尼最大的华人企业集团是三林集团,即林绍良家族集团。该集团在国内外拥有500余家附属企业,其中在印尼的上市公司有3家,海外上市的公司有6家。1991年营业额达90亿美元。它们生产的面粉和水泥分别占国内产量的85%和44%,同时控制着国内最大的私人银行中亚银行;印尼另一最大的华人企业集团是以黄奕聪为首的金光集团,拥有400多家附属公司,其中在印尼和香港的上市公司有5家,1991年营业额约为30亿美元。它生产的食油占国内产量的50%,是印尼的最大的造纸商,并控制国内第四大私人银行印尼国际银行;以彭云鹏为首的巴里多太平洋集团是近年迅速兴起的华人企业集团,它以经营木材为主,是目前世界最大的胶合板生产和出口商,该集团附属公司为120多家,1991年营业额达15亿美元;以蔡道行为首的盐仓集团也颇具规模,它生产的丁香烟占国内市场的45%;以李文正为首的力宝集团以经营银行金融业为主,其核心银行为印尼第二大私人银行的力宝银行,在印尼和香港拥有9家上市公司;以吴家熊为首的大马集团以农产品贸易及加工、金融、地产业为主,附属公司多达120家,1991年营业额达6.6亿美元。

在马来西亚,较大的华人企业集团战前不到10个。70年代后,新兴华人企业集团不断涌现。目前，拥有资本2亿美元以上的华人企业集团约有40家，其中最大几家是郭鹤年的郭氏兄弟集团、林梧桐的云顶集团、郭令灿的丰隆（马）集团、骆文秀的东方实业集团、林木荣和林天杰父子的甘文丁机构或马化控股集团、邱德拔的良木园集团、刘耀全的刘蝶集团、李莱生的吉隆坡甲洞集团、邱继炳的马联工业集团、陈志远的成功集团等。郭氏兄弟集团是马来西亚最大的华人企业集团，其附属公司超过200家，分布在全球15个国家和地区。1991年集团资产额为26.6亿马元（约10亿美元），营业额达40.5亿马元（约15亿美元）。该集团所生产的食糖和面粉占国内产量的80%和45%，属下香格里拉酒店集团是亚太地区最大的酒店集团之一；马来西亚第二大华人企业集团是云顶集团，拥有国内3家上市公司。它以赌业为核心，从事多元化经营；丰隆（马）企业集团是国内第三大华人企业集团，拥有附属公司100多家，其中上市公司在国内有9家，新加坡和香港各1家。该集团以金融保险和工业为主，是国内主要的金融集团之一和最大的建材生产及供应商。

菲律宾华人企业集团在70年代中期后迅速发展，但其规模较其他东南亚国家小。著名的华人企业家有郑周敏、陈永栽、吴奕辉、杨应琳、郑少坚、施至成、黄登土、叶应禄、郭马利亚诺等。以郑周敏为首的亚洲世界集团是国内最大的华人企业集团，它以地产开发发迹，菲律宾和台湾为主要经营据点。在菲律宾拥有酒店、房地产投资公司和纺织厂近20家，资产额约2.8亿美元。在台湾拥有数家公司和37幅地皮，资产额在94亿美元；陈永裁拥有菲国最大的烟厂福川烟厂，控制国内最大的私人商业银行之一的联盟银行；以吴奕辉为首的企业集团经营范围涉及食品、纺织、百货、酒店业等；控制国际商业银行；杨应琳的企业集团以金融保险业为主，控制黎刹商业银行，并从事制造业、建筑、种植以及房地产业等；郑少坚拥有国内第二大商业银行的首都银行，至1991年底该行资产达20.8亿美元，分行200余家；以施至成为首的SM集团以百货业起家，多元化经营，拥有国内最大的百货连锁店。

新加坡华人企业集团近年发展较快。作为国内三大私人银行集团的大华银行集团、华侨银行和华联银行的规模不断扩大，均已跻身世界500家最大银行之列。大华银行集团是国内资产最多的企业集团之一，控制了崇侨、利华、远东、工商银行，在国内外的银行分支机构多达133家，附属公司70余家，除银行金融业外，该集团的经营范围已扩展到投资、地产、旅游、船务以及采矿业等；华侨银行集团是国内经营历史最长的银行集团，控制了新加坡银行、四海通银行，拥有的附属公司达70余家；华联银行集团在国内外控制的附属公司达32家，其中国内上市公司有4家；郭芳枫为首的新加坡丰隆集团以经营金融和地产业为主，目前在新加坡和香港拥有上市公司6家。它是国内最大的地产发展商，拥有众多的发展项目。其他著名的华人企业集团还有：以地产大王黄廷芳为首的远东机构、以建筑工程为核心业务的林增控股集团、从事百货零售业的美罗控股集团、诗家董集团等。

泰国华人企业集团已颇具规模。以陈弼臣（已故）家族、伍班超家族、李木川家族、郑午楼家族为首的四大华人金融财团，对泰国国内经济有着相当的影响力。陈氏家族是泰国最大的私人企业集团之一，拥有200多家企业，财产总值逾70亿美元。盘谷银行是该集团的核心企业，也是目前东南亚最大的商业银行。1991年资产额达256.6亿美元，国内外分支机构为291家；伍氏家族拥有企业超过200家，主要企业是泰华农民银行，该行是国内第三大银行，占国内15%的存贷款市场；李氏家族的主要企业是大城银行，它是国内第五大银行，1991年资产额为70.5

亿美元，国内分支机构达246家。该集团还直接或间接控制6家上市公司；以谢国民为首的卜蜂集团是泰国最具跨国规模的企业集团，拥有的200多家公司遍布在13个国家。该集团是一个农工贸结合的企业集团，以农牧业为主，同时扩展到制造业、石油化工、房地产和通讯业；以黄子明为首的曼谷置地集团是泰国最大的上市公司，也是国内最大的房地产开发商。此外，还有李石成为首的拥有东南亚最大钢管厂的泰兴钢管集团、李文祥为首的以消费品生产为主的协昌集团、郑有华为首的泰国最大百货业集团中央集团等。

华人企业集团发展的特点

东南亚华人企业集团的迅速兴起，标志着战后东南亚华人经济发展日趋走向成熟阶段，也是海外华人经济发展与变化的一个缩影。尽管东南亚各国华人企业集团具有不同的发展模式，但又有其共同的发展特点。

（一）东南亚华人企业集团是各国民族资本主义经济迅速发展的产物

战后，东南亚国家民族资本主义经济取得较快发展，逐步由殖民地半殖民地经济向新兴工业化经济转变。与之相应，东南亚国家的一部分华人资本也由中小企业发展成为大型企业集团。伴随着经济迅速发展和生产社会化程度的提高，各国国内资本的积聚或企业的合并过程明显加快，相继出现了同一部门内几个企业合并成更大规模的企业，不同部门的互有关系的企业合并成联合企业，以及彼此间无多少联系的不同企业合并成混合联合企业的现象。各国华人企业集团通过收购、兼并、参股等途径，不断扩大其资本规模和经济实力，逐步在国内某个部门行业或几个部门行业的生产和流通中占据举足轻重的的地位。印尼的三林集团在战后初期形成，自50—60年代开始其经营形态由商业资本转向工业资本和金融资本。三林集团主要通过收购和合并多家面粉加工厂、水泥制造厂、汽车制造厂以及银行金融机构，建立起多元化经营的企业集团。该集团在国内的面粉加工和销售、水泥生产、汽车制造以及银行金融业等部门行业具有一定的垄断地位，成为东南亚地区资本规模最大的企业集团之一。马来西亚许多新兴华人企业集团的崛起，也是通过一系列的收购和兼并企业活动，如丰隆集团收购国内最大建材企业谦工业公司以及马太平洋工业公司，甘文丁机构大量收购马化控股公司的股权，成功集团收购成功机构、多多博彩等多家企业，使其资本规模迅速扩大。新加坡的大华银行自70年代起先后兼并4家当地资本的银行，1971年收购崇侨银行、1972年收购利华银行、1984年收购远东银行、1987年收购工商银行，从而一跃而为新加坡国内最大的私人银行集团。

（二）东南亚华人企业集团的投资领域广泛，但以某些产业为经营主体、多元化发展型的企业集团居多

随着东南亚国家工业化进程的加快，各国的产业结构急剧变化，新兴制造业部门迅速发展，第三产业部门不断扩大。许多华人企业由单纯经营农业和商业转向农林牧资源加工、制造业和服务业，进而向多元化经营型企业集团发展。以农林牧资源加工为主，多元化发展的企业有马来西亚的吉隆坡甲洞集团、泰国的卜蜂集团、印尼的巴里多太平洋集团等；以制造业为主、多元化发展的企业集团有马来西亚的金狮集团、东方实业集团、陈唱集团、印尼的大马德斯集团、泰国的伟成发集团、泰兴钢管集团等；以银行金融业为主，多元化发展的企业集团有泰国的盘谷银行集团、泰华农民银行集团、新加坡的大华银行集团、华侨银行集团、印尼的力宝集团等；以房地产业为主，多元化发展的企业集团有泰国的黄子明家族集团、菲律宾的亚洲世界集团、新加坡的远东机构等；以百货业为主，多元化发展的企业集团有菲律宾的SM集团、新加坡的诗家董集团、美罗控股集团等。

（三）东南亚华人企业集团以家族经营为核心，拥有各自的企业集团系统

尽管东南亚华人集团普遍采取现代资本主义股份公司的形式，但实际上仍保留家族经营的方式。在企业集团的经营管理和组织结构上，均带有浓厚的亲缘和家族经营色彩。各个企业集团的核心领导层，无不由财团家族成员或家族姻亲组成和控制。而企业集团主要子公司的决策管理层，也一般由财团的家族成员担负，从而牢牢控制家族企业的所有权和经营权。印尼的三林集团以林绍良三兄弟及其家族为领导核心。金光集团以黄奕聪及其家族为核心。盐仓集团以蔡道行及其家族为核心。大马集团以吴家熊及其家族为核心。马来西亚的郭氏兄弟集团以郭鹤年三兄弟及其家族为决策核心。菲律宾的亚洲银行集团由郑周敏及其14名子女控制家族业务。新加坡的大华银行集团以黄祖耀家族、华侨银行集团以李成伟家族、华联集团以连瀛洲家族为经营主体。泰国的陈弼臣家族集团由其子女承接，而黄子明家族集团的主要上市公司也由其子掌管。不过，近几年有些华人家族企业的所有权和经营权已逐步分离。

东南亚的华人企业集团以家族核心企业为主体，这些核心母公司（或控股公司）控制主要的子公司，而这些子公司又控制属下企业，从而形成由母公司、主要子公司和附属及合资公司所组成的金字塔式的企业集团。各企业集团的主要企业一般都在某个部门行业占重要地位，控制该部门行业的相当部分生产领域或流通领域，然后将触角伸向更多的部门或行业。许多华人家族财团还以银行金融机构为核心企业或主要企业，通过企业集团的内部联系、资本参与以及人事配置，使金融资本与产业资本相互融合。印尼的三林集团以三林经济开发企业公司为核心企业，主要子公司有保加沙利公司、印尼水泥公司和中亚银行等，它们掌握了国内相当部分的面粉加工和销售、水泥生产、丁香贸易等，在制造业、建筑业、航运业、金融业、服务业等部门行业也拥有巨额投资。马来西亚的主要几个华人企业集团既在农矿、工业投资，又投资于银行金融业，出现资本相互渗透，决策层间人事相互参与。例如，马联工业集团以经营制造业为主，同时创办马联银行和马联金融公司。

（四）东南亚华人企业集团的迅速兴起，得益于政府的经营政策，同时形成与国家资本相互渗透及联合的经济关系

50—60年代，东南亚国家相继开始了工业化进程，各国政府制定了一系列促进工业化发展的政策和法令，诸如关税保护、减免税收、信贷优惠以及投入国家资本加以扶持等。这些经济政策具有明显的倾斜性，受惠最大的则是国内大企业集团（包括华人企业集团)。印尼在60年代中期调整了经济政策，先后颁布了鼓励国内外资本投资的法令。国内私人企业集团因其所具备的市场竞争优势，更易于取得政府的信贷优惠、经营许可证、专利垄断、承购包销等各种便利，因而60年代中期以后印尼的华人企业集团规模急剧扩大。泰国的四大金融财团的发展，也受到政府的特殊保护和扶持。战后初期，泰国的银行业发展很快。50年代后期，政府颁布了新的银行管理法令，严格控制新的银行开业，限定外国银行在境内设立分支机构，只准许业已成立的本国银行增设分支机构，这就促进了当时已具规模的盘谷银行、泰华农民银行、大城银行和京华银行这四大华人商业银行的发展，使其能在国内金融市场迅速占据支配地位。当然，各国政府对私人企业集团的垄断性也实行了某些限制，但其影响力则是相当有限的。

（五）东南亚华人企业集团的形成与发展，与外国资本有着千丝万缕的联系，它们

在资金、技术和市场诸方面不同程度地依赖于外国资本

在东南亚国家，许多华人企业集团早期就依靠充当外国公司的代理商或经纪商而发家,因而与外国资本有着天然的历史联系。独立以后，虽然各国华人企业集团建立了自身的生产和管理体系，但在资金、技术、市场等方面仍在一定程度上依赖于外国资本。印尼60年代中期开始实行吸引外资的政策,同时严格限制外资股权比例和投资领域，这使得外国资本多以当地华人大企业作为合营或合作的伙伴。印尼不少新兴的华人企业集团由此得以迅速发展,马来西亚的陈唱集团、合顺集团、东方实业集团、合发集团的发展，主要靠早先取得日本、德国等外国汽车公司的代理商地位，然后从事零部件加工装配和制造，而成为马来西亚主要的汽车代理商和制造商。在作为国际金融中心的新加坡，华人企业集团与外国垄断资本具有更为密切的经济联系。新加坡的三大华人银行集团中，外国资本就拥有相当部分的股权。至1992年9月底，华侨银行的外国人股权占40%，大华银行的外国人股权占26.7%，华联银行的外国人股权占38.95%。

华人企业集团的海外投资

70年代末以来，随着资本规模和经济实力的扩展，东南亚华人企业集团的海外直接投资迅速增长。许多华人企业集团制定海外投资战略，调配各自经营资源，积极开拓海外市场。这些华人企业集团海外投资的迅速兴起，已成为东南亚华人企业集团发展进程中的一个新特点。

东南亚华人企业集团的海外投资活动，主要是以在国外收购当地企业、直接投资设厂以及经营合资项目等方式进行，并由此逐步建立海外投资基地和跨国经营网络。印尼的三林集团在70年代末80年代初相继收购了香港的侨联金融公司和上海地产公司、美国加州的希贝尔银行以及荷兰赫格梅椰公司等，迅速形成了以第一太平洋企业集团为核心的庞大跨国企业集团。该跨国企业集团以香港作为海外营业总部,其企业遍布25个国家和地区。印尼的另一企业集团力宝集团在1984年收购香港华人银行后，先后在香港成立多家公司，还在美国洛杉矶设立旧金山银行以及分行。马来西亚的郭氏兄弟集团70年代开始将经营基地迁往香港，并逐步建立起以香港为中心，遍及马来西亚、新加坡、香港、中国、印尼、菲律宾、泰国、法国、德国、加拿大、智利、墨西哥、斐济、英国等地的跨国经营网。新加坡三大华人银行集团在海外的企业日益增多，华侨银行集团拥有的海外附属企业多达23家,大华银行集团有20家，华联银行集团也有15家。新加坡丰隆集团近年在海外投资颇具规模，其属下城市酒店国际公司在亚洲和欧洲展开大规模的酒店收购活动，使该公司的酒店增至27家，遍布在7个国家和地区。泰国在海外投资规模最大的跨国企业是卜蜂集团，1989年该集团的全球工农业额高达50亿美元,已发展成为东南亚最大的农牧工商综合体企业集团和世界第三大饲料厂商，并跻身世界500家大企业之列。

近年来，东南亚华人企业集团在中国大陆的直接投资增长较快。这些华人企业集团对中国大陆的投资，主要是通过其在香港的公司来展开。泰国的卜蜂集团是在中国投资较早和项目最多的华人企业集团，它通过香港的卜蜂国际公司进行投资。目前在大陆的项目达50多项,涉及农产品加工、石油化工、摩托车制造、房地产业等。马来西亚的郭氏兄弟集团通过香港的嘉里集团在大陆投资，投资额达几十亿港元，包括房地产、酒店、粮油食品加工、基础设施等项目，目前已有6家酒店建成，正在施工的房地产项目有7个。印尼的三林集团主要通过香港的第一太平集团、金光集团通过香港的中策投资公司、力宝集团也通过香港力宝公司展开大规模的投资。新加坡的远东机构通过香港信和置业公司在大陆投资的地产项目共11个。此外，东南亚华人银行也纷纷在中国设立分支机构。

东南亚华人企业集团海外投资的迅速兴起，究其主要原因，是企业集团自身资本矛盾运动和政府经济政策影响的结果。随着东南亚华人企业投资规模和经济实力的扩大，其家族经营方式和资源配置机制阻碍生产和资本社会化的发展，使之难以解决内部资金短缺、扩大生产以及技术升级的矛盾。同时，由于企业集团经济实力的膨胀和具有经营优势，国内市场的相对狭小影响其规模效益，这就促使这些企业集团扩展海外投资和跨国经营。导致华人企业集团海外投资的另一重要原因，则是各国政府所推行的经济政策。近几年新加坡、马来西亚和泰国开始积极鼓励当地企业以对外投资，政府给予海外投资企业以诸多优惠政策，促进了本国跨国企业的发展。同时，有些国家尽管采取有利国内私人资本发展的经济政策，但其中仍潜伏着种族主义的因素，造成非原住民资本为减少风险而转向海外投资。再一方面，亚太地区各国纷纷开放市场，改善投资环境，增强了对华人企业集团海外投资的吸引力。东南亚拟议和开发中的多个“成长三角”、极具发展潜力的印支国家以及庞大的中国市场，对这些华人企业集团均有着强大吸引力。

总之，随着亚太地区日益成为世界经济发展最具活力的地区，该地区已成为国际投资资本角逐的热点。进入90年代，东南亚华人企业集团已逐渐成为该区域一股新兴的国际投资力量，并将在区域经济发展中发挥愈益重要的作用。

道教文化与海外华人民族心理

厦门大学　吴文华

前　言

民族心理的研究，国际学术界向来颇为重视。早在马克思、恩格斯时代，恩格斯对爱尔兰民族的民族心理、民族性格就作过十分精采深刻的论述；对于“富于进取”的美利坚民族的民族特点，作了高度的评价，评述道“在资本主义的刺激下，美利坚人具有狂热的事业心。”马克思提到过俄国人的“沉着热情”等等。列宁曾用过民族“心理特点”的说法。后来原苏联学术界的不少学者根据马列主义经典作家的论述，认为民族心理可以表现为气质、行为特点、劳动习惯等等，因此提出了诸如德国人的“仔细认真”在科学技术与工业发展上作出了卓越贡献；英国人的“求实精神”表现出整个民族的稳重、踏实、讲求实效，但也同时表现出其墨守成规、保守、还保留着君主制形式，重视不成文的法律和习惯等等。

民族心理，是民族的社会经济、历史传统、生活方式以及地理环境的特点在其精神面貌上的反映，是社会物质生活和文化生活条件综合作用于民族精神面貌的表现与结果，是一种具有群众性、全民性的社会现象、精神现象。

民族心理一旦形成，具有着一定的稳定性、持久性，但也具有着时代性，随着社会物质生活条件的变化而变化。虽然其变化是缓慢的，平时不显著，是渐进的，因而是积累式的。但在社会急剧变革或转型时期，变化速度就快得多，甚至有时是惊人的，“一日不见，如隔三秋。”

民族心理是区别不同民族的重要标志之一，而且是一种很活跃、富有生命力的持久因素。在民族的生存和发展中，民族心理起着不可忽视的重要作用。

民族心理是本民族成员的凝聚力的体现，维系着本民族的生存和发展。同时有力地护卫着本民族的民族特征、民族特点，它自觉或不自觉地抗拒着为他民族所同化，因而成为保持民族界限的主要屏障和藩篱。

著名的社会学家、民族学家费孝通先生曾为民族心理作过这样的概括：“同一民族的人感觉到大家是属于一个人们共同体的自己人的这种心理。”同一民族“总是要强调一些有别于其他民族的风俗习惯、生活方式上的特点，赋予强烈的感情，把它升华为代表这个民族的标志”。这个概括是很有见地的。

新中国诞生以来，由于极左思潮 的严重干扰，社会学、文化人类学、心理学、宗教学等被当作姓资的学科打入冷宫，因此，关于海外华人民族心理的研究，无人问津，也不足怪。但改革开放10几年来，社会学、心理学、宗教学等已受重视，也颇有进展。华侨华人历史的研究，也顺应着国家的发展和时代的需要，显得相当活跃，成绩也颇为显著。唯独海外华人民族心理的研究，至今还是一片空白，冷冷清清，这种落后状况应急速改变，现在该是把华人民族心理提到重要的研究日程上来。

道教文化是理解华人民族心理的一把锁匙

华侨出洋，虽然历史悠久。但大批出洋，形成高潮则是19世纪下半叶以来的事。生活在社会经济条件和文化氛围完全不同的国度里的华侨，面临着当地文化和西方文化的冲击和挑战。从亚热带的闽粤农村来到热带的东南亚，从同族同宗的家乡来到完全生疏的和不同民族相处在一起，从农业经济转换到从事商品经济流通领域的经济活动，总而言之，华侨生活在完全不同的新的社会环境。因此，华人的民族心理必然要随之发生重大的变化，同时华人时时刻刻在接受着当地文化，西方文化的薰陶，在新的人文自然环境里为生活而奔忙，华人的民族心理和过去相比，自然不可同日而语了。

华人移居海外，头等大事是求平安，在定居地祈求顺遂，走好运，安居乐业。接着是谋求发展，发财致富，以改变原来的贫穷命运，以便终有一天“落叶归根”，衣锦还乡，光宗耀祖。早期华人的民族心理、社会心理就是围绕着这种求平安和谋发展而形成和发展起来的。华人相处，见面的口头禅，最常听到的“一路顺风”、“恭喜发财”就是这种民族心理的体现。

早期华人漂泊海外各地，不能依靠贫弱的祖国作后盾，陷于“海外孤儿”的逆境，他们赤手空拳闯天下，只能依靠自己的刻苦耐劳，节约和拼搏，依靠同宗同乡的团结互助，互相扶持，力争在当地立足下来，寻找发展经济、发财致富的机遇。依靠血缘、地缘关系牵引出洋，在移居国形成同宗同乡和同职业聚居的分布格局。因此，华人最早出现的社会组织形态是把故乡的寺庙自然而然地移植过来，在寺庙里从事他们的精神信仰的活动，求得精神上的寄托，心理上的平衡。寺庙对于初期来的华人移民来说，是一种对抗文化冲击的灵丹妙药。进入寺庙，宛若回到故乡老家。四周的布置，使人感到亲切和温馨。同时，华人在寺庙里聚会，可互通信息，互相扶持，把自己人凝聚在一起。后来在寺庙基础上脱胎而出的是社团公馆，以及私塾旧式学校，至今有些东南亚华人社团的正厅里还摆设有观音、妈祖、关公、大伯公等神像，这就是华人社团脱胎于寺庙的痕迹的见证。

华人的宗教思想，是敬天祀祖，天人合一，是以人心为神心的宗教。道教是华人自创的宗教，是综合华人的宗教思想而创立和发展起来的。道教文化对于塑造、形成华人民族心理是起着极其重要的作用和影响，道教文化，是理解华人民族心理的一把锁匙。

敬天祀祖，都有代言人，是人神交涉的中间人，这便是道教的道士，宗教官的祝。

祀祖为庙，当本代人死时进庙，神主牌位往后推，父推至祖位，一直推至太祖庙，太祖祖庙称君祧。平民只有一庙即祖庙，就是太祖庙，人过往，神主牌位都安置在祖庙或太庙中。

敬天祀祖的祭法，大致有牺牲、祝词、音乐舞蹈。

牺牲，牺牲类为牛、羊、猪、鸡等。如今华人社会一般采用三牲以及冥器如纸钱以祀神祭祖。

祝词，祭祀活动都要用的。祝词包括请求、感谢、报告。华人社会的道场法事，一般都由道士和尚们念咒诵经祝颂，召神劾鬼，祈禳。平时个人有什么疑难，设有杯在在神只或或祖先前念念有词，诉说心事、痛苦、怅惘和祈求，而后掷杯于地问卜。

音乐舞蹈，由群体合奏，目的是为了降神及悦神用的。听到奏乐，神就会喜悦下降，奏乐时伴乐起舞以悦神，华人社会至今还往往以演戏来悦神悦祖，就是这个道理。

华人的宗教信仰是三教合一的，是由儒教、道教、佛教完全揉合在一起。三教合一所产生的思想观念、传统观念，主要是孝和忠。孝是前提，是轴心，建立在血亲基础上的伦理最高准则是孝。孝在先，延伸到对国家的关系才是忠。对家庭是孝，对国家是忠。孝和忠是一致的。不孝不忠的人在华人看来，是最可耻最可鄙最无义的。“六亲不认”，“不孝子孙”是用来痛骂社会恶人的。国家被视为“国”和“家”的复合体，抵御外来侵略的动力首先是“保家”而后是“卫国”；封建时代的政治理想“治国平天下”，也被认为只有在“齐家”的基础上才能实现；作为个人人生目标的“成家立业”也是把“家”摆在最高位置。抗美援朝时所提出的“保家卫国”的政治动员口号，也是完全符合海外华人民族心理的。以血缘纽带为基础，“夫妇、父子之间的合作是人类生存和绵续的基本功能所必须。”①海外华人最早的经济活动，到外可见的夫妻店、兄弟店、父子店就是基于这个思想观念在经济方面的体现。对国事的关心，也首先关心家乡，然后才是国家。当时海外华人报刊一般都有闽粤通讯的显著版位，就是为了满足当地华人读者关心祖居家乡的民族心理。华人事业有成，回祖居国办社会公益福利事业，也是首先回侨乡建祖祠、祠堂，建道路桥梁，建医院，建学校等等，然后才顾及其他地方。

华人和当地其他民族相处，很注意主动搞好关系，主张以“和为贵”。因为华人的宗教信仰是三教合一的，具有很大的宽容性。华人宗教和基督教、天主教、伊斯兰教不同，从不把宗教信仰向其他民族传播，因此华人宗教尤其是道教信仰始终局限于华人社会内部。这就避免了向其他宗教挑战或带来威胁，也就避免了宗教冲突的产生，华人的宗教信仰是有助于华人和其他民族的和睦相处。

华人和殖民当局的关系，注意避免政府的干预和迫害，和政府小心翼翼地保持距离，不介入当地政治、奉公守法，安分守己，不留把柄，不留祸根。华人之间的纠纷，不诉诸法律，不上法庭打官司，“衙门八字开，有理无钱莫进来。”而是通过华人社团自行调解和疏导，求得在内部解决。“家丑不可外扬。”华人处于经济危机或陷于生活困境时，不向当地政府伸手，不依赖当地政府救济，而是求助于华人社团，依靠华人之间的互助互济。“华人家庭的凝聚力，显然地限制了华人接受社会福利金的人数。华人家庭都有希望自己能够照顾自己的优良传统。"②

二次大战后海外华人民族心理的变化和发展

战后，华人所居住的客观环境发生了根本的变化。法西斯的灭亡和殖民主义体系的崩溃瓦解，各殖民地先后取得政治独立，都面临着重建国家、发展民族经济的严峻任务。因此各地华人面临着如何适应新的环境，遇着如何发展民族经济，填补殖民者撤离后遗留下来的发展机遇。客观环境的巨大而又深刻的变化，迫使华人必须朝着当地化和现代化的方向发展，才能立足于当地，取得更大的成就。华人的民族心理顺应着客观环境的巨大变化而变化，其变化速度之快，广度之大，深度之深，是前所未有的，是历史上任何时代所无法比拟的。

华人的聚居较为集中的东南亚，其民族主义运动的起步很早，是当地各被压迫民族中民族觉醒较早的一支族群，列宁在《亚洲的觉醒》一文中就提到过，以当时的荷属东印度为例，华侨就给当地带来过革命运动。20世纪上半叶华人的民族意识主要认同于中国，要"落叶归根"。但战后就完全不同了，民族意识的主要内容逐渐变为认同于当地，从"落叶归根"转变为"落地生根"了。

战后的东南亚，所在国政府对华人一般都采取不同程度的同化政策。其中的经济民族主义政府对华人经济的排斥和冲击最甚，威胁最大。华人最关心的是发展经济的机会，因而最担心的是对华人的种族歧视和排华浪潮。因此华人民族心理始终存在着不安全感、危机感。由此使东南亚国家一些华人重新再移动，就近的，由农村向城市移居，使华人的聚集程度更加集中；就远的，向西方发达国家移居。

在东南亚各国领导层的心目中，把华人社会的华人社团、华文学校、华文报刊视为华人民族特性之所以传承下来、难于被同化的根源，对华人同化政策的目标就集中在对付华人社会的这三大支柱方面，或加以取缔，或加以削弱，或加以限制。

但是，实践证明，华人是所在国实现现代化重要的积极因素，华人文化是所在国极其珍贵的精神财富。以越南为例，八十年代下半叶以来，越南从困境中认识到：重建国家，发展经济是离不开华人的，华人是发展经济、走向世界的一个优势。越南华人是具有着："（1）非凡的组织才能；（2）同新加坡、香港和印度尼西亚的华人之间有着牢固而持久的亲属关系、氏族关系和商业关系；(3)具有善于经商和创造的社会特性；(4)善于为生存而竞争的文化素质。"③对越南华人优势的如此概括，也可普遍适用于其他国家的华人。

战后海外华人在急剧变化的世界中，其民族心理是随着客观环境的变化而变化的。勿庸怀疑，当地文化和西方文化对华人民族心理的影响是越来越强烈越深刻的。但是，中华优秀传统文化对于华人民族心理的影响也还是不容忽视的。

三教合一的华人文化，至今在华人社会、华人社区的影响随处可见。从深层次来看，对华人领导层、上层来说，儒教、佛教占主导地位。但对民间来说，道教的影响显然是根深蒂固的。因为在朝的往往强调集中统一，就讲孔孟，信儒教信佛教。在野的往往强调分散自由，就讲老庄，信道教。因此，领导层提倡儒教、佛教，而民间则各行其道，信仰的主体部分是道教，道教信仰实质上都是属于民间信仰。在朝势力当然大于在野势力，所以儒教、佛教的表面地位也就大于道教。华人社会里，上层公开宣扬的是儒教、佛教，但民间盛行的是民间信仰，是道教。这也就影响了东南亚各国政府对华人宗教的认识，在他们眼里，所看到的华人宗教是佛教、儒教，而往往忽视了深入华人民间心灵的道教信仰。如印尼苏哈托政府在严厉取缔华人社团、学校、报刊之后，唯独对华人宗教活动网开一面，放开绿灯，法律上明文规定华人的主要宗教佛教和孔教（即儒教）被列为印尼的六大教之内。

“道家的贵柔守雌、以静制动、安时处顺。人们在处于劣势时使用这些原则得以转危为安。”④贵柔传统，使华人避免蛮干。

受道教文化薰陶的华人，在政治上能保持着逆来顺受的态度，以不变应万变，表面上避免介入当地政治，“与世无争”，宁可身处幕后，通过转弯曲折的渠道而静悄悄地施加政治影响。华人关心的是经济发展的机会，在政治上宁可委曲求全，不愿出人头地，不在政治上竞争，而多方设法寻求政治的保护伞，在有力的政治靠山的支持下，谋求经济的顺利发展。

战后道教文化对于华人第一代、第二代的民族心理的影响是显著的，但对第三、四代华人的民族心理的影响就不太直接，而是间接的，来自多种渠道多种层次的影响。大多是通过文学艺术作品、电影电视、重大节日的庆祝、纪念活动、祭祖敬天、以及寻根问祖等旅游活动发生影响的，这类影响是渐进的累积的，因而是潜移默化的。

80年代以来，台湾、香港地区和新加坡的经济崛起，随之台、港和新加坡的有道教色彩的文化诸如武侠小说、武打片、历史片、国画、气功、武术以及后来大陆的中医、针灸和工艺品等等，对海外华人发生着幅射性的程度不同的影响，不仅影响着华人的民族心理，而且对当地土著，其他民族也发生着一些影响。

80年代以来，发达国家和新加坡以及台港澳地区，华人领导层、学术界、教育界都在大力弘扬中华优秀传统文化。尤其是对新儒学的倡导，引人注目。寺庙的香火不绝，在华埠的寸金寸土之地，新寺庙接二连三地兴建起来，寺庙多如牛毛。其中关帝神像占据着突出的重要地位。至于观音、玉皇大帝、土地公大伯公、妈祖等的影响也就不在话下了。

结束语

海外华人民族心理是个复杂微妙的问题，是由多种因素综合影响和作用而成的。不仅受中华传统文化这个重要因素的制约，而且还直接受到当地文化和西方文化越来越深刻的影响。早在本世纪初，东南亚岛屿国家的土生华人就是属于深受当地文化影响的族群，其民族心理和新客华人的就有所不同。

战后海外华人的民族心理是朝多样化的方向变化和发展的。其共同特点是趋向“当地化”，因此各国华人民族的同一性逐渐少了，其个性、特殊性则突出出来了。

发达国家华人和发展中国家华人的民族心理是有所不同的。同是发展中国家，佛教文化地区和伊斯兰教文化地区和天主教文化地区的华人民族心理也有所不同。即使同属英国殖民统治的马来西亚和新加坡的华人民族心理原来基本相同，但自分离独立后，其差距也就越来越明显。新加坡华人以成为亚洲四只小龙之一的新加坡人而产生民族自豪感，但马来西亚华人在马来人优先政策的影响下成为二等公民，从而产生着受压抑感的民族心理。

即使同一国家的华人民族心理也有差别。老一代华人的民族心理和新一代华人就差别不小，融合于当地主流社会的程度就有所不同。华人新移民和当地老华人或土生华人的民族心理也有所不同。

“落地生根”的当地海外华人，总的趋势是亲缘、地缘观念和对祖居乡土的感情日益淡薄，这是必然的。

但有两个因素对海外华人的民族心理始终要产生重大影响的。

其一是海外华人的祖居国中国是一个拥有将近12亿人口的大国，拥有着五千余年悠久历史的古文明，为所在国朝野逐渐认识的有珍贵价值的中华优秀传统文化，这是对海外华人有吸引力的令人自豪的可以成为联系纽带的华人文化传统。

其二是海外华人都有程度不同的不安全感。海外华人都担心种族歧视，排外仇外势力的威胁。种族歧视是一种民族偏见、传统偏见，尤其在遇到经济不景气、处于困境时，最容易冒出来，给社会造成危害。因此，华人要保卫自己的正当权益，主要取决于华人族群的自身团结，对种族歧视坚决进行斗争。同时，华人祖居国的崛起，综合国力的增强，在国际上的影响越来越大，这有助于华人在所在国的生存和发展，有助于华人对种族歧视、民族偏见的斗争，有助于华人的社会地位、政治地位的提高。

近几年来，海内外华人的各种世界性会议、国际性联谊会、宗亲会的频繁举行，充分说明了海外华人依靠华人文化这个纽带紧密联结着。各地华人结成的各种经济网络、文化网络，对祖居国的变化和发展都在密切关注着，愿为祖居国的繁荣富强助一臂之力，贡献一份力量。1984年洛杉矶奥运会中国代表团零的突破，取得优秀成绩；1992年巴塞罗那奥运会中国代表团的惊人成绩，海外华人无不为之以欢欣雀跃。1991年中国华东特大水灾，引起了世界华人的关注，不少人慷慨解囊，支援灾区，急灾区之所急。可见海外华人虽已“落地生根”，其民族心理虽在急剧变化之中，但至今都还自认为是“炎黄子孙”，“龙的传人”。中华文化对海外华人的民族心理仍然还发生着影响，其中的道教文化对于海外华人的民族心理也仍然发生着隐约可见的潜移默化的影响。

注释

① 费孝通：《中国社会变迁中的文化症结》(中国书院“中外比较文化研究资料”)

② (美)陈依范：《美国华人发展史》，香港三联，1985年版，156页。

③ (美)刘易斯·M·斯特恩：《越南的华人(1979—1982年)》，收入陈碧笙选编《华侨华人问题论文集》，江西人民出版社，1989年版，482页

④ 任继愈：《从中华民族文化看中国哲学的未来》载《哲学研究》1991年第11期。

亚洲“四小龙”的人力资源开发

现代国际关系研究所 董正平

亚洲“四小龙”矿产资源极其有限，人均耕地面积远远低于世界平均水平，经济发展所需要的能源和原材料主要依赖国外供应。在不利的经济条件下，它们重视人力资源的开发和利用，适时地将人口密集的劣势转化为人力资源的优势，弥补了自然资源的不足和发展资金的短缺，成功地实现了经济的起飞。亚洲“四小龙”在经济起飞阶段的人力资源开发政策对我国劳动力资源开发与利用有着许多可资借鉴之处。

亚洲“四小龙”经济起飞的特殊条件

发展中国家在现代化起步阶段一般具有两个方面劣势：

首先，劳动就业的巨大压力。在前工业化时期，由于高出生率和高死亡率并存，人口实际增长率十分有限。人口增长同工业化及其城市化的进程大体是协调的，经济发展与劳动力过剩的矛盾尚未激化。而在迟发展国家的经济起步阶段，世界医药卫生保健已经达到了较高的水平，人口死亡率显著下降。

人口增长速度和城市化速度超过了经济发展速度，由此不仅大量地存在“过剩劳动力”，而且大量地存在“剩余劳动力”。人口增长速度限制了人均收入的提高，工业部门吸收劳动力的比率低于人口增长率，或农业部门的劳动力增长率高于人口增长率，经济发展便会落入“马尔萨斯陷阱”，除非有大规模的投资使总收入迅猛提高到一个新水平，否则任何超过最低水平的人均收入的增长，都会被人口增长所抵消，社会将始终处于巨大的就业压力和贫困压力之下。

其次，资本严重短缺的制约。资本稀缺是广大发展中国家经济难以起飞的决定性因素，资本投入是经济增长的第一推动力，劳动力被吸纳的规模主要取决于资本投入的水平。发展中国家的经济起步阶段，形成资本积累的环境是十分严峻的。早发展国家为获取经济起飞所需的货币资本，大都采用暴力方式进行海外殖民掠夺，依靠剥夺其他国家或民族发展权乃至生存权的途径来完成资本的原始积累；而广大迟发展国家由于长期的殖民统治，几乎没有什么可完成积累资本的经济基础，生产剩余主要是由粮食构成，资本形成过程实际就是一个不断地为那些脱离粮食生产的工人提供食物，并使他们从事资本品生产，以此作为储蓄并形成资本，来扩大投资而不缩减消费的过程，因而积累水平很低。为解决经济发展所需的资金，只能走提高积累率和利用外资的道路，暂时抑制公众消费需求来强制加速资本积累，并承担大量吸收外资可能带来的经济风险和政治风险。

第三，迟发展国家的经济起飞过程还是一个剧烈的经济结构和就业结构变化的过程。在早发展国家消费方式和生产方式双重示范效应和直观比较的影响下，这些国家一方面可能出现与实际生产能力不相称的消费需求和利益预期，另一方面可能发生与实际的吸收消化能力不相称的生产需求或过分强调适度技术和中间技术的倾向，前者会导致劳动力供给充沛而低廉的优势过早丧失，后者则会影响国内经济结构的优化，或会拉大同发达国家的经济差距。

但是，由于第二次世界大战以来国际经济格局的重大变化，迟发展国家在现代化起步阶段也具有一定的“后发优势”：一方面，二战结束后西方经济进入高速增长的资本主义“黄金时代”，国际市场容量相对扩大，贸易壁垒逐渐减少，从而为广大发展中国家和地区发展外向型劳动密集型产业，缓解国内就业压力，提供了难得的机遇。另一方面始于40年代的第三次科技革命大大提高了劳动生产率。随着一系列新兴工业部门迅速崛起，世界经济结构发生急剧重组，推动了新的国际分工和产业结构调整。由于就业结构的变化和劳动者实际收入的增加，发达国家竞相将劳动密集型传统产业向劳动力供给充裕且劳动力价格低廉的发展中国家和地区转移，广大发展中国家有可能利用这一时机，接过仍具市场容量的劳动密集型传统产业，积极参与世界经济不同层次的社会分工，获得全球产业结构调整和重组的好处。与此同时，随着世界范围内经济迅速增长、科学技术突飞猛进和国际分工日益加深，资本国际化的步伐大大加快，大量资金充斥国际市场，在各国和各地区之间流动，这为发展中国家在内部资金不足的情况下，通过吸收外资来筹措经济起飞所需的资金提供了可能。

在50年代，“四小龙”同其他发展中国家一样，普遍存在着劳动力过剩、建设资金不足、社会经济发展落后等一系列难题，其中居高不下的失业率不仅浪费了宝贵的人力资源，而且加剧了社会的动荡不安。为了优先保证充分就业目标的实现，它们先后推行了“进口替代”战略，着重发展劳动密集型产业，利用轻纺工业生产技术相对简单和投资较少的特点，吸收了大量的劳动力，不仅提高了工业消费品的自给能力，而且为以后的经济起飞积累了一定的资金。但是，内向型的“进口替代”发展战略逐渐暴露出来一些矛盾，这主要表现在：由于整个经济以对内循环为主，狭小的国内或区内市场使生产消费和生活消费容易达到饱和，当工业生产能力超过社会有效需求时，许多工业企业开工不足，失业率上升。

60年代初，经过反复权衡和论证，“四小龙”终于认识到：第三次科技革命所引发的世界范围内的产业结构调整，为迟发展国家参与新的国际分工提供了有利的国际环境。台湾、韩国、香港和新加坡劳动力资源丰富，工资成本低廉，劳工素质较高，这是发展以出口导向为特征的外向型劳动密集型经济所必备的人力资源条件。从60年代至70年代，“四小龙”相继完成了从“进口替代”向“出口导向”的战略转换。它们按照动态比较利益原则，承接了在西方国家仍具市场容量的服装、造船、钢铁、汽车、石油化工等产业，走上了劳动密集型出口导向的工业化进程，逐步成为亚太地区阶梯型产业结构中仅次于美、日的第二阶梯。

80年代以来，西方经济增长速度放慢，区域集团化的发展趋势增强，国际市场容量相对缩小，贸易保护主义抬头。特别是西方主要工业化国家为了摆脱经济增长停滞的困扰，对劳动密集型产品采取了日益严厉的关税壁垒措施。1989年，美国提前取消了对“四小龙”的普遍优惠制待遇，“四小龙”以劳动密集型产业为基础的外向型经济面临发达国家日趋强化的封锁。与此同时，亚太地区的中国、马来西亚、印度尼西亚、泰国、印度等国家和地区的经济开始起步，这些国家具有比“四小龙”优越得多的自然资源、更为廉价的劳动力和潜力极大的市场，随着投资环境的迅速改善，大量外来资本涌入这一地区，这些国家大力挤占国际初级产品市场份额，逐步成为新的劳动密集型产品的主要生产基地。从“四小龙”内部的经济状况看，由于就业水平的不断提高，劳动力短缺的矛盾开始激化，企业员工工薪普遍上升导致劳动力成本提高，劳动力价格的优势不复存在。在前有发达国家堵截，后有发展中国家追赶，自身发展又面临重重困难的境况下，“四小龙”加紧经济转型和经济重组，重点发展资本密集型和技术密集型产业，特别是大力发展高技术产业，以高技术产业推动总体产业结构升级。“四小龙”试图依靠开发人力资源、培养高素质人才来确立人力资源优势，在下个世纪初实现赶上发达国家的发展目标。

农业剩余劳动力的转移

发展中国家农业部门的显著特征是普遍的隐蔽性就业不足和人口高增长率，而经济发展的中心任务是不断地把隐蔽性失业的农业劳动力从农业配置到工业部门，使经济的重心从农业逐步转向工业。经济发展成功的标准是农业劳动生产率的提高能否产生一种“推力”，使相对缩小的农业人口能为经济的发展提供必需的粮食、原料和资金；同时工业部门资本积累和技术创新是否能产生相等的“拉力”，使工业部门的劳动吸收率超过人口增长率，让经济逃脱令人生畏的“马尔萨斯陷阱”。剩余劳动力的成功转移和劳动力需求与供给的同步移动是以工农业之间的平衡增长为条件的，只有农业部门产生的“推力”和工业部门产生的“拉力”相互协调与平衡增长，才能最终完成二元经济结构的转变。

“四小龙”在历史上都是以农业为基础，农业是以自然再生产和社会再生产的结合为基本特征的产业部门，土地和劳动力等资源要素状况对农业生产有着重要的影响。“四小龙”发展农业生产的资源条件相对悬殊，其中台湾和韩国土地资源相对丰富。1986年，台湾拥有耕地88万公顷，约占土地总面积的24.4%，人均耕地0.67亩；韩国耕地200万公顷，约占土地总面积的 20%，人均耕地 0.61 亩。香港和新加坡地域窄小，可耕地严重不足，1984 年香港拥有耕地 0.7 万公顷，人均耕地 0.018 亩；新加坡拥有耕地 0.59 万公顷，人均耕地 0.03 亩。“四小龙”在经济起步阶段都面临着耕地资源短缺和人口增长过快的矛盾，即使是农业生产条件相对较好的台湾和韩国，人多地少的矛盾也十分突出。60 年代中期以前，“四小龙”以传统农业和转口贸易为主的产业结构没有发生重大的变化。1961 年，台湾农业就业人数占总就业人数 55.76%，工业就业人数占总就业人数 11.29%，服务业就业人数占总就业人数 32.95%；韩国农业就业人数占总就业人数 63.2%，工业就业人数占总就业人数 11.2%，服务业就业人数占总就业人数 25.6%。香港和新加坡属于都市型经济，农业劳动力的比重一直比较低，1961 年香港农渔业劳动力只有 10 万人，占总就业人数 8%；1965 年，新加坡农渔业劳动力只有 1000 人。

从 60 年代中期起，“四小龙”的产业结构逐渐走向外向化和高级化，二元结构开始转变。这一转变呈现出以下特点：

第一，农业在国民经济中比重下降。1965—1985 年，“四小龙”农业总产值增长了 2.5—9.9 倍，除香港外，其它三个国家和地区均高于同期发展中国家农业增长的水平，接近或超过同期发达国家农业增长的水平。其中台湾在 1960—1985 年期间，糙米产量从 191 万吨增加到 217 万吨，增长了 13.6%；水果从 30.8 万吨增加到 175.1 万吨，增长了 3.5 倍；肉类从 18.4 万吨增加到 29.7 万吨，增长了 61.4%；水产品从 25.8 万吨增加到 101.3 万吨，增长了 3.9 倍。糙米、水果、肉类、水产品人均占有量大幅度提高，分别为 113 公斤、92 公斤、37 公斤、52 公斤。韩国在 1961—1986 年期间，稻谷产量从 499 万吨增加到 779 万吨，增长了 56%；1975—1986 年，猪肉产量从 10.3 万吨增加到 45.3 万吨，水果产量从 59.5 万吨增加到 126.4 万吨，分别增长了 3.4 倍和 1.1 倍。香港和新加坡以市场为导向的城郊型农业也有很大发展，香港 1960—1984 年期间，蔬菜产量增长了 54.2%，水果产量增长了 146%，猪肉产量增长了 90%，水产品产值增长了 4 倍。新加坡农业产品在蔬菜、观赏花卉、水产品、水果、猪肉、禽蛋等方面也有较大增长，自给率有所提高，其中蛋类完全自给，猪肉自给率达到 95%。值得指出的是，“四小龙”农业的进步是在耕地面积不变甚至减少的条件下取得的，主要依靠增加农业投入，运用农业科学技术，提高劳动生产率来增加单位面积产量，进而促进农业生产大幅度增长。这表明，“四小龙”已经从依靠土地生产力发展农业转向主要依靠提高劳动生产力提高农业。

第二，工业和服务业在国民经济中的比重上升，成为产业结构变动的物质基础。从 60 年代开始，“四小龙”相继选择了优先发展工业的战略。属于半海岛或海岛型经济的台湾和韩国的产业结构逐渐由传统农业向工业为主、工业与服务业相结合的现代化经济结构演变，都市型的香港和新加坡的产业结构则由服务业为主向服务业与工业混和发展的现代化经济结构过渡。经过二十几年的发展，“四小龙”的工业和服务业在国民经济中的比重均有所提高。1965 年，亚洲“四小”的工业产值在国民经济中的比重分别为 29%、26%、40%和 24%，服务业分别为 44%、35%、58%和 73%；1985 年，工业产值在国民经济中的比重分别为 48%、41%、31%和 37%，服务业分别为 46%、45%、68%和 62%。与农业、工业和服务业在国民经济中的比重变化相比，产业结构转换更为重要的内容是工业和服务业的增长速度明显高于农业，经济增长的贡献率由以农业为主转向以工业为主，经济的重心从农业逐步转向工业。1975—1985 年，台湾农业年均增长率 1.9%，同期工业和服务业年均增长率为10.3%和11.8%；1980—1985年，韩国农业年均增长率6.3%，同期工业和服务业年均增长率为9.6%和6.7%；这一时期，新加坡农业年均增长率-1.8%，工业和服务业年均增长率为5.9%和6.9%。与三大产业增长率相联系的是经济增长贡献率的变化，以最具典型性的台湾为例：50年代，台湾农业在国民生产总值中所占比例为32.1%，60年代为12.59%，70年代为8.15%，到80年代仅有6.38%；工业在国民生产总值中所占比例则不断提高，从50年代的24.02%上升到80年代的40%以上；服务业则一直稳定在40%—50%的范围内。农业、工业、服务业在国民生产总值中所占比例的变化实质上反映了"四小龙"由发展中国家向新兴工业化国家转变的进程中二元经济结构的深刻变化，它是经济发展"质"的飞跃。

第三，劳动力结构发生了重大变化，社会劳动力由农业部门向工业和服务业部门转移的进程加快。经济结构和经济成长的变化会直接引致劳动力在社会经济各部门的转移和重新配置，而劳动力就业结构的变动又会反过来促进经济结构的转变。从60年代中期开始，"四小龙"的非农业部门具有了较高的劳动生产力和工资水准，在劳动市场价格机制的诱导下，大量的农业剩余劳动力纷纷从收入较低的农业部门涌入工资较高的非农业部门，农业人口在经济人口中所占比重迅速下降，非农业劳动力数量绝对上升，农业劳动力数量绝对下降。1965—1987年，农业劳动力占总就业人口的比例，台湾由46.5%下降到15.7%，韩国由55%下降到24%，香港由6%下降到2.1%，新加坡由6%下降到0.9%。与此同时，工业和服务业劳动力占总就业人口的比例，台湾由22.3%、31.2%上升到43.4%、40.9%，韩国由15%、30%上升到37.1%、38.9%，香港工业就业人口比例有所下降，服务业就业人口则由41%上升到50.8，新加坡服务业就业人口比例略有下降，工业就业人口则由27%上升到34.5%。劳动力就业结构的变化在一定程度上反映了一个国家或地区经济发展的速度和水平。

"四小龙"仅仅用了二十多年的时间，就逼近甚至达到早发展国家花费了70—100年时间才达到的产业结构高度化的目标，工业化最大限度地吸收了农业剩余劳动力，并使这一进程大大超过了人口增长速度，从而避免了"马尔萨斯陷阱"，基本实现了劳动力资源的有效配置，顺利完成了二元经济结构的转变。

人才立国的经济发展道路

伴随着第三次科技革命高潮的逐步到来，全球范围内的经济分工已经从单纯的生产分工转向科研与生产的分工，从制造业与初级产品的分工转向高技术产业与传统工业的分工。科技革命是一场深刻的生产力革命，但就其经济实质来说，它又是全球经济格局的重新调整和世界市场的重新划分。各个发达国家力图通过经济与教育、科技的同步发展，促进产业结构的高度化，进而抢占更多的世界市场份额并获得更多的比较利益。

在第三次科技革命浪潮中，广大发展中国家面临着资金短缺、劳动力过剩、技术基础薄弱和经济发展后劲不足等诸多难题。一方面是贫困与落后的巨大压力，另一方面是失业的严重困扰。许多人无事可做而生活贫困和许多事无人能做而职位空缺的现实，突出地反映了劳动力素质低下已经日益成为制约发展中国家经济起飞的根本原因。"四小龙"的成功之处在于充分利用了新技术革命的时机，以高科技带动新兴产业的发展，加快产业结构的升级。"四小龙"在经济起飞过程中最大的优势就是"经济发展，教育先行"所引致的雄厚而高素质的人力资源储备。

早在经济起步前的50年代，"四小龙"就

清醒地认识到：面积狭小，人口稠密，耕地有限，资源贫乏，是经济发展的劣势，弥补自然条件缺陷的办法，除了发挥政治地缘优势，适时地推行开放政策之外，关键是重视人力开发投资，为经济起飞提供高素质的专门人才。

战后台湾百废待兴，资金极度匮乏，当局坚决保证教育经费的增长率高于经济增长率。1952—1981年，台湾的国民生产总值从16.74亿美元增至459.20亿美元，增长了26.43倍，而同期教育经费却增长了90多倍。其中1952—1962年国民生产总值年均增长率为7.2%，教育经费则年均增长17.85%；1973—1981年，国民生产总值年均增长率为9.6%，教育经费则年均增长20.4%。1989学年度，6—11岁儿童的小学就学率为99.9%，小学毕业升入中学的就学率为99.6%，中学毕业生就学机会率为10.4%，每10万人口中大专学生数为2106人，教育经费占国民生产总值的比率为5.4%，台湾地区教育发展水平已经超过世界平均水平，接近或略为超过法国、日本、英国等一些经济发达国家80年代后期的水平。台湾在发展基础教育的同时，注重配合产业结构的转换发展各类职业训练教育。1989年，各类职业训练机构培训20133人，包括金属机械、电机电匠、电子仪表、建筑、焊接、纺织服装等行业。在职人员的知识更新和技术培训，缩小了劳动力的技术水平与职业技术要求之间的差距，缓解了劳动市场专业人员不足的矛盾。在基础教育和职业教育发展的基础上，台湾的高等教育培养了大批高科技人才和高级管理人才。1989年，台湾大专院校已由50年代初的几所增加到109所，在校学生由几千人增至49.6万人。预计1991—1996年期间，大专院校总数将达到146所，高等教育学龄人口（18—21岁）在学率由1989年的28%提高到36.2%，高校学生占总人口的比率由1989年的2.1%提高到2.6%。高级职称和大专以上文化程度的人占15岁以上人口的比率已由1971年的11.6%增加到1990年的35.3%，预计1996年将增至41.3%。人力资源优势成为台湾在国际经济竞争中保持强劲势头最深厚的基础。

韩国曾经是经济相当落后的国家，40年代以前，居民中80%左右是文盲。第二次世界大战后，韩国结束了遭受殖民统治的历史，但依然非常贫困落后，50年代的朝鲜战争使韩国再次蒙受巨大的财产损失。停战以后，韩国政府一方面要继续承受巨额军费负担，另一方面要开始大规模经济重建。在这种情况下，政府仍在较短的时间内为儿童提供了受教育的机会。此后，韩国的教育投资在政府开支中的比重平均保持在15%以上，1972年为15.9%，1985年达到18.4%，在世界银行统计的91个国家中居第11位。1965年韩国人均国民生产总值仅为107美元，但其教育规模和水平却与人均国民生产总值380美元的国家相当。早在1959年韩国就大体完成了小学义务教育，1985年基本普及了9年制义务教育，扫除了文盲。1990年，15岁以上人口中高中毕业生占49.7%，大学升学率达到37.6%，大学文化程度人口占总人口的比重为7.6%，预计到1996年，高中升学率达到89.4%，大学升学率达到53.6%，从而与教育大国日本不相上下。战后韩国教育获得优先发展的原因是多方面的：1）政府重视教育。韩国政府认为，与美国、日本、欧洲竞争的胜负，短期内由资本、中期内由技术、长期内则由教育来决定。因此政府舍得在教育上花本钱。2）崇尚教育的民族传统。深受儒家文化熏陶的朝鲜民族自古就有重视教育的传统，不论城乡，人们相沿成俗，即使家境贫寒，也要千方百计地供子弟读书。儒家关于“建国君民，教学为先”和“化民成俗，其必由学”的思想深入人心，教育始终被放在治国安民的首要地位，培养国家所需的各种人才和提高个人的道德修养成为治国安邦的基础。3）国家生存和发展的压力。韩国经济起飞是在相对恶劣的环境中完成的，尤其是南北对峙、尼克松冲击波和世界能源危机，几乎每一次都使韩国经济发展面临生死存亡的选择，每一次都使国民切身感觉到了增强总体国力的紧迫性。强烈的民族意识、危机意识和现代化意识凝聚成举国上下发展教育的巨大热情，这种建立在民族共识之上的对教育发展的渴求，是人力资源开发的主要动力源泉。

香港是在海滩与陡峭的山坡之间建造起来的现代化城市，在这个人口只有世界总人口千分之一的弹丸之地，贸易总额在世界上排列第11位，拥有规模庞大功能齐全的金融市场，其中黄金市场、外汇市场和证券市场在世界同业中名列前茅，是与纽约、东京、伦敦齐名的国际性金融中心，昔日贫穷的小渔村现已发展成为经营多元化、功能多元化的国际性大都市。经济奇迹是由人创造的，经济学家们在香港经济起飞成因的分析中特别强调劳动力状况与经济高速增长之间的联系，认为拥有丰富、低廉而高素质的劳动力是香港经济奇迹产生的基本条件。30多年来，香港在人力资源开发与利用方面成绩斐然，建成了一个适应本地需要、门类齐全、多层次的教育体系。为了适应经济发展，香港积极推行工业教育和职业技术教育，制定了一整套教育法规，提出了一系列发展教育的措施。目前，香港的教育体制由官办、民办公助、私人及社团企业出资来办三个部分组成，教育结构大致分为公共基础教育、工业教育与训练、专上及大学教育三个系统，工业教育和在职培训直接面向经济部门，强调学以致用。灵活多样、讲求实效的多元化教育，有效提高了劳动力素质，适应了香港多元化经济结构对劳动力的需求。

新加坡首任总理李光耀曾在独立的新加坡共和国成立之时宣告：“世界犹如大海，在大海中大鱼可以生存，小虾也可以生存。新加坡将以一条小虾，生存于国际大海之中。”自新加坡自治以来，小国寡民的忧患意识就深深植入了每一国民的头脑之中。新加坡政府认识到：新加坡是没有连绵的矿山，没有茂密的胶林，没有一望无际的稻田，几条小河也没有多少鱼可以捕捞，甚至连每天饮用水都要靠邻国供应的“得天不厚”的国家。“新加坡面临的主要挑战，是如何组织及利用人力资源，因为人力是它唯一的资产。”根据人力资源开发的基本原则，政府制定了周密的人力资源开发计划，把提高人的素质纳入国家宏观经济管理的范围，把教育水准看作是国家现代化进程的标志。多年来，政府教育投资的增长速度超过了国民生产总值的增长速度。在政府财政支出中，教育公共费年均增长率60年代为12.1%，70年代为12.7%。进入80年代以来，教育公费的增长速度进一步加快，1980年为15.8%，1985年为23.3%，1990年达到30.2%。教育经费仅次于国防经费而居政府财政支出的第二位，人均教育经费从1960年的69新元增至1990年的335新元。1965—1990年，劳工中小学及小学以下文化程度的人数比例由63.5%减至37.3%，受过中等教育的人数比例由14.6%上升为62.8%，受过大专以上高等教育的人数比例由3.5%上升为12.5%。人力资源的开发极大地促进了生产力的进步，据对国际竞争力进行比较和评估的权威性国际机构——世界经济论坛和洛桑国际管理开发学院的《国际竞争力研究报告》，在新兴工业化国家和地区中，新加坡在强制教育、公司内部培训、经济知识普及程度、研究与开发方面的合作程度、未来研究与开发经费等方面名列第一，在对教育的公共支出、基础研究、企业用于研究与开发的费用、从事研究与开发的科学家与工程师数额等方面名列第二。研究报告得出的评价结果是：90年代初，新加坡是新兴工业化国家和地区中最具国际竞争力的国家。

“四小龙”的经验证明，一个发展中国家或地区的经济超常增长，在很大程度上取决于科学技术的进步，科学技术的进步则在很大程度上取决于专门人才的培养和劳动力文化素质的提高，而劳动力素质的状况最终取决于教育的发展水平。教育在国家工业化和现代化进程中，始终处于优先的地位，从这一意义上说，人才立国就是教育立国。

劳动力资源的有效配置

拥有众多受过良好教育的高素质的劳动力，使“四小龙”具有了在短时间内推动经济起飞的巨大潜力，但是能否将这种潜在优势转化为现实优势，还要取决于劳动力资源配置的有效性。“四小龙”的劳动力资源的配置主要是通过市场机制来完成的，因此，劳动市场的发达与完善程度，直接影响着人力资源的开发与利用，进而影响到整体经济的发展水平。

劳动市场是现代市场经济体系中是最重要的要素市场之一。从狭义上说，劳动市场是按照一定的劳动力价格实现劳动力供求关系的场所；从广义上说，劳动市场是以市场机制来调节劳动力供求的经济关系。劳动市场的主体由供给劳动力的卖方和需求劳动力的买方构成，工资率是劳动力配置与重新配置的经济杠杆。在微观上，劳动市场以效率为追求目标；在宏观上，劳动市场以实现充分就业为目标。劳动市场的功能是引导劳动力资源用于生产率最高的部门和企业，实现人力资源的合理流动和与其它生产要素的最优组合。

对于广大发展中国家来说，经济起步阶段劳动市场或者尚未形成或者发育不完善，相对狭小的劳动市场和信号失真的市场机制，引起劳动力资源配置失调和就业结构失衡，从而制约着经济的顺利起飞。因此，尽快发育劳动市场，保证劳动力总量的供求平衡和就业结构的合理转换，就成为发展中国家实现经济起飞的基本条件之一。

“四小龙”在建立和培育劳动市场的过程中，选择了不同的劳动市场模式：1）运用最大限度的市场调节与最小限度的政府干预相结合的机制，建立自由竞争的劳动市场；2）实行硬政府与软市场相结合的机制，强化政府对于人力资源配置的引导，建立政府主导型的劳动市场。

香港由于其特殊的社会、经济和历史背景，港英当局长期以来对经济发展一直奉行“积极不干预主义”的政策。自主经营、自由竞争、劳动力自由流动，是港英当局制定劳动市场法规与劳工管理条例的主要政策依据，由此形成了以自由放任为特征的自由劳动市场制度。自由劳动市场制度的调节机制包含两个层次：其一，最大限度地发挥市场机制自动调节的功能，劳动市场是人力资源配置的基础；其二，政府通过完善劳工法例和健全劳动管理构架，为劳动市场有效运作提供保障，弥补市场自身调节的缺陷。在香港劳动市场上，劳动者是追求最高工资、最佳职位的“自由人”，可以自由地选择职业、劳动时间和工作地点，自行流动，这里不存在任何行政强制，也没有超经济的人身依附关系；厂商是具有独立经济利益、追求利润最大化的“经济人”，可以自主决定对劳动力需求的数量和质量要求，自行确定劳动价格，自由辞退雇员；市场机制是劳动力资源有效配置和合理流动的关键，它既给予劳动力供求双方以利益诱导，又给予劳动力供求双方以竞争压力，从而保证劳动市场自动调节功能的实现，保持市场经济运行的活力。港英当局对劳动市场最小限度的干预则表现在，凡是能由市场调节的统统交给劳动市场，政府不插手其间，不搞过多干预和事后干预，更不越俎代庖取代市场；政府的职能主要是营造一个自由竞争而秩序井然的市场环境，做市场做不了和做不好的事情。香港劳动市场的逐步发育成熟和市场机制的日趋完善，强有力地保证了香港经济的迅速起飞。

然而70年代末以来，香港经济经历了持续膨胀、经济衰退、地产市道崩溃、港元危机、银行危机、股票暴跌等多次冲击，一连串危机使港英当局向来笃信的自由放任主义受到了前所未有的挑战，一直为港英当局所依赖的市场自动调节机能的负面效应日益暴露，逐渐危及到香港制造业中心、国际金融中心的地位。港英当局认识到，市场自动调节机能是一个慢的自然效应过程，必须通过人为干预主动去缩短这个过程。在自由放任政策已经难以保证经济有效成长的情况下，港英当局采取了一系列措施，逐步加强对整个经济活动发展方向和总量关系的干预与监管，对劳动市场出现的诸如劳动力短缺等新情况作出了必要的政策调整。

台湾、韩国和新加坡在经济起步阶段可以有两种选择：一是仿效早发展国家发展初期普遍采用的自由放任政策，凭借市场机制这只“看不见的手”自发调节经济运行；二是奉行战后西方国家流行的国家干预政策，由国家这只“看得见的手”直接调控经济。台湾、韩国和新加坡政府认识到，对于由殖民地半封建发展起来的落后经济来说，市场经济发育程度很低，残缺不全的市场体系和扭曲变形的市场机制，无法保证社会有限的资源得到合理地配置。退一步讲，即使市场机制能够有效调节经济运行，充其量也仅能保证经济按部就班地发展，难以发挥“后起优势”在短期内实现经济起飞。因此，台湾、韩国和新加坡建立了硬政府和软市场相结合的政府主导型经济体制。在这一体制下，劳动力资源配置的基础仍然是市场，劳动力供求双方主要通过市场机制的作用实现职业选择和雇工选择，政府原则上不对劳动者的择业自主权和雇主的用人自主权进行干预。但是，当劳动市场尚未发育成熟和市场调节功能尚不健全的时期，政府必须对劳动力供求总量实行宏观调控，代行部分市场机制的资源配置功能；必须对劳动市场的总体活动进行强制与引导，利用政权力量发育劳动市场，促进劳动市场的成长；必须加强劳动立法与监察，建立和健全劳动市场运行规则，防止和纠正市场运行偏差。事实表明，在工业化刚刚起步并且劳动市场发育程度很低的条件下，台湾、韩国和新加坡选择硬政府和软市场相结合的政府主导型市场经济体制是明智和现实可行的。这一体制的最大特点在于它找到了市场机制调节与国家干预调节的最佳结合点，将一些西方学者认为是水火不相容的两种调节机制合理定位并且有机结合，让“看不见的手”与“看得见的手”发挥各自的功能优势而避免相互掣肘，从而摸索出一条市场机制与国家干预相结合开发人力资源的新路子。韩国前任副总理金满堤对此是这样认识的：在许多不发达国家，市场或是根本不存在，或是过于微弱，以至于不能有效地分配资源；因而在工业化的早期，政府的强有力的经常性干预是必要的，政府要冲破传统的障碍以求得促进经济发展，并创造相应的社会机构和社会条件，以使市场得到发展和繁荣，最后让市场去做它能做得最好的事。所以，政府的硬性干预是为了市场，而不是取代市场。

进入80年代以后，成功地实现了经济起飞的台湾、韩国和新加坡不同程度地放弃了政府主导型市场经济体制开始向民间主导型经济过渡，出现了“经济自由化”的趋势。其核心是把企业置于市场经济运行的自由环境之中，在对企业进行必要干预的同时，强化市场机制的调节功能，以最大限度地激发企业的活力。随着“经济自由化”趋势的发展，劳动市场调节劳动供求关系，引导劳动力合理流动，实现人力资源优化配置的作用日益显著。

在经济起飞的过程中，“四小龙”从各自

的实际情况出发，选择了不同的发育和完善劳动市场的途径，并都取得了开发和利用人力资源的成功，从而有效地避免了发展中国家二元经济结构转换中，由于农业剩余劳动力过于庞大而引起的高失业率和社会动荡，收到了异曲同工的效果。

二、探索与争鸣

（一）文明冲突说

国际政治的又一种透视

——亨廷顿《文明的冲突》一文述评

中国社会科学院世界经济与政治研究所　王逸舟

如果让国际政治学家评选 1993 年度这一领域最有影响的著述，《文明的冲突》可能名列榜首。这篇登载于美国《外交》季刊 1993 年夏季号、合中文约两万字的作品，一发表便立即引起强烈而广泛的反响：从华盛顿到北京，从东亚地区到阿拉伯国家，或介绍或评论，或褒扬或针砭，无处不闻回应之声。[①]

此文的作者自然不是平庸之辈：塞缪尔·亨廷顿（Samuel P. Huntington，1927—），美国当代政治发展理论权威，自 50 年代起即在哈佛大学任教，除学术活动外，亦积极参与各种有关军事、外交、政治之政府顾问工作。亨氏著述甚丰，涉及面也广，主要著作有：《政治权力：美国与苏联》（1964 年），《变化社会中的政治秩序》（1968 年），《难以抉择：发展中国家的政治参与》（1976 年），《美国政治：不协调的允诺》（1981 年），《第三波：20 世纪末的民主化进程》（1991 年）。其思想和论点影响巨大，尤以他所提权威和稳定对现代政治发展之重要的见解备受注意。据美国《政治学季刊》所载统计资料，在国际政治领域，亨氏被他人在学术著作中引用过 1072 次，遥居各家同行之首。[②]《文明的冲突》乃作者在哈佛大学奥林研究所就《转变中的防卫环境及美国的国家利益》的课题提交的研究报告。

亨氏在这篇长文中阐发的主要思想，可以简约地归纳成彼此联系又自成一体的若干命题：

一是今日世界里，文明差异明显存在，文明意识与日俱增，文明是人类历史的主线。

冷战期间，世界分为第一、第二和第三世界，现已没有太大意义。今天以文化和文明来区分国家，要比以政治、经济体制或者发展水平来划分，更有意义得多。文明的相异不单真实而且基本。文明被历史、语言、文化、传统、尤其是宗教所分隔。不同文明对上帝与人、个体与群体、公民与国家、父母与子女、丈夫与妻子的种种关系有不同的观点，而对权利与责任、自由与权威、平等与阶级的相对重要性亦有迥异的看法。这些差异在历史上产生，不会立即消失，比政治意识形态及政权的差异更深刻。世界的距离拉得愈来愈近，民族间的互动日趋频繁，不仅加强了文明意识，亦加强了彼此的差异性与内部的共通性。全球经济现代化与社会转型的历程，即使人超越长期以来的本土认同，也使人超越曾经独一无二的民族国家认同。与此同时，宗教以原教旨主义形式填塞这个真空，宗教复兴提供了认同与委身的新的基础。此外，成功的经济区域主义也强化了文明意识。西方人总认为民族国家是国际政治的要角，可是这状况只维持了几个世纪。长远来说，人类历史的主线还是文明。

二是文明的冲突将取代意识形态的和其他形式的冲突，成为未来左右全球政治的最主要的冲突。

新世界的冲突根源，将不再侧重于意识形态或经济，文化将是截然分隔人类和引起冲突的主要原因。在世界事务中，民族国家仍会举足轻重，但全球政治的主要冲突将发生在不同文化的族群之间；世界形态很大程度上取决于七、八种主要文明的互动：它们包括西方、日本、伊斯兰、印度、拉丁美洲、斯拉夫—东正教，也可能包含非洲文明等。未来最重要的冲突将发生在文明间的断层线上。同政治及经济上的差别不一样，文化的特质与差异更难改变，也更不容易妥协与解决。就阶级与意识形态冲突而言，关键问题是："你到底站在哪一方?"人们可以，并且事实上会选择或改变立场。而文化冲突的问题则在："你是哪种人?"这是既定且不能改变的。宗教歧视比种族问题更为尖锐和排他。由于人们以种族及宗教来界定自己的身分，因而往往认为他们与不同种族或宗教的人之间，存在一种"我们"与"他们"的对立关系。文化和宗教的差异亦令政策分歧：从人权到贸易，从商业到环保等等。政府与集团愈不能用意识形态来寻找支持与联盟，它们便愈发诉诸共同信仰与文明认同来达到其政策目标。对不同文明而言，差异不一定意味冲突，冲突亦不一定隐含暴力，但长久以来，由此引起的冲突往往最持久、最暴虐。

三是与冲突情形对应，将出现文明内部的结合；成功的政治、经济和国防制度的发展，多半会在同质文明内发生。

相同文明的不同集团或国家与异质文明发生战争时，很自然会凝聚一起相互支援。正如冷战后世界所揭示的："亲族国家"(kin-countyp syndrome)之文明共通性，取代政治意识形态与传统势力平衡的考虑，成为合作与结盟的首要基础。这可从冷战后的波期湾战争、高加索及波黑地区日渐升级的冲突中得到印证。冲突与暴力亦会发生在相同文明的国家与集团内，但这些冲突跟相异文明间的冲突相比要来得缓和，也较不易扩大。俄罗斯同乌克兰近年来关系的演进曲线为此提供了依据。成功的发展多出现于同质文明国家或区域内。比如，尽管目前世界各地均有经济区域主义抬头，只有当经济区域主义植根于共同的文明内才能取得进展：欧洲共同体以欧洲文化及西方基督教为共同基础；北美自由贸易区能否成功，端视当下美、加、墨文化的汇合进程；未来最主要的东亚经济集团很可能以中国而不是日本为中心。

四是文明的冲突是近代世界冲突演化的最新阶段，从现在起国际关系将日趋非西方化。

由威斯特伐利亚和约产生的近代国际体系出现后的一个半世纪，西方世界的冲突大部分发生在试图扩张其官僚机构、军队、商业力量和领土的君王之间，在这过程中出现了民族国家。自法国大革命起，冲突主线就从君主转移到民族国家之间了，它一直持续到第一次世界大战结束。而后，由于俄国革命及其引起的反应，国家的冲突让位给意识形态的冲突。君主、民族国家、意识形态之间的冲突基本上是西方文明的"内部冲突"。冷战结束后，国际政治已迈出西方阶段，重心转到西方与非西方文明的相互作用上。在涉及文明的政治中，非西方文明不再是西方殖民主义下的历史客体，而像西方一样成为推动、塑造历史的力量。西方与非西方的关系将成为世界政治的轴心。势力的差异及军事、经济与制度等力量的竞逐，成为西方与其他文明冲突的来源之一；文化的差异即价值与信仰的不同，是冲突的第二个源泉。未来世界政治的主轴很可能是“西方与非西方”的矛盾，以及非西方文明对西方的强权与价值的回应。这些回应一般是以三种形式之一、或是三者相互组合的方式出现：一是拒绝参与由西方主导的国际社会，一是尝试加入西方并接纳其价值与制度，一是走“现代化而不西化”的道路。

五是冷战结束后的今天，已形成“西方对抗非西方”的局面。儒教国家同伊斯兰国家的结合，将是西方面临的头号威胁。

那些因为文化与能力的缘故而不想或不能加入西方的国家，借发展本身的经济、军事及政治力量同西方竞争。它们透过推动内部发展或与其他非西方国家合作来达到这个目标。这种合作最突出的形式是儒家--伊斯兰的连接，它的出现是要向西方的利益、价值与势力挑战。到目前为止，儒家--伊斯兰的军事结合已经形成。尚不能断定这种结合会不会持久。新的军事竞争正在伊斯兰--儒家国家与西方之间产生。在新的军事角逐形式里，情况将是一方竭力发展其军事力量，另一方竭力限制并预防对方逐步建立的军事力量。西方应当做的是：促进欧美之间的进一步合作；将东欧与拉美纳入西方；促进并维系跟俄罗斯和日本的合作关系；避免把地区性文明间的冲突升级为异文明间的重大战争；抑制伊斯兰与儒教国家的军事扩张；支持与西方价值和利益相投的其他文明族群；巩固能够反映西方利益与价值并使之合法化的国际组织。

不难想像，东亚和伊斯兰的许多国家对此文持有强烈的批评态度：在结语部分，它不分青红皂白地把信奉儒教和伊斯兰教的国家一律视为西方国家的对头和主要威胁。这种敌视态度以及作者不言自明的“西方中心论”立场，于情于理都说不过去。从感情上讲，差异天成的各种文化或文明，本无高下之分、优劣之比，它们只不过在历史长河的不同流段充当“显学”的时间不同而已。500年前当哥伦布首航美洲大陆时，美国不过是土著人狩猎的荒野；再过50年，地球上还不知有何变化，保不准朝圣的香火会在新的方土点燃。亨氏大概看到这种可能，因而要找出未来西方的“主要敌人”。这种“于无声处听惊雷”的本领，也许是博得西方一些人赞赏的原因。但它却给其它国家的人造成无端的刺激，并且同作者的某些分析及结论相矛盾，比如，文章结尾处承认：“在可见的将来，不会有普世的文明，有的只是一个包含不同文明的世界，而其他的每一个文明都得学习与其他文明共存。”既然如此，为什么还要“制造儒家与伊斯兰国家之间的差异与冲突”呢？这种自我悖谬或许反映了作者充当谋士和作为学者之双重角色在同一份报告中出现时的不自觉来回错位。从道理上分析，“伊斯兰教--儒教国家对抗基督教国家将成为未来世界的主要冲突”，绝不是锁定的逻辑结局：第一，不同文化的国家之间固然会有矛盾甚至磨擦，问题在于它们是否一定会酿成世界大战、成为“主要冲突”？迄今为止的历史难道不是既有冲突、又有妥协，既有裂变、又有融合的过程吗？第二，各种原教旨主义之间确有水火之隙，但原教旨主义运动要想充当国家大船的罗盘恐怕不那么简单，因为经济全球化和地缘政治观的考虑已经、并且将越来越多地成为当权者的不亚于宗教观和爱国主义信念的决策尺度。第三，伊斯兰国家和儒教国家的结盟，又是一个难以筹划的前景。也许有少数人——从政客到百姓，从西方到东方——如此议论，如此盘算，但对于多数人来讲，政治与赌博毕竟不能完全划等号，何况回教同儒教之间也不乏“文明的”冲突。最后，退一万步讲，即使属于伊斯兰教的某个或几个国家与属于儒教的某个或几个国家的当权者存有彼此联手、伐师西征的意愿，他们能不能搞起来，搞起来后能不能成气候，都是不好说的事。未来不是末日，历史不会终结。磨擦肯定是有的，各类冲突也断不了，就像过去和现在一样，然而它们不像、也不是“导致世界大战的原因”。顺便说一句，亨氏把当代大陆中国视为儒教法统的传人和主要代表，认为它已经同一些伊斯兰国家（如叙利亚、伊朗、巴基斯坦）结成了反西方的军事同盟，这在西方是很有代表性的论调。可是，在知情且客观的大陆中国学者看来，这两层意思都甚为偏颇，经不起仔细的推敲。

关于民族主义和主权国家的互动关系及它们各自在未来国际政治中的角色，教授说对了一半。他比一般人更有力地指出了近些年来、特别是冷战结束以来民族主义重要性上升的一面和主权国家地位相对式微的另一面。民族主义曾经被视为一种怪物，要么是种族主义那样的怪物，譬如希特勒的纳粹德国，要么是罩有一圈光环的怪物，例如60年代亚非拉美的非殖民化运动（今天西方仍有人认为那是一场貌似进步的悲剧[3]），总之，不是正常时期正常关系的产物；通常，这一问题不属于国际政治研究的重点。然而，今天的世界范围内民族主义之崛起，其多变性、复杂性、严重性以及人们所能预测到的长期性，已远非任何层次单一的传统定义所能接纳。《文明的冲突》一文以生动的笔触揭示了这一问题之深刻所在，向研究国际政治的学者提醒：“这正是阁下的事务”。另一方面，在传统的国际政治理论里，主权国家几乎是唯一的行为主体，权力与均势，战争与和平，外交与联盟。所有话题无不涉及围绕 Nation-State 展开。而在冷战后的现实世界，非国家的行为体（如国际组织、跨国公司、恐怖集团、当然还有民族主义）扮演了日趋重要和活跃的角色，并对古典的国家主权起着明显的侵蚀或约束作用。亨廷顿敏锐地察觉到这一趋向，虽然除民族及文化问题外他没有专门分析其他非国家行为体，但在选定的范围内深入探讨了国家民族（主体民族）和非国家民族（非主体民族）与主权国家的多种组合及其此消彼长的复杂联系。不过，他或许过分看重了民族的（“文明的”）冲突的作用。以至于得出它将取代主权国家的彼此争夺并占据主导地位的结论。按照亨氏的理论，冲突与暴力多发生在异质文明的国家或民族之间，同质文明内部酿成对抗的可能性较小，即便出现也相对缓和且不易扩大。从逻辑上讲，这种结论和推导是不周延的，它仅能涵盖部分事实。固然，人们见到了异质间的波黑内战和同质间的俄乌和解，但同时也见到了异质间的和睦共处（如东南亚地区，还有西欧一些国家）和同质间的龃龉相煎（此类冲突的例子比比皆是，索马里甚至是非洲大陆文化及民族最同一的国家）。总体上看，在今后相当长的一段时间里，国际政治仍然会以国家间关系及其同国际组织的关系为中轴，种族的、民族的、文明的差异只会使主权国家产生更多的裂变而不是使其消亡。从这个意义上讲，文明间的冲突不会超过、盖住或压倒由社会制度、意识形态或实际的经济、政治利益决定的国家间和地区间冲突。如人们所见，学术界所谓的“文化决定论”和“体制决定论”（或“意识形态决定论”）各有其站得住脚的理由，在解释不同的局部时常常各有精彩之处，而一旦极而言之，成为排他性的“大道理”时，就不免失之片面和牵强。亨廷顿的“文明冲突论”在说明当代国际冲突时亦有类似的情况，作为一个盛有真实画面的框架，它没有、也不可能容纳多棱体的且在不断旋转和变化的大千世界。

类似的讨论还可以继续下去。在笔者看来。《冲突》一文给人留下的思考余地和兴趣多于表面的谬识和错位。例如，作者认为从近代君主争斗、民族国家出现到冷战结束这几百年时间都属于“西方的内战”时期，在此之后也即从现在起进入“西方与非西方的对抗”阶段。正像“现代化等于西化”的说法一样，这种看法需要给予认真的、细致的、知性的批评和商榷。此一认识既是上百年来经久不衰的“核心——外围”之说的自然延伸，反映出西人居高临下、无视他人的心态，又是老大地位摇摇欲坠、危机感加剧的某种折射。从理论上解析，命题含有部分“真实的颗粒”：世界进入现代的进程端始于欧美并受其主宰，非西方文明一直充当西方殖民主义下的历史客体，现在——当非白种人创建了非欧美的现代化范式之后——才形成了西方文明与非西方文明同时推动和创造当代文明发展史的局面。两极格局终结之后，与东西方对抗大大缓和不同，南北关系趋于更加紧张，在原有的债务问题、人口问题、资源问题、教育问题、产品差价问题等等之上，又新添了人权问题、难民问题、环保问题、军控问题、贸易磨擦问题等等；发展中国家与发达国家为争取自身更大利益和确立未来新秩序的斗争，如果不是“主要矛盾”，至少也是“主要矛盾”之一。文明的演进不只是质料的递增和相安无事的循环，它也包含弱小的毁灭和“血恶的厮杀”。

必须承认，亨廷顿教授或有过人一肩之处。与我们的许多“高谈阔论者”不同，他的文章是对现实世界的近距离探究（哪怕是对真实的某种斜视）。他敏锐地观察了当代、尤其是冷战结束以来的国际关系，并为国际政治的研究注入新的矢量。如前所述，传统的国际政治学聚焦在权力角逐、战争和平、外交方略等问题上，在观察新现实时略显局促和单薄。为弥补其不足，出现了各式各样的理论架构和学派。比如，有侧重全球一体化问题的“相互依存理论”，有强调经济政治不可分的“国际政治经济学”，有专门分析国际危机的国内根源的“内战外溢说”，有依照变化了的环境重新思考国家间竞争和冲突的“新现实主义”（“结构现实主义”），有参照自然科学重新定义国际格局和国际关系的“系统论”、“博弈论”、“对策论”等等。亨氏以《文明的冲突》另辟一角，开国际政治的“大文化”研究之先河。他以文明的历史演进为主线，从当代国际政治中最令人焦灼的冲突现象入手，仔细辨别暴力对抗行为（以及非对抗行为）背后的民族情绪、大众心理、文化特质、血缘标识、宗教基础、认同层次、角色意识、地缘因素和历史渊源，力陈国际政治将受文明冲突左右的论点。无论是否赞成他的见解，你不能不欣赏他阐述自己见解的方式，不能不说他写了一篇出色的政治文化论文。从方法论的角度看，这多少类似于丹尼尔·贝尔教授在当代社会学领域所做的工作；后者在探索未来西方社会的图像时，从技术分析联系到产业结构、社会结构、阶级结构、权力中心、管理体制等方面的相应改变，为人们理解他所说的即将到来的“后工业社会”提供了一条重要的思路。[④]从他们的作品里，可以感受到厚重的文化底蕴和宽大的历史视野。你很难——单赁文章本身——把他们划入某一专门的学科领域，他们属于那种为数甚少的集多门知识于一身的学者。

《文明的冲突》激发的不应当仅仅是民族情绪的冲突或政治见解的冲突；对学人而言，思想的碰撞（或曰“文明的冲突”）或许更为重要。笔者以为，亨廷顿的文章的一个特点，是它具有很大的弹性或延展性，不同的人完全可以从不同的角度发现自己的批评点。本文乃一个侧面的考量；恰当与否，还望得到同行及读者的指教。

注释：

① 例如，可见：Cpmments--Responses to Samuel P. Huntington's “The Clash of Civilizations?”, *Foreign Affairs*. Sep. /Oct. 1993. Volume 72. No。4. pp. 2-25；关于未来全球文化冲突的讨论，[香港]《二十一世纪》杂志1993年10月号，总第19期，第4-35页；“文明冲突是与非。《环球文萃》1993年10月31日。

② 《变化社会中的政治秩序》，“中译本序”，沈宗美译，三联书店1989年7月版，第2页。

③ 见美国《时代》周刊1992年12月14日文章，题

目是：《处理无政府国度》。

④ 贝尔的代表作是《后工业社会的来临——对社会预测的一项探索》，商务印书馆 1986 年 2 月版。据一份权威的调查统计，贝尔教授在当代美国最有声望和影响的知识分子中排名第一，见［美］托马斯·戴伊：《谁掌管美国》，第 170 页，世界知识出版社 1980 年 12 月版。

（引自《美国研究》1994 年第 1 期）

文明冲突能否主导全球政治

——海内外学者评亨廷顿的《文明的冲突》

现代国际关系研究所　马志刚

亨廷顿将“文明冲突”看成是冷战以后乃至在相当长的历史时期内国际政治斗争的主线。紧接着，亨廷顿又在《外交事务》第 5 期上发表了一篇名为《若非文明，又是什么?》的文章。在此文中，亨廷顿援用科学哲学家库恩的“范式”一词，称他自已的“文明冲突论”是一种关于世界政治的新范式。亨氏的“文明冲突的源头”理论一经提出，就在世界国际关系理论界掀起了激烈争论。就西方某些国家政府而言，亨氏文明冲突理论无疑为西方大国展示出冷战后国际政治新秩序的框架，它已构成一些西方大国新的国家战略中“软实力”政策的理论基础。但在东亚、伊斯兰国家、中国（包括港台地区）及一些欧美国家的学者，对其文章中的历史、理论和论证方法中存在的问题提出质疑。笔者现将这些观点综述如下：

历史和现实的矛盾

亚洲及持马克思主义观点的一些学者认为，亨廷顿及《文明的冲突》回避了对历史进程中文明长期互动结果的全面考察，过份强调差异而不重视趋同的一面。几百年来的西方扩张，不仅仅是将科学技术导入了非西方社会，一些源自西方文明的现代价值观念，例如法律与政治等制度层面上的许多观念与思想，已在不同程度上成为非西方社会现代化过程中的有力促动因素。与几百年前相比，东西方文明之间的差异已缩小了不少，不同文明之间的沟通正在扩大。世界各地人群对那些促进人类进步的基本价值观的认同，无疑是在推进之中。这些共同价值观从功能上说已无所谓西方还是东方，也谈不上为此冲突还是不冲突。若看不到这一点，而在认识上硬把某一文明“冰冻”在过去的形态上，只能说是无视历史与现实。再者，当今不同文明之间的对话也正在加强，差异并非天堑，互相理解和吸收对方那些对人类生存和发展有助益的文化特点，已成为当今世界上越来越多的人们的共识。

不能否认文明存在着差异，也不能否认文化因素对国际政治有其影响。但若论及冲突，是否就如亨氏所言：“文明冲突将主导世界政治”呢？这里的问题实质上是如何看待民族的国际行为。如果我们以第二次世界大战时，无论是轴心国阵营还是同盟国阵营，都包含了分属不同文明的民族国家的例子来阐述我们的观点。那么，亨氏会说，当代的国际政治潮流已发生变化，民族国家之间竞逐已让位给文明之间的竞逐。可是，海湾战争中许多伊斯兰国家与西方国家结成统一战线，对付另一个伊斯兰国家伊拉克，对此又将作何解释呢？当今的民族国家，在制定国家对外政策和进行国际结盟时，若竟把文明的文化价值目标高悬于经济利益、安全或均势以及其他考虑之上，是令人难以设想的。

理论上的矛盾

首先，不同文明的交流是增大还是缩小文化差异？短期观察是得不出结论的。但用世纪作为时间单位，看到的绝不是不同文化在互相影响中自我认同的强化，而是文化认同危机以及文化在互动中融合变迁。亨廷顿引用汤因比的说法：“世界上本有过21个文明，现在还存在6个”，但只字不提汤因比认为不同文明在空间上互相接触所导致的后果。汤因比发现，历史上高级宗教出现之处往往是不同文明互相接触最多的地区。在他的理论体系中，高级宗教将是文明灭亡后的取代物。显然这里蕴含着文明互动会导致文明融合的结论。汤因比的历史哲学因含有太多思辨成分而不被当代研究者引用，但学者们公认17世纪后东西方文化互动有两个明显的特征：一个是东方国家在走向现代化过程中，文化中相当一部分被西化了；另一个是东方文化在西方冲击下的形变。亨廷顿把当代中国大陆、台湾、香港仍归为儒家文化其实大可怀疑。制度化的儒家早已在19世纪中国与西方文明历史性碰撞中逐步解体。今天，这三地文化都是中国传统与西方文化融合的结果。

第二，虽然宗教在人类文明的成长过程中曾起过极为重要的作用，但与现代化相伴随的世俗化过程却是近现代史上的一大特征，目前尚未见其锋势颓减。当然，宗教在当代和社会生活中有其不可低估的影响，但若从世界政治角度来看宗教的作用，则须对时下的特定宗教势力与特定的政治势力的结合情况作深入分析，细心剖析宗教力量的影响是如何通过政治机制传递到国际政治上去的，否则，就容易产生“宗教决定论”的偏颇。再者，亨廷顿在文章中大量使用宗教类型名称（如基督教、东正教、伊斯兰教、印度教、佛教等）来为文明定名，若从文明比较的历史角度出发，这本无不可，但若从当代世界政治角度来看文化的作用，则重点是应抓住具体国家中的现代政治文化状态及演化趋势，这才不失分析上的严谨。否则，就容易给人造成世界上许多地方将要流行“神权政治”的印象。可惜，亨廷顿的文章在宗教政治和政治文化两方面都没给人留下明晰的分析。

第三，种族不同、文化认同、民族国家认同，三者谁更有力量？今天世界上的几种最主要的文明都是轴心时代以后出现的，而每一种文明的形成均以文化认同战胜狭窄的种族认同为前提。而亨廷顿设论则把精神性的文化宗教传统对一个现代主权国家的国际政治行为的约束力设想的程度提高，以致于主张：民族国家尽管仍在世界事务中扮演“最有份量的角色”，国际政治的主要冲突根源将是文化性的，文化族群之间的冲突将取代意识形态之间的冲突。针对这一论点，只要我们放宽历史视野，便可看到这样一个基本趋势：轴心时代后是文化认同战胜种族认同，而随着17世纪后传统社会的现代化，文化认同也就让位于民族国家认同。就以中国文明为例，早在两千年前，中国人已用文化认同来超越种族和血缘差异，形成了道德文化价值高于种族认同的华夏中心主义心态。如果不是文化认同高于种族认同，中华民族在两千年中的统一和延续是不可思议的。但以文化作为民族认同的形态自然会与现代化相抵触，故中国19世纪在西方冲击下，基于文化认同的民族主义便向认同民族国家的近代民族主义转化。19世纪末20世纪初，中国也出现过一阵以排满为基调的种族民族主义，但它只是儒家意识形态认同的解体、文化民族主义向现代民族主义转化的产物，它是不稳定的。这就足以证明亨氏所列举的当今种族认同加强的现象，也是意识形态过程中的短期效应。

第四，亨廷顿的文明冲突理论所依附的一个基本假设，这就是把20世纪以前几百年的世界冲突看作西方内部冲突。只有承认这一前提，西方文明失去绝对优势会导致文明冲突这个命题才有意义。但是，只要我们同意文化的深层结构不会在现代化中改变，正是它们决定了东方文明有着不同于西方的现代社会形态和现代化进程，那么17世纪后二三百年中的世界冲突，特别是20世纪意识形态的对立也就不再能简单视为西方文明内部问题。从而亨氏把世界今后冲突和近三百年来冲突区分开来的界限也就崩溃了。

最后，还必须指出在文明冲突论中，处处可见这种理论结构深层次的自我矛盾。亨廷顿一面强调现代化不是西化，但同时又暗中肯定西方文化比其他文化优越，只有在西方文化主导下才有现代国际秩序。然而，现代化本身是建立一个超越具体文化的理性社会框架上的，在现代社会中，人有价值选择的自由，文化的多元不会破坏社会秩序。把这一点推广到国际关系中，显然可以得到，如果人类各民族都进入真正的现代社会，那么就应当出现一个容纳多元文化而不会有文化之间内在紧张的国际秩序。亨廷顿长文结尾部分也点明，重要的是今后不同文明之间学会共存。但综览全文，他的文明冲突论的立论却是未加证明就认定这些不同文化组成的现代社会一定互相冲突，那与其说是对现代社会组织方式失去信心，还不如说他心目中的现代社会仍是以西方为主导。多元文化的百花园中必须有西方的园丁，或仍需西方现代强国作为维持世界秩序的警察。

方法和论证的矛盾

亨廷顿将西方文明绝对优势的丧失与各文化内部认同的加强重叠起来，推出东西方文明冲突不可避免的结论。整个论证似乎无懈可击，但只要严格分析，即可看到其中隐含着一个不易发现的方法和证据的互相矛盾。这一矛盾主要表现为：

第一，在论证中心假设上，未遵循论证的一致性。我们从亨氏的两段关键性文字中便可看出他的论证缺陷。“文明的冲突发生在两个层次上。在微观层次，文明断层线上不同文明的相邻集团，为了领土控制和相互控制而斗争（经常是采取暴力方式）。在宏观层次，文明相异的国家为了相关的军事和经济上的力量而竞争，为了控制国际组织和第三势力而斗争，也为了各自特定的政治上和宗教上的价值而较量。”“实力上的差异以及军事、经济与制度上的力量竞逐，成为西方与其他文明冲突的来源之一。文化上的差异即基本价值观和信仰上的差异，是冲突的第二个来源。”在此，文明冲突中追求的目标已经包含领土、经济等非文化因素，使人难以认清文明冲突中的主导作用到底何在。实际上，只要仔细分析亨廷顿文章中的许多例子，便可发现这种问题的存在。如此一来，亨廷顿为他的中心假设所作的论述，就缺乏清晰和前后一贯的说服力。

第二，仅就论式而言，亨廷顿的毛病或许多在他始终未能为自己廓清过作为他中心概念的“文明”这一语词指称究竟是什么。这也给了他逃避逻辑的方便性与任意性，但同时，也不仅使他无法依据严格的概念对当代世界的冲突进行过细的抓梳，分清哪些是来自文明本身的冲突，哪些是以“文明”作为争夺利益的意识形态，哪些与文明根本不搭界，在诸多冲突中，究竟哪一种对国际社会中会构成挑战等等。而且，更令人遗憾的是，由于文明概念的模糊性，他甚至在许多情况下有意无意地用“文明”暗示“种族”，以至使人常常嗅到种族沙文主义的气息。

综上所述，可以认为，亨廷顿的“文明冲突论”这一范式，其解释能力和预测能力都存在着重大问题，不能算是一个成功的范式，只能认为这是一篇为美国政府眼前暂时利益提供一种政治性策略的文章。但是，在我们指出亨廷顿的《文明的冲突》一文中存在的缺陷时，有以下问题也必须引起我们的高度重视。

其一，亨廷顿其人是学者，但他绝非一般恪守学道的书生，他兼具学者和谋士的双重身份。《文明的冲突》一文即是作者在哈佛大学奥连研究所就《转变中的防御环境及美国的国家利益》专题研究提交的报告，其中，学者式的犀利的历史洞见和政府谋士的偏执看法交错在一起，因而引起的反响也截然不同。另外，把文明提升到国际政治学角度来研究，文章的重要性和创意是不容否认的。以往，国际政治理论视民族国家为国际政治中最重要和最基本的行为主体，多从权力、相互依存等角度来探讨国际关系的演变。亨廷顿却在两极时代刚刚结束，新格局新秩序尚未形成之际，即抓住文明认同这一更为内在的因素，勾勒出 21 世纪国际政治分合的蓝图。这不能不说是亨廷顿对现代国际关系理论及思维方法的一大突破。而且，亨廷顿对文明间的关系的梳理总体而言是有说服力的。

其二，亨廷顿以他惯有的犀利笔峰，驳斥了战后美国不必力争世界领导地位的观点。在他看来，“为何要国际领先”是不言自明的，“问领先地位是否重要，就是问权力是否重要。答案只能是：当然。在大多数人际关系里，甚至在家庭里，谁先谁后都是重要的，在国家和国际事务里，也显然是重要的。”如果不研究权力和领先地位，政治学家就该另谋出路了。为了保证国家安全，维护国家利益，按照自己的价值观和利益塑造国际环境，国家谋求领先地位是天经地义的事。美国只有维持自己的领先地位才能防止战争。冷战结束了，国际冲突、民族纠纷和一些国家的内战却没有结束，反而愈演愈烈。西方联盟的基础动摇了，虽然美国和西方盟国的价值观近似，相互打仗无法想象，但政治和经济利益的矛盾必将加剧，争夺领先地位是很正常的现象。亨廷顿的这一观点固然带有强烈的大国沙文主义的色彩，但从另一个侧面却告械人们，冷战结束后，国家在国际事务中的地位，是与其自身的发展相互促动的。

其三，发扬我们自身民族文化是完全必要的，不带偏见地吸收西方文化中有价值的各个方面同样是非常重要的。我们当然不能以亨廷顿的“西方的”和“非西方的”作为文化取舍的标准，而应取另一种文化的价值观：即凡是对人类社会追求“和平发展”有利的，我们都应大力吸取。我们应在全球意识下来发展我们的民族文化，以保卫世界和平和促进各个国家与民族的共同发展。

未来的文明与文明的未来

——评亨廷顿《文明的冲突》

北京师范大学历史系　赵世瑜

美国《外交事务》杂志 1993 年夏季号上，发表了著名政治学家亨廷顿（Samuel P. Huntington）的一篇长文，题为《文明的冲突?》。此文一问世，立即引起美国国内学者、特别是东亚及伊斯兰世界的热烈争鸣，我国一些学者也已撰文发表看法。由于该文的重要性、其内容与中国历史与现实的直接关联、以及该文作者在我国社会科学界的知名度，笔者认为有必要对该文进行全面的评述。谬误之处，请识者驳正。

亨廷顿的主要观点及其渊源

塞缪尔·亨廷顿，是中国学者所熟悉的一位国际政治学家，他的许多论著都被介绍到中国，比如其《变化社会中的政治秩序》等，均引起学术界的重视。从他的这些论著中，我们可以清楚地看到他对冷战时期以来国际局势的变化及发展中国家形势变化的关注，而这种关注自然有助于我们理解他的《文明的冲突》一文。因为某些相对保守的观点是一以贯之的。

亨廷顿的这篇文章以一开始就点明，该文的目的是要"抓到未来国际政治最重要、最核心的问题"，也就是说，未来世界的冲突将不再是某一区域文明的内部冲突，也不再表现为政治的、经济的或意识形态的冲突，而是文明间的冲突，"文明之间的分界线将成为未来的战线"。那么未来的冲突将在哪 些文明间发生呢？亨廷顿认为，它将在西方、儒家、日本、伊斯兰、印度教、斯拉夫—东正教、拉丁美洲及非洲文明间展开。

为什么会这样呢？亨廷顿认为文明的差异是最根本、最本质的差异，随着世界的距离越拉越近，区域文明内部的认同感日益加强，也即文明意识日益加强。在这种情况下，文明之间固有的、不易消除的差异，在新形势下得到强化，从而导致冲突。亨廷顿论证说，就近代世界而言，在威斯特伐里亚条约后的150年间，西方世界的冲突是君主间的冲突；1793年后则是民族国家间的冲突，1917年以后则是意识形态间的冲突，直至冷战结束，而这些都是"西方的内战"。冷战结束之后呢？南斯拉夫的问题表明了基督教文明与东正教文明的冲突，海湾战争表明了西方世界与伊斯兰世界的对立，而以欧共体、北美自由贸易区、东亚华人文化圈、中亚非阿拉伯伊斯兰国家、加勒比共同市场等等为代表的经济区域主义之勃兴，同样表明了这种文明间的对立和文明区内部的趋同。

亨廷顿进一步论证说，在现实社会里，西方文明与其他文明冲突的来源之一，就是文化的差异，"即价值与信仰的差异"，比如西方力主而遭到许多国家怀疑的"民主"、"人权"等观念，便是典型一例。由于这样一种差异，距西方文明传统最远的儒家文明与伊斯兰文明有可能联合起来，向西方的利益、价值与势力挑战，他举的例子是所谓武器技术的合作及与西方军事力量的抗衡。此外，为了证明现实世界中文明区正超越民族国家的疆域成为新的聚合形式，亨廷顿还举了土耳其支持阿塞拜疆反对亚美尼亚的例子，同时有些国家则因"文明"不同成为"精神分裂"的国家，如俄罗斯、土耳其、墨西哥等，他们在发展道路的归属上都表现出程度不同的无所适从。

当然，作为一位当代学者，亨廷顿在论证这样一种极为敏感的主题时，要竭力避免给人留下"西方中心论"的印象。比如他认为，非西方文明对西方文明挑战的回应主要有三种形式：一是全面拒斥，二是全面接纳，三是通过发展综合国力以抗衡西方。同时保有固有的价值和制度，"即现代化而不西化"。虽然没有明说，亨廷顿似乎认为这第三种形式正日渐成为主流。对此，他曾在稍后的一篇答辩性文章中做了肯定的表示，即并未指责这第三条道路。但肯定这一点，也正是给他的以区域文明为基本单位的国际冲突作论证。

已有识者指出，亨廷顿的这一套观点自有其思想渊源。就其自身而言，他对当代国际政治一直非常关心，尤其注重研究非西方国家的现代化道路及其对国际政局的影响。另外，他也十分注意这些国家在其现代化道路上出现的各种矛盾冲突、甚至战争与革命。这两个侧重点，在他的成名作《变化社会中的政治秩序》中便有集中体现。此番，他把眼界放大了许多，最后落在了既非国家、又非民族、而是区域文明的冲突之上，当然不是偶然的。

这种必然性当然是冷战时期结束后国际形势的新变化造就的。亨廷顿的文章中支持他论点的绝大多数例子，都采自近几年的国际政治现实。还在70年代的时候，战后国际形势的变化已然引起了西方学者的注意。法国人阿努瓦·阿布戴尔-马里克在他的《文明与社会理论》[①]一书中承认，该书的原始灵感，源于"我们时代世界的变化以及东方—亚洲和非洲——与拉丁美洲的同步崛起"。在书中，他屡屡提到二战后逐渐发生的中国的崛起、日本的经济起飞、阿拉伯和伊斯兰世界"已有能力恢复其国家和文化，并实现现代化"，以及帝国主义在朝鲜和越南感受到的耻辱，并疾呼"东风压倒西风的时代已来临，东方正开始取得主动权"，从而倡导一种非西方中心主义的文明观、改造和重建传统的"东方学"。

最令人惊讶的相似之处在于，马里克认为，形势发展已突破了原来的"三个世界理论"的划分，而"进一步的划分"应该是印度—雅利安语系圈和中国圈这两大文明圈，前者包括的文化范围有古埃及、波斯、古希腊世界、欧洲、北美、拉丁美洲的大部分印欧语系地区、亚撒哈拉大沙漠非洲—伊斯兰教文明文化范围，后者则包括中国、日本、蒙古—中亚、越南和东南亚、东亚次大陆、大洋洲、从波斯到菲律宾的伊斯兰教文化范围。在此划分的基础上，与西方文明相对的东方文明，则含盖了"中国文明及其所构成的文化范围，从摩洛哥到菲律宾的中部伊斯兰教文明—文化范围、亚撒哈拉黑人非洲和与非洲直接相联系的拉丁美洲的某些部分，尤其是中美和巴西"。而"这样理解的东方文明动力中心显然是中国（处于亚洲圈的中心）和埃及（处于伊斯兰教范围的中心）周围的阿拉伯世界"[②]至于亨廷顿提出 的"儒家—伊斯兰的联合"观点，如果与此没有直接的承继关系，起码也是暗合。

显然，由于国际形势的巨大变化而引起西方学者对文明的重新思考，亨廷顿并不是第一人，当然，其论著早出十几年的马里克也并非这方面的先驱。还在第一次世界大战期间，德国人斯宾格勒在他的《西方的没落》一书中，已经郑重宣告："在我的系统中，不承认古典文化或西欧文化，相对于印度、巴比伦、中国、埃及、阿拉伯及墨西哥文化而言，有何特殊的地位"[③]。但当以上这些文化发展到"文明"阶段，即其"终局"时，它们也就要灭亡了。在灭亡之前，这些文明要经历"战国时代"，即可怕的社会动乱；中国、埃及、古典（希腊）都在不同的时代经历了这一阶段，而出于现实的影响，斯宾格勒认为，"我们的西欧美国世界，在19世纪至20世纪间，也面临这种'战国'的命运。"[④]他进一步指出。"文明后期的历史"、"所剩下来的，只是纯粹为了权力、为了动物性的利益而斗争"[⑤]。斯宾格勒当时所看到的，都是"文明"内部的冲突，由于除了进入衰亡期的西方文明以外，剩余的文明已经结束，残存的中国、印度和阿拉伯文明不过只是"原始生命"的一点"起伏浮沉"，所以冲突只是西方文明的内部冲突，但他毕竟提到了区域文明的划分，提到了不同区域文明之间的本质差异和价值上的相对平等性，提到了文明的冲突。

几乎尽人皆知斯宾格勒的文明观在汤因比的文明观上的投影，而后者的观念也为亨廷顿所提及。如果说斯宾格勒的悲观主义思想是上一个世纪之交国际形势的反映，那么汤因比的思想则是两次大战及战后形势影响的结果，并不断变化完善，直至70年代。还在其《历史研究》中，汤因比就提出，有史以来存在过的19种、或21种、或26种区域文明中，现在仅存在5种，即西方基督教文明、东正教文明、伊斯兰教文明、印度文明和中国文明，而这些似乎正是亨廷顿立论的几个基本单元。此外，汤因比所倡导的文明的共时性和等价性，从而有了可比性等观点，也深受斯宾格勒的影响，并转而影响着当代学者。

这里尤为重要的，是汤因比曾专章论及“文明之间的碰撞”⑥。他认为研究文明史的方法之一，便是研究文明之间的冲突⑦。汤因比设想，2047年的历史学家在总结20世纪的历史时，会认为这个世纪的伟大事件是西方文明对当时世界上其他区域文明的巨大影响；而3047年的历史学家在总结上十世纪的历史时则会发现，西方文明“正处于来自东正教、伊斯兰教、印度教以及远东地区影响的汪洋大海之中”⑧；他认为，“我们还仅仅处于墨西哥、秘鲁、东正教地区、伊斯兰和印度世界以及远东文明交锋的历史的开头几章”，他们对西方文明的应战效应一定会是巨大的⑨。到1970年，他更明确地表示，“世界史的主导权，将从西方文明向非西方文明转移”，而未来世界的关键，将是以中国为主轴的东亚文明⑩

据此，几乎晚出半个世纪的亨廷顿的观点又有多少是新鲜的呢？以文明为基本单位来理解国际现状的方法？还是强调文明的冲突是最根本的冲突？也许是由于冷战后时期的新变化使他把汤因比预言的时间提早了十个世纪，也许是他比汤因比还要悲观，因为汤因比设想，到公元4047年前，曾激烈碰撞过的文明藉此找到了人类共同的伟大经验，找到了一种新的公共生活。

关于亨廷顿的文明观

亨廷顿不是一位历史学家或文化人类学家，但他仍然在文章中专节谈及“文明的本质”。他说，“文明是一个文化单位”，“文明是人类文化最高层次的组合，也是人类文化认同的最广领域”；“文明显然会混合和相叠，亦可能包含许多子文明”；“文明是动态的，它们有兴有衰，有分有合”。他同时举出许多最易为人知的例子，来证明这些界定。

亨廷顿的这些论述完全是在重复前人的认识。无论文明的概念像文化的概念那样有多少歧义，但他在这里无疑是指的区域文明或文明区，与最高层次的区域文化或文化区是同义的。亨廷顿与他的前辈斯宾格勒和汤因比一样（当然很多学者均如此），爱用“文明”来表示一个具有一定空间范围的文化复合体，尽管不甚科学，但约定俗成，也就无需苛求。

对于“区域”这个概念，也许地理学家比我们更有发言权。有人说，划分区域不过是为了研究的方便，因为区域的界线本身是模糊的（除了行政区划以外），是人主观确定的。也有人说区域是一种客观存在，但必须依赖于特定空间范围内的特定主体，如民族文化区、经济文化区、宗教文化区、语言文化区等。但如果是一种区域文明，那么该区域内的诸文化因子均应有相对的一致。达到这一点确是很难的。就以亨廷顿及汤因比、斯宾格勒等人集中探讨的西方文明、伊斯兰文明、中国文明、印度文明、东正教文明而论，其差异似乎主要在于宗教的不同或宇宙观、价值观、人生哲学的不同，但东正教文明本身是西方基督教文明的一个分支，故汤因比称之为其姐妹文明：伊斯兰文明若从宗教的本源而言，显然与基督教文明有亲缘关系，故汤因比称之为其表姊妹文明；他们与西方文明之间差异远不能与中国文明与之差异相提并论。至于印度文明，尽管它在文化系统的整体上与西方文明有明显区别，但由于它在现实国际政治生活中没有“突出”的表演，反倒不为人垂青，在亨廷顿那里，似尚不如土耳其重要。

同样，在亨廷顿那里，亚美尼亚与阿塞拜疆之间的纠纷、波斯尼亚与塞尔维亚的冲突、印巴矛盾甚至印度内部印度教徒与回教徒的矛盾等等，都是文明的冲突，那么为何不能说它们是宗教的、文化的、民族的冲突，或是表现为宗教冲突、民族冲突的政治冲突呢？它们之间的差异难道与中国和西方文明间的差异在同一层次上吗？在他看来，日本“是个独特的社会与文明”，所以它不可能以自己为中心进行东亚的区域性经济整合。那么如果存在的话，日本与中国及东南亚之间的冲突将被视为文明之间的冲突，这不是很可笑吗？按照这一原则，朝鲜半岛是否也应是另一种文明？亨廷顿显然对日本、朝鲜这样的国家之文化传统知之甚少，即对它们同属汉字文化圈的事实也视而不见，甚至有违他自己在文中对文明的阐述。

当然，如果我们把“文明”视同于广义的“文化”概念，那么任何形式的冲突—政治的、种族的、民族的、宗教的、经济的、意识形态的冲突—均可被视为文化冲突或“文明的冲突”，因为以上均是“文化”或“文明”的诸因子。这样，指出历史与现实中的诸种冲突都是文化冲突或文明冲突—本质上如此—自然无可非议，但这样的立论也就毫无意义，亨廷顿所说，实际上是一种“区域”间的冲突，而这种区域冲突并非传统的国与国之间的冲突，而是一种跨国界的、综合文化区或文明区间的冲突。由于以往宗教的、意识形态的、民族的或经济的冲突往往也是跨国界的冲突，文化区或区域文明的界定便是很费捉摸且主观性极强的事情了。

亨廷顿的立论当然考虑到历史的进程，但尤其是从现实出发考虑问题，这样，除了很少的例外，他所开列的区域文明名单就出现了许多问题。比如，日本从明治维新开始“西化”，至第二次世界大战以后逐渐在世界上占有一席之地，而在70年代成为与美欧鼎足而立的经济强国，于是便成为独立的“文明”。又如，他的伊斯兰文明下属的马来语族文明，地处东南亚，只因信奉伊斯兰教，便脱离了同在一个地域空间的汉文化圈，似乎并不考虑包括价值观和行为方式在内的整个文化传统。同时，与他所引述的“从广州到新加坡、从吉隆坡到马尼拉，这个受传统宗教精神牵引而深具影响力的网络”,形成了可笑的矛盾。再如，亨廷顿单独开列了拉丁美洲文明。众所周知，其前身玛雅文明、阿兹台克文明和印加文明已经绝灭，在很大程度上,西方殖民者自16世纪以来的行为对此灭绝推波助澜。但无论如何，此后形成的拉美新文化与其说是对祖先文明的继承与发扬，不如说是在新形势下的文化重建。这样一个区域文明无论与数千年一以贯之、以独特的宇宙观、价值观、生活方式、语言、风俗习惯构成单一文化单核的中国文明相比，还是与以强大的宗教精神为纽带，自7世纪以来延续不断的伊斯兰文明相比，都很难相提并论。

亨廷顿的立足点是文明差异的难以消除论。他认为,“这些差异在历史上产生，不会立即消失，且比政治意识形态及政权的差异更为基本”。正因此，才会出现“最持久、最暴虐”的文明冲突。但他又无法解释属伊斯兰文明的土耳其的欧化倾向，墨西哥（属拉美文明）的北美化倾向和俄罗斯（属东正教文明）的西化倾向，便给他们贴上了“精神分裂国家”的标签。他提出,“精神分裂国家需要重新界定其文明身分”。这就是说，在一定条件下，文明身份是可以改变的。原来的文明差异是可以消除的,同时某些“文明”的冲突也就并非必然的了。这难道不又出现了自相矛盾之处吗？众所周知，自本世纪初直至80年代，中国一直存在是否“全盘西化”的争论，但如果说因此中国便是一个“精神分裂国家”，那就更是笑话了。

至于后冷战时期出现的不同形式的区域联合，是否真是一种文明结合，或是否是共同的文明轴心在起聚合作用，还有待具体分析。诚然，伊斯兰国家与欧洲国家间的冲突已有一千多年的历史:阿拉伯帝国的扩张、十字军东征、奥斯曼帝国的统治。这在最初本是一种地缘的冲突、宗教的冲突，因为无论是世俗的还是宗教的势力范围，它们二者都是毗邻的；在疆域无限扩张的时代，冲突是必然的。19至20世纪的冲突则体现为强权与弱者间压迫与反压迫的冲突，这种新性质的斗争由于历史上的传统宿怨而加剧。而弱者反抗强者更需要一条团结多数的纽带，具体说，这就是伊斯兰教。如果伊斯兰教就是一种文明的话，那么这种“文明”不过是实用性很强的武器而已。至于亨廷顿举出的十个非阿拉伯穆斯林中亚国家形成的经济合作组织，与其说是文明的聚合，不如说是区域的联合；加勒比、中美、南美的共同市场也是如此。否则为何东南亚的伊斯兰国家不与中亚十国联合，反而与本地区的天主教、甚至佛教国家结盟呢？

平心而论，亨廷顿注意到世界范围内的区域性整合，乃是不争的事实，亦符合文化趋异与趋同的规律。但错误在于，他把这一阶段的区域性冲突绝对化了，过分夸大了；他又未把这一阶段置于整个区域史异同分合的整个进程中，孤立而静止地看问题。笔者在拙著《中国文化地理概说》[11]中，曾以中国历史的进程为例，论述了文化的趋异与趋同规律—经济发展到一定水平，文明发展到一定程度，便必会发生一次文化趋异，而趋异本身就往往预示着趋同。夏、商、周三代时期，华夏源地文明凭藉其优势的自然条件而一花独放，然而长江流域区域文化复合体的形成，造就了楚文化、吴文化、巴蜀文化，出现了区域文化间的冲突与抗衡，即第一次文化趋异；秦汉以后，汉文化圈形成，楚文化等均降为其中的亚文化，再次出现文化趋同；但隋唐以后，北方游牧民族和西北各族，终于建起了较高的文明（吐蕃、辽、西夏、金、蒙古等），与汉文化腹地分庭抗礼，汉文化圈内再度出现文化分异；自元、明、清至今，又出现了文化趋同的过程，北部与西部的民族文化亦成为汉文化圈内的亚文化。在分异的时期，区域间的冲突就体现得多一些，在趋同的时期，融合就体现得多一些。相对中原王朝而言，隋唐时期的西北民族区域文化复合体的形成是趋异，相对其原有的区域文化而言，又是趋同。

在世界范围内，情形当然要复杂得多。很多国家和地区由于不像中国那样存在一个文化主轴，故不能在历史上经历类似的趋同过程；有的曾经历这一过程，但解决境内民族问题和宗教问题的方法不当，长期存在“貌合神离”的状态，一旦原来维系统一的某种力量消失，分裂便会重现。但前苏联的这种情形是否是由于文明的冲突，是否代表了世界史发展的常态，还显然是个问题。但不管怎样，世界从相互孤隔到连成一体，以区域为单位、以共同利益或共同文化为轴心日渐形成超越国界的联合，已是不争的事实和未来发展的大势，这种联合，有的具有共同的文化基础，如西欧、东亚、阿拉伯国家等，也有的具有共同的地域基础和共同的经济利益。对于这种联合内部的国家。这是更高的趋同；而对世界而言，随着人们对本联合体的认同，区域意识增强，亦可谓新意义上的趋异。因此而出现的冲突或融合，都是新形式的冲突或融合，在更大范围内合作的前提下的冲突或融合，这种冲突不应是“更暴虐”的，不可解决的，而融合则是必然的，是人心所向。这才是文明的本质。

关于亨廷顿的冲突观

尽管在上一节中，笔者已涉及到亨廷顿关于冲突的看法，但亨廷顿全文的重点，即在于分析“冲突”，故当专节评析之。

对于亨廷顿强调的冲突，闻者自不必谈虎色变，因为一部人类的文明史，同样也是形形色色的冲突史。既然文明间的差异是基本的。那么文明间的冲突也是与生俱来的，并非只是当代才有的新现象。而区域文明间的冲突之所以没有成为几千年历史上的主要冲突形式，说来也简单，不过是因为古代和中世纪的各大文明基本上是相互孤隔的，当时的文明世界还没有连成一片。即便如此，古代亚述对腓尼基、叙利亚、埃及的征服，波斯对印度河流域、希腊城邦、埃及、迦太基的征服，马其顿亚历山大东侵，日耳曼蛮族对罗马帝国的冲击，不都是“文明的冲突”吗？在中古，相距遥远但又同在鼎盛时期的阿拉伯帝国与唐帝国在怛逻斯战役中交手，由此造就了造纸术的西传，不也是一场文明的冲突？到了近代，西方殖民者与美洲土著、与中国、印度、阿拉伯、非洲人民间的冲突，则是更大规模的文明冲突。

也许古代和中世纪距离我们太过遥远，对于亨廷顿先生来说，那时冲突的年年岁岁都不如今天的冲突的每一分钟让人感到难捱，所以那时的文明冲突似乎可以忽略不计。但是，今天的某些人也许还记得“巴比伦之囚”的耻辱，也有许多人记得蒙古铁骑对东欧的践踏，这些冲突不是改变了很多国家，甚至世界的格局吗？即然历史给了我们这样的事实，那么我们为什么突然对今天“文明的冲突”而忧心忡忡起来，难道只是因为我们的生命在今天度过，所以今天格外宝贵吗？

也许我们能从亨廷顿对近代世界史的概括中找到这个问题的答案。亨廷顿认为，自17世纪到冷战时期的所有战争，都可以算是“西方的内战”，只是到冷战后才转入西方与非西方文明冲突的新阶段。自此，“非西方文明不再是西方殖民主义下的历史客体，而像西方一样成为推动、塑造历史的力量”。这在表面上仿佛是告别西方中心论的宣言，实际上还拖着一条长长的西方中心论的尾巴。因为他似乎认为，以此之前，非西方文明并不是“推动、塑造历史的力量”。正因此，他完全闭起眼睛，把欧洲资本主义原始积累以来对非西方民族的压迫、掠夺、屠杀和后者对前者的反抗—从19世纪中叶到20世纪中叶整整100年的民族解放运动，全部排除在外，只有法国革命、普法战争、滑铁卢战役、两次世界大战以及冷战这类西方君主、政权、以及意识形态间的对立，才是近代世界史或近化冲突史的主体。这种历史观并不仅仅是过时的、陈旧的，它甚至连逐渐被人抛弃的费正清的“挑战与回应”说（注意，这里指的是费氏关于近代中国的看法，而非汤因比的同名模式）都不如，真真令人遗憾。

或许这就是为什么亨廷顿对今天和未来将出现的“文明的冲突”感到担忧的原因了。由于他未考虑自地理大发现以来西方与非西方文明冲突的历史，也就不能理解今天非西方文明在新形势下与西方文明的“冲突”乃是旧日冲突的延续，在两次世界大战前后的时间里，亚、非、拉美的许多国家摆脱了殖民统治，赢得了民族的统一和独立；在战后的40年时间里，又有某些国家和地区率先进入了现代化轨道，取得了经济的大幅度发展，像韩国、新加坡、香港、墨西哥、巴西、埃及、博茨瓦纳等等，有些则凭藉资源优势而成为中高收入国家。在今天，这些国家和地区还毕竟是极少数，大多数国家还在昔日殖民统治的阴影下痛苦地摸索各自的现代化道路。特别是在西方文明代表的发达国家已然遥遥领先和市场占据的形势下，差距是很难缩小的。因此，亨廷顿注意到的区域性联合，以及忧克产生的与传统宗主国即西方强国的可能冲突，正是这些国家和地区摸索现代化道路、试图从贫穷走向富裕的尝试之体现。基于此，如果只默认长达三个多世纪的西方殖民者对其他非西方文明的施虐，而不承认只经历了一个多世纪的后者对前者的摆脱—尽管前一过程大多是诉诸武力而后一过程则逐渐采用和平方式，亨廷顿却将其夸大为“文明的冲突”，那不就很有点儿“只许州官放火。不许百姓点灯”的味道了吗？

从理论上说，亨廷顿模糊了“文化冲突”与“文明冲突”这两个不同的概念。所谓“文明的冲突”，即两种或两种以上异域文化复合体之间的冲突，应属“文化冲突”范畴内的一种形式，它的特性应由后者的特性决定，从属于后者。由于文化的传播和扩散是文化的根本特征，不传播扩散的文化是不存在的、或必须死亡的，所以文化的冲突也就是不可避免的。但不可避免的绝不只是冲突，还有文化的调适，即经过文化主体的积极选择，或拒斥或吸收异文化。不过无论文化拒斥还是文化同化，都只是暂时的或局部的，只有“文化涵化”（cultural acculturation）或文化融合—不同文化的双向文化扬弃—才是文化传播或文化碰撞的常态结果。

文明的冲突当然受此规律制约，也为历史事实所验证。美国人类学家恩伯夫妇（C. R. Ember & M. Ember）和比尔斯都为此列举了欧洲人移居美洲后与当地土著间文化冲突与涵化的例子，特别是后者：认为墨西哥是文化涵化的一个很好的例子。在那里，其民族文化并未消亡，同时欧洲文化也根深蒂固，形成一个既非西班牙而亦非印第安的文化系统。而国内学者如郭齐勇也举出日本作为文化涵化最成功的范例[12]。这两者的动因都在于亨廷顿意义上的“文明冲突”：前后源于西方文明与拉美文明间的冲突，后者源于西方文明与远东文明间的冲突。冲突的过程可能是痛苦的，但绝非永久的、绝对的。因此，亨廷顿也许是出于对人类现实和世界未来的关怀，但他的看法毕竟只抓住了人类文明进程中的一个断面或一个片段，然后把它孤立起来；他只注意到了痛苦、敌对、搏杀，而忽略了其间和以后的欢娱、友爱、和平。

所谓“文明的冲突”应该是指异域文化整体的相互冲突，无论从数量还是从频率上看，在迄今为止的历史上，它都未占主导地位，更多的是异域文化的单个因子之间的碰撞和冲突。如印度佛教传入中国，曾与中国本土文化发生矛盾，无论是政府还是儒家传统的知识分子都曾对佛教采取激烈抨击的态度；又如基督教士初入明末的中国、或初入日本、美洲大陆等，都曾遭到从普通百姓到上层人士的普遍拒斥；甚至如蒙古人西征与东欧各国的反抗，也只是一种征服与反征服的斗争，很难说是种全面的、整体的、由表层至文化精髓层面上的文化撞击。因此，无论是意识形态的冲突、军事的冲突、民族的宗教的冲突，还是小到对外来饮食文化、服饰文化等等的不满，都只是异域文化系统中某一文化因子间的冲突。亨廷顿的文章中曾提及法国人对北非移民的敌视、美国人对日本移民的不满、中国及日本与美国的贸易纠纷等等，无论是否种族歧视或贸易战，但均属这种文化因子间的冲突，而远远未及文明冲突的水平。

在当今世界的各种矛盾冲突中，区域性冲突是屡见不鲜的，这之间也许并不带有文化的或“文明的”色彩，比如越柬冲突等；也有许多矛盾冲突带有文化色彩，或由于文化色彩而加剧，比如亨廷顿正确地列举的印巴之间的矛盾、波黑战争、以及亚非拉美国家在人权、民主等问题上与西方国家、特别是美国的分歧。但就这些而言，我们与其称之为“文明的冲突”，毋宁称之为文化冲突，这首先是因为事实所在，这些尚未上升为一场全面的、大规模的、甚至体现为暴力冲突的区域文明间的争斗，其次则是因为文化冲突不必然演进为亨廷顿所谓的“文明的冲突”。文化传播或交流是必然的，而后的碰撞或冲突也是必然的，而文化间的理解乃至文化进步正是其必然的、合逻辑的结果。既如此，我们又有什么必要为未来世界增加一些紧张气氛呢？这难道不会让人误解为这是出于某种战略考虑的需要，而有意引导人们进入、或者创造一个本可能不存在的“文明冲突”的误区吗？

如前所述，尽管我们可以含糊地把古代和中古时期代表不同区域文化的国家或地区间的战争称为“文明的冲突”，但毕竟与我们今天所说的具有不同意义。因此，近代意义上的文明冲突应是地理大发现以来西方文明向世界其他部分推行其整套文化系统。以及所引起的反抗。所以，在这个意义上，笔者并不否认出现“文明冲突”的可能性，但它首先是前一过程在新形势下的延续，其次它不见得采取暴力的形式，而最后，正如汤因比所见：文明之间的差异日益变得不那么重要，文明间相互影响的结果，是保存下来人类共同的伟大经验—“由于受到来自其他文明的地方传统的冲击而使社会文化遗产的某些部分受到损害，但正因为如此而找到了一种新的生活”。

关于亨廷顿的现实考虑

亨廷顿谈论文明，显然不是从纯学术的角度，而是从现实国际政治的角度出发的。不仅如此，他还是以西方文明为本位来谈问题的。他指出，伊斯兰国家、儒教国家和佛教—印度教国家“西化”的阻力最大，最难“加入西方”，因此它们有可能联合起来，向“西方的利益、价值与势力”挑战。他所举出的唯一例子，就是在西方国家普遍裁军的今天，上述国家却在大力发展武器技术、扩张军事力量，并指责中国是西亚和东亚某些国家的武器技术供应国，由此，亨廷顿得出结论说，“儒家—伊斯兰的军事结合已经形成。”

今天的读者也许会感到奇怪，是否亨廷顿希望世界上任何国家和地区都应“加入西方”，即化入西方文明之中，那些由于文化传统的距离而不能也不愿全盘西化的，都将成为西方文明的潜在敌人，如果真是这样，亨廷顿的文明观或文化观将还不如汤因比、甚至不如斯宾格勒。因为他仍然在价值上将西方文明视为最优越的，其他国家和地区是好是坏、是友是敌，都要视他们对西方的态度向背而定。那些由于自己深厚悠久的文化传统和独特的历史国情只应走自己独特的现代化道路的国家和地区，难道必定与西方国家势不两立、因而将受到后者的敌视吗？

亨廷顿、以及很多西方学者眼里的“儒家—伊斯兰国家的联合”，在某种程度上说，也许是客观存在。由于前面提及的历史事实，这种“联合”又不仅限于此，70年代以“第三世界国家”为纽带的团结合作，80年代则以“南南合作”的形式在国际事务中再现，而且还可以回溯到更早的“万隆会议”等等。这和亨廷顿所理解的“联合”是不同的。亨廷顿所举出的“武器合作”之例，更是绝对没有说服力。因为第一，美国、法国、德国乃至欧洲其他国家的武器出口，无论在质量还是数量上，都是遥遥领先的，买主只要有钱，则更愿意购进他们更为精良的武器装备，人们当然不能据此便说这是西方文明与某种文明之间的结盟；其次，在西方军事力量占绝对优势的情况下，保持这种优势，削弱一切潜在竞争者的实力，以便永久充当国际仲裁者的角色，这是某些西方人喜闻乐见的。亨廷顿说得很明白：“冷战后的世界，武器管制的首要目标则是杜绝非西方社会之军事能力发展会威胁到西方利益的可能性”。显然，亨廷顿杜撰出儒家—伊斯兰国家的军事合作—文明联盟，正是为这种州官放火逻辑提供说词。

亨廷顿的立脚点是要西方国家加强自身团结，使在文化上接近西方的东欧和拉美尽快融入西方文明，促进和维系与俄罗斯和日本的合作关系，一致对付伊斯兰与儒家文明。这种从自身利益出发的战略格局划分，未必不可能成为未来西方国家的战略指南。但这本身并不利于国际大家庭的理解与合作，不利于未来世界和平；如果只是为了做如此的划分，倒也并不需要用“文明”作掩护，那样反使他画虎不成反类犬。

也许亨廷顿也不同意把人类完全视为在“文明”面前消极被动的群氓，因为文明本身就是人类创造的。尽管文明像历史一样对人类具有巨大的惯性，但如果把文明说成是“潘朵拉的盒子”，一经人类创造之后便不受人类活动的制约，那么我们就无法解释历史上某些区域文明的消亡，更可以为西方文明自近代以来的独步天下而非西方文明在其重压下呻吟的“合理性”张目了。如果我们承认文明不仅由人类创造，而且由人类不断更新，那么我们为什么不能把后冷战时期区域文明格局的重建、区域文明意识的增强向一种美好的前景引导呢？我们说，亨廷顿注意到了新形势下的国际冲突，带有区域文明冲突的特点，但这不过是旧有的各种冲突在新形势下抹上的新色彩、具有的新性质；我们所应做的，并不是强化这种色彩、这种性质，而是淡化缓和由此引起的尖锐对立的成分，达到一种求大同存小异的合谐共存的局面。任何关怀人类未来的人，均应做如此想，并为此付出不懈的努力。

最后应当指出，作为一个现代学者，亨廷顿也承认现代化并非西化这一事实。他不仅指出日本是这方面成功的例子，还指出其他非西方国家也在做这样的尝试。对这种尝试，亨廷顿作为一个西方人不由自主地产生了一种警戒感，并由此产生了他那一篇宏论。在他文章的最后曾说：“西方国家也需要深入了解其他文明的基本宗教和哲学主张，以及洞悉他们是如何理解自身利益的。这需要西方去识别和其他文明间的共通性”。这种态度是可以接受的，如果通过这种办法来缓和区域文明间的误解和矛盾，不是可以省去许多繁言赘语吗？

日前，新一轮日美贸易最高级会谈降下帷幕，日本人又一次响当当地说了个“不”，紧接着美国人宣布对日实行贸易制裁。也许亨廷顿会把日本人的这种态度当作他“文明冲突论”的新例子，以后也还会有更多的国家对原来的“西方家长”说“不”，但这其实是一种常态。美国人采取了愤愤不平的态度，乃是因为把非常态作常态，他人在自己面前唯唯称诺的时间太久了。

注释：

① 浙江人民出版社 1989 年中译本。

② 中译本第 88～89 页。

③ 见该书中译本第 14 页，黑龙江教育出版社 1988 年版。

④ 同上书第 337 页。

⑤ 同上书第 348 页。

⑥ 见《文明经受着考验》中译本第 11 章，浙江人民出版社 1988 年版。

⑦ 见前引书第 136 页。

⑧ 见前引书第 184 页。

⑨ 见前引书第 189 页。

⑩ 参见山本新、秀村欣二编《中国文明与世界——汤因比的中国观》，中译本第 45 页，东方出版社 1988 年版。

⑪ 山西教育出版社 1991 年版。

⑫ 见其《文化学概论》第 277 页。

（引自《史学理论》1994 年第 3 期）

（二）华人经济圈说

悄然兴起的“华人经济圈”

李庭辉

一个不断发展的经济协作圈

在世界经济发展的集团化趋势中，在东亚地区一个以华人为主体的区域性经济协作集团正在形成，其范围大体包括中国大陆、香港、澳门、台湾地区以及新加坡、马来西亚、泰国等国的华人资本。

华人经济圈的首要特点是，它的形式不是以政府为推进主体，而是通过民间经济交往的发展而自然形成的，这是华人经济圈区别于目前世界上所出现的任何一个区域性经济集团主要特点之一。目前，世界上已形成的一些重要经济集团如欧洲经济共同体、北美自由贸易区等，一般都通过政府代表谈判、协商，最后签署自由贸易协定或经济联盟条约而建立。华人经济圈则有所不同，迄今为止，中国大陆、香港、台湾以及东南亚各国之间的华人资本的经济交易与协作，绝大部分是以民间企业和公司之间的形式进行的，它既无政府或官方当局之间的经济协定，更无一个统一的权力机构进行超国家或跨地区的经济协调，各方之间完全按照市场规则自发行进。因此，华人经济圈的经济一体化程度要低于欧共体和北美自由贸易区，它是一个松散的区域性经济协作圈。然而，从发展趋势看，它又是一个相对稳定并不断发展的经济协作圈。因为维系这个经济圈的，不仅是经济利益原则，而且有着同一民族的地缘、血缘、人情、亲情等非经济因素的作用。更为重要的是，在这个经济圈中，香港和澳门分别将于1997年和1999年回归祖国，成为中国经济的一个组成部分。台湾与大陆之间在政治上目前虽暂时处于分离状态，但两岸之间的经济交往则已成为不可逆转的趋势。

其次，华人经济圈的内部经济协作关系是以相互之间的投资和贸易发展为基本内容，并且是以投资的发展带动贸易的发展。在这种经济协作关系中，中国大陆是港、澳、台和东南亚其他国家华人资本的主要投资场所。据统计，从1979年到1991年底，大陆共获得海外投资560亿美元，其中相当大部分投资来自港、澳、台和东南亚国家的华人资本。台湾对大陆投资到1992年底达到90亿美元左右(台湾方面的估计达100—200亿美元之间)。香港厂商仅在珠江三角洲地区投资就达140亿美元左右，设厂逾2万家。此外，泰国、新加坡、马来西亚、印度尼西亚的华人资本也相继向中国投资。在海外华人资本纷纷向大陆投资的同时，大陆的一些中资企业也开始向香港和东南亚国家与地区进军。以建立相对稳定的经济贸易网。目前，大陆企业对香港的投资累计已超过120亿美元。并有进一步增加之势。

在相互投资不断发展的同时相互间的贸易也在不断发展。近年来，香港、台湾等地对中国大陆出口贸易不断增长，台湾地区出口贸易的增长其中75%是输向香港然后再转口中国大陆；香港对大陆的出口依存度则高达27%。这些均说明，台湾、香港和大陆之间的经济联系已越过意识形态和政治制度的障碍在不断加深，一个以中国大陆为中心，以大陆、香港、澳门、台湾为主体的华人经济圈正在形成。

华人经济圈的形成，既是当代世界经济格局变化的结果，也是东亚地区有关国家与地区经济发展的客观需要。首先，是中国大陆实行对外开放，加快经济发展的需要。党的十一届三中全会以来，为了加快社会主义现代化建设的步伐，在推行内部经济管理体制改革的同时，实行了对外开放的经济政策，通过引进外资、技术、管理经验和积极发展对外贸易来推动国内经济的发展。中国对外开放政策的推行，巨大的市场需求和资金吸纳能力，使世界各国资本和商品经营者纷纷看好中国市场，而首当其冲的则是对大陆经济发展潜力和国情有着较深了解的东南亚国家和地区的华人资本。从大陆对外开放之初，港、澳、台和东南亚国家的华人资本就纷纷到华南和沿海地区投资办厂、发展经济技术合作和贸易关系。当然，大量华人资本涌向中国大陆，除看好大陆这一巨大的市场潜力外，地缘与血缘关系和共同的历史文化背景也是一个重要的促进因素。

其次，是东南亚国家与地区经济迅速发展而带来的经济结构调整和经济转型的需要。80年代以来，东南亚国家和地区尤其是亚洲“四小”的经济一直保持着较高的增长势头。经济的高速增长，一方面使这些国家与地区的资金大量积累，由资本的净输入国与地区转变为输出国与地区；另一方面也使这些国家与地区的经济结构开始转型，由原来着重发展劳动密集型工业转向着重发展资本和技术密集型工业。其基本途径就是将劳动密集型的低级产品生产转向周围一些劳动力较便宜的国家去生产，自身则着重发展高技术产品的生产。中国大陆资源丰富，劳动力较便宜，而且素质较高，是较理想的投资场所。因此，一些华人企业纷纷将工厂搬迁到大陆沿海地区进行生产，尤其是香港厂商推行“前店后厂”发展模式，将大批服装加工、电子玩具等工业迁到华南地区生产，产品由香港转销世界各地，由此形成了一个区域性梯度型经济分工协作关系。

中国经济发展的新机遇

华人经济圈的形成，为中国经济发展带来了新的机遇。

首先，华人经济圈的形成为中国引进资金和技术提供了机会和条件。近年来，中国经济发展呈现出高速增长的势头。伴随着经济的高速增长，国民经济中的“瓶颈”问题也日益突出，其中最大的问题是资金短缺。为了解决资金紧缺，一方面要在国内筹集资金，另一方面则必须大量引进外资，而在当前西方国家经济不景气，国际资金供应紧张的情况下，华人经济圈的形成无凝为我国引进外资提供了一个新的机遇与途径。从目前形势看，近年来台湾地区由于经济的高速增长和大量贸易顺差，资金相对富裕，外汇储备位居世界前列，1992年底达830亿美元。大量过剩资金使台湾厂商将投资眼光由岛内转向东南亚国家和大陆沿海地区。而香港和新加坡作为远东地区新的国际金融中心，资金相对充足。这些均为中国经济发展从境外融通资金提供了一定的机遇。事实也正是如此，近年来大陆沿海地区引进的外资，大部分来自港、澳、台地区以及新加坡、泰国等国华人资本。

就引进技术而言，近年来亚洲“四小”的经济结构调整也为大陆引进技术提供了新的机遇。“四小”经济结构调整的基本趋势一是产业结构的高级化，即由劳动密集型为主的产业转向以资本和技术密集为主的产业；二是经济结构的软性化，即将劳动密集型产业向低成本地区转移，在着重发展电子业等高新技术产业的同时，大规模发展金融、保险、信息、技术咨询、旅游业和商业服务业等第三产业。如台湾90年代将重点发展电子、通讯设备、机械、新型材料等技术密集型产业以及生物工程和宇航等高新产业，而将纺织品、鞋类等劳动密集程度较高的传统产业向岛外转移。随着经济结构的调整，台湾的出口商品结构已发生重大变化，由过去单纯的产品出口转向成套机械设备出口为主的“整厂设备输出”，其项目包括采矿机械、食品加工、纺织和服装加工、电机、塑料等20多项100多类，这些设备大部分是由电脑操作的自动化设备。这一变化，为中国大陆引进先进技术，提高大陆的产业水平也提供了机会。而香港在80年代初到中期，就已陆续将一些服装、玩具、电子等工业设备迁向了华南地区，推动了华南地区乡镇工业的蓬勃发展和工业技术的升级换代。

其次，华人经济圈的形成扩大了中国大陆对外经济联系，促进了出口贸易的增长。近年来，中国大陆与周边国家与地区的经济联系日益加深，这种联系的加深不仅表现为香港、台湾、新加坡等国与地区对中国大陆投资的不断增加，同时也表现在中国大陆对这些国家与地区出口贸易的增加。香港历来是中国大陆出口商品的重要转口贸易港，随着华人经济圈的逐步形成，中国大陆向香港出口并经香港转口欧美和东南亚国家的商品不断增加。1992年中国大陆进出口贸易总额为1656亿美元，除直接向西欧、北美、日本等国进出口外，其余大部分进出口商品通过香港转口。目前，大陆与台湾之间的贸易绝大部分也通过香港转口。据估计，1993年台湾与大陆之间的间接贸易将达到100亿美元。此外，中国大陆还可以通过与海外华人资本的合作，借助于华人资本在国际上的销售网络和占有的市场份额，扩大对外贸易。

第三，华人经济圈的形成与发展，将会推动中国统一大业的早日实现，并进而提高中国在国际上的经济地位。华人经济圈的形成。使中国大陆与香港、澳门和台湾地区的经济联系不断加深，为香港和澳门的回归祖国以及台湾与大陆的早日和平统一奠定了经济基础，并会进一步提高中国的国际经济地位。据1990年的统计，这四地人口为11.6亿，外资总额和出口额分别超过4000亿美元和2100亿美元，居世界第五位，外汇储备超过1400亿美元，居世界第一位。另据世界银行最近公布的“1993年经济展望和发展中国家”报告中指出，到2002年，世界经济将由现在的三极发展到四极，即美国、日本、德国、中国经济区（含大陆、香港、台湾），届时其经济规模将分别达到9.9万亿、7万亿、3.4万亿和2.5万亿美元，中国经济区的生产总值将超过法国、意大利和英国而成为全球经济的“第四极”。

发展趋势与对策

华人经济圈是一个逐渐发展的区域性经济协作系统。尽管目前它还处于一个较低的发展层次，其协作范围还较小，主要是港、澳、台和中国大陆的华南与华东的部分省市。但是，随着中国大陆实行全方位的对外开放，它将会向较高层次发展，由双边、多边贸易的方式进行短期性的协作，向相互进行直接投资，实行长期的全面的经济协作发展，协作的范围也将逐步扩大，由目前的港、澳、台、大陆为主逐步扩大到整个东南亚地区的华人资本的协作，乃致扩大到北美和澳洲的华人资本的协作。就大陆地区而言，协作的范围将由目前的华南和华东的部分省市扩大到华北和西南地区乃至整个中国大陆。同时，华人经济圈也不是一个封团的经济集团，随着其规模的不断扩大，它也将同非华人经济集团发展广泛的经济协作关系，如同东南亚地区正在逐步形成的东盟自由贸易区、中南半岛的越南、老挝、缅甸、柬埔寨等国以及正在形成的包括日、韩、俄罗斯远东地区和中国东三省的东北亚经济圈等联系与协作。

当然，华人经济圈的进一步发展将会受到诸多因素的制约，其中最主要因素有两个：大陆经济市场化改革的进程和大陆与台湾两岸官方关系的发展。因此，加快改革的进程是我们应采取的首要对策。

第一，加快政府职能的转换，提高政府部门的办事效率，以适应对外开放需要。第二，调整吸引外商投资的优惠政策，由主要依靠减免税收逐步转向对外商投资给予“国民待遇”，即给予外商投资者与本国公民、企业在税收、销售、运输、购买、分配、经营等方面所享有的同等待遇。第三，逐步放松外汇管制，并创造条件实现人民币的自由兑换，为外资的自由流入与流出创造一个较为宽松的金融环境。第四，加强教育和职业技术培训工作，提高劳动者的技术文化素质，为外资企业提供合格的劳动力。

其次，要在坚持“一国两制”方针的前提下，采取积极灵活措施，利用海外华人和台湾同胞中有识之士开展工作，促使台湾当局改变对大陆政策，尽快实现两岸之间的“三通”，并在此基础上创造条件实现两岸和平统一。与此同时，还要积极发展与周边国家的友好邦交关系，为华人经济圈的进一步发展创造良好的国际政治环境，使华人经济圈在更大的范围与更高的协作层次上得到进一步发展。 (引自《唯实》1994年第3期)

“华人经济圈”易生歧义

越　心

近年来海外报刊对“华人经济圈”的议论颇多，其中著名的论点有：“华人经济圈”将在21世纪成为亚太区域抗衡日本的一个重要挑战力量，并且将继德国、日本、美国后成为全球经济增长的第四极。其依据是目前华人可动员的资金达二三千亿美元之巨，足以与犹太人，伊斯兰人相匹敌，并称世界三大金融势力。

海内有些舆论也特别看好“华人经济圈”，认为它对中国经济建设具有无可估量的意义，甚至有从华人文化角度来论证华人经济与文化互动关系，此中尤以血缘、亲缘论为代表，指出中国10多年来改革、开放的建设成就中，大批海外华人投资家乡的行为、情感便是证明。

上述种种预言表面地看来很能皆大欢喜、鼓舞一番的。因为由此而产生的理论推断一定程度上蕴含了21世纪不仅是亚太世纪，更是华人世纪的潜台词。这种由“他信”而渐渐转成的“自信”固然不是坏事，但此种假想的依据、预测的前提本身是否存在呢？就拿华人一词来说，它是指：大陆、香港、台湾、澳门这一中国人地区而言呢，还是包括了大陆、香港、台湾、澳门、新加坡及东南亚的华人，甚至世界上所有具有中国人血统的不同地区的华人?若是第一种情形，那是无疑义的，港、澳21世纪前回归已成定势，台湾迄今尚在称“一个中国”的。若是第二种则麻烦很多，问题更不少。若是第三种未免太过于宽泛，力量也欠集中。就目前的情形而言，指称第二种的似乎居多，主要局限于亚太区域内。这可能是因为华南经济区（大陆的福建、广东、广西、海南和港、澳、台地区）的蓬勃发展与大中华经济区（大陆和港、澳台）的美妙构想扩展的结果，除咱们中国人地区外，还连带地把拥有76%华族人口的新加坡和在东南亚各国占有一定比例的华人也一并包括进来，组成了一个区域内的力量整体和经济主体—华人经济圈。华人经济自然就包括了上述区域内的华人经贸活动。

然而事实常常与愿望相违背。在华人中的85—90%已归化加入当地国籍的今天，昔日客居的华侨已成当地国久居的公民或华人、印度尼西亚人或印度尼西亚华人，他们的经济成就已成为当地民族经济的一部分（当地化），并为当地建设作出突出的贡献。可以说，这些华人对于所在国的经济贡献是第一位的。因而恐怕很少有人能把这一部分的华人经济从当地国的民族经济中割裂出来，纳入到以血缘、民族意义上的“大中华经济圈”内，混淆华人文化身份与政治身份的不同涵义。至于东南亚华人到大陆投资，其主要还在于中国大陆广阔的市场利益，应视作东南亚华人资本的国际化，此中，感情因素有，但毕竟是次要的。若据此而冀图依靠“华人经济圈”来促进带动中国经济的发展与腾飞，那不仅不切实际，而且也不利于华人在当地的生存与发展。况且，从国际关系的角度而言，和平共处五项基本原则依然是我国对外关系的一个基本准则。有关“华人经济圈”的构想虽有情理可循，但一旦忽略某些基本事实，模糊、扩大其内涵与外延，则难免有画蛇添足、缘木求鱼之嫌！

因此我们赞同这样一种观点，即“华人经济圈”仅限于大陆、港、澳、台的中国人地区，也即“中华经济区”或“大中华经济圈”，舍此，“华人经济圈”的概念难免歧义不断，附会迭出。依据目前的发展来看，两岸四地的意识形态对立正在被日益成长的经济共同利益所逐步取代、缓和，尽管近年来台湾把投资重点转向东南亚，以“南向”平衡“西进”，以缓解台商的大陆投资热，反映了台湾当局害怕“以经促政”、“以民逼官”被迫趋向统一的心态，但有一点是明确的，台商到大陆投资的热潮方兴未艾，李登辉的“度假外交”“凯旋”之后，并未能抑制台商投资大陆的意愿。如果说，大陆的发展离不开港、台的话，那末同样港、台的发展也离不开大陆。这里，共同利益大于利益差别。虽然“中华经济区”的构想尚需假以时日以待操作，但近期内中国人地区的经济合作、互补趋势已十分显然。确切地说，真正意义上的“华人经济圈”只有在此一中国人地区内方得以体现、表达和展开！

据亚洲开发银行统计，在过去20年里，东亚整体经济平均每年增长8%，远远高出世界发展中国家年均4.3%和工业化国家3%的增长水平。21世界因此被预言为亚太世纪。但亚太世纪和华人世纪（或中国人世纪）仍相距甚远，因为其赖以立论的全球范围或亚太区域范围的庞大的华人经济体本身便虚无飘缈，似影若无。同时，作为亚太地区唯一经济上高度发达的国家，日本俨然既是一支区域性经济力量，又是一支全球性经济力量；此外，东盟在本地区未来发展中的政治、经济作用也正蓬勃日上，不可忽视。无庸讳言，中国未来的经济发展不在以血缘论为主体的华人经济，而在于同周边国家和地区的相互发展中，进行跨国、跨地区的边界经贸合作，把自身的发展同本区域的经济发展结合起来，发挥地区规模优势，即通过次区域经济合作的方式逐步走向亚太经济一体化，迎接21世纪的挑战！

（引自《亚太论坛》1994年第3期）

大陆、港、澳、台的经济协作与中国经济之发展

四川省社会科学院　　林　凌

研究当代中国经济之发展，必须对包括大陆、港、澳、台在内的整个中国经济进行考察。这是因为冷战结束之后，特别是大陆经济实行改革开放之后，整个中国经济已迅速向一体化方向发展。本文试图从这个角度对中国经济之发展进行一些粗浅的研究和探讨。

当今中国经济的三个板块和四股力量

中国幅员辽阔，区域之间经济社会发展差异极大。在中华民族发展的历史长河中，中原、关中大地曾扮演过辉煌的经济社会高度发展的角色；江南地区的富饶发达，曾成为封建帝国强大的经济支柱。晚清之后直至民国，列强侵华，在沿海、沿江开辟商埠，设置租界，东南沿海被迫向西方开放，香港、澳门、台湾相继为英、葡、日帝国主义侵占，使这些地区出现畸型发展。中华人民共和国成立后，全面开展社会主义经济建设，大陆经济社会发展取得很大成就。东南沿海地区因处于前线，经济建设曾一度受到制约。香港、澳门、台湾与大陆隔绝，独立发展，在70年代进入新兴工业国家和地区的行列，港、台与韩国、新加坡并称为亚洲“四小龙”。内陆地区在社会主义建设中，得益于生产力布局的西移，修筑铁路，开发矿产，兴建大型工业，发展高新技术，在穷乡僻壤和极其落后的农业社会中注入了先进的工业因素，开创了经济社会发展的新局面。从1979年开始的改革开放，尤其是大陆沿海地区实行对外开放战略，仅仅16年的时间，把中国经济社会发展推进到一个史无前例的新阶段。在包括香港、澳门、台湾在内的中国版图中，明显在形成三个发展水平差异的板块。一个是已经达到和超过世界中等发达国家水平的台、港、澳板块，一个是基本上达到了小康水平的大陆东南沿海地区板块，一个是刚刚摆脱贫困正在向小康过渡的内陆板块。此外，还有8000多万人口的地区尚未解决温饱。

中国经济发展的这种不平衡性，产生出四股相互影响、互相作用的经济力量。

一股是大陆以外的港、澳、台等经济力量。这股力量以资金、技术、劳动密集型产业、现代工业消费品为先导，大举进入大陆，由南而北，由东而西，对大陆经济的发展和繁荣起了催化和推动的作用，同时也为自己经济的发展带来丰厚的回报。

另一股是大陆东南沿海地区的经济力量。这股力量得经济改革尤其是对外开放风气之先，在国家优惠政策的扶持下，大力吸引港资、台资、外资，建立经济特区，快速发展外向型经济，进而大举进行交通、通讯、能源、城市等基础设施建设和现代技术的工业建设，发展金融、贸易、房地产等第三产业，成为中国也是亚洲的一个新的增长极。这股经济力量双向推进：一是以龙头的角色与全国其他经济力量，向港澳台和国际市场进军，促进了港澳台经济的繁荣，并使中国进入了位居世界第11的发展中的世界贸易大国的行列；二是在国内市场上，以新颖、繁多的工业消费品开路，由南向北、由东向西向大陆的腹地冲击。随之，以广东为代表的广东菜、广东话、广东习俗、广东人的商品和市场意识也向内地扩展，形成“经济北伐”之势。近几年来，随着港资、台资、外

资向内地的推进，东南沿海地区的资金也开始向内地流动。

第三股是近年发展起来的中国沿边地区的经济力量，这股力量乘沿边开放之风，推出北开南联、西开东联的战略；一方面大力加强与我国东部、南部发达地区的经济协作，另一方面加快本地区的建设步代，开展对北疆、南疆、西疆邻国的边境贸易和地区贸易，使边境地区的经济社会和一批陆上口岸和过货点发展繁荣起来，初步改变了长期形成的荒芜状态。边民生活水平大幅度提高，发挥了经济戍边和促进睦邻友好的威力。

第四股是地处内陆、急求改变封闭落后状态的经济力量。这股力量拥有强大的地下资源、工业基础、高新科技和丰富的劳动力，但由于区位和政府政策向沿海过度倾斜等原因，发展缓慢，在内陆与沿海地区经济发展和居民收入差距越拉越大的压力下，产生出极不平衡的心态。大批民工和高智力人才潮水般地涌向沿海地区；内陆地区政府则实行借船出海、借边出境、借台唱戏、借鸡下蛋的战略，在沿海地区建厂设店，建立内陆走向国际市场的桥头堡。这股力量行动的结果，首先是为东南沿海地区的高速发展注入了科技、资金、人才和廉价劳动力；与此同时，也获取了投入的回报，包括对内陆地区提供了众多的对外开放的信息、条件和机遇，培养了人才，赚回了数以百亿计的劳务收入。近几年来，随着国家对内陆地区对外开放政策的实施和投入的增加，这股力量正逐步转向基础设施建设和投资环境的改善，努力吸引港资、台资、外资 和沿海地区的资金来开发自己。

以上这四股力量在中国大地上纵横驰骋，互相吸引、渗透、磨合，聚集成一股强大的合力，推动着大陆经济以平均每年10%左右的速度向21世纪迈出，也推动着港澳台经济的进一步繁荣。

这里，我没有把日、美、欧等外国经济力量作为中国发展的主要因素加以论述，是有意这样做的。因为任何事物的发展，归根到底都是以内因为根据、外因为条件的。上述四股力量都是推动中国经济快速成长的内在因素，是决定性的力量；外国经济，包括资本、技术、管理、人才进入中国固然有其重要性，但它只能通过这四股力量来发挥作用。在当今的中国，外国经济已不可能象本世纪初那样以一种特权来左右中国经济的发展了。

大陆、港、澳、台经济协作的生成

在80年代以来的中国经济发展中，最突出之点是大陆、港、澳、台形成了紧密的经济联系。一个以香港为纽带，连接台湾、澳门及华南地区，进而进入大陆广阔腹地的无形的经济区开始生成。这个经济协作区有人叫它“中华经济圈”，有人叫它“华南沿海经济区”，有人叫它“海峡两岸经济圈”，有人叫它“华南经济协作系统”。但不论什么称谓，人们都已默认了它的存在，并呈呼之欲出之势。

大陆与香港，特别是华南地区与香港之间，在经济发展上已形成互为重要因素的依存关系。大陆改革开放以来，相互之间的依存度越来越高。有关统计资料表明，从1979年到1993年，香港企业到大陆的直接投资，按注册资金计算，累计已达1039亿美元，占外商投资总额的72.7%[①]；大陆到香港的投资累计达250亿美元，已超过美、日，仅次于英国，成为香港第二大外来投资者[②]。香港与大陆的贸易发展很快，大陆一直是香港最大的贸易伙伴，是香港第一位的进口来源地，第一位的转口市场，第二位的香港产品出口市场。其中广东省的80%的出口和70%以上的进口是通过香港实现的[③]。从80年代初开始，香港利用大陆实施开放政策之机，将劳动密集型产业大举北移，约有80%的厂家把生产部分搬到珠江三角洲及广东其他地区，设计、接单、贸易洽谈等则留在香港，吸收大陆劳动力约300万人，形成香港为店、珠江三角洲为厂的“前店后厂”格局，80%的产品以转运或转口的形式销往国际市场，香港企业主由此得到丰厚的收益，同时也给珠江三角洲等地的经济带来繁荣；香港的产业结构和珠江三角洲等地的产业结构从此形成互补局面，双方都出现了升级性的变化。在此期间，大陆也纷纷到香港举办企业，到1994年底止，中资企业已达1650多家⑤，并有10多家大型工业企业的股票在香港联合交易所挂牌上市。这不但大大增加了香港股市的资本额，调整了香港的股市结构；也为大陆企业筹集了大量国外资金，促进了企业的机制转换。在货币流通和人员交流方面，据内部资料显示，约有25%的港币在大陆特别是华南地区流通，约5万港人在大陆工作；人民币则可以在香港指定的银行兑换港币，也可在小商品市场、黄金首饰店铺购买商品，大陆在港的从业人员也大幅度增加。在大陆改革开放政策的影响下，香港作为大陆走向海外和海外进入大陆的门户的跳板，倍受世界各国客商的青睐。他们纷纷扩大对香港的投资，目的在于同机进入广阔的大陆市场。以上所述大陆、香港之间的这种紧密的联系，一方面推动了大陆经济的快速发展，另一方面使香港经济在西方经济衰退中继续保持着生机和活力。1979～1991年，香港本地生产总值的实际增长率为7.2%，1992—1994年一直保持在5%以上⑥。我们相信在香港1997年回归祖国之后，大陆特别是华南地区与香港的经济联系必将进一步增强，香港与深圳及珠江三角洲地区的经济在互补互利基础上的一体化进程必将加速发展。

台湾与香港的密切经济联系由来已久。多年来，香港一直扮演着台湾的海运和空运中继站、国际电讯邮政的中途站、两岸经贸活动的中介站的角色。依靠香港杰出的贸易转口和金融市场条件，台湾与许多地区保持着贸易往来。进入80年代以来，大陆的对外开放成为台湾与香港经贸活动日益增多的催化剂。在台湾的对外贸易中，对西方国家的依赖程序逐渐降低，对香港的依赖度则逐渐加深。据台湾“经济部国贸局”统计，台港贸易依存度1985年为5.6%，1991—1993（1—9月）分别上升为10.3%、11.2%和12.3%。其中1993年台湾对香港贸易顺差达150亿美元，香港已取代美国成为台湾第一大贸易出超地区，台湾则成为香港产品第七大外销市场③。由于海峡两岸还没有实现直接的“三通”，所以港台贸易额中有相当大一部分是两岸经港的转口贸易。在投资方面，无论台湾对香港、香港对台湾都出现大幅度上升的趋势。1981—1985年平均每年台湾核准香港对台湾的投资额约为3880万美元，1988—1992年平均每年增加至19640万美元，增长了近5倍；1981年台湾在香港的投资不过321万美元，1988年起大幅度上升，1993年（1—9月）达到6亿美元，增长186倍⑦。上述种种趋势说明，尽管1997年香港将回归祖国，台港经济关系不但不会变化，而且会进一步加深。这不仅是因为台湾需要通过香港扩大其对世界各地的经济贸易往来，更重要的是需要香港继续扮演台湾与大陆之间的桥梁的角色，进一步进占大陆市场。有人曾经认为，“九七”之后香港将成为中国的一个特别行政区，台湾与香港的关系实质是台湾与大陆的关系，台湾与香港的直接的“三通”实质上是台湾与大陆的直接“三通”，因此台湾将会中断对香港的直接贸易，取道新加坡转口。若台湾采取这种策略，运输里程将增加3070浬，是目前高雄到香港距离的9倍多，显然会增加成本，降低台湾产品的竞争力和对香港的影响力，台湾方面是不会采取这种下策的⑧。

大陆与台湾的经贸关系中断30余年，近几年来有了迅猛发展，并呈不可逆转之势。由于直接贸易的渠道尚未开通，香港成为两岸贸易的中转站。从香港的统计资料看，两岸的间接贸易额1984年为7700万美元，1992年达到74.2亿美元，平均每年增长30%；1993年达到75.8亿美元，1994年1—9月进一步达到105亿美元[⑨]。台湾对大陆的出超占台湾总出超的比例，1987年为5.01%，1993年达到82.5%。在此期间，如果没有对大陆的出超，台湾对外贸易的顺差将变得很小。由此看出台湾对大陆贸易的依存度已显著加深[⑩]。对台商到大陆的投资余额，由于台商在台湾尚未取得到大陆投资的合法地位，他们常常用迂回的办法，用港商、台商等合夥的名义投资，所以很难有准确的数据。据中国统计年鉴按注册资金计算，1979—1993年台商对大陆的直接投资为132亿美元[⑪]；又据中国对外贸易经济年鉴统计，1987年1994年（1—6月）台湾对大陆迂回投资的协议金额累计为259.2亿美元[⑫]。而据台湾"陆委会"的估计，到1993年底，台湾实际流入大陆的各项资金已达250亿到300亿美元。现在大陆与台湾已互为四大贸易伙伴，大陆已成为台湾第二大出口市场，台资在大陆利用外资总额中所占的位次已居第二，在香港之后超过美国和日本。

在一国版图之内，三个不同社会制度的地区的经济力量，自发而又自觉地走向经济协作，而且越来越加紧密，不能不说是当今世界的一个奇特现象。但仔细加以分析，人们就会发现，这一现象并不奇特，而是符合客观规律的。

首先从中国陆经济发展的趋势看，在世界经济一体化的进程中，区域化、集团化的倾向明显增强，区域性贸易集团纷纷建立，贸易保护主义和贸易磨擦不断发生。在这种情况下，亚太地区国家寻求区域内部合作的愿望日益强烈，各种区域和小区域的合作发展迅速。

第二，大陆、港、澳、台各有优势和劣势。大陆拥有丰富的劳动力资源、物资资源和某些高科技优势，有着巨大的潜在的市场，地价、工资和某些原材料价格均较低廉；经过80年代初以来16年的快速发展，经济总量已进入世界前列。但人口多、人均国民生产总值低，缺乏资金、技术和国际市场网络。台湾拥有资金、技术和国际贸易网络的优势，但缺乏市场、劳动力和物资资源，特别是台湾经济对国际市场依存度很大，很容易受到区域化、集团化经济格局的制约。香港土地狭小，缺乏自然资源，但作为国际贸易、金融、航运中心，是外国进入大陆、大陆通向国际市场的桥梁。香港的繁荣依存于大陆、台湾的发展，大陆、台湾的经济贸易与合作依存于香港的中介，这已成为不可逆转的事实。这一切都说明，大陆、港、澳、台客观上已形成一种"合则优，分则劣"的经济格局。在一个中国范围内，在互补互利的原则下，实现经济协作和联合已不可避免。

第三，大陆、港、澳、台虽然社会制度不同，香港1997年回归后，资本主义制度也会50年不变，但经济运行都遵循的是市场经济的普遍原则。更为有利的是，香港将继续成为关贸总协定和世界贸易组织的成员，中国势必也要恢复关贸总协定中的缔约国地位，进入世界贸易组织，台湾也将随后加入其中。关贸总协定的基本原则是建立在市场经济基础上的，是全世界参与者都必须遵守的国际准则和惯例。大陆、港、澳、台按这些准则和惯例协调和处理经济协作中的各种问题，必将对整个中国经济之发展和在国际竞争中的地位产生巨大影响。

第四，从更深层次看，大陆、港、澳、台存在着其他经济区域合作没有的血缘关系、地缘关系，同一文化历史背景关系，同一民族关系，同一语言文字关系和共同利益关系。大陆 港、澳、台的经济协作，所反映的是这些关系在经济领域的自然回归。尽管有人对此说三道四，对这种趋势加以阻挠，甚至说这个经济协作区的出现会对某些邻国构成威胁，但这种在经济领域的自然回归是不可抗拒的，不依人的意志为转移的。由经济的自然回归到政治的统一也是必然的。

大陆、港、澳、台经济协作的未来趋势

从上面的分析我们看到，大陆、港、澳、台之间的经济协作，框架已经形成，经济之根已经扎下，依存关系已经建立，未来的趋势只能是经济协作的进一步发展，任何力量都不可能使它倒退。在这种趋势下，必须顺应形势，从诸方面进行协调和推进。

第一是政策的协调和推进

自1979年大陆实行改革开放政策以来，政府发布了一系列对港、对澳、对台政策，全国人民代表大会制订了香港、澳门基本法，提出了对海峡两岸关系的政治主张，政府制订了鼓励两岸发展经济贸易关系，促进台商到大陆投资的优惠办法。现在香港回归虽受到英国政府的干扰，但已指日可待；台湾当局虽持不同的政治主张，但从1987年起，对大陆的倡议也作了积极的回应，包括取消戒严法，允许民众到大陆探亲，制订《台湾地区与大陆地区贸易许可法》，重新修订《在大陆地区从事投资或技术合作项目审查原则》等。以上这些政策的出台，都使两岸人民与经贸交流有了政策依据。特别值得提出的是，台湾于1990年底成立了海峡两岸交流基金会，大陆于1991年底成立海峡两岸关系协会，并且举行了汪辜会谈和两次唐焦会谈，初步开通了处理两岸文化、法律、旅游、经贸等事务的管道。最近江泽民又提出了处理两岸关系的主张，相信台湾方面必有相应的回应。这样，一往一来地提出主张，交流看法，探讨解决问题的途径，协调彼此的政策，进而坐下来面对面地进行谈判，求同存异，形成共识，达成协议，两岸之间的经济协作必将逐步扩大，走上健康发展的轨道。

这里需要指出的是，大陆与台湾发展经济关系的政策取向，在过去一段时间也表现出不小的差别。如在发展两岸经济关系的总政策上，台湾方面顾虑较多，缺乏主动性，往往是民间走在前面，当局才被迫调整政策；大陆则政策回旋余地较大，主动性也较强。在具体项目决策上，由于台湾方面拥有资金和国际市场营销网络，有很大的主动选择余地；大陆方面则往往处于被动地位。在经济规模和综合国力上，两岸差距很大，大陆居于优势，因此在吸引台资方面，敢于实行超过一般外资企业的特别优惠政策；台湾方面则谨小慎微，以“间接”和“不对等”为基本的政策安排原则，坚持贸易和投资均要经过“第三地”，并不允许大陆到台湾投资。在投资规模上，台湾允许中、小企业赴大陆投资，对大中型企业投次大陆则担心带来海岛型经济的“空洞化”，疑惑较多；而大陆则从吸引资金、技术等方面考虑，希望与大中型台资企业合作，当然也不排斥中小企业。

以上这些政策取向上的差异，只要坚持互利原则是完全可以协调解决的。这里最大的困难还是来自两岸间政治上的对立，因此在现阶段处理两岸经济关系时，应最大限度地把政治与经济分开。这是当今世界解决分歧和矛盾的一个基本原则，当然也适用于处理大陆和台湾关系[13]。

第二是法律、法规的协调和推进

大陆、港、澳、台都有独立的法律、法规，有的相同，有的相近，有的差异较大，有的还存在制约和歧视对方的条文。近几年，随着经济交流的扩大，各方对现有法律、法规有的废除，有的修改，同时制定了不少新的法规、条例。但总的看，不利于经济协作交流的法制障碍还比较多。尤其是在贸易、海关、税制、“三通”、知识产权、投资领域、投资保护等方面，还需要在各方协调的基础上，各自制定新的法规。现在大陆正在进一步改

进和完善对外经贸法律和法规，根据关贸总协定和乌拉圭回合谈判的要求所作的修改，许多方面已为绝大多数缔约方所认同，同美国的谈判尽管艰难，但最终总会找到双方都能接受的解决方法。台湾方面为了加入关贸总协定和世界贸易组织，也在积极调整和完善对外经贸法规。这些无疑将会为大陆、港、澳台进一步加强经济协作建立起共同的法律基础。大陆对台湾的经济协作已有多种法规和条例出台，并将继续制订新的法规。台湾方面则对大陆的经贸政策经常处于“限制”和“开放”的自我矛盾之中，但总的趋势是逐渐放松管制。如对大陆投资项目已开放4000多项，几乎占台湾岛内产业分类9000多项的半数[14]；在金融方面，除仍不允许与9家大陆金融机构的海外分支机构合作外，不再管制岛内金融业者与大陆其他海外金融分支机构的往来[15]。相信经过若干时日，这些均会成为法规，还在管制的也会放松，与经济协作有密切关系的“三通”，在不久的将来也将会以双方的法规和民间协议的形式打开僵局。

第三是产业分工的协调和互补

大陆、港、澳、台之间的产业分工，既是一国之内不同发展水平的地区之间的分工，也带有某些国际分工特点。70年代未以前，各自独立发展，形成各具特色的产业结构。80年代开始，随着大陆改革开放政策的实施，在比较利益的趋动下，国际产业分工的规律开始在大陆、港、澳、台之间发生作用，大批港、台的劳动密集型产业移向大陆。这是一种垂直型分工，短时间内对双方都是有利的，但不可能象有些人主张的那样，在港、台与大陆之间长期保持“前店后厂”的状态。必须采取优势互补、互利互惠、协调发展、共同繁荣的原则来规划三地的产业分工。大陆正处于全面工业化之前的高速增长时期，农业、交通运输、原材料、能源等基础产业，重化学工业、汽车和电子等新兴产业，高科技产业、贸易、金融、房地产等第三产业，都要发展，资金需要量之大是可想而知的。香港资金来源充裕，台湾长期的贸易顺差，到1993年外汇储备达850亿美元，积累的资金需要寻找出路。大陆地价、水价、电价、工资均较东南亚地区为低，劳动力素质包括科技人员素质则较这些地区为高，因此投资的比较利益是很可观的。同时，大陆是自然资源、原材料富集的地区，而且价格较国际市场低廉，港、台均可就近从大陆进口有助于本地区发展所需的产品。因此，港、台资金与大陆工业化之间存在着很强的优势互补和互利互惠关系。台湾正处在产业升级换代及开辟新的世界市场的时期。台湾经过在国际竞争中的长期拼搏，一般科学技术产业化程度高，但高新技术、尖端科学的实力及人才则显得不足；而大陆则相反，高新技术和尖端科学实力较强，人才较多，但科学技术产业化、商品化程度较低，这就为大陆、台湾之间的优势互补提供了另一个可贵的机遇。香港自80年代制造业北移后，制造业在GDP中的比重由1981年的31.9%下降为1992年的21.9%，第三产业的比重则由同期的67.4%上升为77.9%[16]。一些香港有识之士认为，香港制造业北移后，香港的制造业中心的地位已名不符实，需要发展高新技术工业，而香港已具备跳过“投资带动”直接进入发展“创新带动”的制造业的条件。因此主张与大陆高科技优势密切结合，在香港创造“硅谷”环境，建设校园工业区，设立工业发展局，增加高科技投入，保护知识产权，吸引大陆高科技人才，使香港成为中国首个创新带动和具有国际意义的制造业中心[17]。这些主张是否符合香港实际，还可探讨，但它说明大陆与香港之间也存在科技方面的优质互补的需要。大陆、台湾、香港对外贸易总额已大体接近，从相互贸易的依存度看，大陆与香港之间已不可分割，大陆与台湾之间正在加深，在一定时期内，香港还将继续扮演大陆、台湾之间贸易中介的角色，因此三地互为市场的格局，将迅速形成，尤其是大陆的广阔市场将在很大程度上为台湾开辟新的贸易空间，克服区域化、集团化带来的危机。据报载，台湾方面已在规划两岸制造业分工的体系，大陆也在制订吸引台资的产业政策。这是一件很好的事情。我们相信，经过彼此的协调，一定会有一个好的结果。

第四是基础设施建设的协调和配套

大陆、港、澳、台的经济协作，除贸易和投资外，基础设施建设的配套协调已刻不容缓。香港是世界级经济中心。1997 年回归祖国后，其航运、贸易、金融、旅游、资讯等中心地位，不仅不会削弱，反面会进一步加强。如何扩充基础设施以适应下世纪发展的需要，已成为当务之急。但由于香港土地狭小，海港、空港能力均趋饱和，如何扩充，就必须与华南地区，特别是深圳、珠江三角洲地区的基础设施建设统筹协调。目前香港正进行赤立角机场的建设，其费用十分庞大；而深圳黄田国际机场距香港很近，投资较低，如二者协同发展，联合经营，建设费用和运营效益都会有良好的效果。深圳盐田港是大陆著名的深水港之一，正在同香港李嘉诚集团合资建设；这个海港的建成并与香港货柜码头合壁，必将使香港的航运事业再上一个台阶。还应指出的是，香港虽然土地狭小，但开发的仅为港岛、九龙，新界地区尚未真正开发，而新界的对面，正是深圳的福田保税区。深圳灯火辉煌，落马洲反而漆黑一片，当地居民心态很不平衡。为此，1993 年香港元朗区议会议员和深圳福田区人大常委会有过交往，并请专家制订并论证了在新界的落马洲建立双边合作开发区的规划，强烈要求开发新界。如果再把我们的视野扩展到京九铁路建成通车，香港与大陆基础设施的协调和配套建设就更为迫切。现在，香港、深圳都在酝酿港深经济一体化的问题，有的学者还提出过包括香港、深圳、珠海、大亚湾在内的大香港设想。香港是中国的香港，也是世界的香港，要使香港在未来中国经济和世界经济发展中发挥较大的作用，在经济规划中，特别是基础设施建设规划中，就必须把香港与深圳、香港与珠江三角洲统一起来考察。这是一个战略性问题，应当引起我们高度重视。

大陆与台湾隔着一个台湾海峡，似乎没有什么基础设施建设的协作配套问题。但为从台湾当局拟在台湾建立“亚太营运中心”和将来必然要实现的两岸“三通”这两个方面来考察，两岸之间基础设施建设的协调和配套仍然十分重要。其中，海港、空港、通讯设施的协调建设和配套更是不可缺少的。

第五是金融事业协调与合作

大陆、港、澳、台经济协作的纽带是金融。香港具有区位和英语语言上的特殊优势，在时区上可以与纽约、伦敦这样的国际金融中心配合，为客商提供 24 小时的全日性服务。香港有世界上著名的股票市场、期货市场，各种金融衍生工具也比较发达，服务也很周到，加上东南亚华侨华裔华人的资金在香港的相对集中，美、日、欧美资本看好大陆及东南亚市场，也把香港作为资本输出的桥头堡。因此，香港已成为亚洲特别是东南亚地区不可替代的融资中心。改革开放以来，大陆依托香港，既吸引了上千亿美元的直接投资，又通过发行 H 股在香港股市筹集到数以百亿计的美元的资金；同时也将数百亿大陆资金投向香港。中国银行在香港有很强的实力，已参与了港币的发行，全国性的大银行在香港实际上都有了分支机构，对香港金融业的发展和大陆与世界各国金融业的联系起了很大作用。

台湾同香港的金融往来始于 80 年代。1983 年和 1985 年香港上海汇丰银行和渣打银行分别在台湾设立了分行；1992 年台湾华南等三家银行被批准在香港设立办事机构。由于台湾当局将允许外国基金和外国人投资台湾股市。因此，台湾的大证券商已决定在香港设立子公司，以筹集资金投入台湾股市。台湾因长期存在外贸顺差，外汇储备甚多，近年来积极投资东南亚诸国及大陆各地，金融业也相应得到扩展。

台湾同大陆的金融交往是随贸易和投资而展开的。但由于政治和意识形态等原因，至今交往还须通过第三者进行。但从实质情况看，台资多以港资、新资、日资面貌出现，中资也有港资的外壳。1997年香港回归祖国后，中资以港资的面貌到台湾投资，中资企业的股票到台湾上市也并非不可能。台湾方面购买大陆的B股，台湾的基金进入大陆股市，大陆与台湾的银行在双方互设办事机构，因为时机已逐步成熟，为时已不会太远。现在需要做的已不是业务往来方面的事情，而是协调各方的金融政策和法规。

第六是香港、上海以及台湾拟建的“亚太运营中心”的协调发展

上海浦东开放和开发，并推出要恢复上海的远东金融、贸易中心地位的目标后，香港一些人士担心上海会取代香港，而使香港衰落下去。在历史上，1937年和1949年，上海曾两度为香港的发展和繁荣注入了资金、设备、人才，成为香港经济具有强大活力的重要源泉之一，至今执香港金融牛耳的两大银行——汇丰和渣打都是由上海迁入的，但上海却失掉了原有的国际地位。如今香港即将回归祖国，上海又开始了第二次成为远东金融、贸易中心的创业，香港、上海会不会形成一种地位颠倒的历史重演？在当今的中国，这样的问题是不可能出现，也是不允许出现的。第一，中国是一个幅员辽阔，有着巨大潜力的发展中国家。中国之大，不但需要香港、上海，而且需要天津、大连、广州、厦门等都能成为国际性的港口城市，才能与中国国际地位相匹配。第二，香港、上海地理区位不同，作用范围不同，功能不同。上海有强大的工业优势，香港不可比；香港则有天然的港口优势，上海不可比。因此，二者不可能相互替代。第三，1997年后香港是中国的一个特别行政区，同时还要保持与大陆不同的社会制度，50年不变，如果香港在1997年后没有实现繁荣、稳定，而是衰落下去，不仅会使中国经济发展受到严重损害，而且会导致“一国两制”的失败，实际是社会主义的失败，其后果是不堪设想的。因此，上海与香港是分工合作的伙伴，而不是竞争对手。

台湾当局着意建立的“亚太营运中心”，其目标是鼓励跨国公司将其亚太地区的海外业务基地或总部放在台湾，以统筹区域内所有分支机构的业务，包括生产、开发、维修、仓储、运输、金融、电讯、咨询、培训、管理等跨国性高附加价值的经营，台湾筹建“亚太营运中心”有一定优势，但也存在不少不利条件。这个中心能否建成，很重要的一面是加强台湾与大陆的经济联系，因为跨国公司首先看好的是大陆的市场。因此，在台湾建立这样的中心，不仅对台湾经济的国际化有利，对大陆也是有利的，是大陆、台湾经济互补的一个方面，并不互相排斥。有鉴于此，在香港、上海、台湾的经济国家化进程中，必须分工合作，密切配合，为整个中国经济的国际化发展作出各自的贡献。

以上诸方面的协调推进是自然而然、水到渠成的事。但必须看到其趋势，在恰当的时机和条件下把它提上议事日程。1997年香港回归是中华民族的一个重大历史事件。以此为契机，大陆、港、澳、台的经济协作必将迈上一个新台阶。包括港、澳、台在内的中国经济之发展必将出现一个新局面。

注释：

① 1993年《中国统计年鉴》。1994年《中国统计年鉴摘要》。

② 香港《大公报》1994年12月25日。

③ 《香港统计年刊》。

④ 香港《大公报》1994年12月25日。

⑤ 《九十年代广东发展与港澳经济合作的主要策

略》。(《改革开放前沿问题探索》)。

⑥ 《港澳月刊》1994年1月。

⑦ 《港澳月刊》1994年1月。

⑧ 《台港关系：机遇与发展》(台)国家政策研究中心。

⑨ (台)《工商时报》1994年10月22日。

⑩ (台)《两岸经济统计月报》1994。

⑪ 1993年《中国统计年鉴》，1994年《中国统计年鉴摘要》。

⑫ 《中国对外经济贸易年鉴》(1987～1994)。

⑬ 《对两岸工业经济关系及政策研究》。《中国工业经济》1995年第1期。

⑭ (台)《中国时报》1994年8月30日。

⑮ 《港台信息报》1993年11月28日。

⑯ (台)陈丽瑛 陶在璞：《中、台、港经济结构比较及可能整合时机与冲击之研析》。

⑰ (港)失剑如 杨汝万：《面临1997年回归中国的香港的地位和作用》。

(引自《中国经济体制改革》1995年第3期)

面向90年代的"中华经济协作系统"

中国社会科学院台湾研究所 殷存毅

"中华经济协作系统"的产业合作决策理论

"中华经济协作系统"有关各方相互交流与合作中的一个核心问题是，产业的合理分工与合作。对于这一问题是否有必要加以讨论，有着不同的看法，或曰，产业分工是依据比较利益规律的一种自然现象，人为的干预或过多地讨论这个问题似乎没有必要。我们认为这种看法的理由是不够充分的。任何一个国家的经济发展或区域经济合作都需要根据其发展或合作目标，制定相应的产业政策。与没有完全放任自流的市场经济一样，完全由比较利益支配的产业分工也是不存在的，它必然会导致局部利益与整体利益，近期目标与长远目标的矛盾冲突，因此产业政策作为一种必要的协调、指导或干预手段是不可或缺的。

事实上，"中华经济协作系统"内尤其是台湾与大陆之间，一直就存在着产业指导政策的宣示，并对实践发生着深刻的影响。"如果依照比较利益，大陆地区似较合适发展劳动密集型产业，台湾则适合发展资本或技术密集型产业，两岸经济合作应采垂直分工体系"。这就是台湾方面对两岸经济合作的产业政策。在此基础上，台湾当局对台商大陆投资制定了一系列审批标准：(1)不影响台湾"安全与经济发展"的项目；(2)非高科技产业；(3)劳动密集型产业；(4)产业关联性低的项目；(5)岛内发展较不具优势者。暂且不论台湾方面这种产业指导政策是否合理，仅就这一现实就可以看到，"中华经济协作系统"内的确存在产业合作的理论问题需要加以讨论。

要确定产业合作理论，首先需要确定"中华经济协作系统"有关各方的经济发展现状。虽然香港和台湾已进入新兴工业化地区行列，但与发达经济相比仍有一段距离；中国大陆则是典型的发展中国家，从总体上来说，港、台、大陆三者目前均处于类似的产业结构调整阶段，即从劳动密集性产业向资本和技术密集型产业的转换阶段。这一现状给我们一个重要启示："中华经济协作系统"基本上是一个由不发达经济实体组成的联合体，其成员之间谁也没有能力和理由把对方置于自己之下，因此不存在世界上发达国家与不发达国家之间传统的垂直分工关系。

经济不发达国家或地区要实现经济结构的转换，改变不发达状况，进入发达经济行列，必须突破所谓循序渐进的传统模式或心态，采取经济跳跃发展的战略。经济跳跃发展一般表现为：从发达国家引进先进的生产力，在此基础上就会实现跳跃发展，即跳跃过本国或地区落后生产力与发达国家先进生产力之间的巨大差距。不发达国家或地区实现经济跳跃性发展，不仅是一种愿望，而是有着其客观可能性，因为：（1）从现代科学技术发展史看，在科学技术的转移流向中，先进技术的推广或运用并非总是循着发达、欠发达和不发达这一轨迹依次传递，相反，它时常作为开拓或培育市场的一种手段，直接向资源丰富的不发达地区转移，且具有非常的革命意义，它正改变着世界经济的格局，中东石油国家从债务国变为债权国，东盟国家和中国大陆的崛起，就是最好的实证。产业和技术按现有生产力水平依次传递或转移并非是一个能充分反映其特点的规律，而只是产业和技术传递或转移过程中的一种重要形式，与之并存的还有一种形式，即产业和技术跨越现有生产力水平传递或转移。（2）当前，世界各国或地区都面临新技术革命的机遇和挑战。在新技术革命挑战面前，发达国家和不发达国家在同一起跑线上，不发达国家获得了一次超越历史的机会。西太平洋地区的经济蒸蒸日上，以至世界舆论惊呼下一个世纪将是太平洋的世纪；中国大陆原先一些经济发展较为落后的地区，如山东、广东、江苏经过几年的改革开放，已对老工业基地上海构成了强有力的挑战。这些现象都充分说明，新技术革命无疑会打破原有经济格局，同时也将改变人们对产业和技术转移认识中的传统观念。因此，不发达国家或地区可以通过引进代表生产力发展方向的新的科学技术，建立与之相关联的新兴产业部门，并对已有国民经济各部门实行技术改造，从而实现经济的跳跃性发展。

其实，对比较利益学说的原理及其发展变化进行认真研究时，就会发现有两类在决策原则上颇有差异的比较利益学说，一类是以李嘉图比较成本学说为理论核心的静态比较利益理论；另一类是以德国经济学家李斯特（List. Friedrich）的生产力模型理论、阿根廷经济学家普雷维什（R. Prebisch）的中心—外围模型理论等为核心的动态比较利益理论。动态比较利益理论不是用绝对的眼光来看待现实的比较利益条件，强调生产要素的开发和比较利益基础的改善，这就是它与静态比较利益理论最大的不同之处。动态比较利益理论认为，财富的生产力比之财富本身更重要，落后国家谋求经济发展，应该注意财富的生产力甚于注意财富本身。生产力落后的一方，为了获得新的生产力，从而改善比较利益基础，可以放弃目前暂时的（静态的）比较利益，实行生产力纵向开拓的发展战略，以保障未来更大财富的流入。如果上述思想在表述上还过于学究气，那么，来自第三世界国家的阿根廷经济学家普雷维什则明明白白地指出，19世纪遗留下来的国际分工的格局是不合理的。静态比较利益所宣称的国际分工和自由贸易能使一切国家均蒙其利的说法与事实不符，因为世界经济分为工业中心与从事初级生产的外围国家，由于中心的技术发展要快于外围（制成品部门要快于初级产品生产部门），中心国家的生产率及其平均收入增长的更迅速，结果，中心与外围国家现有的鸿沟有扩大的趋势。发展中国家落后的重要原因在于其技术结构和产业结构的落后性、被动性。因此，落后国家要侧重于追求技术结构与产业结构不断高级化的动态比较利益原则。

动态比较利益原则对“中华经济协作系统”也具有现实指导意义，因为从总体上来说，“中华经济协作系统”是一个不发达经济的合作区，有关各方都致力于改变技术结构和经济结构的落后性和被动性，以实现经济的现代化。从其内部来看，有关各方相互之间不存在结构性绝对差距，因而也不存在发达国家与不发达国家传统的分工关系。(况且这种传统的分工关系已经受到现实的挑战。)所以，如果把垂直分工关系作为“中华经济协作系统”内的产业分工或合作的指导思想，具有较大的片面性，既不符合国际经济分工的时代潮流，也不符合中国大陆改革开放的发展趋势，它忽略了新技术革命所带来的创新和变革因素，是基于旧有经济格局的一种陈旧理论，存在着重大的缺陷和错误，若不给予匡正，将对“中华经济协作系统”的发展产生不利影响。

“中华经济协作系统”的产业合作模式

若把“中华经济协作系统”作为一个整体来考虑的话，“中华经济协作系统”产业合作应兼有两个功能，其一是要有效地推动中国大陆经济的发展；其二是积极促进有关各方的结构性调整，以改善目前有关各方在世界经济中技术和产业结构的落后性和被动性，增强中国在世界经济中的竞争实力。有鉴于此，结合前面几章的理论探讨，“中华经济协作系统”产业合作应体现以下三个特征：

(一)开发导向型的产业合作。迄今为止，由于种种原因，“中华经济协作系统”内的产业合作欠缺整体感和主动性，主要表现为：近期利益和局部利益考虑的太多，具有战略眼光的针对性投资不够。具体说来就是：港、台在大陆投资项目偏短、偏轻、偏低，即投资期产业轻型化。

如果说在改革开放初期，大陆对于外来投资量的考虑甚于质的考虑，那么现在形势发生了深刻的变化：一方面，随着世界政治经济形势的变化，我们的传统出口产品在国际市场上面临日益严重的威胁。台湾出口美、日的传统产品的市场占有率逐渐下降，大陆则因政治和经济的综合因素，经常受到美国的出口限制的威胁；另一方面，90年代是港、台、大陆经济发展的关键年代，主要体现在经过80年代的调整改革，产业结构有了一定的进步，建设规模有所扩大，经济实力也有所增强，而且经济发展对高技术和新兴产业的要求更为迫切，台湾的“国建六年计划”、大陆高科技开发区的兴起、香港的产业升级，都已成为经济发展中的核心问题，这给港、台、大陆的产业合作提供了更广阔的活动空间，同时也提出了更高的要求。因此，“中华经济协作系统”的产业合作，也应把重心转移至开发新技术和新兴产业，开发新兴经济区，开发基础设施建设，致力于改善中国在国际经济中的比较利益基础。目前大陆各地经济发展中有一个特点，即以科技开发区和工业区为龙头，其中有中央规划的具有局部意义的开发区，如上海浦东、海南洋浦等，还有众多各地自行规划的具有局部意义的开发区，它们构成了当前大陆经济发展的重心所在。这些开发区的产业领域宽广，函盖高科技、重化工业、电子工业、轻纺工业及原材料工业等，为港、台投资者提供了广阔的投资天地。

(二)技术导向型的产业合作。除去前一章探讨过的比较利益理论外，现实中有两个因素也促使我们重新思考“中华经济协作系统”产业合作的技术结构问题。

其一，有关各方尤其是台湾与大陆，近年来在美、日市场上相互竞争日趋激烈。据有关资料统计，大陆与台湾出口美、日的产品近半数为相互竞争性产品，且还有扩大之趋势。竞争产品又主要是劳动密集型产品。这一现象已引起人们的关注，以至台湾有些学者对两岸经济合作的互补性提出了质疑。这一问题不是两岸经济有没有互补的问题，而是什么样的产业合作才能充分体现互补的问题。由于台湾长期着眼于自然资源的互补，以静态比较利益的观点看待两岸经济的互补问题，对大陆投资多集中于劳动密集型产业，而劳动密集型产品在两岸出口贸易中均占有举足轻重的地位。在两个均致力于出口导向型经济，并且出口结构相差无几的经济实体之间，在国际市场上本来就存在着竞争性，一旦双方资本、技术的合作集中在本来就存在竞争的产业上，生产出来的产品仍需回到国际市场，结果必然是双方的竞争。所以，两岸构筑在资源导向上的劳动密集型产业合作，其互补性是脆弱的和暂时的，随着两岸在国际市场上的竞争的加剧，将使生产互补分工的比较利益逐渐式微。

其二，世界经济区域化的不断发展，国际经济竞争日趋激烈，科学技术及其产业化已成为取得竞争优势的关键因素，其目标不但注重高技术的创新，更把提升工业竞争力放在首位，自然资源或自然条件在经济发展中的作用已不如往昔那样绝对了。

面对这样一种经济竞争和科技发展的新局面，“中华经济协作系统”以自然资源（包括劳动力资源）为主要纽带的观念应有所改变，扭转以资源导向型投资为主的现象，以引进和开发新技术为主要投资导向，加强开发科技产业的合作，这样才能使“中华经济协作系统”的合作具有后劲。

由于经济发展策略的差异，港、台、大陆三方在科技领域也有着明显的差异。香港当局长期的不干予政策，导致香港至今基本上没能形成科技开发体系；在一切为了出口经济政策影响下，台湾长期以来重应用技术的开发，长于科技产业化的转化，并在发展科技产业方面取得了一定的成效。但由于缺乏整体科技体系的规划和建设，在基础研究和创新研究等方面仍未形成有效力量，以至对台湾经济的转型形成制约；大陆经过四十多年的发展，基本建立了一个比较完整的科技体系，在一些基础科学和高技术领域已形成了世界水准的自主研究能力。但由于经济体制上的原因，长期以来科技产业化的转换能力较差。目前大陆科技界以“科技工作必须面向经济建设”为指导方针，正在改革科研体制，以加强科技产业化的转换能力。港、台、大陆科技发展的这种基本特征，给“中华经济协作系统”的科技产业合作提供了很好的互补合作条件。近几年来，港、台经济界、科技界对大陆的科技发展状况进行了广泛的调研，消除了原来认为大陆除“两弹”以外，其它都不足取的片面认识，对相互间科技发展的互补性给予了较为一致的评估，并把大陆的科技与自身经济的发展，在不同程度上作了联系。例如，台湾当局出于经济发展的需要，对引进大陆的技术和科技人才就很感兴趣，不加限制地予与“全部开放”。

所以，港、台、大陆可以针对各自经济发展的需要，在若干主要产业科技领域里，共同选择一些互补性强，市场效益好，合作意愿强烈的项目，共同研制开发。根据三方的科技发展现状，在科技产业化的合作上，宜采取以大陆为技术源，港、台为产业转换动力的型式：在技术引进的合作上，宜采取以港、台为技术源，大陆为技术载体，即港、台通过投资把技术引进大陆；在高科技开发和研究的合作上，可采取技贸结合的形式，即与商品贸易结合的技术合作与转让，也可采取分工或合作进行开发，共同开拓国际市场的形式。这种多样化的合作形式能够较为充分地发挥各方的优势，避开相互可能冲突的目标部分，面向国际市场，具有广泛的合作前景。

（三）市场导向型的产业合作。这主要有以下两方面的含义：

1. 尽量克服非经济因素对产业合作的干扰。“中华经济协作系统”内的非经济因素干扰问题，主要存在于大陆与台湾之间。

大陆自改革开放以来，对增进台湾两岸的经济交流与合作就一直抱有积极的态度，凡是大陆境外厂商享有的经贸政策，台湾厂商也不例外，而且不少地方还予台商特殊优惠，从未在政策上对台商进行歧视。

反观台湾方面的作为，不能不令人感到遗憾和不解。台湾当局在对大陆经贸的政策上，竭尽所能地加以种种限制或阻扰，把到大陆投资视为"非法"，并订立了若干处罚条例。但青山遮不住，必竟东流去。随着岛内外经济形势的发展变化，台商的大陆经贸热日益高涨，台湾当局深感两岸经贸发展已是难以阻档的趋势，进行了一些政策调整采取逐步开放大陆产品进口及投资合法化，这是值得肯定的一种进步，但台湾当局在采取所谓务实政策的同时，还保留了很多不务实的政策或想法。最突出的、也是对两岸经贸合作负面影响最大的是：至今仍坚持两岸经贸的单向交流，不允许大陆厂商到岛内进行经贸活动；对两岸经贸的着眼点仅限于你补我，我尽量不补你的单方面受益，并对此采取了政策性措施，如对夕阳产业转移到大陆采取宽松态度，而对高技术或某些专案项目的技术与大陆的交流与合作则严加限制。

台湾当局林林总总的非经济限制或干扰手段，根本违背了经济合作的规律。平等的经济合作，只会使相互之间的依存度提高，而不会造成一方受制于另一方的片面现象，只会增强双方和平共处的愿望，而不会导致一方吃掉另一方的结果。所以，台湾当局的所谓政治考虑和政治干预行为，是不能令人信服的。如果我们都确实认为相互之间的经济交流与合作是必要的和有益的，就应该按照经济规律来行事，以市场的需求来规范投资和贸易行为。其实，多年来的实践已证明，试图人为干预两岸经贸发展的行为是徒劳的，因为它违背了经济发展的需要和台湾民众的利益。我们无意把"中华经济协作系统"卷入泛政治化的争论之中去，但我们应该争取"中华经济协作系统"得以正常运作的条件，仅此而已。

2. 加强市场合作。前面我们已经谈到两岸在美、日市场上日益激烈的竞争趋势，若任其发展下去，摩擦和冲突将掩盖互利和互补，极不利于两岸经济合作的进一步发展。而这一问题在大陆与香港之间则不太明显。台湾和香港都在大陆进行了大量投资，所建立的企业又大多是劳动密集型产业，为什么在国际市场上，香港与大陆就没有出现台湾与大陆那样的竞争局面？究其原因我们发现这样一个差异，即香港与大陆的产业合作采取"前厂后店"的形式，即生产在大陆，接单和销售在香港，它采取的是分工合作，这样就较好地避开了重复生产和同类竞争。反观台湾对大陆的投资，在台湾当局所谓"根留台湾"的政策影响下，厂商转移到大陆的产业并不彻底，在岛内还保留了相当规模的生产能力。据台湾"经济部"最近进行的一次抽样调查结果表明，台湾厂商把所接定单全部拿到海外生产者，仅占被调查者的6.13%，而同时在岛内和海外生产的占11.84%，其余都在岛内生产。所谓海外生产主要是到大陆生产。那么同时在岛内和海外生产的产品，又以陶瓷玻璃器皿、家用电器、塑胶橡胶制品、服装鞋帽等居多。这个调查结果向我们揭示了一个事实，台湾在大陆的投资不具分工性质，更多地是重复生产，这必然导致同类产品竞争的加剧。为了克服这种自相矛盾的作法，缓解相互的市场竞争，投资者应避免重复生产行为，注意合理的分工合作，换句话说，即台湾转移到大陆的产业应彻底转移，这样既可避免竞争，又有利于台湾的产业升级。另外，加强市场合作的问题，还应注意利用大陆市场减轻港、台对美、日市场的依赖，进而减少我们相互之间在美、日市场上的竞争。大陆开放更大的市场给港、台投资者，提高他们在大陆的企业的产品的内销比例，这是九十年代"中华经济协作系统"产业合作中的发展趋势，也是推动"中华经济协作系统"进一步发展的一大动力。

（引自《亚太经济》1994年第1期）

三、论点摘编

关于华侨华人

二战后海外华人的现状

二战后，海外华侨、华人社会发生巨大变化，基本特征是：

1. 人口的数量、分布与素质发生明显变化。

定居海外的华侨、华人1992年末估计为3500万人，比二战前(1939年)约增加了2.5倍。

二战前，约有95%（950万人）的海外华侨、华人聚居于东南亚10国。二战后，由于这个地区的政府基本禁止中国大陆的移民入境，迫使华人向北美、西欧等国移民，因而目前东南亚地区华人虽高达2565万，但比重已下降至73.3%；北美增至320万，占9%；西欧为90万，占2.6%；大洋洲为55万，占1.6%。后三个地区共计465万人，约占13.3%，比重比二战前明显上升。

新一代海外华人比上辈幸运，教育程度普遍提高。如1990年美国人口普查资料显示；华人高中毕业以上者占71.3%，高于全美的平均水平66%，具有硕士、博士学位的则比全美平均数约高一倍。当代华人新移民，堪称是“知识分子移民”，连中国大陆新移民也是3/4以上受过中学以上教育，这同近代华人移民基本是文盲、半文盲有天壤之别。

2. 思想观念由“叶落归根”向“落地生根”转变。

从前，海外华侨大多数期望年老回国，“叶落归根”。二战后则产生在定居国“落地生根”的历史性转变。主要原因是：为维护自身的政治权利和保障正当的经济利益，必须成为独立后的定居公民；生于斯长于斯的新一代华人，由于所在地政府限制或禁止他们受华文教育，不少人已不懂华文华语，“融入”当地社会了；早在50年代，我国政府就作出废除双重国籍的决定，鼓励华侨自愿选择国籍等。

3. 教育的本地化与维护华文教育合法权利并存的态势。

除新加坡外，华人定居国都是少数民族，政治上处于从属地位，主体民族的语文和教育无论是法律还是事实上均居主导地位。以华文为主要教学语言的华校，其学制、课程设置、教科书逐渐本地化，课本的编写、出版由本国教育机构负责，这是合乎逻辑的。

另一方面，母语母文是民族之概念，通过教育等途径学习母语母文以维护本民族特点，乃是神圣不可侵犯的基本权利，这是1948年颁布的《联合国人权宪章》所明确肯定的。由于某些国家的政府强迫华人放弃本民族文化传统和限制或禁止学习华人华语，华社有识之士正在进行“有理、有利、有节”的斗争。有些国家振兴华文教育取得令人鼓舞的成绩，如马来西亚几百所华文小学和60、70所华文独立中学已经巩固下来；日本华校“横滨山手中华学校”迄今有95年之久；在华人团结一致争取之下，美国最高法院裁决华裔学生在学校有学中文的权利。

（摘自《华侨与华人》1994年第3期）

华侨华人在所在国的影响

就经济实力而言，海外华侨华人经济的发展，在二次世界大战后，出现了前所未有的特点。其一，资本庞大而集中，总资本达2000亿美元。据测算，世界独家经营的资产超过10亿美元的12家银行中，华人银行占5家。华人拥有的船舶达2000万吨位，约占世界总吨位的15%；称为“船王”的香港包玉刚为世界所瞩目。据印尼官方估计，该国华人企业总资产约300亿美元，十大首富皆为华人。马来西亚总理马哈蒂尔也承认该国90%的财富在华人手中。而泰国经济“目前深受以第一号银行陈弼臣和天南金融巨头郑午楼为首的40家华人家族控制”。其二，产业结构呈国际化趋势。海外华侨华人经济不仅从商业、贸易、金融、房地产等商业资本转向工业资本，并且日益同各地土著资本相结合，形成门类齐全的国际性产业体系。华侨华人的强大经济实力，是我国争取外援的潜在资金；而国际化的产业结构，将会给中国经济建设带来先进技术设备和国际市场信息。

就人才和智力资源而言，居住在世界各地华侨华人更是一座巨大的智力库。以旅居美国的华侨华人为例，在美国十二、三万名第一流的科学家中，华裔有3万余人；美国电脑研究中心的19个部门主任，华裔便占12位，美国著名大学三分之一的系主体属华裔。此外，美国的机械工程学会一半以上的分会主席，阿波罗登月工程中三分之一以上的工程师，都由华裔担任。还有世界著名的“诺贝尔奖金”获得者——杨振宁、李振道、丁肇中、李远哲，以及著名的物理学家吴健雄、建筑学家贝聿铭、数家陈省身、科学太空人张福林、王赣骏、国际评论家梁厚甫等，都是美国家喻户晓的华裔学者。这些华侨华人的高科技人才，是我国加强国际间科技交流，加速科技现代化的一支劲旅。

（摘自《江淮论坛》1994年第5期）

当今世界华人社会发展新特点

80年代以来，世界华人社会发生了深刻而巨大的变化，其中经济发展国际化及社团日趋国际化、本地化、权益化、集团化则为最主要特点。

在经济发展国际化主面，主要表现有五：(1)发展目标国际化。许多有实力有胆识的华人实业家将发展目标建立在充分利用国际市场的基础上，在积极参与国际分工和交换中谋求新机会、新财路。(2)管理模式国际化。各国各地很多华人经营的企业，朝着开放度日益扩大、所有权与经营权分开的现代管理体制过渡。(3)投资活动国际化。当今许多国家、地区的华人实业家纷纷与外来投资者合作，在居留地发展合资企业，并积极拓展对外投资经营渠道，以谋求更大的发展机会。(4)产品生产国际化。华人厂商纷纷将投资扩散到其他国家、地区，在世界各地建立新的产品生产和销售基地。(5)销售市场国际化。各国各地的华商为实现经济发展国际化，普遍致力于开拓国际市场，建立广泛的国际销售网络，以拓宽市场范围。

在社团发展趋势方面，随着近年来各国华人不断增多，华人经济迅速发展，华人与居住国人民日益融洽，华人社团出现了日趋国际化、本地化、权益化和集团化之势。首先，国际性华人社团日增，开始迈向国际化。近几年来，不少华人宗亲、同乡国际性组织先后成立，并分别召开年会，开展联谊活动。目前已成立的十多个国际性华人宗亲、同乡、行业组织。

其次，旧的传统观念被突破，日益走向

本地化。如今90%以上的华人均已加入居住地国籍，归化当地社会，许多华人社团也从实际出发，突破旧的传统观念，在坚持社团宗旨的同时，与友族携手合作，共同发展当地经济、文化和福利等事业。

第三，为了共同的利益和目标，政治上趋于权益化。80年代以后，不少政治性华人社团逐渐摒弃帮派政治，抛开以往的恩怨、纠葛、偏见，把华人求生存、谋发展、争取合法权益作为共同的奋斗目标，进而向政界拓展。

最后，随着世界经济走向集团化，华人社团也日趋集团化。如马来西亚华裔联合组织的“马华集团”，会员20多万，资产相当可观，在马来西亚经济生活中发挥着越来越重要的作用。

（摘自《华人之声》1993年第4期）

华侨华人与祖籍国联系的走向

从现在至下世纪初，华侨、华人与祖籍国联系的走向，概括起来将出现“六热”。

其一，“新移民热”。随着东南亚国家与中国的关系不断改善，友好往来日益加深，加上香港、台湾、日本等到东南亚国家投资大幅度增长，势必出现劳动力缺乏，迫使他们修改限制新移民的政策。可以相信，只要东南亚各国政府对新移民的政策稍有松动，将出现新移民热。

其二，“劳务输出热”。70年代以来，东南亚国家，普遍积极改善投资环境，制订一系列优惠政策，吸引外资，兴办工厂、港口、宾馆、铁路等，促进了其经济的迅速发展。他们通过大量引进外资，在办企业，劳工奇缺，为大陆劳务输出提供了条件。可以预料，“劳务输出热”在中国这个广阔的市场，并不是暂时的，而是长久的，其潜力无穷。

其三，“投资热”。当前，投资出现两个新势头：一个是东南亚国家到中国经商办企业出现投资大、项目多、年限长、效益高的新局面；另一个是中国到东南亚投资的企业家，正出现国营、集体、联营、个体“四个轮子一齐转”的良好开端，并在迅猛发展。“投资热”的兴起，其延续时间并不是三五年，而是十几年，甚至几十年，东南亚华侨、华人与祖籍国的联系将会在“投资热”这根绳子上拴在一起，而且越拴越紧。

其四，“华文教育热”。近年，东南亚华文教育呈现三个特点：一是官方支持。目前东南亚国家大多数已开始逐步认同华文教育对促进经济发展的重要作用，并强调华文的价值，从财力上和人员组织上提供方便。二是有实质性动作。新加坡、泰国、马来西亚、菲律宾等国家，都普遍开设华文课，有的还举行华语演讲比赛，有的组织华文夏令营到中国学习。三是深入民间。华文不仅在课堂，而且在广泛的社会领域中为东南亚民众，包括非华裔人士认可。据统计，马来西亚目前的60万华人小学生中，马来族与印度族学生有2万人。金边一所华校中，华人、柬人各占一半。“华文教育热”的复苏仅仅是开始，随着香港、台湾、日本和中国大陆企业家大量到东南亚国家经商办企业，以及东南亚国家看好中国宽广的市场，华人教育将出现一个崭新的局面。可以断言，东南亚华文教育势必出现大恢复、大普及、大发展的新浪潮。

其五，“探亲旅游热”。探亲旅游有两个层次：一个东南亚国家放宽了限制后、华侨、华人回祖籍国寻根问祖的年年成倍增长。笔者于6月1日拜访了马来西亚“森美兰茶阳会馆中国探亲观光团”一行45人，他们基本上是马国出生的第二、三代华人，为了寻找老一辈华侨出国的路线，他们从马国飞广州后，不再乘飞机，改乘10多小时汽车到梅州市区，再乘车到大埔县茶阳祖籍地寻根，然后坐车到汕头，再往香港返国。他们不顾长途跋涉，沿着昔日祖辈从梅州出发，坐船至汕头或乘车到广州出洋的路线环顾一番，从而加深了对其祖辈飘洋过海的理解，增强了对祖籍国的怀念；另一个是中国公民到东南亚国家探亲旅游，也从开始的直系亲属，拓展到旁系亲属，再发展到一般公民，即国营、集体企业领导和技术人员，或个体户，认上一个义亲，自己掏钱，国外出具担保书，旅行社办手续，都可出去旅游。随着“探亲旅游热”的发展，华侨、华人与祖籍国联系的机会将越来越多，越来越广，越来越融洽。

其六，“荣誉市民热”。近几年来，不少地方的政府对贡献大的华侨、华人授予“荣誉市民”的光荣称号。现在外商投资已在全国各地全方位开展，各大中小城市，对有贡献的华侨、华人，定期授予“荣誉市民”的称号，这样既提高了城市知名度，又挑选了一批华侨、华人的联络骨干，影响深远。

（摘自《华侨与华人》1993年第2期）

华侨华人积极为振兴中华做贡献

我国自实行改革开放政策以来，特别是近几年，海外华侨华人对大陆的了解日益加深。华侨华人学者频繁来华交流讲学，侨胞侨商纷纷来华投资合资。他们以中华民族利益为己任，自愿从科技文化和经济等领域同中国进行合作。其显著作用表现在以下几个方面。

第一，自愿运用经济实力到中国投资办厂，促进中华经济发展。

积极吸引外资，引进先进技术设备，是我国现代化建设方针的重要方面。据统计，自1979年至1989年上半年，海外华人来大陆投资额逾52亿美元，占全部外商投资总额的80—90%。仅“华资”在海南特区兴办的“三资”企业就达300多家，投资额为5亿美元，占全省“三资”企业的70%以上。

许多华侨华人虽然以客人身份来华，但“血比水浓”，他们仍魂系中华。中华全国工商联合会执委、福州市海外联谊会会长赖庆辉先生，祖籍福建，生于印尼，曾回福州求学，60年代定居香港。1984年，福州市作为开放城市以来，他立即在家乡设立“永升发展贸易公司中国贸易部驻榕办事处”。他说：“建设家乡，责无旁贷，我们要把搞好家乡建设放在首位。”赖先生在福州国有化土地使用权转让招标中，他带头以458万元购进了起价几十万元的4.63亩地皮，一时轰动全福州。

澳大利亚华人李明治先生是著名的企业家，由他控股的上市公司遍布纽约、伦敦、香港、新加坡、巴西和新西兰等地。他通过其控股的澳大利亚企业向中国提供生产14层高精度印刷线路极先进的设备和技术。三条生产线分别在上海、成都和天津建成投产。

更令人敬佩的是香港群英贸易公司暨光隆兴洋行董事长胡国替先生在1989年中国发生的政治风波期间，力排众疑，毅然在福州独资创建金龙房地产有限公司。他表示：“不管今后遇到怎样的艰难险阻，我也要口心一致，尽己之力，报效祖国。”胡先生于1992年被推举为全国外商投资企业协会理事。

第二，主动贡献才智，帮助中国发展现代科技事业。

科学技术是第一生产力。发展经济必须依靠科技进步和提高劳动者的素质。邓小平同志指出：“华侨华人专家是活的宝贝，是一支不可忽视的力量，我国经济建设需要一大批这样的人才。”在众多的华侨华人专家学者中间，许多人是中国培养出来的。他们饮水思源，情系桑梓。世界第一流的太空激光专家陈哲人博士，在中美建交后，每年两次像候鸟一样准时来华讲学。他感慨地说：“我很惭愧，我是中国培育成人的，对中国却没什么贡献”；“我大半辈子为美国服务，现在我要把我的余生为生我、养我的故国故乡服务。我的知识要从天上回到地下，报效故土和乡亲”。他在北京、上海、杭州、福州讲学期间，推荐50多人赴美深造。他被母校浙江大学聘为客座教授后，大力协助创建第一流的激光和光学实验室。他亲自培训教师，把自己在国外的实验室先进设备搬到母校，使浙大一些科研成果达到国内国际先进水平。

第三，以深厚的民族情感，增强中华民族的凝聚力，促进和平统一。

国务院总理李鹏在七届五次人大会上指出："90年代是推进祖国统一大业的重要时期，我们坚定不移地按照'和平统一，一国两制'的方针，同港、澳同胞、台湾同胞和海外侨胞一道积极推进这项事业继续发展，争取祖国统一早日实现。"祖国统一大业是中华民族在世界民族之林中立于不败之地的根本，是中国五千年文明历史发展的客观趋势。合则兴，离则衰，是中国历史发展的必然结论。促进和平统一，是中国各族人民，包括台湾、港澳同胞和海内外侨胞的神圣职责。

（摘自《江淮论坛》1994年第5期）

关于华人经济

华人经济欣欣向荣

分布于119个国家和地区的华侨、华人，可动用的资金估计为3000亿美元；若包括港、澳、台在内，则拥有可动用的资金15000亿至20000亿美元（见1992年7月号美国《经济学家》杂志）。

当前，华人经济发达地区首推东南亚国家，该地区华人资产总额估计超过20000亿美元，一批华人实业家在各主要产业部门崛起，对定居国乃至世界的经济发展都有出色的贡献。如：印尼最大的汽车厂商谢建隆，其集团的汽车年产量占该国汽车总产量的60%；泰国"钢铁大王"李光伟，其集团的钢铁年销售额占该国钢铁市场的60%；马来西亚最大华人企业家郭鹤年，其集团控制了该国面粉市场的40%和砂糖市场的80%；菲律宾"椰油大王"吕希宗，他领导的包括种植、提炼、综合利用的企业集团，对全球的椰油市场有举足轻重的影响；印尼彭云鹏为首的"巴里多集团"是目前世界上最大的胶合板生产与出口商；泰国陈弼臣、陈有汉父子的"盘谷银行"为该国最大的商业银行，也是全球最大的华人银行等等。

（摘自《华侨与华人》1994年第3期）

海外华人经济的共同特点

（一）"海外华人经济"范畴的合理性与模糊性

"海外华人经济"究竟在地域上应当包括哪些范畴？在中国大陆学术界，这是一个有定论的概念："海外华人经济"指的是那些业已移居到中国本土之外、具有中华民族血统的人们所从事的经济事业。可是，在其它一些国家和地区，却存在种种与此不同的看法。

由于各国华人资本与当地原住民在各种不同层次上的相互渗透，实际上已难以界定出"纯粹的"华人资本，"海外华人经济"只能是一个相对笼统的、约定俗成的说法。众所周知。印尼林绍良集团的股权与总资产中，一些印尼原住民都拥有可观的股份，有的人还拥有某些方面的经营实权。在世界经济趋向一体化的进程中，不同国别、不同民族的各种经济成分之间相互渗透、相互依存的程度将不断深化，而"海外华人经济"的界缘也势必更加"模糊"。这是符合于当今世界经济大潮的必然趋势。

基于上述认识，笔者以为，一方面，应强调位于中国本土的港、澳、台经济不属“海外华人经济”，明确其合理范畴；另一方面，应当承认不同民族经济相互渗透而使“海外华人经济”界缘形成一定的模糊性。

(二)海外华人资本占有的民族性与阶级性

海外华人分布极广，据80年代中后期的统计，2,500万海外华人共分布于全球近140个国 家和地区。然而，若就海外华人所植根的经济土壤而言，属资本主义经济运行的范畴。因此可以说，植根于资本主义经济土壤，是海外华人经济的共性，故而，海外华人经济的运行，也就必然受制于当代资本主义经济运行的格局，其发展的基本轨迹与当代资本主义经济运行的基本规律必定是相互吻合的。

海外华人大资本的出现，自然是战后海外华人总体经济实力增强的佐证，但这些人毕竟仅仅是少数，绝大多数的海外华人仍然是兢兢业业的普通劳动者，是终日辛劳的平民百姓，他们以自己辛勤的劳动，为当地国的经济发展添砖加瓦。

即使是在华人富豪之间，同为炎黄子孙的亲情丝毫取代不了经济领域内你死我活的竞争，所谓“华人吃华人”的现象并非鲜见。

海外华人由于特定情势而形成的利益一致性有助于增强资本运用的定向性；由于不依人的意志为转移的贫富分化、各个不同华人财团之间的利益冲突等矛盾又可能削弱其整体经济实力。只要海外华人经济依然在世界资本主义格局中运行，上述矛盾将始终存在。

(三)海外华人经济在不同地区发展的差异性与共同性

只要将分别运行于发展中国家（如东南亚）和发达国家（如欧、美）的华人经济略作比较，任何人都会一眼看出二者之间存在的巨大差异性。

先看东盟主要国家的华人经济。由于历史的原因，这些国家中的华人工商企业家较之原住民站在更为有利的经济起跑线上，他们在资本积累、工商经验、信息网络等方面，都具有明显优势。60年代之后，在东盟各国竞相实行工业化计划的进程中，华人工商企业家们又捷足先登，投资于新兴的工业领域。在这些国家，已出现了财势威镇一方的华人金融大王、酒店巨子、木材大王、烟草大王、航运大王、出版大王、汽车大王等等。东南亚一些著名华人财团的经营网络已从一国延伸到相邻国度、乃至欧、美、澳，其经济实力对各所在国的发展可谓举足轻重。

反之，在欧、美等发达国家，华人经济在当地国民经济总产值中仅占极小的份额，与东南亚华人经济在所在国所占地位，完全不可同日而语。二次大战结束之后，欧美华人无论在资本拥有或经营谋略上，能够跻身大亨竞争之列者均寥寥无几。于是，可以小本经营起家、以别具一格之中国“食”文化立足的中餐业，就成了欧美经济发展的副产品。

战后以来，海外华人经济在不同国家、地区发展中所呈现出的巨大表面差异，实际上恰恰反映出海外华人经济系依托于各所在国之原有经济基础而立足，其发展，既受制于当地国已有之经济框架，又必须适应于当地国的需求。因此，无论是在东南亚形成的华人大财团。或是在欧、美星罗棋布的中餐馆，其实都是对当地国原有经济形态的补充，是当地国的民经济的有机组成部份——这也正是海外华人经济在宏观上的共同性。

(四)海外华人资本流动的情感性与趋利性

近年来，随着海外华资投入中国大陆出现增长势头，在中国大陆，盛赞其爱国（爱祖籍国）爱乡（爱祖籍地）者有之，称道“血浓于水”并鼓励他们多为祖（籍）国“四化”作贡献者亦有之。

固然，就海外企业家个人而言，他们毕竟都是些有血有肉有感情的人，故而，当返乡探亲时，不少人主动捐赠于家乡的公益事业，或者，当中国不幸遭遇天灾时，许多人也都慷慨捐赠。然而，就经济车轮的运转而言，它又是无情的，因此，他们在考虑资本投向时，必然主要取决于安全、稳定、能够获取厚利等条件。

首先，海外华人与祖籍国的乡情亲情只有在与资本得以赢取厚利并行不悖的前提下，才有可能起正向的推动作用。

其次，由于只有利润才是驱使资本流动的原动力，因此，海外华人资本并非仅仅、甚至也不是主要流向中国大陆，而是以利润为导向的多方面、多层次的运作。

再者，资本的跨国流动与资本所在国或所在行业是否还需要资金投入无必然联系，投资走向主要取决于其在投资地是否具有相对优势，并能够争取本企业的最大效益。如果说，近年来海外华人资本的跨国运动空前活跃的话，那么，这也是与当今国际经济大潮相互吻合的，是资本拥有者的本性使其然，而与资本拥有者的民族属性和个人情感无根本性关系。

（五）海外华人经济行为中“政商结合”的特殊性与必然性

政商结合（或曰“官商结合”），即海外华人大企业家与所在国主体民族中有权有势的军政界要员结成特殊关系，由后者向前者提供某种专营权、贷款或特殊的优惠条件，而前者则付给后者以可观的经济报酬——这是谈到海外华人经济、尤其是东南亚华人经济时必然要涉及的又一个十分敏感的问题。

应当说，“政商结合”早已是资本主义发展史上屡见不鲜的现象，海外华人资本当然也不例外。因此，就此而言，海外华人经济行为中屡屡被舆论界曝光的“政商结合”现象，确实有其必然性。

我们既不能忽视海外华人所拥有的可观经济实力及其内部的某种利益一致性，不能否认海外华人经济发展的相对独立性，但是，不能漠视各国华人经济的构成差异，不能否认资本家唯利是图的本质及其与所在国政权结合以适应大规模社会化生产需求的一般趋势。

（摘自《东南亚研究》1994 年第 4/5 期）

东南亚华人经济的新特点和新趋势

1. 华人经济与当地民族经济浑然一体。

二次大战前，由于华侨大多数没有加入当地国籍，因而华侨经济作为一种外侨经济，不但在本质上有别于西方殖民主义经济，也与当地民族经济有一定的差别。它既与当地民族经济息息相关，又与中国经济保持一定的联系。战后，东南亚各国相继独立，开始致力于发展民族经济。在这个新的历史背景下，各国政府先后修订了国籍法，由限制、排斥华侨入籍到普遍采取出生地主义政策或归化政策，要求华侨在政治上经济上归化居住国。多数华侨为了能在居住国长期生存和发展，也自觉或不自觉加入当地国籍。据估计，目前，东南亚地区的华侨 90%已加入当地国籍，由于华侨绝大部分加入当地国籍，成为当地公民（华人），华侨经济遂转变为华人经济，并且成为当地民族经济的一个重要组成部分。

2. 多元化企业集团迅速崛起，经营范围日益广泛。

东南亚地区的华人企业集团起步较晚，且主要由家族经济演变而来。华人企业集团大多在战后初期形成，但其经济实力的迅速发展则是在最近 20 年间。

50 年代以后，东南亚几个主要国家相继走上经济发展道路。由于外国垄断资本的地位逐渐削弱，各国民族资本的生存和发展条件大有改善。华人资本趁此从原来以商业资本为主向工业、金融业等多元产业资本发展。

印尼的华人企业集团发展较为迅速。其最大的华人企业集团是林绍良家族的三林集团。该集团在战后初期形成，50—60年代起，其经营形态由商业资本转向工业资本和金融资本。

在马来西亚，近20年来新兴华人企业集团不断涌现，较突出的有森那美集团、郭氏兄弟集团、李莱生集团、孙齐方集团等。森那美集团是马来西亚最大的种植园企业集团之一，拥有9.7公顷的种植园，国内外企业多达二百多家。该集团以种植业为主，也经营金融业、制造业、商业贸易、地产等。

新加坡的华人企业集团近年发展较快，作为国内三大私人银行集团的大华、华侨和华联银行集团的规模不断扩大。大华银行集团是新加坡国内资产最多的企业集团之一，自70年代先后兼并了当地资本的崇侨银行、利华银行、远东银行、工商银行，拥有附属或合资公司60多家。

泰国的华人企业集团颇具规模。以陈有汉（陈弼臣次子）家族、伍班超家族、李大川家族、郑午楼家族为首的四大金融财团，对泰国国内经济有着相当的影响力。

3. 华人经济国际化日趋明显。

战后，尤其是近二三十年来，华人经济呈现出一些新的趋向，其中突出的方面是华人经济日趋国际化。不少华人厂商的投资贸易活动，已突破所在国的界限，到世界各地建立分支机构或子公司，从而出现许多华人跨国企业、跨国公司、跨国金融财团。华人资本已逐渐成为国际资本的一个组成部分。随着华人经济实力的进一步增强，华人经济国际化的趋向将越来越明显。这是因为，进入60年代后，东南亚各国相继实行对外开放，招来了不少国际财团和跨国公司的直接投资。外国投资者往往需要在当地寻找合作伙伴。由于华人企业家在当地工商界占据重要地位，善理财、懂经营、守信用。因而容易同外国财团或跨国公司建立合作关系，共同在当地投资设置跨国公司的子公司。这样，华人资本便借助跨国公司的媒介作用进入国际社会。此外，随着华人企业集团的日益崛起，为不断扩展业务经营范围，其资本触角也逐步伸向世界各地。如泰国陈有汉家族的盘谷银行，不仅在泰国各府建立了350家银行分支机构，而且还把银行分行机构设于东南亚邻国、中国（包括大陆和港台）及欧美等地，成为名副其实的国际商业银行。华人经济的国际化，不但对华人社会的进步与发展具有重大意义，而且给居住国经济的现代化也带来不少好处，对于我国更好地利用侨资、外资发展外向型经济，开拓国际市场，也提供了更为有利的机会。

（摘自《东南亚研究》1994年第4/5期）

华人经济合作的四种模式

有关建立中华经济圈或经济区域，以实现两岸（主要是华南省份）与港澳的经济合作的主张，主要的有：

——“华人经济圈”。包括：中国大陆、台湾、香港与澳门。甚至主张包括新加坡以及东南亚各国中的华资企业集团。认为实现上述多方面的经济合作，足以联结成为在亚太地区除日本之外的最为强大的经济力量。

——“中华经济协作系统”。包括：中国大陆的福建、广东、海南、广西以及香港、澳门与台湾。认为事实上这一区域的经济协作已经开始并不断发展。但我们仍要通过建立“中华经济协作系统”以便对这一地区的经济合作能有实质性的推进，产生综合效益。

——“中国经济联合体”。包括：中国大陆、台湾、香港。认为这是一种基于有关各方面的共同经济利益而形成的区域性经济合作组织，而不是什么政治联盟，更不要求联合体内的成员改变目前各自的政治经济制度。它们可按各自长期形成的对外经济贸易关系分别参与一定的的国际分工与合作，但必要时可彼此通力合作，协调一致，共同对外。还设想成立一个经济联合委员会以协商行事，促成联合体的实现。

——“华南经济圈”。包括：广东、广西、福建、海南、台湾与港澳地区。认为这是在规模巨大的环型网络“环太平洋经济圈”下面的独立圈域之一。是以中国的几个沿海省份与其周边地区在保持相异的社会经济制度下进行的经济合作。

上述种种模式的提出，反映了研究者要在此激烈的国际竞争中创造中华民族有利地位的情意。

（摘自《华南师大学报》1994 年第 2 期）

华人经济国际化的三个原因

华人经济国际化之所以形成一种趋势和潮流，原因是多方面的，归结起来主要有三个：其一是大势所趋。战后，特别是 60 年代以来，国际经济形势发生巨大变化，国际贸易迅速发展，国际资本流动加快，国际分工不断深化，生产的国际化日益加强，所有这些，都大大地推动全球经济走向一体化。东南亚华人经济与国际经济息息相关，不能不受全球经济一体化形势所左右和影响，并程度不一地卷入这一潮流之中。

与此同时，近年来世界经济的区域集团化也在迅猛发展。在欧共体走向统一大市场，美、加、墨三国达成北美自由贸易区协定的影响下，亚太地区的经济合作也正在积极进行，尤其是亚太地区中的各种次区域合作进展颇快，其中以东盟国家之间的合作最为引人注目。东南亚华人经济作为亚太地区特别是东南亚地区一股十分活跃的经济力量，面对这种区域合作形势，当然不会袖手旁观、无动于衷。

其二是政策驱动。60 年代以来，东南亚国家相继实行对外开放政策，在积极引进外资的同时，也鼓励当地资本投向出口加工制造业，这就使当地华人工商业者有可能介入发展外向型经济，直接参与国际市场竞争。

其三是发展需要，即华人经济寻求生存发展的需要。在东南亚地区，各国华人资本面临各种不同挑战。在那些开放比较早的国家，由于当地吸引了不少外商前来投资，虽然这为华人工商界创造了一些机会，但也使许多华人工商业面临外来投资者的激烈竞争，迫使一些华商不得不寻找适合其投资经营的新场所；有的华人厂商则因居留地国内政策的束缚及政治上的不稳定成为进一步发展的阻碍。因而，需要对外开辟发展的新天地；还有的华人实业家因其企业公司经营规模越来越大，资本越来越雄厚，为了不让所有鸡蛋都存放在一个篮子里，以分散投资或经营风险，也迫切需要向海外开拓新领域。上述这些，充分说明华人经济的国际化在很大程度上是同寻求新的生存空间和发展领域的需要联系在一起的。

（摘自《侨务工作研究》1994 年第 1 期）

东南亚华人经济的“四化”

（一）东南亚华人经济当地化

华人经济当地化，也称为华人经济本土化，指的是华人经济融入华人居留国的社会，即植根并服务于当地社会，成为当地民族经济的重要组成部分。

随着华人经济本地化的日益发展，华人经济与其他族裔的经济必将越来越紧密地结合在一起，从而也就越来越难以分辨出纯粹的“华人经济”。因此，这里所说的华人经济，除了由华人单独经营的公司企业及其他经济活动之外，也还包括以华人资本为主的经济实体及其所进行的经济活动。

（二）东南亚华人经济现代化

华人经济现代化主要表现在两个方面：

一是产业结构现代化。二次大战以后，尤其是五、六十年代以来，华人经营的产业已逐步扩展到一、二、三产业的各个部门，华人资本以投向第二、三产业为主，其中以发展加工制造业、金融业最为突出。东南亚各国一批号称为“面粉大王”,“水泥大王”、“塑胶大王”、“玻璃大王”、“汽车大王”、“石油大王”、“金融巨擘”的华人工商业家，绝大多数都是从50年代到70年代逐步崛起的，华人资本日益转向新兴产业部门，表明华人经济，特别是华人产业结构正在摆脱传统产业的束缚，而迈上现代化的道路。

华人经济现代化的另一个主要表现是华人工商业家的经营观念和经营方式的现代化。传统的华人工商业，长期以家族式小规模经营为其特色。公司企业的经营方式基本上是封闭和保守的。然而，近二三十年来，华人工商业的家族经营模式，正在发生着由量到质的变化，已经日益显露出东方的血缘群体意识与西方的现代管理思想相互嫁接的趋势。其中突出的表现是社会化大生产和规模经营的华人财团不断崛起，资产所有权与经营权相互分离的现代化经营方式日益占主导地位。华人大公司企业普遍建立董事会制取代原来的家长制，董事会集体决策代替原来由家长包括一切的做法，公司企业由董事会任命的总经理负责具体经营管理。

（三）东南亚华人经济集团化

华人经济集团化，这里主要是指华人公司企业在发展规模、经营范围、组织形式等方面所发生的巨大变化。在发展规模上，由势单力薄的小规模经营，向财雄势大的大规模经营转化；在经营范围上，由经营单一产品、单一门类、单一行业，向多元产品、综合门类、跨行业经营转化；在组织形式上，由家族公司向股份公司、公众公司转化。

华人企业的集团化已成不可逆转之势，有的已成为世界级集团企业。泰国陈有汉的盘谷集团、印尼林绍良的三林集团、菲律宾李清泉的中兴银行集团、新加坡黄祖耀的大华银行集团、马来西亚郭鹤年的郭氏集团等等，都是东南亚鼎鼎有名的集团化大财团大公司。

华人经济集团化表明，东南亚华人企业家善于审时度势，紧跟时代步伐，利用机会，实现自我发展。同时也反映当代经济竞争十分激烈，华人经济不走向集团化发展便难以在居留国立足，更挡不住来自西方跨国公司的压力，所以，从根本来说，华人经济集团化，还是为了生存与发展的需要，即生存与发展是华人经济集团化的根本动力。

（四）东南亚华人经济国际化

华人经济国际化是指东南亚华人企业的跨国经营，即华人工商界人士超越居留地国界地域所进行的各种投资贸易活动。华人企业实行跨国经营虽然不是今日才有，但是当今的华人企业跨国经营却是过去所不能比拟的。

战后，东南亚华人经济的国际化无论在发展速度、发展层次、发展规模、经营方式、经营范围、拓展行业、市场网络、还是合作的对象上，都是空前未有的。以泰国正大集团为例，该集团的前身只不过是一家经营种子生意的小贸易公司，该公司经过谢氏第一代即谢易初、谢少飞兄弟的苦心经营，终于站稳脚根，业务日益扩大。

（摘自《侨务工作研究》1994年第1期）

东南亚华人企业集团发展的特点

东南亚华人企业集团的迅速兴起，标志着战后东南亚华人经济发展日趋走向成熟阶段，也是海外华人经济发展与变化的一个缩影。尽管东南亚各国华人企业集团具有不同的发展模式，但又有其共同的发展特点。

首先，东南亚华人企业集团是各国民族资本主义经济迅速发展的产物。

战后，东南亚国家民族资本主义经济取

得较快发展，逐步由殖民地半殖民地经济向新兴工业化经济转变。与之相应，东南亚国家的一部分华人资本也由中小企业发展成为大型企业集团。伴随着经济迅速发展和生产社会化程度的提高，各国国内资本的积聚或企业的合并过程明显加快。相继出现了同一部门内几个企业合并成更大规模的企业，不同部门的互有关系的企业合并成联合企业，以及彼此间无多少联系的不同企业合并成混合联合企业的现象。各国华人企业集团通过收购、兼并、参股等途径，不断扩大其资本规模和经济实力，逐步在国内某个部门行业或几个部门行业的生产和流通中占据举足轻重的地位。

第二，东南亚华人企业集团的投资领域广泛，但以某些产业为经营主体、多元化发展型的企业集团居多。

随着东南亚国家工业化进程的加快，各国的产业结构急剧变化，新兴制造业部门迅速发展，第三产业部门不断扩大。许多华人企业由单纯经营农业和商业转向农林牧资源加工、制造业和服务业，进而向多元化经营型企业集团发展。

第三，东南亚华人企业集团以家族经营为核心，拥有各自的企业集团系统。

尽管东南亚华人企业集团普遍采取现代化资本主义股份公司的形式，但实际上仍保留家族经营的方式。在企业集团的经营管理和组织结构上，均带有浓厚的亲缘和家族经营色彩。各个企业集团的核心领导层，无不由财团家族成员或家族姻亲组成和控制。而企业集团主要子公司决策管理层，也一般由财团的家族成员担负，从而牢牢控制家族企业的所有权和经营权。

第四，东南亚华人企业集团的迅速兴起，得益于政府的经营政策，同时形成与国家资本相互渗透及联合的经济关系。

50—60年代，东南亚国家相继开始了工业化进程，各国政府制定了一系列促进工业化发展的政策和法令，诸如关税保护、减免税收、信贷优惠以及投入国家资本加以扶持等。这些经济政策具有明显的倾斜性，受惠最大的则是国内大企业集团（包括华人企业集团）。

第五，东南亚华人企业集团的形成与发展，与外国资本有千丝万缕的联系，它们在资金、技术和市场诸方面不同程度地依赖于外国资本。

在东南亚国家，许多华人企业集团早期就依靠充当外国公司的代理商或经纪商而发家，因而与外国资本有着天然的历史联系。独立以后，虽然各国华人企业集团建立了自身的生产和管理体系，但在资金、技术、市场等方面仍在一定程度上依赖于外国资本。

（摘自《亚太经济》1994年第5期）

泰国华人经济发展的新趋向

泰国华人经济是泰国国民经济的有机组成部分和颇具活力的因素。

泰国华人经济的趋向，概括来说，就是：趋于转型，走向集中。

（一）家族企业趋于社会化

对于泰国华人经济具有划时代意义的第一个趋向，就是家族企业趋于社会化，也即由封闭型的家族企业转为开放型的家族企业。

最早规模性突破封闭式家族企业局限，并且最先获得巨大的经济效益和社会效益的，就是那些洞烛先机、采取合作开放形式创办泰资商业银行的华人企业家。

泰国于1961年起实施多期性《五年国家经济与社会发展计划》和走农业工业化的道路，是促使泰华封闭型家族企业趋向社会化的巨大动力。

（二）企业经济趋于多元化

为了适应泰国工业化的步伐和发展外向型经济的需要，近30年来泰华企业经济日趋多元化，改变了过去经营专业行业单打一的局面。泰华企业经济趋于多元化，首先表现在所有的大企业集团都实行产、销结合，工、商、贸易、金融一体化经营。

（三）工业资本与银行资本趋于结合

泰华工业资本与银行资本趋于结合，既是泰国华人经济发展的一种趋向，也是泰国推行工业化建设的扩展外向型经济的产物。

泰国商业银行（华人、华裔拥有大量股份的泰资商业银行）之所以需要吸收工业资本家入股，其中一个重要原因，是泰国政府于1962年修增的《商业银行条例》规定："商业银行必须保持其流动资金不低于全部资金的6%，不能把全部资金贷出。"因此，商业银行为了多贷款多赢利，就必须尽量吸收工业资本家入股，因为工业生产和外向型经济会给工业资本家带来更多的利润和构成更多的剩余资金。

另一方面，泰华一些工业资本家新投资的特大项目，因为本身资金不足，也需要银行资本家的支持和参与。

（四）零售批发超级市场化

泰华百货零售、批发业的发展趋向，也同整个泰国的百货零售、批发业的发展趋向一样，即超级市场化。

诚如近年泰华报纸所报道的："随着经济的发展，市场的结构经营的特点也不断发生变化，百货公司式超级市场不仅在曼谷市到处都有，现在全国各地，尤其是一些中小城市，超级市场或百货公司也像雨后春笋般蓬勃发展。"又说："由于这些市场出售货物种类多，极为全面，从衣食日常用品，样样齐全，价钱又适中，对消费者很是方便，因此很受消费者欢迎。

（五）房地产开发规模化、卫星化

从80年代后期起，泰华房地产开发出现规模化、卫星化的势头，以泰华建筑承包商的业务来说，如苏国才、苏国世兄弟领导的南洋建筑有限公司，在1988—1989年间就承建了5000幢私人楼房，在1990—1991年间又承建了6000幢私人楼房。

泰华房地产开发商郑芷荪领导的康蒂集团自1984年以来已经实现了10个规模化的房地产开发计划，又于1992年6月23日发布了在挽巴功河畔实施京都小型卫星城市的计划——《康蒂玛里娜计划》。

（六）新投资大项目基础设施化、科技化

泰国华人经济发展的崭新趋向是，新投资大项目基础设施化、科技化，即与泰国实施第七期《五年国家经济与社会发展计划》（1992—1996年）的重点相一致。

据估计，到2000年，泰国市场对钢铁的总需求量将达1200万吨。为了保住未来的市场占有率，吴玉音、吴光伟姐弟领导的伟成发钢铁集团从1991年就开始落实建设大型钢铁厂的投资计划，需要耗资400亿铢。

（摘自《华侨与华人》1993年第2期）

菲律宾华人经济发展的新特点

菲律宾华人经济经过长期的发展，现已成为菲律宾国家整体经济的重要组成部份。由于历史及华人自身的原因，在菲律宾这个特殊环境中，华人经济在长期的发展过程中形成了自已独自的特色。

一是以商业为中心的单一经济结构，正逐步发展成为工、商、农、金融服务业等多业并举的新的经济结构。本世纪60年代中期，华人在产业投资中，商业占25.4%，到70年代，比重又上升到43.5%。与此同时，华人工业经济获得极大发展。据当地华文报披露，目前华人工业资本已占全菲工业资本的20%。全菲最大的250家制造公司中，由华资经营的占三分之一。特别是重工业这个原先较少有华人资本的部门，也出现了新形势。如钢铁工业，华人资本占民营资本的70%，其中庄清泉的"阿波罗"是全菲最大的私营钢铁厂之一。"软科学"经济，如计算机、电视机、收录机、电冰箱等电子、电器产品的生产,更是近年来华人经济的新发展。电子工业现已成菲首要出口工业。菲华经济的发展还集中体现在华资银行实力的增加上。战后，一批华资银行相继出现，逐步壮大，至1993年，在菲国28家私人商业银行总资产中，华资商业银行占38.4%。

二是华人经济以福建籍华人为主体。菲律宾华侨、华人总数约110万，闽籍人士占90%。其总资产估计约在150亿美元以上,全菲前100家企业中，福建籍华人占24家。据印尼《经济新闻周刊》(1992年2月24日)披露，东南亚50个最大企业家的资产中，郑周敏为10—20亿美元，郑少坚、陈永栽、吴奕辉、姚祖烈、杨应琳，均为4—6亿美元。这些人都是闽籍华人。全菲28家私营银行中，华资 商业银行占16家，总存款占全菲私人商业银行的54.9%。而菲律宾私人商业银行的绝大多数是福建籍华人经营。

三是菲华经济国际化程度有一定发展，但规模不大，速度也不快。相对于东盟其它国家而言，菲“家族经济”色彩更为浓厚，特别是华人财团几乎仍是清一色的家族创办、控制和发展，并保留了华人经济生活中所特有的家族式经营方式。加之与东盟其他国家相比，菲华资本实力有限，从而也限制了其规模和速度，特别是在金融资本的发展中没形成寡头化,缺少多次兼并而成的金融巨头。但随着国际国内的变化，竞争日趋激烈，菲华第一代向第二、三代交棒时，也开始注重将经济发展推向国际市场。在经营方式上,越来越多的菲华财团和企业走出其家族封闭式的小圈，增加其开放性，注意与第三国财团合作，发展国际性财团，如郑绵绵、郑纬煌在继承其父的“环亚集团”过程中，就注重发展国际性的事业,并进一步将资金引向美、加、日等地。

四是菲华经济与政治的关系日趋密切。近年来,菲华上层人士多以参政议政为手段，寻求政治保障。在1992年大选中，华人参政又有了进一步发展。这不仅表现在参加竞选各级民选官员的华人华裔候选人比以往任何时期都多，而且表现在华人华裔公民公开积极地参与他们各自的候选人的竞选活动上。菲律宾当今政界中，14名参议员中具华裔血统的有3名，200名众议员中有8名，71名省长中有3名，基层组织1577名市社长中有102名。在华人人数最多最集中的马尼拉市第三区，参加竞选该区6席市议员的华人华裔候选人多达11位，结果有4人中选。

（摘自《亚太经济》1994年第6期）

华人对东盟经济发展的作用

东南亚国家约有华人2000万,占总人口的5%，其中东盟六国华人占该国总人口的比例是：新加坡76.9%，马来西亚33.1%，文莱25.4%，泰国13%，印尼2.8%，菲律宾1.5%。战后几十年来，中国向东南亚各国的移民已基本停止,东盟国家华人人口中,土生华人所占比例超过2/3，他们已融入当地社会，华人经济有很大发展，华人的经济活动范围已不限于传统的零售商业和手工业，而是扩展到现代工业、对外贸易、银行金融等许多行业。东盟国家已经涌现出若干以华人资本为主体的大财团，直接影响到本国的重大经济活动,如印度尼西亚的林绍良财团、汽车大王谢建隆的阿斯特拉集团以及木材大王彭云鹏、食油大王黄奕聪、烟草大王蔡道行等;马来西亚的郭鹤年财团和李莱生财团，全国十位最富企业家中华裔占八位；新加坡有黄祖耀财团；泰国则有陈弼原、陈有汉财团（盘谷银行）等。华人资本向所在国国内资本的转变，对所在国的国民经济的迅速增长作出很大贡献，华人资本家们在东盟国家与中国的贸易和其他经济、政治交往中，起了重要的作用。

（摘自《亚太经济》1994年第3期）

关于中华文化

中华文化的特征及对经济发展的作用

中华文化以儒家文化为主体，源于孔孟学说，但在西汉以后已融合诸子百家特别是法家与道家学说，而且历代都有发展，因而称之为中华文化更为确切，抑或可以把二者视为同一概念。

儒家文化对经济发展最有影响的是其伦理思想，它要求每一个人具有五德，即仁、义、礼、智、信。仁是儒家的人道主义思想；义是个人与群体行为的规范，即在人际关系中重和睦、讲情谊，为伸张公理不计个人利害的牺牲精神；“礼也者，理也”，即遵守合理的社会规章制度；智指重学习、知识、才能、机智、谋略；信指诚实不欺。这可以说是儒家的理想人格模式，认为以之修身才能进一步齐家、治国、平天下。这和现代化要求人具有高的素质是一致的，突出了德才兼备思想。儒家伦理对经济发展的影响，具体表现在以下几个方面：

第一是儒家文化的集体主义思想。韩国釜山大学教授金日坤认为东亚地区成功地推动经济发展，主要是依赖于家族集体主义社会秩序文化。这种伦理思想，在日本和韩国为企业的经营管理提供了一个不同欧美的自由企业制度，提供了一个包括每个成员及其家属生活方式的组织系统模式，使企业具有活力。儒家的家族集体主义思想，也使居住在大陆以外的华人，能通过同乡、同族、亲友等以血缘为纽带形成互助网络，建立横向结构，团结互助求生存发展，海外华人具有的这一特点，正是在经济上取得成就的一个重要因素。

儒家崇尚中庸之道，寻求和谐的精神，是与经济发展联系的第二个特征。中庸之道并非走中间路线，折衷主义。按儒家解释，不偏叫中，不变叫庸，即永远坚持原则立场，不左不右。这是儒家最高的道德行为标准，这种思想反映在经济工作中，可以避免少犯或不犯左倾或右倾的错误，保证经济稳定持续发展。

儒家文化影响经济发展的第三个特征，是它对外部世界的兼容性。许多研究亚洲问题的西方学者，认为西方资本主义现代化是宗教思想解放的产物，而东亚方化中缺少一种类似的“新教伦理”，只有全盘接受西化才能实现工业化、现代化。儒家强调自身修养，强调适应外部世界，故能兼容并包，广泛容纳和吸收不同文化。在工业化、现代化过程中，最明显的表现就是能广泛吸收西方科技文化，并能超越西文现代化典型模式，走具有本国特色的工业化、现代化道路。

儒家文化与经济发展相关联的第四个特征是尊重知识、强调学习。儒家认为“万般皆下品，唯有读书高”，并非说知识份子高人一等，而是指任何人，不分阶级、职业，必须学习、读书，掌握知识，才能成为具有高贵品质和才能的人。孔子“有教无类”、“不耻下问”，所反映的就是这种思想。东亚地区经济落后，文化教育事业不发达，但却能人才辈出，从个人来看不乏杰出的学者，正是中华文化勤奋学习，崇尚知识的优良传统的表现。

中华文化与经济发展联系的第五个特征，是能培育一大批德才兼备的企业家、科学家以及各类专门人才。最突出的表现就是他们的爱国主义思想。他们即使在国内外学有所成，一般不贪恋高薪，宁肯为国勤苦工作，默默奉献，促进祖国富强。

文化不是经济发展的决定性因素，虽然它不能直接导致经济发展，但它无疑是经济发展的精神支柱和潜力的源泉。中华文化促进了东亚地区的经济发展。这是它的好的一面，但东亚地区经济长期落后，中华文华的缺点也有影响，例如它缺乏对世俗生活的超越性；它具有浓厚的经验主义色彩，但缺乏理论认识与抽象逻辑性；它具有鲜明的形象性、艺术性，注意形式表现与技巧的完美，但缺乏科学的严谨性；它具有大一统的特色、整体性的特点，但缺乏多元性、多层性与多样性等。所有这些缺点，都是由于它是在长期的小生产、自然经济、封建制度下形成的。因此现代化的实现，既要批判地继承固有的优良文化传统，又必须重视吸收科技文化与现代市场经济文化，丰富和发展中华文化。

（摘自《财经科学》1994 年第 2 期）

儒家文化对东盟经济发展的影响

以儒家思想为主体的中华文化，自古以来传入东南亚，经过改造、吸收、认同，它已成为东盟国家维护社会秩序，改善社会风尚，协调人际关系，增强国家凝聚力的精神支柱，是促使它们经济发展的重要因素。

儒家的伦理观念、道德规范、个人修养等对东盟国家也有不同程度影响。其中最突出的是新加坡政府实现儒学社会推广运动，推行儒家思想与道德规范，阐扬忠孝仁爱礼义廉耻八德，李光耀被称为当代“最大儒者”。他“非常担心年轻一代缺乏文化的稳定力量，认为儒家伦理可以解决这个问题”[②]。新加坡学者郭振羽指出：“强调五伦，强调群体关系，是伦理，也是政治”[③]。在新加坡，儒家思想渗透到国家政治生活、企业经营管理、人们的道德行为观念等各个方面。在泰、菲、印、马等国，儒家经典也广为流传。儒家伦理也已成为东盟国家广义的政治意识体系的一部分。

（摘自《亚太经济》94 年第 3 期）

东南亚华人文化的变化

东南亚华人文化仍然是指以华人传统文化为基础的文化形态，尽管在它的发展变化中与其它文化有碰撞、交融，吸收了其它文化的一些精华，同时自已的固有文化也有遗落，但华人的传统文化特色仍然是主流的。作为一种少数民族文化的发展，作为融合了的华人文化的发展，是华人文化发展的两个主要方向。而华人所在国对华人的政策与华人群体的自觉程度，是制约着华人文化发展方向的两大因素。可以预见，如果第二、三代华人在华人社会中占据主导地位，那么，华人社会的文化特色将会发生根本的变化。

战后东南亚华人文化的变化已引起了人们的普遍重视，也提出了一些值得思考的问题。

1. 如何看待华人（族）文化与中华民族传统文化的关系？

我们应当看到华人（族）文化与中华民族传统文化的联系与区别。其联系在于：华人（族）文化源于中华民族传统文化，现在的海外华人文化与中华民族传统文化有一种天然的亲近感。其区别在于：现代海外华人文化已是各所在国多元文化的一个组成部分，它融合了其它多种文化。

这样，人们完全可以加强华族文化与中华民族传统文化两者之间的关系，并使之对双方有益。

然而，总体来说，华人文化与中华民族传统文化的关系正趋于疏淡。

2. 如何看待华人（族）文化与当地主体

文化的关系？

对于邻族而言，华人由于它的文化凝聚性，从而易于造成一种“不可同化”与“国中之国”的感觉。对于华人自身而言，他们往往有一种文化优越感。这样，华人文化与当地文化之间的矛盾是不可避免的，有时甚至是尖锐的。

由于文化并不只是一种理念，作为一种价值观念的体现，它必然反映出人们的政治倾向。东南亚的华文教育、报刊、文学、华人信仰等方面的变化首先是由于华人身分的变化。华人（族）文化与当地主体文化的关系状态也反映出华人（族）与当地多数民族或国家政治之间关系的情势。正因如此，两者之间并没有一条平坦的路可走，它需要相互的宽容与主动的奉献精神。

3. 如何看待华人文化的国际化？

由于散居于不同国家的华人具有共同的文化源，以及近些年来华人之间国际性的文化活动的频繁，华人文化具有国际化的倾向。这种文化上的国际化打破了疆界的藩篱，具有把不同国度里的华人某种意义上联结在一起的意义。这种联结成为所谓“华人经济圈”的重要背景。

华人文化的国际化无疑具有积极的意义。文化的活跃有利于华人的发展，华人力量的壮大又可带动华人当地化的进程。

华人文化国际化的现象虽然给族人带来了文化认同的喜悦，但是它远远没有乐观到让人感到会形成一个“东南亚华人共同体”或“世界华人共同体”的程度。跨越国界的文化交流仍然受到来自“国界”的强大制约。

4. 如何看待华人文化与华族发展的关系？

东南亚华人的每一步发展都是与自己文化的发展相联系的。华人的文化被排斥或毁灭，华族则隐于低落。一些华裔不承认自己为华人，原因即在他们身上除了流有华人的血脉之外，并无任何其它华人群体的归属感。

可以相信，一旦华族普遍认识到应当作为一个族群而存在与发展，或作为一个族群而有利于自己的发展，那么，华人文化必有自己的复兴、发展之日。

东南亚华人文化的发展将主要依各国的政治社会环境而发展，并不存在统一的格式。虽然这里的华人似乎与北美的华人形成了两大特色鲜明的群体，人们呼吁对两者进行比较研究，但是现在更重要的还在于对各国华人变化状况（包括文化方面的）进行切实的调查分析。文化的彷徨使华人处于一个选择的十字路口。年轻一代华人文化观念的淡薄是喜是忧，既是学者们研究的重要课题，也是华人社会面临的一个挑战性的课题。

（摘自《华侨与华人》1994 年第 2 期）

加拿大多元文化政策对华人社会的影响

加拿大是美洲仅次于美国的华人第二大移民国，在全国 2600 万人口中约有 75 万华人。华人现在主要集中在加拿大的一些大城市，如多伦多已拥有 30 万华人，温哥华的 56 万人口中华人占 27%。一些人口学家预言，到本世纪末，华人将占这些市区人口的 40%。由于加拿大实行了多元文化政策，华人社会近一二十年来也发生了很大的变化。这种变化是多方面的，主要表现在，华人更完整地保存了祖国的生活和文化特点，在社会生活的各方面拥有更多的发言权来反映华人的意见，维护华族的利益；华人移民推动了加拿大经济的发展，华人参政取得重大突破。

实行了多元文化政策以后，白人中有种族歧视思想的人减少了，同时由于中华人民共和国国际地位的提高，新一代华人大多数受西方教育，会说英语，华人在加拿大的整个生活起了变化，享有加拿大公民的全部权利。新一代华人已直接参与加拿大的各行各业，和白人一起为建设加拿大作出贡献。

多元文化政策也给华人开展各种弘扬中华文化的活动提供了合法依据。在加拿大几乎凡有华人100人以上的城市就形成唐人街，唐人区一般都位于城市的中心或热闹的商业区，那里商场林立、店铺成群，集中体现了中华风情。

各地的唐人街尽管其规模大小和人口多寡不等,但都办起了中文学校和中文补习班。加拿大各级政府采取措施资助少数民族开办旨在发扬本民族文化传统的教育事业，有的设公立学校，

其次，实行多元文化政策后，华人在社会生活的各方面拥有更多的发言权，以反映华人的意见，维护华族的利益。同时，加拿大政府凡有重大国事问题也都广泛咨询华人社区意见。在去年3月份加联邦修宪咨询委员会就修改联邦宪法问题，就先后征询温哥华中侨互助会及全加华人协进会对未来修宪的意见。

（摘自《华人之声》1994年第3期）

儒家文化推进了新加坡现代精神文明

新加坡经过三十多年的奋斗，不仅使其经济腾飞，在现代物质文明建设方面取得使令人叹服的成就，而且在现代精神文明建设方面同样取得引人瞩目的成就。现在新加坡经济繁荣、人民富裕，而又环境优美、安定有序，为世人所称道。

李光耀总理在领导新加坡进行现代文明建设实践中高瞻远瞩，不仅重视物质文明建设，而且也注重精神文明建设，提出用儒家文化中的积极因素，抵制西方文化中消极因素的影响。李光耀总理这一决策的社会文化背景是:“新加坡是一个以华人为主体的亚洲小国，随着其国家高速的现代化进程，这个小国正面临西方生活哲学渗透的种种危险。具有华人传统文化思想的李光耀总理，敏锐地觉察到只有儒家思想，特别是只有儒家的道德伦理观念，才能消除物质文明所带来的精神危机，因而作出了推行儒家思想的决策。”

1982年2月，新加坡第一副总理兼教育部长吴庆瑞博士宣布将儒家伦理作为中学三、四年级道德教育的选修课程。

推行儒家伦理教育的目标是：“（1）把适合社会的儒家伦理价值观念灌输给年轻的学生；（2）使学生成为有理想又有道德修养的人；（3）介绍华族固有的道德文化，从而使学生认识自己的根源；（4）培养学生积极的、正确的人生观，使学生将来能够过有意义的生活；（5）帮助学生建立良好的人际关系。”

1982年以来，新加坡开展了多次高水准的儒学研讨活动与国际性儒学会议：

第一次是1982年为编写儒家伦理教材邀请八位儒学专家到新加坡访问，在访问期间，这些著名儒学专家与新加坡国立大学从事儒学研究的专家进行儒学伦理与现代化等问题的研讨。

第二次是1985年7月31日至8月3日，经刘述先教授筹划，由东亚哲学研究所主办，在新加坡举行了一次国际性儒家伦理研讨会，国际著名儒学专家、美国哥伦比亚大学陈荣捷教授、余英时教授、杜维明教授、台湾东海大学蔡仁厚教授、香港中文大学劳思光教授以及来自美国、英国、挪威、韩国、香港、台湾和大陆的学者参加了研讨会。陈荣捷教授作了“新儒学与现代世界”、劳思光教授作了“以普遍性与具体性探索儒家道德”的主题讲演、其他与会学者分别作了有关儒家伦理的专题发言。这种关于儒家伦理的国际会议在新加坡尚属首次，引起各方的关注。刘述先教授将会议提交的论文，编为《儒家伦理讨论会》一书，在新加坡出版发行，进一步扩大了儒家伦理在新加坡的影响。

第三次是1988年8月29日至9月3日，经杜维明教授筹划，由东亚哲学研究所主办，在新加坡召开的第二次国际儒学研讨会，这次研讨会的主题是“儒学发展的前景与问题”。参加研讨会的有美国的杜维明、余英时教授等，加拿大秦家懿教授、台湾大学傅佩荣、东海大学蔡仁厚、政治大学沈清松，中国大陆学者南开大学方克立教授、北京大学陈来博士等。这次国际儒学研讨会较1985年第一次国际儒学研讨会，一是规模大，有40多名知名儒学专家参加；二是范围广，会议分三大类问题：（1）儒学传统的内在资源及其限制；（2）西方现代文化对儒学传统的挑战；（3）儒学发展的方法问题，对十六个专题进行讨论；三是影响深，这次研讨会各种观点交锋，将研讨引向深入。这次国际儒学研讨会，不仅对新加坡的儒家伦理的推广与普及，而且对新加坡及国际儒家的研究，都产生了深刻影响。由此我们可以看出，李光耀提倡儒家文化有着多么深厚的历史、文化、民族感情，也说明儒家文化在海外华人中的深刻影响。从中可以看出儒家文化在以华人为主体的新加坡现代文明建设中的地位与作用。

（摘自《北京社会科学》1994年第1期）

关于华文教育

东南亚华文教育的现状及发展路向

（一）东南亚华文教育的现状

当前东南亚各国的华人子女，除印尼外，基本上都有机会在正规学校里学习华文，即在业已被纳入当地国民教育轨道的华文小学里接受华文教育，少数国家的华人子女还可在华文中学里接受华文教育。这与欧、美、澳、非各地只能在课余时间学习华文的情况，有着很大的不同。但除马来西亚的华人“独立中学”仍能保持华文为第一水准，新加坡的四所华文小学和九所特选中学实行华文与英文并列为第一语文外，其他国家的各种华文学校，华文都处于第二或第三语文的地位，仅作为一门语言文字课程开设，甚至仅在小学阶段开设，其他课程都禁止使用华语教学和采用华文教材。这又与战前的华侨教育有着很大的区别。

（二）东南亚华文教育面临的困难和问题

由于长期以来东南亚各国实行限制、禁止华文教育的政策，其所产生的后果在短时间内难以改变，原来华侨教育的基础难以恢复；加上当前种种客观环境和条件的限制，致使华文教育在复苏、发展的过程中，也存在着种种的困难和问题，主要有如下几方面：

1. 华文教学时间少，学习年限短，小学与中学不衔接，学习效果差。

2. 华文师资不足，教学水平不高，教学质量低。

3. 缺乏适用教材，未能引起学生的学习兴趣。

4. 办学经费短缺，教学设备和条件较差，影响了教学质量的提高。

5. 更为重要的是，由于数十年来在各国融合、同化政策的影响下，不少华裔父母又是在当地出生的第二、三代，本身已不懂华文华语，保留民族文化特性的意识也已淡薄，许多人已失去了要子女学习华文的观念。

因此，当前东南亚各国华文教育的发展，

都普遍面临如何迅速提高华文学校的办学水平，保证华文教育质量，以提高华人子女学习华文的积极性，增强华人家长对华校的信心，从而稳定和增加华校生源的严峻问题。

（三）东南亚华文教育的改善措施和发展路向

上述种种问题和现象的存在，将影响着东南亚华文教育发展的前景，也将影响着中华传统文化在海外炎黄子孙中的世代承传和发扬光大，因而引起了各国华社的普遍关注和重视。近年来，东南亚各国华社已陆续采取一些改善华文教育的措施。

从现实情况来说，东南亚华文教育的当务之急在于迅速提高华文教学质量，建立和提高华校的声誉，以吸引广大华人子女踊跃进入华校就读。而提高华校教学质量的关键在于提高师资的水平和教材的质量，这除了主要依靠各地华人的共同努力之外，还需有中国大陆的大力协助。

从发展的眼光看，东南亚华文教育首先必须确定其发展的路向，明确努力的目标。从现实出发，东南亚华文教育的发展和振兴，既要从保留中华民族文化特性、继承民族优良传统的大视野来考虑，也要从适应华人“落地生根”、能在当地生存和发展的实际需要着眼。兼顾“保留特性”和“适应需要”两个方面，应是海外尤其是东南亚华文教育发展的着眼点和落脚点，也应是东南亚华人社会在争取民族权利方面的一个奋斗目标。

据此，当前以至未来一个时期内，东南亚华文教育发展的路向和目标，应努力争取实现从小学到中学都能实行“双语教育”制度。

（摘自《东南亚研究》1993年第3期）

东南亚华文教育的重要作用

二战后四十多年间，东南亚的华文教育由衰转盛，又由盛转衰，现在，它又由衰微中奋起，转向复兴，走过了一条波浪式的大起大落的发展道路。战后东南亚华文教育发展的这种艰难曲折现象，为我们提供了一些值得思考的问题，也使我们从中得到一些有益的启迪。

首先，我们应该从世界性的高度去认识华文教育。

80年代以后，由于中国经济的繁荣发展，对外各种经济贸易活动的加强，加上使用华文的台湾、香港、新加坡经济的崛起和对外的大量投资及贸易活动，华文已成为世界各国，特别是东南亚地区的主要经贸语言之一。

使华文成为世界语文，这是一个崇高而远大的目标。华文教育必须围绕着这个目标，为实现这个目标服务。为此，我们必须从世界性的高度去认识华文教育。我们应该看到，现在，华文教育已不仅仅是一种民族语文的教育，同时，它也是一种世界语文的教育；我们今天从事华文教育，是为往下世界华文地位的上升创造条件，是一项前期性和世纪性的工程。

其次，我们应该重新检讨华文教育的目的。

过去，我们都把华文视为中华文化的载体，只看到它的文化传播功能。这是50年代以后各国华文学校的生源逐渐减少，华文教育逐步衰落的主要原因之一。

现在，东南亚华文教育之所以复兴，当地政府和华人子弟之所以改变对华文教育的态度，主要都是出于经济方面的考虑。这种情况说明，华文的经济功能已经大大增强，并且超过它的文化传播功能。

华文功能的改变，要求我们必须以一种新的高度和新的眼光去看待华文教育，华文教育的目的也必须因应这种变化而进行改变。今天，我们开展华文教育，不仅仅是为了传播中华文华，更主要的是为了培养华文人才，加强中外经贸往来，促进双方经济的发展。

再次，我们应该重新考虑华文教育的对象和主办单位。

华文的经济功能既然已超过文化传播功能，成为一种经济和贸易的语文，那么，要求学习华文的人就会不仅仅是华人，许多其他族裔的人为了经商、办企业，或者是为了求职谋生，都必然会要求学习华文。我们必须跳出“华人办华文教育”这种旧的思维模式。不要一讲华文教育，就想起海外华人，而把各国政府和社会团体办的华文教育排除在华文教育的范围之外。

总而言之，华文教育是一件牵涉面广的工作，它不仅关系到中华文化在海外的传播，以及海外华人保持自己民族特性的问题，还关系到我国对外经贸活动的发展，经济的繁荣和国家的昌盛，是一件意义重大的工作。我们应该用这种全新的角度去看待华文教育工作，采取一些切实可行的措施，努力使它更加繁荣起来。

（摘自《华侨与华人》1994年第3期）

马来西亚华文教育的现状及面临的问题

（一）华文教育有广泛坚实的基础

马来西亚华人的先辈在数十年前就非常重视华文华语教育，把它视为保存民族文化，捍卫民族权益的大事。虽然生存在三大民族共处的国家里，以马来语为国语，发展华文教育曾经成为敏感问题，但仍然不屈不挠地捍卫华文教育权益，使母语教育得以保存和发展，尤其是四五千个华人社团都以发展华文教育为己任，竭力发动会员捐资捐物赠土地兴办华文学校，使得许多华文学校得以广泛建立起来，而且颇具规模。目前全马有华文小学1280年，在读学生70多万人，独中（华文中学）60所，在读学生6万多人。学校的设施建设也相当可观，较之公办学校并不逊色。应当指出的是：马来西亚的华文教育是有组织领导保证其正常运行的。各个华校都有董事会和教师会，分别负责筹集资金、决定办学方针和教学行政工作。在全国则成立马来西亚华校董事会联合总会（简称董教总），负责筹集办学经费和商讨办学大政方针。同时全国也成立马来西亚华校教师总会（简称教总），负责交流教学和保护教师权益。虽然这两个团体是全国性的民间组织，由于一贯致力于发展民族教育事业，维护民族教育，故深受华社赞美而具有威望。上面的事实充分说明马来西亚的华文教育事业是有广泛坚实的基础的。

（二）华文教育面临的问题

1. 华文小学面临硬件设施不足，不能满足社会需求。尤其是城市华小，处处“爆棚”（人满）；有些新建住宅区亟待建校。近年许多非华裔家长要求送子弟入华小就读，情况更加突出。据《星州日报》载：目前已有两万名非华裔子弟在华小念书，但因为设施不足，不但非华裔子弟就读难，就是华裔子弟也满足不了，这个问题已引起社会关注。新闻部长拿督莫哈米拉也表示希望政府能够解决安排更多的非华裔子弟进入华小读书问题。为何非华裔家长要送子弟读华小呢？非华裔子弟读华小或独中回家之后，家长发现较有礼貌，懂得尊敬父母。这是同华校宏扬中华文化之传统美德有关。

2. 独中不能满足华小升中学需求。全马60所独中，每年招收升中学的华小毕业生，最多仅达15%，远未能满足需要。

3. 长期以来没有一所华文大学，独中毕业学生在国内升入大学事实上十分困难，而往国外升大学，经济负担又很重，每月生活费用学杂费用要二三千元，一年就是二三万元，据马来西亚教育部公布，全国有七八万人到国外读大学，其中大多是华人，所以华人社会长期以来十分希望能有华文大学，这是十分实际的问题。

4. 董教总与马华公会对发展华文教育意见不一致，力量受到削弱。

（摘自《东南亚研究》1993年第3期）

菲律宾振兴华文教育的呼声和努力

华文教育的急剧衰落引起了部分华族人士的忧虑，他们担心长此下去，华族将失去自己的民族文化之根。进入80年代以来，热心华文教育的人士大声疾呼："没有华教，就没有华社"；"华教兴衰，匹夫有责"；华社要团结起来，"振兴华文教育"。有人还提出了振兴华文教育的建议和方案。认为菲华社会人士要怀有"华教兴衰，匹夫有责"之心，动员起来，从几个方面努力：

1. 成立华文教育研究机构，编辑新教材。他们认为菲华文教育衰落的原因之一是教材与现实脱节，集菲华社会教育界、文化界的精英及教学第一线的教员，成立一个全国性的华文教育研究机构，到全菲各地的华校作学生学习质量的抽样考察，并调查研究各校的教学情况。对所得的第一手资料进行综合分析，并结合菲律宾的一些具体情况，聘请国内外的专家协助，编写适合于当前实际的华文教材。教材应编两种，一种是水平较高的"甲种本"，供一些受中华文化熏陶较深、对华文兴趣较浓、学习成绩较好的学生使用。另一种是简易通俗的"乙种本"，供那些"到华校来学习中国话"和华文基础较差的学生使用。真正做到"因地制宜""因材施教"。为了检讨教育效果，华文教育研究机构还应不定期举行全菲华校的统一命题考试。该机构还应编印"华文教育通讯"月刊或半月刊，作为机关刊物发行到各华校，报道教改动态，介绍先进经验，表彰优秀教师，并经常举办各种研习会，举行各类的评比和竞赛，以激发学生的学习积极性和教师的工作热情。

2. 尊师重道，提高华文教师的地位和待遇。菲律宾华文教师严重缺乏，一是具有相当华文水平的人比较少，再是因待遇低，没人愿意当华文教师。因此，要想让教师把全部精力投入到教育事业中，首先就要帮助教师解决经济上的困难，使他们无后顾之忧。

3. 建立华文教师培训中心，使华文教育事业后继有人。菲律宾目前有129家华校，超过10万名学生，但却没有一家专门为华校输送师资的华文师范学院。为了使菲律宾的华文教育事业后继有人，必须建立一个华文教师的培训中心，已故著名华人学者施振民博士曾设想在菲律宾的某大学建立一个华文教育系或专业，为华校培训中英文贯通的新型教师，并招收硕士研究生，为华校培训校长教务主任等行政管理人才。他曾为此拜访菲华社会著名人士，与各方交换意见，极力推动这一计划的实施。不幸的是"出师未捷身先死"，这一计划还未付诸实施，病魔就夺走了施博士的生命。近年来又有人重提施博士当年的计划，以期有人继承他未竟的宏愿。

令人欣喜的是，重视华文教育的呼声不仅来自华族，一些非华族人士也认为，中国的改革开放政策使中国经济迅速发展，加之香港回归中国，海峡两岸关系缓和，中国在国际舞台上的作用越来越重要。随着中国与东南亚各国关系的改善，经贸活动的密切，华文的实用价值在提高。菲著名经济学家末那洛·维礼牙士认为，中国普通话已成为亚洲地区的"功能语言"，在亚太地区，中国的普通话远较英语管用，亚洲的三个新兴工业国家与地区（台湾、香港、新加坡），普通话是华人唯一可以沟通的共同语言，而且秦国、马来西亚、印度尼西亚也有大量华人，还有12亿人口的中国大陆，如果菲律宾华人从事国际性商业活动，占便宜的地方是到亚洲许多国家接洽 生意，语言上没有障碍，人际关系上已除去了一层隔膜。同时他还分析道，在菲律宾未来经济发展中华人将扮演重要角色。菲华人、尤其是年轻一辈，不应只重视英语英文，普通话与华文同样重要，所以华文教育水准，非但不应任其式微，而需要加强。这一观点揭示了近年来东南亚华文教育重现生机及世界各地“华文热”的根本原因。

华文教育已突破了传统的意义，华族从民族文化“寻根”出发的呼吁，非华族人士从世界各族文华交流角度的倡导，特别是华文实用价值的提高，都将给包括菲律宾华文教育在内的海外华文教育注入新的活力。

（摘自《东南亚研究》1993 年第 1/2 期）

关于大陆与台港澳的经济合作

大陆与台、港经济合作的走向

为了使海峡两岸和香港经济合作的道路越走越宽广，从当前的实际情况出发，应采取下列措施：

1. 拓展资金相互渗透的层面。大陆与台、港之间的经济合作，过去是、今后仍然是以资金相互渗透启动的。资金——经济活动的血液，始终是实现经济合作的根基。大陆要继续改善投资环境，积极引进包括台资、港澳资金在内的外资；同时，要创造条件进入港澳以至更加宽广的区域去发行有价证券。

2. 实现产业结构的合理化。产业结构的状况决定了区域经济合作所能够产生出来的竞争力。对在过去十几年中华南省份（特别是广东省）与港、台之间所形成的产业结构需要加以调整，使它走向合理化。从产业结构均衡性方面说，在 90 年代，应当在三大产业同时进行合作的基础上，把对第三产业的合作列为主要内容，改变过去仅偏重于加工制造业为合作内容的状况。再从产业结构高度化方面说，要积极引导“三来一补”逐步提高到“三资”企业上来，和从事技术层次较高的经营。还要加强合作发展原材料、零部件、元器件这个重要方面的生产。

3. 加快科技合作的步伐。海峡两岸与港澳之间的经济合作，目的在于提高中国的国力。要把大陆方面具有雄厚的科技基础和丰富的人力资源的优势，同台、港方面具有的科研资金充足、信息资讯发达和营销市场畅通的优势结合起来。使大陆能够提高科研成果商品率，把新的科技产品和成果打进国际市场；同时，使台、港得以利用大陆的科技力量建立新的产品企业。达到双方都能提高科技水平的目的。

4. 形成主干线并逐步连网成片。在海峡两岸与港澳的经济合作发展过程中，有部分经济小区发展程度较高，如以广州、香港为主轴的珠江三角洲经济小区等。要让这些发展较快的部分发挥主干线的作用。尤其要继续发挥香港作为联接大陆与台湾的中介的特殊作用，以便做到逐步向纵深推进，最终连网成片，充分体现这种经济合作取得的成效。

5. 把实现彼此的经济对接置于重要的地位。两岸与港澳之间发展经济合作，都存在着一个经济对接的问题。对接的实质就是政策上的对接，也即彼此都要尽量做到按国际惯例以实行具体的经济政策，藉以构建经济交往关系。在这个方面，大陆尤其需要采取措施及早补上。

6. 尽快构建经济促进机构。随着海峡两岸与港澳经济关系的发展，客观上要求成立能起协调作用的机构。包括能从总体上协调大陆、台湾和香港的经济关系的经济促进机构，以及能从某个领域协调各方经济利益的机构。比如，构建科技合作机构，以作为统筹、协调、咨询与服务的一种组织，将可以促进科技合作方面的进展。

90年代是在世界经济区域集团化大趋势下国际经济竞争更加激烈的年代，也是对中华民族特别重要的年代。在大陆与港澳方面，按照“一国两制”的大政策，双方的经济合作关系将有大发展；同时，大陆与台湾的经济交往也可能出现新的发展趋势。可以预言，在我们选择合适发展道路的条件下，海峡两岸与港澳必将以其经济合作的新成效，迎接着未来的挑战，创造中华民族光辉的明天。

（摘自《华南师大学报》1994年第2期）

进一步发展“两岸三地”的经济合作

进一步发展大陆、港澳、台湾（简称“两岸三地”）之间的经济合作的基础。其主要表现在以下几方面：

其一，有明显的经济互补关系。因经济互补关系显著而产生的较大的比较利益，是各种经济体联合的纽带。大陆具有丰富的资源、人力和广阔的市场，有完整的国民经济体系和相当的工业基础及科技力量，但是缺乏资金、技术和管理经验。港台资金充足，外汇储备多，技术、加工装配和经营管理以及行销能力等是其强项。香港是远东地区的国际金隔中心、运输中心和信息中心。海峡两岸的产业结构处于不同的发展阶段。总之，由两岸三地经济发展水平和要素禀赋差异决定的分工形态，具有明显的互补性。港台的一些劳动密集型产业，在国际竞争的压力下已开始向大陆转移，而且还将进一步转移。

其二，有相近的市场机制。经济运行机制是经济运行最重要的外部环境。台湾与港澳同是资本主义市场经济，中共十四大明确提出发展社会主义市场经济，使得两岸三地之间各种经济活动具有相同的市场经济运行机制，有利于合作的顺利开展。

其三，有整合的可能。10多年来，两岸三地的经济合作关系发展迅速，并已达相当规模，除了贸易和投资以外，科技合作、劳务合作、人才交流等各层次的合作都在展开，部门间、地区间松散的合作组织也在尝试中，各种低层次的、局部的经济整合将是走向经济活动区域化和集团化的先河。

最后，两岸三地同为中国人，地理接近，人文相通。香港和澳门分别将于1997年和1999年回归中国并成为特别行政区。海峡两岸正式经贸交流及合作的道路已为“汪辜会谈”所开辟。中国要统一，已不只是人心所向，炎黄子孙都在为此而努力。所以，两岸三地在经济上的融合已成为历史发展的必然趋势。

（摘自《亚太经济》1994年第3期）

走向自然经济疆域的中国大陆与港台的经济关系

（一）中国大陆与香港、台湾之间互补的经济关系

中国大陆与香港、台湾走向自然经济疆域的根本性原因是它们之间互补的经济关系。这种互补关系分为两个方面：一是生产要素的互补；二是发展战略上的相互配合的依赖。分别叙述这三个经济体的具体情况如下：

1. 中国大陆的经济特点

中国大陆幅员辽阔，具有矿产资源和能源资源的优势，可利用作各种经济开发的土地面积远远高于台湾和香港。

中国大陆属发展中经济，人口众多，人均国民收入相对较低，而二元经济的特征非常明显。

中国大陆经济体制的特征：过去的工业

化进程都是在高度集中的计划经济中实现的。自1978年以来，中国大陆对原有的计划经济体制进行了改革。经过10多年的摸索，目前已确定了社会主义市场经济的改革目标，进一步为发展市场体系，建立市场运作规则，完善法制而努力。

在对外经济方面，中国大陆1992年的进出口总额为1656亿美元，贸易依赖度达39%，其中出口850亿美元，进口806亿美元，显示在对外开放之后中国大陆经济已高度依赖国际市场，出口的主要市场亦集中在亚太地区。对外经济中的另一个特点是大力吸收外来直接投资。地区之间发展很不平衡是中国大陆经济的一个特点。从总体来看，东部地区在目前的经济发展中起着主导作用，同时也是整个中国大陆与国际市场联系最密切的地区。中部地区紧随东部的发展，具有承东启西的地位，西部地区则在积蓄条件，为未来的大规模开发作准备。

2. 台湾经济的特点

作为新兴工业经济的台湾，在地理上由台湾本岛和其他附属岛屿组成，幅员较小，缺乏工矿资源，人口密度高，但教育程度较高，是新兴工业化经济。台湾对外贸易额占CNP的80%，是个高度依赖对外贸易的经济。

从产业结构来看，1991年台湾的CNP中第一产业的比例为4.4%，第二产业占45.6%，其中制造业占37.3%，第三产业占50%。

在制造业中，随着台币升值和工资上升，传统的制造业重要性下降，劳动密集型产业在岛内难以生存而大量外移。

在对外贸易方面，在未来发展中，台湾对美、欧市场的扩展受到限制，而对中国大陆市场的出口将快速成长。在进口方面，由于技术上高度依赖日本，对日贸易的大量逆差难以改变。

在经济转型的基础上，台湾当局考虑到面对日益强烈的国际竞争和进一步开放的压力，以及由于血缘、地缘和特殊的文化背景造成与大陆经济的结合不可阻挡的趋势，决心把台湾建设成高度自由开放的经济实体，配合台湾资金、人力、区位的优势，结合大陆及亚太的经济资源，吸引大规模投资，逐步把台湾发展成兼具研发制造中心、金融中心、交通中心等多重功能的亚太营运中心。这将成为未来台湾经济发展的战略。

3. 香港经济的特点

香港是亚太地区又一新兴工业化经济，1992年人均国民生产毛额达1.6万美元。香港幅员狭小，但具有天然深水良港，又处于国际航道要冲，是个港口型城市经济。

与自由港经济相适应的是香港作为贸易和国际金融中心的发展。天然良港的条件，使香港从本世纪初就成为转口港，贸易的发展要先于制造业的发展。

从国际经验来看，香港由于市场狭小，企业资本不能雄厚，大部分制造业只能通过改造和提高传统工业，逐步向技术相对密集型的方向调整，而其他的则向生产成本更低的地区扩散，在香港保留经营和开发的功能。

（二）中国大陆与香港、台湾走向自然经济疆域的契机及原因

过去不仅香港与中国内地的经济关系具有单向性，香港与台湾之间的经济关系也有一定限度，而大陆与台湾之间则没有经济往来。使这三个经济体走向自然经济体疆域的契机是中国大陆的改革和对外开放，台湾海峡两岸走向缓和，并开始了民间和经贸往来，以及香港、台湾本身所面临的经济转型。

对外开放表明中国大陆在经济发展中把国际市场和国际资源与内部市场和资源一起考虑，甚至于在某种程度上优先考虑利用国际市场和国际资源。这都为引进香港和台湾更有优势的生产要素，使之与大陆本身的生产要素相结合创造了条件。

在海峡两岸的共同努力下，两岸关系在80年代中实现了缓和。两岸之间目前虽然由于政治上的障碍尚未实现三通，但经济上基于互补互利而形成进一步关系密切化的趋势则是不可阻挡的。台湾方面用“结合为一体”，来形容没有建制安排的情况下两岸经济相互依赖程度的提高，及生产要素结合程度的增大，是十分贴切的。

中国大陆与香港、台湾走向自然经济疆域的原因除了它们之间经济条件的高度互补地缘相近之外，一个重要的原因是这三个经济体的人民享有共同的历史文化背景，从而使经济活动中的相互理解与相互利用相对变得容易，使这三个经济体之间的关系有可能超出其它经济体的关系，走向自然经济疆域。

（三）目前中国大陆与香港、台湾之间的经济关系

由于在地利、人和上的优势，香港对内地的投资从中国大陆对外开放起就开始了，到80年代中期进入高潮。

在投资方式上，最早流入内地的港资以“三来一补”，利用大陆低廉的土地使用和劳动成本为主要目的，作为香港出口商的承包生产单位，以降低生产成本。因此，投资主要集中在制造业，多为劳力密集和外销为主的行业。地点又都集中在与香港毗邻，交通便利，语言风俗相同的珠江三角洲地区。此类投资多属短期性质。

1992年中国大陆开放内销市场，改革与开放也进入到新的阶段，香港在内地的投资也随之发生了变化。在制造业的投资上，扩大到日用消费品等瞄准内地市场的项目，并开始建立内地的销售点和销售网络。之外，还加强了对内地房地产的投资。

另一方面，中国大陆与香港之间资本的流动并不是单方面的。在发展过程中内地需要利用香港有利的区位及高度国际化的优势、良好的服务及高效率来为内地的发展服务，也出现内地对香港的大量投资，向投资项目多样化，投资方式多元化的方向发展。

与香港不同的是，由于海峡两岸之间政治障碍的存在，台湾与大陆之间的经贸关系起步晚，然而发展的速度却很快。到目前为止，台湾还未能开放与大陆的直接通商与通航，但这并未阻止两岸间经济依赖程度的加强。虽然目前大陆向台湾投资尚不可能，但台湾向大陆的投资热潮滚滚，台资已成为大陆第二大投资伙伴。

从在中国大陆的直接投资来看，台资和港资 具有一些相同的特点：投资中制造业项目比例很高，约达77%，投资项目多为劳力密集型产品，目的在于利用大陆地区低生产成本。据调查台商在大陆的生产成本可节省20—25%，投资毛利率约为34%，投资项目亦以出口加工业为主，平均出口占产值比例的80%，一般采取香港订单，台湾提供技术及资金，大陆提供厂房及劳力的合作方式。

从投资地域来看，台资在华南地区因语言、习俗相近、开放程度较高而相对较为集中，但其他地区也有分布。随着中国大陆的改革开放重点转移到上海浦东地区，台商投资也有向东部沿海地区和长江流转移的趋势。

自1992年中国大陆开放内销市场以来，台商出现大量的进入大陆市场为目的的投资，投资规模扩大，领域涉及食品、日用品、化学、建材、汽车、机车、光学仪器、个人电脑、电子零组件等等。除制造业外，房地产及基础设施的建设方面都有涉及。

（四）未来的发展趋势

中国大陆的经济已经开始起飞。在向市场经济改革的过程中，所有体制所压制的能量将进一步发挥出来，具有在较长时期内保持高速增长的前景。对外开放的方针不仅不会改变，而且中国进一步参与国际分工势在必然。在整个对外经济关系中，中国大陆与香港、台湾的关系具有重要意义，它们是重要的贸易伙伴和最大的外来投资者。

作为一个高度国际化的金融、贸易和运输、信息中心，并具有一定制造业基础的香港，要在亚太经济中保持自己的繁荣，必然会继续国际化，并进一步以大陆为腹地。

向亚太地区营运中心方向发展的台湾，必然要利用其区位和产业发展居于发达和发展中经济的中介地位，进一步落实自由化、国际化的政策，引进和开发先进技术，输出已不适合继续生产的产业资本，实现产业升级。在这过程中，对大陆的经济政策由消极转为积极也势在必然。

由此，这三个经济体走向自然经济疆域的趋势将更为明确，虽然目前看不出它们之间出现制度性安排（如自由贸易区和关税同盟等）。这种经济关系的发展仍然主要是由微观的经济单位所推动。大陆本身的市场扩展及低成本生产要素是香港、台湾发展这种经济关系的强大诱因。利用香港和台湾的条件优势则是大陆方面发展这种经济关系的原因。这种经济关系的特征主要以资本的流动带动产业分工，使这三个经济体的生产资源得到更优的配置。从产业的角度来看，制造业、技术的研究和开发、服务业以及基础设施将成为合作的主要内容。

（五）对政策规划的建议

由于高度互补关系，中国大陆与香港、台湾之间的经济关系将更为紧密。这种走向自然经济疆域的态势不仅有助于改善这三个经济体本身的资源利用效率，而且使它们形成更多的共同利益。在形成分工体系后，更会结合成一体参与国际竞争，提高在国际经济中的议价能力。对此，除了乐观其成之外，对越来越深入和复杂化的经济合作，大陆应根据整个国民经济发展的目标与状况，加以规划和调控，而不应听其自然，流于只受地区利益和微观利益的支配。为此，提出一些粗略的规划框架是必要的。

1. 制订产业政策。除一般性地吸收劳动密集型的投资，确定那些具有发展前景及产业关联度高的项目，是香港和台湾资本有可能投资的，在与国际资本比较的条件下，确定重点吸引的项目。

2. 地区政策。中国大陆目前地区间的差距已经形成。对外开放和外来投资使这种差距进一步扩大。保持地区间的平衡发展应是国民经济稳定发展中所追求的目标，但在对外开放中，地区间的平衡发展无法通过行政的手段来达到，而只能通过市场机制，通过落后地区投资环境的改善，吸引资本向该地区流动，起到促进发展的作用。

（摘自《亚太论坛》1994年第2期）

海峡两岸经贸合作的作用

80年代以来，两岸经贸合作有了很大发展。两岸间接贸易额的迅速增长是由于贸易中绝对利益、比较利益的推动；投资的扩大和经济交流与合作的发展，也是因双方都能在投资中取得利润及其他形式的经济与社会利益。几年来台商投资大陆热潮不减，间接贸易增长较快，到1993年上半年止，大陆共批准台资企业15136家协议金额达136亿美元；间接贸易就1993年1月至11月达到121亿美元，创历年最高纪录。具体而言，两岸经贸合作带来如下几个方面的好处：

1. 弥补了资金缺口，促进国民经济的增长。据台湾学者研究，台湾对大陆转口输出与岛内各产业的产出变动量之间有较强的相关性。一般维持在1：2的固定比率上，即是说，台湾每增加一个单位的转口输出就会相应增加两个单位的产出。由此推算到1991年底，转口输出到大陆而诱发的产出增加数累计达350.54亿美元，占台湾GNP比率4.03%。另据大陆学者测算，外商直接投资每增加一个单位，人均GNP将加1.984个单位，国内储蓄可提高4.34个单位。两岸经贸发展已成为促进双方经济增长的一个重要因素。

2. 可推动产业结构转换，有利于合理配置要素资源。目前，台湾转口大陆的商品以制成品为主，台商投资也集中在第二产业。这类产业关联性作用强，具有带动上、下游产业发展的功效。同时，台商投资大陆使一些比较优势已经或正在丧失的产业找到了生存空间，使之能够有力量发展资本和技术密集型产业、增进产品的技术集约度，适时地提供了现阶段台湾产业发展瓶颈的缓冲期。

3. 互为对方提供市场，促进贸易地区的多元化。台湾进出口市场以日、美为主。近年来，在美国压力下，新台币大幅升值，同时美国要求台湾放开岛内市场。在这种情况下，台湾一方面向外转移产业，加速对外投资进程，诱发贸易顺差转移，以遏制因贸易出超长期失衡带来的负面影响；另一方面，通过实施贸易地区多元化策略，扩大对香港尤其是中国大陆的转口输出，促使输美产品比重不继下降，目前大陆已成为台湾第四大贸易伙伴。1994 年两岸间接贸易估计可达 200 亿美元。

4. 扩大商品返销比率，推动投资循环模式的深化。目前台资企业的返销比率有所提高。当前大陆转口输台产品有 1/3 以上是由台资企业创造的，这对弥补大陆对台贸易逆差，稳定双方经贸关系有促进作用。另据在大陆投资的台商反映，台资企业在大陆投资可多获利 10%—15%以上，仅 1991 年台商在大陆所赚的钱就达上亿美元；汇回岛内的投资盈余也成倍增长，促使台湾资本输出迅速扩张，使台湾一跃而成为世界第 5 大对外投资地区。

5. 加强了两岸经济的互补性，促进“中华经济圈”的进程加快。现阶段，两岸经济的互补关系主要通过台商投资、两岸转口贸易和相应的技术转让、产业协作形态来体现的，也就是以大陆相对丰富的资源支持台湾经济发展，使之能够改变对外国资源长期依赖的局面，增进经济发展的后继力。同时，大陆进口台湾工业品，用于满足内部市场需求，两者互惠互利，实现了生产要素和经济发展阶段的互补。两岸经贸合作对创造就业机会、增加财政收入、引进先进的管理经验和提高现有企业的技术水平等均有显著作用。

（摘自《中山大学学报》1994 年第 4 期）

沪港经济关系：传统性、相似性、互补性和发展性

沪港经济关系是中国内地与香港经济关系中的一个组成部分，但由于上海在中国经济中占据的重要地位，这种关系有着特殊的意义。由于上海与香港传统的经济联系、经济发展目标极为相似、在某些方面存在着互补性，这既诱发了香港对上海投资的增长性，也是两地合作未来发展的前提。

（一）沪港经济关系的传统性

上海与香港早在 19 世纪就已建立紧密的经济合作关系。当时，根据不平等的中英《南京条约》，香港被割让给英国，上海作为五口通商之一，也被迫对西方开放。两大城市虽然分属不同的行政管理体系，但共同的非计划经济制度使两地经贸合作相当频繁，对各自的经济起着重要作用。

贸易：1936 年香港对内地出口值为 1779 万元，其中 62%的商品是输往上海，即 1102 万元。

金融：1949 年前，为适应双方贸易、投资的需要，以上海为基地的中国主要银行在香港设有分行，除国民党政府官办银行外，私营银行也在香港积极开拓业务。同时，总部设在香港的汇丰银行和麦加利银行也都在上海开设了最大的海外分行，其业务量超过香港的总行，东亚、华侨银行也在上海设有分行，两地银行业的合作表明金融往来十分频繁。

沪港经济发展目标的相似性

面临着 21 世纪，上海与香港作为中国主要的对外开放城市，有着相似的经济发展目标。21 世纪的香港将是中国首要的商业城市

和亚洲服务业之都，因此香港将担当两个经济角色。

1. 香港—国际，即香港应提高地区性商业中心和服务业之都的地位；

2. 香港—大陆，香港应为中国的经济发展提供强有力的支撑，支持中国向外发展，协助跨国企业发展内地业务。

21 世纪的上海将是中国长江流域的龙头，成为国际经济、金融和贸易中心之一，为此上海正努力率先建成社会主义市场经济体制。上海的目标是“开发浦东、振兴上海、服务全国、面向世界”。

表达方式不同，内涵却相似。归纳起来就是两个面向：面向世界、面向内地。

沪港经济关系的互补性

沪港经济在某种程度上存在着互补性，这种互补性是建立在两地经济处于不同的发展阶段和各有所长的基础上。

1. 不同的发展阶段

迎接 21 世纪新机遇和挑战的上海和香港虽有相似的战略选择，但它们处于两个不同的发展阶段，即起步线不同。目前香港已是国际性金融、贸易、经济中心之一，是新兴工业化地区之一，其人均国民生产总值已超过 15，000 美元。

2. 沪港经济各有所长

香港除了具有金融、贸易优势外，其轻型制造业同样颇具特色，而上海在 40 年发展过程中也形成一套现代工业体系，其航天航空工业、造船与汽车制造业、石油化工、冶金和机器制造业奠定了工业化的坚实基础。

沪港经济的互补性由于两地经济处于不同的发展阶段和经济各有所长形成的，这种互补性也是沪港经济未来合作的基础。

（四）沪港经济关系的发展性

单从双向投资而言，截止 1994 年 4 月底，香港对上海的直接投资累计 888，357.8 万美元，项目累计数达 3，901 个，分别占上海吸引外资总额的 53.5％和 47.60％。另一方面，香港一直是上海对境外投资的主要地区，占上海对外投资的 30％左右。鉴于上海与香港经济合作的传统、经济发展目标的相似以及某种程度的互补，沪港经济关系的未来呈有力的发展性。由于双方在中国经济中的特殊地位，这种发展将沿特殊的路向：

1. 第三产业间的合作将是主体

上海的发展目标是国际经济、金融、贸易中心，产业结构以三、二、一为顺序调整，即优先发展第三产业，然后是第二产业与第一产业。香港第一产业微不足道，而第三产业则占 GDP 的 75％，包括房地业、金融与旅游服务业等。因此，两地第三产业间的合作将是主体。

2. 第二产业中特别是应用型高科技产品开发的合作

香港的制造业比例不大，但其小型出口加工业企业的竞争力和生产力很强，对市场的适应力亦很强；上海的大中型企业居多，企业与研究所的科研实力很强。这是沪港在第二产业发展上的区别，也是双方能够合作的基础。

3. 沪港市场接轨，共建国际经济、金融、商业、贸易中心

鉴于上海与香港发展目标的相似性，沪港市场在某种程度上可以实现接轨。这种接轨的含义是市场联结、交流经验、避免资源的浪费。市场接轨并不是相互竞争，而是利用双方的共同特点对外竞争，使双方的目标从地区性提升到世界性。

4. 吸引国际性跨国公司的投资，繁荣两地经济

香港一直是国际跨国公司在亚太地区的总部，而随着上海经济地位的提升，许多国家跨国公司在沪设立投资控股公司、股份公司或地区总部，由于有些投资行为经由香港，给香港的经济发展也提供了更多机会。因此，进一步吸引国际跨国公司的投资对繁荣两地的经济十分有利，是实现沪港共同繁荣的步骤。

5. 沪港加强经济发展与管理经验的交流，共同培养人才

上海与香港的合作也包括发展与管理经验的交流，特别是香港近年来在城市规划、对外贸易、生产力促进、金融市场建立与完善以及谋求与国际市场接轨中等发展中积累了许多经验，在培养利用人才上也具特色，这都值得上海很好地借鉴。例如，在实业投资中从投资回报率出发、注重资产的保值增殖以及对受款企业的信誉监控等。

上海与香港作为中国未来的经济龙头和对外主要窗口，两地的经济关系承继以往，将是一种以合作为主的关系。沪港虽然相距千里，没有广东"近水楼台先得月"的优势，但合作的传统、发展目标的相似，经济上高层次的互补性成为上海与香港进一步合作的发展动力。

（摘自《亚太论坛》1994 年第 1 期）

关于广东与港澳、海外华人的经济合作

港澳和东南亚华人资本对广东投资的新趋向

就港澳和东南亚华人资本对广东的投资而言，今后一个时期将呈现以下一些新特点，新趋向：

一是投资规模将不断增大。以 1992 年春邓小平南巡讲话为契机，外商对粤投资掀起一个新的高潮，投资规模不断扩大。1992 年实现利用外资为 48.61 亿美元，比 1990 年的 20.23 亿美元和 1991 年的 25.83 亿美元，分别增长 140.3%和 88.2%。1993 年外商对粤投资继续保持强劲势头，仅以广州为例，1993 年实际利用外资估计可达 16 亿美元，几乎为上年全年实际利用外资的 3 倍。近两年来的外来投资来自港澳的投资继续大幅度增加，来自东南亚的投资也明显增加。据专家估计，这种势头仍会持续下去。

二是投资区域将进一步扩展。80 年代，港澳及东南亚华商在粤投资，主要集中在几个经济特区和珠江三角洲地带。近几年来，广东强调要开发粤东、粤西两翼和广大地区，并大力发展上述地区的基础设施，制定一系列优惠政策优化投资环境，从而强化了上述地区对外资的吸引力。近两年来，前往上述地区投资的外商，尤其港澳和东南亚华商正与日俱增。譬如梅州市进入 90 年代以来，港澳和东南亚等地商人前往当地投资，无论是项目还是金额均年年成倍增入，仅 1992 年，该市与外商签订的投资超亿元项目就近 10 宗。可以看出，外来投资的热点正从珠江三角洲向全省各地扩展，或者说，整个广东都在变成外来投资的热点地区。

三是投资领域正向全方位发展。80 年代，港澳及东南亚华商对粤投资，大部分集中在加工装配和制造业方面，少数投放于农业和服务行业。自 1992 年国务院和广东省分别作出关于加快发展第三产业的决定，允许外资投向第三产业以后，港澳和东南亚华商也捷足先登，大举向房地产业，土地成片开发、金融业、商业零售业进军。仅以广州为例，到 1992 年底，该市已成立外资房地产开发公司 40 多家，其投资额多在千万美元以上，这些投资公司绝大多数是港澳和东南亚华商的投资。总之，向一、二、三产业全面进军，已成为新一轮投资热潮的一大特点，这种态势也将会继续维持下去。

四是投资项目的档次将越来越高。80年代港澳和东南亚华商在粤投资，基本上属于劳动密集型小企业，其投资金额较少，技术档次较低，用工量较大，对解决劳动就业问题具有重要作用，对积累建设资金、建立工业化基础也有积极意义。然而，目前这类工业在珠江三角洲已日趋饱和，珠江三角洲的产业结构正在调整和升级，一批高新技术开发区正在崛起，从全省看，目前已建立了深圳科技工业区、广州天河新技术开发区、中山高技术产业开发区等3个国家级的高新技术开发区，包括广州、深圳、珠海、佛山、江门、惠州、中山、东莞等市在内的珠江三角洲高新技术产业开发带也正在建立和形成之中。为发展高新技术产业。广东省还制定了一些新的优惠办法，如向外来投资者让市场、让国有企业部分股权，以换取外商的技术、资金和项目。为适应广东经济发展新形势的需要，进入90年代以来，外商特别是港澳和东南亚华商，开始越来越多地将资本投向资 本密集和技术密集型工业，包括电子、化工、机电、仪表仪器、光学等行业，而部分劳动密集型企业则向广东两翼或山区转移，或向内地省区转移。今后一个时期，港澳和东南亚华商在粤投资，将从过去以劳动密集型为主向劳动密型与资本及技术密集型并举的方向发展。

(摘自《东南亚研究》1994年第4/5期)

华人侨资、港澳台资对广东经济起飞的重要作用

改革开放以来，从资金引进来说，华侨、华人、港澳台同胞是支持广东经济建设最热情最有力的部分。他们的资金涌进广东，为广东建设所用，其方式有三：一、直接投资办企业和借款。二、赠款赠物，兴办公益事业，大大地促进了全省两个文明建设的发展。三、直接或间接地资助侨属兴办企业（包括各类、各行业经济实体和经营实体）。

华侨、华人、港澳台胞大量资金的投入，对中国大陆过去14年经济迅速发展发挥了重要作用，这是举世公认的。对广东说来，尤其显著。这种重要作用突出地表现如下：

其一，弥补了广东建设资金的不足，有力地促进了广东在改革开放条件下社会生产力的迅猛发展。过去，资金短缺，加上资源相对贫乏和基础设施比较薄弱，是严重制约广东经济发展的客观条件。改革开放以来，广东利用外资引进国外先进技术设备，对轻纺、电子、塑料、家电、食品、机械、建筑、陶瓷等行业，基本上实行了全行业的技术改造，使之成为有竞争能力的骨干企业。近年来高新科技项目的引进不断增加，经济实力更趋雄厚。通过利用外资，大胆发展“三资”企业，拓展外经贸等途径，形成了被称为“珠江三角洲模式”的外向型经济，全省经济与世界经济接上了轨，有力地发挥了国内外两种资源、两个市场、两套本领的作用，生产能力和经济效益显著提高。

其二，有助于提高广东的现代化经营管理水平，扩大就业门路，加速人民物质和文化生活的改善。十多年前，广东尚缺乏管理现代化大型企业的本领和经验，但随着侨资的涌入，现代化的企业和管理也随之传入。仅从宾馆、酒店看来，现在广东拥有主要与港澳商家合资建成的五星级的白天鹅宾馆，还有现代化的游乐园和高尔夫球场。这些企业数量之多，经管之先进，同大陆各省相比，堪称名列前茅。随着生产的迅猛发展，广东人民生活水平显著提高。

其三，外资的涌入和利用，促使一批新兴城市在重点侨乡接踵出现，为南粤大地增添了璨烂光辉。广东3个经济特区，现代化建设速度之快，闻名遐迩。尤其是深圳和珠海市，简直是出现奇迹般的巨变。

(吴智棠文)

华人资本投资广东的作用

“港澳因素”、“东南亚华人因素”，在广东的改革开放和经济腾飞中起着巨大的独特的作用，尤其是对广东的直接投资方面，其作用和贡献更是无可替代的。这主要表现在以下几个方面：

（一）为各国到广东投资起投石问路和先锋示范作用

当中国宣告实行改革开放，并开始试办经济特区之后，港澳和东南亚华人中的一批有识之士，他们深为“振兴中华”，发展广东经济的英明举措所鼓舞，出于对振兴家乡的满怀热忱，竟义无反顾地携带资金、技术、人才和管理经验，前来广东的经济特区和珠江经济开放区投资兴业，为广东吸引外商投资开创新局面作出宝贵贡献。自80年代初以来，外商对广东投资高潮迭起，方兴未艾。广东作为一个新兴的投资热点的形成与发展，港澳和东南亚华人有积之士居功甚伟，他们的业绩将会永远彪炳于当代广东经济发展的历史巨册之中。

（二）有效地缓解广东建设资金严重不足的困扰

改革开放以前，广东因地处“国防前线”而国家没有对广东进行过重点投资，工业得不到应有的发展，资金积累少，经济建设资金短缺长期困扰着广东。改革开放以后，由于外资的投入，尤其是大量港澳资本与部分东南亚华人资本的注入，使广东资金短缺得到明显的缓解。1979年至1992年间，广东共吸收外资约200亿美元，其中外商直接投资占3/5。在外商直接投资中，85%左右来自港澳及东南亚华人工商界。

（三）大力促进广东的技术进步和产业结构的优化

技术跟着资本走。随着港澳资本和东南亚华人资本的到来，大批先进或比较先进的生产技术和机器设备以及科学的管理办法，也一起转移和传播到广东来，使广东的生产技术和管理技术的水平明显得到提高。大批资金和先进技术的引进，不但使广东新建企业建立在较高的技术水平上，而且也使广东70%的老企业得到了技术改造；不但使广东的加工制造业得以蓬勃发展，而且农业的生产技术也大为提高。与此同时，还加快了基础产业和基础设施的建设步伐。

（四）有力地推动广东外向型经济的发展，提高广东经济的国际化程度

改革开放以来，广东外向型经济迅速发展，不仅利用外资数量居全国之冠（占全国50%），而且对外贸易也成为全国的排头兵。其中出口贸易额由1978年的17.80亿美元，增至1992年的184.40亿美元。1986年以来，广东出口贸易连续7年居全国第一位。在出口贸易中，以港澳及华人资本为主的“三资”企业、三来一补企业的出口值，占全省出口总值的40%以上。广东一些产品已在国际市场占有较大的份额。近数年来，广东国民生产总值1/3以上通过国际市场实现其价值。1/3以上的建设资金来自境外。还在境外办大小工贸企业约5000家。

（五）创造大量就业机会，促进居民物质文化生活水平的提高

改革开放14年来，广东经济迅速发展，全省城乡人民的生活水平显著提高。1980年的国民收入（当年价）为217.61亿元，人均国民收入419元，到1992年已分别达1793.59亿元和2795元，比1980年分别增长431.2%和349.4%（10）。经济特区、珠江三角洲经济开放区及其他沿海地区居民的生活水平提高更快，已提前进入小康水平。在物质生活水平不断提高的同时，文化生活也日益改善。1980年至1992年，城镇居民人均生活费收入由462元增加到3184元，农民人均纯收入由274元增加到1308元。

（六）促进广东人民的思想解放，推动广

东改革开放的深化

改革开放以来，国门首先从广东打开，广东人民有机会最先接触世界许许多多新鲜事物，眼界大为开阔。尤其是在与港澳和东南亚华商的交往当中，在直接进入国际市场之中，逐步了解外部世界许多新思想、新观念、新风气，从而加快了自身的思想解放与观念更新。一些与商品经济密切相关的观念，诸如竞争观念、时效观念、创新观念、人才观念等等，已经和正在为广大干群所掌握，并正在变成改革开放、解放社会生产力的强大动力。

（摘自《东南亚研究》1994 年第 1 期）

亚太环境给广东经济发展带来的机遇

近年来亚太经济增长率持续高于其它地区，在世界经济中实力和地位迅速增强和上升，区内国家（地区）之间相互投资、贸易等实质性经贸合作急剧增加，显现出巨大的生机与活力，亚太地区已成为全球主要的科技中心、高科技产业发达的地区、劳动密集型产品的生产和出口基地，是全球最活跃的资本投资和产品贸易市场。亚太地区经济的高速发展，将给广东经济的发展提供有利的机遇，主要表现在以下几个方面：

1. 亚太地区的投资热、贸易热等实质性经贸合作的急剧加强，为广东地区经济发展带来众多的良机。

20 多年经济的高速增长，新技术革命的推动和货币升值的压力，使亚太地区成为当今世界最热门的投资热点。亚太地区的直接投资主体是美国、日本和亚洲的“四小龙”，投资的接受国则是该地区的所有国家。90 年代世界经济一体化、区域化、集团化进一步发展的外部压力，必将促使亚太地区内各国进一步加强合作，增强抗衡西欧、北美两大集团的实力。因此，亚太区内各国要求 90 年代进一步加强区内经贸合作，增强竞争实力的呼声日渐高涨，积极推进区内合作的步伐不断加快。从亚太经济发展的趋势来看，区内投资、贸易等实质性的经贸合作的不断加强，已成为 90 年代亚太经济自身的内在发展趋势，这种趋势，对于广东地区吸引外资、引进技术、扩大出口是非常有利的。

2. 亚太地区产业结构的进一步调整，将为广东地区进一步参与国际分工提供众多机遇。

自 1985 年以来，在美元大幅度贬值的同时，日本、韩国和台湾的币值对美元大幅度升值。日元升值使日本加快了产业结构调整的步伐，省资源、高附加值和高技术的产业保持明显的增长态势，耗能耗资源较多的产业规模缩减、向外转移，开放国内市场，扩大内需，制成品进口大幅度增加。亚洲“四小龙”则一方面充分利用日元升值、日本传统工业竞争力下降的机会，大举进占过去日本企业占据的国际市场；另一方面，“四小龙”也把低层次的劳动密集型产业和资本密集型产业向其它亚洲国家转移。“四小龙”转移出来的产业技术是多层次的，正好与广东地区多层次的生产力水平相吻合，为广东地区参与国际分工提供了众多的机遇。

3. 国际经济关系的变动，为广东经济的发展带来了良好的环境。

和平与发展是当今时代国际关系变动的主流。政治上是和平共处与协调对话的时代，军事上是从冷战抗衡走向缓和的时代，经济上是相互依存、相互合作和相互竞争的时代。在这一时代，国际经济关系的显著特征是，经济调整与改革是全球的趋势，经济对外开放是各国经济政策的主要基点，发展是各国经济政策的最高目标。和平与发展的国际环境，也为广东经济的发展带来了众多的良机。

（摘自《暨南学报》1994 年第 1 期）

广东与港澳和东南亚华商的合作前景

发挥毗邻港澳和海外华侨华人众多的优势，旨在促进广东与港澳和华侨华人工商界在互惠互利基础上发展互补合作关系，尤其是投资合作关系。回顾过去，展望未来，我对这种合作关系的发展态势是抱乐观态度的。

首先，这种合作关系既符合当今世界经济发展潮流，也符合各方利益。无论是广东经济还是港澳经济，抑或是东南亚华人经济，都同样存在着一个参与国际经济合作，促进自身经济日益国际化的问题；同时也面临着加强与周边国家和地区发展经贸合作关系的任务。发展粤港澳及东南亚华人经济之间的合作关系，既有利于促进各自经济走向国际化，也有利于促进亚太地区的经济合作，彼此之间还可以在这个合作中达到互通有无，共同促进，共同繁荣的目的。

其次，这种合作关系已形成良好而稳固的基础。通过多年的合作，大大加深了广东与港澳和东南亚华人工商界之间的互相了解和信任，大大增强了彼此的友谊，进一步树立起继续加强合作的信心。许多早在80年代初就前来广东投资的工商界人士，现在仍一再扩大对粤投资，而更多新来的投资者早闻风而动，接踵而至，尤其是过去长期持观望态度的一些华商大财团，其投资愿望更强烈，投资规模更大。如香港李嘉诚的长江实业与和记黄埔在邓小平南巡讲话以后一年多来，对中国内地的投资表现出巨大的热情，现已投下了300多亿港元，建设集装箱码头、港口、发电厂、公路等大型基础设施项目，其投资额已占上述两家上市公司市值的30%。其中在广东较大的投资项目包括：投资29亿港元兴建中国最高的摩天大楼——深圳外贸中心（主塔楼88层，高356米）；投资12亿港元合建深圳盐田港；投资15亿人民币建设汕头、潮阳、澄海等发电厂，总装机容量28万千瓦；投资1亿美元合建汕头珠池现代化集装箱码头2个2.5吨的泊位，等等。

再次，这种合作关系将更富于弹性和充满魅力。争取在20年内基本实现现代化，已经成为广东未来十几年的奋头目标。广东经济将继续呈现强劲发展势头，广东一、二、三产业的全面发展，尤其是基础产业、基础设施、第三产业的大力发展，必将为海内外投资者提供越来越多的机会；港澳目前正处在经济调整和产业结构的转型期，在向区域性服务中心的方向发展；东南亚华人经济也在继续融入当地社会的同时，向现代化、集团化、国际化发展，以谋求更加广阔的生存空间和更加充分的发展机会。这些，决定了广东与港澳和东南亚华人经济合作关系必将更趋于密切。

（摘自《东南亚研究》1994年第4/5期）

关于中国大西南与东南亚的经济合作关系

云南与东南亚联合开发澜沧江（湄公河）的现实意义及具体建议

（一）现实意义

澜沧江及下游的湄公河，是云南和东南亚文明的摇篮，它不但创造了丰富的物质文化和制度文化，而且还创造了多彩的精神文化。我们今天要科学、清醒地认识这一点，正是为了更好的继承发扬这些文化传统，而且是为了立足现实，更好地认识、开发它，直接为云南和东南亚诸国的经济文化建议服务，为创造更高的文明贡献力量。

正是由于上述原因，在世界局势趋于缓和的有利形势下，加强国际间的区域合作，共同联合开发澜沧江（湄公河），有着重大的现实意义：

首先，有利于加强中国西南与东南亚各国的合作与交流，加强国际和边境贸易，振兴云南经济和东南亚各国的经济。由于历史的原因，云南澜沧江流域地区的经济发展不平衡，许多地区还处于比较落后的状况，东南亚各国，除少数国家发展较快外，大多还处于落后和比较落后的阶段，开发澜沧江后，可以加强各国间的经贸往来，扩大边境贸易，振兴地区经济。

其次，有利于继承和发扬我国与东南亚各国历史已存的友好传统，我国与东南亚的缅甸、老挝、泰国、柬寨和越南，两千多年来，一直保持着友好和睦关系。20世纪中叶以来，由于西方殖民者的侵略，各国发生了许多变化，但保持和加强国家间友好合作关系，一直是各国人民的共同愿望，开发澜沧江后，更能加强中国云南与东南亚各国间的友好纽带，为各国间的发展提供良好的环境和机遇。

第三，有利于加强地区间的文化合作与交流。云南与东南亚地区诸国历史上就有着频繁的文化交流，小乘佛教的播化，早在公元前后亦已开始，并在西双版纳及缅、泰、老、柬诸国扎下根基，以至成为全民信仰的宗教。闻名遐迩的普洱茶最早就是通过东南亚传到欧美等地的。清初，仅西双版纳六大茶山就产茶六七千驮，最高年产量达八万余担，行销全国以至日本、东南亚各国，与武夷、龙井等名茶并誉天下。

（二）具体建议

1. 成立澜沧江（湄公河）合作开发委员会，共同研究并提出开发，疏通澜沧江（湄公河）的预算、计划和布署，力争在二至三年的时间完成，实现全线通航，即从云南思茅小橄榄坝码头为起点，经景洪、勐腊出境，过金三角、万象、金边直至越南的出海口，作为南亚航运交通大动脉，加上航空、公路等交通，便可形成云南与东南亚各国的综合现代交通网，其作用不亚于欧洲多瑙河。

2. 建立以热带作物为主体的云南东南亚经济开发区，逐步形成以稻米、橡胶、茶叶、南药、电力、冶金等为主的支柱产业，经过深加工后向世界各地倾销，扩大出口贸易，增加外汇收入。

3. 利用澜沧江（湄公河）流域的区位优势和丰富多彩的自然景观和人文景观，大力发展国际旅游业，通过联网合作和文化交流，定能形成世界级著名的旅游风景区，加上多彩的民情风欲和极富特色的民族度假村、热带森林公园的建立，在三至五年内定能形成相应的规模和极大的经济效益，因此，联合开发澜沧江（湄公河）不仅是必要的，也是完全可能的。

（摘自《东南亚研究》1994年第4期）

中老缅泰毗邻地区小区域贸易走廊建构的环境与条件

当前，在澜沧江下游——湄公河上游中、老、缅、泰毗邻地区构建连接中国西南与东盟市场的陆路贸易走廊的环境日渐改善，条件日趋成熟。

（一）优越的地理区位

中、老、缅、泰四国经济技术合作小区域，包括中国思茅的部分县市和版纳地区、缅甸掸邦的景栋地区、老挝北部诸省（南塔、波乔、乌多姆赛）和泰北的清迈和清莱两府。天然的地理区位把四国紧紧连在一起。无论是从我西双版纳的南腊河口经湄公河抵泰北的清孔，还是从我口岸经过老挝或缅甸抵泰北边境，都仅有300余公里的距离，只要连接这不算太长的水陆运输交通线路并使其畅通，中国西南市场与东盟市场的对接便可望实现。

（二）日趋有利的国内外环境

当前，泰国政府十分重视其北部地区的经济发展，明确提出要把中国南部（系指我国西南地区）作为其经济进一步外向发展的主要对象，以通过小区域使该国商品通过陆路进入中国。老挝政府对其北部三省的发展也十分重视，这一地区的公路系统的改造已经列入其国家计划，中国援老的3500万元（人民币）贷款，也主要安排用于上寮地区的建设项目。我国中央和地方政府对这一区域的国际合作十分关注，江泽民总书记最近在国内外不同场合多次与泰国领导人讨论了上湄公河经济技术合作问题。亚洲开发银行对这一区域的开发也表示了极大的兴趣，最近拟拨出专项经费以对这一地区的发展进行前期研究。

（三）构建小区域国际贸易走廊的前期工作已经开始

小区域国际贸易走廊的建立是以交通为前提的，因此，形成连接云南南部和泰国北部的畅通的水、陆、空交通体系，将是贸易走廊构建得以实现的基本标志。应该说，这一系统工程的前期工作已经开始。

——1989年以来，我国就一直十分关注澜沧江—湄公河国际航运的开通。1991—1992年2年间，通过这一航道实际共运商品已在15000吨以上，充分展示了澜沧江—湄公河国际航运的商业开发价值。

1993年5月，在曼谷召开了小区域四国交通运输专家会议，泰国政府在会上提出了修筑泰—缅—老—中两条国际公路的方案，老挝与缅甸代表都表示支持这一建议。

——泰北清莱国际机场不久前已经竣工投入营运，为我景洪、思茅与其直航创造了条件，随着软环境的进一步改善（景洪、思茅口岸机场确认等），小区域内的空中航线的开通已成必然，这将为贸易旅游提供一条空中走廊。

——最近，有关国际组织对修建中国南部通往泰北的国际铁路表示兴趣，中、泰两国政府也开始着手前期的相关研究工作。最近，始于我昆明沿澜沧江南下与泰国清迈接轨的昆清铁路的前期规划报告已由我有关部门完成。

（四）小区域的"走廊作用"已经得到初步体现

1991年，中泰之间通过水上运输的货物为5000余吨，1992年达到10000吨以上，对泰贸易总额已超过一亿元（人民币）。1993年的贸易量有了更大的发展。出口商品为化工（松香、石腊等）、建材（水泥、平板玻璃等）等生产性原料制品，进口商品则多为机电产品和部分农业产品（咖啡、大米等），小区域的“贸易走廊”作用已初步体现。

（摘自《亚太经济》1994年第5期）

中国西南地区与东盟市场的贸易前景

一个地区的贸易前景取决于地区之间的市场互补性及其市场容量。

（一）市场容量与购买力

东盟诸国由于经济高速发展，对外部市场的商品需求容量也在不断扩大，1992年进口总额达1834亿美元（其中，泰为411亿，新加坡720.8亿，马来西亚319.7亿），与1991年相比，增长7%左右，据有关资料分析，最近几年这一增长势头不会减弱；另一方面，东盟的三个半岛国家近年人均国民收入在1600—12000美元之间（泰国1600美元，马来西亚2450美元，新加坡12000美元）。再则，这几个国家都有着较充分的外汇储备，还在1991年，泰已达173亿美元，马来西亚107亿美元，新加坡为335亿美元。以上几个方面均反映出在未来一个时期，东盟市场将继续保持较大的容量和较强购买力。

（二）物流趋势分析

东盟诸国（尤其是半岛三国）皆属于经济快速增长的国家，但又普遍存在着基础工作薄弱、技术力量不足等问题，使我国西南地区与这些国家之间存在着市场相对的互补关系。

据有关资料分析，在今后的几年里，东盟市场主要的进口商品仍然主要是生产原料，电力、焦炭、钢材、化工产品、机器设备、电器设备、化肥、纸浆、原油等，而主要出口商品则为纺织品、部分转口机电产品、橡胶、大米、棕榈油等。上述商品大多与我国西南市场有较强的互补性，但也有一些商品与我国市场可能同构（如天然橡胶和纺织品等），随着相互间贸易关系的发展，两个市场将会找到越来越多的互补点。

比如已在泰国东北部Chiya Boomd破土动工的钾肥厂，设计规模为年产氯化钾100万吨，预计1995年建成投产。而整个东南亚地区又十分缺乏磷肥资源，届时，可以以我云南省丰富的磷资源，换取我十分稀缺的钾肥，建立很好的磷钾互补关系。东盟国家盛产热带水果，可与我西南地区的温带水果形成相互需求关系。此外，东盟诸国对油漆、有色金属（如铅）、非金属矿（膨润土、硅藻土等），纸浆等商品的需求量也很大，且呈逐年上升趋势，都将为我国西南地区的商品进入这一地区提供新的机会。

（摘自《亚太经济》1994年第5期）

90年代中国西南与东南亚的经济技术合作

90年代中国西南面向东南亚开放，是在不同于过去任何一个时期的历史条件下展开的、具有新的背景和特点；考虑90年代中国西南与东南亚的经济技术合作，相应地亦应有新的思路。

（一）90年代中国西南面向东南亚开放的背景和特点

90年代中国西南面向东南亚开放，在内外环境方面，与80年代有很大的不同，主要反映在以下10个方面。

1. 进入90年代以后，中国开始实行全方位的对外开放，把内陆边境地区的对外开放作为中国对外开放的重要组成部分。大西南在中国对外开放格局中的地位和作用，地位尤为重要。

2. 中国西南各省区在1992年的西南地区第九次经济技术协作会议上，已明确提出“联合起来，面向东南亚”的对外开放的战略。

3. 东南亚国家特别是中南半岛的一些国家，在进入90年代以来，明确表示对发展同中国西南省区的合作的感兴趣，并提出了一些双边多边合作的方案或设想。

4. 90年代中国西南地区与东南亚的经济技术合作，将在市场经济条件下得到发展。中国已明确提出把建立社会主义市场经济作为经济体制改革的目标，并加快了改革进程。越南、老挝、柬埔寨和缅甸，正在从中央计划经济向市场经济过渡，东盟各国更加重视市场机制和民营企业在经济发展中的作用，正在进一步发展和完善其市场经济。

5. 90年代中国西南面向东南亚开放，面临着不同于80年代的国际经济形势。主要是：世界经济的地区化、集团化进一步发展，国际竞争加剧，“东盟自由贸易区”计划已开始实施并计划在15年内完成，周边国家发展很快。

6. 90年代中国西南面向东南亚开放，已有70年代和80年代打下的广泛的基础。

7. 90年代中国西南和东南亚各国的经济，都将以较快的速度发展，估计中国西南经济的年平均增长率为8%—10%，东南亚各国为6%—7%。

8. 东南亚企业富有活力，已出现了不少有实力的跨国公司。中国西南的企业也在加快进行改革，有的已开始向集团化发展。

9. 东盟国家已从纯资本吸纳国，转为部分资本输出国，90年代有比80年代更多的资本输出。东盟各国外汇储备，已稳定增加。

10. 越南、老挝、缅甸等国的基础较弱，加工制造业发展起点较低，从近几年的发展情况看，他们在90年代主要还将“以开发求发展”即主要通过开发农业、矿业、林业、渔业资源，求得经济的较快发展。

（二）90年代中国西南面向东南亚开放的新思路

1. 从总体上看，在双方市场经济的基础上和市场经济发展的条件下，中国西南面向东南亚开放，应该着眼于加强与东南亚国家的市场联系，而不应仅仅局限于做些生意；当然生意是要做的，而且要做好。这就需要充分考虑双方资源和产业地构上的互补性，根据市场需要，调整和优化产业结构，在更大范围内考虑资源的合理配置，以及生产要素的合理流动和有机结合，逐步实现双方在某些方面的国际分工和市场接轨，建立起平等互利、共同发展、共同繁荣的经济关系。

2. 妥善处理中国西南面向东南亚开放同面向发达国家和地区开放的关系。面向东南亚开放与向其他国家主要是发达国家和地区开放是中国西南对外开放的两个方面，其作用可以互相补充、互相促进，但不能互相代替。中国西南与中南半岛发展经济技术合作，有一个需要解决的问题，就是从总体上看双方都较缺乏资金，技术水平也不高。

3. 采取灵活多样的合作方式。中国西南与东南亚的经济技术合作内容的多方面，对象的多元化和方式的多样化，是这一区域经济技术合作的重要特点。因此，中国西南与东南亚的经济技术合作，既由本区域内有关各方参加，进行双边的和多边的合作，也不排斥其他方面通过投资等方式参加。

4. 建立和发展更有利于推动中国西南与东南亚经济技术合作的组织机制或协调机制。需要在国家对外政策的指导下和经济外交的帮助下，扩大与东南亚国家的交流、联系和合作的渠道，在充分利用现有的各种渠道的同时，应考虑建立探讨、研究双边或多边的经济技术合作的新机制。中国西南也应有专门研究如何实现西南地区面向东南亚开放的机构。

5. 发挥企业在西南面向东南亚开放中的作用。90年代西南面向东南亚开放能取得多大的进展，在很大的程度上将取决于西南各省区的企业能否真正走向东南亚，走进东南亚，不仅使自己的产品大量进入东南亚市场，而且要使企业走出国门，到东南亚办公司、办企业，兴办以中国西南为基地的跨国公司。

6. 从国际竞争的角度看中国西南与东南亚在经济上的互补性，在加强竞争力上下功夫。我们不仅要看到西南与东南亚在经济上的互补性，更为重要的是使这种互补性成为现实的经济上的互补，不断扩大双边的经济交往。这就需要改善企业经营，提高技术水平和产品质量，降低成本，真正做到“人无我有，人有我优”。

（三）中国西南与东南亚经济合作的几个重要方面

第一，继续扩大包括边境贸易在内的中国西南地区与东南亚国家之间的贸易。扩大贸易的规模，逐步开展陆路转口贸易，发展中国广西沿海港口与东南亚沿海港口的贸易，在开辟澜沧江—湄公河国际航道后，利用此航道发展跨国贸易。

第二，充分利用中国西南与东南亚经济上的互补性，发挥各方的条件和优势，积极发展双边的经济技术合作，建立产业协作关系，建立和发展“跨国公司”，在双方具有相同资源的领域（如锡业、橡胶业、热带作物业、水电建设），双方也可进行广泛的交流和合作。

第三，加强在交通运输业方面的合作，逐步形成“东亚南部大陆桥”，即中国西南与中南半岛之间的交通运输网络。在公路运输方面，通过合作，修通从中国云南打洛经缅甸景栋到缅泰边界城市大其力的公路，然后与泰国的公路联网；在铁路运输方面，加快南昆铁路的建造进程；通过国际合作，把修建滇—老—泰—马铁路或滇缅铁路提上议事日程；在水运方面，正式开通澜沧江—湄公河国际航道以及大盈江—伊洛瓦底江航道；在航空运输方面，在现有航线航班的基础上进一步发展，逐步开辟中国西南各主要城市，特别是昆明到中南半岛国家大城市的航线航班。

第四，在旅游业方面进行合作，逐步形成中南半岛—中国西南旅游圈。近几年来，云南已成为中国与东南亚国际旅游客源对流的门户，双方旅游资源各有特点，在国际旅游市场上可以逐步融为一体。现在中缅、中越、中老边境地区的旅游合作已经开始。

第五，合作开发澜沧江—湄公河流域。澜沧江—湄公河全长4880公里，流经中国西南和中南半岛的缅、泰、老、柬、越五国，有“东方多瑙河”之称。90年代是“共兴一江利”的时候，应根据平等互利、先易后难的原则，从通航开始，逐步扩大在开发方面的合作。同时，增加各方的联系、协商，加强对全面开发的调查研究工作。

90年代中国西南与东南亚扩大经济合作，不仅有利于各自优势的发挥，从而给这一广大地区的经济发展以新的推动力量，而且也将为中国与周边国家之间的合作，为亚太地区的经济发展和繁荣作出贡献。很显然，如果没有这一广大地区的经济发展和起飞，亚太地区现在富有活力的经济的全面的和持续的高涨，就会有一个很大的缺口。也正因为如此，更需要高度地重视中国西南与东南亚的经济合作，通过广泛的国际合作进一步推动这一地区的社会经济发展。

（摘自《东南亚》1993年第4期）

第六篇

有关法律法规资料

一、有关经济法律法规

- 关于鼓励台湾同胞投资的规定
- 中华人民共和国台湾同胞投资保护法
- 对外贸易经济合作部　海关总署对台湾地区小额贸易的管理办法
- 最高人民法院关于审理涉港澳经济纠纷案件若干问题的解答
- 中华人民共和国归侨侨眷权益保护法
- 中华人民共和国归侨侨眷权益保护法实施办法
- 关于用侨汇购买和建设住宅的暂行办法
- 对侨资企业、外资企业、中外合资经营企业外汇管理施行细则
- 中国人民银行关于侨资外资金融机构在中国设立常驻代表机构的管理办法

二、有关民事法律法规

- 国务院办公厅关于台湾同胞来祖国大陆探亲旅游接待办法的通知
- 海关对台湾同胞进出境行李物品的管理规定
- 关于人民法院处理涉台民事案件的几个法律问题
- 两岸公证书使用查证协议
- 海峡两岸公证书使用查证协议实施办法

• 海关对来往香港或者澳门的旅客行李物品的管理规定
• 中国公民因私事往来香港地区或者澳门地区的暂行管理办法
• 海关对回国探亲华侨进出境行李物品的管理规定
• 国务院关于加强华侨、港澳台同胞捐赠进口物资管理的若干规定
• 中华人民共和国海关对华侨、港澳台同胞捐赠进口物资监管办法
• 华侨同国内公民、港澳同胞同内地公民之间办理婚姻登记的几项规定
• 国务院侨务办公室 公安部 最高人民检察院 最高人民法院 民政部关于制止和惩处盗掘华侨祖墓的违法犯罪活动的联合通知

三、有关涉外经济法律法规

• 国务院关于鼓励外商投资的规定
• 中华人民共和国外资企业法
• 中华人民共和国中外合资经营企业法
• 中华人民共和国中外合作经营企业法
• 中华人民共和国涉外经济合同法
• 中华人民共和国外商投资企业和外国企业所得税法
• 全国人大常委会关于外商投资企业和外国企业适用增值税、消费税、营业税等税收暂行条例的决定
• 关于对来华工作的外籍人员工资、薪金所得减征个人所得税的暂行规定
• 中外合资经营企业合营各方出资的若干规定
• 中华人民共和国经济特区外资银行、中外合资银行管理条例
• 关于中外合资经营企业外汇收支平衡问题的规定
• 关于经济特区外资银行、中外合资银行业务管理的若干暂行规定
• 外国企业常驻代表机构登记管理办法
• 中外合资经营企业登记管理办法
• 中外合资经营企业劳动管理规定
• 对外贸易经济合作部 国家经济贸易委员会 国家档案局外商投资企业档案管理暂行规定

一、有关经济法律法规

关于鼓励台湾同胞投资的规定

（1988年6月25日国务院第10次常务会议通过 1988年7月3日中华人民共和国国务院令第7号发布）

第一条 为促进大陆和台湾地区的经济技术交流，以利于祖国海峡两岸的共同繁荣，鼓励台湾的公司、企业和个人（以下统称台湾投资者）在大陆投资，制定本规定。

第二条 台湾投资者可以在大陆各省、自治区、直辖市、经济特区投资。

鼓励台湾投资者到海南省以及福建、广东、浙江等省沿海地带划定的岛屿和地区从事土地开发经营。

第三条 台湾投资者在大陆可以下列形式进行投资：

（一）举办台湾投资者拥有全部资本的企业；

（二）举办合资经营企业、合作经营企业；

（三）开展补偿贸易、来料加工装配、合作生产；

（四）购买企业的股票和债券；

（五）购置房产；

（六）依法取得土地使用权，开发经营；

（七）法律、法规允许的其他投资形式。

第四条 台湾投资者可以在大陆的工业、农业、服务业以及其他符合社会和经济发展方向的行业投资。台湾投资者可以从各地方人民政府有关部门公布的项目中选择投资项目，也可以自行提出投资项目意向，向拟投资地区对外经济贸易部门或者地方人民政府指定的审批机关申请。

国家鼓励台湾投资者投资举办产品出口企业和先进技术企业，并给予相应的优惠待遇。

第五条 台湾投资者在大陆投资举办拥有全部资本的企业、合资经营企业和合作经营企业（以下统称台胞投资企业），除适用本规定外，参照执行国家有关涉外经济法律、法规的规定，享受相应的外商投资企业待遇。

台湾投资者在大陆进行其他形式的投资，以及在大陆没有设立营业机构而有来源于大陆的股息、利息、租金、特许权使用费和其他所得，除适用本规定外，也可以参照执行国家有关涉外经济法律、法规的规定。

第六条 台湾投资者可以用可自由兑换货币、机器设备或者其他实物、工业产权、专有技术等作为投资。

第七条 台湾投资者在大陆的投资、购置的资产、工业产权、投资所得利润和其他合法权益受国家法律保护，并可以依法转让和继承。

台湾投资者在大陆的活动应当遵守国家的法律、法规。

第八条 国家对台湾投资者的投资和其他资产不实行国有化。

第九条 国家根据社会公共利益的需要，对台胞投资企业实行征收时，依照法律程序进行并给予相应的补偿。

第十条 台湾投资者投资获得的合法利润，其他合法收入和清算后的资金，可以依法汇往境外。

第十一条 台胞投资企业在其投资总额内进口本企业所需的机器设备、生产用车辆和办公设备，以及台胞个人在企业工作期间运进自用的、合理数量的生活用品和交通工具，免缴进口关税、工商统一税，免领进口许可证。

台胞投资企业进口用于生产出口产品的原材料、燃料、散件、零部件、元器件、配套件，免缴进口关税、工商统一税，免领进口许可证，由海关实行监管。上述进口料件，如用于在大陆销售的产品，应当按照国家规定补办进口手续，并照章补税。

台胞投资企业生产的出口产品，除国家限制出口的外，免缴出口关税和工商统一税。

第十二条 台胞投资企业可以向大陆的金融机构借款，也可以向境外的金融机构借款，并可以本企业资产和权益抵押、担保。

第十三条 台湾投资者拥有全部资本的企业，经营期限由投资者自行确定；合资经营企业和合作经营企业，经营期限由合资或者合作各方协商确定，也可以不规定经营期限。

第十四条 合资经营企业董事会的组成和董事长的委派、合作经营企业董事会或者联合管理机构的组成和董事长或者联合管理机构主任的委派，可以参照出资比例或者合作条件由合资或者合作各方协商决定。

第十五条 台胞投资企业依照经批准的合同、章程进行经营管理活动。企业的经营管理自主权不受干涉。

第十六条 在大陆投资的台胞个人以及台胞投资企业从境外聘请的技术和管理人员，可以申请办理多次入出境的证件。

第十七条 台湾投资者在大陆投资可以委托大陆的亲友为其代理人。代理人应当持有具有法律效力的委托书。

第十八条 在台胞投资企业集中的地区，台湾投资者可以向当地人民政府申请成立台商协会。

第十九条 台湾投资者在大陆投资举办合资经营企业、合作经营企业，由大陆的合资、合作方负责申请；举办台湾投资者拥有全部资本的企业，由台湾投资者直接申请或者委托在大陆的亲友、咨询服务机构等代为申请。台湾投资者投资举办企业的申请，由当地对外经济贸易部门或者地方人民政府指定的审批机关统一受理。

台胞投资企业的审批，按照国务院规定的权限办理。各级对外经济贸易部门或者地方人民政府指定的审批机关应当在收到全部申请文件之日起 45 天内决定批准或者不批准。

申请人应当在收到批准证书之日起 30 天内，按照有关登记管理办法，向工商行政管理机关申请登记，领取营业执照。

第二十条 台湾投资者在大陆投资因履行合同发生的或者与合同有关的争议，当事人应当尽可能通过协商或者调解解决。

当事人不愿协商、调解的，或者协商、调解不成的，可以依据合同中的仲裁条款或者事后达成的书面仲裁协议，提交大陆或者香港的仲裁机构仲裁。

当事人没有在合同中订立仲裁条款，事后又没有达成书面仲裁协议的，可以向人民法院起诉。

第二十一条 本规定由对外经济贸易部负责解释。

第二十二条 本规定自发布之日起施行。

中华人民共和国台湾同胞投资保护法

（1994年3月5日第八届全国人民代表大会常务委员会第六次会议通过 1994年3月5日中华人民共和国主席令第20号公布 自公布之日起施行）

第一条 为了保护和鼓励台湾同胞投资，促进海峡两岸的经济发展，制定本法。

第二条 台湾同胞投资适用本法；本法未规定的，国家其他有关法律、行政法规对台湾同胞投资有规定的，依照该规定执行。

本法所称台湾同胞投资是指台湾地区的公司、企业、其他经济组织或者个人作为投资者在其他省、自治区和直辖市投资。

第三条 国家依法保护台湾同胞投资者的投资、投资收益和其他合法权益。

台湾同胞投资必须遵守国家的法律、法规。

第四条 国家对台湾同胞投资者的投资不实行国有化和征收；在特殊情况下，根据社会公共利益的需要，对台湾同胞投资者的投资可以依照法律程序实行征收，并给予相应的补偿。

第五条 台湾同胞投资者投资的财产、工业产权、投资收益和其他合法权益，可以依法转让和继承。

第六条 台湾同胞投资者可以用可自由兑换货币、机器设备或者其他实物、工业产权、非专利技术等作为投资。

台湾同胞投资者可以用投资获得的收益进行再投资。

第七条 台湾同胞投资，可以举办合资经营企业、合作经营企业和全部资本由台湾同胞投资者投资的企业（以下统称台湾同胞投资企业），也可以采用法律、行政法规规定的其他投资形式。

举办台湾同胞投资企业，应当符合国家的产业政策，有利于国民经济的发展。

第八条 设立台湾同胞投资企业，应当向国务院规定的部门或者国务院规定的地方人民政府提出申请，接到申请的审批机关应当自接到全部申请文件之日起四十五日内决定批准或者不批准。

设立台湾同胞投资企业的申请经批准后，申请人应当自接到批准证书之日起三十日内，依法向企业登记机关登记注册，领取营业执照。

第九条 台湾同胞投资企业依照法律、行政法规和经审批机关批准的合同、章程进行经营管理活动，其经营管理的自主权不受干涉。

第十条 在台湾同胞投资企业集中的地区，可以依法成立台湾同胞投资企业协会，其合法权益受法律保护。

第十一条 台湾同胞投资者依法获得的投资收益、其他合法收入和清算后的资金，可以依法汇回台湾或者汇往境外。

第十二条 台湾同胞投资者可以委托亲友作为其投资的代理人。

第十三条 台湾同胞投资企业依照国务院关于鼓励台湾同胞投资的有关规定，享受优惠待遇。

第十四条 台湾同胞投资者与其他省、自治区和直辖市的公司、企业、其他经济组织或者个人之间发生的与投资有关的争议，当事人可以通过协商或者调解解决。

当事人不愿协商、调解的，或者经协商、调解不成的，可以依据合同中的仲裁条款或者事后达成的书面仲裁协议，提交仲裁机构仲裁。

当事人未在合同中订立仲裁条款，事后又未达成书面仲裁协议的，可以向人民法院提起诉讼。

第十五条 本法自公布之日起施行。

对外贸易经济合作部 海关总署 对台湾地区小额贸易的管理办法

（1993 年 9 月 25 日）

第一条 为便于大陆沿海省市与台湾地区的货物交流，引导海峡两岸民间小额贸易正常开展，特制定本办法。

第二条 对台湾地区小额贸易（以下简称对台小额贸易）是指台湾地区居民在大陆沿海指定口岸（福建、广东、浙江、江苏、山东、上海）依照有关规定进行的货物交易。

第三条 对台小额贸易只能由台湾地区居民同大陆的对台小额贸易公司进行。

台湾居民是指持有有效、完整的台湾渔民证、身份证等有关身份证明的人员。

第四条 对台小额贸易公司应由对外贸易经济合作部（以下简称外经贸部）授权的沿海省市对外经贸主管机关批准，并在工商行政管理部门登记注册。

对台小额贸易公司只准开展对台湾地区小额贸易，不得经营一般进出口业务。

第五条 对台小额贸易每船每航次进出口限额各为十万美元。

第六条 对台小额贸易所经营的货物限于非国家专营、禁止、限制进出口的，非进出口配额许可证管理的货物。

确需出口少量配额许可证管理货物的，应由对台小额贸易公司报上级外经贸机关按照一般贸易和对台贸易的有关规定办理审批手续，经批准同意后申领出口许可证，海关凭证验放。

第七条 对台小额贸易进口的货物仅限于原产地为台湾的货物。海关必要时应审阅进口货物的产地证明书。

第八条 对台小额贸易只能使用一百吨以下（含一百吨）的台湾船只。台湾船只系指在台湾地区正式登记注册，可供在海上进行正常作业和航行的载体。

对台小额贸易的船只所载未能成交的货物，应原船退回。

第九条 对台小额贸易只能在指定的口岸进行。

对台小额贸易口岸由外经贸部授权的沿海省市对外经贸主管机关商当地公安、边检、海关、交通、台办等部门指定。

经授权的沿海省市对外经贸主管机关应及时将本地区所确定的对台小额贸易公司和口岸情况向外经贸部备案并知会海关总署和国务院台湾事务办公室。外经贸部在收到对台小额贸易公司和口岸全部材料之日起三十天内，若未提出异议，备案自动生效。

第十条 对台小额贸易应以易货形式为主进行，易货货物均需以美元计价。

采用现汇形式进行的对台小额贸易，应以国家允许兑换的外币进行结算。双方所得现汇均应按国家外汇管理的有关规定进行处理。

出口收入的外汇由对台小额贸易公司实行全额留成。

第十一条 所有对台小额贸易进出口的货物和船只及船上人员必须接受当地海关、边检及其它港口联检部门的监管，并照章交纳税、费。

对台小额贸易货物和船只均不得出现违

反“一个中国”即中华人民共和国的字样及旗、徽、号等标记。

船员个人携带自用物品应以自用合理数量为限。船只不得携带规定禁止进出境的物品，个人携带自用物品应以自用合理数量为限。船员不得携带规定禁止进出境的物品，个人不得利用船舶为他人携带物品。船舶带进的航行必须的设备、燃料、物料，应原船带出。上述物品不得作为货物交易。

未经向海关申报并办理验放手续，不得擅自卸、装货物。

第十二条 除国家另有规定外，对台小额贸易进出口货物由海关按照《中华人民共和国海关进出口税则》的优惠税率和《中华人民共和国产品税条例》、《中华人民共和国增值税条例》征税，并按海关有关征税规定进行管理。

第十三条 对台小额贸易公司如违反本管理办法，原审批机关可视情节轻重分别给予警告、严重警告、撤销其经营权的处罚。作出撤销经营权处罚的，应及时报外经贸部和海关总署备案。

对于不具备开展对台小额贸易条件的对台小额贸易公司和口岸，外经贸部有权予以撤销。

对违反海关规定的，由海关按照“中华人民共和国海关法”及有关法规进行查处。构成犯罪的，移交司法机关追究刑事责任。

第十四条 开展对台小额贸易的省市对外经贸主管机关应于每年一月底前将本省市前一年的对台小额贸易情况总结上报外经贸部。

第十五条 本办法由对外贸易经济合作部、海关总署负责解释并监督执行。

第十六条 本办法自发布之日起施行。以前有关规定与本办法不一致者，以本办法为准。

最高人民法院关于审理涉港澳经济纠纷案件若干问题的解答

（1987 年 10 月 19 日）

一、关于案件的范围问题

（一）人民法院受理的经济纠纷案件，凡具有下列情况之一的，属于涉港澳经济纠纷案件：

1. 当事人一方或双方是港澳同胞或在香港、澳门地区登记成立的企业或者其他经济组织；

2. 经济纠纷争议的标的物在香港、澳门地区的；

3. 经济关系的发生、变更或者消灭在香港、澳门地区的。

（二）居住在香港、澳门地区的外国人（包括持英国、葡萄牙本土护照的华人）或者港澳同胞在外国登记成立的企业、其他经济组织，与内地的企业、其他经济组织或者与在港澳地区登记成立的企业、其他经济组织之间的经济纠纷案件，不属于涉港澳经济纠纷案件，而是涉外经济纠纷案件。

（三）港澳同胞或者港澳地区企业、其他经济组织在内地成立的独资企业或者投资兴办的合资经营企业、合作经营企业与内地的企业、其他经济组织之间的经济纠纷案件，也不属于涉港澳经济纠纷案件，而是国内经济纠纷案件。

二、关于案件的管辖和受理问题

（一）第一审涉港澳经济纠纷案件由中级

人民法院管辖。

（二）第一审涉港澳经济纠纷案件的地域管辖，按照民事诉讼法（试行）第二章第二节关于地域管辖的规定办理。

（三）涉港澳经济合同的签订地、履行地或者被告住所地虽不在内地，但是案件的诉讼标的物在内地或者被告有财产在内地的，当事人之间因合同纠纷提起的诉讼，可以由诉讼标的物所在地或者被告财产所在地的人民法院管辖。

（四）当事人可以协议选择与经济合同有实际联系的地点的法院管辖。但是在内地兴办合资经营企业或者合作经营企业的合同和合作勘探开发自然资源的合同，当事人不得用协议方式排除我人民法院的法定管辖。

（五）港澳当事人之间的经济纠纷，其经济关系的发生、变更、消灭和诉讼标的物均不在内地的，当事人按照书面协议向人民法院起诉的，可予受理。在没有协议的情况下，一方当事人向人民法院起诉，另一方当事人应诉的，视为双方承认人民法院对该诉讼有管辖权。

（六）涉港澳经济纠纷的当事人协议提交中国国际贸易促进委员会仲裁委员会或者国外某仲裁机构或非常设仲裁机构仲裁的，不得向人民法院起诉。如果仲裁协议不明确，当事人又不能达成新的协议，在这种情况下，一方当事人向人民法院起诉的，人民法院可予受理；如果另一方当事人对管辖权提出异议，人民法院应当首先审查仲裁协议，并就是否有管辖权作出裁定。当事人对裁定不服，可以上诉。

三、关于法律适用问题

（一）审理涉港澳经济纠纷案件，在诉讼程序方面按照民事诉讼法（试行）第五编关于涉外民事诉讼程序的特别规定办理。

（二）审理涉港澳经济纠纷案件，在实体法方面，如果适用我国法律时，应按照民法通则的有关规定和涉外经济合同法、中外合资经营企业法及其实施条例、外资企业法等涉外的法律、行政法规办理。我国法律未作规定的，可以适用国际惯例。

（三）审理涉港澳经济纠纷案件，按照民法通则第八章涉外民事关系的法律适用和涉外经济合同法第五条的规定，应适用香港、澳门地区的法律或者外国法律的，可予适用，但以不违反我国的社会公共利益为限。

（四）审理涉港澳经济纠纷案件，遇有我国和香港、澳门地区参加的国际条约同我国法律有不同规定时，适用国际条约的规定，但我国声明保留的条款除外。

四、关于诉讼当事人问题

（一）在港澳地区成立的个人企业、合伙组织应以其业主、合伙人作为诉讼当事人参加诉讼。

（二）在港澳地区成立的有限责任公司参加诉讼，应以公司股东大会或董事会议授予全权代表公司对外进行活动的人作为法定代表人。

（三）作为诉讼一方当事人的港澳企业或者其他经济组织，如果已在香港、澳门地区宣告破产的，可由其破产清算人作为代理人参加诉讼。

（四）香港、澳门地区的企业或者其他经济组织在内地设立的办事机构或者分支机构不具有法人资格的，不能作为当事人参加诉讼；其工作人员作为诉讼代理人时，应当提交授权委托书。

五、关于送达问题

对于在香港、澳门地区的当事人，人民法院送达诉讼文书，可以用双挂号邮寄送达，也可以交由接受送达一方当事人的诉讼代理人或者其他人送达。当事人地址不详或者邮寄送达不到的，公告送达。自公告之日起，满六个月，即视为送达。

六、关于诉讼保全和其他强制性措施问题

（一）当事人申请诉讼保全的，人民法院

认为必要时，可以责令申请人提供担保；申请人拒绝提供的，驳回申请。

（二）对于在内地没有财产可供执行，责令其提供担保又拒不提供的香港、澳门地区的当事人，人民法院可以按照《中华人民共和国公民出境入境管理办法》第八条第二款或者《中华人民共和国外国人入境出境管理办法》第二十三条第二款的规定，决定令其不准出境。

（三）对于决定令其不准出境的人员，人民法院应扣留其身份证或者护照，并在其回乡证、回港证或回澳证的附页上签明暂不准其出境的原因。在暂不准出境期间，不限制其人身自由。

（四）被决定不准出境的人员或其保证人向人民法院提供适当的担保后，人民法院应及时发还身份证或者护照，并在回乡证、回港证或回澳证上注明准其出境，不准出境的决定自行撤销。

七、关于审理和执行问题

（一）香港、澳门地区的被告经人民法院两次合法传唤，没有正当理由拒不到庭的，如果案件事实清楚，责任明确，人民法院应予缺席判决，不能因为被告不到庭而中止诉讼或者动员原告撤诉。

（二）在审理过程中原告申请撤诉的，如果被告已经提出反诉，或者案件涉及违法犯罪，或者原告超越其处分权限行事，人民法院应不准许原告撤诉。

（三）香港、澳门地区的被告被缺席判决败诉的，如果在内地有财产，人民法院可以委托有关部门予以合理作价变卖，然后按《民事诉讼法（试行）》第一百八十条的规定执行。变卖财产所得不足清偿全部债务的，对不足部分人民法院可以裁定中止执行，待以后有条件时再恢复执行。变卖财产所得清偿全部债务后仍有剩余的，人民法院应当通知被执行人领取。被执行人在通知后经过三个月不领取的，人民法院应以被执行人的名义将余款存入银行，待其提取。

（四）香港、澳门地区的当事人被判决败诉的，如果在内地有投资兴办的独资企业、合资经营企业或者合作经营企业而没有其他财产可供执行的，可以其投资所得的利润偿还债务，一般不宜以其投资清偿债务，确实必要的，应商得内地合资方或合作方和有关方面的同意，通过转让投资权益的方式进行。

中华人民共和国归侨侨眷权益保护法

（1990年9月7日第七届全国人民代表大会常务委员会第十五次会议通过　同日公布）

第一条　为了保护归侨、侨眷的合法的权利和利益，根据宪法，制定本法。

第二条　归侨是指回国定居的华侨。华侨是指定居在国外的中国公民。

侨眷是指华侨、归侨在国内的眷属。

本法所称侨眷包括：华侨、归侨的配偶、父母，子女及其配偶，兄弟姐妹，祖父母、外祖父母，孙子女、外孙子女，以及同华侨、归侨有长期抚养关系的其他亲属。

第三条　归侨、侨眷享有宪法和法律规定的公民的权利，并履行宪法和法律规定的公民的义务，任何组织或者个人不得歧视。

国家根据实际情况和归侨、侨眷的特点，给予适当照顾，具体办法由国务院或者国务院有关主管部门规定。

第四条　国家对回国定居的华侨给予安

置。

第五条 全国人民代表大会和归侨人数较多地区的地方人民代表大会应当有适当名额的归侨代表。

第六条 归侨、侨眷有权依法组织社会团体，维护归侨、侨眷的合法权益，进行适合归侨、侨眷需要的合法的社会活动。

归侨、侨眷依法成立的社会团体的财产受法律保护，任何组织或者个人不得侵犯。

第七条 国家对安置归侨的农场、林场等企业给予扶持，任何组织或者个人不得侵占其合法使用的土地，不得侵犯其合法权益。

安置归侨的农场、林场等企业可以根据需要，合理设置学校和医疗保健机构，国家在人员、设备、经费等方面给予扶助。

第八条 归侨、侨眷投资兴办工商企业，投资开发荒山、荒地、滩涂，或者从事农业、林业、牧业、副业、渔业生产，地方各级人民政府应当给予支持，其合法权益受法律保护。

第九条 归侨、侨眷在国内兴办公益事业，各级人民政府应当给予支持，其合法权益受法律保护。

归侨、侨眷接受境外亲友自愿捐赠的物资用于公益事业的，按照国家有关规定办理并享受减征或者免征关税的优惠待遇。

第十条 国家依法保护归侨、侨眷在国内私有房屋的所有权。

国家建设依法征用、拆迁归侨、侨眷私有房屋的，建设单位应当按照国家有关规定给予相当补偿和妥善安置。

第十一条 归侨学生、归侨子女和华侨在国内的子女升学、就业、按照国家有关规定给予照顾。

第十二条 国家保护归侨、侨眷的侨汇收入。

第十三条 归侨、侨眷有权继承或者接受境外亲友的遗产、遗赠或者赠与。

归侨、侨眷有权处分其在境外的财产。

第十四条 归侨、侨眷与境外亲友的往来和通讯受法律保护。

第十五条 归侨、侨眷申请出境，有关主管部门应当在规定的期限内审批。

归侨、侨眷确因境外直系亲属病危、死亡或者限期处理境外财产等特殊情况急需出境的，有关主管部门应当根据申请人提供的有效证明及时审批。

第十六条 国家保障归侨、侨眷出境探亲的权利。

国家机关和国营企业事业单位的归侨、侨眷职工，按照国家有关规定享受出境探亲的待遇。

第十七条 归侨、侨眷有权出境定居。

离休、退休、退职的归侨、侨眷职工出境定居的，其离休金、退休金、退职金照发。

第十八条 归侨、侨眷申请自费出国学习，按照国家有关规定给予照顾。

第十九条 国家对归侨、侨眷在境外的正当权益，根据中华人民共和国缔结或者参加的国际条约或者国际惯例，给予保护。

第二十条 归侨、侨眷的合法权益受到侵犯的，归侨、侨眷有权要求有关主管部门依法处理，或者依法向人民法院提起诉讼。

第二十一条 国务院根据本法制定实施办法。

省、自治区、直辖市的人民代表大会常务委员会可以根据本法和国务院的实施办法，制定实施办法。

第二十二条 本法自 1991 年 1 月 1 日起施行。

中华人民共和国归侨侨眷权益保护法实施办法

（1993年7月19日中华人民共和国国务院令 第118号发布
自发布之日起施行）

第一条 根据《中华人民共和国归侨侨眷权益保护法》的规定，制定本办法。

第二条 归侨、侨眷的身份，由其户籍所在地的县级或者县级以上地方人民政府侨务部门根据其所在工作单位、街道办事处或者乡、民族乡、镇人民政府出具的证明审核认定；必要时可以由我国驻外国的外交代表机关、领事机关或者归国华侨联合会组织提供协助。

同华侨、归侨有长期抚养关系的其他亲属，其侨眷身份可以由公证机关出具抚养公证后审核认定。

第三条 华侨要求回国定居的，由本人向我国驻外国的外交代表机关、领事机关或者外交部授权的其他驻外机关提出申请，也可以由本人或者经由其国内亲属向拟定居地的市、县公安机关提出申请，由省、自治区、直辖市公安机关按照国家有关规定核发回国定居证明。

第四条 地方人民政府和有关部门对回国定居的华侨，应当按照国家有关规定给予安置。

第五条 中华全国归国华侨联合会及其地方组织按照其章程开展活动，维护归侨、侨眷的合法权益。

归侨、侨眷可以依法组织其他社会团体，进行适合归侨、侨眷需要的合法活动。

归侨、侨眷社会团体的合法权益以及按照其章程所进行的合法活动，受法律保护；其依法拥有的财产，任何组织或者个人不得侵占、损害。

第六条 国家对安置归侨的农场、林场等企业，采取适当措施给予扶持。

国家专项分配给安置归侨的农场、林场等企业的资金和物资，地方人民政府和有关部门应当专项安排，专款专用。

第七条 安置归侨的农场、林场等企业合法使用的国有土地、山林、滩涂、水面及其他自然资源，企业依法享有使用权，其合法权益及其拥有的生产资料、经营的作物、生产的产品受法律保护，任何组织或者个人不得侵占、损害。

安置归侨的农场、林场等企业与其他组织或者个人之间发生土地或者其他自然资源权属争议时，争议各方应当协商解决；协商不成的，依照有关法律、法规的规定处理。

第八条 安置归侨的农场、林场等企业根据实际情况设置学校和医疗保健机构的，地方人民政府在教师、医务人员的配备、培训等方面给予支持和帮助；国家在设备、经费等方面给予扶助。

第九条 归侨、侨眷可以依法以各种形式投资兴办工商企业，其合法权益受法律保护。

归侨、侨眷投资兴办工商企业，投资开发荒山、荒地、滩涂，或者从事农业、林业、牧业、副业、渔业生产，地方人民政府应当给予支持。

归侨、侨眷接受境外亲友赠与的小型生产工具，直接用于工农业生产、加工、维修的，以及经批准进口的优良种苗、种畜、种禽、种蛋，按照国家有关规定办理。

第十条 归侨、侨眷在国内兴办公益事业，地方人民政府和有关部门应当给予支持，其合法权益受法律保护。

归侨、侨眷接受境外亲友赠与的物资，直接用于公益事业的，由举办该项公益事业的组织提出申请，经有关主管部门核准，享受减征或者免征关税的待遇。

第十一条 国家保护归侨、侨眷在国内私有房屋的所有权。归侨、侨眷对其私有房屋，依法享有占有、使用、处分和收益的权利，任何组织或者个人不得侵犯。

第十二条 租赁归侨、侨眷的私有房屋，须由出租人和承租人签订租赁合同，并到房屋所在地的房产管理机关登记备案。租赁合同终止时，承租人应当将房屋退还出租人。

第十三条 国家建设依法征用土地，需要拆迁归侨、侨眷私有房屋的，拆迁单位必须持国家规定的批准文件、拆迁计划和拆迁方案，向县级或者县级以上地方人民政府房屋拆迁主管部门提出拆迁申请，经批准并取得房屋拆迁许可证后，方可拆迁。拆迁单位应当按照国家有关规定给予相应补偿和妥善安置。

第十四条 归侨学生、归侨子女和华侨在国内的子女报考义务教育后的各类学校，地方招生部门应当按照国家有关规定结合本地区实际情况给予适当照顾。

第十五条 国家机关、社会团体和国有企业事业单位招用职工时，在同等条件下，应当优先录用归侨学生、归侨子女和华侨在国内的子女。

归侨学生、归侨子女和华侨在国内的子女组织起来就业和自谋职业的，有关部门应当给予扶持。

第十六条 归侨、侨眷可以申请自费出国学习。

归侨、侨眷具有大学或者大学以上学历申请自费出国学习的，按照国家有关规定给予适当照顾。

第十七条 归侨、侨眷自费出国学习，本人属于在职职工的，自获准离境之日起，可以保留公职一年；属于高等学校在校学生的，其学籍按照国家有关规定办理。

归侨、侨眷自费出国学习学成回国，要求国家安排工作的，可以于距毕业日期半年以前与我国驻外国的外交代表机关、领事机关联系，办理有关登记手续；其工作安排，由国家教育主管部门或者人事部门按照同类同等学历的公派出国学习人员的有关规定办理。

第十八条 侨汇是归侨、侨眷的合法收入，其所有权受法律保护，并依法享受有关免税的待遇，任何组织或者个人不得侵占、克扣、延迟支付、强行借贷或者非法冻结、没收。

第十九条 归侨、侨眷用侨汇购买和建设的住宅，其所有权、使用权受法律保护。

地方人民政府和有关部门对归侨、侨眷使用侨汇建设住宅的，可以在建设用地、建筑材料、施工力量等方面给予照顾。

第二十条 国家依法保护归侨、侨眷与境外亲友的联系和往来，任何组织或者个人不得非法限制和干涉。

归侨、侨眷的通信自由和通信秘密受法律保护，任何组织或者个人不得非法开拆、隐匿、毁弃、盗窃归侨、侨眷的邮件。归侨、侨眷的给据邮件丢失、损毁、内件短少的，邮政部门应当依法赔偿或者采取补救措施。

第二十一条 归侨、侨眷因私事申请出境的，其所在工作单位应当及时提出意见；其户口所在地的市、县公安机关应当自收到出境申请之日起三十日内，偏僻、交通不便地区在六十日内，作出批准或者不批准的决定，通知申请人。

申请人在前款规定期间没有接到审批结果通知的，有权查询，受理部门应当作出答复；申请人认为不批准其出境不符合有关法律、法规规定的，有权向上一级公安机关提出申诉，受理机关应当作出处理和答复。

归侨、侨眷因境外直系亲属病危、死亡

或者限期处理境外财产等特殊情况急需出境时，公安机关应当根据申请人提供的有效证明优先办理。

第二十二条 国家机关、社会团体和国有企业事业单位的归侨、侨眷职工和离休、退休、退职的归侨、侨眷职工出境探亲的，按照国家有关规定办理。其所在工作单位和有关部门不得因其正常出境探亲而作出损害其权益的规定。

第二十三条 国家机关、社会团体和国有企业事业单位的归侨、侨眷职工申请出境定居的，其所在工作单位应当在该职工取得定居国（地区）入境签证后，为其办理离职手续，按照国家有关规定发给离职金。

国家机关、社会团体和国有企业事业单位的离休、退休、退职的归侨、侨眷职工出境定居后，应当每年向原工作单位提供一份由我国驻外国的外交代表机关、领事机关出具的或者当地公证机关出具的经我国驻外国的外交代表机关、领事机关认证的本人生存证明，其离休金、退休金、退职金继续发放。

本条第一款和第二款所列职工的工作单位和有关部门不得因其正常出境定居而作出损害其权益的规定。

第二十四条 集体所有制企业事业单位的归侨、侨眷职工和离休、退休、退职的归侨、侨眷职工的出境探亲、定居待遇，由省、自治区、直辖市人民政府参照国有企业事业单位同类人员的待遇，结合本地区情况作出规定。

第二十五条 归侨、侨眷经批准出境探亲或者定居的，可以按照国家有关规定兑换一定数额的外汇；出境定居的，其离职金、离休金、退休金、退职金等可以按照国家有关规定兑换外汇汇出或者携带出境。

第二十六条 我国驻外国的外交代表机关、领事机关根据我国缔结或者参加的国际条约或者国际惯例，保护归侨、侨眷在境外的正当权益。

归侨、侨眷需要在境外处分财产或者接受遗产、遗赠、赠与的，有关部门和我国驻外国的外交代表机关、领事机关应当提供协助，必要时可以接受委托代办有关事宜。

归侨、侨眷在国外有养老金、退休金、抚恤金等需要领取的，我国驻外国的外交代表机关、领事机关应当协助办理有关手续，并接受委托代领代转有关款项。

归侨、侨眷将其在境外的财产调入国内的，按照国家有关规定办理；其财产转换成外汇调入国内的，依法享受有关免税的待遇。

第二十七条 归侨、侨眷的合法权益受到侵犯的，归侨、侨眷有权要求有关主管部门依法处理，或者依法向人民法院提起诉讼。

第二十八条 国家工作人员损害归侨、侨眷权益的，由其所在工作单位或者上级主管机关责令改正或者给予行政处分；情节严重，构成犯罪的，依法追究刑事责任。

第二十九条 省、自治区、直辖市可以根据《中华人民共和国归侨侨眷权益保护法》和本办法以及国家有关规定，制定实施办法。

第三十条 本办法由国务院侨务办公室负责解释。

第三十一条 本办法自发布之日起施行。

关于用侨汇购买和建设住宅的暂行办法

（1980年3月5日国务院转发国家城市建设总局、国务院侨务办公室）

为了贯彻落实党的侨务政策，迅速开展侨汇建设住宅工作，根据国务院的有关文件精神，特制定本办法。

一、鼓励华侨、归侨、侨眷用侨汇购买和建设住宅。他们购买和建设的住宅，产权和使用权归已，国家依法给予保护。在城镇，凡有城镇正式户口的，均可用侨汇购、建住宅，原籍在农村，在城镇又没有亲友的华侨，原则上在农村购、建住宅；如要求在城镇购、建住宅，需经当地人民政府批准。领养老金的华侨要求来我国城镇建房养老的，可不受“返原籍”的限制，但需经有关部门批准。

二、用侨汇建设住宅应列入各地基本建设计划，专项下达，不受自筹资金计划指标的限制。侨汇住宅建设要服从城市规划。用侨汇建设住宅，可以采取集资统建的形式，由侨务部门办理集资手续，交建设部门组织建设，双方签订合同。有条件的地方，可以由银行贷款、地方政府拨款、物资部门预拨材料，先行建设，建成后统一出售，或者从国家已建成的住宅中拿出一部分出售，有些旧房经过修缮也可作价出售，一律通过银行结算，收取侨汇。

三、侨汇住宅的设计，应当根据华侨和侨眷的特点，在住宅的建筑面积、装修和设备标准等方面尽可能满足他们的需要。可设计几种标准，供侨户选择。为节约用地，在城市以建公寓式的住宅为主。有特殊要求的，经市人民政府批准，也可建独门独院的别墅。

四、各地要切实保护建筑材料的供应。按国家规定留给地方的建筑侨汇，由省、市、自治区侨办掌握，商同级计委、建委和城建部门，按照谁供应物资、谁使用留成侨汇的原则，制定分成比例和办法。留成建筑侨汇要用于购买建筑材料，按设计定额组织供应。各地能解决的材料尽量不要进口，供应有困难的，可以用留成外汇进口。

侨汇建筑材料要单列指标，专项下达，保证专材专用，不得挪用。侨务部门有权检查材料分配、使用情况。

五、要切实保证侨汇住宅建设的施工力量。在建筑侨汇量大的城市，可以组织华侨住宅建设公司。承建单位要加强经济核算，改善经营管理，保证施工质量，按期交付使用。各方都要认真履行合同，并根据合同规定承担经济和法律责任。

六、要合理确定侨汇住宅的造价。侨汇住宅的造价内含：

1. 住宅建筑造价，按不同的设计标准计算。

2. 住宅小区（华侨新村、华侨公寓）范围内给水、排水、道路、配电、供热等设施费用，按实际需要收取。

3. 征地补偿费用和拆迁安置费用，按当地参加统建住宅的收费标准收取。

4. 住宅设计费，按设计单位规定收取。

5. 筹建行政管理费，不得超过住宅建筑造价的百分之三。

住宅出售价格应根据造价，因住宅所在地段、层次、朝向的不同而有所差别。

七、侨汇住宅建设使用的土地，其所有权属于国家，华侨、侨眷只有使用权，由当地房管部门收取土地使用费。土地使用费从发给住宅产权证之日开始计征。房产税从发给产权证之日起，免征五年，期满以后，按当地标准房价计征。

八、用侨汇建设的公寓式住宅，可委托房管部门代管代修，侨户按月交纳维修管理费，年终结算，多退少补。别墅式住宅可以自管自修，也可以委托房管部门修理。维修材料由地方物资部门供应。

九、用侨汇购、建的住宅可以在当地出售、交换，也允许继承和赠送。产权转移须经当地房管部门办理手续。侨眷出国后，房屋可以委托亲友或房管部门代管。空闲房屋自愿出租的，要按政策规定出租，由房管部门协助办理租赁手续。租金可以略高于同等公房租金标准，但不得高价出租和押租，不许索取租金以外的报酬。

十、各级人民政府要加强对侨汇住宅建设工作的领导和管理。在侨眷集居、侨汇住宅建设任务重的城市，可以成立侨汇建房领导小组。有关部门要分工合作，明确任务，各尽其责。各在侨办负责受理侨户购、建房屋的申请，组织集资，编制侨汇住宅建设计划，报同级计委审批并编入基本建设年度计划。建设部门负责组织有关部门搞好华侨新村的小区规划、住宅设计、征地拆迁、建筑施工、市政公用配套工程施工、绿化等项工作。物资部门负责建筑材料的供应。建成的房屋，由市侨办或房管局办理出售手续。银行负责办理建筑侨汇的存款和付款，办理外汇贷款。

以上办法，原则上适用于港澳、台湾同胞和中国血统外籍人以及他们在我境内的亲友。

各地可以根据本地区具体情况制定实施细则，并报国家城市建设总局和国务院侨务办公室备案。

对侨资企业、外资企业、中外合资经营企业外汇管理施行细则

（1983 年 7 月 19 日国务院批准　1983 年 8 月 1 日国家外汇管理局公布）

一、为贯彻执行《中华人民共和国外汇管理暂行条例》第五章的规定，特制定本细则。

二、《中华人民共和国外汇管理暂行条例》第五章所称侨资企业，是指在中国境内注册登记，独立经营或者同国内企业合作生产、合作经营的华侨或港澳同胞资本的公司、企业和其他经济组织；外资企业，是指在中国境内注册登记，独立经营或者同中国企业合作生产、合作经营的外国资本的公司、企业和其他经济组织；中外合资经营企业，是指华侨或港澳同胞资本的或外国资本的公司、企业和其他经济组织或个人，在中国境内同中国的公司、企业或其他经济组织共同举办、合资经营的企业。

三、侨资企业、外资企业、中外合资经营企业的一切外汇收付，必须遵照《中华人民共和国外汇管理暂行条例》和本细则的规定办理。

四、侨资企业、外资企业、中外合资经营企业，应在中国境内的中国银行或者经国家外汇管理局或其分局批准的其他银行开立人民币存款帐户和外汇存款帐户，由开户银行监督收付。在申请开户时，应交验中华人民共和国工商行政管理局发给的营业执照。

五、在中国从事合作开采海洋石油资源的外资企业，其独自承担的勘探资金和合作开发、合作生产的资金，准许存放在经中方同意的外国或者港澳地区的银行。

六、除本细则第五条规定者外，侨资企业、外资企业、中外合资经营企业，如需在外国或者港澳地区开立外汇存款帐户，必须

向国家外汇管理局或其分局申请批准。经批准在外国或港澳地区开立外汇存款帐户者，须于每季度终了后三十天内向国家外汇管理局或其分局报告外汇存款帐户的收付情况。

七、按本细则第四条规定在中国境内的银行开立外汇存款帐户者，一切外汇收入都必须存入其外汇存款帐户，其正常业务的外汇支出，可以从其外汇存款帐户中支付。

八、在中国从事合作开采海洋石油资源的外资企业，为执行合同规定的石油作业，可以在中国境外直接向其外籍职工、外国承包者和供应商支付工资、薪金，采购物品货款和各项劳务、服务费用。外籍职工、外国承包者在中国境内取得的收入，应当按照中华人民共和国税法规定缴纳税款。

九、侨资企业、外资企业、中外合资经营企业必须按期向国家外汇管理局或其分局报送下列报表，并附详细文字说明。

1. 每年 3 月 31 日前报送上年 12 月 31 日的资产负债表、上年度损益计算书和外汇收支报告表；随附在中华人民共和国登记注册的会计师的查帐报告。

2. 每年 12 月 1 日以前报送下年度外汇收支预算表（遇有修改，应随时补报）。

国家外汇管理局或其分局有权要求侨资企业、外资企业、中外合资经营企业提供有关外汇业务的情况并检查其外汇收支情况。

十、侨资企业、外资企业、中外合资经营企业必须按照国家外汇管理局公布的外汇牌价办理外汇兑换；企业的产品出口可按中国进出口贸易结汇的有关规定办理。

十一、侨资企业、外资企业、中外合资经营企业出口所得的外汇，除经国家外汇管理局或其分局批准者外，应调回存入开户银行帐户，并办理出口外汇核销手续。

十二、侨资企业、外资企业、中外合资经营企业与中国境内的机关、企业（包括侨资企业、外资企业、中外合资经营企业）或者个人之间的结算，除下列情况外，都应当使用人民币。

1. 生产的产品如系中国需要进口的商品，售给中国经营外贸业务的单位或者其他企业，经中国外贸主管机关批准，供需双方商定，可参照国际市场价格，以外币计价、结算。

2. 因生产需要购买中国经营外贸业务单位经营的出口商品和进口商品，经中国外贸主管机关批准，供需双方商定，可参照国际市场价格，以外币计价、结算。

3. 同中国建筑单位签订建筑合同，经国家外汇管理局或其分局批准，可以外币计价、结算。

4. 根据国务院规定，或者经国家外汇管理局或其分局批准，可以外币计价、结算的其他项目。

凡经批准以外币计价、结算者，均可通过其外汇存款帐户办理收付。

十三、侨资企业、外资企业、中外合资经营企业的华侨投资者或者外国投资者依法纳税后的纯利润和其它正当收益，可以向开户银行申请，汇出境外，从其外汇存款帐户中支付。申请时，应提交企业董事会或相当于董事会的权力机构的分配利润的决议书、纳税凭证以及载有收益分配条款的合同。

侨资企业、外资企业、中外合资经营企业的华侨投资者或者外国投资者，如要将外汇资本转移到中国境外，须向国家外汇管理局或其分局申请，从企业的外汇存款帐户中支付汇出。

十四、在中国从事合作开采海洋石油、煤炭等资源和从事其他合作、合资经营的侨资企业、外资企业、中外合资经营企业，按照中外双方合同规定用产品回收资本和分配利润的，华侨投资者或者外国投资者提取和拥有的其份额内的产品可以运出，但必须汇回应在中华人民共和国缴纳的税款和其它应付的款项。如在中国境内出售，应当按照本细则第十二条的规定办理；其销售所得的外汇，在缴纳税款和其他应付的款项后可以汇出。

十五、侨资企业、外资企业、中外合资经营企业中的外籍职工或港澳职工的工资和其他正当收益，依法纳税后可以汇出，汇出金额超过百分之五十的比例时，可以向国家外汇管理局或其分局申请，汇出外汇均从其企业的外汇存款帐户中支付。

十六、侨资企业、外资企业、中外合资经营企业，经批准在外国或港澳地区设立的分支机构或办事机构，其所需外汇经费，经国家外汇管理局或其分局批准，可以按期从其外汇存款帐户中支付汇出。

十七、侨资企业、外资企业、中外合资经营企业可以直接向外国或港澳地区的银行或企业借入外汇资金，但是应报国家外汇管理局或其分局备案。

十八、依法停业的侨资企业、外资企业和中外合资经营企业，应当在中国财政、税务和外汇管理机关的共同监督下，按期清理。华侨投资者或外国投资者，应对其在中国境内的未了税务债务事项负责。清理结束后，华侨投资者或外国投资者所有的或所分得的资金，如要求汇出境外，可以向国家外汇管理局或其分局申请，从原企业的外汇存款帐户中支付汇出。

十九、在中国境内设立的侨资银行、外资银行、中外合资银行和其他金融机构，其外汇收支的管理办法由国家外汇管理局另行规定。

二十、本细则经国务院批准，由国家外汇管理局公布施行。

中国人民银行关于侨资外资金融机构在中国设立常驻代表机构的管理办法

（1983年2月1日中国人民银行公布）

第一条

根据《中华人民共和国国务院关于管理外国企业常驻代表机构的暂行规定》，为了加强对侨资外资金融机构在中国设立常驻代表机构的管理，特制订本办法。

第二条

侨资外资金融机构，如确有需要可申请在中国北京和经济特区设立常驻代表机构。经批准在北京设立代表机构后，如有必要，也可申请在中国其它指定城市设立派出机构。

第三条

侨资外资金融机构设在中国北京和经济特区的常驻代表机构，称“×××代表处”，保险公司可称“×××联络处”，派出机构统称“×××办事处”。

第四条

侨资外资金融机构申请在中国设立常驻代表机构及其派出机构，须报经中国人民银行审核的批准。手续如下：

一、申请在北京设立常驻代表机构的侨资外资金融机构，须由其总管理机构向中国人民银行提出由其董事长或总经理签署的致中国人民银行行长的申请书。申请书交中国人民银行，也可以委托中国相应的金融机构代为转交。

二、申请在北京以外其它指定城市设立派出机构和申请在经济特区设立常驻代表机构的侨资外资金融机构，须由其总管理机构向中国人民银行提出由其董事长或总经理签署的致中国人民银行行长的申请书。申请书可以交给中国人民银行，也可以委托中国人民银行省、市、自治区分行（以下简称中国人民银行的当地分行）代为转交。

三、申请单位必须提交下列证件和材料：

1．由申请单位填写的中国人民银行印发的“关于侨资外资金融机构在中华人民共和国设立常驻代表机构申请表”；

2．申请单位所在国或所在地区有关当局出具的开业合法证书或营业注册的副本（影印件）；

3．申请单位总管理机构的组织章程、董事会或类似组织的名单和最新的资产负债损益年报；

4．由申请单位的董事长或总经理签署的常驻代表机构首席代表的授权书、首席代表和代表的简历。

上述证件和材料如不是用中文或英文书写的，须附中文或英文译本。其中第2、3项如有变化，申请单位须将变化的情况及时书面报中国人民银行。

第五条

侨资外资金融机构在中国设立常驻代表机构及其派出机构的申请，经中国人民银行批准后，申请单位应依照中华人民共和国工商行政管理部门和公安部门的有关规定，持批准证书到所在地的工商行政管理部门和公安部门办理登记手续和居留手续。

第六条

侨资外资金融机构获准在中国设立的常驻代表机构及其派出机构，应持登记证到所在地的中国银行开立帐户，并须遵守中华人民共和国的外汇管理条例。

第七条

中国人民银行批准设立常驻代表机构及其派出机构的有效期限为三年，如要延长，须在到期之日三十天前，由常驻代表机构的代表向中国人民银行递交一份由其总管理机构董事长或总经理签署的延长驻在期申请书，经中国人民银行审核批准后，可再顺延三年。延期次数不限。

第八条

侨资外资金融机构的常驻代表机构及其派出机构的工作范围是：进行工作洽谈、联络、咨询、服务等非直接营利的工作，不得从事任何直接营利的业务活动。设在经济特区的常驻代表机构，只能在本经济特区范围内进行上述允许从事的非营利活动。

第九条

侨资外资金融机构的常驻代表机构及其派出机构的首席代表、代表均须报经中国人民银行批准后，才能就任其职务。首席代表、代表的合计人数，在北京不得超过四人，在经济特区不得超过三人，派出机构不得超过二人，如必需超过本条规定的人数，须报请中国人民银行另行批准。

第十条

由中国外事服务单位或中国政府指定的其它单位推荐就地雇用中国境内公民者，人数不限，也无须报批，但设在北京的常驻代表机构须书面将雇用中国公民名单报中国人民银行备案。设在北京以外的派出机构和设在经济特区的常驻代表机构须书面将雇用中国公民名单报中国人民银行的当地分行备案。

第十一条

侨资外资金融机构在北京的常驻代表机构要改变名称、更换首席代表、代表、迁移办公地址；派出机构要改变名称和更换代表；在中国经济特区的常驻代表机构要改变名称、更换首席代表，都须事先报中国人民银行批准。派出机构要迁移办公地址，须经中国人民银行的当地分行批准。设在中国经济特区的常驻代表机构要更换代表和迁移办公地址，须经中国人民银行的当地分行批准。

第十二条

常驻代表机构的首席代表，须离职一个月以上时，应事先指定专人代行其职责，并将此项指定件，寄送中国人民银行备案。

第十三条

侨资外资金融机构的常驻代表机构及其派出机构的人员，在中国的一切活动和进出中国国境，都应遵守中国的法律、法令和有关条例。

第十四条

中国人民银行和中国人民银行的当地分行，有权对侨资外资金融机构的常驻代表机构及其派出机构的工作进行监督、检查和管理。

第十五条

侨资外资金融机构的常驻代表机构，应于每年一月十五日前，向中国人民银行报送一份用中文或英文书写的上年工作情况的报告，报告须真实地反映本机构在中国的工作情况。设在中国北京以外的派出机构和设在经济特区的常驻代表机构，其报告应按上述要求报送中国人民银行的当地分行并抄报中国人民银行。

第十六条

侨资外资金融机构如要撤销在中国的常驻代表机构或派出机构，须在撤销之日三十天前，以书面通告中国人民银行，并于债务、税务和其它有关事宜清理完毕后，向原发证机关办理注销登记手续，缴销登记证，常驻代表机构和派出机构的一切未了事宜，均须由其总管理机构继续承担责任。

第十七条

侨资外资金融机构的常驻代表机构及其派出机构和人员，凡违反本办法的，中国人民银行和中国人民银行的当地分行有权进行检查和处理。

第十八条

本管理办法自公布之日起实行。

二、有关民事法律法规

国务院办公厅关于台湾同胞来祖国大陆探亲旅游接待办法的通知

（1987 年 10 月 16 日）

一、祖国政府热诚欢迎台湾同胞来大陆探亲和旅游，保证来去自由。

二、台湾同胞回祖国大陆探亲旅游，须申请办理旅行证件。在香港地区，由中国外交部驻香港签证办事处办理，或由香港中国旅行社代办；在美国、日本或其他国家，由中国驻外使、领馆办理旅行证件。

三、台湾同胞来大陆时，海关凭上述旅行证件，对其携带的行李物品，在自用合理数量范围内，从宽验放。

四、台湾同胞在大陆购买飞机票、火车票、船票及住宿饭店，享有与大陆旅客同等的待遇。

五、凡国家外汇管理局公开挂牌可自由兑换的外汇，台胞汇入、携入和兑换均无限额。中国银行和经国家外汇管理局批准经营外汇业务的其他银行及设在机场、宾馆、商店的代兑点办理兑换业务，台胞在上述银行可开立外币存款帐户，支付外币利息，存取自由，本息都可自由汇出。

六、台湾同胞可以与大陆同胞一样，到各地自由参观、旅游。

七、回祖国大陆探亲、旅游的台湾同胞，应遵守祖国政府的各项法律和规定，尊重当地的社会习俗。

海关对台湾同胞进出境行李物品的管理规定

（1987年11月3日海关总署发布）

第一条 为了优待回祖国大陆探亲、旅游的台湾同胞，照顾他们的合理需要，特制定本规定。

第二条 凡途经香港、澳门地区进境的台湾同胞，海关验凭外交部驻香港签证办事处签发的，或者香港中国旅行社代办的旅行证件，按照本规定对其携带进境的行李物品予以免税优待；对经由国外进境的台湾同胞，海关验凭我驻外使（领）馆签发的旅行证件，按照本规定对其携带进境的行李物品予以免税优待。

第三条 台湾同胞在每一公历年度内（简称“一年内”，下同）首次进境携带的行李物品，海关按本规定所附《台湾同胞带进免税物品限量表》（以下简称“限量表”）（附件一）规定的品种、数量，给予免税优待。随行的不满16周岁的子女，一年内首次入境免税放行“限量表”第一项物品及任选第五项物品中的一件。

一年内多次进境的台湾同胞，自第二次进境起，海关只免税放行“限量表”第一至三项物品。

对1949年以来首次回祖国大陆探亲的台湾同胞，海关予以特殊照顾：准予在“限量表”第四项物品内任选其中3件（同一品种可以重复一件，但总件数不得超过3件），免税放行。

第四条 台湾同胞带进的行李物品，超出“限量表”限量，仍属自用范围内的经海关核准后，准予征税进境；超出自用范围的，应予退运。

第五条 台湾同胞携带出境的行李物品，除禁止出境或限制出境的物品外，在自用、合理数量范围内，准予带出。

第六条 台湾同胞进出境不得携带禁止进出境的物品（见附件二）。

第七条 台湾同胞回祖国大陆定居携带进境的行李物品，在自用、合理数量范围内，海关凭有关部门签发的“台湾同胞定居证”，予以免税放行，不受本规定“限量表”的限制。自用小汽车，每户限一辆，征税放行。

第八条 本规定未列的事项，按海关有关法规办理。

第九条 本规定自1987年11月3日起实施。

附件：

一、台湾同胞带进免税物品限量表

二、中华人民共和国海关禁止进出口物品表

附件一

台湾同胞带进免税物品限量表

	品　名	数　量
一	食品、衣料、衣着和价值人民币50元以下的其它生活用品	限合理数量
二	酒	二瓶（每瓶限750克）
三	烟	600支
四	电视机、电冰箱、录像机、收录音机（包括组合音响、多用机）、照像机、洗衣机、微计算机（包括主机和配套的专用配件）、摩托车和其它价值在人民币200元以上1000元以下的学习和生活用品	1年内首次进境任选其中一件

续表

	品　名	数　量
五	手表、播放机、自行车、缝纫机、电风扇、普通电子琴、电烤箱、幻灯机、打字机（包括电动的）、热水器和其它价值在人民币200元以下50元以上的学习和生活用品	1年内首次进境可任选其中1件（同一品种可以重复一件，但总件数不得超过5件）

一、随行不满16岁的子女，一年内首次进境，海关只免税放行“限量表”第一项物品及任选第五项物品中的一件。

二、一年内第二次以上进境，海关只免税放行“限量表”第一至三项物品。

三、物品价值按到岸价格核定。

四、汽车不准进口。

附件二

中华人民共和国禁止进出境物品表

（一）禁止进境物品

1. 各种武器、弹药和爆炸物品；

2. 伪造货币及伪造的有价证券；

3. 对中国政治、经济、文化、道德有害的印刷品、胶卷、照片、唱片、影片、录音带、录像带、激光视盘、计算机存储介质及其它物品；

4. 各种烈性毒药；

5. 鸦片、吗啡、海洛英、大麻以及其它能使人成瘾的麻醉品、精神药物；

6. 带有危险性病菌、害虫及其它有害生物的动物、植物及其产品；

7. 有碍人畜健康的、来自疫区的以及其它能传播疾病的食品、药品或其它物品；

8. 人民币（按照货币协定办理的除外；人民币外汇兑换券按有关规定办理）。

（二）禁止出境物品

1. 列入禁止进境范围的所有物品；

2. 内容涉及国家秘密的手稿、印刷品、胶卷、照片、唱片、影片、录音带、录像带、激光视盘、计算机存储介质及其它物品；

3. 珍贵文物及其它禁止出境的文物；

4. 濒危的和珍贵的动物、植物（均含标本）及其种子和繁殖材料。

关于人民法院处理涉台民事案件的几个法律问题

——1988年8月9日在最高人民法院举行的第一次新闻发布会上

最高人民法院副院长　马　原

今天，我在最高人民法院举行的第一次新闻发布会上，谈谈人民法院处理涉台民事案件的几个法律问题。大家知道，自从台湾当局放宽去台人员回大陆探亲的限制以来，去台人员和台胞回大陆探亲、旅游的越来越多，诉讼到人民法院的民事案件也逐渐增多。如何处理好这些案件，是海峡两岸人民和司法工作者都很关心的问题。

一、关于婚姻问题

一些去台人员，由于夫妻长期隔离在海峡两岸，家庭发生了变异：有的单方在大陆依法办理了离婚手续；有的一方或者双方已经再婚，或者长期与他人以夫妻的名义同居生活，生育了子女，等等。对这种由于特殊的历史原因造成的婚姻纠纷，我们将充分考虑海峡两岸人民长期分离的实际情况，从有利于稳定婚姻家庭关系的现状出发，根据我国婚姻法一夫一妻制的基本原则，妥善处理。这类案件有以下几种情况：

第一，对已经人民法院判决离婚的案件，不论是单方诉讼还是双方诉讼，也不论对方是否接到判决书，法院的判决都是有效的。如果双方均未再婚，现在请求恢复夫妻关系的，人民法院可以用裁定注销原来的判决，宣告婚姻关系恢复。但经判决离婚后，一方或者双方又另行结婚的，如果其再婚的配偶已经离婚或者已经死亡，现在双方要求恢复夫妻关系的，应当到有关婚姻登记机关重新办理结婚登记手续；如果再婚配偶还健在，必须在办理离婚手续后，才可以与原配偶重新结婚。我们认为，这样实事求是地处理海峡两岸由于长期隔离而造成的特殊婚姻关系，是符合各方当事人的利益的。

第二，对双方分离以后未办理离婚手续，大陆一方又与他人结婚，或者长期与他人以夫妻关系同居生活的，我们原则上承认这种婚姻。现去台一方回来，大陆一方为与原配偶恢复关系，提出与再婚配偶离婚的，是否准予离婚，人民法院应当依照《中华人民共和国婚姻法》第二十五条关于“人民法院审理离婚案件，应当进行调解；如感情确已破裂，调解无效。应准予离婚”的规定处理。如果认定感情尚未破裂的，则判决不准离婚。去台一方回大陆定居后，向人民法院提出要求与在台的配偶离婚的，人民法院应当受理，并根据婚姻法的规定，作出是否准予离婚的判决。

第三，对于双方分离后未办理离婚手续，一方或者双方分别在大陆和台湾再婚的，对这种由于特殊原因形成的婚姻关系，我们不以重婚对待。当事人不告诉，人民法院不主动干预；如果其中一方当事人提出与其配偶离婚的，人民法院应当按照离婚案件受理。

二、关于夫妻共同财产问题

对去台一方请求原配偶返还婚前财产，或者要求分割夫妻共有财产的，如果这些财产在几十年中已被原配偶用于抚养子女，或用于赡养父母，或用于家庭其他生活消费的，人民法院应说服其撤诉或者驳回诉讼请求。但是，如果财产数额大并且标的物还存在的，在考虑其原配偶、子女等生活的情况下，可以酌情分割一部分给去台人员。对于过去财产问题的处理，原则上宜粗不宜细。这是因为，几十年的财产变化情况、几十年的权利义务状况不宜一一细算。这样处理对双方当事人可能更好一些。

三、关于抚养、赡养和收养问题

去台一方回大陆后，大陆一方向其索要已成年子女过去的抚养费用的，对这种请求人民法院原则上不予支持。因为支付子女的抚养费，是为了保证未成年子女的生活；现在子女已经成年了，就没有实际支付的必要了。抚养子女是夫妻双方的义务。夫妻双方都在，由夫妻双方共同承担这个义务；一方由于特殊原因未与子女共同生活或者无力尽抚养义务，则由另一方独自承担这个义务。因此，一方已经尽了全部抚养义务的，不能向对方主张追索抚养费。至于其他没有抚养、赡养义务的人，代替去台一方抚养了子女或者赡养了父母的，去台人员则应酌情补偿。

去台人员返回大陆定居后，要求自己的子女承担赡养的义务的，人民法院应当根据法律规定和子女的家庭经济状况尽可能给予解决。但是，去台人员的子女已被他人合法收养的，在收养关系解除之前，不承担对生父或者生母的赡养义务。被收养的子女因生父或者生母回大陆而要求解除收养关系，或者去台人员要求解除收养关系的，要根据养父母、养子女、生父母三方面关系的实际情况，慎重地处理。

四、关于继承问题

按照《中华人民共和国继承法》的规定，去台人员和台胞与大陆同胞一样，享有同等的继承权，不能因为继承人去台湾而影响他们对在大陆遗产的继承。去台人员或者台胞对大陆的遗产主张继承权的，人民法院依法给予保护。人民法院过去处理的继承案件中已经给去台人员或者台胞保留了遗产份额的，他们可以向人民法院申请取得。过去未经人民法院处理过的继承问题，去台人员或者台胞回大陆后均可以向人民法院起诉。今后人民法院处理继承案件时，对在台湾的合法继承人，要设法通知其参加诉讼；无法通知的，应为其保留应继承的份额，并指定财产代管人。

五、关于房产问题

房屋产权是个比较复杂的问题。几十年的风风雨雨，许多房屋自然损坏严重，有的结构发生了变化，还有一些产权也发生了变化。对属于民事权益方面的房屋纠纷，包括房屋典当、买卖、租赁、代管和其他侵权纠纷，人民法院应依法受理。去台人员和台胞要求回赎去台前出典的房屋，如果土改中已经处理或者典期届满后承典人已依法取得所有权的，不再变动；法律、政策规定可以回赎的，应予准许。去台人员和台胞所有的房屋已被他人侵占或者处分的，人民法院应本着保护产权人的合法权益的原则，并根据纠纷的具体情况，妥善处理。去台人员和台胞的房屋去台前委托公民个人代管，现在房屋仍旧由代管人或者代管人的继承人代管，如果去台人员和台胞要求解除或者变更这种代管关系的，人民法院一般应予准许。

六、关于债务问题

现在去台人员对去台前发生在个人之间的债权债务关系主张债权，或者作为债务人被索偿，如果这种债权债务根据现行的法律、政策规定应当保护，并且能够提出证据的，人民法院都予以受理，并根据案件事实和双方现在的经济状况，合情合理地处理。

七、关于诉讼时效问题

为了保护去台人员和台胞的合法权益，我们在适用诉讼时效方面，对涉台民事案件作了特别规定。根据《中华人民共和国民法通则》的规定，从权利被侵害之日起超过二十年，权利人才向人民法院提起诉讼的，人民法院不予保护。由于涉及去台人员和台湾同胞的案件，许多已经超过二十年了，因此，对去台人员和台湾同胞的诉讼时效期间问题，根据民法通则第一百三十七条的规定，人民法院可以作为特殊情况予以适当延长。

保护海峡两岸当事人的合法权益，是大陆和台湾司法工作者的共同责任。我们希望能通过各类涉台民事案件的审理，促进海峡两岸同胞的正常往来，促进“三通”，从而有利于祖国的和平统一。

两岸公证书使用查证协议

（1993 年 4 月 29 日）

海峡两岸关系协会、中国公证员协会与财团法人海峡交流基金会，就两岸公证书使用查证事宜，经协商达成以下协议：

一、联系主体

（一）关于寄送公证书副本及查证事宜，双方分别以中国公证员协会或有关省、自治区、直辖市公证员协会与财团法人海峡交流基金会相互联系。

（二）本协议其他相关事宜，由海峡两岸关系协会与财团法人海峡交流基金会相互联系。

二、寄送公证书副本

（一）双方同意相互寄送涉及继承、收养、婚姻、出生、死亡、委托、学历、定居、抚养亲属及财产权利证明公证书副本。

（二）双方得根据公证书使用需要，另行商定增、减寄送公证书副本种类。

三、公证书查证

（一）查证事由

公证书有下列情形之一，双方应相互协助查证：

1. 违反公证机关有关受理范围规定；

2. 同一事项在不同公证机关公证；

3. 公证书内容与户籍资料或其他档案记载不符；

4. 公证书内容自相矛盾；

5. 公证书文字、印鉴模糊不清，或有涂改、擦试等可疑痕迹；

6. 有其他不同证据资料；

7. 其他需要查明的事项。

（二）拒绝事由

未叙明查证事由，或公证书上另加盖有其他证明印章者，接受查证一方得附加理由拒绝该项查证。

（三）答复期限

接受查证一方，应于收受查证函之日起三十日内答复。

（四）查证费用

提出查证一方应向接受查证一方支付适当费用。

查证费用标准及支付方式由双方另行商定。

四、文书格式

寄送公证书副本、查证与答复，应经双方协商使用适当文书格式。

五、其他文书

双方同意就公证书以外的文书查证事宜进行个案协商并予协助。

六、协议的履行、变更与终止双方应遵守协议。

协议变更或终止，应经双方协商同意。

七、争议解决

因适用本协议所生争议，双方应尽速协商解决。

八、未尽事宜

本协议如有未尽事宜，双方得以适当方式另行商定。

九、签署生效

本协议自双方签署之日起三十日后生效实施。

本协议于四月二十九日签署，一式四份，双方各执两份。

海峡两岸关系协会

代表：汪道涵　唐树备

财团法人海峡交流基金会

代表：辜振甫　邱进益

海峡两岸公证书使用查证协议实施办法

（1993年5月11日司法部发布）

第一条　为履行《两岸公证书使用查证协议》，制定本实施办法。

第二条　凡与海峡交流基金会（以下简称海基会）联系寄送公证书副本和查证公证书，由中国公证员协会或省、自治区、直辖市公证员协会（或公证员协会筹备组，以下同）进行，任何个人、公证处或省以下公证员协会不得向海基会寄送公证书副本或答复查证事项。

各公证员协会应有专人负责登记、寄收公证书副本、答复查证函，结算费用和统计分析资料等工作。

第三条 根据协议的约定，应寄送的公证书副本包括：

1. 用于继承的亲属关系公证书、委托公证书，以及根据案情需要办理的出生、死亡、婚姻等公证书；

2. 收养、婚姻、出生、死亡、学历、委托书公证书；

3. 用于大陆居民赴台湾定居，或台湾居民赴大陆定居的亲属关系、婚姻、出生等公证书；

4. 用于减免所得税而办理的扶养亲属公证证明，包括亲属关系、谋生能力、病残、成年在学公证书、缴纳保险费或缴纳医药费公证书；

5. 财产权利证明公证书，指公民、法人或其他组织所享有的财产权利公证证明，包括物权、债权、继承权等有形财产和专利、著作、商标等无形财产权。

第四条 发往台湾属于协议约定相互寄送副本范围的公证书应办理一份副本（该副本须使用公证专用水印纸，无需粘贴公证书封面和封底，不需加盖副本章），由经办公证处在送达公证书的同日将副本迳寄省（区、市）公证员协会。公证员协会在收到公证书副本后，应登记并在三日内寄往海峡交流基金会法律服务处。

第五条 各公证员协会收到海基会寄来的在大陆使用的公证书副本，应进行登记并根据公证书用途转寄公证书使用部门。

第六条 海基会的查证函寄到中国公证员协会的，中国公证员协会应当在三日内转出证的公证处或地、市司法局公证管理科，同时抄送公证处所在的省（区、市）公证员协会。公证处或公证管理科在收到查证函后，应当在十日内将查证结果报中国公证员协会，同时抄报省（区、市）公证员协会。由中国公证员协会答复海基会。

海基会的查证函直接寄给有关省（区、市）公证员协会的，省（区、市）公证员协会应当在三日内转出证的公证处或地、市司法局公证管理科。公证处或公证管理科收到查证请求书后应当在十日内将查证结果报省（区、市）公证员协会。对于查证属实的公证书，由省（区、市）公证员协会登记后直接答复海基会；凡是有问题的公证书，省（区、市）公证员协会应当将情况报告中国公证员协会，经同意后由省（区、市）公证员协会答 复海基会。

公证处不能在规定时间答复的应说明原因，无正当理由超过期限的，应承担延误时间造成的损失责任。

第七条 对海基会要求查证的公证书，必须符合协议第三条第一项所约定的事由，凡不是该七种情形之一的不予查证。对第 7 种“其他需要查明事项”，须报中国公证员协会同意后再转公证处查证。对此项转办时限可放宽至五日。

查证事由不是协议第三条第一项约定的七种情况之一的，应将情况报中国公证员协会后，退回海基会。

第八条 海基会的查证函未写明查证事由，或在要求查证的公证书上加盖其他证明印章的，报告中国公证员协会后写明拒绝理由退回海基会。

第九条 海基会将查证函直接寄到公证处，或通过当事人、其他单位转交的，公证处不予答复。同时应当将情况报告中国公证员协会和省（区、市）公证员协会，由中国公证员协会统一向海基会交涉。

第十条 公证书使用部门需要向台湾出证机关进行查证的，应将需要查证的公证书复印件寄送所在的省（区、市）公证员协会或中国公证员协会，并说明要求查证的事由。公证员协会审查认为符合协议第三条第一项规定的情形的，应登记并出具查证函转寄海基会。海基会答复后，应将查证结果即转公证书使用部门。

寄送查证函时，不得在公证书副本上加

盖任何其他印章。

第十一条 公证书副本寄送函、查证函和查证回函必须依照附件文书格式的要求书写。

第十二条 办理寄送副本的公证事项，应按附件所列标准加收公证书副本费、邮寄费、手续费。由公证处统一向当事人收取，再分别与省（区、市）公证员协会和中国公证员协会结算。

根据协议第三条第四项的约定，提出查证公证书一方应向接受查证一方支付适当费用。公证员协会和公证处或公证管理科应将海基会的每一项查证所需费用，按照附件所列标准逐一记帐。在公证处或公证管理科上报查证情况时，应同时将该项查证是否进行了实际调查、应收调查费一并上报，以便统一结算，并按规定比例分配。

寄送公证书副本费用的收入、支出和查证费用的支出和收入需单独做帐、单独结算、出具收据，不得与公证费收据相混，不得列为公证费收入。

凡要求海基会查证台湾出具的公证书的，依据附件所列的费用标准向海基会支付。所需费用由公证员协会向提出查证的单位或当事人收取。

第十三条 本实施办法所规定的时限应自收到公证书副本或查证函之日起计算，不包括邮局寄送时间。

第十四条 本实施办法自一九九三年五月二十九日起施行。

海关对来往香港或者澳门的旅客行李物品的管理规定

（1979年7月1日对外贸易部发布）

第一条 来自或者前往香港、澳门的旅客携带的行李物品，应当以自用合理数量为限，在《来往港澳的旅客免税和征税物品限量表》的范围内，经过海关查核，准予免税或者征税放行。

第二条 来自港澳的旅客，仅带附表免税范围内的行李物品，在海关设置“免税通道”的地方，可以走“免税通道”。从“免税通道”通过的港澳旅客，如果发现带有超出免税限量的物品，由海关按违章处理，除退运超带物品外，并根据情况处以人民币五百元以下的罚款。如果发现带有征税物品，按照走私论处。

第三条 来自港澳的旅客，凡带有附表征税物品或者所带行李物品超出附表免税限量的，在海关设置“应税通道”的地方，必须走“应税通道”，并如实向海关申报。由海关按照本规定查验核放。

第四条 前往港澳的旅客所带行李物品，在附表限量范围内的，准予带出。

第五条 对于当天往返的来往港澳旅客，只放行旅途必需的自用物品。

第六条 从港澳回内地定居的旅客或由内地迁往港澳定居的旅客携带的行李物品，凭证明文件分别按《海关对进出国境旅客行李物品监管办法》关于入境旅客或者出境旅客的规定办理。

第七条 来往港澳旅客携带超出规定的行李物品，前往港澳的不准带出；来自港澳的由海关扣留，限一个月内退运；过期不退运的，由海关变价交库。但对旅途需用的物品，旅客要求随身携带并保证复带进境或者出境，经海关许可登记的，回程时必须将原物带进或者带出。

第八条 来往港澳的旅客不准携带禁止进出口的物品。但来自港澳的旅客进境时经海关登记的金银珠宝钻石饰物，准予复带出境。

第九条 来自港澳的旅客经海关放行的自用物品，不得出售牟利。

第十条 来往港澳的旅客违反本规定的，按照有关规定处理。

附件1

来往港澳的旅客免税和征税物品限量表

类别	品名	带进数量	带出数量
免税物品	总重量	三十公斤	与带进数量相同
	其中：		
	1. 各种衣服	共三十五件（每种限合理数量）	
	2. 鞋、袜、头巾	共十双（条）	
	3. 床上用品	每种一件，共三件（对）	
	4. 各种衣料（单幅）	共十米	
	5. 各种食品	共十五公斤	
	6. 酒（包括药酒）	共2瓶（每瓶限七百五十克）	
	7. 香烟	四百支	
	8. 治疗和常备药品	自用合理数量	
	9. 零星日用品	共人民币二十元（每种限合理数量）	
征税物品	1. 小型电子计算机	一个	
	2. 手表、收音机、电视机、录音机（包括多用机）、照相机、电风扇、自行车、缝纫机及其零配件	每人每年征税放行其中的一件，零配件限合理数量	
	3. 参、茸	各一百克	

注：1. 随同旅行不满十六岁的小孩，只免税放行本人需用的物品。

2. 不卫生的旧衣服，家具等不准进口。

3. 麝香、蝉酥、朱砂、杜仲、天麻、冬虫草、片子癀、石斛夜光丸、六神丸以及未经鉴定的文物，不准携带出口。

4. 用外汇兑换人民币购买的物品，凭商店发票带出。

附件 2

中华人民共和国海关禁止进出口物品表

禁止进口物品

（1）各种武器、弹药和爆炸物品；

（2）无线电收发讯机及其主要器材；

（3）人民币；

（4）对中国政治、经济、文化、道德有害的手稿、印刷品、胶卷、照片、唱片、影片、录音带、录像带等；

（5）烈性毒药，能使人成瘾癖的麻醉药品和鸦片、吗啡、海洛英等；

（6）带有危险性病菌、虫害的动植物及其产品；

（7）有碍卫生的和来自疫区能传播疾病的食品；

（8）国家规定禁止进口的其他物品。

禁止出口物品

（1）各种武器、弹药和爆炸物品；

（2）无线电收发讯机及其主要器材；

（3）人民币和人民币有价证券；

（4）未经核准的外国货币、票据和有价证券；

（5）内容涉及国家机密的或不准出口的手稿、印刷品、胶卷、照片、唱片、影片、录音带、录像带等；

（6）有关中国革命的、历史的、文化的、艺术的珍贵文物图书；

（7）珍贵的动物、植物及其种子；

（8）贵重金属及其制品、珠宝饰物（出境旅客按规定限量携带的除外）；

（9）国家规定禁止出口的其他物品。

中国公民因私事往来香港地区或者澳门地区的暂行管理办法

（1986 年 12 月 3 日国务院批准 1986 年 12 月 25 日公安部公布）

第一章 总 则

第一条 根据《中华人民共和国公民出境入境管理法》第十七条的规定，制定本办法。

第二条 本办法适用于内地公民因私事往来香港地区（下称香港）或者澳门地区（下称澳门）以及港澳同胞来往内地。

第三条 内地公民因私事前往香港、澳门，凭我国公安机关签发的前往港澳通行证或者往来港澳通行证从指定的口岸通行；返回内地也可以从其他对外开放的口岸通行。

指定的口岸：往香港是深圳，往澳门是拱北。

第四条 港澳同胞来往于香港、澳门与内地之间，凭我国公安机关签发的港澳同胞回乡证或者入出境通行证，从中国对外开放的口岸通行。

第二章 内地公民前往香港、澳门

第五条 内地公民因私事前往香港、澳门定居，实行定额审批的办法，以利于维护和保持香港和澳门的经济繁荣和社会稳定。

第六条 内地公民因私事前往香港、澳门，须向户口所在地的市、县公安局出入境管理部门提出申请。

第七条 有下列情形之一的，可以申请前往香港、澳门定居：

（一）夫妻一方定居香港、澳门，分居多年的；

（二）定居香港、澳门的父母年老体弱，必须由内地子女前往照料的；

（三）内地无依无靠的老人和儿童须投靠在香港、澳门的直系亲属和近亲属的；

（四）定居香港、澳门直系亲属的产业无人继承，必须由内地子女去定居才能继承的；

（五）有其他特殊情况必须去定居的。

第八条 有下列情形之一的，可以申请短期前往香港、澳门：

（一）在香港、澳门有定居的近亲属，须前往探望的；

（二）直系亲属或者近亲属是台湾同胞，必须由内地亲人去香港、澳门会亲的；

（三）归国华侨的直系亲属、兄弟姐妹和侨眷的直系亲属不能回内地探亲，必须去香港、澳门会面的；

（四）必须去香港、澳门处理产业的；

（五）有其他特殊情况，必须短期去香港、澳门的。

第九条 内地公民因私事申请前往香港、澳门，须回答有关的询问并履行下列手续：

（一）交验户口簿或者其他户籍证明；

（二）填写申请表；

（三）提交所在工作单位对申请人前往香港、澳门的意见；

（四）提交与申请事由相应的证明。

第十条 本办法第九条第四项所称的证明是指：

（一）夫妻团聚，须提交合法婚姻证明，以及配偶在香港、澳门有永久居住资格的证明；

（二）去香港、澳门照顾年老体弱父母或者无依无靠的老人、儿童投靠香港、澳门亲属，须提交与香港、澳门亲属关系及其在香港、澳门有永久居住资格的证明；

（三）继承或者处理产业，须提交产业状况和合法继承权的证明；

（四）探望在香港、澳门的亲属，须提交亲属函件；时间急迫的，应尽可能提交与申请事由相关的说吸或者证明；

（五）会见台湾亲属或者会见居住国外的亲属，须提交亲属到达香港、澳门日期的确切证明。

第十一条 公安机关出入境管理部门受理的前往香港、澳门的申请，应当在六十天内作出批准或者不批准的决定，通知申请人。

第十二条 经批准前往香港、澳门定居的内地公民，由公安机关出入境管理部门发给前往港澳通行证。持证人应当在前往香港、澳门之前，到所在地公安派出所注销户口，并在规定的时间内前往香港、澳门。

经批准短期前往香港、澳门的内地公民，发给往来港澳通行证。持证人应当在规定时间内前往并按期返回。

第十三条 内地公民申请去香港、澳门，有下列情形之一的，不予批准：

（一）属于《中华人民共和国公民出境入境管理法》第八条规定情形的；

（二）不属于本办法第七条和第八条规定情形的；

（三）编造情况、提供假证明，欺骗公安机关出入境管理部门的。

第三章 港澳同胞来内地

第十四条 港澳同胞来内地，须申请领取港澳同胞回乡证。港澳同胞回乡证由广东省公安厅签发。

申领港澳同胞回乡证须交验居住身份证明、填写申请表。

不经常来内地的港澳同胞，可申请领取入出境通行证。申领办法与申领港澳同胞回乡证相同。

第十五条 有下列情形之一的，不发给港澳同胞回乡证或者入出境通行证：

（一）被认为有可能进行抢劫、盗窃、贩毒等犯罪活动的；

（二）编造情况，提交假证明的；

（三）精神病患者。

第十六条 港澳同胞驾驶机动车辆来内地，应当按照广东省人民政府有关规定申请行车执照，驾驶人员还须向广东省公安厅出入境管理处申请驾驶港澳机动车辆来往内地的许可。

第十七条 港澳同胞短期来内地，要按照户口管理规定，办理暂住登记。在宾馆、饭店、旅店、招待所、学校等企业、事业单位或者机关、团体及其他机构内住宿的，应当填写临时住宿登记表；住在亲友家的，由本人或者亲友在二十四小时内（农村可在七十二小时内）到住地公安派出所或者户籍办公室办理暂住登记。

第十八条 港澳同胞要求回内地定居的，应当事先向拟定居地的市、县公安局提出申请，获准后，持注有回乡定居签注的港澳同胞回乡证，至定居地办理常住户口手续。

第四章 出入境检查

第十九条 内地公民往来香港、澳门以及港澳同胞来往内地，须向对外开放口岸或者指定口岸的边防检查站出示出入境证件，填交出境、入境登记卡，接受查验。

第二十条 有下列情形之一的，边防检查站有权阻止出境、入境：

（一）未持有往来港澳通行证件、港澳同胞回乡证或其他有效证件的；

（二）持用伪造、涂改等无效的往来港澳通行证件或者港澳同胞回乡证，冒用他人往来港澳通行证件港澳同胞回乡证的；

（三）拒绝交验证件的。

具有前款第二项规定的情形的，并可依照本办法第二十六条的规定处理。

第五章 证件管理

第二十一条 港澳同胞回乡证由持证人保存，有效期十年，在有效期内可以多次使用。超过有效期或者查验页用完的，可以换领新证。申请新证按照本办法第十四条规定办理。

第二十二条 前往港澳通行证在有效期内一次使用有效。往来港澳通行证有效期五年，可以延期二次，每次不超过五年，证件由持证人保存、使用，每次前往香港、澳门均须按照本办法第六条、第八条、第十条的规定办理申请手续，经批准的作一次往返签注。经公安部特别授权的公安机关可以作多次往返签注。

第二十三条 港澳同胞来内地后遗失港澳同胞回乡证，应向遗失地的市、县或者交通运输部门的公安机关报失，经公安机关调查属实，出具证明，由公安机关出入境管理部门签发一次有效的入出境通行证，凭证返回香港、澳门。港澳同胞无论在香港、澳门或者内地遗失港澳同胞回乡证，均可以按照本办法第十四条规定重新申请领取港澳同胞回乡证。

第二十四条 内地公民在前往香港、澳门之前遗失前往港澳通行证、往来港澳通行证的，应立即报告原发证机关，并由本人登报声明，经调查属实的，重新发给证件。

第二十五条 港澳同胞回乡证持证人有本办法第十五条情形之一的，证件应予以吊销。

吊销证件由原发证机关或其上级机关决

定并予以收缴。

第六章　处　　罚

第二十六条　持用伪造、涂改等无效的或者冒用他人的前往港澳通行证、往来港澳通行证、港澳同胞回乡证、入出境通行证的，除可以没收证件外，并视情节轻重，处以警告或五日以下拘留。

第二十七条　伪造、涂改、转让前往港澳通行证、往来港澳通行证、港澳同胞回乡证、入出境通行证的，处十日以下拘留；情节严重，构成犯罪的，依照《中华人民共和国刑法》的有关条款的规定追究刑事责任。

第二十八条　编造情况，提供假证明，或者以行贿等手段，获取前往港澳通行证、往来港澳通行证、港澳同胞回乡证、入出境通行证，情节较轻的，处以警告或五日以下拘留；情节严重，构成犯罪的，依照《中华人民共和国刑法》的有关条款的规定追究刑事责任。

第二十九条　公安机关的工作人员在执行本办法时，如有利用职权索取、收受贿赂或者有其他违法失职行为，情节轻微的，可以由主管部门酌情予以行政处分；情节严重，构成犯罪的，依照《中华人民共和国刑法》的有关条款的规定追究刑事责任。

第七章　附　　则

第三十条　本办法由公安部组织实施，负责解释。

第三十一条　本办法自公布之日起施行。

海关对回国探亲华侨进出境行李物品的管理规定

（1985年10月12日海关总署公布）

第一条　为了优待回国探亲华侨，照顾合理需要，特制定本规定。

第二条　回国探亲华侨（包括随行的外国籍配偶）一年内首次入境携带的行李物品，海关按本规定所附《回国探亲华侨带进免税物品限量表》（以下简称“限量表”）规定的品种、数量，给予免税优待。随行不满16岁的子女，免税放行“限量表”第一项物品及任选第五项物品中的一件。

回国探亲华侨一年内第二次入境，海关只免税放行“限量表”第一至三项物品。

第三条　回国探亲华侨携带入境的行李物品，超出“限量表”限量，除仍属自用范围经海关核准予以征税进口的外，应予退运。

第四条　回国探亲华侨携带出境的行李物品，除限制出口物品外，在自用、合理数量范围内，准予带出。

第五条　回国探亲华侨进出境不得携带禁止进出口的物品。

第六条　华侨回国定居带进的行李物品，在自用、合理数量范围内，海关凭省、自治区、直辖市公安厅（局）发给的《华侨回国定居证》予以免税放行。自用小汽车，每户限一辆，征税放行。

第七条　来华探亲的外籍华人、出境探亲的中国公民、定居中国的外国侨民进出境携带的行李物品，比照本规定办理。

第八条　本规定未列的事项，按海关有关法规办理。

第九条　本规定自1985年10月15日起实施。

附：

回国探亲华侨带进免税物品限量表

品　名	数　量
一、食品、衣料、衣着和价值人民币 50 元以下的其它生活用品	限合理数量
二、酒	二瓶（每瓶限 750 克）
三、烟	600 支
四、电视机、电冰箱、收录音机（包括音响组合、多用机）、照像机、洗衣机、微计算机（包括主机和配套的专用配件）、摩托车和其它价值在人民币 200 元以下 1000 元以下的学习和生活用品	1 年内首次入境任选其中 1 件
五、手表、播放机、自行车、缝纫机、电风扇、普通电子琴、电烤箱、幻灯机、投影机、打字机（包括电动的）、热水器和其它价值在人民币 200 元以下 50 元以上的学习和生活用品	1 年内首次入境任选其中 5 件

注：

一、物品价值按到岸价格核定。

二、汽车不准进口，录像机征税进口

三、带进限量表第五项物品，同一品种一件，但总件数不得超过 5 件。

国务院关于加强华侨、港澳台同胞捐赠进口物资管理的若干规定

（1989 年 2 月 20 日发布）

华侨和港澳台同胞满怀爱国爱乡的热情，捐款捐物，为建设侨乡，支援四化建设作出了贡献。国家对华侨、港澳台同胞的爱国行动，一贯予以鼓励和支持。为进一步做好接受捐赠工作，正确引导接受捐赠的方向，克服接受捐赠工作中存在的某些混乱现象，根据中央关于治理经济环境、整顿经济秩序的精神和国务院关于严格控制高档消费品进口的决定，特作如下规定：

一、对华侨和港澳台同胞向国内捐赠物资，坚持捐赠自愿、接受自用的原则。各级机关不得接受华侨、港澳台同胞的捐赠。各级领导要严格遵守本规定，不得批条子干预审批和管理工作。

二、鼓励华侨和港澳台同胞捐赠必需的生产资料，直接用于工农业生产、文教卫生、科技以及公益事业等。对用于上述方面的物资，由海关按照国发［1982］110 号和国发［1986］10 号文件的规定，予以免税。

三、鼓励捐赠现汇。对华侨、港澳台同胞为支援家乡建设个人捐赠的现汇，经国家外汇管理局批准后，可进入国家外汇调剂中心进行调剂。具体办法，由国家外汇管理局商有关部门制定，报国务院批准后实施。

四、捐赠国务院国发［1986］10 号和原国家经委、海关部总署经审［1988］22 号文件规定限额管理的十三种国家限制进口的机电产品，各省、自治区、直辖市人民政府要严格按照国家规定的捐赠限额审批接受捐赠。超过限额的，一律不得批准进口。越权审批的，要追究有关领导和经办者的责任；对所接受捐赠的产品，由海关总署会同有关部门按规定从严处理。

五、未规定捐赠限额的国家限制进口的机电产品，由各省、自治区、直辖市机电设备进口审查办公室会同省（自治区、直辖

市）侨办、台办核报国务院机电设备进口审查办公室审批，并报国务院侨办、台办备案。

六、对实行集中报批的国家限制进口的机电产品（见附件），包括以“在外售券，境内取货”方式接受的捐赠，只限直接接受单位自用。接受捐赠单位不得转让、转卖增值或串换，也不得经组装加工后在市场出售。所有接受捐赠的国家限制进口的机电产品，都应凭批准文件向对外经济贸易部及其授权机构申领进口许可证，海关凭许可证验放。

七、捐赠属于实行进口许可证管理和专卖、专营的物资，除第四、第五条规定者外，由各省（自治区、直辖市）侨办、台办核报国家主管部门归口核批，由海关按规定验放。除自用者外，交指定专卖、专营单位经营，或由物资、商业部门按合理价格收购，并由收购单位（包括专卖、专营单位）照章补税。具体办法，由物资部、商业部会同有关部门制定，报国务院批准后实施。

八、外商投资企业和开展对外加工装配、补偿贸易企业的外方代表，我派驻境外（包括港澳地区）的中资机构，在对外交往中外国官方或民间经贸团体、外商向我有关单位赠送物资以及各种无偿援助，不属于华侨、港澳台同胞捐赠范围，应按国家有关规定办理。

九、对假借接受捐赠名义内外串通，进行套汇、逃证、逃税、倒卖等非法活动的，一律没收其所得，并依法惩处。

十、本规定自一九八九年三月一日起执行。在此之前，已批准接受捐赠的，仍按原规定办理。过去颁发的有关文件，凡与本规定不符的，以本规定为准。

附件

实行集中报批的国家限制进口的机电产品目录

1. 汽车

包括底盘、各种改装车、特种车、专用车及发动机、驱动桥、车壳（或驾驶室）。

2. 计算机及其外部设备

包括可编程计算机，计算机CPU板，软硬磁盘机（或驱动器）、打印机、显示器或终端、磁带机、绘图机，电脑打字机，不含编程器。

3. 电视机

包括投影电视、工业电视、14″及以上监视器。

4. 电视机显像管

5. 摩托车及其发动机、车架

6. 录音机

包括收录机、录放机、组合音响、语言实验室配套用录音机、汽车收放机。

7. 电冰箱及其压缩机、箱体

包括冷藏箱、食品展示柜，不含容积340升以上或最低制冷温度－40℃以下的冰箱、雪柜及其压缩机。

8. 洗衣机

不含洗衣量6公斤以上的洗衣机、干洗机。

9. 成套录像设备、录（放）像机及其机芯、磁头、磁鼓、组件

10. 照相机及其机壳、快门、取景器

不含高空、水下、制版、眼底照相机。

11. 手表

包括指针式石英电子表、机械表。不含数字显示电子表。

12. 空调器及其压缩机

包括窗式、挂式、柜式空调器，不含车用及船用空调器和中央集中空调系统。

13. 复印机

包括卡片及工程图纸复印机，不含胶版复印机、酒精复印机、明胶复印机。

14. 录音录像磁带复制设备

不含复制速比1∶8及以下的录音磁带复制机。

15. 汽车起重机及其底盘

不含正面吊运机。

16. 断层成像装置

包括X射线断层成像装置（CT）和核磁共振成像装置（MPI），不含伽玛像机（ECT）。

17. 电子显微镜

18. 气流纺纱机

19. 电子分色机

20. 集成电路

注：以上产品包括达到同型号单台整机进口价格60%及以上的散件。

中华人民共和国海关对华侨、港澳台同胞捐赠进口物资监管办法

（1989年12月26日海关总署令第十号发布）

第一条

根据《中华人民共和国海关法》和国务院关于对华侨、港澳台同胞捐赠进口物资管理的有关规定制订本办法。

第二条

本办法适用于对华侨、港澳台同胞自愿向境内捐赠进口物资的管理。

外商投资企业和开展对外加工装配、补偿贸易企业的外方代表，我派驻境外（包括港澳地区）的中资机构，在对外交往中外国官方或民间经贸团体、外商向我有关单位赠送物资以及各种无偿援助，不属华侨、港澳台同胞捐赠范围，不适用本办法。

第三条

进口的捐赠物资限接受单位自用。

第四条

海关对受赠单位申报进口的捐赠物资，凭有关机关的批准文件验放。对属于实行许可证管理的物资应加验经贸主管部门签发的进口许可证。

第五条

对实行集中报批的国家限制进口的机电产品，包括以“在外售券，境内取货”方式接受的捐赠，接受捐赠单位不得转让、转卖增值或串换，也不得经组装加工后在市场出售。对国家实行专营专卖的捐赠物资应按国家有关规定办理。其它捐赠物资，超出自用的，由指定单位收购。

第六条

海关对经批准接受直接用于本单位工农业生产、科研、教学、医疗卫生、公益事业的国家限制进口的机电产品免征关税，用于其它方面的照章征税；对捐赠进口的其它物资，属于自用的免税，超出自用的部份照章征税。

前款所称“公益事业”，是指：

1. 直接用于建设少年儿童活动设施、幼儿园、敬老院和孤儿院等的物资及生活物品；

2. 为安排残疾人就业专门设立的生产企业受赠的生产资料和直接用于残疾人康复、生活的专用物品；

3. 直接用于修葺古迹保护文物的物资；

4. 直接用于环境保护、挽救濒危动植物种、筑路及修桥等公共设施建设的物资；

5. 其它公益事业。

第七条

捐赠物资进口的海关手续，由受赠单位自行办理。受赠单位应于捐赠物资进口前向所在地海关交验有关机关的批准文件，经所在地海关审核签署意见后向口岸海关办理报关进口手续。

第八条

对假借捐赠名义进口货物、物品的，或者未经海关许可并且未补办进口手续，未补缴关税，擅自将捐赠进口货物、物品在境内销售牟利的，由海关根据《中华人民共和国海关法》和《中华人民共和国海关法行政处罚实施细则》的有关规定处理。

华侨同国内公民、港澳同胞同内地公民之间办理婚姻登记的几项规定

（1983年3月10日民政部发布）

为了便于华侨同国内公民、港澳同胞同内地公民之间的婚姻登记，根据《中华人民共和国婚姻法》和《婚姻登记办法》，特作如下规定：

一、华侨同国内公民、港澳同胞同内地公民之间结婚、双方自愿离婚和复婚，凡要求在国内（内地）办理的，男女双方须共同到国内（内地）一方户口所在地的县级以上人民政府婚姻登记机关申请登记。

二、申请结婚登记的男女双方，须分别持有下列证件：

甲、国内公民

(一)本人户口所在地公安派出所出具的户口证明；

(二)所在工作单位或市、镇街道办事处，农村乡（镇）人民政府出具的本人出生年月、民族，职业和婚姻状况证明。

乙、华侨

(一)我驻该国使、领馆颁发的本人护照；

(二)经我驻该国使、领馆认证的居住国公证机构出具的本人无配偶证明，或我驻该国使、领馆出具的本人无配偶证明。

丙、港澳同胞

(一)港澳居民身份证，港澳同胞回乡证或海员证；

(二)我司法行政机关委托的香港律师辨认的香港婚姻注册处出具的婚姻状况证明，和经该律师证明的由申请人作出的在其它任何地方从未登记结婚的声明书；

(三)澳门行政局或警察局出具的婚姻状况证明。

我驻港澳机构的工作人员和港九工会联合会、香港中华总商会、香港教育工作者联合会、澳门工会联合会、澳门中华教育会和澳门中华总商会的会员，持所在机构或社团出具的婚姻状况的证明，可免交（二）、（三）项规定的证明。

此外，华侨、港澳同胞在申请结婚登记时，还须持有在国外和港澳从事的职业或可靠经济来源的证明；婚姻登记机关指定的县级以上医院出具的婚前健康检查证明。不在原籍登记结婚的港澳同胞还须持有原籍（或原驻地、原工作单位）乡（镇）人民政府，市、镇街道办事处出具的本人婚姻状况证明，或内地两个了解情况的亲友为其出具的无配偶保证。

申请结婚登记的当事人离过婚的，还须持有离婚证件；丧偶的，须持有配偶的死亡证件；有过同居关系的，须持有脱离同居关系的协议书。

三、对于来自和我无外交关系国家（地区）的华侨同国内公民之间申请结婚登记的，须持有华侨居住国（地区）公证机构公证的，并经与我国和华侨居住国都有外交关系的第三国使、领馆认证的无配偶的证明；取得上述证明确有困难的，根据国内原籍乡（镇）人民政府、街道办事处了解后所出具的婚姻状况证明，国内两个了解情况的亲友为其出具

的无配偶保证，以及本人出具的无配偶的书面声明，由县以上民政部门会同侨务部门审查后，可予办理结婚登记。

四、男女双方自愿离婚并已对子女抚养和财产作了妥善处理的，须共同到婚姻登记机关申请离婚登记。一方要求离婚或一方不能到婚姻登记机关申请离婚的，可由有关部门进行调解或直接向国内（内地）一方户口所在地的人民法院提出离婚诉讼。

五、离婚后，男女双方自愿恢复夫妻关系的，按照申请结婚登记办理。男女双方持离婚后未再结婚的证件，共同到婚姻登记机关申请复婚登记，并退回离婚证。

六、申请婚姻登记的男女双方，对婚姻登记机关所要了解的情况，必须如实提供。故意隐瞒事实或伪造证件的，婚姻登记机关不予登记，情节严重的，提请当地司法机关依法处理。

七、华侨同国内公民，港澳同胞同内地公民之间办理婚姻登记所使用的结婚申请书和结婚证，均须帖有双方当事人的照片。结婚证、离婚证加盖县级以上人民政府婚姻登记专用章。婚姻登记机关在办理婚姻登记时，应收取婚姻证书工本费和登记手续费。所需翻译费由本人自理。

国务院侨务办公室　公安部　最高人民检察院 最高人民法院　民政部 关于制止和惩处盗掘华侨祖墓的违法犯罪活动的联合通知

（1984 年 8 月 13 日）

各省、自治区、直辖市人民政府，各省、自治区、直辖市侨务办公室、公安厅（局）、人民检察院、高级人民法院、民政厅（局）：

近几年来，不少地方发生了盗掘华侨祖墓的违法犯罪活动，特别是在福建、广东等省的某些侨乡，这类违法犯罪活动更为猖獗。有些盗墓分子结伙流窜，到处挖掘坟墓，盗取金银、珠宝等陪葬物；有些甚至将盗取的棺木重新油漆后，高价出售。

海外侨胞和港、澳、台同胞基于思祖怀乡的感情，一向对祖墓特别重视。许多侨胞飘洋过海，千里迢迢回到祖国寻根问祖，祭扫祖先坟墓。盗掘华侨祖墓的行为，严重损伤了华侨思念祖国的感情，在国内外造成了极坏的影响，应采取必要措施，坚决制止盗墓活动，依法严厉惩处盗墓分子。

为此，特作如下通知：

一、对华侨祖墓应予保护，任何单位或个人不得私自挖掘、拆毁，非经县以上人民政府批准不得迁移。

二、盗掘坟墓是违法行为，各地公安机关应及时制止和查处。对盗掘华侨祖墓的，应严肃处理。

三、对盗掘坟墓窃获少量财物或情节显著轻微的，由公安机关根据《治安管理处罚条例》以盗窃行为加重处罚；对盗掘坟墓窃获财物数额较大的应依照刑法的有关规定以盗窃罪论处；对二人以上共同进行盗墓犯罪活动的，其首要分子及教唆者应依法从重惩处。

四、各地侨务、民政、公安、司法部门应进行保护华侨祖墓的宣传教育，并可根据当地实际情况公布打击盗墓活动的典型案例，加强法制宣传。

五、对盗掘港澳同胞、台湾同胞和外籍华人祖墓的违法犯罪行为，均按本通知规定的精神惩处。

三、有关涉外经济法律法规

国务院关于鼓励外商投资的规定

（1986年10月11日）

第一条 为了改善投资环境，更好地吸收外商投资，引进先进技术，提高产品质量，扩大出口创汇，发展国民经济，特制定本规定。

第二条 国家鼓励外国的公司、企业和其他经济组织或者个人（以下简称外国投资者），在中国境内举办中外合资经营企业、中外合作经营企业和外资企业（以下简称外商投资企业）。

国家对下列外商投资企业给予特别优惠：

一、产品主要用于出口，年度外汇总收入额减除年度生产经营外汇支出额和外国投资者汇出分得利润所需外汇额以后，外汇有结余的生产型企业（以下简称产品出口企业）；

二、外国投资者提供先进技术，从事新产品开发，实现产品升级换代，以增加出口创汇或者替代进口的生产型企业（以下简称先进技术企业）。

第三条 产品出口企业和先进技术企业，除按照国家规定支付或者提取中方职工劳动保险、福利费用和住房补助基金外，免缴国家对职工的各项补贴。

第四条 产品出口企业和先进技术企业的场地使用费，除大城市市区繁华地段外，按下列标准计收：

一、开发费和使用费综合计收的地区，为每年每平方米五元至二十元

二、开发费一次性计收或者上述企业自行开发场地的地区，使用费最高为每年每平方米三元。

前款规定的费用，地方人民政府可以酌情在一定期限内免收。

第五条 对产品出口企业和先进技术企业优先提供生产经营所需的水、电、运输条件和通信设施，按照当地国营企业收费标准计收费用。

第六条 产品出口企业和先进技术企业在生产和流通过程中需要借贷的短期周转资金，以及其他必需的信贷资金，经中国银行审核后，优先贷放。

第七条 产品出口企业和先进技术企业的外国投资者，将其从企业分得的利润汇出境外时，免缴汇出额的所得税。

第八条 产品出口企业按照国家规定减免企业所得税期满后，凡当年企业出口产品产值达到当年企业产品产值70%以上的，可以按照现行税率减半缴纳企业所得税。

经济特区和经济技术开发区的以及其他

已经按15%的税率缴纳企业所得税的产品出口企业，符合前款条件的，减按10%的税率缴纳企业所得税。

第九条 先进技术企业按照国家规定减免企业所得税期满后，可以延长三年减半缴纳企业所得税。

第十条 外国投资者将其从企业分得的利润，在中国境内再投资举办、扩建产品出口企业或者先进技术企业，经营期不少于五年的，经申请税务机关核准，全部退还其再投资部分已缴纳的企业所得税税款。经营期不足五年撤出该项投资的，应当缴回已退的企业所得税税款。

第十一条 对外商投资企业的出口产品，除原油、成品油和国家另有规定的产品外，免征工商统一税。

第十二条 外商投资企业可以自行组织其产品出口，也可以按照国家规定委托代理出口。属于需要申领出口许可证的产品，按照企业年度出口计划，每半年申领一次许可证。

第十三条 外商投资企业为履行其产品出口合同，需要进口（包括国家限制进口）的机械设备、生产用的车辆、原材料、燃料、散件、零部件、元器件、配套件，不再报请审批，免领进口许可证，由海关实行监管，凭企业合同或者进出口合同验放。

前款所述进口料、件，只限于本企业自用，不得在国内市场出售；如用于内销产品，应当按照规定补办进口手续，并照章补税。

第十四条 外商投资企业之间，在外汇管理部门监管下，可以相互调剂外汇余缺。

中国银行以及经中国人民银行指定的其他银行，可以对外商投资企业开办现汇抵押业务，贷款人民币资金。

第十五条 各级人民政府和有关主管部门应当保障外商投资企业的自主权，支持外商投资企业按照国际上先进的科学方法管理企业。

外商投资企业有权在批准的合同范围内，自行制定生产经营计划，筹措、运用资金，采购生产资料，销售产品；自行确定工资标准、工资形式和奖励、津贴制度。

外商投资企业可以根据生产经营需要，自行确定其机构设置和人员编制，聘用或者辞退高级经营管理人员，增加或者辞退职工；可以在当地招聘和招收技术人员、管理人员和工人，被录用人员所在单位应当给予支持，允许流动；对违反规章制度，造成一定后果的职工，可以根据情节轻重，给予不同处分，直至开除。外商投资企业招聘、招收、辞退或者开除职工，应当向当地劳动人事部门备案。

第十六条 各地区、各部门必须执行《国务院关于坚决制止向企业乱摊派的通知》，由省级人民政府制定具体办法，加强监督管理。

外商投资企业遇有不合理收费的情况可以拒交；也可以向当地经济委员会直到国家经济委员会申诉。

第十七条 各级人民政府和有关主管部门，应当加强协调工作，提高办事效率，及时审批外商投资企业申报的需要批复和解决的事宜。由国务院主管部门审批的外商投资企业的协议、合同、章程，审批机关必须在收到全部文件之日起三个月以内决定批准或者不批准。

第十八条 本规定所指产品出口企业和先进技术企业，由该企业所在地的对外经济贸易部门会同有关部门根据企业合同确认，并出具证明。

产品出口企业的年度出口实绩，如果未能实现企业合同规定的外汇平衡有结余的目标，应当在下一年度内补缴上一年度已经减免的税、费。

第十九条 本规定除明确规定适用于产品出口企业或者先进技术企业的条款外，其他条款适用于所有外商投资企业。

本规定施行之日前获准举办的外商投资企业，凡符合本规定的优惠条件的，自施行之日起适用本规定。

第二十条 香港、澳门、台湾的公司、企业和其他经济组织或者个人投资举办的企业，参照本规定执行。

第二十一条 本规定由对外经济贸易部负责解释。

第二十二条 本规定自发布之日起施行。

中华人民共和国外资企业法

（1986年4月12日六届全国人大四次会议通过）

第一条 为了扩大对外经济合作和技术交流，促进中国国民经济的发展，中华人民共和国允许外国的企业和其他经济组织或者个人（以下简称外国投资者）在中国境内举办外资企业，保护外资企业的合法权益。

第二条 本法所称的外资企业是指依照中国有关法律在中国境内设立的全部资本由外国投资者投资的企业，不包括外国的企业和其他经济组织在中国境内的分支机构。

第三条 设立外资企业，必须有利于中国国民经济的发展，并且采用先进的技术和设备，或者产品全部出口或者大部分出口。

国家禁止或者限制设立外资企业的行业由国务院规定。

第四条 外国投资者在中国境内的投资、获得的利润和其他合法权益，受中国法律保护。

外资企业必须遵守中国的法律、法规，不得损害中国的社会公共利益。

第五条 国家对外资企业不实行国有化和征收；在特殊情况下，根据社会公共利益的需要，对外资企业可以依照法律程序实行征收，并给予相应的补偿。

第六条 设立外资企业的申请，由国务院对外经济贸易主管部门或者国务院授权的机关审查批准。审查批准机关应当在接到申请之日起九十天内决定批准或者不批准。

第七条 设立外资企业的申请经批准后，外国投资者应当在接到批准证书之日起三十天内向工商行政管理机关申请登记，领取营业执照。外资企业的营业执照签发日期，为该企业成立日期。

第八条 外资企业符合中国法律关于法人条件的规定的，依法取得中国法人资格。

第九条 外资企业应当在审查批准机关核准的期限内在中国境内投资；逾期不投资的，工商行政管理机关有权吊销营业执照。

工商行政管理机关对外资企业的投资情况进行检查和监督。

第十条 外资企业分立、合并或者其他重要事项变更，应当报审查批准机关批准，并向工商行政管理机关办理变更登记手续。

第十一条 外资企业的生产经营计划应当报其主管部门备案。

外资企业依照经批准的章程进行经营管理活动，不受干涉。

第十二条 外资企业雇用中国职工应当依法签定合同，并在合同中订明雇用、解雇、报酬、福利、劳动保护、劳动保险等事项。

第十三条 外资企业的职工依法建立工会组织，开展工会活动，维护职工的合法权益。

外资企业应当为本企业工会提供必要的活动条件。

第十四条 外资企业必须在中国境内设置会计帐簿，进行独立核算，按照规定报送会计报表，并接受财政税务机关的监督。

外资企业拒绝在中国境内设置会计帐簿的，财政税务机关可以处以罚款，工商行政管理机关可以责令停止营业或者吊销营业执照。

第十五条 外资企业在批准的经营范围内需要的原材料、燃料等物资，可以在中国购买，也可以在国际市场购买；在同等条件下，应当尽先在中国购买。

第十六条 外资企业的各项保险应当向中国境内的保险公司投保。

第十七条 外资企业依照国家有关税收的规定纳税并可以享受减税、免税的优惠待遇。

外资企业将缴纳所得税后的利润在中国境内再投资的，可以依照国家规定申请退还再投资部分已缴纳的部分所得税税款。

第十八条 外资企业的外汇事宜，依照国家外汇管理规定办理。

外资企业应当在中国银行或者国家外汇管理机关指定的银行开户。

外资企业应当自行解决外汇收支平衡。外资企业的产品经有关主管机关批准在中国市场销售，因而造成企业外汇收支不平衡的，由批准其在中国市场销售的机关负责解决。

第十九条 外国投资者从外资企业获得的合法利润、其他合法收入和清算后的资金，可以汇往国外。

外资企业的外籍职工的工资收入和其他正当收入，依法缴纳个人所得税后，可以汇往国外。

第二十条 外资企业的经营期限由外国投资者申报，由审查批准机关批准。期满需要延长的，应当在期满一百八十天以前向审查批准机关提出申请。审查批准机关应当在接到申请之日起三十天内决定批准或者不批准。

第二十一条 外资企业终止，应当及时公告，按照法定程序进行清算。

在清算完结前，除为了执行清算外，外国投资者对企业财产不得处理。

第二十二条 外资企业终止，应当向工商行政管理机关办理注销登记手续，缴销营业执照。

第二十三条 国务院对外经济贸易主管部门根据本法制定实施细则，报国务院批准后施行。

第二十四条 本法自公布之日起施行。

中华人民共和国中外合资经营企业法

（1979 年 7 月 1 日五届全国人大二次会议通过，根据 1990 年 4 月 4 日七届全国人大三次会议《关于修改〈中华人民共和国中外合资经营企业法〉的决定》修正）

第一条 中华人民共和国为了扩大国际经济合作和技术交流，允许外国公司、企业和其它经济组织或个人（以下简称外国合营者），按照平等互利的原则，经中国政府批准，在中华人民共和国境内，同中国的公司、企业或其它经济组织（以下简称中国合营者）共同举办合营企业。

第二条 中国政府依法保护外国合营者按照经中国政府批准的协议、合同、章程在合营企业的投资、应分得的利润和其他合法权益。

合营企业的一切活动应遵守中华人民共和国法律、法令和有关条例规定。

国家对合营企业不实行国有化和征收；在特殊情况下，根据社会公共利益的需要，对合营企业可以依照法律程序实行征收，并给予相应的补偿。

第三条 合营各方签订的合营协议、合同、章程，应报国家对外经济贸易主管部门（以下称审查批准机关）审查批准。审查批准机关应在三个月内决定批准或不批准。合营企业经批准后，向国家工商行政管理主管部门登记，领取营业执照，开始营业。

第四条 合营企业的形式为有限责任公司。

在合营企业的注册资本中，外国合营者的投资比例一般不低于百分之二十五。

合营各方按注册资本比例分享利润和分担风险及亏损。

合营者的注册资本如果转让必须经合营各方同意。

第五条 合营企业各方可以现金、实物、工业产权等进行投资。

外国合营者作为投资的技术和设备，必须确实是适合我国需要的先进技术和设备。如果有意以落后的技术和设备进行欺骗，造成损失的，应赔偿损失。

中国合营者的投资可包括为合营企业经营期间提供的场地使用权。如果场地使用权未作为中国合营者投资的一部分，合营企业应向中国政府缴纳使用费。

上述各项投资应在合营企业的合同和章程中加以规定，其价格（场地除外）由合营各方评议商定。

第六条 合营企业设董事会，其人数组成由合营各方协商，在合同、章程中确定，并由合营各方委派和撤换，董事长和副董事长由合营各方协商确定或由董事会选举产生。中外合营者的一方担任董事长的，由他方担任副董事长，董事会根据平等互利的原则，决定合营企业的重大问题。

董事会的职权是按合营企业章程规定，讨论决定合营企业的一切重大问题：企业发展规划、生产经营活动方案、收支预算、利润分配、劳动工资计划、停业，以及总经理、副总经理、总工程师、总会计师、审计师的任命或聘请及其职权和待遇等。

正副总经理（或正副厂长）由合营各方分别担任。

合营企业职工的雇用、解雇，依法由合营各方的协议、合同规定。

第七条 合营企业获得的毛利润，按中华人民共和国税法规定缴纳合营企业所得税后，扣除合营企业章程规定的储备基金、职工奖励及福利基金、企业发展基金，净利润根据合营各方注册资本的比例进行分配。

合营企业依照国家有关税收的法律和行政法规的规定，可以享受减税、免税的优惠待遇。

外国合营者将分得的净利润用于在中国境内再投资时，可申请退还已缴纳的部分所得税。

第八条 合营企业应凭营业执照在国家外汇管理机关允许经营外汇业务的银行或其他金融机构开立外汇帐户。

合营企业的有关外汇事宜，应遵照中华人民共和国外汇管理条例办理。

合营企业在其经营活动中，可直接向外国银行筹措资金。

合营企业的各项保险应向中国的保险公司投保。

第九条 合营企业生产经营计划，应报主管部门备案，并通过经济合同方式执行。

合营企业所需原材料、燃料、配套件等，应尽先在中国购买，也可由合营企业自筹外汇，直接在国际市场上购买。

鼓励合营企业向中国境外销售产品。出口产品可由合营企业直接或与其有关的委托机构向国外市场出售，也可通过中国的外贸机构出售。合营企业产品也可在中国市场销售。

合营企业需要时可在中国境外设立分支机构。

第十条 外国合营者在履行法律和协议、合同规定的义务后分得的净利润，在合营企业期满或者中止时所分得的资金以及其它资金，可按合营企业合同规定的货币，按外汇管理条例汇往国外。

鼓励外国合营者将可汇出的外汇存入中国银行。

第十一条 合营企业的外籍职工的工资收入和其它正当收入，按中华人民共和国税法缴纳个人所得税后，可按外汇管理条例汇往国外。

第十二条 合营企业的合营期限，按不同行业、不同情况，作不同的约定。有的行业的合营企业，应当约定合营期限；有的行业的合营企业，可以约定合营期限，也可以不约定合营期限。约定合营期限的合营企业，合营各方同意延长合营期限的，应在距合营期满六个月前向审查批准机关提出申请。审查批准机关应自接到申请之日起一个月内决定批准或不批准。

第十三条 合营企业如发生严重亏损、一方不履行合同和章程规定的义务、不可抗力等，经合营各方协商同意，报请审查批准机关批准，并向国家工商行政管理主管部门登记，可终止合同。如果因违反合同而造成损失的，应由违反合同的一方承担经济责任。

第十四条 合营各方发生纠纷，董事会不能协商解决时，由中国仲裁机构进行调解或仲裁，也可由合营各方协议在其它仲裁机构仲裁。

第十五条 本法自公布之日起生效。本法修改权属于全国人民代表大会。

中华人民共和国中外合作经营企业法

（1988年4月13日七届全国人大一次会议通过）

第一条 为了扩大对外经济合作和技术交流，促进外国的企业和其他经济组织或者个人（以下简称外国合作者）按照平等互利的原则，同中华人民共和国的企业或者其他经济组织（以下简称中国合作者）在中国境内共同举办中外合作经营企业（以下简称合作企业），特制定本法。

第二条 中外合作者举办合作企业，应当依照本法的规定，在合作企业合同中约定投资或者合作条件、收益或者产品的分配、风险和亏损的分担、经营管理的方式和合作企业终止时财产的归属等事项。

合作企业符合中国法律关于法人条件的规定的，依法取得中国法人资格。

第三条 国家依法保护合作企业和中外合作者的合法权益。

合作企业必须遵守中国的法律、法规，不得损害中国的社会公共利益。

国家有关机关依法对合作企业实行监督。

第四条 国家鼓励举办产品出口的或者技术先进的生产型合作企业。

第五条 申请设立合作企业，应当将中外合作者签订的协议、合同、章程等文件报国务院对外经济贸易主管部门或者国务院授权的部门和地方政府（以下简称审查批准机关）审查批准。审查批准机关应当自接到申请之日起四十五天内决定批准或者不批准。

第六条 设立合作企业的申请经批准后，应当自接到批准证书之日起三十天内向工商行政管理机关申请登记，领取营业执照。合作企业的营业执照签发日期，为该企业的成立日期。

合作企业应当自成立之日起三十天内向税务机关办理税务登记。

第七条 中外合作者在合作期限内协商

同意对合作企业合同作重大变更的，应当报审查批准机关批准；变更内容涉及法定工商登记项目、税务登记项目的，应当向工商行政管理机关、税务机关办理变更登记手续。

第八条 中外合作者的投资或者提供的合作条件可以是现金、实物、土地使用权、工业产权、非专利技术和其他财产权利。

第九条 中外合作者应当依照法律、法规的规定和合作企业合同的约定，如期履行缴足投资、提供合作条件的义务。逾期不履行的，由工商行政管理机关限期履行；限期届满仍未履行的，由审查批准机关和工商行政管理机关依照国家有关规定处理。

中外合作者的投资或者提供的合作条件，由中国注册会计师或者有关机构验证并出具证明。

第十条 中外合作者的一方转让其在合作企业合同中的全部或者部分权利、义务的，必须经他方同意，并报审查批准机关批准。

第十一条 合作企业依照经批准的合作企业合同、章程进行经营管理活动。合作企业的经营管理自主权不受干涉。

第十二条 合作企业应当设立董事会或者联合管理机构，依照合作企业合同或者章程的规定，决定合作企业的重大问题。中外合作者的一方担任董事会的董事长、联合管理机构的主任，由他方担任副董事长、副主任。董事会或者联合管理机构可以决定任命或者聘请总经理负责合作企业的日常经营管理工作。总经理对董事会或者联合管理机构负责。

合作企业成立后改为委托中外合作者以外的他人经营管理的，必须经董事会或者联合管理机构一致同意，报审查批准机关批准，并向工商行政管理机关办理变更登记手续。

第十三条 合作企业职工的录用、辞退、报酬、福利、劳动保护、劳动保险等事项，应当依法通过订立合同加以规定。

第十四条 合作企业的职工依法建立工会组织，开展工会活动，维护职工的合法权益。

合作企业应当为本企业工会提供必要的活动条件。

第十五条 合作企业必须在中国境内设置会计账簿，依照规定报送会计报表，并接受财政税务机关的监督。

合作企业违反前款规定，不在中国境内设置会计账簿的，财政税务机关可以处以罚款，工商行政管理机关可以责令停止营业或者吊销其营业执照。

第十六条 合作企业应当凭营业执照在国家外汇管理机关允许经营外汇业务的银行或者其他金融机构开立外汇账户。

合作企业的外汇事宜，依照国家有关外汇管理的规定办理。

第十七条 合作企业可以向中国境内的金融机构借款，也可以在中国境外借款。

中外合作者作投资或者合作条件的借款及其担保，由各方自行解决。

第十八条 合作企业的各项保险应当向中国境内的保险机构投保。

第十九条 合作企业可以在经批准的经营范围内，进口本企业需要的物资，出口本企业生产的产品。合作企业在经批准的经营范围内所需的原材料、燃料等物资，可以在国内市场购买，也可以在国际市场购买。

第二十条 合作企业应当自行解决外汇收支平衡。合作企业不能自行解决外汇收支平衡的，可以依照国家规定申请有关机关给予协助。

第二十一条 合作企业依照国家有关税收的规定缴纳税款并可以享受减税、免税的优惠待遇。

第二十二条 中外合作者依照合作企业合同的约定，分配收益或者产品，承担风险和亏损。

中外合作者在合作企业合同中约定合作期满时合作企业的全部固定资产归中国合作

者所有的，可以在合作企业合同中约定外国合作者在合作期限内先行回收投资的办法。合作企业合同约定外国合作者在缴纳所得税前回收投资的，必须向财政税务机关提出申请，由财政税务机关依照国家有关税收的规定审查批准。

依照前款规定外国合作者在合作期限内先行回收投资的，中外合作者应当依照有关法律的规定和合作企业合同的约定对合作企业的债务承担责任。

第二十三条 外国合作者在履行法律规定和合作企业合同约定的义务后分得的利润、其他合法收入和合作企业终止时分得的资金，可以依法汇往国外。

合作企业的外籍职工的工资收入和其他合法收入，依法缴纳个人所得税后，可以汇往国外。

第二十四条 合作企业期满或者提前终止时，应当依照法定程序对资产和债权、债务进行清算。中外合作者应当依照合作企业合同的约定确定合作企业财产的归属。

合作企业期满或者提前终止，应当向工商行政管理机关和税务机关办理注销登记手续。

第二十五条 合作企业的合作期限由中外合作者协商并在合作企业合同中订明。中外合作者同意延长合作期限的，应当在距合作期满一百八十天前向审查批准机关提出申请。审查批准机关应当自接到申请之日起三十天内决定批准或者不批准。

第二十六条 中外合作者履行合作企业合同、章程发生争议时，应当通过协商或者调解解决。中外合作者不愿通过协商、调解解决的，或者协商、调解不成的，可以依照合作企业合同中的仲裁条款或者事后达成的书面仲裁协议，提交中国仲裁机构或者其他仲裁机构仲裁。

中外合作者没有在合作企业合同中订立仲裁条款，事后又没有达成书面仲裁协议的，可以向中国法院起诉。

第二十七条 国务院对外经济贸易主管部门根据本法制定实施细则，报国务院批准后施行。

第二十八条 本法自公布之日起施行。

中华人民共和国涉外经济合同法

（1985年3月21日第六届全国人民代表大会常务委员会第10次会议通过，1985年3月21日中华人民共和国主席令第22号公布）

第一章　总　则

第一条 为了保障涉外经济合同当事人的合法权益，促进我国对外经济关系的发展，特制定本法。

第二条 本法的适用范围是中华人民共和国的企业或者其他经济组织同外国的企业和其他经济组织或者个人之间订立的经济合同（以下简称合同）。但是，国际运输合同除外。

第三条 订立合同，应当依据平等互利、协商一致的原则。

第四条 订立合同，必须遵守中华人民共和国法律，并不得损害中华人民共和国的社会公共利益。

第五条 合同当事人可以选择处理合同争议所适用的法律。当事人没有选择的，适用与合同有最密切联系的国家的法律。

在中华人民共和国境内履行的中外合资

经营企业合同、中外合作经营企业合同、中外合作勘探开发自然资源合同，适用中华人民共和国法律。

中华人民共和国法律未作规定的，可以适用国际惯例。

第六条 中华人民共和国缔结或者参加的与合同有关的国际条约同中华人民共和国法律有不同规定的，适用该国际条约的规定。但是，中华人民共和国声明保留的条款除外。

第二章 合同的订立

第七条 当事人就合同条款以书面形式达成协议并签字，即为合同成立。通过信件、电报、电传达成协议，一方当事人要求签订确认书的，签订确认书时，方为合同成立。

中华人民共和国法律、行政法规规定应当由国家批准的合同，获得批准时，方为合同成立。

第八条 合同订明的附件是合同的组成部分。

第九条 违反中华人民共和国法律或者社会公共利益的合同无效。

合同中的条款违反中华人民共和国法律或者社会公共利益的，经当事人协商同意予以取消或者改正后，不影响合同的效力。

第十条 采取欺诈或者胁迫手段订立的合同无效。

第十一条 当事人一方对合同无效负有责任的，应当对另一方因合同无效而遭受的损失负赔偿责任。

第十二条 合同一般应当具备以下条款：

一、合同当事人的名称或者姓名、国籍、主营业所或者住所；

二、合同签订的日期、地点；

三、合同的类型和合同标的的种类、范围；

四、合同标的的技术条件、质量、标准、规格、数量；

五、履行的期限、地点和方式；

六、价格条件、支付金额、支付方式和各种附带的费用；

七、合同能否转让或者合同转让的条件；

八、违反合同的赔偿和其他责任；

九、合同发生争议时的解决方法；

十、合同使用的文字及其效力。

第十三条 合同应当视需要约定当事人对履行标的承担风险的界限；必要时应当约定对标的的保险范围。

第十四条 对于需要较长期间连续履行的合同，当事人应当约定合同的有效期限，并可以约定延长合同期限和提前终止合同的条件。

第十五条 当事人可以在合同中约定担保。担保人在约定的担保范围内承担责任。

第三章 合同的履行和违反合同的责任

第十六条 合同依法成立，即具有法律约束力。当事人应当履行合同约定的义务，任何一方不得擅自变更或者解除合同。

第十七条 当事人一方有另一方不能履行合同的确切证据时，可以暂时中止履行合同，但是应当立即通知另一方；当另一方对履行合同提供了充分的保证时，应当履行合同。当事人一方没有另一方不能履行合同的确切证据，中止履行合同的，应当负违反合同的责任。

第十八条 当事人一方不履行合同或者履行合同义务不符合约定条件，即违反合同的，另一方有权要求赔偿损失或者采取其他合理的补救措施。采取他补救措施后，尚不能完全弥补另一方受到的损失的，另一方仍然有权要求赔偿损失。

第十九条 当事人一方违反合同的赔偿责任，应当相当于另一方因此所受到的损失，但是不得超过违反合同一方订立合同时应当预见到的因违反合同可能造成的损失。

第二十条 当事人可以在合同中约定，一方违反合同时，向另一方支付一定数额的违约金；也可以约定对于违反合同而产生的损失赔偿额的计算方法。

合同中约定的违约金，视为违反合同的损失赔偿。但是，约定的违约金过分高于或者低于违反合同所造成的损失的，当事人可以请求仲裁机构或者法院予以适当减少或者增加。

第二十一条 当事人双方都违反合同的，应当各自承担相应的责任。

第二十二条 当事人一方因另一方违反合同而受到损失的，应当及时采取适当措施防止损失的扩大；没有及时采取适当措施致使损失扩大的，无权就扩大的损失要求赔偿。

第二十三条 当事人一方未按期支付合同规定的应付金额或者与合同有关的其他应付金额的，另一方有权收取迟延支付金额的利息。计算利息的方法，可以在合同中约定。

第二十四条 当事人因不可抗力事件不能履行合同的全部或者部分义务的，免除其全部或者部分责任。

当事人一方因不可抗力事件不能按合同约定的期限履行的，在事件的后果影响持续的期间内，免除其迟延履行的责任。

不可抗力事件是指当事人在订立合同时不能预见、对其发生和后果不能避免并不能克服的事件。

不可抗力事件的范围，可以在合同中约定。

第二十五条 当事人一方因不可抗力事件不能履行合同的全部或者部分义务的，应当及时通知另一方，以减轻可能给另一方造成的损失，并应在合理期间内提供有关机构出具的证明。

第四章 合同的转让

第二十六条 当事人一方将合同权利和义务的全部或者部分转让给第三者的，应当取得另一方的同意。

第二十七条 中华人民共和国法律、行政法规规定应当由国家批准成立的合同，其权利和义务的转让，应当经原批准机关批准。但是，已批准的合同中另有约定的除外。

第五章 合同的变更、解除和终止

第二十八条 经当事人协商同意后，合同可以变更。

第二十九条 有下列情形之一的，当事人一方有权通知另一方解除合同：

一、另一方违反合同，以致严重影响订立合同所期望的经济利益；

二、另一方在合同约定的期限内没有履行合同，在被允许推迟履行的合理期限内仍未履行；

三、发生不可抗力事件，致使合同的全部义务不能履行；

四、合同约定的解除合同的条件已经出现。

第三十条 对于包含几个相互独立部分的合同，可以依据前条的规定，解除其中的一部分而保留其余部分的效力。

第三十一条 有下列情形之一的，合同即告终止：

一、合同已按约定条件得到履行；

二、仲裁机构裁决或者法院判决终止合同；

三、双方协商同意终止合同。

第三十二条 变更或者解除合同的通知或者协议，应当采用书面形式。

第三十三条 中华人民共和国法律、行政法规规定应当由国家批准成立的合同，其重大变更应当经原批准机关批准，其解除应当报原批准机关备案。

第三十四条 合同的变更、解除或者终止，不影响当事人要求赔偿损失的权利。

第三十五条 合同约定的解决争议的条件款，不因合同的解除或者终止而失去效力。

第三十六条 合同约定的结算和清理条款，不因合同的解除或者终止而失去效力。

第六章 争议的解决

第三十七条 发生合同争议时，当事人应当尽可能通过协商或者通过第三者调解解决。

当事人不愿协商、调解的，或者协商、调解不成的，可以依据合同中的仲裁条款或者事后达成的书面仲裁协议，提交中国仲裁机构或者其他仲裁机构仲裁。

第三十八条 当事人没有在合同中订立仲裁条款，事后又没有达成书面仲裁协议的，可以向人民法院起诉。

第七章 附 则

第三十九条 货物买卖合同争议提起诉讼或者仲裁的期限为四年，自当事人知道或者应当知道其权利受到侵犯之日起计算。其他合同争议提诉讼或者仲裁的期限由法律另行规定。

第四十条 在中华人民共和国境内履行、经国家批准成立的中外合资经营企业合同、中外合作经营企业合同、中外合作勘探开发自然资源合同，在法律有新的规定时，可以仍然按照合同的规定执行。

第四十一条 本法施行之日前成立的合同，经当当事人协商同意，可以适用本法。

第四十二条 国务院依据本法制定实施细则。

第四十三条 本法自 1985 年 7 月 1 日起施行。

中华人民共和国外商投资企业和外国企业所得税法

（1991 年 4 月 9 日七届全国人大四次会议通过）

第一条 在华人民共和国境内的外商投资企业生产、经营所得和其他所得，依照本法的规定缴纳所得税。

在中华人民共和国境内，外国企业生产、经营所得和其他所得，依照本法的规定缴纳所得税。

第二条 本法所称外商投资企业，是指在中国境内设立的中外合资经营企业、中外合作经营企业和外资企业。

本法所称外国企业，是指在中国境内设立机构、场所，从事生产、经营和虽未设立机构、场所，而有来源于中国境内所得的外国公司、企业和其他经济组织。

第三条 外商投资企业的总机构设在中国境内，就来源于中国境内、境外的所得缴纳所得税。外国企业就来源于中国境内的所得缴纳所得税。

第四条 外商投资企业和外国企业在中国境内设立的从事生产、经营的机构、场所每一纳税年度的收入总额，减除成本、费用以及损失后的金额，为应纳税的所得额。

第五条 外商投资企业的企业所得税和外国企业就其在中国境内设立的从事生产、经营的机构、场所的所得应纳的企业所得税，按应纳税的所得额计算，税率为百分之三十；地方所得税，按应纳税的所得额计算，税率为百分之三。

第六条 国家按照产业政策，引导外商投资方向，鼓励举办采用先进技术、设备，产品全部或者大部分出口的外商投资企业。

第七条 设在经济特区的外商投资企业，在经济特区设立机构、场所从事生产、经营的外国企业和设在经济技术开发区的生产性外商投资企业，减按百分之十五的税率征收企业所得税。

设在沿海经济开放区和经济特区、经济技术开发区所在城市的老市区的生产性外商投资企业，减按百分之二十四的税率征收企业所得税。

设在沿海经济开放区和经济特区、经济技术开发区所在城市的老市区或者设在国务院规定的其他地区的外商投资企业，属于能源、交通、港口、码头或者国家鼓励的其他项目的，可以减按百分之十五的税率征收企业所得税，具体办法由国务院规定。

第八条 对生产性外商投资企业，经营期在十年以上的，从开始获利的年度起，第一年和第二年免征企业所得税，第三年至第五年减半征收企业所得税，但是属于石油、天然气、稀有金属、贵重金属等资源开采项目的，由国务院另行规定。外商投资企业实际经营期不满十年的，应当补缴已免征、减征的企业所得税税款。

本法施行前国务院公布的规定，对能源、交通、港口、码头以及其他重要生产性项目给予比前款规定更长期限的免征、减征企业所得税的优惠待遇，或者对非生产性的重要项目给予免征、减征企业所得税的优惠待遇，在本法施行后继续执行。

从事农业、林业、牧业的外商投资企业和设在经济不发达的边远地区的外商投资企业，依照前两款规定享受免税、减税待遇期满后，经企业申请，国务院税务主管部门批准，在以后的十年内可以继续按应纳税额减征百分之十五至百分之三十的企业所得税。

本法施行后，需要变更前三款的免征、减征企业所得税的规定的，由国务院报全国人民代表大会常务委员会决定。

第九条 对鼓励外商投资的行业、项目，省、自治区、直辖市人民政府可以根据实际情况决定免征、减征地方所得税。

第十条 外商投资企业的外国投资者，将从企业取得的利润直接再投资于该企业，增加注册资本，或者作为资本投资开办其他外商投资企业，经营期不少于五年的，经投资者申请，税务机关批准，退还其再投资部分已缴纳所得税的百分之四十税款，国务院另有优惠规定的，依照国务院的规定办理；再投资不满五年的撤出的，应当缴回已退的税款。

第十一条 外商投资企业和外国企业在中国境内设立的从事生产、经营的机构、场所发生年度亏损，可以用下一纳税年度的所得弥补；下一纳税年度的所得不足弥补的，可以逐年延续弥补，但最长不得超过五年。

第十二条 外商投资企业来源于中国境外的所得已在境外缴纳的所得税税款，准予在汇总纳税时，从其应纳税额中扣除，但扣除额不得超过其境外所得依照本法规定计算的应纳税额。

第十三条 外商投资企业或者外国企业在中国境内设立的从事生产、经营的机构、场所与其关联企业之间的业务往来，应当按照独立企业之间的业务往来收取或者支付价款、费用。不按照独立企业之间的业务往来收取或者支付价款、费用，而减少其应纳税的所得额的，税务机关有权进行合理调整。

第十四条 外商投资企业和外国企业在中国境内设立的从事生产、经营的机构、场所设立、迁移、合并、分立、终止以及变更登记主要事项，应当向工商行政管理机关办理登记或者变更、注销登记，并持有关证件向当地税务机关办理税务登记或者变更、注销登记。

第十五条 缴纳企业所得税和地方所得税，按年计算，分季预缴。季度终了后十五日内预缴;年度终了后五个月内汇算清缴,多退少补。

第十六条 外商投资企业和外国企业在中国境内设立的从事生产、经营的机构、场所应当在每次预缴所得税的期限内，向当地税务机关报送预缴所得税申报表；年度终了后四个月内，报送年度所得税申报表和会计决算报表。

第十七条 外商投资企业和外国企业在中国境内设立的从事生产、经营的机构、场所的财务、会计制度，应当报送当地税务机关备查。各项会计记录必须完整准确，有合法凭证作为记帐依据。

外商投资企业和外国企业在中国境内设立的从事生产、经营的机构、场所的财务、会计处理办法同国务院有关税收的规定有抵触的，应当依照国务院有关税收的规定计算纳税。

第十八条 外商投资企业进行清算时，其资产净额或者剩余财产减除企业未分配利润、各项基金和清算费用后的余额，超过实缴资本的部分为清算所得，应当依照本法规定缴纳所得税。

第十九条 外国企业在中国境内未设立机构、场所，而有取得的来源于中国境内的利润、利息、租金、特许权使用费和其他所得，或者虽设立机构、场所，但上述所得与其机构、场所没有实际联系的，都应当缴纳百分之二十的所得税。

依照前款规定缴纳的所得税，以实际受益人为纳税义务人，以支付人为扣缴义务的人。税款由支付人在每次支付的款额中扣缴。扣缴义务人在每次所扣税款，应当于五日内缴入国库，并向当地税务机关报送扣缴所得税报告表。

对下列所得，免征、减征所得税：

(一)外国投资者从外商投资企业取得的利润，免征所得税；

(二)国际金融组织贷款给中国政府和中国国家银行的利息所得，免征所得税；

(三)外国银行按照优惠利率贷款给中国国家银行的利息所得，免征所得税；

(四)为科学研究、开发能源、发展交通事业、农林牧业生产以及开发重要技术提供专有技术所取得的特许权使用费，经国务院税务主管部门批准，可以减按百分之十的税率征收所得税，其中技术先进或者条件优惠的，可以免征得税。

除本条规定以外,对于利润、利息、租金、特许权使用费和其他所得,需要给予所得税减征、免征的优惠待遇的,由国务院规定。

第二十条 税务机关有权对外商投资企业和外国企业在中国境内设立的从事生产、经营的机构、场所的财务、会计和纳税情况进行检查；有权对扣缴义务人代扣代缴税款情况进行检查。被检查的单位和扣缴义务人必须据实报告，并提供有关资料，不得拒绝或者隐瞒。

税务机关派出人员进行检查时，应当出示证件，并负责保密。

第二十一条 依照本法缴纳的所得税以人民币为计算单位。所得为外国货币的，应当按照国家外汇管理机关公布的外汇牌价折合成人民币缴纳税款。

第二十二条 纳税义务人未按规定期限缴纳税款的，或者扣缴义务人未按规定期限解缴税款的，税务机关除限期缴纳外，从滞纳税款之日起，按日加收滞纳税款千分之二的滞纳金。

第二十三条 未按规定期限向税务机关办理税务登记或者变更、注销登记的，未按规定期限向税务机关报送所得税申报表、会计决算报表或者扣缴所得税报告表的，或者未将本单位的财务、会计制度报送税务机关备查的,由税务机关责令限期登记或者报送,可以处以五千元以下的罚款。

经税务机关责令限期登记或者报送，逾期仍不向税务机关办理税务登记或者变更登记，或者仍不向税务机关报送所得税申报表、会计决算报表或者扣缴所得税报告表的，由税务机关处以一万元以下的罚款；情节严重的，比照刑法第一百二十一条的规定追究其法定代表人和直接责任人员的刑事责任。

第二十四条 扣缴义务人不履行本规定的扣缴义务，不扣或者少扣应扣税款的，由税务机关限期追缴应扣未扣税款，可以处以应扣未扣税款一倍以下罚款。

扣缴义务人未按规定的期限将已扣税款缴入国库的，由税务机关责令限期缴纳，可以处以五千元以下的罚款；逾期仍不缴纳的，由税务机关依法追缴，并处以一万元以下的罚款；情节严重的，比照刑法第一百二十一条的规定追究其法定代表人和直接责任人员的刑事责任。

第二十五条 采取隐瞒、欺骗手段偷税的，或者未按本法规定的期限缴纳税款，经税务机关催缴，在规定的期限内仍不缴纳的，由税务机关追缴其应缴纳税款，并处以应补税款五倍以下的罚款；情节严重的，依照刑法第一百二十一条的规定追究其法定代表人和直接责任人员的刑事责任。

第二十六条 外商投资企业，外国企业或者扣缴义务人同税务机关在纳税上发生争议时，必须先依照规定纳税，然后可在收到税务机关填发的纳税凭证之日起六十日内向上一级税务机关申请复议。上一级税务机关应当自收到复议申请之日起六十日内作出复议决定。对复议决定不服的，可在接到复议决定之日起十五日内向人民法院起诉。

当事人对税务机关的处罚决定不服的，可以在接到处罚通知之日起十五日内，向作出处罚决定的机关的上一级机关申请复议；对复议决定不服的，可以在接到复议决定之日起十五日内，向人民法院起诉。当事人也可以在接到处罚通知之日起十五日内，直接向人民法院起诉。当事人逾期不申请复议或者不向人民法院起诉、又不履行处罚决定的，作出处罚决定的机关可以申请人民法院强制执行。

第二十七条 本法公布前已设立的外商投资企业，依照本法规定，其所得税税率比本法施行前有所提高或者所享受的所得税减征、免征优惠待遇比本法施行前有所减少的，在批准的经营期限内，依照本法施行前法律和国务院有关规定执行；没有经营期限的，在国务院规定的期间内，依照本法施行前法律和国务院有关规定执行。具体办法由国务院规定。

第二十八条 中华人民共和国政府与外国政府所订立的有关税收的协定同本法有不同规定的，依照协定的规定办理。

第二十九条 国务院根据本法制定实施细则。

第三十条 本法自一九九一年七月一日起施行。《中华人民共和国中外合资经营企业所得税法》和《中华人民共和国外国企业所得税法》同时废止。

附：刑法有关条款

第一百二十一条 违反税收法规、偷税、抗税，情节严重的，除按照税收法规补税并且可以罚款外，对直接责任人员，处三年以下有期徒刑或者拘役。

全国人大常委会关于外商投资企业和外国企业适用增值税、消费税、营业税等税收暂行条例的决定

（1993年12月29日八届全国人大常委会第五次会议通过）

第八届全国人民代表大会常务委员会第五次会议审议了国务院关于提请审议外商投资企业和外国企业适用增值税、消费税、营业税等税收暂行条例的议案，为了统一税制，公平税负，改善我国的投资环境，适应建立和发展社会主义市场经济的需要，特作如下决定：

一、在有关税收法律制定以前，外商投资企业和外国企业自1994年1月1日起适用国务院发布的增值税暂行条例、消费税暂行条例和营业税暂行条例。1958年9月11日全国人民代表大会常务委员会第一百零一次会议原则通过、1958年9月13日国务院公布试行的《中华人民共和国工商统一税条例（草案）》同时废止。

中外合作开采海洋石油、天然气，按实物征收增值税，其税率和征收办法由国务院另行规定。

二、1993年12月31日前已批准设立的外商投资企业，由于依照本决定第一条的规定改征增值税、消费税、营业税而增加税负的，经企业申请，税务机关批准，在已批准的经营期限内，最长不超过五年，退还其因税负增加而多缴纳的税款；没有经营期限的，经企业申请，税务机关批准，在最长不超过五年的期限内，退还其因税负增加而多缴纳的税款。具体办法由国务院规定。

三、除增值税、消费税、营业税外，其他税种对外商投资企业和外国企业的适用，法律有规定的，依照法律的规定执行；法律未作规定的，依照国务院的规定执行。

本决定所称外商投资企业，是指在中国境内设立的中外合资经营企业、中外合作经营企业和外资企业。

本决定所称外国企业，是指在中国境内设立机构、场所，从事生产、经营和虽未设立机构、场所，而有来源于中国境内所得的外国公司、企业和其他经济组织。

本决定自公布之日起施行。

关于对来华工作的外籍人员工资、薪金所得减征个人所得税的暂行规定

（1987年8月8日国务院发布）

第一条 为了促进对外经济合作和技术交流，鼓励外籍人员来华工作，根据《中华人民共和国第六届全国人民代表大会第三次会议关于授权国务院在经济体制改革和对外开放方面可以制定暂行的规定或者条例的决定》，制定本规定。

第二条 下列外籍人员的工资、薪金所得，依照《中华人民共和国个人所得税法》的规定应缴纳的个人所得税税额，减半征收：

（一）在中国境内设立的中外合资经营企

业、中外合作经营企业和外资企业中工作的外籍人员；

（二）在外国公司、企业和其他经济组织的驻华机构中工作的外籍人员；

（三）其他来华工作的外籍人员。

第三条 在中国境内工作的华侨、港澳同胞的工资、薪金所得应缴纳的个人所得税税额，比照第二条的规定减征。

第四条 本规定由财政部负责解释。

第五条 本规定自1987年8月1日起施行。

中外合资经营企业合营各方出资的若干规定

（1987年12月30日国务院批准　1988年1月1日对外经济贸易部、国家工商行政管理局发布）

第一条 为保护中外合资经营企业（以下简称合营企业）合营各方的合法权益，维护社会经济秩序，根据《中华人民共和国中外合资经营企业法》及其他有关法规，制定本规定。

第二条 合营各方按照合营合同的规定向合营企业认缴的出资，必须是合营者自己所有的现金、自己所有并且未设立任何担保物权的实物、工业产权、专有技术等。

凡是以实物、工业产权、专有技术作价出资的，出资者应当出具拥有所有权和处置权的有效证明。

第三条 合营企业任何一方不得用以合营企业名义取得的贷款、租赁的设备或者其他财产以及合营者以外的他人财产作为自己的出资，也不得以合营企业的财产和权益或者合营他方的财产和权益为其出资担保。

第四条 合营各方应当在合营合同中订明出资期限，并且应当按照合营合同规定的期限缴清各自的出资。合营企业依照有关规定发给的出资证明书应当报送原审批机关和工商行政管理机关备案。

合营合同中规定一次缴清出资的，合营各方应当从营业执照签发之日起六个月内缴清。

合营合同中规定分期缴付出资的，合营各方第一期出资，不得低于各自认缴出资额的15%，并且应当在营业执照签发之日起三个月内缴清。

第五条 合营各方未能在第四条规定的期限内缴付出资的，视同合营企业自动解散，合营企业批准证书自动失效。合营企业应当向工商行政管理机关办理注销登记手续。缴销营业执照；不办理注销登记手续和缴销营业执照的，由工商行政管理机关吊销其营业执照，并予以公告。

第六条 合营各方缴付第一期出资后，超过合营合同规定的其他任何一期出资期限三个月，仍未出资或者出资不足时，工商行政管理机关应当会同原审批机关发出通知，要求合营各方在一个月内缴清出资。

未按照前款规定的通知期限缴清出资的，原审批机关有权撤销对该合营企业的批准证书。批准证书撤销后，合营企业应当向工商行政管理机关办理注销登记手续，缴销营业执照，并清理债权债务；不办理注销登记手续和缴销营业执照的，工商行政管理机关有权吊销其营业执照，并予以公告。

第七条 合营一方未按照合营合同的规定如期缴付或者缴清其出资的，即构成违约。守约方应当催告违约方在一个月内缴付或者缴清出资。逾期仍未缴或者缴清的，视同违约方放弃在合营合同中的一切权利，自动退出合营企业。守约方应当在逾期后一个月内，向原审批机关申请批准解散合营企业或者申请批准另找合营者承担违约方在合营合同中的权利和义务。守约方可以依法要求违约方赔偿因未缴付或者缴清出资造成的经济损失。

前款违约方已经按照合营合同规定缴付部分出资的，由合营企业对该出资进行清理。

守约方未按照第一款规定向原审批机关申请批准解散合营企业或者申请批准另找合营者的，审批机关有权撤销对该合营企业的批准证书。批准证书撤销后，合营企业应当向工商行政管理机关办理注销登记手续。缴销营业执照；不办理注销登记手续和缴销营业执照的，工商行政管理机关有权吊销其营业执照，并予以公告。

第八条 本规定施行之日前已领取营业执照的合营企业，如合营各方或者任何一方未按照合营合规定的出资期限缴付其出资的，应当在本规定施行之日起两个月内缴清按照合同规定应当缴付的出资。

在前款规定的期限内仍未缴清其出资的，可按照本规定第五至第七条的规定办理。

第九条 在本规定施行之日前已领取营业执照的合营企业，如果合营各方未在合营合同中订明各自出资期限，并且未缴清出资的，合营各方应当在本规定施行之日起两个月内，按照本规定签订关于合营各方缴付出资期限的合营合同补充协议，报原审批机关审批，获准后，向工商行政管理机关备案。

前款合营各方在两个月内未签订缴付出资，期限补充协议，又未缴清出资，致使合营企业自营业执照签发之日起无法筹建或者无法开业满六个月的，原审批机关有权撤销对该合营企业的批准证书。批准证书撤销后，合营企业应当向工商行政管理机关办理注销登记手续，缴销营业执照；不办理注销登记手续和缴销营业执照的，工商行政管理机关有权吊销其营业执照，并予以公告。

第十条 中外合作经营企业合作各方的出资参照本规定执行。

第十一条 本规定自 1988 年 3 月 1 日起施行。

中华人民共和国经济特区外资银行、中外合资银行管理条例

（1985 年 4 月 2 日国务院公布）

第一条 为了扩大国际经济、金融合作，有助于引进外资、引进技术，有益于经济特区的发展，特制定本条例。

第二条 本条例所称外资银行是指总行设在外国或香港、澳门地区，依照当地法律注册的外国资本的银行在经济特区设立的分行，以及总行设在经济特区，依照中华人民共和国法律注册的外国资本的银行。

本条例所称中外合资银行是指外国资本的银行、金融机构同中国资本的银行、金融机构在经济特区合资经营的银行。

第三条 外资银行、中外合资银行必须遵守中华人民共和国的法律、法规，其正当业务活动和合法权益受中华人民共和国法律保护。

第四条 在经济特区设立外资银行、中外合资银行，必须向中国人民银行提出申请；中国人民银行根据经济特区发展的需要和平等互利的原则进行审批。

中国人民银行经济特区分行对外资银

行、中外合资银行进行管理和监督。

国家外汇管理局对外资银行、中外合资银行颁发经营外汇业务许可证。

第五条 申请设立外资银行、中外合资银行，分别按照以下规定办理：

（一）外国资本的银行在经济特区设立分行，应当由其总行提出申请并提交下列证件、资料：

1. 由董事会授权董事长或总经理签署、并经公证机构证明的申请书，其内容包括：分行名称、总行拨给的营运资金数额、主要负责人员的简历和授权书、申请经营业务种类等；

2. 总行组织章程，董事会董事名单，申请设行前三年的资产负债表、损益计算书、业务状况报告；

3. 所在国或地区的有关主管当局核发的营业执照（副本）；

4. 总行承担税务、债务的责任担保书。

（二）在经济特区设立外资银行总行，应当由外国投资者提出申请，并提交下列证件、资料：

1. 设立外资银行的申请书，其内容包括：总行名称、注册资本和实收资本、主要负责人员名单、申请经营业务种类等；

2. 组织章程；

3. 投资者提出的董事长、副董事长、董事人选名单；

4. 投资者的资产、负债状况，并附经公证机构证明的文件。

（三）在经济特区设立中外合资银行，应当由合资各方共同提出申请，并提交下列证件、资料：

1. 设立合资银行的申请书，其内容包括：合资银行名称、合资各方名称、注册资本和实收资本、各方出资比例、主要负责人员人选名单、申请经营业务种类等；

2. 合资各方共同编制的可行性研究报告；

3. 由合资各方授权代表草签的合资银行协议、合同和章程的草案；

4. 由合资各方提出的合资银行董事长、副董事长、董事人选名单。

（四）设在经济特区的外资银行、中外合资银行在特区另设分支机构，应当提出申请并由中国人民银行经济特区分行批准。

本条第一款各项所指的证件、资料，凡用外文书写的，都应附具中文译本。

第六条 中国人民银行根据外资银行、中外合资银行的申请，批准其经营下列业务项目的部分或全部：

（一）本、外币放款和票据贴现；

（二）国外和香港、澳门地区汇入汇款和外汇托收；

（三）出口贸易结算和押汇；

（四）外币和外币票据兑换；

（五）本、外币投资业务；

（六）本、外币担保业务；

（七）股票、证券买卖；

（八）信托、保管箱业务，资信调查和咨询服务；

（九）侨资企业、外资企业、中外合资经营企业和中外合作经营企业的汇出汇款、进口贸易结算和押汇；

（十）侨资企业、外资企业、中外合资经营企业和中外合作经营企业的本、外币存款及透支，外国人、华侨和港澳同胞的本、外币存款及透支；

（十一）办理国外或香港、澳门地区的外汇存款和外汇放款；

（十二）其他业务。

第七条 设在经济特区的外资银行总行、中外合资银行，其注册资本不得少于八千万元人民币的等值外汇，实收资本不得低于注册资本的百分之五十；在经济特区设立的外资银行分行必须持有其总行拨给的不少于四千万元人民币等值外汇的营运资金。

外资银行、中外合资银行的实收资本或

营运资金应当自批准设立之日起三十天内筹足，并由在中华人民共和国注册的会计师验证。

第八条 外资银行、中外合资银行自批准之日起三十天内，应当向工商行政管理局办理登记手续，领取营业执照，并应自开业之日起三十天内向当地税务机关办理税务登记。

外资银行、中外合资银行自批准之日起十二个月内未开业者，原批准证件自动失效。

第九条 设在经济特区的外资银行总行、中外合资银行对经济特区一个企业的放款不得多于该行实收资本加储备基金总数的百分之三十；对经济特区的投资总额不得多于该行实收资本加储备基金总数的百分之三十。

第十条 外资银行、中外合资银行经营本币对外币的兑换和结算，应当按照国家外汇管理局公布的汇价和有关规定办理。

外资银行、中外合资银行办理特区内各种本、外币存款、放款、透支、票据贴现的利率，可以参照中国人民银行经济特区分行规定的利率制定。

第十一条 外资银行、中外合资银行办理特区内各种本、外币存款，应当向中国人民银行经济特区分行缴存存款准备金。

第十二条 外资银行、中外合资银行应当向中国人民银行经济特区分行报送下列业务报表：

（一）每月十日前报送上月末资产负债表；

（二）每季首月十五日前报送上季度的存款放款分析表，汇出汇入款项、进出口结算分析表和投资项目分析表；

（三）每年三月底前，报送上年度资产负债表、损益计算书和科目余额表，随附在中华人民共和国登记注册会计师的审查报告。

第十三条 中国人民银行经济特区分行有权检查外资银行、中外合资银行的业务和财务状况，令其报送或提供有关情况和资料，并派出人员对其帐册、案卷等进行检查。

第十四条 外资银行分行依法纳税后的利润可以汇出。

设在经济特区的外资银行总行、中外合资银行纳税后的利润，应当按照规定提取储备基金、职工奖励金和福利基金、企业发展基金，国外投资者所得部分可以汇出。

外资银行、中外合资银行的外籍职工和港澳职工依法纳税后的工资和其他正当收益，可以汇出。

第十五条 外资银行、中外合资银行终止业务活动，必须在终止前三十天，以书面形式向中国人民银行提出报告，由中国人民银行批准。

依法停业的外资银行、中外合资银行，应当按照中华人民共和国关于外资企业、中外合资经营企业解散和清算的规定，在中国人民银行经济特区分行和有关部门的监督下，进行清理。在交清税款、偿还债务后，外资银行的资金或中外合资银行的国外投资者所有的或分得的资金，都可以汇出。

前款外资银行、中外合资银行清理完毕，应当向原发证机关办理注销登记手续。

第十六条 外资银行、中外合资银行违反本条例或其他金融法规，中国人民银行经济特区分行有权视其情节给予警告或者处以罚款。如有异议，可以向中国人民银行申诉，由中国人民银行作出裁定。

对违法情节特别严重的外资银行、中外合资银行，中国人民银行可以令其停业直至撤销机构。

第十七条 本条例对华侨资本和香港、澳门地区资本的银行、金融机构，比照适用。

第十八条 本条例由中国人民银行负责解释。

第十九条 本条例自公布之日起施行。

关于中外合资经营企业外汇收支平衡问题的规定

（1986年1月15日国务院发布）

第一条 为鼓励外国合营者在中国境内兴办中外合资经营企业，促进其外汇收支平衡，以利于生产经营和外国合营者将所得合法利润汇往国外，特制定本规定。

第二条 中外合资经营企业生产的产品应多出口，多创汇，做到外汇收支平衡。

第三条 依法批准兴办的中外合资经营企业，其外汇收支需要调剂的，应按照审批权限，分级管理解决。

经国家主管机关批准兴办的中外合资经营企业，由国家主管机关负责在全国范围内的中外合资经营企业的外汇收入中调剂解决，也可由国家主管机关同地方人民政府按商定的比例调剂解决。经由国务院授权的或国家主管机关委托的地方人民政府或国务院有关部门批准兴办的中外合资经营企业，由各该地方人民政府或部门负责在所批准兴办的中外合资经营企业的外汇收入中调剂解决。

第四条 对于外国合营者提供先进技术、关键技术生产的尖端产品，或在国际上有竞争能力的优质产品，如国内急需，经主管部门鉴定合格，按国家规定的审批权限和审批程序，经过批准，可在内销比例和内销期限上给予优惠。此项内销，应由产需双方签订合同加以明确。

前款企业的外汇平衡方案，按本规定第三条第二款规定由批准机关制订。批准机关制订的外汇平衡方案，应分别按行政序列，送对外经济贸易部或地方经贸部门审查提出意见，报国家计划委员会或地方计划委员会批准后纳入长期或年度用汇计划，予以解决。

第五条 中外合资经营企业生产国内需要长期进口或急需进口的产品，可根据对该项产品的质量、规格要求和进口情况，经国务院主管部门或地方主管部门批准实行进口替代。此项替代，应在双方签订的中外合资经营企业合同或产需合同中加以明确。

经贸部门应积极支持国内用货单位同前款中外合资经营企业按国际价格订立购销合同；其用汇方案按本规定第三条第二款规定制订，并分别按行政序列，送对外经济贸易部或地方经贸部门审查提出意见，报国家计划委员会或地方计划委员会批准后纳入长期或年度进口用汇计划，予以解决。

第六条 中外合资经营企业为求得外汇收支平衡，经对外经济贸易部门批准，可利用外国合营者的销售关系，推销国内产品出口，实行综合补偿。但属于国家统一经营的、有出口配额的和应申报领取出口许可证的产品，须报对外经济贸易部特许批准；未经批准，中外合资经营企业不得经营此类产品的出口业务。

第七条 中外合资经营企业未按合同规定完成其所承担的出口和创汇任务，因而造成外汇收支不平衡的，有关机关不承担调剂解决的责任。

第八条 中外合资经营企业销售给经济特区和沿海开放城市的经济技术开发区以外的其他地区有外汇支付能力的企业的产品，经国家外汇管理部门批准，允许以外币计价结算。

第九条 同一外国合营者在中国境内（包括不同地方、不同部门）兴办两个或两个以上的中外合资经营企业，其合法所得的外汇份额有的有余、有的不足时，经国家外汇管理部门批准，可在其所办的各个企业之间调剂解决。

前款调剂，应取得合营各方同意。

第十条 经对外经济贸易部门和外汇管理部门批准，外汇收支不能平衡的中外合资经营企业的外国合营者，可将其从中外合资经营企业分得的人民币利润，按《中外合资经营企业法》第七条的规定再投资于国内能够新创外汇或新增加外汇收入的企业，除依法享受退还已缴纳的部分所得税的优惠外，并可从接受该项投资企业新增加的外汇收入中获得外汇，以汇出其合法利润。

第十一条 本规定适用于在中国境内兴办的中外合作经营企业，以及香港、澳门、台湾地区的公司、企业和其他经济组织在内地兴办的合资经营企业、合作经营企业，也适用于华侨投资兴办的合资经营企业、合作经营企业。

外国的合营者在中国境内兴办的金融、保险类企业，以及香港、澳门、台湾地区的合营者在内地兴办的此类企业，不适用本规定。

第十二条 本规定发布前的有关中外合资经营企业外汇收支平衡的规定，凡与本规定相抵触的，以本规定为准。

第十三条 本规定由对外经济贸易部负责解释。

第十四条 本规定自1986年2月1日起施行。

关于经济特区外资银行、中外合资银行业务管理的若干暂行规定

（1987年6月17日中国人民银行发布）

为加强和改善对经济特区外资银行、外资银行分行、中外合资银行的业务管理，促进其业务的开展，根据《中华人民共和国经济特区外资银行、中外合资银行管理条例》，特制定本规定。

一、营运资金、注册资本

（一）外资银行分行，在接到中国人民银行批准证书之日起三十天内，须向中国人民银行经济特区分行提供其总行拨给的四千万元人民币等值外汇营运资金的银行存款证件，并需经在中华人民共和国注册的会计师验证。中国人民银行经济特区分行根据实际情况，核定其营运资金一次或分次调入，或核准其将营运资金存放在境外的银行。外资银行分行可向中国人银行经济特区分行申请将调入的营运资金再调出境外。

（二）外资银行和中外合资银行，在接到中国人民银行批准证书之日起三十天内，应将不低于注册资本百分之五十的实收资本交存中国人民银行经济特区分行，中国人民银行经济特区分行按规定计付利息。这部分资本金不经中国人民银行经济特区分行批准，不得调出境外。外资银行或中外合资银行，在未缴足注册资本总额之前，每年应从其纳税后的净利润中提取不少于百分之二十的资金作为储备金。

二、存　款

外资银行、外资银行分行、中外合资银行可按照下列范围办理本、外币存款：

（一）外币存款

1. 境内外同业存款；

2. 国外或港澳地区的单位、企业、社会团体和个人的存款；

3. 侨资企业、外资企业、中外合资经营企业及中外合作经营企业（以下简称三资企业），外国驻华使馆、商务机构、国际组织机构、外国新闻单位、外国金融机构和工商企业代表机构，以及在上述单位工作的外国人、华侨和港澳同胞的存款；

4. 短期入境的外国人、华侨、港澳同胞以及外国专家、职工、留学生、实习生的存款；

5. 国营或集体企业以及其他经批准的单位接受外资银行、外资银行分行、中外合资银行的外汇贷款及其未使用部分的款项。

（二）人民币存款

1. 三资企业的存款；

2. 接受外资银行、外资银行分行、中外合资银行人民币贷款的国营或集体企业以及其他批准的单位未使用部分款项；

3. 境内同业存款，只限资金来源为1、2款的人民币资金。

（三）中国人民银行经济特区分行批准的其他本外币款。

三、存款准备金

外资银行、外资银行分行、中外合资银行办理各类外币存款业务，应向当地中国人民银行经济特区分行缴纳存款准备金，存款准备金按港币、美元缴存，不计付利息。

存款准备金率由中国人民银行经济特区分行规定和调整。缴纳外币存款准备金的计算方法：各项外币存款总额的月平均余额（月平均余额即每月一日至月末的累计金额除以该月天数）乘以存款准备金率，等于应缴存款准备金额。

缴纳人民币存款准备金的计算方法与缴纳外币存款准备金的计算方法相同。

四、贷　款

外资银行、外资银行分行、中外合资银行可按照下列范围办理本、外币贷款业务：

（一）外币贷款

1. 境内外同业贷款；

2. 对三资企业贷款；

3. 对国营或集体企业贷款；

4. 对中国境外中资企业，中外合资、合作经营企业，非中资企业贷款。

（二）人民币贷款

1. 境内同业贷款，限于来源于人民币存款中1、2款的人民币贷款；

2. 对三资企业贷款；

3. 对国营或集体企业贷款（仅限于其外汇贷款项下所需要的配套人民币资金）。

外资银行或中外合资银行，对中国境内或境外一个企业的外汇贷款加外汇担保，不得超过该行实收资本加储备基金总数的百分之三十。

五、投　资

外资银行或中外合资银行，购买中国境内和境外企业发行的外币债券和股票的总金额，不得超过该行实收资本加储备基金总数的百分之三十；购买中国金融机构发行的外汇债券，不受此比例限制。

六、担　保

外资银行或中外合资银行，提供外汇担保总额和其外汇债务总额，累计不得超过自有外汇资金的二十倍。

七、流动资产比率

外资银行或中外合资银行的流动资产。

应保持在其存款总额的百分之二十五以上。流动资产包括：现金、黄金、存入中国人民银行经济特区分行的存款余额和存放同业、各国政府发行的三个月内的债券。

八、汇 款

外资银行、外资银行分行、中外合资银行可办理下列外汇汇款业务：

（一）汇入款项

外国或港澳地区汇入的一切款项，解付汇款应按下列规定办理：

1. 收款人如为境内国营、集体、个体企业及事业单位或境内居民，结汇后的外汇资金应按规定向中国人民银行经济特区分行移存；

2. 收款人如为三资企业、外国驻华使馆、外国商务机构、国际组织机构、外国新闻单位、外国金融机构和工商企业代表机构以及在上述单位工作或短期入境的外国人、华侨、港澳同胞等，由收款人自行决定存储外币（包括外汇兑换券）或兑换人民币。如兑换人民币，结汇后的外汇资金应按规定向中国人民银行经济特区分行移存。

（二）汇出款项

外资银行、外资银行分行、中外合资银行可办理三资企业的一切正常业务支出（包括进出口物资货款、运保费、佣金、广告费、商标注册费、外币贷款本息、技术转让费等）的汇出款项，并可凭企业付款凭证直接汇出。如办理以下三项汇出汇款业务，须向当地外汇管理分局申请：

1. 资本转移出境的汇出；

2. 依法停业清理后，外方分得的外汇资金的汇出；

3. 外籍职工和港澳职工的工资及其他正当收益的汇出。

九、贸易结算

外资银行、外资银行分行、中外合资银行可按下列范围经营以下进出口贸易和非贸易结算：

（一）出口：三资企业以及经批准可以经营进出口贸易的国营、集体企业的出口结算、押汇和托收业务。

（二）进口：三资企业进口结算：押汇和托收业务。对国营和集体企业仅限办理属于该行外币贷款项下的进口结算、押汇和托收业务。

办理上述进出口贸易结算、押汇、托收业务的程序和出口收汇的移存、进口用汇的审批手续等，应按照国家外汇管理局制定的有关贸易外汇收支管理规定及其他有关规定执行。

十、其 他

外资银行、外资银行分行、中外合资银行可经营外汇买卖、外币票据贴现、外币股票和外币债券买卖业务。

外资银行、外资银行分行、中外合资银行可办理见证和其他授信业务。

外资银行、外资银行分行、中外合资银行可办理境外的外汇信托存款、信托放款，办理保管箱业务、资信调查和咨询服务。

外资银行、外资银行分行、中外合资银行可办理下列本、外币代理业务：

（一）代办外币、外币票据兑换和信用卡付款业务；

（二）代办当地居民本、外币储蓄存款业务。

办理上述代办业务的代理合同，须报中国人民银行经济特区分行备案。

十一、手续费

外资银行、外资银行分行、中外合资银行经营各种业务的收费率，由各行自行制订，报中国人民银行经济特区分行核备。

十二、移 存

外资银行、外资银行分行、中外合资银行、经办出口结算、押汇、托收业务和代办外币兑换业务等收到的外汇，其中按外汇管理规定必须结汇的，各行应在收汇日移存中国人民银行经济特区分行。移存的外汇，一律按移存日国家外汇管理局公布汇价的中间价结算。

十三、财务报表

外资银行、外资银行分行、中外合资银行须聘请在中华人民共和国注册、并经中国人民银行经济特区分行同意的会计师审核帐目，并将有关审核帐目的报告提交中国人民银行经济特区分行。

凡以人民币为计价单位的报表，应按上月、季和年终了日国家外汇管理局公布汇价的买入价，将外币折算成人民币统一计算填报，并按照《中华人民共和国经济特区外资银行、中外合资银行管理条例》规定的时间，报送中国人民银行经济特区分行。

十四、检 查

中国人民银行经济特区分行可以派出检查人员，检查、审核外资银行、外资银行分行、中外合资银行经营业务的财务等情况，并对其业务经营进行指导。上述各行对检查人员的工作应予合作，及时提供所需的业务、财务报表和有关资料。检查人员对上述各行的财务、业务资料，应予保密。

十五、处 罚

外资银行、外资银行分行、中外合资银行经营业务活动，如违反《中华人民共和国经济特区外资银行、中外合资银行管理条例》、中国的外汇管理法规和上述各项规定，中国人民银行及其经济特区分行可视其情节轻重，按违法金额的大小，给予口头警告和书面警告，或参照《违反外汇管理处罚施行细则》等有关规定，予以处罚。

外国企业常驻代表机构登记管理办法

（1983年3月5日国务院批准
1983年3月15日国家工商行政管理局发布）

第一条 为了对外国企业及其他外国经济组织在中国设立的常驻代表机构进行登记管理，保障其正当业务活动，根据《中华人民共和国国务院关于管理外国企业常驻代表机构的暂行规定》（以下简称《暂行规定》），制定本办法。

第二条 按照《暂行规定》第四条经批准的外国企业及其他外国经济组织的常驻代表机构（以下简称外国企业常驻代表机构），依照本办法办理登记。

第三条 外国企业常驻代表机构，应当是从事非直接经营活动的代表机构。但是，两国政府已有协议规定的，按其规定办理。

第四条 外国企业常驻代表机构登记机

关是中华人民共和国国家工商行政管理局。国家工商行政管理局委托省、自治区、直辖市工商行政管理局办理登记手续。

第五条 外国企业常驻代表机构登记的主要事项有：机构名称、驻在地址、代表人数和姓名、业务范围、驻在期限。

第六条 外国企业及其他经济组织，申请在中华人民共和国境内设立常驻代表机构的报告经批准机关批准后，须在批准之日起三十日内，向所在省、自治区、直辖市工商行政管理局办理登记。

第七条 外国企业及其他经济组织申请办理常驻代表机构登记时，须提交下列证件：

（一）中华人民共和国批准机关的批准证件；

（二）《暂行规定》第三条规定的证件和材料。

第八条 登记机关对外国企业及其他经济组织申请办理常驻代表机构登记所提交的证件，经审查符合本办法的，准予办理登记，收取登记费，发给登记证和代表证。

外国企业常驻代表机构凭批准证件和登记证、代表证到公安、银行、海关、税务等部门办理居留及其他有关事宜。

第九条 从登记机关核准登记之日起，外国企业常驻代表机构即告正式成立。其机构和代表的正当业务活动受中华人民共和国法律保护。

未经批准、登记的，不得开展外国企业常驻代表机构的业务活动。

第十条 外国企业常驻代表机构聘请工作人员，必须按照《暂行规定》第十一条规定办理，并须及时报登记机关备案。

第十一条 外国企业常驻代表机构登记证的有效期限为一年。逾期需要继续常驻的，必须办理延期登记。

外国企业常驻代表机构办理延期登记，必须在期满前三十日内，向登记机关提交年度业务活动情况报告（中文本）及延期申请书；如果批准机关批准的驻在期限届满，还须提交原批准机关的延期批准证件，填写延期登记表。经登记机关核准后，缴回原登记证，领取新登记证。

第十二条 外国企业常驻代表机构变更机构名称、代表人数和姓名、业务范围、驻在地址时，应向登记机关提交变更登记申请书和批准机关的批准证件，办理变更登记。

更换代表时，须提交派出代表的外国企业或者其他外国经济组织对新任代表的授权书及其简历。

第十三条 外国企业常驻代表机构驻在期满或者提前终止业务活动或者派出企业宣告破产时，应向登记机关办理注销登记手续。在办理注销登记时，须提交税务部门、银行、海关出具的税务、债务和其他有关事宜清理完结的证件，准予注销，缴销登记证。

如有未了事宜，原申请设立常驻代表机构的外国企业及其他外国经济组织，必须继续承担清理责任。

第十四条 中华人民共和国国家工商行政管理局和省、自治区、直辖市工商行政管理局，有权在本办法规定范围内对外国企业常驻代表机构的活动进行监督检查。

在执行监督检查职务时，工商行政管理局工作人员须出示专用工作证。外国企业常驻代表机构必须据实报告，并提供有关资料和情况，不得拒绝或者隐瞒。

第十五条 外国企业常驻代表机构违反本办法有下列情形之一的，国家工商行政管理局根据情节轻重分别给予下列处罚：

（一）外国企业常驻代表机构违反本办法第三条规定直接从事经营活动的，责令其停止经营活动，并处以人民币两万元以下罚款。

（二）应该办理变更登记而不办理擅自改变原登记事项的，或者应该办理注销登记而不办理的，经查实后给予通告，情节严重的，处以人民币五千元以下罚款，直至吊销登记证。

外国企业常驻代表机构从事投机诈骗等违法活动的，登记机关应依法没收其非法所得的全部财物并处以罚款，直至吊销登记证。触犯中华人民共和国刑法的，送司法机关依法处理。

第十六条 外国企业及其他经济组织未经批准、登记，擅自从事常驻代表机构业务活动的，责令其停止业务活动，并处以人民币一万元以下罚款。

第十七条 外国企业及其他外国经济组织申请在中华人民共和国境内派驻常驻代表的，亦按照本办法办理登记。

第十八条 华侨、港澳同胞经营的公司、企业申请在国内设立常驻代表机构的，参照本办法办理登记，领取华侨、港澳企业常驻代表机构登记证。

第十九条 在国外的中外合资企业，经批准在国内设立代表机构的，也参照本办法办理登记。

第二十条 本办法自 1983 年 3 月 15 日施行。

中外合资经营企业登记管理办法

（1980 年 7 月 26 日国务院发布）

第一条

根据《中华人民共和国中外合资经营企业法》的规定，为了对中外合资经营企业进行登记管理，保障合法经营，制订本办法。

第二条

经中华人民共和国外国投资管理委员会批准的中外合资经营企业，应在批准后的一个月内，向中华人民共和国工商行政管理总局登记。

中华人民共和国工商行政管理总局委托省、自治区、直辖市工商行政管理局办理所管辖地区内中外合资经营企业的登记手续，经中华人民共和国工商行政管理总局核准后，发给营业执照。

第三条

中外合资经营企业申请登记，应提交下列证件：（1）中华人民共和国外国投资管理委员会的批准文件；（2）合营各方签订的合营协议、合同和企业章程的中外文副本各三份；（3）外国合营者所在国（或地区）政府主管部门发给的营业执行照副本或其他证件。

第四条

中外合资经营企业申请登记时，应以中外文字填写登记表一式三份，登记的主要项目：企业各称，地址，生产经营范围，生产经营方式，注册资本及合资各方的份额，董事长、副董事长，总经理、副总经理或厂长、副厂长，批准文件的文号和日期，职工总人数，外籍职工人数。

第五条

从核发营业执照之日起，中外合资经营企业即告正式成立，其正当的生产经营活动，受中华人民共和国的法律保护。

未经登记的企业，不准开业。

第六条

中外合资经营企业应持营业执照，向中国银行或者经中国银行同意的银行开户，向当地税务机关办理纳税登记。

第七条

中外合资经营企业迁移、转产、增减或转让注册资本和延长合同期限时，应在中华人民共和国外国投资管理委员会批准后的一个月内向所在地的省、自治区、直辖市工商行政管理局办理变更登记手续。

其他登记项目变动时，应在年终向所在地的省、自治区、直辖市工商行政管理局书面报告。

第八条

中外合资经营企业在登记或者变更登记时，应交纳登记费或变更登记费，其金额由中华人民共和国工商行政管理总局规定。

第九条

中外合资经营企业合同期满或提前终止合同，应持中华人民共和国外国投资管理委员会的批准文件，向所在地的省、自治区、直辖市工商行政管理局办理注销登记手续，经中华人民共和国工商行政管理总局核准后，缴销营业执照。

第十条

中华人民共和国工商行政管理总局和省、自治区、直辖市工商行政管理局，有权对所管辖地区内的中外合资经营企业进行监督检查。对违反本办法的，根据情节轻重，分别给予警告、罚款的处分。

第十一条

本办法自发布之日起施行。

中外合资经营企业劳动管理规定

（1980 年 7 月 26 日国务院公布）

第一条

中外合资经营企业（以下简称合营企业）处理劳动管理问题，除《中华人民共和国中外合资经营企业法》第六条第二款已有规定者外，都按照本规定办理。

第二条

合营企业职工的雇用、解雇和辞职，生产和工作任务，工资和奖惩，工作时间和假期，劳动保险和生活福利，劳动保护，劳动纪律等事项，通过订立劳动合同加以规定。

劳动合同，由合营企业同本企业的工会组织集体地签订；规模较小的合营企业，也可以同职工个别地签订。

劳动合同签订后，须经省、自治区、直辖市人民政府劳动管理部门批准。

第三条

合营企业职工，或者由企业所在地的企业主管部门、劳动管理部门推荐，或者经劳动管理部门同意后由合营企业自行招收，都需由合营企业进行考试，择优录用。

合营企业可以举办技工学校和训练班，培训管理人员和技术工人。

第四条

合营企业对于因生产、技术条件发生变化而多余的职工，经过培训不能适应要求、也不宜改调其他工种的职工，可以解雇；但是必须按照劳动合同规定，由企业给予补偿。

被解雇的职工，由企业主管部门或劳动管理部门另行安排工作。

第五条

合营企业对于违反企业规章制度、造成一定后果的职工，可以根据情节轻重，给予必要的处分。开除处分，必须报请企业主管部门和劳动管理部门批准。

第六条

合营企业解雇、处分职工，工会认为不合理的，有权提出异议，并派代表同董事会协商解决；协商不能解决的，按照本规定第十四条的程序办理。

第七条

合营企业职工因有特殊情况，按照劳动合同规定，通过工会向企业提请辞职的时候，企业应予同意。

第八条

合营企业职工的工资水平，按照所在地区同行业的国营企业职工实得工资的百分之一百二十至一百五十确定。

第九条

合营企业职工的工资标准、工资形式、奖励、津贴等制度，由董事会讨论决定。

第十条

合营企业提取的职工奖励和福利基金，必须用于对职工的奖励和集体福利，不得挪作他用。

第十一条

合营企业必须按照国营企业标准，支付中方职工劳动保险、医疗费用以及国家对职工的各项补贴。

第十二条

合营企业外籍职工的雇用、解雇、辞职、报酬、福利和社会保险等事项，都应当在雇用合同中规定。

第十三条

合营企业必须执行中国政府有关劳动保护的规章制度,保证安全生产和文明生产,中国政府劳动管理部门有权监督检查。

第十四条

合营企业发生的劳动争议，首先由争议双方协商解决；通过协商不能解决的，可以由争议的一方或双方向所在省、自治区、直辖市人民政府劳动管理部门请求仲裁；如有一方不服仲裁裁决，可以向人民法院提起诉讼。

第十五条

本规定的解释权属于中华人民共和国国家劳动总局。

第十六条

本规定自公布之日起施行。

对外贸易经济合作部　国家经济贸易委员会　国家档案局
外商投资企业档案管理暂行规定

（1994 年 12 月 29 日）

第一条　为加强外商投资企业（包括中外合资经营企业、中外合作经营企业、外资企业）的档案管理工作，有效地保护和利用档案，维护企业的合法权益，根据《中华人民共和国档案法》和国家有关外商投资企业的法律、法规，特制定本规定。

第二条　外商投资企业档案是指外商投资企业筹建以来的各项活动中形成的对本企业以及对国家、社会具有利用、保存价值的各种文件材料（包括不同载体形式）。

第三条　外商投资企业档案属企业所有，受国家法律保护。企业承担保护档案的义务。

第四条　外商投资企业档案工作是企业管理基础工作的组成部分，是维护企业经济利益、合法权益和历史真实面貌的一项工作，是国家全部档案工作的组成部分。其主要任务是贯彻执行国家档案工作的有关法律、法规，建立健全本企业档案管理规章制度；统一管理本企业的档案，并对本企业所属单位的档案工作进行监督和指导。

第五条　外商投资企业应当加强对其档案工作的领导，把企业档案工作列入企业管理计划，并确定管理档案的部门和人员负责本企业的档案工作。

负责管理档案的人员应有档案专业知识、技能和企业管理知识。

各级政府档案行政管理部门和上级主管

部门，有权对本级行政区域内或本系统、本行业的下属外商投资企业的档案工作进行监督和检查，承担有关服务工作。

第六条　外商投资企业文件材料的归档范围主要包括：

1. 外商投资企业设立和变更的申请、审批、登记以及终止、解散后清算等方面的文件材料（包括外商投资企业的章程及投资各方签订的合资、合作合同）；

2. 董事会或联合管理机构形成的文件材料；

3. 财务、会计及其管理方面的文件材料；

4. 劳动工资、人事、法律事务管理方面的文件材料；

5. 经营管理方面的文件材料；

6. 生产技术管理方面的文件材料；

7. 产品生产方面的文件材料；

8. 仪器、设备方面的文件材料；

9. 基本建设方面的文件材料；

10. 科学技术研究、技术引进、技术转让方面的文件材料；

11. 教育培训方面的文件材料；

12. 情报信息方面的文件材料；

13. 中共党组织和工会组织的文件材料；

14. 其它具有利用和保存价值的文件材料。

第七条　外商投资企业各部门形成的文件材料原则上由本部门负责立卷和归档，按本企业的规定，定期向档案部门或指定的部门移交，任何个人不得据为已有。

第八条　外商投资企业所形成的档案参照国家标准、规范和国际先进方法，进行科学分类和整理。

第九条　外商投资企业应当有库房和必要的设施及保护设备保管档案，确保档案的安全。暂不具备档案安全保管条件的企业，可委托主管部门或当地国家档案馆代为保管。档案代管单位必须保障代管档案的安全，做好代管档案的所有者利用档案的各项服务工作。

第十条　外商投资企业应当根据档案的实际价值和国家有关规定，编制档案保管期限表。档案保管期限分永久、长期、短期三种。具有长远查考利用及研究价值的永久保存；在一定时期内有查考利用价值的长期或短期保存；凡是介于两种保管期限之间的档案，其保管期限从长。

第十一条　外商投资企业对保管到期的档案应当进行鉴定。鉴定工作由企业负责人、专业人员和档案人员组成的鉴定小组负责，直接对档案进行鉴定。对失去保存价值的档案列出销毁清单，报经董事会审批后销毁，销毁清单永久保存。其中，会计档案按《中华人民共和国会计法》的有关规定执行。

第十二条　外商投资企业的中外各方都有利用档案的权利，应当建立健全并严格执行档案利用制度，防止失密和泄密。

中国政府有关部门依法执行公务需要查阅企业档案时，企业应予提供。

第十三条　外商投资企业终止、解散后，中外合资经营企业、中外合作经营企业的档案交由原中方合资、合作者妥为保存，或向当地国家档案馆移交。外资企业的档案按以下情况，分别处理：

1. 外资企业延长期限、分立、合并或其它事项变更的，该企业的档案向变更后的企业移交。

2. 外资企业期满或依法宣告破产的，该企业的档案按第十一条规定执行。

3. 外资企业因违反法律、行政规章被依法责令关闭的，按照有关机关的决定处理。

4. 原企业根据需要可保存有关档案的复制件。

第十四条　有下列行为之一的，根据情节轻重，给予行政处分或处罚；造成损失的，根据档案的价值和数量，责令赔偿；构成犯罪的，应当依法追究当事人的责任：

1. 损毁、丢失或擅自销毁应当归档保存

的文件材料和档案的；

2．涂改、伪造档案的；

3．私自出卖、倒卖档案的；

4．擅自占有和非法携带档案出境的；

5．档案工作人员玩忽职守造成损失的。

第十五条 香港、澳门、台湾地区的公司、企业和其它经济组织或者个人在中国大陆举办的企业比照本规定执行。

第十六条 本规定由国家档案局负责解释。

第十七条 本规定自发布之日起施行。

（本编由刘坤、杨玉洁编，桃格、任永萍、林照兵、吴凤林提供资料）

第七篇

部分世界华人社团组织、企业及企业家

- 部分华人社团组织
- 部分华人企业（包括台湾、香港、澳门、马来西亚、印度尼西亚、泰国、菲律宾、新加坡、澳大利亚和巴西的部分华人企业）
- 部分华人企业家（包括台湾、港澳、马来西亚、文莱、日本、印度尼西亚、泰国、菲律宾、新加坡、澳大利亚、美国、加拿大、巴西、欧洲、毛里求斯的部分华人企业家）

部分华人社团组织

三教会　印度尼西亚华人儒教、道教、佛教三合一宗教组织机构。由印尼著名华人新闻工作者、作家郭德怀（1886—1952）于1934年5月创立于巴达维亚（今雅加达），以统一、弘扬儒教、佛教、道教为宗旨，即将三教合一，把儒教之虔诚、佛教之超凡以及道教之养性分别或结合起来加以倡导。其机关刊物为《三教月报》，主要宣扬三教。1952年成立印度尼西亚三教联合会，到1955年时已发展出30多个地区教会，以其联合会出版的《三种文化》月刊交流各地教会情况。到1982年时已举行七次全国代表大会。

士达孔拿中国舞蹈团　加拿大华人艺术团体。1973年由华人李美薇创建于加拿大温哥华市士达孔拿区唐人街，专门演出中国传统民族舞蹈，以在加拿大多元文化精神背景下推广中华文化、发扬中国舞蹈精粹为宗旨。舞蹈多为中国特色的北狮舞、红绸舞、羽扇舞、孔雀舞、弓舞及葵花等。该团成立后曾在美国、加拿大等团巡回演出，并参加过著名的美国世界博览会、加拿大传统艺术节等。1988年在高洁林舞蹈比赛及素里舞蹈比赛中，获31项冠军，15项亚军，影响很大。

大阪中华学校　日本大阪华文教育机构。1946年4月创办于大阪，并以小学部形式开学，初名关西中华国文学校，9月改名大阪中华学校。1948年增设初中部，1953年2月改名为大阪中华初级中学及大阪中华初级中学附属小学，1955年由侨胞捐资于大阪西区川口町建成新校舍，以发扬中国传统文化为宗旨办学，课程设置有三种语文，华文列为母语，日语、英语为外语。

大圆满心髓研究中心　美国第一个由汉僧创办的中国藏传佛教宁玛派研究弘扬机构。由著名僧人根造法师（1915—　）倡议创建，并获虔诚信众支持。1990年9月9日在纽约昆士区以寺庙形式建成并举行落成典礼及莲花生大师（古印度名僧、与宁玛派形成有渊源关系、深受敬奉）佛像开光仪式。大圆满为宁玛派教义心髓，对于如何修佛成道具有独到见解，根造法师曾两次入中国川藏地区学习藏语文及宁玛派教义，深得大圆满心要，1985年赴美弘法。

万佛城　美国华人佛教界人士创办的佛教中心。由宣化上人1976年创立于加利福尼亚州旧金山北尤凯亚布塔尔米奇镇。其中心建筑内包括如来寺、大慈悲院、万佛殿等设施，并附设有居士林等机构。出家弟子多为美国青年。

万象中华会馆　老挝华侨 华人全国性社团机构。又译永珍（万象旧称永珍）中华会馆，1959年10月28日成立于首都永珍，其前身为1948年成立的万象中华理事会，以联络华侨华人感情、维护同胞福利、促进中老友好关系、不进行任何政治活动为宗旨。其最高权力机关为会员大会，下设理事会，凡老挝华侨华人，不分性别，年满18岁者，均可入会。主要活动包括主持华侨坟场、救济安置各种遭灾难侨，为难侨捐款等。

义安工艺学校　新加坡华侨华人团体潮州人社团义安公司所创办的高等教育机构。1963年建立，1967年由新加坡政府接管为国立学校。主要培养华侨华人工商业管理专门人才，毕业生可获技师文凭。其教学经费主要由义安公司赞助。

广东华桥中学　广东省公立华侨教育机

构。其前身为1946年创办的广州私立四邑华侨中学，1951年由政府接办后改为现名，并以培养华侨子女为办学宗旨，同年9月增设华侨补习班。1968年曾被停办，1984年复校后被并入其它中学，1985年正式恢复。现设有物理、化学、生物、语言、电脑等教研室，已发展成为广东省重点侨校之一。

广东华侨研究会　广东省华侨华人问题研究机构。1987年12月17日成立于广州，由研究华侨、华人问题的专家、学者、理论工作者，侨务工作者及有关社会人士组成。其宗旨是以“双百双针”精神，组织会员就华侨、华人社会和广东省侨乡现状、发展趋势进行调查研究和科学预测；从理论和实践上，探讨侨务工作发展战略，向政府决策部门提供咨询服务。其主要任务为对海外侨情、广东侨乡现状及侨务理论、重大方针政策进行调查研究；为引进华侨华人资金、技术、人才及国内工商企业到国外投资办企业，同海外华侨华人进行经济合作，开展咨询服务；同海外华侨、华人问题研究的学术团体、专家、学者进行学术交流活动；组织编译、出版有关华侨华人问题的书籍和资料；出版会刊《华侨与华人》。

广西华侨职工中等专业学校　广西壮族自治区专门培养华侨职工中等专业教育机构。1984年创办于南宁华侨补校内。其招生在同等条件下对归侨职工、归侨子女优先录取，开设有中等师专、财会、果木园艺、畜牧兽医等专业。

广肇学校　泰国华文教育机构。1932年5月16日由泰京广肇会馆创立于曼谷，其前身为广肇公学，1946年定华文名称为广肇学校。1964年筹办中学，并向泰国政府申请注册，1965年5月17日举行注册后正式开学典礼，定校名广肇中学，1978年在中学部设立正式幼稚园。该校设有广肇清寒子弟永久教育基金，其历届中小学毕业生考试成绩居该考区首位，并以蓝球、排球、乒乓球为特长，在东南亚及泰国享有盛誉。

马达加斯加华商总会　马达加斯加华侨社会团体。该会历史悠久，其前身为1906年成立的塔马塔夫南顺会馆，1921年改为现名。其宗旨是对外争取华侨利益，对内联络华侨感情，调解各地华侨纠纷及办理各种福利事项。马达加斯加华侨均须照章入会，并缴纳基金。该会在中国抗日战争时期曾成为马达加斯加华侨社会领导核心，但现在只从事处理华侨一般事务。

马来西亚土生华裔公会　马来西亚土生华人团体。成立于1986年5月21日。会员必须奉行峇峇和娘惹传统习俗，因此又称峇娘惹公会。所谓“峇峇”又译“巴巴”，指印度尼西亚、马来西亚和新加坡等地土生或混血华人，其文化称为“峇峇文化”。所谓“娘惹”，源出闽南话娘囝，意即妇女，是印度尼西亚、马来西亚和新加坡对已婚妇女的尊称。

马来西亚中华工商联合会　马来西亚华人工商企业家最高业缘组织机构。1947年2月23日成立于吉隆坡，初名马来亚中华工商联合会，1963年改为今名，旨在联络全国各地中华商会，振兴及维护商务，协助工农矿业，联合其他各族商会，促进经济繁荣，共谋社会福利。曾多次与华人社团联合为华文教育争取平等权益，如实行免费教育、承认南洋大学和台湾各大学的学位等。现有18个团体会员。

马来西亚中华道教道学研究理事会　马来西亚华人宗教团体。1989年12月6日成立于马来西亚麻坡，旨在发扬道教传统，提倡与友族和平共处，促进经济发展和社会繁荣，建立一个安乐、稳定、强盛的马来西亚。

马来西亚写作人（华文）协会　马来西亚华文作家业缘组织机构。1978年7月29日成立于吉隆坡。旨在促进华文文学创作及文学理论研究；提高华文文学水平；联络华文作家，协助发展文学事业；交换华文写作技巧和经验；维护社员权益与福利。该协会设有文学基金，出版《写作人季刊》和作协丛书，主办华文文学工作营等。

马来西亚华人医药总会　马来西亚华人中医师团体和中药商团体联合组织机构。1955年1月30日成立于吉隆坡，原名马来西亚华人医药总会，1964年10月11日改为今名，其宗旨是联络全国中医团体和中药商团体，共同促进中医学，改良药质；保障会员权利及福利；致力社会慈善事业。1955年创立马华医药学院。1967年实行中医药公约。

马来西亚华社资料研究中心　马来西亚华人学术研究机构。1985年1月1日成立，其主要任务为收集、整理政府出版物及报纸、杂志、书籍中有关马来西亚华人资料，着重研究华人当前政治、经济、社会、文化等方面问题，以及华人历史、文学、艺术、宗教、哲学、中医药学等，为华人社会提供咨询服务。已出版《宗教与礼俗论集》、《文教事业论集》等系列著作。

马来西亚华校教师联合会总会　马来西亚华文教师最高业缘团体组织机构，简称教总。于1951年12月24日正式成立于吉隆坡。其宗旨为谋求华教同人之福利，发扬中华文化，争取华文教育在本国平等地位。该会吸收了全马来西亚9个州12个区的华校教师联合会或教师公会，与各华人社团联合为华教生存和发展而努力，其总会主席由各州教师公会轮值。

马来西亚华校董事联合会总会　马来西亚华文学校董事会全国性组织机构。简称董总，1954年成立。其宗旨是团结华人社会力量，共谋改善及促进华文教育；代表华校董事会与政府商讨有关华校事务。曾与马华公会（即马来西亚华人公会，为马来西亚最大华人政党，成立于1949年）教育委员会、马来西亚华校教师联合会总会（马来西亚华文教师最高业缘团体机构，成立于1951年）并称为华教三大机构，团结、协调华人社会各阶层，共同为华文教育争取平等权益。尤与华校教师联合会总会关系密切，二者被并称“董教总”，1983年二者曾联合召开全国华文独中行政人员研讨会，对独立中学使命、办学方针、师资及学生来源等问题进行研讨并采取措施。

马来西亚精武总会　马来西亚华人华侨武术体育团体机构。成立于1921年，最初为雪兰莪精武会，后发展成拥有13个地方分会的团体。1972年因债务负担曾被政府吊销注册，1976年复办。1978年起，由各地精武分会每年轮流举办嘉年华会，其内容主要包括武术、乒乓球、羽毛球和绘画比赛等，以致力于推动德、智、体训练、实现“乃文乃武”精神为宗旨。

马德里中华学校　西班牙马德里华文教育机构。创办于1987年，其宗旨是：为使华人子女不致完全西班牙化而为其创造“中国化的环境”，使他们与同胞相接触，学习中国语言及文字，具有中国人的气质、精神、思想和民族意识。其教学活动属业余学校性质，学生于每周六上课，由华人教师讲授华文并作课业辅导，同时开展体育、中华歌谣、美术、劳作、民俗舞蹈等课外活动。

不来梅中国餐饮业者公会　德国不来梅华人华侨餐饮业者同行业组织机构。成立于1988年12月。其宗旨为团结广大同业，定期集会交流信息，促进经营管理，解决饮食卫生，处理与外国人关系等；尤其是在法律和税务方面专设法、税顾问机构，提供咨询服务，必要时代为进行诉讼，并以团体名义争取合法权益，进一步推动中国餐饮业在德国发展，提高华人社会形象和社会地位。以华文《餐饮业通讯》为其会刊。

牙买加中华会馆　牙买加华侨华人事务总机构。1891年成立于牙买加首都金斯顿，1895年正式向牙买加政府注册登记时称为中华会馆有限公司，故被华侨简称公司，其宗旨是联络、团结和保护同侨。1905年该馆发生分化，一部分人另立牙买加如意堂，形成另一华侨社会团体，致使馆务停顿。1921年恢复，并实行总理制，开展正常馆务活动，如意堂遂转为慈善机关。1930年，该馆又改总理制为委员制，并创办华侨公立学校、华侨留医所、老人院、华侨公报馆、中华义山（牙买加华侨坟场）等。致力于华侨教育、公益、慈善、赈济、卫生事业，并保护侨胞权益。1957年通过新章程，定名为中华会馆，并以“对外代表全体华侨，对内排难解纷，推进侨务，发展文化事业及举办慈善公益”为宗旨。

中西学校　菲律宾华文教育机构。由中国驻菲律宾首任领事陈钢创办于1899年（清光绪二十五年）4月15日，是菲律宾历史上最悠久的华文学校。初创时定名为大清中西学堂，继而改为华侨中西学校、华桥第一小学、小吕宋华侨中西学校、岷里拉中西小学等名称，但习惯上内外均沿用中西学校之名，或简称“中西”。该校成立后，几经发展，较有规模，1917年设溪亚婆中西分校，第二次世界大战日本占领菲律宾后被迫停办，二战后得以恢复。1969年，全部校舍毁于火灾，1970年建成新校舍，以后培养了大批华文高小、初中及英文高小等方面的华人华侨子弟。

中华全国归国华侨联合会　中国团结、联系归侨、侨眷和华侨的全国性人民团体。简称全国侨联，1956年10月5日成立于北京。其主要任务是维护归侨、侨眷和侨胞合法与正当权益，努力反映归侨、侨眷和侨胞意见；配合有关方面引进资金、技术和人才，并自办和扶持兴办企事业，为四化建设服务；积极开展民间外联活动，在改革开放和促进祖国统一大业中发挥积极作用。其下依次设有省、县、区级侨联组织，现全国各省、市、自治区以所属县、区均设有地区性侨联机构。

中华医院　柬埔寨金边华侨华人社会慈善机构。1906年创办于金边，由华侨社会捐输经费，一般病人均可免费诊治及留医。最初由金边中华理事会馆组成董事会负责督导管理，并设有护士训练班。1957年建成新院舍，完善设备。1961年成立华人社团中华医院医疗协助会，从财政上担负起维持中华医院的责任，该会由潮州、广肇、福建、海南、客家五帮近千名华商组成，定期向中华医院捐款，并推选15名董事组成董事会，共同管理医院事务。

中国友谊出版公司　中国第一家专门出版港台书籍、为海外华人提供出版服务的综合性出版机构。1983年1月成立于北京。其出版方针定为：以文会友，团结海内外炎黄子孙，传播当今世界最新科学成果，介绍优美文艺作品，弘扬中华民族优秀传统文化，为人民服务，为社会主义，为经济建设服务，为实现祖国统一和繁荣昌盛服务。其出版范围包括港澳台同胞、华侨、华人及其外国国籍亲属在哲学、社会科学、文学艺术等领域的著作和译著等。

中国文化学会　阿根廷中华文化机构。1986年成立于阿根廷首都布宜诺斯艾利斯。该学会设有顾问委员会、中国阿根廷文化交流委员会，并设有少林拳、太极拳、气功、中国绘画及《易经》等中国传统文化学习班，旨在传播中华古老传统文化艺术精华，以促进中阿两国人民文化交流。

中国电影欣赏社　英国华人华侨有关中国电影欣赏组织机构。1984年4月29日于伦敦成立，旨在为海外华人、华侨、学者及国际友人提供更多欣赏中国电影的机会，让各界人士更加了解今日中国和中国电影的发展。该社成立后，主要负责组织定期放映不同时期、不同类型的中国电影，并作系统介绍。同时该社还开设有联络、出版、宣传、节目负责、交际、售票等组织机构。

中国华侨历史学会　中国华侨华人历史研究全国性群众学术团体。1981年12月20日成立于北京，初名华侨历史学会，1990年9月改为现名。其宗旨是广泛团结国内外华桥、华人历史研究工作者和热心于此道的同仁，积极开展学术研究和资料交流，以增进人们对华侨、华人历史和现状的了解。该会成立后，曾多次举行全国性华侨华人历史学术讨论会，并多次参加组织华人问题国际学术讨论会。同时出版会刊《华侨华人历史研究》(其前身为《华侨历史学会通讯》、《华侨历史》)编辑出版了《侨史资料》、《华侨华人史研究集》及有关华侨华人历史丛书和资料集。1984年2月在全国侨联内成立专门研究华侨、华人历史与现状的学术研究机构华侨历史研究所（1990年9月更名中国华侨华人历史研究所），下设办公、研究、编辑、资料等机构，与世界各国有关学者建立广泛学术联系，积极参加国内外有关华侨、华人历史与现状的学术讨论会。现广东、广西、云南、福建、海南、上海、吉林等地均建有地方性华侨历史学会。

中国华侨国际文化交流会　中国为华侨、华人、归侨、侨眷和港澳台同胞及其眷属服务的民间文化交流机构。1989年9月由中华全国归国华侨联合会创办于北京。凡赞成该会章程的归侨、侨眷、港澳台同胞及其眷属和社会各界有利于推动中华民族文化交流的个人或团体，经其批准，均可成为会员。该会旨在组织推动海内外同胞之间的文化交流，弘扬中华民族文化精髓，汲取世界文化之精华，扩大侨联与海内外同胞的联系，进而促进中国与世界各国人民之间的交往和友谊。该会成立后，曾以多种形式广泛开展文化交流，包括组织各种文化展览及演出，组织各类文化讲座、组织同海外同胞进行学术交流，以及与海内外同胞合作开发文化建设项目等。

中侨互助会　加拿大华侨华人社会服务机构。简称中侨，1973年10月成立于温哥华，旨在协助不懂英语的侨胞解决生活困难；为侨胞争取社会上应有的福利；鼓励华侨发扬自助与互助精神而使自身服务范围更普及、更有效。该会还设有咨询服务中心，负责为侨胞解答诸如移民法律、房屋、就业、失业、福利等社会问题。同时该会还组织教育活动，为侨胞提供英语训练、入籍训练以及生活和社会知识。

中侨社会服务中心　荷兰华人华侨社会服务机构。简称中侨，1987年成立于海牙。其宗旨主要是向华人、华侨提供社会服务。其主要活动包括开办公关、摄影、广告、电脑等多方面短期学习班，供华人华侨学习有关技术或知识；设立以星期五晚为准的固定活动日，接待华裔青年在服务中心举行各种娱乐活动，以增进华裔青年的了解与团结；举办荷文学习班，以帮助新侨民尽快掌握荷语，适应工作和生活环境；协助新侨民了解荷兰政府的有关法律和条例，并指导他们申请社团活动津贴等；开办粤语培训班及普通话培训班，以帮助华人、华侨掌握祖国语言；安排诸如荷兰华裔青年赴华考察、春节节目表演等活动，使华裔青年更多地了解中华民族文化；在海牙电视台主持专题节目，介绍荷兰政府某些条例和有关中国信息。

中美协会　美籍华人团体组织机构。1986年7月11日于华盛顿成立。其会员多为美籍华人教授、律师及其它行业专业技术人员。其宗旨是为美国华人向美国政府表达要求，鼓励华裔美国人参与政治，增进华裔美国人与美国社会其它成员之间的了解。

日内瓦华人联谊会　瑞士日内瓦华人联谊组织机构。1983年4月成立，日内瓦地区的所有华侨、华人和华裔印度支那难民均可入会。其宗旨是传播中华民族文化，促进中西方文化交流，加强华人之间的友谊和互助。其主要活动包括举办春节聚餐会、联欢会、中国文化报告会、座谈会等，同时为会员子女开办华文补习班，并负责组织郊游及组团访问中国等，还要定期组织召开会员大会，组建领导机构。

日本中华联合会　日本华侨团体组织机

构。该会渊源于日本华侨联合组织日本华侨联合总会。1945 年，旅日华侨在日本 42 个县先后成立了华侨联合会，1946 年成立了各县华侨联合会及全日本华侨总会。1951 年春全日本华侨总会更名为日本华侨联合总会。1949 年中华人民共和国成立后，部分华侨退出该会，成立了新组织，1972 年 11 月 25 日定名为中华民国留日华侨联合总会，旋于 1973 年 7 月 20 日改称日本中华联合会，其所属各县华侨总会也改名为中华总会。其主旨在于联合各地华侨，促进侨民之间团结，加强与祖国的联系。

毛里求斯中国文化中心　毛里求斯中华文化传播机构。1988 年 7 月 1 日成立于路易港，旨在传播中华文化。该中心设有图书馆、阅览室、录像放映室和电影厅等。阅览室藏有一万余册有关中华文化方面的书籍，电影厅放映中国故事片和纪录片等。该中心同时创办华语班和中国武术班，还聘请中国特级厨师讲授中国烹调课，与外界联合举办过中国美术陶瓷展、中国工艺美术画展、中国电影周、中国穆斯林图片展、中毛儿童画展、中国之夜文艺武术活动等。

丹麦华人友谊会　丹麦华人华侨全国性社会团体机构。1978 年春节成立于丹麦首都哥本哈根。其主要活动包括团岩丹麦华人华侨，兴办华文学校，接待中国代表团，促进中丹友谊及中丹经济、文化交流，庆祝中华人民共和国国庆节和华人传统节日春节。

孔教总会　印度尼西亚华人华侨宗教组织机构。1923 年成立于梭罗，以传播孔教为宗旨。所谓孔教，又称儒教或儒家文化，为中国重要传统文化之一。早在印度尼西亚中华会馆成立之初即开始有组织地传播儒教，但因该馆主要致力于华文教育事业，故热心于儒教传播者开始另组新组织孔教会专门传播儒教。该总会出版机关刊物《孔教月报》。1963 年改为孔教联合会，1967 年又改称印度尼西亚孔教中央理事会。1972 年时已有梭罗、泗水、万隆、玛琅、井里汶、茂物等地 26 个孔教会会员。

巴西中西医学研究协会　巴西华人华侨医生中西医学研究团体组织机构。1985 年成立于圣保罗市。旨在进一步学习和运用中医学，扩大中医学在巴西的影响和促进中西医结合。其主要活动包括进行中医医务实践，创办伊杜市劳工大学中医科，通过中国卫生部邀请中国中医学教授和针灸专家到巴西讲学和参加劳工医务工作。其协会之下设有私人诊疗中心，并在巴西华人协会（成立于 1980 年，巴西最大华人社团）、巴西崇正总会等华人、华侨社团支持下，向贫苦华侨、华人提供免费医疗服务。

巴西华人协会　巴西最大华人华侨社会团体机构。1980 年成立于圣保罗市，该市为巴西全国工商业中心，巴西华侨、华人以该市聚居为最多。该会旨在团结华侨、华人，联络广大侨胞感情和乡谊，为华人华侨社会谋利益。其下设有五个分支机构，负责与其他华人、华侨社团及当地政府进行联系，以及开展妇幼保健、安排华人晚年生活、维护华人经济利益等工作。其中康乐组织负责举办文娱、体育等活动，为继承和发扬中华民族传统文化，每逢年节，都要举行盛大庆祝活动，表演具有中国特色的民族舞蹈以及粤剧清唱、京剧清唱、苏州评弹等，并放映中国电影。该会重视华文教育，设有中华文化学习班，主要教授粤语、汉语普通话等华文课程，使华人子弟能掌握自己的母语。

巴黎印支青年会　法国巴黎华人青年社会团体组织机构。1980 年正式成立于巴黎，1986 年向法国政府立案注册。其前身为法国青年舞蹈练习班，该班由一批爱好民族音乐舞蹈的青年华商在天主教会的协助和支持下创办的。该会成立后确定其宗旨为：通过民族舞蹈和音乐，帮助法国印支华裔青年在接受法国文化教育的同时，保留中华传统文化的渊源；加强亚裔青年之间的团结友爱精神，增进与法国朋友的友谊，襄助华人界公益事业。其主要活动是经常组织排练和演出丰富多彩的中国民间音乐和舞蹈。

正善佛道研究会　美国华人宗教团体组织机构。1956年由道教人士伍佩琳创建于旧金山，是集中国传统佛、道、儒三种宗教文化为一体的宗教组织。以忠、孝、廉、节、义、信、惠、礼、仁为其道规，即忠于事、孝双亲、廉自养、节不泯、义侠怀、信对入、惠大众、礼端谨、仁者心、道貌温、规则示。该会供奉并崇拜吕纯阳祖师以及道教的老子、佛教的观世音菩萨等。对入会者要求要有坚定的信心，并要获得祖师的扶乩批准。其经常性工作主要包括向人赠送有关佛书，每月初一、十五举行集会，宣讲教义，自动捐款扶贫救灾等。

古巴中华总会馆　古巴华侨华人全国性最高社会团体组织机构。1893年于哈瓦那成立，旨在致力于华侨、华人慈善、福利、文化和教育事业。其领导机构最初由各侨团、各商号代表选举，后改为由全体华侨普选。该馆成立后，进行了大量富有成效的工作，1915年创建颐侨院，专门收容60岁以上贫苦无靠的老华侨入院颐养，又开辟中华义山，作为华侨、华人坟场。1931年九·一八事变后，创立旅古华侨抗日后援总会，积极募款支援中国抗日战争。1935年创办中华学校，使华侨、华人子弟得以学习中华文化。平时则负责处理侨汇、领导管理中华药店、《光华报》等卫生、新闻机构，并负责管理中华义山和办理华侨回国及各种福利事务。每逢中古两国重大节日，均举行庆祝活动。

古巴中华总商会　古巴华人华侨社会团体组织机构。1897年（清光绪二十三年）12月成立于哈瓦那，是古巴历史上最悠久的华人社团之一。商会内设执行委员会，并设有华文、财务、福利等方面的领导职务开展工作。其会馆还设有义务诊疗室、文化室、图书馆、展览室等机构，为华人华侨提供服务，图书馆内备有各类中国报刊，供华人华侨了解祖国情况。该会以为当地侨胞办理正当福利事业为宗旨。

世界中文报业协会　中国大陆以外地区世界性华文报社业缘团体组织机构。1968年11月18日成立，其秘书处设在香港。其宗旨是提高华文报章的编采及生产水平，促进新闻自由及会员间的合作和联系。该会成立后每年举行一次大会，偶数年份在香港举行，奇数年份则在其他国家或地区举行。1990年与马来西亚《南洋商报》在马来西亚首都吉隆坡联合举办了第23届大会，其主题是世界华文报业人才培训的国际合作计划，马来西亚总理马哈蒂尔参加开幕式并致贺词。现其会员已有100余家华文报社及其它新闻机构，香港《星岛日报》、《华侨日报》、台湾《联合报》、《中央日服》等机构领导人曾负责该会组织工作。

世界华文诗人协会　世界华文诗人国际性纯文学组织机构。1988年12月19日正式成立于香港，由中国大陆、台湾、香港和世界各地著名华文诗人组成，中国著名诗人艾青为荣誉会长。入会者不分种族、肤色、宗教和政治信仰，旨在联络华文诗歌工作者的感情，集中智慧，共同努力使华文诗人走向未来，走向世界。

世界华商贸易会议　世界华商永久性联络组织机构。总联络处设在台北，其前身为亚洲华商国际贸易联谊会和亚洲华商贸易会议，1966年在曼谷举行第四届亚洲华商贸易会议时，为将其范围从亚洲扩大到全世界而改现名。其宗旨是促进区域经济合作及侨社商业的繁荣；加强各地华商的横向联系，增进华商华裔的友谊。每年均召开年会，轮流易地举行，每届年会中心议题因地因时而异。1982年8月在维也纳举行的第十三届年会具有重大意义，其中心议题是发挥华商行销功能，共同促进贸易成长；加强海内外华商资金及技术合作，增进经济成长；协助扩展对欧洲经贸关系。

东北华侨联谊会　英国纽卡斯尔地区华侨华人社会团体组织机构。1979年成立于纽卡斯尔地区。其宗旨为团结英伦东北纽卡斯尔地区华侨力量，互通声气，为区内华侨争取合法权益，并作华人与政府各机构间的桥梁。其主要活动包括设立华文教育机构、教授华侨、华人子弟认识、了解本民族传统文化；举办节日活动，使侨胞有更多聚会机会，以加强团结与合作；举办讲座，向华侨、华人介绍政府有关政策动向。

东华社　美国旧金山外省籍华侨华人社会团体组织机构。1945年创立于旧金山，主要由华东、华北、西南各省籍华人、华侨组成。其宗旨是加强联系，促进团结，使外省籍侨胞的工余之暇彼此能有机会见面交谈，互相照顾联络。其主要活动包括：为社员谋福利，协助侨胞调整身份，解释美国移民法例，辅助侨胞入籍考试，并协助社员申请家属到美团聚；尽力援助各项侨界事务；接待来访或过境的国内团体和宾客；邀请国内剧团等到旧金山访问演出；发扬中华民族传统科技及文化，如创办针灸研究班、太极拳训练班等；尽力帮助遇到困难的外省籍游客或留学生，时加体恤照顾老年单身社员生活，对无亲属的社员遇有病丧时均予照料，并为辞世社员及先人代为安葬于自置坟场；举办东华社大专学生奖学金，奖厉国内优秀青年求学进修；举办各项娱乐节目及各项庆祝活动等。

东京华侨妇女会　日本东京华侨妇女社会团体机构。成立于1961年，其宗旨是增进华侨妇女的亲睦和福利，提高文化素养，加深对祖国的认识，提倡子女接受民族教育，发扬爱国精神，加强团结。该会成立后，做了大量工作，每月逢13日召开理事会，讨论子女的教育、家庭纠纷及如何帮助丈夫工作等问题。每逢三·八国际妇女节均举行聚会庆祝。曾举办中华料理教室、旗袍服装教室、中国语言教室、太极拳学习班等，还曾组团到北京等地及日本各地参观访问。

旧金山中华文化中心　美国旧金山华人华侨文化机构。成立于1965年，其宗旨是提高人们对中国及中华文化的认识，通过文化活动，弘扬中国及华裔文化。该中心成立后，积极开展工作，1974年举办《三代华人在美国》展览；1980年展出《埃仑：1910—1940年华人移民历史图片》和《甘苦沧桑两百年》（1785—1980年美国华人历史图片展览）；1982年举办了《美国华裔妇女今昔：1934—1982年华裔妇女历史图片展览》等。1973年，旧金山中华文化基金会成立，以支持该中心开展活动。

旧金山中国和平统一促进会　美国民间社会团体机构。1982年10月于旧金山成立，凡赞成中国和平统一的人士，不分国籍、民族，不分信仰、党派、宗教，均可入会。其宗旨是联合海外各界人士，发展台湾海峡两岸的民间往来，在海外发挥铺路搭桥作用，促进中国和平统一的实现。该会成立后，定期举行座谈会，对有关和平统一中国问题，对国际形势及海峡两岸发展、对华人社会情况，交流认识，以求共识，并尽可能邀请海峡两岸及美国学者、专家、名人出席；联系海峡两岸、港澳、海外各界人士及相关民间团体，共同探索和平统一途径，促进两岸对话、谈判、推进统一进程，积极参与在海内外各地举办的中国和平统一研讨会；举办观光访问团，前往海峡两岸、港澳观光访问，同赞成和平统一的人士、团体座谈，交流认识，增进共识。

北爱尔兰华商总会　英国北爱尔兰华人华侨商人联合组织机构。又称北爱尔兰华人社区协会，1983年9月25日于贝尔法斯特成立。其宗旨是，联络团结华商，保护华商权益，患难相扶，发扬中华民族固有优良道德。该会成立后，为华人、华侨子女学习华文方便起见，设立了华文班；为向华人、华侨提供社会服务，成立了社区中心；并有部分会员与有关英国人士联合组成安辉发展有限公司，协助华人来北爱尔兰移民或投资。该会规定，只有店铺东主方可入会。

北朝鲜华侨联合总会　朝鲜各地华侨联合会领导组织总机构。1946 年 12 月于平壤成立，简称华联总会，负责管辖各道、市、郡华侨联合会。其初期主要任务是：在华侨中进行国际主义与爱国主义思想教育，宣传朝鲜形势、朝鲜劳动党和政府的方针政策，教育华侨热爱朝鲜，遵守朝鲜政府的政策法令，积极参加当地建设事业；教育华侨热爱祖国，积极支援祖国东北解放战争；宣传中朝人民间的革命友谊传统，促进华侨同朝鲜人民友好相处；教育华侨彼此互助，加强团结；向朝鲜政府反映华侨要求，维护华侨利益。1953 年，该会更名为朝鲜华侨联合会总会。

卡尔加里文化社　加拿大卡尔加里华人华侨文化团体机构。1973 年成立于卡尔加里，其成员多为华人、华侨知识分子。宗旨是宣传新中国，弘扬中华文化，促进中加友好发展。该社成立后，经常开展各种文化活动，出版不定期刊物，以增进华人对中华文化的了解，提高华人社会地位，接待有关中国访问团等。

卡迪夫学友会　英国威尔士华人华侨学术团体机构。1986 年 2 月 26 日成立于卡迪夫，其宗旨是服务华侨社会，提倡学术活动，增广见闻。其主要活动包括，向华人、华侨提供生活咨询服务；协助其它华人、华侨社团组织活动，举办旅游、电影欣赏及新春同乐日；举办中国经济论坛、香港政制、开会技巧研习和欧美旅游工作座谈会等。该会还下设华文图书馆，供会员阅读华文书刊，同时出版《新生活月讯》以作会刊。

印尼泗水（旅港）同学会　旅居香港的印度尼西亚泗水地区归侨同学团体机构。1990 年 5 月 27 日成立，凡曾在印尼泗水地区读书的同学，承认会章，缴纳会费，办理入会手续者，均可成为会员。该会旨在服务同学，加强联系，增进友谊，发扬互助友爱精神，以利谋发展；开展福利及康乐活动，丰富会员生活。该会下设秘书处、财务部、联络部、贸易部、康乐部、福利部。每年举行一次会员大会。

乐仁神哲学院　菲律宾华裔基督教神职人员专门培训机构。1987 年由菲律宾基督教乐仁传教会和红衣主教辛海梅创办于马尼拉，又译称罗伦索神哲（布道）学院，因 1949 年一批华人神父随基督教耶稣会从北京圣约瑟教区移居菲律宾，故该院宗旨为培训年轻华裔神父以继承老一辈华人神父传教事业。入院学习者要学习华语，研究中国传统文化，毕业后将在华人社会中从事传教工作。为赞助该学院的止常教学活动，乐仁传教会创办了乐仁传教基金会以支持该院。

汉堡中华会馆　德国华侨华人社会团体组织机构。1929 年 10 月 10 日成立于德国汉堡，又称旅汉堡中华公会，以促进中德关系为宗旨，协助旅德华侨与当地居民和衷共济，并求取当地居民对华侨的谅解，并致力于管理维护华侨公墓及兴办华侨子弟学校。其会员最初以华侨海员为主体，后范围逐渐扩大，吸收了汉堡各行各业华侨以及其他国籍的友好人士。该馆成立后，1929 年开辟汉堡华侨公墓；1961 年创办汉堡中华子弟学校；1968 年正式成为法人团体；1985 年成立汉堡中华会馆青年团；1987 年成立汉堡中华妇女合唱团。并时注重为侨胞提供各种服务，如办理官厅手续、法律咨询、创业顾问、职业介绍等，以常举行集会、节日庆祝会，以联络侨胞之间及侨胞与当地居民之间的感情，举办各项文化活动，如举办电影欣赏会等。为使会员了解中华民族传统文化，该馆特成立了图书馆以供会员阅读有关方面的书籍。

汉堡中华海员之家　德国汉堡华籍海员服务机构。1962 年 11 月 17 日正式成立于汉堡。其前身为 1920 年成立的德国汉堡专门招雇和照料华籍海员机构汉堡水手馆，该馆的主要目的是招募中国海员到德国工作，解决德国轮船公司水手不足的问题，同时亦帮助国内同胞解决生活及工作困难。海员之家成立后，其宗旨定为：为海外特别是欧洲华籍海员提供法律咨询、语言翻译及争取华籍海员权益，并为他们提供上岸休息的场所。其主要任务为，保障华籍海员的合法权益和待遇，使华籍海员享有同德国籍船员平等的待遇和福利；协助华籍海员办理海员及轮船公司的签约、保险、出入境一切必需手续，以及接机等事项，解决华籍海员语言不通及不懂当地事务的困扰；为华籍海员提供法律咨询及各种服务；申请签证，代办护照等证件延长手续等；申请退税，代办劳保申请，解决船上工作纠纷，安排休假等事项；当船员上岸休息或临时失业时，提供膳宿及娱乐服务。该机构在香港、新加坡、上海等有代理办事处。

加拿大中华学院　加拿大独具中华文化特色多学科综合性高等教育机构。1983年由华人生物学博士陈慰中创建于加拿大维多利亚市。设有国际经济贸易、中国画、中国书法、汉语、中国古典哲学等专业。其中，国际经济贸易专业的学生来自中国大陆的中国经济贸易大学、中国社会科学院、中国对外经济贸易部所属各企业，开设有国际金融、国际销售学、市场管理、中国与东亚经济区域贸易、加拿大资源和太平洋地区经济等课程。1985年又设立中医科学院，专门招收加拿大籍青年学习中医，开设中国医学基础理论、针灸、推拿、气功等课程。该院已于北京大学、中国科委、武汉大学建立了挂钩关系，并与烟台大学结成姐妹学校。

吉隆坡坤成女子中学　马来西亚华文独立教育机构。1908年由吴雪华等人创办于吉隆坡。1915年设立幼稚园，1925年设立初中班，1940年设立高中班，1941年因日本侵略军南侵而被迫停办，1945年世界反法西斯战争胜利后复办，1955年又恢复高中班。1960年设立家政班，1962年决定不接受政府改制，自办女子独立中学。1970年成立的校百人铜乐队较具影响，经常受邀在国家庆典中演出。自1975年起参加全马来西亚华文独立中学统一考试。1978年开设高级商科班，1984年开设电脑班，声望较高。

西班牙华人联合会　西班牙第一个华人华侨社会团体联合组织机构。1983年6月6日于马德里成立，又称西班牙华侨华人协会，旨在致力于加强中西两国人民之间的友谊，发扬中华民族文化传统，联络华人华侨感情，为华侨华人谋正当利益，支持祖国建设事业，与西班牙人民共同为发展当地经济文化事业贡献力量。该会成立后所做的主要工作包括，创办华文、西班牙文补习班，以供华侨、华人掌握语言之用；创办“中国之家”，作为华侨、华人交谊和活动场所，为侨胞提供书报、杂志等读物。

亚洲华文作家协会　亚洲地区华文作家民间文学团体组织机构。1981年在台北举行的第一届亚洲华文作家会议即亚洲各国华文作家学术研讨会上决议成立该协会，并决定每两年召开会员大会，由各会员国轮值。主要会员国包括菲律宾、新加坡、马来西亚、印度尼西亚、泰国、越南、文莱、日本、韩国以及香港、台湾等地区。其宗旨是增进亚洲华文作家的联系，交换写作经验，促进文化交流，培养青年作家，共同提高华文文学创作水准。其第二、三届大会分别于1985年、1988年在马尼拉和吉隆坡举行，主要议题为加强各地华文作家的联系和交流，发掘和培养新一代华文作家，希望华文作家不断充实自己学识，以便加强他们对社会作出更有意义贡献的能力。会议还决定设立亚华作家荣誉奖和亚华作家文艺基金会。该协会出版《亚洲华文作家杂志》(简称《亚华杂志》)以作其会刊。

亚美影视协会　美国华人华侨影视业艺

术团体机构。1977 年创立于纽约。其主要目的是满足华人华侨影视文化的需要和让广大美国观众正确、全面地了解东方文化，在美国银幕上重新树立华人形象。其主要活动是出版《影视通讯》和《亚美影视节目索引》，制作录像带和电影，每年一度举行亚美国际电影节。已成立中文电视台，供华人、华侨观看中文影视等节目，并举办了艺术、影视训练班以推广华人影视艺术。该协会制作的影视节目颇具影响，如王颖的《寻人》和曾亚特的《缝衣服》等影片曾获奥斯卡金像奖提名。

百人委员会　美国全国性超地域、超行业、超党派华人社会团体组织机构。1990 年 5 月于纽约成立，其宗旨是凭借会员在各方面所扮演的领导角色去改善华人的权益，提高华人地位，促进中美关系的新发展。其会员来自美国的 18 个州，均为美国各行各业中著名人物，其中包括政界人士、企业界人士、金融界人士以及著名科学家、建筑大师、音乐家、教育家、医学家、电视主播员等，所谓“百人”，并非为一百人，而是意味着“人多智慧高，团结是力量”。

同化问题研究所　印度尼西亚专门研究印度尼西亚人与东南亚华人问题和民族同化问题的学术研究机构。1987 年 10 月 28 日于印度尼西亚首都雅加达成立，旨在以科学方法来研究分析印度尼西亚与东南亚华人问题的客观情况，并在印度尼西亚民族范围内发展和传播民族同化主张。已出版的研究专著包括：研究 20 世界 60 年代以来印尼华人改名换姓背景、动机和经过的《改名换姓》和研究土生华人“峇峇”的《峇峇能够成为印度尼西亚人》等。同时，该机构还为研究者提供各种有关资料以供研究。

伦敦华侨联谊会　英国伦敦华侨社会团体组织机构。1972 年 1 月成立于伦敦，旨在联络会员，设立华文学校，注重向英国人士宣扬中华文化，介绍中华民族传统美德。其主要活动包括开办华文学校，与联邦会馆教育组合作制作儿童参考书及中国节期，春节期间在联邦会馆向英国学童表演中国家庭拜年及十二生肖等传统文化，邀请表演中国绘画、书法、民间舞蹈、婚俗等民族传统艺术精华，传播中华文化。

伦敦华埠街坊会　英国伦敦华人区街坊联谊福利社会团体组织机构。1978 年 5 月成立于伦敦，其宗旨为联络伦敦华埠街坊感情，守望相助，促进各种福利事业，发展商业，并代表区内华人与英国政府接触，沟通民意。其主要活动包括在华人华侨的社会福利、住房、税务、法律与移民事务。医疗卫生和教育问题上提供咨询和实际服务，1979 年成立社区中心，为华人华侨提供咨询传译服务和会友交谊场所。平时注重区内环境发展、治安交通等问题，与各种机构不断接触、交换意见，保持联系，反映坊众愿望，向政府和有关当局争取整个华埠利益。每逢春节、中秋节等华人传统节日，则举办丰富多采的庆祝活动，以继承和传播中华民族传统文化。

仰光中国佛学会　缅甸华侨华人宗教团体组织机构。1933 年 5 月 2 日由中国佛教僧人慈航法师倡议成立于仰光曾双堂花园，旨在传播和弘扬佛教文化。平时定期宣讲佛经，举办佛事活动，进行慈善救济工作。此外，成立之初曾设立中华藏经处，收藏佛教经书；1934 年 11 月曾举办佛学义务夜校；1935 年 10 月成立佛学青年会；1940 年 11 月建成藏经楼，继而组织佛学妇女促进会。1942 年初，日本侵略军侵占缅甸后被迫停止活动，1948 年缅甸独立后复办，1967 年重新向缅甸政府注册，开展正常宗教活动。

仰光华侨慈善会　缅甸华侨慈善福利组织机构。其前身是统筹缅甸华侨抗日救国最高领导机构。1937 年 8 月 5 日于仰光成立的缅甸华侨救灾总会，曾积极组织缅甸各地华侨支援祖国抗日战争，日本侵略军占领缅甸后被迫停办，1951 年以缅华救灾总会之名复办，1964年更名为缅华救济委员会，1982年8月12日正式定名为仰光华侨慈善会。旨在团结各界侨胞，发扬爱国、团结、互助精神，致力于社会福利及救济事业。其主要工作包括帮助侨胞生产自救，救济老而无靠和贫苦侨胞，动员组织侨团、侨胞救济缅甸灾民。

伊斯兰兄弟协会　印度尼西亚华人华侨伊斯兰教组织机构。1981年10月16日于印尼首都雅加达成立。其宗旨是向华人、华侨界宣扬伊斯兰教教义，引导华人、华侨信奉伊斯兰教。该组织强调伊斯兰教与孔子学说的一致性，并以明代中国著名航海家郑和作为华人皈依伊斯兰教的榜样。该会成立后，曾出版各种介绍印尼华人穆斯林活动的书刊，召开亚太地区伊斯兰教发展研讨会，介绍亚太各国伊斯兰教情况；从组织上加强同印尼伊斯兰教界权威人士和机构的联系，同宗教部、伊斯兰高等教育机构一起成立古兰经宣讲会机构，自1982年起，每月组织一次宣讲；开展伊斯兰教节日活动，有计划地扩大组织，输送华人穆斯林到伊斯兰教圣地麦加朝圣。

华侨大学　中国华侨高等教育机构。1960年国务院即决定成立，1963年于福建泉州市正式建成。简称华大，最初为多科综合性大学，主要培养工、农业高级技术人才、通晓东南亚国家语言文字的翻译人才、国内外华侨学校教学人才以及各种科学研究和侨务工作人才等；设有数学、物理、化学、化学工程、土木建筑、热带作物、医学、中文、艺术、政治、外语等专业。华侨学生主要来自东南亚国家和地区。“文革”期间被强令撤销，1978年复办后改为理工结合以工科为主的大学，以招收海外华侨、港澳同胞、台湾同胞和外籍华人为主。至1985年已发展成为理、工、文相结合的综合性大学，设有土木工程、建筑、精密机械工程、化工与生化工程、计算机科学、电子工程、数学、应用物理、应用化学、中国文化、工商管理、外语、旅游、艺术、法律等专业。1981年后逐步增办了研究生教育、预科教育、大学先修部、成人教育进修学院等。1989年建成计算中心、电化教育中心、测试中心、材料物理研究所和华侨研究所等。与国内外著名大学有学术交流关系。华侨学生主要来自美国、朝鲜、菲律宾、日本、泰国、越南、蒙古、塞舌尔等国。

华侨文教服务中心　台湾侨务委员会海外侨区服务机构。1986年至1988年已在纽约、休斯敦、巴黎、曼谷、旧金山、洛杉矶等重要侨区设立，旨在加强海外侨区华文教育发展。主要任务包括向当地华侨、华人提供华文和外文补习，提供中华舞蹈、武术、技艺等训练，开展法律咨询，并配合当地侨界举办有关文化、教育、康乐、文体等活动，从而促进海外华侨教育的发展，弘扬中华民族文化。

华秘文化中心　秘鲁华侨华人社会团体组织机构。1981年8月30日于秘鲁首都利马成立，又称中秘文化中心。其宗旨是：不分政治派别和宗教信仰，组织华侨、华人及其后裔融为一体，交流思想，加强全体华人之间的友谊、团结和互助，保持并传播中华民族文化和传统。该中心以举办理事会形式处理诸如选举等重要事宜，至1987年，已举行三届理事会。

华埠策划协会　美国纽约华埠社会福利服务组织机构。1965年于纽约创立，简称华策会，旨在向纽约华埠社会提供福利及各种服务。其经费来源主要由美国政府拨款，服务对象主要是华人。协会下设主要接受华裔儿童的托儿所、提供功课辅导及各种康乐活动的青年辅导中心，以及成人教育中心、青少年职业训练中心、华埠老人联合中心等多种服务单位，提供多层次的综合服务。其最高权力机构为董事会，由行政总监负责其行政工作，副总监负责社区发展服务工作。

华族舞蹈艺术协会　新加坡华人华侨艺术团体机构。1985年1月3日成立于新加坡，其会员为新加坡从事中华民族传统舞蹈编导、表演及研究的艺术工作者。其宗旨是：维护会员福利，为会员及国外华人艺术团体提供演出机会，加强新加坡舞蹈团体之间以及与其他文艺团体之间的联系和协作。其主要活动包括出版有关华人舞蹈艺术方面刊物，举办舞蹈训练班等，以提高新加坡华人舞蹈艺术水平，以及举办华人舞蹈晚会等。

华裔融入法国促进会　法国华人社会团体联合组织机构。简称法国华进会，1988 年 5 月 16 日正式成立于巴黎。由于 1987 年 9 月法国发生“黄色黑手党在法国”事件，即法国华侨、华人为维护自身权益与尊严而展开与巴黎芳瓦尔出版社出版《黄色黑手党在法国》一书斗争事件，该书将华人社团描绘成受黑社会操纵、暗中从事贩毒、卖淫、走私、进行间谍活动等团体，成为黑手党横行之地，从而引起法国华人、华侨强烈不满，并诉诸法庭而使之销毁。因此，事件发生后，法国各华人社团深感团结的必要性，联合成立了该会。其宗旨为加强法国各华人社团的团结，共同维护华人权益与尊严，鼓励华人积极参与公共事务，大力促进华人融入法国社会。设有理事会和华人及法国各界知名人士组成的顾问团，开展讲座及咨询等活动。

全加华人协进会　加拿大华人社会全国性政治团体机构。1980 年 4 月 19 日成立，初名全加华人平权协进会，简称平权会，1981 年在渥太华全加华人代表大会上改为现名，总部设在多伦多。宗旨为维护和争取加拿大华人平等权利，促进华人和不同种族、不同文化背景人士的了解与合作，继承和发扬中华民族传统文化。其主要工作包括致力于争取人权和民权，发展华文教育，支持华人参政，介绍中华民族文化，维护华人正当权益，提高华人社会地位，并轮流在加东、加西举行主题年会。

全国人民代表大会华侨委员会　中华人民共和国全国人民代表大会常务委员会所设侨务工作机构。简称人大华侨委员会，1983 年 6 月 7 日成立，主要任务是审议、拟订有关侨务的议案或法律草案，检查监督侨务法规的执行情况，开展有关侨务工作方面的外事活动等。

全国政协华侨委员会　中国人民政治协商会议全国委员会所设侨务工作机构。全称中国人民政治协商会议华侨委员会，其前身为 1949 年 10 月成立的全国政协华侨事务组，1988 年 6 月改为现名。其主要任务是联系海内外侨界人士，进行调查研究，就华侨工作的法律、政策等问题参与协商和讨论，发挥民主监督作用。

全荷华人体育运动会　荷兰华人社会体育常设联络组织机构。1985 年 3 月 8 日于阿姆斯特丹成立。该会主张各华人社团求团结合作、和谐共处之同，存政治倾向、宗教信仰、生活方式之异，促进华裔青少年参与正当而有益身心的体育活动，进而增进荷中文化体育交流，共谋社会进步和繁荣。自 1985 年秋在荷兰中部城市乌特勒支举办全荷华人运动会，此会延续至今，已获荷兰政府支持。

全荷华人社团联合会　荷兰华人社会团体组织机构。1987 年 10 月 26 日成立于荷兰首都阿姆斯特丹，简称全荷华联会，由 1947 年 11 月成立的荷兰华侨、华人联谊性团体机构旅荷华侨总会、1976 年 3 月成立的荷兰华人联谊会以及荷兰浙江青田同乡会等 17 个社会团体联合组成。其宗旨为：力求增进参加联合会的各华人社团之间的相互了解，以达到卓有成效的合作。各社团应当不计政治观点、宗教信仰和原移居地的差异，不论彼此规模大小，共同努力设法协助解决在荷华人面临的各种问题，为在荷华人争取更多的合法权益，并帮助在荷华人对荷兰社会作出有益的贡献。

米兰华侨华人工商会　意大利米兰华侨华人社会团体组织机构。1956 年成立于米兰，最初称“旅意北部华侨工商会”，1986 年改为现名。其宗旨是爱国爱乡，维护侨民利益，增强意中友谊。自1990年起，其理事会开始致力于创办有益于侨胞的福利事业，为侨胞工作、学习、生活提供便利，团结侨胞，促进意中友好往来和贸易、文化、艺术交流，增进友谊，加强侨情联络，维护侨胞正当权益，发展中华民族文化，开展爱国爱乡活动。该会为方便华人、华侨学习语言，办有华文、意大利文补习班，并出版不定期会刊《米兰侨情》。

苏格兰华人联合总会　英国苏格兰华人社会团体总机构。成立于1986年，旨在联合苏格兰各华人社团力量，为华人谋求福祉，增进情谊，促进中英人民友谊。其主要活动包括与市政府联络，沟通华人与当地社区关系，赞助苏格兰羽毛球队到中国参加比赛，举办大型郊游等。

利物浦华人中心　英国利物浦区华人联谊性社会团体机构。1977年于利物浦成立，旨在促进华人之间互相联系，守望相助，为当地政府与侨胞作桥梁，会员之间交流知识，解除与本地人士之间隔膜，谋求华人幸福。该中心成立后，与当地华人社团携手，共同为该区华人社会服务，设立会所，为华人、华侨提供康乐活动场所，并举办新春庆祝及女皇银禧纪念游行等。

沙捞越华文作家协会　马来西亚沙捞越州华文作家团体组织机构。1986年8月31日成立，其宗旨是，本着对民族文化的热情，对文学艺术的执著及对社会与人生的关心，在逆境中探寻前进的道路，为沙捞越和中华文学开拓新的境界。在这个多元化种族的社会中，作家们负有促进各族人民亲善与团结的职责。其主要工作包括自1988年开始出版文学季刊《拉让江》，1988年和1989年，曾两次举办东马来西亚华文文艺创作比赛。其会员均为从事华文创作的作家。

阿根廷中华针灸学会　南美洲唯一一个以华人为领导的针灸学术团体组织机构。1985年3月10日于阿根廷首都布宜诺斯艾利斯成立，1987年1月30日获阿根廷政府批准注册。其宗旨为发扬光大中国传统针灸医学，为阿根廷人民和世界人民造福。其正式会员多在阿根廷从事针灸医疗、针灸教学和研究工作，会内设有针灸学习班，学习针灸基础知识和针灸研究，学生结业后可发给阿根廷政府批准承认的结业证书。1989年创办华文版和西班牙文版会刊《中华保健》。另外，每月定期举行针灸学术讨论会，相互交流经验并介绍各国针灸研究成果。其会员中海外永久会员遍及西班牙、巴西、乌拉圭、巴拉圭、秘鲁、智利、玻利维亚、香港、台湾等地。

陈嘉庚奖学基金信托委员会　新加坡华人华侨慈善教育组织机构。1968年由新加坡各宗乡团体和社团倡议创立，并于新加坡政府注册。陈嘉庚（1874—1961年），福建同安人，著名爱国华侨领袖，曾于新加坡创办各种实业，后曾任中华人民共和国全国人大常委委员、全国政协副主席、中华全国归国华侨联合会主席等职。该委员会即以其名义创办，每年向各族贫困大专学生颁发奖学金，并主办学术研讨会，赞助学术研究工作。在美国著名华人科学家杨振宁建议之下，1986年又设立陈嘉庚青少年发明奖。同年7月，该委员会以陈嘉庚基金名义继续工作。

邵氏慈善基金会　新加坡华人慈善组织机构。1957年10月1日由东南亚电影业巨商邵仁枚、邵逸夫兄弟创立并向新加坡政府注册。邵逸夫（1909年—　），浙江宁波人，东南亚华语电影制片业著名企业家，曾大量捐资支持中国教育事业等。该会起初每年春节前向贫苦老人施赠生活用品，并在学校设立奖学金和助学金，扩充教学设备，为医院购买医疗器材，在警察中推行守望相助计划，开展各种文化活动，资助老人院、收容所等慈善机构。到1990年7月，该基金会共向社会捐赠1.05亿新加坡元。

纽约华埠历史研究社　美国纽约华人历史研究机构。1980年创立于纽约，其宗旨是收集及研究纽约华人历史，通过展览、幻灯片、广播出版小册子及季刊来推动学习华人历史。该社成立之后，开展的主要工作包括，1980年起采访华人洗衣工人及纽约华侨衣馆联合会会员，作资料记录并收集洗衣文物。1983年举办以华人洗衣行来为主题的《八磅生涯》展览，播放排华时期台山移民故事幻灯片《亚芝的一生》；1984年播放幻灯片《金钗：一个华人移民妇女》。同年该社获纽约市美术协会奖。

英伦东部华人会所　英国东部华人社会团体组织机构。1978年6月9日于诺丁汉成立，其宗旨是以侨众利益为大前提，团结全体侨胞，群策群力，守望相助，互助互爱，共同解决身居异域所面临的困难，并且团结其他华人社团，增进友谊与谅解，共同努力，繁荣英国社会，惠及所有侨众。其主工作包括创办华文学校，组织足球队，提倡青少年文娱体育活动，设立咨询处，解决侨胞业务上的困扰，举办节日庆典和敬老活动。同时该会所下设秘书、财政、公关、交际、总务、康乐、文教、资讯、妇女、体育、监察等组开展各种工作。

英伦北部华人会　英国北部华人社会团体组织机构。1980年于克利夫兰成立，其宗旨为联络与服务米杜斯堡（又译“米德尔斯伯勒”）及邻区华人，加强团结，守望相助，保护区内华人声誉。该会下设工作服务、顾问、就业登记和仲裁小组负责开展各种工作。同时其活动还包括成立成人英语会话班，解决华人、华侨生活上所遇到的困难，举办文娱康乐活动等。

英国中区华侨联谊会　英国中区华侨华人社会团体组织机构。1976年于考文垂成立，其宗旨是团结区内侨胞，搞好华文教育，促进社区关系，加强中英人民友谊。其主要工作包括协助华人社区调查小组，调查考文垂市华人生活；成立妇女及青少年组，解决华侨、华人妇女及青少年问题；举办华人日用英语班以帮助华侨、华人学习和掌握英语；搞好华人与警方的关系等。

英国中华文化中心　英国华人文化团体组织机构。1988年2月1日于伦敦成立，旨在提倡和发扬中华民族文化，推动本地和海外华人的文化活动，与英国文化界进行联系与交流。其主要活动包括组织学习并传授中华民族传统文化及工艺技巧，如中国书法、音乐、舞蹈、戏剧、烹饪、武术、电影等，并经常进行有关中华民族文化的考察活动；每逢春节则举办“中国周”活动，放映有关中国电影，并举办各种文化活动，让英国各社区更多地了解中华民族文化，以便更好地进行中英文化交流。

英国西南区华人联谊会　英国西南区华人社会团体组织机构。1971年于布里斯特尔成立，其宗旨为联络当地华人，促进中英人民友谊，发扬中华民族传统道德和文化。该会下设总务、财政、秘书、康乐、福利、交际及执行委员会等机构，负责开展各项工作，同时设立识字班及会所，举办节日庆祝等重大活动。

英国华人慈善总会　英国华人慈善福利社会团体组织机构。1986年于伦敦成立，其宗旨为服务侨胞，推进英国华侨、华人福利事业，以赠诊、筹备华文学校、奖助学金、妇女活动、义务服务团、修建中国庙宇及敬老八大项为工作方针。会下设华文秘书、英文秘书及财政、公关、文教、康乐、总务等职务及机构负责开展各项专门工作，同时举办敬老会、中厨训练班、老人免费例餐会、民歌比赛、乒乓球赛、郊游、赠诊等活动。

英国华文作家协会　英国华人民间文化社会团体组织机构。1988年12月11日于伦敦成立，其宗旨为交流英国、英联邦国家及其他国家和地区的作家、翻译家、诗人、编辑、报刊撰稿人、记者等用华文写作人士的写作经验，促进英国华人的华文写作水平，繁荣英国华文文学的创作。凡曾用华文发表过文章者，属于上述所列的几种写作家，均可入会，未曾用华文发表过文章的华文写作爱好者亦可申请为候补会员。其主要活动包括举办写作经验交流讲座及座谈会，参加与华文写作者有关的国际性活动，举办华文写作提高训练班，组织华文征文比赛等活动，并出版会刊，作为华文写作家的交流园地。

英国华商总会　英国华人华侨商业团体最高组织机构。1968年于伦敦成立，其宗旨是配合英国政府，为英国华侨、华人社会提供服务，联络在英各行业侨胞感情，团结互助，争取合法权益，不涉及政治活动。总会下设财政、总务、文教、康乐、交际、福利等机构，负责开展会内各项工作。其主要活动包括与伦敦教育部门联合创办英文班，使侨胞能适应当地社会的语言环境，同时利用周末举办华文学校或华文补习班，为华人、华侨子弟提供学习华文及中华民族文化的机会，为华文学校筹募资金而举办伦敦华埠选美活动；向政府申请任用操华语医生在华埠为华人服务；向华人、华侨等开办卫生、消防讲座等；呼吁政府放宽香港劳工入口管制；每逢中华民族传统节日如春节、中秋节等，举办诸如敬老、欢宴等丰富多采的庆祝联欢活动等。

英国伦敦华侨互助工团　英国伦敦华侨华人社会慈善团体组织机构。1916年成立于伦敦，旨在联络旅英各地侨胞，宣扬中华民族文化，促进中英人民友谊，发扬互助友爱精神，开展华侨福利工作，提倡健康文娱体育活动。该机构成立后开始协助有困难的华侨、华人；与英国人联合举办活动，发展中英人民友谊，并举办座谈会和旅游团；与英国各华侨社团互通讯息，联合开展活动，并接待赴英访问及考察的中国代表团。

英国侨团联合总会　英国中部及东部华侨社会团体联合组织机构。1980年6月16日成立，旨在增进旅英各地侨团的联系，加强全英同胞的团结，维护侨胞共同权益及发扬中华民族文化。其主要工作包括与英国劳工部协商每年批准非熟练英国属地劳工入境；要求英国政府拨款支助各地侨团及华人社区中心，及资助各中心母语的教育经费；向香港政府争取新界原居民建屋权益；向英国政府反映新国籍法对香港旅英华人的影响并要求改善他们的地位。

岭南文娱体育会　法国华人华侨社会团体组织机构。1982年成立，旨在通过开展文娱、体育、康乐活动，促进华人之间、华人与法国人之间的了解、友谊和团结。会下设有乒乓球、羽毛球、排球等小组，负责开展各项工作。该会成立之后，曾多次组织文体活动，如旅法华人艺术作品展览，文艺演出、联欢晚会、旅游等活动，以及乒乓球、篮球、羽毛球、排球赛等。

昆士兰国泰联谊会　澳大利亚昆士兰州华人社会团体组织机构。1981年成立于昆士兰州布里斯班市，其会员主要以巴布亚新几内亚华人移民为主，故名称亦为沿用新几内亚莫尔兹比港国泰社名称。旨在争取华人在澳大利亚的合理福利和权益。该会下设福利部，免费为华人提供法律咨询、开展华文及英文教育等，同时协助解决华人移民家庭的居住、就业及医疗等问题。

罗马华侨联谊会　意大利罗马华人华侨社会团体组织机构。1985年12月1日成立于罗马，其宗旨为联络、团结华侨与华人，为华侨、华人谋利益，发扬中华民族文化，沟通与祖国的联系。其主要工作包括：为方便华侨、华人学习当地语言，举办意大利语补习班；组织各种文体活动以丰富华人、华侨文化生活；调解和处理侨胞内部纠纷；组织放映有关中国电影以宣传中华民族文化；接待来访的中国各种代表团；每逢中华民族传统节日春节及新中国国庆节均组织大型节日庆祝活动；通过宣传联络与外地兄弟侨团及国内有关单位建立联系，沟通信息；1989年曾组织乒乓球代表队代表意大利华侨、华人，参加第一届欧洲华侨、华人团结杯乒乓球赛；还曾举办纪念孙中山诞生120周年活动及孙中山生平事迹图片展览。

国际中华协进会　美国华人促进中外交流非政治性社会团体组织机构。1988年7月11日于纽约成立，其宗旨是促进中国人民与其他国家人民的相互了解。其主要工作包括协调并组织海外华侨、华人对中国建设提供各种支持、帮助或服务；以组织华侨和华人到中国进行职业培训、专业考察、科技交流、开发农村、参观学习以及为中国留学生服务等形式，进行教育、文化、科技、商业、工商管理、金融、法律以及医药卫生等方面知识和技术交流活动。

法中古典气功研究协会　法国专门研究和发扬中国传统气功的社会团体组织机构。1987年7月于巴黎成立，其宗旨是发扬中华传统气功。主要活动包括推广“老子清静功”，运用气功治病、健身和治疗各种慢性疾病，组织中法气功师、科学家之间的学术交流，以期将中华古老传统气功与现代科学技术有机结合起来，使气功科学化、理论化和系统化。该协会还对中华传统《易经》以及气功健身、诊病、治疗研究颇深。

法华工商经贸协会　法国华人工商经贸团体组织机构。1989年12月8日于巴黎成立，旨在扩大法国华人工商界与台湾工商财贸界的合作与联系。在1992年欧洲将建立统一市场的形势下，该会协调行动，以增强竞争力，提高华商在欧洲市场经济和贸易领域中的地位。会下设投资资讯、工商贸易、金融保险、旅游餐饮等专门机构，负责开展各项工作。

法华体育协会　法国华人华侨体育运动社会团体组织机构。1989年1月8日成立于巴黎，由1982年5月1日成立的法国印度支那华人移民社团法国华裔互助会所创办，旨在促进法国各华人社团间的团结与合作，增进旅欧华人间的联系，推动华裔青少年在工余、课余开展有益于身心的康乐活动，增进法中两国体育活动的交流。

法国中华国术总会　法国华人华侨社会团体组织机构。1984年12月9日成立于巴黎，其宗旨是提倡中华民族文化武术遗产，通过健身爱国提高年轻人的志气，借助中法武术及文化交流促进民间友谊。该会成立后，得到巴黎市政府体育厅的支持与合作，曾举办和参加多次武术表演和比赛，并获多项奖励。1986年1月18日在里昂成立了中华国术分会。总会领导机构为理事会与监事会，下设财务、交际、福利、旅游、康乐等专门负责机构，并设有六合拳、太极拳、螳螂拳、长拳、莫家拳、蔡拳、醉拳、白眉、精武会等武术组，以扩大中华武术在法国华人界和法国民众中的影响。

法国中华总会　法国华人社会团体联合组织机构。1986年12月成立，由法国华人社会团体旅法海南同乡会、旅法湄江联谊社、法国华人协会、法国中华会馆、印支青年会、荣光联谊会、自强协会等联合创办，宗旨为协调法国华人社会团体之间的关系与合作，以各社团代表组成理事会和监事会为其领导机构，负责组织与领导各项工作。

法国华侨协会　法国华侨社会团体组织机构。1919年8月31日于巴黎成立，旨在促进华侨之间互助合作。其主要工作包括组织华侨公共机关；举办或支助各种公益事业；联络在法侨民团体和有关中法人士，改善法国华侨境遇；普及法国华工教育，安置华人工作，介绍华人赴法；促进中法学术和实业交流等。法国华人华侨社团组织机构华法教育会、学生事务部、旅法华工总会、俭学会、勤工俭学会以及有关华人新闻机构《旅欧周刊》社、《旅欧杂志》社、《华工杂志》社、《华工旬报》社等均设在该协会中。

法国华裔互助会　法国印度支那华人移

民社会团体组织机构。1982 年 5 月 1 日由巴黎一批华裔商人发起并成立于巴黎，其宗旨是团结各阶层、各籍贯华人，发扬互助精神；致力于加强中法友谊，促进中法两国文化交流；鼓励华人遵守所在国法律，积极融入法国社会。其会员多为中国潮州、广肇、海南、客家、福建五帮华裔商人，以理事会和监事团为其领导机构，下设财务、交际、文教、宣传、总务、旅游、青年、佛事等机构，负责组织及开展各项工作。同时，为方便华裔学习语言文字，开办了华文、法文学习班；为不熟悉法语的华人代办各类文书、证件；购置华人墓地；组织旅游活动；设立佛祖圣坛以开展佛事活动；为加强与广东省的经济往来，密切与故土联系，曾邀请广东对外贸易代表团到法国洽谈商务；为丰富会员文体生活，曾邀请中国乒乓球以及舞蹈教练等到法国传授技艺。

法国华裔社会福利敬老中心　法国华人社会福利组织机构。1984 年成立于巴黎，由来自印度支那三国的华裔人士创办，其宗旨是协助华裔移民尽快适应法国生活，融入法国社会，特别是照顾华裔老年人的晚年生活，为其养老送终，并为法国华裔居民社会福利开展各项工作。该中心下设旅游、娱乐、佛事、图书、托儿、传统工艺、出版、体育等机构以及法国华裔集邮社，负责开展各项活动，其服务对象主要是巴黎市和大巴黎地区的华裔居民，并在法国南部尼斯市等地设有分支办事机构。其服务范畴包括：为方便华裔学习语言文字而开办华文、法文学习班和文化辅导班；为华人、华侨代办各种证书、文件、提供法律咨询和商务调解；为患病及贫困者提供照顾；为老年人介绍住房、疗养院及协助管理华人墓地；举办旅游、民族音乐会等各种活动。

波恩华侨中文学校　德国波恩华侨华文教育机构。1985 年由波恩华人发起创办，同年 9 月 7 日正式开学，其目的是使华人子女不忘祖先根本，了解故国文化并成为中外文化交流的全面人才，促进老、少两代沟通，以及华侨、华人之间的联络和感情。学校教学事务主要由校长、教师负责，学校董事会则负责外部诸如筹措经费、聘请教师等事务。对学生授课则采取分班制、按年龄层次分别教授，主要讲授汉语文中的广东话和普通话等，授课时间则集中在周末。

玻利维亚中华工商总会　玻利维亚华侨华人社会团体组织机构。1990 年 10 月于圣克鲁斯成立，宗旨为推动国货贸易，促进玻利维亚和中国两国之间经济、文化、科学技术交流，为发展玻中两国友好关系服务；同侨胞一起探讨在玻利维亚旅居、发展的各种途径，帮助侨胞解决各种困难，为争取侨胞的正当权益而努力。该总会除开展工商等各种事务外，还出版《中华工商报》以作其机关报，开展学术及信息服务。

胡安廿三世学校　秘鲁华人宗教教育机构。1961 年 4 月 1 日成立于秘鲁首都利马，又译若望廿三世学校，为基督教教会学校。该校曾获教皇胡安（若望）廿三世、利马华裔俱乐部以及美国、德国、意大利等国各教会的资金支持，故而得名胡安（若望）廿三世学校。该校对学生教育实行初阶段、二阶段、三阶段共三个阶段教育程序，由爱德会修女们承担教学工作，同时下设华文部、技术专业部、训导部和体育部等专门机构。华文部专门负责中国语言和文化传授，并帮助新华人移民适应秘鲁教育制度；技术专业部专门负责学生的专业作业和电脑中心服务；训导部则由神甫领导，专门负责学生人生观和宗教方面的培养工作；体育部专门负责学生的体育训练和各项运动比赛。1980 年该校又成立了神甫培训学校，负责培养神甫。

南加州华人历史学会　美国南部加利福尼亚州华人历史研究团体组织机构。1975 年于洛杉矶加州等华人历史遗迹及邀请有关专家学者作专题报告；1976 年为纪念建筑南太平洋铁路及圣费尔南多隧道华工的功绩而树立纪念碑；1978 年与加州大学洛杉矶分校合作记录并整理口述华人历史，及作专题研究；1984 年出版了《洛杉矶华人妇女史》一书；1985 年协助洛杉矶市国家历史公园筹办华裔历史展览。

南威尔士华人妇女会　英国南威尔士华人妇女社会团体组织机构。1986 年 10 月 5 日于加的夫成立，其宗旨为对华侨妇女提供正常活动及谋生技能训练，帮助贫穷或有困难家庭，发扬互助友爱精神，并与英国妇女进行文化交流活动。其主要活动包括举办针灸、小儿医学常识、法律常识讲座、圣诞及新年庆祝会等。

南威尔士华人联合会　英国南威尔士华人社会团体组织机构。1974 年于加的夫成立，旨在联络华侨，为侨社谋求福利，促进中英两国人民友好，促进华人文化、商业和华文教育的发展。其主要活动包括为方便华人、华侨学习故国文字而举办华文学校；举办中华民族传统节日春节及中华人民共和国国庆节等庆祝活动。

南澳中华会馆　澳大利亚南澳州华人社会团体组织机构。1971 年 12 月成立于南澳州首府阿得雷德，其宗旨为反对种族歧视，争取华人正当权益，宣扬中华民族文化，开展慈善福利活动，促进澳中友好。凡入会者，不受籍贯、方言和职业限制，只要承认该会章程，履行该会义务者均可入会，以中央委员会为其权力机构。该会馆成立后，为方便华人、华侨子弟就学，成立了华文学校；为会员寻找工作并解决住房，协助解决来访华人或华人代表团的困难等；为增进会员之间的了解并传播中华民族文化，经常举办会员联欢会，文艺汇演及龙舟竞赛等。

南澳华联会　澳大利亚南奥州以印度支那华人移民为主的社会团体组织机构。1979 年成立于南澳州首府阿得雷德，其宗旨为联络感情、互相帮助及维护会员正当权益。该会成立后，为方便华人移民学习故国语言需要，开办了华文学校；为继承和弘扬中华民族传统文化，在中华民族传统节日春节，中秋节等开展庆祝及纪念活动等；与当地中华会馆合建华人墓园；设法律咨询处为会员服务。

洛杉矶海峡两岸交流协会　美国华人社会团体组织机构。1985 年 6 月 4 日创立于洛杉矶，其宗旨是促进海峡两岸消除隔膜，相互了解，增进友谊，通过和平手段实现中国的统一。其主要活动是举办学术讲座，以言论自由和公平客观精神，为海外华人提供论坛，各抒己见，交流看法，寻找和平统一中国的最佳途径。

美国中华文化中心　美国华人文化团体组织机构。1968 年于旧金山成立，初名中华文化基金会，1973 年改为现名。以宣扬中华文化为宗旨，并根据美国实际开辟华人文化发展道路。其主要活动包括聘请有关专家、学者、教授研究中国文化、历史以及华侨历史；为方便华人学习祖国语言而开办华文班；邀请有关中国武术团体等到美国表演，致力于中美文化及艺术交流；介绍中华人民共和国成立后诸如京剧、舞蹈、音乐、书法、绘画等文化项目发展情况。

美国中华会馆　美国各地华侨家乡团体联合组织机构。1853 年正式组成，馆址设于旧金山。美国各地华侨均建有各自的团体会馆，最早成立者为旧金山中华会馆，其前身则是 1849 年建立的中华会所。1853 年，四邑、阳和、三邑、人和四个会馆成立后，即联合组成中华会馆，继而宁阳会馆成立并加入，将其改称中华公所，1862 年合和会馆加入，又重新改称中华会馆，向当地政府注册时称中国六大公司，为强调对美国全体侨胞的领导地位，华侨俗称其为旧金山中华总会馆。1883 年和 1906 年，纽约和芝加哥中华会馆也相继成立，至 1959 年，全美 31 个华埠均建有中华会馆。1901 年重新向美国加州政府注册时，定英文名称为中华联合慈善会。总会馆主要负责人称总董，1890年以后由各会馆主席轮流担任。会馆对维护早期华侨利益，调解内部纠纷，发展文教福利事业等曾发挥重要作用。

美国华人历史学会　美国华人历史研究学术团体组织机构。1963年于旧金山成立，其前身为华人侨美历史学会，宗旨为以各种活动介绍及研究美国华人历史，促使人们认识华人历史是美国历史的组成部分，以及华人对美国所做出的杰出贡献。其会员均为美国华人历史研究专家及业余爱好者。该会成立以后，于1965年在旧金山公共图书馆创办成一小型华人历史博物馆，收藏有人工制品、照片、文献以及剪报资料等。1975年，为纪念美国建国二百周年，举办了首次全美华裔研究专题讨论会。出版了有关美国华人移民周年纪念论文简报以及《加州华侨史大纲》等。该学会下设有历史研究、口述历史、宇宙研究等委员会，负责开展各项学术研究工作。通常每月举行一次会员集会，并邀请有关专家作专题报告，每年正月举行一次年会。

美国华人戏剧和表演艺术中心　美国华人艺术团体组织机构。1983年于旧金山成立，现已拥有包括粤剧、民族民间歌舞、现代舞剧、话剧、儿童芭蕾舞、木偶剧等十几个戏剧及舞蹈艺术等表演团体，并拥有一百多位艺术家，已成为全美最大的华人表演艺术组织。其宗旨为复兴和改革华人戏曲表演艺术，并发展所有的美国华人表演艺术。该中心成立后，曾组织中国戏剧及表演艺术展览，组织上演粤剧传统戏以及话剧《新移民》、《大铁路》，歌舞剧《中国人的机遇》等，并组织有关中国戏剧历史及表演艺术知识等讲座，每年还举办一次表演艺术节。

美国海外华人协会　美国华人社会团体组织机构。1987年2月1日成立于旧金山，总部设在加洲首府萨克拉门托，旨在促进海外华人团结，谋求大众福利，争取华人合法权益和社会平等。其会员多数来自越南以及菲律宾、印度尼西亚、缅甸、香港、台湾等国家和地区的华人移民，且多为广西籍。协会下设华文学校、会计税务财务所、耆英组、东西集团企业股份有限公司等机构。华文学校旨在提倡中华文化，负责在华人子女中教授华文；会计税务财务所专门负责为不熟悉美国财务税务法律的华人尤其是新移民服务，免费为华人解答有关财务计划、投资、法律等问题，对低收入者，一律免费代为报税；耆英组负责专为鳏寡孤独、不通英语的老年华侨服务，设有老人福利互助基金；东西集团企业股份有限公司现拥有20余家公司，主要与中国大陆做生意，并出资兴办公益事业。

泰华写作人协会　泰国华人作家团体机构。1983年于泰国首都曼谷成立，旨在通过文艺创作及中、泰文学和文艺作品互译，促进中泰文化交流，增进泰华文化人的友谊与合作，促进泰华文学的繁荣与发展，加强同中国及其他国家和地区华人作家的交流。该协会成立后的主要活动包括：1983年举办征文比赛；1987年组团访问中国，并组团参加《文学世界》在香港召开的世界诗人、作家联谊会；1987年还出版了内容包括诗歌、论文、小说、散文、名画、剧作、相声等作品的《泰华文学》刊物；1988年出版了短篇文艺作品集《轻风吹在湄江上》。以后每两年计划出版一套丛书。

泰华妇女联合会　泰国各界华人妇女群众团体组织机构。1987年9月于曼谷成立，由泰国潮州会馆、客属总会以及福建、广肇、台湾、海南等会馆和泰华妇女界知名人士发起创建，并已正式成为国家妇女院的团体会员。其宗旨为联络妇女情谊，提高泰华妇女的社会地位；组织各界妇女进行工作经验交流；加强妇女的团结与友爱；为社会尽义务，为会员谋福利，开展敬老扶幼活动；努力促进国内外妇女间的了解和友谊。该会成立后一直致力于各项公益事业及促进中泰友好关系。1988年曾发动各界妇女开展捐款救灾活动；向养老院老人捐赠食品、药物等；每年三·八国际妇女节均举行庆祝活动，并举办关于妇女问题的演讲会。

泰华报人公益基金会　泰国华文报刊从业人员公益团体组织机构。1980年由泰国华人实业家陈世贤倡仪成立于曼谷，并获泰国教育部文化委员会批准，其前身为1979年陈氏首先发起创立的泰国华文报从业人员子女助学金委员会。其宗旨是不介入各报内部事务，加强华文报人之间的团结，相互交流，促进社会公益，救恤和救济医助工作，谋求华文报人福利。入会者均为泰国华文报从业人员，会员本人及在学子女可向该会申请奖学金及补助金。其主要活动包括向华文报人发放福利金、子女奖学金，邀请中国艺术团赴泰国演出，组织泰华报人赴港澳台观光团、潮汕省亲团等，并曾派记者访问中国。

泰国中华会馆　泰国华人社会团体组织机构。1907年成立于曼谷，最初称中华会所，由孙中山先生在曼谷主持建立中国同盟会总支部时指派他人所建，1912年更名为中华会馆。主要致力于华文教育、体育、卫生、慈善等公益事业。凡旅泰华侨及华裔均可申请入会，其会员分为普通会员、永远会员、名誉会员及赞助会员。该馆曾于1931年九·一八事变后停止活动，于1945年恢复活动，并向泰国政府注册，成为正式的华侨社会团体，从而积极开展工作，鼓励侨胞与泰国政府合作，共同发展各项事业；在华人、华侨中开展文娱体育活动；开办华文师资班、成人夜校班等，为华人、华侨提供学习机会。1967年联合各华文学校举行庆祝孔子诞辰2518周年活动，1971年建成中山纪念堂。

泰国中华总商会　泰国华人工商企业家全国性最高组织机构。1909年成立于曼谷，主要任务是领导泰华各行业公会，带动泰华社团与政府合作，促进社会福利公益事业，发展经济。在中国与泰国尚未建交之前，有关泰国华侨的一切事物均由其代为处理。其最高领导机构是由会员大会选举组成的常务会董会。20世纪70年代后半期以来，其结构已发生重大变化，会董大部分为在泰国出生的泰籍华人，其活动亦日益频繁，每月举行各同业公会聚餐会，互通商情，共同协力建设泰国，并致力于社会慈善公益事业以及泰华福利和华文教育事业，促进中泰友好关系。

泰国华宗僧务委员会　泰国华人佛教领导机构。1954年成立于曼谷。曼谷王朝拉玛五世（1868年—1910年在位）时期，中国大乘佛教随着华侨传入泰国，因此，泰国华人、华侨信奉的大乘佛教被称为华宗佛教，华宗僧侣组成不同门派，分散在曼谷各寺庙斋堂，他们与泰国南传上座部佛教（小乘佛教）僧众共尊泰国僧王为泰国佛教最高领袖。华宗佛教最高领袖为大尊长，历代均由泰国僧王御封，国王封赐华宗僧爵和法扇。1954年，泰国僧侣委员会主席拍旺那叻副僧王任命华宗长老比丘，组成华宗僧务委员会，按僧律教规统一管理泰国华宗佛寺及僧务。1969年6月23日，泰国僧王任命9位华宗高僧组成新一届华宗僧务委员会，下设秘书、文化、常务、福利、教育、弘化和开发等7个分支机构，负责开展各项僧务活动。

都灵华侨华人联谊会　意大利华侨华人社会团体组织机构。1986年10月6日成立于意大利都灵市，其宗旨是促进旅居都灵的华侨、华人间的友好团结，增强爱祖国爱家乡的感情，遵守居住国法律，提倡和发扬互助精神，积极开展文化学习与文体活动。其主要活动包括：为帮助华侨、华人青少年保持中华文化传统和华侨尽快适应意大利的生活环境，组织华语和意大利语学习班；为介绍祖国及故乡面貌，普及意大利法律知识等，而出版会刊《都灵华声》；为丰富侨胞生活，联络会员感情，经常开展文娱体育活动，举办各类竞赛及郊游等；为方便华人、华侨阅读书籍而开设小型图书馆。其领导机构为理事会，会下设有秘书、公关、财务、福利、学习、文体等专门机构，负责开展各种工作。

荷兰中华互助会　荷兰华人华侨社会团体组织机构。1984 年 3 月 10 日于荷兰首都鹿特丹成立，旨在发扬中华民族文化，联系中荷友情。其主要工作包括发展华文、荷文教育，接办了鹿特丹华文学校、海牙华文学校、乌特勒支华文学校、德勤华文学校等；向华人、华侨提供咨询、翻译、旅游、文艺康乐等服务；出版免费赠阅的《半月报》。

荷兰中国饮食业公会　荷兰华人餐馆业同业团体机构。1985 年 1 月 7 日成立于阿姆斯特丹，其前身为 1964 年 7 月 1 日成立于阿姆斯特丹的中国餐馆同业公会，曾为争取申请荷兰华人在中国的亲属移民荷兰及争取荷兰中餐馆从中国聘请厨师等问题与荷兰政府交涉并获同意。改用现名后加入了荷兰饮食业联合会并成为其分会，其宗旨为代表中国餐馆同行，加强与荷兰政府有关部门及有关行业的联系与对话，维护同行利益，争取各项优惠待遇；帮助同行了解荷兰有关法律、税务及管理，革新经营方式，提高中餐馆声誉；在商言商，避免政治偏见，加强同行团结。该会成立后自 1986 年 1 月起，特从北京聘请名厨到荷兰开办长期性中国厨师培训班，培训考试合格者可获得经荷兰政府认可的中国厨艺特级厨师文凭。曾多次开办餐馆经营专题讲座，并协助所属餐馆解决税务、借贷、劳资纠纷等问题。

夏威夷华人促进会　美国夏威夷华人社会团体组织机构。1977 年成立于夏威夷，旨在联络和团结夏威夷全体华人，提高华人文化，认识祖籍国，提高全体华人的生活，建立较好的华人社会以及整个夏威夷社会。其主要活动包括：为使华人、华侨学习语言方便，创办华语、英语学习班以及中国新移民儿童课外补习班；为促进会员之间、华人之间以及华人与祖籍国之间的联系，创办《新风》杂志，并为当地华人提供各种健康的文娱节目；主办非营利性中国旅行团，帮助当地华人到中国旅行探亲寻根。该会下设办事处管理委员会、慰问委员会、中影工作委员会、教育委员会、旅行委员会等组织机构，负责开展各项工作。

留尼汪中华总商会　留尼汪岛华侨最高领导机构。1916 年成立于圣但尼市，同年 6 月获当时法国殖民政府正式承认。留尼汪是印度洋上的非洲岛国，法国占领时一度称波旁岛，是非洲地区华侨、华人人数最多的国家之一，其华人以粤籍客家人居多。该会宗旨为团体侨胞力量，争取商业合法权益。其主要工作为传达当地政府法令，同时为侨胞办理各项福利事务。

旅委华侨联合会　委内瑞拉华侨华人社会团体组织机构。1960 年成立于委内瑞拉首都加拉加斯，以为华侨华人福利服务为宗旨。于成立同年接待了访问委内瑞拉的中国京剧团。1961 年因委内瑞拉政府清剿游击队、镇压左派力量致使该会内部分裂而停止主要活动。1971 年重新向政府注册。1972 年接待访问委内瑞拉的中国乒乓球代表团。1974 年中委建交后，致力于宣传中国社会主义建设事业。1976 年，一部分会员另立旅委华侨总会，亦按其原宗旨开展活动。

旅菲中华佛学会　菲律宾华人佛教徒佛教理论研究团体机构。1931 年成立于马尼拉，旨在研究佛教理论和弘扬佛教。该会成立后，于 1936 年在各界人士的支持下，在马尼拉市建成大乘信愿寺，开创了菲律宾正统佛寺之先河。1937 年礼请闽南性愿法师到菲律宾主持信愿寺，塑造佛像，请置佛经，弘扬佛理，使寺院初步系统化，此为正统佛教传入菲律宾之始。1947 年由信愿寺捐资办成普贤学校。1949 年由信徒捐资，重修火灾后的信愿寺。该会下设信愿合唱团、青年佛学社等机构，开展相应活动。

旅奥中国人协会　奥地利最大华侨社会团体组织机构。1972 年 9 月 30 日成立于维也纳。其主要活动包括：致力于华侨教育，为华侨开办华文班、德文班、儿童班、舞蹈班；设立中华会馆，供侨胞及留学生举行各种活动；出版月刊《协会通讯》；举行中华民族传统节日春节等庆祝活动以及其它联谊活动；举行音乐会、电影放映会等。1982年8月于奥地利首次承办第13届世界华商贸易会议。

菲华文艺工作者联合会　菲律宾华人文艺工作者业余组织机构。1987年2月22日于菲律宾首都马尼拉成立，简称菲华文联，由菲律宾华人文学、美术、戏剧、音乐、舞蹈等文艺工作者组成。聘请中国著名作家冰心、邓友梅、唐达成、秦牧等为文学顾问。其宗旨为促进中菲之间、菲华人以及世界各地华人之间的文化交流和友好往来，在菲律宾群岛发扬光大中华民族的文化艺术。该会下设学术组、编务组、组织组、基金组等机构，负责开展各项工作，其文艺工作者的一些诗集、散文集和小说等曾在中国出版。

菲华西医学会　菲律宾华人西医医学研究团体机构。1933年于马尼拉成立，初名菲律宾华侨西医学会，1968年改为现名。其宗旨是联络同仁感情，互相切磋以提高医学水准。第二次世界大战期间该会曾停止活动，1945年二战结束后恢复活动。1968年开始设立郑汉淇（首任会长）纪念讲座，聘请国内外医学界或教育界权威作专题演讲。20世纪80年代初，在中华崇仁医院内设立菲华西医学会图书馆，继而在华商资助下设立“亚洲啤酒”医学专科奖学金，保送会中优秀青年医师出国深造。同时经常协助当地慈善机构进行义诊活动，服务于社会，并组团出国考察各地医疗设施和社会保健状况。

菲华妇女会　菲律宾华人妇女组织机构。1952年正式成立于马尼拉，其前身为1937年成立的中国妇女并慰劳会菲律宾分会，当时主要工作为宣传抗日、参加救济工作及募捐运动，慰劳中国伤兵等。1942年日本侵占菲律宾后被迫停止活动，1945年日本投降后恢复活动。正式成立后将其宗旨确定为参加菲律宾华人各慈善机构及协助做好菲律宾华人社会福利工作，关心菲律宾华人妇女福利事业。其主要活动包括救济灾民；开办烹饪班及职业婚姻辅导中心，义务为侨社服务；1972年建立菲华妇女养老院，免费收容无依无靠的老年妇女入院；1987年建成妇女之家和康乐中心，为家庭妇女及年轻妇女提供娱乐及健身场所，并廉价出租给外来寄宿生、单身妇女、青年小家庭或老年妇女等使用。

菲华体育总会　菲律宾华人全国性体育组织机构。1988年10月29日于马尼拉成立，简称菲华体总，旨在振兴与发展菲律宾华人体育运动，培养体育人才，配合菲律宾奥委会促进本国与国际体育活动和联系。凡从事本国体育活动的菲律宾华人体育团体、学校、宗亲会及其它社会团体或个人均可入会，其最高权力机构为会员大会，下设足球、篮球、田径、象棋、网球、游泳、乒乓球、保龄球、排球、羽毛球、武术、举重、健美、手球、自行车运动等委员会，负责开展各项工作。

菲华服务社　菲律宾华侨服务团体组织机构。1985年10月于马尼拉成立，旨在促进菲中友谊，介绍祖国四化建设情况，方便侨胞回国探亲、投资以及沟通台湾海峡两岸同胞的信息。其主要服务项目包括：协助侨胞处理国内房地产有关事项；组团赴中国及世界各地观光、参观；为侨胞提供回国或国内同胞到菲律宾投资资料；联络和查询台湾海峡两岸亲友讯息；安排华侨学生回国就学；接受顾客委托代购货物及邮包递寄业务；办理到菲律宾观光、探亲、居留及展期等移民手续，安排各地区旅游事务等。

菲华商联总会　菲律宾华侨华人工商界最高组织机构。1954年3月29日成立于马尼拉，初名菲律宾华商联合总会，1956年改称现名，简称商总。其宗旨是协调全菲所有菲华工商团体的活动，维持彼此间的和谐关系，仲裁与解决其纠纷或分歧，促进彼此间合作；致力促进菲华青年参与菲律宾大社会活动，加速本地华人社会于菲律宾国家政治主体的融合；协助、维护及增进其所有会员之福利，为其会员之繁荣与利益而努力；搜集、翻译与研究影响其会员的法规，并引导他们遵守法律，鼓励纳税；推进与维持教育、文化、体育、慈善与社会福利方案；忠诚与菲律宾政府合作，支持政府的经济发展及其它方针政策，培养与巩固菲律宾人与华人之间的和洽关系。其主要活动包括：团结各华侨社团，保护华侨的合法权益，与菲律宾政府交涉谈判涉及华侨利益的各种菲化方案；调解菲律宾华人社会的各种商业纠纷；邀请有关政府官员向华商讲解政府有关工商业、劳工、税务等方面的最新法律、规定、条例等；鼓励华文教育，每年举办暑期华文教育师资讲习会，协助促进华文教育师资水平的提高；从事各种社会慈善福利事业，为贫民义诊赠药，为灾民施赈救济，捐建农村校舍，设立防火会等；支持菲律宾政府多种经济与社会发展方案。

菲律宾中华艺术舞蹈研究所　菲律宾华人业余舞蹈艺术团体机构。1971 年 6 月由热爱舞蹈艺术的华裔青少年创立于马尼拉，简称华艺，并成为菲律宾舞蹈家协会和舞蹈教育协会的永久会员，不受制于任何组织、派别，依靠私人赞助，自制服装、道具、布景等，自己组织演出。其宗旨为从事中菲歌舞研究；介绍中华民族民间舞蹈；学习和表演菲律宾各民族歌舞艺术以丰富菲律宾华人社会的文化娱乐生活。该所成立后，工作卓著，1985 年 6 月公演“菲中之花，万紫千红”菲中歌舞晚会；1987 年与黄河合唱团联合演出“舞翩翩，歌悠扬”巨型歌舞晚会；同时经常演出中国歌舞傣族舞蹈”孔雀舞”、福建民间舞蹈“春风”、高山族舞蹈“高山情”、中国古典舞蹈“金山战鼓”以及菲律宾舞蹈穆斯林舞蹈“鱼舞”、“长甲舞”、菲律宾少数民族舞蹈“祭神舞”、“双鸟”等。

菲律宾中华书法学会　菲律宾华人书法研究团体机构。1989 年 6 月 25 日于马尼拉成立，其宗旨为继承祖国文化遗产，发扬中华民族文化传统，学习和重振中华书法艺术，促进中菲文化交流。该会成立后致力于组织各项书法活动，包括组织书法教学以及书法讲座、书法展览、书法比赛；勉励和培养华裔青少年学习中华书法；出版书法专刊，介绍国内外书法动态以及著名书法家和书法作品等。该会还聘请中国著名法家启功等为其学术顾问。

黄河艺术团　法国华人艺术社会团体组织机构。最早于 1984 年成立于巴黎，为旅法中国音乐工作者所建立的中国艺术家小组，1985 年扩建后定为现名。1986 年组建民族乐队，1988 年已发展成包括乐器演奏、歌唱、舞蹈和美术工作者的综合性文艺团体，其艺术家主要来自中国大陆、台湾、香港等地。每逢重大节日，则为华侨、华人及法国人士举行中国音乐会，并曾前往西欧华人比较集中的国家进行巡回演出。其宗旨为发扬具有悠久历史的中国文化艺术，促进中法两国人民的互相了解与文艺交流，团结来自各地的华人艺术家共同工作，努力提高艺术水平。

维多利亚华侨联谊会　加拿大维多利亚市华侨联谊性社会团体组织机构。1971 年 2 月 26 日于维多利亚市成立，简称维多利亚侨联会，旨在接待来自祖国的乡亲和旅居温哥华、渥太华等地的侨胞到维多利亚访问或定居，关心侨情侨务，为侨社服务、谋福利；促进中加两国的友好交往，促进加拿大人民对中国传统文化的了解。其主要活动包括：为方便侨胞学习语言，开办华语普通话和英文学习班；为将中国文化介绍给加拿大以增进互相了解，举办中国文化讲座，并组织华侨、华人及加拿大友人到中国旅游。该会还促成了维多利亚市与中国苏州市结成友好城市。

联合国中文书会　驻日内瓦联合国各机构中中国籍或外籍华人工作人员及其家属文化组织机构。1975年8月成立于日内瓦，全称联合国日内瓦办事处中文书会，中国派到日内瓦各国际机构工作的人员均为其会员。以促进对中国文化的了解为宗旨。其主要活动是设立图书馆，为会员订购大量书报杂志，传阅新出版的中国期刊杂志；自1983年起出版会刊《书会通讯》；举办有关中国文化的展览；组织旅游团到中国旅游，并组织郊游；与华人联谊会共同举办春节华人聚餐会，并同中国出版人员联欢、座谈；在联合国机构内放映中国电影等。

葡萄牙华侨华人协会　葡萄牙华侨华人全国性社会团体组织机构。1990年3月31日于葡萄牙首都里斯本成立。其宗旨为继承中华民族的优秀文化传统，加强葡萄牙华侨、华人的联络，守法敬业，增进团结；沟通侨胞与祖国的联系，为祖国统一和发展作贡献，努力促进中葡两国人民之间的相互了解和友好交往。

温哥华中华文化中心　加拿大华人社会文化团体组织机构。1973年2月11日成立于加拿大不列颠哥伦比亚省首府温哥华，第二年1月以慈善团体形式正式向政府注册，旨在保存和弘扬中华文化，促进华人社区团结，为华人社区谋福利，争取民族平等权益，向加拿大人民广泛介绍中华文化的优良传统，促进中加文化交流和中加友谊。其主要活动包括：修建教学大楼、商业大楼、中国式公园、博物馆、图书馆以及档案室等，收集、整理、保存加拿大华人历史文物以及供整个社区使用的华文史籍和资料，促使华裔青年追本溯源，更切实地了解他们的“根”；为华人举办国画、书法、西洋画等艺术以及华语普通话、粤语、英语等语言学习班；主办及协办有关华人画展、摄影展、书展、历史文物图片展等，并组织有关华人文化讲座、学习班以及旅行参观团、运动会、慈善筹款餐舞会等社交活动；举行春节、端午节、中秋节等中华民族传统节日庆祝会以及艺术文艺表演、多元文化儿童夏令营、龙舟竞赛等。

渥太华华人联谊会　加拿大渥太华华人社会团体组织机构。1970年成立于渥太华，其前身为渥太华华人欢迎中华人民共和国首任大使委员会，初期会员多为老年华商，以后逐步吸收许多华裔青年及科技人员参加。其宗旨为发展华人福利和互助合作，开展华人社区文化活动，扩大当地人民对中国的了解，促进加中两国人民友谊和文化交流。

蓝色海岸华人联谊会　法国南部地区华人社会团体组织机构。1989年11月成立于尼斯市。所谓蓝色海岸地区包括法国南方位于地中海沿岸的尼斯、戛纳、圣—托贝等著名旅游城市，当地华人较多，大多经营餐馆和杂货店。该会宗旨为团结蓝色海岸地区的华侨、华人，发扬中华民族优良传统，加速华人融入当地社会；提高自己的地位和福利；联络感情，促进各侨社间的和谐与合作；组织各种文教体育活动等。该会成立之后，为方便华人、华侨学习及读书，积极筹办华文教学班及图书馆，为求得共同发展，大力与法国各地华人社团进行联系以交流经验。

蒙古华侨协会　蒙古华侨社会团体组织机构。1950年成立于蒙古首都乌兰巴托，旨在为旅蒙华侨创办福利公益事业；负责向当地政府转达华侨的建议和要求；沟通华侨与中国驻蒙使馆的联系。同时该会规定积极对华侨进行宣传教育，提高华侨觉悟，遵守当地政策法令，尊重当地人民的风俗习惯，密切和蒙古人民的友好关系，增进中蒙友谊，联络乡谊，团结互助，共谋福利。其主要活动包括开办养老院和农场及举办其它公益事业，为华侨提供各项服务；救济老弱病残、无依无靠的华侨，料理独居老华侨的后事；为使华侨及时了解祖国情况而为华侨订阅中国《人民日报》、《光明日报》、《人民画报》等报刊；协助华侨办理回国探亲、定居手续，并提供交通工具、办理托运行李等事宜。

新加坡中医师公会　新加坡中医师团体组织机构。1946年10月成立于新加坡，初名中国医学院，1947年改为现名，旨在发扬中医医学。其主要活动包括开展中医门诊，培养中医师，建立与中国中医学界的联系，参加国际中医药学术交流活动，为外国学者举办针灸讲习班，出版刊物《中医学报》等。1952年建立中华医院；1953年建立中医学院；1961年创办中华医院第一分院；1966年后又陆续创办了中华医院第二分院、大巴窑中华医院、中华医药研究院以及中华针灸研究院等。

新加坡中国学会　新加坡华人中国文化研究学术团体机构。1949年1月成立于新加坡，其宗旨是促进对中国语言、文字、历史、社会、经济、艺术等的研究，出版学术刊物，筹建中国文化图书馆，开展学术交流等。主要活动包括举行文化学术座谈会；主办中国文物美术金石展览；创办艺术学院，讲授中西美术；举办春节、中秋节等中华民族传统节日活动等。

新加坡文艺研究会　新加坡华文文艺工作者社会团体组织机构。1981年成立于新加坡，其宗旨是提高华文文艺写作水平，出版文艺杂志与丛书，促进华人青年的华文文学欣赏与创作活动。该会成立以后每周轮流在《联合早报》、《民报》、《新明日报》等华文报上出版文艺副刊；1982年曾举办区域女作家文艺研讨会，讨论主题为女作家的文学使命；将创刊于1976年1月的《新加坡文艺》作为其会刊主办，将该刊宗旨确定为推广与提高新加坡文艺；团结不同派别的文艺写作者；鼓励新加坡写作新秀。发表内容包括小说、诗歌、散文、戏剧、文艺理论、作品评价等方面的文艺作品及研究成果。

新加坡亚洲研究学会　新加坡华人学术研究团体机构。1982年3月成立于新加坡，旨在促进对亚洲国家的政治、经济、文化、社会、历史的研究。其会员除新加坡华人学者外，同时还接受外国学者为特别会员，以理事会为领导机构。1983年2月开始出版《亚洲文化》学报，1984年8月开始出版《亚洲文化丛书》。同时还举办亚洲研究演讲会、研讨会、座谈会、论文报告及开展国际学术交流等活动。

新西兰华侨联合总会　新西兰华侨社会团体联合组织机构。1937年9月26日成立于新西兰首都惠灵顿。1924年以后，新西兰各地成立了许多地区性华侨社团，1928年在中国驻新西兰领事发起下，由各社团派代表组成临时联络机构，1931年正式成立了新西兰华侨联合会，亦称第一华侨联合会，积极发动华侨捐款赠物，支援中国抗日战争。1935年在达尼丁成立了第二华侨联合会，1936年又成立了奥塔戈修屋崙华侨联合会。中国抗日战争爆发后，由于新西兰华侨爱国情绪高涨，12个地区华侨联合会派代表在惠灵顿召开救国代表大会时决定成立该联合总会，原各地华侨联合会成为其分会或支会。该会成立后曾领导全新西兰华侨的抗日救国工作。抗日战争结束后转做华侨服务工作，如传播中华民族文化、发展华侨文教事业、举办运动会等。曾在二战时期出版《中国大事周刊》，向华侨、华人宣传爱国主义。

澳门归侨总会　澳门归国华侨社会团体组织机构。1968年6月23日成立于澳门，其宗旨为发扬热爱祖国传统，维护归侨正当权益，促进归侨团结互助，开展归侨福利文教。其主要工作包括与奥门总督府交涉，修改华侨入境过境条例，为归侨争得在澳门定居等权利；为归侨组织中、英、葡文化补习班以及卫生、烹饪讲座等，并组织归侨回中国大陆旅游观光。该会下设秘书处、联络部、文教部、财务部、福利部、康乐部、妇女部等组织机构，负责开展各项工作。

澳华美术家协会　澳大利亚华人美术家团体组织机构。1981年于墨尔本成立，旨在发掘和组织澳大利亚华人艺术家，促进他们之间以及与其它民族美术家之间互相观摩与砥砺，互相取长补短，共同提高艺术水平、技巧和创新能力。该会成立之后，曾先后在澳大利亚各地举办联合画展，部分会员作品为一些国家的艺术爱好者或博物馆所收藏。该会同中国北京、广东、湖南及新疆等地美术协会有联系。

澳华公会　澳大利亚悉尼华人社会团体组织机构。1974 年 7 月 7 日正式成立于悉尼。早在 1973 年 6 月，悉尼华人成立澳大利亚人口问题调查华侨意见提供委员会，曾建议政府接受更多中国移民以适应澳大利亚建设的需要，反对歧视华人的政策，9 月成立筹委会，认为必须立刻团结成立为中国人作喉舌的组织，并开展工作。该会正式成立后将其宗旨确定为增进华人与澳大利亚人民之间的相互了解，鼓励华裔移民与澳大利亚社会结合，在各方面为华人服务。其主要活动包括：协助华人解决有关移民和福利问题；创办疗养院，捐款救灾；举办敬老联欢会以及中秋节、春节等中华民族传统节日庆祝活动；举办华语学习班、英文补习班以及中国歌舞及武术等各种补习班或培训班等。

（中央民族大学　李德成）

部分华人企业

台　湾

大同股份有限公司　1918 年创办。地址在台北市中山北路三段 22 号。董事长林挺生。1991 年营业额达 305.05 亿元新台币。主要生产资讯 OA 产品，包括电脑及周边设备、显示器、终端机、印表机、磁碟机、电话传真机等；电子产品，包括电视、录放影机、摄影机、组合音响、收录音机等；家电产品，包括冰箱、自动贩卖机、冷气机、洗衣机、电扇等；工业机器产品，包括各型马达、车床、机器人、各种电线电缆、各种变压器、铸件等。该公司是大同关系企业集团的核心企业。

太平洋电线电缆股份有限公司　1950 年创办。地址在台北市松山区忠孝东路四段 285 号，董事长仝玉洁。资本额为 35.2 亿元新台币，1991 年营业额达 128.93 亿元新台币。主要生产铜条、铜线、铝线铝缆、通信电线、漆包线、电子线、高温线、照射线等。该公司是太平洋电缆企业集团的核心企业，太平洋电缆企业集团居台湾电缆制造业的第一位。

中华航空股份有限公司　1959 年创办。地址在台北市南京东路三段 131 号。董事长乌钺。资本额为 50 亿元新台币，1989 年营业额达 326.05 亿元新台币。主要从事航空客运和货运业务。

中国石油股份有限公司　1946 年创办。地址在台北市城中区中华路一段 83 号。董事长陈耀生。资本额为 280 亿元新台币，1991 年营业额达 2604 亿元新台币。主要生产天然气、液化石油汽、汽油、航空燃油、柴油、燃油、润滑油、石化基本原料等。

中国钢铁股份有限公司　1971 年创办。地址在高雄市小港区监海工业区中钢路 1 号。董事长向传琦。1991 年营业额达 613.12 亿元新台币。主要生产钢板、棒钢、线材、生铁、商用小钢坯、热轧钢板、热轧钢卷、底片、铝板、铝片、铝卷等。

东元电机股份有限公司　1956年创办。原名东元电机公司，1980年改为现名。地址在台北市中山区松江路156号29楼。董事长黄茂雄。资本额为32.23亿元新台币，1991年营业额达102.98亿元新台币。主要生产冷气机、空气门、电冰箱、电视机、洗衣机、电脑显像、终端机、马达、电脑周边设备、机器人等。该公司是东元电机关系企业集团的核心企业，是按国际标准生产马达的企业，在台湾占有市场率为44%。

东元股份有限公司　1973年创办。原名东元合成纤维公司，1980年改为现名。地址在台南县新市乡大营村329号。董事长陈由豪。资本额为45.32亿元新台币，1991年营业额达70.74亿元新台币。主要生产聚酯丝、聚酯粒、聚酯加工丝、聚酯伸宿丝等，兼营建筑、百货等。该公司是东帝士关系企业集团的核心企业，历年来均列名于台湾大型企业百名之内，1988年居第6位。

永丰余造纸股份有限公司　1950年创办。地址在台北市古亭区重庆南路二段51号。董事长何寿山。资本额为57.32亿元新台币。主要生产铜板纸、模造纸、打字纸、卫生纸、纸板等。该公司是永丰企业集团的骨干企业，1991年纸产量达90余万吨，居台湾同行业第一位，居世界同行业第56位。

台湾化学纤维股份有限公司　1965年创办。地址在彰化县彰化市中山路三段359号。董事长王永庆。资本额为144.88亿元新台币，1991年营业额达296.78亿元新台币。主要生产嫘萦棉、嫘萦丝、人造棉纱、尼龙丝、混纺纱、混纺布、蓬体纱、芒硝、洗衣粉、硫酸等。该公司是台塑关系企业集团的三大骨干企业之一，在台湾民营制造业、化纤纺织业、化纤制造业中均名列前茅。

台湾水泥股份有限公司　1946年创办。地址在台北市中山区中山北路二段113号。董事长兼总经理辜振甫。资本额为55.44亿元新台币，1991年经营额达152.83亿元新台币。主要生产水泥、熟料、纸张、纸袋、预拌混凝土、污泥处理剂等。该公司是台湾最大的水泥公司，占整个台湾水尼总产量的30%以上，被称为“水泥巨霸”。该公司由接收日本占领时期浅野水泥株式会社、南分水泥株式会社、台湾石灰石矿业株式会社及台湾化成株式会社改组而成，原为官营，1954年改为民营。

台湾塑胶工业股份有限公司　1954年创办。地址在高雄市前镇区中山三路39号。董事长王永庆。资本额为116.94亿元新台币，1991年营业额达317.04亿元新台币。主要生产塑胶粉、台丽朗棉、地毯、台塑烯、烧碱、丙烯酸酯。该公司是台湾大型企业集团——台塑关系企业集团的核心企业。

亚洲水泥股份有限公司　1957年创办。地址在台北市城中区延平南路128号。董事长徐有痒。资本额为69.2亿元新台币，1991年营业额达113.11亿元新台币。主要生产水泥、预拌混凝土、燃料等。该公司是台湾远东关系企业集团的成员之一，在台湾水泥业中名列前茅。

华隆股份有限公司　1967年创办。地址在台北市中山区中山北路二段61号8楼。董事长兼总经理翁有铭。资本额为85亿元新台币，1991年营业额达201.27亿元新台币。主要生产和经营多元酯丝、耐隆丝、塔夫塔布、经编布、混纺纱、OE纱、多元酯棉、本白及染色传统加工丝等。该公司是台湾最大的化纤企业集团——华隆关系企业集团的核心企业。

远东百货股份有限公司　1967创办。地址在台北市城中区宝庆路27号。董事长徐旭东。资本额为26.79亿元新台币，1989年营业额达102.42亿元新台币。经营百货业务。该公司是远东关系企业集团的成员之一。

远东纺织股份有限公司　1954年创办。地址在台北市城中区筵平南路128号。董事长徐旭东。资本额为99.13亿元新台币，1991

年营业额达2085.5亿元新台币。主要生产聚酯棉、聚酯丝、聚酯瓦、棉砂、胚布、染整成品布、纺织成衣、针织布及加工丝等。该公司是远东关系企业集团的核心企业，在台湾民营制造业中具有重要的地位。

奇美实业股份有限公司　1959年创办。地址在台南县仁德乡中正路201号。董事长许文龙。资本额为45亿元新台币，1991年营业额达190.77亿元新台币。主要生产压克力玻璃板、压克力粒、奇丽板、ABS及AS树脂、聚苯乙烯树脂、压克力乳胶树脂、水性压克力涂料等。该公司是奇美关系企业集团的核心企业，是台湾最大的民营企业之一。

国泰人寿保险股份有限公司　1962年创办。地址在台北市大安区仁爱路四段296号。董事长蔡宏图。资本额为42.35亿元新台币，1989年营业额达904.29亿元新台币。主要从事人身保险业务。该公司是台湾最大的人寿保险公司，属下有几十家分公司，营业点遍及台湾各地。

南亚塑胶工业股份有限公司　1958年创办。地址在高雄市前镇区中山三路35—1号。董事长兼总经理王永庆。资本额为125.7亿元新台币，1991年营业额达636.94亿元新台币。主要生产软质胶布、软质胶皮、硬质胶布、硬质BOPP延伸膜、舒丽皮、铜箔基板、化学纤维、化纤布等。该公司是台塑企业集团的核心企业，在台湾民营制造业、塑胶加工业、化纤制造业中均居首位。

统一企业股份有限公司　1967年创办。地址在台南县永康乡盐行村中正路301号。董事长吴修齐。资本额为41.63亿元新台币，1991年营业额达208.91亿元新台币。主要生产食品饲料、饮料、肉品、面粉等，兼营商品进口贸易。该公司是台湾最大的民营企业之一，在台湾罐头食品业、植物油及饲料业、面粉业中均名列前茅。

裕隆汽车制造股份有限公司　1953年创办。地址在台北市大安区敦化南路570号14楼。董事长吴舜文（女）。资本额为83.22亿元新台币，1991年营业额达211.36亿元新台币。主要生产汽车及零部件。该公司是台湾最大的汽车制造企业，是裕隆汽车关系企业集团的核心企业。

香　港

九龙仓集团　地址在香港九龙广东道7号海港城环球航运中心。主席吴光正。1992年底集团总市值约280亿港元，1992年度营业额达43.92亿港元，获纯利20.51亿港元。主要从事物业发展、货仓、酒店、运输、通讯等业务。该集团在中国参与众多发展地产及基建项目。

长江实业（集团）有限公司　1972年创办。地址在香港皇后大道中29号华人行21楼。董事局主席兼总经理李嘉诚。1991年资产额为654亿港元，营业额达99.90亿港元，1992年获纯利达62.66亿港元。主要从事房地产、投资等业务。该集团拥有青洲英坭、安达臣、百佳、屈臣氏、雪山国际、甘泉食品的100%股权，另拥有多家公司的部分股权。

华润（集团）有限公司　1948年创办，原名为华润公司，1983年改用现名。地址在香港湾仔港湾道26号华润大厦49楼。董事长沈觉人。近年来年营业额500亿港元，有形资产达40亿港元。主要从事贸易、制造业、发展投资、房地产经营、仓储运输、零售业、酒店、展览、广告、咨询等业务。该集团公司是中国经贸部在香港设立的贸易机构，属下有全资和合资公司300多家，主要有：五丰行、德信行有限公司、华远公司、中艺（香港）有限公司、华润纺织品有限公司、华润五金矿产有限公司、华润石化（集团）有限公司、华润机械有限公司、华润运输仓储有限公司等。

尖沙咀置业集团有限公司　地址在香港九龙尖沙咀梳士巴利道尖沙咀中心11—12

楼，董事局主席黄志祥(新加坡籍华人)。1991年度(6月30日止)营业额达16.14亿港元，获纯利6.54港元。主要从事房地产业务。该集团公司拥有320万平方英尺的商业楼，210平方英尺的住宅楼，200万平方英尺的工业楼宇，67万平方英尺的酒店等。

丽新集团　1947年创办，原名为丽新制衣厂。现该集团由丽新国际有限公司、丽新发展有限公司、鳄鱼恤有限公司、景耀国际有限公司组成。地址在香港九龙长沙湾道680号丽新商场中心11楼。主席林百欣。主要从事服装生产、房地产投资、上市证券投资等业务。1992年度（7月31日止）丽新国际有限公司营业额达46.13亿港元，获纯利5.82亿港元；丽新发展有限公司1992年营业额达29.50亿港元，获纯利6.55港元。

利丰集团有限公司　1937年创办。地址在香港中区干诺道冯氏大厦。董事局主席冯国经。1992年营业额达39亿港元，获纯利1.34亿港元。主要从事零售、出口等业务。该集团公司属下公司主要有：利丰零售有限公司、利丰贸易有限公司、利丰置业有限公司、利丰发展有限公司等。

环球航运集团有限公司　1955年创办，原名为环球轮船公司，经过发展，形成集团公司。地址在香港中环毕打街20号会德丰大厦6字楼。主席苏海文。主要从事航运业务，兼营货仓和地产业务。1981年，拥有船只210艘，载重量达1347万余吨，居世界航运业之首。该集团公司除香港外，在百慕大、纽约、伦敦、里约热内卢、新加坡等地设有数十家子公司或代理公司。

和记黄埔有限公司　1860年由英国人创办，1979年李嘉诚从汇丰银行收购和记黄埔有限公司的22.4%股票。地址在香港夏悫道10号和记大厦23楼。董事局主席李嘉诚。1992年营业额达210.30亿港元，获纯利达31.69亿港元，1991年拥有资产近600亿港元。主要从事地产、财务、投资等业务。该公司是长江实业（集团）有限公司的联营公司，其附属或联公司有香港国际货柜码头有限公司、香港电灯集团有限公司等。

周生生珠宝行有限公司　地址在香港九龙弥敦道229号周生生大厦4楼。名誉董事长周君令，主席兼副总经理周永成。1991年度营业额达59.91亿港元，获纯利1.65亿港元。主要从事珠宝金银业，分店遍及港九新界。

香港邵氏兄弟有限公司　1957年创办。地址在香港九龙清水湾道地段220号。总裁邵逸夫。该公司以电影制作起家，是香港最大的电影制片机构。70年代，随着电影走下坡路，该公司收缩制片业务，1987年停止电影制作业务，只制作录影带电影。随后主要从事物业租赁。1992年度营业额达2.52亿港元，获纯利1.78亿港元。

信和置业有限公司　地址在香港湾仔中环广场。主席黄志祥，新加坡华人。1992年度营业额达36.72亿港元，获纯利11.64亿港元。主要从事地产、售楼、酒店等业务，主要收入来自售楼收益。

恒基兆业地产（集团）有限公司　1976年创办。地址在香港德辅道中19号环球大厦6、7楼董事长李兆基。1992年度营业额达41.58亿港元，获纯利24.37亿港元。主要从事地产发展、物业投资等业务。该公司的附属公司主要有：百保置业公司、恒基兆地产代理公司、恒益物业管理公司、裕民建筑公司等。

恒隆集团有限公司　60年代创办。地址在香港铜锣湾百德新街恒隆中心2—20号。主席陈启宗。截至1992年6月30日止营业额达36.19亿港元，获纯利13.18亿港元。主要从事地产投资和酒店等业务。

联合集团有限公司　1986年创办。地址在香港毕打街1—3号中建大厦7楼。主席李明治，马来西亚华侨。1991年营业额达35.37亿港元，获纯利2.85亿港元。主要从事投资、地产、工业贸易、食品等业务。该集团属下分四大部分，以亚洲证券公司为首的策略性投资业务，以联合工业公司为首的工业贸易业务，以联合工业公司为首的工业贸易业务，以联合水产发展公司为首的食品业务。该集团属下主要企业有联合地产（香港）有限公司和联合东荣有限公司等。

善美电脑集团　1983 年创办于加拿大多伦多。主席兼行政总裁丁谓。截止 1992 年 1 月底年度营业额达 93.71 亿港元，获纯利 7.71 亿港元。主要经销电脑、家用电器、缝纫机及各种耐用消费品。

新世界发展有限公司　1970 年创办。地址在香港皇后大道中 16—18 号新世界大厦 30 楼。董事会主席郑裕彤。1992 年度营业额达 124.95 亿港元，获纯利达 23.63 亿港元。主要从事物业投资、物业发展、酒店、建筑等业务。该公司积极参与中国房地产业、商业等业务。

新鸿基地产集团　前身为 60 年代创办的新鸿基企业有限公司，1973 年发展成为新鸿基地产发展有限公司，继而组成新鸿基集团。地址在香港仔港湾道 30 号新鸿基大厦 45 楼。董事会主席郭得胜。1991 年度拥有资产 320 亿港元，1992 年度营业额达 106.57 亿港元，获纯利 46.86 亿港元。主要从事地产物业、财务保险、楼宇建设等业务。该集团是香港最大的地产商。

澳　门

瑞纳集团有限公司　总部设有澳门的国际化企业集团。董事长温瑞芬。主要从事高科技电子产品生产、酒店服务、融资、医疗器械、远洋航运、进出口贸易等业务。集团属下有瑞纳企业有限公司、瑞丰发展有限公司、中利企业有限公司、温氏计算机工业公司、瑞纳建筑置业有限公司、中利物业有限公司、澳门机动车辆检验及维修中心有限公司、葡萄牙国际投资发展有限公司等企业。

澳门世界贸易中心有限公司　1986 年创办。是澳门大型的综合性贸易机构，世界贸易中心协会成员。董事会主席何鸿燊。由澳门政府、澳门旅游娱乐有限公司、葡萄牙海外投资公司和澳门的 11 位商人合资组成。注册资本 2000 万澳元，其中澳门政府占 67.5%的股份。主要业务有：提供贸易资料、信息服务，进行贸易训练和市场调查，协助澳门的商业和旅游的发展，沟通企业家与各国市场贸易的联系。

澳门旅游娱乐有限公司　1962 年创办。总办事处在澳门葡京路葡京酒店新翼 3 楼。总经理何鸿燊。专门从事全澳门的博彩专营业务。1962 年至 1974 年共获纯利 20 亿澳元，1975 年获纯利 6 亿澳元。1986 年突破 20 亿澳元。对澳门当局的税务与承担的建设义务与日俱增，1985 年起，该公司将 25%的年收入上交澳门当局。属下主要有葡京、皇宫、金碧、东方、回力 5 个赌场。

马来西亚

万利管理有限公司（Leisure Management Berhad）　马来西亚华人企业。董事长林天杰。主要从事赌博、彩票等业务。1991 年营业额达 7.41 亿马元，税前利润达 2352.6 万马元，1992 年 10 月 30 日公司市值 3.66 亿马元。该公司是甘文丁集团的子公司。

万能企业有限公司（Magnum Berhad）　马来西亚华人企业。1968 年创办。地址在马来西亚吉隆坡。执行董事长林木荣（Lin Mok Eng）。主要经营赌博、彩票、房地产等业务。1991 年营业额达 12.167 亿马元，获纯利达 1.21 亿马元，税前利润达 2.092 亿马元，1992 年 10 月 30 日公司市值为 32.06 亿马元。该公司是马来西亚独家经营万字票的公司，是马来西亚大赌业公司之一。该公司是甘文丁集团业绩最佳的子公司。

马化控股有限公司（Multi-Purpose Holdirg Berhad） 马来西亚华人企业。1977年创办，1982年成为股份有限公司。地址在马来西亚吉隆坡。董事长林天杰（Tim Than Kiat）。主要从事赌博、彩票、房地产、银行、金融、保险、种植、船务等业务。1991年营业额达12.53亿马元，税前利润达2.03亿马元，1992年10月30日公司市值为7.81亿马元。该公司是马来西亚最大的股份有限公司之一。

马婆控股有限公司（Malaysia Borneo Finance Holdings Berhad） 马来西亚华人企业。简称MBF。1963年创办，前身为海岭酒店，70年代由雷贤雄收购，1976年改名为太平洋发展货款有限公司，1981年改为现名。地址在马来西亚吉隆坡。首席执行人雷贤雄（Loy Heng Heong）。主要从事房地产、酒店、金融、贸易等业务。1991年6月至1992年6月营业额达5.88亿马元，获纯利2850万马元。

丰隆工业有限公司（Hong leong Industries Berhad） 马来西亚华人企业。1970年创办，前身为花色砖工业有限公司，1979年被丰隆集团收购。地址在马来西亚吉隆坡。执行董事长郭令灿（Quok Leng Chan）。主要从事瓷砖制造、雅马哈摩托车生产及销售、半导体生产、包装、水泥生产等业务。1991年6月至1992年6月营业额达7.75亿马元，税前利润达1.22亿马元，获纯利6580万马元。该公司是丰隆集团的核心企业。该公司属下有马来西亚电机有限公司、丰隆产业有限公司、联合工业纸品制造厂等13家子公司。

云顶有限公司（Genting Berhad） 马来西亚华人企业。1965年创办。地址在马来西亚吉隆坡。董事长林梧桐（Lim Goh Tong）。主要经营赌博、彩票、房地产等业务。1991年营业额达12.15亿马元，税前利润5.815亿马元。该公司是云顶集团的子公司，是亚洲最著名的赌场之一。

东方实业控股有限公司（Oriental Holding Berhad） 马来西亚华人企业。1963年创办。地址在马来西亚槟城。董事长骆文秀（Loh Boon Siew）。主要经营房地产、建筑材料、树胶及油棕种植、信货、汽车装配等业务。1991年营业额达12.24亿马元，获纯利达1.44亿马元，税前利润达2.541亿马元，1992年10月30日公司市值为12亿马元。该公司是马来西亚五大华资企业集团之一。

成功工业有限公司（Berjaya Industrial Berhad） 马来西亚华人企业。地址在马来西亚吉隆坡。董事经理陈志远（Tan Chee Yioun）。主要从事制造业和产业开发等业务。1991年4月至1992年4月营业额达15.63亿马元，税前利润达1.1亿马元，获纯利润为510万美元，1992年10月30日公司市值4.5亿马元。

合营制钢有限公司（Amalgamated Steel Mills Berhad） 马来西亚华人企业。简称ASM。1977年创办。地址在马来西亚吉隆坡。董事经理钟延森（William Cheng Teng Jenr）。主要经营钢铁业、百货与销售、交通工具装配、轮胎制造、可可食品、集装箱、房地产等业务。1990年6月至1991年6月营业额达17.94亿马元，税前利润达1.44亿马元，获纯利7810万马元。

名胜世界有限公司（Resort World Berhad） 马来西亚华人企业。地址在马来西亚吉隆坡。董事长林梧桐（Lim Goh Tong）。主要经营赌博、彩票、酒店、房地产等业务。1991年营业额达9.81亿马元，税前利润达4.047亿马元，1992年成为上市公司。该公司是云顶集团的子公司。

陈唱摩托控股有限公司（Tan Chong Moter Holdings Berhad） 马来西亚华人企业。原名为陈唱摩托父子有限公司，1958年成为日本日产汽车公司达善牌汽车在马来西亚的代理商，1959年改为控股有限公司。地址在马来西亚吉隆坡。董事长陈金火（Tan Kim Hor）。主要从事投资控股、生产和销售摩托车零件、装配和销售汽车。1991年营业额达20.18亿马元，税前利润2.36亿马元，获纯利1.42亿马元。该公司属下有陈唱父子摩托（马）有限公司、陈唱工业用具（马）有限公司、陈唱摩托装配（马）有限公司等13家子公司。

怡保工程有限公司（UM Corporation Berhad） 马来西亚华人企业。1983年创办。地址在马来西亚雪兰莪。董事经理吴再杰（Wu Zai Jie）。主要从事建筑、制造工程产品、采石、油棕种植、产业发展等业务。1991年营业额达6.4亿马元，税前利润3140万马元。1986年成为上市公司，1992年10月30日公司市值5.2亿马元。该公司是怡保花园集团的子公司。该公司属下有怡保花园建筑公司、GR混凝土私人有限公司、朱鲁达马私人有限公司、马来西亚石矿产品私人有限公司、卡末采石私人有限公司等5家子公司。

玻璃市种植有限公司（Perlis Plantations Berhad） 马来西亚华人企业。1968年创办。地址在马来西亚吉隆坡。董事经理许振培。主要从事制糖业，兼营种植园、房地产业务。1991年6月至1992年6月营业额达10.643亿美元，获纯利4469万美元，总资产为4.982万美元。该公司糖产量占马来西亚原糖产量的80%，世界糖市的10%。该公司是马来西亚第6大企业，是郭氏兄弟集团在马来西亚规模最大、赢利最多的企业。该公司属下有联邦面粉厂有限公司、拉曼锡矿有限公司、香格里拉酒店有限公司等子公司。

郭氏兄弟有限公司（Kouk Brother Shd Berhad） 马来西亚华人企业。1949年创办。地址在马来西亚吉隆坡。董事长郭鹤年（Kouk Hoch Nien）。主要经营米糖面粉贸易、油棕种植、房地产、酒店、制造、通讯等业务。财富净值估计约17亿美元。该公司在马来西亚、新加坡、泰国、菲律宾、印尼、法国、加拿大、墨西哥、智利、斐济、香港等地设有多家分公司。目前该公司发展重点转向中国大陆和香港地区，资产达32亿美元，并在中国许多城市投资。该公司是马来西亚最大的跨国企业集团。

联邦面粉厂有限公司（Federal Flour Mill Berhad） 马来西亚华人企业。1962年创办。地址在马来西亚吉隆坡。董事经理胡兆南。主要从事面粉、食油、饲料的生产和贸易等业务。1991年6月至1992年6月营业额达7.32亿美元，获纯利2750万美元。该公司有6家子公司：新山面粉厂、巴西古当食油有限公司、德高有限公司、友谊贸有限公司、幸福企业有限公司、霹雳大厦有限公司。

印度尼西亚

力宝太平洋金融有限公司（Lippo Pacific Finance Ltd.） 印度尼西亚华人企业。1982年创办。地址在印度尼西亚雅加达。董事长李文正（Lee Mo Sen）。从事金融业务。1991年自有资本305.4亿盾，获纯利51.2亿盾。该公司是力宝集团所属企业，负责力宝银行、力宝土地公司、力宝保险公司、力宝技术咨询公司的业务，并向企业发放贷款。

中策投资有限公司（China Stratigic Investment Itd.） 印度尼西亚华人企业。1990年创办。由金光集团收购香港加里山发展公司后改为现名。地址在香港。董事长黄奕聪（Qei Ek Tjhong），又名艾卡·吉卜达·威查雅（Eka Cita Widjaja）。主要经营造纸、啤酒、橡胶、拖拉机、化工、轻工、运输、房地产开发、旅游、财务咨询等。该公司在中国宁波等有投资。

巴里多太平洋木材集团（Barito Pacific Timber Group） 印度尼西亚华人企业集团。1977年创办。地址在印尼雅加达。董事长彭云鹏，又名布拉约哥·班克斯杜（Prajogo Pangestu）。主要经营木材、种植、制糖、纸浆、金融、运输、石化、旅游、房地产等。1991年营业额达15亿美元，资产额为30亿美元。该集团是世界最大胶合板生产和出口企业之一，属下有120多家公司。

印尼卜蜂正大公司（Charoen Pokphand Indonesia Co.） 印度尼西亚华人企业。地址在雅加达。总裁谢仲民。主要生产家禽、家畜饲料。1991年6月至1992年6月营业额达1.41亿美元，获纯利1130万美元。

印尼水泥有限公司（Indocement Tunggal Parkasa Ltd.） 印度尼西亚华人企业。1973年创办。地址在印尼雅加达。董事长林绍良（Liem Sieo Liong）。经营水泥。年产水泥7.7亿吨，占印尼水泥产量的44%。1991年营业额达3.955亿美元，获纯利1.583亿美元。该公司是三林集团所属企业，是世界第三大水泥公司，拥有8家水泥厂。

印尼布拉查实业有限公司（Plaza Indonesia Realty Itd.） 印度尼西亚华人企业。1983年创办。地址在印尼雅加达。董事长黄奕聪（(Qei Ek Tjhong)，又名艾卡·吉卜达（Eka Cipta Widjaja）。主要经营旅馆和超级市场。1991年资产达5806.1亿盾。自有资本为955.1亿盾，获纯利112.9亿盾。该公司属金光集团，拥有布拉查巴有限公司和布拉查药房等子公司。

印多汽车有限公司（Indo Mobil Utama Ltd.） 印度尼西亚华人企业。1980年创办。地址在印尼雅加达。董事长林绍良（Liem Sieo Liong）。经营汽车。1990年收入为10万亿盾。该公司是三林集团的子公司，是日本马自达、日产、铃木、日野汽车和瑞士沃尔沃汽车、卡车的代理商。

永吉纸浆和纸张公司（Indah Pulp and Paper Corp） 印度尼西亚华人企业。1976年创办。地址在印尼雅加达。董事长黄奕聪（(Qei Ek Tjhong)，又名艾卡·吉卜达·威查雅（Eka Cipta Widjaja）。生产纸浆和纸张。1991年营业额达2.148亿美元，获纯利9100万美元。该公司属金光集团，是世界10大纸张生产商之一，拥有4家工厂，纸张产量占印尼纸张产量的70%。

阿斯特拉国际集团有限公司（Astra International Group Ltd.） 印度尼西亚华人企业。1957年创办。地址在印尼雅加达。总裁谢建隆（Tjia Kian Liong），又名威廉·苏里雅查雅（William Soeriadjaja）。主要从事汽车、重型机械、电子、贸易、汽车装配等业务。1991年6月至1992年6月营业额达25.29亿美元，获纯利1.07亿美元，总资产为23.53亿美元。

第一太平集团（First Pacific Group） 印度尼西亚华人企业。1990年创办。总部设在百慕大，香港为活动基地，地址在香港中环交易广场第二期24楼。董事长林绍良（Liem Sioe Liong）。主要从事贸易、通讯、投资、银行业务。1992年资产额为17.56亿美元，营业额达25.3亿美元，获纯利3710万美元。该集团是三林集团的核心企业，属下有75家公司，分布在亚太、欧、美24个国家和地区，主要有：哈马克洋公司、伯利朱克公司、梅特罗药品公司、环太平洋通讯公司、第一太平股份银行公司、第一太平土地公司。

集卫化工造纸厂有限公司（Pabrik Kertas Tjina Kimia Ltd.） 印度尼西亚华人企业。1972年创办。地址在印尼泗水。董事长黄奕聪（Qei Ek Tjhong）。主要从事造纸业。1992年营业额达169亿美元，获纯利410万美元，1991年资产额为1.1万亿盾，自有资本达3718.9亿盾。该公司是金光集团所属企业。

菲 律 宾

《马尼拉公报》出版公司（《Manila Bulletin》Publishing Corp.） 菲律宾华人企业。1957年创办。地址在菲律宾马尼拉。董事长埃米利奥·叶(Emilio Yap)，华名叶应禄。总资产2050万美元，1992年营业额达41.65亿美元，税前利润11.93亿美元。主要出版发行《马尼拉公报》，另发行《新闻报》日报和《全景》、《黎明》周刊。报刊发行总量为7830万份，其中《马尼拉公报》是菲律宾销售量最大的日报。

伟廉船务公司（William Lines Inc.） 菲律宾华人企业。1949年创办。地址在菲律宾大马尼拉区卡洛奥坎。公司创办人兼总裁伟廉·钟比安(William Chiong-bian)，华名钟福华。主要从事内陆客运和货运服务业务。1990年总收入达13.5亿比索，总资产为9.86亿比索。该公司是菲律宾第二大船务公司，拥有22艘客轮和货轮。

利顿纺织公司（Litton Textile Mills） 菲律宾华人企业。地址在菲律宾马尼拉。总裁约翰·吴光伟(John Gokangwei)。从事纺织业。1990年总资产为14.39亿比索，股本为8.07亿比索。该公司是吴光伟集团的子公司，是菲律宾最大的纺织企业。

房地产投资联合公司（House of Investments Incorporated） 菲律宾华人企业。70年代创办。地址在菲律宾马尼拉。董事长阿方索·杨钦国(Alfonso Yuchengeo)，华名杨应琳。主要从事投资、保险、贸易、房地产开发业务，兼营罐头、食品和农业综合性企业。1992年营业额达83.3亿美元，税前利润7.05亿美元。该公司属下有6家房地产和贸易公司。

首都银行（Metro Bank） 菲律宾华人企业。1962年创办。地址在菲律宾马尼拉。董事长S·K·乔治·郑(S. K. George Ty)，华名郑少坚。1992年总资产为546.74亿比索，获纯利为10.27亿比索，股本为38.56亿比索。该银行是菲律宾第二大私营商业银行，是菲律宾26家商业银行中赢利最多的银行，在菲律宾、台湾、香港、美国等地设有200多家分行。

福川烟草公司（Fortune Tobacco Corp.） 菲律宾华人企业。70年代初创办。董事长陈永栽（Tan Lucio)。主要生产"希望"和"冠军"牌香烟。日产1.5万箱，销售量占菲律宾市场的68%。1992年营业额达4.26亿美元。该公司是菲律宾最大的香烟生产企业，在台湾设有福川烟草机械公司，在巴布亚新几内亚有烟草种植园。

鞋市有限公司(Shoe Mart Inc.） 菲律宾华人企业。1975年创办。地址在菲律宾马尼拉。董事长亨利·施(Henry Sy)，华名施至成。主要经营百货。1990年总资产达1.69亿美元，股本额为2379亿美元，1991年6月至1992年6月营业额达2.97亿美元，获纯利1550万美元。该公司商品销售额占菲律宾百货销售额的40%。

泰国

卜蜂东北饲料有限公司(Charoen Pokphand Northeastern Co., Ltd.） 泰国华人企业。地址在泰国曼谷。行政首脑谢国民(Dhanin Chearvranont)。主要从事饲料及肉品加工业务。1991年6月至1992年6月营业额达7852万美元，获纯利为488万美元。

卜蜂饲料有限公司（Charoen Pokphand Feedmill Co., Ltd.） 泰国华人企业。地址在泰国曼谷。行政首脑谢国民（Dhanin Chearаranont)。主要从事饲料生产和家畜饲养业务。1991年6月至1992年6月营业额达4.1亿美元，获纯利为3592万美元。

北榄鳄鱼湖地产有限公司（Samut Prakan Crocodile Construction and Iand Co., Ltd.） 泰国华人企业。1955年创办。地址在泰国北榄府。董事长乌泰·拥帕功(Utai Youngprapakorn)，华名杨海泉。主要从事土地和养殖业。拥有地产总值约31.2亿铢，1991年鳄鱼皮收入为1.2亿铢，另每年鳄鱼湖吸引150万游客，每票收入达1.8亿铢。

青山制衣有限公司（Castle Peak Garment Factory Co.，Ltd.）　泰国华人企业。1976年创办。地址在泰国曼谷。董事长汶初·蓬差龙（Boonchoo Poonchaloem），华名颜开臣。主要从事服装业，生产高档风衣、外套、滑雪衫、T恤衫。产品年出口额达3500万美元，远销欧美和日本等国。该公司是泰国服装行业最大企业之一。

泰华有限公司（Thai Wah Company Ltd.）　泰国华人企业。地址在泰国曼谷。董事经理何光平。主要经营木薯淀粉生产及房地产开发。1991年6月至1992年6月营业额达86.08亿美元，获纯利957万美元。

萨哈联合有限公司（Saha－Union Corp.，Ltd.）　泰国华人企业。1942年创办。地址在泰国曼谷。董事长庵雷·威拉旺（Amnuay Viravan），华名林日光。主要从事纺织品生产和销售业务。1991年营业额达4.58亿美元，税前利润达2400万美元，资产为20亿铢。

曼谷土产公司（Bangkok Produce Merchandising Co.）　泰国华人企业。地址在泰国曼谷。行政首脑谢国民（Dhanin Chearavanont）。主要从事饲料生产和销售业务。1991年6月至1992年6月营业额达5.83亿美元，获纯利4.37亿美元。

曼谷农工产品有限公司（Bangkok Agro-Ind. Products Co.，Ltd.）　泰国华人企业。地址在泰国曼谷。行政首脑谢国民（Dhanin Chearenvanont）。主要从事饲料生产、家畜饲养、果园种植等业务。1991年6月至1992年6月营业额达8390万美元，获纯利565万美元。

曼谷置地有限公司（Bangkok Land Co.，Ltd.）　泰国华人企业。地址在泰国曼谷。行政总裁黄创保。主要从事房地产业务。1991年6月至1992年6月营业额达5.13亿美元，获纯利1.59亿美元。

盘谷银行（Bangkok Band Ltd.）　泰国华人企业。1944年创办。地址在泰国曼谷。常务董事会主席陈有汉（Chatri Sophonpanich）。主要从事商业银行存款贷款、农产品进出口信贷、珠宝贸易融资、房地产贷款等业务。1992年利润达162亿铢，资产总额为6660亿铢。该银行是泰国最大的商业银行，在泰国和香港、新加坡、台湾、马来西亚、日本、英国、德国、美国以及中国大陆设有300多家分行。

新　加　坡

永泰控股有限公司（Wing Tai Holdings Ltd.）　新加坡华人企业。董事长郑维强（Edger Cheng Wai Kin）。主要从事投资控股，兼营成衣生产和房地产业务。1991年营业额达1.92亿新元，获纯利1006万新元，1992年公司市值为3.97亿新元。

亚太酿酒厂有限公司（Asia Pacific Breweries Ltd.）　新加坡华人企业。首席行政人陈炎斌。主要生产啤酒。1991年营业额达6.99亿新元，获纯利6596万新元，1992年12月31日公司市值为13.58亿新元。

花沙尼有限公司（Fraster & Neave Ltd.）　新加坡华人企业。1964年创办。董事长范佑安（Michael Fam Yue Onn）。主要经营饮料、啤酒、日用品等。1991年营业额达13.28亿新元，获纯利5744万新元，1992年12月31日公司市值为20.11亿新元。该公司是新加坡纳税最多的企业之一。

杨协成有限公司（Yeo Hiap Seng Ltd.）　新加坡华人企业。董事长兼董事经理杨至耀（Alan Yeo Chee Yeow）。主要经营酱油、酱料、罐头食品、百事可乐等。1991年6月至1992年6月营业额达3.41亿新元，税前利润达544万新元，获纯利290万新元，实收资本为8000万新元。

李金塔控股有限公司（Lee Kim Tah Holdings Ltd.） 新加坡华人企业。董事长李松泰（音译）（Lee Soon Teck）。主要从事投资控股、建筑工程等业务。1991年6月至1992年6月营业额达1.26亿新元，获纯利280万新元。

林增控股有限公司（Lum Chang Holdings Ltd.） 新加坡华人企业。1984年成为上市公司。董事经理林国城。主要从事建筑工程业务，兼营酒店、股票经纪、投资、贸易等。1991年6月至1992年6月营业额达3.76亿新元，获纯利364万新元。

罗敏申有限公司（Robinson and Company Ltd.）新加坡华人企业。总裁陈振传（Tan Chin Tuan）。主要从事百货零售、投资、证券等业务。1991年至1992年营业额达1.73亿新元，税前利润2830万新元，1992年12月31日公司市值4.24亿新元。

金山电池国际有限公司（Gp Batteries Internationa（Ltd.） 新加坡华人企业。董事长罗仲荣。主要生产电池。1991年10月至1992年10月营业额达1.54亿新元，税前利润1550万新元，获纯利1395万新元。

虎豹兄弟国际有限公司（Haw Par Brothers International Ltd.） 新加坡华人企业。简称HAW PAR。1932年由胡文虎、胡文豹兄弟创办，名称为虎豹兄弟私人有限公司，1969年改用现名。1978年隶属于大华银行集团。董事长黄祖耀（Wee Cho Yew）。主要从事投资控股，兼营工业、纺织、医药、体育用品。1991年营业额达4.01亿新元，获纯利1736万新元。

城市发展有限公司（City Development Ltd.） 新加坡华人企业。1963年创办。董事经理郭令明（Kwek Leng Ming）。主要从事商业楼房、旅店、住宅公寓买卖。1991年营业额达5.44亿新元，税前利润1.32亿新元，获纯利5130万新元，总资产为31亿新元，1992年12月31日公司市值为20.51亿新元。该公司是新加坡丰隆集团的子公司，新加坡十大上市公司之一。

美罗控股有限公司（Metro Holdings Ltd.） 新加坡华人企业。董事经理王希权（Ong Tjoe Ltd）。主要从事百货和房地产业务。1991年6月至1992年6月营业额达40.2亿新元，获纯利565万新元。

联合工业有限公司（United Industrial Corporation Ltd.） 新加坡华人企业。简称UIC。董事长黄祖耀（Wee Cho Yew）。主要从事投资控股，兼营房地产、航运、制造、酒店等业务。1991年营业额达3.52亿新元，获纯利779万新元，1992年12月31日公司市值为10.7亿新元。

温兄弟有限公司（Wearne Brothers Ltd.） 新加坡华人企业。董事长唐义方（音译）（Tang I-Fang）。主要经营电脑和汽车。1991年6月至1992年6月营业额达9.3亿新元。

新加坡报业控股有限公司（Singapore Press Holdings Ltd.） 新加坡华人企业。1984年由时报出版公司、海峡时报公司、新加坡新闻与出版公司、新加坡报章服务公司联合组成。董事长林金山（Lim Kim San）。主要从事投资控股、出版、印刷等业务。1992年营业额达6.74亿新元，税前利润2.64亿新元，获纯利1.87亿新元，1992年12月31日公司市值为30.43亿新元。该公司是华侨银行集团的子公司，是东南亚最大的出版印刷企业，业务遍及亚太、欧美等许多国家和地区。

澳大利亚

兴系企业机构有限公司（Hing's Enterprises Pty. Ltd.） 澳大利亚华人企业。地址有澳大利亚墨尔本。董事长区镇标（Bill C. P. Au）。前身是区宝康创办的印务图书文具公司。现拥有香港长兴书局、悉尼宝康图书文具有限公司、宝康投资有限公司等。该公司是目前澳大利亚规模较大的图书公司。

黄氏实业有限公司(Huang Enterprises Pty. ltd.) 澳大利亚华人企业。地址在澳大利亚维多利亚州。董事长兼总经理黄耀徇(Huang Yoh Soong)。过去主要经营餐饮业，现主要经营进出口贸易、房地产等。拥有中国人参有限公司、中国中药保健食品有限公司、长江进出口有限公司。

巴　西

佩特罗帕企业集团(Petropar) 巴西华人企业。1989年创办。地址在巴西南里约格朗德州圣罗莎。主席林训明。1989年纯利润达1030万美元。主要经营石化产品、石化产品加工、农业、林业、畜牧业、肥料制造等。作为控股公司，属下有菲特莎有限公司、聚丙烯工业公司、佩特罗帕林业有限公司、佩特罗帕贸易有限公司、佩特罗帕化工有限公司。该集团是目前巴西主要石化企业之一。1991年开始向海外发展，在美国北卡罗来纳州办起海外企业——阿特拉斯(Atlas)，投资1200万美元，年产5000吨无纺布。

(中国工运学院　张方伟)

部分华人企业家

台　湾

王又曾(1927—) 中国力霸股份有限公司董事长兼总经理。祖籍中国湖南省长沙市。湖南省立商专毕业。早年当过学徒，抗日战争胜利后去台。在台初期经营毛巾纺织厂，后与阎奉璋共同创办中国力霸公司、嘉新面粉饲料油脂公司、嘉苹企业公司等，形成中国力霸企业集团。1993年王决定投资2.8亿元新台币，在大陆华中、华南等地设面粉厂、油脂厂、百货业等。王现任台湾商业总会理事长，与辜振甫、许胜发被并称台湾工商界三巨头，国发党第十四届中央委员。力霸集团1993年事业资产总值934亿元新台币，财富净值250亿元新台币，1995年为280亿元新台币。在台民营大企业集团中，排名第14位。

王玉云(1925—) 台湾华荣电线电缆股份有限公司董事长。生于台湾省高雄县，祖籍中国福建晋江。毕业于台湾公学校。曾任高雄市警察局侦缉队员、刑警队员。1956年与其兄王玉发共同创办华荣铜铁工业公司，从事拆船及钢盘产销，任董事长。后生产电线电缆，成立华荣电线电缆公司。1969年另成立第一铜铁公司。曾任杰兴海运公司、台湾肥料股份有限公司董事长，台湾区旧船解体工程同业公会理事长，台湾区电线电缆公会常务理事，高雄国际同济会会长等职。曾在高雄市政坛十分活跃，历任高雄市议会副议长、议长、市长，是国民党第十一至十三届中央委员。目前事业横跨金属、新闻、通讯、金融、证券等领域，兼任中兴商业银行股份有限公司董事长。妻李素梅。

尹衍梁(1950—) 台湾润泰纺织股份有限公司董事长。生于中国台湾，祖籍中国山东省日照县。台湾中国文化学院历史系毕业，台湾大学商学研究所硕士，政治大学企管研究所博士。其父尹书田1953年创办润华纺织厂，1956年成立润华染织厂股份有限公司，逐渐形成润泰关系企业集团。大学毕业后，他即进入公司磨炼，父亲去世前已接管了集团的多数事业。曾任华信纺织公司总务经理、润泰工业公司常务董事兼执行副总经理等职，1978年被评为台湾第八届纺织界杰出青年工程师。现任润泰纺织、润泰建设、润泰水泥、润荣贸易等公司董事长、台湾“经济部”产业发展咨询委员会委员、国民党党营事业管理委员会委员等职。1989年在大陆设立光华奖学金，为20所大学学生提供奖学金。

叶松根(1940—)　台湾羽田机械股份有限公司总经理。中国台湾省台中市人，毕业于台湾侨光商业专科学校企业管理科、政治大学企业管理研究所。起初在铁厂当学徒，1964年与妻林月昭创办羽田机械公司，生产摩托车。1972年与意大利公司技术合作成立比雅久公司，1978年与法国公司技术合作成立台湾标致汽车公司。曾任台湾区车辆工业同业公会理事、彰化县工业会常务理事、台湾机车安全协会常务理事等职。从事交通工具及零部件的生产销售已有二十余年历史，经验丰富，在业界关系良好，1993年事业资产总值227亿元新台币。现任台湾比雅久、大叶重工业、标致汽车、大叶高岛屋百货、新力铝压铸等公司董事长兼总经理。妻林月昭任羽田机械公司董事长。

许文龙(1928—)　台湾奇美实业股份有限公司董事长。中国台湾省台南市人。台南工业学校高级部毕业。1959年与其弟许鸿彬创立奇美实业公司，生产压克力玻璃与化学树脂。因经营得法，业务日益扩展。1965年与日本公司合资成立奇菱树脂实业公司，从事塑胶加工及制品的生产销售。1967年成立佳美贸易公司，从事进出口贸易。1971年成立奇美油仓公司及奇美冷冻食品公司，分别从事设备出租及冷冻食品生产。1979年保仁工程公司成立，承揽化学工厂的设计建造业务。目前所属6家公司，化学树脂生产规模居全岛之首，1992年底资产总额达203亿新台币，当年营业收入净额214亿元。现任佳美贸易、奇菱树脂、奇美油仓等公司董事长，奇美医院、奇美文化基金会董事长。

杨天生(1940—)　台湾长亿企业董事长兼总经理。中国台湾省台中市人。台中市新民商工学校、美国加州联合大学社会科学系毕业。早年从事塑胶工业，经营各种橡、塑胶制品加工买卖，1976年合资创办长亿实业公司，从事住宅建造、出租及出售，1978年成立长生营造公司与长生投资公司，经营建筑业及投资业务，1988年夏又成立长亿音乐兴业公司，从事游乐设施开发。目前长亿集团企业达25家，其中建筑业8家，金融业3家，投资业4家，娱乐事业3家，总资本额达71亿元新台币。现为长亿实业、长生营造、长生投资等公司董事长，台湾“国民大会代表”，国民党第十四届中央委员，在台中地区颇具影响。长子杨文欣任长亿实业公司副董事长、台湾省议会副议长。

吴东进(1945—)　台湾新光人寿保险公司董事长。中国台湾省台北市人。台湾成功大学毕业，曾赴美国纽约州立大学进修。返台后在其父吴火狮经营的企业任职。1986年吴火狮去世后，吴氏家族公推吴东进担任新光集团董事长。其经营信念是：维持现状就是落伍，研究发展才有进步。现已拥有21家分公司，并在美国、新加坡、泰国等地均设有子公司，成为台湾前五名民营大企业集团之一。1993年新光集团资产总值1870亿元新台币，事业营业额904亿元新台币，财富净值400亿元新台币，1995年财富净值达1150亿元新台币。妻子许娴娴，是台湾太子汽车企业集团董事长、现国民党中常委许胜发之女。

吴修齐(1913—)　台湾台南纺织股份有限公司董事长。中国台湾省台南市人，小学毕业。16岁到布店当学徒，22岁与亲友合资开办新和兴布行，任经理。1955年与其叔吴三连，弟吴尊贤等人集资创立台南纺织公司，任总经理。其后又陆续建立了一系列企业，形成台南纺织企业集团。经营企业奉行“三守一诚”原则，即守法、守信、守时和诚心，坚持“三好一公道”，即品质好，信用好，服务好和价钱公道。曾任台南市政府顾问、台湾区棉纺工会常务董事、台南市都市计划委员会委员等职。目前是台南纺织企业集团核心人物，该集团属下 11 家企业，1992 年底资产总值 446 亿元新台币，当年营业收净额 198 亿元。现任统一企业、南纺企业、太子建设开发等公司董事长。妻赖莲樵。

吴舜文(1913—)　台湾裕隆汽车制造股份有限公司董事长，女。中国江苏省常州市人，上海圣约翰大学毕业，美国哥伦比亚大学文学硕士。其夫严庆龄早年在上海从事纺织及机械业，1949 年迁厂至台，设立台元纺织厂。1953 年创办裕隆汽车公司，1956 年扩大更名为裕隆机械制造厂公司，陆续成功生产了吉普车、卡车、轿车。1981 年严庆龄病逝后接掌集团运营。1986 年制造出第一辆台湾自己设计的轿车。目前裕隆集团横跨汽车、纺织及建筑三大行业，1992 年底资产总额达 622 亿元新台币，当年营业收入 797 亿元新台币。曾任台湾政治大学、东吴大学教授，新埔工专校长，台湾第一届十大杰出企业家。现任江申工业、台文针织、中华台亚、中华汽车、台元纺织、台惟工业、力大投资、文生开发等公司董事长。

何寿山(1929—)　永丰余造纸厂股份有限公司董事长。永丰余集团的灵魂人物。中国台湾省台南市人，美国华盛顿州立大学化学系毕业。该集团的创始人是何寿山的上一辈何传、何永、何义三兄弟。早在日本占领时期，何氏三兄弟就与日本商社建立了商务关系，该集团的贸易公司也以经营台日间的贸易为主。何寿山是何传的长子，何传去世后，子继父业，何寿山出任永丰余集团的核心企业永丰余造纸股份有限公司董事长。目前该公司主要生产铜板纸、白板纸、模造纸、打字纸及其他特殊用纸，是台湾造纸业界的龙头。何寿山在印尼、泰国和中国大陆均有投资。何寿山 1993 年的事业资产总值 1589 亿元新台币，营业额 377 亿元新台币，财富净值 200 亿元新台币，1995 年为 280 亿元新币，在 1995 年《台湾百大富豪排行榜》中，名列第 12 位。是台湾民营大企业之一。

邱弘文(1925—)　和成欣股份有限公司董事长，和成企业集团核心人物。中国台湾省台北县人，淡水高中毕业。高中毕业后即帮助其父邱和成创业，以和成制陶厂起家，1961 年改组为和成窑业公司，1982 年易名为和成欣业公司。其后不断创立新公司，历任和隆兴业公司、和大贸易公司、邱和成慈善基金会董事长，台湾陶业研究学会理事，财团法人台北县私立广慈博爱基金会董事等职。和成企业集团以卫浴陶瓷为主，并能生产建筑材料及高科技精密陶瓷等相关产品。除了和成欣企业外，邱弘文与其五个弟弟或合作或独资投资多家企业，较知名的有正章汽车、和成建设等。土地资产更是邱氏家族的另一大财富，仅和成欣企业就拥有 16.5 万平方米土地。1993 年和成集团事业资产总值 36 亿元新台币，营业额 37 亿元新台币，财富净值 130 亿元新台币，1995 年达 170 亿元新台币。

陈由豪(1940—)　东云合成纤维股份有限公司董事长，东帝士集团执行总裁。中国台湾省台南市人，台湾大学经济系毕业。历任台南大饭店公司总经理，东云纺织公司董事长，东资服装、建东贸易公司董事长，东帝士营造公司、中安观光企业公司董事长，建台水泥公司总经理，东和纺织印染公司常务董事，台南大饭店公司常务监察人，东丰印染公司监察人等职。东帝士企业集团原由台南市旺族郑氏(郑旺)与陈氏(陈清晓)两家族共同投资创立的。后相互独立，自成体系。陈由豪继成父业，主持东帝士集团已十多年，投资规模不断扩大。1993 年资产总值 631 亿元新台币，营业额 230 亿元新台币，财富净值 300 亿元新台币，1995 年其财富净值为 350 亿元新台币。

陈江章(1920—) 台湾东南水泥股份有限公司董事长。生于台湾省高雄市，祖籍中国台湾省澎湖县。高雄商工专科学校毕业。1946 年开办振华营造厂，任经理。1956 年与亲友合资创建东南水泥公司，1964 年成立台湾混凝土工业公司，生产预拌混凝土。1966 年成立东南造纸公司，生产水泥包装袋及牛皮纸等。1969 年建立东南实业建设公司，从事房屋营建工程。1980 年成立南厦木业公司，生产木门等木制品。1974 年出资成立东南文化基金会，任董事长，向大中院校贫苦学生及企业职工深造提供资助。曾首创大力式 AUTB 型水泥堡嵌砖、平顶空心砖。现任台湾混凝土工业、东南浩纸、东南实业建设、南厦木业等公司董事长。妻赵树。

张国安(1926—) 台湾丰群企业集团董事长。中国台湾省台北市人。毕业于台北工业专科学校机械系。1945 年日本投降后，由教育界转入商界。初期主要做进口机车及零件买卖。1952 年与黄继俊合资开办三阳电机厂，制造自行车磨电灯，1959 年改组为三阳电机公司，1961 年再改组为三阳工业公司，生产机车和汽车，任总经理。1972 年创办丰群水产公司，从事远洋渔业和水产品加工，任董事长。1983 年成立丰群投资公司，1984 年创立生产汽车安全带的美安工业公司，1985 年购入来来百货公司，1989 年成立万客隆公司，从事批发商业。目前丰群企业总资本额 53 亿元新台币。现任丰群水产、喜年来，丰群来来百货、富群超商、万客隆等公司董事长。妻朱彩娟。

张荣发(1927—) 长荣企业集团总裁。中国台湾省基隆市人。台北商业实践学校毕业后，到日本人开办的南日本汽船株式会社当海员努力钻研海运知知识，在同行中脱颖而出。从海员、课员升至船长。1961 年创办新台海运公司，1965 年成立中央海运公司，1968 年创立长荣海运公司，其后又创办长荣货柜、长荣运输、长荣超合金等 10 多家子公司，形成实力雄厚的长荣集团。该集团拥有 60 多艘现代化巨型货轮，航线遍及四大洋各航线。1993 年，创办的长荣航空公司开始营运。1993 年长荣集团资产总值 937 亿元新台币，营业额 476 亿元新台币，财富净值 500 亿新台币，1995 年财富净值 535 亿元新台币。

张建安(1925—) 禾丰企业集团核心人物。中国台湾省台中县人。张建安家族都不愿与媒体打交道，虽与政界关系良好，但从不爆光，因此，外界对其所知甚少。目前禾丰关系企业集团的实际经营者是张建安的儿子国产汽车股份有限公司董事长张朝翔。该集团以销售和制造汽车为主，现代理销售美国通用汽车、钍星汽车、欧宝汽车和法国的雪铁龙汽车。1993 年正式制造欧宝汽车在台湾上市。该集团也涉足房地产业，大台北华城便是其旗下的知名之作。禾丰企业集团 1993 年事业资产总值 353 亿元新台币，事业营业额 181 亿元新台币，财富净值 200 亿元新台币，直至 1995 年其财富净值未见明显变化，在台湾民营大企业中保持住第 17 位。其兄张添根是鸿禧关系企业集团的核心人物。

林义守(1941—)台湾烨隆企业股份有限公司董事长。中国台湾省台中县人，初中毕业。1969 年赴高雄创业，以贩布起家，后开旅馆。1978 年创办烨兴钢铁公司，以后又陆续成立烨隆(1983 年)、烨茂实业(1984 年)、烨辉企业(1986 年)、烨联钢铁(1988 年)等公司，烨隆钢铁集团由此形成。他灵活的经营手段，企业经营相当得法，目前烨隆已成为全台湾仅次于“中国钢铁公司”的第二大钢铁集团，1992 年底资产总额达 367 亿元新台币，当年营业收入 224 亿元。现任烨兴企业、烨辉企业、烨茂实业及烨联企业等公司董事长。妻蔡月娥是其主要的经营合伙人。

林玉嘉(1916—) 台湾玻璃工业股份有限公司董事长。中国台湾省台北市人，毕业于上海摩利斯英语学校、高雄商学校。1943年继承父业成立林嘉成嘉记行，从事汽车进出口贸易。1945年日本投降后，创建台丰渔业公司、台丰水产公司和台丰制冰公司，1959年合并改组为台丰实业公司，生产汽水、可乐等饮料。1964年建立台丰建设公司，从事房地产买卖。同年与人合资创建台湾玻璃工业公司，1968年成立台丰投资公司，1977年成立台丰园艺公司，经营园艺与花卉买卖。1980年与英商合资建立台福玻璃工业公司。台湾玻璃工业公司的产品占领了岛内市场的三分之一，并出口美国、东南亚等地。现任台湾玻璃工业、台福玻璃工业、台丰投资、台丰渔业、台成投资等公司董事长。

林荣三(1950—)　金荣工业股份有限公司总经理，联邦建设集团核心人物。中国台湾省台北市人。开南商工职业学校高商部毕业。发家之初，与其兄林堉琪、林堉璘共同从事食米加工业。1968年独资创建联邦建设公司，逐步发展成以金融、营建类为骨干的实力雄厚的联邦建设集团，成为台北县大财团三重邦的重要领袖。历任联邦建设、联邦染整公司董事长，民众日报、自由时报董事长，联邦银行的决策人物。1975年当选“立法委员”，1980年转任”监察委员”，1991年兼任国民党中央政策会副主委，1992年当选第八届“监察院”院长，同年底退职。现是国民党第十四届中央委员。联邦建设集团1993年事业资产总值126亿元新台币，营业额8亿元新台币，财富净值300亿元新台币。

林挺生(1919—)　大同股份有限公司董事长。中国台湾省台北市人，1942年毕业于台湾大学化学系。其父林尚志于1918年创办协志商号，经营土木建筑工程业，1938年又成立大同制钢机械公司。林挺生大学毕业后，即进入大同公司，经营大同铁工所。大同集团骨干企业是电机类。现拥有福华电子公司、中华电子投资公司、尚志精机公司、大同贵金属公司等27家企业。该集团与美日资本关系密切，7家日本企业与3家美国企业在大同10家子公司中占有股份。林挺生现是国民党十四届中央评议委员会主席团主席。1993年大同集团事业资产总值748亿元新台币，营业额605亿元新台币，1995年财富净值220亿元新台币。

林堉璘(1936—)　宏泰建设股份有限公司董事长。中国台湾省台北县人。林堉璘、林堉琪、林荣三三兄弟以卖米起步，后发展成大米批发商。1968年三兄弟分家，但都不约而同将事业转到建筑界。林堉璘经营的宏泰建设集团就是三重帮房地产王国的三大要角之一。近来林堉璘又进军金融业，开设了宏泰银行。林堉璘是三重帮中最神密的富豪，其实力一直深不可测。从1989—1991年，林堉璘出售土地(包括人头)所得价款，估计有50亿元新台币，而这些土地的持有成本只有十分之一。据此推测，林家单靠出售土地，获利可在百亿元新台币，其实力由此可见一斑。宏泰集团1993年资产总值106亿元新台币，营业额26亿元新台币，财富净值300亿元新台币。

林谢罕见(1937—)　宏国建设集团董事长。女，中国台湾省台北县人。1977年其夫林堉琪病故后，林谢罕见出掌宏国建设集团，成为三重帮中林氏家族的三巨头之一。林谢罕见拥有宏国建设、宏国木业和与国民党党营事业合资的中联信托等公司。宏国建设集团近几年经营规模并未明显扩大，而是忙于企业内部的新旧传承。目前其子林鸿明、林鸿道等人已陆续接下企业的经营重任。1995年宏国建设集团的财富净值为300亿元新台币，已连续三年稳居《台湾百大富豪排行榜》的第11位。

苗育秀(1908—)　台湾联华实业股份有限公司董事长。中国山东省牟平县人，牟平县立中学毕业。早年在青岛经商，赴台后经营台湾宝华商行，从事进出口业务。1955年设立联华实业公司，生产面粉，其后采取多元化经营策略，生产大麦片、大麦粒及各种工业用气体、机械工具等设备。1960年创立中国理化工业公司,从事氧气、氮气的生产,1985年与英国公司技术合作成立的联华气体工业公司合并。1976年成立联华低温设备公司,1976年成立联成石油化学公司。1980年与澳大利亚公司合资成立联国医疗气体公司。联华企业集团所属5家企业,1992年底资产总额162亿元新台币。现任联华实业、联成石油化学、联华气体工业、中华书局等公司董事长。目前事业主要已由长子苗丰强主持。

周音喜(1939—) 台湾中兴纺织厂股份有限公司董事长。女,中国台湾省台北市人,小学毕业。其夫鲍朝枟1949年创立中兴织造厂公司,产销棉织内衣,1967年增资改组为中兴棉织厂公司,1969年复增资更名为中兴纺织厂公司。以后又逐渐扩充建厂,形成从原料到成衣的一贯作业生产,以自创品牌“三枪牌”及“宜而爽”畅蚀岛内外。1974年投资成立台湾电路公司,从事印刷电路板的产销。1984年成立极兴染织厂公司,从事染整加工业务,1985年购并中兴百货公司。1988年鲍朝枟去世后接掌企业集团,开拓经营项目,已在上海设厂生产。目前中兴纺织企业集团属下5家公司,1992年底资产总额达242亿元新台币,当年营业收入159亿元。现任台湾电路、极兴染织厂、中兴百货、三枪企业等公司董事长。

钟正光(1947—) 台湾长谷企业集团总裁。中国台湾省澎湖县人,台湾中兴大学毕业,日本早稻田大学商学研究所经营管理研究科结业。1978年与同乡集资创立长谷建设公司,1979年另设长家开发公司,1982年设立长家营造公司,与长谷建设公司分工合作,1988年兴建50层世贸联合国大楼,一举打响知名度。由于经营得法,在高雄市拥有广泛的政商关系,迅速成长为台湾中大型规模企业集团。目前该集团下属11家公司,1992年底资产总额达119亿元新台币,当年营业收入40亿元新台币。曾任东南水泥公司营业主任、台湾第十届创业青年楷模。现任长谷建设公司总经理,神岗企业、厚译投资、长家营造工程、长家开发及长松休闲等公司董事长。妻陈彩繁是长谷建设公司董事长陈松林之女。

侯博义(1950—) 台南纺织集团股东、统一集团股东。台南帮的主要成员之一。台湾省台南市人。侯博义与候博明、侯博裕三兄弟是台南帮开山大老侯雨利的嫡孙,1989年其祖父侯永利、父亲侯永都先后去世,侯氏兄弟继承了巨额财富,除拥有台南帮各大企业可观的股票外,在台南安南区和台北士林区各有一大片土地。侯博义家族虽名列台湾10大富豪之一,但对投资办企业或开发房地产等商业活动并无兴趣,因此其财产几年来无明显增长,从1993年至1995年,财富净值一直维持在300亿元新台币左右。

洪游勉(1917—) 台湾松下电器股份有限公司董事长。女,中国台湾省台北市人,中学毕业。其夫洪建全1945年成立建隆行,1949年改向日本进口电器产品,1953年取得日本松下电器产品的代理权,以“国际牌”行销岛内,1956年成为日本松下公司的台湾总代理,1962年与日本合资成立台湾松下电器公司。同年成立国际电化商品公司。1986年洪建全病逝,先由长子洪敏隆继任,1990年洪敏隆病逝后始接管企业集团。目前台湾松下企业集团独占台湾家电业鳌头,并横跨金融证券业,有12家分公司,1992年底资产总额298亿元新台币,当年营业收入净额284亿元新台币。现任国际电化商品、国齐建设事业等公司及洪建全教育文化基金会董事长,其子洪敏弘任建弘证券投资信托公司董事长。

徐旭东(1942—) 远东纺织股份有限公司董事长。中国台湾省台北县人,生于中国江苏省海门县。1967年美国圣母大学毕业,返台后在其父徐有痒创办的远东纺织公司任常务董事兼执行副经理、亚东化纤公司总经理。此后历任远东纺织公司常务董事兼总经理、远扬精密机械、马来西亚制衣公司总经理，亚洲水泥公司、远东百货、裕民航运、亚东证券、远东国际商业银行董事长。远东集团现拥有21家子公司，是台湾民营大企业之一。其父徐有痒曾被美国《资本家》列为世界大富豪之一。现该集团已由徐旭东经营。1993年远东集团的资产总值1517亿元新台币，营业额637亿元新台币，财富净值600亿元新台币。连续两年台湾百大富豪排行榜上名列第五位。

黄世惠(1926—)　三阳股份有限公司董事长。庆丰投资集团核心人物。中国台湾省台北市人。1951年台湾大学医学院毕业，获美国华盛顿大学医学院博士学位。曾任美国圣路易市立医院神经外科主任，日本淀川基督医院代院长。1979年其父黄继俊病故后，黄世惠返台继承父业，弃医从商。先后创办庆丰投资、中联租赁、中贤企业公司等，逐步形成庆丰企业集团。目前，三阳公司生产的三阳嘉美汽车在台十分畅销。黄世惠于1993年来大陆考察市场情况，在福建厦门市投资建厂。但其投资主要目标是越南。1993年黄在越南的投资金额高达5500万美元，是台商在越南投资的最大款项。该集团1993年资产总额1271亿元新台币，营业额483亿元新台币，财富净值230亿元新台币，1995年为250亿元新台币。

翁大铭(1950—)　华隆微电子公司董事长。华隆集团核心人物。祖籍中国浙江鄞县。台湾政治大学银行系毕业。1977年其父翁明昌病逝，他的叔伯们只分给他一小部分产业。翁善于经营，重振华隆企业声威，除炒股票、炒地皮外，已将企业发展重心转向电子业。翁大铭是台湾大富豪之一，1992年当选台湾第二届“立法委员”，1993年在申报公职人员财产时，仅有价证券、债权、事业投资三项就达80亿元新台币。后因华隆售地案、竹南购地案，于1993年10月被台湾高等法院判处二年半徒刑。翁现已退居幕后，除在华隆微电子公司任职外，不再其它关系企业挂任何头衔。1993年该集团事业资产总值1008亿元新台币，营业额633亿元新台币，财富净值200亿元新台币。1995年达215亿元新台币。

辜振甫(1917—)　和信企业集团核心人物，台泥股份有限公司董事长兼总经理。中国台湾省台北市人，祖籍中国福建省惠安县。1940年台北帝国大学毕业。1954年任台泥公司董事长兼总经理。1962年创办中国信托投资公司。辜曾连任台湾工商协进会理事长、太平洋盆地经济理事会理事长等职，常奔波海外，有“经济大使”之称。辜是国民党十二、十三、十四届中央常务委员。1990年底出任台湾海基会董事长迄今。1994年4月曾在新加坡与大陆海协会会长汪道涵举行举世瞩目的“汪辜会谈”，使两岸关系迈出了历史性的一步。1989年，曾被美国《资本家》杂志列入世界富豪之林。1993年和信集团资产总值3139亿元新台币，营业额831亿元新台币，财富净值500亿元新台币，1995年达650亿元新台币。

蔡万才(1929—)　国泰产物保险股份有限公司董事长，富邦集团核心人物。中国台湾省台北市人，1954年毕业于台湾大学法律系。1961年与其兄蔡万春创办国泰产物保险公司等多家企业。其后蔡氏兄弟各立门户，蔡万才独资创办忠兴投资、富邦建设、富本营造、富邦投资、富邦租赁、富邦实业、富邦证券、富邦银行、富邦寿险等子公司。蔡万才逐步将富邦组织成颇具实力的金融集团。现正积极规划在大陆发展金融保险业。蔡是台湾大富豪之一。1993年事业资产总值489亿元新台币，事业营业额219亿元新台币，财富净值200亿元新台币，1995年财富净值达400亿元新台币。

蔡万霖(1924—)　台湾国泰建设股份有限公司董事长。中国台湾省苗栗县人，毕业于台北商工专科学校。早年家境贫寒，蔡8岁时，即随其兄蔡万春迁入台北市谋生。蔡氏兄弟以贩卖蔬菜起家，到70年代已成为台湾最大的民营企业国泰企业集团。1979年蔡万春中风病倒后，蔡万霖自立门户，独立经营。现已形成以国泰人寿保险、国泰建设为骨干的霖园集团。1989—1990年间，蔡万霖两次被美国《资本家》杂志列为世界富豪之一，估计其财富达90亿美元以上。1993年，霖园集团资产总值3118亿元新台币，营业额1452亿元新台币。财富净值1400亿元新台币，1995年为1600亿元新台币。蔡现已将霖园集团交给其次子蔡宏图经营，但蔡本人敬业如昔，仍是霖园集团的精神领袖。

港　澳

丁鹤寿(1933—)　香港开达实业有限公司主席。生于上海，祖籍江苏无锡。美国缅因州哥培大学学士。曾任明达电池厂有限公司董事，香港三洋电机有限公司董事总经理。现兼任安兴企业有限公司董事及经理，广达实业有限公司董事及经理，香港工业总会常务委员，香港塑胶业厂商会会长，职业训练局塑胶业训练委员会主席，树仁学院校董会主席。其公司始由其父，香港资深企业家丁熊照创立于1947年。50年代，开始制造塑料玩具销往欧美。60年代，大量生产电动车和模型火车，获利甚丰。其家族于80年代制造形状各异的椰菜娃娃，曾一度风靡美国，使开达名声大噪。开达制造的模型火车分销网遍及美、英、欧州等地。丁鹤寿是丁熊照长子。弟丁午寿，现任开达公司副主席。

马万祺(1919—)　澳门中国国货公司董事长。广东南海县人。东亚大学工商管理学荣誉博士。现为澳门中华总商会会长，澳门基本法起草委员会副主任委员及大华行、新中行、中国国货公司、中国土特产公司、中国药品商行、大生建筑置业有限公司、联生发展有限公司、澳门水泥厂有限公司、华丰置业有限公司、华茂建筑置业有限公司、新建华建筑置业有限公司等企业的董事长或股东大会主席。1993年任全国政协副主席。其公司主要经营国产日用品、服装、针棉织品、床上用品、珠宝首饰、家用电器、粮油食品、文体用品等。他与澳门工商知名人士一起，为发展澳门经济作出了重大贡献，为促使澳门社会的稳定发挥了重要作用。改革开放以来，他积极在家乡兴建各种公益事业。妻罗柏心。他们共有7男2女。

冯国经(1945—)　香港利丰集团有限公司董事局主席。生于香港。美国麻省理工学院电子工程学学士、硕士。哈佛大学商业经济博士。曾任纽约万国宝通银行计划主任，哈佛大学工管学院副教授等职。1974年参与家族生意，任经理职，1981年出任集团董事总经理，1986年开始在现职，后又任香港贸易发展局主席。其公司前身为1906年在广州成立的利丰行，1935年在香港成立分行，1937年底正式成为有限公司，1945年正式迁至香港。利丰的出口货品，以成衣为最大宗，占60%，其中65%输入美国，30%输入欧州。1988年获英女王颁授O·B·E勋衔。父亲冯汉柱，为太平绅士。

安子介(1912—)　香港南联实业有限公司董事局主席。生于上海，祖籍浙江定海。太平绅士。曾任香港行政局、立法局非官守议员，香港贸易发展局主席，香港棉纺业同业公会、香港工业总会、香港训练局主席及香港基本法起草委员会副主任、基本法咨询委员会主席。现任香港工业总会名誉会长，全国政协委员，港事顾问等职。其公司是香港著名的集团企业之一，1969年成立，是香港上市公司。公司董事会主席、常务理事等职都由香港工商界知名人士担任。主要经营毛纺织、制衣、房地产等，是香港最大的纺织品制造商之一，在东南亚也名列前茅。从1978年开始转向房地产，参与国际竞争，现已成为多元化集团式企业。获英女王颁授C·B·E勋衔，法国政府O·N·M勋章及日本政府“瑞宝章”。

杨钊(1948—) 又名杨振鑫,香港旭日集团有限公司董事长。广东惠阳人。19岁只身去香港,经过十余年艰苦奋斗,建立了有数十亿港元资产的跨国集团公司,成为享誉全球的“牛仔裤大王”。历任仁济医院副主席及总经理,香港观塘工商业联合会名誉主席,西北纺织学院惠州分院董事会主席,中国外商投资企业协会副会长等职。1971年,与友人合办起制衣厂,是旭日集团前身。1976年又在菲律宾创办拥有2000多员工的制衣厂,发了大财。接着又在印尼创办迄今仍为印尼最大的制衣厂。1978年,他又先后在内地11个省市设立制衣厂。目前旭日集团已成为东南亚地区最大的出口加工商之一。1991年,他获香港青年工业家奖。

李国宝(1939—) 香港东亚银行董事兼行政总裁。广东鹤山县人。曾获英国剑桥大学荣誉法学博士,英国及威尔斯特许会计师学会院士。现任鼎协租赁国际有限公司董事主席,香港中华煤气有限公司、南华早报、香港上海大酒店及生力啤酒厂董事,美国卡特彼勒公司亚太区顾问,英国劳斯莱斯有限公司亚太区董事局董事,香港特区筹委会预委会委员,“一国两制”研究中心副主席。其银行于1918年创立。除于香港设立62家分行外,另在纽约、洛杉矶、上海、深圳等地设有10家分行,是在香港注册,规模最大的华资银行。其父李福树,曾任香港行政局非官守议员。叔李福善,大律师,香港基本法起草委员会在港委员。

吴福(1929—) 澳门吴福集团有限公司董事长。澳门人。靠白手起家,勤奋努力,成为澳门、香港地区亿万富豪。现为全国政协常委。1970年,组建了澳门跨海大桥公司。1979年与珠海市合作经营珠海市石景山旅游中心。1983年,又与珠海市合作兴办“幸福注射器厂”,成为全国首家引进外国先进技术制造一次性医疗注射器材的企业。1987年,又在澳门组建港口管理有限公司。1990年,与人合股成立澳门国际机场专营公司。1993年,又成立了“通讯卫星公司”。其集团公司是一个开展多元化经营的公司。他曾在1982年获葡萄牙总统颁授“工农业功绩国家勋章”,1987年获澳门总督授予“工商业功绩勋章”。

邱德根(1925—) 香港远东发展有限公司董事长。上海人。太平绅士,全国政协常委。上海华光学校、远东银行创办人及董事长。曾任仁济医院董事局主席,香港东华三院、元朗博爱医院总经理,九龙西区扶轮社社长,沙田商会理事长。现还兼任远东酒店实业有限公司、远东投资实业有限公司董事长及裘锦秋书院校董会主席等。其公司为香港上市公司,经营地产、货仓及面粉厂等,主要投资在香港。从1976年起,他的公司逐渐发展成为一家大型地产公司。其次子邱达昌,为日本上智大学经济学学士,远东发展集团董事总经理。长子邱达生,英国剑桥大学文学硕士。裘锦秋书院执行校董,远东酒店实业有限公司执行董事及行政总裁,远东发展有限公司,远东投资国际有限公司董事及华威国际酒店集团总裁。

何鸿燊(1924—)澳门旅游娱乐有限公司总经理。虽小学时成绩平平,但后来却靠奖学金完成了香港大学的课程。他的第一个100万,是24岁运送货物到内地赚到的。他所信奉的信念是:“上帝总会在每个人的一生中,给予他一次两次的黄金机会,他能否掌握,就全凭自己了”。其公司创立于1962年,专门从事澳门的博彩专营业务,拥有澳门赌场的专利经营权。1962年至1974年共获纯利20亿澳元,1975获纯利6亿澳元。其公司所属葡京、皇宫、金碧、东方、回力5个赌场,仅1986年就突破20亿澳元。他每年向澳门当局的税务及承担的建设义务与日俱增。他是亚洲的赌业大亨,被人称为“赌王”。同时,他还是澳门著名实业家,家产达数十亿。此外,他还控制庞大的船队和电视台,控制澳门对外海路交通的96%。

陈有庆(1932—)　香港亚洲金融集团主席兼董事总经理。1932年11月生于中国广东省潮阳。泰国盘谷银行创办人陈弼臣之长子。1946年到香港。1953年在纽约美国银行学院攻读银行及经济学。早年在盘谷银行工作。1955年在香港商业银行任职,1965年升总经理,后任董事长。1988年和1993年两次当选为中华人民共和国人大港澳代表,全国人大华侨委员会顾问,香港基本法咨委会顾问,1990年香港商业银行和亚洲保险有限公司合并为亚洲金融集团从事金融、保险和股票经记业务,设中国业务部,1993年2月在深圳设代表办事处。他持有该集团1323万股的股份。现兼任泰国盘谷银行董事局顾问,日本东海银行亚洲顾问。曾任香港商业银行董事长。1984年获泰国王颁授的三等白象勋章,1985年获香港非官守太平神士。

胡仙(Sally Aw,1934—)　又名莎莉·胡,香港星岛报业集团主席兼董事总经理,香港报业巨子,著名华侨胡文虎之女。生于缅甸仰光,祖籍中国福建省永定县。香港史蒂芬女校毕业。后在美国哥伦比亚大学攻读新闻专业。曾在香港其父创办的《星岛日报》工作。1954年其父去世后,继承星系报业有限公司和《星岛日报》,并分得股权。不到五年,公司扭亏为盈,《星岛日报》成为香港销售量最大的报纸。1972年5月她把星系报业有限公司改名为星岛报业有限公司,尔后成为集团并出任董事长。80年代《星岛日报》出版纽约、旧金山、多伦多、温哥华、悉尼和伦敦版。除新闻出版外,她在香港、澳大利亚、新西兰、加拿大投资地产、旅游、餐馆、商业等。拥有香港星岛集团67%股权,不列颠哥伦比亚省停车场有限公40%股权。《星岛日报》垄断了香港地产的买卖广告。曾任世界中文报业协会和国际新闻协会主席,香港政府封她为“太平绅士”。

胡应湘(1936—)　香港合和实业(集团)有限公司总经理。生于香港,祖籍广东花县。1958年获美国普林斯顿大学土木工程学士位。后返港任职建筑工程师5年,继加入家族在香港拥有的中央建业有限公司,着手发展地产事业。1992年被委任为香港总督商务委员会18个成员之一,现任全国政协委员、港事顾问等职。其公司前身为1964年由他创办的合和建筑有限公司,1972年易为现名,曾以发展住宅及商业楼宇为主。自80年代初,逐渐转向投资大型基建项目。近十年来,他更以巨资投资中国、菲律宾、泰国等地的基本建设,成为以地区性基建计划发展商的身份名闻遐迩。1991年,获DHL/南华早报商业成就奖。兄胡文瀚,名应沾,为合和实业(集团)有限公司董事长。

郭志权(1938—)　香港永安集团有限公司董事、永安有限公司总经理。广东中山人。系郭泉之孙、郭琳褒之子。太平绅士。香港圣保罗中学毕业。美国麻省理工学院物理学学士,哈佛大学物理学硕士、博士。曾在美国IBM中心当研究员。1971年,郭琳褒病逝后,郭志权由美返港出任永安人寿公司经理。1983年升任永安集团主席,1986年辞去主席职。现兼任中华基督教青年会名誉会长,市政局官委议员及香港房屋委员会委员,港事顾问等职。其公司于1897年由祖父郭泉等在澳大利亚创立。二次大战中,永安集团损失惨重。50年代初期,不少外资公司撤离香港,郭氏家族借此加速发展。60年代中期,开始投资地产。现已发展成拥有保险、银行、地产、纱厂、进出口贸易、电脑、股票等多元化集团,是香港上市公司。

徐展堂(1941—)　香港中华制漆有限公司董事局主席。江苏宜兴人。历任北海实业(集团)有限公司董事局主席,中华海景酒店董事局主席,城巴有限公司董事局主席,丽的呼声(香港)有限公司董事局主席,新中港集团主席,香港桥牌协会名誉会长,香港垒球总会名誉会长。东华三院1985—1987年度总理,1987—1991年度副主席。1992年被委任为首批港事顾问。八届全国政协委员。其公司是香港两大油漆制造商之一，成立于1946年，隶属北海集团，主要生产多种油漆，包括汽车、家具、船舶及货柜等。该公司在香港拥有工业用漆市场的90%，家庭和建筑用漆市场的50%。产品主要以三个牌子出售，包括菊花（家庭及建筑用）、长颈鹿（工业用）、玩具（不渗透工业用）。

曾宪梓（1934—）　香港金利来（远东）有限公司董事长，广东梅县人。1961年广州中山大学生物系毕业后，分配至广东省农业科学院工作。1963年申请到香港，后到泰国。1968年回港创办金狮领带公司，即现在金利来（远东）有限公司。现为金利来集团主席，金利来（远东）有限公司、金利来（新加坡）有限公司董事长，香港中华总会副会长，香港嘉应商会永远名誉会长，港事顾问。七、八届全国人大代表。第五、六届广东省政协常委。原香港基本法咨询委员会委员。其公司主要从事制造领带、领带布料及皮具，代理有关领带及皮具生产机械。1984年，他开始在中国推销金利来牌子产品，销路直线上升。此后，他又成立银利来公司。1987年，又开始生产恤衫。他本人拥有金利来公司75%的股份。

马来西亚

方木山（1939—）　马来西亚立达环球控股有限公司董事长。祖籍广东省潮州。生于一菜农家庭，中学毕业后，告别父母及9个弟妹，到新加坡谋生。先后在3家电缆电线公司服务，1974—1976年间参与挽救马来西亚电缆电线及金属制造厂有限公司。1976年与朋友合伙在槟城创立立达电缆工业私人有限公司，1984年立达开始出口电缆。1988年通过合并和反收购的方式控制环球电缆有限公司，业务重组后，改为现名，方氏持有公司30%股权。1993年中开始进军海外，7月通过香港蔡斯产业有限公司，与中国汕头邮电局签约，投资3000万美元设厂生产电缆及有关产品。12月与菲律宾公司联营开设该国第一家铝管生产工厂。1994年收购马来西亚政坛红人陈群川的大洋控股有限公司54%股权，将大洋业务集中在房地产与制造业。作风随和谦虚。

叶永松（1942—）　马来西亚股市大亨，麦康有限公司董事经理。生于马来西亚柔佛州，曾在内政部当警长。70年代初进入商场，搞小规模建屋工程。此后与土著联手在马六甲发展新市镇。80年代开始收购上市公司，先后买下富达综合、嘉隆发展、新马金属及新加坡海狮大酒店，成为股市大亨。但1985～86年间因经济不景气，这些公司先后被接管。叶氏面对70多宗，总额达6亿马元的债务。但还拥有不少地产。1989年重回股市收购麦康30%股权，1990年麦康收购沙巴州的博彩业，1992年富达改组为麦康附属公司奥林比亚，持有其57%股权。此外在新加坡、香港皆有投资。主要业务博彩业、房地产、种植业。

刘玉波（Lau Gek Poh，1936—）　马来西亚“木材大王”，沙巴州的慈善家和实业家。1917年生于中国潮安龙溪乡，幼年在家乡接受私塾教育。到马来西亚沙巴州，在山打根一杂货店当学徒，后在一商行当书记。1939年与友合股开杂货店，二次大战时关门。1948年东山再起成立合成公司，经营杂货，1953年转为木材公司。1963—1967先后经营橡胶和可可种植园，后又兼营汽车销售、五金、建筑、船运、戏院、酒店及进出口贸易。拥有40多家公司，分布于东马、台湾、香港、日本、西德、加拿大。70年代成为沙巴的“木材大王”，共拥有700余辆重型拖拉机、400多辆拖木车、600多辆与伐木有关的车辆。1979年是全马最高的纳税人之一。1983年收购马来亚磨石，并控制其50%的股权。热心于公益，曾当过沙巴州华社领袖。其格言是

“创业必须先立志，经商要勤俭、不怕苦、守诺言、重信誉。”

刘耀全（Low Yow Chuan，1932—） 马来西亚房地产业巨子，刘蝶集团董事长。祖籍福建省南安。曾在澳大利亚建筑学系进修，未毕业回国协助父亲刘蝶管理酒店业务。1971年刘蝶逝世接掌父业。于70年代建立高级购物中心耀全大厦，至今已亲手创立5家酒店，包括五星级的公主酒店。现拥有吉隆坡92.9万平方米的地皮，25%已开发，未开发的土地官方已批准发展6—8家酒店、购物中心及高级共管式公寓。目前正将集团业务多元化，开始进军澳大利亚酒店业、新西兰建筑业、越南银行业。

约瑟夫·安布罗斯·李（Toseph Ambrose Lee，1958—） 马来西亚纳闽岛最大地产商，松尼汪公司董事经理。有卡达山族血统的华裔商人。生于东马沙巴州，曾在英国念法律。1981年回沙巴当律师，同时涉足建筑业。1988年放弃律师行业，成为纳闽岛地产交易商，其持股80%的松尼汪公司有纳闽岛147公顷的地皮，占该岛面积的2.15%，并拥有该岛仅有的商业大厦。1990年纳闽岛成为国际离岸金融中心后，财富暴升。此后涉足股市，收购上市公司，并争取政府的一些私营计划如发电厂、煤气及水供应等。还控制孟加兰工业有限公司，1994年又收购北婆木材。主要商业集中在东马。

杨忠礼（Yeah Tiong Lay，1929—） 马来西亚建筑业巨子，杨忠礼集团创始人。祖籍福建金门。1929年生。毕业于巴生兴华独立中学。后随父从事建筑业。1955年创立杨忠礼建筑私人有限公司。第一项大型承包工程是万津及梳邦的军用炸药仓库，后承建更多的政府工程。70年代承建高楼大厦。1984年把杨忠礼建筑转为上市公司，1988年易名为杨忠礼机构。持有该公司50%股权。全资子公司杨忠礼工业，控制第二交易板之现成混凝土有限公司60%股权。长子杨肃斌是该公司董事经理，杨家第二代以现代企业管理方式管理公司，竞争力很强，推行不少大型计划，包括新加坡、马来西亚、泰国的“东方快车”服务，承接两项耗资10亿马元的发电厂工程，业务扩展至发电、旅游、休闲、制造。

李约民（Ambrose Joseph Lee Yok Min，1958—） 马来西亚沙巴州的巨富之一，沙巴信托基金副主席。基督教信徒，祖籍香港新界。生于基督教传教世家。姊妹11人。1981年毕业于英国伦敦大学法律系，获法学士学位。遂回沙巴首府当律师，同时经营冰激淋商店。1983年在纳闽岛开设律师楼。1984—1986年期间涉足吉隆坡股市。1988年投资房地产。1990年纳闽岛被列为离岸金融中心，李氏成为受益人，他的山尼汪私人有限公司在纳闽拥有161.87公顷地皮。拥有建筑与供应有限公司25%股权，孟加兰工业32.8%股权。

李金友（Lee Kim Yew，1958—） 马来西亚80年代经济萧条后崛起的新一代企业家，绿野集团有限公司董事经理。祖籍中国福建。生于柔佛州的巴株巴辖。中学毕业后，北上吉隆坡谋生，并养育亡兄的妻儿，先后做过翻译、出版、推销行业。20岁开始进行小宗商业活动。1987年将几百万积蓄投入吉隆坡以南32公里的加影树胶园，推行“郊区绿野生活”的概念，将该区发展成配合大自然生态的住宅区“绿野山庄”，该计划受马哈蒂尔的赞赏，并成为高官的休闲场所。之后李又开发364公顷的荒废锡矿湖地改建综合休闲场所。在中国大陆，以大股东联营方式重建襄阳昭明台古迹，在非洲的纳米比亚商建开采宝石工程。李持有绿野53%股权。还拥有不少地皮、房地产开发计划、485.6公顷的可可园。

李爱贤（Lee Ooi Hian，1950—） 已故马来西亚种植业大王李莱生长子。祖籍广东省嘉惠县。曾留学英美大学。其父李莱生未去世前以金字塔式控制 4 家上市公司：万兴投资私人有限公司、巴生霹雳、格兰尼种植、巴株加湾、吉隆坡甲洞。1993 年 11 月李莱生去世，李爱贤与孝贤、顺贤两弟弟联手打理家族业务。同年 12 月宣布集团重组计划，出售巴生霹雳与格兰尼种植的上市地位，但保留种植园丘。意味集团只控制两家上市公司，但却拥有更多资金。该计划还未获官方批准。与父亲一样重视种植业，李家在马的橡胶园、油棕、可可园的面积，仅次于跨国公司森那美集团。李氏还进军胶基业、可可加工业、棕油下游工业及房地产。作风拘谨、谦虚。

李深静（Lee Shin Cheng，1940—）　马来西亚南顺发发展有限公司董事经理。祖籍福建省永春。生于马来西亚一贫困家庭。中学毕业。离校后做过多种行业，曾是汽油销售商，后涉足种植业，与林玉静合作，收购工业氧气，持股 32%。1985 年将私人公司南顺发转为上市公司，1989 年收购南洛园丘 7 万亩园丘成为庞大的种植公司。工业氧气的主要业务是工业气体制造、种植产与产业发展，南顺发主要是房地产，李通过工业氧气持有南顺发 56%股权。李曾是马华公会的州领袖，现任吉隆坡及雪兰莪中华总商会副会长。

邱继炳（Khoo Kay Peng，1938—）　马来西亚银行家，马联集团首脑及马联工业有限公司董事主席。生于柔佛州巴株巴辖。毕业于英文中学。基督教徒。1955 年入新加坡华侨银行当书记，1960 年转入马来亚银行，后升为总行经理。1965 年转至土著银行任总行首席经理。1976 年辞去银行职位开始企业收购，首先收购马联工业、马联制造、泛马洋灰、泛马胶业（泛马工业的前身），后购入广利银行（马联银行的前身）、明阁酒店、马联大厦。1985—1986 遭受经济不景气的打击，经济复甦后，业务转往海外，收购美国一渡假场所（906.5 公顷），拥有美国第三大迪斯尼乐园式的游乐场，在香港收购星晨旅游有限公司 52.8%股权、嘉里财务公司 30%股权。1994 年 4 月收购香港《南华早报》15.1 股权。

陈志远（Vincent Tan Chee Yioun，1948—）　马来西亚著名企业收购家，成功集团董事长。祖籍福建省。生于柔佛州巴株巴辖。兄妹 8 人中排行第 4。英文中学毕业后当银行书记，兼做美资 AIA 的保险代销员。后当上 AIA 的全职保险销售经纪，1972 年致函美国麦当劳，希获取该公司汉堡包的马来西亚特许代理权，1979 年得到回音，这时他已开始做进口车贸易及房地产买卖。1984 年开始收购第一家成功工业有限公司。1985 年收购多多博彩，后转为上市公司。1990—1991 的万能控股收购、1991—1993 年的马联股权、美国胜家的三次收购战，从中赚取不少额外盈利，最后皆退出。成功集团在马来西亚共 5 家、香港 1 家上市公司。个人持集团 45%股权，主要业务是酒店、休闲、快餐、房地产、工业、金融保险、贸易、赌馆、博彩、报业。在中国取得在多个城市的福利奖券经营管理权。1993 年收购美国 ITS 的 40%股权。

陈伯勤（Ting Pek Khing，1945—）　马来西亚近几年崛起的建筑业巨子。祖籍福州。1945 年生于沙捞越的民丹莪小镇。中学毕业后协助父亲售卖柑橙。之后承接建筑工程。他创造了使用木基预制工艺进行快而经济的建筑工程。1991 年底在浮罗交怡岛为当年 12 月举行的航空展览承建的两项工程，深受马总理马哈蒂尔的赞赏。他在 100 天内完成拥有 267 间客房的五星级酒店，并继而用 53 天完成另一间三星级酒店。这种建筑奇迹使他名声大振。1992 年在收购飞达电线电缆的争夺战中击败两家强力对手，1993 年他的依佳兰公司争取到马来西亚历年来最大的私营计划耗费 55.6 亿美元的巴贡水坝承建工程。依佳兰还承接了不少其他大型发展计划，在伊朗建酒店、工厂、石油化工设施；菲律宾萨玛尔岛建赌场、商店及休闲场所；在中国海南岛发展旅游胜地。陈持有依佳兰及另一太平化学木材公司各25.25%、22.72%股权。

陈忠宪（Tan Teong Hean，1944—） 马来西亚银行家，南方银行的首席行政人员。马来西亚云顶集团主席林梧桐长女林秀丽的丈夫。生于吉隆坡的采矿世家。毕业于马来大学经济系，获经济学士，后加入父亲的采矿公司。后与雪兰莪州皇族共创拉姆达私人有限公司，买进在英国股票交易所上市的锡矿公司基林河，继而使基林河在吉隆坡上市。1982年基林河向马联工业买入南方银行22.9%股权，同时拉姆达也持有南方银行12.5%股权。1987年南方银行上市，基林河成为其主要股东。80年代末期陈与土著沙林卡欣共管拉姆达。通过拉姆达控制基林河42.35%股权；基林河持有南方银行40.36%股权，拉姆达则持有另外16.92%。陈氏私人也拥有南方银行0.43%的股权。在英国、美国、新加坡也有私人投资。

陈金火（Tan Kim Hor，1922—） 马来西亚陈唱摩托控股有限公司创办人。祖籍福建安溪。其父在本世纪初南来马来亚。1948年与弟弟月火成立陈唱公司，给医院、武装部队供应食物。1957年获日本达善汽车（Datsun）的代理权，一度在马汽车市场占领先地位。80年代中期国营“英雄”汽车面世后，改变发展策略，制造零件并出口海外。也是日本萨巴鲁（Subaru）汽车在新加坡、香港、澳门的经销商。1992—1993年开拓手提电话、化妆品、旅游、生产电力供应品业务。公司业务多由第二代管理。陈氏及家族共同持有陈唱45.28%的股权。

陈振南（Tan Chin Nam，1926—） 马来西亚房地产业大亨，怡保花园的创办人。祖籍福建。生于吉隆坡。13岁因日本入侵马来亚而停学，当小贩卖鸡蛋，还做过司机、书记员。22岁投入房地产。其事业的起飞是在怡保市发展怡保花园，并利用这家公司发展其他物业，1971年创立陈与陈家族物业公司，并于1993年转为上市公司。80年代还到美国发展房地产业。1992年宣布退休，业务由儿女经营。目前持有怡保花园28.26%股权，怡保花园又分别持有上市公司怡保工程和务边大18.54%及43.45%股权。爱好下国际象棋、打高尔夫球、旅行、养马及赛马。

张泗清（Teo Soo Cheng，1925—） 马来西亚“四海栈”集团的第二代企业家，“四海栈”创办人张汉山的次子。祖籍中国广东潮阳县。共有8兄弟。1988年将净资产值逾10亿马元的“四海栈”分家。张氏与3个儿子分得四海栈控股有限公司，主要资产是位于万达镇的404.7公顷地皮。1991年在该地进行一项耗资20亿马元、为期12年的庞大开发计划，建设高级住宅。1993年兴建的商业大楼倒塌事件，给他带来一定影响。为人朴实，不尚奢华，热心社会公益、教育、文化事业，并任雪兰莪中华总商会副会长、同善医院副主席、吉隆坡培才学校董事长、米进出口商总会会长等职。夫人钟玉凤。

张晓卿（Tiong Hiew King，1935—） 马来西亚最大的伐木商及夹板出口商，也是巴布亚新几内亚最大的伐木商之一，控制那里60—80%的木材出口。祖籍福建省福州。生于东马来西亚沙捞越州海巫小乡镇，在半工半读情况下学完中学课程。后在舅父的伐木公司任职，学习伐木有关技能。1957年与表兄不和而另起炉灶，创立常青公司，在木材价格连连上升的形势下，于1987年成为木材业大亨。1988年收购《星洲日报》。同年将主要伐木活动扩展到巴布亚新几内亚。1993年底与人合伙收购全球股份、成功纺织两家上市公司。所控制的私人公司常年营业额在10—20亿马元之间，拥有沙捞越80万公顷山林伐木权。其业务已多元化；在新加坡、澳大利亚有房地产；新西兰有再造林投资计划，澳大利亚有大型牧场；中国上海有锯木厂；巴布亚新几内亚有英文报；马来西亚有油棕种植及房地产，还拥有EON银行20%股权。此外他也是沙捞越人民联合党（执政党）的副主席，曾任上议员。

张德麟（Teong Teck Leng，1943—） 马来西亚吉隆坡工业控股有限公司董事经理。祖籍福建。上过几年小学，辍学在父亲的自行车店当学徒，曾与邦会党徒为伍，后改邪归正。15岁从事电器买卖。60年代转向伐木业开发森林。70年代，以木桐业的盈利买下几百亩的地皮，据估计1975年资产已达1亿马元。80年代投资药物代理、电器制造及销售、甜菜种植及制糖等。1990年收购吉隆坡工业，该公司从事房地产、建筑、制造及保险。1993年兄弟阋墙后，牢控该公司，其女协助管理公司。在吉隆坡拥有40.47公顷的地皮，交际手腕一流。马华公会的基层领袖。有浓厚华人传统观念。

林天杰（Lim Thian Kiat，1960—） 马来西亚杰出青年企业家、甘文丁集团董事长兼董事经理，马化控股的负责人。祖籍福建安溪。其父林木荣是马来西亚著名矿业家和实业家。林从小受英文教育，不谙华语，在吉隆坡麦克斯韦尔中学毕业后，赴美国加利福尼亚州三藩市大学进修金融课程。1983年回国，设立建筑公司，以进行房屋和地产业发展。同时协助其父管理家族上市公司甘文丁机构。1989年林氏以“蛇吞象”的姿态，通过企业收购和重组的方法，使不显眼的家族公司甘文丁成为马股市的庞大集团。以5.92亿马元收购马华公会控制的马化控股集团28.9%的股权，使甘文丁业务从经营公共投资、小型地产发展到赌博、大型房地产、银行、园林、船运。后又脱售园林，集中发展收益高的赌博、房地产、金融。目前控制7家上市公司，总市值为57.49亿美元。1993年重组金融业务，成立马化资本公司管理马化控股旗下的全部金融业务，但1994年未成为上市公司。林氏以交叉控股方式牢控这些公司。他胆识过人，经营哲学保守、谨慎。讲求“在商言商”。

林玉唐（1945—） 马来西亚屋业承包商，发林集团董事兼总裁，祖籍福建惠安县。1959年随父亲林金木学习建筑工程承包业务与技巧。林金木是马来西亚50年代著名承包商之一。1962年自立门户成立林玉唐建筑公司，两年后他已在霹雳州承建200单位房屋、金火车站及金宝公市建筑物，使他成为60年代马最年轻有为的承包商。1964—1970年，他全面涉及“岛屿与半岛屿”公司集团在槟城的建筑工程。70年代，他致力创设发林公司集团，承建吉隆坡地区工程。集团主要以发林屋业（马）有限公司和梳邦城市有限公司为支柱。1990年7月林氏受封“拿督荣衔”。目前发林集团成为马唯一荣获总理署颁赐的“房屋品质优异奖”的屋业承包商。

林秀琼（Lin Siew Kim，1950—） 马来西亚“赌王”林梧桐的女儿，美达有限公司的执行副主席，在公司里拥最后决定权，享有马来西亚企业界“铁娘子”之称。祖籍福建省安溪。早年念华校、英校，1972年大学毕业后，在云顶有限公司协助父亲主持业务，后与丈夫曾德发联手，于1975年买下美达约50%股权，经营房地产，高档购物中心美达广场、莱根德酒店及公寓。1992年以来业务扩展到海外。1993年初与云顶集团在苏比克湾联营发展酒店、赌场、休闲场所，同年6月与中国四川东方动力公司签署在广东汕头建设10万千瓦燃油电厂意向书；9月与北京机场签署意向书，准备在中国108个地方设立传呼站，经营传呼业务。另外夫妇俩也在吉隆坡拥有不少私人地皮。其个人投资包括八佰伴连锁超级市场、美达广场内的各式餐厅。

林梧桐（Lim Goh Tong，1918—1995年） 马来西亚“赌王”，云顶集团的创办人，已故。祖籍福建省安溪。1918年2月28日生。1939年到马来亚吉隆坡。早年当过木工学徒和小贩。1950年创建建发建筑公司，先后为政府承建大型建筑工程。60年代前后兼营铁矿、橡胶和油棕种植业。1965年11月成立云顶高原有限公司，开发云顶高原。1971年5月云顶高原酒店开业，经政府批准开营赌场。1975年云顶高原成为马来亚的旅游胜地和亚洲地区最闻名的赌场之一。1984年8月又成立了专营赌场管理和咨询服务的云顶国际有限公司。1987年5月扩展业务，与澳大利亚公司合作，在悉尼、西澳、南澳及美国开设赌场。1992年设立马来西亚最大的纸厂云顶杉源公司，翌年获取建立马第三座独立发电厂的合约，总投资估计有18—20亿马元之间。曾获马杰出企业家奖、“最杰出经理”奖。1993、1994年均被列入香港《亚洲周刊》、美国《资本家》世界华人富豪榜。1995年2月去世。集团业务由子女掌管。

林添良（Lim Thiam Leong，1915—） 马来西亚建筑业大亨，社会闻人。宝敦产业有限公司的创办人和负责人。生于福建惠安。后南渡马来亚，投身建筑业。1964年创办宝敦产业，1973年转为上市公司。70—80年代，其事业达到顶峰，曾担任多家建筑公司、一家夜总会、石厂、《中国报》的董事主席。在社团方面，曾任同善医院的副主席、马来西亚福建社会联合会顾问，也曾是多家华文独立中学的赞助人及董事，目前仍是同善医院的董事。现控制两家上市公司：宝敦产业和吉打洋灰控股，通过宝敦持有吉打洋灰控股的29.82%的股权。主要业务分别是产业发展和水泥生产。此外还拥有吉隆坡金马购物中心及其他私人物业。公司主要由儿子林渊海（Lim Yan Hai）管理。

林维德（Lim Yee Teck，？—） 马来西亚企业家，林氏家族公司维诚集团的掌舵人。与弟弟维和、维美三兄弟一起共掌家族事业。祖籍福建永春。其父林邦玲于1916年到新加坡教书，1918年迁往吉隆坡，做橡胶买卖，并参与吉隆坡永春会馆。此后林氏三兄弟参与树胶贸易和期货交易。1950年朝鲜战争爆发后，胶价暴涨时维诚公司赚了大钱，50年代扩大树胶交易、收购胶园及廉价的地皮。1965年三兄弟收购亚逸淡种植，1966年在丁加奴州收购胶园，有2023.5公顷油棕园及2023.5公顷林地。1993年亚逸淡种植推行大型房地产计划。三兄弟持有亚逸淡种植72%股权，拥有不少物业如林邦玲商业大厦、有三住宅大厦、地皮胶园，各自持有商业地皮及物业。

林敬奎（Lim Keng Kay，1921—） 马来西亚工商企业家。马来西亚原产部长林敬益的长兄。矿物工程师。毕业于英国伦敦帝国大学产矿系。回国后在马来西亚矿业局服务9年，后成为锡矿业咨询顾问。10年后开始第一项投资。70年代中期收购吉打州的石灰厂，使其转亏为盈。此后连续收购如石化、美佳第一、东益及其子公司酸化，业务遍及铜开采、白石灰制造、油棕下游工业，并进军房地产业、小型发电厂。个人持美佳第一机构55.7%股权，通过美佳第一，再控制石化工业36.5%、东益控股28.6%股权，东益持有酸化51%股权。

郑鸿标（Tey Hong Piow，1930—） 马来西亚银行家，大众银行有限公司主席，祖籍广东省潮州。1930年3月14日生于新加坡。新加坡英华学校毕业。1950年进入新华侨银行当职员，1960年马来亚银行成立出任副经理，1964年升为总经理。1966年8月创建大众银行有限公司，持该行37.6%股权，此后专注银行及金融业。经过28年的发展，大众银行现已成为马来西亚第三大银行，拥有135家分行，并控制在马的另一上市公司大众金融。近几年向海外进军，1990年收购香港的JCG金融，1991年买下新西兰班考普证券投资银行的40%股权，1993年持该行股权增至47%。同时与越南银行联营银行，1992年在柬埔寨设立合资银行，此外还尝试在中国设立银行。

钟廷森（William Cheng Teng Jem，1944—） 马来西亚“钢铁大王”。“金狮集

团”董事长。祖籍广东潮阳，生于新加坡。早年在新加坡华文小学念书，后转入吉隆坡英文中学。19 岁加入父亲钟水发的马来西亚公司。其父 40 年代开设德昌制造厂，制造及出口狮标铁质家具、钢柜等，1956 年将业务从新加坡扩展到马来西亚。1978 年钟廷森接管父亲在马来西亚的业务。70 年代中期设立了第一间大型铸铁厂，即后来的钢铁厂，十多年来成功地把中型企业发展成马来西亚十大华裔集团之一。金狮集团目前在马来西亚控制 8 家上市公司，总市值为 14.29 亿美元，业务遍及钢铁、种植、地产、金融、制造、贸易、百货及旅游。1994 年初获取沙巴森林工业机构私营化计划，并收购香港华新国际 56.6%股权。在中国大陆的投资有北京的巧克力厂、珀克森百货市场、青岛的珀克森百货市场及 400 公倾的工业用地。擅用人才，注重设立管理系统。妻陈秋霞是前香港歌星。

郭令灿 (Quek Leong Chan，1944—) 马来西亚丰隆集团董事长兼董事经理，新加坡丰隆集团创办人郭芳枫的侄儿。祖籍福建同安县。毕业于英国大学的法律系。1963 年郭芳枫兄弟分家，便主管父亲郭芳来所得的丰隆集团在马来西亚的业务。广交政、商界朋友，进军成长最快的领域。早期不断开设公司，近几年注重收购合并，使丰隆集团成为马五大华裔集团之一。主要业务有金融、制造、房地产、报业、贸易、餐馆。在马来西亚、新加坡、香港、菲律宾共有 13 家上市公司，海外投资包括中国、印尼及欧洲国家。估计郭氏家族财富超过 40 亿美元。他注重管理和吸收人才，创立了丰隆企业文化：注重素质、纪律及形象。

骆文秀 (Loh Boon Siew，1916—) 马来西亚实业家，东方实业集团创办人。1916 年 10 月 16 日生于中国福建惠安县，1995 年 2 月 17 日病逝。12 岁起在槟城一汽车修理厂当学徒工。18 岁开设汽车修理辅，19 岁经营汽车运输业。21 岁任槟城黄色巴士有限公司董事经理。1958 年成为日本本田摩托及汽车的代理商。1963 年 12 月创立东方实业控股有限公司，后不断发展成马来西亚著名的摩托和汽车装配及销售的公司集团，人称马来西亚“摩托大王”。集团约有 40 多家企业。业务涉及地产、建筑、金融、种植、酒店等，拥有东方实业 50%股权，旅游胜地浮罗交怡岛 50%的土地及槟城不少房地产，在新加坡、马来西亚共有 6 家酒店。目前其文秀私人有限公司是本田摩托车在马来西亚的代理商。他的成功靠“勤奋、胆识和信誉”。是著名的慈善家。

黄文彬 (Wee Boon Ping，1932—) 马来西亚工商企业家，马来西亚中华工商联合会的总会长。祖籍福建晋江。生于沙捞越州实文然镇。1936 年毕业于古晋中华中学，后任职金安商行。1960 年独立承营建筑业。1963 年与友人在沙巴州合创木材业，成为黄佛德发展有限公司、黄庆昌有限公司和黄氏实业有限公司的董事经理。1968 年创办婆罗州出版有限公司，出版《国际时报》，1975 年增办《国际晚报》。1970 年创办黄文彬企业，经营房地产、木材和香烟，在沙巴、沙捞越和西马拥有大片森林伐木地，总资产达 12 亿马元，成为 70 年代全马的“木材大王”。1985—1986 年经济萧条时，个人的一些投资失败，财富逐渐缩小，但仍拥有沙捞越 12.2 万公顷的伐木权、沙巴 8.09 万公顷，西马拥有锯木厂，香港的大华石油产品有限公司总经销中国石油，中国也有其木基工业。目前公司业务由长子国忠经营。

黄植濂 (Wong Chik Lim，1934—) 马来西亚著名地产商，70 年代的木材大亨。纳闽中华商会会长。生于广东省中部。上过两年华文小学。14 岁随父亲到沙巴的山打根经营百货业。26 岁到纳闽岛和菲律宾南部岛屿进行易货贸易、布料、香水买卖。70 年代初期，买下山打根 2024 公顷的木山、进军伐木业、夹板业、电锯业、地产及建筑业等。由于支持当时的哈利士政府，受益匪浅。1985年哈利士倒台后，业务重点转往纳闽和香港。在纳闽有超过81公顷的地皮，在沙巴有约4万公顷的伐木山、地产及可可园。香港的主要业务是贸易、地产及股票投资，在中国投资在中山的视像电话系统高科技工业。

程铁建（Tong Tiah Thee Kiah） 马来西亚证券业股商。生于马来西亚，父亲是华人政党马华公会的州领袖。毕业于马来亚大学理工科，后赴菲律宾马尼拉读工商管理课程，获商学硕士学位。曾在MIMB银行工作6年，在益东集团的租赁公司工作9年。1987年收购小证券行奥斯曼和吴，1988年易名为达证券行，1990年11月转为上市公司。夫妇俩联手发展，目前该公司是马来西亚最大的证券零售商，市场占有率约为15—20%，程持有该公司42%的股权。

曾源成（Chan Guan Seng，1974—） 马来西亚企业家，艾毕斯控股有限公司董事经理。毕业于澳大利亚墨尔本大学，获商学士学位。后在一家跨国会计公司当会计师，半工半读，1979年考取特许会计师资格。同年加入林与徐私人公司当经理，数月后，该公司取得吉隆坡股票经纪的资格。当时原有股东有意出售股权，曾便以逾100万马元买下该公司。1985年易名艾毕斯证券，后把加影的商业大厦注入艾毕斯，1991年转为上市公司，翌年将30%股权出售给香港的怡富证券，扩大其国际证券业务。曾持有艾毕斯52.57%股权。

雷贤雄（Loy Hean Heong，1937—） 马来西亚“金融大王”，马婆（MBF）集团董事经理。生于马来亚槟城。毕业于槟城工艺学院电焊专业。1954年是武装部队的工兵，1959年退伍开办摩托修理铺和汽油销售店。1968年创办中央油棕即目前的建达控股。1969年合资开办“雷胶带”8个新兴工业工厂。1970年初转向地产业。1974年创办马婆金融。目前在马有马婆资本、马婆控股、金地实业3家上市公司；在澳大利亚有马婆金融（澳）、香港独资马婆亚洲资本集团。1994年接管由12家合作社组成的华联金融。

蔡水潭（Chua Chui Tham，1924—） 马来西亚企业家。金兴工业有限公司负责人。生于沙捞越。年轻时在一家建筑材料、五金贸易公司工作了20多年。1973年设立金兴工业，生产砖块。80年代改而生产磨石瓷砖。1988年引入意大利技术，制造意大利瓷砖。1991年与日本陶瓷商米亚玛有限公司合作，生产著名的薄唐瓷器，远销日本。1993年在中国上海设立两家工厂生产瓷砖。1991年金兴工业上市，主要业务是生产瓷砖及高档陶瓷精品，75%产品内销，其余的出口，蔡氏持有该公司50.78%股权。目前公司业务主要由儿了蔡成源、蔡成财、蔡成发经营。

文　莱

王金纪（Ong Kim Kee，1931—） 文莱德源集团主席。祖籍金门列岛。生于文莱，毕业于新加坡华侨中学高中。其父王文邦1906年前后南下文莱，开设德源号经营橡胶，收买文莱金及进出口货物，30年代发迹，获文莱苏丹封赐华人甲必丹（即侨领）及文莱国家议会议员荣衔。1940年逝世后，因王金纪年幼，财产由4名信托人代管。1950年，王金纪协助管理公司业务，两年后，正式接手并逐步扩大业务，主要在产业、酒店及贸易方面。目前，德源集团属下有9家子公司：包括德源店、德源市场、德源发展、德源产业管理等；持有文莱唯一五星级的喜来登酒店60%股权。育有3子1女。三个儿子都已留学归国，长子德望为国民保险公司的董事经理、次子德纯协助管理德源业务，幼子德伟是专业律师。家族财富超过1亿文莱元（1文莱元约为0.61美元），主要业务都在文莱。

刘鸿池（Liew Hong Tee，1920—） 文莱和平摩托有限公司主席，著名汽车代理商。

生于中国福建莆田。1933 年，随叔父到南洋谋生，先在新加坡打工一年，后转往沙捞越。1951 年，在文莱创立建成公司，做自行车生意。1968 年，成立刘摩托有限公司，代理日本汽车（Subaru）。1973 年，成立和平摩托有限公司，代理日本汽车（Isuzu）。1978 年起，公司业务趋于多元化，投资建筑业。1981 年开拓海外市场，在香港成立刘鸿池父子产业有限公司，还有经营批发服装的丽昌行。近年通过香港的公司，回大陆故乡蒲田投资，兴建酒店、工业及公寓，投资额约有 2000 万文莱元。目前，刘氏已基本退休，公司业务交由 3 个儿子打理。据估计，刘氏财富超过 5000 万文莱元。刘氏为文莱第一代华商，白手兴家令文莱华社十分敬重。

林德甫（Lim Teck Hoo，1910—） 文莱美成公司主席，也是文莱名望最高、财力最雄厚的华商之一。生于中国福建金门。9 岁丧父，由母亲抚养成人，17 岁远渡重洋到文莱谋生。1927 年到文莱后，先在隆顺商店当店员，月薪 12 文莱元。1931 年开始与亲友经营水产、畜牧，获利颇丰。1933 年与林壮、林水相等合股创立美成公司，经营日常用品、建筑器材及进出口贸易，1935 年合伙人拆股，独资经营美成。二次大战后，美成在文莱大展拳脚，旗下公司有美成船务、友成船务运输、香港美成船务、合顺砖业、美成石较、大兴石矿、荣美代理商、川赐建筑、德建筑、美发建材、联美烟草及汉洋原料厂等，全都由林德甫任董事长。1975 年，林氏投资台北世华银行，任该行董事会监事；1985 年投资华侨信托股份有限公司，出任董事长，他也是沙捞越《美里日报》副董事长。林氏 1958 年获封“丕显甲必丹”，1989 年又获现任苏丹赐封“拿督”荣衔，成为少数“拿督”华商之一。育有 5 子 9 女，各有所成，近期林氏寻求到中国大陆投资机会。其家族拥有不少产业及多家贸易和建材公司，估计其家族资产逾 5000 万文莱元。

洪瑞泉（Ang Swee Chuan，1940—） 文莱企业家。主要经营酒店、军用品及化学药品。生于文莱，祖籍台湾小金门，现为文莱永久居民。1992 年，洪氏与岳父及友人林文华合资成立的四星级泓景酒店开始营业，酒店平均入住率达 60—70%，洪氏持有酒店 60%股权。酒店地皮是向土著租用的，租期 15 年，可延期申请，总投资达 2000 万文莱元。另外，洪氏的军用品及化学药品公司，年均营业额达 300 万文莱元。目前，洪氏还准备进军建筑业。

日　本

孙忠利（Paul Sun Chung Li，1934—） 又名孙利康，日本著名的华人富豪、华裔地产商。生于日本，祖籍浙江宁波。父亲孙帮财是裁缝工人，有 9 个子女，孙忠利排行第二。孙氏中学毕业后，开设一家专营照相机和其他进出口商品业务的小商店，顾客以美军为主。70 年代中，越战结束，驻日的美军减少，他转而投资地产，在东京买入一批物业，80 年代东京地价飞升，为其带来丰厚利润。1983 年，投资美国西海岸靠近科技域硅谷的地方约 1.2 亿美元，发展住宅商业大楼。1986 年进军香港，购入太阳广场等多项物业，在新加坡也拥有若干房地产，近年又高利回吐，出售大部分在香港和新加坡的物业。在中国大陆的投资集中在上海。1988 年，以 2800 万美元投资上海虹桥经济技术开发区，发展大型高级商住综合大楼，取名“上海太阳广场”。孙氏有 2 子 1 女，其生意已逐渐转交给下一代。长子尚明（James Sun），负责管理在新加坡的业务；次子越明，留在东京管理在日本的生意。

吴百福（Momofuku Ando，1910—） 日本名安藤百福。日本华裔企业家，日清食品创办人及主席。1910 年 3 月 5 日生于台湾省台南市东石郡朴子街。兄妹 4 人，父母早逝，随祖父母生活，祖父开设布匹店。吴氏中学毕业后，任职一家图书馆，1932年说服祖父把父亲的部分遗产交给他，到台北创业，以19万台币开设“东洋莫大小”，进口及销售日本“莫大小”纺织品。其后前往日本，就读于东京都立名馆大学，1934年毕业后留在日本发展。1948年成立日清食品，经营食品制造及贸易。1958年，他于大阪家中研制方便面，经数次失败后，终于成功，1963年10月日清食品在东京、大阪的股票交易所上市。1992年，日清食品业务转向多元化，收购多家经营乳制品、冻肉、粮果及制药公司，分支机构遍及美国、香港、巴西、新加坡等地。在截至1992年3月31日的财政年度，集团的营业额达18.09亿美元，集团资产总值约为20亿美元。目前，吴氏已把社长（总裁）职位交由次子宏基（Koki Ando）接管（1985年6月移交），自已退任会长（主席）。

林瑞荣（1932—） 日本华裔企业家，微笑堂公司总裁。祖籍福建福清，生于日本。1965年毕业于日本熊本大学。其父母于1928年东渡日本，共有子女10人，林氏排行第三，全家靠小买卖维生。1960年，长兄林康治创立微笑堂公司，经营服装。林氏于大学毕业后进入微笑堂，1990年接替兄长林康治出任总裁。该公司现已由最初的150平方米的服装店，发展成在熊本地区的58个地方设有超级市场的大公司，集团年销售额约有14亿美元。1984年，开始投资中国大陆，先后在桂林、北京、上海和大连建酒店，投资额约6000万美元左右，并投资建服装厂，生产的数百万件服装几乎全部出口日本，由微笑堂分店经销，年进口额超过1亿美元。目前正投资桂林兴建中国西南地区最大的百货店，建筑面积达72,000平方米，预计于1995年开业。林氏夫人也是福建人，育有一子一女，尚在求学。1994年被美国《资本家》入选世界华人富豪榜。

印度尼西亚

李文正（Mochtar Riady，1929—） 印尼名穆赫塔尔·李雅迪，印尼力宝集团主席，银行家。1929年5月12日生于东爪哇玛琅。祖籍中国福建省莆田江口新敦乡。基督教徒。中国南京国立中央大学哲学系肆业。1945年在印尼参加过反对荷兰殖民者的斗争，日本占领印尼期间被捕入狱。后被遣送回中国。1949年赴香港，1950年回印尼随父经商。在雅加达先后任南洋商店、东方三人联合有限公司、和平航运有限公司经理。60年代入股丰盛银行，并任该行经理。后转入宇宙银行，并任董事总经理。70年代出任泛印度尼西亚银行总裁，中亚细亚银行副总裁。70年代末与林绍良合作创建力宝集团。从事金融、贸易、电子、纺织、房地产、制造业及资讯业。1992年集团资产约40亿美元，获纯利20亿美元，1993年营业额超过22.7亿美元。业务遍布香港、新加坡、澳大利亚、美国、日本、中国大陆等。属下有100多家分公司。

李文明（Mumin Gunawan，1937—） 印尼名文明·古纳宛，印尼泛印度尼西亚集团负责人。祖籍中国福建省莆田江口新墩乡。1965年开始从事银行业务。1971年建立由三家银行组成的泛印度尼西亚银行，经营商业和外汇业务。1980年建立泛印度尼西亚集团，并在香港注册。主要在香港、澳门、台湾、印尼及远东其他国家从事金融财务及保险业务。集团经营以金融为主的综合性企业，有银行、金融、纺织、房地产及航运，核心企业是泛印度尼西亚银行。该行有26家分行。

何筱昆（Samadikun Hartono，1948—） 印尼名沙马迪古恩·哈托诺，印尼现代集团主席，印尼摄影软片大王。生于印尼苏拉威西省锡江市。祖籍中国广东省开平。父亲何春霖由新加坡移居印尼苏拉威西省，在锡江开青年摄影社。1965年何筱 锡江华文中学初中毕业后帮父亲料理照相馆。1971年随父赴东京取得富士写真胶卷销售代理权，并建立现代摄影软片公司。现销售量占印尼市场85%。何春霖1981年去世。现代摄影由代理商发展成软片生产商，并成立富士照相机厂。当过售货员、送货员和采购员。1985年才出任现职。集团现经营多元化企业，拥有现代摄影软片公司、现代摄影工业公司、生产富士照相机的何氏工业公司、照片冲印的现代印尼冲印公司，生产闪光灯的工业公司。除经营照相器材外，还扩展到房地产、银行、金融、化妆品、婴儿用品和印刷业等。

吴家熊（Suhargo Gondokusumo，1926—） 印尼名苏哈科·昆多库苏摩，印尼大马集团创建人。生于中国福建省南安。1947年移居印尼。50年代中后期与友人朱南权等创立大马集团。经营农产品贸易及加工业。1979年长子吴端贤（印尼名苏物托）留美回印尼后，经营金融、地产、贸易，逐步发展为多元化。大马集团是印尼第11大财团，在印尼拥有9家上市公司，总市值3.55亿美元，集团拥有2.4亿美元，属下公司有500多家。吴氏持股50%。集团现经营金融、农业、工业、房产业、电子、消费服务。在马来西亚发展银行、金融、证券及投资顾问服务。1992年集团属下的大马置地公司是雅加达股市最大的房地产公司之一。还兴建公寓、三级酒店和工业园区。另有与美国房地产经纪商挂钩的经纪公司，与盘谷银行的陈有汉合作投资房地产及贸易。1993年他把香港大马国际有限公司与嘉洋中国投资公司合并为香港大马集团。集团现由长子吴端贤负责。幼子吴端星掌管集团分支PSP集团。

吴瑞基（Dasuki Angkusubroto，1929—） 印尼名达苏基·昂哥苏普罗多，印尼库农·色务集团创办人。祖籍中国福建省。获印尼后勤事务管理局进口大米和大豆等特许权后，库农·色务企业发展成多元化集团，有30多家公司从事食品工业、饼干、罐头、食糖等加工业及房地产开发、建筑、银行、租赁等业务。还有农业综合投资。另有一家管理完善的房地产开发公司上市，经营办公大楼为主，占公司租金收入55%。他是印尼巨商吴家熊之亲家，与吴家熊合资办伟大太阳之子有限公司。其妻达蒂也经营房地产，把雅加达几十幢豪华住宅租给外国使馆和外国人。

陈子兴（Hendra Raharclja，1943—） 印尼名亨德拉·拉哈尔查，印尼哈拉班集团主席。生于苏拉威西省锡江市。祖籍中国福建省福清市蒜领乡。父亲陈德发曾是手工装备自行车商，后建金钥匙集团，70年代经销日本、意大利摩托车和平板玻璃。60—70年代做摩托车生意，代理各国摩托车，经营组装日本雅马哈摩托车，并创建哈拉班摩托车有限公司，任总经理。1974年在新加坡创办城市产业有限公司，从事房地产业，并命名为哈拉班集团，任集团主席。同年在雅加达发展房地产业。1980年在印尼的棉兰和泗水收购两家银行合并为恒荣银行。后来又收购库纳银行和山革银行，三家银行在印尼有250家分行，总资产6.7亿多美元。在中国福建福州投资建长乐加州城，在贵州省发展酒店。

陈大江（Sukanto Tanudjaja） 印尼名苏干多·达努查雅，印尼拉雅·金轮集团主席。60多岁，祖籍中国福建。1976年创建大江成衣工业有限公司，1991年改名为大江服装工业有限公司，以成衣制造为主，还加工外国名牌服装，生产内衣、外套，还经营纺织工业。在巨港、万隆、三宝垄、泗水、日惹等地有分公司。还参与巴厘银行的投资。

陈雄基（Hanafi，1916—） 印尼名哈纳非，印尼金轮集团董事长。生于中爪哇三宝垄。祖籍中国福建省。获上海圣约翰大学经济学学士学位。50年代创建金轮有限公司，开始经营铝制品工业，有两家与日本合资的铝板厂。90年代经营范围扩大到制造业、洗衣剂、调味品、纺织纤维、玻璃、家用电器、电器零件、电子设备、药品、食品、银行等。是印尼最大的调味品、味精生产及最大洗涤剂制造商之一。属下有34家公司，核心企业为生产涤棉棉纱的伊拉德拉斯纺织厂。与日本、台湾合资生产洗洁剂的迪诺有限公司；与日本旭日玻璃公司合资生产阿沙希马斯系列的平板玻璃；安全玻璃有限公司，垄断印尼玻璃市场；与美国通用电气公司进行技术合作的班达空气调节公司，其空调器产量占印尼市场20%；1990年出任现职。

林天喜（Putera Sampoena，1947—） 印尼名布特拉·桑普纳，印尼哈尼亚雅·曼达拉·桑普纳有限公司总裁。生于荷兰斯布丹市，祖籍中国福建省。曾在香港和澳大利亚受中、小学教育。在美国休斯顿大学念化学、数学、医学和工商管理。其祖父林生地1913年创办桑普纳丁香烟厂，1932年发展成公司。1956年由林天喜父亲负责，创立了驰名的“迪桑苏”和桑普纳牌丁香烟。1980年林天喜接管公司后扩大了业务，香烟牌增加到数十种。公司是世界第四大丁香烟厂家，以手卷烟为主。1993年6月—1994年7月营业额4.24亿美元，获纯利5000万美元。有员工2.2万人，生产的迪·桑苏牌的丁香烟，历史不衰。1990年他把桑普纳有限公司上市。并收购马来西亚怡保香烟厂。属下有印刷公司，为印尼20家大公司之五一。还拥有150艘货船，现是生产、销售、市场一体化的企业。

林文镜（Djuhar Sutanto，1920—） 又名林运镜，印尼名朱哈尔·苏丹托，印尼林氏集团（林绍良等人合作的）创建人之一，印尼水泥公司董事总经理。父亲林洪宽从中国福建省福清市北门外阳下溪头村移居印尼古真士。林运镜年青时是羽毛球、排球和篮球运动员。50年代被选入印尼国家排球队。尔后在中爪哇北加浪岸与友人合作开印花腊染厂。60年代中期与林绍良等人组成林氏集团，成立了根扎那集团，经营水泥、面粉厂和香港第一太平集团。与林绍良一起参与投资中国福清的企业。现与新加坡财团共同投资在福清设工业园。在香港、新加坡、台湾、菲律宾和澳大利亚有投资。

林如光（Agus Noor Salim） 印尼名阿库斯·努尔·沙林，印尼嘉丰集团董事长。与印尼巨商合营，主要经营玻璃制品、搪瓷制品、磁砖、保温瓶以及船务运输、海产企业（养虾）、财务管理、房地产、钢摸制造、贸易投资等，属下有40多家企业，遍布印尼、新加坡、马来西亚、香港、法国、美国、澳大利亚和中国。1984年在中国天津开发区投资，与天津公司合资建嘉泰陶瓷工业公司，年产釉面积180万平方米，产品吸水率低，抗冻性能好。1992年扩大工厂，建立以生产建筑瓷砖、玻璃制品、不锈钢餐具为主的企业集团。拥有嘉泰保温瓶有限公司、嘉泰无釉砖公司、津华包装公司等，1993年又建琉璃瓦厂、陶瓷机械厂。在广州建磁化砖厂，在山东淄博建玻璃砖厂。

林运豪（Henry Pribadi，1948—） 印尼名亨利·帕利巴迪，印尼纳班集团主席。祖籍中国福建省福清市北门外。与弟弟在林氏集团（林绍良企业）创建印尼水泥厂，任职10年。后来自创阿加·加雅·帕立玛工业公司、帕拉达·莫利亚公司。与木材大王彭云鹏、苏哈托次子合作成立银行、兴建石油化工厂等。纳班集团主要经营房地产、金融、制造、林业及石化业。上市的公司帕拉达·莫利亚是东南亚最大的轮胎、簾子布制造厂家，与泰国巨商李石成等人合资建公司。

林绵昆（Sofian Wanadi，1941—） 印尼名索菲安·瓦南迪，印尼格马拉集团董事长。1941年3月3日生于西苏门答腊省沙瓦伦多。先后在万隆巴查渣兰大学和印度尼西亚大学学习经济。1977年在其兄经营的卡鲁达·马达兰汽车公司任总经理。90年代出任格马拉集团董事长，集团发展成国际性多元化企业集团，为印尼10大企业集团之一。主要业务是：生产汽车电池、汽车零配件，并从事汽车代理商业务；经营制药厂并从事外国药品在印尼的代理商业务；与日本合资开办银行，并投资电子工业、水质处理及化学制品的储存等行业。

林德祥（Sjamsul Nursalim,）　印尼名夏姆苏·努尔沙林，印尼独象集团负责人。祖籍中国福建省。1951年创建独象公司，生产各种独象牌汽车轮胎，产品占印尼市场28%，1992年《亚洲周刊》将其列为印尼20家大企业之一。现已发展成多元化企业集团。1991年6月—1992年6月营业额1.16亿美元，获纯利1830万美元，有员工4000多人。90年代经营范围扩展到电缆、汽车油漆、银行、木材、运输综合农业、纸张、印刷、房地产及零售业等13种行业。

郑年锦（The Ning King，1931—）　印尼达雅·马努加尔纺织公司董事长。1931年4月20日生于万隆。高中毕业后随父经营纺织业。1949年开办小纺织厂。1960年发展成达雅·马努加尔纺织公司，并出任现职。该公司为印尼最大的纺织公司，除经营纺织外，还经营钢铁、橡胶、手套、房地产、自行车、饲料、电子、化学纤维等。是印尼第9大企业集团。下属有36家公司。其中子公司阿尔古斯·班德斯有限公司是纺织印染一体化企业。该公司1990年营业额3.28亿美元，获纯利1.57亿美元，资产1.41亿美元。其产品35%—40%出口，其中出口日本部分占日本市场25%。

郑建盛（Mohammad Bob Hasan，1931—）　印尼名波普·哈山，印尼波普·哈山集团负责人。生于三宝龙，祖籍中国福建省福州市。是印尼已故将军卡托·苏普罗托的干儿子。为印尼数十家企业的业主或股东。努山巴有限公司集团主席，主要经营林业、胶合板和海运业，还经营保险，金属、非金属、机械、化学、纸张、纸浆、陆运、空运等。在三马林达建加里马尼斯胶合板，经营3家胶合板厂，3家海运公司。他还任印尼木材商公会、胶合板商会、藤业公会和印尼奥林匹克协会、印尼电影同盟、印尼田径协会、印尼举重健美协会主席。现主持普·哈山和巴梭巴蒂两大集团，后者主要股东为苏哈托总统长子。两个集团属下公司约75家。总资产2.6亿多美元，年营业额10多亿美元。波普·哈山占2/3。哈山集团现经营化学工业、造纸、钢铁、建筑、航运、酒店和保险业。他在私营的森巴蒂航空公司占股35%。

饶耀武（Usman Admadjaja）　印尼名乌斯曼·阿玛查，印尼达纳蒙银行董事长。50多岁，祖籍中国福建省。1956年创建达纳蒙银行。1981年兼并亚非银行。1988年取得经营外汇业务。1994年9月《亚洲周刊》评出的亚洲500家大银行中，该行排名第249位。1993年6月—1994年6月营资产38.8亿美元，存款额32.3亿美元，贷款27亿美元，获纯利2890万美元。他还收购桑普纳银行，易名为德尔达银行。又与韩国外汇银行合资建公司。

徐清华（Ciputra，1931—）　印尼名吉布德拉，印尼查雅建筑集团、大都会集团、徐清华集团创办人。1931年8月24日生于中苏拉威西帕里吉。祖籍中国福建省厦门市。基督教徒。获万隆工学院建筑工学士学位。早期任报刊通讯员。1961年被雅加达市政府委任组建查雅建筑有限公司，任总经理。1971年成立徐清华集团，从事房地产及通讯等投资。该集团在印尼承包不少建设工程，参与兴建投资水费公路。大都会集团目前拥有24家公司，从事房地产、电脑、水泥生产、旅游等业务。在多个城市兴建酒店。还开辟10万公顷种植业基地。他曾任印尼工商会建筑部副主任，印尼房地产协会、世界房地产协会副主席。曾获雅加达模范企业家奖。

高立文（Benjamin Setiawan） 印尼名布恩雅明·斯迪亚万，印尼卡贝尔集团负责人。祖籍中国福建省。制药商，1966年创建卡贝尔·发尔玛有限公司，经营医药工业，并生产家畜药物。在万隆有分公司，其药品控制印尼市场13.6%，上市的卡贝尔发玛有限公司控制印尼药品市场6.37%。1991年资产2080亿盾，自有资本1486亿盾，获纯利226亿盾。

黄双安（Buhan Uray，1931—） 印尼名普尔汉·鸟莱，印尼查渊蒂集团总经理。生于马来西亚沙捞越古晋。父亲黄笃桢从中国福建省福州市移居马来西亚，在沙捞越务农。黄双安1941年赴印尼定居，并做生意。1956年从事木材业。60年代在东加里曼丹省取得伐木专营权后，建木材加工厂和夹板厂。后开办查渊蒂木材公司，任总经理。90年代公司发展成集团，是印尼第二大木业集团，伐木专营区总面积400万公顷。90年代兼营渔业，有数百艘渔船，用现代化设备捕鱼。有可容纳700吨水产品冷库和鱼粉厂，有员工2万人。属下有英达木材工业有限公司、格林查雅纤维板有限公司等。1989年获印尼政府颁发的最佳职工福利奖。

黄奕聪（Eka Tjipta Widjaja，1923—） 印尼名艾卡·吉卜达·威查雅，金光集团董事长。生于中国福建省泉州市。1930年移居印尼苏拉威西省望加锡市。印尼光华学校高中毕业。1942年日本入侵印尼时，从事发展养猪业。1945年投资开面包、饼干和汽水厂。1950年经营批发生意，收购椰干，开大米和椰干加工厂，尔后移居雅加达建金光公司。1969年建比莫里椰油厂和昆芝·玛斯食用油厂。1972年金光公司发展成集团，建集伟化工纸业公司，1983年又收购生产纸浆的永吉纸业公司，产品占印尼纸品市场70%，还出口中东国家，是亚洲最大造纸厂家。同年又收购印尼国际银行，经营租赁、证券和保险业务。集团现拥有400多家公司，30公顷棕榈种植园，30多家加工厂。业务范围有金融、地产、造纸、种植、食油、旅游等。1992年资产28亿美元，黄氏家族占12.96亿美元，营业额20多亿美元。

彭云鹏（Prajogo Pangestu，1944—） 印尼名布拉约哥·班克斯杜，印尼巴里多太平洋集团创建人，新一代“木材大王”。1944年4月生于西加里曼丹省山口洋市，父亲彭水安是中国广东省陆丰县人。彭云鹏山口洋南华中学初中毕业。当过小客车司机。70年代初在黄双安的林源蒂集团工作。1975年被委任为经理。1977年收购木材小公司易名为也里多太平洋木材公司。1981年投资建造木材加工厂。1982年收购锯木厂易名为芒俄勒木材公司，并建胶合板厂。还收购并兼并7个公司组成巴里多太平洋集团。1991年与苏哈托总统长女建麻拉埃宁纸浆厂，与苏哈托总统次子和日本丸红商社合建大型石油化工厂。1994年收购马来西亚建筑与供应有限公司70%股权。1994年11月《亚洲周刊》评出的印尼20家大企业中排第九位。1993年7月—1994年6月集团营业额为4.68亿美元，获纯利1.48亿美元，拥有180家分公司，从事伐木夹板、造纸、银行、酒店及房地产投资业务。拥有550公顷可采伐40年的林地、几十家胶合板厂以及20公顷棕榈种植园和3万公顷甘蔗园。1993年获苏哈托总统颁发的出口商奖。

蒋维泰（Masagung，1927—） 印尼名玛沙贡，印尼阿贡集团创办人、总经理。1927年9月8日生于雅加达，祖籍中国福建省。1953年成立古农·阿贡（泰山）有限公司，出版各种大众化读物，以后逐步发展为阿贡集团，并出任总经理。80年代起任现职。现经营范围扩大到出版、印刷、金融、矿业、石油、天然气、农业、工业、贸易、外汇、酒店和海陆运输等。在新加坡、马来西亚和日本设有分公司。1982年和1987年获联合国颁发的哈马舍尔德奖和和平使者奖。

谢建隆（William Soenyadjaya，1923—） 印尼名威廉·苏尔雅查雅，印尼苏尔雅查雅集团创办人。1923年12月20日生于西爪哇马查伦卡。祖籍中国福建。荷兰阿姆斯特丹瓦尔韦克中等专科学校制革专业毕业。当过修补车胎工。1942年做废纸生意。后开皮革厂、贸易公司等。1957年与弟弟林建智和林建丰创办阿斯特拉国际公司，经营汽水、香油和农产品。60年代末做汽车买卖，并与日本丰田汽车公司合作装配汽车，90年代成为印尼最大汽车装配商。后与美国通用汽车公司合作，为代理商。家族控制的苏尔雅查雅集团是印尼第15大企业集团。1993年营业额为9亿美元。属下公司超过100家。

蔡道行（Rachman Halim，1947—） 印尼名拉赫曼·哈林，印尼盐仓集团董事总经理。生于印尼，祖籍中国福建省福清市。高中毕业，父亲蔡云辉1927年移居印尼。1958年创办盐仓牌丁香烟工厂，占地1000平方米，现已扩大至183公顷，还有119公顷厂房。1985年病故。80年代公司发展成多元化的盐仓集团。是印尼最大丁香烟生产厂家。1985年后蔡道行出任现职后，盐仓集团成为印尼五大商业集团之一。集团生产的丁香烟占印尼销售市场50%。还经营金融、酒店、旅游及地产业。主要投资是旅游业。另有卷烟纸厂和印刷厂及药厂。1994年11月《亚洲周刊》评出的亚洲1000家大企业中排名第513位。1993年7月—1994年6月集团营业额为18.57亿美元，总资产16.07亿美元，获利润7620万美元。

霍佐幼（Jan Darmadi，1937—） 印尼名赞·达马地，印尼赞达马集团董事长。生于雅加达，获美国纽约大学商科硕士学位。1971年学成回印尼。父亲达地赞马1972年经营赌场。霍佐幼继承父业，并有赌王的称号。还经营房地产，收购地皮。1980年赌场被禁止后改营房地产、制造业、贸易、建筑、旅游、纺织、塑胶、运输及银行等。他是泛印度尼西亚银行创办人之一，现持股5%。集团的子公司及联营公司约50家。1993年集团资产约24亿美元，营业额7.5亿美元。集团在雅加达拥有商业大厦和办公大楼及高级公寓。1992年9月在雅加达兴建旅店，并控制南太平洋旅店公司所有股权。在巴厘岛拥有两间凯悦旅店，在泗水还有凯悦旅店。90年代又与澳大利亚政府合作在圣诞岛开赌场，并设雅加达飞往该岛专机服务。

泰　国

丁家骏（Kachon tingihanathikul，1909—） 泰名卡奈·丁他那提恭，泰国泰油贸易公司创办人。1909年8月19日生于中国广东省东莞太平。为清末洋务运动丁日昌的后裔。曾在新加坡书院学习，后在新加坡直利洋行工作。30年代在中国广州亚细亚石油公司任职。1947年创办广州丰顺煤油公司，为亚细亚石油公司代理商，当选过广州煤油商公会理事长。1952年移居泰国，成立泰国石油贸易有限公司，并一直任董事长。60年代创办泰国藤竹厂、亚细亚石油公司、东方地产有限公司，均任董事长。历任香港汽油有限公司、槟城泛马石油有限公司董事长，在泰国有“石油巨子”之称。1983年创建润滑油及油脂调和厂，为泰国最大油脂供应商。朝鲜战争期间，曾协助中国进口急需原油。家族企业已交给子女管理，近年设立丁家骏慈善基金会。1976年起任泰中友好协会副主席。1986年率丁氏宗亲总会代表团参加丁日昌讨论会。1987年再次率泰中华总商会工业代表团访华。

马陈茂（Boonsonge Asavabhokin，1917—） 泰名汶嵩·柳萨哇菩勤，泰国玲英豪集团创办人。生于中国广东省潮阳成田中央乡。出身商贾世家。早年随其父经营当铺和纱布业。后创办和创纱布行。尔后扩大为万昌、万兴和万利各大饷当铺。经营范围扩大到金融、堆栈、房地产及现代大酒店等。以玲英豪集团为主，下属有玲英豪金融信托有限公司、彛通房地产有限公司、诗华丽博他那有限公司、威拍华丽兴实商业中心、威帕华丽堆栈有限公司、博他耶洛大酒店、曼谷水门华喃商业中心等。1982 年任泰国潮阳同乡会理事长。后任泰国中华总商会常务董事，泰国饷当同业公会理事长。泰国马氏宗亲总会永远名誉理事长。妻子蚁春娥从事房地产、旅店、金融信托等业务。马陈茂的玲英豪取代了曼谷置地公司，成为泰国最大的房地产发展商。该公司由其长子马国长出任董事长，并参与金融公司的收购活动，该公司已成为亚洲银行股东之一。

王金玉（Chanut Piyaui，1922—） 泰名差纳·比耶威，（女），泰国律实他尼集团董事长。1922 年 5 月 15 日生于泰国。祖籍中国海南琼山县。1950 年开始创办律实集团，该集团为泰国最大旅店业集团，属下有他尼旅店、度假村和律实他尼酒店等 21 家酒店，在东京、美国、印尼等地开有分店。总投资 1.5 亿美元。1993 年获利润 9 亿铢。律实酒店连续多年被美国旅游杂志选入世界最佳旅店之列，其旅店分高中低档。《亚洲财经》杂志曾把它列为亚洲管理最完善的百家公司之一。该集团还是玛汶空房地产业开发公司和玛汶空碾米业公司的大股东。

邓文求（Boon-Jeo. Tae） 泰国第一刷子有限公司总经理。该公司 1938 年建立，前身为泰国牙刷公司，1980 年改为现名，是泰国第一家生产牙刷的公司，也是东南亚最大和最现代化的刷子生产厂商。生产 50 种牌子的牙刷，占泰国牙刷市场的 50%，产品出口远东、北美、中东和欧洲。还生产个人、家庭和工业用的各种刷子，产品多次获科技产品奖，最佳出口奖。邓文求 1981 年建立 BB 商业有限公司，80%的产品是牙刷。1988 年建立 B. O. 工业有限公司，负责产品出口业务。1989 年获模范事业家奖。

叶世忠（1926—） 泰汽车零配件厂创建人。1926 年 12 月 15 日生于中国海南省文昌铺前镇。1939 年移居泰国。当过跑堂、卖过冰块、汽车修理工。后来开了汽车修理店。先后创办了世忠永记汽车用品行、世忠车工工厂、世忠车轮加工厂、世忠车掣工厂等，成为泰国规模庞大的生产汽车零配件厂。现拥有 5 家汽车零配件厂，两家与日合资的汽车零配件厂，生产载重汽车、大客车、小轿车的世界各种类型的汽车零配件。远销中东和澳大利亚。德国“奔驰”汽车也来定货。7 家工厂年产值 12 亿铢。在泰国海南会馆兼职 30 多年，当选连任副理事长 18 年。曾 10 次到海南寻根问根，捐资办学。建叶茂小学，并设奖学基金。

丘细见（kiat Wattanavikin，1911—） 泰名加·瓦达纳威金，泰国丘细见金融证券有限公司经纪商。生于中国广东省丰顺。早年随母移居泰国北柳府。后迁居曼谷。在奇香酿酒厂有限公司工作。第二次世界大战后，创建源香隆酿酒厂，先后获得北大年、普吉、龙仔厝等府酿酒及政府两公司内地代理权。后经营多元化企业。创办三廊冰厂、东方酒业有限公司、东方冰厂、东方糖业有限公司、国际工程建筑有限公司、泰商银行、国际置业有限公司、沙干沙他兆建筑公司、丘细见金融证券有限公司等。为泰国第四大经纪商。公司总市值 4.43 亿美元，丘氏家族约占 2.1 亿美元，曾先后任中华总商会副主席、泰中友好协会副主席、泰国联合国公会顾问、丰顺会馆名誉主席、丘氏宗亲总会永远名誉理事长。

冯裕德（1940—） 泰国驳船业主。生于曼谷。父亲冯夙仁，由中国海南省琼山移居泰国。冯裕德只念 4 年泰文，后随父行船，做杂工。1962 年在一个潮州人的驳船上当掌舵人。1971 年成立驳船公司，发展到拥有 100 多只驳船队。1974 年发展为泰运输有限公司，建造船厂，维修和制造驳船，年产 800—

1200吨驳船30—40只。1979年成立挽巴因堆栈有限公司，在大成建货栈和码头。后与友人合建能存放大米和玉米的货栈。在曼谷郊区湄南河畔与友人办大火砻厂，持股20%。1980年中标承包年吞吐量100万吨的宋卡码头和能同时停靠2艘3万吨轮船的普吉码头。还投资旅游业和森林采伐。1988年和缅甸政府签订森林开采权协议书。他是泰国冯氏祖祠理事长，曾多次回祖籍捐资办学。

伍捷朴(Banyong Lamsan) 又名伍班荣，泰名班荣·兰三，泰国泰华农民银行主席。60多岁，祖籍中国广东省梅县松口溪南乡。曾祖父伍森源本世纪初移居泰国经营林业及大米。祖父伍佐南将事业扩展到金融保险，开设银庄和广高隆馆，30年代把广高隆转为泰华农民银行。由伍捷朴之兄伍班超掌帅印。伍班超1991年病故后由伍捷朴接任董事长，后把董事长一职转交伍班超之子，伍捷朴改任主席。泰华农民银行为泰国第二大商业银行，1994年9月《亚洲周刊》评出的亚洲500家大银行中排名第108位。拥有301家分行，有员工1.4万人。1993年6月—1994年6月总资产172亿美元，存款额141亿美元，贷款额141.5亿美元，获利润3.11亿美元。伍氏家族除泰华农民银行及泰国人寿保险公司外，还参与暹罗水泥、玛叻沙隆酿酒厂、湄南堆栈及酒店等投资。

苏旭明(Charocn Siriwatanapakdi) 泰名差龙·西里瓦巴滴，泰国酿酒业巨子，控制泰国两家最大的酿酒厂。1991年与泰华农民银行及丹麦嘉士伯啤酒(又称皇帽啤酒)合作生产啤酒，产品占泰国啤酒市场30%。还投资大成银行、曼谷商业银行、泰国第一银行、亚洲银行、京都银行及京华银行，其股份市值8亿美元。此外，他取得了湄南河畔前宝隆洋行总部的租赁权。

杨海泉(Utai Youngprapakorn，1926—) 泰名乌泰·杨巴帕高，泰国北榄鳄鱼湖地产有限公司董事长。1926年7月26日生于泰国北榄府。祖籍中国广东省潮州惠来县。1941年开了小杂货店，收购土产。1950年创建北榄鳄鱼湖动物园。1955年开办北榄鳄鱼湖地产有限公司，并任现职。1966年正式建立鳄鱼湖，现为世界最大鳄鱼湖的主人，被誉为"养鳄鱼大王"。还兼任泰素旺建筑有限公司、泰国UK皮革制造厂和友商贸易公司董事长。1982年当选泰国模范事业家。1986年获促进旅游观光事业最佳奖。鳄鱼湖养有4万条鳄鱼，每年宰杀4000—5000条，制成鳄鱼皮革制品，出口日本、法国、意大利等国。1991年鳄鱼皮收入为1.2亿铢，活鳄鱼出口。鳄鱼湖还养有大象、老虎等珍禽猛兽，每年有游人150万，门票收入775万美元。1977年起，连任泰国杨氏宗亲总会理事长，泰国世觉善堂副董事长。

李文祥(Boonsithi Chokwatan) 泰名汶西斯·乔克瓦坦泰国协成昌集团董事长。50多岁，祖籍中国广东省潮州普宁县厝寮乡。父亲李兴添曾在"标合"杂货店工作，1942年建立协成昌杂货店。现已发展成协成昌集团是泰国最大的日用百货集团之一，有泰国"杂货业大王"之称。拥有与狮王油脂公司合作的狮王牙膏公司、狮王油脂公司，与日本三井物产公司合作的曼谷尼龙公司，与柳屋公司合作的泰国柳屋公司，与养剂公司合作的萨哈养剂公司、与华歌尔公司合作的泰国华歌尔公司等200多家公司。年营业额超过20亿美元。生产"狮王"牙膏、洗发精、"裘比"蛋黄酱、"尼信"饼干、"华歌尔"内衣、"耐克"运动鞋等。与日本公司合作生产许多日本名牌产品。1991年父亲李兴添去世后，李文祥接任现职。

李石成(Somsak Leeswadtrakul，1951—) 泰名颂塞·里沙越达恭，泰国泰兴集团董事长。1951年1月10日生于泰国本京，祖籍中国广东潮阳县古溪乡。泰国工商管理专科学校毕业，获美国亚美尼加大学工商管理学博士学位。1972年接过父亲的泰兴木器行，并加以发展。1980年初创建泰兴集团并任董事长。其集团属下有泰国钢管有限公司、泰兴钢铁工业有限公司、泰兴商业有限公司、泰兴中央五金有限公司、泰兴钢材有限公司、泰兴房地产有限公司等10几家公司。泰兴钢铁工业有限公司为东南亚规模最大、设备最新的钢管企业。最近在泰南开设新的钢铁厂，参与伟成发集团的大型冷热轧钢厂的投资。还收购泰国第五大石油零售商暹罗服务公司的股权5.65%。与人合资开办《亚洲日报》华文报。他还任泰国中华总商会董事，泰华报人基金会长任名誉主席。1990年获模范事业家称号和最佳公共关系银螺奖。

李光隆（Visit Leelasithon，1935—）泰名威西·李拉西通，泰国华尔街大厦金融证券有限公司董事长。生于中国广东省潮阳成田简朴村。1956年移居泰国。先在一家五金店任记帐员。后经营茶叶、汽车零件、房地产，并开设抵押公司，房地产抵押贷款，在香港与人建财务公司，经营外汇业务。70年代后期，泰商人林炳南邀他加入华尔街大厦金融公司，并由他负责。为引进金融管理经验，与瑞士银行合作。其后公司1992年上市。除金融证券业务，还经营房地产、饲料、纺织及酒店业，并出任董事长。在曼谷商业中心拥有市值1亿美元的华尔街大厦。还拥有华尔街大厦金融证券有限公司和协达饲料有限公司，与友人又建黄金贸易有限公司。他还任泰国中华总商会董事、泰国潮州会馆副主席、泰国介寿堂兹善医院主席、泰国潮阳同乡会理事长、泰国李氏宗亲总会副理事长等职。曾获泰国王御赐勋章多枚。

李景河（Suchai Virameteekul，1925—）泰名苏猜·威拉梅德恭，泰国明泰集团董事长。生于中国广东省普宁县。曼谷东方商学院毕业。1966年创办香港工商银行，任常务董事。1967年创建明泰工业电石厂。现为明泰集团及其属下17家公司的董事长，并任泰布厂有限公司、泰纤维工业有限公司、汶诗里国际有限公司、环球白水泥有限公司、《星暹日报》等14家企业的董事。1976年起任泰中友协副主席。1986年起任泰中促进投资贸易商会主席。明泰集团主要经营房地产业，并投资于电石、船务、纺织、金融行业。明泰工业有限公司电石厂为集团属下首家企业，是泰国及东南亚规模最大、设备最现代化的电石厂。其下属公司有明泰集团有限公司、暹罗挽那地产有限公司、泰华船务公司、香港明泰有限公司、泰华国际银行等17家分公司。1992年12月在中国广东省汕头合资创办泰华国际银行。

李智正（Krit Ratanarak） 泰名吉·叻达那莱，泰国大成银行主席，40多岁，祖籍中国广东省澄海。其父李木川1932年随父母移居泰国，曾在湄南河从事运输业务，50年代与巴博合作收购大成银行股权，该行为泰国第5大商业银行。1993年病故后由李智正继承事业。李智正曾在英国留学，70年代中期回泰后在银行任职，1982年出任大成银行总裁，接管家族企业后改组大城银行，并出任主席兼行政总裁。除大城银行外，在暹罗面粉厂、大城堆栈、泰国广播电视有限公司及京都水泥厂均有投资。

吴玉音（Prapa Viriyaprapaikit，1928—）泰名巴巴·威里耶巴拜吉，女，泰国伟成发集团创办人。生于泰国，祖籍中国广东汕头云露头乡。泰国职商高级学院毕业。丈夫从事钢铁买卖生意，丈夫死后，与弟弟吴光伟合作经营。1964年成立伟成铁丝工厂。1994年发展成泰国最大的钢铁集团，除钢铁外，还发展房地产、电脑、金融等，属下有40家公司。1993年下属公司经营电脑及办公自动化业务的伟成发OA集团上市，还有生产热轧钢片的伟成发钢铁工业公司、冷轧钢片和镀锌钢片厂及深水码头、发电厂等。集团在北柳府投资6家钢铁厂，她先后任泰国总商会、泰国潮州会馆、泰中友好协会、泰中促进投资贸易商会的副主席。泰华妇女联合会名誉主席、吴氏宗亲总会副理事长。1983年获泰国王颁发的一等皇冠勋章，1989年获泰国女模范实业家称号。1990年获泰国清迈大学农业科学名誉博士学位。

吴多禄（Dilok Mahadamrongkul，1928—）　泰名迪禄·马哈德龙恭，泰国四通机构创办人。祖籍中国海南省琼山，吴多福之弟。起初在钟表厂当学徒。高中毕业后，1948年赴瑞士学习修表技术。后成为多款瑞士钟表代理商。属下表行有四通有限公司，戈士慕表厂、环球表行、雷达表行等10多家。除代理欧、美、日钟表外，与日商、台商合资设厂制造手表零件，曾与其兄吴多福投资京都银行并任董事经理。还投资房地产及建筑业，拥有百货公司。事业的旗舰是托沙蓬集团，属下的托沙蓬土地公司有7个房地产发展项目。

吴多福（Dilah Mahadamrongkul，1921—）　泰名迪叻·马哈德龙恭，泰国艺宝钟表外装零件厂董事长。生于中国海南省琼山。祖父吴乾钢早年在泰国经营火砻业。父亲吴坤楹20年代移居泰国，经营旅社。吴多福30年代中到泰国谋生。起初在曼谷设修表摊。1935年后与父亲在曼谷创建荷良丁表行。1939年父子俩又创建四通表行，后又办起通城有限公司。1945年吴多福主持公司工作，取得瑞士名厂雷达、依宾及日本精工名表代理权。后创建泰国最大规模的艺宝钟表外装零件厂，并任董事长，先后在香港、马来西亚、印尼、菲律宾、老挝设分公司。他还投资地产、建筑、金融、进出口贸易等。曾任泰国京都银行常务董事长、泰国中华总商会常务董事、海南会馆董事和顾问。1984年和1989年率泰国经济考察团探亲、旅游和捐办公益事业。他被誉为东南亚“钟表大王”及金融巨子。

吴建成（1936—）　泰国天成国际集团总裁，建成企业公司董事长。生于曼谷，祖籍中国福建省漳州市。台湾某大学国际贸易系毕业。1958年从事保险业、珠宝业。1960年赴美洛杉矶GIA珠宝检验学院进修两年，在美国—台湾—泰国开展珠宝生意，在台湾和美国设办事处。1965年与印尼、菲律宾、马来西亚同学在香港合办香港亚洲贸易公司。1970年初在泰国建成企业公司经营珠宝，出任总经理。1983年与台湾合办大型塑料机器厂，为台湾代理商。1991年为台湾制塑机械售予泰国联华集团。不久又成立泰国天成国际集团。1994年为中国河南信阳、北京、石家庄与泰国举办经贸招商会。现任河南海外联谊会名誉会长、沈阳东方国际城市建设有限公司名誉董事长、中国珠宝协会四川分会名誉会长、湖南湘潭市经济顾问、河北石家庄市和石家庄市海外联谊会顾问。1993年与河南平顶山市建中泰啤酒集团公司。

吴乾基（Naisozi Phuethealahalan，1917—）　泰名乃素基·菩铁叻禾兰，泰国TBI集团董事长。祖籍中国海南省文昌县锦山镇。父亲在泰国从事纺织及旅馆业，在抢劫中丧生。吴乾基自立谋生，批发布匹。第二次世界大战后创办锦茶源。不久与人合资投资纺织业，为泰国纱厂实业有限公司股东之一。1957年成立泰国纱厂有限公司，1967年建立泰国被厂公司，生产毛毯，1972年先后建纺纱的美泰纺织厂、织布的泰美纶纺厂，成衣厂和化纤厂。TBI集团现为泰国最大纺织集团和最大纺织品出口商。拥有泰棉织厂、泰纺织实业工厂、泰米纶纺织厂等20多家工厂以及30多家公司，产品80%销往国外。他被誉为东南亚的“纺织大王”。1985年和1993年曾两次到海南考察，洽谈开发项目和探亲祭祖。

何国雄（Sawod Horrungruang，1930—）泰名沙越·何雷銮，泰国钢铁公司创建人。父亲何德年从中国广东省高明移居泰国，当过学徒，后成立永和兴机器维修厂。何国雄1970年创建军泰钢铁公司，生产建筑钢材。

1976年又建立泰京钢铁公司，后来成为泰国最大的钢筋生产商之一。何氏家族事业属多元化企业。家族控制三家上市公司，为泰京钢铁集团、何马拉地产公司、顺德公司，总市值16亿美元。何国雄个人投资上市房地产公司，占股10%。在香港也投资泰港地产公司。

余再坚（Yos Eauchukiate） 泰名育·卫初加，泰国亚洲银行大股东。40多岁。祖籍中国广东省潮州。祖父余甘通移居泰国。父亲余作隆兴办代理欧美石油、米业及船务，也建泰塑胶化学品公司，成为泰国塑胶业先驱之一。1976年取得银行控制权后易名为亚洲银行。余再坚在父亲安排下入主亚洲银行，在他主政下，银行业务已上轨道后，逐步淡出银行管理事务。余氏家族事业，除亚洲银行、泰塑料化工公司、泰国三合板公司外，属下还有150家公司。

汪东发（Soonthorn Vongkasolkit） 泰名颂童·翁古颂吉，泰国两仪糖业集团董事长。50多岁。父亲汪子在，30年代从中国广东省揭西九斗埠移居泰国，种植大米及木薯。第二次大战后，改种甘蔗，1958年成立糖厂。目前两仪糖业集团有3家糖厂，年产量60万吨，占泰国市场15%—20%。1982年成立万蒲矿业公司，开采煤矿及其他矿产。汪东发出任现职后集团从事金融、房地产、制造业及采矿业，属家族企业，与曾为之家族合资经营金融及联合证券公司和联合开发公司，与丘细见家族、曾为之家族合资建阿玛林·普拉查集团。

陈天爵（Savit Wanglee） 泰名素威·旺利，泰国旺利集团行政首脑。60多岁，祖籍中国广东省潮州隆都前美乡。祖先陈焕荣19世纪移居泰国开了旺利行，经营大米及辗米生意。后来拥有6家辗米厂，还开办曼谷—香港—上海航运，并进行房地产投资。陈天爵美国留学回泰国后在旺利栈银行工作。并协助其弟从事进出口业务，90年代成立旺利集团，由他负责。陈氏家族目前在泰国拥有不少房地产，公司250多家。

陈世贤（Norrarat Tangpakorn，1933—） 泰名纳拉叻·陈巴浩，泰国大众旅游、香港大众旅游公司总裁。生于泰国，祖籍中国广东省潮阳。经营旅游业。先后创办泰国大众旅游、香港旅游公司，并任总裁。1979年发起成立华文报从业人员子女助学金委员会。1981年创建泰华报人公益基金会，任首任主席。历任泰国中央肃毒委员会委员、泰国华人公益基金会主席、中华民族促进会副会长等职。曾获泰国王颁发的二等白象勋章。

陈龙坚（Thavorn Phornpraha，1913—） 泰名他翁·蓬巴哈，泰国暹罗集团创建人，“汽车大王”。1913年10月16日生于中国广东揭阳。幼年随父母移居泰国，曾参加伦敦和芝加哥商科学校函授课。早年在其兄陈同发店里工作。1948年经营进口日本日产货车。1952年创建暹罗机械有限公司，与日本日产汽车公司合作组装日产汽车，成为泰国一代汽车大王，现已发展成暹罗集团，经营多元化企业，包括采矿、商业贸易、金融及房地产。属下有300家企业。暹罗机械有限公司是暹罗集团核心公司，从事汽车装配的汽车配件生产，经销客车和商业用车。1994年11月《亚洲周刊》评出的亚洲1000家大企业中，该公司排名第953位，在泰国20家大企中排名第11位。1993年7月—1994年6月营业额10.5亿美元，获纯利7亿美元，总资产7.95亿美元。

陈有汉（Chatri Sophonpanich，1934—） 泰名差滴·梭蓬帕匿，泰国盘谷银行常务董事会主席，生于泰国曼谷，祖籍中国广东省潮阳县峡山洋乡，为已故东南亚金融巨头陈弼臣的次子。英国伦敦雷仁专科学校银行学毕业，后在伦敦英格兰皇家银行学习银行业务2年。1959年在曼谷亚洲信托有限公司实习后，在其父主持的盘谷银行工作，任会计部经理。1963年12月—1980年3月任盘谷银行副总裁，后任总裁。1984 年被选为银行公会主席。1987 年当选为东盟银行委员会主席。1992 年任盘谷银行常务董事会主席。他还是泰国国会上议员、泰中友好协会副主席、中国汕头大学名誉教授，多次荣获泰国王授予的勋章。1994 年 9 月《亚洲周刊》评出的亚洲 500 家大银行中盘谷银行排名第 65 位。1993 年 6 月—1994 年 6 月总资产 306 亿美元，存款额 231 亿美元，贷款额 259 亿美元，获利润 54.4 亿美元。

陈如竹 (Damri Darakananda)　泰名探利·达拉卡纳达，泰国协联集团创办人及主席。60 多岁。生于曼谷。祖籍中国广东省潮阳。受中学教育。其姐陈赛萍与姐夫李兴添集资创建协成昌公司邀陈如竹入股，起初当杂工，后升为经理。不久自立门户，与日本 YKK 合资，在泰国设厂生产拉链。后发展成协联集团，属下有 200 多家公司，经营纺织、橡胶、塑料、电子、电脑、金融、鞋子、建筑及房地产投资、国际贸易等有员工 2 万多人。目前在中国投资发电站。

陈威峰 (Prasong Panichpakdee)　泰名巴颂·帕尼奇拜滴，泰国百信集团创办人。40 多岁。祖籍中国广东省潮州。其父陈作忠 30 年代移居泰国从事贸易、大米业务，开锦顺栈米行。陈威峰澳大利亚某大学毕业，在父亲米行干 9 年。1983 年自办拜滴发展公司，1985 年易名为百信集团。该集团以发展高档房屋为主，最近发展一些低档房屋。90 年代初在中国广州投资，在泰国土地储备约 1 千莱，80%位于曼谷。

陈萌全 (Chuen Tangmatitham，1936—)　泰名春·当玛滴探，泰国建金置业机构集团董事长。生于曼谷，祖籍中国广东省潮安县。1956 年在朱拉隆功大学建筑系肄业。1979 年获喃甘杏大学工商管理硕士学位。起初协助父亲打理建筑业务，后自立门户，在泰北承建工程，并建立建东贸易公司，代理进口各类建筑装饰器材。70 年代末创办建全置业机构，自任董事长。后来发展成建全置业机构集团。该集团是泰国发展最快、名声最盛的房地产公司之一，属下有 10 几家子公司，承建的住宅、商业大厦 1 万多座。在中国上海投资兴建民用住宅，还与北京市政府合作成立北京地安门房地产开发有限公司。建全置业机构集团主要从事房地产开发、销售与租赁，也经营建筑材料、娱乐事业。他被聘为开发泰国特区顾问，1991 年获泰国模范事业家金帆船奖。

陈景镇 (Chavarat Charnvirakal，1937—)　泰名差瓦拉·参威拉恭，泰国联泰工业建筑公司创办人。生于泰国。祖籍中国广东新会江门市牛湾区。父亲陈以均早年随泰国碾米厂老板赴泰国谋生开了五金店。1986 年病故。陈景镇 1962 年法政大学经济系毕业后在其父资助下开设联泰工业建筑公司，经营焊铁、门窗等生意，还从事焊接、组装业务。1974 年公司获美国石油学会的标准质量证书。1975 年建立工业锅炉工厂和钢铁加工厂。现已发展成机械工程及设备组装承包商。1983 年—1987 年兴建联泰中心。他还包揽泰国所有炼油厂、石油及天然气运输管道的建设工程。

陈卓豪 (Sumit Lear dsumitkul，1932—)　泰名素密·叻素米达恭，泰国华泰塑胶集团创办人。生于泰国大城府万华罗林村，祖籍中国广东省潮州揭阳。1937 年在中国读书，1952 年回泰国。在发油厂工作，当过小贩，尔后承租杂货店。1963 年创建小机械厂，生产塑胶制品，并改陈和泰行作为自销代理。1993 年华泰塑胶已成为集团，属下有 10 几家公司，与外商设有 9 家合资公司。集团有员工 2.3 万人，上市公司市值 3.6 亿美元，陈卓豪占 2 亿美元。属下仿瓷工厂为世界最大的同类工厂，在中国也设厂。除塑胶外，还经营房地产，在沙拉武里拥有 30 莱地皮。与中国工商银行合作在武汉发展商业住宅楼。历任泰国潮州会馆副主席，泰国中华总商会顾问、泰中友好协会副主席、泰中促进投资贸易商会副主席等职。1988年获泰国最佳国货出品奖。1981年获国际出口货品质地优异奖。1982年获泰国王赐二等白象勋章。1985年被评为泰国模范事业家，获政府颁发的金帆船奖。

陈智琛（Chaartsiri Sophonpanich，1960—） 泰名差阿实里·梭蓬帕匿，泰国盘谷银行总裁。生于泰国。祖籍中国广东省潮阳县峡山洋乡，为银行家陈有汉的长子。陈智琛获美国麻省化学工程学士、硕士及金融与经济管理硕士学位，1980年在盘谷银行任职，负责该行国外业务部、资金部的工作。1992年4月升任盘谷银行董事及常务董事，7月再擢升为助理总裁。1993年陈有汉出任盘谷银行常务董事会主席后，由郭仲谊接替出任该行总裁，任职15个月后去职，由陈智琛接替该职。

陈锦吟（Khunying Pornthip Narongdej） 泰名坤迎·蓬贴·纳隆，泰国暹罗集团副董事长，泰国“汽车大王”陈龙坚之女。曾在澳大利亚学习，未完成学业回泰国任其父陈龙坚私人助理秘书，后负责主管集团的财务工作。1988年被委任为集团总裁，陈龙坚在家族会议上决定让她改任副董事长。陈锦吟丈夫甲盛·那龙德，来自经营卫生纸生意的泰华望族，曾任商业部副部长，现主持KPH集团，负责管理4家公司。

张杰陵（Chareon Chirangboonkul，1920—） 泰名差荣·赤朗汶恭，泰国四丕耶建筑有限公司董事长。生于中国南京市。祖籍中国江西省景德镇。1937年继承父业，经营古玩店。后创办四丕耶古玩木器有限公司，50年代末创建四丕耶建筑有限公司，并任董事长。现是泰国十大建筑商之一，也是承建泰国五大摩天大楼的建筑商之一。该建筑公司只负责承建工程的项目管理、营造工程和部份建筑材料。目前正开发房地产市场。

张锦程（Kitti Damnerncharnwanit，1934—） 泰名吉滴·探涅参瓦尼，泰国顺和成集团主席。祖籍中国广东省潮州普宁县。1946年做小生意。1967年开了辗米厂兼营木薯加工。1977年成为泰国最大的大米出口商和木薯粉加工商出口商。属下有辗米、糠油、薯粒、发电、塑料袋厂和辗米机械设备厂等，另有20多万莱树林、万吨级泊位码头和汽车运输队。集团营业额超过300亿铢。在泰北拥有林场供应年产66万吨的纸浆厂。在中国广东省汕尾地区租赁43万亩林地，种树植林，建立造纸厂。他还是盘谷银行的董事。

林日光（Amnuay Viraoan，1932—） 泰文名庵雷·威拉旺，泰国友联财务公司董事长。1932年5月22日生于曼谷，获泰国朱拉隆功大学商学士学位，美国密执安大学经济学硕士和商业管理学博士学位。1959—1977年先后任财政部审计厅国库岁入和清算帐目处处长、泰国总理财经顾问、国家发展部技术和计划办公室主任、泰国投资委员会秘书长、《商业经济》杂志编辑、财政部顾问、财政部海关厅长等职。1977年任沙哈友联集团（纺织业）董事长。1982年任泰国盘谷银行总裁陈有汉的顾问，后任盘谷银行常务董事会主席。1986年7月任泰国商业经济论坛主席，并出任盘谷银行最高行政主管人。后任从事证券经纪和信贷业务的友联财务公司董事长。该公司1991年营业额3100万美元，税前利润1500万美元，有员工582人。

欧宗清（Nai Songsah Wolam，1930—） 泰名乃颂塞·欧兰，泰国泰宝拉苏德、欧兰地产、欧兰高级公寓、精美洋娃娃、美术手工艺品5家有限公司董事长。生于泰国红统府积哟县。父亲欧巨隆系中国海南文昌文教镇人，母亲陈娘颂是海南文昌龙桥镇人。欧宗清1937年开始当过寺童、缝衣工、美国可口可乐公司推销员。1962年成立信波公司，经营进口纸制品，后改行成立生产洗头剂的小公司。1965年从国外进口西欧和美国市场的人造花材料产品——富来胶纸介绍给泰国人造花生产制造商。接着又成立泰国人造花公会。1974年其宝拉苏德有限公司生产人造花。1978年人造花打进日本、意大利及西欧和美国市场，年出口额超上亿美元。1982年他和宝拉苏德有限公司获泰国王、公主、总理颁发的人造花出口、手工艺品出口和泰国一流出口事业家奖。他在泰国捐资修建寺院、医院，兴学育才。1989年建欧兰教育基金会，1991年捐款举办第二届世界海南乡团联谊会，还多次来海南探亲祭祖，为文教镇中心小学盖教学楼和医院。

郑午楼（Udane Tejapaibul，1915—）泰名乌登·戴差派汶，泰国京华银行董事长。1915年1月3日生于曼谷，祖籍中国广东省潮阳县。先后在曼谷华侨学校、易之仓书院学习。父亲郑子彬，曾任教师，后经营当铺及酿酒业。郑午楼毕业后经商，办酒厂，以酿制乌猴补酒著称，1950年与友人合作创办京华银行，曾任该行董事经理，后任董事长。该行1994年9月《亚洲周刊》评出的亚洲500家大银行中排名第231位，拥有100多家分行。1993年6月—1994年6月该行总资产额47亿美元，存款额34.2亿美元，贷款额40亿美元，获利润3230万美元。郑午楼还任泰国金融联合有限公司、泰国玛哈叻酒业有限公司、碧差侨报德善堂的董事长和泰中友好协会顾问。郑氏家族参与的公司约180家，在京华银行占股30%。家族企业的酿酒厂生产的狮标啤酒在泰国仍畅销。他还兼任泰国潮州会馆、中华总商会、郑氏宗亲会等领导职务。

郑有英（Wanchai Chirathivat，1930—）泰名旺猜·紫拉铁越，泰国中央洋行董事长。生于曼谷，祖籍中国海南省文昌县。父亲郑心平1926年移居泰国，1957年创建中央洋行，是泰国最大的洋行业集团，企业以“中央系”为主，其中包括中央洋行有限公司、中央贸易有限公司、中央芭莎公司、中央芭莎酒店、中央华欣观光酒店、中央房地产建筑公司、东北农业公司、泰美快餐公司、珠宝大厦等。泰国《金融与银行》杂志把“郑氏家族”列为泰国企业界“十八家族”之一。郑有英参与经营管理企业，他还创设专门经营电子产品和照像机的中央贸易有限公司。1992年郑有英之兄郑有华去世后，出任泰国中央洋行董事长，还任泰京报德善堂、中央投资有限公司、泰京信托有限公司董事长。

郑芷荪（Sadawut Tacchaubol）　泰名沙达武·达操蓬，泰国康蒂集团主席。祖籍中国广东省潮州。其父郑继烈，建筑商。拥有鸿运四养建筑有限公司、富豪建筑有限公司、富万年K有限公司等。80年代创建康蒂公司，由郑芷荪负责，任主席。公司目前正进行房地产开发项目。有高级酒店、游艇俱乐部及商业设施区。现已发展成康蒂集团，并委任希尔顿酒店为酒店的管理公司，为期20年。集团在曼谷、巴蜀府等地有4000多莱地皮。还经营货仓。他还担任泰国家堆栈机构董事主席。准备在中国和澳大利亚投资酒店。

郑明如（Boonsong Srifeungfung，1924—）　泰名汶颂·诗芬云，泰国泰旭玻璃有限公司董事长。1924年2月17日生于泰国素攀武里府。祖籍中国广东省丰顺县九河乡。曾在泰文中学、曼谷中华中学学习。父亲郑添水曾开辗米厂和杂货店及复兴发米行。郑明如协助其兄郑亮荫处理公司业务。1983年起任现职。还担任泰国国泰和证券有限公司、泰国汶松有限公司、泰中投资企业有限公司董事长，阿克猜进出口有限公司副董事长，泰旭（阿沙希）苛性纳有限公司和文西商业有限公司董事总经理。曾获泰国王御赐二、三、四等白象勋章及一等皇冠大绶勋章、红十字会二等勋章。泰旭玻璃有限公司为泰国首家生产玻璃的厂家，产品垄断泰国市场。还经营化工和纺织工业等。1980年以来在中国深圳、汕头、北京、重庆投资建宾馆、玻璃厂和重型汽车工业等。并与中国航天工业部合作在泰国设厂制造卫星地面接收器。

胡玉麟(Sman Ophaswongse 1926—) 泰名斯曼·奥帕翁，泰国汇川米业有限公司董事长，泰国米商出口商会主席。生于泰国。曾在易三仓学校和新加坡学习。祖籍中国广东潮安。1945年后经营进出口贸易。现已成为泰国玉米、大米、橡胶主要出口商。其后经营纺织、自行车制造业、银行、房地产和酒店业。其自行车产量高居泰国第一位。有员工2万人。他还任泰国第一银行常务董事会主席。与泰国金融巨子陈有汉在泰国东部合作拥有3万莱的土地。长子胡宝骐现在汇川米业及泰裕隆从事大米、玉米、橡胶的出口业务;次子胡宝锋在泰纶纺织集团任职;三子胡宝才负责公司的房地产投资。两个女儿在公司的财务部门工作。

姚文莉(Boonsri Sophonpanich) 泰名汶西里·梭蓬帕匿，泰国盘谷银行创办人陈弼臣的遗孀。陈弼臣家族产业继承人，该家族控制或参股的公司超过150家,主要有:盘谷银行、盘谷堆栈、友联财务、泰国天然气公司、香格里拉酒店、绿宝公司、曼谷玻璃公司等。其子女陈永德现任盘谷银行常务董事长、泰国金融联合有限公司董事长；陈永建任盘谷银行常务董事，曼谷堆栈有限公司和绿宝有限公司董事长；陈永名任盘谷保险公司和曼谷康民医院董事长；陈永立任曼谷第一投资有限公司负责财务的董事长；女儿陈凤翎是泰国环境保护和社区发展创建人兼总裁，曾获联合国勋章。

黄子明(Mongul Kanjanapas，1920—) 泰名蒙军·干乍那巴，泰国通城集团、曼谷置地公司创办人。祖籍中国广东省普宁县马公栅乡。早年在曼谷唐人街与友人合资建立通城表行。后来取得海岛燕窝开采权，获利后将所得投资房地产。曾是泰国京都银行的大股东，并拥有香港京华银行。70年代中后期把两个银行股权出售。1963年成立宝光实业有限公司,生产钟表,并经营房地产。宝光已是香港及其他国家和地区钟表制造厂家，拥有“时间廊”钟表连销店遍及东南亚。在香港拥有华基泰和金岛酒楼集团。有11个儿子，长子黄创保管理香港宝光及曼谷置地公司,三子黄创山负责华基泰及泰华荣公司。家族事业以义兴公司为旗舰,是控股公司。另从事眼镜制造，钟表贸易等。

黄宏萱(1929—) 泰国华南酒店集团常务董事长。祖籍中国海南文昌锦山镇。1939年移居泰国。只念过小学，曾打过工。1962年在友人支持下创办只有30多个床位的华丽酒店。1975年已发展成华南酒店集团，拥有华南、皇家、春天等16家大酒店，有员工3000多人。在东南亚、西欧(尤其是德国)等地区享有盛誉。除酒店外,还兼营地产业,任泰国VIP地产公司董事长。现任泰国黄氏宗亲总会副主席，在泰国海南会馆、海南商会等社团任要职。1977年曾来中国寻根祭祖，80年代初期与海南锦山镇政府合建海南第一条华侨新街，并捐资办文昌中学、华侨中学及琼山、琼海、海口等县市10多所小学和敬老院。

谢国民(Dhanin Chearavanont，1939—) 泰名他宁·切拉瓦诺特，泰国正大(卜蜂)集团总裁。生于曼谷。祖籍中国广东澄海外砂区蓬中乡。香港大学毕业，曾获泰国法政大学商业荣誉博士学位和喃甘杏大学哲学经济系名誉博士学位。曾在泰国国营蛋类合作社单位工作5年。1963年进入其父谢易初的正大(卜蜂)集团工作。1968年任该集团总裁。1988年《亚洲金融》杂志评他为“最杰出企业家”。正大集团是世界最大农牧工商一体经营公司,有世界第三大饲料厂,在泰国十大集团中被称为“饲料王国”的最大跨国公司,在世界各地拥有26个饲料厂,在泰国有50多家经营饲料的公司,垄断了泰国国内饲料市场。在东南亚、中国、美国、欧洲及澳洲设有200多家分公司。1994年总资产超过35亿美元，固定资产4.3亿美元，年营业额约50亿美元。泰国报纸称谢国民是集团的"灵魂人物"，被誉为"农牧巨子"。他善于科学管理和重视人才。

谢惠如(Preecha Pisihasem，1913—) 泰名贝差·比西甲盛，泰国泰联企业集团有限公司创建人。生于中国广东省潮州。只念过小学。1927年移居泰国。曾在泰北打工，后建碾米厂，承办政府的酿酒厂、锡矿场等。在曼谷创建泰联企业有限公司，经营碾米、火锯、冷冻库、保险、堆栈、建筑、糖业、米业、麻绒、土产出口等业务。拥有70多家企业。遍布新加坡、欧美、香港、台湾等国家和地区。历任泰国中华总商会、泰国潮州会馆、旅暹潮安同乡会与谢氏宗亲总会名誉主席和名誉理事长。曾获泰国御赐一等皇冠勋章和一等白象勋章。1990年他加固维修中国美术馆。1991年捐款救助中国部份地区水灾灾民。中国美术馆为他雕塑半身铜像，1992年5月举行揭幕典礼。

詹美珠(Malee Tangsin 1927—) 泰名马列·当信，女，泰国曼谷湄南酒店集团负责人。生于中国广东省普宁丰门新寨乡。1931年随父移居泰国。受中学教育。开始帮父亲卖水果、蔬菜。1947年与祖籍中国广东潮阳谷饶镇的陈洪镇结婚。他们俩办起陈坤兴两合五金公司，经营水龙头、水管和水表。1955年在曼谷大罗斗园建蜜达宁酒店。1963年再建力士拍蜜四星级酒店。1981年建湄南大酒店。后来这些酒店发展成集团，在泰国西部北碧府收购地皮，发展综合项目。她热心福利事业，收养孤儿上学，推广中国书画、美食，在祖籍建图书馆和庙宇。1994年访问中国。丈夫陈洪镇病故。其子陈本铭与她一起负责集团的工作。

颜开臣(Boonchoo Poonchaloem，1940—) 泰名汶初·蓬差龙，泰国青山制衣厂有限公司董事长。生于泰国，祖籍中国广东省潮阳县。1959年中国暨南大学数学系毕业。1965年移居泰国，在一家制衣厂工作。1976年创建青山制衣厂，后来陆续开办了"德行时装行"、太平制衣厂、青山皮包厂及香港同富有限公司、香港同辉发展有限公司、台湾青山贸易公司等十几家企业，为泰国服装行业的重要企业。1992年出口额约3500万美元，在泰国1000多家成衣出口厂家中名列前矛。生产高档风衣、外套、滑雪衫、T恤衫、茄克衫，产品远销美、日、德、法、西班牙、意大利等国，有员工4000人。生产的茄克衫成了名牌货，被称为泰国"茄克衫大王"。还任泰国中华总商会董事、泰国成衣公会常务理事。

菲律宾

尤金隆(BenSon Dakay，1955—) 菲名本逊·达卡伊，菲律宾鹿角菜市场公司创建人。生于宿务。祖籍中国福建省厦门市。父亲尤连八早年做蚊香生意。尤金隆宿务圣卡洛尔大学会计系毕业。早在1966年他发现海底海藻后，向美驻菲商务参赞查询海藻价值就收到寄来订购要求购买海藻。1985年成立鹿角菜市场公司。其海藻产品出口美国，用于作乳融剂、凝胶剂、安定剂、油漆、牙膏、冰淇淋等。1991年美国食药署批准鹿角菜适宜食用后，他与英、德财团在宿务北部建鹿角菜炼制厂，年产2000公吨。在加拿大、德国设有办事处，在美国用其生产的鹿角菜冰淇淋、果冻等食品占世界每年20亿美元鹿角菜的10%，名列菲第234大公司。是宿务第四大出口公司。公司还生产汽车保养用品、食品、手工艺品、家用器具等。1989年被选为菲律宾杰出青年、菲海藻协会主席。

叶应禄(Fmilio Yap) 菲名埃米利奥·叶，菲律宾《马尼拉公报》出版公司董事长。祖籍中国福建省晋江。曾经营汽车零件。50年代创建菲律宾总统船务公司，经营通往欧美、日本各地的海上航务，轮船以历届总统之名命名。拥有"总统号"豪华轮和10几艘大货船。被誉为船业大王。1978年起任菲律宾信托银行董事长，并持有股权。1984年收购《马尼拉公报》股份，成为该报主要的股东。1984年又以U.S汽车公司名义收购该报其他人的股份，形成《马尼拉公报》集团。属下有两份菲文报、两份周刊。《马尼拉公报》是菲律宾广告收入最多的报纸，集团1990年名列菲律宾第152大公司，总资产2050万美元。

吕希宗（Paterno Lu Ym Sr，1915—） 菲名老帕特诺·吕音，菲律宾行裕集团董事长。生于宿务。祖籍中国福建省厦门禾山。祖父吕文余、父亲吕玉音创办行裕大厦。1934年吕希宗与两兄弟继承行裕后，1937年收购马尼拉油厂并入行裕，还聘用美国工程师，经营菜油、食物油、人造奶油等。1938年吕氏三兄弟合伙成立椰油厂，出口美国。1945年日本投降后又建可停泊万吨轮的码头和附属机构，发展农产品。1957年先后建立菲律宾谷物产品公司、远东麦芽厂公司、葡萄糖和焦糖色素厂和巴拉干种植园公司及地产发展公司。1982年两兄弟相继病故后，他单独经营。业务多样化，成为宿务省最大的椰油厂家。90年代兼营地产、服装、旅行社、广告等。其椰油产品60%出口美国和欧洲，20%出口日本、韩国和中国。

吕宗毅（Douglas Ly Ym） 菲名道格拉斯·吕音，菲律宾行裕公司总裁。祖籍中国福建省厦门市。行裕集团董事长吕希宗长子。美国加里福尼亚圣·格拉大学商业管理系毕业。行裕公司为行裕集团属下公司，主要生产食用油、椰子油、椰干和面筋。并生产椰油和粟油。公司主要拥有椰油厂，日产800吨，为远东最大的椰油厂。1992年营业额为19.68亿比索。他另拥有地产、成衣、旅行社、广告社等10几家公司。其弟吕崇英负责美国旧金山行裕办事处兼营贸易与地产，另一弟吕崇杰为行裕集团副总裁。还有一弟吕崇明为行裕公司董事长，从事农产品贸易与畜牧养猪业。

杨应琳（Alfonso Yuchengco，1923—） 菲名阿方索·杨钦国，菲律宾杨应琳集团创办人。1923年2月6日生于马尼拉。祖籍中国福建省南安。曾获远东大学和美国哥伦比亚大学商学士学位和公共会计证书。父亲杨仲清是菲律宾著名保险业巨商，曾在福建南安创办侨光中学。杨应琳继承其父保险业。先后任中华保险公司集团、东方再保险总公司、泛太平洋人寿保险公司、房产投资和工业金融等公司经理兼董事长，黎刹银行公司、菲律宾长途电话公司、太平洋水獭公司、银行家和制造商保险、菲律宾铜矿发展公司和标准水果有限公司等10多家公司董事长，还担任过菲律宾商会和马尼拉青年商会委员。1986年被阿基诺夫人任命为驻中国大使。1980年7月离任继续经商，被誉为菲经济界五大名人之一。1979年获国际保险协会保险业创始人最高荣誉奖。

李大军（Deter Dee，1941—） 菲名彼得·李，菲律宾中兴银行公司总裁。1941年11月18日生于马尼拉。获东方大学和刹拉大学理学士学位。历任中华银行公司高级副董事长，阿塞畜牧公司董事会董事长，兰岭矿业公司和城市土地发展公司董事。1985年任中兴银行公司经理兼执行主任。1990年起任总裁。该行是菲律宾最老的银行之一，由李大军家族和台湾中华国际商业银行控制。1994年9月该行总资产292亿比索，流动资产131亿比索，总贷款额139亿比索，总存款额209亿比索，总资本33.6亿比索。

李逢梧（James Dy，1931—） 菲名詹姆斯·李，菲律宾达纳音响产品公司董事长。1931年12月9日生于中国福建省厦门市。菲律宾东方大学商学系毕业。历任“鹰标”电力机构公司、太平洋旅行社、乔治—戴维菲律宾股份有限公司董事长，达纳音响产品公司执行副董事长，后任董事长。日出畜牧股份有限公司、索尼克国际股份有限公司董事。

1985年起任菲律宾唱片工业协会、东盟音乐工业协会和亚洲音乐工业协会主席，录音业协会副主席。其达纳音响产品公司是菲最大的唱片公司。他培养了不少音乐人才。“鹰标”电器系列产品，占菲电器市场 主导地位。他拥有太平洋旅行社和成药公司。80年代末任中华商会理事长和菲律宾华侨善举公所董事长。菲律宾雇主联合会会督、菲律宾旅游协会副会长、菲华商联合会常务理事、马尼拉中华商会理事长、菲律宾梅园（花）总会会长等职。

吴（Go，Edward，1938—） 菲名爱德华多·吴，菲律宾银行公司董事长。1938年7月9日生于马尼拉。获马尼拉亚典尼奥大学文学士学位。曾先后任菲律宾交通银行总经理，菲律宾票据交换所公司，拉皮雷尔建筑股份有限公司副董事长，银行家和制造业人寿保险公司董事，花旗银行经理。1966—1972年为尤蒂武公司和菲律宾银行协会委员会顾问。1981年任菲律宾银行家协会主席。1985—1989年任菲律宾中兴银行董事长兼首席执行人。1989年当选菲律宾银行家协会董事，1923年任现职。

吴玉树（Go Guioc So，1906—） 菲律宾树必寿船务公司创建人。生于中国福建晋江锡里乡。早年随兄移居菲律宾，起初在礼智省做土产生意。1945年日本投降后与其兄在宿务建立吴合泰船务公司。后来扩大建环球船务公司。1973年离开公司，自建树必寿船务公司，拥有25艘船只。1989年与其兄购置巨型豪华船公主号，并在菲律宾各据点设办事处，成为航运巨擘。1990年公司总收入4152万美元，获纯利355万美元，被列入菲律宾124大公司，晋身菲律宾第一大船务公司。1973年他成立树必寿市场公司向椰农收购椰干，卖给椰油厂，拓展出口业务，成为菲南部数一数二的椰干贸易公司，还有专营土产的康利市场公司，1985年任菲律宾信托银行董事、树必寿船务公司经理。90年代退休交给其子女负责。

吴永源（Go Eng Guan，1918—） 菲律宾《时代旅行社》和香港正达发展公司董事长。生于中国福建省晋江围头村。获菲律宾东方大学教育学学士、亚典尼奥大学经济硕士、圣托马斯大学政治经济学博士学位。1925年移居菲律宾，曾在中国厦门市读高中。1942年参加过抗日运动。1945年日本投降后任《华侨商报星期一》副刊编辑，为该报撰写社论。大学毕业后经商。1974年组织菲华联谊会，创办《联谊周刊》和福建泉州联谊中心。1983年成立时代旅行社，出任社长，后任董事长，还任马尼拉车具商同业公会名誉理事长，菲华联谊会名誉理事长。

吴声敬（Go Sing King，1917—） 菲律宾塞纳普罗化学公司创建人。生于中国福建省南安后房乡。1924年移居菲律宾，后在其父的麦绞厂帮忙。1945年日本投降后，其麦绞厂在20多家同业中设备最为齐全。后来他收购玉米榨油。80年代日产玉米油50公吨，供菲最大的食品公司。1974年与日本丸红公司合资成立塞纳普罗公司，生产活性炭，占股60%。1984年成为东南亚最大的活性炭公司之一。1990年公司在菲大公司中排名第784位，总营业额648万美元，总资产212万美元，获纯利20多万美元。他还拥有供装活性炭用的布袋厂，日产10万个。大型货车10辆。

吴沛然（Peter Go Palian，1929—） 菲名彼得·吴伯廉，菲律宾建南银行公司董事长。1929年7月4日生于中国福建省。获美国纽约大学商学士学位。先后任其父吴道盛创办的建南银行公司、建南保险公司、建南发展公司董事长，建南银行总经理。1988年4月当选为建南银行董事。1991年出任建南银行公司董事长。1994年9月《亚洲周刊》评出的亚洲500家大银行中该行排名第377位。1993年6月—1994年6月总资产9.56亿美元，贷款额4.64亿美元，存款额6.73亿美元，获纯利2030万美元。他还任孟吉斯工业公司和孟吉斯公司董事长。

吴奕辉（Jokn Gokong Wei，1926—）又名约翰·吴奕辉，菲律宾吴奕辉集团创办人兼董事长。1926年7月4日生于宿务。祖籍中国福建省厦门市。先后在菲律宾圣卡罗斯大学学习，后在美国哈佛大学进修远东管理计划。早年经营服装和面粉。1972年建立装卸公司和菲律宾装卸贸易集团。1975年收购菲圣米格香港生力啤酒厂部分股权。1980年建罗滨逊公司、百货公司。1984年加入素里亚诺集团的亚洲储备银行。1987年收购菲律宾国际商业银行40%股权并任该行执行委员会主席和董事长。1988年成立罗滨逊置地公司，为菲四大上市公司之一，从事大商场和房地产开发。上述企业现已发展成吴奕辉集团。经营食品、饲料、服装、玻璃半导体、化妆品等。他还持远东银行18.9%股权。并拥有J．G．高峰控股公司，并任主席。

陈本显（John K．Tan，1935—） 菲名约翰K．陈，菲律宾北方化工公司董事长兼经理。生于中国福建省晋江。1937年随父母移居菲律宾。菲律宾马波亚技术学院毕业，获美国耶鲁大学和新泽西州史蒂芬技术学院化工硕士和博士学位。1968年回菲律宾在其父陈清楠经营的公司工作，晚上在马波亚技术学院任教。1974年继承父业，办北方化工公司，任董事长兼经理。经营美、英、德、日和中国等地化工原料拥有50多个厂家。还代理日本40多家化工企业的产品，经销美、英、德、澳大利亚等国10多家化工企业产品，成为菲最大的化工原料出口商之一。1979年离开教坛经商。曾任两届化工原料商会理事长。1990年任3家化工公司董事长和经理。1980年以来已15次被列入美、英出版的世界名人录上。1995年随菲晋江同乡会访问中国。

郑少坚（George S．K．Ty 1934—）菲名乔治·郑，菲律宾郑少坚集团、首都银行董事长。生于中国福建省永春县。1946年随父郑崇仰移居菲律宾。马尼拉某大学毕业后经商，继承父业。1962年建立首都银行。该行现是菲律宾第二大私营商业银行，又是菲银行赢利最高的银行，有250家分行。1993年6月—1994年6月该行总资产32.2亿美元，存款额30.4亿美元，贷款额14.2亿美元。获纯利5990万美元，有员工2.5万人，在《亚洲周刊》1994年9月评出的亚洲500家大银行中排名第268位。在中国的北京、上海设代办处。除银行外，还经营投资、旅行社、保险、汽车、房地产、塑料等。他的UNI塑料国际公司是菲最大的聚氯乙烯膜和薄汽的制造商，现与日本两大公司合营。70年代末收购香港第一投资公司。还收购马尼拉医师医院70%股权，改为崇仰医院。80年代成立有利信用卡公司，同时与英国合资成立菲律宾托玛斯·库克旅行社。1988年与日本丰田合资生产汽车。他还出任布业出入口商公会理事长，菲华商联总会常务理事。1994年被聘为福建永春同乡会顾问。1987年获菲律宾总统颁发的杰出教育奖。

郑龙溪（Ty Leonaclo，1914—） 菲名郑·莱昂纳多，菲律宾郑龙溪集团创办人。生于中国福建省南安官桥。1930年移居菲律宾。起初当店员，后与其弟经营铁钉厂。日本投降后，经营玻璃器皿和酒类。1954年任玻璃器商会联合会主席。后组建马尼拉造纸厂股份有限公司（日产2000吨的纸）、皇家瓷器加工公司、化学联合有限公司，还创办日立联合股份有限公司、友联出口商行、友联金属和玻璃公司，友联化学公司和合众银行，进而成为多种企业的友联集团公司。还经营日立联合公司、电动用具、玻璃器皿和味精（与日本“味之素”合资的味精厂年产1.2余吨）等。1978年组织东南亚联国家商人座谈会。1981—1983年任菲华商联总会名誉理事长。1995年任该会决策顾问，菲律宾郑氏宗亲总会理事长。1983年来福建探亲，并投资。儿子马塞利诺·郑是马尼拉造纸厂有限公司执行经理。日立联合公司和合众银行高级副董事长。

郑周敏（Tan yu，1935—）　又名陈友，菲律宾亚洲世界国际集团董事长。生于中国福建省石狮永宁镇。1940年随母移居菲律宾。曾在福建读过私塾。1950年当过渔民、售货员。后来开了纺织厂。1961年投资房地产，建立亚洲世界国际集团，从事金融、房地产、建筑、旅游和纺织工业。在菲律宾有旅游、房地产投资公司。1971年离开菲律宾到台湾投资，建亚洲商业大厦，开发亚洲高雄城，建亚洲信托大楼、亚洲乐园、环亚百货和亚信集团。在亚洲信托公司持股76%，在华侨商业银行也有投资。1989年回菲律宾投资房地产，在马尼拉兴建大酒店、摩天大楼，在马尼拉湾填海区建造亚洲世界新城市的卫星城。在香港有亚洲联合金融投资中心与国际公司。在美国有加州银行、美国置地发展公司等。1994年9月以世界郑氏宗亲总会名义来中国河南省洛阳参加祭祖大典，在洛阳也有投资，并被聘为河南省政府经济顾问。

郑绵绵（Emilia Bien Bien Roxas，1958—）　菲名埃米莉亚·绵绵·罗哈斯，女，菲律宾亚洲世界国际集团总裁。生于菲律宾，郑周敏之次女。1977年菲律宾女子大学会计系毕业。曾协助管理其父的纱厂并在菲律宾工商发展公司任打字员、会计、经理和总经理。1979年随父到台湾，并任工商发展公司总裁和亚洲世界国际集团副总裁。1980年任亚洲地产发展公司董事长。菲律宾工商发展公司在台湾拥有亚洲信托、亚信观光、中美投资、亚信租赁、开南木业、联广纺织等企业。1980年任亚洲地产发展公司董事长。1983年任亚洲信托公司董事长，兼环亚饭店董事长、总裁，正式接管其父企业集团。1988年任亚洲信托公司总裁。1989年与其父投资，在马尼拉建设马尼拉亚洲世界新城市。1990年到美国进修，后任亚洲世界国际集团总裁，郑龚抱月国际基金会董事长。丈夫杨孟霖是台湾东帝士集团总经理。

施至成（Henry Sy，1924—）　菲名亨利·施，菲律宾鞋市集团创建人。被誉为“连销店大王”。生于中国福建省晋江石狮洪溪乡。1936年移居菲律宾。菲律宾某大学肄业。曾在其父店里当杂工。1945年在马尼拉开小鞋店。1958年创建鞋氏大商场。1960年在马尼拉郊区、宿务、怡朗拥有6家鞋市大商场和3家鞋市超级市场。70年代业务扩大到银行、房地产、娱乐、股票、保险、商场租赁、虾类养殖。在菲律宾4家银行拥有股份，还独自经营金汇银行，提供贷款，在国内有9家分行，存款额约1亿美元。还发行鞋市信用卡，另经营证券业务。90年代鞋市集团从鞋业发展到货色齐全的零售商品，并设有电器、五金、家庭用品、精品、汽车零件、戏院、娱乐园、室内运动场、快餐、餐馆、美容等专业化商店。1994年集团营业额3亿美元，占菲百货商场营业额4.5%。1993年收购水泥厂，1994年收购东方石油矿物公司19.7%股权。

施家骧（Stephen Gaisano Jr.）　菲名小史蒂芬·盖萨诺，菲律宾姑伦集团业主，泰山行有限公司董事长兼经理。菲律宾东方学院和利圣加洛尔大学毕业，曾留学美国，获商学士学位。是零售业霸主、盖萨诺商业王国创建人之一施维琛之子。毕业后回菲律宾经商，先后在宿务市、嘉雅延荷洛市、和依里岸市等地创建规模大的超级市场，现以宿务市姑伦街命名为姑伦集团，拥有五大百货商店。

施鲁康（Antonio Nocom，1921—）　菲名安东尼奥·鲁康，菲律宾畜牧业主，菲律宾畜牧基金会理事长。1921年6月18日生于中国福建省晋江。1936年随父移居菲律宾。当过杂工、小商贩。50年代为加德士石油公司最大经销人，经营加油店。曾任华人社团青年运动组织主任、浔江公会执行副理事长、华锋同乡会理事长和菲华商联合会农资委员会委员。在南岛将军市区拥有菲律宾最大的安山牧场，面积2000公顷，饲养4000头种牛，是亚洲地区美国得克萨斯品种牛供应中心。1986年起任现职。曾获菲律宾总统奖。1987年被国际商业月刊《世界行政主管文摘》称为“菲律宾华商牛仔”。1995年参加菲晋江同乡会访问团，任顾问。

施嘉华（Joseph Gaisano，1940—） 菲名约瑟夫·盖萨诺，菲律宾白金行集团董事长。生于宿务，祖籍中国福建省晋江。获美国科罗拉大学机械工程硕士学位。在美国陶氏化工公司任职12年。1980年回菲律宾继承白金行家族企业。白金行初期经营面粉和面包食品。60年代扩大经营旅馆、地产和金融业务，并拥有菲律宾最大的中餐馆“白金楼”。1987年任菲律宾白金行和太中行有限公司董事长。90年代，开设白金城，内有大商场、大型超级市场、戏院、精品店、食廊、旅馆、盖萨诺百货商店等。1991年营业额超过800万美元。1987年被聘为福建华侨大学董事，1993年随拉莫斯总统访问中国。

钟福华（Whlliam Ckiong — bian，1914—） 菲名伟廉·钟比安，菲律宾伟廉船务公司创办人兼总裁。生于菲律宾西米萨米斯省。祖籍中国福建省厦门市。1927年曾在中国读书。1930年回菲律宾随其父经商。1949年创办伟廉船务公司，并任总裁。该公司现为菲律宾第二大船务公司。1990年在菲律宾1000家大公司中排名第103位。主要提供内陆客运和货运服务，有22艘客轮和货轮。1990年总收入13.5亿比索，总资产9.86亿比索。1980年与日本三菱集团的日本邮务公司合资经营。他曾获美国船务局奖状。

郭（Mariano Que） 菲名郭·马利亚诺，菲律宾水银公司集团董事长。生于菲律宾。祖籍中国广东省。早年在药房当学徒。1945年与友人开小药房，后来建水银药物公司，经营药品零售。现在大马尼拉区有100多家分店，在棉兰佬有30多家分店，经营范围扩大到国内贸易、制造业、快餐、房地产、面包、成药与农业，发展成企业集团。1994年11月《亚洲周刊》评出的菲律宾20家大企中排名第16位。1993年7月—1994年6月营业额为3.77亿美元，获纯利920万美元。属下有水银药物公司和热带茅屋食品公司。后者1972年郭氏收购扩展为超级市场，增设快餐店，成为菲闻名的汉堡饱店。90年代把水银药房与热带茅屋公司综合在一起，既是药房、超级市场，又是便利店与快餐店。

姚祖烈（Jose Yao Compos，1922—） 菲名何塞·姚奥甘波斯，菲律宾联合药厂有限公司董事长。生于中国福建省晋江。1934年随父兄移居菲律宾。1936年回中国福建培元中学读书。1938年在菲律宾上大学。1942年开办药厂。1945年与其兄姚乃昆合营联合制药厂。1951年分家。姚祖烈扩大经营，把联合制药厂改为有限公司。1953年创办联合制药试验所，成为菲最大的制药公司，并任董事长。他兼营进出口贸易。80年代已发展成亚洲最大的药厂之一。1988年又建立绿野投资公司，在马尼拉乙沙大街建有1661万美元股本的商业与购物中心。曾任菲律宾石油开发公司负责人。

姚迺昆（Yao Shiong Shio，1902—） 菲律宾商界领袖，企业家。1902年11月12日生于中国福建省厦门市。幼年移居菲律宾，在奎松省卢克班学习。1941年参加过抗日活动。开始经营其父企业。后在奎松省创办出口公司，经营草帽和其他土产。1945年经营出口商品，是美国幸福、奥马等牌香烟公司及麦克制药公司在菲律宾的代理商。1955年后任卡泰公司、卡泰药房、哥伦比亚烟草公司董事长兼总经理，马尼拉银行行长，姚——西亚尔西塔有限公司股票经纪商和投资经纪人，东方石油公司和费立克·里腊格国泰医药公司和国际工业公司总经理，菲律宾华文报《联合日报》副董事长。菲华商联合会副理事长。1995年4月任该会决策顾问。

高祖儒（Ralph Nufla，1912—） 菲名拉尔夫·努夫拉，菲律宾交通银行董事长，菲华商联合会名誉理事长。1912年10月23日生于马尼拉市。祖籍中国福建省晋江。获菲律宾大学经济学和何塞·黎刹学院商业学士学位。曾任职员。第二次世界大战后，首创烟厂，后扩大经营印刷、房地产、银行和报业。曾先后任世华银行董事、幸福进出口公司、房地产发展公司董事长王冠烟草公司、中央铁路公司、菲律宾华文报《联合日报》、泛亚出版和印刷公司董事长兼经理，菲律宾雪茄烟加工公司、券烟加工公司、华侨信托公司董事长。1980年起任现职。并拥有交通银行60%股权。

黄逞辉（John K. C. Ng，1939—） 菲名约翰·黄，菲律宾国泰系列集团董事长。生于中国福建省晋江安海东石镇。1949年移居菲律宾。菲律宾远东大学商业系毕业后在其父经营的五金建筑材料公司工作。1967年赴日本考察学习钢铁企业经营管理。1975年与友人合作成立国泰钢铁公司出任董事长。1993年钢铁公司发展成集团，并拥有2座现代化钢铁厂，其泰祥炼钢厂年产70万吨钢，其国泰地产公司兴建商业、住宅两用双塔楼朝代花园。此外还经营砖厂和农场。1993年任菲律宾晋江同乡会首届理事长，菲华商联总会董事。帮助中国福州市钢铁厂进行技术改造和建立福建社会音乐学院。1995年为促进菲中经济贸易的合作，他率菲晋江同乡总会代表团访问福建。

曾文堆（Antonio Chan，1921—） 菲名安东尼奥·曾，菲律宾制糖及旅店集团创建人。生于中国福建省晋江。1934年移居菲律宾，在怡朗市一家布店当学徒，后被菲华糖商聘为助手。1945年成立曾文堆公司，从事食糖批发和零售业务。1972年在美国纽约建古伊马拉斯公司。1977年与日本日立和三菱公司合资收购中南美洲的糖运往其他国家。1984年收购中央阿苏卡尔拉·德巴伊斯糖厂。1980年收购比纳尔巴干—伊斯贝拉菲最大的糖业公司，在宿务买下锌管厂易名为糖—钢公司，这3家公司成为曾文堆集团的主要企业。后来又成立驳船海岸航运公司与曾文堆地产公司，他在菲律宾国际商业银行、马尼拉岛屿酒店均有投资。目前集团交给其子曾焕兴（斯蒂芬）负责管理中央阿苏卡尔拉·德巴伊斯糖厂和巴伊斯铝厂；次女曾丽华负责糖—钢公司；三女儿曾丽珍任家族企业稽核；小女主持纽约的公司，长子曾焕福（何塞·马利·曾）为曾文堆集团首脑。

蔡文春（Choa Bon Chun，1923—） 菲律宾机带厂有限公司董事长。生于中国福建省晋江祥芝县。1937年移居菲律宾。起初在马尼拉一家华人商店帮忙。后自开莱仔店。1942年跑单帮。1945年做土产生意。1950年改做木材生意，建复春木业公司，从事木材砍伐、加工和销售业务。1956年办大型锯木厂，生产建筑板材。60年代后期到马尼拉创办菲律宾机带厂有限公司，现已成为菲工业用皮带最大的生产厂家之一，其产品质量达国家标准。从1989年起公司生产的“富士”V型皮带先后获得国际上享有盛誉的质量标准许可证和商标使用权，产品出口亚、欧、美、澳四大洲12个国家和地区。1948年任那牙市菲华商会会长，那牙市华英中学董事会董事长，菲律宾中国洪门联合总会副理事长，石狮祥莲联乡会理事长。在马尼拉还经营胶木板、汽车零配件、超级市场建筑等公司，在香港有禄高贸易有限公司。

董尚真（Jimmy Tang，1936—） 菲名吉米·董，菲律宾阿维斯科集团总裁，菲华商联总会理事长。生于菲律宾。祖籍中国福建省石狮永宁。读过华文、英文和法文学校，专修电器工程专业。开始在其父开办的电器公司任助理。后来继承父业，创建阿维斯科公司经营电子、电器、电机、通讯器材等，为菲律宾大企业集团之一。曾任菲华商联合会常务理事、副理事长，菲律宾电器商会咨询委员。1987年任旅菲董杨宗亲总会理事长。1991年任菲华商联总会理事长，1995年连任，还任菲律宾电器商会名誉理事长。多次访问中国，1993年随拉莫斯总统访华。1994年应中国海外协会邀请率菲华商联总会工商考察团再次访华。

新 加 坡

王明星（Ong Beng Seng，1946—） 新加坡旅店业巨子之一，被誉为“最懂得享受高级生活情趣的企业家”。祖籍福建，生于马来西亚的霹雳州安顺。1950年定居新加坡。70年代考获英国的保险学位后，在欧洲国际保险公司工作。1972年回国加入当代综合保险投资控股有限公司，1973年与印尼大亨府运锡的女儿结婚。1975年加入府运锡的郭氏国际公司，任董事经理。该公司主要经营木材、蜡剂、锡及石油贸易，王主要扩展了酒店和房地产业务，还与岳父共同控制旅店置业，持有该公司51.5%的股权，任董事经理。王还取得两家美国公司在亚洲的连琐经营权，同时控制当地韩国汽车总经销公司科莫考，以及哈根－达仔冰淇淋的连锁经销权。讲究衣饰、喜收藏艺术品，特别是当代绘画。

王梓琴（Ong Tjoe Kim，1911—） 新加坡美罗集团创办人。生于福建省漳州。1926年到印尼雅加达寻父，在一家批发商当杂工，后到一家百货公司工作了25年之久。1952年在泗水和雅加达创业，成立百货公司。1954年任公司董事及总经理，负责7家连琐百货公司。60年代到新加坡发展，开设美罗百货公司，70年代初美罗在新加坡股票交易所挂牌。如今分店超过15家。目前着重发展房地产，成立美罗中国控股私人有限公司，在上海发展商业大楼和公寓住宅，以及大型娱乐中心。此外，和光大集团成立联营公司，计划在黑龙江省设立一家仪器工厂。近年来积极培养其子王希权为其接班人。

严名炽（Patrick Ngiam，1955—） 新加坡IPC企业的主席兼首席执行员。被视为新加坡电脑奇才、杰出商人。祖籍广东潮安，生于泰国。从小在新加坡受教育，后到英国读书，获电子工程荣誉学位。毕业后回到泰国协助父亲管理家族海产罐头制造厂。随后与大弟严名杰在新加坡自组埃塞克斯电子私人有限公司，制造电晶板、个人电脑，目前严氏兄弟控制埃塞克斯投资私人有限公司的50.9%。妻刘慧娟为该公司行政兼财务主管。

李成伟（Lee Seng Wee，1927—） 新加坡华侨银行董事局执行委员会主席，已故新马“橡胶和黄梨大王”、南益集团的创办人李光前的三子。祖籍福建省南安。自李光前于1967年逝世后，三兄弟分管家庭产业。长子李成义主管李氏基金和南益集团，次子李成智负责种植业，李成伟也参与管理南益集团，并主待家族对外活动。李氏家族持有华侨银行、大东方人寿保险、温兄弟、实得力产业、成国、先得坊产业、海峡商行、远东船厂及亚太酿酒等上市公司股权。在马来西亚拥有大量种植园，其南益集团旗下公司包括南益种植、南益橡胶、南益黄梨、南益饼干等，主要投资公司包括新加坡投资、岛屿投资等。

李胡秀叶（Gloria Lee，1927—） 新加坡证券界女强人、证券经纪业的先驱。祖籍广东，其祖父是香港航运和证券业的先驱。她投身证券业，也是受其祖父影响。60年代中期离开香港，定居新加坡，在罗伯特·魏证券公司任职4年。1972年创办金鹰控股，从事证券经纪，20多年来不断发展，现成为新加坡三大证券公司之一。有2子1女，是与前夫所生，到新加坡后与李光耀之弟李金耀共结连理。次子黄天逸是公司董事经理，长子黄天诚是董事。不喜欢政治和料理家务。

连瀛洲（Lien Ying Chow，1906—） 新加坡著名银行家，华联银行主席。祖籍广东省潮阳大布乡。受私塾教育。1919年到新加坡谋生。1928 年与友人合资创办华兴有限公司，经营进出口贸易兼船务代理，给来往船只供应粮食，当时守卫新加坡的英国军队是其主要客户之一。1941 年任新加坡中华总商会会长，并任新加坡华侨救济总会主席。1942 年日军占领新加坡，逃离至重庆，被推举为“国民参政会”参议员，期间发起创办华侨联合银行，办理信汇兑换等事务，开始了银行家生涯。1945 年日军投降后返回新加坡。1946 年与马来西亚华商联合筹办华联银行，1949 年 2 月该行正式成立，出任总经理，后兼任董事主席。该银行目前已成为新加坡四大银行之一，也是新加坡主要的跨国企业之一。除银行业务外，还涉及房地产业、投资控股、报业和贸易业务。通过子公司华联企业控制新加坡文华酒店及购物商业中心、海南文华酒店及马来西亚国泰酒店。整个集团控制 60 多家公司，包括 4 家上市公司。该行已在深圳设立分行，北京、四川成都设立办事处。妻玛格烈，是律师。有 4 子 4 女，三子连少华任华联信托顾问。

吴水阁 (Goh Tjoei Kok，1905—)　新加坡达利银行创办人、著名银行家，达利银行集团主席。祖籍福建安溪，生于印尼棉兰。家族经营橡胶种植及加工。50 年代到新加坡发展，从事金融及房地产，并在马来西亚种植棕油及橡胶。1973 年 11 月 5 日成立达利银行，翌年 2 月开业，现已成为新加坡第五大银行，分行有 20 余家，总资产近 2 亿新元，储蓄存款近 3 亿新元。1990 年吴辞去集团属下 5 家公司的主席职位，由儿子接替。持有达利银行近 40%股权。控制泛马实业和森美兰棕油两家上市公司。有 5 子 3 女，其中 3 子 1 女在集团内工作。长子吴瀛洲是行长、次子吴自强是副行长，三子吴汉鼎为高级招待副总裁，女儿吴淑媛是第一副总裁。

吴育金 (Goh Geok Khim，1932—)　新加坡吴控股有限公司创办人，兼集团主席和董事经理。祖籍福建省南安，生于新加坡。1968—1978 年之间，在叔父的股票行 EG 陈公司从事股票买卖，建立了自己的关系网。1979 年创办吴控股，主要目标是吸引大户到新加坡股市投资。目前已在马来西亚、印尼、香港、菲律宾及英国设立证券公司。该公司于 1990 年成为上市公司，吴与其子吴友仁持有超过 50%的股权。

吴钦亮 (Goh Cheng Liang，1927—)　新加坡油漆大王、吴德南控股集团主席。祖籍广东潮安。早年丧父，由母亲抚养长大，60 年代在印尼从事买卖油漆生意，后与日本漆合作制造油漆，成立吴德南控股。数年后，到新加坡发展，除制造油漆外，还投资地产。集团年营业额达 10 亿美元。生意遍及东南亚、香港、台湾、中国、日本及美国。在新加坡有 2 家上市公司：亮阁有限公司和速必胜印务，吴分别持有 61%和 72%的股权。长子吴学人已在该公司工作近 10 余年。

邱德拔 (Khoo Teck Puat，1917—)　1991 年成为新加坡公民。系良木园有限公司主席及主要股东、杰出银行家。祖籍福建，早年在华侨银行当书记。1959 年因未进入董事局而辞职。1960 年与朋友在吉隆坡创立马来亚银行，到 1966 年，该行已有 108 家分行，打破外资银行垄断的局面。1965 年，马来西亚政府指责邱把不少款项贷予自己在新加坡的私人公司，下令其离开马来亚银行。后邱用 5000 万新元收购该银行在新加坡的全部资产，包括 5 家上市公司，由银行家转变为酒店大王。1986 年他在文莱收购文莱国民银行，由于资金运用不当，被文莱政府关闭，邱氏也被文莱政府通缉直至他偿付所欠款项。邱还参与注资英国标准渣打银行，目前成为该银行的单一大股东。长子邱万福、次子邱万殿任马来西亚银行及中央产业主席，女儿伊利莎白是中央产业董事之一、杰奎琳参与良木园酒店。

何日华 (Ho Rh—Hwa，1917—)　新加坡杰出的外交家兼企业家，现为华昌集团主席。祖籍广东新会。1928年在广州岭南大学附中念书，毕业后到日本东京水产讲习所学习。抗战期间，先后在岭南大学、昆明金陵大学农业经济系就读。1944年到美国波士顿科内尔大学深造，翌年进入哈佛大学，1946年获硕士学位后，加入华昌公司，出任矿业大王李国钦的秘书。当李决定开拓东南亚业务时，何被派到泰国主持泰华公司，并先后成立了缅甸阿华贸易、曼谷华隆、新加坡和马来西亚的华加等公司，使华昌成为有规模的地区性集团。从70年代初以来，华昌完全由何日华一家人拥有和经营。1967—1972年何先后任新加坡驻泰国、比利时、德国及联合国大使，1972—1976年任新驻欧洲共同市场首席代表等外交职务，1976年卸任重掌华昌业务。1981年长子何光平接任管理公司业务，现任华昌集团总裁。妻李廉凤为李国钦之女。

沈望傅（Sim Wogn Foo，1956—） 新加坡创新科技有限公司负责人，该公司是世界最大的声音卡制造商。祖籍福建省，生于新加坡武吉班让区椰屋村。毕业于义安理工学院，获电机工程学士学位。1981年与好友创办创新科技有限公司，生产结合硬件、软件的多媒体技术电脑产品——声霸卡系列产品。1984年推出的第一部名为茜娣99的能发声的兼容电脑。此后研究声音卡，称为创新音乐系统。借助这个系统，拥有无声电脑的人就可以听到音乐。1988年该项产品在美国推销成功，90年代以来创新科技在欧洲德国、法国、爱尔兰以及日本设立分公司。1992年在美国纽约挂牌上市。沈持有该公司31.9%的股权。未婚。

陈永裕（Tan Eng Joo，1919—） 新加坡著名企业家，有“树校先生”之称。1919年10月30日生于新加坡。美国麻省理工学院建筑工程系毕业，获理学硕士学位。1943年学成回国，任益和橡胶公司董事经理。1967年起任陈永裕私人股份有限公司董事主席。1966—1984年任新加坡橡胶总商会主席。1971—1975、1978—1984年任国际橡胶公会主席。1972—1975年任国际航运公会主席。1972年起曾多次当选为新加坡中华总商会副主席，任过外贸组主任。曾多次访问中国。著作有：《新加坡橡胶业一百周年》、《东盟橡胶基础工业发展情况》等。

陈共存（Tan Keng Choon，1918—） 新加坡企业家、著名爱国侨领陈嘉庚的侄子。1918年11月2日生于福建省厦门市。先后在厦门大学和上海暨南大学肄业。1940年在上海和新加坡设立中国南洋进出口公司。1942年日军占领新加坡后避难至越南经商。1946年4月回新加坡经营进出口业务。1948年设立经营木材和橡胶进出口的南亚有限公司，任董事经理。1957年兼任炎方私人有限公司经理。1961年兼任大众钢铁厂的董事经理。1969—1987年任新加坡中华总商会副主席、主席。1987年引退，留任董事。1986年被委任为大华银行董事。长期担任新加坡橡胶总会副会长、橡胶装配商公会副会长和新加坡配货人理事会副主席等职。多次访问中国。

陈家和（Chen Jia He，1940—） 新加坡著名企业家，和兴玻璃工程有限公司主席兼董事经理。早年当过玻璃学徒工。1962年6月创立和兴镜庄玻璃工程，后改称玻璃有限公司。70年代前后在新加坡裕廊工业区建厂，经过20多年的经营，1983年初任现职，并于1984年成立和兴投资控股有限公司，自任首脑。是集祥私人有限公司的董事经理、保得企业私人有限公司的董事、瑞士东方私人有限公司等多家公司的总经理和主席。号称新加坡建筑界的“玻璃大王”。在新加坡高层建筑物中，80%以上由该公司承包安装。1983年到北京、天津为三家著名饭店安装玻璃。

陈振传（Tan Chin Tuan，1908—） 新加坡华侨银行集团名誉总裁、银行家。1908年11月21日生于新加坡。祖籍福建省思明县，其父陈祯祥是新加坡著名商人。1925年毕业于英华中学，同年进华商银行工作，先后任副秘书、副经理。1933年1月和丰、华商、华侨三银行合并组成华侨银行有限公司后任助理干事。1933年任地产部经理，同年兼任东言实业有限公司经理。1939—1941年兼东方实业有限公司董事主席。1942年出任华银总裁。日本侵占新加坡后赴澳大利亚。1943—1945重新设立华侨银行总行，9月返回新加坡注册并复业。1966年任华侨银行集团总裁，并任多家公司董事主席。1983年8月引退任集团永久名誉总裁。

陈振南（Tan Chin Nam，1952—） 新加坡旅游促进局总裁、经济发展局董事和执行委员会委员、新加坡超级C级的高级行政官员。新加坡莱佛士书院毕业。拥有澳大利亚纽卡斯尔大学工业工程甲等荣誉学位和经济学士学位、英国布拉德福德大学商业行政硕士学位，并修完美国哈佛大学高级管理课程。1974年服兵役，被委任为国防部电脑筹划工作的系统工程师。1979年出任国防部系统与电脑局局长。1982年任国家电脑局总经理。1985年任该局副主席。翌年任该局总经理，主持全国资讯科技总计划的拟定工作。1987年任该局主席兼专业考试委员会主席。在促进和发展国防软件工程、国家电脑化及电脑教育等方面做出贡献。1979年、1982年两次获国家颁发的公共服务铜质和银质奖章，1986年8月被吸收为新加坡电脑学会特别会员。1994年9月任旅游局总裁。曾是总统奖学金兼哥伦坡奖学金得主。喜听古典音乐，善弹钢琴。

林金山（Lim Kim San，1916—） 新加坡总统顾问理事会主席、港务局主席、新加坡报业控股公司董事会执行主席、前内阁部长。1916年11月30日生于新加坡。新加坡莱佛士学院毕业，获经济学文凭。早年经商，曾任华联银行有限公司董事、巴株巴辖银行有限公司和太平洋银行有限公司董事主席。1959年任新加坡公共服务委员会副主席、新加坡建屋发展局主席和经济发展局主席。1963年起连任4届国会议员。1964—1980年起任国家发展部长、财政部长、内政及国防部长、教育部长、环境发展部长等职，1980年12月退出政坛。1981年被聘为新加坡金融管理局董事经理和港务局主席。1988年出任新加坡报业控股公司董事会执行主席。1991年12月被委任为总统顾问理事会主席至今。

林钧城（Raymond Lum Kwan Sung，1948—） 林增集团执行主席。该集团是新加坡最大的建筑公司。祖籍广东新会。是曾留学美国的土木工程师。林与弟弟林国诚在继承父业后，把林增创立的小型建筑公司发展成为当今新加坡最大的建筑公司。兄弟持有该公司48.2%股权。林增控股1984年上市，主要业务除建筑外，还包括房地产、酒店及证券。业务遍及澳大利亚、泰国、马来西亚及中国，最近加入苏州工业园的财团，在财团内担任监督基本工程进展的工作。

陶欣伯（S. P. Tao，1924—） 新加坡杰出企业家、新加坡置地集团主席。祖籍江苏省南京。1962年成立欣光私人有限公司，主要进行投资及贸易业务。持有新加坡置地17.12%股权。近来在香港和中国也做地产及酒店投资生意。育有4女1子。

康伟华（Kang Hwi Wah，1937—） 新加坡股商。祖籍福建惠安，生于新加坡。50年代售卖唱片，后又开设电器行，代理日本电器。1977年1月宣布破产。1979年还清债务，再投入商场。1982年收购上市公司永固控股近20%股权，成为该公司最大股东，并任公司董事经理，目前持有该公司17%股权。1991的8月被指控受贿150万新元，触犯贪污法令1993年被判罪名成立，辞去永固控股的董事经理职位，只任董事。同年康控制的戈德蒙德控股与淡马锡控股子公司康特克合作，在马来西亚柔佛新山兴建耗资6亿新元的住宅和商业区，戈德蒙德在印尼巴淡岛还兴建了48间旅馆，在越南胡志明市兴建了2000万美元的酒店和购物中心。

黄加种（Ng Kar Cheong，1933—） 新加坡泛联集团创办人。祖籍福建省泉州晋江安海。第二次世界大战时，为逃避兵役，由家乡安海逃到新加坡。他是家中8弟兄中的老大，战后的第一份工作是卖油条、当小店员。50年代末与好友成立协顺公司，供应小五金和船舶用品，并扩展至船运和贸易业务。1981年协顺公司结束业务，黄分得子公司泛联船务的一切业务，经过10多年的发展，今天的泛联集团已是以船舶修造为主，兼营贸易及航运，生产水泥及投资石矿场的多元化集团，1993年成为上市公司。黄持有泛联近74%的股权。近年在福建安海发展占地2.52公里的工业园。集团事务已交由子女们管理。

黄廷芳（Ng Teng Fong，1928—） 祖籍福建省新兴，新加坡地产大王，新加坡远东集团及香港信和集团主席。早年赴新加坡，经营酱油业。50年代开始进军房地产，在新加坡商业中心的乌节路有很多地皮，被誉为“乌节地王”。自70年代，在乌节路一带兴建商业大厦包括远东购物中心、远东商业中心、乌节商业中心、幸运商业中心及维多利亚路的黄金广场大厦。远东集团在新加坡拥有3家酒店，持有乌节广场酒店控股的61%股权；在香港持有尖沙嘴置业70.4%的股权。其家族私人公司，在香港拥有不少物业。近年投资福建福州。兴建一幢30多层高的综合性大厦。黄目前已退居幕后。育有2子3女，长子黄志祥任信和集团主席，新加坡业务由次子打理。

黄祖耀（Wee Cho Yew，1929—） 新加坡大华银行集团主席、著名银行家。1929年1月10日生于中国福建金门，是新加坡最资深及最有成就的银行家之一。新加坡圣安德鲁中学肄业。1950年任新加坡庆隆有限公司经理。1958年兼任新加坡大华银行董事。大华银行是其父黄庆昌创立，现为新加坡四大银行之一，拥有新、马最大的分行网络。1970年接任董事主席职务，还兼任大华置业集团、虎豹兄弟国际集团、视特朗（马）有限公司、实得力火轮、新加坡出版有限公司和大华国际证券有限公司的董事主席，以及新加坡发展银行等多家公司的董事。1974年完全掌管银行业务，将银行业务国际化、多元化，70年代，大华银行先后收购了崇侨银行、利华银行、远东银行和工商银行。目前大华集团有公司60多家，主要有贸易地产公司虎豹国际、证券投资公司继显詹金宝、大华置业、文雅酒店。黄持这些公司若干股权。黄还热心社团活动。1967年任中华总商会副会长，1969—1973年、1977—1979年任会长，1987年1月任名誉会长。曾任经济发展局、货币局的委员、科学中心局主席。多次访问中国。有子女5个。长子黄一宗是大华银行集团的副行长，次子一超、三子一林、长女玮玲分别在虎豹国际、继显詹金宝、文雅酒店任职。

黄鸿年（India Widjaja，1948—） 印尼名英德拉·威查雅，印尼著名企业家黄奕聪之子。香港中策集团董事长。祖籍中国福建泉州。1948年生于印度尼西亚，持有新加坡护照，且是加拿大和澳大利亚的永久居民。父亲黄奕聪是印尼第二大财团金光集团总裁。1960年就读于北京汇文中学，后在新加坡南洋大学工商管理系毕业。文革期间，主动到山西农村插队落户。1970年返回印尼，协助父亲管理钢铁工厂，1978年前往新加坡大展拳脚，收购了联合工业。从1981年到1991年，联合工业的资本由1700万新元发展到10亿新元。1991年将全部股票卖掉，赴香港发展，而且收购了红宝石公司，并将之易名为香港中策投资有限公司。1992年大举投资中国大陆，共斥资30余亿元人民币，与中国近200家国有企业合资成立股份有限公司。现正与家庭公司金光集团联手进军中国市场。1993年在中国大连合资建轻工总公司，在宁波、杭州、广州、太原、山东等地也有投资，参与运输、房地产开发、旅游咨询、财务咨询等业务。1994年在烟台建立中策药业有限公司。中策已将合资的几家橡胶厂合组中国橡胶集团在美国上市，集资1.03亿美元，用于企业改造和发展，中策中国啤酒集团亦将到美国上市，黄信奉“实业救国，教育兴邦”，其经商之道是“重视人才、稳健、发展”。

董俊竞（Tang Choon Keng，1902—） 新加坡诗家董集团主席，白手兴家的企业家。祖籍广东饶平。1922年带着一箱装满刺绣的铁箱子从汕头来到新加坡。几年后，在一家拍卖会上，以1万新元买下一块地皮，再以4万新元建筑一座3层高的诗家董大厦，售卖中国工艺品、古董和家具。1979在诗家董毗邻的地坡上兴建了董宫酒店和诗家董百货公司。现已把财富分给3儿子董伟精、董伟双、董伟吉。董伟精已退出家庭财产管理，到澳大利亚发展。

澳大利亚

李明治（Lee Ming Tec，1941—） 澳大利亚华商首富，联合集团董事长。祖籍中国福建，生于马来西亚。1959年赴澳留学，毕业后回马来西亚工作。80年代初移民澳大利亚，在澳进行一连串的收购活动。1984年，转向香港投资，1992年以后，又将投资重点转向中国大陆，陆续出售在香港的公司及物业。目前联合集团控制的香港上市公司，由6家减至3家，分别为联合地产、联合工业与三泰实业。对中国大陆的投资集中在山东省，联合国际工业与山东国际经济技术有限分司、山东国际信托公司组成合资企业，取名为山东国际，联合国际为主要股东，占60%股权。另外联合集团还分别投资大连、烟台房地产项目，在澳悉尼东北部的旅游区购入一个渡假酒店。

陈秉达（Bernard Chan，1913—） 澳大利亚殷商。祖籍广东四邑，生于巴布亚新几内亚的拉包尔。就读于香港圣约翰书院。天主教徒。其父陈均又名陈大耀，于1902年移居巴布亚新几内亚，1917年前后创立广福隆商场，成为20年代当地最大的商行，分行设于上海、香港等地。陈氏完成学业后，回到巴布亚新几内亚，向父亲借钱开杂货店，经营可可果、椰子园、农场、船务及地产。二次大战前其父寓居香港，陈氏接替父亲产业。1975年巴布亚新几内亚独立，他出售大部分财产，移居澳大利亚，在悉尼唐人街大量置业。1991年又购入两家酒店，其家族拥有3个大型商场、2家房地产公司。目前陈氏热心华人社区慈善活动。爱好阅读及旅游，精于厨技。有4子。长子德光（Anthony）、次子启光（Aloysiut）已接掌父业；三子泽光（Andrew）、四子锡光（Vincent）则经营地产生意。1993年陈氏被列入澳大利亚《商业周刊》刊登的《澳洲200大富豪榜》。

陈锡恩（Daniel Chen，1919—） 号楚石，基督教徒。澳大利亚著名企业家。祖籍中国广东汕头。就读于汕头聿怀中学，曾任学生自治会长、学生合作社长。1936年高中毕业留校当助教，后考入上海同济大学医学院，抗战爆发后辍学回乡教书。1938年移民澳大利亚，先在姐夫的公司任职。1943年自创陈氏公司，搞进口及批发业务，经营纺织品，后与乔·盖扎尔合伙开办设纺织厂，并于1972年上市。1990年，收购连锁家庭用品商店集团。他旗下的完美制衣公司生产的双鹅牌汗衫，在澳大利亚可谓家喻户晓。他与儿子瑞玮（Eric）经营的公司超过20家，业务以进口、制衣、连锁超级市场为主，总营业额计有2亿澳元以上，在悉尼、墨尔本、布里斯本和新南威尔士省的郊区拥有的房地产，至少有50多项。共有1子3女，妻子郑怀荣已于1988年11月去世。估计其资产为

8500 万澳元，1993 年名列澳大利亚《商业周刊》刊登的《澳洲 200 大富豪榜》，并入选美国《资本家》的世界华人富豪榜。

谢杰民 (Howard Chla，1925－)　澳大利亚杰出企业家，基督教徒。祖籍中国华南，生于一商贾世家。其父于第二次世界大战前在香港经营刺绣纺织品。有兄长 5 人，他是老么。他的两位叔叔先移民澳大利亚，从事澳大利亚与中国的进出口贸易。谢本人年轻时在父亲的公司任职，约 50 年代初移民澳大利亚，在悉尼经营成衣及家用纺织品进口及批发，尤以儿童衣物为主，每年总营业额逾 3000 万澳元。近年不断购买房地产。有 3 个子女。1993 年被澳大利亚《商业周刊》列入《澳洲 200 大富豪榜》。

蔡建梁 (Dominic Choy，1947－)　澳大利亚华裔富商中较年轻的一位企业家，豪建(Howin)集团董事长。生于中国大陆。1958 年到香港，1962 年移民澳大利亚。初在唐人街餐馆当杂工，后经勤奋苦学成为建筑师，并当了一家建筑师行的股东。70 年代中期在悉尼市兰德威克区开设他的第一家中餐馆。目前，他的豪建集团拥有 6 家餐馆，并与日本鹿岛 (Kajima) 建筑集团合资成立了罗克瓦勒 (Rockvale) 公司，蔡占 49%股权，合作发展帕迪市场旧址，投资 6 亿澳元，兴建 32 层高的商住两用大厦。

美　国

王嘉廉 (Charles B. Wang，1945—)　美国华人企业家。生长在纽约皇后区，父亲王健是法律教授。1967 年纽约市立大学皇后学院毕业后，考入哥伦比亚大学研究所学习电脑程序设计。1969 年在一家批发软件的公司任市场部副总裁。靠买股份和收购其他公司，王使自己的“联合国际电脑公司”成为全球最大的软件供应商之一。从一开始王就以“选择多、用途广”为推销软件的口号，所以联合国际电脑公司的软件品种不断增加，已达 300 多种。在世界 27 个国家设有分公司，公司 30%以上的收入来自固定软件维修，1993 年仅此一项的收入就为 14 亿美元。

应立人 (1943－)　美国华人企业家。应行久之子，获纽约理工大学物理博士学位后，加入“幸运”，继而组成大中集团（美国十大华人集团之一)。在饮食业大展手脚，生意兴旺；旅游业上不断拓展，建成大中旅行社，从事大陆旅游；贸易方面从中国进口瓷器、丝织品、羽绒衣、毛衣等商品。仅其在佛罗里达迪斯尼世界内开的中国馆(内设礼品店、快餐店、展览厅)，每年收入就超过上千万美元。1993 年出任大中集团董事会主席兼总裁。

应行久 (1913—)　美国“纽约华人首富”，现年逾 8 旬。祖籍浙江宁波，在上海圣芳济学院学过英文。曾在香港、台湾经商。1955 年赴美，1960 年创办幸运礼品店，销售东方工艺品，1969 年拥有 6 家分店，并兼营批发。1973 年幸运礼品店迁入纽约世界贸易中心第 107 层观看台的“黄金铺位”，每日顾客达数千人，令公司业务大增。现企业业务已交给儿子打理，但他还经常巡视，热心美东佛教研究总会及南开罗郡大乘寺事务。妻金玉堂。

陈霖 (Chen Lin，1915－)　美国华人企业家。“中国食品大王”。祖籍福州，1936 年考入燕京大学。1940 年毕业后在金城银行昆明分行工作。二战后靠亲友资助赴纽约大学商学院读硕士，边学习边打工挣钱。1948 年毕业后与好友王振正合股开办森美进口公司，1953 年起陈霖出任董事长。用陈自己的话说：“现在美国东海岸每个城镇至少有一家中国菜馆，而几乎每家都有我代理的食品”。据调查，在美华侨的中式食品 90%由他包办，经手的货品每年超过 20 亿美元，个人资产已近 1 亿美元。陈热心公益事业，先后捐助成立了聋哑学校、中学、文化活动中心及托儿所。因陈一直未婚，事业由外甥吴会定

(Whiting Wu)接班，陈总结自己在美创业的成功之道是："把握时机、了解市场、有头脑、勤奋，以及运气好"。

张济民（1920—） 美国华人企业家。1920年生于上海，祖籍浙江镇海县贵驷王家桥。15岁只身漂流海外，在新加波、日本经商。二战后看到药品紧缺便创建"日独药品株式会社"，不到10年时间，分店发展至近40家，1969年"日独"的盈利税收名列日本外资企业之首位。1973年张迁移美国旧金山，通过独资的GCA集团控股公司，开展房地产、银行、传播、药品、贸易等业务。拥有财产1亿美元以上。

张惠中(William H. C. Chang，1953—) 美国华人企业家。张济民之子。1953年出生，哈佛大学经济专业毕业后随父从事地产业。并使家族业务国际化，除在美国本土其他一些城市投资外，在法国、意大利也有大企业合作伙伴。张汉语流利，1985年起在中国投资，同日本制罐企业在上海开展多项业务，其中包括航天工业方面的，以及兴建波音工程师住宅等。张热心华人事业，1974年创立"新中国教育基金会"，1977年获任旧金山华商总会会长，奔走中美两地，著书立说，协助中美经贸人士的相互了解。1983年被聘为上海市投资信托公司董事。自1982年起主动在美开设华声电视广播公司，播放中国制作的节目。

姚金乙黎（1943—） 女，美国华人企业家，美国先锋储蓄银行总裁。1943年6月生于上海一个中医世家，中学毕业后随家人迁居香港、台湾。做过银行出纳员和空中小姐。1966年与美籍华裔商人姚建明结婚后移居美国夏威夷的檀香山，1968年被夏威夷大学商学院录取的同时也被先锋储蓄银行招聘为出纳员，1972年银行晋升其为信贷部经理助理，坚持了7年半工半读后获得夏威夷商业管理硕士学位。1976年后任过分行经理、董事会执行秘书，并进华盛顿大学高级行政主管系和印第安纳大学储贷专业深造。1980年被选为银行董事会董事兼资深执行副总裁，1984年4月出任总裁。上任第一年银行盈利只有43万余元，而1993年银行盈利已达610万元。1985年获夏威夷女青年会最杰出企业成就奖。现兼任夏威夷国际商务纠纷仲裁中心委员会董事、夏威夷大学商学院理事会理事等职。曾来华访问，并对经济方面的问题提过建议。

袁志坤（1952—） 美国华人电脑硬件制造商。生于上海，1岁时随家人迁居香港。18岁进美国加州奥兰治海湾学院专修电子工程。1974年毕业后在休斯顿航空公司研究所任工程师。1979年同二位好友集资2000美元成立虹志研究公司，生产"简单记忆增强电路板"，立刻成为市场上的抢手贷。1983年营业额达1300万美元，1989年推出386型电脑，赢利3500万美元。该公司的产品更是首批能晋升486处理机的。虹志公司已将业务扩展至欧洲、亚洲的17个国家，在香港、台湾设有厂房。1990年虹志公司又率先开发笔记本式个人电脑，并成为全球最大的同类机型生产商。袁近年患肾病，1992年辞去年薪280万美元的高职，仅留任董事。据《资本家》杂志估计，其个人财产已近1亿美元。

唐仲英（Cyrus Tang，1930—） 美国华人钢铁大王。1930年生于上海商贾之家，在美国读的大学。1954年任坦贝尔钢铁公司推销员，1960年在一家新成立的电子器材公司任主管。1964年创办"国家物料公司"，小本经营钢铁批发业务。70年代初，唐向银行贷款，以首家工厂做抵押，收购柯尔顿钢铁分司，翌年转手获巨利。经过收购十几家破产企业，组合调整后，唐氏钢铁企业总资产突破10亿美元，仅矽钢片一项，就占美国中部地区产量的7成。1985年在台湾高雄兴建了一家大型矽钢片冲压加工厂。此后唐的企业走过一段低谷。1991年4月收购GF家俱公司，经营好转。如今唐氏工业的日常业务已由长子唐麦克(Michael Tang)负责。唐麦克1979年毕业于乔治城大学法律系,他将国家物料由互控改为合股人公司,自己出任总裁及旗下的NDS服务公司主席。到1993年底,唐氏企业排名为全美第225大私营企业。

靳羽西(Yue－Sai Kan,1948－) 美国纽约"看东方"电视节目制片、主持人、女企业家。1948年生于广西桂林,其父靳永年是位小有名气的画家兼教授,在广州拥有一些产业。靳在香港天主教玛丽诺学院学过的法语、钢琴和芭蕾舞,17岁随家人移居美国,在夏威夷的大学学过音乐和亚洲研究等课程。1971年和妹妹用向父母借的两万五千美元在纽约开了一家进出口公司,当过贸易公司经理和酒店公关部主任。1980年靳开创电视制作公司,以"架设东西方文化之桥",1985年其摄制的"看东方"节目被评为全美20个最受欢迎的电视节目之一,1986年靳制作的"世界各地"节目在中国又受到欢迎。90年代后靳在中国推销"羽西系列化妆品",并举办了一些美容知识讲座。著作《羽西化妆指南》。1990年靳与美国市场公司董事长马明斯结婚。

蔡志勇(Gerald Tsai,Jr.,1928－) 美国华人企业家。美国保险业富商。1928年3月10日出生,18岁随父从上海移居美国。1949年波士顿大学经济系毕业后,干过纺织厂杂工。1951年进入一家小金融公司工作,因具投资眼光,60年代起在华尔街小有名气。1966年成立曼顿基金集团,1968年将该资金出让于CNA保险公司,开始保险业生涯。随后又自己组建蔡氏公司做股票买卖。1980年用1.4亿美元获得"美国罐头公司"股权,不久又用8亿美元买进十来家金融公司,将业务扩大到银行和基金管理。1987年将企业改为普美利加集团,以7.5亿美元收购了史密斯·巴奈证券公司后,又从有"奢华的保险业怪杰"之称的威廉斯手中买入拥有19万名推销员的同名人寿保险公司,令金融界震惊。1992年蔡将普美利加股份出售。同年他被全美最大的医疗及地产投资信托基金会选为董事。蔡有两子一女,长子蔡文(Gerald Van Tsai)也有志投身证券业。

魏文华(MoNa So 1942－) 女,美国华人企业家。珠宝商。1942年生于印尼,在中国读的中、小学,后随母定居香港。1970年随丈夫移民美国。因一偶然机会,在邻里购物会上销售中国手工艺品和珠宝饰物获利,从此跨入珠宝业。开始以从香港进货、搞批发和邮寄珠宝为主业,不久便从批发商变为进口商,从进口杂牌珠宝发展到进口贵重珠宝。1973年魏文华夫妇在纽约成立苏氏公司,以"半宝石"开路,向全美国的百货公司推销,到1984年苏氏公司经营的半珠宝饰品,已占全美百货公司一半以上的业务。1989年魏荣登"美国珠宝界第一夫人"宝座,取代了长期以来犹太人执牛耳的地位。魏先后获得过美华人珠宝界商会颁发的"最佳成就奖"、"最佳贡献奖",以及纽约市总商会颁赠的"美国杰出亚裔商人奖"。据说,魏在珠宝界奋战20个春秋后,决定"转向",另辟新天地,她将施展才华于何方尚不清楚。

加 拿 大

丁谓(James Ting,1951－) 加拿大华人企业家。1951年生于上海,祖籍福州。7岁随家人定居香港,中学毕业后,先到澳大利亚,后移民加拿大。在多伦多大学获电子工程硕士和博士学位。1982年丁与同学谭卓雄、多伦多大学工程系教授赫尔姆斯一起创办国际善美电子公司,不久生产业务便从加拿大扩展至亚太地区。1987年丁决定收购世界最大的缝纫机制造商——辛格公司,并将该公司原来生产个人电脑的业务改为消费产品的分销。丁的这一转亏为盈的举动,赢得了"公司医生"的美名。到1993年1月至,善美环球集团的营业额已由1987年的

1.280万美元升至12.6亿美元。雇员人数从三个国家的300多名增加到110个国家的4万多名。丁的个人财富估计为11亿美元。

冯永发（Thomas WF Fung，1950）　加拿大华人企业家。1950年出生，祖籍广东南海。其父冯景禧在朝鲜战争期间，靠向中国运物资获巨利后，投资地产业，起名新鸿基。1967年冯家移居加拿大。冯永发毕业于英属哥伦比亚大学，在纽约大学进修过经济、艺术和摄影。返港经商首先创立电影公司，如今他的影艺集团已是香港最主要的电影广告制作公司之一。1983年再移温哥华开设电影院，1987年创办新之美饼店，年营业额达150万加元。此后又在地产业、传播业大显身手。被人评为“我行我素”的冯永发事必恭亲，旗下的开发项目都由他本人亲自撰写广告稿。除以影视为事外，闲时也以摄影为乐。妻子叫陈文苓，育有两子。

朱健业（Ronald Shon，1954—）　加拿大华人企业家。其父早年在日本冲绳岛经营连锁店和承办太平洋美军基地食堂，后转民加拿大做房地产买卖。1977年朱健业刚刚获得斯坦福大学工商管理硕士学位后，父亲即去世。他以长子身份出掌家业。在他的管理下，朱氏公司集团在不到10年的时间里，资产额就增加了一倍多。朱氏集团除了出租温哥华中心的商业大厦（出租率98%）和多处地产项目外，近年又向金、银、铜、锌矿业发展。朱氏家族财产已近3亿加元。朱热心公益，对温哥华地区的华人社区也有捐献。

许耀华（Ernest Hui）　加拿大华人企业家。祖父许让成（1896—1981）为广东惠阳坪山田心村客籍人，1926年在香港开办新新大酒店，1961年赢得“香港第一代酒店大王”之称。1967年香港大暴动后，许耀华随父许国浩移居加拿大，继续学业，毕业后出掌了祖父在加开办的百乐乔治地产有限公司。开发公寓楼、购物中心、市场、小船坞、公共房屋、商业大厦等。现在许家资产及经营基地已从香港移至加拿大，估计资产净值已达4亿加元。许耀华酷爱网球。

何定国（David Ho，）1952—）加拿大华人企业家。1952年生于香港，祖父何英杰、父亲何关根是香港烟草公司和开达实业公司的大股东，家产2亿美元以上。1977年何定国从美弗吉尼亚州大学毕业后返港经商，1985年与妻移居温哥华。1987年以1亿加元收购加拿大西部最大的汽水饮料公司，整修后生产和批发百事可乐、七喜、玉泉、矿泉水等饮料。1992年又收购了温哥华MCL汽车公司。何定国现拥有2个高尔夫球场，“生意应接不暇”；并开办了保安公司，向私人和企业提供保安服务。何妻冯绮雯是加籍华商冯永发的妹妹，育有一子二女。

林思齐（David Lam，1923—）　加拿大华人企业家。1923年生于香港，祖籍广东省揭阳县，其父林子丰1915年赴港经商，自设行号，经营米、煤、五金、船务、地产等业务，1922年创办嘉华银号，两年后更名为嘉华银行。林子丰去世后，嘉华银行每况愈下，70年代被中国国际信托投资公司收购。林思齐自已创业，在英属哥伦比亚读完地产估价专业后开始做房地产生意。1974年他以540万美元从一犹太商人手中购得旧金山市保险大厦，一年后英国地产商出价2250万美元现金收购，林净赚1700万美元，并以此创建加拿大国际房地产公司。1982年林的业务达到顶峰，他不仅是温哥华豪华住宅区最大的地主，而且在美国加州、亚利桑那州也有投资。做为一名虔诚的基督教徒，林致力于公益事业，向加拿大多所大学、当地华人社区、宗教团体捐款，每年捐款额至少100万美元。其妻陈坤仪，为人朴素，节俭持家。

黄树安　加拿大华人企业家。年近古稀，祖籍广东台山，现住加拿大蒙特利尔市，是铁路华工的后代，母亲为法裔加拿大人。黄自幼家贫，与兄在餐馆打工维持家计。1948年黄氏兄弟俩开设一家小食品店——黄荣食品店，烹制中式蛋卷。如今黄荣食品公司已发展成为庞大的中式食品王国，年营业额5000余万加元，产品还行销美国、德国。黄多年来参与蒙市华人联合会的工作，每年捐出30万加元给华人社区，为华人社区服务和贡献颇多。

雷钰堂（Louie Tong，1914—） 加拿大华人企业家。1914年生于温哥华，是19世纪末抵加华工的后代。其父从开小杂货店起家，到30年代在杂货业中已占一席之地。父亲死后，雷钰堂开展批发业和包装零售，以低价吸引顾客，50年代便成了富商。经过40年的奋斗，雷如今已建立起一个重要的药品零售及经营百货的集团，成为亿万富翁。他热心公益事业，1985年获得颁发给乐善好施人的“金心奖”。

巴　西

毕务国（1922—） 巴西殷商，东方企业集团创办人及董事长。祖籍山东省文登县。1922年2月17日生。就读于烟台蚕丝专科学校，后到威海做生意。1943年在上海自创公司。1950年移居香港，与友人合资开设杂货店，并经营航运生意。1954年移居巴西圣保罗市。起初开设贸易公司，进口中国工艺品，后购置地产，与友合资开办面粉厂、丝织厂、电子零件厂、百货店等。1966年响应巴西政府号召开发马逊区，举家迁往该区首府玛瑙市，成立东方企业集团，从事工业、农业、商业及房地产，购进400多万平方米的土地加以发展。目前该集团主要公司有：东方进出口、东方建筑置业、东方农业开发、东方百货、东方国际、东方代理、东方西药批发、东方冷气器材等公司，1983年与中国林业部合资，在玛瑙市开设华西木材工商有限公司。

张胜凯（1941—） 巴西殷商。祖籍福建泉州。生于中国台北。毕业于台湾大学化学系、日本东京大学化学系，获营养化学硕士学位。其父张福禄在台湾拥有三福化工及方士等公司。1971年，张在日本创立伊恩（Ei—En）企业公司，从事化工、电子零件进出口业务，后又以技术合股形式与人合股在印尼开设P·T·弗欧玛克（Foomaco）化工厂。1973年定居巴西，创立彼拉斯凡塔（Brasfanta）工商公司，成为巴西唯一的生产代糖原料的工厂，占世界代糖市场逾50%，每年营业额2500万美元。其集团还进军房地产、食品、塑料、自行车、金融、建材等行业，将投资重点由南美移向美国和亚洲。据估计，其台湾、巴西、印尼三地资产约1亿美元。在中国大陆、泰国也有投资。

沈鹏云（1932—） 巴西殷商，著名企业家，阿维巴集团公司创办人之一。祖籍中国上海。50年代初移居香港，1955年赴巴西谋生，先在圣保罗市打工，1957年与兄长沈鹏冲一起到阿雷格里港市创办农场。经30多年的发展，他的阿维巴公司已成庞大企业集团，拥有27家饲料厂、屠宰厂、豆油厂、塑胶厂、建筑公司和农场。仅养鸡场每月可生产500万只肉鸡和8万箱鸡蛋。

林训明（1921—） 巴西“黄豆大王”，石化业巨子。著名华裔企业家。祖籍浙江温州。生于北京。其父林立夫当时为北洋政府国会议员，后军阀内讧，国会解散，举家迁回温州。1933年去世，家道中落。1935年林训明辍学，到江苏省农民银行分行工作，1939年返回温州，进入中国植物油公司温州分公司。抗战期间转往西南地区，战后随公司迁往上海，后再迁台湾。1951年初移居巴西阿雷格里港，在一家华侨公司工作。1953年，该公司油厂开业，林氏到产区负责采购。1955年与友朱孔惠收购圣罗莎一家油厂的50%股权，不久又收购另外的50%股权，改名伊格尔（Igol）油厂。此后林氏致力在全巴西推广黄豆种植及加工，改良收购及出口制度，保障豆农利益，使巴西成为世界第二大黄豆产区，“黄豆大王”之名不径而走。50年代末期，林氏公司改名为巴西植物油公司，业务高峰时共有员工约6000人，每日处理5000吨黄豆。1975年成为全巴西出口额最大的民营企业。1973年办石化加工公司，1978年创办聚丙稀工业公司，1989年，脱离倾注半生心血的巴西植物油集团，致力石化企业，创办他控股90%的皮特珀尔（Petropar）石化集团，迅速发展成巴西石化业主要支柱之一。年产聚丙稀树脂30万吨，年产聚丙稀纤维、纱线、纺织品居全国首位，所产无纺织布畅销南美各国。1991年斥巨资设厂北美和东亚。1992年集团总资产达1.58亿美元，营业额5434万美元，纯利3352万美元。

唐凯千　巴西社会名人，著名企业家。海洋集团董事长，巴西中国工商总会会长。祖籍江苏省无锡。其父唐晔如是中国著名民族工业家，他开办的宝丰纱厂、元丰毛纺厂等十多家工厂都是当时上海、无锡一带的著名厂家。唐氏幼随父母移居美国，就读于康奈尔大学经济系，后赴巴黎第五大学读哲学，获博士学位。毕业后曾在美国、巴西当了三年大学助教，并在银行任职。后自创咨询公司，并进军风险极大的海洋石油勘探及开采事业。目前他的海洋集团，有7家海洋石油勘探、开发或运输公司。他热中于中国与巴西的贸易合作，于1987年促进成立巴西中国工商总会，并任会长。

魏书骐(1921—)，巴西著名华裔企业家，魏氏公司董事长，祖籍江苏泰兴县，生于上海。1943年毕业于复旦大学，任职上海宝业银行，1946年调往香港分行工作。1956年到巴西发展，以5万美元创办魏氏公司，在巴西巴拉州的隆德里纳布经营苧麻加工业。60年代开办棉花、蓖麻籽油、薄荷、大豆、咖啡、花生油等9个加工厂，建立了大米、花生、黄豆等3个大型农场。目前，魏氏公司企业超过35家，每年出口贸易额超过2亿美元。近年又投资新兴工业，开办微电脑复印机厂。对30年来的事业，魏氏用“敏、信、严、识”四字形容，就是对商情敏感、信息灵敏；恪守信用；严格管理、赏罚分明；知人善任，量才录用。

欧　洲

陈克光(Bounmy Rattanavan)　法国华裔，陈氏兄弟有限公司掌舵人。祖籍中国潮洲，为陈克威的四弟。生于老挝，毕业于老挝一家法语中学，1971年获政府奖学金到法国里昂的国立实用科技学院攻读电机工程学位。1975年其兄陈克威到巴黎投奔他后，两兄弟便开始合资经商。于1981年创办的陈氏兄弟有限公司，经营亚洲食品、土特产和工艺品进口、批发和零售，是法国以至全欧最大的华资企业，名列法国《新经济学人》杂志选编的《法国5000大企业》榜，1989年排名第1896位，1991年跃升至853位。陈氏兄弟公司及附属事业皆由陈家全资拥有。他们还在巴黎近郊拥有3.5万平方米的土地，计划发展一个包括办公大厦、商店、货仓、饮食旅店等的综合商业中心。近年也投资中国大陆，与几家民营企业合作，在上海开办多个生产药物、医疗用品的工厂。

陈克威(Bou Rattanavan，？—)　法国华裔、杰出企业家。祖籍中国潮州。生于泰国。其父陈仲卿于1924年到泰国谋生，1931年开设“昆仲和”餐厅，1941年移居老挝，并取了老挝姓Rattanavan。至60年代，陈家在老挝工、商界颇有地位，拥有当地产量最大的锯木厂、一家味精厂、两家碾米厂，还经营进出口贸易及零售业。有5子6女、陈克威为长子，毕业于老挝一家华侨小学，并到越南西贡（现胡志明市）中法学堂念高中，1952年辍学从商，开杂货店，后又经营木材厂、与友合办味精厂、拖鞋厂等。1975年老挝共产党执政后，陈克威与父母等家人带100万法郎的资金，前往巴黎与四弟陈克光会合。1976 年在巴黎第 12 区开设杂货店，店铺面积几经搬迁并扩大。1981 年创办陈氏兄弟有限公司。1985 年 8 月开业时成为巴黎最大的亚洲产品超级市场，共 2000 平方米的营业面积、6000 平方米的停车场、约 1 万平方米的仓库。

陈锡南（Taing Sick Nam，1946—） 法国华裔企业家。祖籍中国潮州。生于柬埔寨，初在柬首府金边经营进出口贸易。1975 年红色高棉政权成立后，移居法国。1976 年起，先后在巴黎第 13 区开设专营亚洲食品杂货的欧亚公司、一家餐馆和一小书店，在第 18 区开设一家丝绸店和一家美发店。1984 年起出售各店铺，只剩下欧亚公司，转而投资房地产，并构思“中国城”计划。1990 年与几位华商合伙投资 1000 万美元，购得汕头 100 亩土地，兴建达辉即食面厂和食品包装材料工厂，1992 年合资兴建上海华侨大厦。1985 年与香港粤海企业集团和顺德县政府各出资 1 亿法郎，合组中国城集团，在巴黎南郊阿尔弗维勒市兴建“中国城”，该城于 1992 年 9 月开始营业。

范岁久（1913—） 丹麦华侨，企业家。祖籍浙江宁波。生于杭州。毕业于上海沪江大学附中，1935 年赴丹麦学农，先后获丹麦农学院农学学士、硕士及博士。1960 年与丹麦妻子在尼堡创立工厂，以机器生产春卷，销路日广，遂扩大厂房及生产设备，取名大龙食品厂，生产、速冻、包装、全部自动化。获“春卷大王”之名。1977 年起，大龙食品厂的业务迅速扩展，产品行销欧洲各国，并出口日本、中东及美国等地。80 年代初，大龙总厂已共有 14 条生产线，春卷日产量高达 50 万条，此外还生产速冻中式食品，并在英国等地设立了分支机构。目前，该企业由其子范汉民管理。

胡锡珍（1906—） 意大利老华侨，企业家。祖籍中国浙江青口。1924 年东渡日本，干了 8 年苦役。抗日战争爆发后，赴意大利，在街头贩卖领带，后在米兰开了一个皮革工厂，二次大战期间，工厂被炸毁。战后，他重起炉灶，逐渐发展成意大利 200 多家华人经营的家庭式皮革厂中规模最大的一家。1980 年投资故乡青田 50 万元人民币，开办奶制品厂。

蔡云龙（1917—） 荷兰老华侨，企业家。大华中国饭店经理。祖籍广东宝安。父亲是海员。1928 年到香港谋生，1939 年 7 月到达荷兰阿姆斯特丹。时逢欧洲战争爆发，1940 年 3 月才找到工作，在当地中国餐馆打工，从清洁工、侍应、厨房杂工，后自开小餐馆。目前他拥有多幢别墅及大华饭店。喜欢中国文化艺术，收藏不少中国古画。

毛里求斯

李光镜（Li kwong Ken，Kwet Cheong，1953—） 毛里求斯的戈泽拉集团总裁，毛里求斯最优秀的青年企业家之一。华人后裔，1953 年出生于毛里求斯的路易港市。毕业于路易港皇家学院。1979 年与郑圆圆结为伉俪，生有一子二女。1987 年荣获“路易港市杰出青年奖”。翌年，成为“青年商会”的司库。1991 年当选为“毛里求斯杰出青年”，并成为发展协会副主席。1992 年任路易港市青年商会总裁，并当选为“毛里求斯最优秀的总裁”。同一年，在津巴布韦首都哈拉雷召开的“国际青年商会非洲大会”上，荣获“非洲最佳团体发展项目奖”。长期以来，一直是毛里求斯年青人学习的楷模。业余爱好网球、阅读和园艺。

阿苏（Ah Sue，John Williqm C. K.，1947—） 全名约翰·威廉·C·K·阿苏。毛里求斯索特拉蒙股份有限公司总裁（1983 任职），路易港市“扶轮国际”分社会员。华人后裔，1947 年 2 月 4 日出生于毛里求斯的路易港市，是朱利恩·阿苏与玛丽·威廉明·阿苏之子。毕业于皇家学院。1971 年 6 月

21日与钱特尔·菲利普·利姆结婚，生有一女二子。业余爱好钓鱼和阅读。

阿春(Ah—Chuen，Sir Molin Jean，1911—) 全名莫伊林·让·阿春爵士。毛里求斯中国文化中心主席。毛里求斯最富有的商人之一。是朱温有限公司董事长，毛里求斯保险有限公司联合主席，大洋洲旅游代理有限公司董事长，印刷中心有限公司董事长。华人后裔，中文名叫朱梅麟。1911年2月22日出生于毛里求斯，1980年被封为爵士。1942—1968年任毛里求斯中国商会代理主席和主席。1953—1968年为波·巴辛和玫瑰山城镇委员会委员。曾参与创建中国人在毛里求斯的主要政党“中国——毛里求斯联盟”，并长期担任该党领导人。1963年当选为毛里求斯立法议会议员，成为第一位华裔议员，1969—1973年为路易港市政委员会委员。1969—1976年出任工党政府地方政府部长。业余爱好钓鱼、打网球和阅读。

阿春(Ah—Chuen，Vincent，1944—)全名温森特·阿春，毛里求斯富商莫伊林·让·阿春爵士之子，ABC集团董事长兼总经理，毛里求斯联合保险有限公司董事，新好愿公司董事，毛里求斯中国商会秘书长。华人后裔，会讲汉语普通话和广东的客家方言及英语和法语。1944年7月17日出生于毛里求斯。1972年4月8日与华裔女子维容尼克·朱结为伉俪。毕业于圣玛丽学院。业余爱好高尔夫、网球和游泳。

(企业家台湾、港澳部分的作者为赵印相、胡石青、曹慧，其他部分作者为方华、吴秀慧)

第八篇

有关资料索引

- 1994 年世界大事记
- 1994 年中国大事记
- 1994 年有关华人文章目录索引
- 有关统计资料

1994 年世界大事记

1994 年 1 月

1 日 巴勒斯坦解放组织主流派法塔赫号召所有巴勒斯坦组织同巴勒斯坦中央联合起来，建设未来的巴勒斯坦国。

同日 由阿富汗总理希克马蒂亚尔领导的伊斯兰党部队和由杜斯塔姆领导的乌兹别克民兵，在首都喀布尔向忠于拉巴尼总统的部队发起进攻。

同日 南非从元旦起发生多起暴力流血事件，有 9 名黑人遭武装暴徒杀害。

同日 法国前总统德斯坦赴萨拉热窝调停冲突，他说前南斯拉夫边界应得到尊重。

同日 美国、加拿大、墨西哥三国共同签署的北美自由贸易协定正式生效。

2 日 柬埔寨政府军与民柬部队在柬波贝镇以南地区交火，双方使用了坦克，大炮和火箭。

3 日 美国国防部、能源部、退伍军人事务部和航空航天部成立联合工作小组，协调政府各部门调查美政府在 40、50 年代曾进行人体辐射试验的事件。

同日 尼加拉瓜执政党再次发生分裂。

同日 委内瑞拉萨瓦内塔和托科隆两所监狱犯人发生骚乱暴动和越狱。

4 日 几内亚宣布，几现任总统，执政党统一进步党候选人兰萨纳·孔戴在当年 12 月举行的总统选举中获胜。

同日 世界卫生组织透露，尼日利亚 1992 年至 1993 年至少有 110 万人患疟疾。

同日 俄罗斯政府内阁搬进前议会大厦办公。

同日 英国外交部宣布苏丹大使亚辛离开伦敦，作为苏丹驱逐英国大使的“报复”。

5 日 伊朗政府决定同南非恢复外交关系。

同日 多哥总统埃亚德马险遭杀害，原定的议会选举推迟两周。

6 日 安哥拉政府和反对派安盟在卢萨卡恢复和平谈判，以便结束长达 19 年的内战。

7 日 国际原子能机构在维也纳同朝鲜就其境内的核设施检查问题举行会谈。

同日 波兰国防部长表示波、捷、匈、斯四国将把加入北约作为自己的战略目标。

10 日 埃及、叙利亚和海湾六国外长会议在大马士革举行并发表了新闻公报。

同日 北约首脑会议在布鲁塞尔举行。

11 日 孟加拉国国营医院医护人员举行罢工。

13 日 布隆迪议会选举西普里安·恩塔里亚米拉担任总统，任期 5 年。

同日 意大利总理钱皮向总统斯卡尔法罗递交辞呈。

16 日 索马里各部族在摩加迪沙达成一项和平协议。

17 日 亚非法律协商委员会第 33 届会议在东京举行。

18 日 科威特刑事法庭开庭审理前石油大臣阿里·哈利法等 5 名被告侵吞近 2 亿美元公款案。

20 日 越共全国代表会议在河内举行。

21日　比利时副首相居伊·戈姆宣布辞职。

同日　联合国大会通过联大主席莫萨纳利的一项呼吁，促请各会员国在即将到来的冬奥会期间遵守奥林匹克休战。

27日　卡洛斯·罗伯特·雷纳就任洪都拉斯总统。

同日　西班牙爆发全国性总罢工，反对政府改革劳动市场的措施。

30日　危地马拉就修改宪法举行全民投票。

1994年2月

1日　柬埔寨政府军向暹粒省的民柬基地安龙文发动攻势。

同日　南非非国大全国执行委员会同意自由联盟提出的进行中央和地方双重选举的要求。

同日　俄罗斯外长科济列夫在莫斯科会见前南斯拉夫国际会议两主席。

同日　美国国务院又发表一份“人权报告”，再次对世界上不少国家的人权状况说三道四，受到有关国家的严正批驳。

同日　联合国秘书长加利任命厄瓜多尔常驻联合国代表拉索为首席联合国人权事务高级顾问。

2日　阿富汗忠于总统和忠于总理的两派武装互相炮击。

同日　克罗地亚3000名—5000名正规军在波黑参战。

同日　委内瑞拉新总统拉斐尔·卡尔德拉宣誓就职。

同日　联合国第6次亚太地区维护和平、安全及裁军合作会议在加德满都举行。

3日　约旦政府命令伊朗驻安曼大使馆的21名外交人员在本月底离开。

同日　加纳北部一些地区发生严重的部族冲突。

同日　马格里布联盟第14届外长理事会在突尼斯举行。

4日　贾法尔·阿卡杜勒·拉赫曼当选为马来西亚新国王。

同日　安理会通过第897号决议，修订第二期联合国驻索马里部队的任务和目标。

同日　海地议会罢免菲尔曼·让—路易参议长的职务。

5日　伊朗、土耳其、叙利亚三国外长在伊斯坦布尔进行第5次磋商会议。

同日　布隆迪新总统恩塔里亚米拉宣誓就职。

7日　以色列外长佩雷斯与阿拉法特在开罗实施巴以自治协议的会谈。

同日　英国保守党议员，国防部武装购买部部长助理米利根在其寓所内被暗害。

10日　巴西、葡萄牙和非洲葡语五国外长会议在巴西举行。

11日　也门各党派一致同意签署和解宪章，以结束威胁南北统一的政治危机。

同日　哈萨克斯坦将17枚原苏联部署在哈境内的SS—18洲际导弹运往俄销毁。

15日　国际原子能机构宣布，伊拉克不再拥有任何用于制造核武器的核原料。

16日　秘鲁总统藤森接受总理兼工业部长布斯塔曼特的辞职，并任命现任外长戈登堡·施赖贝尔任总理兼外长。

18日　阿塞拜疆、亚美尼亚、俄罗斯三国国防部长以及纳戈尔诺—卡拉巴赫的代表在莫斯科会晤，达成了纳—卡地区完全停火协议。

19日　匈牙利国防部长菲尔·拉约什当选为匈最大执政党民主论坛主席，接替去年12月病逝的安托尔·约瑟夫。

24日　澳大利亚外交部透露，澳政府去年下半年驱逐6名外交官身份的俄国间谍，其中1名是使馆参赞。

27日　摩尔多瓦共和国举行了自1991年8月独立以来的第一次议会选举，73%以上的选民参加了投票。

1994 年 3 月

1 日　巴解宣布暂时中止巴以和谈。

同日　瑞典和欧共体就瑞典加入欧共体问题达成协议。

同日　俄罗斯宣布今年 1 月俄逮捕了一名英国间谍。

同日　英国首相梅杰结束对美国为期两天的访问。

同日　波黑塞族领导人卡拉季奇表示近期将开放图兹拉机场,供运输人道主义救援物资用。

3 日　美国总统克林顿签署命令,对日本恢复使用“超级 301 条款”,以进行贸易报复。

4 日　柬埔寨皇家军队开始向民柬方面的最大基地拜林发起进攻。

9 日　朝鲜半岛北南工作代表举行第五次接触,未取得成果。

10 日　日本外相羽田孜和美国国务卿克里斯托弗在东京会谈,讨论日美关系和国际形势。

同日　格鲁吉亚议会决定解散成立于 1991 年 7 月阿布哈兹议会。

11 日　联合国安理会通过决议,敦促塞浦路斯的希腊和土耳其两族尽早就开放被围困的瓦罗沙地区和尼科西亚机场达成协议。

同日　智利新总统弗雷宣誓就职。

12 日　西方七国环境部长会议在佛罗伦萨举行。

15 日　关贸总协定中国工作组第十六次会议在日内瓦举行。

16 日　马来西亚总理马哈蒂尔致函英国《金融时报》说,马对英国的贸易制裁已成定局。

19 日　亚太经合组织首次财政部长会议在美国檀香山举行,并发表联合声明。

20 日　本·阿里连任突尼斯总统。

同日　萨尔瓦多举行内战结束后的首次全国大选。

21 日　以色列飞机轰炸黎巴嫩南部城镇。

22 日　第十届亚太经合组织大会在吉隆坡举行,并通过《吉隆坡协议》。

同日　联合国粮农组织安全委员会会议在罗马举行。

24 日　韩国总统金泳三访问日本。

26 日　阿盟部长理事会第一〇一届例会在开罗举行。

27 日　乌克兰举行 1991 年 12 月宣布独立以来的首次新议会选举。

28 日　意大利议会大选揭晓,由力量党、新纳粹社会运动党和北方联盟组成的反翼联盟党获胜。

同日　15 国集团首脑会议在新德里举行。

同日　中国国家计生委副主任彭玉在联合国人口委员会第二十七届会议上发言,介绍中国的计划生育情况。

30 日　法国海军“绿宝石”号核潜艇发生爆炸,造成 10 名官兵死亡。

31 日　在荷兰海牙召开的巴黎统筹委员会 17 国代表会议宣布,该委员会正式解散。

1994 年 4 月

2 日　南非纳塔尔省暴力冲突加剧。

同日　国际人口与发展大会第三次筹委会会议在纽约举行。

3 日　海湾合作委员会六国外长发表声明,赞成联合国延长对伊拉克的制裁,欢迎巴以签署希布伦安全安排协议。

同日　为期 2 天的马格里布联盟首脑会议在突尼斯闭幕。

4 日　朝鲜外交部发言人发表声明,拒绝接受安理会主席声明,重申朝鲜愿和平解决核问题。

同日　格鲁吉亚和阿布哈兹在莫斯科签署关于政治解决冲突若干措施的共同声明。

5日　波黑塞穆两族春季大规模冲突进入第八天。

同日　俄罗斯总统叶利钦公布《社会和睦条约》草案。

同日　澳大利亚总理基廷访问老挝、泰国和越南。

同日　亚太经社会第五十届年会在新德里举行并通过《德里宣言》及其他8项决议。

6日　卢旺达总统哈比亚利马纳和布隆迪总统恩塔里亚米拉同时遇难。

8日　日本首相细川在内阁会议上正式宣布辞职。

同日　《人民日报》报道：英国天文学家发现临近银河系的一个新的星系——矮星系。

9日　罗马尼亚社会主义劳动党举行第二次全国代表大会。

同日　美国“奋进”号航天飞机升空。

11日　亚太地区非法移民问题正式磋商会议在堪培拉举行，中国代表冯士斌在会上发了言。

16日　伊拉克新闻部长哈马迪说，伊国民议会已取消了吞并科威特的决定。

同日　斯科尼亚米利奥和皮韦蒂分别当选为意大利参众两院议长。

17日　中东和谈关于水资源问题的多边谈判在阿曼首都马斯喀特举行。

19日　民柬部队收复一度被政府军攻占的民柬总部所在地拜林镇。

同日　中国代表侯志通在联合国裁军委员会会议上发言指出，5个核大国缔结不首先使用核武器条约的条件已经完全成熟，中国希望尽早谈判缔结这一条约。

20日　发展中国家新兴技术开发援助政策国际研讨会在斯德哥尔摩举行。

21日　第二届东亚和太平洋议员环境与发展会议在泰国南部城市普吉府举行，并通过《普吉宣言》。

24日　萨尔瓦多大选揭晓，执政党国民共和联盟总统候选人阿·卡·索尔获多数票。

同日　西方七国集团财长会议在华盛顿举行并发表声明，对一些成员国经济的复苏表示满意。

27日　也门南北方冲突加剧，对立的两派军队在首都萨那以北的奥姆兰发生激烈的武装冲突。

1994年5月

1日　联合国贸发会议第四十届理事会会议自4月18日至今在日内瓦举行，中国代表张克宁在会上作了发言。

2日　非国大主席曼德拉宣布，非国大已在南非首次全民大选中获胜。

3日　日本新任法务大臣永野茂门在接受记者采访时声称“南京大屠杀是捏造的”。

同日　亚洲开发银行第二十七届年会在法国东南部城市尼斯举行。

4日　巴解主席阿拉法特和以色列总理拉宾在开罗签署关于实施加沙—杰里科自治原则宣言的执行协议，埃及总统穆巴拉克主持了仪式。

同日　欧洲议会通过奥地利，挪威，芬兰，瑞典加入欧洲议会联盟的协议。

5日　也门总统委员会主席萨利赫宣布全国处于紧急状态。

同日　美国总统克林顿宣布一项维持和平新政策。

6日　英法海底隧道正式通车。

同日　联合国安理会因海地军事当局不执行《加弗诺岛协定》和安理会有关决议，决定对海地实行全面制裁。

8日　匈牙利国会第一轮大选揭晓，匈牙利社会党获胜。

同日　巴拿马举行全国大选，民主革命党总统候选人佩雷斯以多数票当选总统。

9日　莫斯科纪念卫国战争胜利日。

同日　西欧联盟接纳匈、波、捷、斯洛伐克、罗、保、立陶宛、拉脱维亚，爱沙尼亚九国为“联系伙伴国”。

11日　贝鲁斯科尼任总理的意大利新政府宣誓就职。

同日　“持续发展和减少贫困”问题国际会议在罗马举行。

12日　纳一卡地区冲突各方达成停火协议。

13日　参加在内罗毕举行的非洲开发银行集团理事会年会的中国代表团团长殷介炎在会上发言呼吁，发达国家向非洲提供更多的发展资金。

15日　朝鲜宣布已开始在没有国际检查人员在场情况下更换一座核反应堆的燃料棒。

16日　第四届世界大城市会议在柏林举行，并签署《柏林宣言》。

18日　美国国务卿克里斯托弗结束为期4天的对叙利亚和以色列的穿梭访问。

同日　乌克兰社会党领导人莫罗兹当选为最高苏维埃主席。

同日　阿尔及利亚全国过渡委员会成立。

24日　联合国裁军会议在日本广岛举行，会议主题是“军备的透明性，地区对话及裁军”。

25日　联合国秘书长加利发表关于《发展钢领》的报告，指出“发展是一项基本人权，发展是和平的最稳固基础”。

29日　伊拉克宣布改组政府，总统萨达姆兼任总理。

30日　利比亚军队全部撤出奥祖地带。

1994年6月

1日　联合国安理会通过924号决议，呼吁也门冲突双方立即停火并恢复谈判。

同日　韩国总统金泳三首次访问俄罗斯，同叶利钦总统签署了《联合声明》，双方指出朝韩应继续对话，以缓和朝鲜半岛的紧张局势。

同日　第十四届世界石油大会自5月30日至今在挪威举行。

2日　以色列飞机大规模空袭黎巴嫩东部的黎真主党基地，造成45人死亡，80余人受伤。

同日　朝鲜发言人指责关于朝核问题的安理会主席声明是毫无根据的，并称要退出核不扩散条约。

3日　第十一届不结盟国家外长会议自5月31日至今在开罗举行。

4日　科威特国家安全法院对1993年4月谋杀美国前总统布什案作出终审裁决，5名伊拉克人和1名科威特人被判处死刑。

5日　利比亚和乍得签署两国友好条约。

同日　英国在普利茅斯举行诺曼底登陆50周年纪念活动。

同日　非统组织第六十届部长理事会在突尼斯举行。

7日　德国总理科尔和西班牙首相冈萨雷斯在德国举行首脑会谈，磋商欧盟政策。

同日　巴西总统佛朗哥签署法令，禁止在巴西使用纳粹符号。

同日　俄罗斯指责美国飞机当天侵犯俄领空。

同日　第八十一届国际劳工大会在日内瓦举行。

8日　柬埔寨皇家军队再次进攻拜林。

同日　波黑交战三方在日内瓦达成协议，从10日中午开始实行1个月非正式停火。

9日　北约外长会议在土耳其伊斯坦布尔举行。

12日　奥地利举行公民投票，近2/3人赞成奥地利加入欧洲联盟。

同日　瑞士举行公民投票，57.3%的人投票反对政府的建立维和部队的计划。

13日　欧洲议会选举结果揭晓。

14日　墨西哥、哥伦比亚、委内瑞拉三国总统签署3国自由贸易协定。

同日　第四次伊比利亚美洲首脑会议在卡塔纳赫布举行。

17日　日本首相羽田说，日有能力制造核武器。

同日　防治艾滋病部长级国际会议在巴黎举行。

19日　执政党总统候选人桑佩尔当选哥伦比亚总统。

同日　世界银行发表《1994年世界发展报告》提出，发展中国家需要提高投资资金的利用率和服务效率。

21日　亚太妇女参政会议在马尼拉举行。

22日　联合国特委会宣布已完全销毁伊拉克的化学武器。

24日　77国集团举行部长级特别会议纪念该组织成立30周年。

同日　欧洲联盟首脑会议在希腊举行。

25日　阿富汗对立两派武装在喀布尔再次发生激战。

27日　为期5周的联合国经社理事会高级别会议开幕。

同日　第二届世界关于可卡因和有组织的犯罪大会在圣地亚哥举行。

1994年7月

1日　刚返回加沙的巴解主席阿拉法特在群众集会上发表讲话，呼吁巴勒斯坦人团结奋斗。

同日　赫尔佐克就任德国新总统。

同日　世界卫生组织在日内瓦宣布，全世界艾滋病患者在过去一年中增长了60%，达400万人。

2日　朝鲜半岛北南双方代表在板门店南侧“和平之家”进行接触，就北南首脑会谈的具体事宜达成协议。

同日　柬埔寨发生一起未遂政变。

4日　黎巴嫩真主党武装在黎南部“安全区”袭击以色列军队。

同日　卢旺达反对派爱国阵线武装宣布已占领并控制了首都基加利和第二大城市布塔雷。

同日　波黑穆克双方签订军事协定，宣布双方战争结束。

5日　欧安会议会大会第三次会议在维也纳举行。

6日　哈萨克斯坦议会通过决议，决定将首都从阿拉木图市迁至阿克莫拉市。

同日　纽约外汇市场美元对日元汇价跌至1比97.95，再创战后最低纪录。

8日　为期4天的欧安会议会大会第三届大会在维也纳闭幕。

同日　第二十届西方七国首脑会议在那不勒斯举行并发表经济公报和政治声明。

10日　乌克兰举行总统选举第二轮投票。

同日　尼泊尔议会大多数议员对科伊拉腊政府政策投了不信任票。

12日　东京外汇市场日元汇率再创最高值，峰值为97.05日元比1美元。

同日　中东和会多边谈判指导委员会第六次会议在突尼斯举行。

13日　法国天文学家说，他们发现了直径为2.9亿光年的巨大星系团。

15日　匈牙利国会选举并通过社会党主席久洛为政府总理。

18日　约以双边谈判代表团首次公开举行双边谈判。

19日　欧洲新议会举行首次会议。

20日　英国首相梅杰改组内阁。

21日　非洲12国国家元首和政府首脑在马普托举行第二届科学技术总统级讨论会。

22日　第二十七届东盟外长会议在曼谷举行。

24日　叙利亚总统阿萨德在大马士革同埃及总统穆巴拉克会谈。

同日　拉美25个国家和12个地区的总统,政府首脑或外长在哥伦比亚的卡塔赫纳签署加勒比国家联盟成立纪要。

25日　东盟地区论坛举行首次会议,共商亚太地区政治和安全事宜。

26日　东盟与对话国外长会议在曼谷举行。

同日　《21世纪的教科文组织》国际会议在里斯本举行,并通过《里斯本声明》。

28日　新华社报道:在赫拉特召开的阿富汗和平会议通过解决阿危机的和平计划。

同日　第四十八届联大第一0一次会议通过关于执行《联合国海洋公约》第十一部分的决议和协定。

1994年8月

1日　巴以举行第四轮谈判,就以向巴自治领导机构移交旅游和社会权力问题达成协议。

同日　海地军政府针对联合国安理会7月31日的决议,宣布实行全国戒严。

同日　联合国第四十六届人权小组委员会会议在日内瓦举行。

2日　俄罗斯车臣共和国政府反对派组成临时委员会宣布,"废除杜达耶夫总统职务","接管"共和国的"一切权力"。

同日　塞尔维亚共和国要求波黑塞族接受五国和平方案。

同日　巴拉格尔再次当选为多米尼加共和国总统,并于16日宣誓就职。

3日　以色列议会批准约以签署的《华盛顿宣言》。

同日　非统组织举行部长级会议。

同日　美国政府发表科技政策声明,表示发展重点将由军事技术转向民用技术。

同日　中国副外长刘华秋在第二十五届南太论坛年会后的对话会上发表讲话说,中国同南太国家关系稳步发展。

5日　朝美第三轮高级会谈在日内瓦恢复。

同日　联合国安理会决定继续对利比亚的国际制裁。

同日　由阿根廷、巴西、巴拉圭、乌拉圭组建的南方共同市场第六次首脑会议在阿根廷举行。

6日　西非国家经济共同体中的7个法语国家决定成立经济和金融联盟。

7日　哥伦比亚新总统桑佩尔宣誓就职。

同日　第十届世界艾滋病大会在日本横滨举行,并通过决议呼吁全球共同对抗艾滋病这一人类公害。

9日　阿根廷政府表示阿将不向海地出兵。

同日　墨西哥武装农民组织萨帕塔民族解放军倡议召开的首届民主协商会议闭幕。

12日　日本环境厅长官樱井新就日本的战争责任答记者问时称,日本当年"并没有想发动侵略战争"等。

13日　德国警方禁止极右分子纪念纳粹的活动。

15日　15个非洲国家的领导人在坦桑尼亚举行特别仪式,正式宣布解散已完成历史使命的非统组织解放委员会。

17日　斯里兰卡第十届议会大选结束。

同日　联合国首次召开国际市长会议。

同日　联合国民族问题和民族政策国际研讨会召开。

18日　荷兰组成以工党为首的联合政府。

20日　为期3天的第十五届中美洲首脑会议在哥斯达黎加的瓜西莫闭幕。

21日　阿尔及利亚当局同5个反对党举行政治对话，寻求稳定国内局势的方法。

同日　中欧九国国家元首会议在奥地利举行。

24日　叙利亚举行新的人民议会选举。

25日　联合国安理会通过加利秘书长关于减少驻索马里维和士兵的建议。

同日　爱尔兰总理雷诺兹等在柏林同美国一个和平使团就北爱尔兰问题举行会谈。

30日　白俄罗斯新任总统卢卡申科表示，白俄罗斯愿与俄罗斯重新统一。

1994年9月

2日　贝罗夫为总理的保加利亚政府因无力制止各党派之间的对抗而宣布集体辞职。

同日　俄美首次联合军事演习在俄罗斯托茨克地区进行。

3日　日本社会党临时代表大会正式通过党执行委员会7月29日制定的《当前的政局与党的基本政策》。

同日　柬埔寨国王西哈努克亲王致信王国政府和国民议会，建议重新考虑“民柬非法案”。

5日　国际原子能机构和平利用核能会议在维也纳举行。

同日　第三次国际人口与发展大会在开罗举行，并通过规划未来20年世界人口发展战略的《行动纲领》。

7日　苏丹总统巴希尔表示，政府拒绝谈判苏丹南部自决问题。

同日　莱索托国王莱齐耶三世任命的过渡政府表示拒绝交出权力。

同日　美国政府宣布调整对台湾政策，美政府官员将与台当局进行较高层次接触，允许建立“次内阁级”对话。

同日　中国代表团团长侯志通在日内瓦举行的裁军谈判会议本年度第三期会议的闭幕会上发言，呼吁就无核国家的安全保证问题加速谈判，争取早日缔结相应的国际公约。

8日　美英法驻德国军队在柏林举行撤军归营仪式。

同日　阿拉伯经社理事会第五十四次例会在开罗举行，并发表公报呼吁各成员国在关贸总协定下一轮谈判中密切合作。

9日　朝鲜副总理洪成南在朝国庆46周年大会上表示，朝鲜半岛应以联邦制方式实现统一。

同日　独联体国家政府首脑委员会在莫斯科举行会议，讨论经济一体化问题。

同日　第八次里约集团首脑会议在里约热内卢举行。

同日　美、日、加、欧四方贸易部长会议在洛杉矶举行，并发表公报强调必须尽快完成关于中国复关的谈判。

10日　为期两天的“德—美大会”在柏林结束，两国与会人士一致认为应进一步扩大伙伴关系。

12日　主张独立的魁北克人在加拿大魁北克省议会选举中获胜。

同日　《不扩散核武器条约》大会筹委会第三次会议在日内瓦举行，中国裁军大使侯志通在会上发言，谈中国对不扩散核武器的态度。

13日　美国两艘航空母舰驶向海地附近水域。

同日　巴解执委会主席阿拉法特同以色列外长佩雷斯在奥斯洛签署声明表示，暂时绕过耶路撒冷归属的争议，以争取尽快落实国际援款。

14日 万国邮联第二十一届大会自8月22日至今在汉城举行。

16日 约以讨论开通两国间在贝桑河谷的边境通道事宜。

19日 瑞典大选揭晓，在野的社民党获胜，执政的四党联合“资产阶级集团”失利。

25日 瑞士全民举行公决，以微弱多数通过《反种族主义法》。

26日 爱沙尼亚议会通过对总理拉尔的不信任案。

28日 墨西哥执政党革命制度党总书记伊斯·马休在墨西哥城遇刺身亡。

29日 国际社会保障协会第十次亚太地区会议在悉尼举行。

1994年10月

1日 原也门总统委员会主席萨利赫当选也门总统，并于2日宣誓就职。

同日 南非总统曼德拉访问美国，同克林顿总统举行了会谈，美国决定向南非提供5亿美元用于建设住房的援助。

同日 斯洛伐克前总理梅恰尔领导的争取民主斯洛伐克运动在大选中获胜。

同日 美日结束历时15天的贸易谈判。

同日 贝芬共和国宣告正式成立，并举行独立庆典。

2日 由约1000人组成的多国宪兵部队进驻海地。

同日 国际货币基金组织临时委员会会议在马德里举行。

3日 巴以在开罗举行关于在加沙和约旦河西岸进行立法委员会选举的谈判。

同日 巴西举行大选。

4日 巴拿马国民议会通过宪法修改草案，废除巴拿马军队，从而使巴拿马成为拉美第二个没有军队的国家。

5日 朝美关于朝核问题的高级会晤继续进行。

同日 尼日利亚制宪会议决定，尼总统将由南北双方轮流出任。

6日 瑞典议会通过由社民党组成的新政府。

7日 中国代表王学贤在第四十九届联大二委会一般性辩论中发言，呼吁有关缔约方从速解决中国复关问题。

12日 世界卫生组织发表声明认为，印度的鼠疫已被控制。

同日 波黑塞族议会领导人表示，在波黑塞族未被承认独立的情况下，拒绝同南斯拉夫建立联邦的建议。

13日 英国的北爱尔兰新教游击队组织宣布，决定当天开始全面停止武力行动。

14日 为期三天的第三届欧洲——东亚经济首脑会议在新加坡闭幕。

16日 马其顿举行大选，格利戈罗夫连任总统。

17日 约旦首相马贾利和以色列总理拉宾在安曼草签约以和平条约。

18日 叙利亚总统阿萨德和埃及总统穆巴拉克在开罗会谈，协调中东问题的立场。

同日 法国马赛至新加坡的海底光缆开通。

19日 第五届伊斯兰国家宗教基金和伊斯兰事务部长(大臣)会议在拉巴特举行。

20日 柬埔寨王国政府内阁改组，并组成新内阁。

21日 阿富汗忠于总统和忠于总理的两派部队在喀布尔激战，造成60多人死亡。

同日 独联体12个成员国首脑在莫斯科举行会议，决定成立独联体国家间经济委员会，并签署了独联体国家一体化进程基本方向的备忘录等文件。

24日 古巴和美国就移民问题在哈瓦那举行第二轮会谈。

29日　黎巴嫩总统赫拉维表示黎同意同以色列讨论以军撤出黎巴嫩问题。

同日　赞比亚前总统卡翁达宣布他将重返政界。

1994年11月

1日　科威特与美、英、法举行联合军事演习。

同日　首届中东北非经济首脑会议自10月30日至今在摩洛哥举行，并通过《卡萨布兰卡宣言》。

2日　以色列总理拉宾说，以将长期驻军希布伦。

同日　德国公布大选最终结果，执政联盟获48.4%的选票。

同日　美元对日元汇率跌至1比96.18。

3日　波黑穆克武装连日向塞族发动进攻后，攻入塞族控制的普着雷斯市。

同日　中国代表张凤琨在第49届联大三委会会议上发言，呼吁加强国际禁毒合作。

4日　联合国安理会发表主席声明，肯定上月朝美签署的关于朝核问题的框架协议。

同日　联合国安理会通过决议，决定明年3月31日终止联合国索马里行动。

6日　俄罗斯总统叶利钦接受副总理绍欣辞职。

同日　塔吉克举行总统选举。

同日　由德、法、比、西四国军人参加的欧洲军团首次军事演习在德国举行。

9日　斯里兰卡举行总统选举，现任总理，人民联盟领导人钱德里卡·库马拉通加当选，成为斯里兰卡首位女总统。

11日　奥地利国民议会批准奥加入欧盟条约。

15日　第二届亚太经合组织领导人非正式会议在印尼茂物举行。

16日　羽田孜领导的日本新生党决定12月9日解散。

同日　英国女王伊丽莎白二世宣布政府施政纲领，称在香港问题上寻求同中国的合作。

18日　尼泊尔共产党在议会选举中成为第一大党。

同日　芬兰议会批准芬兰加入欧盟。

19日　莫桑比克解放阵线党主席希萨诺在莫首次多党大选中获胜。

21日　石油输出国组织第九十七届部长级会议在雅加达举行，与会代表呼吁内部团结，保证合理油价。

22日　加拿大总理克雷蒂安宣布，罗·勒布朗将任加总督。

23日　联合国安理会通过决议，决定将联合国萨尔瓦多派团的任期最后延长到明年4月30日。

25日　为期5天的“声援古巴世界大会”在哈瓦那闭幕。

26日　大湖国家共同体举行首脑会议，共商边界安全问题。

同日　格鲁吉亚阿布哈兹议会通过新宪法，宣布阿布哈兹为主权国家。

27日　乌拉圭举行大选，红党总统候选人，前总统桑吉内蒂当选为新总统。

28日　沙特、阿联酋、阿曼和巴林签署统一安全协定。

30日　阿尔巴尼亚最高法院判处前阿最高领导人阿利雅5年有期徒刑。阿利雅再次表示他无罪。

同日　墨西哥当选总统塞迪略组成新内阁，反对党人第一次入阁。

1994年12月

1日　黎巴嫩总理哈里里突然提出辞职。

同日　俄罗斯外长科济列夫在北约总部同北约成员国外长会晤时宣布，俄推迟批准同北约缔结的“和平伙伴关系计划”，暂不签署该计划包含的“双边军事合作文件”和“建立定期公开磋商制度框架文件”。

同日 塞迪略宣誓就任墨西哥总统。

同日 控制艾滋病首脑会议召开并通过《巴黎宣言》。

同日 北约外长会议在布鲁塞尔举行。

2日 北大西洋合作理事会外长会议在布鲁塞尔举行，并发表新闻公报。

3日 联合国安理会谴责格鲁吉亚的阿布哈兹宣布“建国”。

5日 在野30年的日本公明党在临时大会上宣布解散，并分别成立“公明新党”和“公明”。

同日 欧盟财长会议决定维持现行汇率波幅。

同日 金里奇将成为40年来担任美国众院议长的第一位共和党人。

6日 朝美两国官方代表团在华盛顿就互设联络处问题举行会谈，会谈取得实质性进展。

同日 爱尔兰工党和共和党重建联合政府的谈判破裂。

同日 “人权问题再思考”国际讨论会在吉隆坡举行。

9日 为期两天的东南非22国首脑会议在马拉维闭幕。

同日 独联体12国政府首脑理事会会议在莫斯科举行，讨论有关建立独联体经济联盟的问题。

11日 争取民主斯洛伐克运动、斯洛伐克民族党和斯洛伐克工人联盟建立执政联盟。

12日 奥地利表示不加入北约。

同日 联合国宣布设立预防艾滋病机构，并任命国际艾滋病协会主席，比利时医生佩泰·皮奥为该机构主任。

14日 法国议会通过乌拉圭回合协议。

同日 瑞典首相卡尔松表示瑞典不加入北约。

17日 韩国总统金泳三再次改组政府，李洪九出任新总理，并于23日对内阁进行大改组。

同日 国际欧洲能源宪章部长级会议在里斯本举行。

19日 海湾合作委员会第15次首脑会议在巴林举行。

同日 索马里两对立部族武装在首都摩加迪沙激战。

21日 第30届中部非洲关税和经济联盟首脑会议在喀麦隆举行。

22日 意大利总理卢斯科尼宣布辞职。

同日 海地临时选举委员会宣誓就职。

同日 叙以在华盛顿恢复谈判。

24日 印度国大党(英)领导人辞去内阁人力资源开发部长职务。

26日 巴基斯坦要求印度立即关闭它驻卡拉奇的总领事馆，指责该领事馆与近日在卡拉奇发生的恐怖活动有牵连。

28日 孟加拉国反对党154名议员全体退出议会，使议会陷于瘫痪状态。

(中央民族大学 于玉连)

1994年中国大事记

1994年1月

1日　全国政协举行新年茶话会。

同日　国务院关税税则委员会决定实施暂定关税税率。

2日　我国首家“中国地球科学家数据库”在兰州建成。

4日　李瑞环在黑龙江考察。

同日　全国公安厅局长会议在北京举行。

同日　民主党派、工商联、无党派领导干部理论研讨班在京举行。

5日　全国农业工作会议在京召开。

同日　中国地方病协会成立。

6日　全国冶金工作会议在上海宝钢召开。

同日　中央军委副主席刘华清访问泰国和印尼。

7日　国务院举行第14次常务会议。

同日　中宣部、国家新闻出版署在南宁联合召开全国报纸周末版座谈会，强调主旋律与多样化的统一。

10日　李鹏总理签署国务院令，发布《地震监测设施和地震观测环境保护条例》。

同日　由7家中央新闻单位负责人组成的赴台访问团赴台参观访问。

11日　全国农业综合开发会议在京举行。

12日　全国金融工作会议在京召开。

同日　海协一届三次理事会在京举行。

同日　全国宗教局长会议在京召开。

14日　我国发行第一笔10亿美元的全球债券。

同日　中纪委、监察部等发文要求各地，各部门严禁用公费变相出国出境旅游。

15日　到1993年底，我国已有1149名女性获得博士学位。

同日　中美两国政府代表第四个双边纺织品贸易协议谈判在京举行并达成协议。

16日　乔石委员长访问德国、瑞士和奥地利。

17日　胡锦涛在中央党校学员毕业典礼上要求，正确把握改革发展和稳定的关系。

18日　全国审计工作会议在京举行。

19日　《人民日报》刊登1993年8月20日经国务院第七次常务会议审议通过的《九十年代中国农业发展纲要》。

20日　中国延安精神研究会第二次会员大会在京召开，推举彭真继续任名誉会长，马文瑞任会长。

21日　全国党员教育工作会议在京举行。

同日　国务院决定中科院学部委员改称中科院院士。

22日　钱其琛副总理兼外长访问法国。

23日　全国文化厅局长会议在京举行。

25日　中国科学院1994年度工作会议在京举行。

同日　中美两国官员就打击偷渡、制止非法移民问题在京进行了磋商。

同日　刘华秋副外长访问美国。

同日　全国新闻出版局长会议在京举

行。

26日　国务院在京召开全国“菜篮子”和粮棉油工作会议。

27日　全国民委工作会议在京举行。

28日　李鹏总理签署国务院令，公布《中华人民共和国个人所得税法实施条例》，自发布之日起实施。

29日　第四次全国希望工程会议在京举行。

30日　全国海关关长会议在京召开。

同日　首届国家图书奖在人民大会堂颁奖。

同日　全国侨联举行迎春茶话会。

31日　中组部、中宣部、统战部等七部委召开专家学者迎春茶话会。

1994年2月

1日　中组部、总政治部、北京市委举行在京老同志迎春茶话会。

同日　国家教委在人民大会堂举行慰问留学回国人员新春文艺晚会。

1日—5日　海协会和海基会负责人在京举行两会工作性商谈，会谈达成多项共识，并发布了共同的新闻稿。

3日　李鹏总理签署国务院令，发布《国务院关于职工工作时间的规定》。

同日　外交部发言人在记者招待会上答记者问时指出，港澳如与台湾安排跨越1997年或1999年的三地航运，英葡需事先同中国政府磋商。

同日　外交部发言人在记者招待会上答记者问时说，港督彭定康在香港问题上一意孤行，最终也会损害英的自身利益。

4日　中共中央举行党外人士迎春座谈会，江泽民等出席。

5日　江泽民等会见了“见义勇为青年英雄”徐洪刚等。

5日—7日　我国引进外资、先进设备和技术建设的第一座大型核电站——广东大亚湾核电站一号机组近日投入商业运行。

6日　新华社报道:1993年我国在种植面积有所减少的情况下，粮食总产量达4564亿公斤，超出历史最高水平102亿公斤。

7日　江泽民会见并宴请艾泼斯坦等在华的外国老专家。

同日　外交部发言人在记者招待会上就台湾李登辉计划春节期间前往印尼、泰国“度假”一事答记者问时说，如果与中国建交的国家接受李登辉访问，将损害与中国的友好关系。

8日　我国新型运载火箭“长征三号甲”在西昌卫星发射中心首次发射成功。

9日　邓小平与上海市党政军负责同志和部分老同志欢聚一堂，互致新春的祝贺和问候。

10日　中共中央、国务院在人大会堂举行春节团拜会。

16日　全国妇联七届二次常委会在京举行。

17日　外交部发言人在记者招待会上答记者问时指出，中国坚决反对美国方面向台湾出售武器。

21日—22日　中美关于中国“复关”问题第三轮磋商在京举行。

24日　江泽民、李鹏等中央领导与首都知识界200多位知名人士在人大会堂共度元宵佳节。

24日—25日　香港特别行政区筹委会预委会政务小组第五次会议在京举行。

25日—3月1日　中纪委第三次全体会议在京举行。

25日　江泽民会见瑞典爱立信公司总裁拉斯·兰奎斯特。

26日—27日　香港特别行政区筹委会预委会经济专题小组会议在京举行。

1994年3月

1日 香港特别行政区筹委会预委会社会及保安小组第二次会议在京举行。

1日—5日 全国政协八届常委会第五次会议在京举行。

2日—5日 八届全国人大常委会第六次会议在京举行。

3日—5日 全军法规工作会议在京举行。

4日—7日 全国党校工作会议在京举行。

4日—7日 国务院在京召开全国外资工作座会。

7日 国务院召开第三次专题研究部署反腐败工作会议。

同日 李鹏会见美国美林集团董事长塔利。

8日 全国安全生产工作电话会议在京召开。

同日 江泽民会见美国国际商业机器公司董事长兼总裁郭士纳一行。

8日—9日 全国政协八届二次会议在京举行。李瑞环主持会议，叶选平作工作报告。

10日—22日 八届全国人大二次会议在京举行。李鹏作政府工作报告，任建新作最高人民法院工作报告，张思卿作最高人民检察院工作报告。

12日 李鹏会见美国国务卿克里斯托弗。

13日 江泽民会见美国国务卿克里斯托弗。

18日 1993年度国家科技奖励大会在京举行。

20日—22日 全国计划生育工作会议在京举行。

20日—25日 中葡联络小组第十九次会议在北京举行，并发表新闻公报。

23日 中共中央召开农村工作会议，布署今年的农业和农村工作。

同日 江泽民会见美国微软公司总裁盖茨。

25日 国务院举行第十六次常务会议，讨论通过了《中国21世纪议程》。

25日—26日 海协会和海基会就两岸渔事纠纷等议题在京举行第四次商谈。

27日 经批准，北京市四家企业公开发行股票，总规模为1.75亿股。

28日 江泽民会见韩国总统金泳三。

同日 全国乡镇煤矿工作会议在京召开。

28日—31日 全国卫生防疫工作会议在厦门举行。

29日 江泽民会见美国时代华纳出版公司董事长贝雷克一行。

同日 江泽民、乔石分别会见菲律宾华商联总会考察团的50余位企业家，

同日 国务院举行第十七次常务会议，讨论并通过了《中华人民共和国城市房地产管理法（草案）》。

30日 江泽民、李瑞环分别会见由著名建筑师贝聿铭率领的美国百人会代表团。

31日 外交部发言人在记者招待会上就1997年后香港主要官员提名任命问题答记者问时说，中方将严格按照中英联合声明和基本法的规定办事。

1994年4月

1日 江泽民与全军第一期军以干部学习《邓小平文选》第三卷轮训班学员座谈。

同日 为期两天的香港特别行政区筹委会预委经济专题小组第五次会议在北京召开。

2日 江泽民、李鹏等到京郊圆明园遗址公园植树。

5日 1994年全国军队转业干部安置工作会议在济南召开。

6日 《邓小平建设有中国特色社会主义理论研究系统》在京通过专家签定。

6日—8日 全国体委主任会议在京举行。

7日—10日 法国总理巴拉迪尔访问我国。

8日 由江泽民题字的“青年文明号”活动在全国拉开序幕。

同日 新华社报道:由江泽民同志倡仪编写的《现代科学技术基础知识》(干部选读)公开发行。

9日 国务院台办负责人就3月31日千岛湖“海瑞号”游船火灾事故致使24位来大陆旅游的台湾同胞和8名大陆同胞遇难一事发表谈话,对遇难者表示哀悼,并向遇难的台湾、大陆同胞的亲属表示深切慰问。同日,24名遇难台胞的骨灰由他们的亲属携带取道香港返台。

10日 《人民日报》报道:我国电子行业最大的企业集团——中国电子信息产业集团近日正式成立。

10日—16日 葡萄牙总理席尔瓦访问我国。

11日 经最高人民法院核准,北京市长城机电科技产业公司总裁沈太福因犯有贪污罪和行贿罪被依法处决。

同日 李鹏和前来访华的葡萄牙总理席尔瓦在庆祝中葡关于澳门问题联合声明签署7周年之际在京向中外记者发表谈话,双方表示要加强合作,确保澳门平稳过渡。

12日 李鹏总理分别会见美国雪佛龙集团董事长德尔一行和由市长铃木俊一率领的日本东京都友好代表团。

13日 新华社报道:国务院决定组建国家开发银行。

同日 江泽民会见美国华盛顿州州长洛璋一行。

14日 “巴金与二十世纪研讨会”在京举行。

同日 江泽民会见英国大东电报局公共有限公司董事长兼香港电讯有限公司主席杨勋爵。

15日 国务院新闻办召开《中国21世纪议程》中外记者招待会。

同日 国务院召开的为期5天的对台经济工作会议在京闭幕。江泽民等到会作了重要讲话。

15日—17日 全国农村改革试验区第八次会议在京召开。

17日—21日 中国职工思想政治工作研究会第八次年会在四川德阳召开。

18日 中美两国科学家在世界上首次圆满地实现了“航天——航空——地面”遥感平台三位一体的立体实时观测。

18日—27日 澳大利亚总督海登访问我国。

18日—29日 李鹏总理访问乌兹别克斯坦、土库曼斯坦、吉尔吉斯共和国、哈萨克斯坦和蒙古。

21日—23日 埃及总统穆巴拉克访问我国。

22日 国务院举行第十八次常务会议,讨论并原则通过了《中华人民共和国治安管理处罚条例》的补充规定(草案)。

同日 全国打击走私领导小组第四次会议在京召开。

23日 首都举行《任弼时传》和《任弼时年谱》出版发行暨任弼时同志诞辰90周年纪念座谈会。

同日 中国红十字会第六次全国会员代表大会在京举行。

同日 江泽民主席和李鹏总理电唁美国前总统尼克松逝世。

27日 中国银行宣布将于今年5月正式参与港币发行,今年计划发行30亿港元。

27日—30日 中华全国新闻工作者协会第四届理事会第二次全体会议在京举行。

28日 首都集会庆祝“五一”国际劳动

节。

同日　新华社报道:国务院决定组建中国进出口银行。

29日　1993年电影政府奖在京揭晓。

1994年5月

2日　中国银行发行港币庆祝典礼和剪彩仪式在香港中银大厦隆重举行。

2日—3日　香港特别行政区筹委会预委政务专题小组第七次会议在香港举行。

2日—21日　李瑞环访问芬兰、瑞典、挪威、丹麦、比利时。

3日　新华社报道:世界首例转基因水稻果在安徽合肥市问世。

同日　中日核安全合作协议在京签署。

3日—7日　肯尼亚总统莫伊访问我国。

4日　中国青年志愿者授旗仪式在京举行。

4日—5日　香港特别行政区筹委会预委经济专题小组第六次会议在香港举行。

5日　中国人民对外友好协会在京举行盛大招待会庆祝成立40周年。

同日　由卫生部等部门联合发起的“防治碘缺乏病日”宣传活动即日起在全国各地展开。

同日　江泽民主席电贺以曼德拉为主席的南非非国大在南非历史上首次不分种族大选中获胜。

5日—12日　八届全国人大常委会第七次会议在京举行。

6日—9日　国际许可贸易工作者协会1994年大会在京举行。

8日　海基会副秘书长许惠祐一行来杭州听取千岛湖案件的情况介绍。

同日　首届优秀发明企业家评选在京揭晓。

9日—14日　关贸总协定总干事萨瑟兰访问我国。

10日　国务院举行第十九次常务会议，审议并原则通过国家安全法实施细则。

10日　《汉语大词典》编纂出版庆功会在京举行。

10日—13日　马来西亚总理马哈蒂尔访问我国。

10日—13日　美国前国务卿基辛格访问我国。

11日—12日　1994年中国北京国际高级经济论坛会议召开。

12日—16日　国务院召开第十次全国民政工作会议。

13日　纪念焦裕禄同志逝世30周年大会在河南举行。

14日　新华社报道：我国首次评选出经济实业界的创业骄子——中国500名企业创业者。

15日　新华社报道：国务院办公厅日前发出关于加强国有企业产权交易管理的通知。

16日　台湾旅行公会宣布，取消抵制赴大陆旅游。

16日—19日　中美市场经济和经贸合作研讨会在京举行。

18日　中国地产市场在京成立。

20日—21日　北京知识产权国际研讨会在京举行。

25日　中国与俄罗斯科技合作委员会第二次会议在京举行。

26日　第三批港事顾问和新增补预委会委员颁发聘书、任命书仪式在京举行。

27日　全国政协举行第十五次主席会议。

同日　江泽民主席会见美国美孚石油公司董事长兼首席执行官罗修。

同日　龙华烈士陵园在上海举行奠基仪式。

27日　联合国第四次世界妇女大会秘书长蒙盖拉夫人赴京考察第四次世界妇女

大会筹备工作的进展情况。

28日　全国粮食工作会议在京召开。

29日　李鹏总理会见世界银行和六国银行代表。

31日　海峡两岸关系协会就千岛湖事件善后等事宜致函台湾海基会。

1994年6月

1日　中日外交官第十三次工作磋商在东京举行。

2日　国务院新闻办公室在北京发表《中国妇女的状况》白皮书。

2日—4日　柬埔寨国王西哈努克和王后莫尼列访问我国。

3日　国务院举行第二十次常务会议，原则通过了中国人民银行法（草案）和审计法（草案）。

3日—8日　中国工程院成立大会和中国科学院第七次院士大会在京同时举行。

5日　首届中国妇女与环境会议在京召开。

6日　中国和意大利科技合作谅解备忘录在罗马签署。

7日　李瑞环会见“远南”残疾人运动会执委会主席方心让。

同日　李鹏会见赛宗企业集团会长堤清二一行。

8日　中央军委在京举行晋升上将军官军衔仪式。

8日—12日　秘鲁总统藤森访问我国。

9日　中纪委、监察部在京召开全国纪检监察系统电话会议。

10日　首次全国商品市场总裁座谈会在成都召开。

同日　江泽民主席会见美国数字设备公司总裁罗伯特·帕尔默。

12日　浙江省杭州市中级人民法院对千岛湖抢劫、故意杀人案一审作出判决，三名罪犯被依法判处死刑。

12日—18日　爱沙尼亚共和国总统梅里访问我国。

13日—14日　江泽民等会见由李泽添率领的香港工会联合会访京团一行。

13日—15日　江泽民等会见由会长梁钦荣率领的香港中华厂商联合会访京团一行。

14日—18日　第五次全国归侨侨眷代表大会在北京举行。

14日—17日　党中央、国务院主持召开全国教育工作会议。

16日　由全国政协召开的黄埔军校建校70周年暨黄埔同学会成立10周年纪念大会在京举行。

16日—17日　德中中小企业大会在波恩举行。

17日　海峡两岸关系协会会长汪道涵致函台湾海峡交流基金会董事长辜振甫，再次邀请辜振甫择地进行两会高层沟通接触。

20日　李鹏总理主持召开会议，部署南方部分省、区的抗洪救灾工作。

21日　人民空军集会纪念“英雄营”命名30周年，江泽民等为“英雄营”题词。

21日—24日　全国金融机构监管工作会议在京召开。

21日—30日　中英联合联络小组第29次会议在香港举行并发表新闻公报。

23日　《人民日报》刊登1994年3月25日国务院第16次常务会议审议通过的《90年代国家产业政策纲要》。

24日　李鹏总理签署国务院令，发布《中华人民共和国公司登记管理条例》。

同日　第六届远南残疾人运动会中国体育代表团成立。

27日—29日　全国干部理论教育讲师团工作会议在杭州举行。

30日—7月1日　《中韩未来论坛》首次会议在京举行。

1994 年 7 月

1 日　为期 5 天的全国政协八届常委会第七次会议在京结束。

3 日　新华社报道：国务院印发《汽车工业产业政策》发出通知。

同日　我国运用“长征二号丁”运载火箭成功地发射了一颗科学探测与技术实验卫星。

4 日　国务院举行第二十二次常务会议，审议并通过了《中华人民共和国气象条例（草案）》等 3 项法规。

5 日　为期 8 天的第八届全国人民代表大会常务委员会第八次会议在京闭幕。

5 日—8 日　第三次全国统战理论工作会议暨中国统战理论研究会第二届理事会议在京举行。

5 日—12 日　朱镕基代总理先后到青海、广西、广东灾区察看灾情。

5 日—9 日　中葡联合联络小组第二十次会议在里斯本举行。

7 日—9 日　香港特别行政区筹委会预委会第三次全体会议在京举行。

7 日—8 日　中宣部在京召开 1993 年度精神文明建设“五个一工程”工作会议。

7 日—9 日　《中国 21 世纪议程》高级国际圆桌会议在京举行。

9 日　邓小平、江泽民、李鹏、乔石分别电唁朝鲜国家主席金日成逝世。

12 日　国务院台办发言人就台湾当局《台湾两岸关系说明书》发表谈话。

同日　首届全国城镇集体企业成果展览会在京开幕。

13 日　全国城市防洪工作会议在天津召开。

14 日—20 日　英国外交大臣顾立德访问我国。

16 日　国务院举行第六次全体会议，讨论上半年经济形势和下半年经济工作。

17 日—22 日　苏梅克—列维 9 号慧星的 21 块碎片相继撞击木星。

18 日　李鹏会见出席大亚湾核电站投产招待会中外人士。

18 日—21 日　经济改革期社会政策国际研讨会在京举行。

21 日　我国“长征三号”运载火箭在西昌卫星发射中心成功地把亚太通信卫星公司的“亚太一号”通信卫星准确送入预定轨道。

21 日—23 日　国务院召开的全国扭亏增盈工作会议在京举行。

22 日　全国双拥模范城（县）命名大会在京举行。

24 日—31 日　西班牙副首相塞拉访问我国。

26 日—28 日　中国贸促会举行二届二次委员会暨全国分会工作会议。

30 日　新华社报道：中国老教授协会第三届代表大会近日在京举行。

31 日　国防部在京举行盛大招待会，庆祝中国人民解放军建军 67 周年。

1994 年 8 月

1 日　中国科学探险协会欧德力探险队成功登上了长江之源—各拉丹冬雪峰。

2 日　为期 4 天的海协与海基会第五次事务性商谈在台北结束。

2 日—5 日　全国财政工作会议在京召开。

4 日　李鹏总理签署国务院令，发布《国务院关于股份有限公司境外募集股份及上市的特别规定。

5 日　江泽民会见“学科前沿与国家自然科学基金会优先资助领域战略国际研讨会”的部分境外科学家。

同日　新华社报道：《邓小平的历程——一个伟人和他的一个世纪》日前由解放军文艺出版社出版发行。

同日 中国和印度在新德里签署两国民用航空科学技术合作议定书。

6日 《人民日报》报道：太原钢铁公司两项重点工程建成。

8日—12日 中纪委、监察部在吉林市召开全国纪检监察法规工作会议。

8日—12日 亚太地区全球变化国际研讨论在京举行。

9日 布达拉宫维修竣工庆祝大会在拉萨举行。

10日—11日 香港特别行政区筹委全政务专题小组第九次会议在京举行。

11日 国务院举行第23次常务会议，讨论并原则通过了《中华人民共和国商业银行法（草案）》和《广告法》（草案）。

12日—13日 香港特别行政区筹委会经济专题小组第八次会议在京举行。

14日 新华社报道：国家工商局和国务院台办决定，允许在大陆发布台湾商业和寻亲广告。

15日 第三届中国国际民间艺术节在京开幕。

16日—17日 中国与里约集团经贸研讨会在巴西利亚举行。

17日 纪念甲午战争100周年学术研讨会在京举行。

18日 李鹏总理签署国务院令，发布《基本农田保护条例》。

18日—19日 国务院召开全国农业生产资料流通体制改革工作会议。

18日—28日 第四届中国艺术节在兰州举行。

19日 为期3天的邓小平理论与广东改革开放研讨论在广州闭会。

22日 香港求是科技基金会在京举行颁奖仪式。

同日 江泽 民会见日本前首相竹下登和日中友好协会长平山郁夫一行。

22日—27日 蒙古大呼拉尔主席巴嘎班迪访问我国。

23日 中共中央向各地印发了中央宣传部批定的《爱国主义教育实施纲要》。

23日—25日 全国纺织工作会议在京举行。

23日—28日 中国第二届长春电影节举行。

24日—31日 八届全国人大常委会第九次会议在京举行。

24日—27日 走向’95第四次世界妇女大会——女童教育国际研讨论在青海省西宁举行。

25日 第四期非中共领导干部专题研究班和党外知名人士研讨班在中央社会主义学院开班。

26日 “共求发展——21世纪的中国与东南亚”大型国际研讨会在京举行。

同日 国务院举行第七次全体（扩大）会议。

27日 《人民日报》报道：我国已有境外企业4479家，中方总投资51.54亿美元。

29日 江泽民等接见中国残疾人体育代表团。

30日 江泽民主席会见法国前总理巴尔。

31日 新华社报道：第五届中国十大杰出青年评选在京揭晓。

1994年9月

1日 全国推行公务员制度经验交流会在京举行。

同日 ’94中国国际儿童艺术节在京举行。

2日 全国政协第十七次主席会议在京举行。

同日 国务院自上月30日至今在京召开全国土地使用制度改革工作会议。

2日—12日 江泽民主席访问俄罗斯、乌克兰和法国。

3日　第六届远东及南太平洋地区残疾人运动会火炬终交仪式在京举行。

4日　全国职业培训优秀教师和工作者表彰大会在京举行。

4日—10日　第六届远南残疾人运动会在京举行。

5日　全国政协第三次提案工作座谈会在京举行。

6日　国务院召开全国进一步加强物价管理工作电视电话会议。

同日　中国南极考察10周年好新闻颁奖大会在京举行。

7日　澳门总督韦奇立自8月30日至今访问北京等地。

9日　李瑞环会见由李兆基和霍英东率领的香港培华教育基金会访团。

10日　全国人大、国家教委等六个单位联合举办“走进9月”’94教师节文艺晚会。

同日　邓小平大型图片展览在京举行。

10日—14日　全国银行结算工作会议在京举行。

12日　中国奥委会收到亚奥理事会主席艾哈迈德亲王的声明。

12日—14日　亚洲及太平洋地区通讯社组织第九届大会在京举行。

14日—17日　联合国秘书长加利访问我国。

15日　首都各界代表在京隆重集会，纪念人民代表大会成立40周年。

15日—17日　中国经济发展与东亚经济合作研讨会在京举行。

16日　国家“八五”重点建设项目——兰新铁路复线提前全线铺通。

19日—21日　国务院在京召开全国水利工作会议。

20日　国务院召开第25次常务会议，讨论并原则通过了《中华人民共和国出版法(草案)》和《中华人民共和国监狱法(草案)》。

20日—22日　中英联合联络小组第30次会议在京举行，并发表新闻公报。

20日—22日　中国环境与发展国际合作委员会第三次会议在京举行。

21日　全国政协庆祝成立40周年座谈会在京举行。

22日　第三次全国技术监督工作会议在京闭幕。

24日　展示新中国45年来社会发展巨大成就的中国社会发展成就展览在京开幕。

25日—28日　中国共产党第十四届中央委员会第四次全体会议在京举行。

27日　国家体委和中国奥委会联合举行中国体育代表团出征第12届亚运会动员大会。

28日　全国政协和统战部举行国庆招待会，港、澳、台同胞和海外侨胞欢聚一堂。

29日　中国共产党中央纪律检查委员会第四次全体会议在京举行。

29日—30日　国务院第二次全国民族团结进步表彰大会在京举行。

30日　李鹏总理举行盛大国庆招待会，庆祝建国45周年，江泽民等出席。

同日　新华社香港分社社长周南和澳门分社社长郭东坡分别在香港、澳门举行盛大招待会。

1994年10月

1日　首都举行庆祝中华人民共和国成立45周年盛大游园活动。

2日—16日　第12届亚运会在广岛举行，中国运动员共获得289块奖牌。

4日　庆祝中华人民共和国成立45周年大型文艺晚会《祖国万岁》在北京举行。

5日　江泽民主席会见美国国际商业机器公司(IBM)高级代表团。

6日—7日　香港特别行政区筹委会预

委会政务小组第11次会议在京举行。

6日—8日　政协第八届全国委员会常委会举行第八次会议。

7日—10日　捷克总理克劳斯访问我国。

8日—9日　香港特别行政区筹委会预委会经济小组第10次会议在京举行。

9日　李鹏总理签署国务院令，发布《中华人民共和国自然保护区条例》。

10日　江泽民主席会见德国赫斯特公司董事长德曼一行。

10日　中央社会治安综合治理委员会第13次全会在京举行。

10日—11日　香港特别行政区筹委会预委会法律小组第7次会议在京举行。

11日　国务院召开全国棉花收购电话会议。

同日　李鹏会见美国通用电气公司董事长兼首席执行官韦尔奇一行。

同日　江泽民会见以许胜发为团长的台湾工商企业联合会大陆经贸易考察团。

14日　全国建筑业工作会议在京召开。

同日　中宣部和国家教委在京举行新时期创业精神报告会。

14日—20日　中蒙俄三国代表团在莫斯科就起草三国国界东、西端两个交界点议定书问题举行会谈。

15日　第12届大众电视金鹰奖在京揭晓。

16日　全国检察机关第四次反贪污贿赂侦查工作会议在黄山举行。

同日　我国政府在北京举行"国际消除贫困日"纪念活动。

16日—19日　美国国防部长佩里访问我国。

17日　我国公安机关严打整治工作会议和纪委书记会议在京举行。

17日—19日　香港特别行政区筹委会预委会文化小组第六次会议在北京举行。

20日　江泽民主席会见德国前总统魏茨泽克。

同日　福建省厦门市举行纪念爱国华侨领袖陈嘉庚先生诞辰120周年大会。

20日—23日　全国社会发展工作会议在京举行。

20日—26日　扎伊尔总统蒙博托访问我国。

21日　邓小平大型图片展览在香港会议展览中心展出。

同日　霍英东教育基金会第四届高等院校青年教师基金及青年教师奖颁奖仪式在京举行。

21日—28日　第八届全国人大常委会第十次会议在京举行。

22日—26日　全国检察机关第二次政治工作会议在上海举行。

24日　江泽民主席会见美国联邦储备委员会主席格林斯潘一行。

25日　江泽民会见以主席刘汉铨为团长的香港协进联盟访京团。

同日　我国内湖第一长桥太湖大桥正式通车。

26日　李鹏会见黄涤岩会长率领的香港中国企业协会访京团。

26日—29日　全国农村基层组织建设工作会议在京举行。

27日　国务院决定成立全国外贸领导小组。

同日　曾宪梓当选为香港总商会会长。

28日　江泽民会见著名美籍华裔数学家陈省身夫妇。

28日—31日　全国纪检监察案件审理工作会在大连举行。

1994年11月

1日　中科院召开建院45周年茶话会。

2日 《邓小平文选》第一卷、第二卷在全国新华书店发行。

2日—4日 国务院在京召开全国建立现代企业制度试点工作会议。

2日—29日 乔石委员长访问新西兰、澳大利亚、阿根延、巴西、斐济。

5日 政协八届全国委员会第20次主席会议在京举行。

5日—11日 第三届中国金鸡百花电影节在长沙举行。

5日—10日 加拿大总理克雷蒂安访问我国。

7日 江泽民会见美国电话电报公司董事长艾伦一行。

8日—10日 ’94全国名牌暨驰名商品保护组织第三届年会在成都举行。

8日—22日 江泽民主席访问新加坡、马来西亚、印尼和越南。

9日—10日 香港特别行政区筹委会预委会政务小组第12次会议在京举行。

11日 中纪委、监察部就清理领导干部使用进口豪华车时限作出具体答复。

12日—17日 第五届上海电视节在沪举行。

13日—15日 第二届全国乡镇企业表彰会在京召开。

14日 厦门市郊区遭台湾当局在小金门驻军炮击，造成4人受伤。

15日 台湾当局表示对厦门郊区炮击事件承担责任。

16日 国家防总等四单位在今年第三次工作会议上表彰了1994年抗洪抢险中功勋卓著的单位和个人。

18日 《邓小平大型图片展》在澳门展览中心展出。

19日 全国先进工业行业协会和全国优秀协会工作者表彰大会在京召开。

20日 新华社香港分社副社长张浚生在出席“中资机构同乐日”时回答记者提问时说，越南船民问题是英国政府加在香港市民身上的负担，中方希望英方尽快把问题解决。

21日 国务院举行第26次常务会议，讨论并原则通过《中华人民共和国教育法(草案)》。

22日—27日 海协与台湾海基会副秘书长级事务性商谈在南京举行第一次会商。

23日—25日 共青团十三届三中全会在京举行。

24日 总投资逾15亿元的南京汽车制造厂引进意大利菲亚特集团依维柯轻型汽车项目建成，通过国家验收。

28日 中国政府决定，1994年年底前结束中国复关实质性谈判的时限。

28日—29日 联合国东北亚环境合作高级官员会议在北京举行。

30日 新华社报道：经国务院批准，我国从1994年12月1日起，对香港的外国人组团进入深圳经济特区旅游，实行简化手续。

1994年12月

1日 新华社报道：中纪委等单位联合发出通知，要求采取有力措施，保证反腐败斗争顺利进行。

2日 巴基斯坦总统莱加利访问我国。

同日 田纪云副外长访问泰国。

3日 国务院第27次常务会议在京举行。

5日 中国青年志愿者协会在京成立。

同日 中共中央，国务院发布《关于加强科学技术普及工作的若干意见》。

同日 中美在日内瓦就中国复关问题举行新一轮实质性谈判。

6日 全国地方政协工作经验座谈会在京举行，李瑞环出席并讲了话。

同日 荣毅仁副主席会见西班牙新闻代表团。

8日 第二期全国大中城市党委宣传部长研讨班在京结束。同日 香港特别行政区筹委会预委会第四次全体会议在京举行。

9日 中共中央举办法律知识讲座。

同日 国务院办公厅发出紧急通知,要求各地坚决防止发生重大特大火灾事故。

10日 全国计划工作会议在京举行。

同日 首届全国高校毕业生供需洽谈会在西安举行。

11日 全总十二届二次执委会在京举行。

同日 全国劳动工作会议在京举行。

同日 姚依林同志逝世。

12日 李瑞环会见塞内加尔经社理事会主席萨尼亚。

13日 韩国向我国首批提供的政府贷款协议在北京签署。

同日 法中2000年协会在巴黎宣告成立。

同日 南京市各界人士集会悼念侵华日军南京大屠杀中的遇难同胞。

14日 长江三峡工程正式开工。

同日 中英联合联络小组第31次会议在北京举行，并在一些问题上达成协议。

15日 国务院召开全国电视电话会议。

同日 《人民日报》报道新闻出版署近日成立了出版物评议委员会。

16日 国家教委发出《关于做好学校安全工作的紧急通知。

同日 全国经贸工作会议在京举行。

17日 中国高级公务员培训中心新基地在京落成。

同日 全国部分高等学校统战工作座谈会在上海举行。

18日 全国高等教育体制改革座谈会在上海举行。

19日 《人民日报》华东分社在上海成立。

20日 全国经济体制改革工作会议在京举行。

21日 第八届中国图书奖在京揭晓。

同日 第四届中国新闻奖和第二届范长江新闻奖颁奖大全在京举行。

22日 全国软科学工作会议在京举行。

23日 中国软科学研究会在京成立。

同日 《胡乔木回忆毛泽东》、《胡乔木文集》第三卷由人民出版社出版。

25日 全国民政厅局长会议在上海举行。

同日 新华社报道：我国钢产量1994年已突破9000万吨。

26日 李鹏总理访问缅甸。

27日 全国审计工作会议在京召开。

28日 1994年度国家社科基金项目评审会在京举行。

30日 钱其琛副总理兼外长举行新年招待会，款待各国驻华使节。

31日 江泽民对中国国际广播电台海外听众及港澳台胞发表题为《共同迎接新世纪》的新年讲话。

同日 江泽民主席会见并宴请柬埔寨国王西哈努克和王后莫尼列。

(中央民族大学 白梅花)

1994年有关华人文章目录索引

华文社会现状与海外统战工作/李君哲//中央社会主义学院学报.——1994.1

侨务工作与市场经济/黎良端//海南日报.——1994.2.25

香港：帝国的最后一站/（美）潘维廉//求是.——1994.1

儒家文化与新加坡现代文明/李书有//北京社会科学.——1994.1

香港经济腾飞之迷/计淑珍//东北亚论坛.——1994.1

中国经贸变化对香港的影响加强：1994年香港经济贸易展望/华宝义//国际商报.——1994.2.6

中国与东南亚关系:回顾与展望/宫毅//现代国际关系.——1994.1

简析台湾积极参加亚太经合会的策略及意图/谢郁//国际社会与经济.——1994.1

亚洲"四小龙"经济结构调整及影响/张梅//国际问题研究.——1994.1

评亨廷顿的〈文明的冲突?〉/汤一介//哲学研究.——1994.3

论儒学观念与日本的现代化/崔新京//日本研究.——1994.1

儒家思想与日本经济/刘柏青等//东北亚论坛.——1994.1

怎样为"中国文化语言学"定位/（美）屈承熹//语言文字应用.——1994.1

新加坡的华语规范化和华语教学/田惠刚//语文建设.——1994.1

澳门开埠前后的语言状况与中外的语言沟通/刘羡冰//中国语文.——1994.1

令人瞩目的首部台湾文学通史:〈台湾文学史〉出版座谈会发言摘录/王强华等//海峡.——1994.1

香港的美术社团/瞻霁//美术史论.——1994.2

从香港社会工作教育的发展过程看我国内地社会工作教育目前的任务/孙立亚//中国青年政治学院学报.——1994.1

香港理工学院社会工作教育的特色及其启示/陈树强//中国青年政治学院学报.——1994.1

香港社会工作教育课程设置状况及其对内地社工教育的启示（考察报告）/陆士祯、洒曙光//中国青年政治学院学报.——1994.1

变化中的台湾妇女展望（摘译）/Liao，L. 著；陶立译//中国妇女管理干部学院学报.——1994.1

陈嘉庚率领华侨"慰劳团"在四川的活动及其影响/曾瑞炎//八桂侨史.——1994.1

两次世界大战之间的东南亚华人移民与经济/郭梁//八桂侨史.——1994.1

麦礼谦在南宁谈美国华人社会情况/雨云//八桂侨史.——1994.1

秘鲁华侨华人经济的变化和发展/杨安尧//八桂侨史.——1994.1

试述中国传统文化对李光前的影响/李天锡//八桂侨史.——1994.1

印尼"西婆罗州反日同盟会"及其活动概略/蔡仁龙//八桂侨史.——1994.1

战前美国华侨教育初探/王苍柏//八桂侨史.——1994.1

参观香港警务处纪要/郭翔//青少年犯罪研究.——1994.1

//文史杂志．——1994.2

中国传统文化对现代世界的启示：从“天人合一”谈起/（德）卜松山撰；国刚译//传统文化与现代化．——1993.5

东亚地区传统精神在经济中的作用/盛邦和//华东师范大学学报．——1994.1

大陆和台湾的中文MARC比较/陈富良//图书馆工作与研究．——1994.1

新加坡共和国的语文政策与华语华文教育/胡瑞昌//河北师院学报．——1994.1

走向世纪之交的世界华文文学/张炯//学术研究．——1994.1

“新世界”的旗主、香港巨人郑裕彤/晓夏//华声报．——1994.3

情钟神州，魂系中华：记美籍山西人荆磐石博士/林卫国//沧桑．——1994.1

在美国的中国女性的婚烟与家庭/陈印陶//人口与经济．——1994.2

1993年台湾县市长选举：预测与结果/刘国深//台湾研究集刊．——1994.1

“台独”与“独台”的同一性和差异性及走向/毛仲伟//台湾研究集刊．——1994.1

李登辉大陆政策思想研究/杨梓//台湾研究．——1994.1

李登辉时代台湾政治文化变迁初探/刘国深//台湾研究．——1994.1

评析1993年台湾县市长选举/林劲//台湾研究集刊．——1994.1

试论台湾政坛的“第三势力”/张亦民、赵向前//中央社会主义学院学报．——1994.2

台湾县市长选举结果评析/朱卫东//台湾研究集刊．——1994.1

香港公务员制度/杨木一//外文学院学报．——1994.1

香港廉政透视/董本建//亚太研究．——1994.1

香港廉政公署的启迪/王志宇//组织人事学研究．——1994.2

澳门社会中的青年文化/杨雄//青年研究．——1994.3

光复初期台湾的行政长官公署制/邓孔昭//台湾研究集刊．——1994.1

台湾的对外援助政策/（美）李伟钦著，徐斌译//台湾研究集刊．——1994.1

论海峡两岸互涉刑事案件管辖障碍与解决原则/谢望原//法学评论．——1994.2

难点·症结·设想：论涉台民事经济案件的管辖权/高子才//法学．——1994.4

中国“复关”后涉港澳台经贸关系的法律适用/张琼//安徽大学学报．——1994.1

侨务立法向具体、配套方向发展/王枫//广东侨报．——1994.4.9

论台商在大陆投资的保障/詹孝俊//法学家．——1994.2

海峡两岸父母子女关系之法律比较/陈佩群//法商研究．——1994.2

中国内地与香港行政诉讼制度概念之比较研究/梁美芬//法学家．——1994.2

“阳光法案”与台湾“廉政”问题：台湾《公职人员财产申报法》的特点、局限及其立法史/范忠信//台湾研究．——1994.1

略论台湾法律制度的渊源与变迁/郑定//中国人民大学学报．——1994.1

台湾“消费者保护法”之特色分析/高群服//国际社会与经济．——1994.4

香港的律师制度/林嘉//法学家．——1994.2

香港的期货市场管理和法规/宋森刚、刘俊英//南开经济研究．——1994.1

亚太经济区域化与台湾“亚太营运中心”/林长华//台湾研究集刊．——1994.1

“中华经济协作系统”建制化的策略探讨/罗祥喜//台湾研究．——1994.2

国务院召开对台经济工作会议//人民日报．——1994.4.16

“中国经济区”的发展和影响/李长久//亚太经济．——1994.1

九十年代闽台经贸合作的发展趋势：问题及对策/王奕霖∥福建论坛：经济社会版．——1994.2

论90年代国际直接投资环境及大陆与台湾的合作前景/周叔莲等∥台湾研究．——1994.1

论海峡两岸经济和竞争性与互补性/李非∥亚太经济．——1994.1

面向九十年代的“中华经济协作系统”/殷存毅∥亚太经济．——1994.1

台湾当局的大陆经贸政策及两岸经贸关系前景评析/刘映仙∥台湾研究．——1994.1

台湾地区在大中华区域发展中所扮演的角色/黄景辉∥管理世界．——1994.1

台湾海峡两岸经贸关系现状及其发展前景/毕吉耀∥内部文稿．——1994.8

迎接闽台经贸合作的黄金时代/胡渡南等∥国际商报．——1994.4.2

台湾“经济自由化”的政治面因素/吴隆逸著；汪慕桓译∥台湾研究集刊．——1994.1

台湾产业政策演变的历史背景及其效果分析：下/叶万安∥外国经济与管理．——1994.2

台湾当局“南进东盟”的对外经贸策略/殷存毅∥国际贸易．——1994.3

台湾公营事业民营化问题之探讨/张冠华∥台湾研究．——1994.1

台湾经济发展的启示/胡兆量∥特区理论与实践．——1994.2

台湾经济增长分析/李非∥台湾研究．——1994.11

台湾政治改革对经济发展的影响/蔡南成∥福建社科情报．——1994.2

魏萼教授纵论台湾经济及两岸经济关系/周明俊∥经济学动态．——1994.3

现阶段台湾经济面临的问题与发展趋势/许心鹏∥台湾研究集刊．——1994.1

开放特区经济疆界，加强深港经济合作/隋广军∥深圳特区报．——1994.4.3

台湾产业政策演变的历史、背景及其效果分析：上/叶万安∥外国经济与管理．——1994.1

探索新的深港经济合作模式/张合运∥深圳特区报．——1994.4.13

在更高层次上构造深港经济关系/国世平∥深圳特区报．——1994.4.3

香港：积极不干预主义与适度干预相结合的市场经济/方文彬∥外国经济与管理．——1994.1

香港的要素市场/儒波∥大众日报．——1994.4.24

滇台合作，开拓东南亚市场/沈文龙∥思想战线．——1994.1

加强合作，互补互利，共同繁荣：海峡两岸云南与台湾经贸合作的探讨/李茂兴∥思想战线．——1994.1

东南亚与“中华经济协作系统”的竞争与合作/杨沐∥亚太经济．——1994.1

东亚经济崛起与美国对外经贸关系重心东移/李长久∥亚太研究．——1994.1

试析韩国与台湾经济发展的异同点/李欣欣∥亚太研究．——1994.1

南亚国家的经济改革开放和地区合作/华碧云∥现代国际关系．——1994.4

亚太经济一体化与中国企业的国际化经营/王志乐∥亚太研究．——1994.10

厦门特区台商投资区地产市场的若干问题研究/厦门大学经济研究所课题组；徐金水执笔∥中国经济问题．——1994.2

香港房地产买卖制度介绍/李曙峰等∥经济参考报．——1994.4.17

一九九三年台湾旅游业走向/刘侗茂∥旅游调研．——1994.3

从营销角度看台湾商品包装的演进/曾路∥华侨大学学报．——1994.1

台湾农产品运销制度与批发市场/牛若

峰//中国农村经济．——1994.3

香港期货市场运作规范探析/李萍//理论与改革．——1994.4

台湾开拓南非市场的一些作法/傅政罗//决策导刊．——1994.4

台恢复课征证所税方案述评/凌靖//福建社科情报．——1994.2

香港税收制度简介/黄河清//经济问题探索．——1994.4

香港联系汇率制实施十年评析/鄂志寰//国际金融．——1994.2

香港已成台商投资活动的据点/方井之//福建社科情报．——1994.2

香港银行业扫描/陈元生//唯实．——1994.4

“四小龙”金融业新特点对我国沿海城市金融发展的启示/王光远//国际金融研究．——1994.3

香港、新加坡银行监管比较研究/许健//金融体制改革．——1994.2

也谈世界华人文化现象/田惠刚//中国文化研究．——1994.3

香港图书馆及信息人员资源调查/（澳）戈尔曼著；葛凌凌等编译//北京图书馆馆刊．——1993.3/4

台湾公共图书馆存在的问题及变革、发展策略/陈碧如//文献信息学刊．——1993.4

台湾县市级公共图书馆印象：访台中市立文化中心/周文骏//图书馆工作与研究．——1994.2

台湾信息产业发展现状与动态分析/吴新年//情报理论与实践．——1994.1

从世界教育改革动向论台湾教育制度/杨国赐//教育参考资料．——1994.3.4

新加坡的双语教育与教育分流制/董俊峰//比较教育研究．——1994.3

台湾小学教师培养概况/夏德清//深圳教育学院深圳师范专科学校学报．——1993.5

香港的成人教育/王咏红//华东经济管理．——1994.1

“世界华文文学”及其“走向”：差别：强势或弱势文化的反弹/华文东//华侨大学学报．——1994.1

印尼华人与宗教/孔远志//东方论坛：青岛大学学报．——1994.1

析《台湾通史·宗教志》/朱天顺//台湾研究集刊．——1994.2

当代台湾人口性别比的变化及发展趋势/郑启五//台湾研究集刊．——1994.2

台湾现代妇女基金会参与社会现况/潘维刚//妇女研究论丛．——1994.2

1910年以来的非洲华人及其与中国的关系/董悦华//山东师大学报．——1994.2

东南亚华人社会的一些特性/帕什尔著；汤庆文译//云南学术探索．——1994.2

菲律宾华人的形象/（菲）洪玉华著；黄滋生译//东南亚研究．——1994.1

论当代华侨华人经济的发展趋势/张鸿奎//史林．——1994.2

十九世纪中叶以前华人在东南亚海岛地区的活动及其特点/马勇//云南学术探索．——1994.2

十七世纪前东南亚华侨的职业/顾海//福建论坛：文史哲版．——1994.2

当前台湾“宪政改革”的三大问题/李炳南//台湾研究集刊．——1994.2

李登辉的政治目标/扬子//社会科学情报资料．——1994.2

民进党“台独”主张的淡化和对两岸关系事务观念的转变/林劲//台湾研究集刊．——1994.2

试论台湾社会的中国化/（日）松田康博著；雷慧英译//台湾研究集刊．——1994.2

台湾经济体制转型中的政府职能研究/何增科//经济社会体制比较．——1994.2

台湾政局的最新发展及其对两岸关系的

影响/刘国深//台湾研究集刊．——1994.2

台湾政局与两岸关系展望/李家泉//台湾研究集刊．——1994.2

国际政治的又一种透视：亨廷顿《文明的冲突》一文述评/王逸舟//美国研究．——1994.1

国民党当局“参与联合国”活动探析/魏颜华//台湾研究集刊．——1994.2

台湾近来美国因素骤增原因、影响及趋势分析/俞其锐//福建社科情报．——1994.4

论一国两制下涉港澳台刑事诉讼运行模式/曹海雷//现代法学．——1994.2

首届海峡两岸著作权问题研讨会综述/施建新//社会科学家．——1994.2

香港基本法与香港刑法和中国刑法/宣炳昭//法律科学．——1994.3

评析台湾《两岸人民关系条例》中的刑事规范（上）/赵秉志//政法论坛．——1994.2

中国资本、技术和人力进入独联体国家的机会、风险和对策/侯宏勋、刘秀莲//经济研究参考．——1994.（37）．

1993年台湾经济策略/宁玲//社会科学情报资料．——1994.2

1993年台湾经济述评/晓烨//福建社科情报．——1994.3

台湾经济结构的变化/李非//亚太研究．——1994.2

广东经济腾飞与港澳和东南亚华人资本的作用/陈乔之//东南亚研究．——1994.1

论粤港经济一体化/庄永竞//南方日报．——1994.5.16

深港衔接的五大课题/李元辰//深圳特区报．——1994.5.25

1994年香港经济展望/晓声//福建社科情报．——1994.3

北海东南亚经济合作前景广阔/周中坚//广西社会科学．——1994.2

论大西南与东南亚国家的经济合作及东南亚、南亚大陆桥/判幼炯//东南亚．——1994.2

“黄金四角”计划及其发展前景/刀书林//现代国际关系．——1994.5

中华文化与我国和东亚地区的经济发展/张光照、杨致恒//财经科学．——1994.2

“东亚奇迹”和“中国崛起”的互动关系/康天日//世界形势研究．——1994.22

中国移民在俄国：中国移民对俄国远东发展的贡献/拉宁著；李宏为译//历史档案．——1994.2

香港房地产业旅游业前景光明/金瓯//福建社科情报．——1994.4

香港政府工业政策及管理架构的特点/吕沛//亚太研究．——1994.2

台湾电信业发展纵览/田夫//台湾研究集刊．——1994.2

中国人在俄罗斯处境艰难/方黎//现代企业导刊．——1994.3

新加坡劳务市场/刘明哲//国际经济合作．——1994.3

台湾1995年度财政总预算草案评述/凌靖//福建社科简报．——1994.4

过渡时期深港金融衔接构想/张君//深圳大学学报：人文社会科学报．——1994.11

台湾的存款保险制度/黄宝奎、黄仁山//台湾研究集刊．——1994.2

香港金融业的现状及其与内地金融业共同发展问题：中财院赴香港考察金融业的调查报告//中央财政金融学院学报．——1994.4

香港银行体系的运作和管理及可供借鉴的几个方面/陈铿//国际金融研究．——1994.2

香港证券市场的新宠：可换股债券/刘长发//国际金融导刊．——1994.2

“南进政策”：九十台湾在东南投资的新

趋势/皮军//东南亚研究．——1994.1

韩国、台湾的对外直接投资模式/（日）高龙秀荣；唱新译//东北亚论坛．——1994.2

亚洲“四小龙”证券市场的发展及其国际化/蒋难//国际金融探索．——1994.2

香港保险实务综述/蒋黔生//中国保险管理干部学院学报．——1994.1

台湾图书出版市场概述/眭明泉、许连玫//台湾研究集刊．——1994.2

台湾期刊及其科技论文分析/叶继元//图书馆建设．——1994.2

科技:台湾经济发展的瓶颈/郝爽//东南亚研究．——1994.1

海峡两岸高校办学效益之比较/眭明泉//福建社科情报．——1994.4

海峡两岸的语文差异与统一/朱广祁//山东大学学报：哲社版．——1994.1

从清代台湾公共墓地：义冢看移民的认同心态/周翔鹤//台湾研究集刊．——1994.2

中国宝岛:台湾/张文敬//郑州煤碳管理干部学院学报．——1994.1

国内粤港澳关系史研究概述/邓开颂//广东社会科学．——1994.2

澳大利亚排华原因初探/王孝洵//世界历史．——1994.2

处于历史转折时期的日本华侨社会/朱慧玲//华侨华人历史研究．——1994.1

华侨婚姻家庭形态初探/裴颖//华侨华人历史研究．——1994.1

近年来旅日中国人的人数变化及其特征/陈昌福//华侨华人历史研究．——1994.1

试析菲律宾华人宗教信仰的经济动机/陈衍德//南洋问题研究．——1994.1

新加坡华人妇女社会、家庭地位的变迁/吴藜//华侨华人历史研究．——1994.1

第六次粤港关系研讨会暨“澳门基本法与区域合作”研讨会综述/黄锡钦//特区与港澳经济．——1994.1

论香港政治体制的转型/崔世春//社会主义研究．——1994.3

新加坡政治自由化的前景/(澳)保罗著；谧谷译//南洋资料译丛．——1994.1

华人在菲律宾的政治地位/（菲）洪玉华著；施雪芹译//南洋资料译丛．——1994.1

1986年台美著作权风波的前因后果/郭斌//台湾研究．——1994.2

简介台湾非刑事法律中有关刑法规范/吉甦生//中央政法管理干部学院学报．——1994.3

四十年来台湾地区民事法律之发展/杨建华//法学家．——1994.3

台湾地区的行政赔偿和冤狱赔偿制度/朱石炎//法学家．——1994.3

台湾海商法的变革及其特色/李景禧、林光祖//台湾研究．——1994.2

浅析日本的华人华侨经济研究/郭梁//华侨华人历史研究．——1994.1

台湾建立自由贸易岛的由来及进展/黄河清//世界经济研究．——1994.2

台湾农业为工业化提供资本积累的模式及时间探析/李微、冯海发//台湾研究．——1994.2

台湾外向型经济的发展历程/陈珏新//中央社会主义学院学报．——1994.3

香港资产评估业的考察及思考/聂江武//国有资产管理．——1994.5

研究香港辐射作用的思考/吕飞前//国际技术经济研究学报．——1994.1

论“成长三角”区在东南亚经济发展中的作用/马志刚//世界经济与政治．——1994.4

亚洲四小龙对发展我国社会主义市场经济的启示/严书翰//社会主义研究．——1994.3

东南亚华人经济的国际化趋势及其特征/赵文骝//华侨华人历史研究．——1994.1

泰国华侨华人经济发展的特征与趋势/吴凤斌//南洋问题研究．——1994.2

菲律宾苏比克台湾工业区的兴建/蒋细定//南洋问题研究．——1994.2

印尼华人与印尼经济/李国章//亚太研究．——1994.3

澳大利亚劳动力中的华人妇女/何翠红著；众人等译//南洋资料译丛．——1994.1/2

新加坡华人企业集团的兴起及其海外投资/王勤//华侨华人历史研究．——1994.1

印尼华人企业集团的发展与前景/蔡仁龙//华侨华人历史研究．——1994.1

印尼华人企业家基金会问题：评《誓愿效忠基金会》/蔡仁龙//南洋问题研究．——1994.1

战后泰国华人企业集团初探/陈大冰//南洋问题研究．——1994.2

台湾的土地改革与现代化（上篇）/常永青//社会学与社会调查．——1994.2

科技进步与香港制造业/张望//世界经济研究．——1994.1

谈香港制造业“空心化”与技术进步/董宜忠//国际经贸探索．——1994.2

香港对粮食流通的管理及启示/于洁//光明日报．——1994.6.19

台湾对外贸易模式的转变/李非//国际贸易．——1994.4

港澳台在大陆投资的现状及问题/对外经贸大学国际贸易研究所课题组//对外经济贸易大学学报：国际商务版．——1994.2

台湾当局“南下政策”浅析/高群服//台湾研究．——1994.2

1994年香港股市展望/陈青松、黄晓敏//亚太经济．——1994.2

八十年代末台湾金融风暴的启示/胡石青//台湾研究．——1994.2

关于“九七”深港金融衔接问题的探讨/余金灿//深圳特区报．——1994.6.15

海外华人在潮汕地区的投资/林金枝//南洋问题研究．——1994.1

台湾证券国际化的现况：兼论大陆利用TDR吸引台资的构想/马爱军//国际经贸．——1994.1

香港：我国企业海外投资的新热点/吴祖尧//经济纵横．——1994.4

亚洲“四小”与广东利用外资成效的比较及其启示/傅江景//国际经贸探索．——1994.2

再论海外华人资本与台湾经济发展的关系/庄国土//华侨华人历史研究．——1994.1

华人投资越南问题之浅析/王苍柏、黄静//华侨华人历史研究．——1994.1

华人资本在东南亚经济一体化中的作用/（美）周育民著；冬青译//南洋资料译丛．——1994.1/2

女性在台湾新闻专业中的角色与展望/张锦华//妇女研究论丛．——1994.1

试论深港的教育衔接/杨移贻//深圳特区报．——1994.6.1

港台高等教育的宏观异同/吴福光//江苏高教．——1994.2

李嘉诚与汕头大学/秦国柱//高等教育研究．——1994.2

台湾当局的华侨教育政策/庄国土//台湾研究．——1994.2

台湾语言现状的初步研究/仇志群、（荷兰）范登堡//中国语文．——1994.4

海外华文女作家协会在世界华文文学发展中的角色/（马来西亚）戴小华//华文文学．——1994.1

海外华文文学的多向发展和融汇倾向/赖伯疆//学术研究．——1994.3

在禁绝华文的地域编印华文文集/黄东平//华文文学．——1994.1

中国文学与菲律宾华文文学/王列耀//暨南学报：哲社．——1994.2

五十年代台湾女作家：兼比较海峡两岸文学史书的不同注释观点/应凤凰//社会科学战线．——1994.3

论台湾旅外作家群文学创作的变貌/林承璜//华文文学．——1994.1

台湾藏学研究机构及研究学著简介/安·伦布嘉措//甘肃民族研究．——1994.1

“台湾意识”的形成和发展：历史的观点/尹章义//台湾研究．——1994.2

从《台湾通史》看连横的爱国思想/林甘泉//台湾研究．——1994.2

台湾汉族传统文化与儒家文化的关系/张崇根//甘肃民族研究．——1994.1

台湾图坛著名学子胡述兆博士及其学术见解/倪波//图书馆学研究．——1994.1

著名英籍作家韩素音女士与杭州大学师生的谈话/金锵整理//杭州大学学报：哲社版．——1994.1

说不尽的台湾舞者：林怀民/江东//文艺百家．——1994.2

台湾著名书法家彭鸿先生的书艺生涯/刘钟山赵鹏//书法艺术．——1994.3

南洋一支笔：记新加坡华裔企业家作家周颖南/代琇、庄辛//人物．——1994.3

世界从四面八方向他合围：记新加坡华人艺术大师陈瑞献/丁少颖//名人传记．——1994.3

台湾少数民族的婚姻习俗/张崇根//中央民族大学学报．——1994.2

在美国的中国女性社会地位的变迁/陈印陶//中山大学学报：社科版．——1994.2

变化中的台湾妇女之展望（节译）/杨云英译//中国妇女管理干部学院学报．——1994.2

论现代海外华族与华人社区/谭天星//世界历史．——1994.3

全俄华侨组织：旅俄华工联合会研究/林军//北方论丛．——1994.1

就穗港青年比较研究系列：主题一：个人与社会/《公民意识》课题组//青年研究．——1994.6

香港黑社会的历史与现状/李贤华//社会公共安全研究．——1994.2

香港政府的廉政建设及其对我们的启示/唐俊//行政与法．——1994.1

“文明冲突论”的偏误/冯天瑜//教学与研究．——1994.4

彭定康与香港政改之由来/关志钢//社会科学情报资料．——1994.3

台湾“修正律师法”及当今世界律师立法取向/宋露雷//现代法．——1994.3

台湾的刑事侦察程序/陈泉生//社会公共安全研究．——1994.2

台湾《著作权法》探析/宋锡祥//上海大学学报：社科版．——1994.2

谈台湾对证券交易的管制立法/章善斌//学术界．——1994.3

“华人经济圈”漫议/越心//亚太论坛．——1994.3

大陆、台湾、香港紧密合作：振兴中华，共同繁荣/季崇威//对外经济贸易大学学报：国际商务版．——1994.1

论90年代大陆与台、港的经济合作/张恭德//华南师范大学学报：社科版．——1994.2

内地与香港经济合作的若干问题/李国强//经济研究参考．——1994.2

闽台经贸关系的发展趋势与对策/福建省对外经贸研究所联合课题组//国际商务．——1994.4

台湾经济问题剖析/余力之//福建社科情报．——1994.5

香港与珠江三角洲的经济关系/张志铮//中山大学学报：社科版．——1994.2

香港的经济腾飞与其信息产业的发展/李艳林//社会科学情报资料．——1994.3

战后香港经济发展的轨迹及因素探析/张脉强//世界历史．——1994.3

西欧华人经济概况/冯存诚、鲁丽娜//欧洲．——1994.3

深港交通衔接展望/金长安//深圳特区报．——1994.7.20

台湾百货公司的特点及发展趋势/曾路//管理与效益学刊．——1994.4/5

台湾大陆投资趋势分析/蔡南成//福建社科情报．——1994.5

港商投资中国内地的新特点/廖炳才//外贸调研．——1994.20

沪港金融合作的前景/杨琪婕//亚太论坛．——1994.3

香港国际金融中心的发展趋势/怀谷、郑紫衡//国际商务研究．——1994.4

台湾中研院历史所文物陈列馆/胡振宇//文物天地．——1994.3

亚洲“四小龙”教育与经济互动发展的东亚模式述评/张谦//教育改革．——1994.3

亚洲“四小龙”普及义务教育概况/曾洁珍//比较教育研究．——1994.4

海峡两岸师范教育特点比较/庄明水//高等师范教育研究．——1994.3

从透视美国华人社会的角度看话剧《喜福会》/张向华//社会科学：上海．——1994.5

台湾人走进李可染的世界/孙美兰//文艺界通讯．——1994.4

台湾学者的日本武士道观：评价林景渊著《武士道与日本传统精神》/万峰//世界历史．——1994.3

“日本良”究竟是个什么人？且看台湾同胞张玉良的爱国史/绿波//南方论刊．——1994.3

爱国华侨实业家简氏兄弟/张凤新、陆茂清//名人传记．——1994.5

赤子心史：记香港旭日集团总经理杨钊/沙林//人物．——1994.4

商业奇才、华人首富李嘉诚/范枫、徐笛先//人物．——1994.4

香港学前儿童粤语词汇理解能力的发展/苏周简开//心理发展与教育．——1994.4

台湾“宪政改革”及其对祖国和平统一的影响/孙成军//长白学刊．——1994.4

台湾议会政治评析/吴家吉//江西师范大学学报：哲社版．——1994.2

澳门平稳过渡的战略思考/张峰、王仲田//中国社会发展战略．——1994.2

青年与澳门未来/吴志良//当代青年研究．——1994.3

港英“政改方案”出笼缘由研析/李贤道//政治与法律．——1994.3

强权峻法反腐倡廉：香港廉政公署的调查与思考/张圣田//湖南社会科学．——1994.4

外星人放下武器：评亨廷顿教授的《文明的冲突》/周敦仁//国际观察．——1994.4

文明的冲突与融合/钱乘旦//探索与争鸣．——1994.8

我所了解的“文明的冲突”/倪世雄//探索与争鸣．——1994.8

台湾民事诉讼立法基本原理评述/陈泉生//福建社科情报．——1994.7

台湾县市“议会”贿选案述评/蔡南成//福建社科情报．——1994.7

香港各界评财预算案/金瓯//福建社科情报．——1994.7

中国崛起对拥有华人的东盟各国的挑战/（印尼）苏里亚迪纳塔著；蒋荣钧译//上海理论内刊．——1994.3

台湾的经济统计调查/施祖辉//统计与预测．——1994.4

香港经济繁荣面临的挑战与机遇/祝志勇//特区经济．——1994.5

台湾的劳工短缺与工业升级/林长华//厦门大学学报：哲社版．——1994.3

印尼四大华人财团的发展战略/饶志明

//亚太经济．——1994.3

香港与外国民航协定刍议/曾华群//厦门大学学报：哲社版．——1994.2

深港在第三产业方面的衔接问题/龚志林//深圳特区报．——1994.8.24

香港经济增长中的财政政策/陆丰泉//亚太经济．——1994.3

海南与台湾金融合作的必然性及其设想/何君位//金融研究．——1994.6

海峡两岸金融合作的现状、问题与趋势/刘锦和//中国投资管理．——1994.5

难以捉摸的香港股市走向/张健//经济参考报．——1994.8.7

浅析台湾“中央银行”/黄晓敏//亚太经济．——1994.3

由台湾汇制改革所引起的几点思考/顾红//国际金融研究与实务．——1994.3

过渡期澳门图书馆事业的几个问题/柴纯青//图书馆．——1994.4

香港借用与改进外国理论以利教育实践/杜祖贻/比较教育研究．——1994

海外华语与现代汉语的异同/田惠刚//湖北大学学报：哲社版．——1994.4

建筑业世家、海外赤子：记中加合资天津美通发展公司董事长史美煊/苑榴//中国房地产．——1994.8

恒心加毅力的书法家：记台湾著名书法家张炳煌先生/方紫萱//书法艺术．——1994.4

儒学与中华民族的凝聚力/赵海//唐都学刊．——1994.4

华人“利益集团”剖析/李明欢//八桂侨史．——1994.2

美国“越棉寮”华人同乡组织初探/(美)麦礼谦//八桂侨史．——1994.2

一百万与四百万的反差：关于越南华侨华人人口数据的考证/向大有//八桂侨史．——1994.2

近代南洋华侨禁烟述评/王金香、吴贵民//山西师大学报：社科版．——1994.3

现阶段台湾当局大陆政策的基本目标及其影响/林劲//台湾研究集刊．——1994.3

早期澳州华侨的社会生活/王孝洵//八桂侨史．——1994.2

“宪政改革”前后台湾对外政策的特征及其发展趋势/范希周//台湾研究集刊．——1994.3

台湾法院调解制度评析/刘树洁//法学．——1994.8

台湾当局有关两岸民事关系法律适用规定之评析/徐平//台湾研究集刊．——1994.3

环保自力救济：台湾民众参与环保运动的途径/郑少华//宁夏社会科学．——1994.4

台湾证券信用交易的立法及大陆之借鉴/李本森//政治学习．——1994.3

香港刑法改革及香港特别行政区刑法若干问题研究/张可新、谢安平//政治学习．——1994.3

澳门法院组织架构概述/赵国强//法律科学．——1994.5

汇率并轨对内地与香港经济合作的影响/黄强//港澳经济．——1994.6

港澳珠经济要素的空间迁移问题探讨/杨英//经济与发展．——1994.1/2

海峡两岸经贸发展的现状和前瞻/吴家吉、芝英//上海工会管理干部学院学报．——1994.3

厦门对台经济合作的优劣势分析及优势再造探讨/张凤清//特区经济．——1994.7

财经政策主导下的台湾经济发展/赵建中//江海学刊．——1994.4

试论台湾经济发展的经验与教训：对邢慕寰院士评论台湾经济发展的浅见/林长华//台湾研究集刊．——1994.3

台湾对外贸易策略调整与两岸经贸合作/黄河清//国际经济合作．——1994.5

台湾经济的发展及启示/王效昭//华东经济管理．——1994.3

台湾经济发展的原因、问题及对策/魏萼等译//国外社会科学情况．——1994.4

“九·七”回归后香港与亚太地区的经贸关系/翁全龙//世界经济研究．——1994.3

“华人与越南的经济发展”序言/谭天星摘译//八桂侨史．——1994.2

泰国华人经济构成新探/吴凤斌//八桂侨史．——1994.2

台湾公营企业的民营化/赵建中//唯实．——1994.9

香港房地产业的管理、政策与制度/李玉兰、亦冬//外国经济与管理．——1994.7

台湾的土地改革/潘相陈//河北财经学院学报．——1994.3

台湾土地改革与现代化（下篇）/常永青//社会学与社会调查．——1994.3

香港居民对广告中女性形象的评价/马力安、崔绮云//新闻与传播研究．——1994.2

评新财政预算案与香港长远利益/冯邦彦//港澳经济．——1994.6

香港经济增长中的财政政策/陆丰泉//外国经济与管理．——1994.7

1992年、1993年台湾外资投资与对外投资/汪慕恒译//台湾研究集刊．——1994.3

从上市银行业绩看香港银行业/林士明//国际金融导刊．——1994.4

台湾与世界各主要金融中心的比较/黄仁山//国际金融研究．——1994.7

香港国际金融中心的形成及其影响/张瑞德//世界经济文汇．——1994.3

香港银行的按揭货款/夏林旺//亚太论坛．——1994.4

新加坡“华侨银集团”/王勤//东南亚．——1994.2

“亚洲四小龙”战后教育发展及对江苏教育改革的思考/施学光//国外社会科学情况．——1994.4

福建华侨办学特色谈/侯金林//教育评论．——1994.5

台湾师范教育的若干举措/许明、黄鸿鸿//教育评论．——1994.5

郭德怀“印尼华人教育观”浅析/杨启光//八桂侨史．——1994.2

孤侠和乡愁：王鼎钧短篇小说研析/徐学//台湾研究集刊．——1994.3

澳洲华人生存景观：序张奥列《悉尼写真》陈残云//文艺报．——1994.9.24

澳洲杰出华人先驱梅光达/黄静//八桂侨史．——1994.2

东干人的历史与现状：《亚瑟尔·十娃子：一位苏联东干族诗人的生平与创作》绪论/（澳大利亚）达耶尔著，马青译//回族研究．——1994.3

台湾民间巫术信仰丛谈：《台湾文化论稿》之一节/汪毅夫/现代台湾研究．——1994.3

台湾性教育研究述评/孙晓明、温勇//南京人口管理干部学院学报．——1994.3

“三通”对两岸社会经济发展之影响/刘映仙、张冠华//台湾研究．——1994.3

海峡两岸关系的现状和展望/李家泉//台湾研究．——1994.3

阿克塞县的对外开放与侨务工作浅析/哈米提·博拉提汗//甘肃民族研究．——1994.3

为侨服务重在务实/谭瑞铭//八桂侨史．——1994.3

华侨与新中国的建立/任贵祥//中共党史研究．——1994.5

热诚援祖国努力赈灾乡：三四十年代马来亚桂侨募捐之回顾/兰天//八桂侨史．——1994.3

澳大利亚华人移民社会剖析/（澳大利亚）考夫兰著；饶志明摘译//八桂侨史．——1994.3

澳大利亚淘金热时期的华工/张秋生//华人华侨历史研究．——1994.3

回族华侨华人的历史和现状/沙翎//八桂侨史．——1994.3

历史上的澳洲华人社会/王孝洵//华侨华人历史研究．——1994.3

论菲律宾让德堂的社会功能/宋平//八桂侨史．——1994.3

南太平洋国家华人的经济角色与文化认同/云达忠//华侨华人历史研究．——1994.3

欧华社会的变迁及心态透视/少林//八桂侨史．——1994.3

战前东南亚华侨的地缘认同/孙谦//华侨华人历史研究．——1994.3

试析在国外的中国留学生问题/许肇琳//八桂侨史．——1994.3

1993年台湾政治的发展及影响/查宁综述//社会科学情报资料．——1994.1

国民党败退台湾后实行土地改革原因初探/王武//现代台湾研究．——1994.3

李登辉关于两岸关系定位的主张之演变/王升//台湾研究．——1994.3

李登辉时期台湾大陆政策与两岸关系/余何之//现代台湾研究．——1994.3

论台湾监察院的过去、现在和将来/周生春、朱丹//浙江大学学报：社科版．——1994.3

民进党的派系简析/张凤山//台湾研究．——1994.3

浅议台湾知识分子心态/刘以籁、马心仪//中央社会主义学院学报．——1994.5

台湾"宪政"浅析/郑元康、赵子劼//浙江大学学报：社科版．——1994.3

台湾"宪政改革"再透视/杨立宪//台湾研究．——1994.3

香港老年社会保障和社会福利/范明林//国际观察．——1994.5

香港社会剪影/王咏红//华东经济管理．——1994.4

近十年来马来西亚华人政策的发展变化/廖小健//八桂侨史．——1994.3

关于台湾"参与联合国"问题的重点剖析/李义虎//台湾研究．——1994.3

台湾当局"南向政策"的战略意图/黄建国//东南亚纵横．——1994.3

台湾当局调整东南政策的特点及前景/邱文福//东南亚纵横．——1994.3

印尼与台湾关系的现状及未来走向/朱开田//东南亚纵横．——1994.3

论台湾新《著作权法》的特点/宋锡祥//现代台湾研究．——1994.3

台湾的"加工出口区"及其立法/郑定//法学家．——1994.5

台湾妨害司法活动的立法修改趋向/赵秉志、颜茂昆//现代法学．——1994.5

台湾特别刑法中的妨害司法活动罪犯罪要览/赵秉志、颜茂昆//河北法学．——1994.5

香港妇女法律地位透视/王京霞、田小梅//中国妇女管理干部学院学报．——1994.3

浅谈华商在当今经济潮流下的地位和作用/乐水//八桂侨史．——1994.8

加强两岸经贸合作，共同繁荣民族经济/杨德樵//国际贸易．——1994.8

经济转型中的台湾资讯业/凤进、徐伟红//浙江大学学报：社科版．——1994.3

略论台湾进口替代与出口导向阶段的经济政策/范爱军//亚太研究．——1994.5

试论大陆与台湾经济上的现时差距之原因/谷春祥//锦州师院学报：哲社版．——1994.3

台湾"六年计划"后期走向及因应策略/凌奇//亚太经济．——1994.4

台湾参与东盟"成长三角"的动因、措施及走向/徐党福//东南亚纵横．——1994.3

台当局筹设亚太营运中心的目的及影响/叶扬//现代台湾研究. —— 1994.3

台湾经济四十年发展述略/王明星、张生//山西经济管理学院学报. —— 1994.2

台湾与闽东南地区产业结构调整及产业合作/苏伟凌//现代台湾研究. —— 1994.3

转型时期的台湾经济(一)/田襄//现代台湾研究. —— 1994.3

深港、粤港经济衔接研讨会纪要/封小云、丘杉//特区与港澳经济. —— 1994.3

粤港澳区域经济发展与产业合作/刘鸿钧//特区与港澳经济. —— 1994.3

回归祖国前的香港经济状况/黎平海编译//特区与港澳经济. —— 1994.3

香港的经济起飞与信息技术现代化/芮廷先//外国经济与管理. —— 1994.8

澳门经济发展的问题与出路/陈青松、张业勋//亚太经济. —— 1994.4

香港的中小企业及其对我们的启示/刘岩等//外国经济与管理. —— 1994.8

马来西亚华人企业集团的兴起和发展特点/王勤//外国经济与管理. —— 1994.8

新加坡政府积极扶持本地资本企业的发展/曹云华//亚太经济. —— 1994.4

台湾农业经济结构的转变及其启示/锦岳//现代台湾研究. —— 1994.3

台湾的制药工业/陈蘋//现代台湾研究. —— 1994.3

台湾入"关"的背景、过程及影响/许心鹏//亚太研究. —— 1994.5

90年代台湾对外经贸政策初探/曹云华//国际贸易探索. —— 1994.5

台湾金融改革的现状和前景/曹小衡//台湾研究. —— 1994.3

香港银行信用卡业务/范钦建、王英姿//国际金融研究与实务. —— 1994.2

粤港澳金融体制的比较及金融一体化前景分析/吴建光//亚太经济. —— 1994.4

台湾地下金融的发展及当局采取的整治对策/郑迎平//现代企业导刊. —— 1994.8

东南亚华人金融集团的发展与特点/王勤//华侨华人历史研究. —— 1994.3

亚洲"四小龙"利用外资的模式及其启示/傅江景//外国经济与管理. —— 1994.8

香港地区图书馆考察见闻/上海图书馆赴港考察组//图书馆杂志. —— 1994.5

略论新加坡华族会馆兴学育才弘扬华族文化的贡献/童家洲//八桂侨史. —— 1994.3

试论菲律宾华人宗亲会的奖助学金制度/宋平//华侨华人历史研究. —— 1994.3

新加坡的华文教育/臧慕莲//八桂侨史. —— 1994.3

新与菲泰华文教育的重新定位/周聿娥//华侨华人历史研究. —— 1994.3

台湾新女性主义的高扬:谈《女强人》中女性意识的特质/温潘亚//评论和研究. —— 1994.2

香港电影创作的特点、属性和现状/寇立光、张沛泓//评论和研究. —— 1994.2

闽台古代民族渊源/卢美松//福建史志. —— 1994.3

台湾神话学暨两岸文化的同源一体/潜明兹//北京师范大学学报:社科版. —— 1994.4

美国人眼中的"大中华"/王缉思、朱文莉//战略与管理. —— 1994.2

海峡西岸"白皮书"比较分析/刘国深//台湾研究集刊. —— 1994.4

两岸关系的展望/李强//台湾研究集刊. —— 1994.4

"宪政改革"与国民党高层权力斗争/李伯顺//现代台湾研究. —— 1994.4

"宪政改革"与政党政治的关系探析/董玉洪//现代台湾研究. —— 1994.4

台湾"宪政改革"对"外交"及两岸关系的影响/林又生//现代台湾研究. —— 1994.4

台湾当局台独逆行成因及影响/刘友锵、叶扬//现代台湾研究.——1994.4

台湾民众对统一的心态/郭志珊、杨传荣//台湾研究集刊.——1994.4

现阶段台湾"宪政改革"的成就与问题/杨传荣//现代台湾研究.——1994.4

香港民主进程回顾与现状:行政、立法局的组成和演变/李孔怀//复旦学报:社科版.——1994.6

香港特别行政区民主政治制度的特点和实质/陈道华//中国党政干部论坛.——1994.11

"文明的冲突"主宰当今世界?评亨廷顿的"文明冲突"论/禾人//山西大学学报:哲社版.——1994.4

台湾"联合国外交"简论/智勇//北京大学研究生学刊.——1994.3

论台湾《银行法》的最新修正/宋锡祥//政治与法律.——1994.6

香港回归后的法律及其发展趋势/李道昌//复旦学报:社科版.——1994.6

《澳门特别行政区基本法》:澳门未来发展的法律保障/敖斯//人民日报.——1994.11.25

发展海峡两岸的经贸合作的前景和建议/徐棣华//经济改革与发展.——1994.9

迎接亚太世纪、重构深港经济关系/高伟梧//特区经济.——1994.9

闽台产业体系的比较与合作主导产业的选择/单玉丽//现代台湾研究.——1994.4

当前台湾经济情况与发展趋势/李京文//数量经济技术经济研究.——1994.12

台湾经济发展存在的隐患/宁玲//社会科学情情资料.——1994.5

台湾世纪末的目标亚太营运中心/山水//国内外经济管理.——1994.9

转型期的台湾经济(二)/田襄//现代台湾研究.——1994.4

香港:敢于与贸易大国比高低/张仲深//港澳经济.——1994.7

香港的经济与贸易概况/树林//商业经济研究.——1994.2

香港市场经济的启示/尹继东//南昌大学学报:哲社版.——1994.4

张恭德教授《现代香港经济发展概论》评介/黄炳坤//港澳经济.——1994.7

西欧华人经济概况(续)/冯存诚、鲁丽娜//欧洲.——1994.5

香港经济界的一支劲旅:中资企业/齐晓航、贺静//对外经贸务实.——1994.11

菲律宾陈永栽及其企业集团发展问题初探/蒋细定//南洋问题研究.——1994.3

台湾农村产业发展的问题与规划:依赖理论与世界体系理论观点/段兆麟//战略与管理.——1994.5

台湾的橡胶工业/陈蘋//现代台湾研究.——1994.4

台湾的玩具工业/魏少晖//现代台湾研究.——1994.4

中央银行的新疆、台湾、越南流通券/吴筹中//中国钱币.——1994.4

台商在大陆和东南亚投资软环境比较/陈国强//现代台湾研究.——1994.4

关于香港国际金融中心的演变与发展问题:访著名经济学家肖灼基教授/刘文通//港澳经济.——1994.7

国有九企业H股香港上市透析/李幛喆//管理世界.——1994.5

台湾股票市场税收制度研究/许心鹏//台湾研究集刊.——1994.4

天津市台资走势与对策思考/李宏硕、黄松玲//南开学报:哲社版.——1994.3

一种集资新手段:香港正流行发行"可换股债券"/谷温//经济与管理研究.——1994.5

台湾对东南亚投资的动因及前景之分析/崔大宏//台湾研究集刊.——1994.4

新加坡大华银行集团/王勤//南洋问题

研究．——1994.3

新加坡与香港考察启示录/王志武//中国农业银行武汉管理干部学院学报．——1994.1

浅谈香港保险业的竞争与发展/李苏//中国保险管理干部学院学报．——1994.4

海峡两岸图书出版交流的特点及思考/眭明泉、许连玫//现代台湾研究——1994.4

谈新加坡高等教育/袁彩红//解放军外语学院学报．——1994.6

关于华裔学生文化教学和探讨/金宁//华侨大学学报：哲社版．——1994.3

席慕蓉的世界：简评《青春》之一、《我想认识你》和《晓镜》/高巍//名作欣赏．——1994.6

介绍台湾一份历史刊物《新史学》/吕端//中国史研究动态．——1994.10

台湾大学教授黄俊杰先生关于历史教学问题的阐述/顾卫民整理//历史教学问题．——1994.5

澳门基督教/李桂玲//当代宗教研究．——1994.4

参与精神形成于社团活动：澳门青年社团活动作用析/崔世安//当代青年研究．——1994.5/6

美国的中国妇女史研究近况/亦平//中国典籍与文化．——1994.3

“华人社区社会工作教育发展研讨会”在京举行/刘继同//社会学研究．——1994.5

关于解放台湾方针的历史实践及其他/杜达山//华中师范大学学报：哲社版．——1994.4

海峡难隔大江东流：1994年海两岸关系综述/碧云鹤//人民日报．——1994.12.23

建国以来对台关系概述/陆启华//党史研究资料．——1994.12

正确把握台湾人民心态最大限度争取台湾民心/郭炤烈//当代国际问题研究．——1994.4

大陆和港澳台跨境犯罪的基本特征/王仲兴//青少年犯罪研究．——1994.10/11

大陆和台港澳合作打击跨境犯罪对策之论证/杨方泉//青少年犯罪研究．——1994.10/11

关于台湾少数民族识别问题的研究/施联朱//福建师范大学学报：哲社版．——1994.4

关于新华侨的几个问题/林新繁//中央社会主义学院学报．——1994.6

海外华人、华侨对振兴中华的作用/周圣亮、徐永昭//江淮论坛．——1994.5

战后印尼华侨华人经的起伏变化/温广益//深圳教育学院深圳师范专科学校学报．——1994.1

中亚西亚华人的历史和现状/张天、戴华年//宁夏大学学报：社科版．——1994.3

十九世纪加利福尼亚华侨社团的历史文化传统/姚敬恒//贵州大学学报：社科版．——1994.4

中西文化融合中的香港青年社会法律意识/黎安国等译//当代青年研究．——1994.5

论“蒋经国”时代后期的“政治革新”/温淑华//天津教育学院学报：社科版．——1994.2

台湾改造“公营事业”的措施及前景/国际社会与经济．——1994.11

台湾社会失衡现象剖析/李非//当代国际问题研究．——1994.4

台湾当局出现历史性变化：从国民党十四大和台湾地方选举看岛内局势/王在希//当代国际问题研究．——1994.4

鸟瞰中亚宗教、民族之历史与现状：兼评亨廷顿“文明模式”/潘志平、王智娟//西北民族研究．——1994.2

文明冲突的有限性与文化战略：从亨廷顿“文明的冲突”？看美国的战略困惑/王丕君//国际观察．——1994.6

对“未来国际政治冲突模式”的几点思考：兼评亨廷顿的“文明冲突论”/刘鸣//社会科学：上海．——1994.10

我对文明冲突的初步理解：兼评亨廷顿的文明冲突观/张顺洪//史学理论．——1994.4

九十年代中国大陆、香港越境犯罪及对策/东炜坚//青少年犯罪研究．——1994.10/11

海峡两岸律师制度之比较/齐树洁、吴旭莉//台湾法研究学刊．——1994.5

略论第一部保护台湾同胞投资的地方法规/詹孝俊//台湾法研究学刊．——1994.3

海峡两岸公司债中的若干问题比较/朱炎生//台湾法研究学刊．——1994.3

海峡两岸贿赂罪比较研究/陈海晖//台湾法研究学刊．——1994.3

海峡两岸科技交流与合作的政策法律问题研究/吴践志//台湾法研究学刊．——1994.3

海峡两岸之管辖界线/王志文//台湾法研究学刊．——1994.3

海峡两岸著作权犯罪的比较研究/刘志远、郭小明//台湾法研究学刊．——1994.5

婚姻法新议：兼议台湾地区关于婚姻法规特点/王仁//台湾法研究学刊．——1994.5

两岸股份有限公司股东大会若干法律问题之比较/赵俊荣//台湾法研究学刊．——1994.4

两岸民事关系法律适用规定之评析/徐平//台湾法研究学刊．——1994.4

论两岸破产立法主要差异及其法律评价/刘楷//台湾法研究学刊．——1994.3

论台湾的亚太区域营运中心与法律对策/唐荣智//台湾法研究学刊．——1994.4

涉及两岸强制执行及破产问题之研究/吴光陆//台湾法研究学刊．——1994.3

台湾“宪法法庭”研究/林友玉、曾念猛//台湾法研究学刊．——1994.4

台湾土地规划立法研究/晏早、巫玉芳//台湾法研究学刊．——1994.4

台湾刑法典中的妨害司法活动罪研究/赵秉志、颜茂昆//台湾法研究学刊．——1994.9

台湾经济发展趋向的选择及其现实性：从国际政治、经济新格局中看台湾经济的出路何在/洪登永//财经研究．——1994.10

台湾经济投入:产出分析/李非//当代国际问题研究．——1994.2

世纪前期澳门经济特征论略/郭小东//中山大学学报：社科版．——1994.4

香港会计教育改革刍议/何顺文//世界职业技术教育．——1994.6

成也萧何，败也萧何？读《海外华人企业家的思想：文化背景与风格》章铸//东方．——1994.5

香港中资企业海外融资的新途径：发行可换股债券/吴祖尧//国际经济合作．——1994.9

澳门房地产市场管窥/李建国//国际经济合作．——1994.9

近代台湾粮食和经济作用生产关系的一个定量分析/周翔鹤//中国社会经济史研究．——1994.3

香港制造业的主要特点与发展趋势/吴育频//龙江社会科学．——1994.5

台湾当局积极推动中的“南向政策”/张焕发//当代国际问题研究．——1994.2

谈“海外华人投资”的利用及若干有关问题/黄范章//经济工作者学习资料．——1994.49

H股香港上市透析/李幛喆//改革．——1994.5

“台湾国际金融中心”评价/黄宝奎//福建金融管理干部学院学报．——1994.3

台湾在菲律宾投资的现状与前景/周明伟//当代国际问题研究．——1994.5

亚洲四小龙证券市场的发展及启示/刘志勇//国际社会与经济．——1994.11

关于大陆台湾传媒文化的思考/秦志希//北京广播学院学报：人文社会科学版．——1994.5

台湾教育的发展历程及启示/杨晓波//教育管理研究．——1994.4

香港学位教育的发展与教育评估的创建/毕家驹//中国高等教育评估．——1994.3

台港和大陆词语差异的原因、模式及其对策/苏金智//语言文字应用．——1994.4

郭鹤年的经营管理艺术与风格/郑学益、周黎安//北京大学学报：哲社版．——1994.5

“澳州华人社会之父”刘光福/黄静//人物．——1994.6

济世心灵：著名美籍华人李振翩教授/周彬//名人传记．——1994.10

关于侨务立法工作问题/王明惠//华侨与华人．——1994.2

海峡两岸侨务工作比较/毛起雄//华侨与华人．——1994.2

华侨华人与中国经济发展/谭天星//八桂侨史．——1994.4

加强侨务调研工作的几点意见/杜国庆//华侨与华人．——1994.2

评建国初的侨务工作/刘华//华侨华人历史研究．——1994.4

评近年来我国华侨史著述中的一种倾向/周正//华侨华人历史研究．——1994.4

市场经济的发展与侨务观念的变化/沈卫红//华侨与华人．——1994.2

广东华侨农场扶贫问题初探/关礼卓//华侨与华人．——1994.2

夏令营：侨乡历史与现实最佳的揉合机制/吴远光//华侨与华人．——1994.2

“大中华”与海外华人/王赓武//华侨与华人．——1994.2

当代海外华人社团发展之前瞻/李明欢//八桂侨史．——1994.4

早期东南亚殖民政权对华侨政策的特点/庄国土//华侨华人历史研究．——1994.4

胡志明市的华人/（越南）莫棠著；汉宝摘译//八桂侨史．——1994.4

越南华侨华人社会的变迁/大海//八桂侨史．——1994.4

新加坡晋江会馆的发展历程/李天锡//八桂侨史．——1994.4

从种族隔离夹缝中走过来的南非华人/白灵//八桂侨史．——1994.4

法国华人社会概览/（法）Mnng. E. M. 著；李明欢编译//华人华侨历史研究．——1994.1

美国华人研究的新模式/（美）王灵智著；陈欣译//华侨华人历史研究．——1994.4

试析在美华人异族通婚的原因和问题/叶子振、林擎国//华侨华人历史研究．——1994.4

台湾县市、乡镇自治制度研究/关保英//台湾法研究学刊．——1994.1/2

从“台海两岸关系说明书”看台当局大陆政策的本质特征/余克礼//台湾研究．——1994.4

台湾当局大陆政策的症结：兼评《台海两岸关系说明书》/曹治洲//台湾研究．——1994.4

台湾朝野政党实力消长及其影响探析/董玉洪//台湾研究．——1994.4

儒家学说与新加坡的精神文明建设/贺对达//云南学术探索．——1994.6

美国华人参政的历史与现状/沈立新//社会科学：上海．——1994.11

出具继承在台遗产公证文书应注意的问题/任永强//台湾法研室学刊．——1994.1/2

浅析台湾“少年事件处理法”/傅建飞//台湾法研究学刊．——1994.6

深入开展“台法”研究，促进祖国和平

统一/福建省台湾研究所//台湾法研究学刊.——1994.6

台湾《少年事件处理法》刑事处分制度介绍/郝守才//台湾法研究学刊.——1994.1/2

台湾当局涉大陆事务法规体系及立法史回顾/范忠信//台湾法研究学刊.——1994.1/2

台湾检察机构设置及检察官制度介绍/张时贵//台湾法研究学刊.——1994.1/2

台湾民事诉讼当事人制度评析/齐树洁//台湾法研究学刊.——1994.1/2

台湾司法制度中提高办案效率与公正性的几点做法探究/任永强//台湾法研究学刊.——1994.6

评台湾建立亚太营运中心的前景/肖绪照//台湾研究.——1994.4

台湾的经济发展:经验与策略/李国鼎著;陈国强译//国外社会科学情况.——1994.6

台湾经济整体调控的原则与公营企业/赵建中//国外社会科学情况.——1994.6

台湾外向型经济发展的启示/陈珏新//南通社会科学.——1994.3

台湾资本主义特性与未来走向:国际比较研究(上)/[日]刘进庆//台湾研究.——1994.4

深港经济衔接:造社会主义“香港”的实现途径/郭灿//学术研究.——1994.6

香港产业升级初探:兼论中港经济一体化/郑霞//广州市财贸管理干部学院学报.——1994.4

香港经济发展动因的共性与个性及启示/陈俊杰//福建论坛:经济社会版.——1994.11

香港自由港特色评价/怀谷//经济研究参考.——1994.163

澳门与大西南的对外开放/汪海//社会科学研究.——1994.5

也谈台湾的土地改革与现代化/王胜泉、刘建兴//社会学与社会调查.——1994.6

香港制造业的主要特点/吴育频//经济管理学报.——1994.5

台湾因应美国三〇一条款之过程/蔡练生//战略与管理.——1994.6

两岸经贸政策之影响与互动/李建敏//台湾研究.——1994.4

“九七”后海关对进出香港特别行政区的人员行李物品管理雏议/李梅芳//海关研究.——1994.4

海峡两岸海关合作缉私问题的思考/詹庆华//海关研究.——1994.1

试谈“九·七”后深港两地海关的衔接/崔志波//海关研究.——1994.5

试论台湾创业投资事业的特点/林世渊//亚太经济.——1994.5

台湾地下金融的发展及整诒对策/郑迎平//外国经济与管理.——1994.10

台湾对外投资趋势/李非//国际贸易.——1994.9

台湾证券市场的运行状态与因素分析/李欣广//经济工作者学习资料.——1994.53

香港存款利率协议述评/常青//国际金融研究.——1994.10

台商在大陆与在东南亚投资环境之比较/周茂清//国外社会科学情况.——1994.6

对泰国盘谷银行的考察与思考/凌承学//国际金融.——1994.11

战后东南亚华人文化的变化及其思考/谭天星//华侨与华人.——1994.2

遍地开花:马来西亚的中华文化/郑良树//中华文化论坛.——1994.4

华文报刊今昔/慕文整理//八桂侨史.——1994.4

台湾省农业信息传播业的发展状况及启示/翁志辉//农业图书情报学刊.——1994.6

香港的信息源探讨/林更生//文献信息学刊．——1994.4

日据时期台湾教育制度述评/钟安西//近代史研究．——1994.6

台湾推行国语的历史和现状/仇志群、范登堡//台湾研究．——1994.4

海内外中文异形词探因/李金陵//江淮论坛．——1994.6

马来西亚华文教育再掀高潮/梁基毅//华侨与华人．——1994.2

关于海外华文教育的转型问题/蔡振翔//八桂侨史．——1994.4

新马华文文学及其九十年代的发展/钦鸿//南通社会科学．——1994.3

论马华女作家朵拉的小说创作/钦鸿//南通社会科学．——1994.5/6

试论新马华文诗歌的“泛中国文化倾向”/王振科//上海文化．——1994.3

越人向台湾及太平洋岛屿的文化拓展/林华东//浙江社会科学．——1994.5

陈嘉庚倾资办学的光辉业绩及其国际影响/林金枝//华侨华人历史研究．——1994.4

台湾五十年发表出版陶渊明研究的动向/陈忠//九江师专学报：哲社版．——1994.3/4

中亚东干族与中国传统礼俗/王国杰//回族研究．——1994.4

香港老年人的社会保障和社会福利/范明林//亚太论坛．——1994.6

“大中华经济圈”构想之综述/陶洁//世界经济与政治．——1994.10

华南、香港、台湾经济融合的前景/陆建人//港澳经济．——1994.9

两岸联合体之探讨/林世渊//福建论坛：经济社会版．——1994.12

论新时期粤港澳区域经济的联系与合作问题/周运源//港澳经济．——1994.9

台湾入关对其经济之冲击/刘传标//福建论坛：经济社会版．——1994.12

香港式市场经济的特色/卞季//经济与管理研究．——1994.6

香港资产评估业态析/姜楠//国有资产管理．——1994.11

台湾制造业的发展与存在的问题/清明//福建社科情报．——1994.10

台湾发货票鉴定管理及对偷税漏税防范的主要经验/罗森//外国经济与管理．——1994.12

台湾上地增值税课征制度之研究/黄春生//外国经济与管理．——1994.12

“九七”深港金融衔接问题之探讨/余金灿//国际金融．——1994.10

台湾对外投资的现状/潇雨//福建社科情报．——1994.9

香港国际金融中心的演变与发展/罗士嘉//平顶山师专学报：哲社版．——1994.4

香港基金的发展及其特点/王中译//港澳经济．——1994.9

香港金融中心的发展过程及前景/江晓//福建社科情报．——1994.10

香港与内地金融业的双向发展与合作/陈铿//国际金融研究与实务．——1994.6

台湾积极筹建“信息高速公路”/高文瑞//福建社科情报．——1994.10

港台与大陆书面语语法差异/张宁//山东大学学报：社科版．——1994.4

（民族出版社　张嘉林）

有关统计资料

1950—1994 年中国进出口贸易总额

年份	按人民币计算（亿元）				按美元计算（亿美元）			
	进出口总额	出口总额	进口总额	差　额	进出口总额	出口总额	进口总额	差　额
1950	41.5	20.2	21.3	—1.1	11.3	5.5	5.8	—0.3
1951	59.5	24.2	35.3	—11.1	19.6	7.6	12.0	—4.4
1952	64.6	27.1	37.5	—10.4	19.4	8.2	11.2	—3.0
1953	80.9	34.8	46.1	—11.3	23.7	10.2	13.5	—3.3
1954	84.7	40.0	44.7	—4.7	24.4	11.5	12.9	—1.4
1955	109.8	48.7	61.1	—12.4	31.4	14.1	17.3	—3.2
1956	108.7	55.7	53.0	2.7	32.1	16.5	15.5	0.9
1957	104.5	54.5	50.0	4.5	31.0	16.0	15.0	1.0
1958	128.7	67.0	61.7	5.3	38.7	19.8	18.9	0.9
1959	149.3	78.1	71.2	6.9	43.8	22.6	21.2	1.4
1960	128.4	63.3	65.1	—1.8	38.1	18.6	19.5	—0.9
1961	90.7	47.7	43.0	4.7	29.4	14.9	14.5	0.4
1962	80.9	47.1	33.8	13.3	26.6	14.9	11.7	3.2
1963	85.7	50.0	35.7	14.3	29.2	16.5	12.7	3.8
1964	97.5	55.4	42.1	13.3	34.7	19.2	15.5	3.7
1965	118.4	63.1	55.3	7.8	42.5	22.3	20.2	2.1
1966	127.1	66.0	61.1	4.9	46.2	23.7	22.5	1.2
1967	112.2	58.8	53.4	5.4	41.6	21.4	20.2	1.2
1968	108.5	57.6	50.9	6.7	40.5	21.0	19.5	1.5
1969	107.0	59.8	47.2	12.6	40.3	22.0	18.3	3.7
1970	112.9	56.8	56.1	0.7	45.9	22.6	23.3	—0.7
1971	120.9	68.5	52.4	16.1	48.4	26.4	22.0	4.4
1972	146.9	82.9	64.0	18.9	63.0	34.4	28.6	5.8
1973	220.5	116.9	103.6	13.3	109.8	58.2	51.6	6.6
1974	292.2	139.4	152.8	—13.4	145.7	69.5	76.2	—6.7
1975	290.4	143.0	147.4	—4.4	147.5	72.6	74.9	—2.3

续表　　1950—1994年中国进出口贸易总额

年份	按人民币计算（亿元）				按美元计算（亿美元）			
	进出口总额	出口总额	进口总额	差　额	进出口总额	出口总额	进口总额	差　额
1976	264.1	134.8	129.3	5.5	134.3	68.5	65.8	2.7
1977	272.5	139.7	132.8	6.9	148.0	75.9	72.1	3.8
1978	355.0	167.6	187.4	−19.8	206.4	97.5	108.9	−11.4
1979	454.6	211.7	242.9	−31.2	293.3	136.6	156.7	−20.1
1980	570.0	271.2	298.8	−27.6	381.4	181.2	200.2	−19.0
1981	735.3	367.7	367.7	−0.1	440.3	220.1	220.2	−0.1
1982	771.3	413.8	357.5	56.3	416.1	223.2	192.9	30.4
1983	860.1	438.3	421.8	16.5	436.2	222.3	213.9	8.4
1984	1201.0	580.5	620.5	−40.0	535.5	261.4	274.1	−12.7
1985	2066.7	808.9	1257.8	−448.9	696.0	273.5	422.5	−149.0
1986	2580.4	1082.1	1498.3	−416.2	738.5	309.4	429.0	−119.6
1987	3084.2	1470.0	1614.2	−144.2	826.5	394.4	432.2	−37.8
1988	3822.0	1766.7	2055.3	−288.6	1027.9	475.2	552.8	−77.6
1989	4155.9	1956.0	2199.9	−243.9	1116.8	525.4	591.4	−66.0
1990	5560.1	2985.8	2574.3	411.5	1154.4	620.9	533.5	87.5
1991	7225.8	3827.1	3398.7	428.4	1356.3	718.4	637.9	80.5
1992	9123.6	4679.4	4444.2	235.2	1656.1	850.0	806.1	43.9
1993	11271.0	5285.3	5985.7	−700.4	1957.1	917.6	1039.5	−121.9
1994	20025.7	10085.2	10040.5	44.7	2340.2	1172.7	1167.5	5.2

注：1. 本表1979年以前为外贸业务统计数，1980年以后为海关进出口统计数。

2. 进出口差额负数为入超。

1979—1994年中国利用外资概况

年　份	总　计		对外借款		外商直接投资		外商其他投资	
	项　目（个）	金　额（亿美元）	项　目（个）	金　额（亿美元）	项　目（个）	金　额（亿美元）	项　目（个）	金　额（亿美元）
签订利用外资协议(合同)额								
1979—1992	91543	1911.00	752	746.97	90791	1104.62		59.41
1979—1982	949	205.48	27	135.49	922	60.10		9.89
1983	522	34.30	52	15.13	470	17.32		1.85
1984	1894	47.91	38	19.16	1856	26.51		2.24
1985	3145	98.67	72	35.34	3073	59.32		4.01
1986	1551	117.37	53	84.07	1498	28.34		4.96
1987	2289	121.36	56	78.17	2233	37.09		6.10
1988	6063	160.04	118	98.13	5945	52.97		8.94
1989	5909	114.79	130	51.85	5779	56.00		6.94
1990	7371	120.86	98	50.99	7273	65.96		3.91
1991	13086	195.83	108	71.61	12978	119.77		4.45
1992	48858	694.39	94	107.03	48764	581.24		6.12
实际利用外资额								
1978—1992		988.30		606.53		343.55		38.21
1979—1982		124.57		106.90		11.66		6.01
1983		19.81		10.65		6.36		2.80
1984		27.05		12.86		12.58		1.61
1985		46.47		26.88		16.61		2.98

续表

年份	总计 项目（个）	总计 金额（亿美元）	对外借款 项目（个）	对外借款 金额（亿美元）	外商直接投资 项目（个）	外商直接投资 金额（亿美元）	外商其他投资 项目（个）	外商其他投资 金额（亿美元）
1986		72.58		50.14		18.74		3.70
1987		84.52		58.05		23.14		3.33
1988		102.26		64.87		31.94		5.45
1989		100.59		62.86		33.92		3.81
1990		102.89		65.34		34.87		2.68
1991		115.54		68.88		43.66		3.00
1992		192.02		79.11		110.07		2.84
1993		367.73		107.50		258.00		2.23
1994		618.25		204.37		411.55		2.33

注：1. 1979—1990 年对外借款项目及总计项目中包括重复签约项目 94 个。
2. 由于汇总所使用单位和位数取舍不同，有的年份分项之和不等于总计。
3. 1994 年为预计数字。

1950—1994 年中国国家财政收支总额

单位：亿元

年份	总收入	总支出	收支差额	年份	总收入	总支出	收支差额
1950	65.2	68.1	−2.9	1977	874.5	843.4	31.0
1951	133.1	122.5	10.6	1978	1121.1	1111.0	10.1
1952	183.7	176.0	7.7	1979	1103.3	1273.9	−170.6
1953	222.9	220.1	2.8	1980	1085.2	1212.7	−127.5
1954	262.4	246.3	16.1	1981	1089.5	1115.0	−25.5
1955	272.0	269.3	2.7	1982	1124.0	1153.3	−29.3
1956	287.4	3305.7	−18.3	1983	1249.0	1292.5	−43.5
1957	310.2	304.2	6.0	1984	1501.9	1546.4	−44.5
1958	387.6	409.4	−21.8	1985	1866.4	1844.8	21.6
1959	487.1	552.9	−65.8	1986	2260.3	2330.8	−70.5
1960	572.3	654.1	−81.8	1987	2368.9	2448.5	−79.6
1961	356.1	367.0	−10.9	1988	2628.0	2706.6	−78.6
1962	313.6	305.3	8.3	1989	2947.9	3040.2	−92.3
1963	342.3	339.6	2.7	1990	3312.6	3452.2	−139.6
1964	399.5	399.0	0.5	1991	3610.9	3813.6	−202.7
1965	473.3	466.3	7.0	1992	4153.1	4389.7	−236.6
1966	558.7	541.6	17.1	1993	5114.8	5319.8	−205.0
1967	419.5	441.9	−22.5	1994	5310.0	5840.0	−530.0
1968	361.3	359.8	1.5	“一五”时期	1354.9	1345.6	9.3
1969	526.8	525.9	0.9	“二五”时期	2116.7	2288.7	−172.0
1970	662.9	649.4	13.5	1963—1965 年	1215.1	1204.9	10.2
1971	744.7	732.2	12.5	“三五”时期	2529.1	2518.6	10.5
1972	766.6	766.4	0.2	“四五”时期	3919.7	3919.6	0.1
1973	809.7	809.3	0.4	“五五”时期	4960.7	5247.3	−286.6
1974	783.1	790.8	−7.7	“六五”时期	6830.8	6952.0	−121.2
1975	815.6	820.9	−5.3	“七五”时期	13517.7	13978.3	−460.6
1976	776.6	806.2	−29.6				

注：1. 各计划时期指数为该时期每年平均增长速度。
2. 1986 年，因某些冲减收入项目改列支出，收入与支出均有虚增，与以前年度不尽可比，本年指数中已扣除这个因素。
3. 1994 年为预计数字。

世界主要国家（地区）货币对美元汇率（地方货币/美元）预测

	1993	1994	1995	1996
澳大利亚	1.47	1.38	1.28	1.16
奥地利	11.63	11.64	11.85	11.96
比利时	34.64	34.47	34.94	35.15
加拿大	1.29	1.39	1.41	1.38
丹麦	6.48	6.88	7.04	7.04
芬兰	5.71	5.53	5.45	5.50
法国	5.51	5.39	5.49	5.49
德国	1.65	1.65	1.68	1.70
希腊	228.00	241.93	257.73	271.34
冰岛	67.60	69.00	70.25	70.92
爱尔兰	0.68	0.67	0.69	0.69
以色列	2.8	3.1	3.3	3.5
意大利	1571.50	1630.10	1687.80	1704.09
日本	111.19	102.78	105.49	105.93
荷兰	1.86	1.86	1.89	1.91
新西兰	1.85	1.70	1.67	1.65
挪威	7.09	7.10	7.23	7.30
葡萄牙	160.80	160.86	163.79	165.36
南非	3.3	3.7	3.9	4.0
西班牙	127.28	143.39	138.87	140.19
瑞典	7.78	7.98	8.29	8.45
瑞士	1.48	1.49	1.51	1.52
英国	0.67	0.65	0.66	0.66
土耳其	10983.3	32510.6	65346.2	—
阿根廷	1.0	1.0	1.0	1.0
玻利维亚	4.8	5.5	6.2	6.8
巴西	132.2	1850.1	10730.7	25646.4
智利	401.1	433.6	461.3	491.8
哥伦比亚	851.8	975.3	1111.8	1273.1
厄瓜多尔	2011.5	2731.6	3532.0	4747.0
墨西哥	3.1	3.4	3.5	3.7
巴拉圭	1665.0	1864.8	2069.9	2256.2
秘鲁	2080.0	2891.2	3989.9	5306.5
乌拉圭	5889.0	8433.0	13155.4	18812.3
委内瑞拉	92.0	158.3	242.7	311.6
阿尔及利亚	27.3	34.9	43.7	52.4
埃及	3.6	3.9	4.1	4.3
埃塞俄比亚	2.3	2.4	2.6	2.8
加蓬	285.3	428.0	432.7	437.0
肯尼亚	58.0	60.4	65.0	71.5
利比亚	0.3	0.3	0.3	0.3
摩洛哥	9.4	10.2	10.3	10.5
尼日利亚	21.9	22.0	22.0	22.0
苏丹	310.0	550.0	690.0	759.0
伊朗	1165.2	1398.2	1649.9	1897.4

续表

	1993	1994	1995	1996
伊拉克	0.3	0.3	0.3	0.3
科威特	0.4	0.4	0.4	0.4
沙特阿拉伯	3.7	3.7	3.7	3.7
香港	7.8	7.8	7.8	7.8
印度	30.5	31.1	32.3	33.8
印尼	2087.1	2170.6	2257.4	2347.7
韩国	802.7	803.5	797.8	797.8
马来西亚	2.6	2.6	2.6	2.6
巴基斯坦	28.1	31.5	34.9	38.3
菲律宾	27.1	27.8	28.8	29.5
新加坡	1.6	1.5	1.5	1.5
台湾省	26.4	26.6	26.9	27.1
泰国	25.3	25.1	25.0	25.0
保加利亚	27.65	50.00	70.00	90.00
捷克斯洛伐克	29.12	29.38	39.38	26.47
匈牙利	9.27	10.69	12.63	13.89
波兰	18.00	22.36	26.11	29.56
罗马尼亚	782.30	1719.50	2731.93	3664.07

1994—1996 年世界主要国家（地区）国民生产总值增长率（%）

	1994	1995	1996
全世界 GNP	2.0	2.8	3.4
西方发达国家	2.4	2.8	3.1
美国	3.6	2.7	3.1
加拿大	2.6	5.3	5.2
欧共体	2.2	2.9	2.9
德国	2.1	3.0	3.3
德国西部地区	1.8	2.9	3.1
德国东部地区	5.8	4.6	5.4
法国	2.1	3.3	3.7
英国	2.9	2.1	2.2
意大利	1.5	2.9	2.6
日本	0.7	2.5	3.0
发展中国家	5.2	5.8	6.2
拉丁美洲加勒比地区	2.7	3.4	4.9
阿根廷	4.6	4.4	4.3
巴西	3.9	3.5	6.3
墨西哥	1.2	2.9	4.3
委内瑞拉	−5.4	1.4	2.4
智利	4.0	5.9	5.6
加勒比地区	2.2	2.0	2.2
非洲	2.0	2.7	2.6
摩洛哥	6.1	4.3	5.0
阿尔及利亚	0.0	2.3	2.6
肯尼亚	3.4	4.4	4.4

续表

	1994	1995	1996
埃　及	0.8	2.4	2.1
利比亚	1.9	2.2	2.1
埃塞俄比亚	2.5	2.7	2.8
东亚和南亚	6.5	6.7	6.5
韩　国	8.0	7.6	7.0
台湾省	6.3	7.4	7.3
香　港	5.6	4.9	5.0
新加坡	8.1	7.6	7.5
泰　国	8.3	8.3	8.2
马来西亚	8.3	8.2	8.0
印　尼	6.9	6.9	7.0
菲律宾	4.5	6.0	6.5
东　欧	2.1	3.3	4.0
独联体和波罗的海	−20.0	−15.3	−5.0
波　兰*	4.2	4.2	4.6
匈牙利*	0.2	0.0	1.8
保加利亚	−0.7	0.4	1.0
罗马尼亚	−0.3	4.6	4.4
捷　克	2.3	3.3	5.0
斯洛伐克	1.2	3.2	4.3
原南斯拉夫	−6.2	0.4	3.2

本篇各表根据联合国 LINK 中心预测数据整理。

*为国民收入。

1994—1996 年世界主要国家（地区）进出口额（FOB）　　单位：亿美元

		1994	%	1995	%	1996	%
全世界	出口	39718	8.0	43012	8.3	46711	8.6
	进口						
西方发达国家	出口	27280	6.7	29242	7.2	31386	7.3
	进口	26449	7.6	30828	7.8	33298	8.1
美　国	出口	4853	5.5	5253	8.2	5809	10.6
	进口	6463	11.3	6955	7.6	7480	7.6
加拿大	出口	1448	3.0	1616	11.6	1785	10.5
	进口	1374	3.2	1483	8.0	1612	8.7
德　国	出口	3885	7.3	4142	6.6	4453	7.5
	进口	3401	7.2	3699	8.8	4057	9.7
法　国	出口	2382	6.2	2550	7.0	2722	6.8
	进口	2279	7.7	2436	6.9	2625	7.8
英　国	出口	2049	13.7	2129	3.9	2222	4.4
	进口	2236	10.8	2340	4.6	2452	4.8
意大利	出口	1815	7.5	1941	7.0	2059	6.1
	进口	1426	4.7	1590	11.5	1750	10.1
日　本	出口	3907	7.5	4110	5.2	4250	3.4
	进口	2412	7.8	2635	9.3	2861	8.6
发展中国家	出口	11449	11.2	12735	11.2	14224	11.7
	进口	11608	11.0	12886	11.0	14372	11.5

续表

		1994	%	1995	%	1996	%
拉丁美洲加勒比地区	出口	1533	7.7	1699	10.8	1876	10.4
	进口	1637	6.3	1787	9.1	1791	10.4
阿根廷	出口	140	7.5	150	6.6	163	8.8
	进口	173	3.0	186	7.8	199	7.1
巴 西	出口	416	7.5	471	13.2	519	10.2
	进口	290	14.0	313	7.8	352	12.6
墨西哥	出口	337	11.8	387	14.7	451	16.6
	进口	547	11.9	610	11.5	677	10.9
智 利	出口	96.1	3.9	111	15.6	122	9.9
	进口	109.2	7.3	118	8.2	134	13.5
非 洲	出口	1035	3.6	1108	7.0	1200	8.4
	进口	1128	6.2	1213	4.6	1332	9.8
东亚和南亚	出口	6365	14.1	7199	13.1	8122	12.8
	进口	6214	14.2	7027	13.1	7903	12.5
韩 国	出口	932	12.9	1051	12.8	1175	11.8
	进口	909	14.7	1024	12.7	1150	12.3
台湾省	出口	946	9.0	1044	10.3	1153	10.5
	进口	796	9.9	897	12.6	1021	13.9
香 港	出口	15761	16.4	1836	16.9	2146	16.9
	进口	1646	16.6	1910	16.0	2177	14.0
新加坡	出口	874	18.2	940	7.5	1011	7.6
	进口	924	15.1	999	8.0	1074	7.5
泰 国	出口	430	17.5	495	15.1	563	13.9
	进口	481	15.6	548	14.1	615	12.1
马来西亚	出口	589	16.1	676	14.7	768	13.7
	进口	463	12.1	525	13.5	600	14.2
印 尼	出口	406	8.8	461	13.5	522	13.2
	进口	288	12.8	330	14.5	381	15.5
菲律宾	出口	129	15.6	148	14.2	169	14.5
	进口	197	11.2	217	10.4	242	11.7
东欧和原苏联地区	出口	988	7.7	1036	4.8	1101	6.3
	进口	936	5.7	1007	7.6	1088	8.1
波 兰	出口	149	6.2	161	7.9	177	9.7
	进口	192	2.4	199	3.9	212	6.7
匈牙利	出口	80.1	7.1	86.5	8.0	95.8	10.8
	进口	106.9	—3.3	109.6	2.5	116.1	5.9
保加利亚	出口	40.1	12.0	42.2	5.3	45.0	6.6
	进口	42.1	—3.0	44.5	5.7	47.6	6.8
罗马尼亚	出口	56.1	16.3	61.6	9.8	67.2	9.1
	进口	67.5	7.4	74.4	10.2	81.2	9.2
捷 克	出口	134.3	3.1	144.0	7.2	156.3	8.5
	进口	139.1	9.9	153.6	10.4	169.3	10.2
斯洛伐克	出口	63.2	9.3	70.7	11.9	77.0	8.9
	进口	61.9	1.8	69.1	11.6	74.4	7.7
原南斯拉夫地区	出口	78.0	—3.5	79.2	1.5	88.4	11.6
	进口	84.3	0.7	87.9	4.2	100.5	14.4

东亚 1000 大上市公司

说明：美国《资本家》杂志 1995 年 5 月刊登了“东亚 1000 家上市公司榜”，该表以 1994 年底最后一个交易日的公司市值为准排序，单位为百万美元。统计的范围包括马来西亚、韩国、泰国、印度尼西亚、菲律宾、新加坡、台湾、香港以及中国大陆的上海和深圳的上市公司。

名次	国家/地区	公司名称	英文名称	市值
1	新加坡	新电信	Spore Telecom	28996.58
2	香港	汇丰控股	HSBC Holdings	28778.05
3	香港	香港电讯	Hong Kong Telecom	21259.19
4	韩国	韩国电力公社	Korea Electric power	20425.66
5	台湾	国泰人寿	Cathay Life nsurance	16851.84
6	香港	和记黄埔	Hutchison Whampoa	14639.04
7	香港	新鸿基地产	Sun Hung Kai Porperties	13878.75
8	香港	桓生银行	Hang Seng Bank	13853.49
9	马来西亚	马电讯	Telekom	13448.83
10	马来西亚	国家能源	TNB	11997.15
11	台湾	华南银行	Hua Nan Commercial Bank	11488.42
12	台湾	第一银行	The First Commercial Bank	9997.50
13	台湾	彰化银行	Chang Hwa Commercial Bank	9390.29
14	香港	太古洋行	Swire Pacfic	9075.87
15	台湾	中钢	China Steel Corporation	8949.44
16	香港	长江实业	Cheung Kong (Holdings)	8945.85
17	新加坡	新航	Sialtd	8702.46
18	韩国	三星电子	Samsung Electronics	8519.27
19	香港	中华电力	China Light	8489.49
20	泰国	盘谷银行	Bangkok Bank	8208.09
21	香港	恒基地产	Henderson Land	7610.76
22	新加坡	华侨银行	OCBC	7572.50
23	韩国	浦项总合制铁	Pohang lron & Steel	7501.30
24	香港	九龙仓（控股）	Wharf (Holdings)	7312.14
25	马来西亚	马来亚银行	Maybank	6868.82
26	泰国	暹罗水泥	Siam Cement	6846.22
27	新加坡	大华银行	UOB Ltd	6560.88
28	马来西亚	名胜世界	Resorts	6400.02
29	台湾	中国商银	The lnternational Commercial Bank of China	6304.59
30	泰国	亚洲电讯公司	Telecom Asia	6199.60
31	马来西亚	云顶	Genting	6008.52
32	菲律宾	仙美讫	San Miguel Corporation A&B	5998.87
33	新加坡	新发展银行	Dev Bank Spore	5605.34
34	台湾	新光人寿	Shin Kong Life lnsurance Co.	5597.96
35	香港	香港电灯	Hongkong Electric	5522.11

续表

名次	国家/地区	公司名称	英文名称	市值
36	泰国	泰华银行	Thai Farmers Bank	5513.94
37	台湾	南亚	Nan Ya Plastics	5302.81
38	香港	香港置地（控股）	Hongkong Land Holdings	5254.26
39	香港	怡和控股	Jardine Matheson Holdings	5189.80
40	台湾	中华开发	China Development Corp.	4858.73
41	香港	中信泰富	CITIC Pacific	4858.01
42	台湾	台湾积体电路	Taiwan Semiconductor Mfg. Co.	4641.63
43	菲律宾	亚耶拉地产	Ayala Land lnc. B&A	4540.29
44	泰国	泰京银行	Krung Thal Bank	4445.94
45	菲律宾	亚耶拉公司	Ayala Corporation A&B	4370.33
46	菲律宾	Petron Corporation	Petron Corporation	4369.92
47	新加坡	城市发展	City Devt Ltd	4323.53
48	香港	新世界发展	New World Development	4252.07
49	新加坡	吉宝企业	Keppel Corp	4225.03
50	香港	国泰航空	Cathay Pacific Airways	4164.61
51	印尼	印尼水泥	Indocement Turggal Picikaisa	4119.29
52	新加坡	报业控股	Spore Press Hldg	4119.02
53	印尼	盐仓集团	Gudang Garam	4050.35
54	马来西亚	森那美	S. Darby	4025.30
55	台湾	台塑	Formosa Plastics Corp.	3996.10
56	台湾	联电	United Microelectronics	3832.96
57	菲律宾	马尼拉电力	Manila Electric Company A&B	3828.87
58	韩国	金星社	Goldstar	3708.56
59	印尼	印尼卫星	INDOSAT	3686.44
60	台湾	大同	Tatung	3610.28
61	香港	合和实业控股	Hopewell Holdings	3610.05
62	台湾	新竹企银	Hsin Chu Bank	3552.67
63	台湾	中国信托	China Trust Commeril Bank	3535.00
64	台湾	台湾化学纤维	Formosa Chemical Fibre	3363.15
65	香港	会德丰	Wheelock and Co	3351.67
66	香港	香港中华媒气	Hong Kong & China Gas	3342.91
67	台湾	台北企银	Taipei Business Bank	3341.85
68	泰国	裕乃德通讯	United Comm PCL	3262.95
69	泰国	亿旺资讯	Advanced lnfo	3244.30
70	泰国	泰石油勘探	PTT Expl & Prod	3211.16
71	新加坡	华联银行	OUB Ltd	3158.69
72	香港	怡和策略控股	Jardine Strategic Holdings	3100.25
73	泰国	汇商银行	Siam Comm Bank	3088.45
74	泰国	泰电话通讯	Thai Tele & Comm	3047.81
75	泰国	泰航	Thai Airways lnt	3039.84

续表

名次	国家/地区	公司名称	英文名称	市值
76	泰国	泰那越电脑	Shinawatra	3025.98
77	韩国	韩国移动通信	Korea Mobile Telecom	3018.31
78	韩国	现代自动车	Hyundai Motor	3004.98
79	印尼	印尼食品	Indofood Sukses Makrnur	2941.96
80	香港	东亚银行	Bank of East Asia	2934.55
81	菲律宾	菲长途电话	Phil Long Distance Telephone Co.	2907.60
82	泰国	意泰开发公司	Italian Thai Develop	2868.53
83	台湾	长荣海运	Evergreen Marine Corp.	2756.93
84	马来西亚	马友乃德	U.E. (M)	2668.37
85	台湾	华隆	Hualon Corporation	2641.40
86	马来西亚	马国际船务	M.I.S.C.	2620.16
87	台湾	统一	President Enterpnises	2600.69
88	菲律宾	首都银行	Metropolltan Bank & Trust Co.	2545.99
89	台湾	远纺	Far Eastern Textile	2536.79
90	台湾	宏碁	Acer Incorporated	2509.61
91	印尼	HM Sampoerna	HM Sampoerna	2477.25
92	泰国	玲英豪	Land & House	2448.96
93	新加坡	花莎尼	Fraser & Neave	2447.33
94	台湾	亚泥	Asia Cement	2397.83
95	马来西亚	大马重工业	HICOM	2358.91
96	台湾	复华证金	Fuh Hwa Securities Finance Co.	2358.34
97	新加坡	发展置地	DBS Land Ltd	2346.79
98	韩国	油公	Yukong	2315.79
99	韩国	乐喜	Lucky	2303.71
100	台湾	台泥	Taiwan Cement	2276.47
101	韩国	乐喜重工业	Hyundai Engineering & Const.	2274.94
102	台湾	台中企银	The Medium Business Bank of Taichung District	2232.92
103	台湾	富邦保险		2232.12
104	泰国	提坡埃德辇	TPI Polene	2156.69
105	马来西亚	科技资源	TR Ind	2153.40
106	马来西亚	马航	M.A.S.	2092.61
107	新加坡	合发	Cycle & Carriage	2088.92
108	菲律宾	鞋庄控股	SM Prime Holdings Inc.	2071.34
109	香港	淘大置业	Amoy Properties	2045.25
110	韩国	三星重工业	Samsung Heavy Ind.	2036.36
111	马来西亚	玲珑	Renong	2030.34
112	泰国	博他腊他纳吉	Phatra Thanakit	2012.03
113	新加坡	新加坡置地	Spore Land	2010.94
114	印尼	巴里多太平洋木业	Barito Pacific Timber	2006.37
115	香港	希慎发展	Hysan Development	2002.53

续表

名次	国家/地区	公司名称	英文名称	市值
116	泰国	京都水泥	Siam City	1995.74
117	泰国	节士民国际	Jasmin Inter.	1993.63
118	台湾	东云	Tuntex Distinct Corp.	1986.05
119	韩国	大宇	Daewoo	1958.62
120	台湾	华新丽华	Walswlihwa Corp.	1937.31
121	韩国	双龙炼油	Ssangyong Oil Refining	1921.31
122	香港	恒隆发展	Hang Lung Development	1916.33
123	马来西亚	大众银行	P. Bank	1883.80
124	香港	道亨银行	Dao Heng Bank	1865.47
125	马来西亚	乐富门香烟	Roth Bhd	1863.37
126	马来西亚	国产英雄车	Proton	1851.10
127	香港	牛奶国际	Dairy Farm lnt′	1843.25
128	马来西亚	阿马证券	AMMB	1839.80
129	香港	国浩集团	Guoco Group	1824.95
130	马来西亚	金希望	G. Hope	1823.29
131	台湾	中华航空	China Airline Ltd.	1821.86
132	香港	信和置业	Sino Land	1819.10
133	新加坡	实得力产业	STR Steamship Lt	1790.70
134	马来西亚	万能机构	Magnum	1781.71
135	新加坡	大东方保险	Great East Life	1761.29
136	台湾	国泰建设	Cathay Construction Co.	1755.94
137	台湾	阳明海运	Yanming Marine Transport Corp.	1751.17
138	马来西亚	兴业银行控股	DCB	1738.08
139	新加坡	食益补太平洋	Cerebos Pacific	1699.04
140	马来西亚	牙直利集团	K Guthrie	1695.98
141	香港	恒基发展	Henderson Investment	1690.44
142	马来西亚	国产车总经销	EON	1681.00
143	香港	电视广播	Television Broadcasts	1677.19
144	台湾	高雄企银	The Medium Business Bank of Kaohsiung District	1672.10
145	新加坡	胜宝旺控股	Sembawang Corp	1651.16
146	台湾	中石化	China Petrochemical Development Corp.	1622.86
147	台湾	台南纺织	Tainan Spinning	1617.59
148	台湾	农民银行	The Farmers Bank of China	1610.89
149	台湾	中兴票券		1580.34
150	马来西亚	雀巢	Nestle	1557.84
151	台湾	东元电机	Teco Electric & Machinery	1553.88
152	菲律宾	吴奕辉控股	JG Summit Holdings Inc.	1541.23
153	泰国	泰军人银行	Thai Military Bank	1533.47
154	韩国	大宇重工业	Daewoo Heavy Ind.	1531.31
155	泰国	大城银行	Bank of Ayudhya	1529.88

续表

名次	国家/地区	公司名称	英文名称	市值
156	台湾	台玻	Taiwan Glass Ind. Corp.	1528.37
157	上海	上海石化	Shanghai Pechem	1526.14
158	泰国	曼谷置地	Bangkok Land	1494.02
159	香港	香格里拉亚洲	Shangri-La Asia	1491.48
160	马来西亚	丰隆信贷	HL Credit	1481.34
161	泰国	泰国第一银行	First Bkk Ciyt	1478.96
162	上海	陆家嘴	Lujiazui Develop	1457.17
163	台湾	国际票券		1455.71
164	泰国	京都银行	Siam City Bank	1448.61
165	印尼	阿斯特拉	Astra Int'l	1428.06
166	新加坡	吉宝银行	Keppel Bank Ltd	1427.50
167	新加坡	亚太酿酒厂	Asia Pac Brews	1426.13
168	台湾	新纤	Shin Kong Synthetic Fibers	1414.05
169	香港	第一太平	First Pacific	1413.77
170	韩国	大韩航空	Korean Air	1404.14
171	菲律宾	菲国家银行	Philippine National Bank	1402.24
172	马来西亚	杨忠礼机构	YTL Corp.	1401.08
173	韩国	起亚自动车	Kia Motors	1384.44
174	泰国	他纳察信托	National Finace	1382.11
175	上海	马鞍山钢铁	Maanshan Iron	1332.75
176	韩国	Dacom	Dacom	1331.02
177	台湾	和成	Hocheng Corp.	1327.67
178	韩国	双龙水泥	Ssangyong Cement Ind.	1321.79
179	台湾	福懋兴业	Formosa Taffeta	1312.17
180	泰国	他纳沙炎	Dhana Siam	1309.36
181	台湾	太平洋电线电缆	Pacific Electric Wire & Cable	1302.58
182	泰国	伟成发钢铁	Sahaviriya Steel	1300.40
183	香港	华人置业集团	Chinese Estates Holdings	1275.81
184	台湾	永大	Yungtay Engineering	1270.36
185	新加坡	创新科技	Creative Tech 50	1270.18
186	台湾	永丰馀	Yuen Foong Yu Paper	1267.48
187	新加坡	联合工业	UIC Ltd	1266.76
188	马来西亚	吉隆坡甲洞	K. L. K.	1262.75
189	马来西亚	丰隆银行	HL Bank	1258.11
190	香港	香港上海大酒店	Hong Kong Hotels	1247.89
191	菲律宾	Benpres Holdings Corporation	Benpres Holdings Corporation	1241.58
192	泰国	挽节石油	Bang Chak Petroleum	1237.49
193	韩国	大宇电子	Daewoo Electronics	1228.28
194	香港	国卫保险亚洲	National Mutual Asia	1218.83

续表

名次	国家/地区	公司名称	英文名称	市值
195	菲律宾	化人银行	Bank of the Philippine Islands	1212.20
196	马来西亚	置地通用	L&G	1205.19
197	香港	美丽华酒店	Miramar Hotel	1204.96
198	马来西亚	奥金	Aokam	1197.39
199	台湾	国乔	Grand Pacific Petrochemical	1191.68
200	上海	申能股份	Shenergy Co	1185.64
201	新加坡	良木园	Goodwood Park	1169.63
202	台湾	台南企银	The Medium Business Bank of Tainan District	1149.15
203	泰国	泰实业资金	IFCT	1147.49
204	马来西亚	林威	Lingui	1133.76
205	菲律宾	菲工商银行	PCI Bank	1117.76
206	马来西业	丹绒	Tanjong	1114.28
207	印尼	Intl Indorayon Utama	Intl Indorayon Utama	1113.76
208	上海	外高桥	Outer Gaoqiao	1104.34
209	马来西亚	谦工业	Hume	1103.83
210	香港	亚洲电力	Consolidated Electric Power	1095.73
211	韩国	韩洋化学	Han Yang Chemical	1095.23
212	马来亚西	高兴低原	H&L	1058.00
213	香港	信德集团	Shun Tak Holdings	1039.43
214	马来西亚	马化控股	M. P. H. B.	1038.99
215	泰国	万蒲矿业	Ban Pu Coal	1037.81
216	韩国	东亚建设	Dong Ah Const Ind.	1026.75
217	台湾	台苯	Taiwan SM Corp.	1019.98
218	新加坡	达利银行	Tat Lee Bk Ltd	1016.42
219	上海	东方明珠	Oriental Pearl	1015.51
220	马来西亚	马联工业	M. U. I. B.	1013.58
221	香港	百利保国际	Paliburg Int'l	999.75
222	新加坡	永泰控股	Wing Tai Hldgs	997.26
223	台湾	裕隆	Yulon Motor	996.40
224	台湾	正隆	Cheng Loong Co.	987.76
225	马来西亚	丰隆产业	HLPB	985.40
226	台湾	中华	China Motor	980.48
227	菲律宾	远东银行	Far East Bank and Trust Comoanny	975.61
228	韩国	三星电管	Samsung Display Devices	974.72
229	马来西亚	玻璃市种植	Perlis	966.29
230	新加坡	远东船厂	FE Levingston	964.43
231	台湾	中华工程	BES Engineering Corp.	964.26
232	香港	永隆银行	Wing Lung Bank	963.75
233	香港	粤海投资	Guangdong Investment	962.66
234	新加坡	大华置业	UOL Ltd	958.96

续表

名次	国家/地区	公司名称	英文名称	市值
235	马来西亚	合营制铜	AM Steel	953.85
236	马来西亚	南洛种植	DEB	950.60
237	马来西亚	蚬壳	Shell	949.59
238	新加坡	海皇轮船	MOL Ltd	932.97
239	韩国	湖南石油化学	Honam Petrochemical	932.49
240	上海	氯碱化工	Chlor Alkali	911.41
241	马来西亚	马资源	MRCB	908.97
242	马来西亚	联昌资产	Commerce Asset-Holding Bhd	904.68
243	马来西亚	伊特里士	Idris	901.56
244	香港	鹰君集团	Great Eagle Holdings	897.92
245	台湾	力霸	China Rebar Co.	896.41
246	台湾	日月光	Advanced Semiconductor Engineering	891.86
247	台湾	太平洋建设	Pacific Construction Co.	890.46
248	印尼	Kalbe Farma	Kalbe Farma	889.35
249	台湾	国产	Goldsun Development & Contruction Co.	883.14
250	香港	尖沙咀置业	Taim Sha Tsui Properties	882.68
251	菲律宾	环球罗宾娜公司	Universal Robina Corporation	882.01
252	香港	南华早报	South China Morning Post	877.16
253	香港	德昌电机控股	Johnson Electric Holdings	874.42
254	台湾	联成	Union Petrochemical Corp.	873.37
255	台湾	中纺	Chung Shing Textile Co.	861.96
256	印尼	集伟纸厂	Indah Kiat Paper Pulp	857.57
257	新加坡	先得坊产业	Centrepoint Prop	855.68
258	泰国	京华银行	Bangkok Metro	852.11
259	新加坡	裕廊造船	Jurong Shipvard	848.84
260	菲律宾	Aboitiz Equity Ventures Inc.	Aboitiz Equity Ventures Inc.	845.82
261	马来西亚	森联合产业	S. UEP	837.80
262	上海	金桥	Jinqiao Export	836.33
263	马来西亚	立达环球	Leader	834.58
264	马来西亚	阿芬控股	Affin	833.52
265	马来西亚	亚地种植	Asiatic	828.61
266	台湾	声宝	Sampo Corp.	825.83
267	上海	轮胎橡胶	Type & Rubber-A	921.41
268	台湾	裕民航运	U-Miing Marine Transport Corp.	817.42
269	新加坡	新科技工业	Spore Tech Ind	817.37
270	泰国	泰那越卫星	Shinawatra Sat.	815.74
271	台湾	台东企银		814.92
272	马来西亚	马婆资本有限公司	MBf CAP	813.31
273	马来西亚	马化国际	Mulpha	813.21

续表

名次	国家/地区	公司名称	英文名称	市值
274	韩国	大林产业	Daelim Ind.	811.45
275	香港	文华东方	Mandarin Orlenta Int'l	806.63
276	菲律宾	Filinvest Land Inc.	Filinvest Land Inc.	802.01
277	台湾	宏福	Hung Fu Construction Co.	801.88
278	马来西亚	达企业	T. A.	792.34
279	泰国	亚洲银行	Bank of Asia	791.39
280	马来西亚	工业氧气	I. O. I.	785.86
281	马来西亚	陈昌摩多	T. Chong	785.18
282	台湾	中华纸浆	Chung Hwa Pulp Corp.	784.71
283	泰国	沙炎麦柯	Siam Makro PCL	780.68
284	泰国	天然公园	Natural Park	778.45
285	印尼	Bank Dagang Nasional Indonesia	Bank Int'l Indonesia	777.08
286	台湾	台纸	Taiwan Pulp & Paper Corp.	776.71
287	菲律宾	ABS-CBN Broadcasting Corporation	ABS-CBN Broadcasting Corporation	771.21
288	马来西亚	马矿业	MMC	764.58
289	马来西亚	伊佳兰	Ekran	758.67
290	泰国	亿食降证券	Securities One	752.99
291	泰国	卜蜂饲料	Charoen Pokphand	750.60
292	台湾	台聚	Usi Far East Corp.	750.26
293	马来西亚	埃索	Esso	749.12
294	泰国	洛士利洋行	Loxley PCL	749.00
295	台湾	中织	China Man-Made Fiber Corp.	748.44
296	马来西亚	东方实业	Oriental	744.28
297	台湾	统一实业	Ton Yi Industrial Corp.	741.23
298	马来西亚	成功多多博彩	B. To To	737.75
299	马来西亚	辉百美集团	Faber	735.05
300	泰国	国家石化工业	National Petrochem	734.86
301	马来西亚	拉昔胡先	R. H. B.	730.70
302	新加坡	马贷款	Malayan Credit	727.77
303	印尼	BONI	Bank Dagang Nasional Indonesia	725.79
304	马来西亚	丰隆工业	HL Ind	723.88
305	马来西亚	阿马机构	AM Corp	723.24
306	韩国	新世界百货店	Shinsegea	720.68
307	香港	香港置业信托	Hong Kong Realty	720.52
308	香港	九龙巴士	K M Bus	719.85
309	新加坡	第一资本	First Cap Corp	719.56
310	新加坡	旅店置业	Hotel Properties	719.56
311	台湾	东钢	Tung Ho Steel Eneerprise	717.20

续表

名次	国家/地区	公司名称	英文名称	市值
312	马来西亚	马直升机	MHS	714.21
313	台湾	台达电子	Delta Electronics Co.	713.30
314	台湾	中国产物		708.33
315	新加坡	华联企业	OUE Ltd	707.25
316	新加坡	海峡商行	St Tradg Co Ltd	707.25
317	马来西亚	国油贸易	PDB	707.16
318	新加坡	新加坡石油	Spore Pete	705.20
319	台湾	大众	First Intemational Computer	697.99
320	马来西亚	美达	Metroplex	694.33
321	新加坡	百汇控股	Parkway Hidgs Ltd.	693.57
322	韩国	第一制糖	Cheil Foods & Chemicals	689.12
323	台湾	远东百货	Far Eastern Department Stores Ltd.	688.97
324	泰国	泰那荣	Tanayong	683.71
325	韩国	泰光产业	Tae Kwang Ind.	681.95
326	香港	东方报业	Oriental Press	680.77
327	新加坡	IPC 企业	IPC Sorp Ltd	680.57
328	新加坡	工商银行	Ind & Com Bank	679.21
329	香港	利星行	Lei Shing Hong	678.29
330	马来西亚	龙马实业	Landmarks	677.24
331	韩国	三星电机	Samsung Electro-Merchanics	675.25
332	马来西亚	肯德基	KFC	670.02
333	新加坡	丰隆金融	Hong Leong Fin	666.21
334	韩国	三星物产	Samsung	664.90
335	新加坡	大众钢铁	Natsteel Ltd	664.16
336	马来西亚	甘文丁机构	KCB	663.48
337	香港	东方电讯	Orient Telecom	663.21
338	泰国	资易金融	General Finance	661.55
339	印尼	Bakrie & Brothers	Bakrie & Brothers	661.12
340	台湾	太子建设	Prince Housing Development Corp.	659.82
341	台湾	台橡	Taiwan Synthetic Rubber	657.47
342	台湾	士林电机	Shinlin Electric & Engineering Corp.	656.03
343	香港	香港兴业国际	HKR Int'l	653.84
344	香港	百富勤投资	Peregrine Investments	653.02
345	台湾	东联	Oriental Union Chemical Corp.	651.94
346	韩国	现代精工	Hyundai Precision & Ind.	647.54
347	台湾	嘉面	Chia Hsin Flour Feed & Vegetable Oil	642.00
348	台湾	味全	Wei Chuan Foods	637.68
349	台湾	大荣货运	Ta Jung Transportion Co.	629.38
350	台湾	中华票券		629.38
351	泰国	亚洲商业	Asia Credit	628.29

续表

名次	国家/地区	公司名称	英文名称	市值
352	香港	富豪酒店国际	Regal Hotels Int'l	626.78
353	上海	耀华玻璃	Yaohua PilGlass	620.26
354	台湾	农林	Taiwan Tea Corp.	620.10
355	香港	香港飞机工程	HAECO	617.47
356	新加坡	英之杰集团	Inchcape Bhd Ord	615.60
357	香港	邵氏兄弟	Shaw Brothers	612.67
358	马来西亚	合顺	UMW	612.37
359	印尼	Mayora	Mayora	610.34
360	泰国	诗密金融	Cmic Finace	607.97
361	香港	永亨银行	Wing Hang Bank	607.91
362	马来西亚	成功集团	B-Group	607.45
363	台湾	正新	Cheng Shin Rubber Ind. Co.	607.17
364	新加坡	香格里拉酒店	Shangri-La Hotel	605.34
365	台湾	荣联	United Ceramics Co.	603.65
366	马来西亚	威士蒙	Westmont	603.42
367	马来西亚	双溪威	SG Way	602.57
368	香港	中国海外发展	China Overseas Land	601.94
369	印尼	永吉纸厂	Tjiwi Kima	600.92
370	台湾	建台	Chien Tai Cement Co.	599.59
371	台湾	嘉泥	Chia Hsin Cement Corp.	599.25
372	香港	联邦地产	R.D.C.	599.03
373	香港	大昌集团	Tai Cheung Holdings	598.54
374	韩国	三星建设	Samsung Engineering & Const.	593.96
375	马来西亚	金狮置地	LLB	593.71
376	马来西亚	多元化资源	ORB	590.96
377	韩国	大韩电线	Taihan Electric Wire	587.49
378	台湾	三商行	Mercuries and Associates Ltd.	587.42
379	印尼	现代集团	Modern Photo	585.61
380	印尼	Kawasan Industin Jalalalce	Kawasan Industin Jalalalce	585.04
381	新加坡	永固控股	Amcol Holdings	580.71
382	香港	善美环球	Semi-Tech (Global)	579.28
383	马来西亚	新海峡时报	N.S.T.P.	577.84
384	印尼	Citra Marga N.P.	Citra Marga N. P.	574.39
385	台湾	福聚	Taiwan Polypropylene Co.	574.23
386	香港	大通卡	Manhattan Card	569.03
387	马来西亚	马洋灰	M. Cement	568.62
388	韩国	现代自动车	Hyundai Motor Service	568.12
389	新加坡	马可波罗	Hotel Marco Polo	567.72
390	印尼	查雅集团	Jaya Real Property	566.65

续表

名次	国家/地区	公司名称	英文名称	市值
391	马来西亚	泛马洋灰	P. M. C. W.	565.47
392	台湾	鸿海	Hon Hai Precision Corp.	564.19
393	台湾	诚州	Advanced Datum Information Co.	562.29
394	台湾	华荣电缆	Hua Eng. Wire & Cable Co.	560.21
395	台湾	士纸	Shihlin Paper Corp.	557.86
396	马来西亚	拿督克拉末	DK'MAT	553.34
397	马来西亚	加金	G Plus	553.08
398	台湾	矽品	Silicon Ware Precision Industries	550.54
399	台湾	凯聚	KPT Industries	547.85
400	马来西亚	香格里拉	SHMB	543.34
401	台湾	立荣海运	Uniglory Marine Corp.	541.26
402	韩国	泰荣	Taeyoung	540.17
403	泰国	阿尔华特	Alphatech	538.33
404	新加坡	继显詹金宝	Kay Hian James	534.20
405	菲律宾	Filinevest Devel-opment Corporation	Filinevest Development Corporation	533.14
406	台湾	中兴保全	Taiwan Secom Co.	532.84
407	深圳	深圳发展银行	SZ Dev. Bank	530.80
408	台湾	高兴昌	Kao Hsing Chang Iron & Steel	529.66
409	泰国	纳华财务	Nava Finance	528.88
410	韩国	金刚	Keumkang	527.59
411	韩国	亚细亚自动车	Asia Motors	526.53
412	新加坡	乐富门工业	Rothmans Ind Ltd	525.99
413	马来西亚	宝秘	Promet	525.08
414	泰国	尼铁博金融	Nithipat Fin	524.94
415	上海	原水股份	Raw Water Supply	524.73
416	马来西亚	阿马金融	AMFB	522.37
417	泰国	铁士古财务	TISCO	518.96
418	香港	森拿美	Sime Darby	518.12
419	台湾	光宝	Taiwan Liton Electronic Co.	
420	菲律宾	环球电信	Globe Telecom GMCR，Inc. A & B	516.12
421	上海	上海大江	Shanghai Dajiang	514.28
422	香港	丽新发展	Lai Sun Development	513.07
423	印尼	Gadjah Tunggal	Gadjah Tunggal	508.05
424	台湾	六福开发		507.45
425	韩国	高丽化学	Korea Chemical	506.81
426	韩国	Hansol 制纸	Hansol Paper	506.11
427	台湾	华夏海湾	China General Plastics Corp.	505.82
428	泰国	沙目电讯公司	Samart Corp	505.58
429	马来西亚	健力士锚标	Guinness	505.27

续表

名次	国家/地区	公司名称	英文名称	市值
430	新加坡	胜狮货柜	Singamas Cont	504.10
431	新加坡	金英控股	Kim Eng Hlds	504.10
432	泰国	第一控股	One	503.59
433	香港	怡和国际汽车	Jardine International Motor	502.75
434	马来西亚	伊亚沙直	E. A. C.	502.73
435	印尼	Polyaindo EKa Prkasa	Polyaindo EKa Prkasa	502.27
436	韩国	万都机械	Mando Machinery	500.79
437	新加坡	新巴士	SBS 500	500.00
438	台湾	台凤	Taiwan Pineapple Corp.	499.41
439	台湾	长亿	Ever Fortune Industrial	499.41
440	台湾	国巨	Yageo Corp.	498.73
441	马来西亚	Malakoff	Malakoff	498.01
442	马来西亚	时光工程	Time Eng.	497.22
443	香港	卜蜂国际	C. P. Pokphand	495.48
444	台湾	中兴电工	Chung Hsin Electric & Machinery	494.41
445	台湾	致福	GVC Corp.	493.31
446	马来西亚	大城市发展	B. Raya	491.39
447	菲律宾	美佳地产	Megaworld Prop. & Holdings Inc.	490.60
448	台湾	丰兴	Feng Hsin Iron & Steel Co.	490.24
449	泰国	沙灾纸料	Siam Pulp	489.52
450	泰国	友联财务	Union Asia	488.69
451	马来西亚	联邦面粉	F. Flour	488.28
452	韩国	高丽亚铅	Korea Zinc	488.16
453	泰国	泰拍士得	Thai Plastic	488.06
454	香港	大新金融	Dah Sing Financial	484.23
455	韩国	仁川制铁	Inchon Iron & Steel	479.44
456	台湾	环泥	Universal Cement Corp.	479.06
457	马来西亚	南达钢铁	S. Steel	477.06
458	台湾	东华	Tong-Hwa Synthetic	476.97
459	菲律宾	菲第一控股	First Phil. Holdings Corp. A&B	476.52
460	马来西亚	莫宝得控股	BTEAD	474.38
461	泰国	菲尼博	Phoenix P & P	474.10
462	台湾	润泰	Ruentex Industrial Ltd.	473.90
463	韩国	双龙汽车	Ssangyong Motor	472.99
464	韩国	东洋水泥	Tong Yang Cement	472.89
465	新加坡	共和酒店	Republic Hotels	469.90
466	上海	凌桥股份	Lingqiao Tapwater	469.39
467	新加坡	BT Swang Est	BT Swang Est	467.85
468	香港	廖创兴银行	Liu Chong Hong Bank	465.24
469	马来西亚	泛马工业	PMI	464.59

续表

名次	国家/地区	公司名称	英文名称	市值
470	新加坡	吴控股	GK Goh	464.43
471	韩国	鲜京工业	Sunkyong Ind.	462.87
472	台湾	金宝	Cal Comp Electronics Inc.	462.12
473	新加坡	新满利工业	Smarine Lnd Ltd	461.70
474	新加坡	新加坡宇航	Spore Aerospace	460.33
475	香港	华地有限公司	Hongkong China	458.55
476	泰国	MDX 公司	M. D. X. Company	458.25
477	台湾	信大	Hsing Ta Cement Co.	457.11
478	台湾	国宾饭店	The Ambassador Hotel Ltd.	456.73
479	马来西亚	阿马发展	A. M. D. B.	455.27
480	新加坡	胜宝旺海事	Swang Maritime	454.17
481	上海	青岛啤酒	Tsingtao Brewery	454.00
482	台湾	厚生	Formosa Rubber Group. Inc.	451.16
483	新加坡	兴马	ACMA Ltd	450.75
484	菲律宾	RFM Corporation	RFM Corporation	449.45
485	上海	上海新锦江	Jin Jiang Tower	445.42
486	马来西亚	沙捞越洋灰	C. M. S.	444.83
487	香港	迪生创建	Dickson Concepts Int'l	443.43
488	马来西亚	贸易风	T'Winds	443.14
489	上海	豫园商城	Yuyuan Tourist	441.43
490	马来西亚	马拖拉机	Tractors	440.61
491	马来西亚	巴株加湾	B. Kawan	440.27
492	韩国	韩国轮胎	Hankook Tire Mfg.	440.09
493	马来西亚	皇帽酿酒厂	Carlsberg	438.45
494	印尼	徐清华集团	Ciputra Development	437.90
495	香港	越秀投资	Guangzhou Investment	436.66
496	香港	裕元工业	Yue Yuen Industrial (Holdings)	435.56
497	台湾	宏和精密	Hong Ho Precision Textile Co.	435.02
498	马来西亚	亚太置地	AP Land	434.88
499	马来西亚	成功利时	B. Leisure	433.93
500	马来西亚	成功工业	B. Indus	433.45
501	台湾	东南水泥	Southeast Cement Corp.	433.04
502	台湾	李长荣化工	Lee Chang Young Chemical	430.77
503	印尼	Mulia Industrindo	Mulia Industrindo	429.94
504	韩国	可隆工业	Kolon Ind	429.62
505	马来西亚	奥维尔	OYL Ind	429.25
506	上海	上海柴油机	SH Diesel Engine	427.92
507	台湾	烨隆	Yien Loong Co.	427.85
508	马来西亚	怡保工程	IJM	427.68
509	台湾	华通	Compeq Manufacturing Corp.	427.55

续表

名次	国家/地区	公司名称	英文名称	市值
510	马来西亚	陈兴陈	Tan & Tan	427.25
511	台湾	信益	Sinyih Ceramic Co.	426.79
512	韩国	三星航空	Samsung Aetospace Ind.	426.67
513	韩国	太平洋	Pacific	426.52
514	韩国	Crlon 电器	Orlon Electric	426.29
515	韩国	鲜京	Sunkyong	425.85
516	泰国	泰京钢铁	NTS Steel Group	425.50
517	马来西亚	缘野集团	CHHB	424.97
518	新加坡	英美烟草	Brit Amer Tobacco	424.76
519	韩国	大韩通运	The Korea Express	423.98
520	印尼	力宝银行	Lippo Bank	422.38
521	菲律宾	菲联合银行	Union Bank of the Philippines	422.20
522	马来西亚	Olympia	Olympia	421.78
523	泰国	美满置业	Property Perfect	421.67
524	菲律宾	Belle Resources Corporatlon	Belle Resources Corporatlon	421.17
525	马来西亚	马兴业金融	MIDF	419.93
526	印尼	峇里银行	Bank Bali	414.86
527	深圳	广东电力发展	Guangdong Power	413.93
528	马来西亚	白沙罗实业	D. Bhd	413.89
529	新加坡	唯高达峇拉士	Vickers Ballas H	413.13
530	马来西亚	南顺	Lam Soon	412.81
531	韩国	世一重工业	Saeil Heavy Ind.	412.72
532	印尼	雅加达国际酒店	Jakarta Int'l Hotel & Development Ltd	412.70
533	香港	世纪城市	Century City Int'l	411.27
534	韩国	三美总合特殊钢	Samml Steel	410.34
535	马来西亚	洋灰工业	CIMA	409.84
536	马来西亚	吉隆坡工业	KLIH	407.79
537	台湾	大台北瓦斯	The Great Taipei Gas Corp.	406.93
538	马来西亚	马磨石	M. Mosaic	406.03
539	泰国	贴稿易士芳	Tipco Asphalt	405.10
540	新加坡	传慎控股	Tuan Sing Hldg	403.56
541	马来西亚	金马扬	Kemayan	403.28
542	韩国	韩进航运	Hanjin Shipping	402.80
543	马来西亚	麦康	Mycom	402.22
544	菲律宾	东南亚水泥	Southeast Asia Coment Holding Inc.	400.87
545	台湾	中鼎	CTCI Corp.	400.26
546	印尼	Plaza Indonesia Realty	Plaza Indonesia Realty	400.25
547	马来西亚	金兴工业	Kim Hin	400.16
548	泰国	亚洲证券	Asia Securities	398.80

续表

名次	国家/地区	公司名称	英文名称	市值
549	马来西亚	怡保花园	IGB	396.17
550	新加坡	虎豹兄弟	Haw Par Bros	396.03
551	台湾	台达	Taita Chemical Co.	395.03
552	泰国	曼谷商业银行	BBK of Commerce	394.42
553	韩国	丰山	Poongsan	393.88
554	韩国	锦湖石油化学	Korea Kumho Petrochemical	393.37
555	台湾	中环	CMC Magnetics Co.	392.41
556	韩国	高丽合织	Kohap	391.16
557	新加坡	泛联集团	Pan. United Corp	389.88
558	韩国	锦湖	Kumho	389.62
559	马来西亚	彩虹企业	Pelangi	388.52
560	香港	震雄集团	Chen Hsong Holdings	387.39
561	新加坡	森新加坡	Sime Singapore	387.14
562	马来西亚	先进联营	ASB	386.04
563	台湾	佳格	Standard Foods Taiwan Ltd	386.61
564	印尼	金融银行	Bank Danamon	386.31
565	马来西亚	马婆控股	MBf Hldg	385.05
566	马来西亚	查力	Zlik	384.96
567	马来西亚	建裕珍厂	Kian Joo	384.23
568	马来西亚	马氧气	M. Oxygen	384.03
569	新加坡	乌节广场酒店	Orchard Parade	383.72
570	韩国	亚南产业	Anam Ind.	383.05
571	台湾	乐喜水泥	Lucky Cement Corp.	382.03
572	泰国	国际广播	Int Broadcasting Corp	381.27
573	马来西亚	第一控股	F. A. C. B.	380.27
574	韩国	Hannha	Hannha	379.40
575	菲律宾	Bacnotan Cons. Industries Inc.	Bacnotan Cons. Industries Inc.	379.05
576	马来西亚	万兴利银行	BHL Bank	378.37
577	马来西亚	吉打洋灰	KCHB	378.22
578	马来西亚	RJ 雷诺斯	RJR	378.15
579	台湾	台火		377.02
580	马来西亚	孟加兰工业	PIHP	376.84
581	台湾	神达	Mitac International Corp.	376.27
582	深圳	中国宝安集团	Baoan Enterprise	376.24
583	马来西亚	雪兰莪产业	Sel Prop.	375.98
584	韩国	东国制钢	Dong Kuk Steel Mill	375.55
585	台湾	友联		375.17
586	台湾	亿丰	Nien Made ENterprise	374.29
587	香港	精电国际	Varitronix Int'l	374.29

续表

名次	国家/地区	公司名称	英文名称	市值
588	台湾	中强	Chuntex Electronic Co.	374.14
589	印尼	Semen Cibinong	Semen Cibinong	373.53
590	马来西亚	联合马六甲	U. M'CCA	370.22
591	台湾	万有	Van Yu Paper Mill Co.	368.99
592	泰国	东方信托证券	Dynamic Eastern 1991	368.76
593	上海	上菱电器	Shangling Electric	368.46
594	泰国	兴业银行	Thai Danu Bank	368.13
595	香港	海底隧道	Cross-Harbour Tunnel	367.77
596	马来西亚	福华银行	HH Bank	366.40
597	香港	佐丹奴企业	Ciordano Holdings	366.38
598	新加坡	鸿城	Goldron Limited	365.25
599	台湾	新兴航运	Sincere Navigation Corp.	364.52
600	香港	百利保发展	Paliburg Development	364.44
601	深圳	深圳经济特区房地产	SEZ Real Estate	364.13
602	台湾	大华	Great China Metal Industrial Co.	363.42
603	印尼	Branta Mulia	Branta Mulia	363.40
604	香港	香港小轮	Hong Kong Ferry	361.42
605	韩国	东部制钢	Dongbu Steel	361.14
606	新加坡	美罗	Metro Holdgs Ltd	359.78
607	香港	利丰	Li & Fung	359.66
608	台湾	烨兴	Yien Hsig Enterprise Co.	358.60
609	泰国	越他节日报	Wattachak	358.29
610	香港	海港企业	Harbour Centre	358.23
611	台湾	泰丰	Federal Corportion	357.81
612	韩国	大宇通信	Daewoo Telecom	357.45
613	泰国	盘谷保险	Bangkok Insurance	356.97
614	上海	国脉通信	Guomai Ind. CO.	356.36
615	台湾	中橡	China Synthetic Rubber Group.	355.57
616	台湾	台扬	Microelectronics Technology Co.	354.77
617	马来西亚	飞达控股	FCW	353.90
618	韩国	大韩重石	Dae Han Jung Suok	353.75
619	台湾	宝成工业	Pou Chen Corp.	352.20
620	台湾	南港	Nankang Rubber Tire Corp.	352.04
621	马来西亚	马太平洋	MPI	352.01
622	香港	中华汽车	China Motor Bus	351.29
623	台湾	新纺	Sinkong Spinning Co.	351.21
624	香港	太平协和	Pacific Concord	351.17
625	香港	爪哇控股	SEA Holdings	349.98
626	泰国	宝利银行	Nakornthon Bank XD	349.96
627	泰国	柯里治豪	Quality-Houses	349.48

续表

名次	国家/地区	公司名称	英文名称	市值
628	马来西亚	联合种植	UTD PLT	349.32
629	香港	佛罗伦集团	Florens Group	349.32
630	香港	思捷亚洲	Esdprit Asia Holdings	349.22
631	马来西亚	合发吉星	C & BINT	348.26
632	泰国	丘细见金融	Kiatnakin Finance	348.13
633	韩国	乐喜金星商事	Lucky-Goldstar International	348.10
634	台湾	益华	Eagle Holding Corp.	347.12
635	台湾	兴农	Shinung Corp.	346.74
636	马来西亚	英沙士	Insas	346.14
637	新加坡	佳福	Qaf Ltd	346.10
638	香港	廖创兴企业	Liu Chong Hing	344.73
639	马来西亚	回教银行	BIMB	344.07
640	泰国	城宝他金融	First City Inv	343.11
641	泰国	兰那褐煤	Lanna Lignite	343.03
642	台湾	永光	Everlight Chemical Corp.	342.15
643	印尼	Tempo Scan Pacific	Tempo Scan Pacific	341.22
644	台湾	佳和	Chia Her Industrial Co.	341.02
645	台湾	歌林	Taiwan Kolin Co.	340.83
646	新加坡	新加坡造船工程	Spora Shipsuild	340.63
647	台湾	碧悠	Picvue Electronics Ltd.	340.60
648	菲律宾	Paper Industries Corp.	Paper Industries Corp. of the Phils.	340.54
649	台湾	羽田	Yeu Tyan Machinery Mfg. Co.	340.26
650	新加坡	先得坊产业	Central Props	338.58
651	香港	万邦航业	IMC Holdings	338.51
652	新加坡	时报出版	Times Pub Ltd	337.89
653	韩国	东洋化学	Oriental Chemical Ind.	337.87
654	台湾	长兴	Eternal Chemical Co.	337.72
655	菲律宾	太平洋	Metro Pacific Corporation	336.64
656	泰国	国际工程	Int'l Engineering	336.49
657	台湾	震旦行		336.43
658	香港	联合地产	Allied Properlies (HK)	334.73
659	台湾	东和		334.69
660	台湾	国丰		334.65
661	新加坡	康福集团	Comfort Group	333.79
662	台湾	第一钢铁		332.60
663	泰国	协联企业	Saha Union	331.67
664	泰国	披撒斯船务	Precious Shipping	331.47
665	马来西亚	大展控股	G United	331.32
666	马来西亚	联商集团	UMG	330.60
667	泰国	奇士珍尼	Christiani & Nielsen	330.48

续表

名次	国家/地区	公司名称	英文名称	市值
668	韩国	绿十字	Korea Green Cross	329.43
669	韩国	乐喜发展	Lucky Development	329.12
670	韩国	味元	Miwon	329.10
671	菲律宾	城市信托银行	Citytrust Banking Corporation	328.18
672	新加坡	亮阁控股	Liang Court	327.63
673	韩国	金星电线	Goldstar Cable	327.03
674	台湾	宏总		326.35
675	马来西亚	OSK 控股	OSK	325.56
676	马来西亚	建筑与供应	CASH	325.26
677	香港	浦东发展	Pudong Dev. Holdings	324.25
678	台湾	仁宝		324.07
679	泰国	吉莎拉纳空	Krisda Maha	323.51
680	新加坡	扬协成	Yeo Hiap Seng L	322.85
681	印尼	Duta Pertiwi Realty	Duta Pertiwi Realty	322.45
682	泰国	利贞努公司	Regional Conta	322.23
683	马来西亚	耐力斯	Nylex	321.66
684	菲律宾	国际货柜码头	Int'l. Container Terminal Services	320.33
685	台湾	达斯		318.96
686	香港	南联实业	Winsor Industrial	318.82
687	马来西亚	大众金融	PFB	318.25
688	印尼	Mulialand	Mulialand	318.15
689	马来西亚	南洛工业	DMIB	317.70
690	韩国	第一毛织	Cheil Ind.	317.39
691	香港	首长国际	Shougang Concord Int'l	316.61
692	马来西亚	马来亚烟草	M. T. C.	316.53
693	马来西亚	艾华斯	Apex	315.71
694	香港	永安公司	Wing On Co Int'l	315.69
695	泰国	亿甲信	Prime Finance	315.54
696	韩国	韩进建设	Hanjin Engineering & Const	315.35
697	马来西亚	巴生装运箱	KCT	315.06
698	菲律宾	Manila Mining Corp.	Manila Mining Corporation A & B	314.06
699	泰国	第一亚洲	First Asia Sec	312.75
700	菲律宾	巧利比食品	Jollibee Foods Corporation	311.89
701	马来西亚	大石洋灰	Tasek	310.17
702	香港	丽新制衣（国际）	Lai Sun Garment Int't	309.38
703	台湾	宏洲		309.29
704	新加坡	日立造船	Hitachi Zosen	309.17
705	上海	四川长虹电器	Chang Hong Elec	308.78
706	新加坡	万德厚	Van Der Horst	308.48
707	台湾	广丰		308.34

续表

名次	国家/地区	公司名称	英文名称	市值
708	韩国	东海纸浆	Dong Hae Pulp	308.23
709	马来西亚	激成（马）	K. Seng	308.18
710	韩国	韩一水泥	Hanil Cement	307.58
711	新加坡	友乃德	UTD Engrs	307.11
712	菲律宾	国浩（控股）	Guoco Holdings（Phils）A&B	306.99
713	香港	嘉华银行	Ka Wah Bank	306.87
714	香港	熊谷组	Kumagal Gumi（HK）	306.67
715	新加坡	爱捷特系统	Aztech Systems	305.06
716	香港	永安集团	Wing On Int'l Holdings	304.92
717	台湾	润泰建设		303.42
718	马来西亚	大马发展	Daiman	302.59
719	泰国	联泰工程	Sino-Thai Eng	302.39
720	菲律宾	中兴银行	China Banking Corporation	301.26
721	马来西亚	务边	Gopeng	301.05
722	香港	东方海外	Orient Overseas（Int'l）	300.45
723	上海	凤凰自行车	Phoenix Bicycle	300.32
724	台湾	永信		299.32
725	马来西亚	巴力吡叻	Parit PK	298.94
726	新加坡	林增控股	Lum Chang Hldgs	298.91
727	香港	中旅国际	China Travel	298.37
728	新加坡	文雅酒店	Hotel Plaza	298.22
729	泰国	罗宾逊洋行	Robinson	298.13
730	泰国	茂德信托	Multi-Crdit	298.01
731	台湾	荣成		297.16
732	香港	力宝	Lippo	294.89
733	台湾	飞瑞		294.74
734	马来西亚	国家产业	Negara	294.28
735	马来西亚	道路建筑	RBH	293.32
736	马来西亚	IS & Pen	IS & Pen	293.29
737	马来西亚	马化工	C. C. M.	292.40
738	马来西亚	M'sita	M'sita	291.97
739	马来西亚	佐漠	Johan	291.46
740	台湾	东隆	Tong Lung Metal Industry	289.96
741	韩国	宇成建设	Woosung Const	289.90
742	上海	大众出租	Dazhong Taxi	289.86
743	韩国	三扶土建	Sam Bu Const.	289.55
744	新加坡	平洋航运	PAC Carries	289.33
745	印尼	联合拖拉机	United Tractor	288.81
746	上海	黄浦房产	Huangpu Estate	288.80
747	马来西亚	国家财源	Econs	288.39

续表

名次	国家/地区	公司名称	英文名称	市值
748	台湾	大陆工程		288.22
749	泰国	亿甲察金融	Ekachart Fin & Sec	286.57
750	香港	鹏利国际	Top Glory Int'l Holdings	286.29
751	深圳	皖能	Wenergy Company	286.28
752	韩国	和成产业	Hwa Sung Ind.	285.99
753	马来西亚	马建屋	M. B. S. B.	285.18
754	韩国	韩进重工	Hanjin Heavy Ind.	283.42
755	新加坡	裕廊工程	Jurong Engineer	282.49
756	香港	冠军科技	Champion Technology	281.21
757	台湾	全友		281.05
758	台湾	中国化学		280.75
759	马来西亚	菱迪	Gadek	280.41
760	马来西亚	居林	Kulim	280.39
761	马来西亚	太平化学	P. Chem	279.47
762	韩国	瑞通	STC	279.39
763	香港	华园控股	Wah Kwong Shipping Holdings	279.22
764	上海	上海电器股份	Shanghai Ele APp	279.70
765	香港	嘉城集团	Grande Holdings	278.65
766	香港	宝光实业	Stelux Holdings	278.24
767	韩国	乐喜金属	Lucky Metals	278.24
768	泰国	联合基金	Mutual Fund	277.29
769	马来西亚	北婆木材	N. B. T	277.19
770	香港	新鸿基公司	Sun Hung Kai & Co	277.14
771	台湾	桂宏		275.94
772	台湾	兴达		275.29
773	菲律宾	郭氏地产	Kuok Phil Properties Inc. A & B	274.98
774	香港	华润创业	China Resources Enterprise	273.97
775	泰国	京都信托	Siam City Credit	273.47
776	韩国	东洋尼龙	Tong Yang Nylon	273.02
777	马来西亚	嘉利丹	Kretam	272.96
778	印尼	Fajar Surys Wiousa	Fajar Surys Wiousa	272.70
779	深圳	深圳市物业发展	Pro & Res Dev-a	272.42
780	台湾	尚锋		272.07
781	泰国	联合银行	Union Bank of Bkk	271.91
782	菲律宾	Swift Foods Inc.	Swift Foods Inc.	271.89
783	韩国	京仁能量	Kung In Energy	271.83
784	韩国	金刚开发产业	Keum Kang Development Ind.	271.04
785	泰国	英德有限公司	Int Cosmetics	270.20
786	马来西亚	友力风	Uniphone	269.49
787	马来西亚	沙布拉	Sapura	268.00

续表

名次	国家/地区	公司名称	英文名称	市值
788	新加坡	维信	WBI Corporation	267.44
789	韩国	柳韩洋行	Yuhan	267.08
790	香港	日本信用保证	JCG Holdings	266.83
791	台湾	大东纺织		266.76
792	香港	星岛集团	Sing Tao Holdings	266.60
793	马来西亚	花岗岩	Granits	265.89
794	马来西亚	保强工程	Pilecon	264.42
795	台湾	宝成建设		263.88
796	马来西亚	太平银行	Pacific	263.25
797	泰国	颂戊公司	Serm Suk	263.11
798	马来西亚	Btexts	B Texts	263.07
799	泰国	三唷裕尼哇生	Sanyo Universal	262.95
800	香港	名力集团	Mingly Corp	262.46
801	印尼	印尼正大	Charoen Pokphund Indonesia	261.30
802	泰国	泰玻璃工业	Thai Glass	261.04
803	印尼	Smart Corporation	Smart Corporation	260.35
804	新加坡	牙直利 GTS	Guthrie Gts Ltd	259.92
805	印尼	Matahari Putra Prima	Matahari Putra Prima	259.90
806	韩国	韩国肥料	Korea Fertilizer & Chemicals	259.32
807	香港	香港生力啤酒	San Miguel HK	258.28
808	香港	永新企业	Novel Enterprises	257.61
809	泰国	哈那电子	Hana Micro Electr	257.33
810	韩国	新罗酒店	Hotel Silla	257.09
811	马来西亚	Perstim	Perstim	256.75
812	新加坡	嘉多宝	Carnaudmetalbox	255.81
813	台湾	中华电线电缆		255.73
814	马来西亚	洛林尼	Glenealy	255.56
815	泰国	诗泰塑胶	Srithai	254.98
816	台湾	大亚电线电缆		254.03
817	马来西亚	THS Bhd	THS Bhd	253.79
818	韩国	极东建设	Kuk Dong Engineering & Const.	253.52
819	台湾	大成长城		253.23
820	韩国	韩进运输	Hanjin Transportation	253.13
821	上海	第一百货商店	No1 Dept Store	252.73
822	菲律宾	Philex Mining Corp. A & B	Philex Mining Corp. A & B	252.44
823	台湾	建大		251.90
824	印尼	泛印银行	Panin Bank	251.89
825	韩国	现代尾浦造船	Hyundai Mipo Dockyard	250.36
826	韩国	三焕企业	Sam Whan	250.30

续表

名次	国家/地区	公司名称	英文名称	市值
827	台湾	樱花		250.27
828	香港	格兰酒店 A	Grand Hotel	249.11
829	韩国	东信住宅	Dong Sin Const	248.34
830	马来西亚	奥美嘉	Omega	248.25
831	韩国	东亚制药	Dong-A Pharm	248.12
832	新加坡	吉宝金融	Keppel Fin Ltd	246.24
833	马来西亚	P Garden	P Garden	245.90
834	马来西亚	MFCB	MFCB	245.31
835	上海	广电股份	Vid & Aud Elect	244.98
836	马来西亚	雪兰莪椰园	Sel Nuts	244.95
837	香港	亚洲金融	Asia Financial Holdings	244.09
838	泰国	杏玛叻地产	Hemaraj Land	243.86
839	马来西亚	马八幡	M'Wata	242.63
840	新加坡	新加坡金融	Spore Financel Ltd	241.45
841	台湾	和华		241.18
842	上海	爱建股份	AJ Corporation	241.10
843	韩国	乐天七星	Lotte Chilsung Beverage	240.75
844	台湾	纽新		240.69
845	香港	连卡佛 A	Lane Crawford Int'l	239.81
846	香港	美特容器	M C Packaging (HK)	239.60
847	韩国	千鲜麦酒	Chosun Brewery	238.73
848	台湾	中兴电工		238.71
849	上海	中华企业	China Enterpprise	238.40
850	韩国	三宝电脑	Trigem Computer	238.10
851	马来西亚	大通	G Corp	237.49
852	新加坡	双龙洋灰	Ssangyong Cemt	237.35
853	香港	富丽华酒店	Furama Hotel	237.26
854	韩国	韩一合织	Hanil Synthetic Fiber	235.74
855	马来西亚	南发	Namfatt	234.59
856	泰国	华尔街金融	Wall Street Fin	234.54
857	台湾	保固		234.13
858	新加坡	华丰股份	Hwa Hong Corp	233.93
859	台湾	国扬		233.41
860	新加坡	罗敏申	Robinson Co Ltd	232.56
861	新加坡	吉宝工程	Keppel Eg	232.56
862	菲律宾	Davao Union Cement Corp. A & B	Davao Union Cement Corp. A & B	232.35
863	印尼	Dankos Laboratories	Dankos Laboratories	232.17
864	印尼	Sumalindo Lestari Jayon	Sumalindo Lestari Jayon	230.32

续表

名次	国家/地区	公司名称	英文名称	市值
865	泰国	泰巴坦水泥	Jalaprathan	230.20
866	泰国	泰国胜家行	Singer	230.20
867	上海	钢管股份	Sh Steel Tube	230.17
868	韩国	建荣	Kun Young	229.83
869	香港	新鸿基香港工业	SHK HK Industries	229.48
870	上海	物贸中心	Goods & Material	229.35
871	印尼	Semen Gresik	Semen Gresik	229.30
872	韩国	韩国铁钢	Han Bo Steel & General Const.	229.08
873	马来西亚	和合建筑	Ho Hup	228.61
874	马来西亚	P K Bhd	P K Bhd	228.60
875	韩国	韩信工营	Hanshin Const.	228.53
876	韩国	可隆建设	Kolon Const.	228.06
877	泰国	东帝士公司	Tuntex	227.69
878	台湾	高林		227.61
879	韩国	中外制药	Choong Wae Pharm.	227.29
880	台湾	中和羊毛		227.27
881	台湾	友讯		226.85
882	马来西亚	马联合保险	M. A. A.	226.37
883	泰国	国联金融	International Trust	226.29
884	马来西亚	普莱恩	Prime	226.26
885	上海	自仪股份	Autom Instrument	226.06
886	马来西亚	Meta	Meta	225.99
887	香港	和记电业	Wo Kee Hong (Holdings)	225.63
888	马来西亚	K. Kellas	K. Kellas	225.31
889	马来西亚	联和	Lienhoe	225.11
890	香港	兆蜂陶瓷	Siu-Fung Ceramics Holdings	225.00
891	香港	八佰伴国际	Yachan Int'l Holdings	224.90
892	台湾	丰泰		224.39
893	马来西亚	Kel Mas	Kel Mas	224.01
894	香港	港基国际	International Bank of Asia	223.97
895	深圳	长城特殊钢	Changchengs Steel	223.70
896	台湾	龙邦		223.44
897	香港	光大国际	China Everbright-IHD Pacific	223.43
898	台湾	楠梓		223.25
899	泰国	裕尼泰船务	Unithai Line	223.15
900	上海	河北华药	N. China Pharm	223.01
901	台湾	德宝		222.87
902	泰国	泰德瓷砖	Thai-German Ceramic	222.59
903	香港	中策集团	Shina Strategic	222.02
904	上海	华联商厦	Huallian Corp.	221.95

续表

名次	国家/地区	公司名称	英文名称	市值
905	马来西亚	丸一	Marunchi	221.95
906	韩国	斗山建设	Doosan Const. & Engineering	
907	韩国	永丰	Youg Poong	221.72
908	印尼	Madco Energi Corp	Madco Energi Corp	221.44
909	菲律宾	Bacnotan Coment Corporation	Bacnotan Coment Corporation	221.14
910	台湾	南侨		220.94
911	新加坡	顾曼亚洲	Goodman Fielder	220.93
912	马来西亚	友尼凤凰	UCB	220.81
913	深圳	中国南方玻璃	South Glass-A	220.10
914	马来西亚	马制铝	Alcom	219.86
915	台湾	嘉裕		219.72
916	马来西亚	马种植	M Plants	219.46
917	台湾	华泰		219.00
918	香港	ASM Pacific Technology	ASM Pacific Technology	218.12
919	韩国	忠南纺织	Choong Nam Spinning	218.04
920	马来西亚	温利工业	Wembley	217.93
921	泰国	香格里拉酒店	Shangri-La	217.53
922	韩国	韩国铁钢	Korea Iron & Steel	217.12
923	台湾	三富		217.11
924	印尼	Summareson Agung	Summareson Agung	217.02
925	台湾	东讯		216.96
926	台湾	长谷		216.54
927	香港	明报企业	Ming Pao Enterprise	216.34
928	台湾	味王		215.86
929	韩国	进道	Jindo	215.52
930	新加坡	鸿福实业	Hong Fok Corp	215.46
931	马来西亚	Suntech	Suntech	215.44
932	马来西亚	Sel Dred	Sel Dred	215.44
933	泰国	中央化学品	Thai Cent Chem	215.14
934	台湾	彦武		215.14
935	上海	众城实业	Zhong Cheng Ent	214.66
936	台湾	万华企业		214.46
937	新加坡	海山合	Hai Sun Hup Grp	214.09
938	香港	联合集团	Allied Group	213.98
939	马来西亚	奥企业	Aust Ent	213.61
940	马来西亚	金务大	Gamuda	213.42
941	马来西亚	南方银行	S. Bank	212.88
942	印尼	Bukaka Teknik Utama	Bukaka Teknik Utama	212.71

续表

名次	国家/地区	公司名称	英文名称	市值
943	台湾	旭丽		212.60
944	泰国	摩登芬开发	Modern Home	212.43
945	台湾	东硷		212.26
946	马来西亚	P'G Kalen	P'G Kalen	212.12
947	韩国	起亚特殊铜	Kia Steel	211.40
948	台湾	泰山		211.27
949	深圳	广东万家乐	Guangdong Macro	210.86
950	韩国	大韩化织	Daehan Synthetic Fiber	210.16
951	印尼	Indosepamas	Indosepamas	208.49
952	马来西亚	瓜拉士林	K Sidm	208.31
953	香港	亚洲证券国际	Asia Securities	208.12
954	台湾	冠德		207.52
955	新加坡	泉合控股	Chuan Hup Hldgs	207.25
956	马来西亚	环球	Worldw'e	207.22
957	马来西亚	嘉华利控股	Sriwani	207.19
958	马来西亚	牙直利胶园	G Ropel	206.51
959	马来西亚	B合成	CI Hldgs	206.28
960	泰国	泰旭玻璃	Thai-Asahi Glass	206.18
961	泰国	宝敢资金	Sitca Inv & Sec	206.18
962	香港	中港照相器材	China-HK Photo	205.48
963	韩国	星信洋灰	Sungshin Portland Cement	205.46
964	上海	内蒙华电	Mengdian	205.26
965	韩国	乐天糖果	Lotte Confectionery	205.13
966	泰国	纳玛尼	Nopmanee	204.98
967	香港	晋利地产金融	Oxford Properties	204.91
968	泰国	尊拉立	Juldis Develop	204.38
969	韩国	信和建设	Shinwha Engineering & Const	203.74
970	上海	海欣股份	Shanghai Haixin	203.74
971	台湾	立大农畜		203.39
972	韩国	农林产业	Poong Lim Ind.	203.36
973	泰国	CEI公司	Compass East Ind.	202.55
974	韩国	釜山钢管	Pusan Steel Pipe	202.14
975	马来西亚	沙特拉斯	Sateras	202.01
976	马来西亚	宝敦	Bolton	201.58
977	台湾	三芳化学		201.42
978	上海	金杯汽车	Jinbel Automot	201.39
979	马来西亚	乔治肯特	G. Kent	201.15
980	马来西亚	威士茂置地	Wesland	201.00
981	韩国	信元	Shin Won	200.86
982	泰国	比铭企业	Premier Enterprise	200.80

续表

名次	国家/地区	公司名称	英文名称	市值
983	马来西亚	M. U. M. A.	M. U. M. A.	200. 61
984	台湾	中日饲料		200. 58
985	菲律宾	Robinson's Land Corp.	Robinson's Land Corpoation.	200. 00
986	台湾	爱之味		199. 94
987	新加坡	新机工程	S Auto En	199. 73
988	上海	江苏春兰	Jiangsu Chunlan	199. 62
989	香港	保华德祥	Paul Y -ITC Constuction	199. 39
990	台湾	精英		198. 99
991	马来西亚	Bsinger	Bsinger	198. 70
992	新加坡	林甲岩	Lim Kah Ngam	198. 36
993	马来西亚	辟捷控股	PJ Bhd	198. 25
994	印尼	Kabel Metal Indonesia	Kabel Metal Indonesia	197. 45
995	马来西亚	百富勤联合	Philed	196. 84
996	泰国	亿他纳吉金融	Finance One	196. 57
997	韩国	可隆国际	Kolon Intemational	196. 40
998	香港	彩星玩具	Playmates Toys Holdings	196. 23
999	菲律宾	黎刹商业银行	Rixal Comm'l Banking Corp. A & B	196. 21
1000	菲律宾	菲律宾信托	Philippine Trust Company	195. 85

1994 年中国最大外经公司 50 家（按完成营业额排序）

序	公司名称	完成营业额（万美元）	合同额（万美元）	月末在外人数（人）
1	中国建筑工程总公司	100062	112280	5426
2	中国港湾建设总公司	57555	40963	1933
3	中国福建国际经济技术合作公司	22412	35186	10332
4	四川东方电力设备联合公司	18371	6724	646
5	中国水产联合总公司	16842	21995	4083
6	中国土木工程公司	16645	8450	2351
7	中国冶金建设公司	12215	11915	556
8	中国上海对外经济技术合作公司	12146	20133	6608
9	中国公路桥梁建设总公司	11941	10550	899
10	中国中原对外工程公司	11124	64	981
11	中国武夷实业公司	10093	10789	123
12	中国辽宁国际经济技术合作公司	9358	20455	3533
13	北京市建筑工程总公司	9274	3260	665
14	中国四川国际经济技术合作公司	9268	9016	2204
15	中国吉林国际经济技术合作公司	8860	11137	10109

续表

序	公司名称	完成营业额（万美元）	合同额（万美元）	月末在外人数（人）
16	中国国际技术智力合作公司	8855	11605	5251
17	中国广西国际经济合作公司	8589	3391	1065
18	中国海外工程总公司	8506	12417	2149
19	中国广东对外劳务经济合作公司	8188	10530	14476
20	中国广东国际经济合作（集团）公司	7766	9554	11688
21	中远对外劳务合作公司	7120	7120	8914
22	中国江苏国际经济技术合作公司	7018	10523	3730
23	中国水利电力对外公司	6666	7038	1055
24	中国大连国际经济技术合作公司	6665	7111	2482
25	中国万宝工程公司	6201	7059	722
26	中国化工建设总公司	5779	6737	419
27	上海电气联合公司	5423	402	25
28	中国天津国际经济技术合作公司	5281	6913	5563
29	中国化学工程总公司	5122	982	60
30	中国广州国际经济技术合作公司	4974	2533	3129
31	珠海国际经济技术合作公司	4650	3055	2763
32	中国北京国际经济技术合作公司	4571	9964	767
33	中国铁道建筑总公司	4559	17836	73
34	中国厦门国际经济技术合作公司	4289	7673	5258
35	中国沈阳国际经济技术合作公司	4102	5339	2697
36	中国石化工程建设公司	3604	455	797
37	中国石油工程建设公司	3586	5834	1068
38	中国成套设备出口公司	3522	9557	751
39	中国建材工业对外经济技术合作公司	3518	6069	1293
40	中国湖北国际经济技术合作公司	3408	3918	281
41	齐鲁建设集团公司	3209	4250	1583
42	中国有色金属工业对外工程公司	3135	1903	348
43	中海国际石油工程公司	3033	2296	132
44	福州国际经济技术合作公司	3006	4002	3498
45	福建省对外劳务合作公司	2870	2330	6156
46	中国浙江国际经济技术合作公司	2829	5050	2010
47	国华国际工程公司	2432	5018	307
48	华山国际上程公司	2362	2826	406
49	浙江省建筑工程总公司	2326	7368	131
50	中国宁波国际经济技术合作公司	2257	1472	1650

（资料来源：外经贸部国外经济合作司）

1994年中国最大外经公司50家（按全年合同额排序）

序	公司名称	合同额（万美元）	营业额（万美元）	月末在外人数（人）
1	中国建筑工程总公司	112280	100062	5426
2	中国港湾建设总公司	40963	57555	1933
3	中国福建国际经济技术合作公司	35186	22412	10332
4	中国水产联合总公司	21995	16842	4083
5	中国辽宁国际经济技术合作公司	20455	9358	3533
6	中国上海对外经济技术合作公司	20133	12146	6608
7	中国机械设备进出口公司	19400	不详	不详
8	中国煤炭海外开发公司	19000	180	21
9	中国铁道建筑工程总公司	17836	4559	73
10	中国海外工程总公司	12417	8506	2149
11	中国冶金建设公司	11915	12216	556
12	中国国际技术智力合作公司	11605	8855	5251
13	中国吉林国际经济合作公司	11137	8860	10109
14	中国武夷实业公司	10789	10093	123
15	中国公路桥梁建设总公司	10550	11941	899
16	中国广东对外劳务经济合作公司	10530	8188	14476
17	中国江苏国际经济技术合作公司	10523	7018	3730
18	中国北京国际经济技术合作公司	9964	4571	767
19	中国成套设备出口公司	9557	3522	751
20	中国广东国际经济合作（集团）公司	9554	7766	11688
21	中国四川国际经济技术合作公司	9016	9268	2204
22	中国土木工程公司	8450	16645	2351
23	中国厦门国际经济技术合作公司	7673	4289	5258
24	江苏省建筑工程公司	7550	1821	480
25	浙江省建筑工程公司	7368	2326	131
26	中远对外劳务合作公司	7120	7120	8914
27	中国大连国际经济技术合作公司	7111	6665	2482
28	中国万宝工程公司	7059	6201	722
29	中国水利电力对外公司	7038	6666	1055
30	中国天津国际经济技术合作公司	6913	5281	5563
31	中国黑龙江国际经济技术合作公司	6876	1200	943
32	辽宁省建设集团公司	6834	424	333
33	中国山东国际经济技术合作公司	6828	1788	2036
34	中国化工建设总公司	6737	5779	419
35	四川东方电力设备联合公司	6724	18371	646
36	中国华西企业公司	6511	1309	363
37	中国建材工业对外经济合作公司	6069	3518	1293
38	中国石油工程建设公司	5834	3586	1068
39	中国哈尔滨国际经济技术合作公司	5455	1075	2008
40	中国沈阳国际经济技术合作公司	5339	4102	2697
41	中国浙江国际经济技术合作公司	5050	2829	2010
42	国华国际工程公司	5018	2432	307

续表

序	公司名称	合同额（万美元）	营业额（万美元）	月末在外人数（人）
43	四川中设集团公司	4880	1680	221
44	黑龙江国际工程公司	4677	2227	2201
45	辽宁省国际建设工程集团公司	4311	1944	79
46	中国云南国际经济技术合作公司	4274	2203	626
47	齐鲁建设集团公司	4250	3209	1583
48	厦门特贸国际经济技术合作分公司	4062	459	313
49	延边对外经济技术合作公司	4019	1242	1555
50	福州国际经济技术合作公司	4002	3006	3498

（资料来源：外经贸部国外经济合作司）

北京华人经济技术研究所

BEIJING INSTITUTE OF ECONOMICS &
TECHNOLOGY FOR CHINESE (BETIC)

地址：北京东城区安德里北街甲19号1-4-201
Add:No.A19 An De Li North Street Building
No.1-4-201,East City District,Beijing,China
电话(Tel):(010)4267439 5225181 5253565
邮政编码(Zip Code):100011